Wieser
Prozessrechts-Kommentar zum BGB

Wieser
Prozessrechts-Kommentar zum BGB

von

Dr. Eberhard Wieser
Professor an der Universität Gießen

2., überarbeitete Auflage

2002

Verlag
Dr. Otto Schmidt
Köln

Die Deutsche Bibliothek – CIP-Einheitsaufnahme

Wieser, Eberhard:
Prozessrechts-Kommentar zum BGB / von Eberhard
Wieser. – 2., überarb. Aufl. – Köln: O. Schmidt, 2002
ISBN 3-504-47021-6

Verlag Dr. Otto Schmidt KG
Unter den Ulmen 96–98, 50968 Köln
Tel.: 02 21/9 37 38-01, Fax: 02 21/9 37 38-9 21
e-mail: info@otto-schmidt.de
www.otto-schmidt.de

© 2002 by Verlag Dr. Otto Schmidt KG

Das Werk einschließlich aller seiner Teile ist urheberrechtlich geschützt. Jede Verwertung, die nicht ausdrücklich vom Urheberrechtsgesetz zugelassen ist, bedarf der vorherigen Zustimmung des Verlages. Das gilt insbesondere für Vervielfältgungen, Bearbeitungen, Übersetzungen, Mikroverfilmungen und die Einspeicherung und Verarbeitung in elektronischen Systemen.

Das verwendete Papier ist aus chlorfrei gebleichten Rohstoffen hergestellt, holz- und säurefrei, alterungsbeständig und umweltfreundlich.

Umschlaggestaltung: Jan P. Lichtenford, Mettmann
Gesamtherstellung: Bercker Graphischer Betrieb GmbH & Co. KG, Kevelaer
Printed in Germany

Vorwort

Die Vorschriften des BGB werfen zahlreiche zivilprozessrechtliche Fragen auf. So fragt es sich bei **Anspruchsnormen**: wie der Antrag einer Leistungsklage zu lauten hat, welches Gericht für die Klage zuständig ist, nach welchen Vorschriften sich die Zwangsvollstreckung richtet und welche spezifischen Möglichkeiten des einstweiligen Rechtsschutzes bestehen. Bei **Einredenormen** stellt sich die Frage nach der Form und den prozessualen Folgen der Leistungsverweigerung. Bei **Normen über Gestaltungsklagen** geht es wieder um den richtigen Antrag, die Zuständigkeit für die Klage, die Gestaltungswirkung und den einstweiligen Rechtsschutz. Gelegentlich ergeben sich auch Probleme der Feststellungsklage, des Rechtsschutzinteresses, der Prozessführungsbefugnis, der Streitgenossenschaft, Beteiligung Dritter, Klagenhäufung, Klageänderung, Erledigung der Hauptsache und materiellen Rechtskraft. In den Kommentaren zum BGB werden die genannten Fragen nur zum Teil beantwortet. In den Kommentaren zur ZPO wird man auch nicht immer fündig; zumindest muss man sich die Antworten an verschiedenen Stellen zusammensuchen. Daher wird ein **Kommentar zum BGB** von Nutzen sein, der speziell auf die **prozessrechtlichen Probleme** der einzelnen Vorschriften eingeht. Ein solcher Kommentar darf sich auf die Normen über Ansprüche, Einreden und Gestaltungsklagen konzentrieren, die in einer besonders engen Beziehung zum Prozess stehen. Die mit dem ganzen materiellen Recht verknüpften Fragen der Behauptungs- und Beweislast bleiben ausgeklammert; sie sind in den BGB-Kommentaren ausreichend behandelt. Das Gleiche gilt für Fragen aus dem Bereich der freiwilligen Gerichtsbarkeit. Dagegen musste auf die für den Prozess wichtigsten **materiellrechtlichen Grundbegriffe** eingegangen werden: Anspruch und Pflicht, Einrede, Gestaltungsklagerecht, Haftung, Mehrheit von Gläubigern und von Schuldnern, Wahlmöglichkeiten.

Das Buch besteht aus zwei Teilen: den Vorbemerkungen und dem eigentlichen Kommentar. In den **Vorbemerkungen** werden Ansprüche erläutert, die mit gleichem Inhalt aus mehreren Normen folgen, wie z. B. Auskunftsansprüche. Im Übrigen verweisen die Vorbemerkungen unter Stichworten auf den **Kommentarteil**; dadurch dienen sie zugleich als Sachregister. Ebenso wird im Kommentarteil gegebenenfalls auf die Vorbemerkungen verwiesen. Der Leser kann daher nach Belieben in den Vorbemerkungen oder im Kommentarteil

Vorwort

nachschlagen. Bei den zahlreichen Schadensersatz- und Zahlungsansprüchen wurde jedoch von einer Verweisung auf die einschlägigen Vorbemerkungen grundsätzlich abgesehen. Ansprüche auf Naturalrestitution sind in den Vorbemerkungen unter dem Stichwort → *Schadensersatz* behandelt, Ansprüche auf Zahlung in den Vorbemerkungen unter dem Stichwort → *Zahlung*.

Die erste Auflage wurde am 23. Mai 1999 abgeschlossen. Seitdem sind mehrere Gesetze verabschiedet worden, die insgesamt umfangreiche Änderungen erforderlich gemacht haben, namentlich das Überweisungsgesetz (§§ 675 ff. BGB), das Mietrechtsreformgesetz, das Zivilprozessreformgesetz und das Schuldrechtsmodernisierungsgesetz. Die Neuauflage berücksichtigt auch die zwischenzeitlich veröffentlichte Literatur und Rechtsprechung, wie das BGH-Urteil über die Rechtsfähigkeit der BGB-Gesellschaft. Darüber hinaus habe ich den Text an zahlreichen weiteren Stellen überarbeitet oder ergänzt.

Für Verbesserungsvorschläge und Hinweise auf konkrete Zweifelsfragen aus dem Themenbereich des Kommentars bin ich nach wie vor dankbar. Sie sollen durch die am Buchende eingebundene Antwortkarte erleichtert werden.

Gießen, im Januar 2002   Eberhard Wieser

Inhaltsverzeichnis

	Seite
Vorwort	V
Literaturverzeichnis	XXIX

Vorbemerkungen

Abänderungsklage (§ 323 ZPO)	1
Ablieferung	1
Ablösungsrecht	1
Abnahme	1
Absolutes Recht	1
Abtretung s. bei § 255, s. auch → *Rechtsverschaffung*	1
Anerkenntnis	1
Anlage einer Kaution	1
Anpassung	1
Anspruch	2
Arbeitsleistung	2
Aufbewahrung	2
Aufgabe eines Rechts → *Rechtsentäußerung*	2
Aufhebung eines Rechts → *Rechtsentäußerung*	2
Aufhebung einer Gemeinschaft → *Auseinandersetzung*	2
Auflage	2
Aufrechnung	2
Aufwendungsersatz	2
Auseinandersetzung	3
Aushändigung	3
Auskunft	3
Auslobung	13
Aussetzung (§ 148 ZPO)	13
Beerdigung	13
Befreiung	14

Inhaltsverzeichnis

	Seite
Beglaubigung	20
Beiladung	20
Belege	20
Benutzung	20
Berichtigung	20
Beschwerde (§ 793 ZPO)	20
Beseitigung	20
Besichtigung einer Sache	21
Besitzeinräumung	21
Bestandsverzeichnis	33
Bewilligung → *Zustimmung*	33
Bewirtschaftung	33
Bilanz → *Bestandsverzeichnis*	33
Bruchteilsgemeinschaft	33
Bürgschaft	33
Dienstbefreiung	33
Dienstleistung	33
Drittwiderspruchsklage (§ 771 ZPO)	33
Duldung	34
Ehe	34
Ehemäklerlohn	34
Eidesstattliche Versicherung	34
Eigentum	34
Einreden	34
Einstweilige Anordnung	35
Einstweilige Verfügung (§§ 935 ff. ZPO)	36
Einverständnis → *Zustimmung*	36
Einwilligung → *Zustimmung*	36
Einziehung	36
Elektive Konkurrenz → *Wahlmöglichkeiten*	36
Erbe	36
Erbe, Schuld und Haftung	36

Inhaltsverzeichnis

	Seite
Erblasser-Hausgenosse	39
Erbschaftsbesitzer	39
Erbschaftskauf	39
Erbschein	39
Erbunwürdigkeit	39
Erlaubnis → *Zustimmung*	39
Erledigung der Hauptsache	39
Ersetzungsbefugnis → *Wahlmöglichkeiten*	39
Feststellungsklage (§ 256 ZPO)	40
Folgesachen (§ 623 ZPO)	40
Forderung	40
Freigabe	40
Freihaltung → *Befreiung*	40
Freistellung → *Befreiung.* Ansprüche auf Dienstbefreiung s. bei § 629	40
Fruchtanteil	40
Fruchtgenuss	40
Gattungsschuld	40
Gebrauchsgewährung	41
Geld	41
Gemeinschaft → *Bruchteilsgemeinschaft*	41
Gemeinschaftliche Gläubiger → *Mehrheit von Gläubigern*	41
Gemeinschaftliche Schuldner → *Mehrheit von Schuldnern*	41
Gesamtgläubiger	41
Gesamthandgläubiger → *Mehrheit von Gläubigern* Rn. 3	41
Gesamthandklage	41
Gesamthandschuldner → *Mehrheit von Schuldnern* Rn. 3	41
Gesamtschuldner	41
Gesellschaft	42
Gestaltungsklagen	42
Gestaltungsrecht	47

Inhaltsverzeichnis

	Seite
Gestattung	47
Gewährung	47
Gewahrsam	47
Gewinnverteilung	47
Girokonto	47
Glaubhaftmachung (§ 294 ZPO) → *Zahlung* Rn. 65	47
Grenzverwirrung	48
Grundbuchberichtigung	48
Grundschuld	48
Gütergemeinschaft	48
Haftung	48
Herabsetzung einer Pauschale	50
Herausgabe	51
Herstellung	51
Hinterlegung	51
Hypothek	51
Inventarersatz	51
Kind	52
Klageänderung (§§ 263, 264 ZPO) → *Auskunft* Rn. 13, 20; § 275, Rn. 2	52
Klageantrag, bestimmter (§ 253 II Nr. 2 ZPO) → *Auskunft* Rn. 10	52
Klagearten → *Gestaltungsklagen* Rn. 1	52
Klageverzicht (analog § 93 ZPO) → *Auskunft* Rn. 23	52
Klage, Zulässigkeit und Begründetheit	52
Konkurrierende Einziehungsmacht → *Mehrheit von Gläubigern* Rn. 7	52
Kontrahierung → *Vertragsschluss*	52
Kostentragung	52
Kostenvorschuss	52
Krankenpflege	53
Kündigung	53

Inhaltsverzeichnis

Seite

Landpachtsachen	53
Leistungsbestimmung	53
Leistungsklage → *Gestaltungsklagen* Rn. 1	53
Löschung	53
Mäklerlohn	53
Materielle Rechtskraft	53
Mehrheit von Gläubigern	54
Mehrheit von Schuldnern	56
Miete	62
Minus	62
Miteigentum → *Bruchteilsgemeinschaft*	62
Mitgläubiger	62
Mitteilung	62
Mitwirkung	62
Nachbesserung	62
Nacherfüllung	63
Nacherbfolge	63
Nachlassverwaltung	63
Namensrecht	63
Naturalrestitution → *Schadensersatz* (Rn. 1)	63
Nebenintervention	63
Notweg	63
Oder-Konto	63
Pfandrecht	63
Pflicht	64
Pflichtteil	64
Prozessführungsbefugnis	64
Prozesskostenvorschuss	64
Prozessvergleich (§ 794 I Nr. 1 ZPO) → *Übereignung* Rn. 4; § 328, Rn. 19	64
Prüfung von Amts wegen	64

Inhaltsverzeichnis

	Seite
Quittung	64
Räumung → *Besitzeinräumung*	64
Reallast	65
Rechenschaft	65
Rechnungslegung	65
Rechtsänderung	65
Rechtsentäußerung	65
Rechtshängigkeit (§ 261 III Nr. 1 ZPO)	66
Rechtskraft → *Materielle Rechtskraft*	67
Rechtsschutzinteresse	67
Rechtsverschaffung	67
Rechtsweg (§ 13 GVG) → *Zahlung* Rn. 22	68
Reise	68
Reparatur	68
Rückgabe → *Herausgabe*	69
Rückgewähr → *Herausgabe*	69
Rücksendung → *Herausgabe*	69
Schadensersatz	69
Schenkung	77
Schmerzensgeld → *Zahlung* Rn. 5–10	77
Schuldschein	77
Sicherheitsleistung	77
Streitgegenstand → *Besitzeinräumung* Rn. 4; § 546, Rn. 12, 13; § 558, Rn. 12–14	77
Streitgenossenschaft, notwendige (§ 62 ZPO) → *Mehrheit von Schuldnern* Rn. 4–8	77
Streithilfe → *Nebenintervention*	78
Streitverkündung (§ 72 ZPO)	78
Stufenklage (§ 254 ZPO) → *Auskunft* Rn. 9–23; § 2018, Rn. 3	78
Teilgläubiger	78
Teilklage → *Zahlung* Rn. 11–21, 31–36	78

Inhaltsverzeichnis

	Seite
Teilschuldner	78
Testamentsvollstreckung	78
Übereignung	78
Übergabe → *Besitzeinräumung*	84
Überweisung	84
Unbekannte Anschrift	84
Unmöglichkeit der Leistung	85
Unterhalt	85
Unterlassung	85
Unterrichtung → *Auskunft*	85
Urkundenausstellung	85
Urlaub → *Dienstbefreiung*	85
Urteilsarten → *Gestaltungsklagen* Rn. 1	86
Vaterschaft	86
Veräußerung der streitbefangenen Sache (§ 265 ZPO) → *Besitzeinräumung* Rn. 8–13	86
Vereinfachtes Verfahren (§§ 645 ff. ZPO)	86
Verein	86
Vergütung	86
Verjährung	86
Verlassen von Räumen	86
Verlöbnis	86
Vermächtnis	87
Vermerk	87
Vermögensverzeichnis	87
Verschaffung	87
Vertragsschluss	87
Vertragsstrafe	87
Vertrag zugunsten eines Dritten	87
Verwahrung	87
Verwaltung	88

Inhaltsverzeichnis

	Seite
Verwendung	88
Verzicht	88
Vollstreckbarkeit	88
Vollstreckungsabwehr	88
Vollstreckungsabwehrklage (§ 767 ZPO)	88
Vollstreckungserinnerung (§ 766 ZPO)	88
Voraus	88
Voreintragung	88
Vorkauf	89
Vorkehrungen	89
Vorlegung	89
Vorleistung	89
Vormundschaft	89
Wahlmöglichkeiten	89
Wahlschuld	93
Werkherstellung	93
Wertermittlung	93
Wertpapiere	93
Widerklage (§ 33 ZPO)	93
Widerruf	93
Wirtschaftsplan	93
Zahlung	94
Zeugnis	114
Zugewinngemeinschaft	114
Zurückbehaltungsrecht	114
Zuständigkeit	114
Zustimmung	114
Zwangsvollstreckung	115
Zwischenfeststellungsklage (§ 256 II ZPO) → *Besitzeinräumung* Rn. 15, 19; § 2018, Rn. 5	115

Inhaltsverzeichnis

Seite

Kommentar

§ 12	Namensrecht	117
§ 54	Nicht rechtsfähige Vereine	131
§ 102	Ersatz der Gewinnungskosten	132
§ 179	Haftung des Vertreters ohne Vertretungsmacht	132
§ 194	Gegenstand der Verjährung	133
§ 214	Wirkung der Verjährung	137
§ 232	Arten [der Sicherheitsleistung]	144
§ 240	Ergänzungspflicht	149
§ 241	Pflichten aus dem Schuldverhältnis	150
§ 243	Gattungsschuld	150
§ 249	Art und Umfang des Schadensersatzes	152
§ 255	Abtretung der Ersatzansprüche	152
§ 257	Befreiungsanspruch	153
§ 258	Wegnahmerecht	155
§ 259	Umfang der Rechenschaftspflicht	156
§ 260	Pflichten bei Herausgabe oder Auskunft über Inbegriff von Gegenständen	160
§ 262	Wahlschuld; Wahlrecht	161
§ 263	Ausübung des Wahlrechts; Wirkung	161
§ 264	Verzug des Wahlberechtigten	161
§ 265	Unmöglichkeit bei Wahlschuld	162
§ 268	Ablösungsrecht des Dritten	164
§ 273	Zurückbehaltungsrecht	166
§ 274	Wirkungen des Zurückbehaltungsrechts	166
§ 275	Ausschluss der Leistungspflicht	177
§ 284	Ersatz vergeblicher Aufwendungen	178
§ 285	Herausgabe des Ersatzes	179
§ 304	Ersatz von Mehraufwendungen	180
§ 311a	Leistungshindernis bei Vertragsschluss	180
§ 313	Störung der Geschäftsgrundlage	180
§ 315	Bestimmung der Leistung durch eine Partei	181

Inhaltsverzeichnis

		Seite
§ 319	Unwirksamkeit der Bestimmung; Ersetzung	186
§ 320	Einrede des nicht erfüllten Vertrags	190
§ 321	Unsicherheitseinrede	190
§ 322	Verurteilung zur Leistung Zug-um-Zug	190
§ 328	Vertrag zugunsten Dritter	194
§ 337	Anrechnung oder Rückgabe der Draufgabe	201
§ 338	Draufgabe bei zu vertretender Unmöglichkeit der Leistung	201
§ 340	Strafversprechen für Nichterfüllung	202
§ 342	Andere als Geldstrafe	202
§ 343	Herabsetzung der Strafe	203
§ 346	Wirkungen des Rücktritts	207
§ 347	Nutzungen und Verwendungen nach Rücktritt	208
§ 357	Rechtsfolgen des Widerrufs und der Rückgabe	208
§ 359	Einwendungen bei verbundenen Verträgen	210
§ 368	Quittung	211
§ 371	Rückgabe des Schuldscheins	213
§ 379	Wirkung der Hinterlegung bei nicht ausgeschlossener Rücknahme	213
§ 380	Nachweis der Empfangsberechtigung	214
§ 387	Voraussetzungen [der Aufrechnung]	215
§ 402	Auskunftspflicht; Urkundenauslieferung	219
§ 403	Pflicht zur Beurkundung	219
§ 410	Aushändigung der Abtretungsurkunde	222
§ 415	Vertrag zwischen Schuldner und Übernehmer	223
§ 420	Teilbare Leistung	224
§ 421	Gesamtschuldner	225
§ 426	Ausgleichungspflicht, Forderungsübergang	233
§ 428	Gesamtgläubiger	234
§ 430	Ausgleichungspflicht der Gesamtgläubiger	237
§ 432	Mehrere Gläubiger einer unteilbaren Leistung	237
§ 433	Vertragstypische Pflichten beim Kaufvertrag	245

Inhaltsverzeichnis

		Seite
§ 436	Öffentliche Lasten von Grundstücken	247
§ 439	Nacherfüllung	248
§ 453	Rechtskauf	254
§ 454	Zustandekommen des Kaufvertrags	254
§ 457	Haftung des Wiederverkäufers	255
§ 458	Beseitigung von Rechten Dritter	256
§ 459	Ersatz von Verwendungen	256
§ 469	Mitteilungspflicht, Ausübungsfrist	256
§ 481	Begriff des Teilzeit-Wohnrechtevertrags	257
§ 484	Schriftform bei Teilzeit-Wohnrechteverträgen	257
§ 518	Form des Schenkungsversprechens	258
§ 519	Einrede des Notbedarfs	259
§ 524	Haftung für Sachmängel	260
§ 525	Schenkung unter Auflage	261
§ 526	Verweigerung der Vollziehung der Auflage	262
§ 528	Rückforderung wegen Verarmung des Schenkers	263
§ 535	Inhalt und Hauptpflichten des Mietvertrags	264
§ 536a	Schadens- und Aufwendungsersatzanspruch des Mieters wegen eines Mangels	272
§ 541	Unterlassungsklage bei vertragswidrigem Gebrauch	273
§ 546	Rückgabepflicht des Mieters	276
§ 551	Begrenzung und Anlage von Mietsicherheiten	283
§ 553	Gestattung der Gebrauchsüberlassung an Dritte	284
§ 554	Duldung von Erhaltungs- und Modernisierungsmaßnahmen	286
§ 554a	Barrierefreiheit	288
§ 558	Mieterhöhung bis zur ortsüblichen Vergleichsmiete	289
§ 560	Veränderungen von Betriebskosten	298
§ 562b	Selbsthilferecht, Herausgabeanspruch	300
§ 567	Belastung des Wohnraums durch den Vermieter	302
§ 573b	Teilkündigung des Vermieters	302
§ 574	Widerspruch des Mieters gegen die Kündigung	303

Inhaltsverzeichnis

		Seite
§ 574b	Form und Frist des Widerspruchs	305
§ 575	Zeitmietvertrag	306
§ 581	Vertragstypische Pflichten beim Pachtvertrag	307
§ 582	Erhaltung des Inventars	313
§ 582a	Inventarübernahme zum Schätzwert	314
§ 585	Begriff des Landpachtvertrags	316
§ 586	Vertragstypische Pflichten beim Landpachtvertrag	317
§ 590a	Vertragswidriger Gebrauch	318
§ 590b	Notwendige Verwendungen	318
§ 596	Rückgabe der Pachtsache	318
§ 596a	Ersatzpflicht bei vorzeitigem Pachtende	319
§ 596b	Rücklassungspflicht	320
§ 598	Vertragstypische Pflichten bei der Leihe	320
§ 604	Rückgabepflicht	321
§ 607	Vertragstypische Pflichten beim Sachdarlehensvertrag	321
§ 611	Vertragstypische Pflichten beim Dienstvertrag	322
§ 617	Pflicht zur Krankenfürsorge	329
§ 618	Pflicht zu Schutzmaßnahmen	331
§ 626	Fristlose Kündigung aus wichtigem Grund	332
§ 629	Freizeit zur Stellungssuche	332
§ 630	Pflicht zur Zeugniserteilung	333
§ 631	Vertragstypische Pflichten beim Werkvertrag	334
§ 633	Sach- und Rechtsmangel	337
§ 635	Nacherfüllung	338
§ 637	Selbstvornahme	338
§ 640	Abnahme	339
§ 645	Verantwortlichkeit des Bestellers	341
§ 648	Sicherungshypothek des Bauunternehmers	341
§ 651	Anwendung des Kaufrechts	342
§ 651a	Vertragstypische Pflichten beim Reisevertrag	343
§ 651b	Vertragsübertragung	346
§ 651c	Abhilfe	346

Inhaltsverzeichnis

		Seite
§ 651e	Kündigung wegen Mangels	347
§ 652	Entstehung des Lohnanspruchs [beim Mäklervertrag]	348
§ 655	Herabsetzung des Mäklerlohns	348
§ 656	Heiratsvermittlung	349
§ 657	Bindendes Versprechen [bei Auslobung]	350
§ 660	Mitwirkung mehrerer	350
§ 661	Preisausschreiben	354
§ 661a	Gewinnzusagen	354
§ 662	Vertragstypische Pflichten beim Auftrag	354
§ 666	Auskunfts- und Rechenschaftspflicht	355
§ 667	Herausgabepflicht	355
§ 670	Ersatz von Aufwendungen	356
§ 676	Kündigung von Übertragungsverträgen	356
§ 676a	Vertragstypische Pflichten; Kündigung [beim Überweisungsvertrag]	357
§ 676d	Vertragstypische Pflichten beim Zahlungsvertrag	359
§ 676f	Vertragstypische Pflichten beim Girovertrag	360
§ 688	Vertragstypische Pflichten bei der Verwahrung	362
§ 689	Vergütung	363
§ 693	Ersatz von Aufwendungen	363
§ 695	Rückforderungsrecht des Hinterlegers	363
§ 696	Rücknahmeanspruch des Verwahrers	364
§ 705	Inhalt des Gesellschaftsvertrags	364
§ 716	Kontrollrecht der Gesellschafter	381
§ 721	Gewinn- und Verlustverteilung	383
§ 730	Auseinandersetzung; Geschäftsführung	384
§ 732	Rückgabe von Gegenständen	385
§ 734	Verteilung des Überschusses	385
§ 735	Nachschusspflicht bei Verlust	386
§ 738	Auseinandersetzung beim Ausscheiden	386
§ 739	Haftung für Fehlbetrag	387
§ 740	Beteiligung am Ergebnis schwebender Geschäfte	388

Inhaltsverzeichnis

		Seite
§ 741	Gemeinschaft nach Bruchteilen	388
§ 743	Früchteanteil; Gebrauchsbefugnis	390
§ 744	Gemeinschaftliche Verwaltung	391
§ 745	Verwaltung und Benutzung durch Beschluss	392
§ 748	Lasten- und Kostentragung	394
§ 749	Aufhebungsanspruch	394
§ 755	Berichtigung einer Gesamtschuld	402
§ 756	Berichtigung einer Teilhaberschuld	403
§ 759	Dauer und Betrag der Rente	404
§ 762	Spiel, Wette	404
§ 765	Vertragstypische Pflichten bei der Bürgschaft	405
§ 770	Einreden der Anfechtbarkeit und der Aufrechenbarkeit	410
§ 771	Einrede der Vorausklage	411
§ 775	Anspruch des Bürgen auf Befreiung	412
§ 784	Annahme der Anweisung	413
§ 785	Aushändigung der Anweisung	413
§ 793	Rechte aus der Schuldverschreibung auf den Inhaber	414
§ 797	Leistungspflicht nur gegen Aushändigung	415
§ 798	Ersatzurkunde	415
§ 799	Kraftloserklärung	415
§ 800	Wirkung der Kraftloserklärung	416
§ 803	Zinsscheine	416
§ 808	Namenspapiere mit Inhaberklausel	417
§ 809	Besichtigung einer Sache	417
§ 810	Einsicht in Urkunden	420
§ 811	Vorlegungsort, Gefahr und Kosten	420
§ 812	Herausgabeanspruch	421
§ 821	Einrede der Bereicherung	421
§ 823	Schadensersatzpflicht	422
§ 826	Sittenwidrige vorsätzliche Schädigung	422
§ 853	Arglisteinrede	424
§ 861	Anspruch wegen Besitzentziehung	424

Inhaltsverzeichnis

Seite

§ 862	Anspruch wegen Besitzstörung	425
§ 867	Verfolgungsrecht des Besitzers	426
§ 886	Beseitigungsanspruch	427
§ 888	Anspruch des Vormerkungsberechtigten auf Zustimmung	428
§ 894	Berichtigung des Grundbuchs	430
§ 895	Voreintragung des Verpflichteten	435
§ 896	Vorlegung des Briefes	437
§ 907	Gefahr drohende Anlagen	438
§ 908	Drohender Gebäudeeinsturz	440
§ 912	Überbau; Duldungspflicht	441
§ 917	Notweg	441
§ 919	Grenzabmarkung	446
§ 920	Grenzverwirrung	447
§ 922	Art der Benutzung und Unterhaltung	449
§ 923	Grenzbaum	450
§ 929a	Einigung bei nicht eingetragenem Seeschiff	450
§ 970	Ersatz von Aufwendungen [bei Fund]	451
§ 985	Herausgabeanspruch	451
§ 986	Einwendungen des Besitzers	451
§ 987	Nutzungen nach Rechtshängigkeit	452
§ 994	Notwendige Verwendungen	453
§ 996	Nützliche Verwendungen	453
§ 1000	Zurückbehaltungsrecht des Besitzers	454
§ 1001	Klage auf Verwendungsersatz	454
§ 1004	Beseitigungs- und Unterlassungsanspruch	455
§ 1007	Ansprüche des früheren Besitzers, Ausschluss bei Kenntnis	465
§ 1011	Ansprüche aus dem Miteigentum	465
§ 1018	Gesetzlicher Inhalt der Grunddienstbarkeit	466
§ 1020	Schonende Ausübung	466
§ 1023	Verlegung der Ausübung	467

Inhaltsverzeichnis

		Seite
§ 1024	Zusammentreffen mehrerer Nutzungsrechte	468
§ 1027	Beeinträchtigung der Grunddienstbarkeit	469
§ 1035	Nießbrauch an Inbegriff von Sachen; Verzeichnis	470
§ 1038	Wirtschaftsplan für Wald und Bergwerk	472
§ 1039	Übermäßige Fruchtziehung	472
§ 1041	Erhaltung der Sache	473
§ 1044	Duldung von Ausbesserungen	474
§ 1045	Versicherungspflicht des Nießbrauchers	474
§ 1046	Nießbrauch an der Versicherungsforderung	475
§ 1047	Lastentragung	476
§ 1048	Nießbrauch an Grundstück mit Inventar	477
§ 1051	Sicherheitsleistung	477
§ 1052	Gerichtliche Verwaltung mangels Sicherheitsleistung	477
§ 1053	Unterlassungsklage bei unbefugtem Gebrauch	478
§ 1055	Rückgabepflicht des Nießbrauchers	479
§ 1066	Nießbrauch am Anteil eines Miteigentümers	479
§ 1067	Nießbrauch an verbrauchbaren Sachen	479
§ 1074	Nießbrauch an einer Forderung; Kündigung und Einziehung	480
§ 1077	Kündigung und Zahlung	484
§ 1078	Mitwirkung zur Einziehung	487
§ 1079	Anlegung des Kapitals	488
§ 1082	Hinterlegung	489
§ 1083	Mitwirkung zur Einziehung	490
§ 1086	Rechte der Gläubiger des Bestellers	490
§ 1087	Verhältnis zwischen Nießbraucher und Besteller	492
§ 1088	Haftung des Nießbrauchers	493
§ 1100	Rechte des Käufers	494
§ 1105	Gesetzlicher Inhalt der Reallast	495
§ 1108	Persönliche Haftung des Eigentümers	498
§ 1113	Gesetzlicher Inhalt der Hypothek	498
§ 1134	Unterlassungsklage	504

Inhaltsverzeichnis

Seite

§ 1137	Einreden des Eigentümers	505
§ 1144	Aushändigung der Urkunden	506
§ 1145	Teilweise Befriedigung	507
§ 1148	Eigentumsfiktion	507
§ 1154	Abtretung der Forderung	510
§ 1160	Geltendmachung der Briefhypothek	512
§ 1166	Benachrichtigung des Schuldners	513
§ 1169	Rechtszerstörende Einrede	513
§ 1172	Eigentümergesamthypothek	514
§ 1179a	Löschungsanspruch bei fremden Rechten	515
§ 1179b	Löschungsanspruch bei eigenem Recht	518
§ 1191	Gesetzlicher Inhalt der Grundschuld	519
§ 1201	Ablösungsrecht	519
§ 1202	Kündigung	520
§ 1211	Einreden des Verpfänders	520
§ 1214	Pflichten des nutzungsberechtigten Pfandgläubigers	521
§ 1215	Verwahrungspflicht	521
§ 1217	Rechtsverletzung durch den Pfandgläubiger	522
§ 1218	Rechte des Verpfänders bei drohendem Verderb	523
§ 1219	Rechte des Pfandgläubigers bei drohendem Verderb	523
§ 1223	Rückgabepflicht; Einlösungsrecht	524
§ 1231	Herausgabe des Pfandes zum Verkauf	525
§ 1251	Wirkung des Pfandrechtsübergangs	526
§ 1254	Anspruch auf Rückgabe	527
§ 1258	Pfandrecht am Anteil eines Miteigentümers	527
§ 1277	Befriedigung durch Zwangsvollstreckung	528
§ 1281	Leistung vor Fälligkeit	529
§ 1282	Leistung nach Fälligkeit	529
§ 1285	Mitwirkung zur Einziehung	530
§ 1286	Kündigungspflicht bei Gefährdung	531
§ 1288	Anlegung eingezogenen Geldes	532
§ 1294	Einziehung und Kündigung	532

Inhaltsverzeichnis

		Seite
§ 1296	Erstreckung auf Zinsscheine	533
§ 1297	Unklagbarkeit, Nichtigkeit eines Strafversprechens	533
§ 1313	Aufhebung durch Urteil	533
§ 1353	Eheliche Lebensgemeinschaft	537
§ 1360	Verpflichtung zum Familienunterhalt	542
§ 1360a	Umfang der Unterhaltspflicht	546
§ 1361	Unterhalt bei Getrenntleben	549
§ 1362	Eigentumsvermutung	549
§ 1368	Geltendmachung der Unwirksamkeit	553
§ 1371	Zugewinnausgleich im Todesfall	559
§ 1377	Verzeichnis des Anfangsvermögens	561
§ 1378	Ausgleichsforderung	564
§ 1379	Auskunftspflicht	566
§ 1381	Leistungsverweigerung wegen grober Unbilligkeit	570
§ 1385	Vorzeitiger Zugewinnausgleich bei Getrenntleben	570
§ 1386	Vorzeitiger Zugewinnausgleich in sonstigen Fällen	574
§ 1389	Sicherheitsleistung	575
§ 1390	Ansprüche des Ausgleichsberechtigten gegen Dritte	575
§ 1416	Gesamtgut	577
§ 1422	Inhalt des Verwaltungsrechts	578
§ 1428	Verfügungen ohne Zustimmung	583
§ 1429	Notverwaltungsrecht	583
§ 1431	Selbständiges Erwerbsgeschäft	585
§ 1433	Fortsetzung eines Rechtsstreits	588
§ 1435	Pflichten des Verwalters	590
§ 1437	Gesamtgutsverbindlichkeiten; persönliche Haftung	592
§ 1445	Ausgleichung zwischen Vorbehalts-, Sonder- und Gesamtgut	595
§ 1447	Aufhebungsklage des nicht verwaltenden Ehegatten	596
§ 1448	Aufhebungsklage des Verwalters	599
§ 1450	Gemeinschaftliche Verwaltung durch die Ehegatten	600
§ 1451	Mitwirkungspflicht beider Ehegatten	603

Inhaltsverzeichnis

Seite

§ 1454	Notverwaltungsrecht	604
§ 1455	Verwaltungshandlungen ohne Mitwirkung des anderen Ehegatten	606
§ 1456	Selbständiges Erwerbsgeschäft	610
§ 1459	Gesamtgutsverbindlichkeiten; persönliche Haftung	612
§ 1467	Ausgleichung zwischen Vorbehalts-, Sonder- und Gesamtgut	615
§ 1469	Aufhebungsklage	616
§ 1471	Beginn der Auseinandersetzung	617
§ 1472	Gemeinschaftliche Verwaltung des Gesamtguts	618
§ 1475	Berichtigung der Gesamtgutsverbindlichkeiten	623
§ 1477	Durchführung der Teilung	624
§ 1478	Auseinandersetzung nach Scheidung	625
§ 1480	Haftung nach der Teilung gegenüber Dritten	626
§ 1481	Haftung der Ehegatten untereinander	627
§ 1487	Rechtsstellung des Ehegatten und der Abkömmlinge	628
§ 1495	Aufhebungsklage eines Abkömmlings	629
§ 1497	Rechtsverhältnis bis zur Auseinandersetzung	630
§ 1502	Übernahmerecht des überlebenden Ehegatten	631
§ 1504	Haftungsausgleich unter Abkömmlingen	631
§ 1515	Übernahmerecht eines Abkömmlings und des Ehegatten	631
§ 1561	Antragserfordernisse	632
§ 1564	Scheidung durch Urteil	633
§ 1569	Abschließende Regelung	635
§ 1580	Auskunftspflicht	637
§ 1585a	Sicherheitsleistung	638
§ 1598	Unwirksamkeit von Anerkennung, Zustimmung und Widerruf	639
§ 1599	Nichtbestehen der Vaterschaft	645
§ 1600d	Gerichtliche Feststellung der Vaterschaft	655
§ 1601	Unterhaltsverpflichtete	669
§ 1605	Auskunftspflicht	676

XXV

Inhaltsverzeichnis

		Seite
§ 1612	Art der Unterhaltsgewährung	680
§ 1615	Erlöschen des Unterhaltsanspruchs	682
§ 1615l	Unterhaltsanspruch von Mutter und Vater aus Anlass der Geburt	683
§ 1615m	Beerdigungskosten für die Mutter	684
§ 1615o	Einstweilige Verfügung	685
§ 1619	Dienstleistungen in Haus und Geschäft	688
§ 1648	Ersatz von Aufwendungen	688
§ 1698	Herausgabe des Kindesvermögens; Rechnungslegung	689
§ 1834	Verzinsungspflicht	689
§ 1843	Prüfung durch das Vormundschaftsgericht	690
§ 1890	Vermögensherausgabe und Rechnungslegung	690
§ 1891	Mitwirkung des Gegenvormunds	691
§ 1932	Voraus des Ehegatten	691
§ 1958	Gerichtliche Geltendmachung von Ansprüchen gegen den Erben	692
§ 1963	Unterhalt der werdenden Mutter eines Erben	694
§ 1967	Erbenhaftung, Nachlassverbindlichkeiten	695
§ 1968	Beerdigungskosten	704
§ 1969	Dreißigster	704
§ 1973	Ausschluss von Nachlassgläubigern	705
§ 1984	Wirkung der Anordnung	707
§ 1986	Herausgabe des Nachlasses	714
§ 1987	Vergütung des Nachlassverwalters	715
§ 1990	Dürftigkeitseinrede des Erben	716
§ 1992	Überschuldung durch Vermächtnisse und Auflagen	717
§ 2011	Keine Inventarfrist für den Fiskus als Erben	718
§ 2012	Keine Inventarfrist für den Nachlasspfleger und Nachlassverwalter	718
§ 2014	Dreimonatseinrede	718
§ 2015	Einrede des Aufgebotsverfahrens	720
§ 2018	Herausgabepflicht des Erbschaftsbesitzers	720
§ 2020	Nutzungen und Früchte	722

Inhaltsverzeichnis

Seite

§ 2027	Auskunftspflicht des Erbschaftsbesitzers	722
§ 2028	Auskunftspflicht des Hausgenossen	723
§ 2038	Gemeinschaftliche Verwaltung des Nachlasses	723
§ 2039	Nachlassforderungen	725
§ 2042	Auseinandersetzung	725
§ 2045	Aufschub der Auseinandersetzung	726
§ 2048	Teilungsanordnungen des Erblassers	727
§ 2057	Auskunftspflicht	728
§ 2058	Gesamtschuldnerische Haftung	729
§ 2059	Haftung bis zur Teilung	731
§ 2060	Haftung nach der Teilung	733
§ 2061	Aufgebot der Nachlassgläubiger	736
§ 2083	Anfechtbarkeitseinrede	736
§ 2116	Hinterlegung von Wertpapieren	737
§ 2117	Umschreibung; Umwandlung	737
§ 2118	Sperrvermerk im Schuldbuch	737
§ 2119	Anlegung von Geld	738
§ 2120	Einwilligungspflicht des Nacherben	738
§ 2121	Verzeichnis der Erbschaftsgegenstände	739
§ 2123	Wirtschaftsplan	741
§ 2124	Erhaltungskosten	741
§ 2127	Auskunftsrecht des Nacherben	742
§ 2128	Sicherheitsleistung	742
§ 2130	Herausgabepflicht nach dem Eintritt der Nacherbfolge, Rechenschaftspflicht	742
§ 2134	Eigennützige Verwendung	743
§ 2139	Wirkung des Eintritts der Nacherbfolge	743
§ 2166	Belastung mit einer Hypothek	745
§ 2168	Belastung mit einer Gesamtgrundschuld	746
§ 2170	Verschaffungsvermächtnis	746
§ 2174	Vermächtnisanspruch	748
§ 2187	Haftung des Hauptvermächtnisnehmers	749

Inhaltsverzeichnis

		Seite
§ 2188	Kürzung der Beschwerungen	750
§ 2194	Anspruch auf Vollziehung	751
§ 2206	Eingehung von Verbindlichkeiten	752
§ 2208	Beschränkung der Rechte des Testamentsvollstreckers, Ausführung durch den Erben	753
§ 2212	Gerichtliche Geltendmachung von der Testamentsvollstreckung unterliegenden Rechten	754
§ 2213	Gerichtliche Geltendmachung von Ansprüchen gegen den Nachlass	757
§ 2214	Gläubiger des Erben	764
§ 2215	Nachlassverzeichnis	765
§ 2216	Ordnungsmäßige Verwaltung des Nachlasses, Befolgung von Anordnungen	766
§ 2217	Überlassung von Nachlassgegenständen	767
§ 2221	Vergütung des Testamentsvollstreckers	769
§ 2224	Mehrere Testamentsvollstrecker	769
§ 2288	Beeinträchtigung des Vermächtnisnehmers	770
§ 2303	Pflichtteilsberechtigte; Höhe des Pflichtteils	771
§ 2305	Zusatzpflichtteil	772
§ 2306	Beschränkungen und Beschwerungen	773
§ 2313	Ansatz bedingter, ungewisser oder unsicherer Rechte; Feststellungspflicht des Erben	773
§ 2314	Auskunftspflicht des Erben	775
§ 2318	Pflichtteilslast bei Vermächtnissen und Auflagen	775
§ 2319	Pflichtteilsberechtigter Miterbe	776
§ 2320	Pflichtteilslast des an die Stelle des Pflichtteilsberechtigten getretenen Erben	776
§ 2321	Pflichtteilslast bei Vermächtnisausschlagung	777
§ 2322	Kürzung von Vermächtnissen und Auflagen	777
§ 2325	Pflichtteilsergänzungsanspruch bei Schenkungen	778
§ 2328	Selbst pflichtteilsberechtigter Erbe	778
§ 2329	Anspruch gegen den Beschenkten	778
§ 2331a	Stundung	780

Inhaltsverzeichnis

		Seite
§ 2338	Pflichtteilsbeschränkung	781
§ 2341	Anfechtungsberechtigte	782
§ 2362	Herausgabe- und Auskunftsanspruch des wirklichen Erben	785
§ 2374	Herausgabepflicht	787
§ 2375	Ersatzpflicht	787
§ 2378	Nachlassverbindlichkeiten	787
§ 2381	Ersatz von Verwendungen und Aufwendungen	788
§ 2382	Haftung des Käufers gegenüber Nachlassgläubigern	788
§ 2383	Umfang der Haftung des Käufers	789

Literaturverzeichnis

Anders, Monika/Gehle, Burkhard, Antrag und Entscheidung im Zivilprozess, 3. Aufl. 2000
Arens, Peter, Verfügungsanspruch und Interessenabwägung beim Erlass einstweiliger Verfügungen. Festschrift für Ernst v. Caemmerer zum 70. Geburtstag 1978, S. 75
Assmann, Dorothea, Das Verfahren der Stufenklage, 1990
Bacher, Klaus, Die Beeinträchtigungsgefahr als Voraussetzung für Unterlassungsklagen im Wettbewerbsrecht und in anderen Gebieten des Zivilrechts, 1996
Bader, Hans, Zur Tragweite der Entscheidung über die Art des Anspruchs bei Verurteilungen im Zivilprozess, 1966
Baumbach, Adolf/Lauterbach, Wolfgang/Albers, Jan/Hartmann, Peter, ZPO, 60. Aufl. 2002
Baur, Fritz, Anmerkung zu dem Urteil des BGH vom 8. 6. 1962 – V ZR 171/61, ZZP 76, 97 (1963)
ders., Rechtsnachfolge in Verfahren und Maßnahmen des einstweiligen Rechtsschutzes? Festschrift für Gerhard Schiedermair zum 70. Geburtstag 1976, S. 19
Baur, Fritz/Stürner, Rolf, Zwangsvollstreckungs-, Konkurs- und Vergleichsrecht, Band I, 12. Aufl. 1995
Becker-Eberhard, Ekkehard, In Prozessstandschaft erstrittene Leistungstitel in der Zwangsvollstreckung, ZZP 104, 413 (1991)
Berger, Christian, Die subjektiven Grenzen der Rechtskraft bei der Prozessstandschaft, 1992
ders., Zur Statthaftigkeit der auf Feststellung gerichteten einstweiligen Verfügung, ZZP 110, 287 (1997)
Berkowsky, Wilfried, Die prozessuale Behandlung von Lohnzahlungsklagen – insbesondere unter Berücksichtigung bereits geleisteter Zahlungen des Arbeitgebers, BB 1982, 1120
Bernreuther, Jörn, Das System des vorläufigen Rechtsschutzes in Familiensachen, FamRZ 1999, 69
Bettermann, Karl August, Die Vollstreckung des Zivilurteils in den Grenzen seiner Rechtskraft, 1948
Bittmann, Folker, Keine Titulierung zukünftiger Unterhaltsansprüche, wenn der Schuldner bisher freiwillig und vollständig gezahlt hat, FamRZ 1986, 420
Blomeyer, Arwed, Beiträge zur Lehre vom Streitgegenstand. Festschrift der Juristischen Fakultät der Freien Universität Berlin zum 41. Deutschen Juristentag 1955, S. 51

Literaturverzeichnis

ders., Einzelanspruch und gemeinschaftlicher Anspruch von Miterben und Miteigentümern, AcP 159, 385 (1960)
ders., Zivilprozessrecht, Erkenntnisverfahren, 2. Aufl. 1985
Blomeyer, Jürgen, Rechtskraft und Rechtsmittel bei Klagabweisung, NJW 1969, 587
ders., Gedanken zu den subjektiven und objektiven Grenzen der Rechtskraft, NJW 1970, 179
Bötticher, Eduard, Kritische Beiträge zur Lehre von der materiellen Rechtskraft im Zivilprozess, 1930
ders., Besinnung auf das Gestaltungsrecht und das Gestaltungsklagerecht. Festschrift für Hans Dölle zum 70. Geburtstag 1963, Band I, S. 41
ders., Anmerkung zu dem Urteil des BGH vom 24. 4. 1963 – V ZR 16/62, JZ 1964, 723
Bosch, Friedrich Wilhelm, Anmerkung zu dem Beschluss des BGH vom 24. 6. 1981 – IVb ARZ 523/8, FamRZ 1981, 1046
Braun, Johann, Rechtskraft und Restitution, Zweiter Teil, 1985
ders., Anmerkung zu dem Beschluss des BGH vom 10. 10. 1984 – IVb ZB 23/84, JZ 1985, 338
ders., Vollstreckungsakte gegen Drittbetroffene, AcP 196, 557 (1996)
Brehm, Wolfgang, Anmerkung zu dem Urteil des BGH vom 5. 12. 1991 – IX ZR 270/90, ZZP 105, 495 (1992)
Brox, Hans/Walker, Wolf D., Zwangsvollstreckungsrecht, 6. Aufl. 1999
Büdenbender, Ulrich, Der vorläufige Rechtsschutz im Nichtehelichenrecht nach dem Entwurf eines Kindschaftsrechtsreformgesetzes, ZZP 110, 33 (1997)

Calavros, Constantin, Urteilswirkungen zu Lasten Dritter, 1978
Compensis, Ulrike, Die einstweilige Verfügung auf Unterhaltsleistung, 1991
Cordes, Albrecht, Die Gesellschaft bürgerlichen Rechts auf dem Weg zur juristischen Person?, JZ 1998, 545

Dauner-Lieb, Barbara, Zwangsvollstreckung bei Nachlassverwaltung und Nachlasskonkurs. Festschrift für Hans Friedhelm Gaul zum 70. Geburtstag 1997, S. 93
Demharter, Johann, Grundbuchordnung, 23. Aufl. 2000
Deneke, Dorothea, Anmerkung zu dem Beschluss des BGH vom 10. 10. 1984 – IVb ZB 23/84, ZZP 99, 101 (1986)
Dieckmann, Albrecht, Zur Rechtskraftwirkung eines Zug-um-Zug-Urteils. Gedächtnisschrift für Peter Arens 1993, S. 43

Literaturverzeichnis

Dietrich, Peter, Die Individualvollstreckung, 1976
Dinstühler, Klaus-Jürgen, Die prozessuale Wirkungsweise des § 265 ZPO, ZZP 112, 61 (1999)
Dölle, Hans, Zum Wesen der Gestaltungsklagerechte. Festschrift für Eduard Bötticher zum 70. Geburtstag 1969, S. 93

Ebmeier, Marie-Theres/Schöne, Sigrid, Der einstweilige Rechtsschutz, 1997
Eckardt, Diederich, Die „Teilklage" – Nachforderungsmöglichkeit und Rechtskraftbindung bei Klagen auf einmalige und wiederkehrende Leistungen, Jura 1996, 624
Eckert, Heike/Rau, Joachim, Anmerkung zu dem Urteil des LG Duisburg vom 14. 7. 1998 – 23 S 198/97, ZMR 1999, 335
Einsele, Dorothee, Anmerkung zu dem Urteil des BGH vom 15. 7. 1997 – XI ZR 154/96, JZ 1998, 146
Eisenhardt, Thomas, Mietzinsklage im Urkundenprozess bei Wohnraummiete, MDR 1999, 901
El Gayar, Michael, Verjährung und Erledigung der Hauptsache, MDR 1998, 698
Enneccerus, Ludwig/Nipperdey, Hans Carl, Allgemeiner Teil des Bürgerlichen Rechts, 15. Aufl. 1959/60
Erman, BGB, Handkommentar, 10. Aufl. 2000

Fenge, Hilmar, Rechtskrafterstreckung bei revokatorischen Ansprüchen aus Verstößen gegen die Verfügungsbeschränkungen der Zugewinngemeinschaft. Festschrift für Eduard Wahl zum 70. Geburtstag 1973, S. 475
Foerste, Ulrich, Zur Rechtskraft in Ausgleichszusammenhängen, ZZP 108, 167 (1995)
Frahm, Wolfgang, Keine Beschränkung durch § 308 Abs. 1 ZPO beim unbezifferten Schmerzensgeldantrag, VersR 1996, 1212
Freiherr vom Holtz, Götz, Die Erzwingung von Willenserklärungen im einstweiligen Rechtsschutz, 1995
Frey, Susanne, Die Sicherung des künftigen Zugewinnausgleichs, 1990
Friedrich, Doris, Probleme der Teilklage, Diss. Köln 1995
Fritzsche, Jörg, Unterlassungsanspruch und Unterlassungsklage, 2000

Garlichs, Erich Theodor/Mankel, Friedrich, Die passive Prozessführungsbefugnis des Testamentsvollstreckers bei Teilverwaltung, MDR 1998, 511

Literaturverzeichnis

Gaul, Hans Friedhelm, Rechtskraft und Verwirkung. Zugleich zur Rechtfertigung der Verbindlichkeit des Richterspruchs. Festschrift für Wolfram Henckel zum 70. Geburtstag 1995, S. 235

ders., Die Neuregelung des Abstammungsrechts durch das Kindschaftsrechtsreformgesetz, FamRZ 1997, 1441

ders., Ausgewählte Probleme des materiellen Rechts und des Verfahrensrechts im neuen Abstammungsrecht, FamRZ 2000, 1461

Geißler, Markus, Der Befreiungsanspruch des Bürgen und seine vollstreckungsrechtliche Durchsetzung, JuS 1988, 452

Georgiades, Apostolos, Die Anspruchskonkurrenz im Zivilrecht und Zivilprozessrecht, 1968

Gerhardt, Walter, Der Befreiungsanspruch, zugleich ein Beitrag zum arbeitsrechtlichen Freistellungsanspruch, 1966

ders., Die Vollstreckung aus dem Vertrage zugunsten Dritter, JZ 1969, 691

ders., Besprechung von Stein/Jonas, Kommentar zur ZPO, 21. Aufl., ZZP 108, 546 (1995)

ders., Fälle und Lösungen nach höchstrichterlichen Entscheidungen, Zivilprozessrecht, 6. Aufl. 2000

Germelmann, Claas-Hinrich/Matthes, Hans Christoph/Prütting, Hanns, Arbeitsgerichtsgesetz, Kommentar, 3. Aufl. 1999

Gernhuber, Joachim, Das Schuldverhältnis, 1989

Gießler, Hans, Vorläufiger Rechtsschutz in Ehe-, Familien- und Kindschaftssachen, 3. Aufl. 2000

ders., Einstweiliger Rechtsschutz beim vereinfachten Verfahren auf Kindesunterhalt, FamRZ 2001, 1269

Göckeler, Stephan, Die Stellung der Gesellschaft des bürgerlichen Rechts im Erkenntnis-, Vollstreckungs- und Konkursverfahren, 1992

Gödicke, Patrick, Zur Verzinsung des Gerichtskostenvorschusses ab Rechtshängigkeit – eine vernachlässigte Schadensposition?, JurBüro 2001, 512

Göppinger, Horst/Wax, Peter, Unterhaltsrecht, 7. Aufl. 1999

Gottwald, Peter, Anmerkung zu dem Urteil des BGH vom 5. 2. 1974 – VI ZR 71/72, ZZP 87, 462 (1974)

ders., Die Bewältigung privater Konflikte im gerichtlichen Verfahren, ZZP 95, 245 (1982)

ders., Grundprobleme der Streitgenossenschaft im Zivilprozess, JA 1982, 64

Gottwald, Peter/Adolphsen, Jens, Zur Prozessführung des Versicherers bei gestellten Verkehrsunfällen, NZV 1995, 129

Gramentz, Dieter, Die Aufhebung der Gemeinschaft nach Bruchteilen durch den Gläubiger eines Teilhabers, 1989

Literaturverzeichnis

Greger, Reinhard, Anmerkung zu dem Urteil des BGH vom 25. 9. 1975 – VII ZR 243,74, ZZP 89, 332 (1976)
Gröschler, Peter, Zur Wirkungsweise und zur Frage der Geltendmachung von Einrede und Einwendung im materiellen Zivilrecht, AcP 201, 48 (2001)
Grunsky, Wolfgang, Die unzulässige Prozessaufrechnung, JZ 1965, 391
ders., Die Veräußerung der streitbefangenen Sache, 1968
ders., Anmerkung zu dem Urteil des BGH vom 28. 5. 1969 – V ZR 46/66, JZ 1969, 604
ders., Taktik im Zivilprozess, 2. Aufl. 1996

Habermeier, Stefan, Die Prozessführungsbefugnis eines Miterben für Gestaltungsprozesse: Gestaltungsklagen im Rahmen des § 2039 BGB, ZZP 105, 182 (1992)
Habersack, Mathias, Anmerkung zu dem Urteil des BGH vom 18. 5. 1998 – II ZR 380/96, JZ 1999, 46
Habscheid, Walther J., Der Streitgegenstand im Zivilprozess und im Streitverfahren der Freiwilligen Gerichtsbarkeit, 1956
Hadding, Walther, Zur Mehrheit von Gläubigern nach § 432 BGB. Festschrift für Ernst Wolf zum 70. Geburtstag 1985, S. 107
Häsemeyer, Ludwig, Drittinteressen im Zivilprozess, ZZP 101, 385 (1988)
Hasselbach, Kai, Die Gesellschaft bürgerlichen Rechts mit beschränkter Haftung, MDR 1998, 1200
ders., Anmerkung zu dem Urteil des BGH vom 27. 9. 1999 – II ZR 371/98, MDR 2000, 95
Hassold, Gerhard, Die Voraussetzungen der besonderen Streitgenossenschaft, 1970
Heintzmann, Walther, Die Prozessführungsbefugnis, 1970
Helle, Ernst, Das Urteil auf Widerruf einer verletzenden Behauptung und seine Vollstreckung, NJW 1963, 129
Heller, Robert, Der Zivilprozess der Gesellschaft bürgerlichen Rechts, 1989
Helwich, Günther, Zweifelsfragen bei der Zwangsvollstreckung aus arbeitsgerichtlichen Titeln, AuR 1987, 395
Henckel, Wolfram, Parteilehre und Streitgegenstand im Zivilprozess, 1961
ders., Prozessrecht und materielles Recht, 1970
ders., Vorbeugender Rechtsschutz im Zivilrecht, AcP 174, 97 (1974)
ders., Stein/Jonas. Ein Großkommentar zur Zivilprozessordnung, JZ 1992, 645
ders., Die Veräußerung der Streitsache. Festschrift für Hans Ulrich Walder zum 65. Geburtstag 1994, S. 193

Literaturverzeichnis

Hoffmann, Helmut, Die Entwicklung des Internet-Rechts, NJW 2001, Beilage zu Heft 14
Hoffmann, Rolf, Anmerkung zu dem Urteil des OLG Frankfurt vom 27. 3. 1969 – 3 U 105/68, NJW 1970, 148
Huber, Ulrich, Rechtskrafterstreckung bei Urteilen über präjudizielle Rechtsverhältnisse, JuS 1972, 621

Jahnke, Volker, Die Durchsetzung von Gattungsschulden, ZZP 93, 43 (1980)
Jahr, Günther, Die Einrede des bürgerlichen Rechts, JuS 1964, 125, 218, 293
Jaspersen, Kai, Vollstreckung nach Anordnung der Nachlassverwaltung, Rpfleger 1995, 243
Jauernig, Othmar, Verhandlungsmaxime, Inquisitionsmaxime und Streitgegenstand, 1967
ders., Einstweilige Verfügung gegen ein Bezugsverbot?, NJW 1973, 1671
ders., BGB, 9. Aufl. 1999
ders., Zivilprozessrecht, 26. Aufl. 2000
ders., Teilurteil und Teilklage. 50 Jahre Bundesgerichtshof Band III, S. 311 (2000)
Jestaedt, Bernhard, Der Streitgegenstand des wettbewerbsrechtlichen Verfügungsverfahrens, GRUR 1985, 480

Kernert, Karl, Anmerkung zu dem Beschluss des BayObLG vom 8. 5. 1934 – Reg III 46/34, JW 1934, 2247
Kesseler, Christian/Klages, Joachim, Abschied von der Befriedigungsverfügung in Schadensersatz- und Unterhaltssachen, FamRZ 2001, 1191
Kissel, Otto Rudolf, Gerichtsverfassungsgesetz, Kommentar, 3. Aufl. 2001
Kohler, Jürgen, Die Fälle der Sicherheitsleistung im BGB – Normgründe, Erfüllungszwang und einstweiliger Rechtsschutz, ZZP 102, 58 (1989)
Krampe, Christoph, Besprechung von Herbert Roth, Die Einrede des Bürgerlichen Rechts, 1988, AcP 191, 163 (1991)
Kuchinke, Kurt, Der Pflichtteilsanspruch als Gegenstand des Gläubigerzugriffs, NJW 1994, 1769
Kümpel, Siegfried, Bank- und Kapitalmarktrecht, 2. Aufl. 2000

Lässig, Curt Lutz, Besprechung von Eberhard Schilken, Die Befriedigungsverfügung, 1976, AcP 178, 418 (1978)

Literaturverzeichnis

Lange, Heinrich, Anmerkung zu dem Urteil des BGH vom 22. 10. 1957 – VI ZR 231/56, NJW 1958, 497
Lange, Heinrich/Kuchinke, Kurt, Erbrecht, 5. Aufl. 2001
Larenz, Karl, Schuldrecht I., 14. Aufl. 1987
ders., Allgemeiner Teil des deutschen Bürgerlichen Rechts, 7. Aufl. 1989
Leipold, Dieter, Teilklage und Rechtskraft. Festschrift für Albrecht Zeuner zum 70. Geburtstag 1994, S. 431
ders., Anmerkung zu dem Urteil des BGH vom 12. 5. 1993 – VIII ZR 110/92, ZZP 107, 216 (1994)
Lindacher, Walter F., Die Streitgenossenschaft, JuS 1986, 379
Lüke, Gerhard, Zum zivilprozessualen Klagensystem, JuS 1969, 301
ders., Die Vollstreckung des Anspruchs auf Arbeitsleistung. Festschrift für Ernst Wolf zum 70. Geburtstag 1985, S. 459
ders., Zur Klage auf Feststellung von Rechtsverhältnissen mit oder zwischen Dritten. Festschrift für Wolfram Henckel zum 70. Geburtstag 1995, S. 563
Lüke, Wolfgang, Die Beteiligung Dritter im Zivilprozess, 1993
ders., Prozessführung bei Streitigkeiten im Innenverhältnis der BGB-Gesellschaft, ZGR 1994, 266

Marburger, Peter, Rechtskraft und Präklusion bei der Teilklage im Zivilprozess. Gedächtnisschrift für Brigitte Knobbe-Keuk 1997, S. 187
Marotzke, Wolfgang, Besprechung von Wolfgang Riering, Gemeinschaftliche Schulden, 1991, ZZP 105, 537 (1992)
Martens, Klaus-Peter, Grenzprobleme der Interventionswirkung, ZZP 85, 77 (1972)
Michaelis, Karl, Der materielle Gehalt des rechtlichen Interesses bei der Feststellungsklage und bei der gewillkürten Prozessstandschaft. Festschrift für Karl Larenz zum 80. Geburtstag 1983, S. 443
Münchener Handbuch zum Arbeitsrecht, Band 1, 2. Aufl. 2000
Münchener Kommentar zum BGB, 3. Aufl. 1993 ff., 4. Aufl. (vermerkt) 2000 ff.
Münchener Kommentar zur ZPO, 2. Aufl. 2000/01
Münzberg, Wolfgang, Bemerkungen zum Haftungsgrund der Unterlassungsklage, JZ 1967, 689
ders., Der vollstreckbare Anspruch in unstreitig erwirkten Vollstreckungstiteln, JZ 1998, 378
Musielak, Hans-Joachim, Kommentar zur ZPO, 2. Aufl. 2000

Literaturverzeichnis

Nierwetberg, Rüdiger, Die Behandlung materiellrechtlicher Einreden bei Beantragung des Versäumnisurteils gegen den Beklagten, ZZP 98, 442 (1985)

Otte, Karsten, Umfassende Streitentscheidung durch Beachtung von Sachzusammenhängen, 1998

Palandt, BGB. Kommentar, 61. Aufl. 2002

Peglau, Jens, Anmerkung zu dem Beschluss des KG vom 2. 9. 1999 – 28 AR 90/99, MDR 2000, 723

Peters, Frank, Die Einrede der Verjährung als ein den Rechtsstreit in der Hauptsache erledigendes Ereignis, NJW 2001, 2289

Pohle, Rudolf, Zur Lehre vom Rechtsschutzbedürfnis. Festschrift für Friedrich Lent zum 75. Geburtstag 1957, S. 195

Rahm/Künkel, Handbuch des Familiengerichtsverfahrens, Loseblatt

Rehborn, Martin, Anmerkung zu dem Urteil des Saarländischen OLG vom 12. 7. 2000 – 1 U 1082/99 – 263

Rendels, Dietmar, Rechtsprobleme bei Konten von Eheleuten, Diss. Bonn 1994

RGRK, Kommentar zum BGB, 12. Aufl. 1982 ff.

Riering, Wolfgang, Gemeinschaftliche Schulden, 1991

Rimmelspacher, Bruno, Materiellrechtlicher Anspruch und Streitgegenstandsprobleme im Zivilprozess, 1970

ders., Die Durchsetzung von Befreiungsansprüchen. Zur Rechtslage bei noch nicht fälliger oder unbestimmter Drittschuld, JR 1976, 89, 183

Ritter, Falko L., Zum Widerruf einer Tatsachenbehauptung, ZZP 84, 163 (1971)

ders., Anmerkung zu dem Urteil des BGH vom 8. 12. 1970 – VI ZR 174/68, NJW 1971, 1217

Röhl, Anmerkung zu dem Urteil des BGH vom 18. 10. 1972 – VIII ZR 143/71, ZZP 86, 326 (1973)

Rosenberg, Leo/Gaul, Hans Friedhelm/Schilken, Eberhard, Zwangsvollstreckungsrecht, 11. Aufl. 1997

Rosenberg, Leo/Schwab, Karl Heinz/Gottwald, Peter, Zivilprozessrecht, 15. Aufl. 1993

Roth, Herbert, Die Einrede des Bürgerlichen Rechts, 1988

ders., Pfändung und Verpfändung von Gesellschaftsanteilen, ZGR 2000, 187

Literaturverzeichnis

Rüßmann, Helmut, Die Bindungswirkungen rechtskräftiger Unterlassungsurteile. Festschrift für Gerhard Lüke zum 70. Geburtstag 1997, S. 675

Saenger, Ingo, Macht und Ohnmacht der Gerichte bei der eiligen Durchsetzung von Herausgabeansprüchen, JZ 1999, 970

Schapp, Jan, Zum Wesen des Grundpfandrechts. Freundesgabe für Alfred Söllner zum 60. Geburtstag 1990, S. 477

Schenke, Wolf-Rüdiger/Ruthig, Josef, Die Aufrechnung mit rechtswegfremden Forderungen im Prozess, NJW 1992, 2505

Scherer, Inge, Zulässigkeit einer Vollstreckungsstandschaft?, Rpfleger 1995, 89

dies., Das Beweismaß bei der Glaubhaftmachung, 1996

dies., Verbindung der Auskunftsklage mit der Klage auf vorzeitigen Zugewinnausgleich, FamRZ 2001, 1112

Schilken, Eberhard, Die Befriedigungsverfügung, 1976

ders., Wechselbeziehungen zwischen Vollstreckungsrecht und materiellem Recht bei Zug-um-Zug-Leistungen, AcP 181, 355 (1981)

ders., Veränderungen der Passivlegitimation im Zivilprozess, 1987

ders., Ansprüche auf Auskunft und Vorlegung von Sachen im materiellen Recht und im Verfahrensrecht, Jura 1988, 525

ders., Zivilprozessrecht, 3. Aufl. 2000

Schlegelberger, Handelsgesetzbuch, Kommentar, 5. Aufl. 1973 ff.

Schlosser, Peter, Gestaltungsklagen und Gestaltungsurteile, 1966

ders., Selbständige peremptorische Einrede und Gestaltungsrecht im deutschen Zivilrecht, JuS 1966, 257

Schlüter, Wilfried/Heckes, Jasmin, Der einstweilige Rechtsschutz im Unterhaltsrecht nach den Reformgesetzen, Deutsches und Europäisches Familienrecht 1999, S. 201

Schmidt, Karsten, Zivilprozessuale und materiellrechtliche Aspekte des § 283 BGB, ZZP 87, 49 (1974)

ders., Mehrseitige Gestaltungsprozesse bei Personengesellschaften, 1992

ders., Die BGB-Außengesellschaft: rechts- und parteifähig, NJW 2001, 993

Schneider, Egon/Herget, Kurt, Streitwertkommentar für den Zivilprozess, 11. Aufl. 1996

Schubert, Werner, Klageantrag und Streitgegenstand bei Unterlassungsklagen, ZZP 85, 29 (1972)

Schütz, Olaf, Sachlegitimation und richtige Prozesspartei bei innergesellschaftlichen Streitigkeiten in der Personengesellschaft, 1994

Literaturverzeichnis

Schultz, Michael, Schadensfortentwicklung und Prozessrecht, AcP 191, 433 (1991)
Schumacher, Klaus/Grün, Klaus-Jürgen, Das neue Unterhaltsrecht minderjähriger Kinder, FamRZ 1998, 778
Schumann, Ekkehard, Grundsätze des Streitwertrechts, NJW 1982, 1257
ders., Die materiellrechtsfreundliche Auslegung des Prozessgesetzes. Festschrift für Karl Larenz zum 80. Geburtstag 1983, S. 571
Schuschke, Winfried/Walker, Wolf-Dietrich, Vollstreckung und Vorläufiger Rechtsschutz. Kommentar zum Achten Buch der ZPO, Band Zwangsvollstreckung, 2. Aufl. 1997; Band Arrest und Einstweilige Verfügung, 2. Aufl. 1999
Schwab, Dieter, Familienrecht im Umbruch, FamRZ 1995, 513
ders., Familienrecht, 10. Aufl. 1999
Schwab, Karl Heinz, Die Voraussetzungen der notwendigen Streitgenossenschaft. Festschrift für Friedrich Lent zum 75. Geburtstag 1957, S. 271
ders., Rechtskrafterstreckung auf Dritte und Drittwirkung der Rechtskraft, ZZP 77, 124 (1964)
ders., Die Bedeutung der Entscheidungsgründe. Festschrift für Eduard Bötticher zum 70. Geburtstag 1969, S. 321
ders., Zur Drittwirkung der Rechtskraft. Festschrift für Hans Ulrich Walder zum 65. Geburtstag 1994, S. 261
ders., Noch einmal: Bemerkungen zum Streitgegenstand. Festschrift für Gerhard Lüke zum 70. Geburtstag 1997, S. 793
Seelig, Horst, Die prozessuale Behandlung materiellrechtlicher Einreden – heute und einst, 1980
Selb, Walter, Mehrheiten von Gläubigern und Schuldnern, 1984
Sibben, Ralf, Besonderheiten bei der Zwangsvollstreckung aus arbeitsgerichtlichen Titeln, DGVZ 1989, 177
Soergel, BGB, Kommentar, 12. Aufl. 1988 ff.; 13. Aufl. 1999 ff. (vermerkt)
Spall, Heinz, Anmerkung zu dem Beschluss des BGH vom 24. 6. 1981 – IVb ARZ 523/81, FamRZ 1981, 1046
Spickhoff, Andreas, Schmerzensgeld und einstweilige Verfügung, VersR 1994, 1155
ders., Gerichtsstand des Sachzusammenhangs und Qualifikation von Anspruchsgrundlagen, ZZP 109, 493 (1996)
Staudinger, Kommentar zum BGB, 13. Bearb., soweit nichts anderes vermerkt
Stech, Jürgen, Unklagbare Ansprüche im heutigen Recht, ZZP 77, 161 (1964)

Stein, Axel, Nachlassverwaltung und Zwangsvollstreckung, ZEV 1998, 178
Steiner, Zwangsversteigerung und Zwangsverwaltung, 9. Aufl. 1984/86
Stein/Jonas, Kommentar zur ZPO, 21. Aufl. 1993 ff. oder 20. Aufl. (eigens vermerkt)
Stoll, Hans, Typen der Feststellungsklage aus der Sicht des bürgerlichen Rechts. Festschrift für Eduard Bötticher zum 70. Geburtstag 1969, S. 341
Stucken, Ralf, Einseitige Rechtskraftwirkung von Urteilen im deutschen Zivilprozess, 1990

Teplitzky, Otto, Anmerkungen zur Behandlung von Unterlassungsanträgen. Festschrift für Walter Oppenhoff zum 80. Geburtstag 1985, S. 487
Thomas, Heinz/Putzo, Hans, ZPO, Kommentar, 24. Aufl. 2002
Tiedtke, Klaus, Gesamthands- und Gesamtschuldklage im Güterstand der Gütergemeinschaft, FamRZ 1975, 538
Timm, Wolfram, Die Rechtsfähigkeit der Gesellschaft bürgerlichen Rechts und ihre Haftungsverfassung, NJW 1995, 3209
Trauzettel, Claudia, Die verfahrensrechtliche Behandlung von familien- und erbrechtlichen Auskunftsansprüchen, Diss. Bonn 1997

Ulmer, Peter, Die Gesamthandsgesellschaft – ein noch immer unbekanntes Wesen?, AcP 198, 113 (1998)

Vollkommer, Max, Umfassende Entscheidung über den prozessualen Anspruch im Gerichtsstand der unerlaubten Handlung auch unter dem Gesichtspunkt der positiven Vertragsverletzung und des Verschuldens bei Vertragsverhandlungen? Festschrift für Erwin Deutsch zum 70. Geburtstag 1999, S. 385
ders., Streitgenössische Nebenintervention und Beiladungspflicht nach Art. 103 Abs. 1 GG, 50 Jahre Bundesgerichtshof Band III, S. 127 (2000)
Vorwerk, Volkert, Das Prozessformularbuch, 6. Aufl. 2000

Wagner, Eberhard, Interventionsrecht des Kontomitinhabers gegen die Zwangsvollstreckung in Oder-Konten?, WM 1991, 1145
Waldner, Wolfram, Die Klage auf Duldung eines Notwegs gegen Grundstücksmiteigentümer, JR 1981, 184
ders., Anmerkung zu dem Urteil des BGH vom 26. 10. 1984 – V ZR 67/83, JZ 1985, 634
Walker, Wolf-Dietrich, Der einstweilige Rechtsschutz im Zivilprozess und im arbeitsgerichtlichen Verfahren, 1993

Literaturverzeichnis

ders., Beseitigung und Durchbrechung der Rechtskraft, 50 Jahre Bundesgerichtshof Band III, S. 367 (2000)
Walther, Richard, Klageänderung und Klagerücknahme, NJW 1994, 423
Weitnauer, Hermann, Die elektive Konkurrenz. Festschrift für Wolfgang Hefermehl zum 70. Geburtstag 1976, S. 467
Wertenbruch, Johannes, Die Haftung von Gesellschaften und Gesellschaftsanteilen in der Zwangsvollstreckung, 2000
Westermann, Harry, Sachenrecht, 7. Aufl. 1998. Fortgeführt von Harm Peter Westermann, Karl-Heinz Gursky und Dieter Eickmann
Wieczorek, Bernhard/Schütze, Rolf A., Zivilprozessordnung und Nebengesetze, Großkommentar, 3. Aufl. 1994 ff.
Wieser, Eberhard, Das rechtliche Interesse des Nebenintervenienten, 1965
ders., Die Forderung als Anrecht und Zuständigkeit, JR 1967, 321
ders., Das Rechtsschutzinteresse des Klägers im Zivilprozess, 1971
ders., Streitverkündung im Verfahren zur Feststellung der nichtehelichen Vaterschaft, FamRZ 1971, 393
ders., Zulässigkeit und Begründetheit der Klage, ZZP 84, 304 (1971)
ders., Einführung in das Bürgerliche Recht mit Allgemeinem Teil und Übung, 1982
ders., Arbeitsgerichtsverfahren. Eine systematische Darstellung aufgrund der Rechtsprechung des Bundesarbeitsgerichts, 1994
ders., Grundzüge des Zivilprozessrechts mit Zwangsvollstreckungs- und Insolvenzrecht, 2. Aufl. 1997
ders., Notwendige Streitgenossenschaft, NJW 2000, 1163
Windel, Peter A., Der Interventionsgrund des § 66 Abs. 1 ZPO als Prozessführungsbefugnis, 1992
ders., Anmerkung zu dem Urteil des BGH vom 9. 4. 1997 – IV ZR 113/96, ZZP 110, 501 (1997)
ders., Die Bedeutung der §§ 17 Abs. 2, 17a GVG für den Umfang der richterlichen Kognition und die Rechtswegzuständigkeit, ZZP 111, 3 (1998)
Wolf, Manfred, Die Zulässigkeit unechter Eventualklagen insbesondere bei Teilklagen. Festschrift für Hans Friedhelm Gaul zum 70. Geburtstag 1997, S. 805

Zeuner, Albrecht, Die objektiven Grenzen der Rechtskraft im Rahmen rechtlicher Sinnzusammenhänge, 1959
ders., Gedanken zur Unterlassungs- und negativen Feststellungsklage. Festschrift für Hans Dölle zum 70. Geburtstag 1963, Band I, S. 295

Literaturverzeichnis

ders., Zur Rechtskraftwirkung des Unterlassungsurteils für den nachfolgenden Schadensersatzprozess – BGHZ 42, 340, JuS 1966, 147

ders., Fragen der prozessualen Erfassung materiellrechtlicher Rechtslagen im Hinblick auf die Stellung des Beklagten. Festschrift für Eduard Bötticher zum 70. Geburtstag 1969, S. 405

ders., Rechtliches Gehör, materielles Recht und Urteilswirkungen, 1974

ders., Beobachtungen und Gedanken zur Behandlung von Fragen der Rechtskraft in der Rechtsprechung des Bundesgerichtshofes, 50 Jahre Bundesgerichtshof Band III, S. 337 (2000)

Zöller, ZPO, Kommentar, 23. Aufl. 2002

Auf den Abdruck eines gesonderten Abkürzungsverzeichnisses wurde verzichtet. Die verwendeten Abkürzungen entsprechen den allgemeinen Regelungen, im Übrigen wird auf *Kirchner*, Abkürzungsverzeichnis der Rechtssprache, verwiesen.

Vorbemerkungen

Abänderungsklage (§ 323 ZPO)
S. besonders § 12, Rn. 29.

Ablieferung
Ansprüche auf Ablieferung s. bei §§ 631, 1217.

Ablösungsrecht
S. bei § 268.

Abnahme
Ansprüche auf Abnahme s. bei §§ 433, 640.

Absolutes Recht
S. § 12, Rn. 13.

Abtretung
S. bei § 255. S. auch → *Rechtsverschaffung*.

Anerkenntnis
Ansprüche auf ein Anerkenntnis s. bei §§ 371, 380, 403.

Anlage einer Kaution
Ansprüche auf Anlage einer Kaution s. bei § 551.

Anpassung
Ansprüche auf Anpassung eines Vertrages s. bei § 313.

Anspruch

Anspruch

Das Verhältnis des Anspruchs zur „Pflicht" und zur „Haftung" und die Struktur des Anspruchs sind bei § 194 dargestellt. Zur prozessrechtlichen Problematik s. die einzelnen Anspruchsarten und -grundlagen. Zum Anspruch „gegen jedermann" s. § 12, Rn. 13.

Arbeitsleistung

Ansprüche auf Arbeitsleistung s. bei §§ 611, 1360.

Aufbewahrung

Ansprüche auf Aufbewahrung (Verwahrung) s. bei §§ 688, 1217, 1231.

Aufgabe eines Rechts

→ *Rechtsentäußerung.*

Aufhebung

Aufhebung eines **Rechts** → *Rechtsentäußerung,* einer **Gemeinschaft** → *Auseinandersetzung.*

Auflage

S. bei §§ 525, 526, 2194.

Aufrechnung

S. bei § 387.

Aufwendungsersatz

Die Ansprüche auf Aufwendungsersatz, z. B. aus § 670, können nach § 257 auf Befreiung von einer Verbindlichkeit (→ *Befreiung* Rn. 1) mit vorläufiger Ersetzungsbefugnis des Schuldners (§ 257, Rn. 2) oder auf → *Zahlung* (Rn. 1) gerichtet sein.

Auseinandersetzung

Ansprüche auf Auseinandersetzung s. bei §§ 730, 749, 1471, 2042, 2045, 2048.

Aushändigung

Ansprüche auf Aushändigung einer Urkunde s. bei § 484.

Auskunft

Inhaltsübersicht

A. Überblick 1
B. Bloße Auskunft 2
 I. Klage 2
 II. Zuständigkeit 3
 III. Materielle Rechtskraft 4
 IV. Zwangsvollstreckung 5
 V. Einstweilige Verfügung ... 6
  1. Verlängerter Eigentumsvorbehalt 6a
  2. Auskunft durch Geschäftsführer 7
  3. Sonstige Gründe für eine Auskunftsverfügung 8

C. Auskunfts- und Herausgabeklage als „Stufenklage" ... 9
 I. Allgemeines 9
 II. Fälle 16
  1. Unzulässige Auskunftsklage 16
  2. Unbegründete Klage ... 17
  3. Erfolgreiche Auskunftsklage 18
   a) Bestehen eines Herausgabeanspruchs 19
   b) Nichtbestehen eines Herausgabeanspruchs . 20

A. Überblick

Ansprüche auf Auskunft gewährt das BGB z. B. in § 666. **Besonderheiten** gelten für bestimmte Rechenschaftsansprüche (§ 259), Ansprüche auf Auskunft über den Bestand eines Inbegriffs von Gegenständen (§ 260) sowie für die familienrechtlichen Auskunftsansprüche aus §§ 1379, 1435, 1580, 1605, teilweise auch für die erbrechtlichen Auskunftsansprüche aus §§ 2027, 2028, 2057, 2362. S. dazu die Kommentierung der angegebenen Vorschriften. **Im Übrigen** gilt: 1

Auskunft

B. Bloße Auskunft

I. Klage

2 Eine **Leistungsklage** müsste z. B. die Verurteilung der Beklagten beantragen, dem Kläger darüber Auskunft zu erteilen, in welchem Umfang sie bis zum Zeitpunkt des Zugangs der Klageschrift[1] Schutt auf das Grundstück des Klägers Meyerallee 46 in Köln hat abkippen lassen[2]. Die **Änderung** der Auskunftsklage in eine „Herausgabeklage", und umgekehrt, ist nach § 264 Nr. 2 ZPO ohne weiteres zulässig (Rn. 13).

II. Zuständigkeit

3 **Sachlich zuständig** für die Auskunftsklage sind die Amtsgerichte oder die Landgerichte, je nach Streitwert (§§ 23 Nr. 1, 71 I GVG). Den Streitwert setzt die Rechtsprechung nach § 3 ZPO für den Normalfall meist zwischen 10 und 25% des Wertes der **Hauptforderung** an, derentwegen die Auskunft verlangt wird[3]. Es kommt darauf an, wie stark der Kläger für die Durchsetzung des Hauptanspruchs auf die Auskunft angewiesen ist. Im Beispielsfall bestand die „ernsthafte Möglichkeit", dass von den 22 000 cbm Schutt, die verschiedene Abbruchunternehmer auf das Grundstück des Klägers gekippt hatten, knapp ein Siebtel von der Beklagten herrührte. Die Beseitigung dieser mehr als 3000 cbm Schutt kostete ca. 12 000 DM. Da die Auskunft zur Durchsetzung des Schadensersatzanspruchs begehrt wurde, war der Streitwert für die Auskunftsklage mit 10% von 12 000 DM festzusetzen[4].

III. Materielle Rechtskraft

4 Die rechtskräftige Feststellung, dass ein Anspruch auf Auskunft besteht oder nicht besteht, präjudiziert nicht die Entscheidung über den Hauptanspruch[5]. Die beiden Ansprüche haben verschiedene Ziele – hier die Auskunft, dort die Hauptleistung. Sie sind auch in

---

1 MünchKommZPO/Lüke, § 253, Rn. 142.
2 Vgl. OLG Köln, NJW 1960, 2295.
3 Näher Schneider/Herget, Rn. 513 ff.; Stein/Jonas/Roth, § 3, Rn. 41, „Auskunftsanspruch".
4 OLG Köln, NJW 1960, 2295.
5 BGH, NJW 1964, 2061, 2062. **A. A.** Rimmelspacher, Anspruch, S. 288; Zeuner, Rechtskraft, S. 160, 162.

ihrem Bestand voneinander unabhängig, da der Schuldner zur Auskunft verpflichtet sein kann, ohne eine Hauptleistung zu schulden, und umgekehrt. Dass die Auskunft dazu dient, die Hauptleistung zu erzwingen, reicht für die Rechtswirkung nicht aus (§§ 322 I, 256 II ZPO).

IV. Zwangsvollstreckung

Die Zwangsvollstreckung richtet sich nach § 888 ZPO, soweit nur der   5
Schuldner die Auskunft erteilen kann, sonst nach § 887 ZPO[1]. Ob der Auskunftsanspruch zum Zwecke der Pfändung oder Verwertung des Hauptrechts gepfändet werden kann (§ 857 ZPO) oder wenigstens von der Pfändung des Hauptrechts miterfasst wird[2], ist umstritten[3].

V. Einstweilige Verfügung

Die Erteilung einer Auskunft kann u. U. durch einstweilige Verfügung angeordnet werden[4].   6

1. Verlängerter Eigentumsvorbehalt

Das OLG Karlsruhe[5] hat im Falle eines verlängerten Eigentumsvorbehalts (Vorausabtretung der Forderungen aus einer Weiterveräußerung) dem Käufer aufgegeben, die Namen und Anschriften seiner Kunden einem Rechtsanwalt des Verkäufers mitzuteilen, damit die Kunden über die Vorausabtretung der gegen sie gerichteten Kaufpreisforderungen informiert werden konnten und so ihren guten Glauben (§ 407) verloren. Die Entscheidung wurde damit begründet, dass die Sache eilbedürftig war, der Verkäufer durch den Ausfall der abgetretenen Forderungen insolvent zu werden drohte und dass der Anspruch auf Auskunft an ihn selbst durch die Auskunft an seinen Rechtsanwalt nicht befriedigt wurde.   6a

---

1 Stein/Jonas/Brehm, § 888, Rn. 5.
2 So BGH, NJW 1998, 2969.
3 Vgl. Stein/Jonas/Brehm, § 829, Rn. 80, Fn. 404; § 857, Rn. 5.
4 Grundsätzlich ablehnend KG, GRUR 1988, 403. Nicht einschlägig OLG Düsseldorf, GRUR 1969, 550.
5 NJW 1984, 1905 f.

Auskunft

2. Auskunft durch Geschäftsführer

7 Das OLG Bamberg[1] hat den ehemaligen Geschäftsführer einer oHG verpflichtet, der Gesellschaft Auskunft darüber zu geben, wo bestimmte Materialien und Maschinen lagerten, und ihr eine Aufstellung über die entsprechenden Lager zu erteilen (§ 105 III HGB, §§ 713, 666 BGB). Die Gesellschaft habe einen Herausgabeanspruch, der durch einstweilige Verfügung gesichert werden könne. Deshalb müsse es „auch zulässig sein, durch einstweilige Verfügung vorbereitende Maßnahmen, also weniger als die Herausgabe selbst, anzuordnen, nämlich den Schuldner zu bestimmten Handlungen zu veranlassen, die die Besitzergreifung durch den Gläubiger ermöglichen".

3. Sonstige Gründe für eine Auskunftsverfügung

8 Darüber hinaus sollte eine Auskunftsverfügung zugelassen werden, a) wenn der Antragsteller zur Geltendmachung von Ansprüchen aus einer offensichtlichen Rechtsverletzung auf die Auskunft angewiesen ist[2]; b) wenn wegen des Anspruchs, der durch die Auskunft geklärt werden soll, eine Sicherungs- oder Befriedigungsverfügung geboten ist[3] wie im Fall des OLG Bamberg (Rn. 7); c) wenn sonst der Schaden, der dem Antragsteller ohne die Anordnung droht, nicht geringer ist als der Schaden, der dem Antragsgegner durch die Anordnung entsteht (→ *Zahlung* Rn. 40)[4].

---

1 Rpfleger 1951, 460 f.
2 Schuschke, vor § 935, Rn. 22; Stein/Jonas/Grunsky, vor § 935, Rn. 53; Zöller/Vollkommer, § 940, Rn. 8, „Auskunft".
3 Vgl. MünchKommZPO/Finger, § 620, Rn. 39 zur einstweiligen Anordnung; Schuschke, vor § 935, Rn. 22; Soergel/Wolf, § 260, Rn. 81; Stein/Jonas/Grunsky, vor § 935, Rn. 53; Zöller/Vollkommer, § 940, Rn. 8, „Auskunft".
4 Vgl. Ebmeier/Schöne, Rn. 80; Rosenberg/Schilken, § 76, bei Fn. 47; Schilken, Befriedigungsverfügung, S. 152. **A. A.** OLG Hamm, NJW-RR 1992, 640, das sich gegen eine „unbeschränkte Zulassung" der Auskunftsverfügung wendet, obwohl die bei Befriedigungsverfügungen übliche Güterabwägung eine „unbeschränkte Zulassung" gerade verhindert. A. A. auch Trauzettel, S. 184, weil der Auskunftsberechtigte „in der Regel" noch im normalen Erkenntnisverfahren zu seinem Recht gelangen könne; aber das kann in Ausnahmefällen kein Argument sein.

C. Auskunfts- und Herausgabeklage als „Stufenklage"

I. Allgemeines

Mit grundsätzlich jeder Auskunftsklage[1] kann die *Klage auf Her-* 9 *ausgabe* desjenigen verbunden werden, was der Beklagte aus dem zugrunde liegenden Rechtsverhältnis schuldet (§ 254 ZPO), im Beispielsfall Schadensersatz für die Schuttablagerung (→ *Schadensersatz* Rn. 1). Da die Herausgabeklage der Auskunftsklage auf einer zweiten Stufe folgt, bezeichnet man beide als „Stufenklage".

Auskunfts- und Herausgabeklage sind zwei verschiedene, in **objek-** 10 **tiver Klagenhäufung** verbundene Klagen[2], deren Zulässigkeit und Begründetheit grundsätzlich gesondert zu beurteilen ist.

Die Herausgabeklage muss zunächst keinen **bestimmten Antrag** enthalten, abweichend von § 253 II Nr. 2 ZPO[3]. Vielmehr kann die bestimmte Angabe der vom Kläger beanspruchten Leistung vorbehalten werden, bis die Auskunft erteilt ist (§ 254 ZPO). Im Beispielsfall könnte daher neben der Auskunftsklage (Rn. 2) die Verurteilung der Beklagten beantragt werden, dem Kläger den aus der Schuttablagerung entstehenden, nach erteilter Auskunft zu beziffernden Schaden zu ersetzen. Ungenau wäre die Formulierung: „Nach erteilter Auskunft *werde ich* beantragen..." Denn der Klageantrag wird bereits in der Klageschrift gestellt (§ 253 II Nr. 2 ZPO); in der mündlichen Verhandlung wird er lediglich wiederholt (§ 297 ZPO). Das gilt auch für den Herausgabeantrag einer Stufenklage, der sofort die Rechtshängigkeit begründen soll[4]. Nur wenn der Klageantrag bereits in der Klageschrift gestellt ist, kann die Rechtshängigkeit schon mit der Zustellung der Klageschrift eintreten (§§ 261 I, 253 I ZPO) und die Klage als unbegründet abgewiesen werden, falls der Klägeranwalt im Termin zur mündlichen Verhandlung nicht erscheint (§ 330 ZPO, Rn. 17).

Der für die **sachliche Zuständigkeit** maßgebliche Streitwert wird – 11 entgegen einer verbreiteten Meinung[5] – nicht durch Zusammenrechnung nach § 5 ZPO ermittelt, sondern wegen wirtschaftlicher

---

1 MünchKommZPO/Lüke, § 254, Rn. 7; Zöller/Greger, § 254, Rn. 6.
2 OLG Düsseldorf, FamRZ 1996, 493; Assmann, S. 12, 15.
3 BGH, NJW 2000, 1646; Assmann, S. 8, 10 f.
4 Zöller/Greger, § 254, Rn. 1.
5 OLG Bamberg, JurBüro 1979, 251; Schneider/Herget, Rn. 4231 mit weiteren Nachweisen.

Auskunft

Identität analog § 18 GKG[1]. Da mit der Auskunftsklage „die Klage auf Herausgabe desjenigen verbunden (wird), was der Beklagte aus dem zugrunde liegenden Rechtsverhältnis schuldet, so ist für die Wertberechnung nur einer der verbundenen Ansprüche, und zwar der höhere, maßgebend." Der höhere Anspruch ist der Herausgabeanspruch[2].

12 Das für die Herausgabeklage örtlich zuständige Gericht ist kraft Sachzusammenhangs auch für die Auskunftsklage **örtlich zuständig**[3].

13 Erklärt der Kläger einseitig die **Auskunftssache** für **erledigt**, während der Beklagte die Erledigung bestreitet und auf einer Abweisung der Auskunftsklage als unzulässig oder unbegründet besteht, so muss der Streit über die Erledigung vom Gericht entschieden werden. Dies setzt nach allgemeiner Ansicht voraus, dass der Kläger die Feststellung der Erledigung beantragt. Für den Feststellungsantrag fehlt auch bei einer Stufenklage nicht das rechtliche Interesse (§ 256 I ZPO)[4]. Der Kläger kann die Auskunftsklage, nachdem der Beklagte mit der mündlichen Verhandlung zur Hauptsache begonnen hat, nicht einfach ohne Einwilligung des Beklagten „fallen lassen" (§ 269 I ZPO). Auch § 264 Nr. 2 ZPO gestattet es nicht, die Klage auf einen von mehreren Klageanträgen zu beschränken, die in objektiver Klagenhäufung erhoben sind[5]. Zwar wird in dem Übergang von der Auskunfts- zur Herausgabeklage eine nach § 264 Nr. 2 ZPO zulässige Klageerweiterung gesehen[6]. Daher muss nach § 264 Nr. 2 ZPO auch eine Klagebeschränkung in der Weise zulässig sein,

---

1 OLG Stuttgart, NJW 1969, 1217 (zu § 15 GKG a. F.); Assmann, S. 91 f., 131 f.; MünchKommZPO/Schwerdtfeger, § 5, Rn. 22; Stein/Jonas/Schumann, § 254, Rn. 48; Zöller/Greger, § 254, Rn. 5.
2 Schneider/Herget, Rn. 4253.
3 Assmann, S. 15; Stein/Jonas/Schumann, § 254, Rn. 45.
4 Vgl. BGH, NJW 1985, 2405, 2407; NJW 1999, 2520, 2522 = MDR 1999, 939 f.; MünchKommZPO/Lüke, § 254, Rn. 23. A. A. OLG Düsseldorf, FamRZ 1996, 493; Zöller/Greger, § 254, Rn. 12. Vgl. auch Musielak/Foerste, § 254, Rn. 6.
5 MünchKommZPO/Lüke, § 254, Rn. 21. A. A. OLG Koblenz, NJW 1963, 912; Zöller/Greger, § 254, Rn. 4. Nach beiderseitiger Erledigungserklärung wie im Fall BGH, NJW 1991, 1893 ist ohnehin nur noch über die Herausgabeklage zu entscheiden. In den Fällen BGH, NJW 1969, 1486 und NJW 1979, 925 war keine Stufenklage erhoben.
6 BGHZ 52, 169, 171; MünchKommZPO/Lüke, § 264, Rn. 14; Zöller/Greger, § 264, Rn. 3b.

Auskunft

dass der Kläger von der Herausgabe- zur Auskunftsklage übergeht[1]. Die Beschränkung der Stufenklage auf die Herausgabeklage ist aber etwas anderes. Außerdem bedarf auch eine Klagebeschränkung nach §§ 269 I, 306 oder 91a I ZPO der Einwilligung des Beklagten[2]. Ebenso wenig kann das Gericht ohne die Erledigungserklärung des Beklagten einfach davon ausgehen, dass die Hauptsache erledigt sei (§ 91a I ZPO). Bei einer isolierten Auskunftsklage würde wohl jeder diese Ansicht teilen. Bei einer Auskunftsklage, die im Wege einer Stufenklage mit einer Herausgabeklage verbunden ist, kann aber nichts anderes gelten. Dass hier über die Kosten der Auskunftssache in der Schlusskostenentscheidung mitentschieden werden kann[3], rechtfertigt es nicht, dass das Gericht von einer förmlichen Entscheidung des Parteienstreits über die Erledigung absieht. Denn der Beklagte, der die Erledigungserklärung verweigert, begehrt eine rechtskräftige Abweisung der Auskunftsklage, die eine Wiederholung der Auskunftsklage verhindert oder zumindest erschwert, eventuell auch einer Schadensersatzklage den Boden bereitet. Über dieses Begehren muss das Gericht entscheiden, wenn es nicht förmlich die Erledigung der Hauptsache feststellt. Richtig ist lediglich, dass die mit der Auskunftsklage verbundene Klage auf Abgabe einer **eidesstattlichen Versicherung** sich von selbst erledigt, wenn die Auskunftsklage nicht durchdringt[4]. Aber das liegt daran, dass die Klage auf Abgabe einer eidesstattlichen Versicherung unter der zulässigen innerprozessualen Bedingung eines Erfolgs der Auskunftsklage erhoben wird.

Unzulässig ist die Stufenklage, wenn **das Herauszugebende** nach Gegenstand und Umfang (zuverlässig) **bekannt** ist und die Auskunft lediglich klären soll, *ob* ein Herausgabeanspruch gegen den Beklagten dem Grunde nach besteht[5]. Denn dann soll nicht, wie es § 254 ZPO voraussetzt, die bestimmte Angabe der beanspruchten Leistung vorbehalten werden, sondern nur die Weiterverfolgung der Herausgabeklage gegen den Beklagten. Daher ist für die Herausgabeklage ein bestimmter Antrag erforderlich. Die Auskunftsklage kann trotz Unzulässigkeit der Stufenklage zulässig sein[6]. 14

---

1 Ebenso Walther, NJW 1994, 424.
2 BGH, NJW 1990, 2682; Stein/Jonas/Schumann, § 264, Rn. 67; Zöller/Greger, § 264, Rn. 4a. A. A. Musielak/Foerste, § 264, Rn. 6.
3 So OLG Düsseldorf, FamRZ 1996, 494.
4 OLG Düsseldorf, FamRZ 1996, 494.
5 BGH, NJW 2000, 1646; Assmann, S. 46; MünchKommZPO/Lüke, § 254, Rn. 6; Stein/Jonas/Schumann, § 254, Rn. 15.
6 BGH, NJW 2000, 1646.

Auskunft

Sollen jedoch die Auskunftsklage und die Klage auf Abgabe einer eidesstattlichen Versicherung „*eine fundiertere Begründung*" des der Höhe nach bereits feststehenden Zahlungsanspruchs ermöglichen, so ist die Stufenklage zulässig[1]. „In einem solchen Falle ist trotz der ... Bezifferung des Leistungsantrages eine Entscheidung über die dritte Stufe erst zulässig, wenn die beiden ersten Stufen erledigt sind"[2].

15 Die Auskunftsklage kann auch mit einer **bezifferten Teilklage** und einer unbezifferten Restklage verbunden werden. Dann liegt aber nur hinsichtlich des unbezifferten Begehrens eine Stufenklage vor[3]. Gleichwohl soll trotz der teilweisen Bezifferung eine Entscheidung über die gesamte Zahlungsklage erst getroffen werden, wenn die beiden ersten Stufen erledigt sind[4].

II. Fälle

1. Unzulässige Auskunftsklage

16 Erweist sich die Auskunftsklage als unzulässig, so ist die in § 254 ZPO vorausgesetzte Möglichkeit, die Auskunft im Rechtsweg herbeizuführen, nicht mehr gegeben. Daher muss der Kläger jetzt einen *bestimmten* Herausgabeantrag stellen (§ 253 II Nr. 2 ZPO). Vermag er dies nicht, wird die Herausgabeklage als unzulässig abgewiesen. Anders verhält es sich nur, wenn die Herausgabeklage bedingt erhoben ist, sei es aufschiebend bedingt durch den Erfolg der Auskunftsklage oder (besser) auflösend bedingt durch ihren Misserfolg[5].

2. Unbegründete Klage

17 Erweisen sich **Auskunfts- und Herausgabeklage** beide als **unbegründet**, so ist die Herausgabeklage gleichfalls als unbegründet abzuweisen[6]. Dass sie unzulässig ist, weil der jetzt erforderliche bestimmte Antrag nicht gestellt wird (Rn. 16), hindert zwar ein klagestattgebendes Urteil, dessen Umfang unbestimmt bleiben müsste. Dagegen hindert die Unbestimmtheit der Herausgabeklage nicht eine

---

1 BGH, FamRZ 1996, 1070, 1071.
2 BGH, FamRZ 1996, 1070, 1071.
3 BGHZ 107, 239.
4 BGH, FamRZ 1996, 1070, 1071.
5 Vgl. Assmann, S. 23, 85.
6 BGHZ 94, 275; MünchKommZPO/Lüke, § 254, Rn. 18, 25; Rosenberg/Schwab/Gottwald, § 97, bei Fn. 45.

Sachabweisung, die einen Herausgabeanspruch vollständig verneint. Denn insoweit hat die Unbestimmtheit der Klage nicht zur Folge, dass auch das Urteil unbestimmt ist. Wenn jedoch die Herausgabeklage nur bedingt erhoben ist, wird über sie nicht mehr entschieden (Rn. 16).

3. Erfolgreiche Auskunftsklage

Wird der Auskunftsklage stattgegeben, muss der Kläger sich, notfalls im Wege der Zwangsvollstreckung, um die Auskunft bemühen. 18

a) Bestehen eines Herausgabeanspruchs

Ergibt die freiwillige oder erzwungene Auskunft, dass ein Herausgabeanspruch bestimmten Umfangs besteht, so kann und muss der Kläger einen bestimmten Herausgabeantrag stellen; sonst wird die Herausgabeklage als unzulässig abgewiesen (§ 253 II Nr. 2 ZPO)[1]. 19

b) Nichtbestehen eines Herausgabeanspruchs

Ergibt die Auskunft, dass ein Herausgabeanspruch nicht besteht, so fragt es sich, ob und wie eine Belastung des Klägers mit den Kosten der Herausgabeklage vermieden werden kann. Dazu werden – auch in der Rechtsprechung – verschiedene Lösungen vertreten[2]. 20

Nach der ersten Ansicht lässt sich eine Kostenbelastung des Klägers nicht vermeiden, weil die Klage nur entweder kostenpflichtig abgewiesen oder kostenpflichtig zurückgenommen werden könne (§§ 91 I Satz 1, 269 III Satz 2 ZPO)[3], es sei denn, dass ein gesetzlicher Unterhaltsanspruch verneint wird (§ 93d ZPO)[4].

Der BGH rät dem Kläger, die Herausgabeklage zu ändern und ihre Kosten als Verzugsschaden wegen verzögerter Auskunft einzuklagen (§ 263 ZPO)[5]. Dadurch bleibe dem Kläger letzten Endes die Kostenbelastung erspart. Wörtlich sagt der BGH: „Die Kostenentscheidung beruht hier, (soweit es um die Herausgabeklage geht), auf der mate-

---

1 Assmann, S. 10, 64; MünchKommZPO/Lüke, § 254, Rn. 21; Stein/Jonas/Schumann, § 254, Rn. 37.
2 Nicht einschlägig ist OLG Karlsruhe, FamRZ 1990, 74.
3 OLG Düsseldorf, NJW-RR 1989, 446 = FamRZ 1988, 1071; OLG Hamm, MDR 1989, 461; NJW-RR 1991, 1407; OLG München, MDR 1990, 636; Stein/Jonas/Schumann, § 254, Rn. 31.
4 Schlüter/Heckes, S. 208.
5 BGH, NJW 1994, 2895, 2896 = FamRZ 1995, 348; im Anschluss an BGHZ 79, 280 f. = NJW 1981, 990.

Auskunft

riellrechtlichen Regelung des Verzuges (§ 286 BGB). Im Übrigen ergibt sie sich aus § 91 ZPO. Die Kostenentscheidung enthält also, abweichend von der Regel der §§ 91 ff. ZPO, einen materiellen Teil wegen des Schadensersatzanspruchs der Kläger, den diese in dem anhängigen Verfahren durchsetzen können"[1]. Eigenartig an dieser Lösung ist, dass die Feststellung der Schadensersatzpflicht des Beklagten zwar auf einer Klageänderung beruht und demnach Entscheidung der Hauptsache sein müsste, gleichwohl aber Teil der Kostenentscheidung sein soll. Das ist nicht möglich. Vertretbar wäre es, die durch die unbegründete Herausgabeklage bis zur Klageänderung entstandenen Kosten in der abschließenden Kostenentscheidung dem Kläger aufzuerlegen und in der Hauptsacheentscheidung aufgrund der Klageänderung die Pflicht des Beklagten zum Ersatz dieser Kosten festzustellen. Aber dann wäre der Beklagte nicht Kostenschuldner im Sinne des § 54 GKG und könnte wegen der Gerichtskosten nicht von der Staatskasse, sondern nur im Rückgriff vom Kläger (§ 49 Satz 1 GKG) in Anspruch genommen werden.

21 Nach einer dritten Ansicht soll die Klage ohne Kostennachteile zurückgenommen werden können, weil sich der Gesamtstreitwert hier ausnahmsweise nach der – für den Kläger siegreichen – Auskunftsklage bemesse[2]. „Der Weg über eine streitwertmäßige Vernachlässigung des Zahlungsantrags ist jedoch nicht gangbar. Die Bewertung hat nämlich bei Einreichung der Klage zu erfolgen nach dem Interesse des Klägers. Dabei lässt sich . . . nicht leugnen, dass der Kläger davon ausgeht, ihm stünden Zahlungsansprüche zu; andernfalls hätte er die Klage nicht erhoben"[3].

22 Nach der vierten Ansicht ist der Herausgabestreit in der Hauptsache erledigt, so dass bei einseitiger Erledigungserklärung des Klägers der Beklagte die Kosten zu tragen hat[4]. Eine Erledigung der Hauptsache setzt jedoch voraus, dass die Klage zunächst zulässig und begründet war; die Herausgabeklage war indessen, wie sich durch die Auskunft ergab, von Anfang an unbegründet[5]. Da es bei

---

1 BGH, NJW 1994, 2895, 2896.
2 OLG Bamberg, FamRZ 1986, 372; OLG Frankfurt, FamRZ 1987, 1293; OLG Stuttgart, NJW 1969, 1217; FamRZ 1994, 1595.
3 OLG Karlsruhe, FamRZ 1989, 1101. Ebenso Assmann, S. 90 ff.; MünchKommZPO/Lüke, § 254, Rn. 24; Schneider/Herget, Rn. 4259 f.
4 OLG Frankfurt, FamRZ 1987, 293 = NJW-RR 1987, 964; OLG Karlsruhe, FamRZ 1989, 1101.
5 So mit Recht BGH, NJW 1994, 2895; OLG Düsseldorf, NJW-RR 1989, 446; OLG Stuttgart, NJW 1969, 1217; FamRZ 1994, 1595; Assmann, S. 84 ff.; Stein/Jonas/Schumann, § 254, Rn. 31.

übereinstimmender Erledigungserklärung nach § 91a ZPO nicht auf die tatsächliche Erledigung ankommt, können nach dieser Vorschrift dem Beklagten die Kosten auferlegt werden[1].

Befürwortet wird fünftens eine Analogie zu § 93 ZPO: Da der Beklagte durch sein Verhalten, die pflichtwidrige Auskunftsverweigerung, zur Erhebung der Herausgabeklage Veranlassung gegeben habe, so fielen ihm die Prozesskosten zur Last, wenn der Kläger auf den Herausgabeanspruch nach negativer Auskunft sofort verzichte (§ 306 ZPO)[2]. Diese Lösung verdient den Vorzug. Denn selbst wenn der Kläger nicht zu einer vorzeitigen Herausgabeklage genötigt war, z. B. wegen drohender Verjährung[3], so hat doch nicht er durch seine Klage, sondern der Beklagte durch seine pflichtwidrige Auskunftsverweigerung die Kosten des Herausgabeprozesses rechtswidrig verursacht[4].

23

Auslobung

Zur Verteilung der Belohnung s. bei § 660.

Aussetzung (§ 148 ZPO)

S. besonders § 387, Rn. 7; § 1368, Rn. 3.

Beerdigung

Ansprüche auf Tragung der Beerdigungskosten s. bei §§ 1615, 1615m, 1968.

---

1 So im Ergebnis OLG Frankfurt, FamRZ 1987, 85; HansOLG Hamburg, MDR 1975, 670; KG, NJW 1970, 903; OLG Köln, JurBüro 1993, 118; OLG Zweibrücken, 2. Senat, JurBüro 1973, 446. A. A. OLG Zweibrücken, 6. Senat, NJW 1986, 939.
2 OLG München, MDR 1988, 782; Assmann, S. 80 ff., 92 ff.; MünchKommZPO/Lüke, § 254, Rn. 24.
3 Assmann, S. 7, 63 f.; MünchKommZPO/Lüke, § 254, Rn. 17.
4 A. A. BGH, NJW 1994, 2895, 2896: Die Fälle seien nicht vergleichbar; aber der BGH hat schon ganz andere Fälle für vergleichbar gehalten. A. A. auch OLG Hamm, MDR 1989, 462, wegen „übersteigerter Wertvorstellungen des Klägers"; aber die sind unmaßgeblich (Schneider/Herget, Rn. 4257).

Befreiung

Inhaltsübersicht

A. Überblick 1
B. Klagen 3
C. Zuständigkeit 6
   I. Ordentlicher Rechtsweg ... 6
   II. Sachliche und örtliche Zuständigkeit 7
D. Zwangsvollstreckung 9
   I. Vollstreckung wegen des Befreiungsanspruchs 9
      1. Vollstreckung auf Betreiben des Titelgläubigers .. 9
      2. Vollstreckung gem. § 887 ZPO 10
      3. Bestimmung der vertretbaren Handlung 11
      4. Anordnung gem. § 887 II ZPO 14
      5. Freiwillige Leistung 15
   II. Pfändung des Befreiungsanspruchs 16
      1. Pfändung durch den Dritten 16
      2. Pfändung durch anderen Gläubiger 18
E. Einstweiliger Rechtsschutz . 19

A. Überblick

1 **Ansprüche** auf **Befreiung** (Freistellung, Freihaltung) gehen dahin, dass der Schuldner den Gläubiger von einer Verbindlichkeit befreit, die dem Gläubiger gegenüber einem **Dritten** obliegt; solche Ansprüche können sich z. B. aus § 257 Satz 1 ergeben. Soll der Schuldner den Gläubiger von einer Verbindlichkeit befreien, die dem Gläubiger gegenüber dem **Schuldner** obliegt, so handelt es sich nicht um einen Befreiungsanspruch[1], sondern um einen Anspruch auf Rechtsentäußerung, für den andere Regeln gelten (→ Rechtsentäußerung Rn. 1).

2 Gewöhnlich kann die Befreiung auf verschiedene Weise erfolgen (Rn. 10), wobei die Wahl des Befreiungsweges dem Schuldner überlassen ist[2], ohne dass eine Wahlschuld im technischen Sinn des § 263 II vorliegt[3].

---

1 A. A. Gerhardt, Befreiungsanspruch, S. 2.
2 Vgl. zu § 775 BGH, NJW 2000, 1643 f.; MünchKommBGB/Habersack, Rn. 12; Staudinger/Horn, 13. Bearb., Rn. 4.
3 Gerhardt, Befreiungsanspruch, S. 10.

B. Klagen

Der Antrag einer **Leistungsklage** richtet sich auf die Verurteilung 3
des Beklagten, den Kläger von seiner nach Grund und Höhe bezeichneten Verbindlichkeit gegenüber einem bestimmten Dritten
zu befreien (§ 253 II Nr. 2 ZPO)[1].

Ist die Verbindlichkeit des Befreiungsgläubigers (noch) unbestimmt, 4
so kann auch der Befreiungsanspruch nur durch eine **Feststellungsklage** geltend gemacht werden (§ 256 I ZPO)[2]. Beispiel: Eine Mutter
von Zwillingen klagt gegen einen Krankenhausträger wegen fehlgeschlagener Sterilisation auf „Freistellung von allen Unterhaltsansprüchen der Zwillinge"[3].

Ist die Verbindlichkeit des Befreiungsgläubigers noch nicht fällig, so 5
kann doch der Anspruch des Befreiungsgläubigers fällig, klagbar und
vollstreckbar sein[4]. Der Schuldner kann hier aber die Zwangsvollstreckung durch Sicherheitsleistung abwenden (s. § 257, Rn. 2 ff.).

C. Zuständigkeit

I. Ordentlicher Rechtsweg

Der ordentliche Rechtsweg ist gegeben, wenn der Befreiungsanspruch 6
auf Privatrecht beruht (§ 13 GVG), mag auch die Verbindlichkeit des Befreiungsgläubigers aus öffentlichem Recht folgen.

II. Sachliche und örtliche Zuständigkeit

Zur Zuständigkeit für die Klagen aus §§ 1475, 1481, 1615 s. dort. 7
Im Übrigen gilt: **Sachlich zuständig** sind die Amtsgerichte oder die
Landgerichte, je nach Streitwert (§§ 23 Nr. 1, 71 I GVG). Der Streitwert bemisst sich regelmäßig nach dem Wert der Verbindlichkeit

---

1 BGH, NJW 1996, 2726; Gerhardt, Befreiungsanspruch, S. 13; MünchKommBGB/Habersack, § 775, Rn. 12; MünchKommZPO/Lüke, § 253, Rn. 146; Zöller/Greger, § 253, Rn. 13c.
2 BGH, NJW 1980, 1450; NJW 1996, 2726 (zweifelhaft II, 3); MünchKommZPO/Lüke, § 253, Rn. 146. A. A. Rimmelspacher, JR 1976, 89.
3 Fall BGH, NJW 1980, 1450.
4 OLG Frankfurt, JurBüro 1978, 779; zur Zwangsvollstreckung eingehend Rimmelspacher, JR 1976, 89, 183.

Befreiung

des Befreiungsgläubigers (§ 3 ZPO)[1]. Bei Klagen auf Befreiung von einer unbezifferten Verbindlichkeit und bei positiven Feststellungsklagen zieht die Rechtsprechung 20% ab[2].

8 Will der Kläger von einer Unterhaltspflicht i. w. S. freigestellt werden, so ist auch das Gericht des § 23a ZPO **örtlich zuständig**[3]. Wird die Klage auf Befreiung von einer persönlichen Verbindlichkeit mit der Klage auf Umschreibung oder Löschung eines Grundpfandrechts verbunden und gegen denselben Beklagten gerichtet (§ 260 ZPO), so ist das Gericht, in dessen Bezirk das belastete Grundstück liegt, nicht nur für die Umschreibungs- oder Löschungsklage örtlich zuständig (§ 24 I ZPO), sondern auch für die Befreiungsklage (§ 25 ZPO), für diese jedoch nicht ausschließlich (§ 35 ZPO)[4].

D. Zwangsvollstreckung

I. Vollstreckung wegen des Befreiungsanspruchs

1. Vollstreckung auf Betreiben des Titelgläubigers

9 Aus einem von G erwirkten Titel, der S dazu verpflichtet, G von einer Verbindlichkeit gegenüber D zu befreien, kann zunächst nur G als Titelgläubiger vollstrecken, nicht D, obwohl die beizutreibende Leistung auch ihn begünstigt. Erst nach der Umschreibung des Titels kann D daraus vollstrecken (Rn. 17). Erforderlich ist in jedem Fall, dass der Titel die Verbindlichkeit des G nach Grund und Umfang genau kennzeichnet[5].

2. Vollstreckung gem. § 887 ZPO

10 Die Zwangsvollstreckung richtet sich nach § 887 ZPO[6]. Das gilt auch dann, wenn G eine Geldverbindlichkeit obliegt[7]. Denn die

---

1 Schneider/Herget, Rn. 660; Stein/Jonas/Roth, § 3, Rn. 42, „Befreiung von Verbindlichkeit".
2 Vgl. Schneider/Herget, Rn. 671; Stein/Jonas/Roth, § 2, Rn. 21, 94.
3 BGHZ 106, 303 f.; Stein/Jonas/Schumann, § 23a, Rn. 7; Zöller/Vollkommer, § 23a, Rn. 4. **A. A.** Musielak/Smid, § 23a, Rn. 7; Wieczorek/Hausmann, § 23a, Rn. 10.
4 Wieczorek/Hausmann, § 25, Rn. 7.
5 KG, MDR 1999, 118; OLG Saarbrücken, FamRZ 1999, 110.
6 BGH, NJW 1996, 2726; Rimmelspacher, JR 1976, 90; Zöller/Stöber, § 887, Rn. 3.
7 BGHZ 25, 7; BGH, NJW 1958, 497; Gerhardt, Befreiungsanspruch, S. 14 ff.; MünchKommZPO/Schilken, § 887, Rn. 3; Stein/Jonas/Brehm,

Befreiung

geschuldete Befreiung kann nicht nur durch Zahlung an D (§ 267), sondern beispielsweise auch durch Erlass oder Schuldübernahme (§ 414) bewirkt werden[1]. Die Geldvollstreckung nach §§ 803 ff. ZPO kann gegen S erst betrieben werden, nachdem G aufgrund der gerichtlichen Ermächtigung zur Ersatzvornahme selbst an D gezahlt (§ 887 I i. V. m. § 788 ZPO; Rn. 12)[2] oder eine Verurteilung des S zur Vorauszahlung der Befreiungskosten erwirkt hat (§ 887 II ZPO; Rn. 14).

3. Bestimmung der vertretbaren Handlung

Kann eine vertretbare Handlung auf verschiedene Weise vorgenommen werden, so muss grundsätzlich **das Gericht** bei der Ermächtigung nach § 887 I ZPO bestimmen, auf welche Weise die Handlung vorgenommen werden soll[3]. Diese Entscheidung kann also nicht dem Gläubiger überlassen werden[4]. Denn da die Zwangsvollstreckung auf Kosten des Schuldners erfolgen soll, hat das Gericht darauf zu achten, dass der für den Schuldner kostengünstigste Weg beschritten wird. Da andererseits in der Zwangsvollstreckung die **Dispositionsmaxime** herrscht, muss der Gläubiger die Ermächtigung zu einer bestimmten Handlung beantragen[5].   11

Bei der Zwangsvollstreckung wegen eines Befreiungsanspruchs wird   12
das Gericht den Vollstreckungsgläubiger in der Regel ermächtigen, die Leistung, die er dem Dritten schuldet, auf Kosten des Vollstreckungsschuldners an den Dritten zu erbringen. Zum Beispiel wird der Bürge einer Geldschuld aufgrund eines Titels nach § 775 I ermächtigt, den geschuldeten Betrag auf Kosten des Hauptschuldners an den Gläubiger zu zahlen. Aufgrund der Ermächtigung kann er dann die Geldvollstreckung gegen den Hauptschuldner betreiben.

---

§ 887, Rn. 17; Zöller/Stöber, § 887, Rn. 3. A. A. Baur/Stürner, Rn. 27.03; Geißler, JuS, 1988, 456 f. aus praktischen Erwägungen, die aber nicht immer zutreffen müssen. Differenzierend MünchKommBGB/Habersack, § 775, Rn. 12.
1 Vgl. BGH, NJW 2000, 1643 f.; Geißler, JuS 1988, 454; Gerhardt, Befreiungsanspruch, S. 17; Soergel/Wolf, § 257, Rn. 5.
2 MünchKommZPO/Schilken, § 887, Rn. 15.
3 MünchKommZPO/Schilken, § 887, Rn. 11; Rimmelspacher, JR 1976, 91; Stein/Jonas/Brehm, § 887, Rn. 37 ff.
4 A. A. MünchKommBGB/Habersack, § 775, Rn. 12.
5 MünchKommZPO/Schilken, § 887, Rn. 9; Rimmelspacher, JR 1976, 91; Stein/Jonas/Brehm, § 887, Rn. 37 ff. bei Fn. 176; Zöller/Stöber, § 887, Rn. 4.

Befreiung

13 Dass der Hauptschuldner nach Wahl des Bürgen auch zur Sicherheitsleistung verpflichtet werden kann[1], trifft nicht zu. Die Sicherheitsleistung ist nach § 775 II ein Recht des Hauptschuldners, auch in der Zwangsvollstreckung[2], keine Pflicht. Die Ansicht, dass jeder Erfüllungsanspruch einen Anspruch auf Sicherheitsleistung als ein Minus einschließt[3], ist mit dem geltenden Recht unvereinbar. Danach ist ein Anspruch auf Sicherheitsleistung nur in bestimmten Fällen begründet[4], keineswegs in allen Fällen, in denen ein Erfüllungsanspruch besteht. Deshalb berechtigt ein Titel, der zur Erfüllung verurteilt, nicht zur zwangsweisen Beitreibung einer Sicherheitsleistung[5]. Der Befreiungsgläubiger wird auch nicht rechtlos gestellt, wenn man ihm die Sicherheitsleistung versagt[6]. Er kann in aller Regel erreichen, dass die noch nicht fällige Drittschuld schon vor Fälligkeit auf Kosten des Befreiungsschuldners getilgt wird (Rn. 12)[7].

4. Anordnung gem. § 887 II ZPO

14 § 887 II ZPO soll es G ermöglichen, selbst für die Befreiung von seiner Verbindlichkeit gegenüber D zu sorgen. Kann dies durch Zahlung an D geschehen, dann sollte nach § 887 II ZPO die Zahlung an D direkt angeordnet und so dem G nur eine Geldvollstreckung *zugunsten des D* ermöglicht werden. Denn bei Zahlung an G selbst besteht die Gefahr, dass G das Geld für andere Zwecke verbraucht, so dass das eigentliche Vollstreckungsziel – die Befreiung des G von seiner Verbindlichkeit gegenüber D – nicht erreicht wird, mag auch S durch die Zahlung des Kostenvorschusses an G von der Titelschuld befreit sein[8].

---

1 So OLG Frankfurt, JurBüro 1978, 770; MünchKommBGB/Habersack, § 775, Rn. 12; Rimmelspacher, JR 1976, 186.
2 Stein/Jonas/Brehm, § 887, Rn. 18.
3 OLG Frankfurt, JurBüro 1978, 770.
4 MünchKommBGB/Grothe, 4. Aufl., § 232, Rn. 1.
5 A. A. OLG Frankfurt, JurBüro 1978, 770.
6 Entgegen Rimmelspacher, JR 1976, 186.
7 Hat die Drittschuld Versorgungscharakter (dazu Rimmelspacher, JR 1976, 90), so kann doch jedenfalls eine Vorauszahlung für sechs Monate erzwungen werden.
8 Nach Heinrich Lange, NJW 1958, 497 sollte S dazu verurteilt werden, den Kostenvorschuss für D und G zu hinterlegen. Das ist bei einem Geldanspruch des D ein Umweg.

5. Freiwillige Leistung

Auch nach dem Beginn der Zwangsvollstreckung kann der Schuldner die Befreiungsschuld durch freiwillige Leistung nach seiner Wahl tilgen und dies nach § 767 ZPO geltend machen[1]. 15

II. Pfändung des Befreiungsanspruchs

1. Pfändung durch den Dritten

Der Dritte D kann den Befreiungsanspruch des G pfänden und sich zur Einziehung überweisen lassen (§ 857 I ZPO). In seiner Hand verwandelt sich der Befreiungsanspruch in einen Anspruch auf die dem G obliegende Leistung, z. B. eine Geldzahlung[2]. Daher kann D im Beispielsfall aufgrund des Pfändungs- und Überweisungsbeschlusses gegen S auf Zahlung klagen und aus dem Urteil die Geldvollstreckung betreiben. 16

Hat bereits G einen Titel gegen S erwirkt, in dem seine Verbindlichkeit gegenüber D bestimmt angegeben ist[3], so braucht D nicht mehr gegen S zu klagen, sondern kann nach der Pfändung und Überweisung des Befreiungsanspruchs als „Rechtsnachfolger" des G dessen Titel auf sich umschreiben lassen (§ 727 ZPO)[4] und daraus gegen S die Vollstreckung betreiben[5]. 17

2. Pfändung durch anderen Gläubiger

Dagegen kann ein anderer Gläubiger des G den Befreiungsanspruch nicht pfänden und sich überweisen lassen, weil die Befreiung von seinem Anspruch inhaltlich eine andere Leistung ist als die von S geschuldete Befreiung von dem Anspruch des D (§ 851 ZPO i. V. m. § 399 BGB)[6]. Das zeigt sich daran, dass der Anspruch des D durch die Leistung an den anderen Gläubiger nicht befriedigt wird. 18

---

1 Ebenso im Ergebnis MünchKommBGB/Habersack, § 775, Rn. 12 a. E.
2 BGHZ 7, 246; MünchKommZPO/Smid, § 851, Rn. 8; Stein/Jonas/Brehm, § 851, Rn. 38 f.
3 Das verlangt mit Recht OLG Hamm, Rpfleger 1963, 248.
4 Stein/Jonas/Münzberg, § 727, Rn. 14.
5 Stein/Jonas/Brehm, § 887, Rn. 18.
6 BGHZ 59, 150; Brox/Walker, Rn. 523. S. auch Stein/Jonas/Brehm, § 851, Fn. 163.

Beglaubigung

E. Einstweiliger Rechtsschutz

19 Zur Sicherung eines Befreiungsanspruchs kann der Arrest angeordnet werden[1], wenn die Gefahr besteht, dass der Schuldner sich einer Geldleistung entziehen werde, die er aktuell oder potentiell schuldet (§ 916 I ZPO).

Beglaubigung

Ansprüche auf eine öffentliche Beglaubigung s. bei §§ 371, 403, 1035, 1154, 1377.

Beiladung

Zur Beiladung analog § 640e I Satz 1 ZPO s. § 2341, Rn. 11.

Belege

Ansprüche auf Vorlage von Belegen s. bei §§ 259, 1379, 1605.

Benutzung

Ansprüche auf interessengemäße Benutzung s. bei § 745.

Berichtigung

Ansprüche auf Berichtigung einer Schuld s. bei §§ 755, 756.

Beschwerde (§ 793 ZPO)

S. besonders § 1422, Rn. 12.

Beseitigung

Ansprüche auf Beseitigung von **Beeinträchtigungen** s. bei §§ 12, 535, 862, 907, 908, 1004. Ansprüche auf Beseitigung von **Rechten** s. bei §§ 439, 886, 1179a.

---

[1] Staudinger/Horn, 13. Bearb., § 775, Rn. 5.

Besichtigung einer Sache

Ansprüche auf Vorlage zur Besichtigung oder Gestattung der Besichtigung s. bei § 809.

Besitzeinräumung

Inhaltsübersicht

A. Überblick 1
B. Leistungsklage 2
  I. Unzulässigkeit 2
  II. Antrag 3
  III. Anspruchsgrundlagen 4
C. Zuständigkeit 5
D. Rechts- oder Besitzverlust während des Prozesses 8
  I. Beim Kläger 8
  II. Beim Beklagten 9
    1. Besitzverlust durch Veräußerung 9
    2. Besitzverlust in anderer Weise 13
E. Streitverkündung 14

F. Umfang der Rechtskraft und weitere Klagen 15
  I. Herausgabeurteil 15
  II. Abweisendes Sachurteil ... 18
    1. Neue Herausgabeklage .. 18
    2. Widerklage 19
G. Zwangsvollstreckung 21
H. Einstweiliger Rechtsschutz . 22
J. Mittelbarer Besitz 24
  I. Klage und Vollstreckung .. 24
  II. Materielle Rechtskraft ... 26
    1. Klage gegen den mittelbaren Besitzer 26
    2. Klage gegen den unmittelbaren Besitzer 28

A. Überblick

Ansprüche auf *Herausgabe* im Sinne der Einräumung des unmittelbaren Besitzes[1] gewährt das BGB z. B. in §§ 985 f. Statt von Herausgabe spricht das BGB auch von *Rückgabe* (z. B. in § 546 I) oder *Rückgewähr* (z. B. in § 582a III Satz 1), wenn die Wiedereinräumung des unmittelbaren Besitzes gemeint ist, oder von *Übergabe*, wo es in der Regel um Neueinräumung des unmittelbaren Besitzes geht (z. B. in § 433 I Satz 1). Die prozessrechtliche Problematik dieser Besitzeinräumungsansprüche ist im Wesentlichen die gleiche. **Besonderheiten** gelten für die Ansprüche des Vermieters aus § 546 und § 562b und den Rückgabeanspruch des Verpfänders aus

1

---

1 Zum mittelbaren Besitz s. unten J.

Besitzeinräumung

§ 1223. S. dazu die Kommentierung der angegebenen Vorschriften. Im Übrigen gilt:

B. Leistungsklage

I. Unzulässigkeit

2 Die Klage auf Herausgabe einer **gepfändeten Sache** ist wegen des Vorrangs der Klagen aus §§ 771, 805 ZPO unzulässig[1]. Auch unter **Eheleuten** kann eine Herausgabeklage unzulässig sein[2].

II. Antrag

3 Der Antrag einer Leistungsklage muss auf Verurteilung zur Herausgabe einer bestimmt bezeichneten Sache (oder mehrerer bestimmt bezeichneter Sachen) gerichtet sein (§ 253 II Nr. 2 ZPO)[3]. Beispiel: Der Beklagte soll verurteilt werden, dem Kläger den PKW VW Golf mit dem amtlichen Kennzeichen... und der Fahrgestellnummer... herauszugeben. Soll ein Grundstück geräumt herausgegeben werden, so wird beantragt, das Grundstück zu räumen und herauszugeben[4]. Der Kläger kann hilfsweise, aber nicht alternativ[5], auf **Schadensersatz** klagen (§ 260 ZPO).

III. Anspruchsgrundlagen

4 Wie immer prüft das Gericht die Begründetheit der Klage unter allen derzeit in Betracht kommenden rechtlichen Gesichtspunkten. Nicht in Betracht kommen solche rechtlichen Gesichtspunkte, an deren Prüfung das Gericht gehindert ist, z. B., weil ihm die Zuständigkeit fehlt, wie nach § 32 ZPO für Vertragsansprüche, oder weil die erforderlichen Tatsachen im Geltungsbereich des Verhandlungsgrundsatzes von keiner Partei vorgetragen sind. Davon abgesehen hat der Kläger nicht das Recht, die Verhandlung und Entschei-

---

1 Stein/Jonas/Münzberg, § 771, Rn. 67; Zöller/Herget, § 771, Rn. 1.
2 Vgl. MünchKommBGB/Medicus, § 985, Rn. 47 ff.
3 Näher MünchKommZPO/Lüke, § 253, Rn. 144 f. Vgl. auch Zöller/Greger, § 253, Rn. 13c. Vorwerk, M 15.20.
4 Vgl. z. B. BGH, NJW 1998, 1709.
5 MünchKommBGB/Medicus, § 985, Rn. 53. A. A. Erman/Hefermehl, § 985, Rn. 11.

dung auf einen von mehreren materiellrechtlichen Ansprüchen zu beschränken[1]. Auch den Anspruch aus § 861 kann er nicht zum alleinigen Streitgegenstand machen[2]. Das berechtigte Interesse an einem beschleunigten Besitzschutz gegen verbotene Eigenmacht ist dadurch gewahrt, dass das materielle Recht sog. petitorische Einwendungen gegen den Anspruch aus § 861 nicht zulässt (§ 863). Das wirkt sich im Prozess in der Weise aus, dass die Klage aus § 861 schneller durchdringt. Um eine schnelle Entscheidung über die Besitzschutzklage zu erreichen, ist es nicht erforderlich, dass der Streitgegenstand auf den Anspruch aus § 861 beschränkt wird[3]. Denn das Gericht wird ohnehin zuerst den Anspruch aus § 861 prüfen, da er die einfachsten Voraussetzungen hat (§ 863). Dringt der Anspruch aus § 861 durch, so kommt es für die Klage auf die weiteren Anspruchsgrundlagen nicht mehr an; der Beklagte muss sein Recht zum Besitz durch Widerklage geltend machen (§§ 33, 256 I ZPO)[4]. Dringt der Anspruch aus § 861 aber nicht durch, so besteht seinetwegen kein Anlass, andere Anspruchsgrundlagen von der Verhandlung und Entscheidung über die Klage auszuschließen.

C. Zuständigkeit

Ob für die Herausgabeklage der ordentliche **Rechtsweg** (§ 13 GVG) oder der Verwaltungsrechtsweg (§ 40 VwGO) gegeben ist, richtet sich nach den allgemeinen Regeln[5]. 5

Falls aus einem Mietverhältnis über Wohnraum auf Besitzeinräumung geklagt wird, sind ohne Rücksicht auf den Streitwert die Amtsgerichte **sachlich zuständig**, und zwar ausschließlich (§ 23 Nr. 2a GVG, § 40 II ZPO). Andernfalls richtet sich die sachliche Zuständigkeit nach dem Streitwert (§§ 23 Nr. 1, 71 I GVG). Der 6

---

1 Die von Habscheid, Streitgegenstand, S. 176 ff. erörterten Ausnahmefälle liegen hier nicht vor.
2 BGH, NJW 1978, 2157; MünchKommBGB/Joost, § 861, Rn. 13; Palandt/Bassenge, § 861, Rn. 17. A. A. BGH, DB 1973, 913; Henckel, Prozessrecht, S. 164; Soergel/Mühl, § 861, Rn. 10; Schumann, FS Larenz, S. 592; Stein/Jonas/Schumann, 20. Aufl., Einl. Rn. 296; Zöller/Vollkommer, Einl. Rn. 70.
3 A. A. BGH, DB 1973, 913, 914.
4 Vgl. Soergel/Mühl, § 863, Rn. 4.
5 Vgl. z. B. BGHZ 1, 147 f. Näher MünchKommBGB/Medicus, § 985, Rn. 45; Soergel/Mühl, § 985, Rn. 27.

Besitzeinräumung

Streitwert bemisst sich nach § 8 ZPO, wenn das Bestehen oder die Dauer eines Miet- oder Pachtverhältnisses streitig ist, was z. B. auch bei einer Klage aus § 985 zutrifft, sofern sich der Beklagte auf ein miet- oder pachtrechtliches Recht zum Besitz beruft[1]. Geht der Streit nicht um das Bestehen oder die Dauer eines Miet- oder Pachtverhältnisses, so bemisst sich der Zuständigkeitsstreitwert nach dem Verkehrswert der Sache (§ 6 Satz 1 ZPO)[2]. Auf die Anspruchsgrundlage kommt es dabei nicht an[3]. Wenn aber die beanspruchte Herausgabe der Sicherstellung einer Forderung dient, wie beim Herausgabeverlangen des Sicherungsnehmers, unter Umständen auch des Vorbehaltsverkäufers, ist der Wert der gesicherten Forderung oder der geringere Wert der herauszugebenden Sache maßgebend (§ 6 ZPO)[4]. Dasselbe gilt, wenn Pfand- oder Sicherungsgut an den Verpfänder oder Sicherungsgeber zurückgegeben werden soll[5].

7 Für die Klage auf Einräumung von Grundstücksbesitz aus Eigentum (§ 985), einem beschränkten dinglichen Recht (z. B. § 1065) oder früherem Besitz (§ 861) ist **örtlich zuständig** ausschließlich das Gericht, in dessen Bezirk das Grundstück liegt (§§ 24 I, 40 II ZPO). Für eine Räumungsklage ist ausschließlich das Gericht zuständig, in dessen Bezirk sich die Räume befinden, wenn eine Entscheidung darüber zu treffen ist, ob ein Miet- oder Pachtverhältnis zwischen den Parteien besteht (§ 29a ZPO)[6]. Das setzt voraus, dass nach dem Tatsachenvortrag des Klägers oder des Beklagten ein Miet- oder Pachtverhältnis in Betracht kommt. Auf die vom Kläger etwa genannte Anspruchsgrundlage kommt es hier wie sonst nicht an.

D. Rechts- oder Besitzverlust während des Prozesses

I. Beim Kläger

8 Kommt es nach Eintritt der Rechtshängigkeit (§ 261 I ZPO) dazu, dass der Kläger die in Streit befangene Sache unter Verlust des Herausgabeanspruchs veräußert oder den geltend gemachten Herausgabeanspruch, soweit möglich, isoliert abtritt, so verliert er

---

1 Stein/Jonas/Roth, § 8, Rn. 3.
2 Stein/Jonas/Roth, § 8, Rn. 1; § 6, Rn. 4, 12.
3 Stein/Jonas/Roth, § 6, Rn. 4.
4 Stein/Jonas/Roth, § 6, Rn. 4, 25 f.
5 Stein/Jonas/Roth, § 6, Rn. 23, 25 f.
6 Weiter gehend Stein/Jonas/Schumann, § 29a, Rn. 13b. Gegen ihn mit Recht Wieczorek/Hausmann, § 29a, Rn. 34. S. auch Zöller/Vollkommer, § 29a, Rn. 13.

zwar die Sachlegitimation, bleibt aber grundsätzlich prozessführungsbefugt (§ 265 I, II Satz 1, III ZPO). Gestritten wird jetzt um den Herausgabeanspruch des Erwerbers[1]. Dazu muss der Kläger nach der Rechtsprechung den Klageantrag der veränderten materiellen Rechtslage anpassen, also Herausgabe an seinen Rechtsnachfolger verlangen, sonst wird die Klage abgewiesen[2]. Nach anderer Ansicht kann der Kläger aufgrund des fremden Anspruchs weiterhin Leistung an sich selbst beantragen, ähnlich wie z. B. ein Testamentsvollstrecker[3]. Für diese Ansicht spricht schon der Wortlaut des § 265 II Satz 1 ZPO, aber auch der Zweck des Gesetzes. Die Veräußerung des streitbefangenen Rechts soll nicht dazu führen, dass der bisherige Prozess vergeblich war. Das verlangt das Interesse des Gegners wie das öffentliche Interesse[4]. Deshalb darf es nicht von der Bereitschaft des Klägers zu einer Klageänderung abhängen, ob der Prozess fortgesetzt wird. Der Erwerber eines streitbefangenen Rechts mag sich vorsehen[5].

Unabhängig davon, ob der Kläger weiterhin Leistung an sich selbst oder Leistung an den Rechtsnachfolger verlangt, wirkt das Urteil gegenüber dem Rechtsnachfolger materielle Rechtskraft (§ 325 ZPO) und Vollstreckbarkeit (§§ 727, 731 ZPO)[6].

II. Beim Beklagten

1. Besitzverlust durch Veräußerung

Veräußert der Beklagte nach Eintritt der Rechtshängigkeit die in Streit befangene herauszugebende Sache, wozu auch gehört, dass er lediglich den Besitz auf einen Dritten überträgt[7], so ist zu unterscheiden:

Bei **Verlust der Passivlegitimation** bleibt der Beklagte gleichwohl prozessführungsbefugt, „richtiger Beklagter" (§ 265 I, II Satz 1 ZPO)[8]. Daher wird er zur Herausgabe verurteilt, sofern der Heraus-

---

1 Grunsky, Veräußerung, S. 101 f. ; Henckel, FS Walder, S. 203 ff.; Musielak/Foerste, § 265, Rn. 9.
2 Vgl. MünchKommZPO/Lüke, § 265, Rn. 82 f.; Zöller/Greger, § 265, Rn. 6.
3 Henckel, JZ 1992, 650; Rosenberg/Schwab/Gottwald, § 102 IV 2.
4 Grunsky, Veräußerung, S. 22, 27.
5 Vgl. Grunsky, Veräußerung, S. 86.
6 Näher Dinstühler, ZZP 112, 72 ff.
7 MünchKommZPO/Lüke, § 265, Rn. 37.
8 Palandt/Bassenge, § 861, Rn. 8.

Besitzeinräumung

gabeanspruch bis zur Veräußerung gegen ihn begründet war[1]. Das Urteil erwächst gegenüber dem Besitznachfolger des Beklagten als „Rechtsnachfolger" in materielle Rechtskraft (§ 325 ZPO)[2] und Vollstreckbarkeit (§§ 727, 731 ZPO).

11 Tritt beim Beklagten **kein Verlust der Passivlegitimation** ein, weil er mittelbarer Besitzer bleibt (Rn. 24), so ist § 265 ZPO nicht anwendbar[3]. Der Beklagte wird als mittelbarer Besitzer ohnehin zur Herausgabe verurteilt. Das Urteil erwächst gegenüber dem Besitznachfolger des Beklagten als „Besitzmittler" in materielle Rechtskraft (§ 325 ZPO)[4] und Vollstreckbarkeit (§§ 727, 731 ZPO).

12 Unberührt bleibt in beiden Fällen das Recht des Klägers zur **Klageänderung**. Er kann von der Herausgabeklage zur Schadensersatzklage übergehen (§ 264 Nr. 3 ZPO)[5]. In Betracht kommt auch eine Klage gegen den Besitznachfolger[6].

2. Besitzverlust in anderer Weise

13 Verliert der Beklagte nach Eintritt der Rechtshängigkeit den Besitz in anderer Weise als durch „Veräußerung der streitbefangenen Sache", z. B. durch Diebstahl, so wird die Klage gegen ihn unbegründet und der Rechtsstreit ist in der Hauptsache erledigt[7], vorausgesetzt, dass die Klage zunächst zulässig und begründet war.

E. Streitverkündung

14 Klagt der Berechtigte gegen einen Besitzmittler, so kann der Besitzmittler dem mittelbaren Besitzer den Streit verkünden und alsdann aus dem Prozess ausscheiden (§ 76 ZPO).

---

1 Dinstühler, ZZP 112, 84; Henckel, FS Walder, S. 210; Musielak/Foerste, § 265, Rn. 11; Staudinger/Gursky, 14. Bearb. 1999, § 985, Rn. 49. **A. A.** Grunsky, JZ 1965, 395 f. (unstimmig).
2 MünchKommZPO/Gottwald, § 325, Rn. 23; Zöller/Vollkommer, § 325, Rn. 21.
3 MünchKommZPO/Lüke, § 265, Rn. 38. **A. A.** Palandt/Bassenge, § 861, Rn. 9; Staudinger/Gursky, 14. Bearb. 1999, § 985, Rn. 49.
4 Näher Palandt/Bassenge, § 861, Rn. 11.
5 Palandt/Bassenge, § 861, Rn. 15; Staudinger/Gursky, 14. Bearb. 1999, § 985, Rn. 132.
6 Dinstühler, ZZP 112, 88 ff,; str.
7 Vgl. Soergel/Mühl, § 861, Rn. 5; Staudinger/Bund, 14. Bearb. 2000, § 861, Rn. 22.

F. Umfang der Rechtskraft und weitere Klagen

I. Herausgabeurteil

15 Wird der Beklagte zur Herausgabe bestimmter Sachen formellrechtskräftig verurteilt (§ 705 ZPO), so ist nur der **Anspruch** des Klägers gegen den Beklagten auf Herausgabe dieser Sachen **materiell-rechtskräftig** festgestellt, nicht der *Anspruchsgrund* wie Kaufvertrag (§ 433 I Satz 1) oder Eigentum (§ 985)[1]. Daher kann es geschehen, dass das eine Gericht den Beklagten zur Herausgabe verurteilt, mit der Begründung, der Kläger sei Eigentümer, während das andere Gericht eine Unterlassungsklage mit der Begründung abweist, der Kläger sei nicht Eigentümer. Um dies zu verhindern, kann der Kläger die Herausgabeklage mit einer **Klage auf Feststellung des Anspruchsgrundes** (hier des Eigentums) verbinden (§ 260 ZPO); für die Feststellungsklage braucht er kein Rechtsschutzinteresse, wenn das Gericht ohnehin über das Eigentum entscheiden muss, also nicht der Herausgabeklage aus einem anderen Grund stattgibt (§ 256 II ZPO)[2].

16 Allerdings stellt das Urteil nach herrschender Meinung nicht bloß irgendeinen Herausgabeanspruch rechtskräftig fest, sondern einen Anspruch aus dem Grund, den das Urteil nennt, z. B. aus §§ 985 f.[3]

---

1 BGH, MDR 1999, 218; Henckel, Prozessrecht, S. 183 f.; Rosenberg/Schwab/Gottwald, § 153 III 4; Staudinger/Gursky, 14. Bearb. 1999, § 985, Rn. 134; Stein/Jonas/Leipold, § 322, Rn. 9; Zöller/Vollkommer, § 322, Rn. 8. A. A. hinsichtlich des Eigentums Zeuner, Rechtskraft, S. 151. Indessen müssen die Parteien zwar damit rechnen, dass das Gericht nach dem Grundsatz „Iura novit curia" sein Herausgabeurteil auf die §§ 985 f. statt auf eine andere Anspruchsgrundlage stützt, aber sie müssen angesichts des § 256 II ZPO nicht damit rechnen, dass das Gericht ohne einen entsprechenden Antrag rechtskräftig über das Eigentum entscheidet. Gegen Zeuner auch A. Blomeyer, Zivilprozessrecht, § 89 V 4d; Otte, Streitentscheidung, S. 47 ff.

2 Vgl. MünchKommZPO/Lüke, § 256, Rn. 78; Wieser, Rechtsschutzinteresse, S. 213 ff.; Zöller/Greger, § 256, Rn. 25. Ungenau Staudinger/Gursky, 14. Bearb. 1999, § 985, Rn. 134.

3 BGH, NJW 1981, 1517; NJW 1983, 164, 165; Rosenberg/Schwab/Gottwald, § 153 III Satz 4; Stein/Jonas/Leipold, § 322, Rn. 123 ff., 206; weitere Nachw. bei Zeuner, Rechtskraft, S. 32. A. A. Bader, S. 30, 56, 126; Henckel, Prozessrecht, S. 164, dem zwar nicht in der Begründung (dagegen auch A. Blomeyer, Zivilprozessrecht, § 89 IV 1), aber im Ergebnis beizupflichten ist. Die herrschende Meinung ist mit § 256 II ZPO unvereinbar, da der Kläger zusätzlich auf die Feststellung eines Eigentümer-Besitzer-Verhältnisses klagen kann. § 256 II ZPO spricht auch gegen die

Besitzeinräumung

Da an den Anspruch aus § 985 f. die Ansprüche aus §§ 987 ff. zumindest äußerlich anknüpfen, sofern sie eine Vindikationslage voraussetzen[1], genügt zur Vorklärung der Ansprüche aus §§ 987 ff. die rechtskräftige Feststellung des Anspruchs aus §§ 985 f.[2]. Eine zusätzliche Klage auf Feststellung des Eigentums bleibt aber wegen anderer Rechtsfolgen des Eigentums, z. B. nach § 1004, sinnvoll.

17 Der rechtskräftig zur Herausgabe verurteilte Beklagte kann seinerseits aus §§ 985 f. gegen den Kläger **Klage auf Rückgabe** erheben, wenn er nach § 861, nicht wenn er nach §§ 985 f. zur Herausgabe verurteilt ist[3].

II. Abweisendes Sachurteil

1. Neue Herausgabeklage

18 Wird die Herausgabeklage formell-rechtskräftig mangels eines Herausgabeanspruchs abgewiesen, so steht materiell-rechtskräftig fest, dass der Kläger aus keinem Grund, den das Gericht objektiv prüfen konnte, einen Anspruch auf Herausgabe hat (§ 322 I ZPO). Daher kann eine neue Herausgabeklage nicht mit Tatsachen begründet werden, die schon zur Zeit der letzten Tatsachenverhandlung des

---

Ansicht Henckels, Prozessrecht, S. 187 f., dass ein zum Herausgabeverlangen berechtigendes *dingliches Recht* rechtskräftig festgestellt sei.
1 Ausnahmen bei Zeuner, Rechtskraft, S. 70.
2 Die Feststellung bezieht sich wie immer auf den Zeitpunkt der letzten mündlichen Verhandlung. Sie besagt also, dass zur Zeit der letzten mündlichen Verhandlung der in den §§ 987 ff. vorausgesetzte Anspruch aus §§ 985 f. bestanden hat, ein Recht des Beklagten zum Besitz nicht gegeben war. Die Feststellung, dass das Besitzrecht des Beklagten schon *bei Rechtshängigkeit* nicht gegeben war, ist für den Erfolg der Herausgabeklage irrelevant. Daher erwächst sie nicht in materielle Rechtskraft. Ebenso Henckel, Prozessrecht, S. 189, Fn. 66; Rimmelspacher, Anspruch, S. 187 ff. – BGH, NJW 1998, 1710 ist anderer Ansicht und verweist zur Begründung auf Staudinger/Gursky, 13. Bearb., § 987, Rn. 2. Dort heißt es, dass das Gericht nach § 987 I nur zu prüfen habe, ob die Herausgabeklage möglicherweise erst nachträglich begründet worden ist. Daraus folgt jedoch nicht, dass das Herausgabeurteil, wenn es ein Besitzrecht des Beklagten schon bei Rechtshängigkeit verneint, über diesen Zeitpunkt eine materiell-rechtskräftige Feststellung trifft. Für die Zeit *vor Rechtshängigkeit* der Herausgabeklage (§ 988) trifft das Herausgabeurteil auch nach Ansicht des BGH keine rechtskräftige Feststellung (BGH, NJW 1983, 164).
3 Zeuner, Rechtskraft, S. 175. Vgl. auch BGH, MDR 1999, 218; Musielak, § 322, Rn. 23.

ersten Prozesses vorlagen[1]. Gleichgültig ist, ob diese „alten" Tatsachen vorgetragen waren, aber nicht berücksichtigt wurden, oder gar nicht vorgetragen waren[2], ob sie zur Zeit der letzten Tatsachenverhandlung dem Kläger bereits bekannt waren[3] oder bekannt sein konnten[4] oder damals schon beweisbar waren[5]. Nach der Rechtsprechung soll allerdings eine neue Klage dann auf alte Tatsachen gestützt werden können, wenn sie zu einem anderen „Lebenssachverhalt" als dem des ersten Prozesses gehören[6]. Doch dürfte diese Ausnahme für Herausgabeprozesse kaum in Betracht kommen[7]. Keinesfalls kann einem Gläubiger gestattet werden, über jeden möglichen Herausgabeanspruch – aus Vertrag, §§ 985 f., 1007, 861, 823 mit 249, 812, 687 II mit 681 Satz 2 und 667 – einen eigenen Prozess zu führen[8]. All dies verbietet bereits die Rücksicht auf andere Rechtsschutzsuchende, die nach langem Warten vor den Toren der Justiz auch einmal gehört werden wollen. Dieser Gesichtspunkt wird in der Literatur zu wenig berücksichtigt. Es wird nur gefragt, ob die Rechtskraftwirkung für die benachteiligte Partei

---

1 Vgl. BGH, ZZP 89, 331; NJW 1995, 1757 f.
2 Vgl. BGH, ZZP 89, 331; NJW 1995, 1757, 1758; Stein/Jonas/Leipold, § 322, Rn. 229.
3 Saarländisches OLG, MDR 2000, 1319; Henckel, Parteilehre, S. 284 f.; Stein/Jonas/Leipold, § 322, Rn. 234; Zöller/Vollkommer, vor § 322, Rn. 70; offen gelassen von BGH, NJW 1989, 105.
4 Gaul, FS Henckel, S. 254, unter Hinweis auf §§ 323 II, 767 II ZPO.
5 BGH, NJW 1995, 1757, 1758; Stein/Jonas/Leipold, § 322, Rn. 228.
6 BGH, NJW 1981, 2306; NJW 1995, 1757 f.; Zöller/Vollkommer, vor § 322, Rn. 55. Großzügiger Greger, ZZP 89, 335; Rosenberg/ Schwab/Gottwald, § 155 II 1; K. H. Schwab, FS Lüke, S. 797. Stein/Jonas/Leipold, § 322, Rn. 104 f.
7 „Ein reichlich ausgefallenes Beispiel" für eine Ausnahme nennt Jauernig, Verhandlungsmaxime, S. 44.
8 Vgl. BGH, NJW 1995, 1757, 1758; Jauernig, Verhandlungsmaxime, S. 46 f.; Rimmelspacher, Anspruch, S. 233 ff., 242 ff.; Rosenberg/Schwab/Gottwald, § 153 I 1; Stein/Jonas/Leipold, § 322, Rn. 109; Zeuner, FS Bötticher, S. 412. A. A. im Prinzip Erman/Hefermehl, § 985, Rn. 14; Soergel/Mühl, § 1007, Rn. 11; RG, JW 1935, 2269, 2270: Ein Urteil, das die Klage aus § 985 abweist, verneine nicht den Anspruch aus § 812, weil beide Ansprüche auf gegensätzlichen Gründen beruhten, § 985 auf dem Eigentum des Klägers, § 812 auf dem rechtsgrundlosen Eigentum des Beklagten. Aber § 812 setzt nur rechtsgrundlosen Besitz voraus. Im Übrigen kann es dem Kläger zugemutet werden, dass er Hilfsbegründungen schon im ersten Prozess vorbringt und nicht für weitere Prozesse aufspart. Wie hier im Ergebnis das Kammergericht als Vorinstanz. – Aus mehreren Anspruchsgrundlagen ergeben sich immer mehrere materiellrechtliche Ansprüche. So mit Recht K. H. Schwab, FS Lüke, S. 800 ff.; str.

Besitzeinräumung

unbillig wäre, nicht, ob sie mit Rücksicht auf andere Rechtsschutzsuchende der Billigkeit entspricht. Da die Justiz ein knappes Gut ist, muss *eine* Chance genügen; die anderen wollen auch einmal an die Reihe kommen. Eine neue Herausgabeklage müsste deshalb abgewiesen werden, und zwar als unzulässig[1].

2. Widerklage

19 Das Urteil verneint rechtskräftig nur einen Anspruch, nicht die möglichen *Anspruchsgründe* wie Kaufvertrag oder Eigentum[2]. Daher kann der Kläger immer noch eine Unterlassungsklage auf Eigentum stützen. Um dies zu verhindern, kann der Beklagte der Herausgabeklage mit einer Widerklage begegnen, gerichtet auf die Feststellung, dass ihm das Eigentum zustehe (§ 33 ZPO); auch für die Widerklage ist ein Rechtsschutzinteresse entbehrlich, wenn das Gericht ohnehin über das Eigentum entscheiden muss (§ 256 II ZPO).

20 Der Widerklage bedarf es jedoch nicht, um Ansprüche aus §§ 987 ff. abzuwehren. Denn diese Ansprüche knüpfen an einen Herausgabeanspruch aus §§ 985 f. an (Vindikationslage). Durch die Abweisung der Herausgabeklage werden aber alle in Betracht kommenden Herausgabeansprüche verneint, auch der Anspruch aus §§ 985 f.[3].

Beispiel[4]: K klagt gegen B auf Herausgabe eines Grundstücks. Die Klage wird rechtskräftig mit der Begründung abgewiesen, dass K entgegen dem Grundbuch nicht der Eigentümer des Grundstücks sei. Später klagt K gegen B auf Entschädigung für die Nutzung des Grundstücks.

G. Zwangsvollstreckung

21 Die Zwangsvollstreckung richtet sich nach den **§§ 883 ff. ZPO**. Doch ist ein bewachsener Erdhügel nach § 887 ZPO zu entfernen (vgl. § 885 ZPO)[5].

---

1 Vgl. BGH, NJW 1995, 1757.
2 BGH, NJW 1981, 1517; MDR 1999, 218; J. Blomeyer, NJW 1969, 587 ff.; Rosenberg/Schwab/Gottwald, § 153 III 2; Stein/Jonas/Leipold, § 322, Rn. 91; a. A. Henckel, Prozessrecht, S. 183 (unvereinbar mit § 256 II ZPO).
3 BGH, NJW 1981, 1517.
4 Fall nach BGH, NJW 1981, 1517.
5 OLG Düsseldorf, DGVZ 1999, 155. Vgl. auch Stein/Jonas/Brehm, § 885, Rn. 4, 30.

Bei Räumung von Wohnraum kann dem Schuldner, gegebenenfalls schon im Urteil, eine angemessene Räumungsfrist gewährt werden (§§ 721, 794a ZPO).

Der Besitzeinräumungsanspruch ist pfändbar nach § 846 ZPO[1].

H. Einstweiliger Rechtsschutz

Die **Herausgabe an einen Sequester** (amtlichen Verwahrer) kann zur Sicherung eines Besitzeinräumungsanspruchs durch einstweilige Verfügung nach § 935 ZPO angeordnet werden (§ 938 II ZPO)[2], die Räumung von Wohnraum jedoch nur bei verbotener Eigenmacht (§ 940a ZPO)[3].   22

Die **Herausgabe an den Gläubiger** selbst kann durch einstweilige Verfügung nach § 940 ZPO angeordnet werden: 1. wegen verbotener Eigenmacht ohne weiteres[4]; 2. bei Wohnraum nur wegen verbotener Eigenmacht (§ 940a ZPO)[5]; 3. bei anderen Sachen auch dann, wenn der Schaden, der dem Antragsteller ohne die Anordnung droht, nicht geringer ist als der Schaden, der dem Antragsgegner durch die Anordnung entsteht (→ *Zahlung* Rn. 40)[6]. Dies ist bei einer Herausgabe zum Gebrauch eher möglich als bei einer Herausgabe zum Verbrauch[7]. Bei Kraftfahrzeugen ist zu bedenken, dass sie meist schon durch den bloßen Zeitablauf an Wert verlieren[8].   23

---

1 Nicht auch nach § 857 (III) ZPO, wie Soergel/Mühl, § 985, Rn. 4, meint.
2 Schuschke, vor § 935, Rn. 19.
3 Schuschke, § 940 a, Rn. 1.
4 Schuschke, vor § 935, Rn. 20; Walker, Rechtsschutz, Rn. 252 ff.; Zöller/Vollkommer, § 940, Rn. 8, „Herausgabe". Enger OLG Köln, MDR 2000, 152.
5 Anders natürlich bei Wohnraum, den der Vermieter zu überlassen hat. Dazu Ebmeier/Schöne, Rn. 601 f.
6 OLG Frankfurt, BauR 1980, 194; Schilken, Befriedigungsverfügung, S. 146 f. Enger, weil ein existentielles Interesse fordernd, OLG Hamm, NJW-RR 1992, 640; Schuschke, vor § 935, Rn. 19. Enger auch Stein/Jonas/Grunsky, vor § 935, Rn. 45; Zöller/Vollkommer, § 940, Rn. 8, „Herausgabe".
7 OLG Frankfurt, BauR 1980, 194; MünchKommBGB/Medicus, § 985, Rn. 57; Schilken, Befriedigungsverfügung, S. 146 f.
8 Saenger, JZ 1999, 973, 980 plädiert deshalb für großzügigere Herausgabeverfügungen gegen Sicherheitsleistung nach §§ 921 II, 936, 939 ZPO.

Besitzeinräumung

J. Mittelbarer Besitz

I. Klage und Vollstreckung

24 Dass der Schuldner nur mittelbaren Besitz hat, braucht seine **Pflicht zur Einräumung des unmittelbaren Besitzes** nicht auszuschließen. In diesem Fall wird er zur „Herausgabe" der Sache verurteilt. Hat er den unmittelbaren Besitz zur Zeit der Zwangsvollstreckung noch nicht erlangt, so kann der Gläubiger die Pfändung und Überweisung des Herausgabeanspruchs erwirken, der dem Schuldner gegen den unmittelbaren Besitzer zusteht (§ 886 ZPO), und alsdann gegen den unmittelbaren Besitzer klagen und vollstrecken.

25 Trifft den Schuldner lediglich die **Pflicht zur Übertragung des mittelbaren Besitzes**, so muss er seinen Herausgabeanspruch gegen den unmittelbaren Besitzer an den Gläubiger abtreten (§ 870, → *Rechtsverschaffung*).

II. Materielle Rechtskraft

1. Klage gegen den mittelbaren Besitzer

26 Wird die Herausgabeklage gegen den mittelbaren Besitzer mangels unmittelbaren Besitzes rechtskräftig abgewiesen, so ist auch ein Anspruch des Klägers gegen den Beklagten auf Übertragung des mittelbaren Besitzes rechtskräftig verneint[1].

27 Klagt der (angebliche) Eigentümer gegen den mittelbaren Besitzer auf Herausgabe, so kann das Urteil, das den Herausgabeanspruch bejaht oder verneint, materielle Rechtskraft auch im **Verhältnis des Eigentümers zum unmittelbaren Besitzer** bewirken. Voraussetzung ist, dass der unmittelbare Besitzer sein Recht zum Besitz gegenüber dem Eigentümer von dem mittelbaren Besitzer ableitet (§ 986 I Satz 1) wie der Untermieter bei erlaubter Untermiete (s. § 546, Rn. 17 ff.).

2. Klage gegen den unmittelbaren Besitzer

28 Die Klage des Eigentümers gegen den unmittelbaren Besitzer führt zu keiner Rechtskrafterstreckung auf den mittelbaren Besitzer[2] (arg. § 325 I ZPO).

---

1 Staudinger/Gursky, 14. Bearb. 1999, § 985, Rn. 135. A. A. BGHZ 2, 171; Erman/Hefermehl, § 985, Rn. 14.
2 MünchKommZPO/Gottwald, § 325, Rn. 23; Staudinger/Gursky, 14. Bearb. 1999, § 985, Rn. 50.

Drittwiderspruchsklage (§ 771 ZPO)

Bestandsverzeichnis

Ansprüche auf **Mitteilung** oder Vorlegung eines Bestandsverzeichnisses (Vermögensverzeichnisses) s. bei §§ 260, 1379, 2121. Ansprüche auf **Mitwirkung** zur Aufnahme s. bei §§ 1035, 1377.

Bewilligung

→ Zustimmung.

Bewirtschaftung

Ansprüche auf Bewirtschaftung s. bei § 586.

Bilanz

→ Bestandsverzeichnis.

Bruchteilsgemeinschaft

– Ansprüche von Teilhabern und gegen Teilhaber s. bei § 741.
– Zwangsvollstreckung s. § 749, Rn. 18 ff.

Bürgschaft

Zum Bürgschaftsanspruch s. bei § 765.

Dienstbefreiung

Ansprüche auf Dienstbefreiung s. bei § 629.

Dienstleistung

Ansprüche auf Dienstleistung s. bei §§ 611, 1619.

Drittwiderspruchsklage (§ 771 ZPO)

S. besonders § 1362, Rn. 8; § 1422, Rn. 12.

Duldung

Duldung

Ansprüche auf Duldung **privater Einwirkungen** s. bei §§ 554, 917, 1018; s. auch → *Gestattung.* Ansprüche auf Duldung der **Zwangsvollstreckung** s. bei §§ 1086, 1105, 1113, 1390, 2329; s. auch → *Haftung.*

Ehe

- Aufhebung s. bei § 1313;
- Eigentumsvermutung s. bei § 1362;
- Getrenntleben s. bei § 1353;
- Güterstand s. Gütergemeinschaft, Zugewinngemeinschaft;
- Herstellung der ehelichen Lebensgemeinschaft s. bei § 1353;
- Scheidung s. bei § 1564;
- Unterhalt s. bei §§ 1360, 1360a, 1569;
- Zwangsvollstreckung gegen Ehegatten s. § 1362, Rn. 7–11; § 1422, Rn. 10–18; 1451, Rn. 4.

Ehemäklerlohn

S. bei § 656.

Eidesstattliche Versicherung

Ansprüche auf eidesstattliche Versicherung s. bei §§ 259, 1379, 1605.

Eigentum

Klage auf Feststellung des Eigentums s. § 1004, Rn. 32 ff.; auf Verschaffung des Eigentums s. → *Übereignung.* **Vermutung** des Eigentums s. bei § 1362.

Einreden

1 Eine Einrede im Sinne des BGB ist ein Gegenrecht[1], in der Regel das einem Anspruch entgegenstehende **Recht, die beanspruchte Leis-**

---

1 Enneccerus/Nipperdey, § 226 I. Vgl. auch Krampe, AcP 191, 164.

Einstweilige Anordnung

tung zu verweigern und so eine uneingeschränkte Verurteilung zu verhindern.

Die einzelnen Einreden haben **unterschiedliche Rechtsfolgen**, die teils schon an den Bestand der Einrede, teils erst an ihre Ausübung – die Leistungsverweigerung oder „Einrede" im prozessualen Sinn – anknüpfen[1]. Soweit es um Klage und Vollstreckung geht, kann die Leistungsverweigerung dazu führen, 2

– dass eine auf den einredebehafteten Anspruch gestützte **Leistungsklage** als unbegründet **abgewiesen** wird, sei es endgültig, wie nach §§ 214, 275, 439, 821, 853, 1381, 2318, sei es zur Zeit, wie nach §§ 519, 771;

– dass der Schuldner des einredebehafteten Anspruchs statt zur Herstellung nur zu einer **Geldentschädigung** verurteilt wird (§ 251 II, → *Wahlmöglichkeiten* Rn. 12);

– dass der Schuldner des einredebehafteten Anspruchs nur **Zug um Zug** gegen eine Leistung des Gläubigers verurteilt und eine weiter gehende Leistungsklage des Gläubigers als unbegründet abgewiesen wird: §§ 273 f., 320 ff., 526, 553, 785;

– dass die → *Haftung* des Schuldners **beschränkt** wird, sei es die Haftung eines Ehegatten auf zugeteilte Gegenstände des Gesamtguts (§ 1480) oder die Haftung eines Erben auf Arrestmaßregeln (§§ 2014, 2015) oder auf den Nachlass (§§ 1973, 1990, 2059) oder die Haftung eines Vermächtnisnehmers auf den Vermächtnisgegenstand (§ 2187);

– dass ein **Rechtsstreit** über den einredebehafteten Anspruch **ausgesetzt** wird, wie nach § 2045.

Die prozessrechtliche Problematik der einzelnen Einreden ist bei den jeweiligen Einredegrundlagen erörtert.

Einstweilige Anordnung

– einer Auskunft s. § 1605, Rn. 4;
– einer Unterhaltsleistung s. § 1360, Rn. 13, 14; § 1615o, Rn. 6 ff.;
– eines Kostenvorschusses s. § 1360a, Rn. 6, 7.

---

1 Für die Einrede genügt es, dass *eine* Rechtsfolge an die Leistungsverweigerung anknüpft. Dadurch lässt sich die Einrede von der Einwendung widerspruchsfrei unterscheiden, entgegen Gröschler, AcP 201, 67.

Einstweilige Verfügung (§§ 935 ff. ZPO)

Zur einstweiligen Verfügung wegen einer Willenserklärung → *Übereignung* Rn. 8. Zum Verfügungsprozess → *Zahlung* Rn. 53, 54.

Einverständnis

→ *Zustimmung.*

Einwilligung

→ *Zustimmung.*

Einziehung

Rechte Dritter zur Einziehung einer Forderung s. bei §§ 1074 (1077), 1282 (1281).

Elektive Konkurrenz

→ *Wahlmöglichkeiten.*

Erbe

Klagen von Miterben s. bei § 2039.

Erbe, Schuld und Haftung

Inhaltsübersicht

A. Schuld 1
B. Haftung 2
  I. Zugriff des Gläubigers 2
    1. Erblasserschuld 2
      a) Fortsetzung der Zwangsvollstreckung 2
      b) Umschreibung des Titels 2
      c) Erkenntnisverfahren gegen den Erblasser .. 2
      d) Klage nach Annahme der Erbschaft 2
    2. Erbfallschuld 3
    3. Eigenverbindlichkeit ... 4
    4. Nachlasserbenschuld ... 5
  II. Verteidigung des Erben ... 6
    1. Beschränkung der Zwangsvollstreckung 6
    2. Haftungsbeschränkung .. 7

A. Schuld

Miterben sind bei gemeinschaftlichen Nachlassverbindlichkeiten (§ 1967 II) grundsätzlich **Gesamtschuldner** (§ 2058). **Teilschuldner** sind sie nach den §§ 2060, 2061 I Satz 2. **Gemeinschaftliche Schuldner** sind sie bei Leistungen, die nur von allen gemeinsam erbracht werden können (§ 2058, Rn. 2, 3). S. dazu die Kommentierung der angegebenen Vorschriften.

1

B. Haftung

I. Zugriff des Gläubigers

Der Gläubiger eines Erben steht vor der Frage, ob er nur auf den Nachlass oder auch auf das Eigenvermögen des Erben zugreifen kann. Hier ist zu unterscheiden:

2

1. Erblasserschuld

Der Anspruch war schon gegen den Erblasser begründet und richtet sich jetzt gegen den Erben (reine Nachlassverbindlichkeit, § 1967 II).

a) Fortsetzung der Zwangsvollstreckung

Gegen den Erblasser hatte bereits die Zwangsvollstreckung begonnen: Sie wird ohne weiteres in den Nachlass fortgesetzt, in das Eigenvermögen erst nach Annahme der Erbschaft und nach Umschreibung des Titels (§ 1958, Rn. 4, 5).

b) Umschreibung des Titels

Gegen den Erblasser war nur ein Titel erwirkt: Er kann gegen den Erben umgeschrieben werden. Die Zwangsvollstreckung selbst ist vor Annahme der Erbschaft nur in den Nachlass – bei Miterben aufgrund einer Titelumschreibung gegen alle (§ 2059, Rn. 3) – danach auch in das Eigenvermögen zulässig (§ 1958, Rn. 6).

c) Erkenntnisverfahren gegen den Erblasser

Gegen den Erblasser hatte nur ein Erkenntnisverfahren begonnen: Der Gläubiger kann den Prozess erst nach Annahme der Erbschaft aufnehmen (§ 1958, Rn. 2).

d) Klage nach Annahme der Erbschaft

Gegen den Erblasser war noch nicht geklagt worden: Der Gläubiger kann gegen den Erben erst nach Annahme der Erbschaft klagen (§ 1958, Rn. 3). Zur Zwangsvollstreckung in den Nachlass benötigt er bei Miterben einen Titel gegen alle (§ 2059, Rn. 2). Zur Zwangsvollstreckung in das Eigenvermögen eines Miterben s. § 2059, Rn. 6, 7.

2. Erbfallschuld

3   Der **Anspruch** richtet sich **gegen** den **Erben als solchen**, wie ein Pflichtteilsanspruch (reine Nachlassverbindlichkeit, § 1967 II): Der Gläubiger kann gegen den Erben erst nach Annahme der Erbschaft klagen (§ 1958, Rn. 3).

3. Eigenverbindlichkeit

4   Der **Anspruch** richtet sich **gegen den Erben persönlich** (reine Eigenverbindlichkeit): Der Gläubiger kann schon vor Annahme der Erbschaft klagen und in das Eigenvermögen vollstrecken, in den Nachlass erst nach Annahme der Erbschaft (§ 1967, Rn. 23).

4. Nachlasserbenschuld

5   Der **Anspruch** entstand **gegen den Erben aus** der **Abwicklung** des Nachlasses (Nachlasserbenschuld): Der Gläubiger kann schon vor Annahme der Erbschaft klagen und in den Nachlass wie in das Eigenvermögen vollstrecken (§ 1967, Rn. 24).

II. Verteidigung des Erben

1. Beschränkung der Zwangsvollstreckung

6   Vor und nach Annahme der Erbschaft kann der Erbe für gewisse Zeit erreichen, dass die Zwangsvollstreckung in Nachlass und Eigenvermögen auf **Arrestmaßregeln** beschränkt wird (§§ 2014, 2015, s. dort).

2. Haftungsbeschränkung

7   Um gänzlich zu verhindern, dass wegen einer reinen Nachlassverbindlichkeit in sein Eigenvermögen vollstreckt wird, muss der Erbe dafür sorgen, dass seine Haftung **auf den Nachlass** beschränkt wird,

z. B. durch Eröffnung des Insolvenzverfahrens. Die Haftungsbeschränkung muss ihm im Titel vorbehalten werden. Dann kann der Erbe bei einem Übergriff in das Eigenvermögen Vollstreckungsabwehrklage erheben. Wird aus einem gegenüber dem Erblasser erwirkten Titel vollstreckt, so bedarf es zwar der Abwehrklage, aber nicht des Vorbehalts. Ist der Erbe zur Leistung „aus dem Nachlass" verurteilt, so wird die Haftungsbeschränkung ohne Vorbehalt und Abwehrklage berücksichtigt (§ 1967, Rn. 7 ff.).

Erblasser-Hausgenosse

Ansprüche gegen einen Hausgenossen des Erblassers s. bei § 2028.

Erbschaftsbesitzer

Ansprüche gegen einen Erbschaftsbesitzer s. bei §§ 2018, 2027.

Erbschaftskauf

Ansprüche aus einem Erbschaftskauf s. bei §§ 2382, 2383.

Erbschein

Ansprüche wegen eines Erbscheins s. bei § 2362.

Erbunwürdigkeit

S. bei § 2341.

Erlaubnis

→ Zustimmung.

Erledigung der Hauptsache

→ Auskunft Rn. 13, 22; § 1601, Rn. 8.

Ersetzungsbefugnis

→ Wahlmöglichkeiten.

Feststellungsklage (§ 256 ZPO)

- negative nach § 62 Fall 2 ZPO → *Mehrheit von Schuldnern* Rn. 10; § 432, Rn. 21; § 705, Rn. 36; § 1450, Rn. 10;
- über Drittrechtsverhältnis s. § 1368, Rn. 11, 12;
- und Gestaltungsklage → *Gestaltungsklagen* Rn. 1;
- und Leistungsklage → *Zahlung* Rn. 4.

Folgesachen (§ 623 ZPO)

S. § 1564, Rn. 7–9.

Forderung

S. bei § 241.

Freigabe

Ansprüche auf „Freigabe" s. bei §§ 380, 2217.

Freihaltung

→ *Befreiung.*

Freistellung

→ *Befreiung.* Ansprüche auf Dienstbefreiung s. bei § 629.

Fruchtanteil

Ansprüche auf einen Fruchtanteil s. bei § 743.

Fruchtgenuss

Ansprüche auf Fruchtgenuss s. bei § 581.

Gattungsschuld

S. bei § 243.

Gebrauchsgewährung

Ansprüche auf Gebrauchsgewährung s. bei §§ 535, 581.

Geld

Ansprüche auf **Anlage** von Geld s. bei § 551, Ansprüche auf **Zahlung** von Geld s. → *Zahlung*.

Gemeinschaft

→ *Bruchteilsgemeinschaft.*

Gemeinschaftliche Gläubiger

→ *Mehrheit von Gläubigern.*

Gemeinschaftliche Schuldner

→ *Mehrheit von Schuldnern.*

Gesamtgläubiger

S. bei §§ 428, 430.

Gesamthandgläubiger

→ *Mehrheit von Gläubigern* Rn. 3.

Gesamthandklage

S. § 421, Rn. 11.

Gesamthandschuldner

→ *Mehrheit von Schuldnern* Rn. 3.

Gesamtschuldner

S. bei §§ 421, 426.

Gesellschaft

Ansprüche s. bei § 705.

Gestaltungsklagen

I. Gestaltungsklagen und Gestaltungsurteile

1 Mit einer Gestaltungsklage beantragt der Kläger ein **Gestaltungsurteil**, das ist ein Urteil, das gezielt die Rechtslage gestalten (ändern) soll.

Im Unterschied dazu soll ein **Leistungsurteil** den Verurteilten zur freiwilligen Leistung bewegen, notfalls die Zwangsvollstreckung ermöglichen; doch ist die Vollstreckbarkeit kein Begriffsmerkmal des Leistungsurteils[1]. Demgemäß enthält das Leistungsurteil immer eine „Verurteilung", die nichts mit einem richterlichen Leistungsbefehl zu tun hat[2], sondern lediglich den Verurteilten zur freiwilligen Leistung bewegen, notfalls die Zwangsvollstreckung ermöglichen soll. Eine solche Verurteilung enthält die Entscheidung der Hauptsache weder beim Gestaltungs- noch beim Feststellungsurteil.

Vom **Feststellungsurteil** unterscheidet sich das Gestaltungsurteil zwar nicht sicher durch den Tenor, wohl aber durch den Zweck, den ihm die Rechtsordnung beilegt[3]. Während das Gestaltungsurteil die Rechtslage ändern soll, soll das Feststellungsurteil lediglich durch seine materielle Rechtskraft Klarheit über eine bereits vorhandene Rechtslage – das Bestehen oder Nichtbestehen eines Rechtsverhältnisses – schaffen. Ist z. B. eine Gesellschaft des bürgerlichen Rechts durch Kündigung nach § 723 BGB aufgelöst, so kann der Richter die Auflösung nur noch feststellen. Wird dagegen auf Auflösung einer oHG nach § 133 HGB geklagt, so kann der Richter die Auflösung nicht feststellen, da sie noch nicht eingetreten ist; erst das Urteil führt die Auflösung herbei. Dass dies ein prinzipieller Unterschied ist, lässt sich nicht leugnen[4]. Man kann das Gestaltungsurteil auch nicht als Feststellungsurteil über das Gestaltungsklagerecht charakterisieren[5]. Denn wenn jemand z. B. die bloße Feststellung seines Rechts auf Ehescheidung beantragt,

---

1 Abweichende Ansichten bei Braun, Rechtskraft II, S. 319.
2 Entgegen der Polemik Brauns, Rechtskraft II, S. 316 ff.
3 Zu Braun, Rechtskraft II, S. 311 ff.
4 A. A. Braun, Rechtskraft II, S. 321.
5 Entgegen Braun, Rechtskraft II, S. 321 ff.

nicht die Ehescheidung selbst, so erhebt er eine Feststellungsklage, die zwar mangels Rechtsschutzinteresses unzulässig sein mag, dadurch aber nicht zu einem Scheidungsantrag wird.

Gestaltungsurteile sieht das BGB in zwei Fallgruppen vor:

In den einen Fällen könnte die erstrebte Rechtsgestaltung bei Einvernehmen der Prozessparteien auch ohne Urteil herbeigeführt werden, in der Regel durch Vertrag (§ 311 I). Das trifft zu, wenn eine Leistung bestimmt (§§ 315, 319, 2048), eine Vertragsstrafe, Mäklerlohn oder Unterhalt herabgesetzt (§§ 343, 655), über die Fortsetzung eines Mietverhältnisses eine Bestimmung getroffen (s. § 574, Rn. 4), eine ausgelobte Belohnung verteilt (§ 660), Richtung und Umfang eines Notwegs bestimmt (§ 917), im Falle einer Grenzverwirrung die Grenze neu bestimmt (§ 920), die Ausübung eines Nießbrauchs einem Verwalter übertragen (§ 1052), eine auch einvernehmlich mögliche Maßregel zum Schutz eines Hypothekengläubigers bestimmt (§ 1134), auf vorzeitigen Ausgleich des Zugewinns erkannt und dadurch Gütertrennung herbeigeführt (§ 1385), eine Gütergemeinschaft aufgehoben (§§ 1447, 1495), eine nichteheliche Vaterschaft festgestellt (§ 1600d) oder ein Pflichtteilsanspruch gestundet wird (§ 2331a). 2

In anderen Fällen kann die erstrebte Rechtsgestaltung selbst bei Einvernehmen der Prozessparteien **nur durch Urteil** herbeigeführt werden. So verhält es sich, wenn eine Ehe aufgehoben (§ 1313) oder geschieden (§ 1564), die Vaterschaft angefochten (§§ 1598, 1599) oder ein Erbe für erbunwürdig erklärt wird (§ 2341). 3
S. dazu die Kommentierung der angegebenen Vorschriften.

II. Das Gestaltungsklagerecht als subjektives Recht

Als Gestaltungsklagerecht bezeichnet man das Recht zu einer Gestaltungsklage oder einem Gestaltungsantrag. Dieses Recht steht nur bestimmten Personen unter bestimmten Voraussetzungen zu. Zum Beispiel haben nur die Ehegatten das Recht, die Scheidung ihrer Ehe zu beantragen, vorausgesetzt, dass die Ehe gescheitert ist. Der Antrag eines Dritten müsste abgewiesen werden, ebenso der Antrag eines Ehegatten, falls die Ehe (noch) nicht gescheitert ist. Somit bezeichnet das Gestaltungsklagerecht eine **rechtlich verliehene Macht**, die für ihren Inhaber und Gegner ebenso bedeutsam sein kann wie ein absolutes Recht oder ein Anspruch. Selbst wenn also im Prozess auf die Figur des Gestaltungsklagerechts verzichtet 4

Gestaltungsklagen

werden könnte[1], so wäre sie doch unentbehrlich, um die mit ihr verliehene Rechtsmacht zu kennzeichnen[2].

5 Dem Gestaltungsklagerecht am nächsten verwandt ist das Recht, durch einseitiges Rechtsgeschäft, z. B. eine Kündigung, die Rechtslage zu ändern. Für dieses Recht hat sich der Ausdruck „**Gestaltungsrecht**" eingebürgert. Deshalb sollte man nicht auch das Gestaltungsklagerecht als Gestaltungsrecht bezeichnen[3]. Beide Rechte berechtigen zwar dazu, eine Rechtsgestaltung herbeizuführen, aber bei dem Gestaltungsklagerecht ist das Mittel eine Klage, die ein rechtsgestaltendes Urteil erwirkt, bei dem Gestaltungsrecht ist das Mittel ein einseitiges Rechtsgeschäft, das selbst die Rechtslage gestaltet[4]. Dieser Unterschied ist so elementar, dass er nicht durch eine einheitliche Bezeichnung verdeckt werden darf. Die Gemeinsamkeiten beider Rechte kommen durch das Wort „Gestaltung" genügend zum Ausdruck.

6 Die Gestaltungsklagerechte des BGB werden vom Privatrecht verliehen und sind deshalb private Rechte[5]. Sie bestehen gegenüber einer anderen Privatperson, deren Rechtsverhältnis gestaltet werden soll, z. B. gegenüber dem anderen Ehegatten. Daher können sie nicht als Erscheinungsform des öffentlich-rechtlichen, gegen den Staat als Träger der Gerichtsbarkeit gerichteten „**Rechtsschutzanspruchs**" angesehen werden[6]. So wie bei der Leistungsklage zwischen dem Rechtsschutzanspruch gegen den Staat und dem privatrechtlichen Anspruch gegen den Beklagten unterschieden wird, ist auch bei der Gestaltungsklage zwischen Rechtsschutzanspruch und privatem Gestaltungsklagerecht zu unterscheiden (womit nichts über den Sinn eines „Rechtsschutzanspruchs" gesagt sein soll).

7 Als Recht gegenüber einer anderen Privatperson ist das Gestaltungsklagerecht **kein „Anspruch"**. Denn die mit der Gestaltungsklage erstrebte *urteilsmäßige* – und das heißt unangreifbare –

---

[1] So Henckel, Parteilehre, S. 33 ff.; Stein/Jonas/Schumann, vor § 253, Rn. 44.
[2] Vgl. ferner Windel, Interventionsgrund, S. 103 f.
[3] So z. B. MünchKommZPO/Lüke, vor § 253, Rn. 29. Wie hier Stein/Jonas/Schumann, vor § 253, Rn. 44.
[4] Schlosser, Gestaltungsklagen, S. 29 ff.
[5] Bötticher, FS Dölle, S. 55 f.; Rosenberg/Schwab/Gottwald, § 94 I 2; Zöllner, AcP 190, 486.
[6] K. Schmidt, Gestaltungsprozesse, S. 22 f. A. A. Dölle, FS Bötticher, S. 97 ff.; Henckel, Parteilehre, S. 34, 286; Schlosser, Gestaltungsklagen, S. 373 ff.

Rechtsgestaltung ist keine „Leistung", die eine Privatperson erbringen könnte[1]. Einige Rechtsgestaltungen lassen sich zwar auch vertraglich bewerkstelligen (Rn. 2), aber nicht unangreifbar, weil die Gültigkeit eines Vertrags anders als die eines Urteils leicht in Zweifel gezogen werden kann. Ist das Gestaltungsklagerecht aber kein Anspruch und auch kein Gestaltungsrecht, so ist es ein relatives Recht eigener Art.

III. Das Gestaltungsklagerecht im Prozess

1. Zulässigkeit und Begründetheit der Gestaltungsklage

Im Prozess spielt das Gestaltungsklagerecht die gleiche Rolle wie bei einer Leistungsklage der Anspruch: Von ihm hängt die Begründetheit der Klage ab. So wie aber bei Leistungsklagen schon im Vorfeld der Zulässigkeit geprüft wird, ob der Kläger den Anspruch als eigenen geltend macht, ist bei Gestaltungsklagen im Rahmen der Zulässigkeit (**Prozessführungsbefugnis**) zu prüfen, ob der Kläger zu den Personen gehört, denen das geltend gemachte Gestaltungsklagerecht zustehen kann[2]. Daher müsste z. B. die Vaterschaftsanfechtungsklage der Großmutter als unzulässig abgewiesen werden (§ 1600e I).

8

2. Materielle Rechtskraft des Gestaltungsurteils

So wie ein Leistungsurteil materiell-rechtskräftig feststellt, dass dem Kläger gegen den Beklagten ein Anspruch auf die urteilsmäßige Leistung zusteht, stellt ein Gestaltungsurteil das Gestaltungsklagerecht des Klägers gegen den Beklagten materiell-rechtskräftig fest. Bedeutsam wird diese Feststellung in dem Fall, dass der Beklagte mit der Begründung, ein Gestaltungsklagerecht des Klägers gegen ihn habe in Wahrheit nicht bestanden, eine Delikts- oder Bereicherungsklage gegen den Kläger erhebt[3].

9

Allerdings sagt das Gestaltungsurteil in dem für die materielle Rechtskraft maßgeblichen Tenor nichts von einem Gestaltungsklagerecht, sondern spricht z. B. nur aus, dass der Kläger nicht der

10

---

1 Stein/Jonas/Schumann, vor § 253, Rn. 41.
2 Vgl. Bötticher, FS Dölle, S. 65, Fn. 52. Zur Verfügungsbefugnis s. Windel, Interventionsgrund, S. 57.
3 Braun, Rechtskraft II, S. 314; Rosenberg/Schwab/Gottwald, § 94 III 2; Zöller/Vollkommer, § 322, Rn. 4.

Gestaltungsklagen

Vater des Beklagten ist. Aber dadurch wird doch konkludent festgestellt, dass der Kläger zur Anfechtung seiner Vaterschaft berechtigt ist. Auch das Leistungsurteil sagt im Tenor nichts von einem Anspruch, sondern spricht die Verurteilung zu einer bestimmten Leistung aus; gleichwohl trifft es dadurch konkludent die Feststellung, dass ein Anspruch des Klägers gegen den Beklagten auf die urteilsmäßige Leistung besteht.

11 Richtig ist, dass der im Leistungsurteil festgestellte Anspruch auch nach dem Ende des Prozesses bis zu seiner Befriedigung fortbesteht, während das Gestaltungsklagerecht mit dem Ende des Prozesses „befriedigt" ist und untergeht. Aber für die Rechtskraftwirkung genügt es, dass das Gestaltungsklagerecht zur Zeit seiner gerichtlichen Feststellung bestanden hat; nur darauf kommt es in einem späteren Schadensersatz- oder Bereicherungsprozess an.

IV. Gestaltungsurteil und Anspruch

12 Wird ein Anspruch auf vertragliches Einverständnis nicht durch Leistungsurteil mit Vollstreckung nach § 894 ZPO, sondern durch Gestaltungsurteil befriedigt, wie der Mietfortsetzungsanspruch nach § 574 (s. dort, Rn. 4), der Notweganspruch nach § 917 I (s. dort, Rn. 12 ff.) und der Grenzentwirrungsanspruch aus § 920 (s. dort, Rn. 1), so hängt die Begründetheit der Gestaltungsklage ausnahmsweise von einem Anspruch und nicht von einem Gestaltungsklagerecht ab. Im Hinblick auf solche Fälle könnte man fragen, ob nicht auch in anderen Fällen, in denen die begehrte Rechtsgestaltung einvernehmlich herbeigeführt werden kann (Rn. 2), ein **Anspruch auf Einverständnis** mit der begehrten Rechtsgestaltung anzunehmen ist, der dann an Stelle eines Gestaltungsklagerechts dem Gestaltungsurteil zugrunde liegen würde[1]. Diese Frage muss hier offen bleiben, da sie sich erst nach einer Untersuchung der jeweiligen materiellrechtlichen Folgen eines Einverständnisanspruches beantworten ließe.

13 Eine andere Frage[2] ist es, weshalb das Gesetz zur Durchsetzung eines Einverständnisanspruchs ein Gestaltungsurteil vorsieht und nicht ein **Leistungsurteil** mit Vollstreckung nach § 894 ZPO. Die Antwort dürfte darin liegen, dass die neue Rechtslage als Folge

---
1 So Habermeier, ZZP 105, 194 ff. Verneinend Lüke, JuS 1969, 306, der nur überlegt, „ob neben dem Gestaltungsklagerecht ein paralleler Anspruch" besteht.
2 Die Schlosser, Gestaltungsklagen, S. 33 ff., mit Recht stellt.

Glaubhaftmachung (§ 294 ZPO)

eines Gestaltungsurteils klarer hervortritt[1] und auch sicherer ist, weil die Fiktion einer Vertragserklärung nach § 894 ZPO nicht ausschließen würde, dass die zur Rechtsänderung erforderliche andere Vertragserklärung in Zweifel gezogen wird.

Gestaltungsrecht

S. § 214, Rn. 4.

Gestattung

Ansprüche auf Gestattung einer Handlung des Gläubigers s. bei §§ 258, 454, 598, 809, 867, 1969. Die Gestattungsansprüche decken sich mit den Ansprüchen auf **Duldung** privater Einwirkungen. Sie gehen jedoch weiter als die Ansprüche auf **Erlaubnis** (s. → *Zustimmung*). Denn sie verlangen, dass der Schuldner eine Handlung des Gläubigers tatsächlich ermöglicht; dass er sie erlaubt, genügt nicht. Anderer Art ist der Gestattungsanspruch aus § 1612.

Gewährung

Ansprüche auf Gewährung des Zugangs s. bei § 554.

Gewahrsam

Zur Vermutung des Gewahrsams s. bei § 1362.

Gewinnverteilung

Ansprüche auf Gewinnverteilung s. bei §§ 721, 734.

Girokonto

Siehe bei § 676 f.

Glaubhaftmachung (§ 294 ZPO)

→ *Zahlung* Rn. 54.

---

[1] Ähnlich K. Schmidt, Gestaltungsprozesse, S. 27.

Grenzverwirrung

S. bei § 920.

Grundbuchberichtigung

Ansprüche auf Bewilligung einer Grundbuchberichtigung oder Zustimmung dazu s. bei §§ 894, 1416.

Grundschuld

S. bei § 1191.

Gütergemeinschaft

– Ansprüche des Gesamtguts s. bei §§ 1422, 1429, 1431, 1433; 1450, 1454, 1455, 1456, 1467; 1472;
– Ansprüche gegen das Gesamtgut s. bei §§ 1422, 1429, 1431, 1433, 1437; 1450, 1454, 1455, 1456, 1459, 1467; 1472, 1480;
– Ansprüche des (mit-)verwaltenden Gatten s. bei § 1445;
– Ansprüche gegen den (mit-)verwaltenden Gatten s. bei §§ 1435, 1445; 1451, 1467; 1472, 1481;
– Aufhebung der Gütergemeinschaft s. bei § 1447;
– Auseinandersetzung der Gütergemeinschaft s. bei §§ 1471, 1475, 1477, 1478;
– fortgesetzte Gütergemeinschaft s. bei § 1487, 1495;
– Grundbuchberichtigung s. bei § 1416.

Haftung

I. Bedeutungen der Haftung

1 Mit „Haftung" werden verschiedene Dinge bezeichnet:

In dem Satz „S haftet G auf Schadensersatz" bedeutet haften so viel wie **schulden**. Der Satz könnte daher einfacher lauten: „S schuldet G Schadensersatz". Leider spricht selbst das BGB häufig von Haftung, wenn es Schuld (Verbindlichkeit) meint. Ein Beispiel ist § 427, wo es heißt, dass mehrere Verpflichtete als Gesamtschuldner haften, statt einfach, dass sie Gesamtschuldner sind.

Haftung

In dem Satz „S haftet mit seinem ganzen Vermögen" bedeutet haften der **Zwangsvollstreckung unterworfen sein**[1]. Auf diese Bedeutung ist im Folgenden näher einzugehen.

II. Vollstreckungsunterworfenheit und Schuld

Die Haftung in dem zuletzt genannten Sinn der Vollstreckungsunterworfenheit ist zunächst zu unterscheiden von der Schuld (Verbindlichkeit). Möglich sind drei Fallgestaltungen: 2

1. Schuld und Haftungsausschluss

S schuldet, z. B. 1000 Euro, haftet aber nicht. Das ist praktisch möglich aufgrund eines zwischen S und seinem Gläubiger G geschlossenen Vertrages, der die Haftung (den Vollstreckungszugriff) ausschließt[2]. S kann dann zwar zur Zahlung von 1000 Euro verurteilt werden, aber nur mit dem Zusatz: „Die Zwangsvollstreckung ist unzulässig".

2. Haftung ohne Schuld

S schuldet nicht, haftet aber, beispielsweise wegen einer Grundschuld (§§ 1191 I, 1192 I).

3. Schuld und Haftung

S schuldet und haftet. Das ist bei Bestehen einer Schuld der Normalfall. Die Haftung ist in der Regel unbeschränkt (S haftet mit seinem ganzen Vermögen), sie kann aber auch beschränkt sein, und zwar in zweifacher Weise:

a) S haftet nur mit einem von mehreren Vermögen, z. B. nur mit dem Nachlass, nicht mit dem Eigenvermögen.

b) S haftet nur mit einem von mehreren Vermögensgegenständen, z. B. nur mit einem Grundstück wie bei der Grundschuld.

III. Vollstreckungsunterworfenheit und Zulässigkeit der Zwangsvollstreckung

Die Haftung als Vollstreckungsunterworfenheit ist in einem materiellrechtlichen Sinn zu verstehen: S *soll* der Zwangsvollstreckung 3

---

1 Larenz, Allgemeiner Teil, § 17 II, S. 308.
2 Vgl. Staudinger/J. Schmidt, 13. Bearb., vor § 241, Rn. 188.

Herabsetzung einer Pauschale

unterworfen sein. Ob er es *wirklich* ist, hängt im Normalfall von der Zulässigkeit der Zwangsvollstreckung ab, namentlich vom Titel und den anderen allgemeinen Vollstreckungsvoraussetzungen. Die Zulässigkeit der Zwangsvollstreckung ist von der materiellrechtlichen Haftung zu trennen. Möglich sind drei Fallgestaltungen:

– S haftet, die Zwangsvollstreckung ist unzulässig, weil z. B. kein Titel vorliegt.

– S haftet nicht, die Zwangsvollstreckung ist zulässig, weil ein unrichtiger Titel vorliegt; gegen ihn muss sich S mit der Vollstreckungsabwehrklage nach § 767 ZPO wehren.

– S haftet, die Zwangsvollstreckung ist auch zulässig.

IV. „Duldung der Zwangsvollstreckung"

4 Die Haftung wird meist dahin gehend umschrieben, dass der Haftende zur Duldung der Zwangsvollstreckung verpflichtet sei. Demgemäß wird ein Beklagter, der lediglich haftet, zur Duldung der Zwangsvollstreckung verurteilt, z. B. dazu, „wegen der im Grundbuch . . . eingetragenen Grundschuld in Höhe von 10 000 Euro die Zwangsvollstreckung in das Grundstück zu dulden". Die Duldungspflicht darf jedoch nicht so verstanden werden, dass Widerstand gegen die Vollstreckungsorgane zu unterbleiben hätte; diese Unterlassung wird nach Verfahrensrecht bei Zulässigkeit der Zwangsvollstreckung geschuldet[1]. Die haftungsrechtliche Duldungspflicht bedeutet demgegenüber, dass der Haftende nach materiellem Recht der Zwangsvollstreckung unterworfen ist. Die Rechtsordnung sagt zu ihm nicht „du *sollst* nichts gegen die Zwangsvollstreckung unternehmen", sondern „du *kannst* nichts gegen die Zwangsvollstreckung unternehmen". Die Duldungspflicht und der ihr entsprechende Anspruch auf Duldung der Zwangsvollstreckung sind somit nur unvollkommene Umschreibungen der materiellrechtlichen Haftung und des Rechts, die Haftung geltend zu machen.

Herabsetzung einer Pauschale

S. bei § 560.

---

1 Stein/Jonas/Schumann, vor § 253, Rn. 18.

Herausgabe

Ansprüche auf „Herausgabe" gewährt das BGB in verschiedenen Vorschriften. 1
Gemeint sein kann die **Herausgabe zum Zwecke der Befriedigung** wegen eines fehlenden Betrags, d. h. die Duldung der Zwangsvollstreckung in den herauszugebenden Gegenstand wegen des fehlenden Betrags, so in den §§ 1390 und 2329 (s. dort).

In der Regel ist aber die **Herausgabe i. e. S.** gemeint. Diese Herausgabe bezeichnet das BGB auch als „Rückgabe" (z. B. in § 546 I) oder „Rückgewähr" (z. B. in § 346 I), falls sich der herauszugebende Gegenstand typischerweise früher bei dem Inhaber des Herausgabeanspruchs befand. Im Einzelnen sind zu unterscheiden, je nachdem, welcher Gegenstand herauszugeben ist: 1) Ansprüche auf Herausgabe einer **Sache**, bei denen weiter unterschieden werden muss, ob der Besitz eingeräumt werden soll (→ *Besitzeinräumung* Rn. 1) oder das Eigentum (→ *Übereignung* Rn. 1); 2) Ansprüche auf Herausgabe eines **Rechts** (außer Besitz und Eigentum), sei es auf Neubegründung oder Übertragung, also auf → *Rechtsverschaffung* (Rn. 1) oder auf Aufgabe des Rechts, d. h. → *Rechtsentäußerung* (Rn. 1); 3) Ansprüche auf Herausgabe eines in Geld zu bemessenden **Vermögensvorteils**, d. h. auf → *Zahlung* (Rn. 1). 2

Herstellung

Ansprüche auf Herstellung eines Werks s. bei §§ 631, 651.

Hinterlegung

S. bei §§ 379, 380, 1082, 1217.

Hypothek

S. bei §§ 648, 1113, 1134, 1137, 1148.

Inventarersatz

Ansprüche auf Ersatz eines Inventarstücks s. bei § 582a.

Kind

- eheliches s. bei § 1599;
- nichteheliches s. bei §§ 1598, 1600d.

Klageänderung (§§ 263, 264 ZPO)

→ *Auskunft* Rn. 13, 20; § 275, Rn. 2.

Klageantrag, bestimmter (§ 253 II Nr. 2 ZPO)

→ *Auskunft* Rn. 10.

Klagearten

→ *Gestaltungsklagen* Rn. 1.

Klageverzicht (analog § 93 ZPO)

→ *Auskunft* Rn. 23.

Klage, Zulässigkeit und Begründetheit

S. besonders § 12, Rn. 21, 22; § 656, Rn. 2.

Konkurrierende Einziehungsmacht

→ *Mehrheit von Gläubigern* Rn. 7.

Kontrahierung

→ *Vertragsschluss*.

Kostentragung

S. bei §§ 357, 403, 748, 922.

Kostenvorschuss

- Beitreibung vom Beklagten s. besonders § 895, Rn. 8;
- Zahlung durch Kläger s. besonders § 403, Rn. 6–9.

Krankenpflege

Ansprüche auf Krankenverpflegung und -behandlung s. bei § 617.

Kündigung

Ansprüche auf Kündigung einer Forderung s. bei § 1286.

Landpachtsachen

S. bei § 585.

Leistungsbestimmung

Zur Bestimmung einer Leistung durch einen Vertragschließenden, einen Dritten oder das Gericht s. bei §§ 315, 319, 343, 655, 660.

Leistungsklage

→ *Gestaltungsklagen* Rn. 1.

Löschung

Ansprüche auf Löschung eines eingetragenen Rechts s. bei §§ 439, 886, 1179a.

Mäklerlohn

Zur gerichtlichen Herabsetzung des Mäklerlohns s. bei § 655.

Materielle Rechtskraft

Die materielle Rechtskraft ist die **Maßgeblichkeit** des feststellenden Urteils für die Zukunft. Ob sie materiellrechtlich oder prozessual zu erklären sei, ist nach einem hundertjährigen Streit um das Wesen der Rechtskraft noch immer umstritten[1]. Die heute herrschende Meinung hat Eduard Bötticher durch seine Gießener Habilitationsschrift „Kritische Beiträge zur Lehre von der materiellen Rechtskraft im

1

---

1 Vgl. nur Stein/Jonas/Leipold, § 322, Rn. 19 ff.

Mehrheit von Gläubigern

Zivilprozess", 1930, Neudruck 1970, begründet. Danach verbietet die ungeschriebene Rechtskraftnorm eine neue Entscheidung der rechtskräftig entschiedenen Frage ("ne bis in idem", nicht zweimal in derselben Sache)[1]. Man muss jedoch noch differenzieren zwischen einer *selbständigen* Entscheidung, die verboten ist, und einer *unselbständigen* Entscheidung, einer bloßen Wiederholung der rechtskräftig entschiedenen Frage, die erlaubt ist[2]: – Ist die rechtskräftig entschiedene Frage im zweiten Prozess nicht Hauptsache, sondern nur Vorfrage, so ist die Wiederholung der rechtskräftigen Feststellung zulässig und nur die selbständige Entscheidung unzulässig[3]. – Begehrt der Kläger in der Hauptsache die neue selbständige Entscheidung einer rechtskräftig entschiedenen Frage, so ist die Klage bei unveränderter Sach- und Rechtslage wegen der Rechtskraft unzulässig[4]. – Begehrt der Kläger in der Hauptsache lediglich die Wiederholung einer rechtskräftigen Feststellung, so ist die Klage nicht wegen der Rechtskraft unzulässig, wohl aber in aller Regel mangels Rechtsschutzinteresses (Rechtsschutzgrundes)[5].

2   Zu den **objektiven Grenzen** der Rechtskraft (§ 322 ZPO) s. besonders → *Auskunft* Rn. 4; → *Besitzeinräumung* Rn. 15–20; → *Gestaltungsklagen* Rn. 9–11; → *Rechtsentäußerung* Rn. 4, 5; → *Schadensersatz* Rn. 13–19; § 12, Rn. 30, 31; § 259, Rn. 5; § 535, Rn. 12–15; § 546, Rn. 13; § 894, Rn. 10, 11; § 1004, Rn. 23, 24; § 1113, Rn. 16–19; § 1169, Rn. 4; § 1564, Rn. 6.

Zu den **subjektiven Grenzen** der Rechtskraft (§§ 325 ff. ZPO) s. besonders § 328, Rn. 15; § 432, Rn. 10–13; § 546, Rn. 17–19; § 705, Rn. 8, 11, 12, 46; § 765, Rn. 6–9; § 1368, Rn. 8; § 1429, Rn. 3.

Mehrheit von Gläubigern

1   Ein Anspruch kann mehreren Inhabern (Gläubigern) in verschiedener Weise zustehen.

---

1 So auch BGH, NJW 1987, 371; Rosenberg/Schwab/Gottwald, § 151 II 3.
2 Bötticher möchte die bloße Wiederholung nicht als „Entscheidung" bezeichnen (Rechtskraft, S. 140 f.) und verliert deshalb den Unterschied aus dem Auge (Rechtskraft, S. 233).
3 Ebenso Zeuner, 50 Jahre BGH III, S. 341 f.
4 Bötticher, Rechtskraft, S. 220.
5 Teilweise abweichend Bötticher, Rechtskraft, S. 230 ff.

I. Gemeinschaftliche Gläubiger

1. Begriff und Fälle

Ein Anspruch steht mehreren Inhabern als „gemeinschaftlichen Gläubigern" zu, wenn grundsätzlich nur alle gemeinsam den Anspruch geltend machen und dabei nur Leistung an alle gemeinschaftlich verlangen können[1]. So verhält es sich – unabhängig von der Teilbarkeit oder Unteilbarkeit der geschuldeten Leistung – bei der **Gesellschaft** (§ 705, Rn. 25) und bei der **Gütergemeinschaft mit gemeinschaftlicher Verwaltung** (§ 1450, Rn. 2); zu der Gütergemeinschaft mit Einzelverwaltung s. § 1422, Rn. 2.

2

2. „Gesamthandgläubiger"?

Da die Gesellschaft und die Gütergemeinschaft Gesamthandgemeinschaften sind (§§ 719 I, 1419 I), könnte man statt von gemeinschaftlichen Gläubigern von Gesamthandgläubigern sprechen. Gesamthandgläubiger sind jedoch auch die Ehegatten bei der Gütergemeinschaft mit Einzelverwaltung (§ 1419 I) und die Miterben (§ 2033 II), bei denen nicht nur alle gemeinsam den Anspruch geltend machen können, sondern ein einzelner prozessführungsbefugt ist (§ 1422, Rn. 2; § 2039). Der Ausdruck „Gesamthandgläubiger" eignet sich daher nicht für eine Einteilung der Gläubiger, die auf Unterschiede der Einziehungsmacht abstellt. Er besagt lediglich, dass der gemeinschaftliche Anspruch zu einem Gesamthandvermögen gehört.

3

II. Mitgläubiger

Ein Anspruch steht mehreren Inhabern als „Mitgläubigern" zu, wenn jeder allein den Anspruch geltend machen, dabei aber nur Leistung an alle gemeinschaftlich verlangen kann. So verhält es sich – unabhängig von der Teilbarkeit oder Unteilbarkeit der geschuldeten Leistung – bei der **Erbengemeinschaft** (§ 2039) und bei einer **Bruchteilsgemeinschaft** (§ 741, Rn. 4), besonders der Miteigentumsgemeinschaft (§ 1011).

4

Die prozessrechtlichen Probleme der Mitgläubigerschaft sind bei § 432 dargestellt.

---

1 Selb, Mehrheiten, S. 12 f., berücksichtigt nur die zweite Voraussetzung und wirft deshalb gemeinschaftliche Gläubiger und Mitgläubiger in einen Topf.

III. Gesamtgläubiger

5 Ein Anspruch steht mehreren Inhabern als „Gesamtgläubigern" zu, wenn jeder allein den ganzen Anspruch geltend machen und dabei Leistung an sich allein verlangen kann. So verhält es sich – unabhängig von der Teilbarkeit oder Unteilbarkeit der geschuldeten Leistung – in den Fällen des § 428 (s. dort).

IV. Teilgläubiger

6 Ein Anspruch steht mehreren Inhabern als „Teilgläubigern" zu, wenn jeder allein einen Teil des Anspruchs geltend machen und dabei Leistung an sich allein verlangen kann. So verhält es sich „im Zweifel", wenn mehrere eine teilbare Leistung zu fordern haben (§ 420, s. dort).

V. Konkurrierende Einziehungsmacht

7 In einer weiteren Fallgruppe kann man von „konkurrierender Einziehungsmacht" sprechen[1]. Hierher gehört der echte Vertrag zugunsten eines Dritten (§ 328, Rn. 1), der Forderungs-Nießbrauch (§§ 1074, 1077) und das Forderungs-Pfandrecht (§§ 1281, 1282). S. dazu die Kommentierung der angegebenen Vorschriften.

Mehrheit von Schuldnern

Inhaltsübersicht

A. Gemeinschaftliche Schuldner 2	2. Positive Feststellungsklage 9
I. Gemeinschaftliche Schuld . 2	3. Negative Feststellungsklage 10
1. Begriff und Fälle 2	III. Zuständigkeit 12
2. „Gesamthandschuld"? ... 3	IV. Zwangsvollstreckung 13
II. Klagen 4	B. Gesamtschuldner 14
1. Leistungsklage 4	C. Teilschuldner 15
a) Grundsatz 4	
b) Ausnahmen 5	

1 Ein Anspruch kann in verschiedener Weise gegen mehrere Gegner (Schuldner) gerichtet sein.

---

[1] Selb, Mehrheiten, S. 13 f.

A. Gemeinschaftliche Schuldner

I. Gemeinschaftliche Schuld

1. Begriff und Fälle

Ein Anspruch richtet sich gegen mehrere Gegner als „gemeinschaftliche Schuldner", wenn von Rechts wegen nur alle gemeinsam die geschuldete Leistung erbringen sollen.

So verhält es sich, wenn mehrere eine **unteilbare Leistung** schulden, die nicht jeder allein bewirken kann. Beispiele: Miteigentümer verkaufen ein Grundstück (§§ 433 I 1, 747 Satz 2). Ein Musiktrio soll einem Fest den musikalischen Rahmen geben[1]. Die in § 431 vorgesehene Gesamtschuld scheidet hier aus[2]. Sie würde voraussetzen, „dass jeder die ganze Leistung zu bewirken verpflichtet... ist" (§ 421 I Satz 1). Wenn aber mehrere Personen kraft Vertrages oder Gesetzes eine Leistung schulden, die sie nur im Zusammenwirken erbringen können, dann wollen und sollen sie in der Regel auch nur zusammen in Anspruch genommen werden.

Eine gemeinschaftliche Schuld liegt ferner vor, wenn mehrere eine **teilbare Leistung** schulden, die nicht jeder allein ganz oder teilweise erbringen soll, so dass die in den §§ 427 und 420 „im Zweifel" vorgesehene Gesamtschuld oder Teilschuld ausscheidet. Beispiel: Gesellschafter verpflichten sich vertraglich zu einer beschränkten Gattungsschuld aus dem Gesellschaftsvermögen (§ 719 I).

2. „Gesamthandschuld"?

Gemeinschaftliche Schulden begegnen namentlich bei der Gesellschaft (§ 705, Rn. 22), der Bruchteilsgemeinschaft (§ 741, Rn. 6), der Gütergemeinschaft (§ 1437, Rn. 2; § 1459, Rn. 2) und der Erbengemeinschaft (§ 2058, Rn. 2, 3, dort auch zum Auflassungsanspruch).

Da es gemeinschaftliche Schulden also auch außerhalb der Gesamthandsgemeinschaften gibt, ist der Ausdruck „Gesamthandschuld" zur Bezeichnung aller gemeinschaftlichen Schulden ungeeignet.

---

1 Riering, S. 19 f.; Selb, Mehrheiten, S. 8.
2 BGH, NJW 1975, 310, 311; Hassold, S. 47; Larenz, Schuldrecht I, § 36 IIc; Selb, Mehrheiten, S. 192 („grundsätzlich"); Soergel/Wolf, vor § 420, Rn. 13. Gegen eine Gesamtschuld im Ergebnis auch alle anderen Befürworter einer notwendigen Streitgenossenschaft (unten Rn. 4); **A. A.** Marotzke, ZZP 105, 538 f.; Palandt/Heinrichs, vor § 420, Rn. 9 („Auslegungsfrage"); Riering, S. 27 ff., 196 ff. BGH, NJW 1985, 2643, 2644 a. E. betrifft einen Fall nachträglicher Unmöglichkeit.

Mehrheit von Schuldnern

II. Klagen

1. Leistungsklage

a) Grundsatz

4 Eine Leistungsklage – s. dazu die einzelnen Anspruchsgrundlagen – muss gegen alle Schuldner gemeinsam erhoben werden. Sie sind materiellrechtlich notwendige Streitgenossen nach § 62 Fall 2 ZPO[1]. Die Klage gegen einen einzelnen Schuldner müsste zumindest als unbegründet abgewiesen werden, weil er allein die Leistung nicht schuldet. Wenn aber die Klage nach dem Vorbringen des Klägers nur gegen eine Mehrheit von Personen begründet sein kann, dann wird sie von vornherein nur gegen die Mehrheit zugelassen[2]. Denn es hätte keinen Sinn, mit einem einzelnen Beklagten z. B. über die Wirksamkeit eines Grundstückskaufs zu verhandeln, wenn doch feststeht, dass die Klage gegen ihn allein keinesfalls begründet sein kann. Die offensichtliche Unbegründetheit schlägt hier in Unzulässigkeit um. Bei der Gütergemeinschaft entscheidet das Verwaltungsrecht (§§ 1422 Satz 1, 1450 I Satz 1).

b) Ausnahmen

5 – Entbehrlich ist die Klage gegen einen Schuldner, der seinen **Beitrag** zu der geschuldeten Leistung bereits **erbracht** hat[3]. Beispiel[4]: M und F haben an einem Grundstück Miteigentum nach Bruchteilen. Sie verkaufen das Grundstück an K. M erklärt die Auflassung allein, was möglich ist[5]. F verweigert die Auflassung. K kann gegen F allein auf Auflassung klagen[6]. Zwar wäre die Klage gegen M nicht unbegründet[7]. Denn das Schuldverhältnis erlischt erst, wenn die von allen geschuldete Leistung bewirkt ist (§ 362 I). Die Klage gegen M wäre aber unzulässig. Es fehlt das

---

1 BGH, NJW 1962, 1722 f.; NJW 1996, 1061; Gottwald, JA 1982, 69; Hassold, S. 47; Lindacher, JuS 1986, 382; MünchKommBGB/Ulmer, § 718, Rn. 47; MünchKommBGB/Dütz, § 2059, Rn. 21, 22; MünchKommZPO/Schilken, § 62, Rn. 32 f.; Musielak/Weth, § 62, Rn. 11; Schwab, FS Lent, S. 286 f.; Soergel/Wolf, vor § 420, Rn. 13; Stein/Jonas/Bork, § 62, Rn. 20; Wieczorek/Schütze, § 62, Rn. 49. A. A. Zöller/Vollkommer, § 62, Rn. 18.
2 BGHZ 36, 191 ff.; MünchKommZPO/Schilken, § 62, Rn. 47; str.
3 BGH, NJW 1962, 1722 f.; MünchKommZPO/Schilken, § 62, Rn. 34.
4 Fall BGH, NJW 1962, 1722 f.
5 Staudinger/Pfeifer, 13. Bearb., § 925, Rn. 83 (b).
6 BGH, NJW 1962, 1722 f. Dazu Riering, S. 185 ff. (gekünstelt).
7 A. A. Baur, ZZP 76, 99.

Mehrheit von Schuldnern

Rechtsschutzinteresse (Rechtsschutzgrund), weil mit dem Urteil nichts mehr erreicht werden kann, was nicht bereits erreicht ist.

– Entbehrlich ist die Klage gegen einen Schuldner, der sich der Zwangsvollstreckung unterworfen hat (§ 794 I Nr. 5 ZPO)[1], wenn er seine Leistungspflicht nicht bestreitet. Diese Klage wäre mangels Rechtsschutzinteresses (Zweckmäßigkeit) unzulässig, weil der Kläger sein Rechtsschutzziel durch Zwangsvollstreckung erreichen kann. 6

– Ob auch die **bloße Bereitschaft** des Schuldners zur Mitwirkung an der geschuldeten Leistung die Klage gegen ihn entbehrlich macht, ist zweifelhaft. „Die Rechtsprechung hat . . . Klageerhebung nur gegen einzelne notwendige Streitgenossen zugelassen, wenn die übrigen vor Klageerhebung erklärt hatten, zu der mit der Klage begehrten Leistung verpflichtet und bereit zu sein. In einem solchen Fall (läuft) die Hereinziehung der leistungswilligen Streitgenossen in den Rechtsstreit . . . auf eine unnötige . . . Formalität hinaus"[2]. Demgegenüber ist zu bedenken, dass der verklagte Schuldner trotz seiner Verurteilung die Leistung weiter verweigern kann. Die Zwangsvollstreckung gegen gemeinschaftliche Schuldner setzt aber in der Regel einen Titel gegen alle voraus (§§ 736, 740 II, 747 ZPO)[3]. Deswegen muss auch ein leistungswilliger Schuldner mitverklagt werden[4]. 7

Werden lediglich Willenserklärungen geschuldet, so bedarf es zwar zur Zwangsvollstreckung nach § 894 I ZPO nur eines Titels gegen einen widerstrebenden Schuldner[5], so dass hier die Klage gegen einen leistungswilligen Schuldner entbehrlich erscheint. Doch kann von einem leistungswilligen Schuldner erwartet werden, dass er seine Leistungsbereitschaft durch Abgabe der geschuldeten Willenserklärung unter Beweis stellt[6]. Dann aber ist die Klage gegen 8

---

1 MünchKommZPO/Schilken, § 62, Rn. 34. Die dort in Fn. 116 genannten Entscheidungen sind nicht einschlägig. RGZ 68, 221 betrifft eine Gesamtschuld. RGZ 93, 296 f. spricht von der *Abgabe* der geschuldeten Erklärung, also einer bereits erbrachten Leistung. Und im Falle RGZ 157, 33 waren alle Miterben verklagt.
2 BGH, NJW 1962, 1722 f. Zustimmend MünchKommBGB/Dütz, § 2059, Rn. 21; Soergel/Wolf, § 2058, Rn. 12.
3 MünchKommZPO/Heßler, § 736, Rn. 10.
4 Ebenso aus weiteren Gründen MünchKommZPO/Schilken, § 62, Rn. 34.
5 MünchKommZPO/Heßler, § 736, Rn. 11.
6 Ob dies im Falle BGH, NJW 1982, 441 geschehen war, ist unklar („einverstanden").

Mehrheit von Schuldnern

ihn deshalb entbehrlich, weil er seinen Beitrag zu der geschuldeten Leistung bereits erbracht hat (Rn. 5).

2. Positive Feststellungsklage

9 Eine positive Feststellungsklage des Gläubigers ist nur gegen diejenigen Schuldner zulässig, die ihre Schuld bestreiten[1]. Gegenüber nicht bestreitenden Schuldnern fehlt das nach § 256 I ZPO erforderliche gegenwärtige Feststellungsinteresse (Rechtsschutzgrund). Doch kann auch die Feststellungsklage gegen die Bestreitenden wegen größerer Zweckmäßigkeit einer Leistungsklage gegen grundsätzlich alle unzulässig sein (§ 256 I ZPO)[2].

3. Negative Feststellungsklage

10 Eine negative Feststellungsklage braucht nur einer der Schuldner gegen den Gläubiger zu erheben. **Einer streitet hier für alle!** Erreicht der Kläger die materiell-rechtskräftige Feststellung, dass der Anspruch nicht besteht, so ist eine erneute Klage wegen des Anspruchs gegen ihn unzulässig. Die Rechtskraft erstreckt sich zwar nicht auf die anderen Schuldner. Da der Gläubiger aber nur alle gemeinsam zulässigerweise verklagen kann, ist die Klage bei Unzulässigkeit gegen einen Schuldner gegen alle unzulässig[3].

11 Umgekehrt kann der Gläubiger nach einem Feststellungssieg gegen einen Schuldner mangels Rechtskrafterstreckung immer noch mit einer Feststellungsklage gegen die anderen und mit einer Leistungsklage gegen alle unterliegen. Er sollte daher eine negative Feststellungsklage **„widerklagend"** mit einer Leistungsklage gegen alle beantworten (§ 33 I ZPO)[4].

III. Zuständigkeit

12 Da die Streitgegenstände wirtschaftlich identisch sind, werden sie nicht nach § 5 ZPO zusammengerechnet[5].

---

1 Vgl. Henckel, Parteilehre, S. 91 f. **A. A.** Musielak/Weth, § 62, Rn. 11; Schütz, S. 65.
2 Vgl. Thomas/Putzo/Reichold, § 256, Rn. 18.
3 Wieser, Grundzüge, Rn. 118. Unrichtig Schütz, S. 66.
4 Vgl. Wieczorek/Hausmann, § 33, Rn. 45 ff.; Zöller/Vollkommer, § 33, Rn. 18 ff.
5 Stein/Jonas/Roth, § 5, Rn. 10.

Fehlt es an einer einheitlichen örtlichen Zuständigkeit, so wird das zuständige Gericht nach § 36 Nr. 3 ZPO bestimmt.

IV. Zwangsvollstreckung

Die Zwangsvollstreckung gestaltet sich unterschiedlich, je nach dem, ob vollstreckt werden soll: gegen Gesellschafter (§ 705, Rn. 17) gegen eine Bruchteilsgemeinschaft (§ 749, Rn. 18 ff.), Ehegatten in Gütergemeinschaft (§ 1437, Rn. 17; § 1459, Rn. 14) oder Miterben (s. bei § 2059). Zum Übergriff in Privatvermögen s. § 705, Rn. 18. 13

B. Gesamtschuldner

Ein Anspruch richtet sich gegen mehrere Gegner als „Gesamtschuldner", wenn von Rechts wegen jeder allein die nur einmal geschuldete Leistung ganz erbringen soll (§ 421 Satz 1, s. dort). 14

So verhält es sich, wenn mehrere eine **unteilbare Leistung** schulden, die jeder allein erbringen kann (§ 431). Beispiel: Herstellung eines Werks.

Eine Gesamtschuld liegt ferner vor, wenn mehrere einmal eine **teilbare Leistung** schulden, die jeder allein ganz erbringen soll, so dass sowohl eine gemeinschaftliche Schuld als auch die nach § 420 im Zweifel anzunehmende Teilschuld ausscheidet; bei einer gemeinschaftlichen vertraglichen Verpflichtung ist sogar im Zweifel eine Gesamtschuld anzunehmen (§ 427). Beispiel: Zahlung des Werklohns.

C. Teilschuldner

Ein Anspruch richtet sich gegen mehrere Gegner als „Teilschuldner", wenn von Rechts wegen jeder einen Teil der geschuldeten Leistung erbringen soll. 15

So verhält es sich im Zweifel, wenn mehrere eine **teilbare Leistung** schulden (§ 420, s. dort), ohne sich durch Vertrag gemeinschaftlich verpflichtet zu haben (§ 427) oder nach dem Gesetz Gesamtschuldner zu sein, also praktisch nur in Ausnahmefällen[1].

---

1 Palandt/Heinrichs, § 420, Rn. 2.

Miete

– Fortsetzung des Mietverhältnisses s. bei § 574;
– Zuständigkeit bei der Raummiete s. § 535, Rn. 4, 5.

Minus

Zur Verurteilung zu einem Minus s. besonders § 274, Rn. 22.

Miteigentum

→ *Bruchteilsgemeinschaft.*

Mitgläubiger

S. bei § 432.

Mitteilung

Ansprüche auf Mitteilung eines Verzeichnisses s. bei §§ 260, 1379, 2121.

Mitwirkung

Ansprüche auf Mitwirkung
– zur Anlegung von Kapital s. bei § 1079;
– zu einem Antrag s. bei § 1561;
– zur Einziehung einer Forderung s. bei §§ 1078, 1285;
– zur Grundbuchberichtigung s. bei § 1416;
– zu einer Kündigung s. bei § 1078;
– zur Verwaltung eines Vermögens s. bei §§ 1451, 1472, 2038;
– zur Aufnahme eines Verzeichnisses s. bei §§ 1035, 1377;
– zur Erstellung oder Änderung eines Wirtschaftsplans s. bei § 1038.

Nachbesserung

Ansprüche auf Nachbesserung (Reparatur) s. § 439, Rn. 19 ff.

Nacherfüllung

Ansprüche auf Nacherfüllung s. bei § 439.

Nacherbfolge

S. bei § 2139.

Nachlassverwaltung

S. bei §§ 1984, 1986, 1987.

Namensrecht

S. bei § 12.

Naturalrestitution

→ *Schadensersatz* (Rn. 1).

Nebenintervention

- Interventionswirkung (§ 68 ZPO) s. § 421, Rn. 20, Fn.;
- rechtliches Interesse (§ 66 ZPO) s. besonders § 421, Rn. 19, 20; § 2341, Rn. 9;
- streitgenössische (§ 69 ZPO) s. besonders § 765, Rn. 15; § 1600d, Rn. 20, 21.

Notweg

S. bei § 917.

Oder-Konto

S. § 428, Rn. 2, 10.

Pfandrecht

- Einwendungen s. bei § 1211;
- Verwertung eines verpfändeten Rechts s. bei §§ 1277, 1282.

Pflicht

Zu den Arten der Pflicht und zum Verhältnis von Pflicht und Anspruch s. bei § 194.

Pflichtteil

S. bei §§ 2303–2338.

Prozessführungsbefugnis[1]

– und Rechtsschutzinteresse s. § 421, Rn. 10; § 1368, Rn. 12; § 1984, Rn. 4;
– und Sachlegitimation → *Mehrheit von Schuldnern* Rn. 4; s. ferner bei den einzelnen Anspruchsgrundlagen;
– und Vertretungsmacht s. besonders § 705, Rn. 45.

Prozesskostenvorschuss

Ansprüche auf einen Prozesskostenvorschuss s. bei § 1360a.

Prozessvergleich (§ 794 I Nr. 1 ZPO)

→ *Übereignung* Rn. 4; § 328, Rn. 19.

Prüfung von Amts wegen

S. § 12, Rn. 20.

Quittung

Ansprüche auf eine Quittung s. bei §§ 368, 1144.

Räumung

→ *Besitzeinräumung.*

---
[1] Allgemein BGHZ 36, 119 f.; Musielak/Weth, § 51, Rn. 18.

Reallast

S. bei § 1105.

Rechenschaft

Ansprüche auf Rechenschaft s. bei § 259.

Rechnungslegung

Ansprüche auf Rechnungslegung s. bei § 259.

Rechtsänderung

Ansprüche auf eine Rechtsänderung s. bei § 1023.

Rechtsentäußerung

I. Überblick

Ansprüche auf Rechtsentäußerung gewährt das BGB z. B. in § 812 II: Wer durch Vertrag mit einem anderen die Anerkennung des Bestehens eines Schuldverhältnisses ohne rechtlichen Grund erlangt hat, ist zur Anerkennung des Nichtbestehens des Schuldverhältnisses, zum Erlass einer Forderung, verpflichtet (§ 397).

Besonderheiten gelten für die Ansprüche auf Beseitigung oder Löschung eines Verkäuferrechts aus § 439, auf Beseitigung einer Vormerkung aus § 886, auf Verzicht auf eine Hypothek aus § 1169 und auf Löschung eines Grundpfandrechts aus § 1179a. S. dazu die Kommentierung der angegebenen Vorschriften. **Im Übrigen** gilt:

1

II. Leistungsklage

Eine Leistungsklage müsste z. B. die Verurteilung des Beklagten beantragen, einer Berichtigung des Abschlusssaldos vom 31. 3. 2002 auf seinem Girokonto bei der Klägerin dahin gehend zuzustimmen, dass ein Betrag von 17 973,28 Euro abgebucht wird[1].

2

---

1 Vgl. BGHZ 72, 12. Das irrtümliche Saldoanerkenntnis begründet eine abstrakte Forderung (Kümpel, Rn. 3.64), die nach § 812 II kondiziert werden kann (Staudinger/Lorenz, 14. Bearb. 1999, § 812, Rn. 18).

Rechtshängigkeit (§ 261 III Nr. 1 ZPO)

III. Sachliche Zuständigkeit

3   Sachlich zuständig sind die Amtsgerichte oder die Landgerichte, je nach Streitwert (§§ 23 Nr. 1, 71 I GVG). Der Streitwert bemisst sich im Beispielsfall nach dem Nennbetrag der zu erlassenden Forderung (§ 3 ZPO)[1].

IV. Materielle Rechtskraft

4   Wird der **Klage** auf Entäußerung eines Rechts **stattgegeben**, so ist rechtskraftfähig festgestellt, dass dem Kläger gegen den Beklagten ein Anspruch auf Entäußerung des Rechts zusteht. Macht der Beklagte das zu entäußernde Recht gleichwohl geltend, so ist seine Klage als unbegründet abzuweisen. Denn dem Recht des Beklagten steht der materiell-rechtskräftig festgestellte Anspruch des Klägers auf Rechtsentäußerung einredeweise entgegen[2].

5   Wird die **Klage** auf Entäußerung eines Rechts als unbegründet **abgewiesen**, so ist rechtskraftfähig festgestellt, dass dem Kläger gegen den Beklagten kein Anspruch auf Entäußerung des Rechts zusteht. Diese Feststellung sagt nichts darüber aus, ob das zu entäußernde Recht besteht oder nicht besteht[3]. Daher kann der im ersten Prozess unterlegene Kläger immer noch das Nichtbestehen des Rechts einwenden.

V. Zwangsvollstreckung

6   Die Zwangsvollstreckung richtet sich nach § 894 I ZPO. Aufgrund eines vorläufig vollstreckbaren Urteils über die Entäußerung eines Grundstücksrechts gilt die Eintragung einer Vormerkung als bewilligt (§ 895 ZPO).

Rechtshängigkeit (§ 261 III Nr. 1 ZPO)

S. besonders § 387, Rn. 7; § 1368, Rn. 3.

---

1   Stein/Jonas/Roth, § 2, Rn. 94.
2   Rimmelspacher, Anspruch, S. 296 f.
3   A. A. BGH, JZ 1964, 258: Werde der Anspruch auf Rückübertragung einer Grundschuld verneint, sei das Bestehen der Grundschuld als kontradiktorisches Gegenteil bejaht. Gegen diese Begründung zutreffend Rimmelspacher, Anspruch, S. 295 ff., der selbst der Einrede zu Unrecht eine mehr als bloß rechtshemmende Wirkung beilegt.

Rechtskraft

→ *Materielle Rechtskraft*.

Rechtsschutzinteresse

Zur Entbehrlichkeit des Rechtsschutzinteresses s. § 12, Rn. 24, 25; § 1601, Rn. 5.

Rechtsverschaffung

I. Überblick

Ansprüche auf Rechtsverschaffung gewährt das BGB z. B. in § 285 I. **Besonderheiten** gelten für den Anspruch auf Einräumung einer Hypothek aus § 648 und für den Anspruch auf Zuteilung einer beschränkten Eigentümergrundschuld aus § 1172. S. dazu die Kommentierung der angegebenen Vorschriften. Besonderheiten gelten auch für die Ansprüche auf → *Besitzeinräumung* (Rn. 1) und → *Übereignung* (Rn. 1). **Im Übrigen** gilt: 1

II. Leistungsklage

Eine Leistungsklage müsste z. B. beantragen: „Der Beklagte wird verurteilt, alle Ersatzansprüche, die ihm wegen der Zerstörung seines PKW . . . zustehen, an den Kläger abzutreten". 2

III. Zuständigkeit

Sachlich zuständig sind die Amtsgerichte oder die Landgerichte, je nach Streitwert (§§ 23 Nr. 1, 71 I GVG). Der Streitwert bemisst sich bei einem Pfandrecht i. w. S. nach dem Betrag der gesicherten Forderung oder dem geringeren Wert des Pfandes (§ 6 ZPO), bei einem sonstigen Recht nach dessen Wert (§ 3 ZPO). 3

Für Klagen auf Verschaffung eines beschränkten dinglichen Grundstücksrechts kann auch das Gericht **örtlich zuständig** sein, in dessen Bezirk das Grundstück liegt (§§ 26, 35 ZPO). 4

IV. Zwangsvollstreckung

5 Soweit zur Rechtsverschaffung eine Willenserklärung des Schuldners erforderlich ist, richtet sich die Zwangsvollstreckung nach § 894 I ZPO, soweit die Übergabe einer Sache erforderlich ist, nach §§ 883 f., 897 ZPO.
Aufgrund eines vorläufig vollstreckbaren Urteils über die Verschaffung eines Grundstücksrechts gilt die Eintragung einer **Vormerkung** als bewilligt (§ 895 ZPO).
Der Rechtsverschaffungsanspruch ist **pfändbar** nach § 857 ZPO[1]. Der Drittschuldner muss das Recht seinem Gläubiger, dem Vollstreckungsschuldner, verschaffen. Der Vollstreckungsgläubiger kann diese Rechtsverschaffung kraft seines Pfändungspfandrechts durch Klage und Vollstreckung gegen den Drittschuldner erzwingen. Ist das Recht dem Vollstreckungsschuldner verschafft, so erlangt der Vollstreckungsgläubiger daran ohne weiteres wieder ein Pfändungspfandrecht; sein Pfändungspfandrecht an dem Rechtsverschaffungsanspruch erstreckt sich auf das verschaffte Recht[2].

V. Einstweiliger Rechtsschutz

6 Zur Sicherung eines Rechtsverschaffungsanspruchs kann dem Schuldner durch einstweilige Verfügung z. B. verboten werden, über das zu übertragende Recht anderweitig zu verfügen (§§ 935, 938 II ZPO)[3].

Rechtsweg (§ 13 GVG)

→ *Zahlung* Rn. 22.

Reise

Ansprüche auf eine Reise s. bei § 651a.

Reparatur

Ansprüche auf Reparatur (Nachbesserung) s. bei § 439, Rn. 19 ff.

---

1 Stein/Jonas/Brehm, § 857, Rn. 79.
2 BGH, NJW 1998, 2970.
3 Stein/Jonas/Grunsky, § 938, Rn. 25.

Rückgabe

→ *Herausgabe.*

Rückgewähr

→ *Herausgabe.*

Rücksendung

→ *Herausgabe.*

Schadensersatz

Inhaltsübersicht

A. Überblick 1
  I. Allgemeines 1
  II. Ansprüche auf Herstellung . 2
    1. Verschiedenartige Herstellung 2
    2. Geld statt Herstellung . . 3
      a) Wahlrecht des Gläubigers 3
      b) Wahlrecht des Schuldners 4
  III. Ansprüche auf Geldentschädigung 5
B. Feststellungsklage 6
C. Örtliche Zuständigkeit ... 7
D. Materielle Rechtskraft ... 13
  I. Herstellungsklage oder Zahlungsklage 13
    1. Klage abgewiesen 13
    2. Klage stattgegeben 16
  II. Neuer Tatsachenvortrag .. 17

A. Überblick

I. Allgemeines

Ansprüche auf Schadensersatz, gleichgültig aus welchem Rechtsgrund, können auf Herstellung (Naturalrestitution) oder auf Geldentschädigung gerichtet sein (§§ 249 Satz 1, 251 I). Ihre prozessuale Behandlung ist die gleiche, soweit es um Fragen der **Feststellungsklage** (dazu B.), der **örtlichen Zuständigkeit** (dazu C.) und der materiellen **Rechtskraft** geht (dazu D.). **Im Übrigen** – also besonders hinsichtlich Leistungsklage, sachlicher Zuständigkeit, Zwangsvollstreckung und einstweiligem Rechtsschutz – ist zu unterscheiden:

1

II. Ansprüche auf Herstellung

1. Verschiedenartige Herstellung

2   Als „Herstellung" können verschiedenartige Leistungen beansprucht werden[1].

Ist der Gläubiger beispielsweise aus dem Besitz einer Sache gesetzt worden, so richtet sich der Herstellungsanspruch auf → *Besitzeinräumung* (Rn. 1).

Ist eine bewegliche Sache zerstört worden oder sonst untergegangen, so besteht ein Anspruch auf **Übereignung** einer gleichartigen Sache (→ *Übereignung* Rn. 1), mit Wertausgleich in Geld bei fehlender Gleichwertigkeit.

Ist eine bewegliche oder unbewegliche Sache beschädigt worden, so kann **Reparatur** verlangt werden (s. bei § 439, Rn. 19 ff.).

Ist für den Verlust eines Rechts Schadensersatz zu leisten, so richtet sich der Herstellungsanspruch auf **Verschaffung eines** gleichartigen **Rechts** (→ *Rechtsverschaffung* Rn. 1), mit Wertausgleich in Geld bei fehlender Gleichwertigkeit.

Liegt der Schaden darin, dass der Gläubiger mit der Forderung eines Dritten belastet ist, so kann er die **Befreiung von der Forderung** (→ *Befreiung* Rn. 1) verlangen[2].

Ist der Gläubiger mit einer Forderung oder einem sonstigen Recht des Schuldners belastet, so kann er die **Aufgabe des Rechts** (→ *Rechtsentäußerung* Rn. 1) verlangen.

Nach § 826 (s. dort) kann die **Herausgabe eines Vollstreckungstitels** und die Unterlassung der Zwangsvollstreckung verlangt werden.

Besteht der Schaden in Verlust von Geld oder einem anderen unmittelbaren Vermögensnachteil, so ist der Herstellungsanspruch auf **Zahlung** eines Ausgleichsbetrages gerichtet (→ *Zahlung* Rn. 1).

Ist zur Beseitigung des Schadens eine **Auskunft** nötig, so wird auch sie geschuldet (→ *Auskunft* Rn. 1).

Wegen **anderer Herstellungsleistungen** wird auf die Kommentierung vergleichbarer Anspruchsgrundlagen verwiesen, z. B. wegen eines Widerrufs auf § 12, Rn. 6.

---

[1] Palandt/Heinrichs, § 249, Rn. 1; Staudinger/Schiemann, 13. Bearb., § 249, Rn. 189 ff.
[2] BGH, NJW 1996, 2726.

2. Geld statt Herstellung

a) Wahlrecht des Gläubigers

Der Gläubiger kann den Anspruch auf Herstellung in einen Anspruch auf Geld (→ *Zahlung* Rn. 1) verwandeln, nach § 249 Satz 2 durch schlichtes Verlangen, in anderen Fällen nach § 250[1] durch Fristbestimmung mit Ablehnungserklärung. Das Verlangen nach § 249 Satz 2 ist eine Gestaltungserklärung[2]; ob sie widerrufen werden kann, ist hier nicht zu erörtern.

Der Gläubiger muss vor der Einreichung der Klage die **Wahl** treffen, welche Leistung er einklagen will; das fordert die Bestimmtheit des Klageantrags (§ 253 II Nr. 2 ZPO). Der Übergang von der Herstellungs- zur Zahlungsklage ist, obwohl eine Klageänderung, unter den Voraussetzungen des § 264 Nr. 3 ZPO ohne weiteres zulässig, sonst nur nach § 263 ZPO.

b) Wahlrecht des Schuldners

Nach § 251 II kann der Schuldner statt der Herstellung die Zahlung von Geld wählen. Gibt er gerichtlich oder außergerichtlich zu erkennen, dass er den Gläubiger in Geld entschädigen wolle, statt die unverhältnismäßigen Herstellungskosten zu zahlen, so wird er bei entsprechendem Tatsachenvortrag einer Partei nur zur Zahlung der Geldentschädigung verurteilt. Verfehlt wäre eine Verurteilung beispielsweise zur Zahlung von 10 000 Euro Herstellungskosten mit dem Vorbehalt, stattdessen 5000 Euro Geldentschädigung zahlen zu können! Das bedeutet, dass hier die Wahlerklärung des Schuldners als Ausübung einer Einrede zu begreifen ist[3], die lediglich die Verurteilung zur Zahlung der Geldentschädigung gestattet. Im Übrigen gelten die Bemerkungen zu § 214 sinngemäß.

III. Ansprüche auf Geldentschädigung

Soweit die Herstellung nicht möglich oder zur Entschädigung des Gläubigers nicht genügend ist, kann der Gläubiger von vornherein Entschädigung in Geld (→ *Zahlung* Rn. 1) verlangen (§§ 251 I, 253).

---

1 BGHZ 11, 163; Staudinger/Medicus, 12. Aufl., § 250, Rn. 4; str.
2 Larenz, Schuldrecht I, § 11 IIIb; Soergel/Wolf, § 262, Rn. 20.
3 Roth, Einrede, S. 122.

Schadensersatz

B. Feststellungsklage

6 Der Anspruch auf Ersatz des Schadens aus einem bestimmten Ereignis, sei es des gesamten Schadens oder eines bestimmten Schadensteils, ist ein „Rechtsverhältnis", dessen Bestehen oder Nichtbestehen durch rechtskraftfähiges Urteil festgestellt werden kann (§ 256 ZPO). Beispiele: Beantragt wird die Feststellung, dass der Beklagte dem Kläger den gesamten künftigen Schaden aus dem Verkehrsunfall vom . . . zu ersetzen hat, insbesondere die monatlichen Kosten einer näher bezeichneten Ersatzkraft bis zum 65. Lebensjahr des Klägers zahlen muss[1]. Oder: Es soll festgestellt werden, „dass die Beklagten als Gesamtschuldner verpflichtet sind, der Klägerin den ihr in Zukunft aus dem Unfallereignis vom . . . entstehenden Schaden zu ersetzen, soweit nicht der Anspruch auf Sozialversicherungsträger oder andere Versicherungsträger übergegangen ist"[2]. „Künftig" im Sinne dieser Anträge ist der Schaden ab Einreichung der Klageschrift[3]. Das Feststellungsinteresse ist zu verneinen, wenn aus der Sicht des Klägers bei verständiger Würdigung kein Grund besteht, mit dem Eintritt des künftigen Schadens wenigstens zu rechnen[4].

C. Örtliche Zuständigkeit

7 – Für Klagen wegen Beschädigung eines **Grundstücks** ist örtlich zuständig auch das Gericht, in dessen Bezirk das Grundstück liegt (§§ 26, 35 ZPO).

8 – Für **güterrechtliche** Schadensersatzklagen, z. B. aus § 1435, ist ausschließlich das Familiengericht im ordentlichen Zivilprozess sachlich und örtlich zuständig (§§ 621 I Nr. 8, II, 40 II, 621b ZPO).

9 – Kann nach dem klagebegründenden Sachverhalt, auch nach dem Vorbringen des Beklagten[5], eine Entscheidung darüber zu treffen sein, ob ein **Miet- oder Pachtverhältnis** über Räume zwischen den Parteien besteht, so ist örtlich zuständig ausschließlich das Gericht, in dessen Bezirk sich die Räume befinden (§§ 29a, 40 II ZPO)[6].

---

1 BGH, NJW 1999, 3774.
2 Vgl. BGH, NJW 2000, 3287.
3 BGH, NJW 2000, 3287, 3289.
4 BGH, NJW 2001, 1432.
5 Wieczorek/Hausmann, § 29a, Rn. 34. **A. A.** Zöller/Vollkommer, § 29a, Rn. 13.
6 Vgl. Wieczorek/Hausmann, § 29a, Rn. 32 a. E. Zur sachlichen Zuständigkeit s. § 535, Rn. 4.

Schadensersatz

– Wird wegen eines **Umweltschadens** gegen den Inhaber der schädigenden Anlage geklagt, so ist örtlich zuständig ausschließlich das Gericht, in dessen Bezirk die Anlage liegt (§§ 32a, 40 II ZPO). 10

– Für Klagen aus **unerlaubten Handlungen** ist örtlich zuständig auch das Gericht, in dessen Bezirk die Handlung begangen ist (§§ 32, 35 ZPO). Der Anwendungsbereich des § 32 ZPO ist umstritten. Nach ständiger Rechtsprechung des Reichsgerichts und des Bundesgerichtshofs ist das Gericht des § 32 ZPO nur für deliktsrechtliche Anspruchsgrundlagen zuständig, nicht für vertragliche und vertragsähnliche[1]. Aus dieser beschränkten Zuständigkeit ergeben sich Probleme. 11

Unstreitig ist, dass eine rechtskräftige Sachabweisung durch das Gericht des § 32 ZPO eine **Wiederholung der Schadensersatzklage** vor einem anderen Gericht nicht hindert[2]. Das andere Gericht ist nur an die Feststellung gebunden, dass ein deliktsrechtlicher Anspruch nicht besteht. Kommt es zu dem Ergebnis, dass auch ein sonstiger Anspruch nicht besteht, weist es die Klage erneut als unbegründet ab.

Um eine Wiederholung der Schadensersatzklage zu erübrigen, hat das Gericht des § 32 ZPO in einem abweisenden Sachurteil auf Antrag des Klägers den Rechtsstreit zur Verhandlung und Entscheidung über andere als deliktsrechtliche Ansprüche an das zuständige Gericht zu **verweisen** (analog § 281 ZPO)[3]. Da die Urteilswirkungen grundsätzlich erst mit Urteilsrechtskraft eintreten, wird die Verweisung erst mit Urteilsrechtskraft wirksam[4], so dass es durch sie nicht zu zwei gleichzeitigen Prozessen in derselben Sache kommt[5].

---

1 BGH, NJW 1986, 2437; NJW 1996, 1413. In der Rechtsprechung der Oberlandesgerichte, z. B. KG, MDR 2000, 413, und in der Literatur ist die Frage umstritten. Wie der BGH Musielak/Smid, § 12, Rn. 8 ff.; Peglau, MDR 2000, 723; F. Ritter, NJW 1971, 1218; Spickhoff, ZZP 109, 515. **A. A.** Otte, Streitentscheidung, S. 499 ff., 588; Vollkommer, FS Deutsch, S. 403; Wieczorek/Hausmann, § 32, Rn. 28; Windel, ZZP 111, 13 f.; Zöller/Vollkommer, § 12, Rn. 21.
2 Rimmelspacher, Anspruch, S. 238.
3 Henckel, Parteilehre, S. 279 f.; Musielak/Smid, § 12, Rn. 8; F. Ritter, NJW 1971, 1218; Stein/Jonas/Schumann, 20. Aufl., Einleitung Rn. 295; Wieczorek/Hausmann, § 32, Rn. 27. **A. A.** BGH, NJW 1971, 564 (dagegen mit Recht Ritter, NJW 1971, 1218); Spickhoff, ZZP 109, 506. Vgl. auch Otte, Streitentscheidung, S. 531 ff.
4 A. Blomeyer, Berliner Festschrift, S. 77.
5 Bedenken Habscheids, Streitgegenstand, S. 161 ff.

Schadensersatz

Beansprucht der Kläger während der **Rechtshängigkeit** der Deliktsklage denselben Schadensersatz mit einer zweiten Klage vor einem anderen Gericht, so sollte dieses Gericht den Prozess bis zur rechtskräftigen Entscheidung über die Deliktsklage **aussetzen** (analog § 148 ZPO)[1]. Dringt die Deliktsklage durch, besteht für die zweite Klage kein Rechtsschutzinteresse[2] (Rechtsschutzgrund) mehr und der Rechtsstreit ist in der Hauptsache erledigt.

12 – Für **Unterhaltsklagen** aus §§ 843–845 ist das Gericht des § 23a ZPO örtlich zuständig, falls der Beklagte sonst im Inland nicht verklagt werden könnte, auch nicht nach § 32 ZPO[3].

D. Materielle Rechtskraft

I. Herstellungsklage oder Zahlungsklage

1. Klage abgewiesen

13 Ist eine Schadensersatzklage rechtskräftig als unbegründet abgewiesen worden, so kommt es darauf an:

14 Wurde **auf Herstellung geklagt**, so ist jedenfalls ein Herstellungsanspruch materiell-rechtskräftig verneint. Da der Anspruch auf Geldersatz aus § 249 Satz 2 von dem rechtskräftig verneinten Herstellungsanspruch abhängt, kann der Schuldner auch nicht mehr zu Geldersatz verurteilt werden[4]. Wohl aber zur Geldentschädigung nach § 251 I[5]! In § 251 I wird vorausgesetzt, dass irgendeine Ersatzpflicht besteht, eine Herstellungspflicht aber nicht besteht. Das rechtskräftige Urteil besagt nur, dass eine Herstellungspflicht nicht besteht. Darüber, ob irgendeine (andere) Ersatzpflicht besteht, entscheidet es nicht. Der Beklagte sollte daher Widerklage auf die Feststellung erheben, dass dem Kläger auch kein Anspruch auf

---

1 Wieser, Rechtsschutzinteresse, S. 172, 179 f. im Anschluss an Rosenberg. Nach **a. A.** scheitert die zweite Klage an § 261 III Nr. 1 ZPO. So z. B. Henckel, Parteilehre, S. 280.
2 Rimmelspacher, Anspruch, S. 237 f.
3 Stein/Jonas/Schumann, § 23a, Rn. 6, 9. Wohnt der Beklagte im EuGVÜ-Bereich, so gilt Art. 5 Nr. 2 EuGVÜ (Stein/Jonas/Schumann, § 23a, Rn. 3; Zöller/Vollkommer, § 23a, Rn. 2).
4 RGZ 126, 403; BGH, NJW 1991, 2014; Rimmelspacher, Anspruch, S. 270 f.; Stein/Jonas/Leipold, § 322, Rn. 206; Zeuner, Rechtskraft, S. 168 f.; Zöller/Vollkommer, vor § 322, Rn. 29. **A. A.** Rosenberg/Schwab/Gottwald, § 154 I.
5 A. A. Henckel, Prozessrecht, S. 198; Rimmelspacher, Anspruch, S. 271.

Geldentschädigung zusteht. Diese Feststellung trifft das Gericht nach § 256 II ZPO, falls es einen Schadensersatzanspruch schlechthin verneint, sonst nach § 256 I ZPO.

Wurde **auf Zahlung geklagt**, so ist sowohl ein Geldersatzanspruch aus § 249 Satz 2 als auch ein Geldentschädigungsanspruch aus § 251 I materiell-rechtskräftig verneint. Aber nicht der auf ein anderes Ziel gerichtete Herstellungsanspruch[1]. Daher sollte der Beklagte widerklagend die Feststellung beantragen, dass dem Kläger auch kein Herstellungsanspruch zusteht (Rn. 14). 15

2. Klage stattgegeben

Wird der Beklagte zu einer bestimmten **Herstellung verurteilt**, so ist rechtskraftfähig festgestellt, dass er dem Kläger diese Herstellung schuldet. Begehrt der Kläger daher später Geldersatz nach § 249 Satz 2, so kann die Herstellungsschuld nicht mehr bestritten werden[2]. Dasselbe gilt, wenn der Kläger später Geldentschädigung nach § 251 I begehrt. Dagegen ist nicht ohne weiteres materiellrechtskräftig festgestellt, dass die Herstellung gerade als Schadensersatz geschuldet wird (§ 256 II ZPO). Doch dürfte ein anderer Rechtsgrund nach Lage der Dinge meist nicht in Betracht kommen. 16

II. Neuer Tatsachenvortrag

In einem Fall des Saarländischen OLG[3] beanspruchte die Klägerin Ersatz des Schadens aus einer Operation vom 12. 8. 1986. Die Klage wurde rechtskräftig als unbegründet abgewiesen. Die Klägerin wiederholte die Klage und berief sich auf einen erst **später entdeckten Behandlungsfehler**. Die zweite Klage war wegen der materiellen Rechtskraft des ersten Urteils unzulässig (§ 322 I ZPO). In beiden Prozessen ging es um denselben „Anspruch" auf Ersatz des Schadens aus der Operation vom 12. 8. 1986. Der im ersten Prozess unberücksichtigte Behandlungsfehler gehörte zu dem Lebensvorgang, auf den die Klage gestützt wurde („Operation vom 12. 8. 1986"). Dass er der Klägerin seinerzeit nicht bekannt war, ist unerheblich[4]. Unerheblich war auch, dass die Operation aus zwei Eingriffen bestand. „Die Klägerin hat in dem Vorprozess zwar in erster 17

---

1 A. A. Zeuner, Rechtskraft, S. 168 f.
2 Rimmelspacher, Anspruch, S. 270.
3 MDR 2000, 1318.
4 → *Besitzeinräumung* Rn. 18. Ebenso Saarländisches OLG, MDR 2000, 1319.

Schadensersatz

Linie geltend gemacht, durch die ... um 12.00 Uhr durchgeführte Laparoskopie einen Gesundheitsschaden davongetragen zu haben. Zugleich hat sie aber auch schon in der Klageschrift die um 14.30 Uhr vorgenommene notfallmäßige Laparotomie zum Gegenstand ihres Vorbringens gemacht. Beide Vorgänge sind sachlich und zeitlich eng aufeinander bezogen. Selbst wenn der Patient nur einen bestimmten Behandlungsfehler rügt, wird durch seinen Sachvortrag der gesamte Behandlungsverlauf der gerichtlichen Prüfung unterbreitet"[1]. Das muss sogar dann gelten, wenn sich die Behandlung über einen längeren Zeitraum erstreckt.

18 Eine Arzthaftungsklage, die mangels eines Behandlungsfehlers als unbegründet abgewiesen worden war, kann wegen der materiellen Rechtskraft auch nicht mit der Behauptung wiederholt werden, dem Arzt sei ein **Aufklärungsfehler** unterlaufen[2]. Denn der Aufklärungsfehler gehört zu demselben Lebensvorgang wie der Behandlungsfehler, da die Rechtswidrigkeit des Eingriffs genauso wie mit einem Behandlungsfehler damit begründet werden kann, dass der Patient in die Behandlung nicht wirksam eingewilligt habe, weil er nicht genügend aufgeklärt worden sei.

19 Das Gericht, das den Schadensersatzanspruch feststellt, schätzt aufgrund der letzten mündlichen Tatsachenverhandlung den zu diesem oder einem früheren Zeitpunkt entstandenen Schaden (§ 287 ZPO)[3]. Entwickelt sich der Schaden später anders, als im Urteil angenommen, so kommt es zunächst darauf an, ob die **abweichende Schadensentwicklung** noch den Schadensersatzanspruch verändert[4]. Trifft dies zu, so kann bei einer Vergrößerung des Schadens der Gläubiger auf weiteren Schadensersatz klagen, bei einer Verringerung des Schadens der Schuldner eine Vollstreckungsabwehrklage (§ 767 ZPO) oder eine Bereicherungsklage auf Rückgewähr des zu viel Geleisteten erheben[5]. Dem steht weder die materielle Rechtskraft des Urteils noch die Präklusionswirkung nach § 767 II ZPO entgegen. Denn die abweichende Schadensentwicklung ist eine neue Tatsache, über die das Gericht noch nicht entschieden hat[6]. Die gerichtliche Prognose der künftigen Schadensentwicklung

---

1 Saarländisches OLG, MDR 2000, 1319.
2 Fall von Rehborn, MDR 2000, 1320.
3 Palandt/Heinrichs, vor § 249, Rn. 174.
4 Dazu Schultz, AcP 191, 435 ff., 451.
5 Schultz, AcP 191, 451 ff.
6 OLG Stuttgart, MDR 1999, 1508: Der Spätschaden war seinerzeit noch nicht sicher.

nach § 287 ZPO ist mehr oder weniger spekulativ und kann deshalb in der Regel nicht als abschließende Entscheidung betrachtet werden[1]. Anders verhält es sich aber im Anwendungsbereich des § 323 ZPO[2].

Schenkung

Zum Notbedarf des Schenkers s. bei §§ 519, 528.

Schmerzensgeld

→ *Zahlung* Rn. 5–10.

Schuldschein

S. bei § 371.

Sicherheitsleistung

Ansprüche auf Sicherheitsleistung s. bei §§ 232, 1389, 1585a. Ein **Recht** zur Sicherheitsleistung s. bei § 257.

Streitgegenstand

→ *Besitzeinräumung* Rn. 4; § 546, Rn. 12, 13; § 558, Rn. 12–14.

Streitgenossenschaft, notwendige (§ 62 ZPO)

→ *Mehrheit von Schuldnern* Rn. 4–8.

---

[1] MünchKommBGB/Grunsky, vor § 249, Rn. 129; Schultz, AcP 191, 455 ff. **A. A.** BGHZ 100, 213 zu Verzugszinsen; Soergel/Mertens, vor § 249, Rn. 290; Windel, ZZP 110, 508.
[2] Zur analogen Anwendung der Vorschrift s. *einerseits* MünchKommZPO/Gottwald, § 323, Rn. 12; *andererseits* Schultz, AcP 191, 457 ff.

Streithilfe

→ *Nebenintervention.*

Streiverkündigung (§ 72 ZPO)

S. besonders § 421, Rn. 18; § 1600d, Rn. 15.

Stufenklage (§ 254 ZPO)

→ *Auskunft* Rn. 9–23; § 2018, Rn. 3.

Teilgläubiger

S. bei § 420.

Teilklage

→ *Zahlung* Rn. 11–21, 31–36.

Teilschuldner

S. bei § 420.

Testamentsvollstreckung

S. bei §§ 2206–2224.

Übereignung

Inhaltsübersicht

I. Bewegliche Sachen 1
  1. Ansprüche 1
  2. Leistungsklage 2
  3. Zuständigkeit 3
  4. Zwangsvollstreckung . . . 4
  5. Einstweiliger Rechts-
    schutz 7

II. Grundstücke 9
  1. Ansprüche 9
  2. Leistungsklage 10
  3. Zuständigkeit 11
  4. Zwangsvollstreckung . . . 13
  5. Einstweiliger Rechts-
    schutz 19

I. Bewegliche Sachen

1. Ansprüche

Ansprüche auf Übereignung beweglicher Sachen gewährt das BGB z. B. in § 433 I Satz 1. Zu den Zahlungsansprüchen s. → *Zahlung* Rn. 1.

1

2. Leistungsklage

Der Antrag einer Leistungsklage muss auf Übereignung einer bestimmt bezeichneten Sache oder Sachmehrheit gerichtet sein (§ 253 II Nr. 2 ZPO). Die Übereignung erfordert in jedem Fall die Einigung über den Eigentumsübergang, lässt aber anstelle der Übergabe einen Übergabeersatz zu (§§ 929 ff.). Wünscht der Kläger unbedingt auch die Übergabe, so muss er auf Übereignung *und Übergabe* klagen (§ 260 ZPO). Zur Klage auf Übergabe s. → *Besitzeinräumung* Rn. 2 ff.

2

3. Zuständigkeit

Sachlich zuständig sind die Amtsgerichte oder die Landgerichte, je nach Streitwert (§§ 23 Nr. 1, 71 I GVG). Der Streitwert richtet sich nach dem Verkehrswert der Sache(n) (§ 6 Satz 1 ZPO)[1]. Auf die Anspruchsgrundlage kommt es dabei nicht an[2]. Wenn aber Sicherungsgut an den Sicherungsgeber zurückübereignet werden soll, ist der Wert der gesicherten Forderung oder der geringere Wert des Sicherungsguts maßgebend (§ 6 ZPO)[3].

3

4. Zwangsvollstreckung

– Hinsichtlich der **Vollstreckungsart** ist zu unterscheiden:

4

– Soweit der Titel die Abgabe der **Einigungserklärung des Schuldners** verlangt (§ 929 Satz 1), richtet sich die Vollstreckung nach § 894 I ZPO. Ein Prozessvergleich wird nicht nach § 894 I ZPO vollstreckt, weil er keine der formellen Rechtskraft fähige Entscheidung bildet[4]. Soweit der Prozessvergleich zu einer Einigungserklärung des Schuldners verpflichtet, wird er auch nicht

---

1 Stein/Jonas/Roth, § 6, Rn. 10, 12.
2 Stein/Jonas/Roth, § 6, Rn. 10.
3 Stein/Jonas/Roth, § 6, Rn. 23, bei Fn. 109, Rn. 25 f.
4 BGHZ 98, 127 = NJW 1986, 2704; MünchKommZPO/Schilken, § 894, Rn. 10; Schuschke, § 894, Rn. 1.

Übereignung

nach § 887 ZPO vollstreckt[1], sondern nach § 888 ZPO[2]. Doch ist der Gläubiger nicht gehindert, aus dem Prozessvergleich auf Abgabe der Einigungserklärung zu klagen und aus dem Urteil nach § 894 I ZPO zu vollstrecken[3]. Die Einigungserklärung des Schuldners sollte daher bereits in dem Prozessvergleich abgegeben werden.

Die **Einigungserklärung des Gläubigers** ist bei einer beweglichen Sache formlos möglich und kann deshalb schon in dem Übereignungsverlangen gesehen werden.

5 – Soweit der Titel die **Übergabe** anordnet, sei es stillschweigend als Teil der Übereignung (§ 929 Satz 1), sei es ausdrücklich neben der Übereignung, wird nach §§ 883 f. ZPO vollstreckt. Nimmt der Gerichtsvollzieher die Sache dem Schuldner zum Zwecke der Ablieferung an den Gläubiger weg, so gilt die für die Übereignung erforderliche Übergabe als erfolgt (§ 897 I ZPO).

6 – Der Übereignungsanspruch ist **pfändbar** nach § 846 ZPO.

5. Einstweiliger Rechtsschutz

7 – Ansprüche auf Übereignung beweglicher Sachen werden am besten durch eine einstweilige Verfügung nach § 935 ZPO gesichert, die eine **Sequestration** (Herausgabe an einen amtlichen Verwahrer) anordnet (§ 938 II ZPO). Denn ein Veräußerungsverbot gegenüber dem Schuldner würde die Veräußerung an einen Gutgläubigen nicht hindern (§ 136 i. V. m. § 135 II)[4].

8 – Auch die **Übereignung** selbst kann durch einstweilige Verfügung nach § 940 ZPO (→ *Zahlung* Rn. 40) angeordnet werden, z. B. bei Waren, auf die der Gläubiger dringend angewiesen ist[5]. Verschie-

---

1 Entgegen RGZ 55, 59 f.; OLG Stuttgart, Justiz 1970, 49. Vgl. dazu § 1045, Rn. 5.
2 OLG Hamm, NJW 1956, 918; OLG Koblenz, DGVZ 1986, 138; Münch-KommZPO/Schilken, § 887, Rn. 6; Schuschke, § 888, Rn. 4; Stein/Jonas/Brehm, § 894, Rn. 4; Zöller/Stöber, § 894, Rn. 3. Vgl. auch BGHZ 98, 128. Bedenken gegen jeden Vollstreckungszwang äußert OLG Köln, NJW 1959, 634 f.
3 BGHZ 98, 127.
4 Stein/Jonas/Grunsky, § 938, Rn. 25.
5 Schuschke, vor § 935, Rn. 24; Stein/Jonas/Grunsky, vor § 935, Rn. 54; Zöller/Vollkommer, § 940, Rn. 6. Zur Energieversorgung s. auch Ebmeier/Schöne, Rn. 510 ff.

dentlich wird jedoch aus § 894 ZPO gefolgert, dass eine auf Abgabe einer Willenserklärung gerichtete Befriedigungsverfügung unzulässig sei, weil sie eine geringere Richtigkeitsgewähr habe als ein vorläufig vollstreckbares Urteil, das nach § 894 ZPO nicht genügt[1]. Dazu ist zu sagen: § 894 ZPO betrifft nur die Vollstreckung, nicht den Erlass. Eine nach § 894 I ZPO nicht vollstreckbare Entscheidung kann gleichwohl erlassen werden, um durch ihre Autorität oder Überzeugungskraft eine freiwillige Leistung des Schuldners zu erwirken. Die Frage kann daher nur sein, ob § 894 I ZPO i. V. m. §§ 928, 936 ZPO die Vollziehung einer auf Abgabe einer Willenserklärung gerichteten Befriedigungsverfügung wegen deren geringer Richtigkeitsgewähr ausschließt. Die geringe Richtigkeitsgewähr einer einstweiligen Verfügung ist jedoch schon durch die Notwendigkeit eines besonderen Verfügungsgrundes berücksichtigt. Sie rechtfertigt daher nicht noch zusätzlich den Ausschluss der Vollziehung. Die Vollziehung der einstweiligen Verfügung kann auch nicht von ihrer formellen Rechtskraft abhängen[2], weil im Verfahren der einstweiligen Verfügung überhaupt nur Urteile, nicht Beschlüsse der formellen Rechtskraft fähig sind[3] und weil einstweilige Verfügungen nicht für vorläufig vollstreckbar erklärt werden, sondern immer sofort vollziehbar sind[4].

II. Grundstücke

1. Ansprüche

Ansprüche auf Übereignung von Grundstücken gewährt das BGB z. B. in § 433 I Satz 1.

9

2. Leistungsklage

Der Antrag einer Leistungsklage muss auf Übereignung eines bestimmt bezeichneten Grundstücks gerichtet sein (§ 253 II Nr. 2 ZPO)[5]. Beantragt werden müsste daher z. B. die Verurteilung des Beklagten, das beim AG Gießen im Grundbuch von Schiffenberg, Band 4, Blatt 120 unter der lfd. Nr. 1 eingetragene Grundstück an

10

---

1 Freiherr vom Holtz, S. 14, 96 ff. im Anschluss an Zöllner.
2 Jauernig, NJW 1973, 1673; Stein/Jonas/Grunsky, vor § 935, Rn. 50. **A. A.** OLG Stuttgart, NJW 1973, 1908.
3 Jauernig, NJW 1973, 1673.
4 Zöller/Vollkommer, § 929, Rn. 1.
5 Zöller/Greger, § 253, Rn. 13c.

Übereignung

den Kläger zu übereignen (oder: an den Kläger aufzulassen). Hat der Beklagte die Eintragungskosten zu tragen, so müsste er verurteilt werden, das näher bezeichnete Grundstück an den Kläger aufzulassen, die Eintragung zu beantragen, die Eintragungsunterlagen zu beschaffen sowie den vom Grundbuchamt geforderten Kostenvorschuss zu zahlen.

Wünscht der Kläger auch die Übergabe, so muss er auf Übereignung *und Übergabe* klagen (§ 260 ZPO). Zur Klage auf Übergabe s. → *Besitzeinräumung* Rn. 2 ff.

3. Zuständigkeit

11 **Sachlich zuständig** sind die Amtsgerichte oder die Landgerichte, je nach Streitwert (§§ 23 Nr. 1, 71 I GVG). Der Streitwert richtet sich nach dem Verkehrswert des Grundstücks (§ 6 Satz 1 ZPO)[1]. Auf die Anspruchsgrundlage kommt es dabei nicht an[2].

12 Für Klagen auf Übereignung eines Grundstücks ist der dingliche **Gerichtsstand** des § 26 ZPO nicht gegeben[3]. Denn die Klage ist nicht gegen den Eigentümer „als solchen", sondern z. B. gegen den Verkäufer gerichtet, der auch als Nichteigentümer das Grundstück übereignen kann (§ 185). Außerdem besteht kein sachlicher Grund dafür, dass der ortsnahe Richter über die Auflassungsklage entscheidet, obwohl das Grundstück nicht besichtigt werden muss.

4. Zwangsvollstreckung

13 – Hinsichtlich der **Vollstreckungsart** ist zu unterscheiden:
– Soweit der Titel die Abgabe der **Einigungserklärung des Schuldners** verlangt (§ 873 I), richtet sich die Vollstreckung nach § 894 I ZPO; die nach § 925 I Sätze 1, 2 erforderliche notarielle Form der Erklärung wird durch die Fiktion gewahrt[4]. Ein Prozessvergleich wird nach § 888 ZPO vollstreckt (Rn. 4), falls der Schuldner seine dingliche Einigungserklärung nicht schon in dem Prozessvergleich abgegeben hat (§ 925 I Satz 3).

14 Die **Einigungserklärung des Gläubigers** muss nach § 925 I Sätze 1, 2 vor einem Notar abgegeben werden, wobei zur Wahrung

---

1 Schumann, NJW 1982, 1259; Stein/Jonas/Roth, § 6, Rn. 10, 12.
2 Stein/Jonas/Roth, § 6, Rn. 10.
3 Rosenberg/Schwab/Gottwald, § 36 III 3b. A. A. Stein/Jonas/Schumann, § 26, Rn. 4, bei Fn. 5.
4 MünchKommZPO/Schilken, § 894, Rn. 13; Zöller/Stöber, § 894, Rn. 5.

Übereignung

der gleichzeitigen Anwesenheit beider Teile eine Ausfertigung des Urteils mit Rechtskraftzeugnis (§ 706 ZPO) vorzulegen ist[1].

– Soweit der Titel die **Eintragung** des Gläubigers in das Grundbuch verlangt (§ 873 I), müssen erreicht werden: Eintragungsantrag (§ 13 I GBO), Kostenvorschuss (§ 8 KostO), Nachweis der Auflassung (§ 20 GBO), sonstige Eintragungsunterlagen, namentlich Unbedenklichkeitsbescheinigung des Finanzamts wegen Bezahlung der Grunderwerbsteuer und Vorkaufsrechtsverzicht der Gemeinde nach § 28 I Satz 2 BBauG. 15

Den Eintragungsantrag wird der Gläubiger selbst stellen (§ 13 I Satz 2 GBO), falls er die Kosten der Eintragung zu tragen hat, wie nach § 448; denn dann ist der Schuldner zur Übereignung nur gegen Übernahme der Kosten durch den Gläubiger verurteilt (§ 894 I Satz 2 ZPO). Die Auflassung muss der Gläubiger immer selbst dem Grundbuchamt nachweisen. Unbedenklichkeitsbescheinigung und Vorkaufsrechtsverzicht kann der Gläubiger selbst beschaffen. 16

Erzwungen wird der Eintragungsantrag des Schuldners nach § 894 I ZPO[2], die Vorlage der Eintragungsunterlagen nach § 887 ZPO[3], die Zahlung des vom Grundbuchamt geforderten Kostenvorschusses nach §§ 803 ff. ZPO. 17

Schon aufgrund eines vorläufig vollstreckbaren Urteils kann der Gläubiger die Eintragung einer **Vormerkung** erwirken (§ 895 ZPO).

– Der Übereignungsanspruch ist **pfändbar** nach § 846 ZPO. 18

5. Einstweiliger Rechtsschutz

Bei Ansprüchen auf Übereignung eines Grundstücks kann durch einstweilige Verfügung nach § 935 ZPO die Eintragung einer Vormerkung angeordnet werden (§ 885). Die Übereignung selbst kann durch einstweilige Verfügung nach § 940 ZPO (→ *Zahlung* Rn. 40) nicht angeordnet werden[4]. 19

---

1 Stein/Jonas/Brehm, § 894, Rn. 27.
2 Stein/Jonas/Brehm, § 894, Rn. 9; Zöller/Stöber, § 894, Rn. 2. Das Urteil mit Rechtskraftzeugnis (§ 706 ZPO) legt der Gläubiger dem Grundbuchamt vor.
3 A. A. (§ 888 ZPO) Palandt/Bassenge, § 895, Rn. 2. RGZ 55, 57 ist nicht einschlägig.
4 OLG Stuttgart, NJW 1973, 908.

Übergabe

Beispiel: Der Käufer eines Grundstücks (K) beantragt gegen den Verkäufer zur Sicherung seines Auflassungsanspruchs aus § 433 I Satz 1 die Anordnung einer Vormerkung durch einstweilige Verfügung (§ 885). K tritt seinen Auflassungsanspruch an D ab, a) vor der Entscheidung des Gerichts: dann gilt § 265 ZPO[1]; b) nach Erlass der einstweiligen Verfügung: dann kann D den Titel auf sich umschreiben lassen (§§ 936, 929 I, 727 ZPO) und selbst die Eintragung der Vormerkung erwirken[2]; c) nach Eintragung der Vormerkung: dann gilt § 401 entsprechend[3]. Eine Pfändung des Auflassungsanspruchs zugunsten des D erfasst analog § 401 auch das Recht aus der eingetragenen Vormerkung[4]. Die Eintragung der Pfändung im Grundbuch ist möglich, aber nicht nötig[5].

Übergabe

→ *Besitzeinräumung.*

Überweisung

S. bei §§ 676a, 676d.

Unbekannte Anschrift

Kennt der Kläger die Anschrift des Beklagten nicht und kann er sie auch nicht ermitteln, so muss er dies in der Klageschrift angeben, damit sie öffentlich zugestellt werden kann (§ 203 I ZPO)[6]. Die ladungsfähige Anschrift des Beklagten, von der grundsätzlich die **Zulässigkeit der Klage** abhängt (§ 253 IV i. V. m. § 130 Nr. 1 ZPO), ist dann ausnahmsweise entbehrlich[7].

Seinen **allgemeinen Gerichtsstand** hat der Beklagte bei dem angerufenen Gericht schon dann, wenn er *irgendwo* in dessen Bezirk wohnt oder sich aufhält (§§ 13, 16 ZPO). Um dies notfalls (§ 139 III

---

1 Baur, FS Schiedermair, S. 23.
2 Baur, FS Schiedermair, S. 24; Stein/Jonas/Münzberg, § 727, Rn. 3.
3 Baur, FS Schiedermair, S. 29; MünchKommBGB/G. H. Roth, 4. Aufl., § 401, Rn. 9.
4 Stein/Jonas/Brehm, § 829, Rn. 80; Zöller/Stöber, § 829, Rn. 20.
5 Baur, FS Schiedermair, S. 29, 31.
6 BGHZ 102, 335.
7 BGHZ 102, 335.

ZPO) zu beweisen, benötigt der Kläger gleichfalls nicht unbedingt die ladungsfähige Anschrift des Beklagten[1].

Unmöglichkeit der Leistung

Ansprüche des Gläubigers
- auf Erfüllung s. bei § 275;
- auf Herausgabe eines Ersatzes s. bei § 285.

Unterhalt

Das BGB gewährt Unterhaltsansprüche:
- einem Ehegatten in §§ 1360, 1360a, 1361, 1451, 1569;
- einem Familienangehörigen des Erblassers in § 1969;
- einer Mutter in §§ 1615l (hier u. U. auch einem Vater), 1615o, 1963;
- einem Stiefkind in § 1371 IV;
- einem Verwandten in §§ 1601, 1612.

S. dazu die Kommentierung der genannten Vorschriften.

Unterlassung

Ansprüche auf Unterlassung s. bei §§ 12, 535, 541, 554, 581, 907, 917, 1004, 1018, 1023.

Unterrichtung

→ *Auskunft.*

Urkundenausstellung

S. bei §§ 368, 403, 410.

Urlaub

→ *Dienstbefreiung.*

---

[1] Vgl. Zöller/Vollkommer, § 16, Rn. 4.

Urteilsarten

→ *Gestaltungsklagen* Rn. 1.

Vaterschaft

– Anerkennung s. bei § 1598;
– Anfechtung s. bei §§ 1598, 1599;
– Feststellung s. bei §§ 1599, 1600d.

Veräußerung der streitbefangenen Sache (§ 265 ZPO)

→ *Besitzeinräumung* Rn. 8–13.

Vereinfachtes Verfahren (§§ 645 ff. ZPO)

S. § 1601, Rn. 12 ff.

Verein

S. bei § 54.

Vergütung

Ansprüche auf Vergütung s. bei § 611.

Verjährung

S. bei § 214.

Verlassen von Räumen

Ansprüche auf Verlassen von Räumen s. bei § 554.

Verlöbnis

S. bei § 1297.

Vermächtnis

Ansprüche auf einen vermachten Gegenstand s. bei §§ 2170, 2174, 2187.

Vermerk

Ansprüche auf Eintragung eines Vermerks s. bei § 2118.

Vermögensverzeichnis

Ansprüche auf **Mitteilung** oder Vorlegung eines Vermögensverzeichnisses (Bestandsverzeichnisses) s. bei §§ 260, 1379, 2121. Ansprüche auf **Mitwirkung** zur Aufnahme s. bei §§ 1035, 1377.

Verschaffung

Ansprüche auf Verschaffung eines Gegenstandes s. bei § 2170. S. auch → *Rechtsverschaffung.*

Vertragsschluss

Ansprüche auf einen Vertragsschluss s. bei § 1045.

Vertragsstrafe

Zur gerichtlichen Herabsetzung einer verwirkten Strafe s. bei § 343.

Vertrag zugunsten eines Dritten

S. bei § 328.

Verwahrung

Ansprüche auf Verwahrung (Aufbewahrung) s. bei §§ 688, 1217, 1231.

Verwaltung

Ansprüche auf interessengemäße oder ordnungsgemäße Verwaltung s. bei §§ 745, 1435, 2216. S. auch bei § 586 (Bewirtschaftung), § 1052 (Verwaltung eines Nießbrauchs).

Verwendung

Ansprüche auf eine bestimmte Verwendung von Geld s. bei §§ 1039, 1046.

Verzicht

Verzicht auf ein Recht → Rechtsentäußerung.

Vollstreckbarkeit

– subjektive Grenzen s. besonders § 1368, Rn. 9.

Vollstreckungsabwehr

S. bei § 268.

Vollstreckungsabwehrklage (§ 767 ZPO)

– und negative Feststellungsklage (§ 256 I ZPO) s. § 12, Rn. 29.

Vollstreckungserinnerung (§ 766 ZPO)

S. besonders § 1422, Rn. 12.

Voraus

Ansprüche auf einen „Voraus" s. bei § 1932.

Voreintragung

Ansprüche auf Voreintragung in das Grundbuch s. bei § 895.

Vorkauf

S. bei § 1100.

Vorkehrungen

Ansprüche auf Vorkehrungen zur Abwendung einer Gefahr s. bei § 908.

Vorlegung

Ansprüche auf Vorlegung von **Sachen** s. bei §§ 259, 809, 896; auf Vorlegung eines **Verzeichnisses** s. bei §§ 260, 1379, 2121. S. auch bei § 1160.

Vorleistung

Zur Klage eines Vorleistungspflichtigen s. bei §§ 320–322.

Vormundschaft

S. bei § 1843.

Wahlmöglichkeiten

Wahlmöglichkeiten bestehen unter anderem bei der elektiven Konkurrenz, der Ersetzungsbefugnis (facultas alternativa), der Gattungsschuld und der Wahlschuld. 1

A. Elektive Konkurrenz

Der Gläubiger hat **mehrere Rechte**, von denen er nur eines geltend machen kann[1]. Er kann z. B. als Käufer zwischen Nachbesserung und Nachlieferung wählen (§ 439 I). Ob die Wahl den Gläubiger bindet, lässt sich nicht einheitlich beantworten[2]. 2

Bei der elektiven Konkurrenz kann es die **Bestimmtheit des Klageantrags** nach § 253 II Nr. 2 ZPO erfordern, dass der Gläubiger seine 3

---

1 Vgl. MünchKommBGB/Krüger, 4. Aufl., Rn. 11.
2 Larenz, Schuldrecht I, § 11 II a. E.

Wahlmöglichkeiten

Wahl vor Einreichung der Klage trifft und sich z. B. entscheidet, ob er Nachbesserung oder Nachlieferung verlangen will.

4 Soweit der Gläubiger dagegen **dieselbe Leistung** aufgrund verschiedener Anspruchsgrundlagen beanspruchen kann, ist es nach dem Grundsatz „iura novit curia" Sache des Gerichts, die zutreffende Anspruchsgrundlage auszuwählen. Klagt der Käufer beispielsweise wegen eines Mangels der Kaufsache auf Rückzahlung des vollen Kaufpreises Zug um Zug gegen Rückerstattung der Kaufsache, so kann das Gericht die geforderte Zahlung nicht nur nach Rücktrittsrecht (§§ 437 Nr. 2, 346 I, 348), sondern auch als „großen" Schadensersatz zusprechen (§ 437 Nr. 3). Das ändert jedoch nichts daran, dass eine Wiederholung der sachlich abgewiesenen Rückzahlungsklage wegen der Rechtskraft unzulässig wäre (§ 322 I ZPO), da der Kläger schon im ersten Prozess alle für die Rückzahlung sprechenden tatsächlichen und rechtlichen Gründe geltend machen konnte.

5 Dass der Kläger bei gleichem Klageziel, also unverändertem Klageantrag und Klagegrund, eine andere Anspruchsgrundlage anführt, ist keine **Klageänderung** und deshalb ohne weiteres zulässig (§ 264 Nr. 1 ZPO). Geht der Kläger dagegen z. B. vom Nachbesserungs- zum Nachlieferungsbegehren über, so liegt wegen Änderung des Klageantrags eine Klageänderung vor, die – abgesehen von dem Fall des § 264 Nr. 3 ZPO – nur nach §§ 263, 267 ZPO zulässig ist.

B. Ersetzungsbefugnis

I. Ersetzungsbefugnis des Gläubigers

6 Der Gläubiger hat nur *eine* Forderung, die er in eine andere verwandeln kann. Er hat z. B. nach § 249 Satz 1 einen Herstellungsanspruch, den er nach § 249 Satz 2 in einen Geldersatzanspruch verwandeln kann[1]. Die Wahl der anderen Leistung verändert die Forderung willentlich, ist also eine Gestaltungserklärung[2]. Ob sie widerrufen werden kann, ist hier nicht zu erörtern.

7 Der Gläubiger muss vor der Einreichung der Klage die **Wahl** treffen, welche Leistung er einklagen will; das fordert die Bestimmtheit des Klageantrags (§ 253 II Nr. 2 ZPO). Der Übergang beispielsweise von

---

[1] Eine Ersetzungsbefugnis nehmen hier an BGHZ 63, 184; Gernhuber, Schuldverhältnis, § 29 I 2; str.
[2] Larenz, Schuldrecht I, § 11 IIIb; Soergel/Wolf, § 262, Rn. 20.

der Herstellungs- zur Geldersatzklage ist, obwohl eine Klageänderung, unter den Voraussetzungen des § 264 Nr. 3 ZPO ohne weiteres zulässig, sonst nur nach § 263 ZPO.

II. Ersetzungsbefugnis des Schuldners

Der Schuldner kann statt der geschuldeten Leistung eine andere erbringen. Er kann es z. B. bei Verarmung des Schenkers ablehnen, ein Geschenk zurückzugeben, und stattdessen den Unterhalt des Gläubigers bezahlen (§ 528 I Satz 2, s. dort). Zu § 251 II s. hier Rn. 12, zur Ersetzungsbefugnis eines Befreiungsschuldners s. § 257, Rn. 2 ff.

1. Bewirkung der anderen Leistung

Die Ersetzungsbefugnis des Schuldners wird in der Regel nicht durch eine bloße Wahlerklärung ausgeübt[1], auch nicht durch das verzugsbegründende Angebot der anderen Leistung[2], sondern erst durch die Bewirkung der anderen Leistung, welche die Schuld zum Erlöschen bringt[3]. Daher kann der Gläubiger die Ersetzungsbefugnis nur durch eine **Einschränkung des Klageantrags** berücksichtigen[4], indem er z. B. beantragt: „Der Beklagte wird verurteilt, dem Kläger ... herauszugeben. Ihm bleibt vorbehalten, stattdessen ... Euro monatlich an den Kläger zu zahlen."

Einer **uneingeschränkten Klage** gibt das Gericht nur eingeschränkt statt, unter Abweisung der Klage im Übrigen. Ein **Antrag** des Beklagten ist dazu nicht erforderlich[5]. Der Beklagte muss als Schuldner nur wählen, ob er von der Ersetzungsbefugnis Gebrauch machen will, nicht, ob die Ersetzungsbefugnis im Urteil vorbehalten werden soll. Gleichwohl kann es sich empfehlen, dass der Beklagte den Vorbehalt durch Widerklage beantragt (§§ 33, 256 I ZPO).

Von dem **Vollstreckungsorgan** wird die Ersetzungsbefugnis nur berücksichtigt, wenn sie in dem Titel vorbehalten ist[6]. Der Schuldner kann sich dann nach §§ 775 Nr. 4, 776 Satz 2 ZPO auf die Ersatzleistung berufen. Fehlt der Vorbehalt in dem Titel, so muss

---

1 A. A. MünchKommBGB/Kollhosser, § 528, Rn. 12.
2 A. A. Gernhuber, Schuldverhältnis, § 29 III 1, 4a.
3 BGHZ 46, 342; Larenz, Schuldrecht I, § 11 III 1a.
4 Erman/Kuckuk, § 262, Rn. 9.
5 MünchKommBGB/Habersack, § 775, Rn. 14.
6 A. A. anscheinend MünchKommBGB/Habersack, § 775, Rn. 14.

Wahlmöglichkeiten

der Schuldner die Ersatzleistung durch Vollstreckungsabwehrklage geltend machen (§ 767 ZPO).

2. § 251 II

12 Im Falle des § 251 II[1] gilt Folgendes: Gibt der Schuldner gerichtlich oder außergerichtlich zu erkennen, dass er den Gläubiger in Geld entschädigen wolle, statt die unverhältnismäßigen Herstellungskosten zu zahlen, so wird er bei entsprechendem Tatsachenvortrag einer Partei nur zur Zahlung der Geldentschädigung verurteilt. Verfehlt wäre eine Verurteilung beispielsweise zur Zahlung von 10 000 Euro Herstellungskosten mit dem Vorbehalt, stattdessen 5000 Euro Geldentschädigung zahlen zu können! Das bedeutet, dass hier die Wahlerklärung des Schuldners als Ausübung einer Einrede zu begreifen ist[2], die lediglich die Verurteilung zur Zahlung der Geldentschädigung gestattet. Im Übrigen gelten die Bemerkungen zu § 214 sinngemäß.

3. Schuldändernder Vertrag

13 Bietet der Schuldner dem Gläubiger eine andere Leistung an und erklärt sich der Gläubiger damit einverstanden, so kann darin ein schuldändernder Vertrag zu sehen sein, dem der Gläubiger gegebenenfalls durch Klageänderung Rechnung trägt (§§ 264 Nr. 3, 263 ZPO).

C. Gattungsschuld

14 Der Gläubiger hat nur *eine* Forderung, die auf gattungsmäßig gleiche Leistungen gerichtet ist[3], von denen der Schuldner eine auszuwählen hat (§ 243 I, s. dort). Die Wahl konkretisiert den Leistungsgegenstand (§ 243 II), setzt aber keinen entsprechenden rechtsgeschäftlichen Willen voraus und ist deshalb keine Gestaltungserklärung.

---

1 Eine Ersetzungsbefugnis nehmen hier an RGRK/Alff, § 251, Rn. 16; Roth, Einrede, S. 122. A. A. Gernhuber, Schuldverhältnis, § 29 I 2.
2 Roth, Einrede, S. 122.
3 Jahnke, ZZP 93, 50 f.

D. Wahlschuld

Der Gläubiger hat nur *eine* **Forderung**[1], die auf verschiedenartige Leistungen gerichtet ist, von denen er, der Schuldner oder ein Dritter eine auszuwählen hat (§ 262, s. dort). Die Wahl verändert die Forderung willentlich, ist also eine Gestaltungserklärung. Ein Beispiel bietet das Wahlvermächtnis nach § 2154.

15

Wahlschuld

S. bei §§ 262–265.

Werkherstellung

Ansprüche auf Werkherstellung s. bei § 631.

Wertermittlung

Ansprüche auf Wertermittlung s. bei § 1379.

Wertpapiere

Zurückleitung s. bei § 676.

Widerklage (§ 33 ZPO)

S. besonders § 660, Rn. 13.

Widerruf

Ansprüche auf Widerruf s. § 12, Rn. 1–10.

Wirtschaftsplan

Ansprüche auf Erstellung oder Änderung eines Wirtschaftsplans s. bei § 1038.

---

1 Gernhuber, Schuldverhältnis, § 11 I 6. Zweifelnd Weitnauer, FS Hefermehl, S. 469 f.

Zahlung

Inhaltsübersicht

A. Überblick 1	III. Örtliche Zuständigkeit für Schadensersatzklagen 29
B. Klagen 2	D. Materielle Rechtskraft . . . 30
I. Regelmäßiger Klageantrag . 2	I. Schadensersatzklage 30
1. Leistungsklage 2	II. Teilklage 31
2. Feststellungsklage 3	1. Offene Teilklage 31
3. Verhältnis von Leistungs- und Feststellungsklage . 4	2. Insbesondere Klage auf Zahlung eines Mehr-betrags 34
II. Unbezifferte Schadensersatz-klage 5	3. Verdeckte Teilklage . . . 36
1. Allgemeines 5	E. Zwangsvollstreckung 37
2. Größenordnung 6	I. Vollstreckung wegen des Zahlungsanspruchs 37
a) Angabe 6	
b) Bedeutung 7	
3. Tatsächliche Grundlagen 10	II. Pfändung des Zahlungs-anspruchs 38
III. Teilklage 11	
1. Begriff der Teilklage . . . 11	F. Einstweiliger Rechtsschutz . 39
2. Arten der Teilklage . . . 12	I. Arrest 39
3. Widerklage 14	II. Befriedigungsverfügung . . . 40
4. „Bestimmte" Teilklage . 15	1. Verfügungsgrund 40
a) Mehrere Ansprüche . 15	a) Allgemeines 40
b) Mehrere Schäden . . . 16	b) Anzurechnende An-sprüche und Leistungen 43
5. Mehrere Teilklagen . . . 19	c) Rückstände 52
C. Zuständigkeit 22	2. Verfügungsprozess 53
I. Zulässigkeit des Rechts-weges 22	
II. Sachliche Zuständigkeit . . 23	

A. Überblick

1 **Ansprüche** auf *Zahlung* von Geld gewährt das BGB z. B. in § 823 I i. V. m. § 251 I. **Besonderheiten** gelten für den Vergütungsanspruch aus § 611 und für die familienrechtlichen Zahlungsansprüche. S. dazu die Kommentierung der einschlägigen Vorschriften. **Im Übrigen** gilt:

B. Klagen

I. Regelmäßiger Klageantrag

Ein Zahlungsanspruch kann durch Leistungs- oder Feststellungsklage geltend gemacht werden[1]. 2

1. Leistungsklage

Die Leistungsklage enthält den Antrag, den Beklagten zur Zahlung des vom Kläger geforderten Geldbetrages zu verurteilen. Der Geldbetrag muss in dem Antrag genau beziffert werden (§ 253 II Nr. 2 ZPO). **Beispiel:** Beantragt wird die Verurteilung des Beklagten, an den Kläger 3955,20 Euro zu zahlen, außerdem Zinsen ab Rechtshängigkeit, und zwar einmal aus 3955,20 Euro in Höhe von 5% über dem Basiszinssatz[2], zweitens auf den Gerichtskostenvorschuss von ... Euro in Höhe von (z. B.) 13,5%[3], jeweils für das Jahr.

Werden bestimmte Sachen nicht herausgegeben, so soll eine Klage auf Zahlung laufender monatlicher Nutzungsentschädigungen von bestimmter Höhe „**bis zur Herausgabe**" der Sachen dem § 253 II Nr. 2 ZPO genügen[4]. Denn ob die Sachen an den Gläubiger herausgegeben worden seien, lasse sich „in aller Regel leicht und sicher feststellen", so dass die Frage nur ausnahmsweise im Prozess der Vollstreckungsabwehrklage nach § 767 ZPO geklärt werden müsse[5].

2. Feststellungsklage

Die Feststellungsklage enthält den Antrag festzustellen, dass der 3
Beklagte zur Zahlung des vom Kläger geforderten Geldbetrages verpflichtet ist. Hier muss der Geldbetrag in dem Antrag nicht notwendig beziffert, aber so bestimmt wie möglich angegeben werden (§ 253 II Nr. 2 ZPO). Beispiele → *Schadensersatz* Rn. 6.

3. Verhältnis von Leistungs- und Feststellungsklage

Bei Zulässigkeit der Leistungsklage ist die Feststellungsklage in der 4
Regel unzweckmäßig und deshalb mangels rechtlichen Interesses

---

1 Zur Abänderungsklage s. § 323 ZPO.
2 Prozesszinsen nach § 291.
3 Verzugszinsen nach § 280 I, II i. V. m. § 288; Gödicke, JurBüro 2001, 514 f.
4 BGH, NJW 1999, 954.
5 BGH, NJW 1999, 954.

Zahlung

unzulässig (§ 256 I ZPO). Denn das Leistungsurteil stellt wie das Feststellungsurteil den Zahlungsanspruch rechtskräftig fest und bildet darüber hinaus einen Vollstreckungstitel.

Kann der Kläger die geforderte **Geldsumme** noch **nicht beziffern**, so ist eine Leistungsklage unzulässig. Hier kommt deshalb nur eine Feststellungsklage in Betracht.

Kann der Kläger die geforderte Geldsumme wenigstens **zum Teil beziffern**, so sollte er eine Teilleistungsklage erheben und daneben die Feststellung beantragen, dass der strittige Anspruch dem Grunde nach bestehe. Nach der Rechtsprechung kann sich der Kläger auf die Feststellungsklage beschränken[1].

II. Unbezifferte Schadensersatzklage

1. Allgemeines

5 Eine Schadensersatzleistung braucht der Kläger nach herrschender Meinung[2] nicht zu beziffern, falls das Gericht insoweit einen Beurteilungsspielraum hat (§ 287 I ZPO); dasselbe gilt in den Fällen des § 287 II ZPO. Bei einem **unbezifferten Klageantrag** ist es aber erforderlich, dass der Kläger dem Gericht die Größenordnung des erstrebten Betrags (nötig schon zur Information des Beklagten) und die tatsächlichen Grundlagen für die Bezifferung angibt[3]; sonst ist die Klage mangels eines bestimmten Antrags (§ 253 II Nr. 2 ZPO) unzulässig. Typisches **Beispiel**: Klage auf Schmerzensgeld, dessen Höhe in das Ermessen des Gerichts gestellt wird, mindestens aber 1500 Euro.

2. Größenordnung

a) Angabe

6 Der BGH fordert erstens die Angabe der Größenordnung des verlangten Betrages[4]. Die Größenordnung könne „nicht nur durch einen Mindestbetrag oder einen Ungefährbetrag gekennzeichnet werden. Sie kann u. U. . . . auch einer Streitwert**angabe** des Klägers entnommen werden. Unbestimmte Leistungsklagen können die ih-

---

1 BGH, NJW 1996, 395, 397; Zöller/Greger, § 256, Rn. 7a. **A. A.** Wieser, Rechtsschutzinteresse, S. 155.
2 Zur Kritik s. Rn. 28.
3 MünchKommZPO/Lüke, § 253, Rn. 120 f., 129 f.; Zöller/Greger, § 253, Rn. 14 f.
4 BGH, NJW 1992, 311, 312.

nen zunächst fehlende Bestimmtheit sogar dadurch erlangen, dass sich der Kläger Streitwert**festsetzungen** stillschweigend als Kennzeichnung der Größenordnung seines Begehrens zu eigen macht"[1].

b) Bedeutung

An die Angabe des Mindestbetrages oder einer anderen Größenordnung ist das Gericht bei der **Hauptsache-Entscheidung** grundsätzlich nicht gebunden. Es kann auch einen Betrag zuerkennen, der die angegebene Größenordnung um das Doppelte übersteigt[2]. „Nach oben ist das Ermessen des Gerichts nur dann begrenzt, wenn der Kläger eine Obergrenze angibt und damit erkennen lässt, dass er die Ausübung des Ermessens nur bis zur Höhe des genannten Betrages begehre"[3]. Andernfalls kann sich der Beklagte durch einen Antrag auf gerichtliche Streitwertfestsetzung Klarheit verschaffen[4].

7

Durch die Angabe der Größenordnung wird die **Beschwer** des Klägers festgelegt. Wird die angegebene Größenordnung nicht unterschritten, ist der Kläger nicht beschwert[5].

8

Die Angabe der Größenordnung kann ferner für die **Streitwertfestsetzung** bedeutsam sein (Rn. 27).

9

3. Tatsächliche Grundlagen

Zweitens fordert der BGH „eine hinreichend genaue Darlegung des anspruchsbegründenden Sachverhalts"[6]. Wer z. B. Schadensersatz wegen einer Erwerbsbeschränkung beansprucht, muss zur genügenden Bestimmtheit des Klageantrags auch angeben, ob er eine Rente oder eine Kapitalabfindung verlangt[7]. „Ihre Erwerbs- und Verdienstmöglichkeiten hat die Klägerin unter näherer Darlegung ihrer früheren Tätigkeiten als Haushaltshilfe und Servierfräulein und des dabei erzielten Verdienstes unter Beweis gestellt. Bei dieser Sachlage ist der von der Klägerin beanspruchte Schadensersatz wegen

10

---

1 BGH, NJW 1982, 340, 341. Kritisch Schneider/Herget, Rn. 4361 f. Zur Form und Anfechtbarkeit der Streitwertfestsetzung s. OLG München, MDR 1998, 1242.
2 BGH, NJW 1996, 2427. Zustimmend Frahm, VersR 1996, 1212.
3 BGH, NJW 1996, 2427.
4 BGH, NJW 1996, 2427.
5 BGH, NJW 1996, 2427.
6 BGH, NJW 1992, 311, 312.
7 BGHZ 4, 142.

ihres Verdienstausfalls nach Art und Umfang hinreichend bestimmt angegeben"[1].

III. Teilklage

1. Begriff der Teilklage

11 Eine Teilklage ist eine Feststellungs- oder Leistungsklage, die einen Teil einer *einheitlichen* Leistung einklagt. **Beispiel:** G verlangt von S Ersatz des gesamten Vermögensschadens aus einem bestimmten Unfall, und zwar in Höhe von 100 000 Euro. Er klagt zunächst nur 20 000 Euro ein, um das Prozessrisiko einschließlich des Kostenrisikos zu begrenzen. Beansprucht jemand dagegen **verschiedenartige** Leistungen, z. B. Ersatz des Vermögensschadens sowie Schmerzensgeld, und klagt er eine dieser verschiedenartigen Leistungen vollständig ein, z. B. das gesamte Schmerzensgeld, so liegt keine Teilklage vor[2].

2. Arten der Teilklage

12 Erklärt der Kläger ausdrücklich oder konkludent, dass er nur einen Teil der beanspruchten Leistung einklage, so spricht man von einer „offenen Teilklage".

13 Gibt der Kläger nicht zu erkennen, dass er nur einen Teil der beanspruchten Leistung einklagen will, so kommt eine **„verdeckte Teilklage"** oder eine Gesamtklage in Betracht. Hierzu hat der BGH entschieden, dass eine bezifferte Schadensersatzklage auch ohne besonderen Vorbehalt den Schadensersatzanspruch „grundsätzlich" nur in dem geltend gemachten Umfang zur Entscheidung stellt[3]; daher konnte der Kläger, dem der geforderte Schadensersatz in vollem Umfang zuerkannt worden war, in einem zweiten Prozess für denselben Schaden weiteren Ersatz einklagen[4]. Der BGH legt die Klage demnach im Zweifel als verdeckte Teilklage aus, die nur über den eingeklagten Teilanspruch zu einer materiell-rechtskräftigen Entscheidung führt[5]. Gleichwohl sollte der Kläger besser offen le-

---

[1] BGHZ 4, 142.
[2] Manche sprechen hier von einer „individualisierten Teilklage". Vgl. Leipold, FS Zeuner, S. 434 f.
[3] Zur materiellen Rechtskraft bei Teilklagen s. Rn. 31 ff.
[4] BGH, NJW 1997, 1990 f. = BGHZ 135, 178 = ZZP 110, 499; NJW 1997, 3019 ff.
[5] Ebenso aus weiteren Gründen Friedrich, S. 140 ff.; Zeuner, 50 Jahre BGH III, S. 348 ff. **A. A.** für den Fall der Klageabweisung Jauernig, 50 Jahre BGH

gen, dass er nur einen Teil der beanspruchten Summe einklagt, weil er sonst Gefahr läuft, dass das Urteil über den Teilanspruch als Urteil über den Gesamtanspruch aufgefasst und die gerichtliche Geltendmachung des Restanspruchs wegen der materiellen Rechtskraft des Urteils nicht zugelassen wird[1]. Denn es ist nicht völlig klar, in welchen Fällen der BGH „ausnahmsweise" den ganzen Schadensersatzanspruch als streitbefangen ansieht[2]. In der Literatur werden zwei Fälle genannt, in denen der ganze Anspruch streitbefangen ist: erstens, wenn ein unbestimmter Klageantrag die Feststellung der Anspruchshöhe dem Gericht überlässt; zweitens, „soweit die Rechtsschutzzone der Abänderungsklage gem. § 323 ZPO reicht"[3]. An einer Teilklage fehlt es auch, wenn die Zahlung eines „restlichen" Schmerzensgeldes verlangt wird[4].

3. Widerklage

Der Beklagte kann den Nachteilen einer verdeckten Teilklage[5] durch die Frage an den Kläger begegnen, ob er sich eine Nachforderung vorbehalte. Wird die Frage nicht eindeutig verneint, kann der Beklagte den Streit um den Gesamtanspruch vor Gericht bringen. Er braucht nur durch Widerklage (§ 33 ZPO) die Feststellung zu beantragen, dass dem Kläger aus dem angegebenen Sachverhalt „auch keine weitergehenden Ansprüche" gegen den Beklagten zustehen[6]. Die Feststellung trifft das Gericht nach § 256 II ZPO, falls es einen Anspruch schlechthin verneint, sonst nach § 256 I ZPO.

14

III, S. 332 ff.; Musielak, § 322, Rn. 71 ff. Jauernig übersieht den Unterschied zwischen einer verdeckten Teilklage und einer Klage auf Feststellung des Alleineigentums. Die beantragte Feststellung, dass der Kläger Alleineigentümer sei, besagt zugleich, dass der Beklagte es nicht ist. Die beantragte Feststellung, dass der Kläger eine Teilleistung beanspruchen könne, sagt nichts über seinen Anspruch auf den Rest.
1 BGHZ 34, 339 ff.; MünchKommZPO/Gottwald, § 322, Rn. 118 ff.; Zöller/Vollkommer, vor § 322, Rn. 47 ff.
2 Vgl. z. B. BGH, FamRZ 1994, 1096.
3 Windel, ZZP 110, 505 f. Vgl. auch Eckardt, Jura 1996, 627, 633; Zöller/Vollkommer, vor § 322, Rn. 49. **A. A.** zu § 323 ZPO Friedrich, S. 146 ff.
4 OLG Schleswig, MDR 2001, 1116.
5 Dazu Marburger, GS Knobbe-Keuk, S. 195 f.
6 Ebenso Zeuner, 50 Jahre BGH III, S. 349.

Zahlung

4. „Bestimmte" Teilklage

a) Mehrere Ansprüche

15 Macht der Kläger mehrere Ansprüche aus einem Bürgschaftsvertrag für verschiedene Hauptforderungen insgesamt nur zu einem Teil geltend, so muss er angeben, welche Ansprüche in welchem Umfang eingeklagt werden sollen. Das erfordert die bestimmte Angabe des Klagegrundes (§ 253 II Nr. 2 ZPO)[1]. Fehlt die erforderliche Angabe, so erwächst ein gleichwohl ergehendes Urteil nicht in materielle Rechtskraft[2]. Um die zulässige Zwangsvollstreckung abzuwehren, kann der Schuldner analog § 767 I ZPO auf Unzulässigerklärung der Zwangsvollstreckung klagen; § 767 II, III ZPO ist wegen der Unbestimmtheit des Urteilsgegenstandes nicht anwendbar[3].

b) Mehrere Schäden

16 Behauptet der Kläger, mehrere Schäden erlitten zu haben, und beansprucht er Ersatz für einen Teil dieser Schäden, so muss er bestimmt angeben, wie sich der beanspruchte Ersatz auf die Schäden verteilen soll. Das erfordert die bestimmte Angabe des Klagegrundes (§ 253 II Nr. 2 ZPO)[4].

17 **Beispiel**[5]: Durch einen Brand wurde Wohnungs- und Gaststätteninventar im Wert von 50 000 bis 60 000 DM zerstört, wovon 12 760 DM durch eine Hausratsversicherung gedeckt waren; außerdem erlitt der Wirt einen Verdienstausfall von mindestens 12 000 DM. Der Wirt erhob gegen den mutmaßlichen Brandstifter Teilklage auf Zahlung von 15 000 DM nebst Zinsen, ohne anzugeben, wie sich der beanspruchte Ersatz auf die Schäden verteilen sollte.

Der BGH entschied, dass die Klage unzulässig sei[6]. „Bei einer Teilleistungsklage, mit der mehrere selbständige prozessuale Ansprüche geltend gemacht werden, ist es unabdingbar, genau anzugeben, wie sich der eingeklagte Betrag auf die einzelnen Ansprüche verteilen soll und in welcher Reihenfolge diese Ansprüche zur Entscheidung des Gerichts gestellt werden sollen. Andernfalls ergeben sich unüberwindliche Schwierigkeiten bei der Bestimmung des Streitge-

---

1 BGHZ 124, 172 = NJW 1994, 460.
2 BGHZ 124, 166.
3 BGHZ 124, 168 ff. Für unmittelbare Anwendung des § 767 I ZPO Münzberg, JZ 1998, 383, Fn. 36.
4 BGH, NJW 1984, 2347; MünchKommZPO/Lüke, § 253, Rn. 103.
5 Fall BGH, NJW 1984, 2346. Vgl. auch BGHZ 11, 192.
6 BGH, NJW 1984, 2346.

genstandes ..., der materiellen Rechtskraft (§ 322 I ZPO) und der Verjährungsunterbrechung ..." (vgl. Rn. 15).

Im Streitfall bildeten die einzelnen Inventarstücke lediglich unselbständige Rechnungsposten. Selbständige Schadensgruppen waren dagegen der Verlust des Wohnungsinventars, die Einbuße des Gaststätteninventars und der Verdienstausfall. Das folgte für die Inventare schon daraus, dass nur das Wohnungsinventar versichert war, so dass nur insoweit ein Forderungsübergang auf den Versicherer nach § 67 VVG in Betracht kam[1]. Insgesamt machte der Kläger also drei selbständige prozessuale Ansprüche geltend. Daher hätte er z.B. angeben sollen, dass er die 15 000 DM in erster Linie für das Gaststätteninventar, hilfsweise für den Verdienstausfall und höchsthilfsweise für das Wohnungsinventar beanspruche oder dass er je 5000 DM für jede Schadensgruppe haben wolle[2]. 18

5. Mehrere Teilklagen

Der Kläger kann im selben Prozess eine zweite Teilklage für den Fall des Erfolgs der ersten Teilklage erheben. Beispiel: Beantragt wird die Verurteilung des Beklagten zur Zahlung eines Teilbetrags von 10 000 Euro und für den Fall, dass das Gericht dieser Teilklage stattgibt, die Verurteilung zur Zahlung des Restbetrages von 50 000 Euro. Die Zulässigkeit einer solchen **Eventualklage** ist zwar in der Literatur umstritten, doch sprechen die besseren Gründe für sie[3]. Allerdings müssen dann für die sachliche Zuständigkeit die Teilansprüche nach § 5 ZPO zusammengerechnet werden[4]. 19

Erhebt der Kläger gleichzeitig mehrere Teilklagen, **ohne** die zweite Klage von der ersten **abzugrenzen**, so ist die zweite Klage wegen Rechtshängigkeit nach § 261 III Nr. 1 ZPO unzulässig[5]. 20

Grenzt der Kläger die zweite Teilklage von der ersten ab, indem er einen „**Mehrbetrag**" verlangt, so kommt eine Aussetzung nach § 148 ZPO in Betracht[6]. Doch ist die Aussetzung entbehrlich, wenn der Kläger selbst die zweite Teilklage im gleichen Prozess nur für den Fall des Erfolges der ersten erhebt (Rn. 19). Wegen dieser Mög- 21

---

1 BGH, NJW 1984, 2347.
2 MünchKommZPO/Lüke, § 253, Rn. 104.
3 Vgl. M. Wolf, FS Gaul, S. 805 ff. **A. A.** Musielak/Foerste, § 260, Rn. 9.
4 M. Wolf, FS Gaul, S. 812. **A. A.** Stein/Jonas/Roth, § 5, Rn. 24.
5 Leipold, FS Zeuner, S. 440.
6 Leipold, FS Zeuner, S. 440.

Zahlung

lichkeit wären Teilklagen in verschiedenen Prozessen erheblich weniger zweckmäßig und deshalb mangels Rechtsschutzinteresses unzulässig[1].

C. Zuständigkeit

I. Zulässigkeit des Rechtsweges

22 Ob eine Zahlungsklage (Leistungs- oder Feststellungsklage) vor die ordentlichen Gerichte, die Gerichte für Arbeitssachen oder die Gerichte der allgemeinen oder besonderen Verwaltungsgerichtsbarkeit gehört, richtet sich „nach der Natur des Rechtsverhältnisses, aus dem der Klageanspruch hergeleitet wird"[2]. Wird der Klageanspruch aus einem öffentlich-rechtlichen **Rechtsverhältnis** hergeleitet, d. h. der Klageantrag mit einem öffentlich-rechtlichen Rechtsverhältnis begründet – die Tatsachen hat der Kläger vorzutragen, die rechtliche Würdigung obliegt dem Gericht –, so sind grundsätzlich die Gerichte der Verwaltungsgerichtsbarkeit zuständig (anders z. B. nach Art. 34 Satz 3 GG). Wird der Klageantrag mit einem privatrechtlichen Rechtsverhältnis begründet, so kommt es weiter darauf an, ob eine Rechtsstreitigkeit im Sinne der §§ 2, 2a ArbGG vorliegt – dann sind die Gerichte für Arbeitssachen zuständig – oder eine andere „bürgerliche", d.h. privatrechtliche Rechtsstreitigkeit – dann ist die Zuständigkeit der ordentlichen Gerichte gegeben (§ 13 GVG). Man spricht hier, wo es darum geht, die Zuständigkeit verschiedener Gerichtsbarkeiten voneinander abzugrenzen, von der „Zulässigkeit des Rechtsweges" (§§ 17 ff. GVG).

II. Sachliche Zuständigkeit

23 – Die durch eine Zahlungsklage eingeleitete Rechtsstreitigkeit kann ohne Rücksicht auf den Wert des Streitgegenstandes (Streitwert) vor die **Landgerichte** gehören. Das ist z. B. der Fall bei Amtshaftungsklagen (Art. 34 GG i. V. m. § 839 BGB), für welche analog § 71 II Nr. 2 GVG die Landgerichte sogar „ausschließlich" im Sinne des § 40 II ZPO zuständig sind[3].

---

[1] Ebenso Eckardt, Jura 1996, 630, Fn. 75. Andere Lösungen bei Stein/Jonas/Roth, § 2, Rn. 32.

[2] Gemeinsamer Senat der obersten Gerichtshöfe des Bundes, BGHZ 97, 313 f.

[3] Rosenberg/Schwab/Gottwald, § 32 III 2a. Weitere Fälle bei Stein/Jonas/Schumann, § 1, Rn. 86 ff.; Zöller/Gummer, § 71 GVG, Rn. 7.

Zahlung

– Ist eine von dem Streitwert unabhängige landgerichtliche Zuständigkeit nicht begründet, so ist zu prüfen, ob die **Amtsgerichte** ohne Rücksicht auf den Streitwert zuständig sind (§§ 23 Nr. 2, 23a GVG)[1].

24

– Trifft auch dies nicht zu, so kommt es darauf an, ob der **Streitwert** die Summe von 5000 Euro nicht übersteigt – dann sind die Amtsgerichte zuständig (§ 23 Nr. 1 GVG) – oder übersteigt – dann sind die Landgerichte zuständig (§ 71 I GVG).

25

Der Streitwert bemisst sich in der **Regel** nach dem **beanspruchten Geldbetrag** (§ 3 ZPO).

Wird ein Recht auf wiederkehrende Geldleistungen (**Bezugsrecht**) geltend gemacht, nicht nur ein Anspruch auf bestimmte Beträge[2], so gilt § 9 ZPO, vorbehaltlich des § 8 ZPO.

26

Die **Einwendungen** des Beklagten und die **Erfolgsaussichten** der Klage spielen keine Rolle[3].

Bei positiven **Feststellungsklagen**, nicht bei negativen, macht die Rechtsprechung in der Regel einen Abschlag von 20%[4].

Die **Mehrwertsteuer** auf das Kapital wird berücksichtigt, die auf Nebenforderungen nach § 4 I Halbsatz 2 ZPO nicht[5].

Bei einem Streit über Bestand oder Dauer eines **Miet- oder Pachtverhältnisses** gilt § 8 ZPO[6].

Bestimmte **Nebenforderungen**, namentlich Zinsen, die neben einem Kapital beansprucht werden, und die dem Beklagten nach § 308 II ZPO aufzuerlegenden Prozesskosten, werden bei der Berechnung des Streitwerts nicht berücksichtigt (§ 4 I Halbsatz 2 ZPO).

Ist die beanspruchte **Schadensersatzleistung nicht beziffert** (Rn. 5), so hat das Gericht sie zu schätzen (§ 3 ZPO). Dabei hat es von den Tatsachen auszugehen, die der Kläger vorträgt. Ob es auch die Größenangabe des Klägers berücksichtigen muss, ist strittig[7]. Der BGH sagte dazu in einem Fall, in dem ein **Mindestbetrag** gefordert worden

27

---

1 Weitere Fälle bei Stein/Jonas/Schumann, § 1, Rn. 74 ff.; Zöller/Gummer, § 27 GVG, Rn. 1.
2 Stein/Jonas/Roth, § 9, Rn. 6.
3 Stein/Jonas/Roth, § 2, Rn. 13, 14.
4 Stein/Jonas/Roth, § 2, Rn. 21, 26.
5 Stein/Jonas/Roth, § 3, Rn. 53, „Mehrwertsteuer".
6 Stein/Jonas/Roth, § 8, Rn. 3 a. E.
7 Eingehend Schneider/Herget, Rn. 4352 ff.

Zahlung

war: „Da das Begehren des Klägers nicht unterschritten werden kann, ohne dass er beschwert wäre, erreicht der Streitwert jedenfalls die angegebene Höhe. Nach oben ist das Gericht hingegen streitwertmäßig nicht an die Angaben des Klägers gebunden, da sich der Streitwert am angemessenen Schmerzensgeld auszurichten hat"[1]. Dass der verbindlich geforderte Mindestbetrag die untere Grenze des Streitwerts bildet, ist auch in der Literatur anerkannt[2]. Ebenso ist eine vom Kläger angegebene **Obergrenze** (Rn. 7) streitwertmäßig bindend[3]. Im Übrigen ist die Angabe der Größenordnung für die Streitwertfestsetzung schon deshalb unverbindlich, weil das Gericht darüber hinausgehen kann (Rn. 7). Der Streitwert hat sich vielmehr am **angemessenen Schmerzensgeld** auszurichten[4], d. h. an dem Betrag, der aufgrund des Klagevorbringens dem Gericht angemessen erscheint[5].

28 In einem Fall des OLG München begehrte die Klägerin mit einem unbezifferten Klageantrag Schmerzensgeld wegen einer fehlgeschlagenen Sterilisation[6]. Sie selbst hielt einen Betrag von 100 000 DM für angemessen. Das OLG München entschied, dass die Größenangabe der Klägerin nicht völlig unberücksichtigt bleiben könne, und setzte den Streitwert auf 75 270 DM fest. Nach der herrschenden Meinung kam es nur darauf an, welches Schmerzensgeld *das Gericht* aufgrund des Tatsachenvortrags der Klägerin für angemessen hielt[7]; das wären 4000 DM gewesen[8].

Das Beispiel zeigt, wohin der Verzicht auf einen bezifferten Antrag führt. Obwohl die Klägerin ca. 100 000 DM haben will, soll der Streitwert nur 4000 DM betragen. Das hat zur Folge, dass die vor dem Landgericht erhobene Klage mangels sachlicher Zuständigkeit (§§ 71 I, 23 Nr. 1 GVG) abgewiesen werden muss, wenn nicht der Beklagte rügelos zur Hauptsache verhandelt (§§ 39 Satz 1, 40 II Satz 2 ZPO) oder die Klägerin die Verweisung an das Amtsgericht beantragt (§ 281 I Satz 1 ZPO). Abgesehen von den Verweisungskosten (§ 281 III Satz 4 ZPO) erleidet die mit 4000 DM siegreiche Klägerin durch ihre maßlos überzogene Forderung keine Kostennachteile. Diese Ergeb-

---

1 BGH, NJW 1996, 2427.
2 Schneider/Herget, Rn. 4382 f.; Stein/Jonas/Roth, § 2, Rn. 100, 101.
3 Schneider/Herget, Rn. 2346.
4 BGH, NJW 1996, 2427.
5 Schneider/Herget, Rn. 4381 mit umfangreichen Rechtsprechungsnachweisen; Stein/Jonas/Roth,§ 2, Rn. 98, 101.
6 OLG München, NJW 1988, 1396.
7 Gegen die Entscheidung des OLG München auch Schneider/Herget, Rn. 4358; Stein/Jonas/Roth, § 2, Fn. 275.
8 OLG München, NJW 1988, 1396.

nisse sprechen gegen die herrschende Meinung. Richtig wäre es, auch für die Schmerzensgeldklage einen bezifferten Antrag zu verlangen und über die Kosten nach § 92 II ZPO zu entscheiden[1].

III. Örtliche Zuständigkeit für Schadensersatzklagen

→ *Schadensersatz* Rn. 7 ff. 29

D. Materielle Rechtskraft

I. Schadensersatzklage

Zur materiellen Rechtskraft bei Schadensersatzklagen → *Schadens-* 30
ersatz Rn. 13 ff.

II. Teilklage

1. Offene Teilklage

– Ein Urteil, das einer offenen Teilklage stattgibt, stellt materiell- 31
rechtskräftig fest, dass dem Kläger der eingeklagte Teilanspruch zusteht (§ 322 I ZPO); es bildet als Leistungsurteil einen Vollstreckungstitel für den Teilanspruch (§ 704 I ZPO). Dies gilt freilich nur bei Bestimmtheit der Teilklage (Rn. 15). Wegen des Restanspruchs muss der Kläger notfalls erneut klagen; das zweite Gericht kann darüber anders als das erste Gericht entscheiden. Das ist gefestigte Rechtsprechung und Lehre[2].

Dagegen soll nach einer neuerdings wieder belebten Ansicht auch 32
rechtskräftig festgestellt sein, dass dem Kläger außer dem eingeklagten Teilanspruch ein weiter gehender Anspruch, wenngleich in unbestimmter Höhe, zusteht[3]. Für diese Meinung spricht, dass das Gericht den Streit der Parteien im privaten wie im öffentlichen Interesse möglichst umfassend beilegen sollte. Auch kommt die Feststellung des Gerichts über den weiter gehenden Anspruch für die Parteien gewiss nicht überraschend. Andererseits gilt immer noch § 308 I Satz 1 ZPO, wonach das Gericht nicht etwas zusprechen darf, was nicht beantragt ist. Eine rechtskraftfähige Feststellung über den weiter gehenden Anspruch hat aber keine

---

1 MünchKommZPO/Lüke, § 253, Rn. 127. Weniger streng Zöller/Greger, § 253, Rn. 14a.
2 Vgl. nur Zöller/Vollkommer, vor § 322, Rn. 47.
3 Leipold, FS Zeuner, S. 445 ff.

Zahlung

Partei beantragt. Die Notwendigkeit eines besonderen Antrags ergibt sich auch aus § 256 II ZPO[1].

33 – Kann das Gericht aber nach § 308 I Satz 1 ZPO der Klage nur in Höhe des eingeklagten Teilbetrags stattgeben, so kann es sie auch nur in dieser Höhe materiell-rechtskräftig abweisen. Das ist gleichfalls herrschende Meinung[2]. Zwar besagt das klageabweisende Urteil, dass dem Kläger überhaupt kein Anspruch zusteht. Aber der Rechtskraft ist das Urteil nur insoweit fähig, als über den Klageantrag entschieden ist (§ 322 I ZPO). Und der Klageantrag begehrt eben nur eine Entscheidung über den Teilanspruch.

2. Insbesondere Klage auf Zahlung eines Mehrbetrags

34 Wird auf Leistung eines Mehrbetrags geklagt, der über einen freiwillig gezahlten Betrag hinausgeht – z. B. auf 300 Euro Unterhalt über freiwillig gezahlte 1800 Euro hinaus – so ist eine offene Teilklage über den Mehrbetrag erhoben. Daher wird nur über den Mehrbetrag („Spitzenbetrag") rechtskräftig entschieden, nicht über den freiwillig gezahlten Betrag („Grund- oder Sockelbetrag")[3]. „Zwar setzt die Verurteilung zur Zahlung des Spitzenbetrags materiellrechtlich voraus, dass der Kläger außer diesem auch den freiwillig gezahlten Betrag beanspruchen kann. Bis zur Höhe dieses Betrages ist der Unterhaltsanspruch aber nicht Streitgegenstand des Verfahrens ..., sondern nur ein vorgreifliches Rechtsverhältnis, das an der Rechtskraft nicht teilnimmt"[4]. Die Klage auf Zahlung des Mehrbetrags ist daher keine Abänderungsklage nach § 323 ZPO, sondern eine einfache Leistungsklage („Nachforderungsklage")[5].

35 „Verpflichtet sich eine Partei in einem Prozessvergleich ... ,über einen freiwillig gezahlten Betrag hinaus' eine weitere Zahlung zu leisten, so hat dies vollstreckungsrechtlich in der Regel die Bedeutung, dass nur in Höhe des ‚Spitzenbetrages' ein Titel geschaffen

---

1 Wie hier Zöller/Vollkommer, vor § 322, Rn. 47. Vgl. auch Eckardt, Jura 1996, 629; Jauernig, 50 Jahre BGH III, S. 331; Otte, Streitentscheidung, S. 51 ff.; Zeuner, 50 Jahre BGH III, S. 350, Fn. 46.
2 BGHZ 93, 334; OLG Düsseldorf, MDR 2001, 1257; Eckardt, Jura 1996, 630 f.; Friedrich, S. 139; Otte, Streitentscheidung, S. 51 ff.; Zöller/Vollkommer, vor § 322, Rn. 47. **A. A.** Musielak, § 322, Rn. 71 ff.; Leipold, FS Zeuner, S. 440 ff.
3 BGHZ 93, 334 f.
4 BGHZ 93, 335.
5 BGHZ 93, 336 f.

werden soll"[1]. Will der Verpflichtete daher weniger zahlen, so braucht er nur zu bestimmen, dass seine Zahlungen in erster Linie auf den titulierten Betrag anzurechnen seien; eine Abänderungs- oder Vollstreckungsabwehrklage ist unzulässig[2].

3. Verdeckte Teilklage

Auch das Urteil über eine verdeckte Teilklage entscheidet materiell-rechtskräftig nur über den eingeklagten Teilanspruch (§§ 308 I 1, 322 I ZPO, oben Rn. 13). 36

E. Zwangsvollstreckung

I. Vollstreckung wegen des Zahlungsanspruchs

Die Zwangsvollstreckung wegen eines Zahlungsanspruchs, einer „Geldforderung", richtet sich nach §§ 803 ff. ZPO. Der Gläubiger kann beantragen: 37
- die Pfändung und Verwertung beweglicher Sachen durch den Gerichtsvollzieher (§ 753 I ZPO) des Amtsgerichtsbezirks, in dem vollstreckt werden soll (§ 20 GVO);
- die Pfändung und Überweisung einer Forderung oder eines anderen Vermögensrechts durch das Vollstreckungsgericht (§ 828 ZPO);
- die Zwangsversteigerung und Zwangsverwaltung eines Grundstücks durch das Vollstreckungsgericht (§ 1 ZVG);
- die Eintragung einer Sicherungshypothek durch das Grundbuchamt (§ 1 GBO).

Damit er gleichzeitig auf verschiedenen Wegen vorgehen kann, sind dem Gläubiger notfalls mehrere vollstreckbare Ausfertigungen des Titels zu erteilen (§ 733 ZPO)[3].

II. Pfändung des Zahlungsanspruchs

Der Zahlungsanspruch ist pfändbar nach §§ 829 ff., 837 III ZPO. Einschränkungen ergeben sich 38
- für Arbeitseinkommen aus §§ 850 ff. ZPO;

---

1 BGH, FamRZ 1993, 945, 946.
2 BGH, FamRZ 1993, 945, 946.
3 Stein/Jonas/Münzberg, § 733, Rn. 3b; Zöller/Stöber, § 733, Rn. 6.

Zahlung

- für Renten aus § 850b ZPO;
- für andere Einkünfte aus §§ 851a, 851b ZPO;
- für nicht übertragbare Forderungen aus § 851 ZPO;
- für Pflichtteilsansprüche aus § 852 I ZPO (s. dazu § 2303, Rn. 3);
- für den Anspruch auf Herausgabe eines Geschenks (§ 528 BGB) aus § 852 II ZPO;
- für den Anspruch auf Zugewinnausgleich (§ 1378) aus § 852 II ZPO.

F. Einstweiliger Rechtsschutz

I. Arrest

39 Besteht die Gefahr, dass die Zwangsvollstreckung wegen eines Zahlungsanspruchs durch das Verhalten des Schuldners vereitelt oder wesentlich erschwert werden wird, so kann zur **Sicherung** des Zahlungsanspruchs der dingliche Arrest, notfalls der persönliche Arrest, gegen den Schuldner beantragt werden (§§ 916 ff. ZPO).

II. Befriedigungsverfügung

1. Verfügungsgrund

a) Allgemeines

40 **Unterhaltsansprüche** werden meist nach speziellen Vorschriften einstweilen befriedigt: § 1615o (s. dort), § 620 Nrn. 4, 6 ZPO[1], § 641d ZPO[2] und besonders § 644 ZPO[3], auch, soweit es um einen Kostenvorschuss geht[4]. Wann und wieweit außerhalb der spezialgesetzlich geregelten Fälle die Befriedigung eines Zahlungsanspruchs durch einstweilige Verfügung angeordnet werden kann, ist in Rechtsprechung und Literatur umstritten. Die überwiegende Meinung geht dahin, dass die **Befriedigung jedes Zahlungsanspruchs**[5] durch einstweilige Verfügung angeordnet werden kann, wenn und soweit der Antragsteller auf den geschuldeten Geldbetrag – vor allem für seinen Lebensunterhalt – so dringend angewiesen ist, dass

---

1 S. § 1360, Rn. 13; § 1601, Rn. 11.
2 S. 1615o, Rn. 6 ff.
3 S. § 1360, Rn. 14; § 1601, Rn. 11; § 1615o, Rn. 10 ff.
4 S. 1360a, Rn. 6.
5 Ebmeier/Schöne, Rn. 75; Stein/Jonas/Grunsky, vor § 935, Rn. 41; Zöller/Vollkommer, § 940, Rn. 6.

Zahlung

er ohne ihn in eine **Notlage** geriete[1]. Es handelt sich hier um die Frage, ob die mit der einstweiligen Verfügung bezweckte Regelung i.S. des § 940 ZPO „nötig erscheint"[2]. Das ist allgemein dann der Fall, wenn die einstweilige Verfügung zum Schutz des Antragstellers **geeignet**, als mildestes Mittel **erforderlich** sowie **verhältnismäßig im engeren Sinn** ist[3]. Letzteres trifft zu, wenn der Nutzen der einstweiligen Verfügung ihren Schaden überwiegt, wenn also der Schaden, den die einstweilige Verfügung von dem Antragsteller abwenden soll, größer ist als der Schaden, der dem Antragsgegner durch die einstweilige Verfügung entsteht. Könnte der Antragsteller, wie in der Regel, seinen Schaden nur bei Verschulden des Gegners ersetzt verlangen, so genügt es, dass beide Schäden gleich schwer wiegen[4], weil der Gegner den Vorteil hat, dass ihm sein Schaden auch ohne Verschulden ersetzt wird (§ 945 ZPO)[5].

Eine Befriedigungsverfügung wird jedoch „nur insoweit gewährt, als sie zur Deckung des *notwendigen* Unterhalts *dringend* erforderlich ist, und nur für einen Zeitraum von sechs Monaten[6], den der Berechtigte erfahrungsgemäß benötigt, um seinen Anspruch im ordentlichen Verfahren durchzusetzen"[7]. Darüber hinaus sollte die Zahlung eines **Schmerzensgeldes** dann durch einstweilige Verfügung angeordnet werden, wenn nur so erreicht werden kann, dass das Schmerzensgeld noch dem Verletzten selbst zugute kommt[8].

41

---

1 Näher Schilken, Befriedigungsverfügung, S. 18, 113, 138 ff.; Stein/Jonas/Grunsky, vor § 935, Rn. 31a, 38 ff.; Zöller/Vollkommer, § 940, Rn. 8, „Unterhaltsrecht", c).
2 OLG Köln, FamRZ 1983, 411, 413; OLG Oldenburg, NJW 1991, 2039; Schilken, Befriedigungsverfügung, S. 139; str.
3 Lässig, AcP 178, 420; Musielak/Huber, § 940, Rn. 4. Die Frage, ob der Antragsteller wahrscheinlich in der Hauptsache siegen wird, hängt von der schlüssigen Darlegung des Verfügungsanspruchs und der Unstreitigkeit oder Glaubhaftmachung der anspruchsbegründenden Tatsachen ab und hat deshalb nichts mit dem Verfügungsgrund zu tun, entgegen Ebmeier/Schöne, Rn. 87, 94.
4 Stein/Jonas/Grunsky, vor § 935, Rn. 49a; Zöller/Vollkommer, § 940, Rn. 4. **A. A.** Schilken, Befriedigungsverfügung, S. 142.
5 Stein/Jonas/Grunsky, vor § 935, Rn. 49a.
6 Beginnend mit dem Tag des Antragseingangs (OLG Köln, FamRZ 1983, 413; FamRZ 1998, 1384; str.).
7 OLG Düsseldorf, FamRZ 1987, 1058; FamRZ 1992, 1322; OLG Celle, FamRZ 1987, 395; OLG Köln, FamRZ 1983, 413; OLG Nürnberg, NJW-RR 1995, 264; Rahm/Künkel/Niepmann, VI Rn. 95. Differenzierend Gießler, Rn. 537 ff.
8 Vgl. Spickhoff, VersR 1994, 1157 f., der allerdings den Verfügungsgrund nicht klar genug von dem Verfügungsanspruch abgrenzt.

42 Ein Verfügungsgrund fehlt, soweit die Notlage durch rechtzeitige Klage und Vollstreckung zu beseitigen gewesen wäre[1]. Solange der Verfügungsanspruch freiwillig befriedigt wird, besteht keine Notlage[2].

b) Anzurechnende Ansprüche und Leistungen

43 – Bei der erforderlichen Güterabwägung ist namentlich zu berücksichtigen, dass der Antragsteller den notwendigen Lebensunterhalt aus **eigenen Mitteln** nicht bestreiten kann[3]. Auf einen Notbetrag für mehr als einen Monat muss er zurückgreifen[4].
 – Die Möglichkeit einer **Kreditaufnahme** hat unberücksichtigt zu bleiben[5].
 – **Freiwillige Zuwendungen** Dritter schließen die Notlage aus[6].

44 – Soweit **privatrechtliche Ansprüche** außer dem Verfügungsanspruch, namentlich Ansprüche auf Unterhalt, ohne Prozess durchgesetzt werden können, besteht keine Notlage[7]. Doch darf ein Unterhaltsschuldner nicht auf einen anderen Unterhaltsschuldner verweisen[8].

45 – Eine Notlage besteht nicht, soweit der Antragsteller **Arbeitslosengeld** oder **Arbeitslosenhilfe** beanspruchen kann[9] oder bezieht[10]. Entsprechendes gilt für **Erziehungsgeld**[11].

---

1 Vgl. OLG Frankfurt, FamRZ 1987, 1165; OLG Hamm, FamRZ 1988, 855; OLG Karlsruhe, FamRZ 1996, 1432 f.; OLG Köln, FamRZ 1999, 245; Ebmeier/Schöne, Rn. 95; aber auch Rahm/Künkel/Niepmann, VI Rn. 93; Zöller/Vollkommer, § 940, Rn. 8, „Unterhaltsrecht", c) aa).
2 KG, FamRZ 1998, 689.
3 Näher Schilken, Befriedigungsverfügung, S. 142; Walker, Rechtsschutz, Rn. 702.
4 OLG Karlsruhe, FamRZ 1996, 1432. A. A. OLG Köln, FamRZ 1996, 1431.
5 MünchKommZPO/Heinze, § 935, Rn. 45.
6 OLG Karlsruhe, FuR 1998, 378 = FamRZ 1999, 244; OLG Koblenz, FamRZ 1987, 726; Compensis, S. 126 f. A. A. OLG Düsseldorf, FamRZ 1993, 963. Differenzierend OLG Köln, FamRZ 1983, 414.
7 OLG Frankfurt, FamRZ 1987, 1165.
8 Stein/Jonas/Grunsky, vor § 935, Rn. 39a.
9 Nachweise und Kritik bei Walker, Rechtsschutz, Rn. 703.
10 OLG Koblenz, FamRZ 1988, 1073. So auch Rahm/Künkel/Niepmann, VI Rn. 92; Walker, Rechtsschutz, Rn. 702; Zöller/Vollkommer, § 940, Rn. 8, „Unterhaltsrecht", c) aa).
11 So die überwiegende Rechtsprechung, vgl. Zöller/Vollkommer, § 940, Rn. 8, „Unterhaltsrecht", c) aa). A. A. OLG Köln, FamRZ 1996, 1431.

Zahlung

- Dagegen schließt der **Anspruch auf Sozialhilfe** eine Notlage nicht aus. Das ist in der Rechtsprechung nahezu unbestritten[1] und wird auch in der Literatur überwiegend angenommen[2]. Das Hauptargument ist die Subsidiarität der Sozialhilfe (§ 2 BSHG). 46

- Ob jedoch die **Zahlung (Bewilligung) von Sozialhilfe** die Notlage ausschließt, ist in Rechtsprechung und Literatur außerordentlich umstritten, bei manchen Oberlandesgerichten sogar zwischen einzelnen Senaten. Die meisten Oberlandesgerichte gehen davon aus, dass ein Verfügungsgrund insoweit nicht besteht, als der notdürftige Unterhalt durch die Zahlung von Sozialhilfe gesichert ist[3]. Den gegenteiligen Standpunkt vertritt nur eine Minderheit[4]. Der herrschenden Meinung ist zuzustimmen. Man muss unterscheiden: 47

Soweit der Anspruch, der durch einstweilige Verfügung befriedigt werden soll, auf den Träger der Sozialhilfe übergegangen ist (§§ 90, 91 BSHG), fehlt dem Antragsteller schon der Verfügungsanspruch. 48

---

1 OLG Bamberg, NJW-RR 1995, 580; OLG Düsseldorf, FamRZ 1987, 1058; FamRZ 1992, 1321; FamRZ 1994, 387; OLG Frankfurt, FamRZ 1987, 1164; OLG Hamburg, FamRZ 1988, 1182; OLG Karlsruhe, FamRZ 1988, 87; OLG Koblenz, FamRZ 1988, 1073; SchlHOLG, SchlHA 1986, 61; OLG Stuttgart, FamRZ 1988, 305. **A. A.** OLG Hamm, MDR 2000, 847.
2 Schilken, Befriedigungsverfügung, S. 142 f.; Stein/Jonas/Grunsky, vor § 935, Rn. 39a; Walker, Rechtsschutz, Rn. 703. **A. A.** Kesseler/Klages, FamRZ 2001, 1195 f.; MünchKommZPO/Heinze, § 935, Rn. 45.
3 OLG Celle, FamRZ 1987, 395; NJW-RR 1991, 137; OLG Düsseldorf, 3. FamS, FamRZ 1992, 1321; 5. FamS, FamRZ 1987, 1059; OLG Frankfurt, FamRZ 1997, 1090; OLG Hamm, 5. FamS, FamRZ 1988, 529; FamRZ 1991, 584; 8. FamS, FamRZ 1988, 856; KG, FamRZ 1998, 691; OLG Karlsruhe, FamRZ 1988, 87; FuR 1998, 378; OLG Koblenz, 11. Senat, FamRZ 1988, 1073; 13. Senat, FamRZ 1988, 1181; OLG Nürnberg, NJW-RR 1995, 264 = FamRZ 1995, 184; OLG Oldenburg, 12. Senat, NJW 1991, 2029 = FamRZ 1991, 1075; OLG Saarbrücken, FamRZ 1986, 185; SchlHOLG, SchlHA 1986, 61; OLG Zweibrücken, FamRZ 1988, 1074. Ebenso Ebmeier/Schöne, Rn. 530; MünchKommZPO/Heinze, § 935, Rn. 45; Walker, Rechtsschutz, Rn. 702.
4 OLG Düsseldorf, 3. FamS, FamRZ 1987, 1058, aufgegeben in FamRZ 1992, 1321; OLG Frankfurt, FamRZ 1987, 1164, aufgegeben in FamRZ 1997, 1090; OLG Hamm, 6. FamS, FamRZ 1989, 620; OLG Köln, FamRZ 1992, 76; FamRZ 1996, 1431; OLG Koblenz, 15. Senat, FamRZ 1988, 189 f.; OLG Oldenburg, 11. Senat, NJW-RR 1987, 1480 = FamRZ 1987, 1163; OLG Stuttgart, FamRZ 1988, 305; FamRZ 1989, 198; Compensis, S. 122; Rahm/Künkel/Niepmann, VI Rn. 92; Stein/Jonas/Grunsky, vor § 935, Rn. 39a; Zöller/Vollkommer, § 940, Rn. 8, „Unterhaltsrecht", c) aa).

Zahlung

49 Soweit ein Anspruch von dem Träger der Sozialhilfe auf den Hilfeempfänger zur gerichtlichen Geltendmachung rückübertragen wurde (§ 91 IV BSHG), wird er zugunsten des Trägers der Sozialhilfe geltend gemacht, der sich in keiner „Notlage" befindet[1].

50 Soweit dem Antragsteller ein nicht zurückübertragener Anspruch zusteht, kann gleichwohl Nachzahlung für die Vergangenheit nicht angeordnet werden, wenn Sozialhilfe gezahlt worden ist. Denn der Antragsteller hat sich insoweit in keiner wirklichen Notlage befunden. Zwar kann die Ablehnung einer Befriedigungsverfügung für die Vergangenheit einen zusätzlichen Anreiz für den Schuldner bilden, seine Leistung auf Kosten der Allgemeinheit weiter hinauszuzögern; ein Anspruch auf Kostenersatz steht dem Träger der Sozialhilfe ja grundsätzlich nicht zu (§§ 92 ff. BSHG). Aber längerfristig kann eine erreichbare Zahlung nicht verhindert werden, wenn der Antragsteller sogleich Klage erhebt, wie es ohnehin von ihm verlangt wird. Außerdem müsste der Träger der Sozialhilfe neben dem Klageverfahren noch einen Verfügungsprozess finanzieren. Deshalb kann auf das Erfordernis einer wirklichen Notlage nicht verzichtet werden, an der es für die Vergangenheit wegen der Zahlung von Sozialhilfe fehlt.

51 Für die **Zukunft** könnte man dagegen einen Verfügungsgrund bejahen, weil insoweit gegenwärtig nur ein **Anspruch** auf Sozialhilfe besteht, der den Verfügungsgrund nicht ausschließt[2]. Den Verfügungsgrund für die Vergangenheit zu verneinen und nur für die Zukunft trotz Bewilligung der Sozialleistung zu bejahen ist jedoch gleichfalls bedenklich. Denn je länger der Verfügungsprozess dauert, umso mehr gerät der Sechs-Monate-Zeitraum, für den Zahlung begehrt wird, in die Vergangenheit. Daher müsste die im ersten Rechtszug erlassene einstweilige Verfügung im zweiten Rechtszug zumindest teilweise wieder aufgehoben werden[3] und der Antragsgegner hätte einen Anreiz, den Prozess in die Länge zu ziehen. Man sollte daher die Notlage für den ganzen Zeitraum verneinen, für den Sozialhilfe bewilligt ist. Die dagegen vorgebrachten Einwände überzeugen nicht. Die Subsidiarität der Sozialhilfe (§ 2 BSHG) ist von der zuständigen Behörde durch die Bewilligung der Sozialhilfe trotz des bestehenden Verfügungsanspruchs gerade verneint worden.

---

1 Vgl. KG, FamRZ 1998, 690 zu § 265 II Satz 1 ZPO. Nicht berücksichtigt bei Rahm/Künkel/Niepmann, VI Rn. 92.
2 So OLG Bamberg, NJW-RR 1995, 580; OLG Hamburg, FamRZ 1988, 1182.
3 KG, FamRZ 1998, 691.

c) Rückstände

Bei der Güterabwägung ist ferner zu berücksichtigen, dass bei Nichtzahlung schwer beitreibbare Rückstände auflaufen und der Antragsteller deshalb seine Lebenshaltung erheblich einschränken muss[1].

2. Verfügungsprozess

Die **Zulässigkeit des Gesuchs** setzt nach § 920 I i. V. m. § 936 ZPO voraus: erstens die „Angabe des Geldbetrages", also einen bezifferten Antrag[2]; zweitens „die Bezeichnung des Anspruchs", d. h. die Angabe des Sachverhalts, aus dem sich der Verfügungsanspruch ergibt, und zwar so genau, dass der geltend gemachte Anspruch von anderen möglichen Ansprüchen zwischen den Parteien abgegrenzt werden kann (Beispiel: „wegen des Verkehrsunfalls vom 14. 1. 1998"); drittens die Bezeichnung des Verfügungsgrundes, d. h. die Angabe des Sachverhalts, aus dem sich der Verfügungsgrund ergibt (Beispiel: „Notlage des Antragstellers"); viertens keinen Anwaltszwang (§§ 78 III, 920 III, 936 ZPO); fünftens Zuständigkeit des angerufenen Gerichts (§§ 937, 943 I, 802, 40 II ZPO); sechstens sonstige Zulässigkeitsvoraussetzungen wie bei der Klage.

Die **Begründetheit** des Gesuchs ist gegeben, wenn Verfügungsanspruch und Verfügungsgrund vorliegen[3]. Die entsprechenden Tatsachen muss der Antragsteller vollständig vortragen – das Gericht prüft die Schlüssigkeit uneingeschränkt[4] – und glaubhaft machen (§§ 920 II, 936, 294 ZPO), soweit nicht feststeht, dass sie unstreitig sind. Glaubhaft gemacht ist eine Tatsache in der Regel, wenn sie nach der Überzeugung des erkennenden Gerichts mit überwiegender Wahrscheinlichkeit vorliegt[5]. Die Befriedigungsverfügung verlangt jedoch entgegen der herrschenden Meinung die sehr hohe Wahrscheinlichkeit des Vollbeweises[6].

---

1 Schilken, Befriedigungsverfügung, S. 139, 141; str.
2 Vgl. Walker, Rechtsschutz, Rn. 151.
3 Auch der Verfügungsgrund ist Begründetheitsvoraussetzung. Vgl. Wieser, Arbeitsgerichtsverfahren, Rn. 522. **A. A.** z. B. KG, FamRZ 1998, 689.
4 KG, FamRZ 1998, 689; Arens, FS v. Caemmerer, S. 84 ff.; Walker, Rechtsschutz, Rn. 309 ff.; Zöller/Vollkommer, § 940, Rn. 3; str.
5 MünchKommZPO/Prütting, § 294, Rn. 24; Walker, Rechtsschutz, Rn. 321; Zöller/Greger, § 294, Rn. 1.
6 I. Scherer, Beweismaß, S. 92. **A. A.** MünchKommZPO/Prütting, § 294, Rn. 24.

Zeugnis

Ansprüche auf ein Zeugnis s. bei § 630.

Zugewinngemeinschaft

Aufnahme eines Verzeichnisses s. bei § 1377;
Ausbildung eines Stiefkindes s. bei § 1371;
Auskunft s. bei § 1379;
Sicherheitsleistung s. bei § 1389;
Verpflichtungs- und Verfügungsbeschränkung s. bei § 1368;
vorzeitiger Zugewinnausgleich s. bei § 1385;
Zugewinnausgleich s. bei §§ 1378, 1390.

Zurückbehaltungsrecht

S. bei §§ 273, 274.

Zuständigkeit

– kraft Sachzusammenhangs s. besonders § 1353, Rn. 12–14;
– nach § 621 I Nr. 8 ZPO s. besonders § 1368, Rn. 4, 5.

Zustimmung

Ansprüche auf „Zustimmung" siehe bei §§ 554a, 558, 888, 894, 1286. In prozessualer Hinsicht gleich zu achten sind Ansprüche auf eine „Einwilligung" (§§ 2120, 2206). Zustimmungen werden ferner beansprucht im Rahmen **anderer Leistungen**: Gebrauchsgewährung oder -überlassung (§§ 535, 553, Erlaubnis), Fortsetzung eines Mietverhältnisses (§ 574, Einverständnis), Auseinandersetzung (§§ 730, 1471), interessengemäße Verwaltung und Benutzung (§ 745), interessengemäße Ausübungsregelung (§ 1024), Errichtung oder Änderung eines Wirtschaftsplans (§ 1038), Verwendung von Geld (§ 1046), Mitwirkung zur Einziehung oder Kündigung (§ 1078), Mitwirkung zur Berichtigung des Grundbuchs (§ 1416), Mitwirkung zur ordnungsgemäßen Verwaltung (§ 2038). S. dazu die Kommentierung der angegebenen Vorschriften. S. auch → *Rechtsverschaffung*.

Zwangsvollstreckung

- Abwehr s. bei § 268; s. auch → *Vollstreckungsabwehrklage*;
- bei Bruchteilsgemeinschaft s. § 749, Rn. 18 ff.;
- durch Dritten (§ 750 ZPO) s. besonders → *Befreiung* Rn. 9;
- gegen Ehegattten s. → *Ehe*;
- gegen Erben s. → *Erbe*, Schuld und Haftung Rn. 2 ff.;
- gegen Gesellschaft s. § 705, Rn. 13, 17;
- gegen Gesellschafter s. § 705, Rn. 14, 18, 19;
- nach § 887 ZPO s. besonders → *Befreiung* Rn. 10–14; § 1004, Rn. 7; § 1045, Rn. 5; § 2313, Rn. 6;
- nach § 894 ZPO s. besonders § 1154, Rn. 4.

Zwischenfeststellungsklage (§ 256 II ZPO)

→ *Besitzeinräumung* Rn. 15, 19; § 2018, Rn. 5.

Kommentar

Namensrecht

12 [1]Wird das Recht zum Gebrauch eines Namens dem Berechtigten von einem anderen bestritten oder wird das Interesse des Berechtigten dadurch verletzt, dass ein anderer unbefugt den gleichen Namen gebraucht, so kann der Berechtigte von dem anderen Beseitigung der Beeinträchtigung verlangen. [2]Sind weitere Beeinträchtigungen zu besorgen, so kann er auf Unterlassung klagen.

Inhaltsübersicht

A. Beseitigungsanspruch 1
  I. Anspruch 1
  II. Leistungsklage 2
  III. Gewillkürte Prozessstandschaft 3
  IV. Zuständigkeit 4
  V. Zwangsvollstreckung 6
  VI. Einstweiliger Rechtsschutz . 9

B. Unterlassungsanspruch ... 11
  I. Unterlassungsklage und Unterlassungsanspruch ... 11
    1. Klage 11
    2. Anspruch 13
  II. Leistungsklage 15
    1. Klageantrag 15
    2. Androhung von Ordnungsmitteln 18
  III. Beeinträchtigungsgefahr ... 19
    1. Erstmalige Beeinträchtigung 19
    2. Begründetheits- oder Zulässigkeitsvoraussetzung? 20
    3. Wegfall der Beeinträchtigungsgefahr 24
  IV. Gewillkürte Prozessstandschaft 26
  V. Zuständigkeit 27
  VI. Wegfall des Unterlassungsanspruchs 29
  VII. Materielle Rechtskraft ... 30
  VIII. Zwangsvollstreckung ... 32
  IX. Einstweiliger Rechtsschutz 35
    1. Verfügungsgrund 35
    2. Verfügungsantrag 37

C. Namensrecht 38
  I. Feststellungsklage 38
  II. Sachliche Zuständigkeit .. 40

A. Beseitigungsanspruch

I. Anspruch

1 § 12 Satz 1 gibt dem Berechtigten gegen den anderen einen Anspruch auf **Beseitigung einer Beeinträchtigung**. Darunter sind verschiedenartige Maßnahmen zu verstehen, z. B. der Widerruf einer Namensbestreitung oder die Entfernung eines unbefugt gebrauchten Namens von einem Bild[1]. Wird der Name des Berechtigten von einem anderen unbefugt und interessewidrig als **Internet-Adresse** (Domain) gebraucht, so kann als Beseitigung der Beeinträchtigung verlangt werden, dass der andere gegenüber der Vergabestelle den Domain-Namen freigibt oder, was gleich viel bedeutet, aufgibt, abmeldet, darauf verzichtet oder in die Löschung einwilligt[2]. Bei Wiederholungsgefahr kann außerdem auf Unterlassung geklagt werden (§ 12 Satz 2). Häufig wird nur auf Unterlassung des Gebrauchs der Domain geklagt, wobei aber der genaue Anspruchsinhalt unklar bleibt[3]. Nach wohl herrschender Meinung kann der Berechtigte jedenfalls nicht verlangen, dass der andere die Domain auf ihn überträgt[4].

II. Leistungsklage

2 Eine Leistungsklage muss nach § 253 II Nr. 2 ZPO die Verurteilung des Beklagten beantragen, eine möglichst genau beschriebene Maßnahme zu treffen, z. B. die Signatur „Nolde" von den beiden 1985 erworbenen Aquarellen zu entfernen[5].

III. Gewillkürte Prozessstandschaft

3 Der Inhaber des Namensrechts kann einen Dritten ermächtigen, das Namensrecht im eigenen Namen gerichtlich geltend zu machen. Aufgrund dieser Ermächtigung ist der Dritte prozessführungsbefugt (gewillkürte Prozessstandschaft), vorausgesetzt, dass er ein

---

1 Palandt/Heinrichs, Rn. 33.
2 Vgl. Hoffmann, NJW 2001, Beih. 14, S. 23 f., dort S. 33 f. auch zu Ansprüchen des Namensträgers gegen die Vergabestelle.
3 Vgl. Hoffmann, NJW 2001, Beih. 14, S. 23.
4 Vgl. Soergel/Heinrich, 13. Aufl., § 12, Rn. 152a.
5 BGHZ 107, 390.

eigenes rechtliches oder schutzwürdiges Interesse an der Prozessführung hat[1].

IV. Zuständigkeit

Sachlich zuständig sind die Amtsgerichte oder die Landgerichte, je nach dem **Wert des Streitgegenstandes** (§§ 23 Nr. 1, 71 I GVG). Streitgegenstand ist hier die Beseitigung, zu welcher der Beklagte verurteilt werden soll. Ihr Geldwert wird von dem Gericht nach freiem Ermessen festgesetzt (§§ 2, 3 ZPO); vom Kläger muss er vorläufig geschätzt werden. Maßgeblich ist grundsätzlich das Interesse des Klägers an der Beseitigung, nicht der Kostenaufwand des Beklagten[2]. Ist das Interesse des Klägers ideeller Art, so liegt eine nichtvermögensrechtliche Streitigkeit vor, deren Wert analog § 12 II GKG bestimmt wird[3]. 4

Örtlich zuständig ist auch das Gericht, in dessen Bezirk die beeinträchtigende Handlung begangen ist (§§ 32, 35 ZPO). 5

V. Zwangsvollstreckung

Die Art der Zwangsvollstreckung hängt vom Inhalt des Urteils ab[4]: 6

Die Verurteilung zum **Widerruf** einer Namensbestreitung wird nach § 888 I ZPO vollstreckt[5]. Andere wollen § 894 I ZPO anwenden[6] oder die Veröffentlichung des rechtskräftigen Urteils genügen lassen, die nach § 887 ZPO erzwungen wird[7]. Die geschuldete Erklärung, dass die Namensbestreitung widerrufen oder nicht mehr aufrechterhalten werde, erhält der Gläubiger aber nur nach § 888 ZPO.

---

1 OLG Frankfurt am Main, NJW 1952, 794: Nichtrechtsfähiger Verein (SPD) ermächtigt Vorstandsmitglieder; Rosenberg/Schwab/Gottwald, § 46 III 1; Soergel/Heinrich, 13. Aufl., Rn. 197 (mit unrichtigem Hinweis auf München, WRP 1987, 570). **A. A.** MünchKommBGB/Schwerdtner, 4. Aufl., Rn. 139.
2 Stein/Jonas/Roth, § 3, Rn. 41, „Abwehrklage".
3 Stein/Jonas/Roth, § 3, Rn. 54, „Namensrecht".
4 S. dazu Palandt/Heinrichs, Rn. 33.
5 Vgl. BGHZ 37, 190; OLG Frankfurt, MDR 1998, 987; MünchKomm-ZPO/Schilken, § 888, Rn. 5; Ritter, ZZP 84, 173 ff.
6 Vgl. Helle, NJW 1963, 131 f.; Zöller/Stöber, § 894, Rn. 2.
7 Vgl. Stein/Jonas/Brehm, § 888, Rn. 6.

7 Die Verurteilung zur **Einwilligung** in eine bestimmte Namensführung wird nach § 894 I ZPO vollstreckt[1].

8 Die Verurteilung zur Beseitigung einer **unerlaubten Bezeichnung** wird nach §§ 887, 892 ZPO oder nach § 888 I ZPO vollstreckt; dagegen nach § 894 I ZPO, wenn der Beklagte z. B. zu einem Löschungsantrag oder zu einer Löschungsbewilligung verurteilt ist[2] oder zur Freigabe einer Internet-Adresse[3] (Rn. 1).

VI. Einstweiliger Rechtsschutz

9 Droht der zu beseitigende Zustand sich durch Handlungen des Schuldners zu verfestigen, so kann dem Schuldner diese **Verfestigung** durch einstweilige Verfügung nach § 935 ZPO verboten werden (§ 938 II ZPO).

10 Eine einstweilige Verfügung, die dem Antragsgegner die **Beseitigung** einer Beeinträchtigung aufgibt, ist als eine über die bloße Anspruchssicherung hinausgehende Befriedigungsverfügung nur zulässig, wenn der Schaden, der dem Antragsteller ohne die Anordnung droht, nicht geringer ist als der Schaden, der dem Antragsgegner durch die Anordnung entsteht (§ 940 ZPO, → *Zahlung* Rn. 40). Auch der **vorläufige Widerruf** einer Namensbestreitung kann nur als Ultima Ratio angeordnet werden. Dies ist allerdings sehr strittig. Einstweilige Verfügungen, die den Widerruf einer rechtswidrigen Behauptung (nicht einer Namensbestreitung) aufgeben, werden zum Teil gänzlich abgelehnt, weil sie unzulässige Befriedigungsverfügungen seien[4]. Zum Teil werden derartige einstweilige Verfügungen zugelassen[5], doch wird als Widerruf nur die Erklärung aufgegeben, dass die beanstandete Behauptung im gegenwärtigen Zeitpunkt nicht aufrechterhalten werden könne[6] oder „bis zur rechtskräftigen

---

1 Vgl. MünchKommZPO/Schilken, § 894, Rn. 2, 3; Zöller/Stöber, § 894, Rn. 2.
2 Vgl. MünchKommZPO/Schilken, § 894, Rn. 2, 3; Zöller/Stöber, § 894, Rn. 2.
3 Hoffmann, NJW 2001, Beih. 14, S. 25.
4 OLG Celle, WRP 1965, 237 = BB 1964, 910; OLG Bremen, AfP 1979, 356; OLG Köln, 15. Senat, AfP 1981, 358; Stein/Jonas/Grunsky, vor § 935, Rn. 52. OLG Nürnberg, NJW 1952, 1418, betrifft den Abdruck einer Gegendarstellung.
5 OLG Braunschweig, MDR 1956, 609 (LS).
6 OLG Freiburg, JZ 1951, 751; OLG Stuttgart, MDR 1961, 1024; Schilken, Befriedigungsverfügung, S. 151; Schuschke, vor § 935, Rn. 23. OLG Stuttgart, NJW 1962, 2067 betrifft den Abdruck einer Gegendarstellung.

Entscheidung in der Hauptsache nicht mehr aufrechterhalten werde"[1].

B. Unterlassungsanspruch

I. Unterlassungsklage und Unterlassungsanspruch

1. Klage

§ 12 Satz 2 bestimmt, dass der Berechtigte bei Besorgnis weiterer Beeinträchtigungen **auf Unterlassung „klagen"** kann, nicht – wie es sonst bei Ansprüchen heißt – dass er Unterlassung „verlangen" kann. Aus der Formulierung des Gesetzes könnte deshalb gefolgert werden, dass es nur eine Unterlassungsklage, keinen Unterlassungsanspruch gibt[2]. Diese Folgerung wäre aber verfehlt, denn die Formulierung des Gesetzes erklärt sich daraus, dass § 12 Satz 2 lediglich die Unterlassungsklage regelt:

11

Wie noch zu zeigen sein wird (Rn. 19–22), ist die Besorgnis von Beeinträchtigungen eine Zulässigkeitsvoraussetzung der Unterlassungsklage, und zwar eine Erscheinungsform des Rechtsschutzinteresses (Rechtsschutzgrundes). Rechtsfolge der Besorgnis kann es daher nur sein, dass der Berechtigte zulässigerweise auf Unterlassung „klagen" kann.

12

2. Anspruch

Die Unterlassungsklage ist jedoch keine rein prozessrechtliche Einrichtung, sondern macht wie jede andere Leistungsklage einen Anspruch geltend. Dient der Anspruch wie im Falle des § 12 dem Schutz eines absoluten Rechts, so ist er **gegen „jedermann"** gerichtet. Dagegen wird eingewandt, Ansprüche gegen jedermann gebe es nicht[3]. Dieser Einwand ist nicht stichhaltig. Das Namensrecht (Recht zum Gebrauch eines Namens) ist ein absolutes Recht, weil *jedermann* gegenüber dem Berechtigten *verpflichtet* ist, das Bestreiten des Namensrechts und den unbefugten, das Interesse des Berechtigten verletzenden Gebrauch des Namens zu unterlassen[4]. Da-

13

---

1 OLG Köln, 15. Senat, JMBl. NRW 1973, 29 (letztlich dahingestellt).
2 Vgl. zu der Streitfrage eingehend Zeuner, FS Dölle I, S. 302 ff., ferner Fritzsche, Unterlassungsanspruch, S. 114 ff.; Stein/Jonas/Schumann, vor § 253, Rn. 14.
3 Vgl. Münzberg, JZ 1967, 692 f. Wie hier Bacher, S. 340.
4 Larenz, Allgemeiner Teil, § 8 I, S. 124.

bei ist „jedermann" selbstverständlich nicht jeder Mensch vom Nordpol bis zum Südpol, sondern nur jedes Mitglied des mehr oder weniger umfangreichen Personenkreises, der die Möglichkeit des Bestreitens oder des unbefugten Gebrauchs hat. Diesem Personenkreis muss aber zum Schutz des Namensrechts eine Unterlassungspflicht auferlegt werden[1]. Ist somit die Rechtsfigur einer jedermann obliegenden Pflicht unbedenklich[2], dann ist es auch die Rechtsfigur von korrespondierenden Unterlassungsansprüchen gegen jedermann.

14 § 12 Satz 2 gibt folglich dem Berechtigten gegen den möglichen Störer einen **Anspruch** darauf, dass **künftige Beeinträchtigungen** des Namensrechts unterbleiben.

II. Leistungsklage

1. Klageantrag

15 Eine wegen eines Unterlassungsanspruchs erhobene Klage muss in dem Klageantrag **bestimmt angeben**, welche Beeinträchtigungen unterbleiben sollen (§ 253 II Nr. 2 ZPO). Die vom Kläger angegebenen Beeinträchtigungen müssen so bestimmt sein, dass der Beklagte und das Vollstreckungsorgan (§ 890 ZPO) dem klagestattgebenden Urteil entnehmen können, ob eine konkrete Handlung verboten ist. Diese Frage muss sich also durch Auslegung des Urteils beantworten lassen, ohne dass eine erneute Entscheidung über den Umfang des Unterlassungsanspruchs erforderlich ist. Dabei ist zu berücksichtigen, „dass der Verletzer sich nicht durch jede Änderung der Verletzungsform dem Verbotsurteil entziehen kann, sondern dass solche Änderungen, die den Kern der Verletzungsform unberührt lassen, von der Rechtskraftwirkung mitumfasst werden können"[3].

16 Eine Leistungsklage könnte zum Beispiel beantragen, dem Beklagten zu untersagen, dass er seinen Gewerbebetrieb unter der Bezeichnung „Zum Erdener Treppchen" führt[4]. Dagegen fehlt die von § 253 II Nr. 2 ZPO geforderte Bestimmtheit, soweit dem Beklagten verboten werden soll, seinen Gewerbebetrieb „unter einer sonst

---
1 Gegen Fritzsche, Unterlassungsanspruch, S. 121.
2 Entgegen Münzberg, JZ 1967, 693.
3 BGHZ 5, 193; MünchKommZPO/Lüke, § 253, Rn. 133 ff.; Rüßmann, FS Lüke, S. 683 ff.; Stein/Jonas/Schumann, § 253, Rn. 59 f. Kritisch Schubert, ZZP 85, 29, 36, der lediglich Äquivalente oder Nachahmungen für mitverboten hält (S. 49 ff.). Vgl. auch Zöller/Greger, § 253, Rn. 13b.
4 Zur Unterlassung des Gebrauchs eines Domain-Namens s. Rn. 1.

Namensrecht § 12

verwechslungsfähigen Bezeichnung" zu führen[1]. Denn „bei einer ‚ähnliche' oder ‚sonstige' Fälle erfassenden Untersagung wird die Frage, was noch unter das Verbot fällt, weder für die Parteien noch für den Vollstreckungsrichter klar beantwortet, so dass im Fall einer Zuwiderhandlung praktisch ein neues Erkenntnisverfahren im Gewand eines Vollstreckungsverfahrens stattfinden müsste"[2].

Ist der Klageantrag *unbestimmt*, wird die Klage nach § 253 II Nr. 2 ZPO abgewiesen. Ist der Klageantrag *zu weit*, weil in so weitem Umfang keine Beeinträchtigungsgefahr oder kein Unterlassungsanspruch besteht, muss der Kläger mit einer vollständigen Abweisung rechnen. Daher sollte er das Verbot der konkreten Verletzungshandlung eigens beantragen, um wenigstens insoweit zu siegen. Ist der Klageantrag *zu eng*, kann das Urteil den Streit der Parteien nicht umfassend beilegen (§ 308 I Satz 1 ZPO). In allen diesen Fällen hat das Gericht auf einen **sachdienlichen Antrag** hinzuwirken (§ 139 I Satz 2 ZPO), der regelmäßig auch im Interesse des Beklagten liegt[3]. 17

2. Androhung von Ordnungsmitteln

Damit die in § 890 II ZPO für die Zwangsvollstreckung vorausgesetzte Androhung von Ordnungsmitteln schon in das Urteil aufgenommen wird, muss der Kläger der Unterlassungsklage den Antrag hinzufügen, das Gericht möge erkennen: „Dem Beklagten wird für jede Zuwiderhandlung ein Ordnungsgeld bis zu 250 000 Euro oder Ordnungshaft bis zu sechs Monaten angedroht"[4]. 18

III. Beeinträchtigungsgefahr
1. Erstmalige Beeinträchtigung

§ 12 Satz 2 macht die Unterlassungsklage von der **Besorgnis „weiterer" Beeinträchtigungen** abhängig, setzt also eine erstmalige Beeinträchtigung voraus. Es ist jedoch zu Recht allgemeine Meinung, dass die Unterlassungsklage schon gegen eine erstmals drohende Beeinträchtigung erhoben werden kann[5]. Die abweichende Formulierung in § 12 und anderen Vorschriften erklärt sich daraus, dass 19

---
1 BGH, GRUR 1963, 431.
2 BGH, GRUR 1963, 431.
3 Teplitzky, FS Oppenhoff, S. 488 f.
4 Ähnlich Schuschke, § 890, Rn. 16.
5 BGHZ 2, 395 f.

das Gesetz die Unterlassungsklage im Anschluss an den Beseitigungsanspruch regelt und deshalb nur Fälle im Auge hat, in denen eine erstmalige Beeinträchtigung bereits eingetreten ist.

2. Begründetheits- oder Zulässigkeitsvoraussetzung?

20 Strittig ist, ob von der Beeinträchtigungsgefahr (Begehungsgefahr) die **Zulässigkeit oder** die **Begründetheit** der Klage abhängt[1]. Die Frage ist praktisch bedeutsam[2], weil für die Zulässigkeitsvoraussetzungen in allen Rechtszügen besondere Regeln gelten. Namentlich werden die Zulässigkeitsvoraussetzungen *vor* den Begründetheitsvoraussetzungen geprüft[3] und unterliegen überwiegend der „Prüfung von Amts wegen"[4], die sich von der Begründetheitsprüfung erheblich unterscheidet. Denn bei der Prüfung von Amts wegen darf auch über unstreitige Tatsachen Beweis erhoben werden und gilt nach der Rechtsprechung „Freibeweis"[5].

21 Die Beeinträchtigungsgefahr wäre eine Begründetheitsvoraussetzung, wenn sie eine Voraussetzung des Unterlassungsanspruchs wäre. Das ist sie aber nicht. Denn der Unterlassungsanspruch entsteht nicht erst mit der *Gefahr* einer Beeinträchtigung, sondern schon vorher, mit der **Möglichkeit einer Beeinträchtigung**. Der Unterlassungsanspruch entsteht mit der Unterlassungspflicht. Die Unterlassungspflicht aber muss schon mit der Möglichkeit einer Beeinträchtigung einsetzen, um die Gefahr einer Beeinträchtigung von vornherein auszuschließen[6].

---

1 Nachw. bei Wieser, Rechtsschutzinteresse, S. 107. Eine **Zulässigkeitsvoraussetzung** nehmen auch an BGH, GRUR 1960, 381; BGHZ 90, 127; Bacher, S. 341, nach eingehender Untersuchung der praktischen Seite des Problems; Henckel, AcP 174, 104, 142 (Fn. 93); eine **Begründetheitsvoraussetzung** BGH, GRUR 1963, 219; BGHZ 117, 271; Larenz, Allgemeiner Teil, § 14 I, S. 244; Rosenberg/Schwab/Gottwald, § 92 I 2; Stein/Jonas/Schumann, vor § 253, Rn. 11.
2 Entgegen Soergel/Mühl, § 1004, Rn. 166.
3 Das gilt entgegen Bacher, S. 90 f., auch für das Rechtsschutzinteresse und wird hier erheblich, solange die Begründetheitsfrage noch nicht entscheidungsreif ist.
4 Das gilt nach herrschender Meinung auch für das Rechtsschutzinteresse, vgl. Wieser, Rechtsschutzinteresse, S. 226. **A. A.** Bacher, S. 99, mit einer unklaren Ausnahme.
5 Stein/Jonas/Leipold, vor § 128, Rn. 96 f.
6 Gegen Rosenberg/Schwab/Gottwald, § 92 I 2; Stein/Jonas/Schumann, vor § 253, Rn. 11.

Geht man zweitens davon aus, dass die Begründetheitsvoraussetzungen das klagestattgebende Urteil rechtfertigen sollen[1], so wäre die Beeinträchtigungsgefahr dann eine Begründetheitsvoraussetzung, wenn sie das Unterlassungsurteil rechtfertigen würde. So scheint es sich auf den ersten Blick zu verhalten. Denn die Verurteilung des Beklagten, den Namen des Klägers nicht zu gebrauchen, enthält unausgesprochen den Vorwurf, dass der Beklagte den Namen des Klägers widerrechtlich zu gebrauchen drohe, und dieser Vorwurf wäre nur im Falle der Beeinträchtigungsgefahr gerechtfertigt. Die ZPO sieht jedoch in dem Vorwurf des Rechtsbruchs, den jede Verurteilung unausgesprochen enthält, keinen Eingriff in die Rechtssphäre des Beklagten, der durch „Begründetheitsvoraussetzungen" gerechtfertigt werden müsste. Sie lässt die Verurteilung des Beklagten in der Hauptsache auch dann zu, wenn er zur Erhebung der Klage keine Veranlassung gegeben hat (§ 93 ZPO). Daraus folgt, dass die Beeinträchtigungsgefahr keine die Verurteilung rechtfertigende Begründetheitsvoraussetzung sein kann. Sie ist vielmehr eine Zulässigkeitsvoraussetzung, die rechtlich nutzlose Prozesse verhüten soll, also eine Erscheinungsform des **Rechtsschutzinteresses (Rechtsschutzgrundes)**.

22

Fritzsche betrachtet die Gefahr oder Besorgnis des § 12 Satz 2 als Begründetheitsvoraussetzung, verlangt aber zusätzlich eine „faktisch deckungsgleiche" Besorgnis als Voraussetzung des prozessualen Rechtsschutzbedürfnisses[2]. Fritzsche hält die Besorgnis also für eine **doppelrelevante Tatsache**, die nach der Rechtsprechung des BGH teils bei der Zulässigkeit, teils bei der Begründetheit geprüft werden müsste. Zur Zulässigkeit gehörte der schlüssige Vortrag der besorgniserregenden Tatsachen, zur Begründetheit ihr Beweis[3]. Da § 12 Satz 2 jedoch selbst das Rechtsschutzinteresse regelt, ist die dort vorausgesetzte Besorgnis vollständig im Rahmen der Zulässigkeit zu prüfen.

23

3. Wegfall der Beeinträchtigungsgefahr

Der Wegfall der Beeinträchtigungsgefahr während des Prozesses infolge redlicher Zusagen des Beklagten[4] macht die Klage grundsätzlich unzulässig, so dass der Rechtsstreit in der Hauptsache erledigt ist.

24

---

1 Wieser, ZZP 84, 317.
2 Fritzsche, Unterlassungsanspruch, S. 585.
3 Vgl. BGHZ 7, 186. Andere Lösungen bei Wieser, Arbeitsgerichtsverfahren, Rn. 62.
4 Palandt/Bassenge, § 1004, Rn. 32; Stein/Jonas/Schumann, vor § 253, Rn. 13.

Steht jedoch bereits fest, dass der Kläger gegen den Beklagten keinen Unterlassungsanspruch hat, dass also die Klage unbegründet ist, so kommt es auf die Beeinträchtigungsgefahr als Voraussetzung des Rechtsschutzinteresses nicht mehr an. Denn bei feststehender **Unbegründetheit** der Klage kann das Rechtsschutzinteresse nicht mehr – seinem Zweck entsprechend – eine nutzlose, unzweckmäßige oder sonst ungerechtfertigte Prüfung der Klagebegründetheit verhindern. Es ist also funktionslos geworden und deshalb nicht mehr Zulässigkeitsvoraussetzung der Klage. Infolgedessen wird die Klage jetzt als unbegründet abgewiesen[1], wenn nicht die Hauptsache beiderseitig für erledigt erklärt wird (§ 91a ZPO).

25 Steht die **Begründetheit** der Klage bereits fest, so ist das Rechtsschutzinteresse gleichfalls funktionslos geworden und nicht mehr Zulässigkeitsvoraussetzung der Klage. Infolgedessen wird der Klage stattgegeben, falls sie im Übrigen zulässig ist[2]. Für die Rechtfertigung des Unterlassungsurteils genügt es, dass der Kläger gegen den Beklagten einen Anspruch auf Unterlassung hat. Der Wegfall der Beeinträchtigungsgefahr beseitigt richtiger Ansicht nach nicht den Anspruch, sondern nur das Rechtsschutzinteresse (Rechtsschutzgrund). Er berührt daher nicht die sachliche Berechtigung des Urteils, die mit dem Anspruch gegeben ist, sondern lässt das Urteil allenfalls als nutzlos erscheinen. Da jedoch ohnehin ein Urteil ergehen muss, ist es sinnvoller, der Klage stattzugeben, um einer künftigen Beeinträchtigungsgefahr vorzubeugen, statt die Klage mangels gegenwärtiger Beeinträchtigungsgefahr abzuweisen. Erst recht unerheblich ist der Wegfall der Beeinträchtigungsgefahr nach Rechtskraft des Unterlassungsurteils[3].

IV. Gewillkürte Prozessstandschaft

26 Für die Unterlassungsklage gilt dasselbe wie für die Beseitigungsklage (Rn. 3).

---

1 Wieser, Rechtsschutzinteresse, S. 208 ff.; im Ergebnis ebenso die überwiegende Rechtsprechung und Lehre.
2 Pohle, FS Lent, S. 206 f.; Wieser, Rechtsschutzinteresse, S. 211 f. gegen die überwiegende Rechtsprechung und Lehre. Wie hier im Falle eines Anerkenntnisses MünchKommZPO/Musielak, § 307, Rn. 22; Stein/Jonas/Leipold, § 307, Rn. 34. **A. A.** BGH, NJW 2001, 3414.
3 Ebenso im Ergebnis Rüßmann, FS Lüke, S. 690 ff.

Namensrecht § 12

V. Zuständigkeit

Sachlich zuständig sind die Amtsgerichte oder die Landgerichte, je nach Streitwert (§§ 23 Nr. 1, 71 I GVG). Der Streitwert bemisst sich nach dem Interesse des Klägers an dem Verbot[1]. Ist das Interesse des Klägers ideeller Art, so liegt eine nichtvermögensrechtliche Streitigkeit vor, deren Wert analog § 12 II GKG bestimmt wird[2]. 27

Örtlich zuständig ist auch das Gericht, in dessen Bezirk die zu unterlassende Handlung vorgenommen zu werden droht (§§ 32, 35 ZPO)[3] oder in dessen Bezirk sich das bedrohte Rechtsgut befindet[4]. 28

VI. Wegfall des Unterlassungsanspruchs

Fällt der Unterlassungsanspruch – nicht bloß die Beeinträchtigungsgefahr (Rn. 21) – nach Rechtskraft des Unterlassungsurteils weg, weil sich der Sachverhalt oder das objektive Recht ändert, so muss der Schuldner notfalls Vollstreckungsabwehrklage nach § 767 ZPO erheben[5]. Da er auf diesem Wege keine materiell-rechtskräftige Feststellung der neuen Rechtslage erreicht, ist auch die negative Feststellungsklage nach § 256 I ZPO zulässig[6]. Dagegen ist § 323 ZPO unanwendbar, weil das Gericht bei einem Unterlassungsurteil nicht in ähnlicher Weise wie bei einem Unterhaltsurteil die künftige Entwicklung prognostiziert[7]. 29

VII. Materielle Rechtskraft

Wird der Beklagte verurteilt, eine bestimmte Handlung zu unterlassen, so ist rechtskraftfähig festgestellt, dass eine derartige Handlung – soweit der Kern der Verletzungsform reicht (Rn. 15)[8] – von Rechts wegen zu unterbleiben hat, also rechtswidrig oder widerrechtlich ist. Nimmt der Beklagte eine zu unterlassende Handlung 30

---

1 Stein/Jonas/Roth, § 3, Rn. 61, „Unterlassungsanspruch".
2 Stein/Jonas/Roth, § 3, Rn. 54, „Namensrecht".
3 Vgl. Stein/Jonas/Schumann, § 32, Rn. 26; Wieczorek/Hausmann, § 32, Rn. 26.
4 Zöller/Vollkommer, § 32, Rn. 16.
5 Rüßmann, FS Lüke, S. 692.
6 A. A. Rüßmann, FS Lüke, S. 698 in Widerspruch zu Fn. 77.
7 Rüßmann, FS Lüke, S. 692 ff.; str.
8 Enger Fritzsche, Unterlassungsanspruch, S. 232.

nach der letzten mündlichen Verhandlung des Unterlassungsprozesses[1] gleichwohl vor und kommt es deswegen zu einem Schadensersatzprozess nach § 823 I, so ist die Feststellung der Widerrechtlichkeit grundsätzlich nicht bindend[2]. Denn für § 823 I genügt nicht eine Vertragsverletzung, also nicht jede Widerrechtlichkeit, sondern nur die Widerrechtlichkeit kraft eines absoluten Rechts oder Rechtsguts, hier des Namensrechts. Darüber braucht aber im Tenor des Urteils nichts gesagt zu sein (Rn. 38), wenn keine Zwischenfeststellungsklage nach § 256 II ZPO erhoben wurde.

31 Wird eine Unterlassungsklage als unbegründet abgewiesen, so ist rechtskraftfähig festgestellt, dass der Kläger gegen den Beklagten keinen Anspruch auf die begehrte Unterlassung hat. Nicht aber ist über den Grund für das Nichtbestehen eines Anspruchs rechtskraftfähig entschieden, z. B. darüber, dass das Interesse des Klägers durch den Namensgebrauch des Beklagten nicht verletzt wird oder dass der Beklagte den gleichen Namen wie der Kläger *befugt* gebraucht[3]. Eine rechtskraftfähige Entscheidung über solche Vorfragen muss eigens beantragt werden (§ 256 II ZPO).

VIII. Zwangsvollstreckung

32 Ein „Unterlassungsurteil" kann in Wahrheit auf ein **Tun** gerichtet sein und ist dann nach § 887 oder § 888 ZPO zu vollstrecken. Nur soweit das Urteil auf ein **Unterlassen** gerichtet ist, also die Verpflichtung ausspricht, „eine Handlung zu unterlassen oder die Vornahme einer Handlung zu dulden", wird es nach § 890 ZPO durch-

---

1 Henckel, Prozessrecht, S. 191 f. Näher § 535, Rn. 14.
2 K. H. Schwab, FS Bötticher, S. 334. Das Reichsgericht hat eine Rechtskraftwirkung des Unterlassungsurteils meist nur in Fällen abgelehnt, in denen über Schädigungen aus der Zeit *vor* der letzten Tatsachenverhandlung des Unterlassungsprozesses zu entscheiden war. So RGZ 49, 33, wo am Ende ausdrücklich gesagt wird, dass dies nicht gelten solle für Zuwiderhandlungen gegen ein Verbotsurteil; RG, JW 1937, 1895, 1897; wohl auch RGZ 163, 163. In RGZ 121, 287 wurde die Rechtskraftwirkung aber auch für Schädigungen aus der Zeit *nach* der letzten Tatsachenverhandlung des Unterlassungsprozesses verneint (vgl. Zeuner, Rechtskraft, S. 23). **A. A.** Stein/Jonas/Leipold, § 322, Rn. 219; Zeuner, Rechtskraft, S. 59. Abweichend auch Henckel, Prozessrecht, S. 191: die Feststellung (hier) des Namensrechts sei bindend.
3 A. A. Stein/Jonas/Leipold, § 322, Rn. 219; Zeuner, Rechtskraft, S. 59; eingeschränkt auch Henckel, Prozessrecht, S. 192.

gesetzt. Ob ein Tun oder ein Unterlassen geschuldet wird, ist durch Auslegung des Urteils zu ermitteln[1].

Umstritten sind die Fälle, in denen ein Unterlassungsurteil dem Schuldner **mittelbar ein Tun** aufgibt. Wird dem Schuldner beispielsweise der Gebrauch eines bestimmten Namens untersagt, so ist er auch verpflichtet, ein Schild mit dem verbotenen Namen zu entfernen. Es liegt nahe, die Entfernung des Schildes nach §§ 887, 892 ZPO zu erzwingen oder – falls nur der Schuldner das Schild entfernen kann – nach § 888 ZPO[2]. Hiergegen wird eingewandt, bei Vorliegen eines Unterlassungstitels könne allein nach § 890 ZPO vorgegangen werden[3]. Da der Schuldner aber nicht nur zu einem Unterlassen, sondern mittelbar auch zu einem Tun verurteilt ist, muss der Gläubiger die Möglichkeit haben, wahlweise nach § 890 ZPO oder nach §§ 887 f. ZPO zu vollstrecken[4]. 33

Das in dem Titel enthaltene Unterlassungsgebot (Handlungsverbot), das bestimmt sein muss[5], erfasst nach der Rechtsprechung alle Handlungen, die gegen den **Kern des Verbots** verstoßen[6]. Zweifel kann sowohl der Gläubiger als auch der Schuldner durch Feststellungsurteil nach § 256 I ZPO klären lassen[7]. 34

IX. Einstweiliger Rechtsschutz

1. Verfügungsgrund

Eine einstweilige Verfügung, die dem Antragsgegner aufgibt, eine bestimmte Beeinträchtigung vorerst zu unterlassen, führt in dem Zeitraum, für den sie gilt, zur **Befriedigung** des Unterlassungsanspruchs[8] und ist deshalb nach § 940 ZPO nur zulässig, wenn der 35

---

1 Dietrich, Individualvollstreckung, S. 142; MünchKommZPO/Schilken, § 890, Rn. 3; Stein/Jonas/Brehm, § 890, Rn. 5.
2 So Dietrich, Individualvollstreckung, S. 142 f.; Staudinger/Gursky, 14. Bearb. 1999, § 1004, Rn. 237 a. E.
3 So die überwiegende Rechtsprechung, vgl. MünchKommZPO/Schilken, § 890, Rn. 3, Fn. 12 (zustimmend).
4 Stein/Jonas/Brehm, § 890, Rn. 5, der in den Fn. 28 und 31 zu Unrecht den BGH anführt.
5 Schubert, ZZP 85, 29, Fn. 4, 16; Stein/Jonas/Brehm, § 890, Rn. 9 ff.
6 Vgl. MünchKommZPO/Schilken, § 890, Rn. 7 sowie oben Rn. 15 f.
7 Rüßmann, FS Lüke, S. 687 ff.
8 LG Mannheim, NJW 1996, 2737 („Heidelberg.de"); Stein/Jonas/Grunsky, vor § 935, Rn. 46.

Schaden, der dem Antragsteller ohne die Anordnung droht, nicht geringer ist als der Schaden, der dem Antragsgegner durch die Anordnung entsteht (→ *Zahlung* Rn. 40)[1].

36 Zuweilen kommt aber auch eine Anordnung in Betracht, die nicht zur zeitweiligen Befriedigung des Unterlassungsanspruchs, sondern nur zu seiner Sicherung führt. So kann der Anspruch auf Unterlassung einer patentwidrigen Produktion durch das Gebot gesichert werden, für jedes Stück der Produktion eine Lizenzgebühr als Sicherheit zu hinterlegen[2]. Falls eine solche **Sicherungsverfügung** getroffen werden soll, richtet sich der Verfügungsgrund nach § 935 ZPO.

2. Verfügungsantrag

37 Der Verfügungsantrag wegen eines Unterlassungsanspruchs muss nach der herrschenden Meinung genauso bestimmt sein wie der Antrag einer Unterlassungsklage[3]. Soweit jedoch eine Sicherungsverfügung in Betracht kommt, sollte die Bezeichnung des Verfügungsanspruchs und des Verfügungsgrundes genügen (§ 920 I i. V. m. § 936 ZPO)[4].

C. Namensrecht

I. Feststellungsklage

38 Das Leistungsurteil trifft nicht immer eine rechtskräftige Entscheidung über das Namensrecht, das dem Beseitigungs- oder Unterlassungsanspruch zugrunde liegt (§ 322 I ZPO). Wird z. B. dem Beklagten untersagt, seinen Gewerbebetrieb unter einer bestimmten Bezeichnung zu führen, so ist nur der Unterlassungsanspruch des

---

1 Vgl. Schilken, Befriedigungsverfügung, S.154 f.; Stein/Jonas/Grunsky, vor § 935, Rn. 49a. Enger MünchKommZPO/Heinze, vor § 916, Rn. 79 ff. Die Rechtsprechung erlässt unbedenklich einstweilige Unterlassungs-Verfügungen zur „Sicherung" von Unterlassungsansprüchen. So z. B. OLG München, NJW 1971, 845 wegen einer Ehrverletzung. Weitere Rechtsprechungsnachweise, gleichfalls nicht zu § 12, bei Stein/Jonas/Grunsky, vor § 935, Rn. 48.
2 Jestaedt, GRUR 1985, 484.
3 Wieczorek/Thümmel, § 938, Rn. 4. Weitere Nachweise bei Jestaedt, GRUR 1985, 482, Fn. 18. Vgl. auch Zöller/Vollkommer, § 938, Rn. 2.
4 So generell Jestaedt, GRUR 1985, 483 f.

Klägers rechtskräftig festgestellt, nicht das Recht des Klägers, selbst den Namen zu gebrauchen. Daher kann es sich empfehlen, die Leistungsklage mit einer **Zwischenfeststellungsklage** auf Feststellung des Namensrechts zu verbinden (§§ 256 II, 506 ZPO); ein rechtliches Interesse ist dazu nicht erforderlich.

Dagegen setzt eine **selbständige Feststellungsklage** ein rechtliches Interesse voraus (§ 256 I ZPO), das in den Fällen der Namensbestreitung oder Namensanmaßung regelmäßig fehlt, weil es hier erheblich zweckmäßiger ist, auf Beseitigung oder Unterlassung zu klagen, notfalls in Verbindung mit einer Zwischenfeststellungsklage auf Feststellung des Namensrechts. Doch kann es auch sinnvoll sein, die Widerrechtlichkeit einer Namensbestreitung oder -anmaßung feststellen zu lassen, statt auf Beseitigung oder Unterlassung zu klagen[1]. 39

II. Sachliche Zuständigkeit

Soweit die Klage auf Feststellung des Bestehens oder Nichtbestehens eines Namensrechts gerichtet ist, hängt die sachliche Zuständigkeit wie bei den Leistungsklagen davon ab, ob das Interesse des Klägers an der Feststellung ideeller Art ist – dann gilt § 12 II GKG analog – oder wirtschaftlicher Art – dann wird dadurch der Streitwert bestimmt[2]. 40

Nicht rechtsfähige Vereine

54 **[1]Auf Vereine, die nicht rechtsfähig sind, finden die Vorschriften über die Gesellschaft Anwendung. [2]Aus einem Rechtsgeschäft, das im Namen eines solchen Vereins einem Dritten gegenüber vorgenommen wird, haftet der Handelnde persönlich; handeln mehrere, so haften sie als Gesamtschuldner.**

Nach § 54 Satz 2 „haftet", d. h. **schuldet** (→ *Haftung* Rn. 1) persönlich, wer ein Rechtsgeschäft im Namen eines nichtrechtsfähigen Vereins einem Dritten gegenüber vornimmt[3]. Kauft z. B. jemand 1

---
1 Vgl. Stoll, FS Bötticher, S. 355 ff. („negatorische Feststellungsklage").
2 Stein/Jonas/Schumann, § 1, Rn. 46; Stein/Jonas/Roth, § 3, Rn. 54, „Namensrecht".
3 Zur Stellung des nichtrechtsfähigen Vereins im Prozess s. die Kommentare zu §§ 50 II, 735 ZPO.

§ 102   Ersatz der Gewinnungskosten

Waren im Namen eines nichtrechtsfähigen Vereins, so schuldet er den Kaufpreis nach § 54 Satz 2 i. V. m. § 433 II. Hat der Handelnde Vertretungsmacht, so schuldet er neben dem Verein[1], hat er keine Vertretungsmacht, so schuldet er allein, und zwar nur nach § 54 Satz 2, nicht nach § 179[2].

2 Der **Inhalt** eines der Schuld entsprechenden Anspruchs aus § 54 Satz 2 hängt von der Art des vorgenommenen Rechtsgeschäfts ab. Die prozessrechtliche Problematik ist daher bei den einzelnen Rechtsgeschäftsarten darzustellen.

Ersatz der Gewinnungskosten

102 Wer zur Herausgabe von Früchten verpflichtet ist, kann Ersatz der auf die Gewinnung der Früchte verwendeten Kosten insoweit verlangen, als sie einer ordnungsmäßigen Wirtschaft entsprechen und den Wert der Früchte nicht übersteigen.

§ 102 gibt dem Herausgabepflichtigen gegen den Berechtigten einen **Anspruch** auf **Kostenersatz**, d. h. → *Zahlung* (Rn. 1)[3].

Haftung des Vertreters ohne Vertretungsmacht

179 (1) Wer als Vertreter einen Vertrag geschlossen hat, ist, sofern er nicht seine Vertretungsmacht nachweist, dem anderen Teil nach dessen Wahl zur Erfüllung oder zum Schadensersatz verpflichtet, wenn der Vertretene die Genehmigung des Vertrags verweigert.

(2) Hat der Vertreter den Mangel der Vertretungsmacht nicht gekannt, so ist er nur zum Ersatze desjenigen Schadens verpflichtet, welchen der andere Teil dadurch erleidet, dass er auf die Vertretungsmacht vertraut, jedoch nicht über den Betrag des Interesses hinaus, welches der andere Teil an der Wirksamkeit des Vertrags hat.

(3) ¹Der Vertreter haftet nicht, wenn der andere Teil den Mangel der Vertretungsmacht kannte oder kennen musste. ²Der Vertreter

---

1 Palandt/Heinrichs, Rn. 13.
2 Jauernig, BGB, Rn. 16.
3 Soergel/Mühl, Rn. 2.

haftet auch dann nicht, wenn er in der Geschäftsfähigkeit beschränkt war, es sei denn, dass er mit Zustimmung seines gesetzlichen Vertreters gehandelt hat.

Abs. 1 gibt dem anderen Teil nach seiner Wahl[1] gegen den Vertreter einen **Anspruch** auf **Erfüllung** des geschlossenen Vertrages (s. dazu die einzelnen Vertragsarten) oder einen Anspruch auf → *Schadensersatz* (Rn. 1).

Gegenstand der Verjährung

194 (1) Das Recht, von einem anderen ein Tun oder Unterlassen zu verlangen (Anspruch), unterliegt der Verjährung.

(2) Ansprüche aus einem familienrechtlichen Verhältnis unterliegen der Verjährung nicht, soweit sie auf die Herstellung des dem Verhältnis entsprechenden Zustands für die Zukunft gerichtet sind.

A. Anspruch und Pflicht

§ 194 I enthält eine Klammerdefinition des „Anspruchs". Das Recht, von einem anderen ein Tun oder ein Unterlassen zu verlangen, setzt die Pflicht des anderen zu dem betreffenden Tun oder Unterlassen voraus. 1

I. Rechtspflicht

Dabei muss es sich um eine Rechtspflicht handeln. Nicht genügt eine bloß sittliche Pflicht, wie die Unterhaltspflicht gegenüber Geschwistern, eine bloße Anstandspflicht oder, wie das BGB z. B. in § 534 sagt, „auf den Anstand zu nehmende Rücksicht", wie die Pflicht zur Zahlung des Ehemäklerlohns nach § 656 (s. dort), eine bloß gesellschaftliche Pflicht wie die Spielschuld nach § 762 (s. dort) oder eine bloße Gefälligkeitsschuld wie die kostenlose Mit- 2

---

1 Nach der Rechtsprechung liegt eine Wahlschuld vor, nach **a. A.** elektive Konkurrenz (→ *Wahlmöglichkeiten* Rn. 2 ff.). Vgl. Gernhuber, Schuldverhältnis, § 11 I 6.

nahme eines anderen im PKW[1]. Ebenso wenig reicht eine so genannte Last. Das ist die Rechtsfolge einer Rechtsnorm, die ein bestimmtes Verhalten nicht bezweckt und deshalb auch nicht pflichtbegründend befiehlt, sondern anheim stellt, für den Fall allerdings, dass das Verhalten nicht beobachtet wird, Nachteile vorsieht. Hauptbeispiel ist die Beweislast.

II. Gerichtliche Durchsetzbarkeit
1. Fälle

3   Eine Rechtspflicht begründet nur dann einen Anspruch, wenn sie nach materiellem Recht gerichtlich durchsetzbar ist[2]. Bei manchen Rechtspflichten ist als **Sanktion** einer Pflichtverletzung aber lediglich eine Schadensersatzpflicht vorgesehen, bei anderen, den so genannten Obliegenheiten, nur ein sonstiger Nachteil[3], bei wieder anderen überhaupt keine Sanktion[4]; diese Rechtspflichten begründen keinen Anspruch. Bei Vertragspflichten entscheidet primär der Vertrag über die Folgen einer Pflichtverletzung. Da es den Vertragsparteien freisteht, von der Begründung einer Pflicht gänzlich abzusehen, muss es ihnen auch freigestellt sein, die üblichen Sanktionen einer Pflichtverletzung ganz oder teilweise auszuschließen. Daher können die Vertragsparteien auch von Anfang an oder nachträglich wirksam vereinbaren, dass eine Vertragspflicht gerichtlich undurchsetzbar sein soll[5].

2. Bedeutung

4   Die gerichtliche Undurchsetzbarkeit, mag sie auf Vertrag oder auf Gesetz beruhen, bedeutet, dass die Rechtspflicht nicht ausreicht, um eine Verurteilung zu der Pflichterfüllung zu rechtfertigen. Der Schuldner soll nicht durch Klage und Vollstreckung, sondern allenfalls durch eine andere Sanktion zur Pflichterfüllung gezwungen werden können. So gesehen ist die gerichtliche Durchsetzbarkeit einer Rechtspflicht Begründetheitsvoraussetzung einer **Leistungsklage**[6].

---

1 Dazu Staudinger/J. Schmidt, 13. Bearb., Einl. zu § 241 ff., Rn. 214 ff.
2 Vgl. Bötticher, Rechtskraft, S. 112 f.; Georgiades, S. 139 f.
3 Larenz, Allgemeiner Teil, § 12 IId; Wieser, Einführung, Rn. 204.
4 Henckel, AcP 174, 111.
5 BGHZ 49, 129. Vgl. zu der Streitfrage Staudinger/J. Schmidt, 13. Bearb., Einleitung zu § 241 ff., Rn. 154 f., 173.
6 Wieser, ZZP 84, 317.

Die Begründetheit einer **Feststellungsklage** hängt demgegenüber nur davon ab, dass das Rechtsverhältnis, dessen Bestehen oder Nichtbestehen festgestellt werden soll, besteht oder nicht besteht. Dieses Rechtsverhältnis kann auch eine gerichtlich undurchsetzbare Rechtspflicht sein.

B. Anspruch und Haftung

In der Regel ist die dem Anspruch gegenüberstehende Pflicht oder **Schuld mit** einer **Haftung**, d. h. einer materiellrechtlichen Vollstreckungsunterworfenheit, verbunden (→ *Haftung* Rn. 2). Dann kann man sagen, dass ein Vermögen oder Vermögensbestandteil für den Anspruch haftet.

In den Fällen einer **Schuld ohne Haftung** besteht zwar ein Anspruch, der auch zu einer Verurteilung führen kann, doch nur mit dem Zusatz, dass die Zwangsvollstreckung unzulässig ist (→ *Haftung* Rn. 2).

In den Fällen einer **Haftung ohne Schuld**, z. B. bei einer Grundschuld, besteht kein Anspruch im Sinne des § 194 I. Die so genannte Pflicht zur Duldung der Zwangsvollstreckung und der ihr entsprechende Duldungsanspruch sind nur unvollkommene Umschreibungen der materiellrechtlichen Haftung und des Rechts, die Haftung geltend zu machen (→ *Haftung* Rn. 4).

C. Struktur des Anspruchs

Die dem Anspruch gegenüberstehende Rechtspflicht zu einem Tun oder Unterlassen soll in der Regel den Anspruchsinhaber begünstigen. Der Anspruchsinhaber soll nach dem Pflichtprogramm den Vorteil aus dem pflichtgemäßen Verhalten – z. B. bei einer Zahlungspflicht das zu zahlende Geld – bekommen. Dieses Bekommensollen oder **Anrecht** auf den Pflichtvorteil ist der eine Bestandteil eines regulären Anspruchs[1]. Das Anrecht darf nicht verwechselt werden mit der Empfangszuständigkeit, die auch ein anderer als der Anspruchsinhaber haben kann, z. B. nach § 370 der Überbringer einer Quittung[2].

---
1 Wieser, JR 1967, 321.
2 Rimmelspacher, Anspruch, S. 57.

§ 194 Gegenstand der Verjährung

10 Der Anspruchsinhaber soll nicht nur den Pflichtvorteil bekommen (Anrecht). Er hat auch verschiedene Rechte, die dazu dienen, die Pflichterfüllung zu erzwingen: Zurückbehaltungsrecht, Selbsthilferecht und Aufrechnungsbefugnis. Diese Rechte haben nach dem BGB einen Anspruch zur Voraussetzung (§§ 273 I, 229, 387). Sie knüpfen an den Anspruch an. Ihr Anknüpfungspunkt ist aber nicht das passive Anrecht, sondern ein zweiter Anspruchsbestandteil: die **Zwangszuständigkeit**. So wie das Anrecht besagt, dass der Anspruchsinhaber den Pflichtvorteil bekommen soll, besagt die Zwangszuständigkeit, dass ihm die Rechte zur Erzwingung der Pflichterfüllung zustehen. Von der Zwangszuständigkeit hängt außerdem die Aktivlegitimation für eine Leistungsklage und die Passivlegitimation für eine Vollstreckungsgegenklage ab[1].

11 Fälle eines **Anrechts ohne Zwangszuständigkeit** und einer **Zwangszuständigkeit ohne Anrecht** sind bei §§ 328, 525, 2194, 2208 dargestellt. Nach Henckel[2] besteht auch der dingliche Anspruch nur aus einer Zwangszuständigkeit („Schutzanspruch"). In der Tat schließt beispielsweise das Eigentum als das Recht zur grundsätzlich alleinigen und beliebigen Bestimmung über eine Sache (§ 903 Satz 1) das Anrecht auf den Besitz ein, so dass für den Herausgabeanspruch aus § 985 nur noch die Zwangszuständigkeit übrig bleibt.

---

1 Auch Rimmelspacher, Anspruch, S. 170, betrachtet den Anspruch entgegen der traditionellen Lehre nicht als Einheit, sondern als zweigliedrig. Den einen Anspruchsbestandteil nennt Rimmelspacher „Rechtsposition". Die Rechtsposition unterscheidet sich von unserem Anrecht dadurch, dass ihr – wie dem ganzen Anspruch – keine Pflicht gegenübersteht (S. 88, Fn. 55). Rimmelspacher meint nämlich, dass die Ausübung der Verjährungseinrede die Pflicht zum Erlöschen bringe und so nur einen Anspruch ohne Pflicht übrig lasse (s. dagegen § 214, Rn. 3). Der weitere Einwand Rimmelspachers, ein Dritter könne nach § 267 nur einen Anspruch ohne Pflicht erfüllen, ist gleichfalls unbegründet, weil es genügt, dass der Dritte den Leistungserfolg herbeiführen kann.
Den zweiten Anspruchsbestandteil bilden nach Rimmelspacher, Anspruch, S. 172 f. die „Rechtsbehelfe": Zurückbehaltungsrecht, Selbsthilferecht und Aufrechnungsbefugnis. Diese Rechte sollen also *in* dem Anspruch wie in einem Arsenal enthalten sein. Nach dem BGB haben sie jedoch den Anspruch zur Voraussetzung und müssen deshalb als von dem Anspruch getrennte Rechte gedacht werden.
2 Henckel, AcP 174, 134.

Wirkung der Verjährung

214 (1) Nach Eintritt der Verjährung ist der Schuldner berechtigt, die Leistung zu verweigern.

(2) ¹Das zur Befriedigung eines verjährten Anspruchs Geleistete kann nicht zurückgefordert werden, auch wenn in Unkenntnis der Verjährung geleistet worden ist. ²Das Gleiche gilt von einem vertragsmäßigen Anerkenntnis sowie einer Sicherheitsleistung des Schuldners.

Inhaltsübersicht

A. Begriff der Einrede 1
B. Wirkung der Verjährungseinrede 2
C. Die Einrede – ein Gestaltungsrecht? 4
D. Die Einrede im Prozess . . . 5
  I. Außergerichtliche Leistungsverweigerung 5
  II. Gerichtliche Leistungsverweigerung 8
  III. Leistungsverweigerung in der Berufungsinstanz 11
  IV. Leistungsverweigerung in der Revisionsinstanz 12
  V. Keine Leistungsverweigerung 13
E. Erledigung der Hauptsache . 15
F. Materielle Rechtskraft . . . 16
G. Feststellungsklagen 18
  I. Klagen des Anspruchsgegners 18
    1. Widerklage 18
    2. Selbständige Feststellungsklage 19
  II. Klage des Anspruchsinhabers 20

A. Begriff der Einrede

Die Verjährung führt nach § 214 I nicht zum Erlöschen des Anspruchs, sondern gibt dem Schuldner, d. h. dem Anspruchsgegner, lediglich das **Recht, die Leistung zu verweigern**. Der Schuldner muss dazu erklären, dass er den Anspruch, weil er schon so lange bestehe, nicht mehr erfüllen wolle[1]. Ein solches Leistungsverweigerungsrecht nennt das BGB „Einrede"[2]. Als Einrede wird aber auch die Ausübung des Leistungsverweigerungsrechts, also die **berechtigte Leistungsverweigerung** bezeichnet, ferner im Sinne der ZPO die

1

---

1 Vgl. Staudinger/F. Peters, 13. Bearb., Rn. 8.
2 Enneccerus/Nipperdey, § 226 I; Larenz, Allgemeiner Teil, § 14 II, S. 248.

Behauptung einer rechtsverneinenden Tatsache[1]. Der Ausdruck „Einrede" ist also mehrdeutig und wird auch meist in verschiedenem Sinn verwendet. Hier wird er nur im Sinne des BGB gebraucht. Um Missverständnisse zu vermeiden, ist gelegentlich auch von einem „Einrederecht" die Rede – streng genommen eine Tautologie.

B. Wirkung der Verjährungseinrede

2   Die Verjährungseinrede führt, wenn sie durch Leistungsverweigerung ausgeübt wird, gleichfalls nicht zum Erlöschen des Anspruchs, sondern hat die Wirkung, dass eine auf den verjährten Anspruch gestützte **Leistungsklage als unbegründet abzuweisen** ist[2]. Die Wirkung der ausgeübten Einrede liegt also auf prozessualem Gebiet, genauso wie beim Zurückbehaltungsrecht nach § 274 I, wo es freilich nicht zur vollständigen Klageabweisung, sondern nur zur Verurteilung Zug um Zug bei Abweisung der weiter gehenden Klage kommt. Ob die Einrede materiellrechtliche Wirkungen hat, ist hier nicht zu erörtern.

3   Auch nach Ansicht Rimmelspachers führt die Ausübung der Verjährungseinrede nicht zum Erlöschen des Anspruchs, wohl aber zum Erlöschen der entsprechenden Pflicht. Denn der Anspruchsgegner könne nicht mehr zu der Leistung verpflichtet sein, wenn er sie mit Recht verweigere; die gegenteilige Ansicht sei widersprüchlich[3]. Ein Widerspruch existiert jedoch nur dann, wenn man das Recht, die Leistung zu verweigern, wörtlich nimmt, nicht aber, wenn man es so versteht, dass der Schuldner die Wahl hat, ob er die Verurteilung hinnehmen oder verhindern will. Nur dieses Wahlrecht soll ihm mit dem Leistungsverweigerungsrecht eingeräumt werden.

C. Die Einrede – ein Gestaltungsrecht?

4   Weil die Einrede ausgeübt werden muss, um die Erzwingung der Leistung zu verhindern, wird sie von vielen als Gestaltungsrecht angesehen[4]. Das ist sie aber nicht, wenn man wie üblich unter

---

1 Wieser, Arbeitsgerichtsverfahren, Rn. 154.
2 Zur Feststellungsklage s. Rn. 18–20.
3 Rimmelspacher, Anspruch, S. 54.
4 Jahr, JuS 1964, 293; Rosenberg/Schwab/Gottwald, § 104 II 2c u. a. Wie hier Larenz, Allgemeiner Teil, § 14 II, S. 250 f. Roth, Einrede, S. 136, nimmt an, dass erst das Urteil den Anspruch „gestaltet".

einem Gestaltungsrecht das Recht zur Gestaltung der Rechtslage *durch einseitiges Rechtsgeschäft* versteht. Denn die Ausübung der Einrede ist **kein Rechtsgeschäft**[1], weil sie nicht darauf abzielt, die Rechtslage zu gestalten, sondern lediglich zum Ausdruck bringt, dass der Schuldner nicht leisten will. Auch ist sie **kein einmaliger Akt**, der die Rechtslage definitiv ändert, sondern ein Verhalten, das nur so lange wirkt, wie es andauert. *Erklärt werden* muss die Leistungsverweigerung allerdings nur einmal[2]. Wenn der Schuldner aber später erklärt, er verweigere die Leistung nicht mehr, wird der Anspruch wieder durchsetzbar, sozusagen „enthemmt" (Rn. 10). Anderer Ansicht ist Jahr[3], der die Ausübung der Einrede als gewöhnlichen, die Rechtslage definitiv ändernden Rechtsgestaltungsakt begreift und deshalb zur „Enthemmung" des Anspruchs einen Vertrag für erforderlich hält. „Hemmung" bedeutet jedoch nicht Veränderung des Anspruchs. An dem gehemmten Anspruch ändert sich so wenig wie an einem PKW, der durch eine Bahnschranke aufgehalten wird.

D. Die Einrede im Prozess

I. Außergerichtliche Leistungsverweigerung

Die Leistungsverweigerung kann schon außergerichtlich erklärt werden. Alsdann muss die Tatsache der außergerichtlichen Leistungsverweigerung im Prozess von einer Partei dem Gericht vorgetragen werden; das verlangt der Verhandlungsgrundsatz. Meist wird die Tatsache der außergerichtlichen Leistungsverweigerung im Prozess von dem Anspruchsgegner als Beklagtem vorgetragen. Es kommt aber auch vor, dass der Anspruchsinhaber als Kläger Tatsachen für die Verjährung vorträgt und dazu bemerkt, der Gegner habe deswegen außergerichtlich die Leistung verweigert. Dann wird die Klage abgewiesen, weil sie schon nach dem eigenen Vorbringen des Klägers unbegründet ist (Mangel der Schlüssigkeit). Dies ist vor allem bei Säumnis des Beklagten bedeutsam (§ 331 II ZPO)[4].

---

1 Bötticher, FS Dölle, S. 50; Staudinger/F. Peters, 13. Bearb., Rn. 6.
2 BGH, NJW 1990, 326 f.; Schlosser, JuS 1966, 263 f.
3 Jahr, JuS 1964, 222.
4 Näher Nierwetberg, ZZP 98, 442. Das Schweigen des Klägers auf einen früheren mündlichen Vortrag des Beklagten genügt nicht, arg. § 332 ZPO; Nierwetberg, ZZP 98, 446 f.

6 Es muss also scharf unterschieden werden zwischen der **Leistungsverweigerung** wegen Verjährung, die außergerichtlich erklärt werden kann, und dem **Prozessvortrag**, durch den die Tatsache der Leistungsverweigerung in den Prozess eingeführt wird. Die Leistungsverweigerung muss der Anspruchsgegner erklären, der Prozessvertrag kann auch von dem Anspruchsinhaber ausgehen.

7 Entgegen dieser fast allgemeinen Meinung verlangt Roth eine **gerichtliche Leistungsverweigerung** des Anspruchsgegners[1]. Für eine auf den Anspruch rechtsgestaltend einwirkende außergerichtliche Leistungsverweigerung bestehe kein Bedürfnis, da die endgültige Entscheidung erst im Prozess falle. Das mag sein. Andererseits wird die Idee der Einrede übersteigert, wenn das Gericht eine vom Kläger zugegebene außergerichtliche Leistungsverweigerung des Beklagten nicht berücksichtigen darf und Versäumnisurteil erlassen muss. Die Sorge Roths, dass eine im Prozess zu beachtende außergerichtliche Leistungsverweigerung nur schwer zu beseitigende materiellrechtliche Auswirkungen haben müsste, ist unbegründet. Denn die Leistungsverweigerung wirkt nicht rechtsgestaltend, weil sie den Anspruch bloß „hemmt", solange sie aufrechterhalten wird (Rn. 10).

II. Gerichtliche Leistungsverweigerung

8 Beruft sich der Beklagte **im Prozess** auf Verjährung, d. h. in der mündlichen Verhandlung (§ 128 I ZPO), wenigstens durch Bezugnahme auf einen vorbereitenden Schriftsatz (§ 137 III ZPO), so ist die Tatsache der Leistungsverweigerung dem Gericht bekannt und muss deshalb nicht mehr eigens vorgetragen werden.

9 Der Beklagte kann sich auch **hilfsweise** auf Verjährung berufen, d. h. nur „für den Fall, dass das Bestreiten des Anspruchs fehlschlägt"[2]. Zwar kommt das Gericht, wenn es die Einrede bejaht, zu keinem anderen Ergebnis, als wenn es den Anspruch verneint: Die Klage wird als unbegründet abgewiesen. Aber die in dem klageabweisenden Urteil enthaltene materiell-rechtskräftige Feststellung hat doch einen anderen Inhalt, wenn der Anspruch verneint wird, als wenn die Einrede bejaht wird (vgl. nur § 812 I Satz 1 gegen § 214 II). Deshalb hat der Beklagte ein berechtigtes Interesse an der bloß hilfsweisen Ausübung der Verjährungseinrede.

---

1 Roth, Einrede, S. 135.
2 Staudinger/Dilcher, 12. Aufl., Rn. 10. **A. A.** Staudinger/F. Peters, 13. Bearb., Rn. 9.

Wirkung der Verjährung § 214

Ferner kann der Beklagte den **Einwand** der Verjährung wieder **fallen lassen**. Ob darin ein Verzicht auf das Leistungsverweigerungsrecht liegt, ist Auslegungsfrage[1]. Im Zweifel besagt die Erklärung lediglich, dass der Beklagte gegenwärtig die Leistung nicht mehr verweigere[2]. Später kann er sie wieder verweigern[3].   10

III. Leistungsverweigerung in der Berufungsinstanz

In der Berufungsinstanz kann der Einwand der Verjährung in den Grenzen des § 531 II ZPO erstmals erhoben werden[4]. War er schon in der ersten Instanz erhoben worden, so muss er in der Berufungsinstanz nicht mehr wiederholt werden, da hier der gesamte Streitstoff der ersten Instanz im Rahmen der Berufungsanträge Gegenstand der Verhandlung und Entscheidung wird, ohne dass die Parteien ihn wiederholen müssen[5].   11

IV. Leistungsverweigerung in der Revisionsinstanz

Wieweit das Revisionsgericht abweichend von § 559 ZPO neue Tatsachen berücksichtigen darf, ist noch nicht abschließend geklärt. Geht man davon aus, dass neue Tatsachen grundsätzlich dann zu berücksichtigen sind, wenn sie keines Beweises bedürfen[6], so gilt Folgendes: Der Einwand der Verjährung kann in der Revisionsinstanz erhoben werden, wenn die Verjährungstatsachen unstreitig sind[7]. Eine außergerichtliche Leistungsverweigerung kann als neue Tatsache in der Revisionsinstanz vorgetragen werden, wenn sie selbst und die Verjährungstatsachen unstreitig sind. Eine während des Revisionsverfahrens eingetretene Verjährung kann berücksichtigt werden, wenn ihre tatsächlichen Voraussetzungen unstreitig sind[8].   12

---

1 BGHZ 22, 269.
2 BGHZ 22, 269. Vgl. auch Roth, Einrede, S. 134, Fn. 68.
3 BGHZ 22, 270.
4 Staudinger/Dilcher, 12. Aufl., Rn. 9. Vgl. auch BGH, NJW 1999, 278 f.
5 BGH, NJW 1990, 326 f. **A. A.** MünchKommZPO/Rimmelspacher, § 525, Rn. 3.
6 Gottwald, ZZP 87, 465 ff.; Rosenberg/Schwab/Gottwald, § 145 II 3h; Stein/Jonas/Grunsky, § 561, Rn. 24. Vgl. auch Zöller/Gummer, § 559, Rn. 7 f.
7 BGHZ 1, 239 f. lässt den Einwand in der Revisionsinstanz nicht zu, verneint aber auch Verjährung.
8 BGH, NJW 1990, 2754 f. Hier berief sich ein Bürge – schon im ersten Rechtszug – auf die Verjährung des Anspruchs gegen den Hauptschuldner, § 768 I Satz 1.

V. Keine Leistungsverweigerung

13 Unterlässt es der Anspruchsgegner im Prozess, die Leistung zu verweigern, und wird auch von keiner Prozesspartei vorgetragen, dass der Anspruchsgegner die Leistung außergerichtlich verweigert habe, so hindert die Verjährung nicht ein Leistungsurteil, auch nicht ein Versäumnisurteil (§ 331 II ZPO).

14 Ob das Gericht nach § 139 ZPO **berechtigt und verpflichtet** ist, den Anspruchsgegner im Prozess auf sein Einrederecht **hinzuweisen**, ist außerordentlich umstritten. Die Rechtsprechung hat eine solche Hinweispflicht bisher überwiegend abgelehnt[1]. Sie hat dabei möglicherweise den Zweck des Einrederechts zu wenig berücksichtigt: Der Anspruchsgegner soll selbst entscheiden, ob er sich auf die Verjährung berufen oder einen gerichtlich festgestellten Anspruch trotz Verjährung erfüllen will, sei es aus Anstandsgefühl, aus Kulanz oder aus einem anderen Grund[2]. Diese Entscheidung kann er nach Lage der Dinge nur treffen, wenn ihn das Gericht über sein Einrederecht aufklärt[3].

E. Erledigung der Hauptsache

15 Wird ein verjährter Anspruch eingeklagt, die Einrede aber erstmals während des Prozesses ausgeübt und kommt es nicht zu einer übereinstimmenden Erledigungserklärung der Parteien (§ 91a ZPO), so ist auf Antrag des Klägers die Erledigung der Hauptsache festzustellen. Die Frage ist allerdings auch in der Rechtsprechung umstritten[4].

---

1 Nachw. bei MünchKommZPO/Peters, § 139, Rn. 43; Roth, Einrede, S. 279; Zöller/Greger, § 139, Rn. 17. Unentschieden BGH, NJW 1998, 612.
2 Roth, Einrede, S. 51 f. erwähnt den Fall, dass der Käufer eine verjährte Kaufpreisforderung erfüllt, um die unter Eigentumsvorbehalt erworbene Kaufsache nicht zu verlieren.
3 Ebenso Roth, Einrede, S. 285 (nur Hinweisrecht, S. 286, Fn. 42); Seelig, Einreden, S. 109 ff. (auch Hinweispflicht). Vgl. auch Staudinger/F. Peters, 13. Bearb., Rn. 15.
4 Vgl. Stein/Jonas/Bork, § 91a, Fn. 21; Zöller/Vollkommer, § 91a, Rn. 58, „Verjährung".

F. Materielle Rechtskraft

Wird einer **Leistungsklage stattgegeben**, so wird materiell-rechtskräftig festgestellt, dass der Kläger gegen den Beklagten einen Anspruch auf die Leistung hat. Damit sind nicht nur alle anspruchshindernden und anspruchsvernichtenden Tatsachen verneint, die zur Zeit des rechtskräftig entschiedenen Prozesses (letzte Tatsachenverhandlung)[1] vorgelegen haben könnten, sondern auch anspruchshemmende Tatsachen wie die Verjährung[2]. Ob der Beklagte aus Unkenntnis oder Beweisnot an der Ausübung der Verjährungseinrede gehindert war, spielt keine Rolle[3].

16

Wird eine **Leistungsklage als unbegründet abgewiesen**, so wird der konkrete Abweisungsgrund rechtskräftig festgestellt[4], sei es das Nichtbestehen eines Anspruchs, sei es seine Verjährung, falls das Gericht die Frage, ob ein Anspruch besteht, offen gelassen hat.

17

G. Feststellungsklagen

I. Klagen des Anspruchsgegners

1. Widerklage

Gegenüber einer Klage des Anspruchsinhabers auf Feststellung, dass der Anspruch bestehe, ist die Einrede der Verjährung unerheblich, weil auch ein verjährter Anspruch „besteht"[5]. Der Beklagte muss seinerseits, am besten durch Widerklage (§ 33 ZPO), die Feststellung beantragen, dass der **Anspruch verjährt** sei (§ 256 I ZPO). Der Beklagte kann aber auch die Feststellung beantragen, dass er wegen Verjährung **zur Leistungsverweigerung berechtigt** sei[6].

18

2. Selbständige Feststellungsklage

Bestreitet der Anspruchsinhaber die Verjährung, ohne den Anspruch gerichtlich geltend zu machen, so kann der Anspruchsgegner selbständig auf die Feststellung klagen, dass der **Anspruch ver-**

19

---

1 F. Peters, NJW 2001, 2289.
2 Ebenso Roth, Einrede, S. 93, zur Einrede aus § 478 usw.
3 Vgl. BGHZ 61, 26; MünchKommZPO/Gottwald, § 322, Rn. 132; Zöller/Vollkommer, vor § 322, Rn. 70.
4 MünchKommZPO/Gottwald, § 322, Rn. 167.
5 MünchKommBGB/Grothe, 4. Aufl., Rn. 1.
6 BGH, MDR 1969, 33 f.

§ 232 Arten [der Sicherheitsleistung]

jährt sei (dass er wegen Verjährung zur Leistungsverweigerung berechtigt sei). Der Anspruchsgegner kann aber auch einwenden, dass der Anspruch nicht entstanden oder wieder erloschen sei, und mit dieser Begründung auf die Feststellung klagen, dass der **Anspruch nicht bestehe**[1].

II. Klage des Anspruchsinhabers

20 Umgekehrt kann der Anspruchsinhaber auf die Feststellung klagen, dass sein **Anspruch** entgegen der Behauptung des Beklagten **nicht verjährt** sei. In der Regel wird aber das rechtliche Interesse an einer solchen Feststellung (§ 256 I ZPO) fehlen, weil es für den Anspruchsinhaber erheblich zweckmäßiger ist, den Anspruch durch eine Leistungsklage geltend zu machen und in diesem Prozess die rechtskräftige Feststellung zu erwirken, dass sein Anspruch nicht verjährt ist (Rn. 16).

Arten [der Sicherheitsleistung]

232 (1) Wer Sicherheit zu leisten hat, kann dies bewirken durch Hinterlegung von Geld oder Wertpapieren,

durch Verpfändung von Forderungen, die in das Bundesschuldbuch oder in das Landesschuldbuch eines Landes eingetragen sind,

durch Verpfändung beweglicher Sachen,

durch Bestellung von Schiffshypotheken an Schiffen oder Schiffsbauwerken, die in einem deutschen Schiffsregister oder Schiffsbauregister eingetragen sind,

durch Bestellung von Hypotheken an inländischen Grundstücken,

durch Verpfändung von Forderungen, für die eine Hypothek an einem inländischen Grundstücke besteht, oder durch Verpfändung von Grundschulden oder Rentenschulden an inländischen Grundstücken.

(2) Kann die Sicherheit nicht in dieser Weise geleistet werden, so ist die Stellung eines tauglichen Bürgen zulässig.

---

1 BGH, MDR 1969, 33 f.

Arten [der Sicherheitsleistung] § 232

Inhaltsübersicht

I. Überblick 1	IV. Sachliche Zuständigkeit . . 6
II. Leistungsklage 2	V. Zwangsvollstreckung 7
1. Regelfall 2	1. Allgemeines 7
2. Bürgschaft 3	2. Hinterlegung 9
III. Rechtsschutzinteresse 5	VI. Einstweiliger Rechtsschutz . 11

I. Überblick

§ 232 ergänzt die Normen über das Recht oder die Pflicht zur Sicherheitsleistung, z. B. §§ 273 III, 1051, indem die Art und Weise der Sicherheitsleistung festgelegt wird[1]. § 232 gibt dem zur Sicherheitsleistung Berechtigten oder Verpflichteten ein Wahlrecht. Das Wahlrecht des Berechtigten wirft keine besonderen prozessrechtlichen Probleme auf. Daher ist nur auf das Wahlrecht des Verpflichteten einzugehen[2]. Gegen den Verpflichteten besteht ein **Anspruch** auf Sicherheitsleistung. **Besonderheiten** gelten für die Ansprüche aus § 1389 und § 1585a. S. dazu die Kommentierung der angegebenen Vorschriften. **Im Übrigen** gilt: 1

II. Leistungsklage

1. Regelfall

Wird der Anspruch auf Sicherheitsleistung durch Leistungsklage geltend gemacht, so muss der Klageantrag das Wahlrecht des Verpflichteten (Beklagten) berücksichtigen. Beispiel: Beantragt wird die Verurteilung des Beklagten, „nach seiner Wahl in einer durch § 232 I BGB bestimmten Weise dem Kläger Sicherheit in Höhe von 10 000 Euro zu leisten"[3]. 2

2. Bürgschaft

Bedacht werden muss auch die Möglichkeit, dass der Beklagte behauptet und im Streitfall beweist, die Sicherheit nach § 232 I nicht leisten zu können. In diesem Fall lässt § 232 II die Stellung eines tauglichen Bürgen zu. § 308 I Satz 1 ZPO verlangt einen entsprechenden **Klageantrag**, beispielsweise dahin gehend, dass der Beklag- 3

---

1 MünchKommBGB/Grothe, 4. Aufl., Rn. 1.
2 Keine Wahlschuld (Soergel/Fahse, 13. Aufl., Rn. 15).
3 Ähnlich Soergel/Fahse, 13. Aufl., Rn. 16.

te verurteilt wird, „durch selbstschuldnerische, unbedingte, unbefristete und unwiderrufliche Bürgschaft der N.N.-Bank dem Kläger Sicherheit in Höhe von 10 000 Euro zu leisten"[1]. Ergibt sich die Unfähigkeit des Beklagten zur Sicherheitsleistung nach § 232 I nicht schon vor dem Prozess, so muss der Kläger den Bürgschaftsantrag hilfsweise stellen. Wird der Bürgschaftsantrag erst nach Rechtshängigkeit gestellt, so ist er als Klageänderung zu beurteilen (§ 263 ZPO), aber unter den Voraussetzungen des § 264 Nr. 3 ZPO ohne weiteres zulässig.

4 Das Gesetz hält die Bürgschaft für weniger sicher als die Realsicherheiten des Absatzes 1 und lässt sie deshalb zum Schutz des Gläubigers nur subsidiär zu. Auf diesen Schutz kann der Gläubiger verzichten[2] und beispielsweise beantragen, dass der Beklagte verurteilt wird, „nach seiner Wahl in einer durch § 232 I BGB bestimmten Weise oder auf Verlangen des Klägers durch Bankbürgschaft ... Sicherheit ... zu leisten".

III. Rechtsschutzinteresse

5 Das Rechtsschutzinteresse für eine Klage auf Sicherheitsleistung entfällt nicht dadurch, dass der zu sichernde **Hauptanspruch** durch **Arrest** gesichert wird; denn der Arrest kann wieder aufgehoben werden (§§ 926 f. ZPO)[3]. Wohl aber entfällt das Rechtsschutzinteresse für eine Klage auf Sicherheitsleistung dadurch, dass der zu sichernde Hauptanspruch im **Klagewege** durchgesetzt werden kann[4].

IV. Sachliche Zuständigkeit

6 Sachlich zuständig sind die Amtsgerichte oder die Landgerichte, je nach Streitwert (§§ 23 Nr. 1, 71 I GVG). Der Streitwert bemisst sich nach dem Wert der zu sichernden Forderung oder nach dem geringeren Wert der Sicherheit (§ 6 ZPO)[5].

---

1 Vgl. Anders/Gehle, S. 111.
2 Soergel/Fahse, 13. Aufl., Rn. 14.
3 Kohler, ZZP 102, S. 61, Fn. 8.
4 Kohler, ZZP 102, 67 f.
5 Stein/Jonas/Roth, § 6, Rn. 21.

Arten [der Sicherheitsleistung] § 232

V. Zwangsvollstreckung

1. Allgemeines

Die Sicherheitsleistung nach Wahl des Schuldners ist eine **vertretbare Handlung** im Sinne des § 887 ZPO[1]. Daher muss der Gläubiger zum Zwecke der Zwangsvollstreckung bei dem Prozessgericht des ersten Rechtszuges **beantragen**, das Gericht möge ihn ermächtigen, auf Kosten des Schuldners die angegebene Handlung vornehmen zu lassen (§ 887 I ZPO) oder vorzunehmen[2]. Da der Schuldner sein Wahlrecht nicht durch Erklärung (wie nach § 263), sondern nur durch Erfüllung ausüben kann[3], die Erfüllung aber bei Beginn der Zwangsvollstreckung noch aussteht, muss jetzt der Gläubiger selbst eine der nach dem Titel geschuldeten Sicherheiten auswählen (analog § 264 I Halbsatz 1)[4]. Auch die Stellung eines Bürgen kann er nur dann durch Ersatzvornahme erzwingen, wenn sie im Titel vorgesehen ist (Rn. 3)[5]. 7

Solange jedoch der Gläubiger die von ihm gewählte Sicherheit noch nicht *empfangen* hat, kann sich der Schuldner durch eine **andere titulierte Sicherheit** von seiner Verbindlichkeit befreien (analog § 264 I Halbsatz 2)[6]. Gegen den Titel steht ihm dann die Vollstreckungsabwehrklage nach § 767 ZPO zu[7]. 8

2. Hinterlegung

Verlangt der Gläubiger Sicherheitsleistung durch Hinterlegung, so wird er **ermächtigt**, „auf Kosten des Schuldners den Betrag von . . . Euro im Wege der Zwangsvollstreckung hinterlegen zu lassen"[8]. Die Zwangsvollstreckung erfolgt nach §§ 803 ff. ZPO mit der 9

---

1 KG, FamRZ 1994, 1478; MünchKommZPO/Schilken, § 887, Rn. 3; Stein/Jonas/Brehm, § 887, Rn. 20; Zöller/Stöber, § 887, Rn. 3.
2 MünchKommZPO/Schilken, § 887, Rn. 11.
3 Staudinger/Werner, 13. Bearb., Rn. 12.
4 OLG Düsseldorf, FamRZ 1984, 704; KG, FamRZ 1994, 1478; Frey, S. 52.
5 Missverständlich Erman/Hefermehl, Rn. 10; Soergel/Fahse, 13. Aufl., Rn. 17. Im Falle KG, JW 1936, 1464, Nr. 34 wurde der Gläubiger zwar sogleich nach § 887 ZPO auf Kosten des Schuldners ermächtigt, zu seinen Gunsten die Bürgschaft einer Großbank beizubringen, doch war der Schuldner hier verurteilt, „Sicherheit in einer der im § 232 BGB vorgeschriebenen Weisen zu leisten", also nicht bloß nach § 232 I!
6 Vgl. MünchKommBGB/Gernhuber, § 1389, Rn. 13.
7 Soergel/Fahse, 13. Aufl., Rn. 16.
8 OLG Düsseldorf, FamRZ 1984, 704.

Maßgabe, dass der beigetriebene Geldbetrag als Sicherheitsleistung des Schuldners für den Gläubiger hinterlegt wird[1].

10 Nach anderer Ansicht wird der Gläubiger ermächtigt, auf Kosten des Schuldners die Hinterlegung selbst zu besorgen; will er den erforderlichen Geldbetrag nicht vorschießen und aufgrund der Ermächtigung i.V.m. dem Zahlungsnachweis beitreiben (§ 788 I Satz 1 ZPO), so muss er zusätzlich die Verurteilung des Schuldners zur Zahlung des erforderlichen Geldbetrages beantragen (§ 887 II ZPO)[2]. Auf diese Weise ist jedoch nicht sichergestellt, dass der beigetriebene Geldbetrag auch wirklich hinterlegt wird[3].

VI. Einstweiliger Rechtsschutz

11 In Rechtsprechung und Literatur herrscht Streit darüber, ob wegen des Anspruchs auf Sicherheitsleistung – zu unterscheiden von dem zu sichernden Hauptanspruch, z. B. auf Zugewinnausgleich aus § 1378 – der Arrest[4], eine einstweilige Verfügung[5], beides[6] oder keines von beiden[7] zulässig ist.

12 Der **Arrest** dient der Sicherung einer Geldleistung. Als Geldleistung mag auch die Sicherheitsleistung anzusehen sein. Wie soll jedoch eine Sicherheitsleistung „gesichert" werden? Der Arrest durch Pfändung steht der Verpfändung gleich[8], durch Verpfändung wird der Anspruch auf Sicherheitsleistung aber nicht nur gesichert, son-

---

1 OLG Düsseldorf, FamRZ 1984, 704.
2 OLG Koblenz, FamRZ 1973, 382.
3 OLG Düsseldorf, FamRZ 1984, 704.
4 So z. B. OLG Celle, FamRZ 1996, 1429; OLG Köln, FamRZ 1983, 710 (bei Verzug); OLG Hamm, FamRZ 1985, 71; Frey, S. 56 ff.; Gießler, Rn. 937; MünchKommZPO/Heinze, § 916, Rn. 7; Zöller/Vollkommer, § 916, Rn. 5. **A. A.** KG, FamRZ 1986, 1107; FamRZ 1994, 1478; OLG Hamburg, FamRZ 1988, 964.
5 So z. B. OLG Hamburg, FamRZ 1988, 964 f. (§ 940 ZPO); OLG Düsseldorf, FamRZ 1991, 351; Ebmeier/Schöne, Rn. 524; Kohler, ZZP 102, 65; Rahm/Künkel/Stollenwerk, IV Rn. 395.1.
6 So z. B. OLG Hamburg, NJW 1964, 1079; MünchKommBGB/Gernhuber, § 1389, Rn. 15; Soergel/Lange, § 1389, Rn. 12; Stein/Jonas/Grunsky, § 935, Rn. 5. **A. A.** OLG Hamm, FamRZ 1985, 71; Frey, S. 63.
7 OLG Celle, FamRZ 1984, 1231. Dagegen mit Recht Frey, S. 32 ff.
8 Zu vergleichen ist das Arrestpfandrecht wegen des Anspruchs auf Sicherheitsleistung mit dem Vertragspfandrecht zur Erfüllung des Anspruchs auf Sicherheitsleistung, nicht mit dem Pfändungspfandrecht wegen des Anspruchs auf Zugewinnausgleich – entgegen Frey, S. 57 f.

dern befriedigt[1]. Der Arrest gibt dem Gläubiger sogar mehr, als er nach § 232 zu beanspruchen hat, da er das Wahlrecht des Schuldners nach § 232 abschneidet[2] und als persönlicher Arrest die körperliche Bewegungsfreiheit des Schuldners einschränkt[3].

Da eine Sicherheitsleistung nach Wahl des Schuldners nicht gesichert werden kann, scheidet auch eine **Sicherungsverfügung** nach § 935 ZPO aus. 13

In Betracht kommt aber eine **Befriedigungsverfügung** nach § 940 ZPO. Sie ist zulässig, wenn der Schaden, der dem Antragsteller ohne die Sicherheitsleistung droht, nicht geringer ist als der Schaden, der dem Antragsgegner durch die Sicherheitsleistung entsteht (→ *Zahlung* Rn. 40)[4]. 14

Beispiel[5]: Die Parteien sind getrennt lebende Eheleute im gesetzlichen Güterstand, zwischen denen das Ehescheidungsverfahren schwebt. Der Mann beantragt, der Frau durch einstweilige Verfügung aufzugeben, ihm für seine Rechte auf den künftigen Ausgleich des Zugewinns nach ihrer Wahl in einer durch § 232 I BGB bestimmten Weise Sicherheit in Höhe von 24 000 Euro zu leisten. Der Verfügungsanspruch ergibt sich hier aus § 1389. Ein Verfügungsgrund ist bei der in § 1389 vorausgesetzten erheblichen Gefährdung regelmäßig gegeben. 15

Ergänzungspflicht

240 Wird die geleistete Sicherheit ohne Verschulden des Berechtigten unzureichend, so ist sie zu ergänzen oder anderweitige Sicherheit zu leisten.

§ 240 gibt dem Berechtigten einen **Anspruch**, der nach Wahl des Verpflichteten[6] auf **Ergänzung** der geleisteten Sicherheit oder auf

---

1 Das übersieht Stein/Jonas/Grunsky, § 935, Rn. 5. Auf den Zugewinnausgleichsanspruch kommt es auch insoweit nicht an, entgegen Frey, S. 58 f.
2 KG, FamRZ 1986, 1107. Allerdings soll der Schuldner durch Verzug das Wahlrecht verlieren (OLG Köln, FamRZ 1983, 710. A. A. Soergel/Fahse, 13. Aufl., Rn. 15).
3 Frey, S. 65 f. sieht nicht den Wertungswiderspruch zu § 232.
4 Diese Möglichkeit verneint OLG Celle, FamRZ 1984, 1231.
5 Fall des OLG Hamm, FamRZ 1985, 71.
6 Soergel/Fahse, 13. Aufl., Rn. 8.

anderweitige **Sicherheitsleistung** gerichtet ist. Für diesen Anspruch gilt prozessrechtlich dasselbe wie für den Anspruch aus § 232 (s. dort).

Pflichten aus dem Schuldverhältnis

241 (1) ¹**Kraft des Schuldverhältnisses ist der Gläubiger berechtigt, von dem Schuldner eine Leistung zu fordern.** ²**Die Leistung kann auch in einem Unterlassen bestehen.**

(2) **Das Schuldverhältnis kann nach seinem Inhalt jeden Teil zur Rücksicht auf die Rechte, Rechtsgüter und Interessen des anderen Teils verpflichten.**

§ 241 I ist eine so genannte Definitionsnorm, die das Recht des Gläubigers, von dem Schuldner eine Leistung zu fordern („Forderung"), in eine unklare Beziehung zu dem „Schuldverhältnis" setzt. Die Forderung ist eine Art des Anspruchs[1], und zwar ein Anspruch, der in einem Schuldverhältnis (i. e. S.) besteht oder von einem Schuldverhältnis (i. w. S.) umfasst wird oder daraus hervorgeht[2]. Das Verhältnis der Forderung zu Pflicht und Haftung und die Struktur der Forderung sind die gleichen wie beim Anspruch (s. bei § 194).

Gattungsschuld

243 (1) **Wer eine nur der Gattung nach bestimmte Sache schuldet, hat eine Sache von mittlerer Art und Güte zu leisten.**

(2) **Hat der Schuldner das zur Leistung einer solchen Sache seinerseits Erforderliche getan, so beschränkt sich das Schuldverhältnis auf diese Sache.**

1 § 243 gilt unmittelbar nur für Sachleistungsansprüche, wird aber entsprechend auf andere Ansprüche angewandt[3]. Die Vorschrift gibt

---

1 So z. B. Georgiades, S. 133; Larenz, Allg. Teil, § 14 I, S. 243. **A. A.** Rimmelspacher, Anspruch, S. 40, der nicht beachtet, dass das BGB z. B. in § 390 Satz 2 von „Forderung" in der gleichen Bedeutung wie von „Anspruch" (§ 194 I) spricht.
2 S. dazu Staudinger/J. Schmidt, 13. Bearb., Einl. zu §§ 241 ff., Rn. 199 ff.
3 Palandt/Heinrichs, Rn. 1.

Gattungsschuld § 243

dem Schuldner eine Wahlmöglichkeit (→ *Wahlmöglichkeiten* Rn. 14). Ihre Hauptbedeutung entfaltete sie bei Übereignungsansprüchen (→ *Übereignung* Rn. 1). Besonderheiten gelten hier für die **Zwangsvollstreckung:**

I. Unbegrenzte Gattungsschuld
1. Vertretbare Sachen

Bei vertretbaren Sachen, d. h. solchen, die nach Zahl, Maß oder Gewicht bestimmt zu werden pflegen (§ 91), erfolgt die Zwangsvollstreckung dadurch, dass der Gerichtsvollzieher derartige Sachen dem Schuldner wegnimmt und dem Gläubiger übergibt (§ 884 ZPO; „eine bestimmte Menge" ist auch eine einzige Sache). Für die Übergabe im Sinne des § 929 Satz 1 genügt bereits die Wegnahme (§ 897 I ZPO). Die Einigungserklärung des Schuldners nach § 929 Satz 1 wird nach § 894 I ZPO fingiert. Sie bezieht sich auf die Sachen, die der Gerichtsvollzieher vor oder nach der Rechtskraft wegnimmt[1]. 2

Findet der Gerichtsvollzieher die geschuldeten Sachen nicht vor, so ist der Schuldner nicht zu einer eidesstattlichen Versicherung nach § 883 II ZPO verpflichtet, da § 884 ZPO nur auf § 883 I ZPO verweist. Dem Gläubiger bleibt dann nur die Pfändung eines Herausgabeanspruchs (§ 886 ZPO) oder die Schadensersatzklage (§ 893 ZPO)[2]. 3

2. Unvertretbare Sachen

Bei unvertretbaren Sachen, also solchen, die nicht nach Zahl, Maß oder Gewicht bestimmt sind, hat der Gerichtsvollzieher keine genügenden Anhaltspunkte für eine Auswahl. Daher wird der Übereignungsanspruch als nicht vollstreckbar angesehen[3]. Näher liegt es – schon wegen der engen Nachbarschaft von Gattungs- und Wahlschuld – analog § 264 I (s. dort, Rn. 8) dem Gläubiger die Wahl zu überlassen und nach §§ 883, 894 ZPO zu vollstrecken[4]. 4

---

1 Jahnke, ZZP 93, 61.
2 MünchKommZPO/Schilken, § 884, Rn. 5.
3 So die Rechtsprechung; Nachw. bei MünchKommZPO/Schilken, § 884, Rn. 2.
4 Jahnke, ZZP 93, 63 ff. **A. A.** („de lege lata nicht zu begründen") MünchKommZPO/Schilken, § 884, Rn. 2.

II. Begrenzte Gattungsschuld

5 Besteht die Gattung aus einem Vorrat des Schuldners, so richtet sich die Zwangsvollstreckung bei vertretbaren wie bei unvertretbaren Sachen nach §§ 883, 894 ZPO[1].

Art und Umfang des Schadensersatzes

249 [1]Wer zum Schadensersatz verpflichtet ist, hat den Zustand herzustellen, der bestehen würde, wenn der zum Ersatz verpflichtende Umstand nicht eingetreten wäre. [2]Ist wegen Verletzung einer Person oder wegen Beschädigung einer Sache Schadensersatz zu leisten, so kann der Gläubiger statt der Herstellung den dazu erforderlichen Geldbetrag verlangen.

§§ 249 ff. regeln **Ansprüche** auf **Schadensersatz**, sei es auf Naturalrestitution (→ *Schadensersatz* Rn. 1) oder auf → *Zahlung* (Rn. 1).

Abtretung der Ersatzansprüche

255 Wer für den Verlust einer Sache oder eines Rechts Schadensersatz zu leisten hat, ist zum Ersatz nur gegen Abtretung der Ansprüche verpflichtet, die dem Ersatzberechtigten auf Grund des Eigentums an der Sache oder auf Grund des Rechts gegen Dritte zustehen.

§ 255 gibt dem Schadensersatzpflichtigen gegen den Ersatzberechtigten ein Recht auf Abtretung von Ansprüchen des Ersatzberechtigten. Dieses Recht ist vor der Schadensersatzleistung eine **Einrede** im Sinne des § 273 (s. dort), nach der Schadensersatzleistung ein **Anspruch** auf Abtretung[2], d. h. auf → *Rechtsverschaffung* (Rn. 1).

---

1 MünchKommZPO/Schilken, § 883, Rn. 4. **A. A.** Jahnke, ZZP 93, 54 ff.
2 Soergel/Mertens, Rn. 8.

Befreiungsanspruch

257 ¹Wer berechtigt ist, Ersatz für Aufwendungen zu verlangen, die er für einen bestimmten Zweck macht, kann, wenn er für diesen Zweck eine Verbindlichkeit eingeht, Befreiung von der Verbindlichkeit verlangen. ²Ist die Verbindlichkeit noch nicht fällig, so kann ihm der Ersatzpflichtige, statt ihn zu befreien, Sicherheit leisten.

I. Anspruch auf Aufwendungsersatz

§ 257 Satz 1 bestimmt, dass ein Anspruch auf Aufwendungsersatz, z. B. aus § 670, auf **Befreiung von einer Verbindlichkeit** gerichtet sein kann (→ *Befreiung* Rn. 1). Andernfalls ist der Anspruch regelmäßig auf **Zahlung** gerichtet[1] (→ *Zahlung* Rn. 1) und schließt dann einen Zinsanspruch ein (§ 256). 1

II. Recht zur Sicherheitsleistung

1. Ersetzungsbefugnis

§ 257 Satz 2 gibt dem Schuldner des Befreiungsanspruchs, im Falle des § 670 dem Auftraggeber, als vorläufige Ersetzungsbefugnis[2] ein Recht zur Sicherheitsleistung im Sinne der §§ 232 ff. 2

2. Antrag

Dieses Recht sollte der Gläubiger in der **Klage** berücksichtigen[3], z. B. mit dem Antrag: „Der Beklagte wird verurteilt, den Kläger von seiner Verbindlichkeit gegenüber N.N. aus dem Vertrag vom ... in Höhe von 50 000 Euro zu befreien. Bis zur Fälligkeit dieser Verbindlichkeit am ... kann der Beklagte die Vollstreckung durch Sicherheitsleistung abwenden"[4]. Einer uneingeschränkten Klage gibt das Gericht nur eingeschränkt statt, unter Abweisung im Übrigen. Ein **Antrag des Beklagten** ist dazu nicht erforderlich[5]. Der Beklagte muss als Schuldner nur wählen, ob er Sicherheit leisten will, nicht, ob sein Recht zur Sicherheitsleistung im Urteil vorbehalten werden 3

---

1 MünchKommBGB/Seiler, § 670, Rn. 11.
2 MünchKommBGB/Krüger, 4. Aufl., Rn. 14.
3 Erman/Kuckuk, § 262, Rn. 9.
4 Gerhardt, Befreiungsanspruch, S. 25.
5 MünchKommBGB/Habersack, § 775, Rn. 14.

soll. Gleichwohl kann es sich empfehlen, dass der Beklagte den Vorbehalt durch Widerklage beantragt (§§ 33, 256 I ZPO, vgl. Rn. 5). Hat der Beklagte bereits Sicherheit geleistet, so wird er trotzdem zur Befreiung verurteilt, aber mit dem Zusatz: „Bis zur Fälligkeit dieser Verbindlichkeit am . . . ist die Zwangsvollstreckung unzulässig"[1].

3. Vollstreckung

4   Von dem Vollstreckungsorgan wird das Recht zur künftigen Sicherheitsleistung nur berücksichtigt, wenn es im Titel vorbehalten ist[2]. Der Vorbehalt gehört auch in einen Zahlungstitel nach § 887 II ZPO[3]. Dann kann der Schuldner durch Sicherheitsleistung eine einstweilige Einstellung nach §§ 775 Nr. 3, 776 Satz 1 ZPO erreichen[4]. Geht aus dem Titel nicht hervor, wann die Verbindlichkeit des Bereicherungsgläubigers fällig wird und somit das Recht zur Sicherheitsleistung endet, so ist die Fälligkeit analog § 726 I ZPO vom Gläubiger nachzuweisen[5].

5   Fehlt der Vorbehalt im Titel, so kommt nur eine Vollstreckungsabwehrklage aufgrund inzwischen geleisteter Sicherheit in Betracht (§ 767 ZPO)[6]. Von dem Schuldner kann jedoch erwartet werden, dass er sich das Recht zur Sicherheitsleistung bereits in dem Titel vorbehalten lässt und einen Streit darüber, ob die Sicherheitsleistung dem Titel entspricht, im Verfahren der Erinnerung oder Beschwerde austrägt (§§ 766, 793 ZPO, § 11 RPflG), nicht für ein zweites Klageverfahren aufspart. Wenn der Schuldner nach der Rechtsprechung sogar ein Gestaltungsrecht schon im Prozess des Titels einwenden muss, dann kann von ihm erst recht erwartet werden, dass er sich sein Recht zur Sicherheitsleistung im Titel vorbehalten lässt. Eine Vollstreckungsabwehrklage ist daher analog § 767 II ZPO unzulässig.

---

1 Rimmelspacher, JR 1976, 89 will die Klage abweisen; aber dann müsste die Klage nach Fälligkeit unnötig wiederholt werden.
2 A. A. anscheinend MünchKommBGB/Habersack, § 775, Rn. 14.
3 OLG Frankfurt, JurBüro 1978, 770, 771; Gerhardt, Befreiungsanspruch, S. 28.
4 OLG Frankfurt, JurBüro 1978, 770, 771 und Gerhardt, Befreiungsanspruch, S. 28 wenden §§ 775 Nr. 4, 776 S. 2 ZPO an.
5 Gerhardt, Befreiungsanspruch, S. 28 ff.
6 Dafür Gerhardt, Befreiungsanspruch, S. 26 f.

Wegnahmerecht

258 ¹Wer berechtigt ist, von einer Sache, die er einem anderen herauszugeben hat, eine Einrichtung wegzunehmen, hat im Falle der Wegnahme die Sache auf seine Kosten in den vorigen Stand zu setzen. ²Erlangt der andere den Besitz der Sache, so ist er verpflichtet, die Wegnahme der Einrichtung zu gestatten; er kann die Gestattung verweigern, bis ihm für den mit der Wegnahme verbundenen Schaden Sicherheit geleistet wird.

I. Instandsetzungsanspruch

§ 258 Satz 1 gibt dem Gläubiger eines Herausgabeanspruchs gegen den Schuldner einen Anspruch auf Instandsetzung der herauszugebenden Sache, falls der Schuldner von der Sache eine Einrichtung weggenommen hat, z. B. aufgrund eines Wegnahmerechts nach § 539 II. Der Instandsetzungsanspruch ähnelt dem Nachbesserungsanspruch des Käufers aus § 439, Rn. 19 ff. (s. dort). 1

II. Gestattungsanspruch

§ 258 Satz 2 gibt dem besitzlosen Wegnahmeberechtigten gegen den Besitzer einen **Anspruch** auf Gestattung der Wegnahme. „Gestattung" bedeutet **tatsächliche Ermöglichung**, d. h. hier Gewährung des Zugangs und Unterlassung von Widerstand. Der Besitzer muss also dem Wegnahmeberechtigten den Zugang zu der Sache gewähren und Widerstand gegen die Wegnahme unterlassen. 2

Eine **Erlaubnis** der Wegnahme genügt nicht. Die Erlaubnis ist zwar erforderlich, weil eine Wegnahme ohne Erlaubnis verbotene Eigenmacht wäre (§ 858 I)[1]. Sie wird aber nicht eigens eingeklagt und mit der Rechtskraft des Urteils nach § 894 I ZPO erzwungen, sondern durch ein vorläufig vollstreckbares Gestattungsurteil ersetzt. 3

Ein **Verbot** der Wegnahme wäre als zu unterlassender Widerstand zu qualifizieren. 4

Eine **Leistungsklage** müsste z. B. die Verurteilung des Beklagten beantragen, dem Kläger die Wegnahme der Wandschränke in dem Haus Petersweiher 90 in Gießen zu ermöglichen. 5

---

1 Vgl. Soergel/Mühl, § 867, Rn. 2; Soergel/Stürner, § 1044, Rn. 2.

6 **Sachlich zuständig** sind die Amtsgerichte oder die Landgerichte, je nach Streitwert (§§ 23 Nr. 1, 71 I GVG). Der Streitwert bemisst sich nach dem Wert der wegzunehmenden Sachen (§ 6 Satz 1 ZPO).

7 Die **Zwangsvollstreckung** richtet sich, soweit es um die Gewährung des Zugangs geht, nach § 888 I ZPO, soweit es um die Unterlassung von Widerstand geht, nach § 890 ZPO. Leistet der Schuldner Widerstand gegen die von ihm zu duldende Wegnahme, so kann der Gläubiger wahlweise auch nach § 892 ZPO vorgehen[1].

III. Einrede

8 § 258 Satz 2 Halbsatz 2 gibt dem Gestattungspflichtigen gegen den Gestattungsanspruch eine Einrede. Strittig ist, ob die Ausübung der Einrede zur Abweisung einer Leistungsklage als derzeit unbegründet führt[2] (s. bei § 214) oder nur zur Verurteilung Zug um Zug (s. bei § 274).

Umfang der Rechenschaftspflicht

259 (1) Wer verpflichtet ist, über eine mit Einnahmen oder Ausgaben verbundene Verwaltung Rechenschaft abzulegen, hat dem Berechtigten eine die geordnete Zusammenstellung der Einnahmen oder der Ausgaben enthaltende Rechnung mitzuteilen und, soweit Belege erteilt zu werden pflegen, Belege vorzulegen.

(2) Besteht Grund zu der Annahme, dass die in der Rechnung enthaltenen Angaben über die Einnahmen nicht mit der erforderlichen Sorgfalt gemacht worden sind, so hat der Verpflichtete auf Verlangen zu Protokoll an Eides statt zu versichern, dass er nach bestem Wissen die Einnahmen so vollständig angegeben habe, als er dazu imstande sei.

(3) In Angelegenheiten von geringer Bedeutung besteht eine Verpflichtung zur Abgabe der eidesstattlichen Versicherung nicht.

---

1 MünchKommZPO/Schilken, § 892, Rn. 2; Zöller/Stöber, § 892, Rn. 1.
2 So mit Recht Roth, Einrede, S. 200 ff., mit weiteren Nachw., im Anschluss an Oesterle.

I. Überblick

Ansprüche auf „Rechenschaft", z. B. aus § 666, können sich beziehen auf eine mit Einnahmen oder Ausgaben verbundene Verwaltung oder auf ein sonstiges Geschäft[1]. Soweit sie sich auf ein **sonstiges Geschäft** beziehen, gilt für sie das Gleiche wie für andere Auskunftsansprüche (→ *Auskunft* Rn. 1). Soweit sie sich auf eine mit Einnahmen oder Ausgaben verbundene **Verwaltung** beziehen, werden sie durch § 259 in dreifacher Weise konkretisiert: 1

II. Rechnungslegung

Der Gläubiger des Rechenschaftsanspruchs hat einen **Anspruch** darauf, dass der Schuldner ihm eine Rechnung mitteilt, die eine geordnete Zusammenstellung der Einnahmen oder der Ausgaben oder beider enthält (§ 259 I). 2

Eine **Leistungsklage** müsste z. B. beantragen: „Die Beklagte wird verurteilt, dem Kläger eine Rechnung mitzuteilen, in der ihre Einnahmen aus dem Verkauf von Kalksteinen im Jahre 1994 geordnet zusammengestellt sind"[2]. 3

Sachlich zuständig sind die Amtsgerichte oder die Landgerichte, je nach Streitwert (§§ 23 Nr. 1, 71 I GVG). Den Streitwert setzt die Rechtsprechung nach § 3 ZPO für den Normalfall meist zwischen 10 und 25% des Wertes der *Hauptforderung* an, derentwegen die Rechnungslegung verlangt wird[3]. Es kommt darauf an, wie stark der Kläger für die Durchsetzung des Hauptanspruchs auf die Rechnungslegung angewiesen ist. 4

Die **materielle Rechtskraft** folgt den allgemeinen Regeln[4]. Die rechtskräftige Feststellung, dass ein Anspruch auf Rechnungslegung besteht oder nicht besteht, präjudiziert nicht die Entscheidung über den Hauptanspruch[5]. Die beiden Ansprüche haben verschiedene Ziele – hier die Rechnungslegung, dort die Hauptleistung. Sie sind auch in ihrem Bestand voneinander unabhängig, da der Schuld- 5

---

1 Vgl. MünchKommBGB/Seiler, § 666, Rn. 10.
2 Vgl. BGHZ 10, 385.
3 Näher Schneider/Herget, Rn. 3650 ff.; Stein/Jonas/Roth, § 3, Rn. 41, „Auskunftsanspruch".
4 Vgl. Soergel/Wolf, Rn. 55.
5 BGH, NJW 1964, 2061, 2062. **A. A.** Rimmelspacher, Anspruch, S. 288; Zeuner, Rechtskraft, S. 160, 162.

ner zur Rechnungslegung verpflichtet sein kann, ohne eine Hauptleistung zu schulden, und umgekehrt. Dass die Rechnungslegung dazu dient, die Hauptleistung zu erzwingen, reicht für die Rechtskraftwirkung nicht aus (§§ 322 I, 256 II ZPO).

6 Die **Zwangsvollstreckung** richtet sich grundsätzlich nach § 888 ZPO; doch gilt § 887 ZPO, wenn sich der Gläubiger damit begnügt, dass ein sachverständiger Dritter aufgrund schriftlicher Unterlagen die Abrechnung erstellt[1].

7 Zur **einstweiligen Verfügung** s. → *Auskunft* Rn. 6–8.

III. Vorlegung oder Übereignung von Belegen

8 Soweit Belege erteilt zu werden pflegen, kann der Gläubiger deren Vorlegung verlangen (§ 259 I). Diese Vorschrift wird weitgehend verdrängt durch § 667, der nicht nur zur Vorlegung, sondern zur Übereignung von Belegen verpflichtet.

9 Eine **Leistungsklage** müsste z. B. beantragen: „Die Beklagte wird verurteilt, dem Kläger alle Belege über ihre Einnahmen aus dem Verkauf von Kalksteinen im Jahre 1994 vorzulegen (zu übereignen)". Ein solcher Antrag ist jedoch nur dann genügend bestimmt (§ 253 II Nr. 2 ZPO), wenn die Belege in einer einzigen Art, z. B. als Rechnungen, erteilt zu werden pflegen; kommen dagegen mehrere Arten von Belegen in Betracht, muss der Kläger angeben, welche Art von Belegen vorgelegt werden soll[2].

10 Zur **sachlichen Zuständigkeit** s. Rn. 4.

11 Die **Zwangsvollstreckung** richtet sich nach § 888 ZPO, wenn die Vorlegung von Belegen im Rahmen der Rechnungslegung erzwungen werden soll, sonst nach § 883 ZPO[3].

IV. Eidesstattliche Versicherung

12 Nach § 259 II, III kann der Gläubiger unter Umständen eine eidesstattliche Versicherung verlangen.

---

1 Vgl. OLG Zweibrücken, DGVZ 1998, 10; Stein/Jonas/Brehm, § 887, Rn. 15; Trauzettel, S. 130 ff. Vgl. auch Zöller/Stöber, § 888, Rn. 3 „Rechnungslegung".
2 BGH, NJW 1983, 1056.
3 OLG Köln, NJW-RR 1996, 382; Stein/Jonas/Brehm, § 883, Rn. 12; Trauzettel, S. 136 ff.; Zöller/Stöber, § 888, Rn. 3, „Belege".

Eine **Leistungsklage** müsste z. B. beantragen: „Die Beklagte wird verurteilt, zu Protokoll an Eides statt zu versichern, dass sie in ihrer dem Kläger mitgeteilten Rechnung nach bestem Wissen die Einnahmen so vollständig angegeben habe, als sie dazu imstande sei". 13

Für eine Klage auf Abgabe der eidesstattlichen Versicherung fehlt das **Rechtsschutzinteresse** (Zweckmäßigkeit), wenn eine vertraglich vereinbarte **Bucheinsicht** „voraussichtlich schneller, besser und ohne zusätzliche Inanspruchnahme gerichtlicher Hilfe zum Ziel führt"[1]. 14

Sachlich zuständig sind die Amtsgerichte oder die Landgerichte, je nach Streitwert (§§ 23 Nr. 1, 71 I GVG). Der Streitwert bemisst sich gemäß § 3 ZPO nach dem von dem Kläger erhofften Erfolg der eidesstattlichen Versicherung, wobei die Rechtsprechung je nach Lage des Falles einen Abschlag von 25–75% macht[2]. 15

Die Versicherung wird von dem nicht verurteilten Schuldner nach § 261 BGB abgegeben, von dem verurteilten Schuldner nach § 889 ZPO vor dem **Vollstreckungsgericht**. 16

V. Klagenhäufung

Die **Rechnungslegung** und die Vorlegung oder Übereignung von **Belegen** können in einer Klage beansprucht werden (§ 260 ZPO). 17

Nach der herrschenden Meinung können auch die Klagen auf **Rechnungslegung** und auf **eidesstattliche Versicherung** verbunden werden (analog § 254 ZPO)[3]. Doch wird zunächst nur über die Rechnungslegung durch Teilurteil entschieden (§ 301 ZPO); die Entscheidung über die eidesstattliche Versicherung ist erst zulässig, nachdem Rechnung gelegt ist[4]. Erübrigt sich die eidesstattliche Versicherung, so ist die Klage insoweit als unbegründet abzuweisen, wenn sie nicht zurückgenommen wird[5]. Dringt die Klage auf 18

---

1 BGH, NJW 1998, 1636 = MDR 1998, 921.
2 Stein/Jonas/Roth, § 3, Rn. 45, „Eidesstattliche Versicherung bei materiellrechtlichem Anspruch".
3 BGHZ 10, 386; MünchKommZPO/Lüke, § 254, Rn. 7; Stein/Jonas/Schumann, § 254, Rn. 2 f. **Dagegen** mit beachtlichen Gründen Assmann, S. 55 ff. Der Übergang von der einen zur anderen Klage ist nach § 264 Nr. 2 ZPO ohne weiteres zulässig (Trauzettel, S. 49 f.).
4 BGHZ 10, 386.
5 Soergel/Wolf, Rn. 52. Zu § 93 ZPO s. OLG München, MDR 1988, 782.

§ 260 Herausgabe oder Auskunft über Inbegriff von Gegenständen

Rechnungslegung aber nicht durch, so ist die Klage auf eidesstattliche Versicherung hinfällig, weil sie nur unter der zulässigen innerprozessualen Bedingung eines Erfolgs der Klage auf Rechnungslegung erhoben wurde.

19 Mit einer Klage auf **Rechnungslegung usw.** kann schließlich die Klage auf **Herausgabe** desjenigen verbunden werden, was der Beklagte aus dem zugrunde liegenden Rechtsverhältnis schuldet (§ 254 ZPO), z. B. Herausgabe der 6% des Verkaufserlöses, die der Kläger beansprucht. S. näher → *Auskunft* Rn. 9 ff.

Pflichten bei Herausgabe oder Auskunft über Inbegriff von Gegenständen

260 (1) Wer verpflichtet ist, einen Inbegriff von Gegenständen herauszugeben oder über den Bestand eines solchen Inbegriffs Auskunft zu erteilen, hat dem Berechtigten ein Verzeichnis des Bestands vorzulegen.

(2) Besteht Grund zu der Annahme, dass das Verzeichnis nicht mit der erforderlichen Sorgfalt aufgestellt worden ist, so hat der Verpflichtete auf Verlangen zu Protokoll an Eides statt zu versichern, dass er nach bestem Wissen den Bestand so vollständig angegeben habe, als er dazu imstande sei.

(3) Die Vorschrift des § 259 Abs. 3 findet Anwendung.

1 § 260 bezieht sich auf Herausgabe- und Auskunftsansprüche, z. B. aus §§ 985, 666, die einen **Inbegriff von Gegenständen** betreffen, z. B. ein Warenlager oder alle Rechte und Pflichten aus einer bestimmten Tätigkeit. Diese Ansprüche werden in zweifacher Weise geregelt:

2 Der Gläubiger des Herausgabe- oder Auskunftsanspruchs kann verlangen, dass ihm ein Verzeichnis des Bestandes der Gegenstände vorgelegt wird (§ 260 I). Der **Anspruch** auf **Vorlegung eines Bestandsverzeichnisses** ähnelt dem Anspruch auf Rechnungslegung gemäß § 259 I und ist deshalb prozessrechtlich gleich zu behandeln (§ 259, Rn. 2 ff.)[1].

---

1 Ebenso zur sachlichen Zuständigkeit Stein/Jonas/Roth, § 3, Rn. 45, „Errichtung eines Vermögensverzeichnisses".

Verzug des Wahlberechtigten § 264

Der Gläubiger hat ferner unter Umständen einen **Anspruch** auf 3
Abgabe einer **eidesstattlichen Versicherung** (§ 260 II, III, wie § 259,
Rn. 12 ff.).

Wahlschuld; Wahlrecht

262 Werden mehrere Leistungen in der Weise geschuldet, dass nur die eine oder die andere zu bewirken ist, so steht das Wahlrecht im Zweifel dem Schuldner zu.

Ausübung des Wahlrechts; Wirkung

263 (1) Die Wahl erfolgt durch Erklärung gegenüber dem anderen Teil.
(2) Die gewählte Leistung gilt als die von Anfang an allein geschuldete.

Verzug des Wahlberechtigten

264 (1) Nimmt der wahlberechtigte Schuldner die Wahl nicht vor dem Beginn der Zwangsvollstreckung vor, so kann der Gläubiger die Zwangsvollstreckung nach seiner Wahl auf die eine oder auf die andere Leistung richten; der Schuldner kann sich jedoch, solange nicht der Gläubiger die gewählte Leistung ganz oder zum Teil empfangen hat, durch eine der übrigen Leistungen von seiner Verbindlichkeit befreien.

(2) ¹Ist der wahlberechtigte Gläubiger im Verzug, so kann der Schuldner ihn unter Bestimmung einer angemessenen Frist zur Vornahme der Wahl auffordern. ²Mit dem Ablauf der Frist geht das Wahlrecht auf den Schuldner über, wenn nicht der Gläubiger rechtzeitig die Wahl vornimmt.

Unmöglichkeit bei Wahlschuld

265 ¹Ist eine der Leistungen von Anfang an unmöglich oder wird sie später unmöglich, so beschränkt sich das Schuldverhältnis auf die übrigen Leistungen. ²Die Beschränkung tritt nicht ein, wenn die Leistung infolge eines Umstands unmöglich wird, den der nicht wahlberechtigte Teil zu vertreten hat.

I. Überblick

1 Die in den §§ 262–265 geregelte **Wahlschuld** ist eine Schuld, bei der zunächst verschiedenartige Leistungen geschuldet werden, von denen der Gläubiger, der Schuldner oder ein Dritter[1] eine auszuwählen hat. Die Wahl verändert die Schuld willentlich (§ 263 II), ist also eine Gestaltungserklärung[2]. Ein Beispiel bietet das Wahlvermächtnis nach § 2154. Häufiger als die Wahlschuld sind die elektive Konkurrenz, die Ersetzungsbefugnis und die Gattungsschuld (→ *Wahlmöglichkeiten*).

II. Wahlrecht des Gläubigers

2 Der Gläubiger kann seine **Klage** von vornherein auf eine von ihm gewählte Leistung richten; dann gilt nichts Besonderes. Der Gläubiger kann sich aber auch die Wahl für später vorbehalten und z. B. nach § 2154 I Satz 1 beantragen: „Der Beklagte wird verurteilt, ein Gemälde aus der Erbschaft seines Vaters nach der Wahl des Klägers diesem zu übereignen und zu übergeben".

3 **Sachlich zuständig** sind die Amtsgerichte oder die Landgerichte, je nach Streitwert (§§ 23 Nr. 1, 71 I GVG). Der Streitwert bemisst sich im Beispielsfall nach dem Gemälde mit dem höchsten Wert (§ 3 ZPO)[3].

4 Die **Zwangsvollstreckung** hängt von der Art der geschuldeten Leistungen ab. Im Beispielsfall richtet sie sich nach den für Übereignungs- und Besitzeinräumungsansprüche geltenden Regeln (→ *Übereignung* Rn. 4, 5). Der Gläubiger kann seine Zuziehung zur Zwangsvollstreckung verlangen (§ 62 Nr. 5 GVGA), um selbst das

---

1 Gernhuber, Schuldverhältnis, § 11 II 2c; str.
2 Soergel/Wolf, § 262, Rn. 28.
3 Stein/Jonas/Roth, § 5, Rn. 29.

ihm passende Gemälde auswählen zu können. Die für die Übereignung nach § 929 Satz 1 erforderliche Übergabe erfolgt bereits mit der Wegnahme des vom Gläubiger ausgewählten Gemäldes durch den Gerichtsvollzieher (§ 897 I ZPO). Die Einigungserklärung, zu deren Abgabe der Schuldner verurteilt ist, bezieht sich auf das vom Gläubiger ausgewählte und vom Gerichtsvollzieher weggenommene Bild; sie gilt nach § 894 I ZPO als abgegeben.

Die **Pfändung** der Wahlforderung erfasst auch das Wahlrecht[1].   5

III. Wahlrecht des Schuldners oder eines Dritten

Die **Klage** muss das Wahlrecht berücksichtigen[2]. Beispiel nach   6
§ 2154 i.V.m. § 262: „Der Beklagte wird verurteilt, ein von ihm aus der Erbschaft seines Vaters ausgewähltes Gemälde dem Kläger zu übereignen und zu übergeben".

Sachlich zuständig sind die Amtsgerichte oder die Landgerichte, je   7
nach Streitwert (§§ 23 Nr. 1, 71 I GVG). Der Streitwert bemisst sich im Beispielsfall nach dem Gemälde mit dem geringsten Wert (§ 3 ZPO)[3].

Die **Zwangsvollstreckung** hängt von der Art der geschuldeten Leis-   8
tungen ab. Im Beispielsfall muss der Gläubiger bei dem zuständigen Gerichtsvollzieher beantragen, dass dieser ein von dem Schuldner aus der Erbschaft seines Vaters ausgewähltes Gemälde wegnimmt. Der Vollstreckungsantrag enthält konkludent die Bevollmächtigung des Gerichtsvollziehers, die dem Gläubiger gegenüber abzugebende Wahlerklärung des Schuldners entgegenzunehmen (§§ 263 I, 164 III). Nimmt der Schuldner die Wahl nicht vor dem Beginn der Zwangsvollstreckung, d. h. nach der Aufforderung durch den Gerichtsvollzieher, vor, so kann der Gläubiger – oder mit seiner Vollmacht der Gerichtsvollzieher – bestimmen, welches Bild weggenommen werden soll; der Schuldner kann sich jedoch bis zur Wegnahme durch freiwillige Leistung eines anderen Bildes von seiner Verbindlichkeit befreien (§ 264 I).

---

1 Soergel/Wolf, § 262, Rn. 3.
2 Erman/Kuckuk, § 262, Rn. 8.
3 Stein/Jonas/Roth, § 5, Rn. 29.

Ablösungsrecht des Dritten

268 (1) ¹Betreibt der Gläubiger die Zwangsvollstreckung in einen dem Schuldner gehörenden Gegenstand, so ist jeder, der Gefahr läuft, durch die Zwangsvollstreckung ein Recht an dem Gegenstand zu verlieren, berechtigt, den Gläubiger zu befriedigen. ²Das gleiche Recht steht dem Besitzer einer Sache zu, wenn er Gefahr läuft, durch die Zwangsvollstreckung den Besitz zu verlieren.

(2) Die Befriedigung kann auch durch Hinterlegung oder durch Aufrechnung erfolgen.

(3) ¹Soweit der Dritte den Gläubiger befriedigt, geht die Forderung auf ihn über. ²Der Übergang kann nicht zum Nachteil des Gläubigers geltend gemacht werden.

I. Ablösungsrecht

1   § 268 I gibt einem Dritten, der durch eine Zwangsvollstreckung ein beschränktes dingliches Recht oder den Besitz zu verlieren droht, das Recht zur Befriedigung des Gläubigers.

1. Beschränktes dingliches Recht

2   § 268 I Satz 1 regelt folgenden Fall: Der Gläubiger betreibt die Zwangsvollstreckung wegen einer Geldforderung[1] in einen bestimmten Gegenstand (Sache oder Recht). Der Gegenstand gehört zwar dem Schuldner, an ihm hat aber ein Dritter ein beschränktes dingliches Recht[2], das er durch die Zwangsvollstreckung zu verlieren droht. Wird nämlich eine gepfändete **bewegliche Sache** vom Gerichtsvollzieher veräußert, so erlöschen die daran bestehenden beschränkten dinglichen Rechte; der Ersteher erwirbt das Eigentum lastenfrei[3]. Wird eine gepfändete und überwiesene **Forderung** von dem Vollstreckungsgläubiger eingezogen, so erlischt sie (§ 362) und mit ihr erlöschen die daran bestehenden beschränkten „dinglichen" Rechte. Dagegen erlöschen die beschränkten dinglichen Rechte an einem **Grundstück** wegen ihres Vorrangs nicht dadurch, dass nachträglich die Zwangsversteigerung (§§ 10 I Nr. 4, 44 I, 52, 91 ZVG)

---
1 Staudinger/Bittner, 14. Bearb. 2001, Rn. 5.
2 Staudinger/Bittner, 14. Bearb. 2001, Rn. 7.
3 Stein/Jonas/Münzberg, § 817, Rn. 21; Zöller/Stöber, § 817, Rn. 8.

oder die Zwangsverwaltung (§ 155 II ZVG) angeordnet oder einer Zwangshypothek eingetragen wird (§ 867 I Satz 2 ZPO).

2. Besitz

Im Falle des § 268 I Satz 2 droht dem Dritten durch die Zwangsvollstreckung der Verlust des Besitzes.

Der unmittelbare Besitz einer **beweglichen Sache** kann dem Dritten zunächst nicht ohne seinen Willen entzogen werden, weil gegen ihn kein Vollstreckungstitel vorliegt (§ 809 ZPO). Um einen Vollstreckungstitel gegen den Dritten zu erlangen, muss der Vollstreckungsgläubiger den Herausgabeanspruch des Vollstreckungsschuldners gegen den Dritten pfänden und sich überweisen lassen (§§ 846 f. ZPO) und alsdann den Dritten auf Herausgabe verklagen.

Den unmittelbaren Besitz eines **Grundstücks** kann der Dritte nur infolge einer Zwangsversteigerung verlieren (§§ 57 ff. ZVG), nicht infolge einer nach „Überlassung" angeordneten Zwangsverwaltung (§ 152 II ZVG)[1] oder einer Zwangshypothek.

II. Sonstige Abwehr der Zwangsvollstreckung

Der Dritte kann die Zwangsvollstreckung auch ohne Befriedigung des Gläubigers verhindern, zwar nicht als **besitzloser Pfandgläubiger** einer beweglichen Sache, z. B. Inhaber eines Vermieterpfandrechts (§ 805 ZPO), wohl aber als **Besitzer**, und zwar durch Ablehnung der Herausgabe (§ 809 ZPO), notfalls Vollstreckungserinnerung (§ 766 I ZPO), als besitzender Pfandgläubiger wahlweise durch Drittwiderspruchsklage (§ 771 ZPO)[2], als Inhaber eines **sonstigen** beschränkten dinglichen **Rechts** unter Umständen nach § 771 ZPO[3]. Diese weniger sicheren Abwehrmöglichkeiten schließen das Ablösungsrecht nach § 268 nicht aus[4].

---

1 Soergel/Wolf, Rn. 8.
2 Stein/Jonas/Münzberg, § 766, Rn. 55; Zöller/Stöber, § 805, Rn. 5.
3 MünchKommZPO/K. Schmidt, § 771, Rn. 33 ff.; Zöller/Stöber, § 771, Rn. 14.
4 A. A. zu § 771 ZPO Staudinger/Bittner, 14. Bearb. 2001, Rn. 10.

§ 273 Zurückbehaltungsrecht

Zurückbehaltungsrecht

273 (1) Hat der Schuldner aus demselben rechtlichen Verhältnis, auf dem seine Verpflichtung beruht, einen fälligen Anspruch gegen den Gläubiger, so kann er, sofern nicht aus dem Schuldverhältnis sich ein anderes ergibt, die geschuldete Leistung verweigern, bis die ihm gebührende Leistung bewirkt wird (Zurückbehaltungsrecht).

(2) Wer zur Herausgabe eines Gegenstands verpflichtet ist, hat das gleiche Recht, wenn ihm ein fälliger Anspruch wegen Verwendungen auf den Gegenstand oder wegen eines ihm durch diesen verursachten Schadens zusteht, es sei denn, dass er den Gegenstand durch eine vorsätzlich begangene unerlaubte Handlung erlangt hat.

(3) [1]Der Gläubiger kann die Ausübung des Zurückbehaltungsrechts durch Sicherheitsleistung abwenden. [2]Die Sicherheitsleistung durch Bürgen ist ausgeschlossen.

Wirkungen des Zurückbehaltungsrechts

274 (1) Gegenüber der Klage des Gläubigers hat die Geltendmachung des Zurückbehaltungsrechts nur die Wirkung, dass der Schuldner zur Leistung gegen Empfang der ihm gebührenden Leistung (Erfüllung Zug um Zug) zu verurteilen ist.

(2) Auf Grund einer solchen Verurteilung kann der Gläubiger seinen Anspruch ohne Bewirkung der ihm obliegenden Leistung im Wege der Zwangsvollstreckung verfolgen, wenn der Schuldner im Verzug der Annahme ist.

Inhaltsübersicht

A. Die Einrede des Zurückbehaltungsrechts 1	IV. Leistungsverweigerung in der Berufungsinstanz . . . 9
B. Leistungsklage des Gläubigers 3	V. Leistungsverweigerung in der Revisionsinstanz 10
I. Wirkung der Einrede 3	VI. Keine Leistungsverweigerung 11
II. Außergerichtliche Leistungsverweigerung 4	VII. Zuständigkeit 13
III. Gerichtliche Leistungsverweigerung 6	VIII. Zwangsvollstreckung . . . 15
	IX. Annahmeverzug 17

X. Uneingeschränkte Klage . . . 18
  1. Regelfall 18
    a) Eingeschränkte Ver-
      urteilung 18
    b) Erhebung des Einwan-
      des während des Prozes-
      ses 20
    c) Rechtskräftige Feststel-
      lung 21

  2. Kein Interesse an Zug um
    Zug 22
XI. Eingeschränkte Klage 23
C. Klagen des Schuldners . . . 26
  I. Gegenanspruch 26
  II. Einrederecht, Beschränkung
    des Hauptanspruchs 30

A. Die Einrede des Zurückbehaltungsrechts

§ 273 regelt den Fall, dass der Schuldner seinerseits einen fälligen   1
Anspruch gegen den Gläubiger hat **(Gegenanspruch)**, mit dem er
mangels Gleichartigkeit der geschuldeten Leistungsgegenstände
zwar nicht aufrechnen kann (§ 387), dessen gleichzeitige Befriedigung mit der Forderung des Gläubigers **(Hauptanspruch)** er aber
durch Leistungsverweigerung erzwingen können soll. Dazu muss
der Schuldner ausdrücklich oder konkludent[1] die **Erklärung** abgeben,
dass er die geschuldete Leistung verweigere, bis die ihm gebührende
Gegenleistung bewirkt werde (§ 273 I). Die Gegenleistung muss in
der Erklärung des Schuldners bestimmt angegeben werden[2], ebenso
im Urteil[3]. Soll die Gegenleistung von einem Dritten bestimmt
werden, wird sie aber nicht oder nicht verbindlich bestimmt, so
muss sie nach § 319 I Satz 2 vom Gericht festgesetzt werden[4]. Außerdem muss der Beklagte seinen Gegenanspruch individualisieren[5].

Durch die Befristung der Leistungsverweigerung unterscheidet sich   2
die Einrede des Zurückbehaltungsrechts von der dauernden Einrede
der Verjährung. Wie bei der Verjährung ist unter „**Einrede**" das
Leistungsverweigerungsrecht zu verstehen, das auch hier kein Gestaltungsrecht ist (§ 214, Rn. 1, 4)[6].

---

1 BGH, NJW 1999, 54; Erman/Kuckuk, § 273, Rn. 31; Soergel/Wolf, § 273,
  Rn. 57; § 274, Rn. 4.
2 Stein/Jonas/Münzberg, § 726, Rn. 13; Zöller/Greger, § 253, Rn. 13c; Zöl-
  ler/Stöber, § 756, Rn. 3.
3 BGHZ 45, 287 f.
4 Vorwerk, Kap. 15, Rn. 108. In seinem Fall könnte unter den Voraussetzungen des § 319 I Satz 2 auch geklagt werden auf Herausgabe, „Zug um
  Zug gegen Zahlung des gerichtlich festzusetzenden Betrages usw.".
5 Grunsky, Taktik, Rn. 91.
6 A. A. Erman/Kuckuk, § 273, Rn. 32; Soergel/Wolf, § 273, Rn. 61, u. a.,
  obwohl § 274 I ausdrücklich eine *prozessuale* Wirkung statuiert.

B. Leistungsklage des Gläubigers

I. Wirkung der Einrede

3 Der Gläubiger macht den Hauptanspruch in der Regel durch Leistungsklage geltend. Dann bewirkt die – durch Leistungsverweigerung ausgeübte – Einrede des Schuldners, dass er nur zur Leistung gegen Empfang der ihm gebührenden Leistung (**Erfüllung Zug um Zug**) verurteilt wird (§ 274 I), sofern die Klage nicht aus einem anderen Grund abzuweisen ist. Möglich ist auch eine doppelte Zug-um-Zug-Verurteilung, jeweils in bestimmtem Umfang, z. B. eines Bauherrn zur Zahlung des Restwerklohns Zug um Zug gegen Nachbesserung, diese Zug um Zug gegen Zahlung eines Zuschusses[1]. Die Zurückbehaltung empfiehlt sich im Beispielsfall, wenn der Bauherr den Verdacht hat, dass der Unternehmer nicht nachbessern kann oder will[2]. Der Streit darüber, ob der Unternehmer seine Nachbesserungspflicht erfüllt hat, kann durch Feststellungsurteil geklärt werden[3]. Ein **Grundurteil** entscheidet nicht über das Zurückbehaltungsrecht[4].

II. Außergerichtliche Leistungsverweigerung

4 Die Leistungsverweigerung kann schon außergerichtlich erklärt werden[5]. Dann muss die Tatsache der außergerichtlichen Leistungsverweigerung im Prozess von einer Partei dem Gericht vorgetragen werden; das verlangt der Verhandlungsgrundsatz. Meist wird die Tatsache der außergerichtlichen Leistungsverweigerung im Prozess von dem Schuldner als Beklagtem vorgetragen. Es genügt aber auch, dass der Gläubiger als Kläger Tatsachen für ein Zurückbehaltungsrecht vorträgt und dazu bemerkt, der Schuldner habe deswegen außergerichtlich die Leistung verweigert. Dann erreicht der Kläger aufgrund seines eigenen Vorbringens nur eine Zug-um-Zug-Verurteilung (Mangel der Schlüssigkeit). Dies ist vor allem bei Säumnis des Beklagten bedeutsam (§ 331 II ZPO).

5 Es muss also scharf unterschieden werden zwischen der **Leistungsverweigerung** wegen eines Zurückbehaltungsrechts, die außerge-

---

1 BGHZ 90, 357 ff.
2 Grunsky, Taktik, Rn. 105 ff.
3 Vgl. Vorwerk, M 15.50.
4 MünchKommZPO/Musielak, § 304, Rn. 25; Zöller/Vollkommer, § 304, Rn. 9.
5 So hier auch Roth, Einrede, S. 184.

richtlich erklärt werden kann, und dem **Prozessvortrag**, durch den die Tatsache der Leistungsverweigerung in den Prozess eingeführt wird. Die Leistungsverweigerung muss der Schuldner erklären, der Prozessvortrag kann auch von dem Gläubiger ausgehen.

III. Gerichtliche Leistungsverweigerung

Wird die Leistung im Prozess verweigert, d. h. in der mündlichen Verhandlung (§ 128 I ZPO), wenigstens durch Bezugnahme auf einen vorbereitenden Schriftsatz (§ 137 III ZPO), so ist die Tatsache der Leistungsverweigerung dem Gericht bekannt und muss deshalb nicht mehr eigens vorgetragen werden. 6

Der Beklagte kann auch **hilfsweise** die Leistung verweigern und in erster Linie Klageabweisung beantragen[1]. 7

Ferner kann der Beklagte die Leistungsverweigerung wieder **fallen lassen**. Ob darin ein Verzicht auf das Leistungsverweigerungsrecht liegt, ist Auslegungsfrage[2]. Im Zweifel besagt die Erklärung lediglich, dass der Beklagte gegenwärtig die Leistung nicht mehr verweigere[3]. Später kann er sie wieder verweigern[4]. 8

IV. Leistungsverweigerung in der Berufungsinstanz

In der Berufungsinstanz kann der Einwand des Zurückbehaltungsrechts in den Grenzen des § 531 II ZPO erstmals erhoben werden[5]. War er schon in der ersten Instanz erhoben worden, so muss er in der Berufungsinstanz nicht mehr wiederholt werden, da hier der gesamte Streitstoff der ersten Instanz im Rahmen der Berufungsanträge Gegenstand der Verhandlung und Entscheidung wird, ohne dass die Parteien ihn wiederholen müssen[6]. 9

---

1 Soergel/Wolf, § 274, Rn. 5; Soergel/Wiedemann, § 322, Rn. 9.
2 BGHZ 22, 269.
3 BGHZ 22, 269. Vgl. auch Roth, Einrede, S. 134, Fn. 68.
4 BGHZ 22, 270.
5 Soergel/Wolf, § 274, Rn. 5.
6 BGH, NJW 1990, 326 f. **A. A.** MünchKommZPO/Rimmelspacher, § 525, Rn. 3.

V. Leistungsverweigerung in der Revisionsinstanz

10 Wieweit das Revisionsgericht abweichend von § 559 I ZPO neue Tatsachen berücksichtigen darf, ist noch nicht abschließend geklärt. Geht man davon aus, dass neue Tatsachen grundsätzlich dann zu berücksichtigen sind, wenn sie keines Beweises bedürfen[1], so gilt Folgendes: Der Einwand des Zurückbehaltungsrechts kann in der Revisionsinstanz erhoben werden, wenn die ein Zurückbehaltungsrecht begründenden Tatsachen unstreitig sind[2]. Eine außergerichtliche Leistungsverweigerung kann als neue Tatsache in der Revisionsinstanz vorgetragen werden, wenn sie selbst und die ein Zurückbehaltungsrecht begründenden Tatsachen unstreitig sind. Ein während des Revisionsverfahrens entstandenes Zurückbehaltungsrecht kann berücksichtigt werden, wenn seine tatsächlichen Voraussetzungen unstreitig sind[3].

VI. Keine Leistungsverweigerung

11 Unterlässt es der Schuldner im Prozess, die Leistung zu verweigern, und wird auch von keiner Prozesspartei vorgetragen, dass der Schuldner die Leistung außergerichtlich verweigert habe, so hindert das Zurückbehaltungsrecht nicht ein uneingeschränktes Leistungsurteil, auch nicht ein Versäumnisurteil (§ 331 II ZPO). In der Zwangsvollstreckung wird das Zurückbehaltungsrecht dann nicht berücksichtigt[4]. Auch durch Vollstreckungsabwehrklage kann es nicht mehr geltend gemacht werden (§ 767 II ZPO)[5].

12 Ob das Gericht nach § 139 ZPO **berechtigt und verpflichtet** ist, den Schuldner im Prozess auf sein Einrederecht **hinzuweisen**, ist außerordentlich umstritten. Die Rechtsprechung hat eine solche Hinweispflicht bisher überwiegend abgelehnt[6]. Sie hat dabei möglicher-

---

1 Gottwald, ZZP 87, 465 ff.; Rosenberg/Schwab/Gottwald, § 145 II 3h; Stein/Jonas/Grunsky, § 561, Rn. 24. Vgl. auch Zöller/Gummer, § 559, Rn. 7 f.
2 BGHZ 1, 239 f. lässt den Einwand der Verjährung in der Revisionsinstanz nicht zu, verneint aber auch Verjährung.
3 Vgl. BGH, NJW 1990, 2754 f. Hier berief sich ein Bürge – schon im ersten Rechtszug – auf die Verjährung des Anspruchs gegen den Hauptschuldner, § 768 I 1.
4 OLG Stuttgart, Justiz 1970, 49.
5 Roth, Einrede, S. 176, 189; Zöller/Vollkommer, vor § 322, Rn. 64.
6 Nachw. bei MünchKommZPO/Peters, § 139, Rn. 43; Roth, Einrede, S. 279; Zöller/Greger, § 139, Rn. 17.

weise den Zweck des Einrederechts zu wenig berücksichtigt: Der Schuldner soll selbständig entscheiden, ob er die Leistung verweigern will. Diese Entscheidung kann er nach Lage der Dinge nur treffen, wenn ihn das Gericht über sein Einrederecht aufklärt[1].

VII. Zuständigkeit

Das Gericht muss nur für den Hauptanspruch zuständig sein, nicht für den Gegenanspruch, weil es darüber nicht rechtskräftig entscheidet (Rn. 27). Daher kommt es nur auf den Wert des Hauptanspruchs an. Auch wenn von vornherein feststeht, dass allein der Gegenanspruch zwischen den Parteien umstritten ist, wird doch nicht der Wert des Gegenanspruchs – begrenzt durch den Wert des Hauptanspruchs – zugrunde gelegt[2].

13

Dieser Standpunkt führt nicht zu „absurden Ergebnissen"[3]. Denn wenn z. B. auf Übereignung eines Grundstücks im Wert von 200 000 Euro geklagt wird, dann streiten die Parteien um ein Grundstück im Wert von 200 000 Euro, gleichgültig, aus welchen Motiven der Beklagte die Übereignung verweigert. Dass der Beklagte lediglich einen Gegenanspruch von 200 Euro durchsetzen will, ändert für den Kläger nichts daran, dass ihm das Grundstück im Wert von 200 000 Euro vorenthalten wird. In vielen Prozessen geht der Streit im Kern um irgendwelche Nebensächlichkeiten, ohne dass diese Nebensächlichkeiten den Streitwert bestimmen!

14

VIII. Zwangsvollstreckung

Die Zwangsvollstreckung eines Zug-um-Zug-Urteils durch den **Gläubiger** richtet sich nach den §§ 726 II, 756, 765 ZPO[4]. Da die im Urteil vorgesehene Leistung des Schuldners „gegen Empfang der Gegenleistung" nicht erzwungen werden kann, wenn der Schuldner die ihm angebotene Gegenleistung nicht annimmt, begnügt sich das Gesetz für die Zwangsvollstreckung mit dem **Annahmeverzug des Schuldners** (§ 274 II). Den Annahmeverzug oder die Befriedi-

15

---

1 Ebenso Roth, Einrede, S. 285 (nur Hinweisrecht, S. 286, Fn. 42); Seelig, Einreden, S. 109 ff. (auch Hinweispflicht).
2 Stein/Jonas/Roth, § 6, Rn. 15. **A. A.** Schneider/Herget, Rn. 1906 f.; Soergel/Wiedemann, § 322, Rn. 21. Auch die Rechtsprechung ist kontrovers; vgl. z. B. Schneider/Herget, Rn. 1902 ff.
3 Wie Schneider/Herget, Rn. 1902, meinen.
4 Rechtsbehelfe bei Soergel/Wiedemann, § 322, Rn. 39.

gung des Schuldners muss der Gläubiger vor der Vollstreckung beweisen[1], gleichgültig, ob vollstreckt wird durch Fiktion einer Willenserklärung (§§ 726 II, 894 I Satz 2 ZPO), durch das Vollstreckungsgericht (§ 765 ZPO), das Prozessgericht des ersten Rechtszugs oder das Grundbuchamt (analog § 765 ZPO)[2]; insofern ist der Gläubiger praktisch vorleistungspflichtig. Nur bei der Zwangsvollstreckung durch Gerichtsvollzieher kann der Gläubiger eine echte Zug-um-Zug-Vollstreckung erreichen, wenn er seine Leistung dem Gerichtsvollzieher aushändigt und durch diesen anbieten lässt (§ 756 ZPO). Erklärt der Schuldner, dass er die Leistung nicht annehmen werde, so genügt ein wörtliches Angebot des Gerichtsvollziehers (§ 756 II ZPO); auch hier gerät der Schuldner in Annahmeverzug[3].

16 Der **Schuldner** kann aus dem Zug-um-Zug-Urteil wegen seines Gegenanspruchs nicht vollstrecken, da der Gläubiger nicht zu der Gegenleistung verurteilt ist[4]; der Gläubiger ist lediglich genötigt, die Gegenleistung anzubieten, wenn er die ihm geschuldete Leistung erhalten will.

IX. Annahmeverzug

17 Der Annahmeverzug des Beklagten hindert nicht die Zug-um-Zug-Verurteilung[5]. Wird der Annahmeverzug im Urteil festgestellt, so kann er durch das Urteil in der Zwangsvollstreckung bewiesen werden[6]. Der Klarheit halber sollte der Annahmeverzug auf zusätzlichen Antrag des Klägers im Urteilstenor materiell-rechtskräftig festgestellt werden (§§ 256 I, 260 ZPO)[7], doch genügt es für den Beweis des Annahmeverzugs, dass er sich aus Tatbestand und Entscheidungsgründen „liquide" ergibt[8]. Der Schuldner kann aber ein-

---

1 Eine Aufrechnung genügt nicht (Stein/Jonas/Münzberg, § 756, Rn. 3; Zöller/Stöber, § 756, Rn. 6).
2 Stein/Jonas/Münzberg, § 765, Rn. 3; Zöller/Stöber, § 765, Rn. 2.
3 Stein/Jonas/Münzberg, § 756, Rn. 6 a. E.
4 BGHZ 117, 2.
5 BGHZ 90, 358; Soergel/Wolf, § 274, Rn. 2, 6. **A. A.** Roth, Einrede, S. 187; Schilken, AcP 181, 376 ff. (de lege ferenda erwägenswert).
6 KG, NJW 1972, 2052 f.; OLG Köln, DGVZ 1989, 152; MünchKommBGB/Krüger, 4. Aufl., § 274, Rn. 10; Zöller/Stöber, § 756, Rn. 9. **A. A.** MünchKommZPO/Wolfsteiner, § 726, Rn. 27.
7 BGH, NJW 2000, 2664; Dieckmann, GS Arens, S. 46; MünchKommBGB/Krüger, 4. Aufl., § 274, Rn. 10; Soergel/Huber, § 433, Rn. 248.
8 OLG Köln, DGVZ 1989, 152; MünchKommZPO/Heßler, § 756, Rn. 47; Soergel/Wiedemann, § 322, Rn. 37. **A. A.** Schilken, AcP 181, 374.

wenden, dass der Annahmeverzug nach der letzten mündlichen Verhandlung weggefallen sei[1].

X. Uneingeschränkte Klage

1. Regelfall

a) Eingeschränkte Verurteilung

Dringt der Einwand des Zurückbehaltungsrechts durch, so wird die Klage auf uneingeschränkte Verurteilung, weil sie nur eine eingeschränkte Verurteilung erreicht, „**im Übrigen als unbegründet abgewiesen**"[2] und der Kläger muss in der Regel die Hälfte der Prozesskosten tragen (§ 92 ZPO)[3]. 18

Die eingeschränkte Verurteilung ist mit dem Antragsprinzip des § 308 I Satz 1 ZPO vereinbar, weil der Kläger für den Fall, dass er keine uneingeschränkte Verurteilung erreichen kann, mit einer eingeschränkten Verurteilung als einem Minus[4] einverstanden ist. 19

b) Erhebung des Einwandes während des Prozesses

Erhebt der Beklagte den Einwand des Zurückbehaltungsrechts erst während des Prozesses, gleichgültig, ob der Gegenanspruch erst jetzt oder schon vor dem Prozess entstanden ist, so wird die uneingeschränkte Klage nachträglich teilweise unbegründet. Daher ist insoweit der Rechtsstreit in der **Hauptsache erledigt**, vorausgesetzt, dass die Klage vorher in vollem Umfang zulässig und begründet war. 20

c) Rechtskräftige Feststellung

Die eingeschränkte Verurteilung bei Abweisung der Klage im Übrigen stellt materiell-rechtskräftig fest, dass dem Kläger nur ein eingeschränkter Anspruch zusteht[5]. Hatte daher der Kläger zunächst 21

---

1 Soergel/Wiedemann, § 322, Rn. 37, 39; Stein/Jonas/Münzberg, § 756, Rn. 10c, d; str.
2 BGHZ 117, 3.
3 Grunsky, Taktik, Rn. 112 ff. Differenzierend Soergel/Wiedemann, § 322, Rn. 20.
4 BGHZ 117, 3 f.
5 BGHZ 117, 4 f.; Zeuner, FS Bötticher, S. 418; Zöller/Vollkommer, vor § 322, Rn. 34a. A. A. Dieckmann, GS Arens, S. 48 ff. Dieckmann berücksichtigt zu wenig, dass der klagende Verkäufer schon im ersten Prozess

eine uneingeschränkte Klage erhoben, aber wegen des ausgeübten Einrederechts des Beklagten nur eine eingeschränkte Verurteilung bei Abweisung der Klage im Übrigen erreicht und klagt er später nochmals auf uneingeschränkte Verurteilung, so steht dem die materielle Rechtskraft entgegen. BGHZ 117, 4 f. kommt mit Recht zu diesem Ergebnis, weil bei einer ausgeübten Einrede aus § 320 „die Beschränkung des Klageanspruchs" rechtskräftig festgestellt sei. In der Literatur[1] wird nicht klar genug unterschieden zwischen den Fällen der uneingeschränkten und der eingeschränkten Klage (Rn. 23) sowie zwischen dem Gegenanspruch, dem Zurückbehaltungsrecht und der Beschränkung des Klageanspruchs.

2. Kein Interesse an Zug um Zug

22 Erklärt der Kläger, dass er an einer Erfüllung Zug um Zug kein Interesse habe[2], so muss die Klage, wenn ihr nur Zug um Zug stattgegeben werden könnte, **in vollem Umfang als unbegründet abgewiesen** werden. Eine eingeschränkte Verurteilung wäre hier mit dem Antragsprinzip unvereinbar. Die gegenteilige Ansicht[3] verkennt, dass es zwar dem Beklagten freisteht, seinen Gegenanspruch einrede- oder klageweise geltend zu machen, dass dadurch aber nicht die Freiheit des Klägers ausgeschlossen wird, von einer Klage gänzlich abzusehen und so der Einrede den Boden zu entziehen. Deshalb muss der Kläger auch eine eingeschränkte Verurteilung ablehnen können. Die Verurteilung des Beklagten zu einem Minus ist kein Gegenargument. Denn auch sie ist nur zulässig, wenn und weil sie von dem Klageantrag gedeckt wird[4]. Im Übrigen wird die Klage nicht wegen der Einrede abgewiesen, sondern wegen der Erklärung des Klägers, dass er an einer Erfüllung Zug um Zug kein Interesse habe.

---

objektiv die Möglichkeit hatte, gegen die Einrede des Käufers den Untergang der Kaufsache einzuwenden. Dass er sich diese Verteidigung für einen zweiten Prozess aufspart, kann auch im Interesse dritter Rechtsschutzsuchender nicht hingenommen werden (vgl. → *Besitzeinräumung* Rn. 18).

1 Z. B. Roth, Einrede, S. 174 ff., 189.
2 Wie im Fall BGH, NJW 1951, 517 f.
3 BGH, NJW 1951, 517 f.; Staudinger/Otto, 14. Bearb. 2001, § 322, Rn. 7.
4 Wieser, Arbeitsgerichtsverfahren, Rn. 110.

XI. Eingeschränkte Klage

Um Kostennachteile zu vermeiden, kann der Kläger, der das Einrederecht anerkennt, eine **Klage auf eingeschränkte Verurteilung** erheben, also beantragen, dass der Beklagte z. B. zur Zahlung des Restwerklohns Zug um Zug gegen Nachbesserung verurteilt wird[1]. In diesem Fall ist die Leistungsverweigerung des Beklagten entbehrlich und das Gericht prüft auch nicht, ob das Einrederecht besteht. Das folgt aus dem Antragsprinzip (§ 308 I Satz 1 ZPO), wonach einem eingeschränkten Antrag nicht uneingeschränkt stattgegeben werden darf[2].

23

Der **Zuständigkeitsstreitwert** bemisst sich ausschließlich nach dem Wert des Hauptanspruchs, nicht nach der Differenz zwischen Leistung und Gegenleistung[3].

24

Da das Gericht das Einrederecht nicht prüft, trifft es über die Beschränkung des Klageanspruchs **keine rechtskräftige Entscheidung**. Daher kann ein Kläger, der zunächst nur eine eingeschränkte Klage erhoben und eine eingeschränkte Verurteilung erreicht hatte, später auf Zulassung der Zwangsvollstreckung ohne Gegenleistung klagen, ohne dass die materielle Rechtskraft des ersten Urteils entgegensteht[4].

25

C. Klagen des Schuldners

I. Gegenanspruch

Der Schuldner kann seinen Gegenanspruch durch Leistungs- oder Feststellungsklage geltend machen. Dem steht die Klage des Gläubigers wegen des Hauptanspruchs nicht entgegen, da es sich um verschiedene Streitgegenstände handelt (§§ 261 III Nr. 1, 322 I ZPO).

26

Die Klage des Schuldners ist selbst dann noch zulässig, nachdem er den Gegenanspruch im Prozess des Gläubigers einredeweise geltend gemacht hat[5]. Denn im Prozess des Gläubigers wird über den Ge-

27

---

1 S. auch Vorwerk, M 15.16.
2 Staudinger/Otto, 14. Bearb. 2001, § 322, Rn. 5.
3 Schneider/Herget, Rn. 1893; Stein/Jonas/Roth, § 2, Rn. 19.
4 BGHZ 117, 3. Ebenso im Ergebnis Dieckmann, GS Arens, S. 61.
5 Rimmelspacher, Anspruch, S. 333 f.

genanspruch **nicht rechtskräftig** entschieden[1] (arg. § 322 II ZPO e contrario).

28 Daher ist es möglich, dass die Klage des Gläubigers uneingeschränkt durchdringt, weil das Gericht den Gegenanspruch verneint, und dennoch auch der Klage des Schuldners stattgegeben wird, weil „sein" Gericht den Gegenanspruch bejaht. Um dies zu verhindern, müsste der Gläubiger seine Leistungsklage mit einer negativen Feststellungsklage hinsichtlich des Gegenanspruchs verbinden (§ 256 II ZPO)[2].

29 Umgekehrt ist es möglich, dass die Klage des Gläubigers nur eingeschränkt durchdringt, weil das Gericht den Gegenanspruch bejaht, und dennoch die Klage des Schuldners abgewiesen wird, weil „sein" Gericht den Gegenanspruch verneint. Um dies zu verhindern, müsste der Schuldner widerklagend die Feststellung seines Gegenanspruchs beantragen (§ 256 II ZPO).

II. Einrederecht, Beschränkung des Hauptanspruchs

30 Erhebt der Gläubiger **keine Klage**, so kann der Schuldner sein Einrederecht oder die Beschränkung des Hauptanspruchs zum Gegenstand einer selbständigen Feststellungsklage machen (§ 256 I ZPO)[3].

31 Beantragt der Gläubiger lediglich die **Feststellung** des Bestehens des Hauptanspruchs, so kann der Schuldner, da keine Verurteilung beantragt ist, auch keine Verurteilung zur Erfüllung Zug um Zug erreichen. Er kann aber durch Widerklage die Feststellung des Einrederechts oder der Beschränkung des Hauptanspruchs beantragen (§§ 33, 256 II ZPO).

---

[1] BGHZ 117, 2 f., 4; Zeuner, FS Bötticher, S. 419, 423; Zöller/Vollkommer, vor § 322, Rn. 34a. Einschränkend Foerste, ZZP 108, 170 f., 176 ff.; Staudinger/Otto, 14. Bearb. 2001, § 322, Rn. 12; dagegen mit Recht Soergel/Wiedemann, § 322, Rn. 16.
[2] Kritisch Foerste, ZZP 108, 174 f., dessen eigene Lösung (S. 176 ff.) jedoch zu viele Zweifelsfragen aufwirft.
[3] A. A. Rimmelspacher, Anspruch, S. 334.

Ausschluss der Leistungspflicht

275 (1) Der Anspruch auf Leistung ist ausgeschlossen, soweit diese für den Schuldner oder für jedermann unmöglich ist.

(2) ¹Der Schuldner kann die Leistung verweigern, soweit diese einen Aufwand erfordert, der unter Beachtung des Inhalts des Schuldverhältnisses und der Gebote von Treu und Glauben in einem groben Missverhältnis zu dem Leistungsinteresse des Gläubigers steht. ²Bei der Bestimmung der dem Schuldner zuzumutenden Anstrengungen ist auch zu berücksichtigen, ob der Schuldner das Leistungshindernis zu vertreten hat.

(3) Der Schuldner kann die Leistung ferner verweigern, wenn er die Leistung persönlich zu erbringen hat und sie ihm unter Abwägung des seiner Leistung entgegenstehenden Hindernisses mit dem Leistungsinteresse des Gläubigers nicht zugemutet werden kann.

(4) Die Rechte des Gläubigers bestimmen sich nach den §§ 280, 283 bis 285, 311a und 326.

I. Ausschluss des Anspruchs

Nach § 275 I ist ein Anspruch bei **Unmöglichkeit** der beanspruchten Leistung kraft Gesetzes ausgeschlossen. Dies gilt bei jeder Art der Unmöglichkeit, der objektiven (Unmöglichkeit „für jedermann") wie der subjektiven (Unmöglichkeit „für den Schuldner"), der anfänglichen wie der nachträglichen, der vom Schuldner zu vertretenden (Umkehrschluss aus § 275 II Satz 2) wie der nicht zu vertretenden. 1

Ist daher die **Unmöglichkeit unstreitig oder bewiesen**, so ist die Klage auf die unmögliche Leistung als unbegründet abzuweisen. Der Gläubiger kann aber zur Klage auf Schadensersatz, auf Aufwendungsersatz oder auf Herausgabe des Ersatzes aus §§ 283 ff., 311a II übergehen. Die **Klageänderung** ist ohne weiteres zulässig, falls die Unmöglichkeit erst nach Klageerhebung eingetreten ist (§ 264 Nr. 3 ZPO). Es genügt auch, dass die Unmöglichkeit dem Kläger ohne Fahrlässigkeit erst nach Klageerhebung bekannt wurde[1]. Andernfalls gilt § 263 ZPO. 2

---

1 MünchKommZPO/Lüke, § 264, Rn. 27.

3 Ist die **Unmöglichkeit** zwischen den Parteien **streitig**, kann der Schuldner nach der Rechtsprechung gleichwohl zur Erfüllung verurteilt werden, ohne dass Beweis über die Unmöglichkeit erhoben werden muss, wenn nur feststeht, dass der Schuldner sie zu vertreten hätte[1]. Der Gläubiger kann dann selbst durch Zwangsvollstreckung klären, ob die Erfüllung möglich ist, oder nach § 281 vorgehen[2].

II. Einrede

4 § 275 II, III gibt dem Schuldner eine Einrede, die zur Folge hat, dass eine **Leistungsklage** des Gläubigers vollständig oder teilweise, endgültig oder zurzeit als unbegründet **abgewiesen** wird (s. bei § 214).

5 Um der Einrede auszuweichen, kann der Gläubiger entweder von vornherein auf Schadensersatz, auf Aufwendungsersatz oder auf Herausgabe des Ersatzes aus §§ 283 ff., 311a II klagen oder nachträglich im Wege der Klageänderung zu einer solchen Klage übergehen. Die **Klageänderung** ist ohne weiteres zulässig, falls der Schuldner die Leistung erst nach Klageerhebung verweigert (§ 264 Nr. 3 ZPO). Es genügt auch, dass die Leistungsverweigerung dem Kläger ohne Fahrlässigkeit erst nach Klageerhebung bekannt wird[3]. Andernfalls gilt § 263 ZPO.

Ersatz vergeblicher Aufwendungen

284 Anstelle des Schadensersatzes statt der Leistung kann der Gläubiger Ersatz der Aufwendungen verlangen, die er im Vertrauen auf den Erhalt der Leistung gemacht hat und billigerweise machen durfte, es sei denn, deren Zweck wäre auch ohne die Pflichtverletzung des Schuldners nicht erreicht worden.

§ 284 gibt dem Gläubiger eine Ersetzungsbefugnis (→ *Wahlmöglichkeiten* Rn. 6, 7). Er kann seinen Anspruch auf Schadensersatz statt der Leistung (das positive Interesse) in einen **Anspruch** auf **Aufwendungsersatz** i. S. des § 257 (s. dort) verwandeln.

---

1 A. A. mit Recht Soergel/Wiedemann, Rn. 86.
2 Vgl. Palandt/Heinrichs, Rn. 25.
3 Vgl. MünchKommZPO/Lüke, § 264, Rn. 27.

Herausgabe des Ersatzes

285 (1) **Erlangt der Schuldner infolge des Umstands, auf Grund dessen er die Leistung nach § 275 Abs. 1 bis 3 nicht zu erbringen braucht, für den geschuldeten Gegenstand einen Ersatz oder einen Ersatzanspruch, so kann der Gläubiger Herausgabe des als Ersatz Empfangenen oder Abtretung des Ersatzanspruchs verlangen.**

(2) Kann der Gläubiger statt der Leistung Schadensersatz verlangen, so mindert sich dieser, wenn er von dem in Absatz 1 bestimmten Recht Gebrauch macht, um den Wert des erlangten Ersatzes oder Ersatzanspruchs.

I. Anspruch aus § 285 I

§ 285 I gibt dem Gläubiger gegen den Schuldner einen **Anspruch** auf **Herausgabe** eines „Ersatzes" oder auf **Abtretung** eines „Ersatzanspruchs". Im Einzelnen sind zu unterscheiden, je nachdem, welcher Gegenstand herauszugeben ist: 1

– Ansprüche auf Herausgabe einer **Sache**, bei denen weiter unterschieden werden muss, ob der Besitz eingeräumt werden soll (→ *Besitzeinräumung*) oder das Eigentum (→ *Übereignung*);
– Ansprüche auf Herausgabe eines **Rechts** (außer Besitz und Eigentum), sei es auf Neubegründung oder Übertragung, also auf → *Rechtsverschaffung* oder auf Aufgabe des Rechts, d. h. → *Rechtsentäußerung*;
– Ansprüche auf Herausgabe eines in Geld zu bemessenden **Vermögensvorteils**, d. h. auf → *Zahlung*.

II. Verhältnis zum Schadensersatzanspruch

Zwischen dem Anspruch aus § 285 I und dem Schadensersatzanspruch des Gläubigers (§ 285 II) besteht elektive Konkurrenz (→ *Wahlmöglichkeiten* Rn. 2 ff.)[1]. Die Klagen auf Herausgabe des Ersatzes (hier des Verkaufserlöses) und auf Schadensersatz haben verschiedene Streitgegenstände[2]. 2

---

1 Gernhuber, Schuldverhältnis, § 11 I 6; str.
2 BGH, NJW 1958, 1041 l.

Ersatz von Mehraufwendungen

304 Der Schuldner kann im Falle des Verzugs des Gläubigers Ersatz der Mehraufwendungen verlangen, die er für das erfolglose Angebot sowie für die Aufbewahrung und Erhaltung des geschuldeten Gegenstands machen musste.

§ 304 gibt dem Schuldner gegen den Gläubiger einen **Anspruch** auf **Aufwendungsersatz** i. S. des § 257[1] (s. dort).

Leistungshindernis bei Vertragsschluss

311a (1) Der Wirksamkeit eines Vertrags steht es nicht entgegen, dass der Schuldner nach § 275 Abs. 1 bis 3 nicht zu leisten braucht und das Leistungshindernis schon bei Vertragsschluss vorliegt.

(2) [1]Der Gläubiger kann nach seiner Wahl Schadensersatz statt der Leistung oder Ersatz seiner Aufwendungen in dem in § 284 bestimmten Umfang verlangen. [2]Dies gilt nicht, wenn der Schuldner das Leistungshindernis bei Vertragsschluss nicht kannte und seine Unkenntnis auch nicht zu vertreten hat. [3]§ 281 Abs. 1 Satz 2 und 3 und Abs. 5 findet entsprechende Anwendung.

§ 311a II gibt dem Gläubiger **Ansprüche** auf → *Schadensersatz* und auf **Aufwendungsersatz** i. S. des § 257 (s. dort). Zwischen beiden Ansprüchen besteht elektive Konkurrenz (→ *Wahlmöglichkeiten* Rn. 2 ff.).

Störung der Geschäftsgrundlage

313 (1) Haben sich Umstände, die zur Grundlage des Vertrags geworden sind, nach Vertragsschluss schwerwiegend verändert und hätten die Parteien den Vertrag nicht oder mit anderem Inhalt geschlossen, wenn sie diese Veränderung vorausgesehen hätten, so kann Anpassung des Vertrags verlangt werden, soweit einem Teil unter Berücksichtigung aller Umstände des Einzelfalls, insbesondere der vertraglichen oder gesetzlichen Risikoverteilung, das

---

1 Palandt/Heinrichs, Rn. 2.

Festhalten am unveränderten Vertrag nicht zugemutet werden kann.

(2) Einer Veränderung der Umstände steht es gleich, wenn wesentliche Vorstellungen, die zur Grundlage des Vertrags geworden sind, sich als falsch herausstellen.

(3) ¹Ist eine Anpassung des Vertrags nicht möglich oder einem Teil nicht zumutbar, so kann der benachteiligte Teil vom Vertrag zurücktreten. ²An die Stelle des Rücktrittsrechts tritt für Dauerschuldverhältnisse das Recht zur Kündigung.

§ 313 I gibt einer benachteiligten Vertragspartei gegen die andere Partei einen **Anspruch** auf **Anpassung des Vertrags** an die veränderten Umstände. 1

Eine **Leistungsklage** muss die Verurteilung des Beklagten beantragen, darin einzuwilligen, dass der Vertrag der Parteien vom ... über ... in folgenden Punkten geändert wird. 2

Sachlich zuständig sind die Amtsgerichte oder die Landgerichte, je nach Streitwert (§§ 23 Nr. 1, 71 I GVG). Der Streitwert bemisst sich nach dem Interesse des Klägers an der Vertragsanpassung (§ 3 ZPO)[1]. 3

Die **Zwangsvollstreckung** richtet sich nach § 894 I ZPO. 4

Bestimmung der Leistung durch eine Partei

315 (1) Soll die Leistung durch einen der Vertragschließenden bestimmt werden, so ist im Zweifel anzunehmen, dass die Bestimmung nach billigem Ermessen zu treffen ist.

(2) Die Bestimmung erfolgt durch Erklärung gegenüber dem anderen Teil.

(3) ¹Soll die Bestimmung nach billigem Ermessen erfolgen, so ist die getroffene Bestimmung für den anderen Teil nur verbindlich, wenn sie der Billigkeit entspricht. ²Entspricht sie nicht der Billigkeit, so wird die Bestimmung durch Urteil getroffen; das Gleiche gilt, wenn die Bestimmung verzögert wird.

---

1 Vgl. Stein/Jonas/Roth, § 3, Rn. 41, „Abschluss eines Vertrages".

Inhaltsübersicht

A. Allgemeines 1
B. Bestimmungsrecht des Gläubigers 3
 I. Leistungsklage des Gläubigers 3
  1. Gestaltungsantrag des Schuldners 3
  2. Urteilsinhalt 5
  3. Urteilsart 6
  4. Urteilswirkungen 7
 II. Klagen des Schuldners . . . 9
  1. Gläubiger verzögert Leistungsbestimmung 9
  2. Gläubiger verzögert Leistungsklage 12
C. Bestimmungsrecht des Schuldners 14
 I. Klage des Gläubigers 14
 II. Klage des Schuldners 17

A. Allgemeines

1 Nach § 315 III Satz 2 wird die Bestimmung einer Leistung, die von dem Gläubiger oder dem Schuldner nach billigem Ermessen zu treffen ist, durch Urteil getroffen, wenn sie nicht der Billigkeit entspricht oder verzögert wird. Das Urteil, das auch einem Schiedsgericht übertragen werden kann (§ 1030 I ZPO), wird meist als **Gestaltungsurteil** (→ *Gestaltungsklagen* Rn. 1) angesehen[1]. Schlosser nimmt dagegen ein Feststellungsurteil an: Das Gericht habe lediglich festzustellen, welche Leistung „billig" sei, wie im Falle des § 847[2]. Aber nach § 847 wird von vornherein eine „billige" Entschädigung in Geld geschuldet, die trotz des hier besonders großen gerichtlichen Beurteilungsspielraums durch die konkreten Umstände des Delikts relativ genau bestimmt ist. Soll dagegen eine vertraglich geschuldete Leistung durch einen der Vertragschließenden oder einem Dritten (§ 319) nach billigem Ermessen bestimmt werden, so ist nicht etwa von vornherein eine „billige" Leistung geschuldet – welche sollte das sein? –, sondern eine Leistung, die im Rahmen des billigen Ermessens erst noch durch konstitutiven Akt bestimmt werden muss, wie Schlosser für die rechtsgeschäftliche Bestimmung, die er als „teilweise Novation" ansieht, selbst einräumt[3]. Die Frage, von wem das Urteil beantragt werden kann und ob es gegenüber Dritten wirkt, stellt sich unabhängig davon, ob das Urteil die billige Leistung lediglich feststellt oder rechtsgestaltend festsetzt. Die Argumente Schlossers überzeugen daher nicht.

---

1 Rosenberg/Schwab/Gottwald, § 94 II 3; Soergel/Wolf, Rn. 51; Stein/Jonas/Schumann, vor § 253, Rn. 56; Zöller/Greger, vor § 253, Rn. 8; weitere Nachw. bei Schlosser, Gestaltungsklagen, S. 73, 115 f.
2 Schlosser, Gestaltungsklagen, S. 132 ff., 137 f.
3 Schlosser, Gestaltungsklagen, S. 136.

Bestimmung der Leistung durch eine Partei § 315

Im Einzelnen kommt es darauf an, ob der Gläubiger oder der Schuldner bestimmungsberechtigt ist. 2

B. Bestimmungsrecht des Gläubigers
I. Leistungsklage des Gläubigers
1. Gestaltungsantrag des Schuldners

Der Gläubiger erhebt **Klage** auf die **von ihm bestimmte Leistung** 3
(s. dazu die einzelnen Anspruchsgrundlagen). Der Schuldner wendet ein, die Leistungsbestimmung des Gläubigers entspreche nicht der Billigkeit und sei deshalb für ihn unverbindlich (§ 315 III Satz 1). Mit dieser Einwendung beantragt der Schuldner zugleich die gerichtliche Leistungsbestimmung (§ 315 III Satz 2)[1].

Der Gläubiger kann die gerichtliche Leistungsbestimmung nicht 4
beantragen, um eine Entscheidung im Streit der Parteien herbeizuführen. Denn dazu müsste er nach § 315 III Satz 2 geltend machen, dass die von ihm getroffene Bestimmung nicht der Billigkeit entspricht. Ein solches Vorbringen wäre ihm aber als widersprüchliches Verhalten nach Treu und Glauben verwehrt.

2. Urteilsinhalt

Hält das Gericht die Leistungsbestimmung des Gläubigers für billig[2], so weist es den Einwand des Schuldners in den Entscheidungsgründen des Urteils zurück. Hält das Gericht die Leistungsbestimmung des Gläubigers für unbillig, so bestimmt es selbst die billige Leistung. Setzt das Gericht lediglich eine geringere Leistung (Minus) fest, so gibt es der Klage in dem geringeren Umfang statt und weist sie im Übrigen als unbegründet ab. Setzt das Gericht eine andersartige Leistung (Aliud) fest, so weist es die Klage in vollem Umfang als unbegründet ab, wenn sie nicht geändert wird (§ 264 Nr. 3 ZPO)[3]. 5

3. Urteilsart

Soweit das Urteil die Klage abweist, ist es ein Feststellungsurteil, 6
soweit es ihr stattgibt, ein Leistungsurteil, und soweit es die Leis-

---
1 BGH, NJW 1983, 1778.
2 Zur Kompetenz des Gerichts s. näher MünchKommBGB/Gottwald, 4. Aufl., Rn. 49 f.
3 MünchKommZPO/Musielak, § 308, Rn. 9.

tung in den Entscheidungsgründen neu festsetzt, ein „verdecktes" Gestaltungsurteil[1].

4. Urteilswirkungen

7 Das Leistungsurteil wird für vorläufig vollstreckbar erklärt, damit aus ihm die Zwangsvollstreckung i. e. S. betrieben werden kann. Demgemäß wird die in einem Leistungsurteil neu festgesetzte Leistung schon mit dem Erlass des Urteils geschuldet[2]. In der Regel wird die neu festgesetzte Leistung rückwirkend vom Vertragsschluss an (ex tunc) geschuldet[3].

8 Ob die gerichtliche Leistungsbestimmung auch gegenüber einem Dritten, z. B. einem Bürgen, wirkt, ist zweifelhaft[4].

II. Klagen des Schuldners

1. Gläubiger verzögert Leistungsbestimmung

9 Verzögert der Gläubiger die Leistungsbestimmung, so kann der Schuldner gegen ihn eine **Gestaltungsklage** erheben (§ 315 III Satz 2) – mit dem **Antrag**, das Gericht möge die im Vertrag der Parteien vom (Datum) vorgesehene Leistung des Klägers nach billigem Ermessen bestimmen. Dabei muss der Kläger dem Gericht jedenfalls die tatsächlichen Grundlagen für die Bestimmung angeben.

10 **Zuständig** für die Gestaltungsklage ist dasselbe Gericht, das für die Klage auf die gerichtlich zu bestimmende Leistung zuständig wäre (s. dazu die einzelnen Anspruchsgrundlagen).

11 Soll die **Gestaltungswirkung** schon mit dem Erlass des Urteils eintreten, muss das Urteil im weiteren Sinn für vorläufig vollstreckbar erklärt werden.

---

1 Palandt/Heinrichs, Rn. 17.
2 Nach OLG Braunschweig, OLGZ 1966, 19, wird der Anspruch auf die gerichtlich bestimmte Leistung bereits mit der Verkündung des Urteils begründet und fällig. A. A. MünchKommBGB/Gottwald, 4. Aufl., Rn. 46: erst mit der Rechtskraft; gleichwohl soll das Urteil für vorläufig vollstreckbar erklärt werden (?).
3 BGH, NJW 1983, 1778; Stein/Jonas/Schumann, vor § 253, Rn. 56.
4 Verneinend Schlosser, Gestaltungsklagen, S. 189.

2. Gläubiger verzögert Leistungsklage

Hat der Gläubiger die Leistungsbestimmung getroffen, zögert er aber mit der Leistungsklage, so kann der Schuldner auf die **Feststellung klagen**, dass die vom Gläubiger getroffene Bestimmung für ihn unverbindlich sei (§ 256 I ZPO). Nicht korrekt wäre es, auf die Feststellung „der Unbilligkeit der Leistung" zu klagen[1], da die Unbilligkeit der Leistung kein Rechtsverhältnis i. S. des § 256 ZPO ist.

12

Beantragt der Schuldner zugleich die gerichtliche Neufestsetzung (§ 315 III Satz 2), so liegt lediglich eine Gestaltungsklage vor (Rn. 9–11).

13

C. Bestimmungsrecht des Schuldners

I. Klage des Gläubigers

Hält der Gläubiger die Bestimmung des Schuldners nicht für billig oder wird die Bestimmung von dem Schuldner verzögert, so muss der Gläubiger, da er die Leistung nicht selbst bestimmen kann, eine gerichtliche Leistungsbestimmung erwirken (§ 315 III Satz 2). Dazu erhebt er sogleich Klage auf die gerichtlich zu bestimmende Leistung (s. dazu die einzelnen Anspruchsgrundlagen). Sein **Antrag** geht dahin, den Beklagten zu der im Vertrag der Parteien vom (Datum) übernommenen, vom Gericht nach billigem Ermessen zu bestimmenden Leistung zu verurteilen. Ein solcher nicht bezifferter Antrag ist dann bestimmt i. S. des § 253 II Nr. 2 ZPO, wenn der Kläger dem Gericht die Größenordnung der erstrebten Leistung und die tatsächlichen Grundlagen für die Bestimmung angibt[2].

14

Der Antrag, das Gericht möge den Beklagten zu der gerichtlich zu bestimmenden Leistung *verurteilen* (Leistungsklage), enthält konkludent den Antrag, das Gericht möge die Leistung *bestimmen* (Gestaltungsklage). Eine **selbständige Gestaltungsklage** – etwa mit dem Antrag, das Gericht möge die angemessene Vergütung bestimmen – würde dem Kläger keinen Vollstreckungstitel verschaffen, wäre also erheblich weniger zweckmäßig als eine Leistungsklage auf Verurteilung des Beklagten zu der gerichtlich zu bestimmenden Vergütung. Die selbständige Gestaltungsklage wäre deshalb in der Regel mangels Rechtsschutzinteresses unzulässig, genauso wie eine Feststellungsklage bei möglicher Leistungsklage.

15

---

1 Entgegen Soergel/Wolf, Rn. 47.
2 Vgl. BGH, WM 1969, 62 zu § 319 I 2; MünchKommZPO/Lüke, § 253, Rn. 120, 122, 129 ff. **A. A.** Röhl, ZZP 86, 328.

16 Klagt der Gläubiger auf die gerichtlich zu bestimmende Leistung, so kann der Schuldner **einwenden**, dass seine eigene Leistungsbestimmung verbindlich sei. Dringt der Einwand durch, wird die Klage des Gläubigers mangels eines Gestaltungsklagerechts vollständig als unbegründet abgewiesen, es sei denn, dass der Gläubiger sie ändert und nur die vom Schuldner bestimmte Leistung beansprucht (§ 264 Nr. 2, 3 ZPO).

II. Klage des Schuldners

17 Vor einem Leistungsprozess des Gläubigers kann der Schuldner auf die **Feststellung** klagen, dass er nur die von ihm bestimmte Leistung schulde (§ 256 I ZPO). Eine Klage auf gerichtliche **Festsetzung** ist ihm genauso verwehrt wie dem bestimmungsberechtigten Gläubiger (Rn. 4).

Unwirksamkeit der Bestimmung; Ersetzung

319 (1) ¹**Soll der Dritte die Leistung nach billigem Ermessen bestimmen, so ist die getroffene Bestimmung für die Vertragschließenden nicht verbindlich, wenn sie offenbar unbillig ist.** ²**Die Bestimmung erfolgt in diesem Falle durch Urteil; das Gleiche gilt, wenn der Dritte die Bestimmung nicht treffen kann oder will oder wenn er sie verzögert.**

(2) Soll der Dritte die Bestimmung nach freiem Belieben treffen, so ist der Vertrag unwirksam, wenn der Dritte die Bestimmung nicht treffen kann oder will oder wenn er sie verzögert.

I. Allgemeines

1 Nach § 319 I Satz 2 wird die Bestimmung einer Leistung, die von einem Dritten nach billigem Ermessen zu treffen ist, durch Urteil getroffen, wenn sie offenbar unbillig ist oder wenn der Dritte die Bestimmung nicht treffen kann oder will oder wenn er sie verzögert. Das Urteil wird meist als **Gestaltungsurteil** (→ *Gestaltungsklagen* Rn. 1) angesehen[1]. Schlosser nimmt dagegen ein Feststel-

---

[1] Rosenberg/Schwab/Gottwald, § 94 II 3; Soergel/Wolf, Rn. 17; Zöller/Greger, vor § 253, Rn. 8. Weitere Nachw. bei Schlosser, Gestaltungsklagen, S. 73.

Unwirksamkeit der Bestimmung; Ersetzung § 319

lungsurteil an[1], doch ist seine Ansicht aus denselben Gründen abzulehnen wie bei § 315 (s. dort, Rn. 1).

Wird die Bestimmung der Leistung einem **Sachverständigen** übertragen, so ist durch Auslegung zu ermitteln, ob der Sachverständige lediglich „Dritter" i. S. d. § 319 sein soll (Schiedsgutachter) oder zugleich „Gericht", das abschließend entscheidet (Schiedsgericht)[2]. 2

II. Vorgehen des Gläubigers

1. Klage auf die von dem Dritten bestimmte Leistung

Hält der Gläubiger die Bestimmung des Dritten nicht für offenbar unbillig, so erhebt er Klage auf die von dem Dritten bestimmte Leistung (s. dazu die einzelnen Anspruchsgrundlagen). 3

2. Klage auf die gerichtlich zu bestimmende Leistung

Beruft sich der Schuldner gegenüber der Leistungsklage des Gläubigers auf die **offenbare Unbilligkeit** der Leistungsbestimmung (§ 319 I Satz 1), so kann der Gläubiger Klage auf die gerichtlich zu bestimmende Leistung erheben. Er kann dazu die Klage ändern (§ 264 Nr. 3 ZPO) oder von vornherein einen Hilfsantrag stellen. 4

Der **Klageantrag** des Gläubigers geht dahin, den Beklagten zu der im Vertrag der Parteien vom (Datum) übernommenen, vom Gericht nach billigem Ermessen zu bestimmenden Leistung zu verurteilen. Ein solcher nicht bezifferter Antrag ist dann bestimmt i. S. des § 253 II Nr. 2 ZPO, wenn der Kläger dem Gericht die Größenordnung der erstrebten Leistung und die tatsächlichen Grundlagen für die Bestimmung angibt[3]. 5

Der Antrag, das Gericht möge den Beklagten zu der gerichtlich zu bestimmenden Leistung *verurteilen* (Leistungsklage), enthält konkludent den Antrag, das Gericht möge die Leistung *bestimmen* (Gestaltungsklage)[4]. Eine **selbständige Gestaltungsklage** – etwa mit dem Antrag, das Gericht möge die angemessene Vergütung bestimmen – würde dem Kläger keinen Vollstreckungstitel verschaffen, wäre also erheblich weniger zweckmäßig als eine Leistungsklage 6

---
1 Schlosser, Gestaltungsklagen, S. 132 ff.
2 BGHZ 6, 338 f.; MünchKommBGB/Gottwald, 4. Aufl., Rn. 26; str.
3 Vgl. BGH, WM 1969, 62 zu § 319 I Satz 2; MünchKommZPO/Lüke, § 253, Rn. 120, 122, 129 ff. **A. A.** Röhl, ZZP 86, 328.
4 Zum Urteil s. § 315, Rn. 5 ff.

§ 319   Unwirksamkeit der Bestimmung; Ersetzung

auf Verurteilung des Beklagten zu der gerichtlich zu bestimmenden Vergütung. Die selbständige Gestaltungsklage wäre deshalb in der Regel mangels Rechtsschutzinteresses unzulässig, genauso wie eine Feststellungsklage bei möglicher Leistungsklage.

7   Klagt der Gläubiger auf die gerichtlich zu bestimmende Leistung, so kann der Schuldner **einwenden**, dass die Leistungsbestimmung des Dritten verbindlich sei. Dringt der Einwand durch, wird die Klage des Gläubigers mangels eines Gestaltungsklagerechts vollständig als unbegründet abgewiesen, es sei denn, dass der Gläubiger sie ändert und nur die von dem Dritten bestimmte Leistung beansprucht (§ 264 Nr. 2, 3 ZPO).

8   Hält der Gläubiger die Bestimmung des Dritten für **offenbar unbillig** oder wird die **Bestimmung** von dem Dritten **nicht getroffen**, so muss der Gläubiger, da er die Leistung nicht selbst bestimmen kann, eine gerichtliche Leistungsbestimmung erwirken (§ 319 I Satz 2). Dazu erhebt er von vornherein **Klage auf die gerichtlich zu bestimmende Leistung** (Rn. 4–7).

9   In einem Fall des BGH[1] war zwischen einem Grundstückseigentümer und mehreren Erbbauberechtigten streitig, welcher Erbbauzins in Zukunft gezahlt werden sollte. Die in den Verträgen vorgesehene Neufestsetzung durch die Mietpreisbildungsstelle kam nicht zustande, da die Stelle sich für unzuständig erklärte; es lag also so, dass der Dritte die Bestimmung nicht treffen konnte oder wollte (§ 319 I Satz 2). Daraufhin erhob der Eigentümer eine **selbständige Gestaltungsklage** mit dem Antrag, „durch Urteil den Betrag festzusetzen, den die Beklagten seit Klageerhebung je Quadratmeter als Erbbauzins für ihre Erbbaurechte an den Grundstücken des Klägers zu entrichten haben". Der BGH ließ die Klage zu, ohne auf das Rechtsschutzinteresse einzugehen – mit Recht, da gegenüber mehreren Beklagten eine einheitliche Gestaltungsklage nicht erheblich weniger zweckmäßig war als verschiedene Leistungsklagen auf Zahlung unterschiedlicher Jahresbeträge (§ 258 ZPO).

III. Vorgehen des Schuldners

1. Unbillige Bestimmung

10   Hält der Schuldner im Gegensatz zum Gläubiger die Bestimmung des Dritten für offenbar unbillig, so hat er zwei Möglichkeiten:

---

1 BGH, WM 1969, 62.

Unwirksamkeit der Bestimmung; Ersetzung § 319

— Der Schuldner kann die Klage des Gläubigers auf die von dem 11
Dritten bestimmte Leistung abwarten und dagegen **einwenden**,
dass die Leistungsbestimmung des Dritten offenbar unbillig und
deshalb unverbindlich sei (§ 319 I Satz 1). Mit diesem Einwand
beantragt der Schuldner zugleich die gerichtliche Leistungsbestimmung (§ 319 I Satz 2).

— Zögert der Gläubiger mit der Leistungsklage, so kann der Schuld- 12
ner auf die **Feststellung klagen**, dass die von dem Dritten getroffene Bestimmung für ihn unverbindlich sei (§ 256 I ZPO). Nicht
korrekt wäre es, auf die Feststellung „der Unbilligkeit der Leistung" zu klagen, da die Unbilligkeit der Leistung kein Rechtsverhältnis i. S. des § 256 ZPO ist.

Beantragt der Schuldner zugleich die gerichtliche Neufestsetzung 13
(§ 319 I Satz 2), so liegt lediglich eine **Gestaltungsklage** vor.

2. Keine unbillige Bestimmung

Hält der Schuldner im Gegensatz zum Gläubiger die Bestimmung 14
des Dritten nicht für offenbar unbillig oder wird die Bestimmung
von dem Dritten nicht getroffen, so hat der Schuldner drei Möglichkeiten:

— Er kann die Klage des Gläubigers auf die gerichtlich zu bestim- 15
mende Leistung abwarten und dagegen **einwenden**, dass die Bestimmung des Dritten nicht offenbar unbillig sei oder dass der
Dritte die von ihm noch nicht getroffene Bestimmung treffen
könne, wolle und nicht verzögere. Dringt dieser Einwand durch,
so wird die Klage des Gläubigers mangels eines Gestaltungsklagerechts als unbegründet abgewiesen (§ 319 I Satz 2), es sei denn,
dass der Gläubiger sie ändert und die von dem Dritten bestimmte
Leistung beansprucht (§ 264 Nr. 2 ZPO) oder dass er sie zurücknimmt (§ 269 ZPO), um die Leistungsbestimmung des Dritten
abzuwarten.

— Vor einem Leistungsprozess des Gläubigers kann der Schuldner 16
gegen den Gläubiger auf die **Feststellung klagen**, dass er nur die
von dem Dritten bestimmte Leistung schulde (§ 256 I ZPO).

— Will der Schuldner die fehlende Bestimmung des Dritten nicht 17
abwarten, so kann er nach § 319 I Satz 2 eine **selbständige Gestaltungsklage** erheben[1].

---
1 Beispiel bei Vorwerk, M 15.27.

Einrede des nicht erfüllten Vertrags

320 (1) ¹Wer aus einem gegenseitigen Vertrag verpflichtet ist, kann die ihm obliegende Leistung bis zur Bewirkung der Gegenleistung verweigern, es sei denn, dass er vorzuleisten verpflichtet ist. ²Hat die Leistung an mehrere zu erfolgen, so kann dem einzelnen der ihm gebührende Teil bis zur Bewirkung der ganzen Gegenleistung verweigert werden. ³Die Vorschrift des § 273 Abs. 3 findet keine Anwendung.

(2) Ist von der einen Seite teilweise geleistet worden, so kann die Gegenleistung insoweit nicht verweigert werden, als die Verweigerung nach den Umständen, insbesondere wegen verhältnismäßiger Geringfügigkeit des rückständigen Teils, gegen Treu und Glauben verstoßen würde.

Unsicherheitseinrede

321 (1) ¹Wer aus einem gegenseitigen Vertrag vorzuleisten verpflichtet ist, kann die ihm obliegende Leistung verweigern, wenn nach Abschluss des Vertrags erkennbar wird, dass sein Anspruch auf die Gegenleistung durch mangelnde Leistungsfähigkeit des anderen Teils gefährdet wird. ²Das Leistungsverweigerungsrecht entfällt, wenn die Gegenleistung bewirkt oder Sicherheit für sie geleistet wird.

(2) ¹Der Vorleistungspflichtige kann eine angemessene Frist bestimmen, in welcher der andere Teil Zug um Zug gegen die Leistung nach seiner Wahl die Gegenleistung zu bewirken oder Sicherheit zu leisten hat. ²Nach erfolglosem Ablauf der Frist kann der Vorleistungspflichtige vom Vertrag zurücktreten. ³§ 323 findet entsprechende Anwendung.

Verurteilung zur Leistung Zug-um-Zug

322 (1) Erhebt aus einem gegenseitigen Vertrag der eine Teil Klage auf die ihm geschuldete Leistung, so hat die Geltendmachung des dem anderen Teil zustehenden Rechts, die Leistung bis zur Bewirkung der Gegenleistung zu verweigern, nur die Wirkung, dass der andere Teil zur Erfüllung Zug um Zug zu verurteilen ist.

(2) Hat der klagende Teil vorzuleisten, so kann er, wenn der andere Teil im Verzug der Annahme ist, auf Leistung nach Empfang der Gegenleistung klagen.
(3) Auf die Zwangsvollstreckung findet die Vorschrift des § 274 Abs. 2 Anwendung.

Inhaltsübersicht

A. Allgemeines 1	a) Leistungsklage 7
B. Keine Vorleistungspflicht . . 3	b) Materielle Rechtskraft . 10
	c) Zwangsvollstreckung . 11
C. Vorleistungspflicht 4	3. Weder eigene Leistung
I. Klage des Vorleistungspflich-	noch Annahmeverzug . . 12
tigen 5	II. Klage des Gegners des Vor-
1. Eigene Leistung erbracht . 6	leistungspflichtigen 13
2. Annahmeverzug 7	

A. Allgemeines

Die §§ 320–322 regeln die Einrede des nichterfüllten Vertrages und 1 die Einrede der Vermögensverschlechterung. Beide Einreden sind **echte Leistungsverweigerungsrechte**. Das ist für die Einrede der Vermögensverschlechterung unstreitig[1] und wird nur für die Einrede des nichterfüllten Vertrages bestritten. Sie sei lediglich prozessuale Voraussetzung eines Zug-um-Zug-Urteils, weil gegenseitige Leistungen schon kraft Gesetzes Zug um Zug geschuldet seien[2]. Diese Ansicht ist aus mehreren Gründen abzulehnen[3]. § 322 I spricht auch im Falle des § 320 von einem Recht, die Leistung zu verweigern. Außerdem ist es unbestritten, dass § 390 Satz 1, der die Aufrechnung mit einer einredebehafteten Forderung ausschließt, auch im Fall des § 320 gilt; die „Einrede", die der Forderung entgegensteht, kann aber nichts anderes sein als das Recht, die geschuldete Leistung zu verweigern.

Die **prozessrechtliche Problematik** beider Einreden ist dieselbe wie 2 bei der Einrede des Zurückbehaltungsrechts nach §§ 273, 274 (s. dort). Die Ausübung der Einreden hängt davon ab, ob eine Vorleistungspflicht besteht.

---
1 Roth, Einrede, S. 192; Soergel/Wiedemann, § 321, Rn. 35.
2 Roth, Einrede, S. 169 f., 177 f. mit weiteren Nachw.
3 Soergel/Wiedemann, § 320, Rn. 8, 10. Ebenso im Ergebnis BGH, NJW 1966, 200; NJW 1999, 53.

B. Keine Vorleistungspflicht

3   In der Regel ist kein Vertragspartner vorleistungspflichtig. Dann kann jeder Teil uneingeschränkt auf die ihm geschuldete Leistung klagen, riskiert aber, dass sein Schuldner die **Einrede des nichterfüllten Vertrages** ausübt (§ 320 I Satz 1), mit der Folge, dass er nur zur Erfüllung Zug um Zug verurteilt wird (§§ 322 I, 274 I), unter Abweisung der Klage im Übrigen (§ 274, Rn. 18). Dasselbe gilt, nachdem die Vorleistungspflicht wegen Zeitablaufs entfallen ist[1].

C. Vorleistungspflicht

4   Ist ein Vertragspartner vorleistungspflichtig, wie der Werkunternehmer nach § 641 I, so gilt Folgendes:

I. Klage des Vorleistungspflichtigen

5   Klagt der Vorleistungspflichtige auf die ihm geschuldete Leistung, z. B. den Werklohn, so ist zu unterscheiden:

1. Eigene Leistung erbracht

6   In der Regel wird die Forderung des Vorleistungspflichtigen erst fällig, nachdem er die eigene Leistung erbracht hat, seine Werkleistung auch „abgenommen" ist[2]. Alsdann kann er *uneingeschränkt* auf die ihm geschuldete Leistung klagen.

2. Annahmeverzug

a) Leistungsklage

7   Hat der Vorleistungspflichtige die eigene Leistung noch nicht erbracht, aber immerhin den anderen Teil in Annahmeverzug gesetzt, so kann er auf Leistung **nach Empfang der Gegenleistung** klagen (§ 322 II). Die Gegenleistung muss in Klage und Urteil bestimmt bezeichnet werden. Da die Forderung des Vorleistungspflichtigen erst fällig wird, wenn der Schuldner die Gegenleistung empfängt, ist die Klage auf Leistung *nach* Empfang der Gegenleistung eine Klage auf künftige, dann fällig gewordene Leistung[3].

---

1 BGH, NJW 1986, 1164 f. Vgl. Staudinger/Otto, 14. Bearb. 2001, § 320, Rn. 5.
2 Vgl. Staudinger/F. Peters, 14. Bearb. 2000, § 641, Rn. 4.
3 Soergel/Wiedemann, § 322, Rn. 24.

Verurteilung zur Leistung Zug-um-Zug § 322

Klagt der Vorleistungspflichtige auf Leistung **gegen (gleichzeitigen) Empfang der Gegenleistung**, so beansprucht er eine Leistung, die noch nicht fällig ist. Seine Klage müsste daher in vollem Umfang als unbegründet abgewiesen werden. Jedoch ist im Zweifel anzunehmen, dass der Kläger hilfsweise mit einer Verurteilung *nach* Empfang der Gegenleistung als einem Minus einverstanden ist[1]. Daher ergeht ein entsprechendes Urteil, bei Abweisung der weiter gehenden Klage[2]. 8

Ebenso ist zu entscheiden, wenn der Kläger *uneingeschränkt* auf Leistung klagt[3]. 9

b) Materielle Rechtskraft

Das Urteil auf Leistung nach Empfang der Gegenleistung stellt nur die Forderung des Vorleistungspflichtigen materiell-rechtskräftig fest, nicht den Gegenanspruch und schon gar nicht den Annahmeverzug (§ 322 I ZPO). Über beides kann aber auf Zwischenfeststellungsklage rechtskräftig entschieden werden (§ 256 II ZPO)[4]. 10

c) Zwangsvollstreckung

Die Zwangsvollstreckung eines Urteils auf Leistung *nach* Empfang der Gegenleistung folgt denselben Regeln wie die Zwangsvollstreckung eines Urteils auf Leistung *gegen* Empfang der Gegenleistung (Erfüllung Zug um Zug, § 274 I), richtet sich also nach §§ 726 II, 756, 765 ZPO[5]. 11

3. Weder eigene Leistung noch Annahmeverzug

Hat der Vorleistungspflichtige die eigene Leistung weder erbracht noch mit Annahmeverzug angeboten, klagt er aber gleichwohl *uneingeschränkt* auf sofortige Leistung, so wird die Klage mangels Fälligkeit als zurzeit unbegründet abgewiesen[6]. Eine Klage auf künftige Leistung bei Fälligkeit, also *nach Empfang der Gegenleistung*, lässt § 322 II ohne weiteres nur bei Annahmeverzug zu, der hier fehlt. Zulässig 12

---

1 BGHZ 117, 3 f.
2 BGHZ 117, 3; Soergel/Wiedemann, § 322, Rn. 27.
3 Soergel/Wiedemann, § 322, Rn. 27.
4 Ebenso Soergel/Wiedemann, § 322, Rn. 28, zum Annahmeverzug.
5 OLG Köln, DGVZ 1989, 152; MünchKommZPO/Wolfsteiner, § 726, Rn. 27; Soergel/Wiedemann, § 322, Rn. 40 f.; Zöller/Stöber, § 726, Rn. 8a. Die Einzelheiten sind umstritten.
6 Soergel/Wiedemann, § 322, Rn. 24.

ist aber eine Klage auf künftige Leistung nach § 259 ZPO[1], die gleichfalls dazu führt, dass der Schuldner zur Leistung bei Fälligkeit, also nach Empfang der Gegenleistung, verurteilt wird.

II. Klage des Gegners des Vorleistungspflichtigen

13 Klagt der Gegner des Vorleistungspflichtigen, z. B. der Werkbesteller, auf die ihm geschuldete Leistung, so riskiert er zwar nicht die Einrede des nichterfüllten Vertrages (§ 320 I Satz 1), wohl aber die Unsicherheitseinrede nach § 321 I. Deren Ausübung bewirkt, dass der Schuldner zur Leistung nur **gegen Empfang der Gegenleistung** (Erfüllung Zug um Zug, §§ 322 I, 274 I) oder **gegen Sicherheitsleistung** verurteilt wird. Will der Gläubiger, hier der Werkbesteller, aus einem solchen Urteil vollstrecken, so muss er entweder die Gegenleistung anbieten (§§ 726 II, 756, 765 ZPO) oder Sicherheit leisten (§ 751 II ZPO)[2]. Der Schuldner darf nicht, wie es § 322 I nahe legt, lediglich zur Erfüllung Zug um Zug verurteilt werden. Vielmehr muss dem Gläubiger entsprechend § 321 I Satz 2 in dem Titel auch die Möglichkeit der Sicherheitsleistung vorbehalten werden. Denn ohne diesen Vorbehalt im Titel würde sich das Vollstreckungsorgan mit der Sicherheitsleistung des Gläubigers nicht begnügen.

Vertrag zugunsten Dritter

328 (1) Durch Vertrag kann eine Leistung an einen Dritten mit der Wirkung bedungen werden, dass der Dritte unmittelbar das Recht erwirbt, die Leistung zu fordern.

(2) In Ermangelung einer besonderen Bestimmung ist aus den Umständen, insbesondere aus dem Zwecke des Vertrags, zu entnehmen, ob der Dritte das Recht erwerben, ob das Recht des Dritten sofort oder nur unter gewissen Voraussetzungen entstehen und ob den Vertragschließenden die Befugnis vorbehalten sein soll, das Recht des Dritten ohne dessen Zustimmung aufzuheben oder zu ändern.

---

1 Soergel/Wiedemann, § 322, Rn. 24.
2 Roth, Einrede, S. 192.

Vertrag zugunsten Dritter **§ 328**

Inhaltsübersicht

A. Fälle 1
I. „Echter" Vertrag zugunsten Dritter 1
II. „Unechter Vertrag" zugunsten Dritter 4
III. Vertrag mit Schutzwirkung für Dritte 5
B. Klage des Dritten 6
I. Klageart 6
II. Zuständigkeit 8
C. Klage des Versprechensempfängers 9
D. Rechtskrafterstreckung . . . 11
I. Klage und Niederlage des Dritten 11
II. Klage des Versprechensempfängers 13
1. Niederlage des Versprechensempfängers 13
2. Sieg des Versprechensempfängers 14
E. Abwehr mehrfacher Klagen . 16
F. Zwangsvollstreckung 18

A. Fälle

I. „Echter" Vertrag zugunsten Dritter

§ 328 regelt den „echten" Vertrag zugunsten eines Dritten, bei dem der Dritte eine vollständige Forderung erwirbt, nicht nur das **Anrecht** auf die geschuldete Leistung, wonach er die Leistung bekommen soll, sondern auch die **Zwangszuständigkeit**, wonach er die Leistung erzwingen kann (§ 194, Rn. 9 ff.). 1

Daneben ist der Vertragspartner des Schuldners (Versprechensempfänger) im Zweifel berechtigt, die Leistung an den Dritten zu erzwingen (§ 335). Darin liegt eine **weitere Zwangszuständigkeit**. Die Literatur, die nicht zwischen Anrecht und Zwangszuständigkeit unterscheidet, hat Mühe, die Rechtsstellung des Versprechensempfängers rechtssystematisch einzuordnen[1]. Die einen sprechen von einer eigenen Forderung des Versprechensempfängers[2], andere von einer gesetzlichen Ermächtigung, die Forderung des Dritten geltend zu machen[3]. Zustimmung verdient die erste Ansicht, aber nur mit der Maßgabe, dass das Recht des Versprechensempfängers eine unvollständige Forderung darstellt, weil die geschuldete Leistung an einen Dritten zu erbringen ist. Mit dieser Konstruktion ist nichts über die rechtliche Behandlung der Forderung des Versprechens- 2

---
1 Vgl. Soergel/Hadding, § 335, Rn. 10, 11.
2 So z. B. MünchKommBGB/Gottwald, 4. Aufl., § 335, Rn. 1.
3 Soergel/Hadding, § 328, Rn. 13. Zu Ansprüchen des Versprechensempfängers auf Ersatz des eigenen Schadens s. Soergel/Hadding, § 335, Rn. 5.

empfängers gesagt. Je nach dem Sinn und Zweck der einschlägigen Regelung kann sie in der einen Hinsicht wie jede andere Forderung zu behandeln sein (sie wird z. B. als vererblich angesehen), in der anderen Hinsicht nicht (gegen sie kann z. B. nicht aufgerechnet werden)[1].

3 **Beispiel** aus der neueren Rechtsprechung: Ein Ehemann, der einer heterologen Insemination seiner Frau zustimmt, verpflichtet sich vertraglich zur Unterhaltsleistung an das zu zeugende Kind, auch nach Anfechtung der Ehelichkeit[2].

II. „Unechter Vertrag" zugunsten Dritter

4 Beim „unechten" Vertrag zugunsten eines Dritten ist die Forderung aufgespalten: Das Anrecht hat der Dritte[3], die Zwangszuständigkeit der Versprechensempfänger.

III. Vertrag mit Schutzwirkung für Dritte

5 Beim Vertrag mit Schutzwirkung für Dritte besteht nur eine Schutzpflicht zugunsten des Dritten. Das entsprechende Anrecht steht dem Dritten zu. Soweit eine Zwangszuständigkeit besteht[4], liegt sie beim Versprechensempfänger.

B. Klage des Dritten

I. Klageart

6 Die vollständige **Forderung** aus einem echten Vertrag zu seinen Gunsten macht der Dritte wie jede andere Forderung geltend. S. dazu die einschlägigen Schuldverhältnisse.

7 Das bloße **Anrecht**, wie es beim unechten Vertrag zugunsten eines Dritten und beim Vertrag mit Schutzwirkung für Dritte dem Dritten zusteht, kann mangels Zwangszuständigkeit nicht durch Leistungsklage geltend gemacht werden; eine Leistungsklage des Drit-

---

1 MünchKommBGB/Gottwald, 4. Aufl., § 335, Rn. 3; Soergel/Hadding, § 335, Rn. 7, 11 bei Fn. 36. Näher Rimmelspacher, Anspruch, S. 127 ff.
2 BGHZ 129, 297.
3 Eine bloße Empfangszuständigkeit des Dritten (§ 362 II) nimmt an Soergel/Hadding, Rn. 6, 14, 19, 25, 68 f.
4 Dagegen MünchKommBGB/Gottwald, 4. Aufl., § 335, Rn. 6.

ten wäre unbegründet. Der Dritte kann aber im Streitfall auf die Feststellung klagen, dass ihm das Anrecht zustehe (§ 256 I ZPO).

II. Zuständigkeit

Die gerichtliche Zuständigkeit für die Klage des Dritten kann durch den Vertrag zwischen Versprechendem und Versprechensempfänger beeinflusst werden. Denn der Vertrag wirkt auch gegenüber dem Dritten, wenn er durch Begründung eines Anspruchs aus dem ehelichen Güterrecht das Familiengericht zuständig macht (§ 621 I Nr. 8 ZPO) oder den Erfüllungsort festlegt (§ 29 ZPO), den Gerichtsstand vereinbart (§ 38 ZPO), eine Schiedsklausel enthält (§ 1029 ZPO)[1] oder als Arbeitsvertrag den Arbeitsrechtsweg eröffnet (§§ 2, 3 ArbGG)[2].

8

C. Klage des Versprechensempfängers

Die bloße **Zwangszuständigkeit**, wie sie beim echten Vertrag zugunsten eines Dritten und beim Vertrag mit Schutzwirkung für Dritte dem Versprechensempfänger zugewiesen sein kann und beim unechten Vertrag zugunsten eines Dritten zugewiesen ist, wird durch Klage auf Leistung an den Dritten gerichtlich geltend gemacht. S. dazu die einschlägigen Schuldverhältnisse.

9

Hat der Versprechensempfänger **keine Zwangszuständigkeit**, so kann er doch gegen den bestreitenden Versprechenden auf Feststellung des Vertragsverhältnisses klagen (§ 256 I ZPO)[3].

10

D. Rechtskrafterstreckung

I. Klage und Niederlage des Dritten

Klagt der Dritte auf Leistung an sich und unterliegt er rechtskräftig, so tritt grundsätzlich **keine Rechtskrafterstreckung** ein: Der Versprechensempfänger ist nicht an einer Wiederholung der Klage gehindert[4]. Denn er macht einen eigenen unvollständigen Anspruch (Zwangszuständigkeit) geltend, für den er nach der Regel

11

---

1 Vgl. MünchKommBGB/Gottwald, 4. Aufl., Rn. 92, 93; Soergel/Hadding, Rn. 64.
2 Grunsky, ArbGG, § 3, Rn. 6.
3 Vgl. Staudinger/Jagmann, 13. Bearb., § 335, Rn. 34.
4 BGHZ 3, 391. Unklar („nicht stets") Soergel/Hadding, § 335, Rn. 14.

selbständig prozessführungsbefugt ist. Diese Prozessführungsbefugnis darf ihm nicht durch eine Rechtskrafterstreckung beschnitten werden[1].

12 Eine **Rechtskrafterstreckung** ist aber zu bejahen, wenn der Versprechensempfänger der Klage des Dritten zugestimmt hat[2].

II. Klage des Versprechensempfängers

1. Niederlage des Versprechensempfängers

13 Klagt der Versprechensempfänger auf Leistung an den Dritten und unterliegt er rechtskräftig, so tritt wiederum grundsätzlich **keine Rechtskrafterstreckung** ein: Der Dritte ist nicht an einer Wiederholung der Klage gehindert[3]. Denn er macht beim echten Vertrag zu seinen Gunsten einen eigenen **vollständigen Anspruch** geltend, für den er nach der Regel selbständig prozessführungsbefugt ist. Diese Prozessführungsbefugnis darf ihm nicht durch eine Rechtskrafterstreckung beschnitten werden[4]. Eine **Rechtskrafterstreckung** ist aber zu bejahen, wenn der Dritte der Klage des Versprechensempfängers zugestimmt hat[5]. Macht der Dritte nur ein **Anrecht** geltend, so ist seine Klage mangels Prozessführungsbefugnis unzulässig.

2. Sieg des Versprechensempfängers

14 Siegt der Versprechensempfänger, so kommt es zu einer **Rechtskrafterstreckung**: Der Dritte kann sich auf die rechtskräftige Feststellung berufen, dass der Beklagte zur Leistung an ihn verpflichtet ist, so dass nur noch seine eigene Berechtigung (Zwangszuständigkeit) zu prüfen bleibt.

15 Der **BGH verneint** dagegen eine Rechtskrafterstreckung zugunsten des Dritten analog den Vorschriften über die Gesamtgläubiger-

---

1 Zum Prinzip Rosenberg/Schwab/Gottwald, § 46 V 2. Zur Abwehr mehrfacher Klagen s. unten E.
2 Vgl. Stein/Jonas/Leipold, § 325, Rn. 63. Dann greift auch § 261 III Nr. 1 ZPO ein. A. A. Soergel/Hadding, § 335, Rn. 14.
3 BGHZ 3, 391; Soergel/Hadding, § 335, Rn. 13; Stein/Jonas/Leipold, § 325, Rn. 100.
4 Zum Prinzip Rosenberg/Schwab/Gottwald, § 46 V 2. Vgl. auch Gerhardt, JZ 1969, 694. Zur Abwehr mehrfacher Klagen s. unten E.
5 Vgl. Stein/Jonas/Leipold, § 325, Rn. 63. Dann greift auch § 261 III Nr. 1 ZPO ein. A. A. Soergel/Hadding, § 335, Rn. 13.

schaft (§ 429 III Satz 1 i. V. m. § 425)[1]. Dabei berücksichtigt er zu wenig den für die Rechtskrafterstreckung wesentlichen Unterschied zwischen Gesamtgläubigerschaft und Vertrag zugunsten eines Dritten. Im ersten Fall kann der Schuldner nach seinem Belieben an jeden der Gläubiger leisten (§ 428). Dementsprechend muss er die Freiheit haben, gegenüber dem einen Gläubiger nachlässiger zu prozessieren als gegenüber dem anderen. Ist er gegenüber dem einen Gläubiger unterlegen, so darf er nicht durch eine Rechtskrafterstreckung gehindert sein, die Forderung des anderen Gläubigers abzuwehren. Anders ist die Rechtslage beim Vertrag zugunsten eines Dritten. Hier kann der Schuldner nicht wählen, an welchen Gläubiger er leisten will. Deshalb hat er kein berechtigtes Interesse daran, sich gegen seine Leistungspflicht in dem Prozess des Dritten anders zu verteidigen als in dem Prozess des Versprechensempfängers. Von ihm kann daher erwartet werden, dass er Einwendungen gegen seine Leistungspflicht bereits in dem ersten Prozess vorbringt und nicht für den zweiten aufspart. Da der Schuldner gegen beide Berechtigte um dieselbe Leistungspflicht streitet, bedeutet die Rechtskrafterstreckung für ihn nicht, dass er in dem Prozess gegen den einen Berechtigten auf sein Verhältnis zu dem anderen zusätzlich Rücksicht nehmen müsste und einem schwerer kalkulierbaren Prozessrisiko ausgesetzt wäre[2]. Es verstößt auch nicht gegen den Grundsatz der „Waffengleichheit"[3], dass nur der Sieg des Versprechensempfängers „für" den Dritten wirkt, nicht der Sieg des Schuldners „gegen" den Dritten (Rn. 13). Denn als Ausprägung des Gleichheitssatzes lässt der Grundsatz der Waffengleichheit sachgemäße Differenzierungen zu. Aus den dargelegten Gründen kann aber nur dem Schuldner eine Rechtskraftwirkung „für" den Dritten zugemutet werden, nicht dem Dritten eine Rechtskraftwirkung „gegen" ihn.

E. Abwehr mehrfacher Klagen

Um zu verhindern, dass er mehrfach verklagt wird, kann der Schuldner **nicht** dem am Prozess unbeteiligten Gläubiger den **Streit verkünden** (§ 72 I ZPO). Denn der Schuldner besorgt den Anspruch

16

---

1 BGHZ 3, 389 f. Zustimmend Gerhardt, JZ 1969, 694 f.; Stein/Jonas/Leipold, § 325, Rn. 100; Zöller/Vollkommer, § 325, Rn. 4. **Wie hier** im Ergebnis Huber, JuS 1972, 627. Rosenberg/Schwab/Gottwald, § 156 II a. E. schließt rechtskräftig aberkannte Einwendungen nach § 242 aus.
2 Vgl. Wieser, Grundzüge, Rn. 62.
3 S. dazu Stucken, Rechtskrafterstreckung, S. 41 f.

des unbeteiligten Gläubigers nicht „für den Fall des (ihm) ungünstigen Ausganges des Rechtsstreits". Ihn bedroht daher nicht die in § 72 I ZPO vorausgesetzte Gefahr, dass er zweimal aus widersprüchlichen Gründen unterliegt.

17 Der Schuldner kann aber gegen den unbeteiligten Gläubiger **„Widerklage"** auf die Feststellung erheben, dass er nicht zu der beanspruchten Leistung verpflichtet sei (§ 256 I ZPO)[1]. Der unbeteiligte Gläubiger und der Kläger sind dann einfache Streitgenossen (§ 59 Fall 2 ZPO).

F. Zwangsvollstreckung

18 Zur Zwangsvollstreckung berechtigt ist nur der Titelgläubiger. Auf einen vom Versprechensempfänger erwirkten Titel kann **keine Klausel für den Dritten** erteilt werden. Denn unabhängig davon, ob sich die Rechtskraft auf den Dritten erstreckt, ist es nicht Sache des Klauselbeamten, die eigene Berechtigung des Dritten zu prüfen[2]. Aus demselben Grund kann auf einen vom Dritten erwirkten Titel **keine Klausel für den Versprechensempfänger** erteilt werden.

19 Bei einem **Prozessvergleich** ist Titelgläubiger, wem nach dem Inhalt des Vertrags die Zwangszuständigkeit zukommt (Rn. 1 ff.). Denn wenn der Vertrag bestimmen kann, wem die materiellen Rechte zur Erzwingung der Pflichterfüllung – Zurückbehaltungsrecht, Selbsthilferecht und Aufrechnungsbefugnis – zustehen und wer für eine Leistungsklage die Aktivlegitimation besitzt, dann muss er auch bestimmen können, wem als Titelgläubiger die „Vollstreckungsbefugnis" zusteht. Daher ist bei einem echten Vertrag zugunsten eines Dritten der Dritte vollstreckungsbefugt[3]. Wäre es anders, könnte ein Prozessvergleich zugunsten eines Dritten nicht vollstreckt werden, falls dem Versprechensempfänger nach § 335 die Zwangszuständigkeit fehlt. Hat der Versprechensempfänger die Zwangszuständigkeit, so ist auch er vollstreckungsbefugt[4]. Bei einem unechten Vertrag zugunsten eines Dritten ist nur der Versprechensempfänger vollstreckungsbefugt[5].

1 Wieczorek/Hausmann, § 33, Rn. 45 ff.; Zöller/Vollkommer, § 33, Rn. 18 ff.
2 So zutreffend Gerhardt, JZ 1969, 695 f.
3 Stein/Jonas/Münzberg, § 794, Rn. 36. **A. A.** BGH, FamRZ 1979, 787, 789; Gerhardt, JZ 1969, 697; MünchKommZPO/Wolfsteiner, § 794, Rn. 98; Zöller/Stöber, § 794, Rn. 6.
4 Stein/Jonas/Münzberg, § 794, Fn. 201.
5 Gerhardt, JZ 1969, 693.

Die Zwangsvollstreckung des Versprechensempfängers richtet sich 20
nach denselben **Regeln** wie die des Dritten, also z. B. nach §§ 803 ff.
ZPO, falls eine Zahlung an den Dritten erzwungen werden soll[1].

Anders als die Forderung des Dritten ist das Recht des Verspre- 21
chensempfängers in der Regel nicht **pfändbar**[2]. Der Gläubiger des
Versprechensempfängers könnte aufgrund der Pfändung und Überweisung – nicht anders als der Versprechensempfänger selbst – nur
die Leistung an den Dritten erreichen, die ihm meist nichts nützt[3].

Anrechnung oder Rückgabe der Draufgabe

337 (1) Die Draufgabe ist im Zweifel auf die von dem Geber
geschuldete Leistung anzurechnen oder, wenn dies nicht
geschehen kann, bei der Erfüllung des Vertrags zurückzugeben.

(2) Wird der Vertrag wieder aufgehoben, so ist die Draufgabe zurückzugeben.

§ 337 gibt dem Geber einer Draufgabe gegen den Empfänger einen
Anspruch auf **Rückgabe**, d. h. Herausgabe. Im Einzelnen sind zu
unterscheiden, je nachdem, welcher Gegenstand herauszugeben ist:
Ansprüche auf Herausgabe einer **Sache**, bei denen weiter unterschieden werden muss, ob der Besitz eingeräumt werden soll (→ *Besitzeinräumung* Rn. 1) oder das Eigentum (→ *Übereignung* Rn. 1);
Ansprüche auf Herausgabe eines **Rechts** (außer Besitz und Eigentum), also auf → *Rechtsverschaffung* (Rn. 1); Ansprüche auf Herausgabe eines in Geld zu bemessenden **Vermögensvorteils**, d. h. auf
→ *Zahlung* (Rn. 1).

Draufgabe bei zu vertretender Unmöglichkeit der Leistung

338 [1]Wird die von dem Geber geschuldete Leistung infolge
eines Umstands, den er zu vertreten hat, unmöglich oder
verschuldet der Geber die Wiederaufhebung des Vertrags, so ist der
Empfänger berechtigt, die Draufgabe zu behalten. [2]Verlangt der
Empfänger Schadensersatz wegen Nichterfüllung, so ist die Drauf-

---
1 Gerhardt, JZ 1969, 692 f.; Soergel/Hadding, Rn. 66.
2 Rimmelspacher, Anspruch, S. 126.
3 Eine Ausnahme bei Soergel/Hadding, § 335, Rn. 16.

gabe im Zweifel anzurechnen oder, wenn dies nicht geschehen kann, bei der Leistung des Schadensersatzes zurückzugeben.

§ 338 Satz 2 gibt dem Geber einer Draufgabe gegen den Empfänger einen **Anspruch** auf **Rückgabe**, wie § 337 (s. dort).

Strafversprechen für Nichterfüllung

340 (1) ¹Hat der Schuldner die Strafe für den Fall versprochen, dass er seine Verbindlichkeit nicht erfüllt, so kann der Gläubiger die verwirkte Strafe statt der Erfüllung verlangen. ²Erklärt der Gläubiger dem Schuldner, dass er die Strafe verlange, so ist der Anspruch auf Erfüllung ausgeschlossen.

(2) ¹Steht dem Gläubiger ein Anspruch auf Schadensersatz wegen Nichterfüllung zu, so kann er die verwirkte Strafe als Mindestbetrag des Schadens verlangen. ²Die Geltendmachung eines weiteren Schadens ist nicht ausgeschlossen.

Nach Absatz 1 kann der Gläubiger den Erfüllungsanspruch in einen Anspruch auf die verwirkte Strafe verwandeln. Darin wird überwiegend eine elektive Konkurrenz (→ *Wahlmöglichkeiten* Rn. 2 ff.) gesehen, doch spricht mehr für eine **Ersetzungsbefugnis** (→ *Wahlmöglichkeiten* Rn. 6, 7.)[1].

Andere als Geldstrafe

342 Wird als Strafe eine andere Leistung als die Zahlung einer Geldsumme versprochen, so finden die Vorschriften der §§ 339 bis 341 Anwendung; der Anspruch auf Schadensersatz ist ausgeschlossen, wenn der Gläubiger die Strafe verlangt.

Nach § 342 kann als Strafe eine **andere Leistung** als die Zahlung einer Geldsumme versprochen werden, z. B. die Übereignung einer Sache (→ *Übereignung* Rn. 1) oder die Abtretung eines Rechts (→ *Rechtsverschaffung* Rn. 1).

---

[1] Nachw. zum Streitstand bei Gernhuber, Schuldverhältnis, § 11 I 6.

Herabsetzung der Strafe

343 (1) ¹Ist eine verwirkte Strafe unverhältnismäßig hoch, so kann sie auf Antrag des Schuldners durch Urteil auf den angemessenen Betrag herabgesetzt werden. ²Bei der Beurteilung der Angemessenheit ist jedes berechtigte Interesse des Gläubigers, nicht bloß das Vermögensinteresse, in Betracht zu ziehen. ³Nach der Entrichtung der Strafe ist die Herabsetzung ausgeschlossen.

(2) Das Gleiche gilt auch außer in den Fällen der §§ 339, 342, wenn jemand eine Strafe für den Fall verspricht, dass er eine Handlung vornimmt oder unterlässt.

Inhaltsübersicht

A. Allgemeines 1	2. Zulässiger und begründeter Antrag 9
B. Klage des Gläubigers 5	C. Klagen des Schuldners . . . 12
I. Antrag des Schuldners 5	I. Selbständige Herabsetzungsklage 12
II. Urteil 8	
1. Unzulässiger oder unbegründeter Antrag 8	II. Feststellungsklagen 16

A. Allgemeines

Nach § 343 I Satz 1 kann eine verwirkte Strafe, wenn sie unverhältnismäßig hoch ist, auf Antrag des Schuldners durch Urteil auf den angemessenen Betrag herabgesetzt werden. 1

Das Urteil, das auch einem Schiedsgericht übertragen werden kann (§ 1030 I ZPO)[1], wird meist als Gestaltungsurteil (→ *Gestaltungsklagen* Rn. 1) angesehen[2]. Schlosser sieht in ihm ein Feststellungsurteil, weil er meint, dass sich jedermann, z. B. auch ein Bürge, als „Schuldner" auf die unverhältnismäßige Höhe einer verwirkten Strafe berufen könne[3]. Selbst wenn dies zuträfe, so wäre die Strafe doch nicht schon wegen ihrer Unverhältnismäßigkeit kraft Gesetzes 2

---

1 MünchKommBGB/Gottwald, 4. Aufl., Rn. 14.
2 Rosenberg/Schwab/Gottwald, § 94 II 3; Staudinger/Rieble, 13. Bearb., Rn. 34 ff., 50 und 63 (widersprüchlich); Stein/Jonas/Schumann, vor § 253, Rn. 56; Zöller/Greger, vor § 253, Rn. 8; weitere Nachw. bei Schlosser, Gestaltungsklagen, S. 73, 115 f.
3 Schlosser, Gestaltungsklagen, S. 138 ff.

herabgesetzt und es würde auch nicht die Berufung des „Schuldners" auf ihre Unverhältnismäßigkeit genügen, um sie herabzusetzen. Vielmehr müsste nach dem Gesetz erst noch ein Urteil ergehen, das die Unverhältnismäßigkeit feststellt und die Herabsetzung ausspricht. Ein solches Urteil ist aber ein Gestaltungsurteil. Die Frage, von wem das Urteil beantragt werden kann und ob es gegenüber Dritten wirkt, stellt sich unabhängig davon, ob das Urteil die angemessene Vertragsstrafe lediglich feststellt oder rechtsgestaltend festsetzt.

3 Das Gestaltungsklagerecht des Schuldners ist **nicht pfändbar**[1].

4 Im Einzelnen kommt es darauf an, ob eine Klage des Gläubigers auf die unverhältnismäßige Strafe schon erhoben ist oder noch aussteht.

B. Klage des Gläubigers

I. Antrag des Schuldners

5 Klagt der Gläubiger auf die Leistung der verwirkten Strafe, in der Regel auf → *Zahlung*, so kann der Schuldner einwenden, dass die Strafe unverhältnismäßig hoch sei, und ihre Herabsetzung auf den angemessenen Betrag beantragen.

6 Der Antrag muss **nicht ausdrücklich** gestellt werden. „Als Antrag hat . . . jede Anregung zu gelten, die erkennen lässt, dass der Schuldner ganz oder teilweise von der Vertragsstrafe loskommen will, weil er sie als unangemessen hoch . . . empfindet. Um welchen Betrag eine Herabsetzung verlangt wird, braucht der Schuldner nicht im Einzelnen anzugeben"[2].

7 Der Schuldner kann seinen Herabsetzungsantrag auch ausdrücklich in Form einer **Widerklage** stellen (§§ 33 I, 261 II ZPO). Eine selbständige Herabsetzungsklage (Rn. 12 ff.) wäre erheblich weniger zweckmäßig und deshalb mangels Rechtsschutzinteresses unzulässig.

---

[1] MünchKommBGB/Gottwald, 4. Aufl., Rn. 2.
[2] BGH, NJW 1968, 1625.

Herabsetzung der Strafe § 343

II. Urteil

1. Unzulässiger oder unbegründeter Antrag

Ist der Antrag des Schuldners unzulässig oder unbegründet, so wird er in dem Urteil ab- oder zurückgewiesen, und zwar im Tenor, falls der Antrag ausdrücklich gestellt war, sonst in den Entscheidungsgründen. 8

2. Zulässiger und begründeter Antrag

Ist der Antrag des Schuldners zulässig und begründet, so wird der Klage des Gläubigers nur in dem herabgesetzten Umfang stattgegeben, unter Abweisung im Übrigen. Durch die Teilabweisung ist konkludent auch über den Herabsetzungsantrag entschieden; in den Entscheidungsgründen wird ausgeführt, dass die Strafe auf Antrag des Schuldners herabzusetzen war[1]. 9

Insofern das **Urteil** der Klage stattgibt, ist es ein Leistungsurteil, insofern es sie abweist, ein Feststellungsurteil, und insofern es die Strafe herabsetzt, ein Gestaltungsurteil, und zwar ein verdecktes, weil die Herabsetzung nur in den Entscheidungsgründen ausgesprochen wird[2]. 10

Die Herabsetzung wirkt auf den **Zeitpunkt des Vertragsschlusses** zurück[3]. Sie hat sogleich zur Folge, dass eine weiter gehende Leistungsklage des Gläubigers abgewiesen wird. Insofern wird die Herabsetzung nicht erst mit der formellen Rechtskraft des Urteils „wirksam"[4], sondern schon mit dem Erlass. 11

C. Klagen des Schuldners

I. Selbständige Herabsetzungsklage

Hat der Gläubiger wegen der Strafe noch keine Klage erhoben, so kann der Schuldner selbständig auf Herabsetzung klagen[5] – mit dem **Antrag**, das Gericht möge die im Vertrag der Parteien vom 12

---

1 Staudinger/Rieble, 13. Bearb., Rn. 35.
2 Stein/Jonas/Schumann, vor § 253, Rn. 60. Zur revisionsgerichtlichen Überprüfung s. MünchKommBGB/Gottwald, 4. Aufl., Rn. 21.
3 Staudinger/Rieble, 13. Bearb., Rn. 38; Stein/Jonas/Schumann, vor § 253, Rn. 56.
4 Entgegen Rosenberg/Schwab/Gottwald, § 94 II 3.
5 Staudinger/Rieble, 13. Bearb., Rn. 36.

(Datum) vereinbarte Strafe auf den *angegebenen* Betrag herabsetzen. Beantragt werden kann auch die Herabsetzung auf den *angemessenen* Betrag. Dazu muss der Schuldner dem Gericht die Größenordnung der erstrebten Herabsetzung (nötig schon zur Information des Gläubigers) und die tatsächlichen Grundlagen für die Herabsetzung angeben[1].

13 **Sachlich zuständig** sind die Amtsgerichte oder die Landgerichte, je nach Streitwert (§§ 23 Nr. 1, 71 I GVG). Der Streitwert bemisst sich nach dem Differenzbetrag, um den die Strafe herabgesetzt werden soll (§ 3 ZPO).

14 **Örtlich zuständig** ist auch das Gericht des Ortes, an dem das Strafversprechen zu erfüllen ist (§§ 29 I, 35 ZPO, §§ 269, 270 IV BGB)[2].

15 Die **Herabsetzung** wird erst mit der formellen Rechtskraft des Urteils wirksam. Sie wirkt auf den Zeitpunkt des Vertragsschlusses zurück[3].

II. Feststellungsklagen

16 Eine Klage auf Feststellung, dass die **verwirkte Strafe** unverhältnismäßig hoch sei, wäre erheblich weniger zweckmäßig als die selbständige Herabsetzungsklage und deshalb mangels Rechtsschutzinteresses unzulässig (§ 256 I ZPO).

17 Eine Klage auf die Feststellung, dass die noch **nicht verwirkte** Strafe unverhältnismäßig hoch sei, wird gleichfalls mit Recht als unzulässig angesehen[4]. Vor der Verwirkung zulässig ist aber die Klage auf Feststellung der **Unwirksamkeit des Strafversprechens**[5].

---

1 MünchKommZPO/Lüke, § 253, Rn. 120, 122. **A. A.** Staudinger/Rieble, 13. Bearb., Rn. 53, weil der Schuldner grundsätzlich Herabsetzung auf null begehre; dagegen Rieble selbst, Rn. 82.
2 Staudinger/Rieble, 13. Bearb., Rn. 37.
3 Staudinger/Rieble, 13. Bearb., Rn. 38; Stein/Jonas/Schumann, vor § 253, Rn. 56.
4 Soergel/Lindacher, Rn. 9; Staudinger/Kaduk, 12. Aufl., Rn. 17.
5 Staudinger/Kaduk, 12. Aufl., Rn. 17.

Wirkungen des Rücktritts

346 (1) Hat sich eine Vertragspartei vertraglich den Rücktritt vorbehalten oder steht ihr ein gesetzliches Rücktrittsrecht zu, so sind im Falle des Rücktritts die empfangenen Leistungen zurückzugewähren und die gezogenen Nutzungen herauszugeben.

(2) [1]Statt der Rückgewähr hat der Schuldner Wertersatz zu leisten, soweit

1. die Rückgewähr oder die Herausgabe nach der Natur des Erlangten ausgeschlossen ist,

2. er den empfangenen Gegenstand verbraucht, veräußert, belastet, verarbeitet oder umgestaltet hat,

3. der empfangene Gegenstand sich verschlechtert hat oder untergegangen ist; jedoch bleibt die durch die bestimmungsgemäße Ingebrauchnahme entstandene Verschlechterung außer Betracht.

[2]Ist im Vertrag eine Gegenleistung bestimmt, ist sie bei der Berechnung des Wertersatzes zugrunde zu legen.

(3) [1]Die Pflicht zum Wertersatz entfällt,

1. wenn sich der zum Rücktritt berechtigende Mangel erst während der Verarbeitung oder Umgestaltung des Gegenstandes gezeigt hat,

2. soweit der Gläubiger die Verschlechterung oder den Untergang zu vertreten hat oder der Schaden bei ihm gleichfalls eingetreten wäre,

3. wenn im Falle eines gesetzlichen Rücktrittsrechts die Verschlechterung oder der Untergang beim Berechtigten eingetreten ist, obwohl dieser diejenige Sorgfalt beobachtet hat, die er in eigenen Angelegenheiten anzuwenden pflegt.

[2]Eine verbleibende Bereicherung ist herauszugeben.

(4) Der Gläubiger kann wegen Verletzung einer Pflicht aus Absatz 1 nach Maßgabe der §§ 280 bis 283 Schadensersatz verlangen.

§ 346 I gibt jeder Partei gegen die andere einen **Anspruch** auf Rückgewähr, d. h. **Herausgabe** ihrer Leistung und auf Herausgabe der gezogenen Nutzungen. Im Einzelnen sind zu unterscheiden, je nachdem, welcher Gegenstand herauszugeben ist: Ansprüche auf Herausgabe einer **Sache**, bei denen weiter unterschieden werden muss, ob der Besitz eingeräumt werden soll (→ *Besitzeinräumung* Rn. 1) oder das Eigentum (→ *Übereignung* Rn. 1); Ansprüche auf Herausgabe eines **Rechts** (außer Besitz und Eigentum), sei es auf

Übertragung, also auf → *Rechtsverschaffung* (Rn. 1) oder auf Aufgabe des Rechts, d. h. → *Rechtsentäußerung* (Rn. 1); Ansprüche auf Herausgabe eines in Geld zu bemessenden **Vermögensvorteils**, d. h. auf → *Zahlung* (Rn. 1).

Nutzungen und Verwendungen nach Rücktritt

347 (1) ¹Zieht der Schuldner Nutzungen entgegen den Regeln einer ordnungsmäßigen Wirtschaft nicht, obwohl ihm das möglich gewesen wäre, so ist er dem Gläubiger zum Wertersatz verpflichtet. ²Im Falle eines gesetzlichen Rücktrittsrechts hat der Berechtigte hinsichtlich der Nutzungen nur für diejenige Sorgfalt einzustehen, die er in eigenen Angelegenheiten anzuwenden pflegt.

(2) ¹Gibt der Schuldner den Gegenstand zurück, leistet er Wertersatz oder ist seine Wertersatzpflicht gemäß § 346 Abs. 3 Nr. 1 oder 2 ausgeschlossen, so sind ihm notwendige Verwendungen zu ersetzen. ²Andere Aufwendungen sind zu ersetzen, soweit der Gläubiger durch diese bereichert wird.

§ 347 II gibt dem Schuldner gegen den Gläubiger einen **Anspruch** auf **Aufwendungsersatz** i. S. des § 257 (s. dort).

Rechtsfolgen des Widerrufs und der Rückgabe

357 (1) ¹Auf das Widerrufs- und das Rückgaberecht finden, soweit nicht ein anderes bestimmt ist, die Vorschriften über den gesetzlichen Rücktritt entsprechende Anwendung. ²Die in § 286 Abs. 3 bestimmte Frist beginnt mit der Widerrufs- oder Rückgabeerklärung des Verbrauchers.

(2) ¹Der Verbraucher ist bei Ausübung des Widerrufsrechts zur Rücksendung verpflichtet, wenn die Sache durch Paket versandt werden kann. ²Kosten und Gefahr der Rücksendung trägt bei Widerruf und Rückgabe der Unternehmer. ³Wenn ein Widerrufsrecht besteht, dürfen dem Verbraucher bei einer Bestellung bis zu einem Betrag von 40 Euro die regelmäßigen Kosten der Rücksendung vertraglich auferlegt werden, es sei denn, dass die gelieferte Ware nicht der bestellten entspricht.

(3) ¹Der Verbraucher hat abweichend von § 346 Abs. 2 Satz 1 Nr. 3 Wertersatz für eine durch die bestimmungsgemäße Ingebrauchnahme der Sache entstandene Verschlechterung zu leisten, wenn er spätestens bei Vertragsschluss in Textform auf diese Rechtsfolge und eine Möglichkeit hingewiesen worden ist, sie zu vermeiden. ²Dies gilt nicht, wenn die Verschlechterung ausschließlich auf die Prüfung der Sache zurückzuführen ist. ³§ 346 Abs. 3 Satz 1 Nr. 3 findet keine Anwendung, wenn der Verbraucher über sein Widerrufsrecht ordnungsgemäß belehrt worden ist oder hiervon anderweitig Kenntnis erlangt hat.

(4) Weitergehende Ansprüche bestehen nicht.

I. Rücksendung

§ 357 II Satz 1 gibt dem Unternehmer gegen den Verbraucher einen **Anspruch** auf Rücksendung der Sache, d. h. auf → *Besitzeinräumung*, u. U. auch auf → *Übereignung*.

1

II. Kostenerstattung

Nach § 357 II Satz 2 trägt die Kosten der Rücksendung der Unternehmer. Fraglich ist, wie sich diese Vorschrift im Prozess auswirkt. Wird der Verbraucher zur Rücksendung **verurteilt** „Zug um Zug gegen Erstattung" oder „nach Erstattung" der genau bezifferten Rücksendungskosten? Im ersten Fall müsste er die Rücksendungskosten zunächst selbst aufbringen, um sie Zug um Zug gegen Rücksendung der Sache, z. B. durch Nachnahme, wiederzuerlangen. Im zweiten Fall bräuchte er die Sache erst zurückzusenden, nachdem ihm die Rücksendungskosten erstattet sind. Der Verbraucherschutz, den das Gesetz bezweckt, spricht für die zweite Lösung, also für eine Verurteilung zur Rücksendung **nach Erstattung** der Rücksendungskosten. Der Unternehmer hat also die von ihm zu tragenden Kosten vorzuschießen. Das ist auch die Regelung des § 403 Satz 2. Befürchtet der Unternehmer, dass der Verbraucher das Geld zweckentfremden wird, so mag er durch eigene Leute oder durch ein von ihm beauftragtes Unternehmen ohne Kostenbelastung des Verbrauchers für die Rücksendung sorgen.

2

Der Verbraucherschutz spricht auch dafür, dass das Gericht die Frage der Rücksendungskosten nicht nur auf Einrede des Verbrauchers, sondern **von Amts wegen** berücksichtigt. Allerdings bleibt es Sache des Verbrauchers, die Höhe der Kosten darzulegen und im Streitfall darzutun.

3

4   Um eine teilweise Klageabweisung zu vermeiden, muss der Unternehmer daher seinen **Klageantrag** einschränken und die Verurteilung des Verbrauchers beantragen, „nach Zahlung eines Kostenvorschusses in Höhe von . . . Euro" die näher bezeichnete Sache zurückzusenden.

5   Für die **Zwangsvollstreckung** muss der Gläubiger (Unternehmer) den Kostenvorschuss beweisen, um eine vollstreckbare Ausfertigung des Urteils zu erhalten (§ 726 I ZPO).

6   **Materiellrechtlich** stellt sich die **Rechtslage** wie folgt dar: Der Unternehmer kann die Rücksendung erst verlangen, nachdem er dem Verbraucher die erforderlichen Kosten vorgeschossen hat. Der Kostenvorschuss ist also eine Voraussetzung des Rücksendungsanspruchs, sein Fehlen gibt dem Verbraucher eine Einwendung gegen den Rücksendungsanspruch. Dagegen hat der Verbraucher keinen Anspruch auf einen Kostenvorschuss. Sendet er die Sache ohne Kostenvorschuss zurück, kann er → *Zahlung* der von ihm verauslagten Kosten beanspruchen.

Einwendungen bei verbundenen Verträgen

359   [1]Der Verbraucher kann die Rückzahlung des Darlehens verweigern, soweit Einwendungen aus dem verbundenen Vertrag ihn gegenüber dem Unternehmer, mit dem er den verbundenen Vertrag geschlossen hat, zur Verweigerung seiner Leistung berechtigen würden. [2]Dies gilt nicht, wenn das finanzierte Entgelt 200 Euro nicht überschreitet, sowie bei Einwendungen, die auf einer zwischen diesem Unternehmer und dem Verbraucher nach Abschluss des Verbraucherdarlehensvertrags vereinbarten Vertragsänderung beruhen. [3]Kann der Verbraucher Nacherfüllung verlangen, so kann er die Rückzahlung des Darlehens erst verweigern, wenn die Nacherfüllung fehlgeschlagen ist.

§ 359 Satz 1 gibt dem Verbraucher gegen den Rückzahlungsanspruch des Darlehensgebers eine **Einrede**, die zur **Abweisung einer Leistungsklage** als unbegründet führt (s. bei § 214).

Quittung

368 ¹Der Gläubiger hat gegen Empfang der Leistung auf Verlangen ein schriftliches Empfangsbekenntnis (Quittung) zu erteilen. ²Hat der Schuldner ein rechtliches Interesse, dass die Quittung in anderer Form erteilt wird, so kann er die Erteilung in dieser Form verlangen.

I. Anspruch auf Quittung

§ 368 gibt dem Schuldner gegen den Gläubiger einen **Anspruch** auf eine Quittung. 1

Eine **Leistungsklage** müsste z. B. beantragen: „Der Beklagte wird verurteilt, über die ihm Anfang Dezember 2001 gelieferten 10 000 t Steinkohle dem Kläger eine schriftliche Quittung zu erteilen." 2

Die Möglichkeit einer Feststellungsklage dahin gehend, dass die Schuld nicht mehr bestehe (Rn. 11), beseitigt nicht das **Rechtsschutzinteresse** für die Klage auf Erteilung einer Quittung. Denn die Klage auf Erteilung einer Quittung ist zweckmäßiger als die Festellungsklage, insofern sie schon vor der formellen Rechtskraft des Urteils zur freiwilligen Erteilung einer Quittung führen kann, während die materielle Rechtskraft des Feststellungsurteils erst mit der formellen Rechtskraft eintritt. 3

Sachlich zuständig sind die Amtsgerichte oder die Landgerichte, je nach Streitwert (§§ 23 Nr. 1, 71 I GVG). Der Streitwert bemisst sich nach dem Interesse des Klägers an dem Besitz der Quittung (§ 3 ZPO)[1], hängt also von dem Wert der zu quittierenden Leistung und davon ab, mit welcher Wahrscheinlichkeit der Kläger ohne Quittung eine Verurteilung zur erneuten Leistung befürchten muss. 4

Das Gericht des Erfüllungsorts (§§ 29, 35 ZPO) ist auch bei einem vertraglichen Schuldverhältnis nicht **örtlich zuständig**[2]. 5

Die **Zwangsvollstreckung** richtet sich nach § 894 I ZPO[3]. Fingiert wird der Inhalt der Quittung: die Erklärung des Vollstreckungsschuldners, dass er die Leistung erhalten habe. 6

---

1 Stein/Jonas/Roth, § 6, Rn. 7cc.
2 Staudinger/Olzen, 14. Bearb. 2000, Rn. 23; Stein/Jonas/Schumann, § 29, Rn. 2a. **A. A.** MünchKommBGB/Heinrichs, Rn. 10; Zöller/Vollkommer, § 29, Rn. 14.
3 MünchKommBGB/Wenzel, 4. Aufl., Rn. 10; MünchKommZPO/Schilken, § 894, Rn. 2.

II. Einrede

7 Ob und wie sich der Quittungsanspruch des Schuldners auf eine Leistungsklage des Gläubigers auswirkt, ist umstritten[1].

8 Nach zutreffender Ansicht hat der Schuldner gegen den Anspruch des Gläubigers aufgrund des Quittungsanspruchs eine **Einrede**, deren Ausübung zur **Verurteilung Zug um Zug** führt (s. bei § 274). Für diese Ansicht spricht auch, dass der Gläubiger die Quittung nicht erst „nach" Empfang der Leistung, sondern „gegen" Empfang der Leistung zu erteilen hat; das aber heißt nach § 274 I „Zug um Zug".

9 Diese Einschränkung ist jedoch nur für die freiwillige Leistung bedeutsam. Denn in der **Zwangsvollstreckung** sind die §§ 726 II, 756, 765 ZPO unanwendbar, da die Quittung keine echte Gegenleistung darstellt[2]. Vielmehr hat das Vollstreckungsorgan dem Schuldner die Quittung nach Empfang der Leistung auszuliefern[3].

10 Andererseits ist das Urteil nicht bloß Vollstreckungstitel, sondern soll den Schuldner primär zu einer freiwilligen Leistung bewegen. Diese Leistung hat das Urteil so zu beschreiben, wie sie geschuldet wird. Folglich darf es den Schuldner nur dazu verurteilen, dass er „Zug um Zug gegen Aushändigung einer Quittung" leistet[4].

III. Feststellungsklage

11 Verweigert der Gläubiger die Quittung deswegen, weil die Leistung noch nicht oder nicht ordnungsgemäß erbracht worden sei, so kann der Schuldner auf die Feststellung klagen, dass seine Schuld nicht mehr bestehe (§ 256 I ZPO). Dazu müsste er z. B. beantragen festzustellen, „dass die Lieferpflicht des Klägers aus dem Vertrag vom 2. 5. 1994 erloschen ist".

---

1 Vgl. Roth, Einrede, S. 210 f.
2 OLG Frankfurt, DGVZ 1981, 84; OLG Hamm, DGVZ 1979, 123; Stein/Jonas/Münzberg, § 726, Rn. 18; Zöller/Stöber, § 726, Rn. 13.
3 Vgl. OLG Hamm, DGVZ 1979, 123; Stein/Jonas/Münzberg, § 726, Rn. 18.
4 Roth, Einrede, S. 211. **A. A.** OLG Hamm, DGVZ 1979, 123; Stein/Jonas/Münzberg, § 726, Rn. 18.

Rückgabe des Schuldscheins

371 ¹Ist über die Forderung ein Schuldschein ausgestellt worden, so kann der Schuldner neben der Quittung Rückgabe des Schuldscheins verlangen. ²Behauptet der Gläubiger, zur Rückgabe außerstande zu sein, so kann der Schuldner das öffentlich beglaubigte Anerkenntnis verlangen, dass die Schuld erloschen sei.

Satz 1 gibt dem Schuldner gegen den Gläubiger einen **Anspruch** auf **Rückgabe** des Schuldscheins, d. h. auf → *Besitzeinräumung* (Rn. 1). Ob das Eigentum gleichfalls zurückübertragen werden muss (→ *Übereignung* Rn. 1) oder analog § 952 I kraft Gesetzes an den Schuldner zurückfällt, ist strittig[1]. 1

Satz 2 gibt dem Schuldner gegen den Gläubiger einen **Anspruch** auf das **öffentlich beglaubigte Anerkenntnis**, dass die Schuld erloschen sei (wie § 403, Rn. 1 ff.). Die Kosten hat der Gläubiger zu tragen[2]. 2

Der Schuldner kann auch auf die **Feststellung klagen**, dass seine Schuld nicht mehr bestehe (§ 256 ZPO). Diese Klage ist zumindest neben der Rückgabeklage zu empfehlen (§ 256 II ZPO), weil das Rückgabeurteil der Forderungsklage nicht entgegensteht[3]. 3

Wirkung der Hinterlegung bei nicht ausgeschlossener Rücknahme

379 (1) Ist die Rücknahme der hinterlegten Sache nicht ausgeschlossen, so kann der Schuldner den Gläubiger auf die hinterlegte Sache verweisen.

(2) Solange die Sache hinterlegt ist, trägt der Gläubiger die Gefahr und ist der Schuldner nicht verpflichtet, Zinsen zu zahlen oder Ersatz für nicht gezogene Nutzungen zu leisten.

(3) Nimmt der Schuldner die hinterlegte Sache zurück, so gilt die Hinterlegung als nicht erfolgt.

§ 379 I gibt dem Schuldner gegen den Anspruch des Gläubigers eine **Einrede**, deren Ausübung zur Folge hat, dass eine **Leistungsklage**

---

[1] Staudinger/Gursky, 13. Bearb., § 952, Rn. 18.
[2] Staudinger/Olzen, 14. Bearb. 2000, Rn. 18.
[3] BGHZ 35, 168 f. A. A. Rimmelspacher, Anspruch, S. 303 f. entgegen § 256 II ZPO.

des Gläubigers als zurzeit unbegründet **abgewiesen** wird[1]. Im Übrigen gilt dasselbe wie bei § 214 (s. dort).

Nachweis der Empfangsberechtigung

380 Soweit nach den für die Hinterlegungsstelle geltenden Bestimmungen zum Nachweis der Empfangsberechtigung des Gläubigers eine diese Berechtigung anerkennende Erklärung des Schuldners erforderlich oder genügend ist, kann der Gläubiger von dem Schuldner die Abgabe der Erklärung unter denselben Voraussetzungen verlangen, unter denen er die Leistung zu fordern berechtigt sein würde, wenn die Hinterlegung nicht erfolgt wäre.

I. Anspruch auf Anerkenntnis

1 § 380 gibt dem Gläubiger gegen den Schuldner einen **Anspruch** auf Abgabe einer die Empfangsberechtigung des Gläubigers anerkennenden Erklärung („**Freigabe**").

2 Eine **Leistungsklage** müsste z. B. beantragen: „Der Beklagte wird verurteilt, die von ihm am ... bei ... eingezahlten 10 000 Euro für den Kläger freizugeben."

3 Die Möglichkeit einer Feststellungsklage dahin gehend, dass der Gläubiger empfangsberechtigt sei (§ 256 I ZPO), beseitigt nicht das **Rechtsschutzinteresse** für die Leistungsklage. Denn die Leistungsklage ist zweckmäßiger als die Feststellungsklage, insofern sie schon vor der formellen Rechtskraft des Urteils zu einem freiwilligen Anerkenntnis führen kann, während die materielle Rechtskraft des Feststellungsurteils erst mit der formellen Rechtskraft eintritt.

4 **Sachlich zuständig** sind die Amtsgerichte oder die Landgerichte, je nach Streitwert (§§ 23 Nr. 1, 71 I GVG). Der Streitwert bemisst sich nach dem Wert des freizugebenden Gegenstandes (§ 3 ZPO)[2].

5 Die **Zwangsvollstreckung** richtet sich nach § 894 I ZPO.

---

[1] Roth, Einrede, S. 227.
[2] Stein/Jonas/Roth, § 3, Rn. 48, „Hinterlegung".

II. Kostenerstattung

Die Kosten des Anerkenntnisses hat der Gläubiger zu tragen (§ 381) 6
und vorzuschießen. Dies wird bei der Entscheidung über die Anerkenntnisklage von Amts wegen berücksichtigt, nicht nur auf Einrede (vgl. § 403, Rn. 6, 7). Verurteilt wird der Schuldner dazu, „nach Zahlung eines Kostenvorschusses in Höhe von ... Euro ... freizugeben". Für die Zwangsvollstreckung gilt § 403, Rn. 9 entsprechend.

Voraussetzungen [der Aufrechnung]

387 Schulden zwei Personen einander Leistungen, die ihrem Gegenstande nach gleichartig sind, so kann jeder Teil seine Forderung gegen die Forderung des anderen Teils aufrechnen, sobald er die ihm gebührende Leistung fordern und die ihm obliegende Leistung bewirken kann.

A. Aufrechnungserklärung

Hat der Beklagte[1] die Aufrechnung außergerichtlich oder in einem 1
vorbereitenden Schriftsatz nicht bloß angekündigt, sondern *erklärt* (§ 388 Satz 1), so muss diese Tatsache – genauso wie die Tatsachen, welche die Aufrechnungsbefugnis begründen (§§ 387 ff.) – in der mündlichen Verhandlung *vorgetragen* werden, vom Beklagten oder auch vom Kläger (§§ 128 I, 137 III ZPO). Der Beklagte kann die Aufrechnung aber auch erst in der mündlichen Verhandlung erklären.

Gerichtlich erklärt der Beklagte die Aufrechnung meist nur für den 2
Fall, dass das Gericht die Klageforderung als begründet ansieht (Eventualaufrechnung). Diese Einschränkung ist überflüssig[2], weil das Gericht ohnehin nur dann auf die Aufrechnung eingeht, wenn es die Klageforderung als begründet ansieht. Daher liegt auch keine „Bedingung" im Sinne des § 388 Satz 2 vor.

B. Gerichtliche Prüfung und Entscheidung

Das Gericht prüft zunächst, ob die Klageforderung unabhängig von 3
der Aufrechnung besteht (§§ 145 III, 146 ZPO). Es darf diese Frage

---
1 Zur Aufrechnung des Klägers s. Staudinger/Gursky, 14. Bearb. 2000, vor §§ 387 ff., Rn. 25, 35, 55 ff.
2 Jauernig, Zivilprozessrecht, § 45 II 2; str.

nicht dahingestellt sein lassen und die Klage mit der Begründung abweisen, dass die Klageforderung entweder von vornherein nicht bestehe oder durch Aufrechnung erloschen sei, weil der Beklagte dann nicht wüsste, ob seine Forderung noch besteht, und darüber unnötig einen zweiten Prozess führen müsste.

I. Nichtbestehen der Klageforderung

4　Kommt das Gericht zu dem Ergebnis, dass die Klageforderung nicht besteht, so weist es die Klage als unbegründet ab. Auf die Aufrechnung geht es nicht mehr ein. Die Aufrechnungserklärung ist dann ins Leere gegangen. Der Beklagte kann seine Forderung in einem anderen Prozess einklagen und sich dort auf die rechtskräftige Feststellung berufen, dass die Forderung des früheren Klägers unabhängig von der Aufrechnung nicht besteht, sodass die jetzt eingeklagte Forderung nicht durch die Aufrechnung erloschen sein kann.

II. Bestehen der Klageforderung

5　Kommt das Gericht zu dem Ergebnis, dass die Klageforderung besteht, so verfährt es wie folgt:

1. Prüfung der Aufrechnung

6　In der Regel prüft es jetzt die Aufrechnung[1]. Stellt es fest, dass die Aufrechnung unwirksam ist – weil die Aufrechnungserklärung ungültig ist, die Gegenforderung des Beklagten nicht besteht oder sonst die Aufrechnungsbefugnis fehlt (§§ 387 ff.) –, so gibt es der Klage statt. Stellt es fest, dass die Aufrechnung wirksam ist, so weist es die Klage ab.

7　Die Entscheidung, dass die Gegenforderung des Beklagten B gegen den Kläger K unabhängig von der Aufrechnung nicht besteht oder infolge der Aufrechnung nicht mehr besteht, erwächst in **materielle Rechtskraft** nach § 322 II ZPO[2]. Macht B daher seine Forderung außer durch Aufrechnung auch noch durch eine selbständige Klage

---

1 Mit oder ohne Erlass eines Vorbehaltsurteils (§ 302 ZPO), das auch als Anerkenntnisurteil ergehen kann (§ 307 I ZPO).
2 Rechnet B nur mit einem Teil der Gegenforderung auf, so wird nur dieser Teil materiell-rechtskräftig verneint (BGH, NJW 1998, 995 = MDR 1998, 431).

geltend[1], so kann es zu einer doppelten Verhandlung und zu widersprüchlichen Entscheidungen über die Forderung des B kommen. Dies zu verhüten, ist Zweck des § 261 III Nr. 1 ZPO. Deshalb liegt es nahe, § 261 III Nr. 1 ZPO auf die nachträgliche selbständige Klage des B oder, falls B zuerst klagt, auf seinen nachträglichen Aufrechnungseinwand anzuwenden, allerdings bloß analog, weil Rechtshängigkeit und Anhängigkeit der Streitsache lediglich durch Klage begründet werden können (§ 261 I ZPO), nicht durch Aufrechnung. Die **nachträgliche Klage oder Aufrechnung** darf jedoch nur dann zurückgewiesen werden, wenn das mit ihr verfolgte Ziel schon in dem ersten Prozess erreicht werden könnte. B kann aber die Durchsetzung seiner Forderung mit dem zuerst erhobenen Aufrechnungseinwand dann nicht erreichen, wenn die Forderung des K verneint wird, mit der zuerst erhobenen Klage dann nicht, wenn die Zwangsvollstreckung aus dem klagestattgebenden Urteil erfolglos bleibt. Deshalb lehnt die Rechtsprechung eine analoge Anwendung des § 261 III Nr. 1 ZPO ab[2]. Die Gefahr doppelter Verhandlung und widersprüchlicher Entscheidungen lässt sich auch dadurch vermeiden, dass die Verhandlung über die Klage des B bis zur Entscheidung über die Aufrechnung ausgesetzt wird (analog § 148 ZPO)[3].

2. Gegenforderung

Das ordentliche Gericht kann über den Aufrechnungseinwand auch dann entscheiden, wenn für die *Forderung des B* die Gerichte der Arbeitsgerichtsbarkeit ausschließlich **zuständig** sind[4], nicht aber, wenn der Streit um die Forderung des B vor die Gerichte der Verwaltungsgerichtsbarkeit gehört[5] oder vor fremde Staatsorgane[6] oder

8

---

1 Eine Widerklage nach Aufrechnung ist unbedenklich (BGH, MDR 1999, 562).
2 BGHZ 57, 242; BGH, MDR 1999, 562.
3 Stein/Jonas/Leipold, § 145, Rn. 43 f. Differenzierend Rimmelspacher, Anspruch, S. 324 ff.
4 BGHZ 26, 306. Von den fünf Argumenten des BGH ist nur das erste hinfällig, alle anderen gelten nach wie vor. Wie der BGH Leipold, ZZP 107, 219 f.; Staudinger/Gursky, 14. Bearb. 2000, vor §§ 387 ff., Rn. 39; Zöller/Vollkommer, § 302, Rn. 11. **A. A.** Windel, ZZP 111, 32.
5 BGHZ 16, 334; BGHZ 60, 88; Staudinger/Gursky, 14. Bearb. 2000, vor §§ 387 ff., Rn. 41 ff.; Zöller/Greger, § 145, Rn. 19a; Zöller/Gummer, § 17 GVG, Rn. 10. **A. A.** Schenke-Ruthig, NJW 1992, 2510; Zöller/Vollkommer, § 302, Rn. 11.
6 So grundsätzlich auch BGHZ 60, 89; BGH, ZZP 107, 215; Stein/Jonas/Leipold, § 145, Rn. 39 ff.; Zöller/Greger, § 145, Rn. 19. Grundsätzlich **a. A.** Staudinger/Gursky, 14. Bearb. 2000, vor §§ 387 ff., Rn. 49 ff.

§ 387   Voraussetzungen [der Aufrechnung]

vor private Schiedsrichter[1] oder wenn K von der deutschen Gerichtsbarkeit befreit ist[2]. In diesen Fällen erlässt das ordentliche Gericht über die Forderung des K ein Vorbehaltsurteil (§ 302 ZPO) und setzt das Nachverfahren betreffs der Aufrechnung befristet aus, bis aufgrund einer Klage eine rechtskräftige Entscheidung über die Forderung des B vorliegt (analog § 148 ZPO)[3]. Weiterhin kann der Aufrechnungseinwand nach § 296 I, II ZPO als verspätet zurückgewiesen werden[4].

9   Ist der **Aufrechnungseinwand** als unzulässig oder verspätet **zurückgewiesen** und klagt B seine Forderung deshalb in einem zweiten Prozess ein, so kann ihm hier nicht entgegengehalten werden, dass die Forderung durch die Aufrechnung erloschen ist. Denn sonst könnte es dazu kommen, dass B zweimal aus widersprüchlichen Gründen unterliegt, im ersten Prozess mit der Begründung, dass die Forderung des K trotz der Aufrechnung bestehe, womit indirekt, wenn auch nicht rechtskräftig, entschieden ist, dass die Forderung des B nicht durch die Aufrechnung erloschen sein kann (§ 389), im zweiten Prozess mit der Begründung, dass die Forderung des B durch die Aufrechnung erloschen sei. Die Gefahr, dass eine Partei zweimal aus widersprüchlichen Gründen unterliegt, wird von der ZPO missbilligt, wie die Vorschriften über die Streitverkündung zeigen (§§ 72 ff. ZPO). Daher rechtfertigt sie die Nichtbeachtung der Aufrechnung im zweiten Prozess. Die Forderung des B ist also zwar nach materiellem Recht durch die außergerichtliche oder gerichtliche Aufrechnungserklärung erloschen, das Erlöschen wird aber im zweiten Prozess ebenso wenig berücksichtigt wie im ersten. Auch diese Fragen sind umstritten[5]. Verfehlt wäre jedenfalls die Argumentation: Weil der Beklagte sich nicht mehr auf eine unberücksichtigt gebliebene *Erfüllung* berufen könne, könne er sich auch nicht mehr auf eine *Forderung* berufen, mit der er vergeblich aufgerechnet habe[6].

---

1   BGHZ 99, 147; Stein/Jonas/Schlosser, § 1025, Rn. 37. **A. A.** Schumann, FS Larenz, S. 595. Vgl. auch Staudinger/Gursky, 14. Bearb. 2000, vor §§ 387 ff., Rn. 46 ff.
2   BGHZ 60, 88.
3   BGHZ 16, 138; Leipold, ZZP 107, 219, 225 ff.; Zöller/Greger, § 145, Rn. 19a. BGH, ZZP 107, 216 geht auf § 302 ZPO nicht ein.
4   Zur Rücknahme des Aufrechnungseinwands s. Staudinger/Gursky, 14. Bearb. 2000, vor §§ 387 ff., Rn. 34.
5   Vgl. Grunsky, JZ 1965, 391 ff.; Staudinger/Gursky, 14. Bearb. 2000, vor §§ 387 ff., Rn. 30 ff.; Stein/Jonas/Leipold, § 145, Rn. 52, 56 ff.; Zöller/Greger, § 145, Rn. 15.
6   So anscheinend Staudinger/Gursky, 14. Bearb. 2000, vor §§ 387 ff., Rn. 33.

Pflicht zur Beurkundung § 403

Denn im ersten Fall wendet sich der Beklagte gegen seine Verurteilung, im zweiten Fall nimmt er die Verurteilung hin und zieht lediglich die Konsequenz aus dem Fehlschlag seiner Aufrechnung. Den nachträglichen Erfüllungseinwand schließt die materielle Rechtskraft aus, während die Forderung des Beklagten bei unberücksichtigter Aufrechnung nicht rechtskräftig verneint wird[1].

Auskunftspflicht; Urkundenauslieferung

402 Der bisherige Gläubiger ist verpflichtet, dem neuen Gläubiger die zur Geltendmachung der Forderung nötige Auskunft zu erteilen und ihm die zum Beweis der Forderung dienenden Urkunden, soweit sie sich in seinem Besitz befinden, auszuliefern.

§ 402 gibt dem neuen Gläubiger gegen den bisherigen Gläubiger **Ansprüche** auf → *Auskunft* (Rn. 1) und auf Auslieferung von Beweisurkunden, d. h. → *Besitzeinräumung* (Rn. 1) oder → *Übereignung* (Rn. 1)[2].

Pflicht zur Beurkundung

403 ¹Der bisherige Gläubiger hat dem neuen Gläubiger auf Verlangen eine öffentlich beglaubigte Urkunde über die Abtretung auszustellen. ²Die Kosten hat der neue Gläubiger zu tragen und vorzuschießen.

A. „Urkundenausstellung"

§ 403 Satz 1 gibt dem neuen Gläubiger (Zessionar) gegen den bisherigen Gläubiger (Zedenten) einen **Anspruch** auf Ausstellung einer öffentlich beglaubigten Urkunde über die Abtretung (Zession). 1

Eine **Leistungsklage** müsste z. B. die Verurteilung des Beklagten beantragen, „in öffentlich beglaubigter Form zu bestätigen, dass er seine Kaufpreisforderung von 10 000 Euro gegen die Firma Betonmüller, Hamburg, aus dem Vertrag vom 20. 2. 2002 an den Kläger 2

---
1 Staudinger/Gursky, 14. Bearb. 2000, vor §§ 387 ff., Rn. 53.
2 MünchKommBGB/Roth, 4. Aufl., Rn. 7.

abgetreten habe, und die Urkunde dem Kläger zu übergeben und zu übereignen". Die nach § 894 I ZPO *erzwungene* Bestätigung wahrt zwar die Form der öffentlichen Beglaubigung (Rn. 5). Da das Urteil aber in erster Linie eine *freiwillige* Leistung des Beklagten erreichen soll, hat es ihn zu der geschuldeten öffentlich beglaubigten Erklärung zu verurteilen.

3 Die Möglichkeit einer Feststellungsklage dahin gehend, dass die Forderung an den Kläger abgetreten worden sei, beseitigt nicht das **Rechtsschutzinteresse** für die Leistungsklage (Rn. 11).

4 **Sachlich zuständig** sind die Amtsgerichte oder die Landgerichte, je nach Streitwert (§§ 23 Nr. 1, 71 I GVG). Der Streitwert bemisst sich nach dem Interesse des Klägers an dem Besitz der Urkunde, das ist höchstens der Wert der abgetretenen Forderung[1].

5 Die **Zwangsvollstreckung** richtet sich nach § 894 I ZPO. Fingiert wird die Erklärung des Schuldners (Zedenten), dass er die Abtretung bestätige. Die fingierte Erklärung wahrt die Form der öffentlichen Beglaubigung[2]. Das fingierende Urteil mit Rechtskraftzeugnis wird dem Gläubiger (Zessionar) von der Geschäftsstelle des Gerichts zugestellt (§§ 317, 706 ZPO). Damit ist die Titelschuld erfüllt.

B. Kostenerstattung

I. Vorschuss

1. Voraussetzung des Anspruchs auf Urkundenausstellung

6 § 403 Satz 2 begründet keinen Anspruch des Zedenten gegen den Zessionar auf Zahlung eines Kostenvorschusses, sondern macht lediglich den Anspruch des Zessionars gegen den Zedenten auf Urkundenausstellung von der Zahlung eines Kostenvorschusses abhängig. Die Vorschrift statuiert also eine **Voraussetzung** des Anspruchs auf Urkundenausstellung. Diese Voraussetzung hat das Gericht im Prozess von Amts wegen zu berücksichtigen, auch wenn es Sache des Zedenten ist, die Höhe der Kosten darzulegen und im Streitfall darzutun.

7 Allgemein wird angenommen, dass der Zedent einen Kostenerstattungsanspruch habe, den er gegen den Anspruch des Zessionars auf

---

[1] Stein/Jonas/Roth, § 6, Rn. 7cc.
[2] MünchKommZPO/Schilken, § 894, Rn. 13; Stein/Jonas/Brehm, § 894, Rn. 16; Zöller/Stöber, § 894, Rn. 5.

Urkundenausstellung einredeweise geltend machen müsse[1]. Das würde bedeuten, dass der Zedent zur Urkundenausstellung Zug um Zug gegen Kostenerstattung zu verurteilen wäre (§ 274 I). Wollte der Zedent dieses Urteil befolgen, also die Urkunde Zug um Zug gegen Kostenerstattung aushändigen, so müsste *er* die Kosten vorschießen, um die Zug um Zug auszuhändigende Urkunde zu beschaffen. Nach § 403 Satz 2 hat aber der Zessionar die Kosten vorzuschießen! Befürchtet der Zessionar, dass der Zedent den Kostenvorschuss zweckentfremdet, so mag er sich gegenüber einem vom Zedenten ausgesuchten Notar zur Übernahme der Kosten verpflichten.

2. Antrag

Unabhängig davon, ob die Kostenerstattung durch den Zedenten von Amts wegen oder nur auf Einrede berücksichtigt wird, muss der Zessionar, um eine teilweise Klageabweisung zu vermeiden, die Verurteilung des Zedenten beantragen „nach Zahlung eines Kostenvorschusses in Höhe von . . . Euro oder vertraglicher Übernahme der Notarkosten durch den Kläger in öffentlich beglaubigter Form zu bestätigen . . .".

8

3. Zwangsvollstreckung

Für die Zwangsvollstreckung muss der Gläubiger (Zessionar) den Kostenvorschuss beweisen, um eine vollstreckbare Ausfertigung des Urteils zu erhalten (§ 726 I ZPO). Daher scheint nach § 894 I Satz 2 ZPO die Fiktion der Bestätigung, da sie eine vollstreckbare Ausfertigung voraussetzt, erst nach Zahlung des Kostenvorschusses eintreten zu können. Hier ist jedoch zu bedenken, dass die Fiktion einer Willenserklärung keine Beurkundungskosten verursacht; die Prozesskosten sind etwas anderes. Deshalb kann die Fiktion ohne Kostenvorschuss und vollstreckbare Ausfertigung eintreten. § 894 I Satz 2 ZPO ist kraft teleologischer Reduktion unanwendbar; es gilt § 894 I Satz 1 ZPO. Dass der Schuldner laut Urteil erst „nach Zahlung" zu leisten braucht, ist, soweit es um eine Willenserklärung geht, lediglich für die freiwillige Leistung bedeutsam.

9

---

1 Staudinger/Kaduk, 12. Aufl., Rn. 18. RG, HRR 1932, Nr. 2141 besagt dagegen, dass der Bürge seinen Anspruch auf Urkundenausstellung aus §§ 774 I 1, 412, 403 gegen den Anspruch des Gläubigers aus § 765 einredeweise geltend machen müsse.

II. Nachzahlung

10 Hat der Zedent die Urkunde ohne Kostenvorschuss ausgestellt, so steht ihm nach § 403 Satz 2 ein Anspruch auf Nachzahlung der Kosten (→ *Zahlung* Rn. 1) gegen den Zessionar zu.

C. Feststellungsklage

11 Der Zessionar kann den Zedenten auch auf die Feststellung verklagen, dass die Forderung an ihn abgetreten worden sei (§ 256 I ZPO). Das Feststellungsurteil erwächst jedoch gegenüber Dritten grundsätzlich nicht in Rechtskraft (§§ 325 ff. ZPO) und seine Beweiskraft kann geringer sein als die der Bestätigung, man denke nur an ein Versäumnisurteil[1]. Deshalb beseitigt die Möglichkeit der Feststellungsklage nicht das Rechtsschutzinteresse für die Bestätigungsklage.

Aushändigung der Abtretungsurkunde

410 (1) ¹Der Schuldner ist dem neuen Gläubiger gegenüber zur Leistung nur gegen Aushändigung einer von dem bisherigen Gläubiger über die Abtretung ausgestellten Urkunde verpflichtet. ²Eine Kündigung oder eine Mahnung des neuen Gläubigers ist unwirksam, wenn sie ohne Vorlegung einer solchen Urkunde erfolgt und der Schuldner sie aus diesem Grunde unverzüglich zurückweist.

(2) Diese Vorschriften finden keine Anwendung, wenn der bisherige Gläubiger dem Schuldner die Abtretung schriftlich angezeigt hat.

1 Die Bedeutung des § 410 I Satz 1 ist umstritten.

2 Nach der ersten Ansicht gibt § 410 I Satz 1 dem Schuldner gegen den Anspruch des neuen Gläubigers eine **Einrede**, deren Ausübung zur **Abweisung einer Leistungsklage** als derzeit unbegründet führt (s. bei § 214). Denn § 410 I Satz 1 solle den Schuldner schon davor schützen, sich in einen Streit mit einem Nichtlegitimierten einlassen zu müssen[2].

---

1 RG, JW 1916, 2173. Unzutreffend Soergel/Zeiss, Rn. 1.
2 So Roth, Einrede, S. 205 f.

Nach der zweiten, vorzugswürdigen, Ansicht gibt § 410 I Satz 1 dem Schuldner gegen den Anspruch des neuen Gläubigers eine **Einrede**, deren Ausübung zur **Verurteilung Zug um Zug** führt (wie § 273)[1]. Für diese Ansicht spricht auch, dass der Schuldner zur Leistung nur „gegen Aushändigung" verpflichtet ist; das aber heißt nach § 274 I „Zug um Zug". Die Einschränkung ist jedoch nur für die freiwillige Leistung bedeutsam. Denn in der Zwangsvollstreckung sind die §§ 726 II, 756, 765 ZPO unanwendbar, da die Abtretungsurkunde keine echte Gegenleistung darstellt[2]. Vielmehr hat das Vollstreckungsorgan dem Schuldner die Abtretungsurkunde nach Empfang der Leistung auszuliefern[3].

3

Nach einer dritten Ansicht folgt aus § 410 I Satz 1 eine – von Amts wegen zu berücksichtigende – **Einschränkung des Gläubigeranspruchs**, dergestalt, dass er nur Leistung Zug um Zug verlangen kann[4].

4

Nach einer vierten Ansicht wirkt sich § 410 I Satz 1 erst in der **Zwangsvollstreckung** aus, indem er den Gerichtsvollzieher zur Auslieferung der Abtretungsurkunde verpflichtet (wie § 757 ZPO)[5]. Jedoch ist das Urteil nicht nur Vollstreckungstitel, sondern soll den Schuldner primär zu einer freiwilligen Leistung bewegen, die es daher so zu beschreiben hat, wie sie geschuldet wird[6].

5

Vertrag zwischen Schuldner und Übernehmer

415 (1) ¹Wird die Schuldübernahme von dem Dritten mit dem Schuldner vereinbart, so hängt ihre Wirksamkeit von der Genehmigung des Gläubigers ab. ²Die Genehmigung kann erst erfolgen, wenn der Schuldner oder der Dritte dem Gläubiger die Schuldübernahme mitgeteilt hat. ³Bis zur Genehmigung können die Parteien den Vertrag ändern oder aufheben.

---

1 So BGH, NJW 1986, 977.
2 OLG Frankfurt, DGVZ 1981, 84; OLG Hamm, DGVZ 1979, 123; Stein/Jonas/Münzberg, § 726, Rn. 18; Zöller/Stöber, § 726, Rn. 13.
3 Vgl. OLG Hamm, DGVZ 1979, 123; Stein/Jonas/Münzberg, § 726, Rn. 18.
4 So Oesterle bei Roth, Einrede, S. 203 f. Dagegen mit Recht Roth, a. a. O., S. 204, unter Hinweis auf § 320.
5 So Stein/Jonas/Münzberg, § 726, Rn. 18.
6 S. auch Roth, Einrede, S. 205.

(2) ¹Wird die Genehmigung verweigert, so gilt die Schuldübernahme als nicht erfolgt. ²Fordert der Schuldner oder der Dritte den Gläubiger unter Bestimmung einer Frist zur Erklärung über die Genehmigung auf, so kann die Genehmigung nur bis zum Ablauf der Frist erklärt werden; wird sie nicht erklärt, so gilt sie als verweigert.

(3) ¹Solange nicht der Gläubiger die Genehmigung erteilt hat, ist im Zweifel der Übernehmer dem Schuldner gegenüber verpflichtet, den Gläubiger rechtzeitig zu befriedigen. ²Das Gleiche gilt, wenn der Gläubiger die Genehmigung verweigert.

Abs. 3 gibt dem Schuldner gegen den Übernehmer einen **Befreiungsanspruch** (→ *Befreiung* Rn. 1)[1].

Teilbare Leistung

420 Schulden mehrere eine teilbare Leistung oder haben mehrere eine teilbare Leistung zu fordern, so ist im Zweifel jeder Schuldner nur zu einem gleichen Anteil verpflichtet, jeder Gläubiger nur zu einem gleichen Anteil berechtigt.

I. Teilgläubiger

1 § 420 regelt den Fall, dass mehrere eine teilbare Leistung zu fordern haben. Dann sind sie im Zweifel nur zu einem Anteil berechtigt (**Teilgläubiger**), und zwar zu einem gleichen Anteil. Sie können aber auch gemeinschaftliche Gläubiger (→ *Mehrheit von Gläubigern* Rn. 2, 3), Mitgläubiger (s. bei § 432) oder Gesamtgläubiger (s. bei § 428) sein.

2 Jeder Teilgläubiger hat einen eigenen uneingeschränkten **Anspruch** auf einen *Teil der Leistung*, den er durch Klage und Vollstreckung geltend machen kann. S. dazu die einzelnen Anspruchsgrundlagen.

3 Klagen mehrere Teilgläubiger gemeinsam, so sind sie einfache **Streitgenossen** (§ 59 Fall 2 ZPO)[2].

4 Ein Urteil zwischen dem Gläubiger A und dem Schuldner wirkt keine **materielle Rechtskraft** für oder gegen den Gläubiger B. Denn

---

1 Gerhardt, Befreiungsanspruch, S. 4.
2 Stein/Jonas/Bork, § 59, Rn. 4.

das Urteil entscheidet nur über den Teilanspruch des A, nicht über den des B (§ 322 I ZPO). Selbst wenn das Urteil über das Rechtsverhältnis entscheidet, das beiden Teilansprüchen zugrunde liegt (§ 256 II ZPO), erstreckt sich seine Rechtskraft nicht auf Dritte (§§ 325 ff. ZPO).

II. Teilschuldner

§ 420 regelt auch den Fall, dass mehrere eine teilbare Leistung schulden. Dann sind sie im Zweifel nur zu einem Anteil verpflichtet (**Teilschuldner**), und zwar zu einem gleichen Anteil. Sie können aber auch gemeinschaftliche Schuldner (→ *Mehrheit von Schuldnern* Rn. 2 ff.) oder Gesamtschuldner sein (s. bei § 421).

Der Gläubiger hat gegen jeden Teilschuldner einen eigenen uneingeschränkten **Anspruch** auf einen *Teil der Leistung,* den er durch Klage und Vollstreckung geltend machen kann. S. dazu die einzelnen Anspruchsgrundlagen.

Werden mehrere Teilschuldner gemeinsam verklagt, so sind sie einfache **Streitgenossen** (§ 59 Fall 2 ZPO)[1].

Ein Urteil zwischen dem Gläubiger und dem Schuldner A wirkt keine **materielle Rechtskraft** für oder gegen den Schuldner B. Denn das Urteil entscheidet nur über den Teilanspruch gegen A, nicht über den gegen B. Selbst wenn das Urteil über das Rechtsverhältnis entscheidet, das beiden Teilansprüchen zugrunde liegt (§ 256 II ZPO), erstreckt sich seine Rechtskraft nicht auf Dritte (§§ 325 ff. ZPO).

Gesamtschuldner

421 ¹Schulden mehrere eine Leistung in der Weise, dass jeder die ganze Leistung zu bewirken verpflichtet, der Gläubiger aber die Leistung nur einmal zu fordern berechtigt ist (Gesamtschuldner), so kann der Gläubiger die Leistung nach seinem Belieben von jedem der Schuldner ganz oder zu einem Teil fordern. ²Bis zur Bewirkung der ganzen Leistung bleiben sämtliche Schuldner verpflichtet.

---

1 Stein/Jonas/Bork, § 59 Rn. 4; Zöller/Vollkommer, §§ 59, 60, Rn. 5.

Inhaltsübersicht

A. Ansprüche ... 1
B. Klagen und Streitgenossenschaft ... 3
  I. Leistungs- und positive Feststellungsklage ... 3
    1. Einfache Gesamtschuld ... 3
    2. Gesamtschuld von Gesamthändern ... 8
  II. Negative Feststellungsklage . 13
C. Zuständigkeit ... 14
D. Streitverkündung ... 17
E. Nebenintervention ... 19
F. Rechtskrafterstreckung ... 21
G. Zwangsvollstreckung ... 23
H. Einstweiliger Rechtsschutz . 25

A. Ansprüche

1 Im Falle einer Gesamtschuld (§ 421 Satz 1) bestehen mehrere, auf dasselbe Leistungsinteresse gerichtete, gleichrangige Ansprüche gegen mehrere Schuldner[1], z. B. nach § 840 I auf Schadensersatz. Der Gläubiger hat die **Wahl**, ob er (zunächst) nur einen Anspruch oder mehrere oder alle Ansprüche geltend machen will, und er kann auch nach Belieben darüber bestimmen, in welchem Umfang er jeweils die geschuldete Leistung beansprucht. So kann er z. B. von dem ersten Schuldner 100%, von dem zweiten 35% und von dem dritten nichts verlangen.

2 Zur **Abgrenzung** der Gesamtschuld von der gemeinschaftlichen Schuld und der Teilschuld s. → *Mehrheit von Schuldnern* Rn. 2, 15.

B. Klagen und Streitgenossenschaft

I. Leistungs- und positive Feststellungsklage

1. Einfache Gesamtschuld

3 Der Gläubiger, der nicht nur einen der (angeblichen) Gesamtschuldner verklagen will, hat die Wahl:

4 – Er kann einige oder alle Gesamtschuldner **in getrennten Prozessen** verklagen, sei es vor demselben Gericht oder vor verschiedenen zuständigen Gerichten.

---

1 Palandt/Heinrichs, Rn. 6.

– Er kann einige oder alle „als Gesamtschuldner"[1] **in einem Prozess** 5
verklagen. Dann kommt es zu einer **Streitgenossenschaft** auf der
Beklagtenseite.

Die Streitgenossenschaft ist zulässig nach § 59 ZPO, da die Ge- 6
samtschuldner hinsichtlich des Streitgegenstandes – d. h. hier hinsichtlich der streitigen Verpflichtung (vgl. § 60 ZPO)[2] – in Rechtsgemeinschaft stehen[3].

Die Streitgenossenschaft ist eine Verbindung mehrerer Klagen zur 7
gleichzeitigen Verhandlung, Beweisaufnahme und Entscheidung. Es
gibt so viele Klagen, wie es Streitgenossen gibt. Bei Gesamtschuldnern wird die Zulässigkeit und die Begründetheit jeder einzelnen
Klage gesondert und notfalls unterschiedlich beurteilt[4]. Die erste
Klage kann unzulässig, die zweite unbegründet, die dritte zulässig
und begründet sein[5].

2. Gesamtschuld von Gesamthändern

Bei einer Gesamtschuld von Gesamthändern – Gesellschaftern oder 8
Miterben[6] – hat der Gläubiger mehrere Möglichkeiten:

– Er kann **uneingeschränkt** auf Leistung klagen, sei es gegen einen, 9
einige oder alle Gesamthänder, sei es in getrennten Prozessen
oder in einem Prozess (Rn. 5–7).

– Er kann **eingeschränkt** auf Leistung „aus dem Gesamthandsver- 10
mögen" klagen, um persönlichen Einwendungen der Gesamthänder, vor allem dem Einwand der beschränkten Haftung, auszuweichen[7]. Diese Klage muss er gegen alle Gesamthänder gemeinsam richten (§ 62 Fall 2 ZPO)[8]. Der Grund ist, dass nur alle

---

1 Staudinger/Noack, Rn. 121.
2 W. Lüke, Beteiligung, S. 15.
3 Stein/Jonas/Bork, § 59, Rn. 3; Zöller/Vollkommer, §§ 59, 60, Rn. 5.
4 Auch im Fall des § 3 Nr. 2 PflVG (BGHZ 63, 56).
5 Wieser, Grundzüge, Rn. 121.
6 Zur Gütergemeinschaft s. § 1437, Rn. 10; § 1459, Rn. 8.
7 Henckel, Parteilehre, S. 59 ff.; MünchKommBGB/Ulmer, § 718, Rn. 50 ff.
 Zu den Möglichkeiten einer Haftungsbeschränkung s. auch Hasselbach,
 MDR 1998, 1200; MDR 2000, 95.
8 Henckel, Parteilehre, S. 55; MünchKommBGB/Ulmer, § 718, Rn. 51; Soergel/Wolf, § 2059, Rn. 9 (grundsätzlich); Stein/Jonas/Bork, § 62, Rn. 20.
 A. A. Zöller/Vollkommer, § 62, Rn. 17. Widersprüchlich Staudinger/Marotzke, 13. Bearb., der einerseits eine Klage gegen alle Miterben verlangt,

gemeinsam die beanspruchte Leistung aus dem Gesamthandsvermögen erbringen können (vgl. § 2040 I). Deshalb wäre ein Urteil auf Leistung aus dem Gesamthandsvermögen, das nicht gegen alle Gesamthänder ergeht, auch nicht vollstreckbar (§§ 736, 747 ZPO)[1]. Da ein Urteil gegen einen einzelnen Gesamthänder somit die beanspruchte Leistung nicht herbeiführen könnte, also rechtlich nutzlos wäre, fehlte für eine Klage gegen einen einzelnen das Rechtsschutzinteresse (Rechtsschutzgrund). Nach Henckel sind nur alle Gesamthänder gemeinsam passiv prozessführungsbefugt, weil an der Einzelklage kein schutzwürdiges Interesse besteht[2]. Diese Aussage vermengt jedoch Prozessführungsbefugnis und Rechtsschutzinteresse[3].

11 Man bezeichnet die Klage auf Erfüllung einer Gesamtschuld aus dem Gesamthandsvermögen als *Gesamthandklage,* doch ist diese Bezeichnung irreführend und wird deshalb hier vermieden[4].

12 – Neben einer **uneingeschränkten** Klage, die gegen alle Gesamthänder in getrennten Prozessen oder in einem Prozess erhoben wird, ist eine weitere **eingeschränkte** Klage auf Leistung aus dem Gesamthandsvermögen unzulässig[5] (§ 261 III Nr. 1 ZPO). Dagegen kann der Kläger von einer uneingeschränkten Klage gegen alle gemeinsam zu einer eingeschränkten Klage übergehen, und umgekehrt (§ 264 Nr. 2 ZPO). Der Übergang von einer Klage gegen alle zu einer Klage gegen einzelne, und umgekehrt, ist nur als Parteiänderung zulässig[6].

---

weil für eine Klage gegen einzelne das Rechtsschutzbedürfnis fehle (§ 2058, Rn. 28), andererseits eine notwendige Streitgenossenschaft verneint, und zwar „wegen § 425 Abs. 2" (§ 2058, Rn. 30, Abschn. 2), obwohl diese Vorschrift, dass keine Rechtskrafterstreckung stattfindet, nur die prozessrechtlich notwendige Streitgenossenschaft des § 62 Fall 1 ZPO betrifft, nicht die hier in Frage stehende materiellrechtlich notwendige Streitgenossenschaft des § 62 Fall 2 ZPO.

1 Zu dem Fall, dass aus einem eingeschränkten Titel in Privatvermögen vollstreckt wird, s. § 705, Rn. 18.
2 Henckel, Parteilehre, S. 55.
3 Was auch Henckel, Parteilehre, S. 39 ablehnt.
4 Ebenso Marotzke, ZZP 105, 541; MünchKommBGB/Dütz, § 2059, Rn. 19.
5 MünchKommBGB/Dütz, § 2058, Rn. 24. A. A. Soergel/Wolf, vor § 2058, Rn. 3, aufgrund einer Kumulation von Gesamthandschuld und Gesamtschuld, die jedenfalls bei der nichtrechtsfähigen Erbengemeinschaft abzulehnen ist.
6 Wieser, Arbeitsgerichtsverfahren, Rn. 317, 318.

II. Negative Feststellungsklage

Jeder einzelne Gesamtschuldner kann auf die Feststellung klagen, dass seine Schuld nicht bestehe. Klagen mehrere gemeinsam, so sind sie einfache Streitgenossen (Rn. 6). 13

C. Zuständigkeit

Die **sachliche Zuständigkeit** richtet sich nach den allgemeinen Vorschriften. Da die Streitgegenstände wirtschaftlich identisch sind, werden sie nicht nach § 5 ZPO zusammengerechnet[1]. 14

Soll z. B. der erste Gesamtschuldner auf nicht mehr als 5000 Euro, der zweite auf mehr als 5000 Euro verklagt werden, so ist für die erste Klage ein Amtsgericht, für die zweite ein Landgericht sachlich zuständig (§§ 23 Nr. 1, 71 I GVG). Daher kann analog § 36 Nr. 3 ZPO ein für beide Klagen zuständiges Gericht durch das zunächst höhere Gericht bestimmt werden[2]. 15

Ebenso kann nach § 36 Nr. 3 ZPO das zuständige Gericht bestimmt werden, wenn es an einer einheitlichen **örtlichen Zuständigkeit** fehlt. 16

D. Streitverkündung

In dem Prozess mit einem Gesamtschuldner kann der **Gläubiger** nicht einem anderen Gesamtschuldner den Streit verkünden, weil er einen Anspruch gegen ihn nicht für den Fall seiner Prozessniederlage hat (§ 72 I ZPO), mit anderen Worten: weil die Ansprüche gegen Gesamtschuldner nicht alternativ, sondern kumulativ gegeben sind[3]. 17

Wohl aber kann der verklagte oder klagende **Gesamtschuldner** wegen seines Rückgriffsanspruchs (§ 426) einem anderen Gesamtschuldner den Streit verkünden (§ 72 I ZPO), mit der Folge, dass die im ersten Prozess getroffene Feststellung *seiner Schuld* in dem Rückgriffsprozess grundsätzlich bindet (§ 74 III ZPO). Die Feststellung einer *Gesamtschuld* ist dagegen nicht bindend[4], auch dann nicht, wenn sie nach § 278 anspruchsmindernd berücksichtigt wur- 18

---

1 Stein/Jonas/Roth, § 5, Rn. 10.
2 BGHZ 90, 155; Stein/Jonas/Schumann, § 36, Rn. 17.
3 BGHZ 8, 80; Musielak/Weth, § 72, Rn. 6.
4 A. A. OLG München, NJW 1986, 263.

de[1]. Die Streitverkündungswirkung soll verhindern, dass der Streitverkünder, der schon einmal auf Grund einer bestimmten Feststellung, z. B. der Mangelhaftigkeit einer Ware, unterlegen ist, auf Grund der gegenteiligen Feststellung, z. B. Mangelfreiheit der Ware, *ein zweites Mal* unterliegt, zuerst gegen seinen Abnehmer, dann gegen seinen Lieferanten[2]. Der im ersten Prozess verurteilte Gesamtschuldner ist dort aber nicht auf Grund der Feststellung unterlegen, dass neben ihm noch andere Personen als Gesamtschuldner hafteten. Die zusätzliche Haftung anderer Personen war kein Grund seiner Verurteilung. Würde daher das zweite Gericht im Widerspruch zum ersten eine Gesamtschuld verneinen und die Rückgriffsklage des Streitverkünders abweisen, so hätte die widersprüchliche Beurteilung der Gesamtschuld erst jetzt, also nur einmal, nicht ein zweites Mal, eine Niederlage des Streitverkünders zur Folge.

E. Nebenintervention

19 K macht Ansprüche gegen B und C als Gesamtschuldner geltend. Drei Fälle sind zu unterscheiden:
– K klagt vorerst nur gegen B. Hier hat C ein rechtliches Interesse am Sieg des B (§ 66 I ZPO), weil er bei einer Niederlage des B mit dessen Rückgriffsklage aus § 426 rechnen muss[3]. Hatte B dem C wirksam den Streit verkündet (Rn. 18), so droht C überdies von einer Niederlage des B die nachteilige Streitverkündungswirkung nach § 74 III ZPO. Braucht C einen Rückgriff des B nicht zu befürchten, so wird doch eine Klage des K gegen ihn weniger wahrscheinlich, wenn im Prozess K/B ein Anspruch des K schlechthin verneint wird[4].
– K klagt gleichzeitig gegen B und C. Hier kann jeder Beklagte dem anderen als Nebenintervenient beitreten, aus denselben Gründen wie zuvor.

20 – K erwirkt zunächst die – rechtskräftige oder nicht rechtskräftige – Verurteilung des C und klagt jetzt – erstmals oder weiter – gegen B. Hier hat C ein rechtliches Interesse am Sieg des K (§ 66 I ZPO), falls ihm gegen B ein Rückgriffsanspruch aus § 426 zu-

---

[1] A. A. wohl Vollkommer, NJW 1986, 264.
[2] Stein/Jonas/Bork, § 72, Rn. 1; Wieser, Grundzüge, Rn. 129.
[3] MünchKommZPO/Schilken, § 66, Rn. 17; unstr.
[4] W. Lüke, Beteiligung, S. 385. Im Falle RG Recht 1909, Nr. 3800 lag es anders.

steht[1]. Denn dann ist der Sieg des K für C insofern rechtlich vorteilhaft, als er den Rückgriff des C gegen B erleichtert: Soweit C nach dem Ende des Prozesses K/B über seinen internen Anteil hinaus den Gläubiger K befriedigt, geht die Forderung des K gegen B auf ihn über (§ 426 II 1), ohne freilich im Verhältnis des Rechtsnachfolgers C zu B rechtskräftig festgestellt zu sein (Rn. 22). Aber auch ohne Rechtskrafterstreckung erleichtert es dem C den Rückgriff einschließlich eines Befreiungsverlangens nach § 426 I Satz 1, wenn das Urteil im Prozess K/B mit richterlicher Autorität feststellt, dass der Anspruch des K gegen B besteht[2]. Dass C seinerseits einen Rückgriff des B befürchten muss, fällt demgegenüber weniger ins Gewicht, weil C ohnehin bereits dem K in vollem Umfang unterlegen ist. Deshalb schließt selbst eine Streitverkündung des B das rechtliche Interesse des C am Sieg des K nicht aus[3]. Kommt aber nur ein Rückgriffsanspruch des B gegen C in Betracht, so hat C ein rechtliches Interesse am Sieg des B (Rn. 19).

F. Rechtskrafterstreckung

Ein Urteil zwischen dem **Gläubiger** und einem **Gesamtschuldner** wirkt grundsätzlich keine materielle Rechtskraft gegenüber einem anderen Gesamtschuldner (§ 425, Ausnahme nach § 3 Nr. 8

21

---

[1] RG, Recht 1906, Nr. 755; RGZ 163, 363 f.; BGH, LM ZPO § 66 Nr. 1; MünchKommZPO/Schilken, § 66, Rn. 17. **A. A.** Wieczorek/Mansel, § 66, Rn. 63, weil das rechtliche Interesse eine – zwischen K und C ausgeschlossene – Interventionswirkung nach § 68 ZPO voraussetze (Rn. 62). Diese Ansicht stellt die Dinge auf den Kopf. Die **Interventionswirkung** ist keine Voraussetzung des rechtlichen Interesses, sondern eine Folge des Beitritts, der regelmäßig nur bei rechtlichem Interesse zugelassen wird. Dass der Dritte durch seinen Beitritt eine für ihn günstige Interventionswirkung erreicht, ist nicht möglich (BGHZ 100, 260 ff.; Martens, ZZP 85, 82; MünchKommZPO/Schilken, § 68, Rn. 9 ff.; Zöller/Vollkommer, § 68, Rn. 6. **A. A.** W. Lüke, Beteiligung, S. 341 ff., 393; Stein/Jonas/Bork, § 68, Rn. 12; Wieczorek/Mansel, § 68, Rn. 141 f.). § 68 ZPO soll – wie § 74 III ZPO – eine doppelte Niederlage aus widersprüchlichen Gründen verhüten, die der Dritte nicht zu besorgen hat. Nur unter dieser engen Voraussetzung ist es zu rechtfertigen, dass ausnahmsweise auch bloße Entscheidungsgründe bindend festgestellt werden. Denn in der Regel müssen Entscheidungsgründe dazu in den Tenor, die Entscheidung der Hauptsache, aufgenommen werden (§ 256 II ZPO).
[2] Vgl. Wieser, Interesse, S. 63 f.
[3] RGZ 163, 363 f.; BGH, LM ZPO § 66 Nr. 1.

PflVG)[1]. Hat daher der Gläubiger gegen den ersten (angeblichen) Gesamtschuldner gesiegt, so kann er immer noch gegen den zweiten unterliegen; ist er gegen den ersten Gesamtschuldner unterlegen, kann er immer noch gegen den zweiten siegen.

22 Auch im **Innenverhältnis der Gesamtschuldner** kommt es zu keiner Rechtskrafterstreckung[2]. Dass ein Gesamtschuldner, der den Gläubiger befriedigt hat, dessen Rechtsnachfolger ist (§ 426 II), spielt trotz § 325 ZPO keine Rolle[3], da § 425 als lex specialis vorgeht. Daher kann sich ein Gesamtschuldner, der den Gläubiger befriedigt hat, im Rückgriffsprozess nicht auf seine Niederlage gegen den Gläubiger berufen, muss sich andererseits auch nicht den Sieg des anderen Gesamtschuldners gegen den Gläubiger entgegenhalten lassen[4].

G. Zwangsvollstreckung

23 Da der Gläubiger zur **gleichzeitigen Vollstreckung** gegen alle Gesamtschuldner berechtigt ist, sind ihm entsprechend viele **vollstreckbare Ausfertigungen** des Titels oder der Titel zu erteilen[5]. Eine Vollstreckung, die auf Grund eines Titels gegen den Gesamtschuldner A gezielt (auch) gegen den Gesamtschuldner B betrieben wird und nicht bloß im Rahmen eines Verfahrens gegen A in das Vermögen des B übergreift, ist kraft Gesetzes unzulässig (§ 750 I 1 ZPO), nicht erst durch Gestaltungsurteil nach § 771 ZPO für unzulässig zu erklären[6]. Allerdings wirkt die Erfüllung durch einen Gesamtschuldner auch für die übrigen Schuldner (§ 422 I Satz 1), bringt also die titulierte Schuld zum Erlöschen (§ 362 I). Dies haben die **Vollstreckungsorgane** zu beachten, wenn aus dem Titel hervorgeht, dass die Vollstreckungsschuldner Gesamtschuldner sind[7]. Vollstreckt daher *dasselbe* Vollstreckungsorgan gegen mehrere

---

1 Dazu Soergel/Wolf, Rn. 21. Keine Ausnahme enthält § 129 I HGB (entgegen MünchKommBGB/Selb, § 425, Rn. 11), weil die OHG und ihre Gesellschafter keine Gesamtschuldner sind (K. Schmidt, Gesellschaftsrecht, § 49 II 4b).
2 Staudinger/Noack, Rn. 118.
3 MünchKommBGB/Bydlinski, 4. Aufl., § 425, Rn. 29.
4 Soergel/Wolf, § 425, Rn. 19.
5 MünchKommZPO/Wolfsteiner, § 733, Rn. 3; Stein/Jonas/Münzberg, § 725, Rn. 5; Zöller/Stöber, § 733, Rn. 8; im Einzelnen str.
6 Missverständlich Staudinger/Noack, Rn. 124.
7 A. A. anscheinend MünchKommZPO/Wolfsteiner, § 724, Rn. 21; Soergel/Wolf, Rn. 48.

„Gesamtschuldner", so darf es die geschuldete Leistung im ganzen nur einmal beitreiben. Vollstrecken *verschiedene Organe* gegen „Gesamtschuldner", so kann die freiwillige oder erzwungene Leistung des einen Gesamtschuldners im Verfahren des anderen Gesamtschuldners durch Vorlage der Quittung (§ 754 ZPO) nachgewiesen werden (§§ 775 Nr. 4, 776 Satz 2 ZPO). Notfalls bleibt nur die Vollstreckungsabwehrklage (§ 767 ZPO)[1]. Dasselbe gilt, wenn die Gesamtschuld nicht aus dem Titel hervorgeht.

Soweit die Ansprüche des Gläubigers überhaupt **pfändbar** sind (§§ 850 ff. ZPO), können sie auch einzeln für einen Vollstreckungsgläubiger des Gläubigers gepfändet und überwiesen werden (Geldansprüche nach §§ 829, 835 ZPO). Um gegen jeden Gesamtschuldner vorgehen zu können, muss der Vollstreckungsgläubiger jedem einen Pfändungs- und Überweisungsbeschluss zustellen lassen (§§ 829 III, 835 III ZPO)[2]. Erstrebt der Gläubiger lediglich eine Leistung aus dem Gesellschaftsvermögen, so genügt auch die Zustellung an den Geschäftsführer[3].   24

H. Einstweiliger Rechtsschutz

Einstweiligen Rechtsschutz kann der Gläubiger gegen jeden einzelnen Gesamtschuldner beantragen, wenn die Voraussetzungen in dessen Person vorliegen (§§ 916 ff. ZPO).   25

Ausgleichungspflicht, Forderungsübergang

426 (1) ¹Die Gesamtschuldner sind im Verhältnis zueinander zu gleichen Anteilen verpflichtet, soweit nicht ein anderes bestimmt ist. ²Kann von einem Gesamtschuldner der auf ihn entfallende Beitrag nicht erlangt werden, so ist der Ausfall von den übrigen zur Ausgleichung verpflichteten Schuldnern zu tragen.

(2) ¹Soweit ein Gesamtschuldner den Gläubiger befriedigt und von den übrigen Schuldnern Ausgleichung verlangen kann, geht die Forderung des Gläubigers gegen die übrigen Schuldner auf ihn über. ²Der Übergang kann nicht zum Nachteil des Gläubigers geltend gemacht werden.

---

1 MünchKommZPO/Wolfsteiner, § 733, Rn. 4; Soergel/Wolf, Rn. 48.
2 BGH, NJW 1998, 2904; MünchKommBGB/Bydlinski, 4. Aufl., Rn. 78.
3 Vgl. BGH, NJW 1998, 2904. Weiter gehend Habersack, JZ 1999, 47.

§ 428 Gesamtgläubiger

1 § 426 I Satz 1 gibt jedem Gesamtschuldner gegen jeden anderen, im Innenverhältnis verpflichteten, Gesamtschuldner zunächst einen Anspruch darauf, dass der andere im Umfang seines Anteils den Berechtigten von dessen Verbindlichkeit gegenüber dem Gläubiger befreit[1]. S. zu diesem **Befreiungsanspruch** → *Befreiung* Rn. 1.

2 Soweit ein Gesamtschuldner über seinen Anteil hinaus den Gläubiger befriedigt, verwandelt sich sein Anspruch aus § 426 I Satz 1 in einen Anspruch auf eine an ihn zu erbringende Ausgleichszahlung[2]. Dieser **Zahlungsanspruch** (→ *Zahlung* Rn. 1) wird verstärkt durch einen Forderungsübergang nach § 426 II.

Gesamtgläubiger

428 [1]Sind mehrere eine Leistung in der Weise zu fordern berechtigt, dass jeder die ganze Leistung fordern kann, der Schuldner aber die Leistung nur einmal zu bewirken verpflichtet ist (Gesamtgläubiger), so kann der Schuldner nach seinem Belieben an jeden der Gläubiger leisten. [2]Dies gilt auch dann, wenn einer der Gläubiger bereits Klage auf die Leistung erhoben hat.

I. Ansprüche

1 Bei einer **Gesamtgläubigerschaft**, z. B. mehrerer Vermächtnisnehmer (§ 2151 III), kann jeder Gläubiger allein die – teilbare oder unteilbare – Leistung fordern, und zwar die ganze Leistung an sich allein (§ 428 Satz 1), nicht nur die Leistung an alle gemeinschaftlich wie bei der Mitgläubigerschaft (§ 432 I Satz 1). Jeder Gesamtgläubiger hat also einen eigenen uneingeschränkten Anspruch (vgl. § 429 III Satz 2), den er durch Klage und Vollstreckung geltend machen kann. S. dazu die einzelnen Anspruchsgrundlagen. Der Schuldner braucht jedoch nur einmal zu leisten und kann nach Belieben bestimmen, welcher Gläubiger in welchem Umfang die Leistung erhält. Dieses Wahlrecht wird dem Schuldner weder durch die Klage eines Gläubigers genommen (§ 428 Satz 2), noch durch die Vollstreckung (analog § 264 Abs. 1 Halbsatz 2).

---

[1] BGH, NJW 1986, 3132; NJW 1996, 515, 517; Jauernig/Stürner, BGB, Rn. 14.
[2] Palandt/Heinrichs, Rn. 5.

Das Wahlrecht des Schuldners ist, wie aus der Klammerdefinition des § 428 I Satz 1 hervorgeht, kein Begriffsmerkmal der Gesamtgläubigerschaft, sondern eine gesetzliche Rechtsfolge, die zudem abbedungen werden kann. So liegt beim „**Oder-Konto**" zwar eine Gesamtgläubigerschaft vor, doch muss die schuldende Bank an denjenigen Gläubiger (Kontoinhaber) leisten, der die Leistung als erster verlangt[1].

II. Prozessführungsbefugnis und Sachlegitimation

Macht ein Kläger geltend, Gesamtgläubiger des streitigen Anspruchs zu sein, so kann er allein auf Leistung an sich allein klagen. Diese **Prozessführungsbefugnis** setzt aber voraus, dass er wirklich Gesamtgläubiger ist, wenn man unterstellt, dass der streitige Anspruch den „Gesamtgläubigern" überhaupt zusteht (wovon die Begründetheit der Klage abhängt).

Kann der Kläger allenfalls gemeinschaftlicher Gläubiger (→ *Mehrheit von Gläubigern* Rn. 2, 3) sein, so ist seine Klage in der Regel unzulässig, weil ein gemeinschaftlicher Gläubiger keine Einzelprozessführungsbefugnis hat (Ausnahmen in § 705, Rn. 6, 46 und § 1450, Rn. 8). Kann der Gläubiger nur Mitgläubiger (§ 432) sein, so ist seine Klage gleichfalls mangels Prozessführungsbefugnis unzulässig, weil ein Mitgläubiger nicht auf Leistung an sich allein klagen kann.

Stellt sich heraus, dass der streitige Anspruch keinem der „Gesamtgläubiger" zusteht, so wird die Klage mangels **Sachlegitimation** als unbegründet abgewiesen. Das Gleiche gilt, wenn sich ergibt, dass der streitige Anspruch nur einem der „Gesamtgläubiger", aber nicht dem Kläger zusteht. Um einer Klageabweisung zu entgehen, muss der nichtberechtigte Kläger die Klage zurücknehmen (§ 269 ZPO). Ergibt sich, dass der streitige Anspruch dem Kläger allein zusteht, so wird der Klage stattgegeben.

III. Rechtskrafterstreckung

Ein Urteil zwischen einem der Gläubiger und dem Schuldner wirkt keine materielle Rechtskraft für oder gegen einen anderen Gläubiger (§ 429 III Satz 1 i. V. m. § 425)[2].

---

[1] Kümpel, Rn. 3.252. Vgl. auch Staudinger/Langhein, 13. Bearb., § 741, Rn. 87 ff.
[2] BGHZ 3, 389; Staudinger/Noack, § 429, Rn. 54.

7 Zur Abwehr mehrfacher Klagen kann der Schuldner gegen die unbeteiligten Gläubiger „**Widerklage**" auf die Feststellung erheben, dass er nicht zur Leistung verpflichtet sei[1] (näher § 432, Rn. 21). Die unbeteiligten Gläubiger und der Kläger sind dann einfache Streitgenossen (§ 59 Fall 2 ZPO).

IV. Zwangsvollstreckung

8 Da alle Gläubiger zur Vollstreckung berechtigt sind, erhält jeder eine **vollstreckbare Ausfertigung** des von ihm erwirkten Titels[2]. Der Schuldner muss eine freiwillige oder erzwungene Leistung an einen Gesamtgläubiger, die ihn gegenüber allen Gläubigern befreit (§ 428 Satz 1), notfalls nach §§ 775 Nrn. 4, 5, 776 S. 2 ZPO oder § 767 ZPO geltend machen.

9 Aufgrund eines Titels gegen einen der Gesamtgläubiger kann dessen Anspruch **gepfändet und überwiesen** werden (§§ 829, 835 ZPO), so dass jetzt der Vollstreckungsgläubiger die ganze Leistung beanspruchen kann[3]. Da aber die Ansprüche der anderen Gesamtgläubiger von dem Vollstreckungszugriff unberührt fortbestehen (vgl. § 429 III Satz 2), kann der Schuldner weiterhin auch an sie mit befreiender Wirkung leisten[4].

10 Anders verhält es sich beim **Oder-Konto**. Hier muss die Bank das ganze Guthaben an den Vollstreckungsgläubiger auszahlen, weil er die Leistung als erster verlangt (Rn. 2); das Verlangen ist in dem Antrag auf Pfändung und Überweisung des Guthabens zu sehen[5], von dem die Bank durch Zustellung des Pfändungs- und Überweisungsbeschlusses erfährt (§§ 829 III, 835 III ZPO). Ob ein Konto-Mitinhaber in Höhe seiner Einlage Drittwiderspruchsklage nach § 771 ZPO erheben kann, ist strittig[6]. Der Dritte kann nicht geltend

---

1 Wieczorek/Hausmann, § 33, Rn. 45 ff.; Zöller/Vollkommer, § 33, Rn. 18 ff.
2 MünchKommZPO/Wolfsteiner, § 733, Rn. 3; Stein/Jonas/Münzberg, § 725, Rn. 5; Zöller/Stöber, § 733, Rn. 7; im Einzelnen str. OLG Köln, RPfleger 1990, 82 = OLGZ 1991, 74 betr. eine Unterlassungsvollstreckung durch Mitgläubiger.
3 BGHZ 93, 320 f.; Wagner, WM 1991, 1145; str.
4 MünchKommBGB/Bydlinski, 4. Aufl., Rn. 4; Wagner, WM 1991, 1146.
5 MünchKommBGB/Bydlinski, 4. Aufl., Rn. 4; Wagner, WM 1991, 1146. Grundsätzlich a. A. Soergel/Wolf, Rn. 6. Zur Vorpfändung vgl. OLG Dresden, MDR 2001, 580.
6 Dafür OLG Koblenz, NJW-RR 1990, 1386. Dagegen Rendels, S. 110 ff.; Wagner, WM 1991, 1145.

machen, dass die gepfändete und überwiesene Forderung teilweise ihm zusteht oder zu seiner vorrangigen Befriedigung bestimmt ist. Er kann allenfalls vorbringen, dass seine Einlage von dem Vollstreckungsgläubiger nach § 430 herausgegeben werden müsste[1], also nach dem Grundsatz „dolo facit . . ." im Verhältnis zwischen ihm und dem Vollstreckungsgläubiger zu seinem Vermögen gehöre.

Ausgleichungspflicht der Gesamtgläubiger

430 Die Gesamtgläubiger sind im Verhältnis zueinander zu gleichen Anteilen berechtigt, soweit nicht ein anderes bestimmt ist.

§ 430 verpflichtet einen Gesamtgläubiger, der mehr als seinen Anteil eingezogen hat, zum Ausgleich gegenüber den anderen Gesamtgläubigern. Der **Ausgleichsanspruch** eines Gesamtgläubigers ist auf die gleiche Art der Leistung gerichtet wie sein Anspruch gegen den gemeinsamen Schuldner.

Mehrere Gläubiger einer unteilbaren Leistung

432 (1) [1]Haben mehrere eine unteilbare Leistung zu fordern, so kann, sofern sie nicht Gesamtgläubiger sind, der Schuldner nur an alle gemeinschaftlich leisten und jeder Gläubiger nur die Leistung an alle fordern. [2]Jeder Gläubiger kann verlangen, dass der Schuldner die geschuldete Sache für alle Gläubiger hinterlegt oder, wenn sie sich nicht zur Hinterlegung eignet, an einen gerichtlich zu bestellenden Verwahrer abliefert.

(2) Im Übrigen wirkt eine Tatsache, die nur in der Person eines der Gläubiger eintritt, nicht für und gegen die übrigen Gläubiger.

---

1 OLG Koblenz, NJW-RR 1990, 1386. Dagegen Rendels, S. 92 ff.; Wagner, WM 1991, 1149, 1151.

§ 432 Mehrere Gläubiger einer unteilbaren Leistung

Inhaltsübersicht

A. Anwendungsbereich des § 432 1
B. Das Recht, die Leistung an alle zu fordern 3
C. Klage eines Gläubigers 4
   I. Prozessführungsbefugnis und Sachlegitimation 4
     1. Mitgläubiger und Klage auf Leistung an alle 4
     2. Mitgläubiger und Klage auf Leistung an eine Person 7
     3. Alleiniger Gläubiger 8
   II. Zuständigkeit 9
   III. Rechtskrafterstreckung ... 10
     1. Unterlegener Mitgläubiger 11
     2. Obsiegender Mitgläubiger 13
   IV. Abwehr mehrfacher Klagen . 14
   V. Zwangsvollstreckung 16
     1. Durch Titelgläubiger ... 16
     2. Pfändung eines Forderungsanteils 18
   VI. Einstweiliger Rechtsschutz . 19
D. Klage mehrerer Gläubiger .. 20
E. Negative Feststellungsklage des Schuldners 21

A. Anwendungsbereich des § 432

1 § 432 regelt den Fall, dass mehrere eine **unteilbare Leistung** zu fordern haben, ohne Gesamtgläubiger (§ 428) oder gemeinschaftliche Gläubiger (→ *Mehrheit von Gläubigern* Rn. 2, 3) zu sein. Eine solche „Mitgläubigerschaft" ist z. B. gegeben, wenn Ehegatten im gesetzlichen Güterstand ein Grundstück gekauft haben (§§ 433 I Satz 1, 1363 II Satz 1)[1]. Hier kann jeder Gläubiger allein die Leistung fordern, aber nur die Leistung an alle gemeinschaftlich (§ 432 I Satz 1).

2 § 432 ist analog anzuwenden, wenn mehrere eine **teilbare Leistung** zu fordern haben, ohne Gesamtgläubiger (§ 428), gemeinschaftliche Gläubiger (→ *Mehrheit von Gläubigern* Rn. 2, 3) oder Teilgläubiger (§ 420) zu sein. Beispiel: Ehegatten im gesetzlichen Güterstand haben ein Grundstück verkauft (§§ 433 II, 1363 II Satz 1)[2]. Eine dem § 432 entsprechende Regelung gilt für die **Miteigentumsgemeinschaft** (§ 1011) und die **Erbengemeinschaft** (§ 2039).

B. Das Recht, die Leistung an alle zu fordern

3 Streitig ist, ob jeder Mitgläubiger eine eigene Forderung hat, so dass *mehrere* Forderungen bestehen[3], oder ob die Mitgläubiger nur eine

---

1 Staudinger/Huber, 12. Aufl., § 741, Rn. 60.
2 Vgl. Soergel/Wolf, Rn. 2.
3 So z. B. Hadding, FS Wolf, S. 120 ff.

einzige gemeinschaftliche Forderung haben, die jeder in gesetzlicher Prozessstandschaft geltend machen kann[1]. Die Frage lässt sich wohl nicht einheitlich beantworten. Zumindest im hauptsächlichen Anwendungsbereich der Mitgläubigerschaft besteht nur eine einzige gemeinschaftliche Forderung: falls die Mitgläubiger Miterben sind, für die eine dem § 432 I entsprechende Regel gilt (§ 2039)[2], falls sie Miteigentümer nach Bruchteilen sind, für die § 432 I entsprechend gilt (§ 1011) und falls sie sonst Teilhaber einer Bruchteilsgemeinschaft sind, für die § 432 I analog gilt (§ 741, Rn. 4).

C. Klage eines Gläubigers
I. Prozessführungsbefugnis und Sachlegitimation
1. Mitgläubiger und Klage auf Leistung an alle

Macht ein Kläger geltend, Mitgläubiger des streitigen Anspruchs zu sein, so kann er allein auf Leistung an alle gemeinschaftlich klagen. Die anderen Mitgläubiger sind mit Namen und Anschrift zu bezeichnen. Die **Prozessführungsbefugnis** des Klägers setzt aber voraus, dass er wirklich Mitgläubiger ist, wenn man unterstellt, dass der streitige Anspruch den „Mitgläubigern" überhaupt zusteht (davon hängt die Begründetheit der Klage ab). 4

Kann der Kläger allenfalls gemeinschaftlicher Gläubiger sein, so ist seine Klage in der Regel unzulässig, weil ein gemeinschaftlicher Gläubiger keine Einzelprozessführungsbefugnis hat (Ausnahmen in § 705, Rn. 6, 46; § 1450, Rn. 8). Kann der Gläubiger nur Gesamtgläubiger sein, so ist seine Klage gleichfalls mangels Prozessführungsbefugnis unzulässig, weil ein Gesamtgläubiger nicht auf Leistung an alle gemeinschaftlich klagen und dadurch den Schuldner zu einer nichtgeschuldeten Leistung zwingen kann. 5

---

1 So z. B. A. Blomeyer, AcP 159, 402; Stein/Jonas/Bork, vor § 50, Rn. 37.
2 Rimmelspacher, Anspruch, S. 164 ff., nimmt hier eine gemeinschaftliche Rechtsposition (Anrecht), aber mehrere Rechtsbehelfe (Zwangszuständigkeiten) an. Eine solche Aufspaltung der Forderung wäre notwendig, wenn die Verjährung für die Miterben unterschiedlich verlaufen könnte. Dafür OLG Celle, NJW 1964, 870; RGRK/Kregel, § 2039, Rn. 12; Soergel/Wolf, § 2039, Rn. 11. Dagegen Erman/Schlüter, § 2039, Rn. 1; MünchKomm-BGB/Dütz, § 2039, Rn. 20; Palandt/Edenhofer, § 2039, Rn. 7; Staudinger/Werner, § 2039, Rn. 26.

§ 432 Mehrere Gläubiger einer unteilbaren Leistung

6   Stellt sich heraus, dass der streitige Anspruch keinem der „Mitgläubiger" zusteht, so wird die Klage mangels **Sachlegitimation** als unbegründet abgewiesen. Das gleiche gilt, wenn sich ergibt, dass der streitige Anspruch nur einem der „Mitgläubiger" zusteht. Denn der nichtberechtigte Kläger hat dann überhaupt keinen Anspruch, der berechtigte kann nicht die Leistung an alle gemeinschaftlich, sondern grundsätzlich nur die Leistung an sich allein beanspruchen. Um einer Klageabweisung zu entgehen, muss der nichtberechtigte Kläger die Klage zurücknehmen (§ 269 ZPO), der berechtigte die Klage ändern und auf Leistung an sich allein klagen (§ 264 Nr. 2 ZPO)[1].

2. Mitgläubiger und Klage auf Leistung an eine Person

7   Macht ein Kläger geltend, Mitgläubiger zu sein, und klagt er auf Leistung an sich allein, so ist die Klage mangels Prozessführungsbefugnis unzulässig. Sie ist jedoch zulässig, wenn der Kläger von den anderen Mitgläubigern zu der Klage auf Leistung an sich allein ermächtigt wurde und an dieser Klage ein eigenes rechtliches Interesse hat (nach den Regeln der gewillkürten Prozessstandschaft)[2].

3. Alleiniger Gläubiger

8   Macht ein Kläger geltend, alleiniger Gläubiger zu sein, so ist er prozessführungsbefugt. Stellt sich heraus, dass der streitige Anspruch Mitgläubigern zusteht, so ist die Klage unbegründet, weil der Kläger dann nicht die Leistung an sich allein beanspruchen kann.

II. Zuständigkeit

9   Soweit die sachliche Zuständigkeit vom Streitwert abhängt (s. dazu die einzelnen Anspruchsgrundlagen), ist die gesamte Leistung zu berücksichtigen, die an alle Gläubiger gemeinschaftlich erbracht werden soll, nicht nur der auf den Kläger entfallende Anteil[3]. Gehört der Schuldner jedoch selbst zu den Gläubigern, z. B. als Miterbe[4], so ist der auf ihn entfallende Anteil von der gesamten Leistung abzuziehen[5].

---

1 MünchKommZPO/Lüke, § 264, Rn. 18.
2 BGHZ 94, 121 ff.
3 BGH, NJW 1970, 197; Staudinger/Werner, 13. Bearb., § 2039, Rn. 30.
4 Staudinger/Werner, 13. Bearb., § 2039, Rn. 20.
5 MünchKommBGB/Dütz, § 2039, Rn. 33; Staudinger/Werner, 13. Bearb., § 2039, Rn. 30.

III. Rechtskrafterstreckung

Beispiel[1]: K und W waren Miteigentümer eines Grundstücks. Sie veräußerten das Grundstück an P. K berief sich auf die Unwirksamkeit der Veräußerung und klagte gegen P auf Bewilligung der Grundbuchberichtigung (§ 894 i. V. m. § 1011). Die Klage wurde rechtskräftig als unbegründet abgewiesen. Daraufhin wiederholte W die Klage.

1. Unterlegener Mitgläubiger

Klagt ein Mitgläubiger auf Leistung an alle gemeinschaftlich und unterliegt er rechtskräftig, so wird dadurch ein anderer Mitgläubiger nicht an einer Wiederholung der Klage gehindert[2]. Denn der **andere Mitgläubiger ist selbständig prozessführungsbefugt**. Diese Prozessführungsbefugnis darf ihm nicht durch eine Rechtskrafterstreckung beschnitten werden[3]. Eine Rechtskrafterstreckung ist aber zu bejahen, wenn der andere Gläubiger der **Klage zugestimmt** hat[4].

Auch Christian Berger verneint im Falle des § 432 grundsätzlich eine Rechtskrafterstreckung[5]. Anders entscheidet er bei der Forderungsgemeinschaft nach Bruchteilen (§ 741, Rn. 4), der Miteigentumsgemeinschaft (§ 1011) und der Erbengemeinschaft (§ 2039): hier soll die Prozessniederlage eines Berechtigten gegen den anderen wirken[6]. Denn während der Schuldner im Falle des § 432 durch sein vertragliches Einverständnis mitverantwortlich für die Mehrheit von Berechtigten sei, liege der Grund für diese Mehrheit in den anderen Fällen ausschließlich auf der Seite des Berechtigten[7]. Das trifft zwar in der Regel zu, doch können solche zufälligen Umstände eine so schwerwiegende Folge wie die Rechtskrafterstreckung nicht rechtfertigen. Berger meint freilich auch, die Einzelklagebefugnis solle es lediglich ermöglichen, dass das gemeinschaftliche Recht *einmal* eingeklagt werde; deshalb müsse sich die Rechtskraft auf die unbeteiligten Berechtigten erstrecken[8]. Aber die Einzelklagebefugnis ermöglicht es auch, selbst über das Wann, Wo und Wie einer Klage zu entscheiden, und mit diesem Zweck wäre eine

---

1 Nach BGHZ 79, 246.
2 BGHZ 79, 247 f.; Rosenberg/Schwab/Gottwald, § 46 V 3b; Stein/Jonas/Leipold, § 325, Rn. 58; Zöller/Vollkommer, vor § 50, Rn. 38.
3 Zum Prinzip Rosenberg/Schwab/Gottwald, § 46 V 2.
4 Stein/Jonas/Leipold, § 325, Rn. 63.
5 Berger, Rechtskraft, S. 224, Fn. 2.
6 Berger, Rechtskraft, S. 251.
7 Berger, Rechtskraft, S. 24.
8 Berger, Rechtskraft, S. 246.

Rechtskrafterstreckung unvereinbar. Zu Unrecht beruft sich Berger im vorliegenden Zusammenhang auf die notwendige Streitgenossenschaft[1]. Zwar kann ein notwendiger Streitgenosse den Prozess mit Wirkung für und gegen den anderen führen, aber nicht gegen dessen Widerspruch, also nur bei wenigstens stillschweigendem Einverständnis. Die Rechtskrafterstreckung gegen einen unbeteiligten Berechtigten würde dagegen auch ohne dessen Einverständnis eintreten. Im Übrigen kommt es in den umstrittenen Fällen ebenso wenig zu einer notwendigen Streitgenossenschaft wie im Falle des § 432 (Rn. 20). Auch die Chancengleichheit fordert nicht neben einer Rechtskrafterstreckung gegen den Schuldner (Rn. 13) eine Rechtskrafterstreckung gegen den unbeteiligten Berechtigten, wie Berger annimmt[2]. Denn es kann zwar von dem Schuldner erwartet werden, dass er sich in *einem* Prozess verteidigt, aber nicht von dem unbeteiligten Berechtigten, dass er die Ergebnisse fremder Prozessführung hinnimmt. Die Möglichkeit des Parteibeitritts, auf die Berger ihn verweist[3], hat er nur bei Kenntnis des Prozesses.

2. Obsiegender Mitgläubiger

13 Siegt der klagende Mitgläubiger, so kann sich ein anderer Mitgläubiger auf die rechtskräftige Feststellung berufen, dass der Beklagte zur Leistung an alle Mitgläubiger gemeinschaftlich verpflichtet sei, so dass nur noch die eigene Prozessführungsbefugnis des zweiten Klägers zu prüfen bleibt. Der **BGH verneint** dagegen eine Rechtskrafterstreckung unter Hinweis auf § 432 II[4]. Doch regelt § 432 II nur allgemein die übrigen Tatsachen, ohne wie § 425 II das rechtskräftige Urteil besonders zu erwähnen. Die Vorschrift verbietet daher nicht eine Rechtskrafterstreckung zugunsten von Mitgläubigern mit Rücksicht darauf, dass der Schuldner kein berechtigtes Interesse daran hat, sich gegen seine Leistungspflicht in dem Prozess des zweiten Mitgläubigers anders zu verteidigen als im Prozess des ersten. Von ihm kann vielmehr erwartet werden, dass er Einwendungen gegen seine Leistungspflicht bereits im ersten Prozess vorbringt und nicht für den zweiten aufspart. Da der Schuldner gegen beide Berechtigte um dieselbe Leistungspflicht streitet, be-

---

1 Berger, Rechtskraft, S. 248 f.
2 Berger, Rechtskraft, S. 51 f., 153.
3 Berger, Rechtskraft, S. 89 f., 237 f.
4 BGHZ 3, 390. Ebenso im Ergebnis MünchKommZPO/Schilken, § 62, Rn. 20; Stein/Jonas/Leipold, § 325, Rn. 58. **Wie hier** im Ergebnis Henckel, Parteilehre, S. 214; MünchKommBGB/K. Schmidt, § 1011, Rn. 8; Rosenberg/Schwab/Gottwald, § 46 V 3b; Waldner, JZ 1985, 635.

deutet die Rechtskrafterstreckung für ihn nicht, dass er in dem Prozess gegen den einen Berechtigten auf sein Verhältnis zu dem anderen zusätzlich Rücksicht nehmen müsste und einem schwerer kalkulierbaren Prozessrisiko ausgesetzt wäre[1].

IV. Abwehr mehrfacher Klagen

Um zu verhindern, dass er mehrfach verklagt wird, kann der Schuldner **nicht** den am Prozess unbeteiligten Gläubigern den **Streit verkünden** (§ 72 I ZPO)[2]. Denn er besorgt die Ansprüche der unbeteiligten Gläubiger nicht „für den Fall des (ihm) ungünstigen Ausganges des Rechtsstreits", da diese Ansprüche nach materiellem Recht nicht von der Prozessniederlage des Schuldners abhängen.

14

Der Schuldner kann aber gegen die unbeteiligten Gläubiger „**Widerklage**" auf die Feststellung erheben, dass er nicht zur Leistung an sie verpflichtet sei[3] (Rn. 21). Die unbeteiligten Gläubiger und der Kläger sind dann einfache Streitgenossen (§ 59 Fall 2 ZPO).

15

V. Zwangsvollstreckung

1. Durch Titelgläubiger

Aus einem **Titel**, den nur *einer* der Mitgläubiger *erwirkt* hat, kann nur dieser Mitgläubiger als Titelgläubiger vollstrecken. Ein anderer Mitgläubiger, auf den sich die Rechtskraft erstreckt (Rn. 13), kann nicht die Umschreibung des Titels auf seine Person erwirken, weil es nicht Sache des Klauselbeamten ist, die Befugnis des anderen Mitgläubigers festzustellen.

16

Aus einem Titel, den alle Mitgläubiger erwirkt haben, kann nach dem Prinzip des § 432 I Satz 1 jeder Mitgläubiger zugunsten aller die Zwangsvollstreckung betreiben[4], so dass jedem eine vollstreckbare Ausfertigung zu erteilen ist[5].

17

2. Pfändung eines Forderungsanteils

Ob der Gläubiger eines Mitgläubigers dessen Forderungsanteil pfänden kann, hängt davon ab, welches Gemeinschaftsverhältnis zwi-

18

---

1 Vgl. Wieser, Grundzüge, Rn. 62.
2 Unrichtig Staudinger/Noack, Rn. 59.
3 Wieczorek/Hausmann, § 33, Rn. 45 ff.; Zöller/Vollkommer, § 33, Rn. 18 ff.
4 KG, NJW 1957, 1154 (zu § 2039); OLG Köln, MDR 1989, 1111 (zu § 1011).
5 OLG Köln, MDR 1989, 1111 (zu § 1011).

schen den Mitgläubigern besteht. Besteht eine Bruchteilsgemeinschaft, so ist der Forderungsanteil pfändbar (§ 857 ZPO)[1]. Besteht eine Gesamthandsgemeinschaft (Erbengemeinschaft), so ist der Forderungsanteil unpfändbar (§ 859 II ZPO). Die **Klagebefugnis** eines Mitgläubigers ist in keinem Fall selbständig pfändbar[2]. Die **ganze Forderung** kann nur auf Grund eines Titels gegen alle Mitgläubiger gepfändet werden[3].

VI. Einstweiliger Rechtsschutz

19 Jeder Mitgläubiger kann nach den allgemeinen Regeln einen Arrest oder eine einstweilige Verfügung zugunsten aller Mitgläubiger erwirken.

D. Klage mehrerer Gläubiger

20 Klagen „Mitgläubiger" freiwillig gemeinsam, so sind sie jedenfalls keine notwendigen Streitgenossen nach § 62 Fall 2 ZPO[4]. Notwendige Streitgenossen nach § 62 Fall 1 ZPO wären sie, wenn über die Begründetheit ihrer Klagen nur einheitlich entschieden werden könnte. Das trifft jedoch nicht zu. Zwar kann ein Mitgläubiger nicht den gemeinschaftlichen Anspruch erlassen (§§ 747 Satz 2, 2040 I), er kann aber für seine Person auf die Durchsetzung des Anspruchs verzichten (analog § 397 I). In einem solchen Fall muss seine Klage als unbegründet abgewiesen werden, während die Klage der anderen Mitgläubiger durchdringen kann[5]. Somit sind die Mitgläubiger **einfache Streitgenossen**, und zwar nach § 59 Fall 1 ZPO[6].

---

1 Stein/Jonas/Brehm, § 857, Rn. 17. Zum Miteigentumsanteil s. Stein/Jonas/Brehm, § 857, Rn. 18.
2 Soergel/Wolf, § 2039, Rn. 9.
3 Bei der Bruchteilsgemeinschaft ist § 736 ZPO analog anzuwenden (Jauernig/Stürner, BGB, Rn. 4). Für die Erbengemeinschaft gilt § 747 ZPO.
4 BGHZ 92, 353.
5 Näher Wieser, NJW 2000, 1164.
6 Ebenso mangels Rechtskrafterstreckung BGHZ 92, 354; BGH, NJW 1997, 2115, 2116; Gottwald, JA 1982, 68; MünchKommZPO/Schilken, § 62, Rn. 20; Musielak/Weth, § 62, Rn. 7; Schwab, FS Lent, S. 284 f. **A. A.** (§ 62 Fall 1 ZPO) OLG Düsseldorf, OLGZ 79, 459; A. Blomeyer, Zivilprozessrecht, § 108 III 2b; Hassold, S. 60 ff.; Henckel, Parteilehre, S. 214; Lindacher, JuS 1986, 338; Stein/Jonas/Bork, § 62, Rn. 8; Thomas/Putzo, § 62, Rn. 8; Waldner, JZ 1985, 635; Wieczorek/Schütze, § 62, Rn. 33; Zöller/Vollkommer, § 62, Rn. 16.

E. Negative Feststellungsklage des Schuldners

Eine negative Feststellungsklage des angeblichen Schuldners ist gegen alle Gläubiger zu richten, die sich eines Anspruchs berühmen (§ 62 Fall 2 ZPO). Für eine Feststellungsklage gegen einen „Gläubiger", der sich keines Anspruchs berühmt, fehlt das nach § 256 I ZPO erforderliche Feststellungsinteresse (Rechtsschutzgrund). Eine Feststellungsklage, die einen sich berühmenden Gläubiger auslässt, würde mangels Rechtskrafterstreckung gegen den Gläubiger (Rn. 11) dem Kläger nicht die erstrebte Rechtsgewissheit verschaffen, sodass das Feststellungsinteresse (Rechtsschutzgrund) auch hier zu verneinen wäre.   21

Vertragstypische Pflichten beim Kaufvertrag

433 (1) ¹Durch den Kaufvertrag wird der Verkäufer einer Sache verpflichtet, dem Käufer die Sache zu übergeben und das Eigentum an der Sache zu verschaffen. ²Der Verkäufer hat dem Käufer die Sache frei von Sach- und Rechtsmängeln zu verschaffen.

(2) Der Käufer ist verpflichtet, dem Verkäufer den vereinbarten Kaufpreis zu zahlen und die gekaufte Sache abzunehmen.

I. Überblick

1. Ansprüche des Käufers

§ 433 I Satz 1 gibt dem Käufer einer Sache gegen den Verkäufer Ansprüche auf **Übergabe**, d. h. → *Besitzeinräumung*, und auf → *Übereignung*.   1

Nach § 433 I Satz 2 muss die Kaufsache frei von Sach- und Rechtsmängeln sein. Wann sie das ist, sagen die §§ 434–436. Welche Rechtsfolgen die Mangelhaftigkeit der Sache hat, ergibt sich aus § 437. Danach kann der Käufer unter anderem wahlweise die **Beseitigung des Mangels** oder die **Lieferung einer mangelfreien Sache** beanspruchen (§ 437 Nr. 1 i. V. m. § 439; s. dort). Das Gesetz bezeichnet diese Leistungen als „Nacherfüllung". Es geht also davon aus, dass die Sache dem Käufer bereits übergeben ist. Doch kann der Anspruch auch schon **vor der Übergabe** begründet sein. So hat der Käufer beim Gattungskauf von vornherein einen Anspruch auf Lieferung (Übergabe und Übereignung) einer mangelfreien Sache. Beim Spezieskauf kann zwar nicht die Lieferung einer anderen als der gekauften Sache beansprucht werden, wohl aber die Beseitigung   2 eines Mangels, von dem der Käufer vor der Übergabe erfährt. Er klagt dann auf Übergabe und Übereignung der Kaufsache sowie auf Beseitigung des Mangels (§ 260 ZPO).

2. Ansprüche des Verkäufers

3 § 433 II gibt dem Verkäufer gegen den Käufer Ansprüche auf
→ **Zahlung** des Kaufpreises und auf **Abnahme**.

II. Abnahmeanspruch (§ 433 II)

1. Leistungsklage

4 Eine Leistungsklage muss die Verurteilung des Beklagten beantragen, die bestimmt bezeichnete Sache abzunehmen (§ 253 II Nr. 2 ZPO). Ob die Abnahmehandlungen in Klage und Urteil genau bezeichnet werden müssen, ist strittig[1]. Es ist hier zu unterscheiden: Die Art und Weise der Besitzabnahme ist dem Käufer im Rahmen des § 242 freigestellt und kann ihm deshalb nicht durch Klage und Urteil vorgeschrieben werden. Dagegen muss gesagt werden, dass der beklagte Käufer (auch) das Eigentum erwerben soll, wozu er nach § 433 II ebenfalls verpflichtet ist[2]. Es erleichtert zumindest die Vollstreckung, wenn der Beklagte bei einem **Grundstück** im Einzelnen dazu verurteilt wird, seine Auflassungserklärung abzugeben, den Eintragungsantrag zu stellen, den vom Grundbuchamt geforderten Kostenvorschuss zu zahlen (§ 8 KostO), wozu er dem Verkäufer gegenüber nach §§ 448 I verpflichtet ist, sowie die erforderlichen Eintragungsunterlagen zu beschaffen.

2. Sachliche Zuständigkeit

5 Sachlich zuständig sind die Amtsgerichte oder die Landgerichte, je nach Streitwert (§§ 23 Nr. 1, 71 I GVG). Der Streitwert bemisst sich nicht nach dem Wert der Sache, sondern nach dem Interesse des Klägers, von den Kosten für Lagerung und Schutz der Sache befreit zu werden[3], bei Grundstücken auch von den mit dem Eigentum verbundenen Lasten loszukommen[4].

---

1 Dafür Staudinger/Köhler, 13. Bearb., Rn. 197; dagegen Soergel/Huber, Rn. 268.
2 Vgl. BGHZ 58, 248 f.
3 Stein/Jonas/Roth, § 3, Rn. 41, „Abnahme von Sachen".
4 Soergel/Huber, Rn. 266.

3. Zwangsvollstreckung

Die Zwangsvollstreckung richtet sich, soweit es um die Besitz-Abnahme geht, nach § 887 ZPO[1]. Soll der Käufer Grundstückseigentum erwerben[2], so werden Auflassungserklärung und Eintragungsantrag nach § 894 I ZPO erzwungen, die Zahlung des Kostenvorschusses bei einer entsprechenden Verurteilung unmittelbar nach §§ 803 ff. ZPO, sonst nach § 887 ZPO, und die Beschaffung der Eintragungsunterlagen nach § 888 I ZPO (näher → *Übereignung* Rn. 13–15). Den Eintragungsantrag kann der Verkäufer auch selbst stellen (§ 13 I Satz 2 GBO).

6

III. Kaufpreis- und Abnahmeklage

Die Klage auf Zahlung des Kaufpreises kann mit der Abnahmeklage **verbunden** werden (§ 260 ZPO). Diese Klage auf Zahlung „und" Abnahme[3], mit welcher der Abnahmeanspruch des Verkäufers geltend gemacht wird, ist zu unterscheiden von der Klage auf Zahlung „Zug um Zug" gegen Lieferung, mit der dem Lieferungsanspruch des Käufers Rechnung getragen wird.

7

Die **Streitwerte** der Zahlungs- und der Abnahmeklage werden zusammengerechnet (§ 5 ZPO), wenn die Abnahme eine eigene wirtschaftliche Bedeutung hat[4].

8

Örtlich zuständig ist auch das Gericht des Erfüllungsorts (§§ 29, 35 ZPO), d. h. des Zahlungsorts[5].

9

Öffentliche Lasten von Grundstücken

436 (1) Soweit nicht anders vereinbart, ist der Verkäufer eines Grundstücks verpflichtet, Erschließungsbeiträge und sonstige Anliegerbeiträge für die Maßnahmen zu tragen, die bis zum

---

1 So die Rechtsprechung; vgl. MünchKommZPO/Schilken, § 887, Rn. 7; Stein/Jonas/Brehm, § 887, Rn. 9; Zöller/Stöber, § 887, Rn. 3. Soergel/Huber, Rn. 268, wendet bei Grundstücken § 888 ZPO an, obwohl es dem Verkäufer gleichgültig sein kann, wer ihn von dem Besitz des Grundstücks befreit.
2 BGHZ 58, 248 f.
3 Soergel/Huber, Rn. 268.
4 Stein/Jonas/Roth, § 5, Rn. 9.
5 Soergel/Huber, Rn. 259.

Tage des Vertragsschlusses bautechnisch begonnen sind, unabhängig vom Zeitpunkt des Entstehens der Beitragsschuld.

(2) Der Verkäufer eines Grundstücks haftet nicht für die Freiheit des Grundstücks von anderen öffentlichen Abgaben und von anderen öffentlichen Lasten, die zur Eintragung in das Grundbuch nicht geeignet sind.

§ 436 I gibt dem Käufer gegen den Verkäufer einen **Anspruch** auf **Tragung von Anliegerbeiträgen**, für die nach den öffentlich-rechtlichen Vorschriften der Käufer Beitragsschuldner ist. Solange die Beiträge noch nicht entrichtet sind, geht der Anspruch auf → *Befreiung* von der Beitragsschuld. Hat der Käufer die Beiträge entrichtet, kann er von dem Verkäufer ihre Erstattung verlangen; sein Anspruch geht also dann auf → *Zahlung*.

Nacherfüllung

439 (1) Der Käufer kann als Nacherfüllung nach seiner Wahl die Beseitigung des Mangels oder die Lieferung einer mangelfreien Sache verlangen.

(2) Der Verkäufer hat die zum Zwecke der Nacherfüllung erforderlichen Aufwendungen, insbesondere Transport-, Wege-, Arbeits- und Materialkosten zu tragen.

(3) ¹Der Verkäufer kann die vom Käufer gewählte Art der Nacherfüllung unbeschadet des § 275 Abs. 2 und 3 verweigern, wenn sie nur mit unverhältnismäßigen Kosten möglich ist. ²Dabei sind insbesondere der Wert der Sache in mangelfreiem Zustand, die Bedeutung des Mangels und die Frage zu berücksichtigen, ob auf die andere Art der Nacherfüllung ohne erhebliche Nachteile für den Käufer zurückgegriffen werden könnte. ³Der Anspruch des Käufers beschränkt sich in diesem Fall auf die andere Art der Nacherfüllung; das Recht des Verkäufers, auch diese unter den Voraussetzungen des Satzes 1 zu verweigern, bleibt unberührt.

(4) Liefert der Verkäufer zum Zwecke der Nacherfüllung eine mangelfreie Sache, so kann er vom Käufer Rückgewähr der mangelhaften Sache nach Maßgabe der §§ 346 bis 348 verlangen.

Inhaltsübersicht

- A. Überblick über die Nacherfüllung ... 1
- B. Beseitigung eines bestehenden Rechts ... 2
  - I. Anspruch ... 2
  - II. Leistungsklage ... 3
  - III. Sachliche Zuständigkeit ... 4
  - IV. Zwangsvollstreckung ... 5
- C. Beseitigung eines nicht bestehenden eingetragenen Rechts ... 10
  - I. Anspruch ... 10
  - II. Leistungsklage ... 11
  - III. Sachliche Zuständigkeit ... 12
  - IV. Zwangsvollstreckung ... 13
    1. Verkäufer ist noch Grundstückseigentümer ... 14
    2. Käufer ist Grundstückseigentümer ... 16
- D. Beseitigung eines Sachmangels ... 19
- E. Lieferung einer mangelfreien Sache ... 24
- F. Einrede des Verkäufers ... 25

A. Überblick über die Nacherfüllung

§ 439 I gibt dem Käufer gegen den Verkäufer zum Zweck der Nacherfüllung wahlweise einen Anspruch auf Beseitigung des Mangels (Rn. 2 ff.) oder einen Anspruch auf Lieferung einer mangelfreien Sache (Rn. 24 ff.). Zwischen beiden Ansprüchen besteht elektive Konkurrenz (→ *Wahlmöglichkeiten* Rn. 2 ff.). Es handelt sich um „verhaltene Ansprüche"[1], die der Verkäufer nur auf Verlangen des Käufers zu erfüllen braucht. Zur Geltendmachung vor Übergabe s. § 433, Rn. 2.

1

B. Beseitigung eines bestehenden Rechts

I. Anspruch

§ 439 I i. V. m. § 435 Satz 1 gibt dem Käufer gegen den Verkäufer einen Anspruch auf **Beseitigung** bestehender Rechte an dem Kaufgegenstand.

2

II. Leistungsklage

Eine Leistungsklage müsste z. B. die Verurteilung des Beklagten beantragen, die Beendigung des gegenwärtig bestehenden Mietverhältnisses an dem Haus Petersweiher 90 in Gießen bis zum 31. 12. 2003 herbeizuführen[2].

3

---

1 Enneccerus/Nipperdey, § 222 II 4, Fn. 25.
2 Vgl. Soergel/Huber, § 434, Rn. 43.

III. Sachliche Zuständigkeit

4 Sachlich zuständig sind die Amtsgerichte oder die Landgerichte, je nach Streitwert (§§ 23 Nr. 1, 71 I GVG). Der Streitwert bemisst sich nach dem Interesse des Klägers an der Beseitigung des Rechts (§ 3 ZPO), bei Sicherungsrechten nach § 6 ZPO[1].

IV. Zwangsvollstreckung

5 Für die Zwangsvollstreckung ist zu unterscheiden:

6 – Soll der Verkäufer ein **eigenes Recht** beseitigen[2], so gilt seine zur Beseitigung des Rechts erforderliche Willenserklärung nach § 894 I ZPO als abgegeben.

7 – Soll der Verkäufer ein **fremdes Recht** beseitigen, so ist weiter zu differenzieren:

8 Ist zur Beseitigung des Rechts die Mitwirkung des Verkäufers unerlässlich, so richtet sich die Zwangsvollstreckung nach § 888 I ZPO; sie ist danach, weil nicht ausschließlich vom Willen des Schuldners abhängig, dann unzulässig, wenn sich die erforderliche Zustimmung des Dritten nicht erreichen lässt[3].

9 Kann die zur Beseitigung des Rechts seitens des Verkäufers erforderliche Handlung, z. B. die Zahlung einer Abfindungssumme, auch von einem anderen vorgenommen werden, so richtet sich die Zwangsvollstreckung nach § 887 ZPO; sie ist hier gleichfalls unzulässig, wenn sich die erforderliche Zustimmung des Dritten nicht erreichen lässt.

C. Beseitigung eines nicht bestehenden eingetragenen Rechts

I. Anspruch

10 § 439 I i. V. m. § 435 Satz 2 gibt dem Käufer gegen den Verkäufer einen Anspruch auf **Löschung** nichtbestehender Rechte an dem Kaufgegenstand.

---

1 Stein/Jonas/Roth, § 6, Rn. 23.
2 Soergel/Huber, § 434, Rn. 34. Zur materiellen Rechtskraft in diesem Fall → *Rechtsentäußerung* Rn. 4, 5.
3 MünchKommZPO/Schilken, § 888, Rn. 8; Zöller/Stöber, § 888, Rn. 2.

Nacherfüllung § 439

II. Leistungsklage

Eine Leistungsklage müsste z. B. die Verurteilung des Beklagten beantragen, die beim Amtsgericht Gießen im Grundbuch von Schiffenberg, Band 4, Blatt 120, in der zweiten Abteilung unter der laufenden Nr. 1 eingetragene Auflassungsvormerkung löschen zu lassen oder (enger) die Löschungsbewilligung für die . . . Auflassungsvormerkung beizubringen[1]. 11

III. Sachliche Zuständigkeit

Sachlich zuständig sind die Amtsgerichte oder die Landgerichte, je nach Streitwert (§§ 23 Nr. 1, 71 I GVG). Der Streitwert bemisst sich nach dem Interesse des Klägers an der Löschung (§ 3 ZPO), bei Sicherungsrechten nach § 6 ZPO[2]. 12

IV. Zwangsvollstreckung

Für die Zwangsvollstreckung ist zu unterscheiden: 13

1. Verkäufer ist noch Grundstückseigentümer

Ist der Verkäufer noch als Grundstückseigentümer eingetragen und soll er ein **eigenes Recht** löschen lassen[3], so muss erreicht werden, dass der Verkäufer den Löschungsantrag stellt (§ 13 I GBO), die Löschung bewilligt und ihr zustimmt (§§ 19, 27, 29 I 1 GBO), dass er einen Grundpfandbrief vorlegt (§§ 41, 42 GBO) sowie den vom Grundbuchamt geforderten Kostenvorschuss zahlt (§ 8 KostO). Antrag, Bewilligung und Zustimmung werden nach § 894 I ZPO erzwungen[4]; das Urteil mit Rechtskraftzeugnis (§ 706 ZPO) legt der Käufer dem Grundbuchamt vor. Die Vorlage des Grundpfandbriefes wird nach § 883 ZPO erzwungen, mit der Maßgabe, dass der Gerichtsvollzieher den Brief dem Grundbuchamt übergibt[5]. Der vom Grundbuchamt geforderte Kostenvorschuss wird nach §§ 803 ff. ZPO beigetrieben; die Zahlung erfolgt an das Gericht[6]. Der Käufer 14

---

1 Vgl. BGH, NJW 1988, 699.
2 Stein/Jonas/Roth, § 6, Rn. 23, bei Fn. 111.
3 Zur materiellen Rechtskraft in diesem Fall → *Rechtsentäußerung* Rn. 4, 5.
4 Stein/Jonas/Brehm, § 894, Rn. 9; Zöller/Stöber, § 894, Rn. 2.
5 Vgl. MünchKommZPO/Schilken, § 883, Rn. 6; Zöller/Stöber, § 883, Rn. 2.
6 § 887 ZPO ist nicht anwendbar (§ 895, Rn. 8).

selbst kann den Löschungsantrag nicht stellen, weil er durch die Löschung nicht unmittelbar begünstigt wird (§ 13 I Satz 2 GBO)[1].

15 Soll der Verkäufer ein **fremdes Recht** löschen lassen, so gilt Rn. 14 entsprechend. Doch muss der Buchberechtigte die Löschung bewilligen und einen Grundpfandbrief dem Grundbuchamt vorlegen, wozu er dem Verkäufer gegenüber verpflichtet ist (§§ 894, 896). Der Verkäufer muss notfalls nach § 888 I ZPO gezwungen werden, den Buchberechtigten zu verklagen; er kann sich diesem Zwang durch Ermächtigung des Käufers zur Geltendmachung der Ansprüche gegen den Buchberechtigten entziehen[2].

2. Käufer ist Grundstückseigentümer

16 Ist bereits der Käufer als Grundstückseigentümer eingetragen und soll der Verkäufer ein **eigenes Recht** löschen lassen, so gilt Rn. 14 entsprechend. Die nach § 27 GBO erforderliche Zustimmung des Eigentümers erklärt der Käufer selbst.

17 Soll der Verkäufer ein **fremdes Recht** löschen lassen, so muss erreicht werden,
– dass der Verkäufer den Löschungsantrag stellt (§ 13 I GBO), wozu er mangels eines eigenen Antragsrechts nur mit Zustimmung des antragsberechtigten Käufers berechtigt ist;
– dass der Buchberechtigte die Löschung bewilligt (§ 19 GBO) und einen Grundpfandbrief vorlegt (§§ 41, 42 GBO), wozu er nur dem Käufer gegenüber verpflichtet ist (§§ 894, 896), so dass der Verkäufer den Buchberechtigten notfalls mit Zustimmung des Käufers in gewillkürter Prozessstandschaft verklagen müsste[3]; und
– dass er den vom Grundbuchamt geforderten Kostenvorschuss zahlt (§ 8 KostO).

18 In beiden Fällen kann der **Käufer** den Löschungsantrag auch selbst stellen (§ 13 I Satz 2 GBO). Eine Bewilligung des Buchberechtigten benötigt er nicht, wenn er die Unrichtigkeit des Grundbuchs nachweisen kann (§§ 22 I Satz 1, 29 I Satz 1 GBO).

---

1 Vgl. Demharter, § 13, Rn. 42.
2 Vgl. Stein/Jonas/Brehm, § 888, Rn. 14. „Abtretbar" ist der Anspruch aus § 894 nicht.
3 Soergel/Huber, § 435, Rn. 6. MünchKommBGB/Westermann, § 435, Rn. 5, nimmt eine gesetzliche Prozessstandschaft an.

D. Beseitigung eines Sachmangels

§ 439 I i. V. m. § 434 I, II gibt dem Käufer gegen den Verkäufer einen **Anspruch** auf Beseitigung eines Sachmangels durch **Nachbesserung**. 19

Eine **Leistungsklage** müsste die Verurteilung des Beklagten beantragen, die genau beschriebenen Mängel der genau bezeichneten Kaufsache zu beseitigen. Die Art und Weise der Mangelbeseitigung bestimmt der Schuldner[1]. 20

Sachlich zuständig sind die Amtsgerichte oder die Landgerichte, je nach Streitwert (§§ 23 Nr. 1, 71 I GVG). Der Streitwert bemisst sich nach dem Wert der Nachbesserung für den Kläger (§ 3 ZPO)[2], der in der Regel den Kosten der Nachbesserung entsprechen wird. 21

Die **Zwangsvollstreckung** richtet sich nach § 887 ZPO[3]. 22

Zur Sicherung eines Nachbesserungsanspruchs können durch **einstweilige Verfügung** Maßnahmen angeordnet werden, die einen irreparablen Zustand verhindern (§ 938 II ZPO). 23

E. Lieferung einer mangelfreien Sache

§ 439 I i. V. m. §§ 434, 435 Satz 1 gibt dem Käufer gegen den Verkäufer einen Anspruch auf Lieferung einer mangelfreien Sache, im Falle des § 434 III einen Anspruch auf Lieferung der gekauften Sache oder Menge. Der Anspruch geht gemäß § 433 I Satz 1 auf → *Besitzeinräumung* und → *Übereignung*. 24

F. Einrede des Verkäufers

§ 439 III gibt dem Verkäufer gegen den vom Käufer gewählten Anspruch auf Beseitigung oder Lieferung eine Einrede, deren Ausübung zur **Abweisung der** vom Käufer erhobenen **Leistungsklage** führt (s. bei § 214). 25

Um der Einrede auszuweichen, kann der Käufer entweder von vornherein auf die nicht einredebehaftete Leistung klagen oder nachträglich im Wege der Klageänderung zu der nicht einredebehafteten 26

---

1 Anders/Gehle, S. 98; Grunsky, Taktik, Rn. 78.
2 Vgl. Stein/Jonas/Roth, § 3, Rn. 3.
3 MünchKommZPO/Schilken, § 887, Rn. 7; Zöller/Stöber, § 887, Rn. 3.

§ 453 Rechtskauf

Leistungsklage übergehen. Die **Klageänderung** ist ohne weiteres zulässig, falls der Verkäufer die ursprünglich beanspruchte Leistung erst nach Klageerhebung verweigert (§ 264 Nr. 3 ZPO). Es genügt auch, dass die Leistungsverweigerung dem Kläger ohne Fahrlässigkeit erst nach Klageerhebung bekannt wird[1]. Andernfalls gilt § 263 ZPO.

Rechtskauf

453 (1) Die Vorschriften über den Kauf von Sachen finden auf den Kauf von Rechten und sonstigen Gegenständen entsprechende Anwendung.

(2) Der Verkäufer trägt die Kosten der Begründung und Übertragung des Rechts.

(3) Ist ein Recht verkauft, das zum Besitz einer Sache berechtigt, so ist der Verkäufer verpflichtet, dem Käufer die Sache frei von Sach- und Rechtsmängeln zu übergeben.

1 § 453 I i. V. m. § 433 I Satz 1 gibt dem Käufer gegen den Verkäufer z. B. einen **Anspruch** auf → *Rechtsverschaffung*. Nach § 453 I i. V. m. § 433 I Satz 2 muss das Recht frei von Mängeln sein. Die Rechtsfolgen eines Mangels ergeben sich aus § 437.

2 § 453 I i. V. m. § 433 II gibt dem Verkäufer gegen den Käufer einen **Anspruch** auf → *Zahlung*.

3 § 453 III gibt dem Käufer gegen den Verkäufer einen **Anspruch** auf **Übergabe**, d. h. → *Besitzeinräumung*. Die Sache muss frei von Sach- und Rechtsmängeln sein (s. § 433, Rn. 2).

Zustandekommen des Kaufvertrags

454 (1) [1]Bei einem Kauf auf Probe oder auf Besichtigung steht die Billigung des gekauften Gegenstandes im Belieben des Käufers. [2]Der Kauf ist im Zweifel unter der aufschiebenden Bedingung der Billigung geschlossen.

(2) Der Verkäufer ist verpflichtet, dem Käufer die Untersuchung des Gegenstandes zu gestatten.

---

1 Vgl. MünchKommZPO/Lüke, § 264, Rn. 27.

§ 454 II gibt dem Käufer gegen den Verkäufer einen **Anspruch** auf **Gestattung** einer Untersuchung (wie § 258, Rn. 2–4). 1

Eine **Leistungsklage** müsste die Verurteilung des Beklagten beantragen, dem Kläger die Untersuchung des genau bezeichneten Gegenstandes zu ermöglichen (§ 253 II Nr. 2 ZPO). 2

Sachlich zuständig sind die Amtsgerichte oder die Landgerichte, je nach Streitwert (§§ 23 Nr. 1, 71 I GVG). Der Streitwert bemisst sich nach dem Interesse des Klägers an der Untersuchung (§ 3 ZPO) und ist wie bei einer Auskunftsklage zu beurteilen (→ *Auskunft* Rn. 3). 3

Die **Zwangsvollstreckung** richtet sich, soweit es um die Gewährung des Zugangs oder eine Mitwirkung geht, nach § 888 I ZPO; soweit es um die Unterlassung von Widerstand geht, nach § 890 ZPO[1]. Hat der Verkäufer die Ware dem Käufer zum Zwecke der Untersuchung zu übergeben[2], was aus dem Titel hervorgehen muss, so gilt § 883 ZPO[3]. 4

Haftung des Wiederverkäufers

457 (1) Der Wiederverkäufer ist verpflichtet, dem Wiederkäufer den gekauften Gegenstand nebst Zubehör herauszugeben.

(2) ¹Hat der Wiederverkäufer vor der Ausübung des Wiederkaufsrechts eine Verschlechterung, den Untergang oder eine aus einem anderen Grund eingetretene Unmöglichkeit der Herausgabe des gekauften Gegenstandes verschuldet oder den Gegenstand wesentlich verändert, so ist er für den daraus entstehenden Schaden verantwortlich. ²Ist der Gegenstand ohne Verschulden des Wiederverkäufers verschlechtert oder ist er nur unwesentlich verändert, so kann der Wiederkäufer Minderung des Kaufpreises nicht verlangen.

Abs. 1 gibt dem Wiederverkäufer gegen den Wiederkäufer einen **Anspruch** auf **Herausgabe** des gekauften Gegenstandes, d. h. auf → *Besitzeinräumung* und auf → *Übereignung* oder eine andere → *Rechtsverschaffung*.

---

1 Differenzierend auch Staudinger/Mader, § 495, Rn. 16. **A. A.** (nur § 890 ZPO) MünchKommBGB/Westermann, § 495, Rn. 6.
2 Soergel/Huber, § 495, Rn. 8.
3 Staudinger/Mader, § 495, Rn. 16.

Beseitigung von Rechten Dritter

458 ¹Hat der Wiederverkäufer vor der Ausübung des Wiederkaufsrechts über den gekauften Gegenstand verfügt, so ist er verpflichtet, die dadurch begründeten Rechte Dritter zu beseitigen. ²Einer Verfügung des Wiederverkäufers steht eine Verfügung gleich, die im Wege der Zwangsvollstreckung oder der Arrestvollziehung oder durch den Insolvenzverwalter erfolgt.

§ 458 gibt dem Wiederkäufer gegen den Wiederverkäufer einen **Anspruch** auf **Beseitigung** von Rechten an dem Kaufgegenstand, wie § 439, Rn. 2 ff.[1].

Ersatz von Verwendungen

459 ¹Der Wiederverkäufer kann für Verwendungen, die er auf den gekauften Gegenstand vor dem Wiederkauf gemacht hat, insoweit Ersatz verlangen, als der Wert des Gegenstandes durch die Verwendungen erhöht ist. ²Eine Einrichtung, mit der er die herauszugebende Sache versehen hat, kann er wegnehmen.

Satz 1 gibt dem Wiederverkäufer gegen den Wiederkäufer einen **Anspruch** auf Ersatz von Verwendungen, d. h. auf **Aufwendungsersatz** i. S. d. § 257[2] (s. dort).

Mitteilungspflicht, Ausübungsfrist

469 (1) ¹Der Verpflichtete hat dem Vorkaufsberechtigten den Inhalt des mit dem Dritten geschlossenen Vertrags unverzüglich mitzuteilen. ²Die Mitteilung des Verpflichteten wird durch die Mitteilung des Dritten ersetzt.

(2) ¹Das Vorkaufsrecht kann bei Grundstücken nur bis zum Ablauf von zwei Monaten, bei anderen Gegenständen nur bis zum Ablauf einer Woche nach dem Empfang der Mitteilung ausgeübt werden. ²Ist für die Ausübung eine Frist bestimmt, so tritt diese an die Stelle der gesetzlichen Frist.

---

1 Vgl. Staudinger/Mader, § 499, Rn. 3.
2 MünchKommBGB/Krüger, 4. Aufl., § 256, Rn. 4.

§ 469 I Satz 1 gibt dem Vorkaufsberechtigten gegen den Verpflichteten (Verkäufer) einen **Anspruch** auf **Mitteilung**, d. h. auf → *Auskunft*[1].

Begriff des Teilzeit-Wohnrechtevertrags

481 (1) ¹Teilzeit-Wohnrechteverträge sind Verträge, durch die ein Unternehmer einem Verbraucher gegen Zahlung eines Gesamtpreises das Recht verschafft oder zu verschaffen verspricht, für die Dauer von mindestens drei Jahren ein Wohngebäude jeweils für einen bestimmten oder zu bestimmenden Zeitraum des Jahres zu Erholungs- oder Wohnzwecken zu nutzen. ²Das Recht kann ein dingliches oder anderes Recht sein und insbesondere auch durch eine Mitgliedschaft in einem Verein oder einen Anteil an einer Gesellschaft eingeräumt werden.

(2) Das Recht kann auch darin bestehen, die Nutzung eines Wohngebäudes jeweils aus einem Bestand von Wohngebäuden zu wählen.

(3) Einem Wohngebäude steht ein Teil eines Wohngebäudes gleich.

Soweit ein Vertrag i. S. des § 481 ein Nutzungsrecht „zu verschaffen verspricht", gibt er dem Verbraucher gegen den Unternehmer einen **Anspruch** auf → *Rechtsverschaffung*.

Schriftform bei Teilzeit-Wohnrechteverträgen

484 (1) ¹Der Teilzeit-Wohnrechtevertrag bedarf der schriftlichen Form, soweit nicht in anderen Vorschriften eine strengere Form vorgeschrieben ist. ²Der Abschluss des Vertrags in elektronischer Form ist ausgeschlossen. ³Die in dem in § 482 bezeichneten, dem Verbraucher ausgehändigten Prospekt enthaltenen Angaben werden Inhalt des Vertrags, soweit die Parteien nicht ausdrücklich und unter Hinweis auf die Abweichung vom Prospekt eine abweichende Vereinbarung treffen. ⁴Solche Änderungen müssen dem Verbraucher vor Abschluss des Vertrags mitgeteilt werden. ⁵Unbeschadet der Geltung der Prospektangaben gemäß Satz 2 muss die Vertragsurkunde die in der in § 482 Abs. 2 bezeichneten Rechtsverordnung bestimmten Angaben enthalten.

---

1 Soergel/Huber, § 510, Rn. 1.

§ 518 — Form des Schenkungsversprechens

(2) ¹Der Unternehmer hat dem Verbraucher eine Vertragsurkunde oder Abschrift der Vertragsurkunde auszuhändigen. ²Er hat ihm ferner, wenn die Vertragssprache und die Sprache des Staates, in dem das Wohngebäude belegen ist, verschieden sind, eine beglaubigte Übersetzung des Vertrags in der oder einer zu den Amtssprachen der Europäischen Union oder des Übereinkommens über den Europäischen Wirtschaftsraum zählenden Sprache des Staates auszuhändigen, in dem das Wohngebäude belegen ist. ³Die Pflicht zur Aushändigung einer beglaubigten Übersetzung entfällt, wenn sich das Nutzungsrecht auf einen Bestand von Wohngebäuden bezieht, die in verschiedenen Staaten belegen sind.

1 § 484 II gibt dem Verbraucher gegen den Unternehmer einen **Anspruch** auf **Aushändigung** einer von mehreren Vertragsurkunden oder einer Abschrift der einzigen Vertragsurkunde sowie einer beglaubigten Übersetzung.

2 Eine **Leistungsklage** müsste z. B. die Verurteilung der Beklagten beantragen, dem Kläger eine Urkunde des Vertrags der Parteien vom 5. 10. 2002 über die Nutzung eines Appartements in der Ferienanlage „Giuseppe Verdi" in N. auszuhändigen.

3 **Sachlich zuständig** sind die Amtsgerichte oder die Landgerichte, je nach Streitwert (§§ 23 Nr. 1, 71 I GVG). Der Streitwert bemisst sich nach dem Interesse des Klägers an dem Besitz der Vertragsurkunde und ihrer Übersetzung (§ 3 ZPO)[1].

4 Die **Zwangsvollstreckung** richtet sich, soweit es um die bloße Herausgabe der Urkunde oder Abschrift und der Übersetzung geht, nach § 883 ZPO, soweit die Abschrift oder die Übersetzung erst noch hergestellt werden muss, nach § 887 ZPO[2].

Form des Schenkungsversprechens

518 (1) ¹Zur Gültigkeit eines Vertrags, durch den eine Leistung schenkweise versprochen wird, ist die notarielle Beurkundung des Versprechens erforderlich. ²Das Gleiche gilt, wenn ein Schuldversprechen oder ein Schuldanerkenntnis der in den §§ 780, 781 bezeichneten Art schenkweise erteilt wird, von dem Versprechen oder der Anerkennungserklärung.

---

1 Vgl. Stein/Jonas/Roth, § 6 Rn. 7cc.
2 Vgl. MünchKommZPO/Schilken, § 887, Rn. 7, 14.

(2) Der Mangel der Form wird durch die Bewirkung der versprochenen Leistung geheilt.

Die Formvorschrift des § 518 I Satz 1 wird als Grundlage des **Anspruchs** auf die **schenkweise versprochene Leistung** herangezogen. Diese Leistung kann in verschiedenartigen Zuwendungen bestehen (§§ 516 I, 517). Dementsprechend gibt es verschiedenartige Ansprüche aus § 518 I Satz 1: Ansprüche auf → *Rechtsverschaffung* (Rn. 1), Übereignung und Übergabe (→ *Übereignung* Rn. 1), → *Zahlung* (Rn. 1) und andere Leistungen[1].

Einrede des Notbedarfs

519 (1) Der Schenker ist berechtigt, die Erfüllung eines schenkweise erteilten Versprechens zu verweigern, soweit er bei Berücksichtigung seiner sonstigen Verpflichtungen außerstande ist, das Versprechen zu erfüllen, ohne dass sein angemessener Unterhalt oder die Erfüllung der ihm kraft Gesetzes obliegenden Unterhaltspflichten gefährdet wird.

(2) Treffen die Ansprüche mehrerer Beschenkten zusammen, so geht der früher entstandene Anspruch vor.

I. Einrede des Notbedarfs

§ 519 I gibt dem Schenker, d. h. dem Verpflichteten aus einem Schenkungsversprechens-Vertrag (§ 518 I)[2], gegen den Anspruch des Berechtigten auf Erfüllung des Vertrags eine **Einrede**, deren Ausübung zur Folge hat, dass eine **Leistungsklage** des Berechtigten als zur Zeit unbegründet **abgewiesen** wird[3] (s. bei § 214). 1

II. Wegfall des Notbedarfs

Ist die Leistungsklage des Berechtigten auf Grund der Einrede abgewiesen worden und wird sie wiederholt, so steht ihr die **materielle Rechtskraft** des klageabweisenden Urteils entgegen, wenn nicht der Berechtigte[4] Tatsachen behauptet und im Streitfall beweist, aus denen hervorgeht, dass der Notbedarf nach der letzten Tatsachen- 2

---

1 Erman/Seiler, § 516, Rn. 4; Palandt/Putzo, § 516, Rn. 5.
2 Staudinger/Cremer, 13. Bearb., Rn. 3.
3 MünchKommBGB/Kollhosser, Rn. 4.
4 MünchKommBGB/Kollhosser, Rn. 4; Staudinger/Cremer, 13. Bearb., Rn. 5.

verhandlung des ersten Prozesses erheblich geringer geworden oder weggefallen ist.

III. Nachträglicher Notbedarf

3 Ist der Leistungsklage des Berechtigten stattgegeben worden, so kann der Verpflichtete gegenüber dem vorläufig vollstreckbaren oder formell-rechtskräftigen Leistungsurteil durch **Vollstreckungsabwehrklage** nach § 767 ZPO geltend machen, dass er nach der letzten Tatsachenverhandlung des Prozesses der Leistungsklage in Not geraten sei[1]. Bei Zulässigkeit der **Berufung** kann er den nachträglichen Notbedarf statt durch Vollstreckungsabwehrklage auch im Berufungsverfahren einwenden.

Haftung für Sachmängel

524 (1) Verschweigt der Schenker arglistig einen Fehler der verschenkten Sache, so ist er verpflichtet, dem Beschenkten den daraus entstehenden Schaden zu ersetzen.

(2) ¹Hatte der Schenker die Leistung einer nur der Gattung nach bestimmten Sache versprochen, die er erst erwerben sollte, so kann der Beschenkte, wenn die geleistete Sache fehlerhaft und der Mangel dem Schenker bei dem Erwerb der Sache bekannt gewesen oder infolge grober Fahrlässigkeit unbekannt geblieben ist, verlangen, dass ihm anstelle der fehlerhaften Sache eine fehlerfreie geliefert wird. ²Hat der Schenker den Fehler arglistig verschwiegen, so kann der Beschenkte statt der Lieferung einer fehlerfreien Sache Schadensersatz wegen Nichterfüllung verlangen. ³Auf diese Ansprüche finden die für die Gewährleistung wegen Fehler einer verkauften Sache geltenden Vorschriften entsprechende Anwendung.

1 § 524 II Satz 1 gibt dem Beschenkten gegen den Schenker einen **Anspruch** auf **Lieferung** einer fehlerfreien Sache, d. h. auf Verschaffung des Eigentums (→ *Übereignung* Rn. 1) und des Besitzes (→ *Besitzeinräumung* Rn. 1).

2 Zwischen den Ansprüchen auf Nachlieferung und Schadensersatz (§ 524 II Satz 2) besteht elektive Konkurrenz (→ *Wahlmöglichkeiten* Rn. 2 ff.)[2].

---

1 MünchKommBGB/Kollhosser, Rn. 4.
2 Vgl. Staudinger/Honsell, 13. Bearb., § 480, Rn. 6.

Schenkung unter Auflage

525 (1) Wer eine Schenkung unter einer Auflage macht, kann die Vollziehung der Auflage verlangen, wenn er seinerseits geleistet hat.

(2) Liegt die Vollziehung der Auflage im öffentlichen Interesse, so kann nach dem Tod des Schenkers auch die zuständige Behörde die Vollziehung verlangen.

I. Auflage zugunsten des Schenkers

§ 525 I gibt dem Schenker gegen den Beschenkten, bei einer Handschenkung wie bei einem Schenkungsversprechens-Vertrag (§§ 516 I, 518 I Satz 1), im Falle einer „Auflage", – d. h. einer Vereinbarung, durch die sich der Beschenkte zu einer beliebigen Leistung aus dem Wert des Geschenks verpflichtet[1] – die **Zwangszuständigkeit** zur Vollziehung der Auflage (§ 194, Rn. 10). Falls der Schenker selbst durch die Auflage begünstigt wird[2], hat er auch das **Anrecht** auf die Leistung (§ 194, Rn. 9) und damit einen vollständigen Anspruch. S. dazu die einschlägigen Schuldverhältnisse.

1

II. Auflage zugunsten eines Dritten

Ist ein Dritter durch die Auflage begünstigt, so hat er neben dem **Anrecht** im Zweifel auch die **Zwangszuständigkeit** (§ 330 Satz 2)[3] und damit gleichfalls einen vollständigen Anspruch (§ 194, Rn. 9, 10). S. dazu die einschlägigen Schuldverhältnisse. Außerdem hat der Schenker die Zwangszuständigkeit (§ 525 I)[4]. Es verhält sich also ähnlich wie beim echten Vertrag zugunsten eines Dritten[5] (s. bei § 328).

2

---

1 BGH, NJW 1982, 819; MünchKommBGB/Kollhosser, Rn. 1, 2. **A. A.** RGRK/Mezger, Rn. 2.
2 Schenkt A dem B Geld mit der Auflage, ein bestimmtes Studium zu ergreifen, so ist durch die Auflage (Verpflichtung) nicht B, sondern A im Rechtssinn begünstigt (entgegen RGRK/Mezger, Rn. 3).
3 MünchKommBGB/Kollhosser, Rn. 7, der allerdings zu Unrecht § 428 anwendet (dagegen Soergel/Hadding, § 335, Rn. 10); Staudinger/Cremer, 13. Bearb., Rn. 27.
4 MünchKommBGB/Kollhosser, Rn. 7, der allerdings zu Unrecht § 428 anwendet (dagegen Soergel/Hadding, § 335, Rn. 10). § 335 (RGRK/ Mezger, Rn. 9) führt zu keinem anderen Ergebnis, da § 525 I dispositiv ist.
5 Rimmelspacher, Anspruch, S. 142 f.

III. Auflage im öffentlichen Interesse

3   Liegt die Vollziehung der Auflage im öffentlichen Interesse, so gibt es mangels eines rechtsfähigen Pflichtbegünstigten *kein Anrecht*, sondern nur eine **Zwangszuständigkeit** (§ 194, Rn. 9,10), die dem Schenker, nach dessen Tod dem Erben des Schenkers und dem Träger der zuständigen Behörde zugeordnet ist (§ 525 II). S. dazu die einschlägigen Schuldverhältnisse.

Verweigerung der Vollziehung der Auflage

526 ¹Soweit infolge eines Mangels im Recht oder eines Mangels der verschenkten Sache der Wert der Zuwendung die Höhe der zur Vollziehung der Auflage erforderlichen Aufwendungen nicht erreicht, ist der Beschenkte berechtigt, die Vollziehung der Auflage zu verweigern, bis der durch den Mangel entstandene Fehlbetrag ausgeglichen wird. ²Vollzieht der Beschenkte die Auflage ohne Kenntnis des Mangels, so kann er von dem Schenker Ersatz der durch die Vollziehung verursachten Aufwendungen insoweit verlangen, als sie infolge des Mangels den Wert der Zuwendung übersteigen.

I. Einrede (Satz 1)

1   Nach § 526 Satz 1 ist der Beschenkte berechtigt, die Vollziehung der Auflage bis zum Ausgleich des Fehlbetrags zu verweigern. Die Bedeutung dieser Vorschrift ist umstritten.

2   Nach der einen Ansicht muss der Beschenkte die Auflage erst *nach* Ausgleich des Fehlbetrags vollziehen. Daher hat er vorher gegen den Anspruch auf Vollziehung der Auflage eine **Einrede**, deren Ausübung zur **Abweisung einer Leistungsklage** des Berechtigten als zur Zeit unbegründet führt[1] (s. bei § 214).

3   Nach anderer Ansicht muss der Beschenkte die Auflage nur *gegen* Ausgleich des Fehlbetrags vollziehen. Daher hat er vorher eine **Einrede**, deren Ausübung dazu führt, dass einer Leistungsklage auf Vollziehung der Auflage nur **Zug um Zug** gegen Zahlung des (bestimmten) Fehlbetrags stattgegeben wird[2]. Diese Ansicht hat den

---

1 Roth, Einrede, S. 227.
2 RGRK/Mezger, Rn. 3.

Wortlaut des Gesetzes für sich[1] und genügt vollauf dem Zweck des Gesetzes, den Beschenkten vor übermäßigen Aufwendungen zu schützen. Die Ausführungen zu §§ 273, 274 gelten entsprechend, soweit sie nicht einen Gegenanspruch des Schuldners voraussetzen, der dem Beschenkten nach § 526 Satz 1 fehlt.

II. Ersatzanspruch (Satz 2)

§ 526 Satz 2 gibt dem Beschenkten gegen den Schenker einen **Anspruch** auf **Aufwendungsersatz** im Sinne des § 257[2] (s. dort).   4

Rückforderung wegen Verarmung des Schenkers

528 (1) ¹Soweit der Schenker nach der Vollziehung der Schenkung außerstande ist, seinen angemessenen Unterhalt zu bestreiten und die ihm seinen Verwandten, seinem Ehegatten, seinem Lebenspartner oder seinem früheren Ehegatten oder Lebenspartner gegenüber gesetzlich obliegende Unterhaltspflicht zu erfüllen, kann er von dem Beschenkten die Herausgabe des Geschenkes nach den Vorschriften über die Herausgabe einer ungerechtfertigten Bereicherung fordern. ²Der Beschenkte kann die Herausgabe durch Zahlung des für den Unterhalt erforderlichen Betrags abwenden. ³Auf die Verpflichtung des Beschenkten findet die Vorschrift des § 760 sowie die für die Unterhaltspflicht der Verwandten geltende Vorschrift des § 1613 und im Falle des Todes des Schenkers auch die Vorschriften des § 1615 entsprechende Anwendung.

(2) Unter mehreren Beschenkten haftet der früher Beschenkte nur insoweit, als der später Beschenkte nicht verpflichtet ist.

I. Herausgabeanspruch

§ 528 I Satz 1 gibt dem Schenker gegen den Beschenkten einen   1
Anspruch auf Herausgabe des Geschenks, sei es auf Übereignung und Übergabe einer Sache (→ *Übereignung* Rn. 1), auf → *Rechtsverschaffung* (Rn. 1) oder auf → *Zahlung* (Rn. 1). Bei regelmäßig wiederkehrendem Bedarf „richtet sich der Anspruch aus § 528 I Satz 1

---

1 So auch Roth, a. a. O.
2 MünchKommBGB/Krüger, 4. Aufl., § 256, Rn. 5; RGRK/Mezger, Rn. 4.

§ 535 Inhalt und Hauptpflichten des Mietvertrags

auf wiederkehrende Leistungen des Beschenkten in einer dem angemessenen Unterhaltsbedarf entsprechenden Höhe, bis der Wert des Schenkungsgegenstands erschöpft ist"[1].

2 Der Anspruch ist **pfändbar**, wenn er durch Vertrag anerkannt oder rechtshängig geworden ist (§ 852 II ZPO)[2]. Diese Vorschrift ist wie § 852 I ZPO einschränkend auszulegen (§ 2303, Rn. 3)[3].

II. Ersetzungsbefugnis

3 § 528 I Satz 2 gibt dem Beschenkten eine Ersetzungsbefugnis[4] (→ *Wahlmöglichkeiten* Rn. 8 ff.). Ein **Anspruch** des Schenkers gegen den Beschenkten auf **Unterhaltszahlung** entsteht erst durch einen Vertrag der Parteien[5]. Dieser Anspruch ist unbeschränkt **pfändbar**[6].

Inhalt und Hauptpflichten des Mietvertrags

535 (1) ¹Durch den Mietvertrag wird der Vermieter verpflichtet, dem Mieter den Gebrauch der Mietsache während der Mietzeit zu gewähren. ²Der Vermieter hat die Mietsache dem Mieter in einem zum vertragsgemäßen Gebrauch geeigneten Zustand zu überlassen und sie während der Mietzeit in diesem Zustand zu erhalten. ³Er hat die auf der Mietsache ruhenden Lasten zu tragen.

(2) Der Mieter ist verpflichtet, dem Vermieter die vereinbarte Miete zu entrichten.

---

1 BGH, NJW 1996, 987 f.
2 RGRK/Mezger, Rn. 6.
3 Stein/Jonas/Brehm, § 852, Rn. 6 a. E.; Zöller/Stöber, § 852, Rn. 5.
4 Gernhuber, Schuldverhältnis, § 29 I 2; MünchKommBGB/Kollhosser, Rn. 12.
5 Stein/Jonas/Brehm, § 852, Fn. 4. **A. A.** wohl MünchKommBGB/Kollhosser, Rn. 12.
6 RGRK/Mezger, Rn. 7; Stein/Jonas/Brehm, § 852, Fn. 4.

Inhalt und Hauptpflichten des Mietvertrags § 535

Inhaltsübersicht

A. Überblick 1	III. Rechtsschutzinteresse ... 10
I. Ansprüche des Mieters und des Vermieters 1	IV. Zuständigkeit 11
II. Zuständigkeit 4	V. Materielle Rechtskraft ... 12
1. Sachliche Zuständigkeit . 4	1. Unterlassungsurteil ... 12
2. Örtliche Zuständigkeit . . 5	2. Klageabweisung 15
B. Unterlassungsanspruch ... 6	VI. Zwangsvollstreckung 16
I. Anspruch 6	VII. Einstweiliger Rechtsschutz 17
II. Leistungsklage 7	C. Beseitigungsanspruch 18
1. Klageantrag 7	D. Erlaubnisanspruch 23
2. Androhung von Ordnungsmitteln 9	E. Anspruch auf vertragsgemäßen Zustand 27

A. Überblick

I. Ansprüche des Mieters und des Vermieters

§ 535 I Satz 1 gibt dem Mieter gegen den Vermieter einen **Anspruch** 1 auf **Gebrauchsgewährung**. Darunter sind verschiedenartige Leistungen zu verstehen[1], namentlich:

– Einräumung des unmittelbaren Besitzes der Mietsache (→ *Besitzeinräumung*);
– Schaffung eines vertragsgemäßen Zustandes (Rn. 27 ff.);
– Unterlassung pflichtwidriger Handlungen (Rn. 6 ff.);
– Beseitigung von Gebrauchsbeeinträchtigungen seitens des Vermieters oder Dritter (Rn. 18 ff.);
– Erlaubnis von Verbesserungen der Mietsache und anderer gebrauchsfördernder Handlungen des Mieters (Rn. 23 ff.).

§ 535 II gibt dem Vermieter gegen den Mieter einen **Anspruch** auf 2 **Entrichtung des Mietzinses**, das ist in der Regel ein Anspruch auf → *Zahlung*[2]. Der Anspruch kann auch im Urkundenprozess geltend gemacht werden (§ 592 Satz 1 ZPO)[3].

Wegen weiterer Ansprüche vgl. die Vorbemerkungen oder die Kommentierung eines ähnlichen Schuldverhältnisses. 3

---
1 Palandt/Weidenkaff, Rn. 14 ff.
2 Staudinger/Emmerich, Rn. 160.
3 Bei der Wohnungsmiete strittig. Vgl. Eisenhardt, MDR 1999, 901.

II. Zuständigkeit

1. Sachliche Zuständigkeit

4 Bei einem **Mietverhältnis über Wohnraum** sind sachlich ohne Rücksicht auf den Streitwert die Amtsgerichte zuständig, und zwar ausschließlich (§ 23 Nr. 2a GVG, §§ 40 II, 1030 II ZPO). Dies gilt auch für mietrechtliche Klagen gegen Dritte, z. B. aus § 546 II (§ 556 III a. F.)[1]. Bei einem **anderen Mietverhältnis** richtet sich die (nicht ausschließliche) sachliche Zuständigkeit nach dem Streitwert (§§ 23 Nr. 1, 71 I GVG). Der Streitwert bemisst sich nach § 8 ZPO, falls das Bestehen oder die Dauer des Mietverhältnisses streitig ist, andernfalls nach den für die einzelnen Anspruchsgrundlagen geltenden Regeln. Der Streitwert einer Mieterhöhungsklage richtet sich grundsätzlich nach dem dreifachen Jahreserhöhungsbetrag (§ 3 ZPO)[2].

2. Örtliche Zuständigkeit

5 Bei einem Mietverhältnis über **Wohnraum** oder **andere Räume** ist örtlich grundsätzlich, und zwar ausschließlich, das Gericht zuständig, in dessen Bezirk sich die Räume befinden (§§ 29a, 40 II ZPO). Dies gilt auch für mietrechtliche Klagen gegen Dritte, z. B. aus § 546 II (§ 556 III a. F.)[3]. Bei einem vorübergehend vermieteten Wohnraum und in ähnlichen Fällen sind jedoch der allgemeine Gerichtsstand und nicht ausschließliche besondere Gerichtsstände, z. B. nach §§ 20, 29 ZPO (§ 35 ZPO) gegeben (§ 29a II ZPO).

B. Unterlassungsanspruch

I. Anspruch

6 Der Anspruch des Mieters auf Gebrauchsgewährung umfasst einen Anspruch auf Unterlassung solcher Handlungen des Vermieters, welche die Gebrauchsgewährungspflicht verletzen. Im Falle einer **Doppelvermietung** ist der zweite Mietvertrag zwar im Verhältnis zum Zweitmieter gültig. Durch ihn verletzt der Vermieter aber seine Gebrauchsgewährungspflicht gegenüber dem Erstmieter. Daher kann der Erst-

---

1 Vgl. Kissel, § 23, Rn. 27.
2 RGRK/Gelhaar, vor § 535, Rn. 327; Stein/Jonas/Roth, § 8, Rn. 7.
3 Wieczorek/Haussmann, § 29a, Rn. 35; Zöller/Vollkommer, § 29a, Rn. 6.

mieter von dem Vermieter verlangen, dass dieser den Abschluss oder die Erfüllung des Zweitmietvertrags unterlässt[1].

II. Leistungsklage

1. Klageantrag

Eine wegen des Unterlassungsanspruchs erhobene Klage muss in dem Klageantrag **bestimmt angeben**, welche Handlungen unterbleiben sollen (§ 253 II Nr. 2 ZPO). Die vom Kläger angegebenen Handlungen müssen so bestimmt sein, dass der Beklagte und das Vollstreckungsorgan (§ 890 ZPO) dem Klage stattgebenden Urteil entnehmen können, ob eine konkrete Handlung verboten ist. Diese Frage muss sich also durch Auslegung des Urteils beantworten lassen, ohne dass eine erneute Entscheidung über den Umfang des Unterlassungsanspruchs erforderlich ist. Dabei ist zu berücksichtigen, „dass der Verletzer sich nicht durch jede Änderung der Verletzungsform dem Verbotsurteil entziehen kann, sondern dass solche Änderungen, die den Kern der Verletzungsform unberührt lassen, von der Rechtskraftwirkung mitumfasst werden können"[2].

7

Ist der Klageantrag *unbestimmt*, wird die Klage nach § 253 II Nr. 2 ZPO abgewiesen. Ist der Klageantrag *zu weit*, weil in so weitem Umfang keine Beeinträchtigungsgefahr oder kein Unterlassungsanspruch besteht, muss der Kläger mit einer vollständigen Abweisung rechnen. Daher sollte er das Verbot der konkreten Verletzungshandlung eigens beantragen, um wenigstens insoweit zu siegen. Ist der Klageantrag *zu eng*, kann das Urteil den Streit der Parteien nicht umfassend beilegen (§ 308 I Satz 1 ZPO). In allen diesen Fällen hat das Gericht auf einen **sachdienlichen Antrag** hinzuwirken (§ 139 I Satz 2 ZPO), der regelmäßig auch im Interesse des Beklagten liegt[3].

8

---

1 Ebmeier/Schöne, Rn. 602. **A. A.** zu Unrecht Brandenburgisches OLG, MDR 1998, 98, das den Erstmieter auf eine „Grunddienstbarkeit" verweist, obwohl er gar nicht gegen den – nur indirekt betroffenen – Zweitmieter, sondern gegen seinen Vertragspartner vorgeht. Mit dieser – Schuld- und Sachenrecht verwechselnden – Begründung durfte das OLG die beantragte Untersagungsverfügung nicht ablehnen. A. A. auch OLG Schleswig, MDR 2000, 1428, das beide Mieter gleich behandelt, obwohl die Vermietung nur gegenüber dem ersten Mieter eine Vertragsverletzung ist.
2 BGHZ 5, 193 f.; MünchKommZPO/Lüke, § 253, Rn. 133 ff.; Rüßmann, FS Lüke, S. 683 ff.; Stein/Jonas/Schumann, § 253, Rn. 59 f. Kritisch Schubert, ZZP 85, 29, 36, der lediglich Äquivalente oder Nachahmungen für mitverboten hält (S. 49 ff.). Vgl. auch Zöller/Greger, § 253, Rn. 13b.
3 Teplitzky, FS Oppenhoff, S. 488 f.

2. Androhung von Ordnungsmitteln

9 Damit die in § 890 II ZPO für die Zwangsvollstreckung vorausgesetzte Androhung von Ordnungsmitteln schon in das Urteil aufgenommen wird, muss der Kläger der Unterlassungsklage den Antrag hinzufügen, das Gericht möge erkennen: „Dem Beklagten wird für jede Zuwiderhandlung ein Ordnungsgeld bis zu 250 000 Euro oder Ordnungshaft bis zu sechs Monaten angedroht".[1]

III. Rechtsschutzinteresse

10 Das Rechtsschutzinteresse (Rechtsschutzgrund) hängt wie bei anderen Unterlassungsklagen von der Gefahr der erstmaligen oder wiederholten Zuwiderhandlung ab[2] (vgl. z. B. § 12, Rn. 19 ff.).

IV. Zuständigkeit

11 Zur Zuständigkeit s. Rn. 4, 5. Der Streitwert bemisst sich, wenn nicht nach § 8 ZPO, nach dem Interesse des Klägers an dem Verbot (§ 3 ZPO)[3].

V. Materielle Rechtskraft

1. Unterlassungsurteil

12 Eine Entscheidung, die den Beklagten zu einer vertraglich geschuldeten Unterlassung verurteilt, stellt nach Ansicht des BGH rechtskraftfähig fest, dass der Beklagte die Unterlassung auf Grund des angegebenen Vertrages ab Klagezustellung schuldet[4]. Dem kann nicht gefolgt werden.

13 Die Verurteilung zu einer Unterlassung stellt rechtskraftfähig lediglich fest, dass der Beklagte – soweit der Kern der Verletzungsform reicht (Rn. 7) – zu der Unterlassung verpflichtet ist. Aus welchem Grund er dazu verpflichtet ist, ob aus Vertrag oder kraft eines absoluten Rechts oder Rechtsguts, ist eine Vorfrage, über die nur nach § 256 II ZPO rechtskraftfähig entschieden wird. Dass die *isolierte* Feststellung der Vertragsgültigkeit, wenn sie materiellrechtskräftig werden soll, einen Antrag nach § 256 II ZPO voraus-

---

1 Ähnlich Schuschke, § 890, Rn. 16.
2 BGHZ 42, 355 f.
3 Stein/Jonas/Roth, § 3, Rn. 61, „Unterlassungsanspruch".
4 BGHZ 42, 349 f.

setzt, nimmt auch der BGH an[1]. Die Feststellung der Vertragsgültigkeit *als Grund der Unterlassungspflicht* bezieht sich aber gleichfalls auf ein vorgreifliches Rechtsverhältnis im Sinne des § 256 II ZPO.

Was den Zeitpunkt anlangt, auf den sich die rechtskräftige Feststellung bezieht, so kann für Unterlassungsurteile nichts anderes gelten als für andere Leistungsurteile. Das Gericht hat rechtskräftig nur über die Rechtslage zu entscheiden, wie sie zur Zeit der letzten Tatsachenverhandlung besteht. Wie die Rechtslage früher war, ist für den Erfolg der Leistungsklage gleichgültig. Anders liegt es bei einer Feststellungsklage, die sich auf einen früheren Zeitpunkt bezieht; aber das ist ein anderer Fall[2]. Das Unterlassungsurteil stellt also rechtskraftfähig lediglich fest, dass der Beklagte ab der letzten Tatsachenverhandlung des Unterlassungsprozesses zu der Unterlassung verpflichtet ist, nicht schon ab Klagezustellung[3]. 14

2. Klageabweisung

Wird die Unterlassungsklage als unbegründet abgewiesen, so ist rechtskraftfähig festgestellt, dass der Kläger gegen den Beklagten keinen Anspruch auf die begehrte Unterlassung hat. Nicht aber ist über den Grund für das Nichtbestehen des Anspruchs rechtskraftfähig entschieden, z. B. darüber, dass der Vertrag unwirksam ist. 15

VI. Zwangsvollstreckung

Die Zwangsvollstreckung richtet sich nach § 890 ZPO[4]. Das in dem Titel enthaltene Unterlassungsgebot (Handlungsverbot), das bestimmt sein muss[5], erfasst nach der Rechtsprechung alle Handlungen, die gegen den Kern des Verbots verstoßen[6]. Zweifel kann sowohl der Gläubiger als auch der Schuldner durch Feststellungsurteil nach § 256 I ZPO klären lassen[7]. 16

---

1 BGHZ 42, 350.
2 Entgegen Zeuner, JuS 1966, 150.
3 Ebenso MünchKommZPO/Gottwald, § 322, Rn. 95; Rimmelspacher, Anspruch, S. 282 ff.
4 Staudinger/Emmerich, Rn. 24. Zu dem Fall, dass der Titel auch auf ein *Tun* gerichtet ist, vgl. § 1004, Rn. 25 ff.
5 Schubert, ZZP 85, S. 29, Fn. 4, 16; Stein/Jonas/Brehm, § 890, Rn. 9 ff.
6 Vgl. MünchKommZPO/Schilken, § 890, Rn. 7; Zöller/Stöber, § 890, Rn. 3a (zustimmend). S. auch oben, Rn. 7.
7 Rüßmann, FS Lüke, S. 687 ff.

VII. Einstweiliger Rechtsschutz

17 Eine einstweilige Verfügung, die dem Antragsgegner aufgibt, eine bestimmte Handlung vorerst zu unterlassen, führt in dem Zeitraum, für den sie gilt, zur Befriedigung des Unterlassungsanspruchs[1] und ist deshalb nach § 940 ZPO nur zulässig, wenn der Schaden, der dem Antragsteller ohne die Anordnung droht, nicht geringer ist als der Schaden, der dem Antragsgegner durch die Anordnung entsteht[2] (→ *Zahlung* Rn. 40). Dies ist auch zu beachten, wenn dem Vermieter aufgegeben werden soll, Baumaßnahmen oder Lärmstörungen zu unterlassen[3]. Zum Verfügungsantrag s. § 12, Rn. 37.

C. Beseitigungsanspruch

18 Der **Anspruch** auf Gebrauchsgewährung umfasst ferner einen Anspruch auf Beseitigung von Gebrauchsbeeinträchtigungen seitens des Vermieters oder Dritter.

19 Eine **Leistungsklage** muss nach § 253 II Nr. 2 ZPO die Verurteilung des Beklagten beantragen, die möglichst genau beschriebene Beeinträchtigung durch geeignete Maßnahmen zu beseitigen. Die Auswahl der geeigneten Maßnahmen bleibt Sache des Beklagten; darüber wird in Klage und Urteil grundsätzlich nichts gesagt[4].

20 Zur **Zuständigkeit** s. Rn. 4, 5. Der Streitwert bemisst sich, wenn nicht nach § 8 ZPO, nach dem Interesse des Klägers an der Beseitigung (§ 3 ZPO)[5].

21 Die **Zwangsvollstreckung** richtet sich nach §§ 887, 892 ZPO oder nach § 888 I ZPO, je nachdem, ob dem Schuldner eine vertretbare oder eine unvertretbare Handlung aufgegeben wird[6].

---

1 Stein/Jonas/Grunsky, vor § 935, Rn. 46.
2 Vgl. Schilken, Befriedigungsverfügung, S. 154 f.; Stein/Jonas/Grunsky, vor § 935, Rn. 49a. Enger MünchKommZPO/Heinze, vor § 916, Rn. 79 ff. Die Rechtsprechung erlässt unbedenklich einstweilige Unterlassungs-Verfügungen zur „Sicherung" von Unterlassungsansprüchen. So z. B. OLG München, NJW 1971, 845 wegen einer Ehrverletzung. Weitere Rechtsprechungsnachweise bei Stein/Jonas/Grunsky, vor § 935, Rn. 48; Zöller/Vollkommer, § 940, Rn. 8, „Mietrecht".
3 Siehe dazu Ebmeier/Schöne, Rn. 597 f., 606.
4 Vgl. MünchKommBGB/Medicus, § 1004, Rn. 86 f.; Staudinger/Gursky, 14. Bearb. 1999, § 1004, Rn. 227.
5 Stein/Jonas/Roth, § 3, Rn. 41, „Abwehrklage".
6 Zu Dauerpflichten s. Stein/Jonas/Brehm, § 887, Rn. 11 f.

Droht der zu beseitigende Zustand sich durch Handlungen des Schuldners zu verfestigen, so kann dem Schuldner diese Verfestigung durch **einstweilige Verfügung** nach § 935 ZPO verboten werden (§ 938 II ZPO). Eine einstweilige Verfügung, die dem Antragsgegner die Beseitigung einer Beeinträchtigung aufgibt, ist als eine über die bloße Anspruchssicherung hinausgehende Befriedigungsverfügung nur zulässig, wenn der Schaden, der dem Antragsteller ohne die Anordnung droht, nicht geringer ist als der Schaden, der dem Antragsgegner durch die Anordnung entsteht (§ 940 ZPO, → *Zahlung* Rn. 40)[1]. 22

D. Erlaubnisanspruch

Der Anspruch auf Gebrauchsgewährung umfasst auch einen **Anspruch** auf Erlaubnis gebrauchsfördernder Handlungen des Mieters. 23

Eine **Leistungsklage** müsste z. B. die Verurteilung des Beklagten beantragen, dem Kläger die Anbringung einer Parabolantenne an einem Fenster seiner Mietwohnung zu erlauben. 24

Zur **Zuständigkeit** s. Rn. 4, 5. Der Streitwert bemisst sich, wenn nicht nach § 8 ZPO, nach dem Interesse des Klägers an der Erlaubnis (§ 3 ZPO). 25

Die **Zwangsvollstreckung** richtet sich nach § 894 I ZPO. 26

E. Anspruch auf vertragsgemäßen Zustand

§ 535 I Satz 2 konkretisiert den Anspruch des Mieters auf Gebrauchsgewährung aus § 535 I Satz 1. Er gibt dem Mieter gegen den Vermieter einen **Anspruch** darauf, dass die Mietsache in einem zum vertragsgemäßen Gebrauch geeigneten, kurz: vertragsgemäßen Zustand überlassen und erhalten wird. 27

Eine **Leistungsklage** könnte z. B. die Verurteilung des Beklagten benatragen, in der Mietwohnung des Klägers die Wasserversorgung zu gewährleisten[2]. 28

Zur **Zuständigkeit** s. Rn. 4, 5. Der Streitwert bemisst sich, wenn nicht nach § 8 ZPO, nach dem Interesse des Klägers an dem vertragsgemäßen Zustand (§ 3 ZPO). 29

---
1 Vgl. auch Zöller/Vollkommer, § 940, Rn. 8, „Mietrecht".
2 Vgl. AG Leipzig, MDR 1998, 1025.

30 Die **Zwangsvollstreckung** richtet sich in der Regel nach § 887 ZPO[1].

31 Eine **einstweilige Verfügung**, die dem Antragsgegner die Schaffung eines vertragsgemäßen Zustandes aufgibt, ist als eine über die bloße Anspruchssicherung hinausgehende Befriedigungsverfügung nur zulässig, wenn der Schaden, der dem Antragsteller ohne die Anordnung droht, nicht geringer ist als der Schaden, der dem Antragsgegner durch die Anordnung entsteht (§ 940 ZPO, → *Zahlung* Rn. 40). Das trifft im Beispielsfall (Rn. 28) etwa zu, wenn die Wasserwerke angekündigt haben, die Wasserversorgung in 14 Tagen einzustellen[2].

Schadens- und Aufwendungsersatzanspruch des Mieters wegen eines Mangels

536a

(1) Ist ein Mangel im Sinne des § 536 bei Vertragsschluss vorhanden oder entsteht ein solcher Mangel später wegen eines Umstands, den der Vermieter zu vertreten hat, oder kommt der Vermieter mit der Beseitigung eines Mangels in Verzug, so kann der Mieter unbeschadet der Rechte aus § 536 Schadensersatz verlangen.

(2) Der Mieter kann den Mangel selbst beseitigen und Ersatz der erforderlichen Aufwendungen verlangen, wenn

1. der Vermieter mit der Beseitigung des Mangels in Verzug ist oder

2. die umgehende Beseitigung des Mangels zur Erhaltung oder Wiederherstellung des Bestands der Mietsache notwendig ist.

1 Abs. 2 gibt dem Mieter gegen den Vermieter einen **Anspruch** auf **Aufwendungsersatz** im Sinne des § 257[3] (s. dort).

2 Zur **Zuständigkeit** s. § 535, Rn. 4, 5.

3 Die Frage, ob die von ihm geplanten Verwendungen „notwendig" sind, kann der Mieter nicht durch **einstweilige Verfügung** klären lassen[4]. Denn da die einstweilige Verfügung über das Verfügungs-

---

1 Näher Stein/Jonas/Brehm, § 887, Rn. 11.
2 AG Leipzig, MDR 1998, 1025. Vgl. auch Ebmeier/Schöne, Rn. 607; Zöller/Vollkommer, § 940, Rn. 8, „Mietrecht".
3 MünchKommBGB/Voelskow, § 538, Rn. 22; § 547, Rn. 1.
4 Berger, ZZP 110, 288, 302 f. **A. A.** Stein/Jonas/Grunsky, vor § 935, Rn. 60.

verfahren hinaus keine materielle Rechtskraft wirkt, wäre sie für den Mieter ohne rechtlichen Wert, so dass das Rechtsschutzinteresse (Rechtsschutzgrund) fehlt.

Unterlassungsklage bei vertragswidrigem Gebrauch

541 Setzt der Mieter einen vertragswidrigen Gebrauch der Mietsache trotz einer Abmahnung des Vermieters fort, so kann dieser auf Unterlassung klagen.

I. Anspruch

§ 541 regelt einen Anspruch des Vermieters gegen den Mieter[1] auf Unterlassung vertragswidrigen Gebrauchs.

1

II. Leistungsklage

1. Klageantrag

Eine wegen des Unterlassungsanspruchs erhobene Klage muss in dem Klageantrag **bestimmt angeben**, welche Handlungen unterbleiben sollen (§ 253 II Nr. 2 ZPO). Die vom Kläger angegebenen Handlungen müssen so bestimmt sein, dass der Beklagte und das Vollstreckungsorgan (§ 890 ZPO) dem Klage stattgebenden Urteil entnehmen können, ob eine konkrete Handlung verboten ist. Diese Frage muss sich also durch Auslegung des Urteils beantworten lassen, ohne dass eine erneute Entscheidung über den Umfang des Unterlassungsanspruchs erforderlich ist. Dabei ist zu berücksichtigen, „dass der Verletzer sich nicht durch jede Änderung der Verletzungsform dem Verbotsurteil entziehen kann, sondern dass solche Änderungen, die den Kern der Verletzungsform unberührt lassen, von der Rechtskraftwirkung mitumfasst werden können"[2].

2

Eine Leistungsklage könnte zum **Beispiel** die Verurteilung des Beklagten beantragen, die Haltung von Giftschlangen und Skorpionen in seiner Mietwohnung Petersweiher 90 in Gießen zu unterlassen.

3

---

1 Staudinger/Emmerich, § 550, Rn. 20.
2 BGHZ 5, 193 f.; MünchKommZPO/Lüke, § 253, Rn. 133 ff.; Rüßmann, FS Lüke, S. 683 ff.; Stein/Jonas/Schumann, § 253, Rn. 59 f. Kritisch Schubert, ZZP 85, 29, 36, der lediglich Äquivalente oder Nachahmungen für mitverboten hält (S. 49 ff.).

4 Ist der Klageantrag *unbestimmt*, wird die Klage nach § 253 II Nr. 2 ZPO abgewiesen. Ist der Klageantrag *zu weit*, weil in so weitem Umfang keine Beeinträchtigungsgefahr oder kein Unterlassungsanspruch besteht, muss der Kläger mit einer vollständigen Abweisung rechnen. Daher sollte er das Verbot der konkreten Verletzungshandlung eigens beantragen, um wenigstens insoweit zu siegen. Ist der Klageantrag *zu eng*, kann das Urteil den Streit der Parteien nicht umfassend beilegen (§ 308 I Satz 1 ZPO). In allen diesen Fällen hat das Gericht auf einen **sachdienlichen Antrag** hinzuwirken (§ 139 I Satz 2 ZPO), der regelmäßig auch im Interesse des Beklagten liegt[1].

2. Androhung von Ordnungsmitteln

5 Damit die in § 890 II ZPO für die Zwangsvollstreckung vorausgesetzte Androhung von Ordnungsmitteln schon in das Urteil aufgenommen wird, muss der Kläger der Unterlassungsklage den Antrag hinzufügen, das Gericht möge erkennen: „Dem Beklagten wird für jede Zuwiderhandlung ein Ordnungsgeld bis zu 250 000 Euro oder Ordnungshaft bis zu sechs Monaten angedroht"[2].

III. Rechtsschutzinteresse

6 Für das Rechtsschutzinteresse (Rechtsschutzgrund) genügt hier nicht die Gefahr der erstmaligen Zuwiderhandlung (anders als z. B. bei § 12, Rn. 19). Erforderlich ist vielmehr mindestens eine Zuwiderhandlung, danach eine Abmahnung und gleichwohl die Fortsetzung des vertragswidrigen Gebrauchs. Stellt der Mieter den fortgesetzten vertragswidrigen Gebrauch später ein, so entfällt der Rechtsschutzgrund, falls keine Wiederholungsgefahr mehr besteht; geschieht dies während des Prozesses, so ist der Rechtsstreit grundsätzlich in der Hauptsache erledigt (Ausnahmen bei § 12, Rn. 24, 25). Die gegenteilige Meinung[3] verkennt, dass die bei anderen Unterlassungsklagen erforderliche Wiederholungsgefahr bei der Klage aus § 541 nur deshalb entbehrlich ist, weil hier *mehr* als eine Gefahr der Wiederholung, nämlich die Fortsetzung des vertragswidrigen Gebrauchs, vorausgesetzt wird. Wird der Gebrauch nicht mehr fortgesetzt und besteht auch keine Wiederholungsgefahr, so entfällt der rechtfertigende Grund für eine – in die Zukunft gerichtete – Unterlassungsklage.

---

1 Teplitzky, FS Oppenhoff, S. 488 f.
2 Ähnlich Schuschke, § 890, Rn. 16.
3 Z. B. RGRK/Gelhaar, § 550, Rn. 8; Staudinger/Emmerich, § 550, Rn. 21.

IV. Zuständigkeit

Zur Zuständigkeit s. § 535, Rn. 4, 5. Der Streitwert bemisst sich, wenn nicht nach § 8 ZPO, nach dem Interesse des Klägers an dem Verbot (§ 3 ZPO)[1].

7

V. Materielle Rechtskraft

Eine Entscheidung, die den Beklagten zu einer vertraglich geschuldeten Unterlassung verurteilt, stellt nach Ansicht des BGH rechtskraftfähig fest, dass der Beklagte die Unterlassung auf Grund des angegebenen Vertrages ab Klagezustellung schuldet[2]. Dem kann nicht gefolgt werden (s. § 535, Rn. 13 ff.).

8

VI. Zwangsvollstreckung

Die Zwangsvollstreckung richtet sich nach § 890 ZPO[3]. Das in dem Titel enthaltene Unterlassungsgebot (Handlungsverbot), das bestimmt sein muss[4], erfasst nach der Rechtsprechung alle Handlungen, die gegen den Kern des Verbots verstoßen[5]. Zweifel kann sowohl der Gläubiger als auch der Schuldner durch Feststellungsurteil nach § 256 I ZPO klären lassen[6].

9

VII. Einstweiliger Rechtsschutz

Eine einstweilige Verfügung, die dem Antragsgegner aufgibt, eine bestimmte Handlung vorerst zu unterlassen, führt in dem Zeitraum, für den sie gilt, zur Befriedigung des Unterlassungsanspruchs[7]. Sie ist deshalb nach § 940 ZPO grundsätzlich nur zulässig, wenn der Schaden, der dem Antragsteller ohne die Anordnung droht, nicht geringer ist als der Schaden, der dem Antragsgegner durch die Anordnung entsteht[8] (→ *Zahlung* Rn. 40). Zum Verfügungsantrag s. § 12, Rn. 37.

10

---

1 Stein/Jonas/Roth, § 3, Rn. 61, „Unterlassungsanspruch".
2 BGHZ 42, 349 f.
3 Staudinger/Emmerich, § 550, Rn. 24. Zu dem Fall, dass der Titel auch auf ein *Tun* gerichtet ist, vgl. § 1004, Rn. 25 f.
4 Schubert, ZZP 85, 29, Fn. 4, 16; Stein/Jonas/Brehm, § 890, Rn. 9 ff.
5 Vgl. MünchKommZPO/Schilken, § 890, Rn. 7; Zöller/Stöber, § 890, Rn. 3a. Siehe auch oben, Rn. 2.
6 Rüßmann, FS Lüke, S. 687 ff.
7 Stein/Jonas/Grunsky, vor § 935, Rn. 46.
8 Vgl. Schilken, Befriedigungsverfügung, S. 154 f.; Stein/Jonas/Grunsky, vor § 935, Rn. 49a. Enger MünchKommZPO/Heinze, vor § 916, Rn. 79 ff. Die

Rückgabepflicht des Mieters

546 (1) Der Mieter ist verpflichtet, die Mietsache nach Beendigung des Mietverhältnisses zurückzugeben.

(2) Hat der Mieter den Gebrauch der Mietsache einem Dritten überlassen, so kann der Vermieter die Sache nach Beendigung des Mietverhältnisses auch von dem Dritten zurückfordern.

Inhaltsübersicht

A. Ansprüche 1	F. Mehrere Kündigungen 12
B. Klagen 2	G. Streitverkündung 14
C. Rechtsschutzinteresse 4	H. Materielle Rechtskraft ... 15
D. Zuständigkeit 5	I. Umfang der Rechtskraft ... 15
E. Rechts- oder Besitzverlust während des Prozesses 6	II. Rechtskrafterstreckung ... 17
I. Beim Kläger 6	J. Zwangsvollstreckung 20
II. Beim Beklagten 7	I. Allgemeines 20
1. Besitzverlust durch Veräußerung 7	II. Mitbesitzer 22
	III. Rechtsbehelfe 23
2. Besitzverlust in anderer Weise 11	K. Einstweiliger Rechtsschutz . 25

A. Ansprüche

1 § 546 I, II gibt dem Vermieter gegen den Mieter und gegen einen Dritten als Gesamtschuldner[1] Ansprüche auf **Rückgabe** der Mietsache, d. h. „auf Einräumung des unmittelbaren Besitzes an den Vermieter"[2]. Bei der Mietsache kann es sich um Wohnraum, anderen Raum oder eine bewegliche Sache, z. B. einen Mietwagen, handeln.

Rechtsprechung erlässt unbedenklich einstweilige Unterlassungs-Verfügungen zur „Sicherung" von Unterlassungsansprüchen. So z. B. OLG München, NJW 1971, 845 wegen einer Ehrverletzung. Weitere Rechtsprechungsnachweise bei Stein/Jonas/Grunsky, vor § 935, Rn. 48; Zöller/Vollkommer, § 940, Rn. 8, „Mietrecht".

1 Berg, NJW 1953, 30; Schilken, Passivlegitimation, S. 82; Staudinger/Sonnenschein, § 556, Rn. 61. Siehe dazu bei § 421, auch Staudinger/Sonnenschein, § 556, Rn. 76.

2 BGH, NJW 1996, 516; MünchKommBGB/Voelskow, § 556, Rn. 5, 9.

Rückgabepflicht des Mieters § 546

B. Klagen

Eine **Leistungsklage** müsste z. B. die Verurteilung des Beklagten beantragen, seine Wohnung in Gießen, Petersweiher 90, zurückzugeben. Soll die Wohnung, wie in der Regel, geräumt zurückgegeben werden, so wird beantragt, die Wohnung zu räumen und zurückzugeben (herauszugeben)[1]. Vor Fälligkeit des Rückgabeanspruchs kann auf „künftige" Rückgabe nur nach Maßgabe der §§ 257, 259 ZPO geklagt werden[2]. 2

Mit der Leistungsklage kann die **Klage auf Feststellung** der Beendigung des Mietverhältnisses oder der Wirksamkeit einer Kündigung verbunden werden (§§ 260, 256 II ZPO)[3]. Der Beklagte kann widerklagend die Feststellung beantragen, dass das Mietverhältnis fortbestehe oder die Kündigung unwirksam sei (§§ 33, 256 II ZPO)[4]. 3

C. Rechtsschutzinteresse

Für eine Klage gegen einen Mitmieter, der den Besitz bereits endgültig aufgegeben hat, gleichwohl aber zur Rückgabe verpflichtet bleibt, fehlt nicht das Rechtsschutzinteresse[5]. 4

D. Zuständigkeit

Zur Zuständigkeit s. § 535, Rn. 4, 5. Der Streitwert bemisst sich, wenn nicht nach § 8 ZPO, nach § 6 Satz 1 ZPO[6]. 5

E. Rechts- oder Besitzverlust während des Prozesses

I. Beim Kläger

Kommt es nach Eintritt der Rechtshängigkeit (§ 261 I ZPO) dazu, dass der Kläger die in Streit befangene Sache unter Verlust des Herausgabeanspruchs veräußert oder den geltend gemachten Herausgabeanspruch isoliert abtritt, so verliert er zwar die Sachlegiti- 6

---

1 Näher Erman/Jendrek, § 556, Rn. 6.
2 Näher RGRK/Gelhaar, vor § 535, Rn. 314.
3 Vgl. BGHZ 48, 146 f.; Staudinger/Sonnenschein, § 556, Rn. 34.
4 Palandt/Putzo, 60. Aufl., § 564b, Rn. 65.
5 BGH, NJW 1996, 515, 517.
6 Stein/Jonas/Roth, § 6, Rn. 4.

mation, bleibt aber grundsätzlich prozessführungsbefugt (§ 265 ZPO, näher → *Besitzeinräumung* Rn. 8).

II. Beim Beklagten

1. Besitzverlust durch Veräußerung

7 Veräußert der Beklagte nach Eintritt der Rechtshängigkeit die in Streit befangene herauszugebende Sache, wozu auch gehört, dass er lediglich den Besitz auf einen Dritten überträgt, so ist zu unterscheiden:

8 Bei **Verlust der Passivlegitimation** bleibt der Beklagte gleichwohl prozessführungsbefugt, also „richtiger Beklagter" (§ 265 I, II Satz 1 ZPO)[1]. Daher wird er zur Herausgabe verurteilt, sofern der Herausgabeanspruch bis zur Veräußerung gegen ihn begründet war[2]. Das Urteil wirkt gegenüber dem Besitznachfolger des Beklagten als „Rechtsnachfolger" materielle Rechtskraft (§ 325 ZPO)[3] und Vollstreckbarkeit (§§ 727, 731 ZPO)[4].

9 Tritt beim Beklagten **kein Verlust der Passivlegitimation** ein, weil er mittelbarer Besitzer bleibt, so ist § 265 ZPO nicht anwendbar[5]. Der Beklagte wird nach § 546 I ohnehin zur Herausgabe verurteilt. Das Urteil wirkt gegenüber dem Besitznachfolger des Beklagten als „Besitzmittler" materielle Rechtskraft (§ 325 ZPO)[6] und Vollstreckbarkeit (§§ 727, 731)[7].

10 Unberührt bleibt in beiden Fällen das Recht des Klägers zur **Klageänderung**. Er kann von der Herausgabeklage zur Schadensersatzklage übergehen (§ 264 Nr. 3 ZPO)[8].

---

1 Schilken, Passivlegitimation, S. 86 ff.
2 Vgl. Staudinger/Gursky, 14. Bearb. 1999, § 985, Rn. 49.
3 Schilken, Passivlegitimation, S. 90 ff., wendet § 325 I 2. Alt. ZPO analog an.
4 Ebenso Schilken, Passivlegitimation, S. 90 ff.; str.
5 MünchKommZPO/Lüke, § 265, Rn. 38; Schilken, Passivlegitimation, S. 86.
6 LG Karlsruhe, NJW 1953, 30 („Rechtsnachfolge"); Schilken, Passivlegitimation, S. 90 ff.; Staudinger/Sonnenschein, § 556, Rn. 76. **A. A.** LG Köln, ZMR 1963, 30 (keine Rechtsnachfolge, keine Streitbefangenheit); Berg, NJW 1953, 30 (kein Fall des § 265 ZPO); RGRK/Gelhaar, § 556, Rn. 23.
7 LG Karlsruhe, NJW 1953, 30; Schilken, Passivlegitimation, S. 90 ff.
8 Vgl. Staudinger/Gursky, 14. Bearb. 1999, § 985, Rn. 132.

Rückgabepflicht des Mieters § 546

2. Besitzverlust in anderer Weise

Verliert der Beklagte nach Eintritt der Rechtshängigkeit den Besitz in anderer Weise als durch „Veräußerung der streitbefangenen Sache", z. B. durch Diebstahl, so wird die Klage gegen ihn unbegründet und der Rechtsstreit ist in der Hauptsache erledigt.

11

F. Mehrere Kündigungen

Kann eine Rückgabeklage mit mehreren Kündigungen begründet werden, so liegt nur ein einziger Streitgegenstand vor. Beruft sich daher der Kläger **im selben Prozess** auf eine zweite Kündigung, so ist weder eine Klagenhäufung noch eine Klageänderung gegeben (§§ 260, 264 Nr. 1 ZPO). Eine **zweite gleichzeitige Rückgabeklage** ist wegen Rechtshängigkeit unzulässig (§ 261 III Nr. 1 ZPO).

12

Eine **zweite nachfolgende Rückgabeklage** auf Grund einer Kündigung aus der Zeit des ersten Prozesses scheitert an der materiellen Rechtskraft des ersten Urteils (§ 322 I ZPO). Stützt sich die zweite Rückgabeklage auf eine Kündigung aus der Zeit nach der letzten Tatsachenverhandlung des ersten Prozesses, so steht ihr die materielle Rechtskraft nicht entgegen[1]. Denn das Urteil, das die Rückgabeklage als unbegründet abweist, stellt materiell-rechtskräftig lediglich fest, dass der Kläger gegen den Beklagten zur Zeit der letzten Tatsachenverhandlung des ersten Prozesses keinen Rückgabeanspruch hat. Diese Feststellung schließt nicht aus, dass der Kläger nach der Tatsachenverhandlung des ersten Prozesses auf Grund einer erneuten Kündigung einen Rückgabeanspruch erwirbt, selbst wenn die zweite Kündigung auf dieselben Tatsachen gestützt wird wie die erste. Denn rechtskräftig entschieden ist nur über den Rückgabeanspruch, nicht über das Kündigungsrecht des Klägers. Dass es dazu gekommen ist, liegt ausschließlich an der mangelhaften Prozessführung des Beklagten. Der Beklagte hätte ohne weiteres die Feststellung beantragen können, dass dem Kläger auf Grund des vorgetragenen Sachverhalts ein Kündigungsrecht nicht zusteht (§ 256 II ZPO). Diese Möglichkeit einer Zwischenfeststellungsklage wird von den Freunden einer erweiterten Rechtskraft beharrlich ignoriert. Aus ihr ergibt sich aber, dass nach geltendem Recht die Parteien durch ihre Anträge den Umfang der rechtskräftigen Entscheidung bestimmen[2].

13

---

[1] BGH, NJW 1998, 375. **A. A.** Bötticher, FS Dölle, S. 69; Zeuner, Rechtskraft, S. 131.
[2] Ebenso im Ergebnis Otte, Streitentscheidung, S. 51.

G. Streitverkündung

14 Klagt der Vermieter gegen einen Unterbesitzer aus § 546 II, so kann der Unterbesitzer dem Mieter den Streit verkünden und alsdann aus dem Prozess ausscheiden (§ 76 ZPO).

H. Materielle Rechtskraft

I. Umfang der Rechtskraft

15 Ein Urteil, das den Räumungsanspruch des Vermieters verneint, weil seine Kündigung unwirksam sei, verneint rechtskräftig nur den Räumungsanspruch, nicht die Wirksamkeit der **Kündigung**[1]. Zu mehreren Kündigungen s. Rn. 12, 13.

16 Ist der Beklagte zur Räumung nach einem künftigen Zeitpunkt verurteilt worden, so ist sein Recht, die Verlängerung des Mietvertrages durch einseitige Erklärung herbeizuführen (**Verlängerungsoption**), nicht rechtskräftig verneint[2].

II. Rechtskrafterstreckung

17 Das Urteil, das den Rückgabeanspruch aus § 546 I bejaht oder verneint, kann auch im Verhältnis des Vermieters zu dem nach § 546 II rückgabepflichtigen **Unterbesitzer** materielle Rechtskraft wirken. In Rechtskraft erwächst die Feststellung, dass ein Rückgabeanspruch gegen den Mieter besteht oder nicht besteht. Diese Feststellung kann für den Rückgabeanspruch aus § 546 II erheblich werden, weil er einen Anspruch aus § 546 I voraussetzt.

18 Die Rechtskrafterstreckung ist stets gerechtfertigt nach der Theorie von der materiell-rechtlichen Abhängigkeit[3]: Da der Mieter durch *Vertrag* mit dem Vermieter die Beendigung des Mietverhältnisses und die davon nach § 546 II abhängige Rückgabepflicht des Unterbesitzers herbeiführen oder hinausschieben könne, müsse er auch durch seine *Prozessführung* gegenüber dem Vermieter den Rückgabeprozess gegen den Unterbesitzer beeinflussen können. Dieser

---

1 BGHZ 43, 145 ff.
2 BGHZ 94, 33.
3 Bettermann, Vollstreckung, S. 217 ff.; A. Blomeyer, Zivilprozessrecht, § 93 III 2; Zöller/Vollkommer, § 325, Rn. 38.

Theorie ist jedoch nicht zu folgen[1], da der Gesetzgeber eine Rechtskrafterstreckung gegen den Unterbesitzer ausdrücklich abgelehnt hat[2].

Wurde der Unterbesitz aber erst *nach* Rechtshängigkeit der Herausgabeklage gegen den Mieter begründet, so wirkt das Urteil nach § 325 ZPO auch für und gegen den Unterbesitzer als Rechtsnachfolger des Mieters. 19

J. Zwangsvollstreckung

I. Allgemeines

Die Zwangsvollstreckung richtet sich nach den §§ 883 ff. ZPO. Bei Räumung von Wohnraum kann dem Schuldner, gegebenenfalls schon im Urteil, eine angemessene Räumungsfrist gewährt werden (§§ 721, 794a ZPO). 20

Der Besitzeinräumungsanspruch ist pfändbar nach § 846 ZPO. 21

II. Mitbesitzer

Der Titel gegen den Mieter genügt zur Vollstreckung gegen Mitbesitzer der Mietsache, die kein eigenes, sondern allenfalls ein vom Mieter abgeleitetes Besitzrecht gegenüber dem Vermieter haben, wie der Ehegatte oder Lebensgefährte des Mieters, der nicht Partei des Mietvertrages ist[3]. Da diese Rechtsansicht aber nicht von allen Gerichten geteilt wird, sollte der Vermieter auch die ihm bekannten Mitbesitzer auf Räumung verklagen. Keinesfalls genügt der Titel gegen den Mieter zur Vollstreckung gegen **Alleinbesitzer** eines 22

---

1 Ebenso W. Lüke, Beteiligung, S. 108; MünchKommBGB/Bydlinski, 4. Aufl., § 425, Rn. 30; Musielak, § 325, Rn. 18; Rosenberg/Schwab/Gottwald, § 156 II 4b; Schilken, Passivlegitimation, S. 78 ff.; Stein/Jonas/Leipold, § 325, Rn. 91.
2 Vgl. Schilken, Passivlegitimation, S. 82 ff. (von den Vertretern der Gegenansicht nicht beachtet).
3 So OLG Düsseldorf, ZMR 1957, 144; OLG Frankfurt, MDR 1969, 853; OLG Hamm, NJW 1956, 1681; MünchKommZPO/Schilken, § 885, Rn. 8 ff.; Schuschke/Walker, § 885, Rn. 9. Weitergehend Braun, AcP 196, 582 f. **A. A.** OLG Düsseldorf, DGVZ 1998, 140; OLG Hamburg, NJW 1992, 3308 (grundsätzlich); KG, DGVZ 1994, 25; OLG Köln, DGVZ 1997, 121; OLG Oldenburg, Rpfleger 1994, 366; Stein/Jonas/Brehm, § 885, Rn. 9 ff.; Zöller/Stöber, § 885, Rn. 6, 10.

Teils der Mietsache, z. B. den Untermieter oder den in einem Teil der Wohnung getrennt lebenden Ehegatten[1].

III. Rechtsbehelfe

23 Vollstreckungsschutz nach § 765a ZPO ist zulässig, trotz §§ 721, 794a ZPO auch bei Wohnraum[2].

24 Die Vollstreckungsabwehrklage nach **§ 767 ZPO** kann gegen einen Titel auf künftige Räumung schon vor dem Räumungszeitpunkt erhoben werden[3]. Die Klage kann auch mit einer Verlängerungsoption begründet werden, die erst nach der letzten Tatsachenverhandlung ausgeübt wurde; § 767 II ZPO steht dem – anders als bei sonstigen Gestaltungsrechten – nicht entgegen[4].

K. Einstweiliger Rechtsschutz

25 Die **Herausgabe an einen Sequester** (amtlichen Verwahrer) kann zur Sicherung eines Besitzeinräumungsanspruchs durch einstweilige Verfügung nach § 935 ZPO angeordnet werden (§ 938 II ZPO)[5], die Räumung von Wohnraum jedoch nur bei verbotener Eigenmacht (§ 940a ZPO)[6].

26 Die **Herausgabe an den Gläubiger** selbst kann durch einstweilige Verfügung nach § 940 ZPO angeordnet werden:
– wegen verbotener Eigenmacht ohne weiteres[7];
– bei Wohnraum nur wegen verbotener Eigenmacht (§ 940a ZPO), bei anderen Sachen auch dann, wenn der Schaden, der dem Antragsteller ohne die Anordnung droht, nicht geringer ist als der Schaden, der dem Antragsgegner durch die Anordnung entsteht (→ *Zahlung* Rn. 40)[8]. Dies ist bei einer Herausgabe zum Ge-

---

1 OLG Köln, DGVZ 1997, 121; MünchKommZPO/Schilken, § 885, Rn. 7, 9; Stein/Jonas/Brehm, § 885, Rn. 16, 17; Zöller/Stöber, § 885, Rn. 6. **A. A.** Braun, AcP 196, 583.
2 Stein/Jonas/Münzberg, § 721, Rn. 2; Zöller/Stöber, § 765a, Rn. 13.
3 BGHZ 94, 30.
4 BGHZ 94, 33 ff.
5 Schuschke, vor § 935, Rn. 19.
6 Schuschke, § 940a, Rn. 1.
7 Schuschke, vor § 935, Rn. 20; Walker, Rechtsschutz, Rn. 252 ff.; Zöller/Vollkommer, § 940, Rn. 8, „Herausgabe".
8 OLG Frankfurt, BauR 1980, 194; Schilken, Befriedigungsverfügung, S. 146 f. Enger, weil ein existenzielles Interesse fordernd, OLG Hamm,

brauch eher möglich als bei einer Herausgabe zum Verbrauch[1]. Bei Kraftfahrzeugen ist zu bedenken, dass sie meist schon durch den bloßen Zeitablauf an Wert verlieren[2].

Begrenzung und Anlage von Mietsicherheiten

551 (1) Hat der Mieter dem Vermieter für die Erfüllung seiner Pflichten Sicherheit zu leisten, so darf diese vorbehaltlich des Absatzes 3 Satz 4 höchstens das Dreifache der auf einen Monat entfallenden Miete ohne die als Pauschale oder als Vorauszahlung ausgewiesenen Betriebskosten betragen.

(2) ¹Ist als Sicherheit eine Geldsumme bereitzustellen, so ist der Mieter zu drei gleichen monatlichen Teilzahlungen berechtigt. ²Die erste Teilzahlung ist zu Beginn des Mietverhältnisses fällig.

(3) ¹Der Vermieter hat eine ihm als Sicherheit überlassene Geldsumme bei einem Kreditinstitut zu dem für Spareinlagen mit dreimonatiger Kündigungsfrist üblichen Zinssatz anzulegen. ²Die Vertragsparteien können eine andere Anlageform vereinbaren. ³In beiden Fällen muss die Anlage vom Vermögen des Vermieters getrennt erfolgen und stehen die Erträge dem Mieter zu. ⁴Sie erhöhen die Sicherheit. ⁵Bei Wohnraum in einem Studenten- oder Jugendwohnheim besteht für den Vermieter keine Pflicht, die Sicherheitsleistung zu verzinsen.

(4) Eine zum Nachteil des Mieters abweichende Vereinbarung ist unwirksam.

I. Art der Sicherheitsleistung

Als Sicherheitsleistung wird in der Regel eine **Geldsumme** vereinbart. Es kann aber auch eine **andere Form** vereinbart werden, soweit der Mieter dadurch nicht schlechter als durch die gesetzlich vorgesehene Barkaution gestellt wird (§ 551 IV). Daher kann auch die Stellung eines Bürgen vereinbart werden. 1

NJW-RR 1992, 640; Schuschke, vor § 935, Rn. 19. Enger auch Stein/Jonas/Grunsky, vor § 935, Rn. 45; Zöller/Vollkommer, § 940, Rn. 8, „Herausgabe".
1 OLG Frankfurt, BauR 1980, 194; MünchKommBGB/Medicus, § 985, Rn. 57; Schilken, Befriedigungsverfügung, S. 146 f.
2 Saenger, JZ 1999, 973, 980 plädiert deshalb für großzügigere Herausgabeverfügungen gegen Sicherheitsleistung nach §§ 921 II, 936, 939 ZPO.

II. Anlage der Mietkaution

2 § 551 III gibt dem Mieter gegen den Vermieter einen **Anspruch** auf eine bestimmte Anlage der Mietkaution.

3 Eine **Leistungsklage** müsste z. B. die Verurteilung des Beklagten beantragen, die von dem Kläger bereitzustellende Mietkaution auf einem offenen Treuhandkonto bei einem Kreditinstitut zu dem für Spareinlagen mit dreimonatiger Kündigungsfrist üblichen Zinssatz anzulegen[1].

4 Zur **Zuständigkeit** s. § 535, Rn. 4, 5.

5 Die **Zwangsvollstreckung** richtet sich nach § 888 I ZPO. Einer Pfändung des Treuhandkontos kann der Mieter nach § 771 ZPO widersprechen[2].

6 Die Anlage der Mietkaution auf einem Treuhandkonto kann nicht durch **einstweilige Verfügung** angeordnet werden. Denn dadurch wird der Anspruch des Mieters auf Anlage der Mietkaution befriedigt. Der Mieter hat aber nur ein berechtigtes Interesse an der Sicherung seines Anspruchs auf Rückzahlung der Mietkaution und Schadensersatz wegen entgangener Zinsen (§ 551 III Satz 3)[3]; dafür gibt es den Arrest (§ 916 ZPO).

Gestattung der Gebrauchsüberlassung an Dritte

553 (1) ¹Entsteht für den Mieter nach Abschluss des Mietvertrags ein berechtigtes Interesse, einen Teil des Wohnraums einem Dritten zum Gebrauch zu überlassen, so kann er von dem Vermieter die Erlaubnis hierzu verlangen. ²Dies gilt nicht, wenn in der Person des Dritten ein wichtiger Grund vorliegt, der Wohnraum übermäßig belegt würde oder dem Vermieter die Überlassung aus sonstigen Gründen nicht zugemutet werden kann.

---

1 Vgl. Palandt/Weidenkaff, § 550b, Rn. 12.
2 Vgl. auch Stein/Jonas/Münzberg, § 771, Rn. 26a; Zöller/Herget, § 771, Rn. 14, „Treuhänder".
3 Vgl. MünchKommBGB/Voelskow, § 550b, Rn. 14, der allerdings zu Unrecht § 550b II Satz 1 a. F. als Schutzgesetz i. S. des § 823 II ansieht. Dadurch wird die grundlegende Unterscheidung zwischen Vertrags- und Deliktsunrecht (Staudinger/Hager, vor §§ 823 ff., Rn. 37) ignoriert.

Gestattung der Gebrauchsüberlassung an Dritte § 553

(2) Ist dem Vermieter die Überlassung nur bei einer angemessenen Erhöhung der Miete zuzumuten, so kann er die Erlaubnis davon abhängig machen, dass der Mieter sich mit einer solchen Erhöhung einverstanden erklärt.

(3) Eine zum Nachteil des Mieters abweichende Vereinbarung ist unwirksam.

I. Anspruch auf Erlaubnis

§ 553 I gibt dem Mieter gegen den Vermieter einen **Anspruch** auf Erlaubnis der Gebrauchsüberlassung an einen Dritten. 1

Eine **Leistungsklage** müsste z. B. die Verurteilung des Beklagten (Vermieters) beantragen, dem Kläger (Mieter) zu erlauben, dass er die Einliegerwohnung seines Mietshauses in Gießen, Petersweiher 92, dem N. N. zum Gebrauch überlässt. 2

Zur **Zuständigkeit** s. § 535, Rn. 4, 5. 3

Die **Zwangsvollstreckung** richtet sich nach § 894 I ZPO. 4

II. Einrede

§ 553 II gibt dem Vermieter gegen den Erlaubnisanspruch des Mieters eine Einrede, deren Ausübung dazu führt, dass der Vermieter zur Erlaubnis nur **Zug um Zug** gegen das Einverständnis des Mieters mit einer angemessenen Erhöhung des Mietzinses verurteilt wird. Nach anderer Ansicht ist die Erlaubnisklage des Mieters auf Grund der Einrede des Vermieters abzuweisen[1]. Eine Klageabweisung würde jedoch den Mieter zu einer vermeidbaren zweiten Klage nötigen, falls er sein Einverständnis nachträglich erklärt, der Vermieter aber gleichwohl die Erlaubnis verweigert. 5

Welche Erhöhung angemessen ist, entscheidet im Streitfall das Gericht[2]. Es **verurteilt** z. B. den Beklagten (Vermieter) zu der Erlaubnis, Zug um Zug gegen das Einverständnis des Klägers (Mieters) mit einer monatlichen Mietpreiserhöhung von 50 Euro. 6

Für die **Zwangsvollstreckung** nach § 894 I Satz 2 ZPO müsste der Mieter durch öffentliche oder öffentlich beglaubigte Urkunde beweisen, dass er sich mit der im Urteil genannten Mietpreiserhö- 7

---
1 Staudinger/Emmerich, § 549, Rn. 88.
2 Palandt/Weidenkaff, § 549, Rn. 16.

§ 554 Duldung von Erhaltungs- und Modernisierungsmaßnahmen

hung einverstanden erklärt hat (§ 726 ZPO). Einfacher ist es, wenn er sein Einverständnis mit der vom Gericht für angemessen gehaltenen Mietpreiserhöhung in der mündlichen Verhandlung gegenüber dem Vermieter erklärt; dann wird der Vermieter uneingeschränkt zur Erlaubnis verurteilt.

8 **Im Übrigen** gelten die Ausführungen zu § 274 entsprechend, soweit sie nicht einen Gegenanspruch des Schuldners voraussetzen, der dem Vermieter nach § 553 II fehlt.

Duldung von Erhaltungs- und Modernisierungsmaßnahmen

554 (1) Der Mieter hat Maßnahmen zu dulden, die zur Erhaltung der Mietsache erforderlich sind.

(2) ¹Maßnahmen zur Verbesserung der Mietsache, zur Einsparung von Energie oder Wasser oder zur Schaffung neuen Wohnraums hat der Mieter zu dulden. ²Dies gilt nicht, wenn die Maßnahme für ihn, seine Familie oder einen anderen Angehörigen seines Haushalts eine Härte bedeuten würde, die auch unter Würdigung der berechtigten Interessen des Vermieters und anderer Mieter in dem Gebäude nicht zu rechtfertigen ist. ³Dabei sind insbesondere die vorzunehmenden Arbeiten, die baulichen Folgen, vorausgegangene Aufwendungen des Mieters und die zu erwartende Mieterhöhung zu berücksichtigen. ⁴Die zu erwartende Mieterhöhung ist nicht als Härte anzusehen, wenn die Mietsache lediglich in einen Zustand versetzt wird, wie er allgemein üblich ist.

(3) ¹Bei Maßnahmen nach Absatz 2 Satz 1 hat der Vermieter dem Mieter spätestens drei Monate vor Beginn der Maßnahme deren Art sowie voraussichtlichen Umfang und Beginn, voraussichtliche Dauer und die zu erwartende Mieterhöhung in Textform mitzuteilen. ²Der Mieter ist berechtigt, bis zum Ablauf des Monats, der auf den Zugang der Mitteilung folgt, außerordentlich zum Ablauf des nächsten Monats zu kündigen. ³Diese Vorschriften gelten nicht bei Maßnahmen, die nur mit einer unerheblichen Einwirkung auf die vermieteten Räume verbunden sind und nur zu einer unerheblichen Mieterhöhung führen.

(4) ¹Aufwendungen, die der Mieter infolge einer Maßnahme nach Absatz 1 oder 2 Satz 1 machen musste, hat der Vermieter in angemessenem Umfang zu ersetzen. ²Auf Verlangen hat er Vorschuss zu leisten.

Duldung von Erhaltungs- und Modernisierungsmaßnahmen § 554

(5) Eine zum Nachteil des Mieters von den Absätzen 2 bis 4 abweichende Vereinbarung ist unwirksam.

I. Anspruch auf Duldung

1. Allgemeines

§ 554 I, II gibt dem Vermieter gegen den Mieter einen **Anspruch** auf Duldung bestimmter Maßnahmen. Als „Duldung" kommen verschiedenartige Leistungen in Betracht[1]: 1
- Gewährung des Zugangs (Rn. 4 ff.);
- vorübergehendes Verlassen der Mieträume (Rn. 7 ff.);
- Unterlassung von Widerstand (Rn. 10 ff.).

Diese Ansprüche können nebeneinander eingeklagt werden (§ 260 ZPO).

Zur **Zuständigkeit** s. § 535, Rn. 4, 5. 2

Bei Unaufschiebbarkeit der Maßnahmen kann der Duldungsanspruch durch **einstweilige Verfügung** nach § 940 ZPO durchgesetzt werden (→ *Zahlung* Rn. 40)[2]. Dies gilt nicht, soweit Wohnraum ganz oder teilweise verlassen werden soll (§ 940a ZPO)[3]. 3

2. Gewährung des Zugangs

Der Duldungsanspruch umfasst einen Anspruch auf Gewährung des Zugangs zu den Mieträumen. 4

Eine **Leistungsklage** müsste z. B. die Verurteilung des Beklagten beantragen, den vom Kläger beauftragten Handwerkern ab dem 18. 1. 2002 an allen Werktagen von 7–17 Uhr den Zugang zu seiner Mietwohnung im Haus Petersweiher 90 in Gießen zum Zwecke von Malerarbeiten bis zu deren Abschluss zu gewähren. 5

Die **Zwangsvollstreckung** richtet sich nach § 888 I ZPO. 6

---

1 Staudinger/Emmerich, § 541a, Rn. 20. Ob den Mieter darüber hinaus Mitwirkungspflichten treffen, ist strittig. Vgl. Staudinger/Emmerich, § 541a, Rn. 21.
2 Ebmeier/Schöne, Rn. 599 f.; Musielak/Huber, § 940, Rn. 11; Schuschke, vor § 935, Rn. 39; Staudinger/Emmerich, § 541a, Rn. 97; Zöller/Vollkommer, § 940, Rn. 8, „Mietrecht".
3 MünchKommBGB/Voelskow, § 541a, Rn. 9.

3. Verlassen der Mieträume

7 Der Duldungsanspruch kann auch einen Anspruch auf das Verlassen der Mieträume umfassen.

8 Eine **Leistungsklage** müsste z. B. die Verurteilung des Beklagten beantragen, ab dem 18. 1. 2002 an allen Werktagen zwischen 7 und 17 Uhr bis zum Abschluss der vom Kläger in Auftrag gegebenen Malerarbeiten seine Mietwohnung zu verlassen.

9 Die **Zwangsvollstreckung** richtet sich nach § 888 I ZPO.

4. Unterlassung von Widerstand

10 Schließlich umfasst der Duldungsanspruch einen Anspruch auf Unterlassung von Widerstand gegen die Maßnahmen.

11 Eine **Leistungsklage** müsste z. B. die Verurteilung des Beklagten beantragen, jeglichen Widerstand gegen die in seiner Mietwohnung ab dem 18. 1. 2002 an Werktagen zwischen 7 und 17 Uhr vom Kläger in Auftrag gegebenen Malerarbeiten zu unterlassen.

12 **Im Übrigen** gelten die Bemerkungen zu § 535, Rn. 7 ff. entsprechend.

II. Anspruch auf Aufwendungsersatz

13 § 554 IV Satz 1 gibt dem Mieter gegen den Vermieter einen Anspruch auf Aufwendungsersatz i. S. des § 257 (s. dort).

14 Zur **Zuständigkeit** s. § 535, Rn. 4, 5.

Barrierefreiheit

554a (1) ¹Der Mieter kann vom Vermieter die Zustimmung zu baulichen Veränderungen oder sonstigen Einrichtungen verlangen, die für eine behindertengerechte Nutzung der Mietsache oder den Zugang zu ihr erforderlich sind, wenn er ein berechtigtes Interesse daran hat. ²Der Vermieter kann seine Zustimmung verweigern, wenn sein Interesse an der unveränderten Erhaltung der Mietsache oder des Gebäudes das Interesse des Mieters an einer behindertengerechten Nutzung der Mietsache überwiegt. ³Dabei sind auch die berechtigten Interessen anderer Mieter in dem Gebäude zu berücksichtigen.

(2) ¹Der Vermieter kann seine Zustimmung von der Leistung einer angemessenen zusätzlichen Sicherheit für die Wiederherstellung des ursprünglichen Zustandes abhängig machen. ²§ 551 Abs. 3 und 4 gilt entsprechend.

(3) Eine zum Nachteil des Mieters von Absatz 1 abweichende Vereinbarung ist unwirksam.

I. Anspruch auf Zustimmung

§ 554a I Satz 1 gibt dem Mieter gegen den Vermieter einen **Anspruch** auf Zustimmung zu bestimmten Einrichtungen. 1

Eine **Leistungsklage** muss die Verurteilung des Beklagten (Vermieters) beantragen, dem Kläger (Mieter) zu erlauben, dass er in dem Miethaus ... die näher bezeichneten Veränderungen vornimmt. 2

Zur **Zuständigkeit** s. § 535, Rn. 4, 5. 3

Die **Zwangsvollstreckung** richtet sich nach § 894 I ZPO. 4

II. Einreden

§ 554a I Satz 2 gibt dem Vermieter gegen den Zustimmungsanspruch des Mieters aus Abs. 1 Satz 1 eine Einrede, deren Ausübung zur **Abweisung der Zustimmungsklage** als unbegründet führt (wie § 214, s. dort). 5

§ 554a II gibt dem Vermieter gegen den Zustimmungsanspruch des Mieters aus Abs. 1 Satz 1 eine Einrede, deren Ausübung dazu führt, dass der Vermieter zur Zustimmung nur **Zug um Zug** gegen die Leistung einer bestimmten Sicherheit verurteilt wird (wie § 553, Rn. 5 ff.). 6

Mieterhöhung bis zur ortsüblichen Vergleichsmiete

558 (1) ¹Der Vermieter kann die Zustimmung zu einer Erhöhung der Miete bis zur ortsüblichen Vergleichsmiete verlangen, wenn die Miete in dem Zeitpunkt, zu dem die Erhöhung eintreten soll, seit 15 Monaten unverändert ist. ²Das Mieterhöhungsverlangen kann frühestens ein Jahr nach der letzten Mieterhöhung geltend gemacht werden. ³Erhöhungen nach den §§ 559 bis 560 werden nicht berücksichtigt.

(2) ¹Die ortsübliche Vergleichsmiete wird gebildet aus den üblichen Entgelten, die in der Gemeinde oder einer vergleichbaren Gemeinde für Wohnraum vergleichbarer Art, Größe, Ausstattung, Beschaffenheit und Lage in den letzten vier Jahren vereinbart oder, von Erhöhungen nach § 560 abgesehen, geändert worden sind. ²Ausgenommen ist Wohnraum, bei dem die Miethöhe durch Gesetz oder im Zusammenhang mit einer Förderzusage festgelegt worden ist.

(3) Bei Erhöhungen nach Absatz 1 darf sich die Miete innerhalb von drei Jahren, von Erhöhungen nach den §§ 559 bis 560 abgesehen, nicht um mehr als 20 vom Hundert erhöhen (Kappungsgrenze).

(4) ¹Die Kappungsgrenze gilt nicht,

1. wenn eine Verpflichtung des Mieters zur Ausgleichszahlung nach den Vorschriften über den Abbau der Fehlsubventionierung im Wohnungswesen wegen des Wegfalls der öffentlichen Bindung erloschen ist und

2. soweit die Erhöhung den Betrag der zuletzt zu entrichtenden Ausgleichszahlung nicht übersteigt.

²Der Vermieter kann vom Mieter frühestens vier Monate vor dem Wegfall der öffentlichen Bindung verlangen, ihm innerhalb eines Monats über die Verpflichtung zur Ausgleichszahlung und über deren Höhe Auskunft zu erteilen. Satz 1 gilt entsprechend, wenn die Verpflichtung des Mieters zur Leistung einer Ausgleichszahlung nach den §§ 34 bis 37 des Wohnraumförderungsgesetzes und den hierzu ergangenen landesrechtlichen Vorschriften wegen Wegfalls der Mietbindung erloschen ist.

(5) Von dem Jahresbetrag, der sich bei einer Erhöhung auf die ortsübliche Vergleichsmiete ergäbe, sind Drittmittel im Sinne des § 559a abzuziehen, im Falle des § 559a Abs. 1 mit 11 vom Hundert des Zuschusses.

(6) Eine zum Nachteil des Mieters abweichende Vereinbarung ist unwirksam.

Inhaltsübersicht

I. Zustimmung zu einer
   Mieterhöhung 1
1. Anspruchsvoraussetzungen nach § 558 I 1
2. Leistungsklage 2
3. Erhöhungsverlangen 3
4. Zustimmungsfrist 6
5. Klagefrist 9
6. Zwischenergebnis 10
7. Zuständigkeit 11
8. Streitgegenstand 12
9. Zustimmung des Mieters 15
10. Mehrere Vermieter oder
    Mieter 17
11. Zwangsvollstreckung . . 20
12. Zahlungsklage 21
II. Auskunft 22

I. Zustimmung zu einer Mieterhöhung

1. Anspruchsvoraussetzungen nach § 558 I

§ 558 I gibt dem Vermieter gegen den Mieter einen Anspruch auf Zustimmung zu einer Mieterhöhung. Voraussetzung ist unter anderem, dass zwei Fristen eingehalten sind.

– **Fünfzehn-Monats-Frist**: Die Miete muss „in dem Zeitpunkt, zu dem die Erhöhung eintreten soll, seit 15 Monaten unverändert" sein (§ 558 I Satz 1). Der Zeitpunkt, zu dem die Erhöhung eintreten soll, bestimmt in Verbindung mit dem Betrag der Erhöhung, welche Zahlung der Vermieter künftig und welche Zustimmung er gegenwärtig beanspruchen kann.

– **Jahresfrist**: Der Vermieter kann schon vor Ablauf der 15 Monate die Zustimmung zu der späteren Mieterhöhung verlangen. Aber nicht vor Ablauf eines Jahres seit der letzten Mieterhöhung (§ 558 I Satz 2)! Er muss also ein Jahr lang warten und kann dann die Zustimmung zu einer drei Monate späteren Mieterhöhung verlangen. Beispiel: Die Miete war zuletzt zum 1. 3. 2001 erhöht worden. Am 1. 3. 2002 (§§ 187 II Satz 1, 188 II) kann die Zustimmung zu einer Mieterhöhung ab dem 1. 6. 2002 verlangt werden. Die Jahresfrist soll „den Mieter für eine bestimmte Zeit vor Mieterhöhungsverlangen ... schützen"[1]. Daher hat der Vermieter vor Ablauf der Jahresfrist keinen Anspruch auf Zustimmung[2].

2. Leistungsklage

Eine Leistungsklage muss die Verurteilung des Beklagten beantragen, darin einzuwilligen, dass sich die Monatsmiete für seine Wohnung ... ab dem ... auf ... Euro erhöht[3]. Als **Zeitpunkt der Mieterhöhung** ist der Beginn des dritten Kalendermonats nach dem Zugang des Erhöhungsverlangens einzufügen (§ 558b I). Gemeint ist der dritte Kalendermonat, der auf den Zugang des Erhöhungsverlangens folgt (so genauer § 2 IV MHG). Beispiel: Das Erhöhungsverlangen geht am 1. März 2002 zu. Der darauf folgende dritte Kalendermonat ist der Juni. Daher kann die Mieterhöhung ab dem 1. Juni 2002 beantragt werden. Wäre § 558b I so zu verstehen, dass die erhöhte Miete schon ab dem 2. Mai 2002 verlangt werden kann (§§ 187 I, 188 II), so entstünde ein Widerspruch zu der Fünfzehn-Monats-Frist des § 558 I Satz 1 (Rn. 1).

---

1 BGHZ 123, 37, 42 zu § 2 I MHG.
2 BGHZ 123, 37, 41 zu § 2 I MHG.
3 Vgl. Staudinger/Emmerich, § 2 MHRG, Rn. 267.

3. Erhöhungsverlangen

3 Der Erfolg der Zustimmungsklage hängt davon ab, dass der Vermieter die mit der Klage erstrebte Mieterhöhung wirksam verlangt hat. Das **Erhöhungsverlangen** ist **wirksam**, wenn es entsprechend § 558a erklärt und begründet wurde.

4 Ist das **Erhöhungsverlangen unwirksam**, so gilt Folgendes: Der Mieter ist nicht verpflichtet, einer unwirksam verlangten Mieterhöhung zuzustimmen. Dementsprechend hat der Vermieter keinen Anspruch auf Zustimmung zu der unwirksam verlangten Mieterhöhung. Infolgedessen ist seine Klage auf Zustimmung zu der unwirksam verlangten Mieterhöhung *unbegründet*[1]. Meist wird sie jedoch als *unzulässig* angesehen[2]. Der Grund dafür ist offenbar der verfahrensrechtliche Charakter der Vorschrift über das Erhöhungsverlangen[3]. Aber diese Vorschrift, jetzt § 558a, regelt nur das außergerichtliche Verfahren, das der Vermieter einzuschlagen hat, nicht die Zulässigkeit einer Klage! Außerdem müsste die Wirksamkeit des Erhöhungsverlangens, z. B. ihre ausreichende Begründung, als Prozessvoraussetzung von Amts wegen geprüft werden (§ 139 III ZPO), mit Beweiserhebung (Freibeweis) auch über unstreitige Tatsachen[4]. Das ist nicht einzusehen, da doch für die Voraussetzungen des § 558, z. B. die Einhaltung der Jahresfrist, der Verhandlungsgrundsatz gilt, so dass bei Säumnis des Beklagten der schlüssige Vortrag des Klägers genügt (§ 331 I Satz 1, II ZPO). Ebensowenig ist es erforderlich, die Wirksamkeit des Erhöhungsverlangens als Prozessvoraussetzung einzustufen, um sie vor den Voraussetzungen des § 558 prüfen zu können. Denn selbstverständlich kann das Gericht die Wirksamkeit des Erhöhungsverlangens auch als Begründetheitsvoraussetzung der Klage vor den Begründetheitsvoraussetzungen nach § 558 prüfen. Festzuhalten bleibt also: Während die meisten Ansprüche unaufgefordert zu erfüllen sind, ist der Zustimmungsanspruch nur auf Verlangen zu erfüllen. Er ist ein sog. verhaltener Anspruch[5], der erst mit dem wirksamen Erfüllungsverlangen vollständig entsteht.

5 Unstreitig ist, dass die Unwirksamkeit des Erhöhungsverlangens nicht sofort zur Abweisung der Klage führt. Vielmehr gibt das

---

1 Ebenso MünchKommBGB/Voelskow, § 2 MHG, Rn. 68.
2 BVerfG, NJW 1980, 1617, 1618; BayObLGZ 1982, 175 ff.; OLG Koblenz, WuM 1982, 127; Staudinger/Emmerich, § 2 MHRG, Rn. 248, 257.
3 Vgl. BVerfG, NJW 1980, 1617.
4 Vgl. Stein/Jonas/Leipold, vor § 128, Rn. 96 f.
5 Enneccerus/Nipperdey, § 222 II 4, Fn. 25.

Gericht dem Vermieter Gelegenheit, innerhalb einer gerichtlich bestimmten Frist die Anforderungen des § 558a zu erfüllen (§ 558b III). Das Gesetz verlangt für eine solche **Nachbesserung** nur, dass der Klage „ein Erhöhungsverlangen" vorausgegangen ist, „das den Anforderungen des § 558a nicht entspricht"; dass das Erhöhungsverlangen irgendwelchen Mindestanforderungen entsprechen muss, ist nicht gesagt[1]. Erst wenn der Vermieter die gerichtliche Frist nicht einhält, wird die Zustimmungsklage abgewiesen. Ist der Klage allerdings überhaupt kein ernstgemeintes Erhöhungsverlangen vorausgegangen, wird sie sofort abgewiesen[2].

4. Zustimmungsfrist

Nach § 558b II Satz 1 kann der Vermieter auf Erteilung der Zustimmung klagen, „soweit der Mieter der Mieterhöhung nicht bis zum Ablauf des zweiten Kalendermonats nach dem Zugang des Verlangens zustimmt". Gemeint ist der zweite Kalendermonat, der auf den Zugang des Verlangens folgt (so genauer § 2 III MHG). Es gilt insoweit dasselbe wie für § 558b I (Rn. 2). Ging daher das Erhöhungsverlangen dem Mieter z. B. am 1. März 2002 zu, so endet die Zustimmungsfrist mit dem Ablauf des Monats Mai 2002, beträgt also fast drei Monate[3].

6

Die Zustimmungsfrist muss nicht schon bei Erhebung der Klage **eingehalten** sein, sondern erst **zur Zeit der letzten mündlichen Verhandlung**[4]. Notfalls wartet das Gericht ab, bis die Frist verstrichen und der Mangel durch Zeitablauf geheilt ist[5]. Eine Abweisung der Zustimmungsklage würde den Kläger zur Wiederholung der Klage u. U. schon nach kurzer Frist nötigen. Davor soll er aber bewahrt werden, wie sich aus § 558b III ergibt. Hält daher der Vermieter die gerichtliche Frist ein, die ihm zur Stellung eines wirksamen Erhöhungsverlangens gesetzt worden war (Rn. 5), so wartet das Gericht den Ablauf der Zustimmungsfrist ab, bis es über die Zustimmungsklage entscheidet (§ 558b III Satz 2)[6].

7

---

1 A. A. noch Staudinger/Emmerich, § 2 MHRG, Rn. 261 mit weiteren Nachw.
2 Staudinger/Emmerich, § 2 MHRG, Rn. 261.
3 So zutreffend MünchKommBGB/Voelskow, § 2 MHG, Rn. 67; Staudinger/Emmerich, § 2 MHRG, Rn. 245.
4 BayObLGZ 1982, 85; KG, OLGZ 1981, 86; Staudinger/Emmerich, § 2 MHRG, Rn. 249; str.
5 A. A. Soergel/Heintzmann, § 2 MHG, Rn. 91.
6 Vgl. MünchKommBGB/Voelskow, § 2 MHG, Rn. 68.

8 **Gerechtfertigt** ist die **Zustimmungsfrist**, weil der Mieter ohne sie keine ausreichende Bedenkzeit hätte. Vor Ablauf der Zustimmungsfrist braucht er deswegen die Zustimmung nicht zu erklären; der Zustimmungsanspruch ist noch nicht fällig. Die voreilige Klage ist daher **zur Zeit unbegründet**. Meist wird sie als **unzulässig** angesehen[1]. Als Grund dafür wird genannt, dass die voreilige Klage auf eine künftige Leistung gerichtet sei, ohne dass die §§ 257 ff. ZPO dies zuließen[2]. Aber der Kläger, der vor Ablauf der Zustimmungsfrist klagt, hält die Frist für entbehrlich oder für eingehalten oder meint, dass sie bis zur letzten mündlichen Verhandlung ablaufen werde. Er beantragt deshalb die Verurteilung des Mieters zur sofortigen Zustimmung, nicht zu einer Zustimmung, die erst einige Zeit nach der Verurteilung erklärt werden soll. Eine Klage auf künftige Leistung liegt daher nicht vor. Auch der Wortlaut des Gesetzes, dass der Vermieter nach Ablauf der Zustimmungsfrist „klagen kann" (§ 558b II Satz 1), zwingt nicht zur Annahme einer Prozessvoraussetzung, wenn der Zweck des Gesetzes für eine Begründetheitsvoraussetzung spricht. Schließlich müsste das Gericht die Einhaltung der Zustimmungsfrist als Prozessvoraussetzung von Amts wegen prüfen (§ 139 III ZPO) und insoweit auch über unstreitige Tatsachen Beweis, sogar Freibeweis, erheben. Für die Einhaltung der Sperrfrist des § 558 I Satz 2 als Begründetheitsvoraussetzung gilt dagegen der Verhandlungsgrundsatz, so dass bei Säumnis des Beklagten der schlüssige Vortrag des Klägers genügt (§ 331 I Satz 1, II ZPO). Eine solche unterschiedliche Behandlung macht keinen Sinn.

5. Klagefrist

9 Nach § 558b II muss die Klage innerhalb von drei weiteren Monaten nach Ablauf der Zustimmungsfrist erhoben werden. Ist die **Klagefrist verstrichen**, braucht der Mieter dem alten Erhöhungsverlangen nicht mehr zuzustimmen; der Anspruch auf Zustimmung ist erloschen[3]. Da bei Unwirksamkeit des Erhöhungsverlangens ein Zustimmungsanspruch von vornherein nicht besteht (Rn. 4), kann die Wirksamkeit des Erhöhungsverlangens nach Ablauf der Klagefrist dahingestellt bleiben. Die Klage ist jetzt auf jeden Fall unbe-

---

1 KG, OLGZ 1981, 86; MünchKommBGB/Voelskow, § 2 MHG, Rn. 69; Soergel/Heintzmann, § 2 MHG, Rn. 91; Staudinger/Emmerich, § 2 MHRG, Rn. 246.
2 KG, OLGZ 1981, 86.
3 Staudinger/Emmerich, § 2 MHRG, Rn. 250, 252 a. E.

Mieterhöhung bis zur ortsüblichen Vergleichsmiete § 558

gründet. Meist wird sie als unzulässig angesehen[1], mit denselben Konsequenzen wie bei der Zustimmungsfrist (Rn. 8). Doch ist der Vermieter nicht gehindert, ein neues Erhöhungsverlangen zu stellen und darauf eine neue Zustimmungsklage zu stützen[2].

6. Zwischenergebnis

Demnach sind folgende Fragen zu prüfen: 10

– Ist der Zustimmungsklage ein ernstgemeintes, wirksames oder unwirksames Erhöhungsverlangen vorausgegangen? Falls nein, wird die Klage abgewiesen, falls ja, stellt sich die Frage:

– Liegen zwischen dem Zugang des wirksamen oder unwirksamen Erhöhungsverlangens bei dem Mieter und der Zustellung der Klage an ihn mehr als fünf Monate, wenn der Zugangsmonat nicht mitgezählt wird? Falls ja, wird die Klage abgewiesen, falls nein, stellt sich die Frage:

– Ist das Erhöhungsverlangen wirksam? Falls nein, erhält der Kläger Gelegenheit zur Nachbesserung innerhalb einer gerichtlich bestimmten Frist. Nimmt er die Gelegenheit nicht wahr, wird die Klage abgewiesen. Bessert er rechtzeitig nach oder ist das Erhöhungsverlangen von Anfang an wirksam, stellt sich die Frage:

– Liegen zwischen dem Zugang des wirksamen Erhöhungsverlangens bei dem Mieter und der gegenwärtigen letzten mündlichen Verhandlung mindestens zwei Monate, wenn der Zugangsmonat nicht mitgezählt wird? Falls ja, kann der Klage stattgegeben werden, falls nein, muss bis zum Ablauf der zwei Monate gewartet werden.

7. Zuständigkeit

Zur Zuständigkeit s. § 535, Rn. 4, 5. 11

8. Streitgegenstand

Der Streitgegenstand des Zustimmungsprozesses wird bestimmt 12
durch den Betrag, um den die Miete erhöht werden soll, und den Zeitpunkt, von dem ab sie erhöht werden soll[3].

Beansprucht der Kläger während des Prozesses einen geringeren 13
Betrag, so benötigt er zu dieser **Klagebeschränkung** die Einwilligung

---
1 Vgl. Staudinger/Emmerich, § 2 MHRG, Rn. 251.
2 Staudinger/Emmerich, § 2 MHRG, Rn. 251.
3 Staudinger/Emmerich, § 2 MHRG, Rn. 269.

§ 558   Mieterhöhung bis zur ortsüblichen Vergleichsmiete

des Beklagten (→ *Auskunft* Rn. 13). Dasselbe gilt, wenn der Kläger ein unwirksames Erhöhungsverlangen während des Prozesses nachbessert (Rn. 5) und die Mieterhöhung erst nach dem Zugang des verbesserten Erhöhungsverlangens haben will. Denn auch damit beansprucht er im Ergebnis einen geringeren Betrag als ursprünglich. Die Praxis lässt diese Klagebeschränkung jedoch in der Regel ohne weiteres zu[1].

14   Beansprucht der Kläger während des Prozesses einen größeren Betrag oder ab einem früheren Zeitpunkt einen gleich großen Betrag, so ist die **Klageerweiterung** als solche ohne weiteres zulässig (§ 264 Nr. 2 ZPO). Soweit der jetzt beanspruchte Betrag aber über den Betrag hinausgeht, den der Kläger in dem Erhöhungsverlangen beansprucht hatte, ist die Klage abzuweisen[2], weil ihr hinsichtlich des Mehrbetrages noch nicht einmal ein formloses Erhöhungsverlangen vorausgegangen ist (Rn. 5). Eine Nachbesserung im Prozess ist hier ausgeschlossen[3].

9. Zustimmung des Mieters

15   Stimmt der Mieter dem Erhöhungsverlangen während des Prozesses zu, so ist der Zustimmungsanspruch des Vermieters befriedigt (§ 362 I). War die Klage vorher zulässig und begründet, so ist der Rechtsstreit in der Hauptsache erledigt[4].

16   Ein **Anerkenntnis** des Beklagten, also die Erklärung, dass er die Zustimmungsklage für begründet halte, wird in der Regel die Zustimmung nach sich ziehen und dazu führen, dass der Rechtsstreit in der Hauptsache für erledigt erklärt wird (§ 91a ZPO). Ein Anerkenntnisurteil (§ 307 ZPO) kann dann nicht mehr ergehen[5].

10. Mehrere Vermieter oder Mieter

17   Bei einem Mietvertrag mit mehreren Vermietern oder Mietern fragt es sich, von wem oder gegenüber wem das **Erhöhungsverlangen** erklärt werden muss, das Voraussetzung des Zustimmungsanspruchs ist. Die Antwort hängt von der Art der Gemeinschaft ab,

---

1 Vgl. Staudinger/Emmerich, § 2 MHRG, Rn. 262.
2 Staudinger/Emmerich, § 2 MHRG, Rn. 270.
3 A. A. wohl Soergel/Heintzmann, § 2 MHG, Rn. 94.
4 Staudinger/Emmerich, § 2 MHRG, Rn. 284.
5 So mit Recht Soergel/Heintzmann, § 2 MHG, Rn. 91; Staudinger/Emmerich, § 2 MHRG, Rn. 284.

die zwischen den Vermietern oder den Mietern besteht (Bruchteilsgemeinschaft, Gütergemeinschaft, Erbengemeinschaft)[1]. In der Regel muss das Erhöhungsverlangen von allen Vermietern und gegenüber allen Mietern erklärt werden[2].

Eine andere Frage ist, ob der **Zustimmungsanspruch**, der mit dem wirksamen Erhöhungsverlangen entsteht, gleichfalls von allen Vermietern und gegen alle Mieter geltend gemacht werden muss. Sind also **mehrere Vermieter** gemeinschaftliche Gläubiger, die grundsätzlich nur alle gemeinsam den Zustimmungsanspruch geltend machen können, oder Mitgläubiger, von denen jeder allein die Zustimmung zugunsten aller verlangen kann? Auch insoweit hängt die Antwort von der Art der Gemeinschaft zwischen den Vermietern ab[3]. Ehegatten in gemeinschaftlich verwalteter Gütergemeinschaft sind gemeinschaftliche Gläubiger und damit notwendige Streitgenossen nach § 62 Fall 2 ZPO[4]. Teilhaber einer Bruchteilsgemeinschaft und Miterben sind in der Regel Mitgläubiger und damit nur einfache Streitgenossen nach § 59 Fall 1 ZPO[5].

18

Mehrere Mieter schulden die Zustimmung zu dem Erhöhungsverlangen als Mittel einer Vertragsänderung. Eine Vertragsänderung wird aber nur erreicht, wenn alle Mitmieter zustimmen. Da die Mieter also die geschuldete Leistung nur alle gemeinsam erbringen können, sind sie gemeinschaftliche Schuldner und damit grundsätzlich notwendige Streitgenossen nach § 62 Fall 2 ZPO[6] (→ *Mehrheit von Schuldnern* Rn. 2, 4 ff.).

19

11. Zwangsvollstreckung

Die Zwangsvollstreckung richtet sich nach § 894 ZPO[7].

20

---

1 Vgl. zu Eheleuten als Mietern OLG Koblenz, NJW 1984, 244. Die Außengesellschaft bürgerlichen Rechts ist nach einem neueren Urteil des BGH selbst als rechtsfähig anzusehen (§ 705, Rn. 1).
2 Ebenso ausnahmslos Soergel/Heintzmann, § 2 MHG, Rn. 42; Staudinger/Emmerich, § 2 MHRG, Rn. 118.
3 Generell für notwendige Streitgenossenschaft Staudinger/Emmerich, § 2 MHRG, Rn. 268.
4 § 1450, Rn. 2, 5.
5 § 741, Rn. 3, 4; § 2039, Rn. 1; § 432, Rn. 20.
6 KG, ZMR 1986, 118 f. Ebenso im Ergebnis RGRK/Gelhaar, § 2 MHG, Rn. 22; Staudinger/Emmerich, § 2 MHRG, Rn. 120.
7 Staudinger/Emmerich, § 2 MHRG, Rn. 267.

12. Zahlungsklage

21 Mit der Zustimmungsklage kann die Klage auf Zahlung des erhöhten Mietzinses verbunden werden. Auch eine solche „unechte" Eventualklage ist nach herrschender Meinung zulässig (§ 260 ZPO)[1]. Der Beklagte ist sogleich durch vorläufig vollstreckbares Urteil zur Zahlung des erhöhten Mietzinses ab dem Beginn des dritten Kalendermonats nach Zugang des Mieterhöhungsverlangens zu verurteilen. Zwar schuldet er den erhöhten Mietzins mangels freiwilliger Zustimmung erst nach Rechtskraft des Zustimmungsurteils (§ 894 I Satz 1 ZPO). Für das vorzeitige Zahlungsurteil muss es jedoch genügen, dass er die Zustimmung schon jetzt schuldet und aus ihrer pflichtwidrigen Verweigerung keinen Vorteil ziehen soll. Das wird von denen nicht berücksichtigt, die eine Zahlungsklage nur gemäß § 259 ZPO zulassen wollen[2].

II. Auskunft

22 § 558 IV Satz 2 gibt dem Vermieter gegen den Mieter einen **Anspruch** auf → *Auskunft*.

23 Zur **Zuständigkeit** s. § 535, Rn. 4, 5.

Veränderungen von Betriebskosten

560 (1) ¹Bei einer Betriebskostenpauschale ist der Vermieter berechtigt, Erhöhungen der Betriebskosten durch Erklärung in Textform anteilig auf den Mieter umzulegen, soweit dies im Mietvertrag vereinbart ist. ²Die Erklärung ist nur wirksam, wenn in ihr der Grund für die Umlage bezeichnet und erläutert wird.

(2) ¹Der Mieter schuldet den auf ihn entfallenden Teil der Umlage mit Beginn des auf die Erklärung folgenden übernächsten Monats. ²Soweit die Erklärung darauf beruht, dass sich die Betriebskosten

---

1 Vgl. (ablehnend) MünchKommZPO/Lüke, § 260, Rn. 16.
2 MünchKommBGB/Voelskow, § 2 MHG, Rn. 70; Soergel/Heintzmann, § 2 MHG, Rn. 93. Nach einer dritten Ansicht ist die Zahlungsklage zwar ohne weiteres zulässig, begründet aber erst nach Rechtskraft des Zustimmungsurteils (LG Duisburg, ZMR 1999, 334). Wieder anders Eckert/Rau, ZMR 1999, 335.

rückwirkend erhöht haben, wirkt sie auf den Zeitpunkt der Erhöhung der Betriebskosten, höchstens jedoch auf den Beginn des der Erklärung vorausgehenden Kalenderjahres zurück, sofern der Vermieter die Erklärung innerhalb von drei Monaten nach Kenntnis von der Erhöhung abgibt.

(3) ¹Ermäßigen sich die Betriebskosten, so ist eine Betriebskostenpauschale vom Zeitpunkt der Ermäßigung an entsprechend herabzusetzen. ²Die Ermäßigung ist dem Mieter unverzüglich mitzuteilen.

(4) Sind Betriebskostenvorauszahlungen vereinbart worden, so kann jede Vertragspartei nach einer Abrechnung durch Erklärung in Textform eine Anpassung auf eine angemessene Höhe vornehmen.

(5) Bei Veränderungen von Betriebskosten ist der Grundsatz der Wirtschaftlichkeit zu beachten.

(6) Eine zum Nachteil des Mieters abweichende Vereinbarung ist unwirksam.

Werden Betriebskosten als Pauschale ausgewiesen (§ 556 II Satz 1) und ändern sie sich, so kann der Vermieter die Pauschale durch einseitiges Rechtsgeschäft herauf- oder herabsetzen (§ 560 I–III). Falls sich die Betriebskosten ermäßigen, hat der Mieter gegen den Vermieter nach § 560 III einen **Anspruch** auf **Herabsetzung** der Pauschale. Die Pauschale wird durch einseitige rechtsgestaltende Willenserklärung des Vermieters herabgesetzt[1]; die Erklärung muss zu ihrer Wirksamkeit dem Mieter zugehen[2] und unverzüglich abgegeben werden (§ 560 III Satz 2).

Wenn der Vermieter aber verpflichtet ist, die Pauschale herabzusetzen, kann er nicht gleichzeitig berechtigt sein, sie in unveränderter Höhe zu verlangen. Soll ein derartiger Widerspruch ausgeschlossen sein, muss sich der Zahlungsanspruch des Vermieters kraft Gesetzes auf den herabzusetzenden Betrag verringern. Der Mieter macht daher seinen Herabsetzungsanspruch als **Einwendung im Zahlungsprozess** geltend[3].

---

1 Vgl. § 560 I Satz 1; Staudinger/Sonnenschein/Weitemeyer, § 4 MHRG, Rn. 106.
2 § 130 I Satz 1; Staudinger/Sonnenschein/Weitemeyer, § 4 MHRG, Rn. 112.
3 Soergel/Heintzmann, § 4 MHG, Rn. 27, spricht von einer „Arglisteinrede".

3 Eine **Gestaltungsklage** nach § 315 III Satz 2 ist unzulässig[1], da die Pauschale nicht nach billigem Ermessen des Vermieters herabzusetzen ist, sondern „entsprechend der Ermäßigung".

4 Der Mieter kann jedoch die Herabsetzungsklage als **Leistungsklage** erheben, um unabhängig von einem Zahlungsprozess eine verbindliche Entscheidung über die Höhe der Pauschale zu erhalten. Hierzu muss er die Verurteilung des Beklagten beantragen, die monatliche Betriebskostenpauschale für die Wohnung des Klägers ... ab dem ... auf ... Euro herabzusetzen. Als Zeitpunkt, von dem ab die Pauschale herabgesetzt werden soll, ist der Zeitpunkt der Ermäßigung einzufügen.

5 Kennt der Mieter die Höhe der Ermäßigung oder ihren Zeitpunkt nicht, so kann er darüber von dem Vermieter → *Auskunft* verlangen[2].

6 Auskunfts- und Herabsetzungsklage können als **Stufenklage** miteinander verbunden werden (→ *Auskunft* Rn. 9 ff.). Beantragt wird dann die Verurteilung des Beklagten,
– dem Kläger darüber Auskunft zu erteilen, ob, seit wann und in welchem Umfang sich die Betriebskosten für die Wohnung des Klägers ... ermäßigt haben;
– die Pauschale in einem nach Erteilung der Auskunft zu benennenden Umfang ab dem dann zu benennenden Zeitpunkt herabzusetzen.

7 Zur **Zuständigkeit** für beide Klagen s. § 535, Rn. 4, 5.

8 Die **Zwangsvollstreckung** wegen des Herabsetzungsanspruchs richtet sich nach § 894 ZPO. Zum Auskunftsanspruch s. → *Auskunft* Rn. 5.

Selbsthilferecht, Herausgabeanspruch

562b (1) ¹Der Vermieter darf die Entfernung der Sachen, die seinem Pfandrecht unterliegen, auch ohne Anrufen des Gerichts verhindern, soweit er berechtigt ist, der Entfernung zu widersprechen. ²Wenn der Mieter auszieht, darf der Vermieter diese Sachen in seinen Besitz nehmen.

1 A. A. Staudinger/Sonnenschein/Weitemeyer, § 4 MHRG, Rn. 115.
2 Staudinger/Sonnenschein/Weitemeyer, § 4 MHRG, Rn. 115.

Selbsthilferecht, Herausgabeanspruch § 562b

(2) ¹Sind die Sachen ohne Wissen oder unter Widerspruch des Vermieters entfernt worden, so kann er die Herausgabe zum Zwecke der Zurückschaffung auf das Grundstück und, wenn der Mieter ausgezogen ist, die Überlassung des Besitzes verlangen. ²Das Pfandrecht erlischt mit dem Ablauf eines Monats, nachdem der Vermieter von der Entfernung der Sachen Kenntnis erlangt hat, wenn er diesen Anspruch nicht vorher gerichtlich geltend gemacht hat.

§ 562b II Satz 1 gibt dem Vermieter gegen den Mieter oder gegen einen dritten Besitzer[1] einen **Anspruch** auf **Herausgabe** „zum Zwecke der Zurückschaffung auf das Grundstück" oder in die gemieteten Räume (§ 578 II Satz 1) oder, wenn der Mieter ausgezogen ist, auf Einräumung des Besitzes. 1

Eine **Leistungsklage** müsste z. B. die Verurteilung der Beklagten beantragen, das Ölbild von F. X. Müller „Röhrender Hirsch im Hochgebirge" zum Zwecke der Zurückschaffung in ihre Mietwohnung Petersweiher 90 in Gießen herauszugeben. 2

Zur **Zuständigkeit** s. § 535, Rn. 4, 5. Der Streitwert bemisst sich, wenn nicht nach § 8 ZPO, nach dem Betrag der Forderungen des Vermieters, für die ein Pfandrecht an der herauszugebenden Sache besteht, oder nach dem geringeren Wert der Sache (§ 6 ZPO). 3

Zum **Rechts- oder Besitzverlust** während des Prozesses § 546, Rn. 6 ff. 4

Die **Zwangsvollstreckung** richtet sich nach § 883 ZPO. Doch hat der Gerichtsvollzieher die herauszugebende Sache, falls der Titel auf Herausgabe zum Zwecke der Zurückschaffung lautet, nicht dem Gläubiger zu übergeben, sondern in das Grundstück oder in die Räume zurückzuschaffen[2]. 5

Zum **einstweiligen Rechtsschutz** s. § 546, Rn. 25, 26. 6

---

1 MünchKommBGB/Voelskow, § 561, Rn. 7 f.; RGRK/Gelhaar, § 561, Rn. 2.
2 Staudinger/Emmerich, § 561, Rn. 36.

Belastung des Wohnraums durch den Vermieter

567 ¹Wird der vermietete Wohnraum nach der Überlassung an den Mieter von dem Vermieter mit dem Recht eines Dritten belastet, so sind die §§ 566 bis 566e entsprechend anzuwenden, wenn durch die Ausübung des Rechts dem Mieter der vertragsgemäße Gebrauch entzogen wird. ²Wird der Mieter durch die Ausübung des Rechts in dem vertragsgemäßen Gebrauch beschränkt, so ist der Dritte dem Mieter gegenüber verpflichtet, die Ausübung zu unterlassen, soweit sie den vertragsgemäßen Gebrauch beeinträchtigen würde.

Satz 2 gibt dem Mieter gegen einen Dritten, dem ein Recht an dem vermieteten Wohnraum zusteht, einen **Anspruch** auf die **Unterlassung** von Handlungen, die den vertragsgemäßen Gebrauch des Mieters beeinträchtigen würden. Für diesen Anspruch gilt dasselbe wie für den Unterlassungsanspruch des Mieters gegen den Vermieter aus § 535 (s. dort, Rn. 6 ff.).

Teilkündigung des Vermieters

573b (1) Der Vermieter kann nicht zum Wohnen bestimmte Nebenräume oder Teile eines Grundstücks ohne ein berechtigtes Interesse im Sinne des § 573 kündigen, wenn er die Kündigung auf diese Räume oder Grundstücksteile beschränkt und sie dazu verwenden will,

1. Wohnraum zum Zwecke der Vermietung zu schaffen oder
2. den neu zu schaffenden und den vorhandenen Wohnraum mit Nebenräumen oder Grundstücksteilen auszustatten.

(2) Die Kündigung ist spätestens am dritten Werktag eines Kalendermonats zum Ablauf des übernächsten Monats zulässig.

(3) Verzögert sich der Beginn der Bauarbeiten, so kann der Mieter eine Verlängerung des Mietverhältnisses um einen entsprechenden Zeitraum verlangen.

(4) Der Mieter kann eine angemessene Senkung der Miete verlangen.

(5) Eine zum Nachteil des Mieters abweichende Vereinbarung ist unwirksam.

1 Abs. III gibt dem Mieter gegen den Vermieter einen **Anspruch** auf **Verlängerung des Mietverhältnisses**, für den die Bemerkungen zum

Fortsetzungsanspruch aus § 574 entsprechend gelten. § 308a ZPO ist aber nicht anwendbar; es geht hier nicht um den Schutz des Mieters vor einer ungerechtfertigten Härte.

Abs. IV gibt dem Mieter gegen den Vermieter einen **Anspruch** auf **Senkung des Mietzinses**, den er durch Klage auf vertragliches Einverständnis geltend machen kann[1], in der Regel aber durch prozessuale Einrede gegen den Zahlungsanspruch des Vermieters geltend machen wird (wie § 214 s. dort). 2

Widerspruch des Mieters gegen die Kündigung

574 (1) ¹Der Mieter kann der Kündigung des Vermieters widersprechen und von ihm die Fortsetzung des Mietverhältnisses verlangen, wenn die Beendigung des Mietverhältnisses für den Mieter, seine Familie oder einen anderen Angehörigen seines Haushalts eine Härte bedeuten würde, die auch unter Würdigung der berechtigten Interessen des Vermieters nicht zu rechtfertigen ist. ²Dies gilt nicht, wenn ein Grund vorliegt, der den Vermieter zur außerordentlichen fristlosen Kündigung berechtigt.

(2) Eine Härte liegt auch vor, wenn angemessener Ersatzwohnraum zu zumutbaren Bedingungen nicht beschafft werden kann.

(3) Bei der Würdigung der berechtigten Interessen des Vermieters werden nur die in dem Kündigungsschreiben nach § 573 Abs. 3 angegebenen Gründe berücksichtigt, außer wenn die Gründe nachträglich entstanden sind.

(4) Eine zum Nachteil des Mieters abweichende Vereinbarung ist unwirksam.

I. Anspruch

§ 574 I Satz 1 gibt dem Mieter gegen den Vermieter einen Anspruch 1 auf **Fortsetzung des Mietverhältnisses**, d. h. auf Einverständnis mit einer Verlängerung des Mietvertrags. Das Nähere bestimmt § 574a I. Weitere Fortsetzungsansprüche gewährt § 574c.

---

1 Wie § 535, Rn. 23 ff. Zur Bestimmtheit des Antrags s. § 343, Rn. 6.

§ 574 Widerspruch des Mieters gegen die Kündigung

II. Räumungsrechtsstreit

1. Antrag des Mieters

2 Klagt der Vermieter gegen den Mieter auf Räumung, so berücksichtigt das Gericht den Fortsetzungsanspruch des Mieters auch ohne förmlichen Antrag (§ 308a ZPO), aber nicht ohne den Willen des Mieters[1], der notfalls nach § 139 I ZPO zu erfragen ist. Die **formlose Erklärung** des Mieters, dass er die Fortsetzung des Mietverhältnisses wolle, ist also schon erforderlich.

3 Auch eine förmliche **Widerklage** des Mieters ist zulässig[2]. Für sie genügt analog § 308a ZPO der Antrag, das Gericht möge die Fortsetzung des Mietverhältnisses bestimmen[3]. Der angebliche Mangel des Rechtsschutzinteresses ist hier unerheblich, weil das Gericht über die mit der Widerklage beantragte Fortsetzung des Mietverhältnisses ohnehin entscheiden muss.

2. Urteil

4 Insofern das Urteil ausspricht, für welche Dauer und zu welchen Bedingungen das Mietverhältnis fortgesetzt wird (§ 574a II), ist es ein **Gestaltungsurteil**[4] (→ *Gestaltungsklagen* Rn. 1). Dass ihm nach materiellem Recht ein Anspruch und kein Gestaltungsklagerecht zugrunde liegt[5], ist eine Besonderheit, die sich daraus erklärt, dass die gerichtliche Gestaltung an die Stelle einer gleichfalls möglichen vertraglichen Gestaltung tritt, auf die ein Anspruch besteht.

5 Das Urteil wird für vorläufig vollstreckbar erklärt (§ 708 Nr. 7 ZPO). Seine **Gestaltungswirkung** tritt aber bereits mit seinem Er-

---

1 MünchKommZPO/Musielak, § 308a, Rn. 3; Soergel/Heintzmann, § 556a, Rn. 31.
2 Ebenso Erman/Jendrek, § 556a, Rn. 18; Schlosser, Gestaltungsklagen, S. 123; Soergel/Heintzmann, § 556a, Rn. 31; Zöller/Vollkommer, § 308a, Rn. 3. **A. A.** MünchKommZPO/Musielak, § 308a, Rn. 8; Staudinger/Sonnenschein, § 556a, Rn. 81.
3 A. A. Soergel/Heintzmann, § 556a, Rn. 31.
4 Rosenberg/Schwab/Gottwald, § 94 II 3; Schlosser, Gestaltungsklagen, S. 54 f.; Soergel/Heintzmann, § 556a, Rn. 32; Staudinger/Sonnenschein, Rn. 82; Zöller/Vollkommer, § 308a, Rn. 3; str.
5 Habermeier, ZZP 105, 194; Schlosser, Gestaltungsklagen, S. 55.

lass ein¹; das Mietverhältnis wird von seinem regulären Ende an fortgesetzt².

III. Fortsetzungsrechtsstreit

Der Mieter kann seinen Fortsetzungsanspruch auch durch eine selbständige **Klage** geltend machen. Für sie genügt analog § 308a ZPO der Antrag, das Gericht möge die Fortsetzung des Mietverhältnisses bestimmen³.   6

Zur **Zuständigkeit** s. § 535, Rn. 4, 5.   7

Für das **Urteil** und seine Gestaltungswirkung gelten Rn. 4, 5 entsprechend.   8

Der Vermieter kann **Widerklage** auf Räumung erheben⁴.   9

IV. Gütliche Einigung

Im Räumungs- wie im Fortsetzungsrechtsstreit setzt das Gestaltungsurteil nach § 574a II voraus, dass zwischen den Parteien des Mietvertrags keine Einigung über die Fortsetzung des Mietverhältnisses zustande kommt. Auf diese gütliche Einigung hat das Gericht daher in erster Linie hinzuwirken (§ 278 I ZPO). Im Fortsetzungsrechtsstreit führt die gütliche Einigung zur Erledigung der Hauptsache.   10

Form und Frist des Widerspruchs

574b (1) ¹Der Widerspruch des Mieters gegen die Kündigung ist schriftlich zu erklären. ²Auf Verlangen des Vermieters soll der Mieter über die Gründe des Widerspruchs unverzüglich Auskunft erteilen.

---

1 A. A. Rosenberg/Schwab/Gottwald, § 94 II 3: mit der formellen Rechtskraft.
2 Schlosser, Gestaltungsklagen, S. 63; Soergel/Heintzmann, § 556a, Rn. 32; str.
3 MünchKommZPO/Musielak, § 308a, Rn. 2; Zöller/Vollkommer, § 308a, Rn. 2. **A. A.** Soergel/Heintzmann, § 556a, Rn. 31.
4 Staudinger/Sonnenschein, § 556a, Rn. 81.

§ 575   Zeitmietvertrag

(2) [1]Der Vermieter kann die Fortsetzung des Mietverhältnisses ablehnen, wenn der Mieter ihm den Widerspruch nicht spätestens zwei Monate vor der Beendigung des Mietverhältnisses erklärt hat. [2]Hat der Vermieter nicht rechtzeitig vor Ablauf der Widerspruchsfrist auf die Möglichkeit des Widerspruchs sowie auf dessen Form und Frist hingewiesen, so kann der Mieter den Widerspruch noch im ersten Termin des Räumungsrechtsstreits erklären.

(3) Eine zum Nachteil des Mieters abweichende Vereinbarung ist unwirksam.

1   Abs. 1 Satz 2 gibt dem Vermieter **keinen Anspruch** auf Auskunft. Dem Mieter drohen lediglich Kostennachteile, wenn er die Auskunft nicht erteilt (§ 93b II ZPO)[1].

2   Abs. 2 gibt dem Vermieter eine **Einrede** gegen den Fortsetzungsanspruch des Mieters aus § 574, deren Ausübung zur Folge hat, dass das formlose Fortsetzungsverlangen des Mieters im Räumungsprozess zurückgewiesen, seine Widerklage oder selbständige Fortsetzungsklage als unbegründet abgewiesen wird (wie § 214, s. dort).

Zeitmietvertrag

575 (1) [1]Ein Mietverhältnis kann auf bestimmte Zeit eingegangen werden, wenn der Vermieter nach Ablauf der Mietzeit

1. die Räume als Wohnung für sich, seine Familienangehörigen oder Angehörige seines Haushalts nutzen will,

2. in zulässiger Weise die Räume beseitigen oder so wesentlich verändern oder instand setzen will, dass die Maßnahmen durch eine Fortsetzung des Mietverhältnisses erheblich erschwert würden, oder

3. die Räume an einen zur Dienstleistung Verpflichteten vermieten will

und er dem Mieter den Grund der Befristung bei Vertragsschluss schriftlich mitteilt. [2]Anderenfalls gilt das Mietverhältnis als auf unbestimmte Zeit abgeschlossen.

(2) [1]Der Mieter kann vom Vermieter frühestens vier Monate vor Ablauf der Befristung verlangen, dass dieser ihm binnen eines Monats mitteilt, ob der Befristungsgrund noch besteht. [2]Erfolgt die

---

1 Erman/Jendrek, § 556a, Rn. 8.

Mitteilung später, so kann der Mieter eine Verlängerung des Mietverhältnisses um den Zeitraum der Verspätung verlangen.

(3) ¹Tritt der Grund der Befristung erst später ein, so kann der Mieter eine Verlängerung des Mietverhältnisses um einen entsprechenden Zeitraum verlangen. ²Entfällt der Grund, so kann der Mieter eine Verlängerung auf unbestimmte Zeit verlangen. ³Die Beweislast für den Eintritt des Befristungsgrundes und die Dauer der Verzögerung trifft den Vermieter.

(4) Eine zum Nachteil des Mieters abweichende Vereinbarung ist unwirksam.

Abs. 2 gibt dem Mieter gegen den Vermieter einen **Anspruch** auf eine bestimmte **Mitteilung**, d. h. auf → *Auskunft*. Zur Zuständigkeit s. § 535, Rn. 4, 5. 1

Abs. 2 Satz 2 und Abs. 3 geben dem Mieter gegen den Vermieter einen **Anspruch** auf **Verlängerung** des Mietverhältnisses, d. h. auf Einverständnis mit einer Verlängerung des Mietvertrags (wie § 574, s. dort). 2

Vertragstypische Pflichten beim Pachtvertrag

581 (1) ¹Durch den Pachtvertrag wird der Verpächter verpflichtet, dem Pächter den Gebrauch des verpachteten Gegenstands und den Genuss der Früchte, soweit sie nach den Regeln einer ordnungsmäßigen Wirtschaft als Ertrag anzusehen sind, während der Pachtzeit zu gewähren. ²Der Pächter ist verpflichtet, dem Verpächter die vereinbarte Pacht zu entrichten.

(2) Auf den Pachtvertrag mit Ausnahme des Landpachtvertrags sind, soweit sich nicht aus den §§ 582 bis 584b etwas anderes ergibt, die Vorschriften über den Mietvertrag entsprechend anzuwenden.

Inhaltsübersicht

A. Ansprüche des Pächters und des Verpächters 1	I. Anspruch 5
B. Zuständigkeit 3	II. Leistungsklage 6
C. Unterlassungsanspruch ... 5	1. Klageantrag 6
	2. Androhung von Ordnungsmitteln 8

III. Rechtsschutzinteresse 9
IV. Zuständigkeit 10
V. Materielle Rechtskraft und Zwangsvollstreckung 11
VI. Einstweiliger Rechtsschutz . 12
D. Beseitigungsanspruch 13
E. Erlaubnisanspruch 19
F. Zwangsvollstreckung durch Dritte 23

A. Ansprüche des Pächters und des Verpächters

1 § 581 I Satz 1 gibt dem Pächter gegen den Verpächter einen **Anspruch** auf **Gewährung des Gebrauchs und des Fruchtgenusses**. Darunter sind verschiedenartige Leistungen zu verstehen, namentlich:
– Herausgabe des Pachtgegenstandes, d. h. bei Sachen Einräumung des unmittelbaren Besitzes (→ *Besitzeinräumung* Rn. 1);
– Schaffung eines vertragsgemäßen Zustandes (wie § 535, Rn. 27 ff.);
– Unterlassung der Besitzentziehung und anderer Handlungen des Verpächters, welche die Gewährungspflicht verletzen (Rn. 5 ff.);
– Beseitigung von Beeinträchtigungen des Gebrauchs oder des Fruchtgenusses seitens des Verpächters oder Dritter (Rn. 13 ff.);
– Erlaubnis von Verbesserungen des Pachtgegenstandes und anderer Handlungen des Pächters, die den Gebrauch oder Fruchtgenuss fördern (Rn. 19 ff.).

2 § 581 I Satz 2 gibt dem Verpächter gegen den Pächter einen **Anspruch** auf Entrichtung des **Pachtzinses**, das ist in der Regel ein Zahlungsanspruch[1] (→ *Zahlung* Rn. 1).

B. Zuständigkeit

3 **Sachlich zuständig** sind die Amtsgerichte oder die Landgerichte, je nach Streitwert (§§ 23 Nr. 1, 71 I GVG). Der Streitwert bemisst sich nach § 8 ZPO, falls das Bestehen oder die Dauer des Pachtverhältnisses streitig ist, andernfalls nach den für die einzelnen Anspruchsgrundlagen geltenden Regeln. § 23 Nr. 2a GVG ist nicht anwendbar.

4 Bei allen Ansprüchen aus einem Pachtverhältnis über Räume richtet sich die **örtliche Zuständigkeit** ausschließlich nach §§ 29a, 40 II ZPO.

---

1 Staudinger/Sonnenschein, 13. Bearb., Rn. 177.

C. Unterlassungsanspruch

I. Anspruch

Der Anspruch des Pächters auf Gebrauchsgewährung umfasst einen 5
Anspruch auf Unterlassung solcher Handlungen des Verpächters,
welche die Gebrauchsgewährungspflicht verletzen. Im Falle einer
Doppelverpachtung ist der zweite Pachtvertrag zwar im Verhältnis
zum Zweitpächter gültig. Durch ihn verletzt der Verpächter aber
seine Gebrauchsgewährungspflicht gegenüber dem Erstpächter. Daher kann der Erstpächter von dem Verpächter verlangen, dass dieser
den Abschluss oder die Erfüllung des Zweitpachtvertrags unterlässt[1].

II. Leistungsklage

1. Klageantrag

Eine wegen des Unterlassungsanspruchs erhobene Klage muss in 6
dem Klageantrag **bestimmt angeben**, welche Handlungen unterbleiben sollen (§ 253 II Nr. 2 ZPO). Die vom Kläger angegebenen Handlungen müssen so bestimmt sein, dass der Beklagte und das Vollstreckungsorgan (§ 890 ZPO) dem Klage stattgebenden Urteil entnehmen können, ob eine konkrete Handlung verboten ist. Diese
Frage muss sich also durch Auslegung des Urteils beantworten
lassen, ohne dass eine erneute Entscheidung über den Umfang des
Unterlassungsanspruchs erforderlich ist. Dabei ist zu berücksichtigen, „dass der Verletzer sich nicht durch jede Änderung der Verletzungsform dem Verbotsurteil entziehen kann, sondern dass solche
Änderungen, die den Kern der Verletzungsform unberührt lassen,
von der Rechtskraftwirkung mitumfasst werden können"[2].

Ist der Klageantrag *unbestimmt*, wird die Klage nach § 253 II Nr. 2 7
ZPO abgewiesen. Ist der Klageantrag *zu weit*, weil in so weitem

---

[1] Ebmeier/Schöne, Rn. 602. **A. A.** zu Unrecht Brandenburgisches OLG, MDR 1998, 98, das einen Erstmieter auf eine „Grunddienstbarkeit" verweist, obwohl er gar nicht gegen den – nur indirekt betroffenen – Zweitmieter, sondern gegen seinen Vertragspartner vorgeht. Mit dieser – Schuld- und Sachenrecht verwechselnden – Begründung durfte das OLG die beantragte Untersagungsverfügung nicht ablehnen.
[2] BGHZ 5, 193 f.; MünchKommZPO/Lüke, § 253, Rn. 133 ff.; Rüßmann, FS Lüke, S. 683 ff.; Stein/Jonas/Schumann, § 253, Rn. 59 f. Kritisch Schubert, ZZP 85, 29, 36, der lediglich Äquivalente oder Nachahmungen für mitverboten hält (S. 49 ff.). Vgl. auch Zöller/Greger, § 253, Rn. 13b.

Umfang keine Beeinträchtigungsgefahr oder kein Unterlassungsanspruch besteht, muss der Kläger mit einer vollständigen Abweisung rechnen. Daher sollte er das Verbot der konkreten Verletzungshandlung eigens beantragen, um wenigstens insoweit zu siegen. Ist der Klageantrag *zu eng*, kann das Urteil den Streit der Parteien nicht umfassend beilegen (§ 308 I Satz 1 ZPO). In allen diesen Fällen hat das Gericht auf einen **sachdienlichen** Antrag hinzuwirken (§ 139 I Satz 2 ZPO), der regelmäßig auch im Interesse des Beklagten liegt[1].

2. Androhung von Ordnungsmitteln

8 Damit die in § 890 II ZPO für die Zwangsvollstreckung vorausgesetzte Androhung von Ordnungsmitteln schon in das Urteil aufgenommen wird, muss der Kläger der Unterlassungsklage den Antrag hinzufügen, das Gericht möge erkennen: „Dem Beklagten wird für jede Zuwiderhandlung ein Ordnungsgeld bis zu 250 000 Euro oder Ordnungshaft bis zu sechs Monaten angedroht".[2]

III. Rechtsschutzinteresse

9 Das Rechtsschutzinteresse (Rechtsschutzgrund) hängt wie bei anderen Unterlassungsklagen von der Gefahr der erstmaligen oder wiederholten Zuwiderhandlung ab (vgl. z. B. § 12, Rn. 19 ff.).

IV. Zuständigkeit

10 Zur Zuständigkeit s. Rn. 3, 4. Der Streitwert bemisst sich, wenn nicht nach § 8 ZPO, nach dem Interesse des Klägers an dem Verbot (§ 3 ZPO)[3].

V. Materielle Rechtskraft und Zwangsvollstreckung

11 Zur materiellen Rechtskraft s. § 535, Rn. 12 ff. Die Zwangsvollstreckung richtet sich nach § 890 ZPO[4]. Das in dem Titel enthaltene Unterlassungsgebot (Handlungsverbot), das bestimmt sein muss[5], erfasst nach der Rechtsprechung alle Handlungen, die gegen

---

1 Teplitzky, FS Oppenhoff, S. 488 f.
2 Ähnlich Schuschke, § 890, Rn. 16.
3 Stein/Jonas/Roth, § 3, Rn. 61, „Unterlassungsanspruch".
4 Zu dem Fall, dass der Titel auch auf ein *Tun* gerichtet ist, vgl. § 1004, Rn. 25 ff.
5 Schubert, ZZP 85, 29, Fn. 4, 16; Stein/Jonas/Brehm, § 890, Rn. 9 ff.

den Kern des Verbots verstoßen[1]. Zweifel kann sowohl der Gläubiger als auch der Schuldner durch Feststellungsurteil nach § 256 I ZPO klären lassen[2].

VI. Einstweiliger Rechtsschutz

Eine einstweilige Verfügung, die dem Antragsgegner aufgibt, eine bestimmte Handlung vorerst zu unterlassen, führt in dem Zeitraum, für den sie gilt, zur Befriedigung des Unterlassungsanspruchs[3] und ist deshalb nach § 940 ZPO nur zulässig, wenn der Schaden, der dem Antragsteller ohne die Anordnung droht, nicht geringer ist als der Schaden, der dem Antragsgegner durch die Anordnung entsteht[4] (→ *Zahlung* Rn. 40). 12

D. Beseitigungsanspruch

Der **Anspruch** auf Gebrauchsgewährung umfasst ferner einen Anspruch auf Beseitigung von Gebrauchsbeeinträchtigungen seitens des Verpächters oder Dritter. 13

Eine **Leistungsklage** muss nach § 253 II Nr. 2 ZPO die Verurteilung des Beklagten beantragen, die möglichst genau beschriebene Beeinträchtigung durch geeignete Maßnahmen zu beseitigen. Die Auswahl der geeigneten Maßnahmen bleibt Sache des Beklagten; darüber wird in Klage und Urteil grundsätzlich nichts gesagt[5]. 14

Zur **Zuständigkeit** s. Rn. 3, 4. Der Streitwert bemisst sich, wenn nicht nach § 8 ZPO, nach dem Interesse des Klägers an der Beseitigung (§ 3 ZPO)[6]. 15

---

1 Vgl. MünchKommZPO/Schilken, § 890, Rn. 7; Zöller/Stöber, § 890, Rn. 3a (zustimmend). S. auch oben, Rn. 6.
2 Rüßmann, FS Lüke, S. 687 ff.
3 Stein/Jonas/Grunsky, vor § 935, Rn. 46.
4 Vgl. Schilken, Befriedigungsverfügung, S. 154 f.; Stein/Jonas/Grunsky, vor § 935, Rn. 49a. Enger MünchKommZPO/Heinze, vor § 916, Rn. 79 ff. Die Rechtsprechung erlässt unbedenklich einstweilige Unterlassungs-Verfügungen zur „Sicherung" von Unterlassungsansprüchen. So z. B. OLG München, NJW 1971, 845 wegen einer Ehrverletzung. Weitere Rechtsprechungsnachweise bei Stein/Jonas/Grunsky, vor § 935, Rn. 48; Zöller/Vollkommer, § 940, Rn. 8, „Mietrecht".
5 Vgl. MünchKommBGB/Medicus, § 1004, Rn. 86 f.; Staudinger/Gursky, 14. Bearb. 1999, § 1004, Rn. 227.
6 Stein/Jonas/Roth, § 3, Rn. 41, „Abwehrklage".

16 Die **Zwangsvollstreckung** richtet sich nach §§ 887, 892 ZPO oder nach § 888 I ZPO, je nachdem, ob dem Schuldner eine vertretbare oder eine unvertretbare Handlung aufgegeben wird[1].

17 Droht der zu beseitigende Zustand sich durch Handlungen des Schuldners zu verfestigen, so kann dem Schuldner diese Verfestigung durch **einstweilige Verfügung** nach § 935 ZPO verboten werden (§ 938 II ZPO).

18 Eine einstweilige Verfügung, die dem Antragsgegner die Beseitigung einer Beeinträchtigung aufgibt, ist als eine über die bloße Anspruchssicherung hinausgehende Befriedigungsverfügung nach § 940 ZPO nur zulässig, wenn der Schaden, der dem Antragsteller ohne die Anordnung droht, nicht geringer ist als der Schaden, der dem Antragsgegner durch die Anordnung entsteht (→ *Zahlung* Rn. 40)[2].

E. Erlaubnisanspruch

19 Der Anspruch auf Gebrauchsgewährung umfasst auch einen **Anspruch** auf Erlaubnis gebrauchsfördernder Handlungen des Pächters.

20 Eine **Leistungsklage** müsste z. B. die Verurteilung des Beklagten beantragen, dem Kläger eine bestimmte Benutzung zu erlauben.

21 Zur **Zuständigkeit** s. Rn. 3, 4. Der Streitwert bemisst sich, wenn nicht nach § 8 ZPO, nach dem Interesse des Klägers an der Erlaubnis (§ 3 ZPO).

22 Die **Zwangsvollstreckung** richtet sich nach § 894 I ZPO.

F. Zwangsvollstreckung durch Dritte

23 Ein **Geldgläubiger des Verpächters** kann dessen **Pachtzinsforderung** pfänden und sich zur Einziehung überweisen lassen (§§ 829 ff., 846 f., 851b ZPO). Auf die **Früchte** kann er nicht zugreifen, weil sie sich im Gewahrsam des Pächters befinden, der nicht zur Herausgabe bereit sein wird (§ 809 ZPO); deshalb ist auch eine Pfändung

---

1 Zu Dauerpflichten s. Stein/Jonas/Brehm, § 887, Rn. 11 f.
2 Vgl. auch Zöller/Vollkommer, § 940, Rn. 8, „Mietrecht".

nach § 810 ZPO unzulässig[1]. Gegen eine Verletzung des § 809 ZPO steht dem Pächter primär die Vollstreckungserinnerung zu (§ 766 ZPO), nicht bloß die Drittwiderspruchsklage[2]. Betreibt der Gläubiger die Zwangsversteigerung oder Zwangsverwaltung des **Grundstücks**, so werden die dem Pächter zustehenden ungetrennten Früchte nicht mitbeschlagnahmt (§§ 21 III, 148 I Satz 1 ZVG), ebenso wenig die getrennten Früchte, wenn sie in das Eigentum des Pächters gelangt sind (§§ 20 II, 146 I ZVG i. V. m. § 1120 BGB). Der Pachtvertrag bleibt wirksam (§§ 57, 152 II ZVG).

Ein **Geldgläubiger des Pächters** kann die **Früchte** im Gewahrsam des Pächters pfänden lassen (§§ 808, 811 Nr. 4 ZPO), und zwar schon einen Monat vor der gewöhnlichen Zeit der Reife (§ 810 ZPO). Der Verpächter kann als Eigentümer nicht Drittwiderspruchsklage nach § 771 ZPO erheben, weil die Früchte nach der Trennung in das Vermögen des Pächters fallen[3]. Er kann aber auf Grund seines Verpächterpfandrechts auf vorzugsweise Befriedigung aus den Früchten klagen (§ 805 ZPO)[4]. Die Pfändung einer **Forderung** des Pächters aus dem Verkauf der Früchte kann nach § 851a ZPO aufgehoben werden. 24

Erhaltung des Inventars

582 (1) Wird ein Grundstück mit Inventar verpachtet, so obliegt dem Pächter die Erhaltung der einzelnen Inventarstücke.

(2) ¹Der Verpächter ist verpflichtet, Inventarstücke zu ersetzen, die infolge eines vom Pächter nicht zu vertretenden Umstands in Abgang kommen. ²Der Pächter hat jedoch den gewöhnlichen Abgang der zum Inventar gehörenden Tiere insoweit zu ersetzen, als dies einer ordnungsmäßigen Wirtschaft entspricht.

---

1 Stein/Jonas/Münzberg, § 810, Rn. 4; Zöller/Stöber, § 810, Rn. 5. Das verkennt MünchKommBGB/Voelskow, vor § 581, Rn. 37.
2 Staudinger/Emmerich, 12. Aufl., vor § 581, Rn. 153; Stein/Jonas/Münzberg, § 809, Rn. 12; Zöller/Stöber, § 809, Rn. 9. Das verkennt MünchKommBGB/Voelskow, vor § 581, Rn. 37.
3 Vgl. Staudinger/Emmerich, 12. Aufl., vor § 581, Rn. 151; Stein/Jonas/Münzberg, § 810, Rn. 5; str.
4 Staudinger/Emmerich, 12. Aufl., vor § 581, Rn. 151; Stein/Jonas/Münzberg, § 810, Rn. 6; Zöller/Stöber, § 810, Rn. 10.

§ 582a — Inventarübernahme zum Schätzwert

1 § 582 I gibt dem Verpächter gegen den Pächter einen **Anspruch** auf **Erhaltung** der Inventarstücke, namentlich auf Reparatur (wie § 439, Rn. 19 ff.). Zur Zuständigkeit s. § 581, Rn. 3, 4.

2 § 582 II gibt dem Pächter gegen den Verpächter einen **Anspruch** auf **Ersatz** von Inventarstücken, d. h. auf → *Besitzeinräumung* (Rn. 1). Zur Zuständigkeit s. § 581, Rn. 3, 4.

3 § 582 II Satz 2 gibt dem Verpächter gegen den Pächter einen **Anspruch auf Ersatz** von Tieren. Der Pächter ist verpflichtet, gleichartige Tiere anzuschaffen und in das Inventar einzuverleiben; dadurch erlangt der Verpächter das Eigentum[1]. Daher gelten die Bemerkungen zu § 582a, Rn. 2 ff. entsprechend.

Inventarübernahme zum Schätzwert

§ 582a (1) ¹Übernimmt der Pächter eines Grundstücks das Inventar zum Schätzwert mit der Verpflichtung, es bei Beendigung des Pachtverhältnisses zum Schätzwert zurückzugewähren, so trägt er die Gefahr des zufälligen Untergangs und der zufälligen Verschlechterung des Inventars. ²Innerhalb der Grenzen einer ordnungsmäßigen Wirtschaft kann er über die einzelnen Inventarstücke verfügen.

(2) ¹Der Pächter hat das Inventar in dem Zustand zu erhalten und in dem Umfang laufend zu ersetzen, der den Regeln einer ordnungsmäßigen Wirtschaft entspricht. ²Die von ihm angeschafften Stücke werden mit der Einverleibung in das Inventar Eigentum des Verpächters.

(3) ¹Bei Beendigung des Pachtverhältnisses hat der Pächter das vorhandene Inventar dem Verpächter zurückzugewähren. ²Der Verpächter kann die Übernahme derjenigen von dem Pächter angeschafften Inventarstücke ablehnen, welche nach den Regeln einer ordnungsmäßigen Wirtschaft für das Grundstück überflüssig oder zu wertvoll sind; mit der Ablehnung geht das Eigentum an den abgelehnten Stücken auf den Pächter über. ³Besteht zwischen dem Gesamtschätzwert des übernommenen und dem des zurückzugewährenden Inventars ein Unterschied, so ist dieser in Geld auszugleichen. ⁴Den Schätzwerten sind die Preise im Zeitpunkt der Beendigung des Pachtverhältnisses zugrunde zu legen.

---

1 MünchKommBGB/Voelskow, Rn. 4.

Inventarübernahme zum Schätzwert § 582a

I. Anspruch auf Erhaltung

§ 582a II Satz 1 gibt dem Verpächter gegen den Pächter einen Anspruch auf Erhaltung des Inventars, namentlich auf Reparatur (wie § 439, Rn. 19 ff.). Zur Zuständigkeit s. § 581, Rn. 3, 4.   1

II. Anspruch auf Ersatz

§ 582a II Satz 1 gibt dem Verpächter gegen den Pächter ferner einen Anspruch auf Ersatz des Inventars. Der Pächter ist verpflichtet, gleichartige Ersatzstücke anzuschaffen und in das Inventar einzuverleiben; dadurch erlangt der Verpächter das Eigentum (§ 582a II Satz 2). Der Pächter ist berechtigt, aber nicht verpflichtet, Ersatzstücke, die ihm bereits gehören, in das Inventar einzuverleiben.   2

Demgemäß muss eine **Leistungsklage** die Verurteilung des Beklagten beantragen, für näher bezeichnete Inventarstücke gleichartigen Ersatz anzuschaffen und in das Inventar einzuverleiben.   3

Sachlich zuständig sind die Amtsgerichte oder die Landgerichte, je nach Streitwert (§§ 23 Nr. 1, 71 I GVG). Der Streitwert bemisst sich nach § 8 ZPO, falls das Bestehen oder die Dauer des Pachtverhältnisses streitig ist, andernfalls nach dem Wert der Ersatzstücke (§ 6 Satz 1 ZPO). § 23 Nr. 2a GVG ist nicht anwendbar.   4

Bei allen Ansprüchen aus einem Pachtverhältnis über Räume richtet sich die **örtliche Zuständigkeit** ausschließlich nach §§ 29a, 40 II ZPO.   5

Die **Zwangsvollstreckung** richtet sich nach § 887 ZPO. Der Verpächter schafft auf Kosten des Pächters Ersatzstücke an und verleibt sie dem Inventar ein. Eine bloße „Herausgabe oder Leistung von Sachen" im Sinne des § 887 III ZPO schuldet der Pächter nicht, da er die Ersatzstücke zunächst anzuschaffen hat.   6

III. Anspruch auf Rückgewähr

§ 582a III Satz 1 gibt dem Verpächter gegen den Pächter einen Anspruch auf Rückgewähr des Inventars, d. h. auf → *Besitzeinräumung* (Rn. 1). Zur Zuständigkeit s. § 581, Rn. 3, 4.   7

IV. Anspruch auf Wertausgleich

8   § 582a III Satz 3 gibt dem Verpächter gegen den Pächter, oder umgekehrt, einen Anspruch auf Wertausgleich in Geld, also einen Zahlungsanspruch (→ *Zahlung* Rn. 1). Zur Zuständigkeit s. § 581, Rn. 3, 4.

Begriff des Landpachtvertrags

585 (1) ¹Durch den Landpachtvertrag wird ein Grundstück mit den seiner Bewirtschaftung dienenden Wohn- oder Wirtschaftsgebäuden (Betrieb) oder ein Grundstück ohne solche Gebäude überwiegend zur Landwirtschaft verpachtet. ²Landwirtschaft sind die Bodenbewirtschaftung und die mit der Bodennutzung verbundene Tierhaltung, um pflanzliche oder tierische Erzeugnisse zu gewinnen, sowie die gartenbauliche Erzeugung.

(2) Für Landpachtverträge gelten § 581 Abs. 1 und die §§ 582 bis 583a sowie die nachfolgenden besonderen Vorschriften.

(3) Die Vorschriften über Landpachtverträge gelten auch für Pachtverhältnisse über forstwirtschaftliche Grundstücke, wenn die Grundstücke zur Nutzung in einem überwiegend landwirtschaftlichen Betrieb verpachtet werden.

1   Landpachtsachen werden teils im Verfahren der freiwilligen Gerichtsbarkeit (§ 9 i. V. m. § 1 Nr. 1 LwVG), teils in einem streitigen Verfahren nach den Regeln der ZPO entschieden (§ 48 I Satz 1 LwVG). Da in diesem Kommentar nur die *zivilprozessrechtlichen* Probleme des BGB erörtert werden, beschränkt sich die folgende Kommentierung auf die im **streitigen Verfahren** geltend zu machenden Rechte.

2   **Sachlich zuständig** sind hier ausschließlich die Amtsgerichte als Landwirtschaftsgerichte (§ 2 I Sätze 1, 2 LwVG, § 40 II ZPO).

3   **Örtlich zuständig** ist grundsätzlich das Amtsgericht, in dessen Bezirk die Hofstelle liegt (§ 48 I Sätze 1, 2 i. V. m. § 10 LwVG).

Vertragstypische Pflichten beim Landpachtvertrag

586 (1) ¹Der Verpächter hat die Pachtsache dem Pächter in einem zu der vertragsmäßigen Nutzung geeigneten Zustand zu überlassen und sie während der Pachtzeit in diesem Zustand zu erhalten. ²Der Pächter hat jedoch die gewöhnlichen Ausbesserungen der Pachtsache, insbesondere die der Wohn- und Wirtschaftsgebäude, der Wege, Gräben, Dränungen und Einfriedigungen, auf seine Kosten durchzuführen. ³Er ist zur ordnungsmäßigen Bewirtschaftung der Pachtsache verpflichtet.

(2) Für die Haftung des Verpächters für Sach- und Rechtsmängel der Pachtsache sowie für die Rechte und Pflichten des Pächters wegen solcher Mängel gelten die Vorschriften des § 536 Abs. 1 bis 3 und der §§ 536a bis 536d entsprechend.

I. Ansprüche des Pächters

§ 586 I Satz 1 gibt dem Pächter gegen den Verpächter einen **Anspruch** auf **Überlassung der Pachtsache**, d. h. auf → *Besitzeinräumung* (Rn. 1). 1

§ 586 I Satz 1 gibt dem Pächter gegen den Verpächter ferner einen Anspruch auf Schaffung und Erhaltung eines **vertragsgemäßen Zustandes** der Pachtsache (wie § 535, Rn. 27 ff.). 2

Zur **Zuständigkeit** s. § 585, Rn. 2, 3. 3

II. Ansprüche des Verpächters

1. Anspruch auf Ausbesserungen

§ 586 I Satz 2 gibt dem Verpächter gegen den Pächter einen **Anspruch** auf Durchführung von Ausbesserungen (wie § 439, Rn. 19 ff.). 4

Zur **Zuständigkeit** s. § 585, Rn. 2, 3. 5

2. Anspruch auf Bewirtschaftung

§ 586 I Satz 3 gibt dem Verpächter gegen den Pächter einen **Anspruch** auf ordnungsgemäße Bewirtschaftung der Pachtsache. 6

Eine **Leistungsklage** müsste die Verurteilung des Beklagten zur Vornahme bestimmter ordnungsgemäßer Handlungen oder zur Unter- 7

§ 590a

lassung bestimmter ordnungswidriger Handlungen beantragen (§ 253 II Nr. 2 ZPO).

8 Zur **Zuständigkeit** s. § 585, Rn. 2, 3.

9 Die **Zwangsvollstreckung** richtet sich nach § 888 I oder § 890 ZPO.

Vertragswidriger Gebrauch

590a Macht der Pächter von der Pachtsache einen vertragswidrigen Gebrauch und setzt er den Gebrauch ungeachtet einer Abmahnung des Verpächters fort, so kann der Verpächter auf Unterlassung klagen.

1 § 590a gibt dem Verpächter gegen den Pächter einen **Anspruch** auf **Unterlassung** vertragswidrigen Gebrauchs (wie § 541, s. dort).

2 Zur **Zuständigkeit** s. § 585, Rn. 2, 3.

Notwendige Verwendungen

590b Der Verpächter ist verpflichtet, dem Pächter die notwendigen Verwendungen auf die Pachtsache zu ersetzen.

1 § 590b gibt dem Pächter gegen den Verpächter einen **Anspruch** auf **Verwendungsersatz** im Sinne des § 257[1] (s. dort).

2 Zur **Zuständigkeit** s. § 585, Rn. 2, 3.

Rückgabe der Pachtsache

596 (1) Der Pächter ist verpflichtet, die Pachtsache nach Beendigung des Pachtverhältnisses in dem Zustand zurückzugeben, der einer bis zur Rückgabe fortgesetzten ordnungsmäßigen Bewirtschaftung entspricht.

---

1 Vgl. MünchKommBGB/Krüger, 4. Aufl., § 256, Rn. 4.

§ 596a

(2) Dem Pächter steht wegen seiner Ansprüche gegen den Verpächter ein Zurückbehaltungsrecht am Grundstück nicht zu.

(3) Hat der Pächter die Nutzung der Pachtsache einem Dritten überlassen, so kann der Verpächter die Sache nach Beendigung des Pachtverhältnisses auch von dem Dritten zurückfordern.

§ 596 I, III gibt dem Verpächter gegen den Pächter und gegen einen Dritten **Ansprüche** auf **Rückgabe** der Pachtsache, für welche die Bemerkungen zu § 546 entsprechend gelten. 1

Hat die Pachtsache nicht den vorgeschriebenen Zustand, so kann ein **Anspruch** des Verpächters gegen den Pächter auf → *Schadensersatz* (Rn. 1) begründet sein[1]. 2

Zur **Zuständigkeit** s. § 585, Rn. 2, 3. 3

Ersatzpflicht bei vorzeitigem Pachtende

596a **(1)** ¹Endet das Pachtverhältnis im Laufe eines Pachtjahrs, so hat der Verpächter dem Pächter den Wert der noch nicht getrennten, jedoch nach den Regeln einer ordnungsmäßigen Bewirtschaftung vor dem Ende des Pachtjahrs zu trennenden Früchte zu ersetzen. ²Dabei ist das Ernterisiko angemessen zu berücksichtigen.

(2) Lässt sich der in Absatz 1 bezeichnete Wert aus jahreszeitlich bedingten Gründen nicht feststellen, so hat der Verpächter dem Pächter die Aufwendungen auf diese Früchte insoweit zu ersetzen, als sie einer ordnungsmäßigen Bewirtschaftung entsprechen.

(3) ¹Absatz 1 gilt auch für das zum Einschlag vorgesehene, aber noch nicht eingeschlagene Holz. ²Hat der Pächter mehr Holz eingeschlagen, als bei ordnungsmäßiger Nutzung zulässig war, so hat er dem Verpächter den Wert der die normale Nutzung übersteigenden Holzmenge zu ersetzen. ³Die Geltendmachung eines weiteren Schadens ist nicht ausgeschlossen.

§ 596a II gibt dem Pächter gegen den Verpächter einen **Anspruch** auf **Aufwendungsersatz** im Sinne des § 257 (s. dort). 1

Zur **Zuständigkeit** s. § 585, Rn. 2, 3. 2

---

1 MünchKommBGB/Voelskow, Rn. 2.

Rücklassungspflicht

596b (1) Der Pächter eines Betriebs hat von den bei Beendigung des Pachtverhältnisses vorhandenen landwirtschaftlichen Erzeugnissen so viel zurückzulassen, wie zur Fortführung der Wirtschaft bis zur nächsten Ernte nötig ist, auch wenn er bei Beginn des Pachtverhältnisses solche Erzeugnisse nicht übernommen hat.

(2) Soweit der Pächter nach Absatz 1 Erzeugnisse in größerer Menge oder besserer Beschaffenheit zurückzulassen verpflichtet ist, als er bei Beginn des Pachtverhältnisses übernommen hat, kann er vom Verpächter Ersatz des Wertes verlangen.

1 Abs. 1 gibt dem Verpächter gegen den Pächter einen **Anspruch** auf **Zurücklassung** landwirtschaftlicher Erzeugnisse, d. h. auf → *Übereignung*[1] (Rn. 1).

2 Abs. 2 gibt dem Pächter gegen den Verpächter einen **Anspruch** auf **Wertersatz**, also einen Zahlungsanspruch[2] (→ *Zahlung* Rn. 1), den er nach §§ 273 f. (s. dort) dem Übereignungsanspruch des Verpächters entgegenhalten kann[3].

3 Zur **Zuständigkeit** s. § 585, Rn. 2, 3.

Vertragstypische Pflichten bei der Leihe

598 Durch den Leihvertrag wird der Verleiher einer Sache verpflichtet, dem Entleiher den Gebrauch der Sache unentgeltlich zu gestatten.

§ 598 gibt dem Entleiher gegen den Verleiher einen **Anspruch** auf **Gestattung** des Gebrauchs, d. h. auf tatsächliche Ermöglichung. Der Verleiher muss dem Entleiher den unmittelbaren Besitz der Leihsache einräumen (→ *Besitzeinräumung* Rn. 1) und Handlungen, welche die Gebrauchsgestattungspflicht verletzen, unterlassen[4] (wie § 535, Rn. 6 ff.).

---

1 Palandt/Putzo, Rn. 1.
2 Palandt/Putzo, Rn. 2.
3 Palandt/Putzo, Rn. 2.
4 Palandt/Putzo, Rn. 6.

Rückgabepflicht

604 (1) Der Entleiher ist verpflichtet, die geliehene Sache nach dem Ablaufe der für die Leihe bestimmten Zeit zurückzugeben.

(2) ¹Ist eine Zeit nicht bestimmt, so ist die Sache zurückzugeben, nachdem der Entleiher den sich aus dem Zweck der Leihe ergebenden Gebrauch gemacht hat. ²Der Verleiher kann die Sache schon vorher zurückfordern, wenn so viel Zeit verstrichen ist, dass der Entleiher den Gebrauch hätte machen können.

(3) Ist die Dauer der Leihe weder bestimmt noch aus dem Zweck zu entnehmen, so kann der Verleiher die Sache jederzeit zurückfordern.

(4) Überlässt der Entleiher den Gebrauch der Sache einem Dritten, so kann der Verleiher sie nach der Beendigung der Leihe auch von dem Dritten zurückfordern.

(5) Die Verjährung des Anspruchs auf Rückgabe der Sache beginnt mit der Beendigung der Leihe.

§ 604 I, IV gibt dem Verleiher gegen den Entleiher und gegen einen Dritten **Ansprüche** auf **Rückgabe** der Leihsache (wie § 546, s. dort). Auf Leihverhältnisse anwendbar ist auch § 721 ZPO[1], nicht dagegen § 23 Nr. 2a GVG[2] und § 29a ZPO[3].

Vertragstypische Pflichten beim Sachdarlehensvertrag

607 (1) ¹Durch den Sachdarlehensvertrag wird der Darlehensgeber verpflichtet, dem Darlehensnehmer eine vereinbarte vertretbare Sache zu überlassen. ²Der Darlehensnehmer ist zur Zahlung eines Darlehensentgelts und bei Fälligkeit zur Rückerstattung von Sachen gleicher Art, Güte und Menge verpflichtet.

(2) Die Vorschriften dieses Titels finden keine Anwendung auf die Überlassung von Geld.

---

1 MünchKommZPO/Krüger, § 721, Rn. 2.
2 Kissel, § 23, Rn. 24.
3 Wieczorek/Hausmann, § 29a, Rn. 27.

§ 611 Vertragstypische Pflichten beim Dienstvertrag

1 § 607 I Satz 1 gibt dem Darlehensnehmer gegen den Darlehensgeber einen **Anspruch** auf **Überlassung** der vereinbarten Sache, d. h. auf → *Besitzeinräumung* und → *Übereignung*.

2 § 607 I Satz 2 gibt dem Darlehensgeber gegen den Darlehensnehmer **Ansprüche** auf → *Zahlung* des Entgelts und auf **Rückerstattung** des Empfangenen, d. h. auf → *Besitzeinräumung* und → *Übereignung*.

Vertragstypische Pflichten beim Dienstvertrag

611 (1) Durch den Dienstvertrag wird derjenige, welcher Dienste zusagt, zur Leistung der versprochenen Dienste, der andere Teil zur Gewährung der vereinbarten Vergütung verpflichtet.
(2) Gegenstand des Dienstvertrags können Dienste jeder Art sein.

Inhaltsübersicht

A. Dienstleistungsanspruch . . 1	b) Befriedigung des Dienstleistungsanspruchs 12
I. Anspruch 1	2. Gesuch 13
II. Leistungsklage 2	3. Zuständigkeit 14
III. Rechtsschutzinteresse 3	4. Arbeitsgerichtliches Verfahren 17
IV. Zuständigkeit und Verfahrensart 4	B. Vergütungsanspruch 18
V. Zwangsvollstreckung 6	I. Anspruch 18
1. Titel aus Zivilprozess . . . 6	II. Leistungsklage 19
2. Titel aus Arbeitsgerichtsprozess 8	III. Zuständigkeit und Verfahrensart 22
VI. Einstweiliger Rechtsschutz . 9	IV. Zwangsvollstreckung . . . 24
1. Verfügung und Verfügungsgrund 9	V. Einstweiliger Rechtsschutz . 25
a) Sicherung des Dienstleistungsanspruchs . . . 10	1. Arrest 25
	2. Einstweilige Verfügung . . 27

A. Dienstleistungsanspruch

I. Anspruch

§ 611 I gibt dem Dienstberechtigten gegen den Dienstverpflichteten, z. B. dem Arbeitgeber gegen den Arbeitnehmer, einen Anspruch auf Leistung der versprochenen Dienste[1].

II. Leistungsklage

Eine Leistungsklage müsste z. B. die Verurteilung des Beklagten beantragen, seine Tätigkeit als Unternehmens- und Betriebsberater bei der Klägerin wieder aufzunehmen[2].

III. Rechtsschutzinteresse

Das Rechtsschutzinteresse (Rechtsschutzgrund) an der Verurteilung zu einer unvertretbaren Handlung fehlt nicht deshalb, weil das Urteil nach § 888 III ZPO nicht vollstreckbar ist (Rn. 6)[3]. Denn auch ein nicht vollstreckbares Urteil kann durch seine Autorität oder Überzeugungskraft den Beklagten zu der geschuldeten Leistung bewegen und so seinen Zweck erfüllen[4]. Ebenso kann ein nicht vollstreckbares Urteil wie ein Feststellungsurteil die Rechtslage klären[5], indem es den Dienstleistungsanspruch als Voraussetzung eines Schadensersatzanspruchs materiell-rechtskräftig feststellt.

IV. Zuständigkeit und Verfahrensart

Für Klagen eines **Arbeitgebers** gegen einen Arbeitnehmer wegen eines Dienstleistungsanspruchs aus dem Arbeitsverhältnis sind die Gerichte für Arbeitssachen ausschließlich zuständig (§ 2 I Nr. 3a ArbGG, „Zulässigkeit des Arbeitsrechtswegs"). Im ersten Rechtszug sind unabhängig von dem Streitwert stets die Arbeitsgerichte

---

[1] Zum Beschäftigungsanspruch des Arbeitnehmers s. MünchKommZPO/Heinze, § 935, Rn. 51 ff.; Stein/Jonas/Grunsky, vor § 935, Rn. 56 ff.; Walker, Rechtsschutz, Rn. 675 ff.; Zöller/Vollkommer, § 940, Rn. 8, „Arbeitsrecht".
[2] BAG 11, 252.
[3] W. Blomeyer, MünchArbR, § 50, Rn. 1; Lüke, FS Wolf, S. 460; Wieser, Rechtsschutzinteresse, S. 112; str.
[4] Vgl. LAG Bremen, DB 1964, 811 f.
[5] LAG Baden-Württemberg, BB 1968, 752.

§ 611   Vertragstypische Pflichten beim Dienstvertrag

zuständig (§ 8 I ArbGG, „sachliche Zuständigkeit"). Örtlich zuständig ist in der Regel dasjenige Arbeitsgericht, in dessen Bezirk der beklagte Arbeitnehmer seinen Wohnsitz hat (§§ 12 f. ZPO)[1]. Die Klage kann regelmäßig auch bei dem Gericht erhoben werden, in dessen Bezirk der Betrieb liegt (§ 29 ZPO)[2]. Die zulässige Verfahrensart ist das Urteilsverfahren (§ 2 V ArbGG).

5   Für Klagen eines **anderen Dienstberechtigten** sind die ordentlichen Gerichte zuständig (§ 13 GVG, „Zulässigkeit des ordentlichen Rechtswegs"). Sachlich können je nach Streitwert die Amtsgerichte oder die Landgerichte zuständig sein (§§ 23 Nr. 1, 71 I GVG); der Streitwert bemisst sich nach dem Prinzip des § 9 ZPO[3]. Örtlich zuständig ist in der Regel dasjenige Gericht, in dessen Bezirk der beklagte Dienstverpflichtete seinen Wohnsitz hat (§§ 12 f. ZPO). Die zulässige Verfahrensart ist das ordentliche Erkenntnisverfahren.

V. Zwangsvollstreckung

1. Titel aus Zivilprozess

6   Die Vollstreckung eines Titels aus einem Zivilprozess richtet sich bei vertretbaren Handlungen nach § 887 ZPO, bei unvertretbaren Handlungen nach § 888 ZPO. Eine Dienstleistung ist eine vertretbare Handlung, wenn sie aus der Sicht des Gläubigers gleichwertig auch von einem Dritten erbracht werden könnte[4], sonst unvertretbar und damit nicht durch Zwangsvollstreckung erzwingbar (§ 888 III ZPO).

7   Prozessgericht des ersten Rechtszuges i. S. des § 887 I ZPO ist das erstinstanzielle Gericht des Prozesses, aus dem der Titel stammt.

2. Titel aus Arbeitsgerichtsprozess

8   Diese Grundsätze gelten auch für die Vollstreckung eines Titels aus einem Arbeitsgerichtsprozess (§§ 62 II Satz 1, 64 VII ArbGG). Die überwiegende Rechtsprechung hält jedoch Arbeitsleistungen stets für unvertretbar[5].

---

1 Wieser, Arbeitsgerichtsverfahren, Rn. 85.
2 Wieser, Arbeitsgerichtsverfahren, Rn. 87.
3 Vgl. MünchKommZPO/Schwerdtfeger, § 9, Rn. 4 f.
4 Lüke, FS Wolf, S. 461 ff.; W. Blomeyer, MünchArbR, § 50, Rn. 2.
5 Vgl. Stein/Jonas/Brehm, § 888, Rn. 41. **Differenzierend** Erman/Hanau, Rn. 322; Lüke, FS Wolf, S. 461 ff.; MünchKommZPO/Schilken, § 887, Rn. 7; Schuschke, § 887, Rn. 9; Stein/Jonas/Brehm, § 888, Rn. 41.

VI. Einstweiliger Rechtsschutz

1. Verfügung und Verfügungsgrund

Ob zur Sicherung oder Befriedigung eines Dienstleistungsanspruchs eine einstweilige Verfügung ergehen kann, ist umstritten. 9

a) Sicherung des Dienstleistungsanspruchs

Zur Sicherung eines Dienstleistungsanspruchs des G gegen S könnte dem S verboten werden, bei X zu arbeiten (§§ 935, 938 II ZPO). Da ein solches Verbot aber gleichzeitig zur Befriedigung des G führen würde – insofern S die vertragswidrige Arbeit bei X unterlässt – kann es allenfalls als Befriedigungsverfügung nach § 940 ZPO erlassen werden (→ *Zahlung* Rn. 40). Dazu muss die Unterlassungspflicht des S klagbar sein, was sie in der Regel als Nebenpflicht nicht ist[1]. 10

Ebensowenig kann grundsätzlich dem X verboten werden, S zu beschäftigen[2]. Denn als Verfügung zur Sicherung des Dienstleistungsanspruchs gegen S würde das Verbot gegen X unzulässigerweise in Rechte Dritter eingreifen. Und als Verfügung zur Durchsetzung eines Unterlassungsanspruchs gegen *X* – der z. B. aus § 826 i. V. m. § 249 Satz 1 BGB begründet sein kann[3] – könnte das Verbot wiederum nur unter den engen Voraussetzungen einer Befriedigungsverfügung ergehen[4]. 11

b) Befriedigung des Dienstleistungsanspruchs

Die Befriedigung eines Dienstleistungsanspruchs, d. h. im Beispielsfall die Wiederaufnahme der Arbeit des S bei G, kann durch einstweilige Verfügung nach § 940 ZPO nur dann angeordnet werden, wenn der Schaden, der dem G ohne die Anordnung droht, nicht geringer ist als der Schaden, der dem S durch die Anordnung entsteht (→ *Zahlung* Rn. 40). Bei *unvertretbaren* Dienstleistungen kann einem Verfügungsgesuch ebenso wenig wie einer Klage entgegengehalten werden, dass die Entscheidung nach § 888 III ZPO 12

---

1 W. Blomeyer, MünchArbR, § 50, Rn. 8; Walker, Rechtsschutz, Rn. 697, m. Nachw. der kontroversen Rechtsprechung; Zöller/Vollkommer, § 940, Rn. 8, „Arbeitsrecht".
2 Zöller/Vollkommer, § 940, Rn. 8, „Arbeitsrecht".
3 W. Blomeyer, MünchArbR, § 50, Rn. 9; Staudinger/Schäfer, 12. Aufl., § 826, Rn. 188.
4 MünchKommZPO/Heinze, § 935, Rn. 39. **Abweichend** W. Blomeyer, MünchArbR, § 50, Rn. 10.

nicht vollstreckbar wäre[1] (Rn. 3). Denn Autorität und Überzeugungskraft kann auch eine vorläufige Entscheidung haben. Aus demselben Grund kann bei *vertretbaren* Dienstleistungen ein Verfügungsgesuch nicht deswegen abgelehnt werden, weil G für eine Vollziehung nach § 887 i. V. m. §§ 928, 936 ZPO keine Ersatzkraft fände[2]. Denn gerade dann ist G auf S angewiesen.

2. Gesuch

13 Das Gesuch (§§ 936, 920 ZPO) muss die beantragte Verfügung genau bezeichnen (analog § 253 II Nr. 2 ZPO), da es die Befriedigung eines Anspruchs erstrebt.

3. Zuständigkeit

14 Zuständig für den Erlass einer einstweiligen Verfügung ist das **Gericht der Hauptsache** (§ 937 I ZPO). „Hauptsache" ist der Streit über das Bestehen des Verfügungsanspruchs im ordentlichen Erkenntnisverfahren. Gericht der Hauptsache ist das mit diesem Streit im ersten oder zweiten Rechtszug befasste Gericht, vor Anhängigkeit das im ersten Rechtszug zuständige Gericht (§ 943 I ZPO). Zur Zuständigkeit im ersten Rechtszug s. Rn. 4, 5.

15 Das *nächstgelegene Amtsgericht*, nicht Arbeitsgericht[3], ist nur beschränkt zuständig (§ 942 ZPO).

16 Die Zuständigkeiten sind ausschließlich (§§ 802, 40 II ZPO).

4. Arbeitsgerichtliches Verfahren

17 Die vorstehenden Grundsätze gelten auch im arbeitsgerichtlichen Verfahren des einstweiligen Rechtsschutzes (§§ 62 II, 64 VII ArbGG).

---

1 Ebenso LAG Baden-Württemberg/Stuttgart, BB 1968, 752; LAG Bremen, DB 1964, 811 f.; LAG Frankfurt, BB 1956, 853; LAG Mainz, SAE 1963, 163; Schilken, Befriedigungsverfügung, S. 137 f. **A. A.** LAG Baden-Württemberg/Mannheim, BB 1958, 521; LAG Frankfurt, NZA 1990, 614 (LS); LAG Hamburg, AuR 1971, 29; LAG Hannover, DB 1953, 908 = BB 1953, 889; W. Blomeyer, MünchArbR, § 50, Rn. 3; MünchKommZPO/Heinze, § 935, Rn. 37; Stein/Jonas/Grunsky, vor § 935, Rn. 67; Walker, Rechtsschutz, Rn. 698; Zöller/Vollkommer, § 940, Rn. 8, „Arbeitsrecht". Nicht einschlägig LAG Düsseldorf, BB 1963, 144.
2 Entgegen Walker, Rechtsschutz, Rn. 700.
3 Stein/Jonas/Grunsky, § 942, Rn. 20; Zöller/Vollkommer, § 942, Rn. 1; str.

B. Vergütungsanspruch

I. Anspruch

§ 611 gibt dem Dienstverpflichteten gegen den Dienstberechtigten einen Anspruch auf die **vereinbarte Vergütung**, sei es auf Zahlung von Geld oder auf eine andere Leistung[1]. 18

II. Leistungsklage

Beantragt wird z. B. die Verurteilung des Beklagten (Arbeitgebers), an den Kläger (Arbeitnehmer) Lohn in Höhe von 1000 Euro brutto zu zahlen. Der Zusatz „brutto" besagt, dass der beklagte Arbeitgeber die auf die 1000 Euro entfallenden Lohnsteuern und Sozialversicherungsbeiträge statt an den Kläger an die zuständigen Stellen abführen kann[2]. Weist der Arbeitgeber diese Zahlungen nach, wird die Zwangsvollstreckung auf den Nettolohn beschränkt (§§ 775 Nrn. 4, 5, 776 Satz 2 ZPO)[3]. Andernfalls wird der Bruttolohn für den Arbeitnehmer beigetrieben, der dann selbst die Abführung der Lohnsteuern und Sozialversicherungsbeiträge zu besorgen hat[4]. Der Gerichtsvollzieher benachrichtigt in jedem Fall die zuständigen Stellen von der Lohnbeitreibung (§ 86 GVO). 19

Verlangt der Kläger einen höheren Lohn, z. B. 2500 Euro statt 2000 Euro, so klagt er auf „Lohnzahlung von 2500 Euro brutto abzüglich (des ausbezahlten Lohns von) 1500 Euro netto, weiter abzüglich 500 Euro Lohnsteuer und Sozialversicherungsbeiträge (die auf den Bruttolohn von 2000 Euro bereits entrichtet sind)"[5]. 20

Zu dem Antrag einer Übereignungsklage → *Übereignung* Rn. 2. 21

III. Zuständigkeit und Verfahrensart

Für Klagen eines **Arbeitnehmers** gegen einen Arbeitgeber wegen eines Vergütungsanspruchs aus dem Arbeitsverhältnis sind die Gerichte für Arbeitssachen ausschließlich zuständig (§ 2 I Nr. 3a ArbGG, „Zulässigkeit des Arbeitsrechtswegs"). Im ersten Rechtszug sind unabhängig von dem Streitwert stets die Arbeitsgerichte 22

---

1 Palandt/Putzo, Rn. 56.
2 BAG, NJW 1964, 1338.
3 Sibben, DGVZ 1989, 182.
4 Helwich, AuR 1987, 396.
5 Abweichend Berkowsky, BB 1982, 1120, der die mögliche Progression nicht berücksichtigt, mit weiteren Beispielen.

zuständig (§ 8 I ArbGG, „sachliche Zuständigkeit"). Örtlich zuständig ist in der Regel dasjenige Arbeitsgericht, in dessen Bezirk der beklagte Arbeitgeber seinen Wohnsitz oder Sitz hat (§§ 12 f., 17 ZPO). Die Klage kann aber regelmäßig auch bei dem Gericht erhoben werden, in dessen Bezirk der Betrieb liegt (§ 29 ZPO)[1]. Die zulässige Verfahrensart ist das Urteilsverfahren (§ 2 V ArbGG).

23 Für Klagen eines **anderen Dienstverpflichteten** sind die ordentlichen Gerichte zuständig (§ 13 GVG, „Zulässigkeit des ordentlichen Rechtswegs"). Sachlich können je nach Streitwert die Amtsgerichte oder die Landgerichte zuständig sein (§§ 23 Nr. 1, 71 I GVG); der Streitwert bemisst sich nach § 9 ZPO[2]. Örtlich zuständig ist in der Regel dasjenige Gericht, in dessen Bezirk der beklagte Dienstberechtigte seinen Wohnsitz oder Sitz hat (§§ 12 f., 17 ZPO). Für die Vergütungsklage eines Prozessbevollmächtigten, Beistands oder Zustellungsbevollmächtigten ist sachlich und örtlich auch das Gericht des Hauptprozesses zuständig (§§ 34, 35 ZPO), soweit nicht § 19 BRAGO eingreift[3]. Die zulässige Verfahrensart ist das ordentliche Erkenntnisverfahren.

IV. Zwangsvollstreckung

24 Zur Zwangsvollstreckung wegen Zahlungsansprüchen → *Zahlung* Rn. 37, wegen Übereignungsansprüchen → *Übereignung* Rn. 4, 5. Diese Grundsätze gelten auch für die Vollstreckung eines Titels aus einem Arbeitsgerichtsprozess (§§ 62 II Satz 1, 64 VII ArbGG). Vollstreckungsgericht ist das Amtsgericht (§ 764 ZPO), nicht das Arbeitsgericht[4].

V. Einstweiliger Rechtsschutz

1. Arrest

25 Ein Vergütungsanspruch kann durch Arrest **gesichert** werden (§§ 916 ff. ZPO), auch im arbeitsgerichtlichen Verfahren (§§ 62 II Satz 1, 64 VII ArbGG).

26 **Arrestgericht** ist sowohl das nächstgelegene Amtsgericht, nicht Arbeitsgericht[5], als auch das Gericht der Hauptsache (§ 919 ZPO).

---

1 Wieser, Arbeitsgerichtsverfahren, Rn. 87.
2 MünchKommZPO/Schwerdtfeger, § 9, Rn. 4 f.
3 Stein/Jonas/Schumann, § 34, Rn. 6, 11; Zöller/Vollkommer, § 34, Rn. 1.
4 Stein/Jonas/Münzberg, § 764, Rn. 2; Zöller/Stöber, § 764, Rn. 1.
5 Stein/Jonas/Grunsky, vor § 916, Rn. 60; Zöller/Vollkommer, § 919, Rn. 10; str.

"Hauptsache" ist der Streit über das Bestehen des Arrestanspruchs im ordentlichen Erkenntnisverfahren. Gericht der Hauptsache ist das mit diesem Streit im ersten oder zweiten Rechtszug befasste Gericht, vor Anhängigkeit das im ersten Rechtszug zuständige Gericht (§ 943 I ZPO). Zur Zuständigkeit im ersten Rechtszug s. Rn. 22, 23. Die Zuständigkeiten sind ausschließlich (§§ 802, 40 II ZPO).

2. Einstweilige Verfügung

Der Vergütungsanspruch kann ausnahmsweise auch im Wege der einstweiligen Verfügung nach § 940 ZPO **befriedigt** werden (→ *Zahlung* Rn. 40 ff.). 27

Das **Gesuch** (§§ 936, 920 ZPO) muss die beantragte Verfügung genau bezeichnen (analog § 253 II Nr. 2 ZPO), da es die Befriedigung eines Anspruchs erstrebt. 28

Zuständig für den Erlass einer einstweiligen Verfügung ist das Gericht der Hauptsache (§ 937 I ZPO). "Hauptsache" ist der Streit über das Bestehen des Verfügungsanspruchs im ordentlichen Erkenntnisverfahren. Gericht der Hauptsache ist das mit diesem Streit im ersten oder zweiten Rechtszug befasste Gericht, vor Anhängigkeit das im ersten Rechtszug zuständige Gericht (§ 943 I ZPO). Zur Zuständigkeit im ersten Rechtszug s. Rn. 22, 23. Das nächstgelegene Amtsgericht, nicht Arbeitsgericht[1], ist nur beschränkt zuständig (§ 942 ZPO). Die Zuständigkeiten sind ausschließlich (§§ 802, 40 II ZPO). 29

Diese Grundsätze gelten auch im **arbeitsgerichtlichen Verfahren** des einstweiligen Rechtsschutzes (§§ 62 II, 64 VII ArbGG). 30

Pflicht zur Krankenfürsorge

617 (1) ¹Ist bei einem dauernden Dienstverhältnis, welches die Erwerbstätigkeit des Verpflichteten vollständig oder hauptsächlich in Anspruch nimmt, der Verpflichtete in die häusliche Gemeinschaft aufgenommen, so hat der Dienstberechtigte ihm im Falle der Erkrankung die erforderliche Verpflegung und ärztliche Behandlung bis zur Dauer von sechs Wochen, jedoch nicht über die

---

1 Stein/Jonas/Grunsky, § 942, Rn. 20; Zöller/Vollkommer, § 942, Rn. 1; str.

§ 617 Pflicht zur Krankenfürsorge

Beendigung des Dienstverhältnisses hinaus, zu gewähren, sofern nicht die Erkrankung von dem Verpflichteten vorsätzlich oder durch grobe Fahrlässigkeit herbeigeführt worden ist. ²Die Verpflegung und ärztliche Behandlung kann durch Aufnahme des Verpflichteten in eine Krankenanstalt gewährt werden. ³Die Kosten können auf die für die Zeit der Erkrankung geschuldete Vergütung angerechnet werden. ⁴Wird das Dienstverhältnis wegen der Erkrankung von dem Dienstberechtigten nach § 626 gekündigt, so bleibt die dadurch herbeigeführte Beendigung des Dienstverhältnisses außer Betracht.

(2) Die Verpflichtung des Dienstberechtigten tritt nicht ein, wenn für die Verpflegung und ärztliche Behandlung durch eine Versicherung oder durch eine Einrichtung der öffentlichen Krankenpflege Vorsorge getroffen ist.

I. Anspruch und Ersetzungsbefugnis

1 § 617 I Satz 1 gibt dem Dienstverpflichteten gegen den Dienstberechtigten einen **Anspruch** auf **Verpflegung und ärztliche Behandlung**, der unpfändbar ist[1]. § 617 I Satz 2 gibt dem Dienstberechtigten eine **Ersetzungsbefugnis**[2] (→ *Wahlmöglichkeiten* Rn. 8 ff.).

II. Leistungsklage

2 Eine Klage auf Erfüllung des Anspruchs hat normalerweise keinen Sinn, weil mit einem Urteil nicht vor dem Ende der Krankheit zu rechnen ist.

III. Einstweiliger Rechtsschutz

3 In Betracht kommt aber eine **einstweilige Verfügung**, die dem Dienstberechtigten aufgibt, dem Dienstverpflichteten sechs Wochen lang, spätestens bis zum Ende seiner Krankheit, Verpflegung und ärztliche Behandlung zu gewähren, sei es zu Hause oder nach Wahl des Dienstberechtigten durch Aufnahme in eine Krankenanstalt.

---

1 Staudinger/Oetker, 13. Bearb., Rn. 8.
2 Staudinger/Oetker, 13. Bearb., Rn. 48. **A. A.** Gernhuber, Schuldverhältnis, § 29 I 2. Jedoch lässt sich nicht erst in der Zwangsvollstreckung klären, ob die Krankenhausversorgung erzwungen werden kann, sondern es muss bereits der Vollstreckungstitel sagen, dass primär die häusliche Versorgung geschuldet wird; das aber spricht für eine konkrete Schuld mit Ersetzungsbefugnis.

Pflicht zu Schutzmaßnahmen   § 618

Ein **Verfügungsgrund** für die beantragte Befriedigungsverfügung   4
liegt in der Regel vor (§ 940 ZPO), weil der Erfüllungsanspruch
spätestens mit dem Ende der Krankheit erlischt.

Das **Gesuch** (§§ 936, 920 ZPO) muss die beantragte Verfügung ge-   5
nau bezeichnen (analog § 253 II Nr. 2 ZPO), da es die Befriedigung
eines Anspruchs erstrebt. Über das Wahlrecht des Dienstberechtigten wird nur auf entsprechenden Antrag der einen oder anderen Partei entschieden (→ *Wahlmöglichkeiten* Rn. 9, 10).

Zur **Zuständigkeit** s. § 611, Rn. 29. Soweit die sachliche Zuständig-   6
keit vom Streitwert abhängt, bemisst sich dieser nach dem Geldwert der geschuldeten Leistung (§ 9 Satz 2 ZPO).

Die **Vollziehung** der einstweiligen Verfügung richtet sich nach   7
§ 887 i. V. m. §§ 936, 920 ZPO.

Pflicht zu Schutzmaßnahmen

618 (1) Der Dienstberechtigte hat Räume, Vorrichtungen oder Gerätschaften, die er zur Verrichtung der Dienste zu beschaffen hat, so einzurichten und zu unterhalten und Dienstleistungen, die unter seiner Anordnung oder seiner Leitung vorzunehmen sind, so zu regeln, dass der Verpflichtete gegen Gefahr für Leben und Gesundheit soweit geschützt ist, als die Natur der Dienstleistung es gestattet.

(2) Ist der Verpflichtete in die häusliche Gemeinschaft aufgenommen, so hat der Dienstberechtigte in Ansehung des Wohn- und Schlafraums, der Verpflegung sowie der Arbeits- und Erholungszeit diejenigen Einrichtungen und Anordnungen zu treffen, welche mit Rücksicht auf die Gesundheit, die Sittlichkeit und die Religion des Verpflichteten erforderlich sind.

(3) Erfüllt der Dienstberechtigte die ihm in Ansehung des Lebens und der Gesundheit des Verpflichteten obliegenden Verpflichtungen nicht, so finden auf seine Verpflichtung zum Schadensersatz die für unerlaubte Handlungen geltenden Vorschriften der §§ 842 bis 846 entsprechende Anwendung.

Absätze 1 und 2 geben dem Dienstverpflichteten gegen den Dienst-   1
berechtigten einen **Anspruch** auf verschiedenartige Leistungen[1],

1 Staudinger/Oetker, 13. Bearb., Rn. 250 ff.

§ 626   Fristlose Kündigung aus wichtigem Grund

z. B. auf die Instandsetzung von Räumen, Vorrichtungen oder Gerätschaften (wie § 439, Rn. 19 ff.).

2   Zur **Zuständigkeit** s. § 611, Rn. 22, 23.

Fristlose Kündigung aus wichtigem Grund

626 (1) Das Dienstverhältnis kann von jedem Vertragsteil aus wichtigem Grund ohne Einhaltung einer Kündigungsfrist gekündigt werden, wenn Tatsachen vorliegen, auf Grund derer dem Kündigenden unter Berücksichtigung aller Umstände des Einzelfalles und unter Abwägung der Interessen beider Vertragsteile die Fortsetzung des Dienstverhältnisses bis zum Ablauf der Kündigungsfrist oder bis zu der vereinbarten Beendigung des Dienstverhältnisses nicht zugemutet werden kann.

(2) [1]Die Kündigung kann nur innerhalb von zwei Wochen erfolgen. [2]Die Frist beginnt mit dem Zeitpunkt, in dem der Kündigungsberechtigte von den für die Kündigung maßgebenden Tatsachen Kenntnis erlangt. [3]Der Kündigende muss dem anderen Teil auf Verlangen den Kündigungsgrund unverzüglich schriftlich mitteilen.

1   § 626 II Satz 3 gibt dem Gekündigten (Dienstverpflichteten oder Dienstberechtigten) gegen den Kündigenden einen **Anspruch**[1] auf **Mitteilung** des Kündigungsgrundes, also einen Auskunftsanspruch (→ Auskunft Rn. 1).

2   Zur **Zuständigkeit** für eine Klage des Dienstberechtigten s. § 611, Rn. 4, 5; für eine Klage des Dienstverpflichteten s. § 611, Rn. 22, 23.

Freizeit zur Stellungssuche

629 Nach der Kündigung eines dauernden Dienstverhältnisses hat der Dienstberechtigte dem Verpflichteten auf Verlangen angemessene Zeit zum Aufsuchen eines anderen Dienstverhältnisses zu gewähren.

1   § 629 gibt dem Dienstverpflichteten gegen den Dienstberechtigten einen **Anspruch** auf **Dienstbefreiung** (Freistellung, Urlaub).

---

1 Palandt/Putzo, Rn. 32.

Eine **Leistungsklage** müsste die Verurteilung des Beklagten beantragen, dem Beklagten vom ... bis ... Dienstbefreiung zu gewähren. 2

Zur **Zuständigkeit** s. § 611, Rn. 22, 23. Soweit die sachliche Zuständigkeit vom Streitwert abhängt, bemisst sich dieser nach dem Interesse des Klägers an der Dienstbefreiung (§ 3 ZPO). 3

Die **Zwangsvollstreckung** richtet sich nach § 894 I ZPO (bei einem arbeitsgerichtlichen Titel i. V. m. §§ 62 II, 64 VII ArbGG). 4

Die Dienstbefreiung kann auch durch **einstweilige Verfügung** nach § 940 ZPO angeordnet werden, wenn die Voraussetzungen einer Befriedigungsverfügung (→ *Zahlung* Rn. 40) vorliegen. Zum Verfahren s. § 611, Rn. 27 ff. 5

Pflicht zur Zeugniserteilung

630 ¹Bei der Beendigung eines dauernden Dienstverhältnisses kann der Verpflichtete von dem anderen Teil ein schriftliches Zeugnis über das Dienstverhältnis und dessen Dauer fordern. ²Das Zeugnis ist auf Verlangen auf die Leistungen und die Führung im Dienste zu erstrecken. ³Die Erteilung des Zeugnisses in elektronischer Form ist ausgeschlossen.

§ 630 gibt dem Dienstverpflichteten gegen den Dienstberechtigten einen **Anspruch** auf ein **Zeugnis**. 1

Eine **Leistungsklage** könnte die Verurteilung des Beklagten beantragen, dem Kläger über das am ... beendete Dienstverhältnis zwischen den Parteien ein schriftliches Zeugnis zu erteilen, das sich auch auf die Dauer des Dienstverhältnisses sowie auf die Leistungen des Klägers und seine Führung im Dienst erstreckt. Beantragt werden kann aber auch lediglich „ein einfaches Zeugnis" oder „ein qualifiziertes Zeugnis"¹ oder umgekehrt ein Zeugnis ganz bestimmten Inhalts². 2

Zur **Zuständigkeit** s. § 611, Rn. 22, 23. Soweit die sachliche Zuständigkeit vom Streitwert abhängt, bemisst sich dieser nach der Dauer des Dienstverhältnisses und der Bedeutung des Zeugnisses 3

---

1 RGRK/Eisemann, Rn. 94.
2 Staudinger/Neumann, 13. Bearb., Rn. 67.

§ 631   Vertragstypische Pflichten beim Werkvertrag

für das berufliche Fortkommen des Dienstverpflichteten (§ 3 ZPO)[1]. Der Streit um ein abschließendes Zeugnis wird gewöhnlich mit einem vollen Monatsgehalt (brutto) bewertet, der um ein Zwischenzeugnis mit einem halben Monatsentgelt[2].

4   Die **Zwangsvollstreckung** richtet sich nach § 888 I ZPO[3] (bei einem arbeitsgerichtlichen Titel i. V. m. §§ 62 II, 64 VII ArbGG). § 894 ZPO ist nicht anwendbar, weil bei einem fingierenden Urteil „jeder erkennen könnte, dass der Arbeitgeber mit dem Zeugnis nicht einverstanden war"[4]. Im Vollstreckungsverfahren nach § 888 ZPO wird nur geprüft, ob das erteilte Zeugnis formal dem Titel entspricht, nicht, ob es inhaltlich richtig ist. Wegen inhaltlicher Unrichtigkeit muss erneut – auf **Berichtigung des Zeugnisses** – geklagt werden[5], d. h. auf Ausstellung eines neuen Zeugnisses[6].

5   Die Erteilung eines Zeugnisses kann auch durch **einstweilige Verfügung** angeordnet werden, wenn die Voraussetzungen einer Befriedigungsverfügung (→ *Zahlung* Rn. 40) vorliegen.[7] Zum Verfahren s. § 611, Rn. 27 ff.

Vertragstypische Pflichten beim Werkvertrag

631   **(1) Durch den Werkvertrag wird der Unternehmer zur Herstellung des versprochenen Werkes, der Besteller zur Entrichtung der vereinbarten Vergütung verpflichtet.**
(2) Gegenstand des Werkvertrags kann sowohl die Herstellung oder Veränderung einer Sache als auch ein anderer durch Arbeit oder Dienstleistung herbeizuführender Erfolg sein.

---

1   Stein/Jonas/Roth, § 2, Rn. 122.
2   LAG Sachsen, MDR 2001, 823; Schneider/Herget, Rn. 5103.
3   RGRK/Eisemann, Rn. 95, 99; Schuschke/Walker, § 888, Rn. 5b; Stein/Jonas/Brehm, § 888, Rn. 5, Fn. 38; Zöller/Stöber, § 888, Rn. 3.
4   Dietrich, S. 122.
5   S. dazu MünchKommZPO/Lüke, § 253, Rn. 140; RGRK/Eisemann, Rn. 97.
6   Staudinger/Neumann, 13. Bearb., Rn. 69.
7   Ebmeier/Schöne, Rn. 442.

I. Herstellungsanspruch

1. Anspruch

§ 631 I gibt dem Besteller gegen den Unternehmer einen Anspruch auf Herstellung eines Werks.

2. Leistungsklage

Eine Leistungsklage muss das herzustellende Werk so genau beschreiben, dass ohne weiteres festgestellt werden kann, ob das schließlich hergestellte Werk dem Klage stattgebenden Urteil entspricht (§ 253 II Nr. 2 ZPO).

3. Sachliche Zuständigkeit

Sachlich zuständig sind die Amtsgerichte oder die Landgerichte, je nach Streitwert (§§ 23 Nr. 1, 71 I GVG). Der Streitwert bemisst sich nach dem Interesse des Klägers an dem Werk (§ 3 ZPO). Ohne Rücksicht auf den Streitwert sind die Amtsgerichte zuständig nach § 23 Nr. 2b GVG für Streitigkeiten mit Reisenden.

4. Zwangsvollstreckung

a) Herstellungsvollstreckung

Die Art der Zwangsvollstreckung hängt von dem Verständnis des § 887 III ZPO ab, der die Vorschriften des § 887 I und II ZPO über die Ersatzvornahme für unanwendbar erklärt, wenn die „Leistung" von Sachen erzwungen werden soll. Nach der einen Ansicht gilt dieses Verbot auch für die **Herstellung** von Sachen, mögen sie vertretbar (§ 91)[1] oder nicht vertretbar sein[2]. Nach anderer, vorzugswürdiger Ansicht bezieht sich das Verbot des § 887 III ZPO nur auf die – der Herstellung nachfolgende – Übergabe und Übereignung, nicht auf die Herstellung selbst[3]. Danach ist zu unterscheiden:

Kann die Herstellung von einem Dritten vorgenommen werden, so ist sie nach § 887 ZPO zu erzwingen. Die ersatzweise hergestellte

---

1 OLG Köln, NJW 1958, 1355 m.w.N. aus der Rechtsprechung; Brox/Walker, Rn. 1068.
2 OLG Köln, NJW 1958, 1355 m.w.N. aus der Rechtsprechung, auch von Entscheidungen, die hier die §§ 887 ff. ZPO anwenden; Brox/Walker, Rn. 1068.
3 MünchKommZPO/Schilken, § 883, Rn. 10; Stein/Jonas/Brehm, § 883, Rn. 9; Zöller/Stöber, § 883, Rn. 9.

(vertretbare oder nicht vertretbare) Sache gelangt dann ohne weitere Zwangsvollstreckung in Eigentum und Besitz des Gläubigers.

6 Kann die Herstellung nur von dem Schuldner selbst vorgenommen werden, so ist sie nach § 888 I ZPO zu erzwingen. § 888 III ZPO setzt einen Dienstvertrag voraus; ein Werkvertrag genügt nicht[1]. Die Übereignung und Übergabe der hergestellten (vertretbaren oder nicht vertretbaren) Sache wird nach den üblichen Regeln erzwungen[2] (→ *Übereignung* Rn. 4, 5).

b) Pfändung des Herstellungsanspruchs

7 Der Herstellungsanspruch ist pfändbar nach § 857 ZPO[3].

5. Einstweilige Verfügung

8 Wegen eines Herstellungsanspruchs, der auf eine **vertretbare** Handlung gerichtet ist, kann durch einstweilige Verfügung nach § 940 ZPO angeordnet werden, dass der Schuldner die Ersatzvornahme zu dulden hat[4]. Dass er auch die Kosten der Ersatzvornahme trägt, kann nur unter den strengen Voraussetzungen einer Geldleistungsverfügung (→ *Zahlung* Rn. 40) bestimmt werden[5]. Ist der Anspruch auf eine **unvertretbare** Handlung gerichtet, so kann notfalls (§ 940 ZPO) angeordnet werden, dass der Schuldner die Handlung vorzunehmen hat (Vollziehung nach § 888 I i. V. m. §§ 928, 936 ZPO)[6].

II. Ablieferungsanspruch

9 Soweit das Werk seiner Beschaffenheit nach „abgeliefert" werden kann, hat der Besteller gegen den Unternehmer auch einen Anspruch auf Ablieferung[7], d. h. auf → *Besitzeinräumung*, gegebenen-

---

1 MünchKommZPO/Schilken, § 888, Rn. 10.
2 Stein/Jonas/Brehm, § 883, Rn. 9.
3 Stein/Jonas/Brehm, § 857, Rn. 79; Zöller/Stöber, § 857, Rn. 2.
4 Schilken, Befriedigungsverfügung, S. 147 ff. Von den bei Schilken in Fn. 44 genannten Entscheidungen ist nur KG, JW 1920, 566 einschlägig. Dort sollte dem Antragsgegner die Weiterführung von Bauarbeiten aufgegeben werden. Das KG ließ offen, ob § 887 oder § 888 ZPO anzuwenden sei und ob ein Verfügungsgrund vorliege; es verneinte bereits den Verfügungsanspruch.
5 Schilken, Befriedigungsverfügung, S. 149.
6 Schilken, Befriedigungsverfügung, S. 149 f.
7 Vgl. RGRK/Glanzmann, Rn. 13 ff.

Sach- und Rechtsmangel § 633

falls → *Übereignung*. Dass er *nur* diesen Anspruch einklagen kann[1], trifft aber nicht zu. Denn wie sollte die Ablieferung eines Werks erzwungen werden, das noch nicht hergestellt ist? Muss der Schuldner aber zunächst zur Herstellung gezwungen werden, dann muss er auch auf Herstellung verklagt werden können.

III. Vergütungsanspruch

§ 631 I gibt dem Unternehmer gegen den Besteller einen **Anspruch** 10
auf die vereinbarte **Vergütung**, sei es auf → *Zahlung* von Geld oder
auf eine andere Leistung[2].

Sach- und Rechtsmangel

633 (1) Der Unternehmer hat dem Besteller das Werk frei von Sach- und Rechtsmängeln zu verschaffen.

(2) ¹Das Werk ist frei von Sachmängeln, wenn es die vereinbarte Beschaffenheit hat. ²Soweit die Beschaffenheit nicht vereinbart ist, ist das Werk frei von Sachmängeln,

1. wenn es sich für die nach dem Vertrag vorausgesetzte, sonst

2. für die gewöhnliche Verwendung eignet und eine Beschaffenheit aufweist, die bei Werken der gleichen Art üblich ist und die der Besteller nach der Art des Werks erwarten kann.

³Einem Sachmangel steht es gleich, wenn der Unternehmer ein anderes als das bestellte Werk oder das Werk in zu geringer Menge herstellt.

(3) Das Werk ist frei von Rechtsmängeln, wenn Dritte in Bezug auf das Werk keine oder nur die im Vertrag übernommenen Rechte gegen den Besteller geltend machen können.

§ 633 I präzisiert die **Ansprüche** auf Herstellung und Ablieferung aus § 631 I. Daher kann von vornherein die Herstellung und Ablieferung eines mangelfreien Werks beansprucht werden. Dasselbe gilt beim Werklieferungsvertrag nach § 651 i. V. m. § 433 I Satz 2. Eine **Leistungsklage** muss allerdings das Werk und die Mängel, von denen es frei sein soll, so genau beschreiben, dass ohne weiteres festgestellt werden kann, ob das schließlich hergestellte Werk dem Klage stattgebenden Urteil entspricht (§ 253 II Nr. 2 ZPO).

---
[1] So Staudinger/F. Peters, 14. Bearb. 2000, Rn. 43.
[2] MünchKommBGB/Soergel, Rn. 163; RGRK/Glanzmann, Rn. 16.

§ 635 Nacherfüllung

Nacherfüllung

635 (1) Verlangt der Besteller Nacherfüllung, so kann der Unternehmer nach seiner Wahl den Mangel beseitigen oder ein neues Werk herstellen.

(2) Der Unternehmer hat die zum Zwecke der Nacherfüllung erforderlichen Aufwendungen, insbesondere Transport-, Wege-, Arbeits- und Materialkosten zu tragen.

(3) Der Unternehmer kann die Nacherfüllung unbeschadet des § 275 Abs. 2 und 3 verweigern, wenn sie nur mit unverhältnismäßigen Kosten möglich ist.

(4) Stellt der Unternehmer ein neues Werk her, so kann er vom Besteller Rückgewähr des mangelhaften Werkes nach Maßgabe der §§ 346 bis 348 verlangen.

1 § 635 I gibt dem Unternehmer als Schuldner ein Wahlrecht (s. § 262, Rn. 6 ff.).

2 § 635 III gibt dem Unternehmer gegen den Nacherfüllungsanspruch des Bestellers eine **Einrede** (wie § 439, Rn. 25, 26).

Selbstvornahme

637 (1) Der Besteller kann wegen eines Mangels des Werkes nach erfolglosem Ablauf einer von ihm zur Nacherfüllung bestimmten angemessenen Frist den Mangel selbst beseitigen und Ersatz der erforderlichen Aufwendungen verlangen, wenn nicht der Unternehmer die Nacherfüllung zu Recht verweigert.

(2) ¹§ 323 Abs. 2 findet entsprechende Anwendung. ²Der Bestimmung einer Frist bedarf es auch dann nicht, wenn die Nacherfüllung fehlgeschlagen oder dem Besteller unzumutbar ist.

(3) Der Besteller kann von dem Unternehmer für die zur Beseitigung des Mangels erforderlichen Aufwendungen Vorschuss verlangen.

§ 637 I Satz 1 gibt dem Besteller gegen den Unternehmer einen **Anspruch** auf **Aufwendungsersatz** i. S. des § 257 (s. dort).

Abnahme

640 (1) ¹Der Besteller ist verpflichtet, das vertragsmäßig hergestellte Werk abzunehmen, sofern nicht nach der Beschaffenheit des Werkes die Abnahme ausgeschlossen ist. ²Wegen unwesentlicher Mängel kann die Abnahme nicht verweigert werden. ³Der Abnahme steht es gleich, wenn der Besteller das Werk nicht innerhalb einer ihm vom Unternehmer bestimmten angemessenen Frist abnimmt, obwohl er dazu verpflichtet ist.

(2) Nimmt der Besteller ein mangelhaftes Werk gemäß Absatz 1 Satz 1 ab, obschon er den Mangel kennt, so stehen ihm die in § 634 Nr. 1 bis 3 bezeichneten Rechte nur zu, wenn er sich seine Rechte wegen des Mangels bei der Abnahme vorbehält.

I. Abnahmeanspruch

§ 640 I gibt dem Unternehmer gegen den Besteller einen Anspruch 1
auf „Abnahme" des Werks, d. h. auf die Erklärung, dass das Werk als in der Hauptsache vertragsgemäß anerkannt werde (Anerkennungsanspruch), gegebenenfalls auf Befreiung vom Besitz (Besitzbefreiungsanspruch)[1].

II. Abnahmeklage

1. Leistungsklage

Eine Leistungsklage müsste die Verurteilung des Beklagten **beantra-** 2
gen, das bestimmt bezeichnete Werk als in der Hauptsache vertragsgemäß anzuerkennen sowie den Kläger von dessen Besitz zu befreien.

Die Fiktion der Abnahme nach Abs. 1 Satz 3 beseitigt nicht das **Rechtsschutzinteresse** für eine Abnahmeklage, weil sie nicht vom Besitz befreit und wegen der Unsicherheit ihrer Voraussetzungen (Abnahmepflicht, Angemessenheit der Abnahmefrist) eher bestritten werden kann als die durch Urteil erwirkte Abnahme.

Sachlich zuständig sind die Amtsgerichte oder die Landgerichte, je 3
nach Streitwert (§§ 23 Nr. 1, 71 I GVG). Der Streitwert bemisst sich nach dem Interesse des Klägers an der Anerkennung (§§ 3, 5 ZPO), d. h. einmal nach dem Wert der Vergütung, die durch die Abnahme

---

1 Vgl. Palandt/Sprau, Rn. 2. Zum Anspruch auf Befreiung von Eigentum s. § 433, Rn. 4 ff.

fällig wird (§ 641 I Satz 1)[1], zum anderen[2] nach dem Interesse des Klägers, von den Kosten für Lagerung und Schutz des Werks befreit zu werden.

4 Die **Zwangsvollstreckung** wegen eines Abnahmeanspruchs richtet sich nicht nach einer einheitlichen Norm[3]. Vielmehr wird der Anerkennungsanspruch nach § 894 I ZPO durchgesetzt[4], der Besitzbefreiungsanspruch nach § 887 ZPO.

2. Feststellungsklage

5 Zulässig ist auch die Klage auf Feststellung, dass der Beklagte bereits abgenommen habe (§ 256 I ZPO)[5]. Diese Klage ist nicht wegen der Möglichkeit einer Vergütungsklage unzulässig[6].

III. Abnahme- und Vergütungsklage

6 Mit der Abnahmeklage kann die Vergütungsklage **verbunden** werden (§ 260 ZPO). Der Wert der Vergütung ist dann bei der Streitwertberechnung nur einmal zu berücksichtigen[7].

7 Der Abnahmeanspruch kann aber nicht nur in Verbindung mit einer Vergütungsklage, sondern auch „**isoliert**" geltend gemacht werden[8]. Allerdings hindert die rechtskräftige Verurteilung zur Abnahme den Besteller nicht daran, bereits vorgebrachte und andere Mängel gegen den Vergütungsanspruch geltend zu machen[9], da das Urteil nur den Abnahmeanspruch rechtskräftig feststellt (§ 322 I ZPO). Die *Mangelfreiheit des Werks* wird nicht rechtskräftig festgestellt. Sie kann auch nicht zum Gegenstand einer Zwischenfeststellungsklage gemacht werden (§ 256 II ZPO), da sie kein „Rechtsverhältnis" ist.

---

1 Vgl. Stein/Jonas/Roth, § 2, Rn. 94.
2 Stein/Jonas/Roth, § 3, Rn. 41, „Abnahme von Sachen".
3 Staudinger/F. Peters, 14. Bearb. 2000, Rn. 44. **A. A.** MünchKommZPO/ Schilken, § 887, Rn. 22, „Abnahme" (§ 887 ZPO); MünchKommBGB/ Soergel, § 638, Rn. 42 (§ 888 ZPO).
4 A. A. (§ 888 ZPO) Staudinger/F. Peters, 14. Bearb. 2000, Rn. 44.
5 BGH, NJW 1996, 1749.
6 BGH, NJW 1996, 1749.
7 Stein/Jonas/Roth, § 5, Rn. 6.
8 BGH, NJW 1996, 1749.
9 Missverständlich MünchKommBGB/Soergel, Rn. 24.

Verantwortlichkeit des Bestellers

645 (1) ¹Ist das Werk vor der Abnahme infolge eines Mangels des von dem Besteller gelieferten Stoffes oder infolge einer von dem Besteller für die Ausführung erteilten Anweisung untergegangen, verschlechtert oder unausführbar geworden, ohne dass ein Umstand mitgewirkt hat, den der Unternehmer zu vertreten hat, so kann der Unternehmer einen der geleisteten Arbeit entsprechenden Teil der Vergütung und Ersatz der in der Vergütung nicht inbegriffenen Auslagen verlangen. ²Das Gleiche gilt, wenn der Vertrag in Gemäßheit des § 643 aufgehoben wird.

(2) Eine weitergehende Haftung des Bestellers wegen Verschuldens bleibt unberührt.

Absatz 1 gibt dem Unternehmer gegen den Besteller neben einem Teilvergütungs-Anspruch (§ 631, Rn. 10) einen **Anspruch** auf **Ersatz von Auslagen**, d. h. einen Zahlungsanspruch (→ *Zahlung* Rn. 1).

Sicherungshypothek des Bauunternehmers

648 (1) ¹Der Unternehmer eines Bauwerks oder eines einzelnen Teiles eines Bauwerks kann für seine Forderungen aus dem Vertrag die Einräumung einer Sicherungshypothek an dem Baugrundstück des Bestellers verlangen. ²Ist das Werk noch nicht vollendet, so kann er die Einräumung der Sicherungshypothek für einen der geleisteten Arbeit entsprechenden Teil der Vergütung und für die in der Vergütung nicht inbegriffenen Auslagen verlangen.

(2) ¹Der Inhaber einer Schiffswerft kann für seine Forderungen aus dem Bau oder der Ausbesserung eines Schiffes die Einräumung einer Schiffshypothek an dem Schiffsbauwerk oder dem Schiff des Bestellers verlangen; Absatz 1 Satz 2 gilt sinngemäß. ²§ 647 findet keine Anwendung.

Absatz 1 gibt dem Unternehmer gegen den Besteller einen **Anspruch** auf **Einräumung einer Sicherungshypothek** (§ 1184 I). 1

Eine **Leistungsklage** müsste z. B. die Verurteilung des Beklagten 2
beantragen, dem Kläger zur Sicherung eines Werklohnanspruchs in Höhe von ... Euro nebst ...% Zinsen hieraus seit dem ...[1] an dem

---
1 Vgl. Anders/Gehle, S. 112.

beim Amtsgericht Gießen im Grundbuch von Schiffenberg Band 4, Blatt 120 unter der lfd. Nr. 1 eingetragenen Grundstück an bestmöglicher Rangstelle eine Sicherungshypothek einzuräumen.

3 **Sachlich zuständig** sind die Amtsgerichte oder die Landgerichte, je nach Streitwert (§§ 23 Nr.1, 71 I GVG). Der Streitwert bemisst sich nach dem Nennwert der Hypothek, wenn nicht der Wert des Grundstücks geringer ist (§ 6 ZPO)[1].

4 **Örtlich zuständig** ist auch das Gericht, in dessen Bezirk das Grundstück liegt (§§ 26, 35 ZPO)[2].

5 Die **Zwangsvollstreckung** muss erwirken, dass der Schuldner seine Einigungserklärung abgibt (§ 873 I), die Eintragung beantragt und bewilligt (§§ 13 I, 19, 29 I GBO) sowie den geforderten Kostenvorschuss zahlt (§ 8 KostO). Die Einigungserklärung, der Eintragungsantrag und die Eintragungsbewilligung werden nach § 894 I ZPO erzwungen (das Urteil mit Rechtskraftszeugnis (§ 706 ZPO) legt der Gläubiger dem Grundbuchamt vor), die Zahlung des Kostenvorschusses nach §§ 803 ff. ZPO. Den Eintragungsantrag kann der Gläubiger auch selbst stellen (§ 13 I Satz 2 GBO). Schon aufgrund eines vorläufig vollstreckbaren Urteils kann er die Eintragung einer Vormerkung erwirken (§ 895 ZPO). §§ 866 III, 867 II ZPO gelten nicht[3].

6 Die Eintragung einer Vormerkung kann auch durch **einstweilige Verfügung** nach § 935 ZPO angeordnet werden (§ 885)[4].

Anwendung des Kaufrechts

651 [1]Auf einen Vertrag, der die Lieferung herzustellender oder zu erzeugender beweglicher Sachen zum Gegenstand hat, finden die Vorschriften über den Kauf Anwendung. [2]§ 442 Abs. 1 Satz 1 findet bei diesen Verträgen auch Anwendung, wenn der Mangel auf den vom Besteller gelieferten Stoff zurückzuführen ist. [3]Soweit es sich bei den herzustellenden oder zu erzeugenden beweg-

---

1 Stein/Jonas/Roth, § 3, Rn. 48, „Hypothek".
2 Wieczorek/Hausmann, § 26, Rn. 5; Zöller/Vollkommer, § 26, Rn. 2.
3 Palandt/Sprau, Rn. 5.
4 Näher Ebmeier/Schöne, Rn. 482 ff. S. auch Palandt/Sprau, Rn. 5; Staudinger/F. Peters, 14. Bearb. 2000, Rn. 36 ff.; Zöller/Vollkommer, § 940, Rn. 8, „Bauhandwerker..."

lichen Sachen um nicht vertretbare Sachen handelt, sind auch die §§ 642, 643, 645, 649 und 650 mit der Maßgabe anzuwenden, dass an die Stelle der Abnahme der nach den §§ 446 und 447 maßgebliche Zeitpunkt tritt.

Nach dem Grundsatz der Vertragsfreiheit kann sich der Hersteller (Erzeuger) beweglicher Sachen nicht nur zur Lieferung (Übergabe und Übereignung), sondern auch zur Herstellung verpflichten (Werklieferungsvertrag). Beispiel: S verpflichtet sich, dem G nach dessen Plan fünf neue Walzrollen zum Preis von 5000 DM zu liefern[1]. Hier hat G zunächst einen **Herstellungsanspruch**, nicht anders als beim Werkvertrag (§ 631, Rn. 1 ff.). Dass nach § 651 auf den Vertrag die Vorschriften über den Kauf anzuwenden sind, gilt für den Lieferungsanspruch des Vertragspartners und seine sekundären Rechte im Falle der Pflichtverletzung. Es muss aber nicht heißen, dass der primäre Herstellungsanspruch, der dem Kaufrecht unbekannt ist, ausgeschlossen sein soll[2]. Denn ohne einen Herstellungsanspruch könnte die Herstellung, zu der sich der Schuldner doch verpflichtet hat, nicht durch Klage und Vollstreckung erzwungen werden. Solange der Schuldner freilich von ihm hergestellte Sachen der geschuldeten Art liefern kann, ist der Herstellungsanspruch befriedigt (§ 362 I).

Vertragstypische Pflichten beim Reisevertrag

651a (1) ¹Durch den Reisevertrag wird der Reiseveranstalter verpflichtet, dem Reisenden eine Gesamtheit von Reiseleistungen (Reise) zu erbringen. ²Der Reisende ist verpflichtet, dem Reiseveranstalter den vereinbarten Reisepreis zu zahlen.

(2) Die Erklärung, nur Verträge mit den Personen zu vermitteln, welche die einzelnen Reiseleistungen ausführen sollen (Leistungsträger), bleibt unberücksichtigt, wenn nach den sonstigen Umständen der Anschein begründet wird, dass der Erklärende vertraglich vorgesehene Reiseleistungen in eigener Verantwortung erbringt.

---

1 Fall des OLG Köln, NJW 1958, 1355.
2 Ebenso zum alten Recht MünchKommBGB/Soergel, § 651, Rn. 2; RGRK/Glanzmann, § 651, Rn. 15. **A. A.** BGHZ 48, 121; Staudinger/F. Peters, 14. Bearb. 2000, § 651, Rn. 24.

(3) ¹Der Reiseveranstalter hat dem Reisenden bei oder unverzüglich nach Vertragsschluss eine Urkunde über den Reisevertrag (Reisebestätigung) zur Verfügung zu stellen. ²Die Reisebestätigung und ein Prospekt, den der Reiseveranstalter zur Verfügung stellt, müssen die in der Rechtsverordnung nach Artikel 238 des Einführungsgesetzes zum Bürgerlichen Gesetzbuch bestimmten Angaben enthalten.

(4) ¹Der Reiseveranstalter kann den Reisepreis nur erhöhen, wenn dies mit genauen Angaben zur Berechnung des neuen Preises im Vertrag vorgesehen ist und damit einer Erhöhung der Beförderungskosten, der Abgaben für bestimmte Leistungen, wie Hafen- oder Flughafengebühren, oder einer Änderung der für die betreffende Reise geltenden Wechselkurse Rechnung getragen wird. ²Eine Preiserhöhung, die ab dem 20. Tage vor dem vereinbarten Abreisetermin verlangt wird, ist unwirksam. ³§ 309 Nr. 1 bleibt unberührt.

(5) ¹Der Reiseveranstalter hat eine Änderung des Reisepreises nach Absatz 3, eine zulässige Änderung einer wesentlichen Reiseleistung oder eine zulässige Absage der Reise dem Reisenden unverzüglich nach Kenntnis von dem Änderungs- oder Absagegrund zu erklären. ²Im Falle einer Erhöhung des Reisepreises um mehr als fünf vom Hundert oder einer erheblichen Änderung einer wesentlichen Reiseleistung kann der Reisende vom Vertrag zurücktreten. ³Er kann stattdessen, ebenso wie bei einer Absage der Reise durch den Reiseveranstalter, die Teilnahme an einer mindestens gleichwertigen anderen Reise verlangen, wenn der Reiseveranstalter in der Lage ist, eine solche Reise ohne Mehrpreis für den Reisenden aus seinem Angebot anzubieten. ⁴Der Reisende hat diese Rechte unverzüglich nach der Erklärung durch den Reiseveranstalter diesem gegenüber geltend zu machen.

I. Ansprüche

1 § 651a I Satz 1 gibt dem Reisenden gegen den Reiseveranstalter einen **Anspruch** auf eine Gesamtheit von Reiseleistungen (**Reise**).

2 § 651a V Satz 3 gibt dem Reisenden gegen den Reiseveranstalter einen **Anspruch** auf eine **andere Reise**.

II. Klage

3 Eine Klage auf Erfüllung des Anspruchs hat normalerweise keinen Sinn, weil mit einem Urteil nicht vor dem vereinbarten Reisebeginn zu rechnen ist.

III. Einstweiliger Rechtsschutz

1. Einstweilige Verfügung

In Betracht kommt allenfalls eine einstweilige Verfügung, die dem Reiseveranstalter z. B. aufgibt, die vereinbarte Reise „Kreuz und quer durch Oman" vom 7.–17.3.1995 laut Katalog 1994/95, Seite 125 durchzuführen und den Reisenden daran teilnehmen zu lassen. 4

Das Gesuch des Reisenden (§§ 936, 920 ZPO) muss die beantragte Verfügung genau bezeichnen (analog § 253 II Nr. 2 ZPO), da es die Befriedigung eines Anspruchs erstrebt. 5

2. Verfügungsgrund

Ein Verfügungsgrund für die beantragte Befriedigungsverfügung liegt in der Regel vor (§ 940 ZPO), weil der Erfüllungsanspruch spätestens mit dem Ende der vereinbarten Reisezeit erlischt. 6

3. Zuständigkeit

Zuständig für den Erlass einer einstweiligen Verfügung ist das **Gericht der Hauptsache** (§ 937 I ZPO). „Hauptsache" ist der Streit über das Bestehen des Verfügungsanspruchs im ordentlichen Erkenntnisverfahren. Gericht der Hauptsache ist das mit diesem Streit im ersten oder zweiten Rechtszug befasste Gericht, vor Anhängigkeit das im ersten Rechtszug zuständige Gericht (§ 943 I ZPO). Im ersten Rechtszug sind in der Regel je nach Streitwert die Amtsgerichte oder die Landgerichte sachlich zuständig (§§ 23 Nr. 1, 71 I GVG). Der Streitwert bemisst sich nach dem Interesse des Reisenden an der Reise (§ 3 ZPO)[1], im Zweifel nach dem Reisepreis. 7

Ausnahmsweise können die Amtsgerichte nach § 23 Nr. 2b GVG ohne Rücksicht auf den Streitwert sachlich zuständig sein[2]. 8

4. Vollziehung

Die Vollziehung der einstweiligen Verfügung richtet sich nach § 888 I i. V. m. §§ 936, 928 ZPO, wenn die geschuldete Reise nur von dem Verfügungsgegner durchgeführt werden kann. Hängt die Durchführung der Reise allerdings nicht ausschließlich von dem Willen des Verfügungsgegners ab, so ist die Vollziehung unzulässig. 9

---
1 Nicht nach § 8 ZPO (Stein/Jonas/Roth, § 8, Rn. 2 a. E.).
2 Stein/Jonas/Schumann, § 1, Rn. 56, a. E.

§ 651b

Vertragsübertragung

651b (1) ¹Bis zum Reisebeginn kann der Reisende verlangen, dass statt seiner ein Dritter in die Rechte und Pflichten aus dem Reisevertrag eintritt. ²Der Reiseveranstalter kann dem Eintritt des Dritten widersprechen, wenn dieser den besonderen Reiseerfordernissen nicht genügt oder seiner Teilnahme gesetzliche Vorschriften oder behördliche Anordnungen entgegenstehen.

(2) Tritt ein Dritter in den Vertrag ein, so haften er und der Reisende dem Reiseveranstalter als Gesamtschuldner für den Reisepreis und die durch den Eintritt des Dritten entstehenden Mehrkosten.

§ 651b I gibt dem Reisenden keinen Anspruch, sondern ein **Gestaltungsrecht**: er kann durch sein „Verlangen" den Vertrag nachträglich in einen echten **Vertrag zugunsten des Dritten** umgestalten[1] (s. bei § 328). Für den Anspruch auf Leistung der Reise an den Dritten gilt dasselbe wie für den Anspruch auf Leistung der Reise an den Reisenden selbst (s. bei § 651a). Das Recht des Reisenden zur **Abtretung** seiner Ansprüche aus dem Reisevertrag und das Recht der Parteien und des Dritten zur Vereinbarung einer **Vertragsübernahme** bleiben unberührt.

Abhilfe

651c (1) Der Reiseveranstalter ist verpflichtet, die Reise so zu erbringen, dass sie die zugesicherten Eigenschaften hat und nicht mit Fehlern behaftet ist, die den Wert oder die Tauglichkeit zu dem gewöhnlichen oder nach dem Vertrag vorausgesetzten Nutzen aufheben oder mindern.

(2) ¹Ist die Reise nicht von dieser Beschaffenheit, so kann der Reisende Abhilfe verlangen. ²Der Reiseveranstalter kann die Abhilfe verweigern, wenn sie einen unverhältnismäßigen Aufwand erfordert.

(3) ¹Leistet der Reiseveranstalter nicht innerhalb einer vom Reisenden bestimmten angemessenen Frist Abhilfe, so kann der Reisende selbst Abhilfe schaffen und Ersatz der erforderlichen Aufwendungen verlangen. ²Der Bestimmung einer Frist bedarf es nicht, wenn

---

[1] Vgl. MünchKommBGB/Tonner, Rn. 5 ff.; str.

die Abhilfe von dem Reiseveranstalter verweigert wird oder wenn die sofortige Abhilfe durch ein besonderes Interesse des Reisenden geboten wird.

§ 651c I präzisiert den **Anspruch** des Reisenden gegen den Reiseveranstalter auf die **Reise** aus § 651a I. Daher kann von vornherein eine mangelfreie Reise beansprucht werden (s. bei § 651a). 1

§ 651c II Satz 1 gibt dem Reisenden gegen den Reiseveranstalter einen **Anspruch** auf **Abhilfe** entsprechend § 651a I[1] (s. dort). 2

§ 651c II Satz 2 gibt dem Reiseveranstalter gegen den Abhilfeanspruch des Reisenden eine **Einrede**, deren Ausübung zur Abweisung einer Leistungsklage führt (s. bei § 214). 3

§ 651c III gibt dem Reisenden gegen den Reiseveranstalter einen **Anspruch** auf **Aufwendungsersatz** i. S. d. § 257 (s. dort). 4

Kündigung wegen Mangels

651e (1) ¹Wird die Reise infolge eines Mangels der in § 651c bezeichneten Art erheblich beeinträchtigt, so kann der Reisende den Vertrag kündigen. ²Dasselbe gilt, wenn ihm die Reise infolge eines solchen Mangels aus wichtigem, dem Reiseveranstalter erkennbaren Grund nicht zuzumuten ist.

(2) ¹Die Kündigung ist erst zulässig, wenn der Reiseveranstalter eine ihm vom Reisenden bestimmte angemessene Frist hat verstreichen lassen, ohne Abhilfe zu leisten. ²Der Bestimmung einer Frist bedarf es nicht, wenn die Abhilfe unmöglich ist oder vom Reiseveranstalter verweigert wird oder wenn die sofortige Kündigung des Vertrags durch ein besonderes Interesse des Reisenden gerechtfertigt wird.

(3) ¹Wird der Vertrag gekündigt, so verliert der Reiseveranstalter den Anspruch auf den vereinbarten Reisepreis. ²Er kann jedoch für die bereits erbrachten oder zur Beendigung der Reise noch zu erbringenden Reiseleistungen eine nach § 638 Abs. 3 zu bemessende Entschädigung verlangen. ³Dies gilt nicht, soweit diese Leistungen infolge der Aufhebung des Vertrags für den Reisenden kein Interesse haben.

---

1 Vgl. Staudinger/Eckert, Rn. 146.

§ 652 — Entstehung des Lohnanspruchs [beim Mäklervertrag]

(4) ¹Der Reiseveranstalter ist verpflichtet, die infolge der Aufhebung des Vertrags notwendigen Maßnahmen zu treffen, insbesondere, falls der Vertrag die Rückbeförderung umfasste, den Reisenden zurückzubefördern. ²Die Mehrkosten fallen dem Reiseveranstalter zur Last.

§ 651e IV Satz 1 gibt dem Reisenden gegen den Reiseveranstalter einen **Anspruch** auf notwendige **Maßnahmen** entsprechend § 651a I (s. dort).

Entstehung des Lohnanspruchs [beim Mäklervertrag]

652 (1) ¹Wer für den Nachweis der Gelegenheit zum Abschluss eines Vertrags oder für die Vermittlung eines Vertrags einen Mäklerlohn verspricht, ist zur Entrichtung des Lohnes nur verpflichtet, wenn der Vertrag infolge des Nachweises oder infolge der Vermittlung des Mäklers zustande kommt. ²Wird der Vertrag unter einer aufschiebenden Bedingung geschlossen, so kann der Mäklerlohn erst verlangt werden, wenn die Bedingung eintritt.

(2) ¹Aufwendungen sind dem Mäkler nur zu ersetzen, wenn es vereinbart ist. ²Dies gilt auch dann, wenn ein Vertrag nicht zustande kommt.

Absatz 2 gibt dem Mäkler gegen den Auftraggeber einen **Anspruch** auf **Aufwendungsersatz** i. S. d. § 257[1] (s. dort).

Herabsetzung des Mäklerlohns

655 ¹Ist für den Nachweis der Gelegenheit zum Abschluss eines Dienstvertrags oder für die Vermittlung eines solchen Vertrags ein unverhältnismäßig hoher Mäklerlohn vereinbart worden, so kann er auf Antrag des Schuldners durch Urteil auf den angemessenen Betrag herabgesetzt werden. ²Nach der Entrichtung des Lohnes ist die Herabsetzung ausgeschlossen.

Nach Satz 1 kann ein Mäklerlohn für einen Dienstvertrag, wenn er unverhältnismäßig hoch ist, auf Antrag des Schuldners durch Urteil auf den angemessenen Betrag herabgesetzt werden. Das Urteil wird

---

1 MünchKommBGB/Krüger, 4. Aufl., § 256, Rn. 5.

Heiratsvermittlung § 656

meist als **Gestaltungsurteil** (→ *Gestaltungsklagen* Rn. 1) angesehen[1]. Die prozessrechtliche Problematik ist die gleiche wie bei § 343 (s. dort).

Heiratsvermittlung

656 (1) ¹Durch das Versprechen eines Lohnes für den Nachweis der Gelegenheit zur Eingehung einer Ehe oder für die Vermittlung des Zustandekommens einer Ehe wird eine Verbindlichkeit nicht begründet. ²Das auf Grund des Versprechens Geleistete kann nicht deshalb zurückgefordert werden, weil eine Verbindlichkeit nicht bestanden hat.

(2) Diese Vorschriften gelten auch für eine Vereinbarung, durch die der andere Teil zum Zwecke der Erfüllung des Versprechens dem Mäkler gegenüber eine Verbindlichkeit eingeht, insbesondere für ein Schuldanerkenntnis.

Nach § 656 I Satz 1 „wird eine Verbindlichkeit nicht begründet". 1
Das kann nur heißen, dass die Rechtsordnung die Erfüllung des Versprechens zur Zahlung eines Ehemäklerlohns nicht verlangt. Das aber bedeutet, dass **keine Rechtspflicht** des Versprechenden besteht. Infolgedessen besteht auch **kein Anspruch** gegen den Versprechenden auf Zahlung des Ehemäklerlohns[2] (§ 194, Rn. 1, 2). Es besteht vielmehr nur eine Anstandspflicht, die nach § 656 I Satz 2 als rechtlicher Grund im Sinne des § 812 I Satz 1 ausreicht. Andere Rechtsfolgen lassen sich allenfalls durch Analogie rechtfertigen[3].

Eine gleichwohl von dem Mäkler erhobene **Leistungsklage** ist des- 2
halb **unbegründet**[4], nicht unzulässig[5]. Das zeigen auch folgende

---

1 Rosenberg/Schwab/Gottwald, § 94 II 3; Stein/Jonas/Schumann, vor § 253, Rn. 56; Zöller/Greger, vor § 253, Rn. 8. **A. A.** Schlosser, Gestaltungsklagen, S. 138 ff.
2 Vgl. zu § 762 MünchKommBGB/Habersack, Rn. 18; RGRK/Seibert, Rn. 6; Staudinger/Engel, 12. Aufl., Rn. 11. **A. A.** Staudinger/Reuter, 13. Bearb., § 656, Rn. 11.
3 Vgl. dazu Staudinger/Reuter, 13. Bearb., Rn. 11 f.
4 Ebenso Staudinger/ J.Schmidt, 13. Bearb., vor § 241, Rn. 151; Stech, ZZP 77, 170 ff.
5 So Soergel/Lorentz, Rn. 3; Staudinger/Reuter, 13. Bearb., Rn. 11. BGHZ 87, 314 sagt nur untechnisch, dass die Verbindlichkeit nicht eingeklagt werden kann.

§ 657 — Bindendes Versprechen [bei Auslobung]

Überlegungen: Ob der Kläger von dem Beklagten die geforderte Leistung aus Vertrag oder Gesetz beanspruchen kann, ist Gegenstand der Begründetheitsprüfung (Schlüssigkeitsprüfung). Wer bei § 656 einen unklagbaren vertraglichen Anspruch annimmt, könnte ein Leistungsurteil nicht mit diesem Anspruch begründen. Er hätte dann aber immer noch die gesetzlichen Ansprüche zu prüfen, z.B. den Anspruch aus § 826. Selbst wenn ein gesetzlicher Anspruch nach dem Vorbringen des Klägers nicht in Betracht käme, wäre doch die Feststellung, dass der Anspruch nicht in Betracht kommt, eine Feststellung zur Begründetheit der Klage, nicht zu ihrer Zulässigkeit. Liegt ein gesetzlicher Anspruch vor, ist die Klage begründet. Liegt kein gesetzlicher Anspruch vor, kann die Klage nur unbegründet sein, nicht unzulässig, nachdem ihre Begründetheit geprüft worden ist!

Bindendes Versprechen [bei Auslobung]

657 Wer durch öffentliche Bekanntmachung eine Belohnung für die Vornahme einer Handlung, insbesondere für die Herbeiführung eines Erfolges, aussetzt, ist verpflichtet, die Belohnung demjenigen zu entrichten, welcher die Handlung vorgenommen hat, auch wenn dieser nicht mit Rücksicht auf die Auslobung gehandelt hat.

§ 657 gibt dem Handelnden gegen den Auslobenden einen **Anspruch** auf die ausgesetzte **Belohnung**, sei es Geld (→ *Zahlung* Rn. 1) oder ein anderer Vorteil[1].

Mitwirkung mehrerer

660 (1) ¹Haben mehrere zu dem Erfolg mitgewirkt, für den die Belohnung ausgesetzt ist, so hat der Auslobende die Belohnung unter Berücksichtigung des Anteils eines jeden an dem Erfolg nach billigem Ermessen unter sie zu verteilen. ²Die Verteilung ist nicht verbindlich, wenn sie offenbar unbillig ist; sie erfolgt in einem solchen Fall durch Urteil.

(2) Wird die Verteilung des Auslobenden von einem der Beteiligten nicht als verbindlich anerkannt, so ist der Auslobende berechtigt,

---

1 MünchKommBGB/Seiler, Rn. 7, 18.

die Erfüllung zu verweigern, bis die Beteiligten den Streit über ihre Berechtigung unter sich ausgetragen haben; jeder von ihnen kann verlangen, dass die Belohnung für alle hinterlegt wird.
(3) Die Vorschrift des § 659 Abs. 2 Satz 2 findet Anwendung.

A. Streit der Gläubiger

Wird die Verteilung des Auslobenden von einem der Beteiligten als offenbar unbillig angesehen und deshalb nicht als verbindlich anerkannt (§ 660 I Satz 2), so müssen die Beteiligten den Streit über ihre Berechtigung unter sich austragen (§ 660 II). 1

I. Gestaltungsklage

Beispiel: A, der die Verteilung des Auslobenden nicht als verbindlich anerkennt, muss auf Verteilung durch Urteil klagen (§ 660 I Satz 2). Dabei handelt es sich um eine → *Gestaltungsklage*[1] (Rn. 1). 2

Die **Klage** ist **gegen** die anderen Gläubiger zu richten, nicht gegen den Auslobenden[2], der typischerweise kein berechtigtes Interesse an einer bestimmten Verteilung der Belohnung hat[3]. Da das beantragte Urteil zwangsläufig die Belohnungsansprüche aller Gläubiger gestaltet, müssen alle gehört werden, die anderen Gläubiger also alle verklagt werden, als notwendige Streitgenossen nach § 62 Fall 2 ZPO. Fehlt einem Gläubiger die Verfügungsbefugnis über den Belohnungsanspruch, so ist der an seiner Stelle Verfügungsbefugte, z.B. der Insolvenzverwalter, prozessführungsbefugt. 3

Der **Antrag** ist darauf zu richten, dass das Gericht die von N. N. für ... (Zweck der Auslobung) ausgesetzte Belohnung von ... Euro unter die Prozessparteien nach billigem Ermessen verteilen möge. Ein bestimmter Antrag ist also nicht erforderlich, doch hat der Kläger dem Gericht die Größenordnung der erstrebten Anteile und die tatsächlichen Grundlagen für die Verteilung anzugeben[4]. 4

---

1 Rosenberg/Schwab/Gottwald, § 94 II 3; Schlosser, Gestaltungsklagen, S. 73, 214; Stein/Jonas/Schumann, vor § 253, Rn. 56.
2 MünchKommBGB/Seiler, Rn. 7.
3 Zur „Beiladung" eines Pfandgläubigers s. Schlosser, Gestaltungsklagen, S. 214.
4 MünchKommZPO/Lüke, § 253, Rn. 120, 122. Vgl. auch → *Zahlung* Rn. 5 ff.

5 **Sachlich zuständig** sind die Amtsgerichte oder die Landgerichte, je nach Streitwert (§§ 23 Nr. 1, 71 I GVG). Der Streitwert bemisst sich nach dem Wert der zu verteilenden Belohnung (§ 3 ZPO).

6 Beim **Urteil** ist zu unterscheiden:

7 – Gibt das Gericht der Klage statt, so tritt die **Gestaltungswirkung** mit der formellen Rechtskraft des Urteils ein, und zwar rückwirkend[1]: Der Auslobende schuldet den Beteiligten von Anfang an die gerichtlich bestimmten Anteile.

8 – Weist das Gericht die Klage ab, weil es die Verteilung des Auslobenden als verbindlich betrachtet, so erwächst diese Feststellung in **materielle Rechtskraft** gegenüber allen Beteiligten. Auch dadurch ist der Streit der Beteiligten beigelegt. Eine zweite Verteilungsklage wäre unzulässig (§§ 261 III Nr. 1, 322 I ZPO).

II. Feststellungsklage

9 **Beispiel:** B, der die Verteilung des Auslobenden als verbindlich anerkennt, **beantragt** die Feststellung, dass die Verteilung des Auslobenden verbindlich sei.

10 Die Klage ist **gegen** A zu richten. Gegenüber C, der die festzustellende Rechtslage nicht bestreitet, fehlt das nach § 256 I ZPO erforderliche Feststellungsinteresse (Rechtsschutzgrund).

11 Zur **Zuständigkeit** s. Rn. 5.

12 Kommt das Gericht zu dem Ergebnis, dass die Verteilung des Auslobenden unverbindlich ist, so kann es die Verteilung selbst vornehmen, wenn dies von B durch **Klageänderung** (§ 264 Nr. 3 ZPO) oder von A durch **Widerklage** beantragt und die geänderte Klage oder die Widerklage auch gegen den mitbetroffenen C gerichtet wird[2].

13 Klagt zuerst A gegen B und C auf Verteilung durch Urteil, so ist die Feststellungsklage des B gegen A nur als **Widerklage** zulässig (§§ 33 I, 256 II ZPO). Die Rechtshängigkeit steht einer Widerklage nicht entgegen[3]. Eine selbständige Feststellungsklage wäre erheb-

---

[1] Stein/Jonas/Schumann, vor § 253, Rn. 56.
[2] Gewillkürte Parteierweiterung: Wieser, Arbeitsgerichtsverfahren, Rn. 318; Wieczorek/Hausmann, § 33, Rn. 45 ff.; Zöller/Vollkommer, § 33, Rn. 18 ff.
[3] Wieser, Arbeitsgerichtsverfahren, Rn. 307; str.

lich weniger zweckmäßig und deshalb mangels Rechtsschutzinteresses unzulässig (§ 256 I ZPO).

B. Streit mit dem Auslobenden

I. Klage auf Belohnung

Jeder Gläubiger hat nach § 660 I gegen den Auslobenden einen **Anspruch** auf den Teil der Belohnung, den der Auslobende, ersatzweise das Gericht, für den Gläubiger vorgesehen hat (wie § 657, s. dort). Eine weitergehende Leistungs- oder Feststellungsklage wird von Amts wegen als unbegründet abgewiesen. 14

Auch wenn ein Gläubiger nicht mehr als den für ihn vorgesehenen Teil der Belohnung verlangt, wird seine Leistungsklage aufgrund einer **Einrede** des Auslobenden als z.Zt. unbegründet abgewiesen, solange ein Streit der Gläubiger über ihre Berechtigung nicht ausgetragen ist (§ 660 II)[1]. Im Übrigen gilt dasselbe wie bei § 214 (s. dort). 15

II. Klage auf Hinterlegung

Jeder Gläubiger kann aber im Streitfall im eigenen Namen[2] darauf **klagen**, dass der Auslobende eine hinterlegungsfähige Belohnung für alle hinterlegt (§ 660 Abs. 2 Halbsatz 2). 16

Zur **Zuständigkeit** s. Rn. 5. 17

Die **Zwangsvollstreckung** richtet sich nach § 883 ZPO, mit der Maßgabe, dass der Gerichtsvollzieher die Belohnung der Hinterlegungsstelle übergibt. 18

C. Unterbliebene Verteilung

Unterlässt der Auslobende die Verteilung, so kann der Gläubiger nicht auf Vornahme der Verteilung klagen und nach § 888 I ZPO vollstrecken[3]. Vielmehr entspricht es allein dem System des Gesetzes und der Praktikabilität, hier **§ 315 III Satz 2 analog** anzuwenden und wie im Falle der offenbaren Unbilligkeit der getroffenen Bestimmung (§ 660 I Satz 2) die Klage auf gerichtliche Verteilung gegen die anderen Gläubiger (Rn. 2 ff.) zuzulassen. 19

---

1 Roth, Einrede, S. 228.
2 Unklar Staudinger/Wittmann, 13. Bearb., Rn. 6.
3 Entgegen MünchKommBGB/Seiler, Rn. 5, u. a.

Preisausschreiben

661 (1) Eine Auslobung, die eine Preisbewerbung zum Gegenstand hat, ist nur gültig, wenn in der Bekanntmachung eine Frist für die Bewerbung bestimmt wird.

(2) ¹Die Entscheidung darüber, ob eine innerhalb der Frist erfolgte Bewerbung der Auslobung entspricht oder welche von mehreren Bewerbungen den Vorzug verdient, ist durch die in der Auslobung bezeichnete Person, in Ermangelung einer solchen durch den Auslobenden zu treffen. ²Die Entscheidung ist für die Beteiligten verbindlich.

(3) Bei Bewerbungen von gleicher Würdigkeit finden auf die Zuerteilung des Preises die Vorschriften des § 659 Abs. 2 Anwendung.

(4) Die Übertragung des Eigentums an dem Werk kann der Auslobende nur verlangen, wenn er in der Auslobung bestimmt hat, dass die Übertragung erfolgen soll.

Absatz 4 gibt dem Auslobenden gegen den Preisträger einen **Anspruch auf Übertragung des Eigentums** an dem Werk (→ *Übereignung* Rn. 1).

Gewinnzusagen

661a Ein Unternehmer, der Gewinnzusagen oder vergleichbare Mitteilungen an Verbraucher sendet und durch die Gestaltung dieser Zusendungen den Eindruck erweckt, dass der Verbraucher einen Preis gewonnen hat, hat dem Verbraucher diesen Preis zu leisten.

§ 661a gibt dem Verbraucher gegen den Unternehmer einen **Anspruch auf Leistung eines Preises**, der bei Geld auf → *Zahlung*, bei anderen Sachen auf → *Übereignung* und → *Besitzeinräumung* gerichtet ist.

Vertragstypische Pflichten beim Auftrag

662 Durch die Annahme eines Auftrags verpflichtet sich der Beauftragte, ein ihm von dem Auftraggeber übertragenes Geschäft für diesen unentgeltlich zu besorgen.

Herausgabepflicht § 667

§ 662 gibt dem Auftraggeber gegen den Beauftragten einen **Anspruch** auf Besorgung eines „**Geschäfts**", d. h. auf den Abschluss eines Rechtsgeschäfts oder eine andere Tätigkeit[1]. Für diesen Geschäftsbesorgungsanspruch gilt prozessrechtlich dasselbe wie für den Dienstleistungsanspruch aus einem allgemeinen Dienstvertrag (s. bei § 611) oder – soweit ein bestimmter Erfolg der Tätigkeit geschuldet wird – wie für den Herstellungsanspruch aus einem Werkvertrag (s. bei § 631)[2].

Auskunfts- und Rechenschaftspflicht

666 Der Beauftragte ist verpflichtet, dem Auftraggeber die erforderlichen Nachrichten zu geben, auf Verlangen über den Stand des Geschäfts Auskunft zu erteilen und nach der Ausführung des Auftrags Rechenschaft abzulegen.

§ 666 gibt dem Auftraggeber gegen den Beauftragten **Ansprüche** auf → *Auskunft* (Rn. 1) und **Rechenschaft** (s. bei § 259). Auch der Anspruch auf die erforderlichen Nachrichten ist ein Auskunftsanspruch, der lediglich kein Verlangen des Auftraggebers voraussetzt.

Herausgabepflicht

667 Der Beauftragte ist verpflichtet, dem Auftraggeber alles, was er zur Ausführung des Auftrags erhält und was er aus der Geschäftsbesorgung erlangt, herauszugeben.

§ 667 gibt dem Auftraggeber gegen den Beauftragten einen **Anspruch** auf **Herausgabe**. Im Einzelnen sind zu unterscheiden, je nachdem, welcher Gegenstand herauszugeben ist: – Ansprüche auf Herausgabe einer **Sache**, bei denen weiter unterschieden werden muss, ob der Besitz eingeräumt werden soll (→ *Besitzeinräumung* Rn. 1) oder das Eigentum (→ *Übereignung* Rn. 1); – Ansprüche auf Herausgabe eines **Rechts** (außer Besitz und Eigentum), sei es auf Neubegründung oder Übertragung, also auf → *Rechtsverschaffung*

---
1 MünchKommBGB/Seiler, Rn. 15; Palandt/Sprau, Rn. 6; RGRK/Steffen, vor § 662, Rn. 4 ff.; Staudinger/Wittmann, 13. Bearb., vor § 662, Rn. 9; im Grenzbereich strittig.
2 Vgl. Staudinger/Wittmann, 13. Bearb., vor § 662, Rn. 4.

§ 670 Ersatz von Aufwendungen

(Rn. 1) oder auf Aufgabe des Rechts, d. h. → *Rechtsentäußerung* (Rn. 1); – Ansprüche auf Herausgabe eines in Geld zu bemessenden **Vermögensvorteils**, d. h. auf → *Zahlung* (Rn. 1).

Ersatz von Aufwendungen

670 Macht der Beauftragte zum Zwecke der Ausführung des Auftrags Aufwendungen, die er den Umständen nach für erforderlich halten darf, so ist der Auftraggeber zum Ersatz verpflichtet.

§ 670 gibt dem Beauftragten gegen den Auftraggeber einen **Anspruch auf Aufwendungsersatz** i. S. des § 257[1] (s. dort).

Kündigung von Übertragungsverträgen

676 ¹Die Kündigung eines Geschäftsbesorgungsvertrags, der die Weiterleitung von Wertpapieren oder Ansprüchen auf Herausgabe von Wertpapieren im Wege der Verbuchung oder auf sonstige Weise zum Gegenstand hat (Übertragungsvertrag), ist nur wirksam, wenn sie dem depotführenden Unternehmen des Begünstigten so rechtzeitig mitgeteilt wird, dass die Kündigung unter Wahrung der gebotenen Sorgfalt noch vor der Verbuchung auf dem Depot des Begünstigten berücksichtigt werden kann. ²Die Wertpapiere oder die Ansprüche auf Herausgabe von Wertpapieren sind in diesem Fall an das erstbeauftragte Unternehmen zurückzuleiten. ³Im Rahmen von Wertpapierlieferungs- und Abrechnungssystemen kann ein Übertragungsvertrag abweichend von Satz 1 bereits von dem in den Regeln des Systems bestimmten Zeitpunkt an nicht mehr gekündigt werden.

1 § 676 Satz 2 gibt dem erstbeauftragten Unternehmen gegen das depotführende Unternehmen des Begünstigten einen **Anspruch** auf **Zurückleitung** von Wertpapieren oder Ansprüchen auf Herausgabe von Wertpapieren.

2 Eine **Leistungsklage** müsste z. B. die Verurteilung der Beklagten beantragen, die näher bestimmten Wertpapiere an die Klägerin zu-

---

1 MünchKommBGB/Seiler, Rn. 2.

Vertragstypische Pflichten; Kündigung [beim Überweisungsvertrag] **§ 676a**

rückzuleiten und zu diesem Zweck die Wertpapiersammelbank . . . zu einer Umbuchung der entsprechenden Girosammeldepotanteile anzuweisen[1].

Sachlich zuständig sind die Amtsgerichte oder die Landgerichte, je nach Streitwert (§§ 23 Nr. 1, 71 I GVG). Der Streitwert bemisst sich nach dem Wert der zurückzuleitenden Papiere oder Ansprüche (§ 3 ZPO). 3

Die **Zwangsvollstreckung** richtet sich nach § 894 ZPO. 4

Vertragstypische Pflichten; Kündigung [beim Überweisungsvertrag]

676a (1) ¹Durch den Überweisungsvertrag wird das Kreditinstitut (überweisendes Kreditinstitut) gegenüber demjenigen, der die Überweisung veranlasst (Überweisender), verpflichtet, dem Begünstigten einen bestimmten Geldbetrag zur Gutschrift auf dessen Konto beim überweisenden Kreditinstitut zur Verfügung zu stellen (Überweisung) sowie Angaben zur Person des Überweisenden und einen angegebenen Verwendungszweck, soweit üblich, mitzuteilen. ²Soll die Gutschrift durch ein anderes Kreditinstitut erfolgen, ist das überweisende Kreditinstitut verpflichtet, den Überweisungsbetrag rechtzeitig und, soweit nicht anders vereinbart, ungekürzt dem Kreditinstitut des Begünstigten unmittelbar oder unter Beteiligung zwischengeschalteter Kreditinstitute zu diesem Zweck zu übermitteln und die in Satz 1 bestimmten Angaben weiterzuleiten. ³Der Überweisende kann, soweit vereinbart, dem Kreditinstitut den zu überweisenden Geldbetrag auch in bar zur Verfügung stellen.

(2) ¹Soweit keine anderen Fristen vereinbart werden, sind Überweisungen baldmöglichst zu bewirken. ²Es sind
1. grenzüberschreitende Überweisungen in Mitgliedstaaten der Europäischen Union und in Vertragsstaaten des Abkommens über den Europäischen Wirtschaftsraum, die auf deren Währung oder Währungseinheit oder auf Euro lauten, soweit nichts anderes vereinbart ist, binnen fünf Werktagen, an denen alle beteiligten Kreditinstitute gewöhnlich geöffnet haben, ausgenommen Sonnabende, (Bankgeschäftstage) auf das Konto des Kreditinstituts des Begünstigten,

---

1 Vgl. Kümpel, 8.120 sowie § 1 III DepotG.

§ 676a Vertragstypische Pflichten; Kündigung [beim Überweisungsvertrag]

2. inländische Überweisungen in Inlandswährung längstens binnen drei Bankgeschäftstagen auf das Konto des Kreditinstituts des Begünstigten und

3. Überweisungen in Inlandswährung innerhalb einer Haupt- oder einer Zweigstelle eines Kreditinstituts längstens binnen eines Bankgeschäftstags, andere institutsinterne Überweisungen längstens binnen zwei Bankgeschäftstagen auf das Konto des Begünstigten

zu bewirken (Ausführungsfrist). ³Die Frist beginnt, soweit nichts anderes vereinbart ist, mit Ablauf des Tages, an dem der Name des Begünstigten, sein Konto, sein Kreditinstitut und die sonst zur Ausführung der Überweisung erforderlichen Angaben dem überweisenden Kreditinstitut vorliegen und ein zur Ausführung der Überweisung ausreichendes Guthaben vorhanden oder ein ausreichender Kredit eingeräumt ist.

(3) ¹Das überweisende Kreditinstitut kann den Überweisungsvertrag, solange die Ausführungsfrist noch nicht begonnen hat, ohne Angabe von Gründen, danach nur noch kündigen, wenn ein Insolvenzverfahren über das Vermögen des Überweisenden eröffnet worden oder ein zur Durchführung der Überweisung erforderlicher Kredit gekündigt worden ist. ²Im Rahmen von Zahlungsverkehrssystemen kann eine Überweisung abweichend von Satz 1 bereits von dem in den Regeln des Systems bestimmten Zeitpunkt an nicht mehr gekündigt werden.

(4) ¹Der Überweisende kann den Überweisungsvertrag vor Beginn der Ausführungsfrist jederzeit, danach nur kündigen, wenn die Kündigung dem Kreditinstitut des Begünstigten bis zu dem Zeitpunkt mitgeteilt wird, in dem der Überweisungsbetrag diesem Kreditinstitut endgültig zur Gutschrift auf dem Konto des Begünstigten zur Verfügung gestellt wird. ²Im Rahmen von Zahlungsverkehrssystemen kann eine Überweisung abweichend von Satz 1 bereits von dem in den Regeln des Systems bestimmten Zeitpunkt an nicht mehr gekündigt werden. ³Das überweisende Kreditinstitut hat die unverzügliche Information des Kreditinstituts des Begünstigten über eine Kündigung zu veranlassen.

I. Gutschrift

1 § 676a I Satz 1 gibt dem Überweisenden gegen ein Kreditinstitut einen **Anspruch** darauf, dass ein bestimmter Geldbetrag dem Begünstigten zur Gutschrift auf dessen Konto bei dem Kreditinstitut zur Verfügung gestellt wird.

Vertragstypische Pflichten beim Zahlungsvertrag § 676d

Eine **Leistungsklage** muss die Verurteilung des beklagten Kreditinstituts beantragen, einen Betrag von . . . Euro dem (Name, Anschrift) zur Gutschrift auf seinem Konto Nr. . . . bei der Geschäftsstelle . . . zur Verfügung zu stellen. 2

Sachlich zuständig sind die Amtsgerichte oder die Landgerichte, je nach Streitwert (§§ 23 Nr. 1, 71 I GVG). Der Streitwert bemisst sich nach dem zu überweisenden Geldbetrag (§ 3 ZPO). 3

Die **Zwangsvollstreckung** richtet sich nicht nach § 888 I, II ZPO, sondern nach §§ 803 ff. ZPO (→ *Zahlung* Rn. 37), mit der Maßgabe, dass der Vollstreckungserlös dem Begünstigten zur Gutschrift auf seinem Konto bei der Vollstreckungsschuldnerin zur Verfügung gestellt wird. Der Überweisungsanspruch ist **pfändbar**, wenn für den Überweisungsauftrag „eine Deckungsgrundlage, sei es in Form eines Guthabens oder eines Kredits, vorhanden ist"; die Deckungsgrundlage muss selbst pfändbar sein[1]. 4

II. Übermittlung

§ 676a I Satz 2 gibt dem Überweisenden gegen ein Kreditinstitut einen **Anspruch** auf Übermittlung eines bestimmten Geldbetrags an ein anderes Kreditinstitut, damit dieser Geldbetrag dem Begünstigten zur Gutschrift auf seinem Konto bei dem anderen Kreditinstitut zur Verfügung gestellt werden kann. Der Übermittlungsanspruch entspricht dem Weiterleitungsanspruch aus § 676d (s. dort). 5

Vertragstypische Pflichten beim Zahlungsvertrag

676d (1) Durch den Zahlungsvertrag verpflichtet sich ein zwischengeschaltetes Kreditinstitut gegenüber einem anderen Kreditinstitut, im Rahmen des Überweisungsverkehrs einen Überweisungsbetrag an ein weiteres Kreditinstitut oder an das Kreditinstitut des Begünstigten weiterzuleiten.

(2) ¹Das Kreditinstitut des Begünstigten ist verpflichtet, einen Überweisungsbetrag an das überweisende Kreditinstitut zurückzuleiten, wenn ihm vor dessen Eingang eine entsprechende Mitteilung durch das überweisende Kreditinstitut zugeht. ²Im Rahmen von Zahlungsverkehrssystemen braucht die Kündigung von dem in den

---

1 BGH, NJW 1985, 1219; Stein/Jonas/Brehm, § 829, Rn. 12.

Regeln des Systems festgelegten Zeitpunkt an nicht mehr beachtet zu werden.

1   § 676d I gibt einem Kreditinstitut gegen ein zwischengeschaltetes Kreditinstitut einen **Anspruch** auf **Weiterleitung** eines Überweisungsbetrags. § 676d II gibt einem überweisenden Kreditinstitut gegen das Kreditinstitut des Begünstigten einen Anspruch auf **Zurückleitung** des Überweisungsbetrags.

2   Eine **Leistungsklage** müsste z. B. die Verurteilung des beklagten Kreditinstituts beantragen, den bei ihm am ... eingegangenen, von der Klägerin zugunsten der Fa. ... und zu Lasten der Fa. ... überwiesenen Betrag von ... Euro an ... (Bank oder Sparkasse mit Bankleitzahl) weiterzuleiten.

3   **Sachlich zuständig** sind die Amtsgerichte oder die Landgerichte, je nach Streitwert (§§ 23 Nr. 1, 71 I GVG). Der Streitwert bemisst sich nach dem weiter- oder zurückzuleitenden Geldbetrag (§ 3 ZPO).

4   Die **Zwangsvollstreckung** richtet sich nicht nach §§ 887 ff. ZPO, sondern nach §§ 803 ff. ZPO (→ *Zahlung* Rn. 37). Denn die Pflicht des Schuldners zur *Weiterleitung* empfangenen Geldes an einen Dritten entspricht seiner Pflicht zur *Zahlung* an den Dritten, für die es gleichgültig ist, woher die Zahlungsmittel stammen. Ebenso entspricht die Pflicht des Schuldners zur *Zurückleitung* empfangenen Geldes an den Gläubiger seiner Pflicht zur Zahlung. Unterhalten die an der Weiter- oder Zurückleitung beteiligten Kreditinstitute Konten bei einem Dritten und wurde der Beklagte dazu verurteilt, den Dritten zu einer Umbuchung anzuweisen, so richtet sich die Zwangsvollstreckung nach § 894 ZPO.

Vertragstypische Pflichten beim Girovertrag

676f ¹Durch den Girovertrag wird das Kreditinstitut verpflichtet, für den Kunden ein Konto einzurichten, eingehende Zahlungen auf dem Konto gutzuschreiben und abgeschlossene Überweisungsverträge zu Lasten dieses Kontos abzuwickeln. ²Es hat dem Kunden eine weitergeleitete Angabe zur Person des Überweisenden und zum Verwendungszweck mitzuteilen.

Vertragstypische Pflichten beim Girovertrag   § 676f

I. Kontoeinrichtung

§ 676f Satz 1 gibt dem Kunden gegen das Kreditinstitut einen **An-** 1
spruch auf Einrichtung eines Girokontos.

Eine **Leistungsklage** muss die Verurteilung des beklagten Kreditin- 2
stituts beantragen, für den Kläger bei der (näher bezeichneten) Stelle ein Girokonto einzurichten.

Sachlich zuständig sind die Amtsgerichte oder die Landgerichte, je 3
nach Streitwert (§§ 23 Nr. 1, 71 I GVG). Der Streitwert bemisst sich nach dem Interesse des Klägers an dem Girokonto (§ 3 ZPO). Als Bemessungsgrundlage können die voraussichtlich in einem Jahr anfallenden Zinsen für Einlagen und – als Wertmaßstab für das Girogeschäft – die Gebühren herangezogen werden, insgesamt der dreieinhalbfache Betrag (analog § 9 Satz 1 ZPO).

Die **Zwangsvollstreckung** richtet sich nach § 888 I, II ZPO. 4

II. Gutschrift

§ 676f Satz 1 gibt dem Kunden gegen das Kreditinstitut ferner einen 5
Anspruch darauf, dass für den Kunden eingehende Zahlungen auf dessen Girokonto gutgeschrieben werden.

Eine **Leistungsklage** müsste z. B. die Verurteilung des beklagten 6
Kreditinstituts beantragen, die von der Fa. Teximex GmbH in Leipzig am 23. 5. 2002 an den Kläger überwiesenen 10 000 Euro mit Wert vom gleichen Tag[1] dem Girokonto des Klägers gutzuschreiben und diesen Betrag ab dem 25. 5. 2000 bis zum Buchungstag mit 5% über dem Basiszinssatz zu verzinsen[2].

Sachlich zuständig sind die Amtsgerichte oder die Landgerichte, je 7
nach Streitwert (§§ 23 Nr. 1, 71 I GVG). Der Streitwert bemisst sich nach dem gutzuschreibenden Kapital (§§ 3, 4 Abs. 1 Halbs. 2 ZPO).

Die **Zwangsvollstreckung** richtet sich nicht nach § 888 I, II ZPO, 8
sondern nach §§ 803 ff. ZPO (→ *Zahlung* Rn. 37), mit der Maßgabe, dass der Vollstreckungserlös auf das Girokonto des Gläubigers bei der Schuldnerin eingezahlt und so von der Kontokorrentabrede erfasst wird.

---

1 § 676g I Satz 4.
2 § 676g I.

9 **Pfändbar** sind: der Anspruch auf Vollzug der Gutschrift[1]; wegen der Kontokorrentabrede nicht der Anspruch auf den gutgeschriebenen Betrag[2]; wohl aber der Anspruch auf Auszahlung des gegenwärtigen Saldoguthabens[3] und auf Auszahlung der künftigen Saldoguthaben[4]; schließlich der Anspruch auf Auszahlung der zwischen den Rechnungsabschlüssen sich ergebenden Tagesguthaben[5]. Ein Gläubiger des Kontoinhabers sollte daher die Pfändung aller Ansprüche des Schuldners gegen das näher bezeichnete Kreditinstitut beantragen, soweit sie gerichtet sind auf Gutschrift eingehender Zahlungen auf dem Girokonto des Schuldners (mit oder ohne Nr.), auf Auszahlung des gegenwärtigen Saldoguthabens, der künftigen Saldoguthaben und der zwischen den Rechnungsabschlüssen sich ergebenden Tagesguthaben, bis zur vollständigen Befriedigung des Gläubigers.

III. Mitteilung

10 § 676f Satz 2 gibt dem Kunden gegen das Kreditinstitut einen **Anspruch** auf bestimmte Mitteilungen, d. h. auf → *Auskunft*.

Vertragstypische Pflichten bei der Verwahrung

688 Durch den Verwahrungsvertrag wird der Verwahrer verpflichtet, eine ihm von dem Hinterleger übergebene bewegliche Sache aufzubewahren.

1 § 688 gibt dem Hinterleger gegen den Verwahrer einen **Anspruch** auf **Aufbewahrung**.

2 Eine **Leistungsklage** muss die Verurteilung des Beklagten beantragen, die bestimmt bezeichnete Sache oder Sachgesamtheit bestimmte Zeit aufzubewahren.

3 **Sachlich zuständig** sind die Amtsgerichte oder die Landgerichte, je nach Streitwert (§§ 23 Nr. 1, 71 I GVG). Der Streitwert bemisst sich nicht nach dem Wert der Sache (Sachgesamtheit), sondern nach

---

1 BGH, NJW 1985, 1219; Stein/Jonas/Brehm, § 829, Rn. 12.
2 BGHZ 80, 175; BGHZ 84, 330; Stein/Jonas/Brehm, § 829, Rn. 12.
3 BGHZ 80, 176.
4 BGHZ 80, 181; Stein/Jonas/Brehm, § 829, Rn. 11.
5 BGHZ 84, 329; Stein/Jonas/Brehm, § 829, Rn. 12.

dem Interesse des Klägers, von den Kosten für Lagerung und Schutz der Sache befreit zu werden[1].

Die **Zwangsvollstreckung** richtet sich nach § 887 ZPO. 4

Vergütung

689 Eine Vergütung für die Aufbewahrung gilt als stillschweigend vereinbart, wenn die Aufbewahrung den Umständen nach nur gegen eine Vergütung zu erwarten ist.

§ 689 gibt dem Verwahrer gegen den Hinterleger einen **Anspruch** auf **Vergütung**, sei es auf Zahlung von Geld (→ *Zahlung* Rn. 1) oder auf eine andere Leistung[2].

Ersatz von Aufwendungen

693 Macht der Verwahrer zum Zwecke der Aufbewahrung Aufwendungen, die er den Umständen nach für erforderlich halten darf, so ist der Hinterleger zum Ersatz verpflichtet.

§ 693 gibt dem Verwahrer gegen den Hinterleger einen **Anspruch** auf **Aufwendungsersatz** i. S. des § 257[3] (s. dort).

Rückforderungsrecht des Hinterlegers

695 [1]Der Hinterleger kann die hinterlegte Sache jederzeit zurückfordern, auch wenn für die Aufbewahrung eine Zeit bestimmt ist. [2]Die Verjährung des Anspruchs auf Rückgabe der Sache beginnt mit der Rückforderung.

§ 695 gibt dem Verwahrer gegen den Hinterleger einen **Anspruch** auf → *Besitzeinräumung* (Rn. 1).

---

1 Stein/Jonas/Roth, § 3, Rn. 41, „Abnahme von Sachen".
2 Vgl. MünchKommBGB/Soergel, § 631, Rn. 163.
3 MünchKommBGB/Hüffer, Rn. 6.

Rücknahmeanspruch des Verwahrers

696 ¹Der Verwahrer kann, wenn eine Zeit für die Aufbewahrung nicht bestimmt ist, jederzeit die Rücknahme der hinterlegten Sache verlangen. ²Ist eine Zeit bestimmt, so kann er die vorzeitige Rücknahme nur verlangen, wenn ein wichtiger Grund vorliegt. ³Die Verjährung des Anspruchs beginnt mit dem Verlangen auf Rücknahme.

§ 696 gibt dem Verwahrer gegen den Hinterleger einen **Anspruch auf Rücknahme** (wie § 433, Rn. 4 ff.).

Inhalt des Gesellschaftsvertrags

705 Durch den Gesellschaftsvertrag verpflichten sich die Gesellschafter gegenseitig, die Erreichung eines gemeinsamen Zweckes in der durch den Vertrag bestimmten Weise zu fördern, insbesondere die vereinbarten Beiträge zu leisten.

Inhaltsübersicht

A. Ansprüche aus der Teilnahme der Gesellschaft am Rechtsverkehr 2
  I. Ansprüche der Gesellschaft . 2
    1. Klage 2
      a) Klage der Gesellschaft 2
      b) Klage eines Gesellschafters 5
    2. Rechtskrafterstreckung . . 8
    3. Zwangsvollstreckung . . . 9
  II. Ansprüche gegen die Gesellschaft 10
    1. Klage 10
    2. Rechtskrafterstreckung . . 11
    3. Zwangsvollstreckung . . . 13
  III. Ansprüche gegen Gesellschafter 15
    1. Ansprüche eines Gesellschaftsgläubigers 15
    2. Zwangsvollstreckung in Gesellschaftsvermögen . . 17
    3. Zwangsvollstreckung in Privatvermögen eines Gesellschafters 18
B. Andere Ansprüche 20
  I. Allgemeines 20
    1. Materielles Recht 20
    2. Prozessrecht 23
  II. Gesellschafteransprüche gegen Dritte 24
    1. Gemeinschaftliche Gläubiger 25
    2. Klage mehrerer Gläubiger 26
      a) Prozessführungsbefugnis 26
      b) Sachlegitimation 28
      c) Streitgenossenschaft und Vertretung 29
      d) Gesellschafterwechsel . 32
      e) Zwangsvollstreckung . 33
    3. Klage eines Gläubigers . . 34
    4. Negative Feststellungsklage des Schuldners . . . 36

III. Drittansprüche gegen
  Gesellschafter 37
IV. Der Anspruch aus § 705 . . . 43
  1. Die geschuldete Leistung . 43
  2. Klage aller übrigen Gesell-
     schafter 44
  3. Klage eines Gesellschaf-
     ters 46
  4. Sachliche Zuständigkeit . . 47
C. Zweifelsfälle 48
  I. Klage der Gesellschaft 48
  II. Klage gegen die Gesellschaft 50
  III. Klage aller Gesellschafter . . 52
  IV. Klage gegen alle Gesell-
      schafter 53

Nach der traditionellen Auffassung, wie sie in der 1. Aufl. des 1
vorliegenden Kommentars vertreten wurde, ist die Gesellschaft des
bürgerlichen Rechts weder rechtsfähig noch parteifähig. Diesen
Standpunkt hat der BGH relativiert und entschieden, dass die Gesellschaft rechtsfähig und parteifähig ist, „soweit sie durch Teilnahme am Rechtsverkehr eigene Rechte und Pflichten begründet"[1].
Danach muss man unterscheiden:

A. Ansprüche aus der Teilnahme der Gesellschaft am Rechtsverkehr

I. Ansprüche der Gesellschaft

1. Klage

a) Klage der Gesellschaft

Die Gesellschaft hat eigene Ansprüche, die sie selbst geltend macht 2
(s. dazu die einzelnen Anspruchsgrundlagen). Klägerin ist also die
Gesellschaft. Sie wird durch die **vertretungsberechtigten Gesellschafter** gesetzlich vertreten. Diese können oder müssen (§ 78 ZPO)
die Prozessführung einem Rechtsanwalt überlassen, dem sie namens der Gesellschaft Vollmacht erteilen.

Die **Klageschrift** muss den **Namen** der Gesellschaft enthalten (§ 253 3
II Nr. 1 ZPO). Führt die Gesellschaft keinen Gesamtnamen, wird
als Partei „die Gesellschaft bürgerlichen Rechts, bestehend aus (den
namentlich bezeichneten Gesellschaftern)" angegeben[2]. Dabei

---

[1] BGH, NJW 2001, 1056 (Leitsatz). Der BGH unterscheidet ausdrücklich die
  Fälle, „dass die Gesellschafter nicht als Gesamthandsgemeinschaft verpflichtet sind, sondern nur einzeln als Gesamtschuldner aus einer gemeinschaftlichen Verpflichtung schulden (§ 427 BGB)" (S. 1060).
[2] K. Schmidt, NJW 2001, 1000; Wertenbruch, S. 291 f. **Abweichend** MünchKommZPO/Lindacher, § 50, Rn. 28, dessen Vorschlag aber auf eine Streitgenossenschaft hindeutet.

müssen nicht unbedingt alle Gesellschafter namentlich bezeichnet werden, sondern nur so viele, dass die klagende Gesellschaft von anderen Gesellschaften unterschieden werden kann. Auch schadet es nicht, dass ausgeschiedene Gesellschafter benannt werden, solange nur die klagende Gesellschaft identifiziert werden kann. Die Klageschrift muss außerdem die **Anschrift** der Gesellschaft oder die Anschrift eines vertretungsberechtigten Gesellschafters enthalten[1]. Im Übrigen ist die Bezeichnung der vertretungsberechtigten Gesellschafter Sollvorschrift[2].

4 Da die Gesellschafter selbst nicht Partei im Prozess der Gesellschaft sind, führt ein **Gesellschafterwechsel** hier nicht zu einer Parteiänderung. Doch kann das Ausscheiden eines vertretungsberechtigten Gesellschafters zu einer Unterbrechung des Prozesses führen (§§ 241, 246 ZPO)[3].

b) Klage eines Gesellschafters

5 Klagt ein Gesellschafter, der nicht oder nicht allein vertretungsberechtigt ist, **im Namen der Gesellschaft** einen Anspruch ein, so ist die Klage mangels gesetzlicher Vertretungsmacht des Gesellschafters unzulässig (§ 56 ZPO).

6 Klagt ein Gesellschafter **im eigenen Namen** einen Anspruch ein, den er als **Anspruch der Gesellschaft** bezeichnet, so ist die Klage grundsätzlich mangels Prozessführungsbefugnis des klagenden Gesellschafters unzulässig. Doch kann ein Gesellschafter auf Leistung an die Gesellschaft oder auf Leistung an sich selbst klagen, wenn ihm eine entsprechende Ermächtigung von den vertretungsberechtigten Gesellschaftern erteilt wurde und er ein eigenes rechtliches Interesse an der Klage hat (nach den Regeln der gewillkürten Prozessstandschaft)[4]. Ebenso kann ein Gesellschafter in bestimmten Notfällen auf Leistung an die Gesellschaft klagen[5].

7 Klagt ein Gesellschafter **im eigenen Namen** einen Anspruch ein, den er als **eigenen Anspruch** bezeichnet, der sich aber als Anspruch

---

1 Vgl. Zöller/Greger, § 253, Rn. 8.
2 §§ 253 IV, 130 Nr. 1 ZPO; Zöller/Greger, § 253, Rn. 8.
3 Vgl. MünchKommZPO/Feiber, § 241, Rn. 8 f.; MünchKommZPO/Lindacher, § 50, Rn. 29.
4 Vgl. BGH, NJW 1996, 2859, 2860.
5 Vgl. BGHZ 102, 155; MünchKommZPO/Lindacher, vor § 50, Rn. 51; Zöller/Vollkommer, vor § 50, Rn. 23.

Inhalt des Gesellschaftsvertrags § 705

der Gesellschaft herausstellt, so ist die Klage mangels Sachlegitimation des klagenden Gesellschafters unbegründet.

2. Rechtskrafterstreckung

Ein Urteil, das von einem **ermächtigten Gesellschafter** oder gegen ihn erstritten wird (Rn. 6), wirkt materielle Rechtskraft auch für oder gegen die Gesellschaft[1]. Desgleichen wirkt ein Urteil, das von einem **Notgeschäftsführer** oder gegen ihn erstritten wird (Rn. 6), materielle Rechtskraft auch für oder gegen die Gesellschaft[2]. Denn wenn der Notgeschäftsführer lediglich in Vertretung der Gesellschaft klagen könnte, würde das Urteil gegenüber der Gesellschaft als Partei wirken. Erst recht muss das Urteil gegenüber der Gesellschaft wirken können, wenn der Notgeschäftsführer weitergehend zur Klage im eigenen Namen berechtigt ist!

8

3. Zwangsvollstreckung

Hat die **Gesellschaft ein Leistungsurteil erstritten**, so kann nur sie die Zwangsvollstreckung betreiben. Der namens eines Gesellschafters gestellte Vollstreckungsantrag wäre unzulässig, weil der Gesellschafter in dem Urteil nicht als Gläubiger bezeichnet ist (§ 750 I Satz 1 ZPO) und weil auch die Vollstreckungsklausel grundsätzlich nicht auf seinen Namen erteilt werden kann (vgl. §§ 727 ff. ZPO). Ist umgekehrt das **Urteil von einem Gesellschafter erstritten** worden (Rn. 6), so kann es nur von ihm vollstreckt werden, selbst wenn es auf Leistung an die Gesellschaft lautet[3].

9

II. Ansprüche gegen die Gesellschaft

1. Klage

Die Gesellschaft hat eigene Schulden, die gegen sie selbst geltend gemacht werden (s. dazu die einzelnen Anspruchsgrundlagen). Beklagte ist also die Gesellschaft. Für ihre Vertretung, ihre Angabe in der Klageschrift und einen Gesellschafterwechsel gilt dasselbe wie bei der eigenen Klage der Gesellschaft (Rn. 2–4).

10

---

1 Vgl. BGHZ 78, 7; Stein/Jonas/Leipold, § 325, Rn. 62; Zöller/Vollkommer, vor § 50, Rn. 54.
2 A. A. Stein/Jonas/Leipold, § 325, Rn. 59.
3 Vgl. Zöller/Stöber, § 724, Rn. 3.

2. Rechtskrafterstreckung

11 Ein Urteil, das eine Verbindlichkeit der Gesellschaft materiellrechtskräftig verneint, wirkt analog § 129 I HGB materielle Rechtskraft auch **für die Gesellschafter**[1]. Der Einwand, dass die Sache materiell-rechtskräftig entschieden sei, ist im Sinne des § 129 I HGB eine Einwendung, die nicht in der Person eines Gesellschafters begründet ist, aber von der Gesellschaft erhoben werden kann[2]. Diese Einwendung steht nach § 129 I HGB auch den einzelnen Gesellschaftern zu. Somit wird über die Verbindlichkeit der Gesellschaft im Prozess der Gesellschaft abschließend entschieden. Das lässt sich damit rechtfertigen, dass die Gesellschaft und ihr Prozessgegner für die Verbindlichkeit der Gesellschaft die eigentlichen Streitparteien sind[3]. Die gleichen Erwägungen treffen auf die Gesellschaft bürgerlichen Rechts zu.

12 Ein Urteil, das eine Verbindlichkeit der Gesellschaft materiellrechtskräftig als bestehend feststellt, wirkt analog § 129 I HGB materielle Rechtskraft auch **gegen die Gesellschafter**[4]. Da ein Gesellschafter nach § 129 I HGB Einwendungen, die nicht in seiner Person begründet sind, „nur" insoweit geltend machen kann, als sie von der Gesellschaft erhoben werden können, kann er Einwendungen, die wegen der materiellen Rechtskraft von der Gesellschaft nicht mehr erhoben werden können, gleichfalls nicht mehr geltend machen[5]. Hier wirkt sich also das Prinzip, dass die Gesellschaft und ihr Gegner die eigentlichen Streitparteien sind, zum Nachteil der Gesellschafter aus. Dass die Gesellschafter in dem Prozess der Gesellschaft nicht gehört wurden, ist unschädlich, weil ihre Interessen, soweit um Verbindlichkeiten der Gesellschaft gestritten wird, von den vertretungsberechtigten Gesellschaftern wahrgenommen werden.

---

1 Ebenso für unternehmenstragende Gesellschaften Schlegelberger/ K. Schmidt, § 129, Rn. 3.
2 Stein/Jonas/Leipold, § 325, Rn. 94, im Ergebnis ebenso Schlegelberger/ K. Schmidt, § 129, Rn. 12; Zöller/Vollkommer, § 325, Rn. 35.
3 Karl Heinz Schwab, ZZP 77, 139, 151 f. nennt sie „legitimi contradictores".
4 Ebenso Wertenbruch, S. 344 f., wegen materiellrechtlicher Abhängigkeit; für unternehmenstragende Gesellschaften auch Schlegelberger/ K. Schmidt, § 129, Rn. 3.
5 Stein/Jonas/Leipold, § 325, Rn. 93; im Ergebnis ebenso Schlegelberger/K. Schmidt, § 129, Rn. 13; Zöller/Vollkommer, § 325, Rn. 35.

3. Zwangsvollstreckung

Aus einem gegen die Gesellschaft erstrittenen Leistungsurteil kann die Zwangsvollstreckung **gegen die Gesellschaft**, also in das Gesellschaftsvermögen, betrieben werden. Zwar verlangt § 736 ZPO für die Zwangsvollstreckung in das Gesellschaftsvermögen ein Urteil gegen alle Gesellschafter. Nachdem aber die Parteifähigkeit der Gesellschaft anerkannt ist, muss ein Urteil gegen die Gesellschaft genügen[1].

Aus einem gegen die Gesellschaft erstrittenen Leistungsurteil kann sogar *nur* gegen die Gesellschaft vollstreckt werden. Der **gegen einen Gesellschafter** gestellte Vollstreckungsantrag wäre unzulässig, weil der Gesellschafter in dem Urteil nicht als Schuldner bezeichnet ist (§ 750 I Satz 1 ZPO) und weil auch die Vollstreckungsklausel gegen ihn wegen der Möglichkeit persönlicher Einwendungen grundsätzlich nicht erteilt werden kann[2].

III. Ansprüche gegen Gesellschafter

1. Ansprüche eines Gesellschaftsgläubigers

Ein Gläubiger der Gesellschaft kann die geschuldete Leistung in der Regel auch von den Gesellschaftern verlangen. Die Gesellschafter untereinander sind **Gesamtschuldner**. Die Gesellschafter einerseits und die Gesellschaft andererseits sind keine Gesamtschuldner[3]. Doch kann der Gläubiger die geschuldete Leistung von den Gesellschaftern und der Gesellschaft insgesamt nur einmal fordern. Daher werden sie im Prozess grundsätzlich wie Gesamtschuldner behandelt (s. bei § 421). Verklagt und verurteilt werden Gesellschaft und Gesellschafter „wie Gesamtschuldner", die Gesellschafter untereinander „als Gesamtschuldner"[4]. Abweichend von § 425 wirkt aber das Urteil, das im Prozess zwischen dem Gläubiger und der *Gesellschaft* ergeht, materielle Rechtskraft zugleich gegenüber den Gesellschaftern (Rn. 11, 12), während das Urteil, das im Prozess zwischen dem Gläubiger und einem *Gesellschafter* ergeht, gegenüber der Gesellschaft nicht in Rechtskraft erwächst[5].

---

1 BGH, NJW 2001, 1059 f. Vgl. auch Wertenbruch, S. 722.
2 Vgl. §§ 727 ff. ZPO sowie Schlegelberger/K. Schmidt, § 129, Rn. 24.
3 BGH, NJW 2001, 1061.
4 BGH, NJW 2001, 1061. Vgl. auch Schlegelberger/K. Schmidt, § 128, Rn. 22.
5 MünchKommZPO/Gottwald, § 325, Rn. 60.

16 Ein Gesellschaftsgläubiger, der in Gesellschaftsvermögen vollstrecken will, wird einen Titel gegen die Gesellschaft erwirken. Zwar könnte er auch auf Grund eines Titels gegen alle Gesellschafter in Gesellschaftsvermögen vollstrecken (Rn. 17), doch kann er wegen persönlicher Einwendungen nicht sicher sein, dass er gegen alle Gesellschafter durchdringen wird. Will er außerdem in Privatvermögen von Gesellschaftern vollstrecken, muss er auch einen Titel gegen diese Gesellschafter erwirken. Er wird dann also **Klage gegen die Gesellschaft und gegen einen, einige oder alle Gesellschafter als einfache Streitgenossen** erheben[1], kann sich die erforderlichen Titel aber ebenso in getrennten Prozessen verschaffen.

2. Zwangsvollstreckung in Gesellschaftsvermögen

17 Zur Zwangsvollstreckung in Gesellschaftsvermögen genügt nicht nur ein Titel gegen die Gesellschaft (Rn. 13), sondern auch ein **Titel gegen alle Gesellschafter** (§ 736 ZPO)[2], und zwar ohne Umschreibung auf die Gesellschaft[3]. Der Titel muss nicht in einem Prozess gegen alle Gesellschafter gemeinsam erstritten worden sein; es reichen Titel gegen alle aus verschiedenen Prozessen[4]. Die titulierten Ansprüche müssen nicht gesellschaftsbezogen sein, so dass ein Privatgläubiger aller Gesellschafter gleichfalls in Gesellschaftsvermögen vollstrecken kann[5].

3. Zwangsvollstreckung in Privatvermögen eines Gesellschafters

18 Zur Zwangsvollstreckung in Privatvermögen eines Gesellschafters ist ein Titel gegen diesen Gesellschafter erforderlich. Daher genügt auch ein Titel gegen alle Gesellschafter, aber nicht ein **Titel gegen die Gesellschaft**. Wird auf Grund eines solchen Titels gegen einen Gesellschafter *als Schuldner* vollstreckt, kann er Erinnerung oder Beschwerde erheben (§§ 766 I, 793 ZPO, § 11 RPflG)[6]. Dadurch rügt er, dass kein Titel gegen ihn vorliegt (§ 750 I Satz 1 ZPO). Wird

---

1 Vgl. Schlegelberger/K. Schmidt, § 128, Rn. 21 sowie hier § 421, Rn. 6.
2 BGH, NJW 2001, 1060.
3 A. A. MünchKommZPO/Lindacher, § 50, Rn. 29.
4 MünchKommZPO/Heßler, § 736, Rn. 9.
5 MünchKommZPO/Heßler, § 736, Rn. 28 ff.; Wertenbruch, S. 137 ff., 723; Zöller/Stöber, § 736, Rn. 3. **A. A.** Göckeler, S. 202; Heller, S. 228 ff.; MünchKommBGB/Ulmer, § 718, Rn. 54 f.; K. Schmidt, NJW 2001, 1000 f. Diese Ansicht nötigt einen Privatgläubiger aller Gesellschafter zur Kündigung der Gesellschaft (Rn. 19)!
6 Vgl. Schlegelberger/K. Schmidt, § 129, Rn. 26.

Inhalt des Gesellschaftsvertrags § 705

gegen die Gesellschaft als Schuldnerin vollstreckt, dabei aber in Privatvermögen eines Gesellschafters *übergegriffen*, kann der betroffene Gesellschafter Drittwiderspruchsklage nach § 771 ZPO erheben[1]. Dadurch rügt er, dass er für die titulierte Schuld nicht haftet. Die Klage ist deshalb unbegründet, wenn der Gesellschafter wie die Gesellschaft schuldet und insofern für die titulierte Gesellschaftsschuld haftet[2].

Pfändbar ist auch der Anteil des Gesellschafters „an dem Gesellschaftsvermögen" (§§ 859 I Satz 1, 857 I, 829 ZPO, § 725 BGB[3]). Mit ihm werden die Ansprüche auf einen Gewinnanteil und ein Auseinandersetzungsguthaben gepfändet; sie können auch selbständig gepfändet werden (§ 829 ZPO)[4]. Beispiel: J und F bilden eine Gesellschaft des bürgerlichen Rechts mit dem alleinigen Zweck, das Eigentum an einem Grundstück zu haben. K, der gegen J einen Zahlungstitel erwirkt hat, kann den „Gesellschaftsanteil" des J pfänden und sich zur Einziehung überweisen lassen[5], die Gesellschaft kündigen und – nach Auflösung der Gesellschaft[6] – auf die Auseinandersetzung „hinwirken"[7]. Ob K anstelle des J die Teilungsversteigerung des Grundstücks beantragen kann (§§ 180 ff. ZVG), lässt der BGH offen[8]. Jedenfalls könne K zum Zwecke der Befriedigung seines titulierten Anspruchs gegen F auf „Einwilligung in die Zwangsversteigerung" klagen[9]. 19

---

1 Schlegelberger/K. Schmidt, § 129, Rn. 25.
2 MünchKommZPO/K. Schmidt, § 771, Rn. 49; str.
3 Näher Zöller/Stöber, § 859, Rn. 3. Nach **a. A.** wird stets die umfassendere „Mitgliedschaft" des Gesellschafters gepfändet. Ist sie nach dem Gesellschaftsvertrag frei veräußerlich, so kann statt der Überweisung die Veräußerung angeordnet werden. So Wertenbruch, S. 566 ff. unter Hinweis auf §§ 857 I, 844 ZPO; vgl. auch § 857 V ZPO.
4 MünchKommBGB/Ulmer, § 725, Rn. 4, 7; Schuschke/Walker, § 859, Rn. 3; Zöller/Stöber, § 859, Rn. 4, 5.
5 BGHZ 116, 231; Roth, ZGR 2000, 193.
6 MünchKommBGB/Ulmer, § 725, Rn. 16.
7 BGHZ 116, 226. Näher Roth, ZGR 2000, 195 ff.
8 BGHZ 116, 227 ff. Bejahend Roth, ZGR 2000, 201; Zöller/Stöber, § 859, Rn. 4.
9 BGHZ 116, 231. An anderer Stelle spricht der BGH von „Duldung der Zwangsversteigerung" (S. 229).

B. Andere Ansprüche
I. Allgemeines
1. Materielles Recht

20 Soweit keine Ansprüche aus der Teilnahme der Gesellschaft am Rechtsverkehr betroffen sind, ist die Gesellschaft weder rechts- noch parteifähig. **Hierher gehören** die Ansprüche aus dem Gesellschaftsverhältnis[1] und – solange der BGH nicht anders entscheidet – Ansprüche aus ungerechtfertigter Bereicherung, unerlaubter Handlung, Geschäftsführung ohne Auftrag und dinglichem Recht[2].

21 In diesem Bereich stehen **Ansprüche „der Gesellschaft"** in Wahrheit den Gesellschaftern in gesamthänderischer Verbundenheit zu (§ 719 I), mögen die Ansprüche gegen Dritte gerichtet sein (unten II) oder gegen einzelne Gesellschafter (unten IV).

22 **Ansprüche gegen „die Gesellschaft"** bestehen in Wahrheit gegenüber den Gesellschaftern. Die Gesellschafter sind also Schuldner von Gesellschaftsverbindlichkeiten, und die Frage kann lediglich sein, ob sie gemeinschaftliche Schuldner (→ *Mehrheit von Schuldnern* Rn. 2 ff.) oder Gesamtschuldner sind und ob sie als Gesamtschuldner beschränkt, d. h. nur mit dem Gesellschaftsvermögen, oder unbeschränkt, d. h. auch mit ihrem Privatvermögen haften[3]. Ansprüche gegen „die Gesellschaft" können entweder Dritten zustehen (unten III) oder Gesellschaftern (unten IV).

2. Prozessrecht

23 Da die Gesellschaft für den streitigen Anspruch nicht parteifähig ist, können nur die parteifähigen Gesellschafter zulässigerweise klagen und verklagt werden. Sie sind in der **Klageschrift** namentlich zu bezeichnen (§ 253 II 1 ZPO)[4]. Der BGH hat jedoch eine Klage

---

1 A. A. anscheinend K. Schmidt, NJW 2001, 1000.
2 S. dazu K. Schmidt, NJW 2001, 997 f.
3 Entgegen Heller, S. 36, 43, trifft also nicht die Gesamthandschuld der Gesellschafter mit einer Gesamtschuld der Gesellschafter zusammen, sondern es besteht nur eine einzige Schuld, und zwar hier eine Gesamtschuld mit unbeschränkter Haftung.
4 Stein/Jonas/Schumann, § 253, Rn. 35; Zöller/Vollkommer, § 50, Rn. 26. **A. A.** MünchKommZPO/Lindacher, § 50, Rn. 28. Gegen die Zulässigkeit eines Gesamtnamens im Prozess aber Heller, S. 120; W. Lüke, ZGR 1994, 281: der Gesamtname sei nicht in einem öffentlichen Register eingetragen. Vgl. auch Wertenbruch, S. 292 ff.

„gegen die Gesellschafter" einer bestimmten Gesellschaft, vertreten durch eine namentlich bezeichnete Person, zugelassen und nur die Berichtigung des Urteilsrubrums verlangt[1]. Die Gesellschafter werden, soweit sie nicht selbst handeln, von den vertretungsberechtigten Gesellschaftern oder von Bevollmächtigten vertreten[2].

II. Gesellschafteransprüche gegen Dritte

Zu betrachten sind nur Ansprüche, die allen Gesellschaftern zustehen.   24

1. Gemeinschaftliche Gläubiger

Die Gesellschafter sind keine **Gesamtgläubiger** i. S. des § 428, d. h. es kann nicht jeder allein die ganze Leistung an sich allein fordern[3]. Die Gesellschafter sind auch keine **Mitgläubiger** i. S. des § 432, d. h. es kann nicht jeder allein die Leistung an alle gemeinschaftlich fordern[4]. Vielmehr können grundsätzlich nur alle Gesellschafter gemeinsam die Leistung an alle gemeinschaftlich fordern[5]. Die Gesellschafter sind daher **gemeinschaftliche Gläubiger** (→ *Mehrheit von Gläubigern* Rn. 2, 3).   25

2. Klage mehrerer Gläubiger

a) Prozessführungsbefugnis

Machen mehrere Kläger geltend, dass sie Gesellschafter seien und dass der streitige Anspruch zu ihrem Gesellschaftsvermögen gehöre, so können sie grundsätzlich nur gemeinsam und auf Leistung an alle gemeinschaftlich („in das Gesellschaftsvermögen") klagen. Sie haben mit anderen Worten die Prozessführungsbefugnis **gemeinschaftlicher Gläubiger**. Voraussetzung ist aber, dass sie wirklich Gesellschafter sind und dass der streitige Anspruch wirklich zu ihrem Gesellschaftsvermögen gehört, wenn man unterstellt, dass er den Klägern überhaupt zusteht (davon hängt die Begründetheit der Klage ab).   26

Können die Kläger allenfalls **Mitgläubiger** sein, so ist ihre Klage nicht deshalb unzulässig, weil sie gemeinsam auf Leistung an alle   27

---

1 BGH, ZIP 1990, 716; NJW 2000, 292; kritisch Wertenbruch, S. 203 ff.
2 Zum Verhältnis von Vertretungsmacht, Geschäftsführungsbefugnis und Prozessführungsbefugnis s. 1. Aufl., § 705, Rn. 6 ff.
3 BGH, NJW 1996, 2859 zur Anwaltssozietät.
4 BGHZ 17, 346; Hadding, FS Wolf, S. 113 ff.
5 BGHZ 102, 154. Ausnahmen s. Rn. 6.

gemeinschaftlich klagen. Denn als Mitgläubiger könnte auch jeder einzelne Kläger auf Leistung an alle gemeinschaftlich klagen. Können die Kläger nur **Gesamtgläubiger** sein, so ist ihre Klage mangels Prozessführungsbefugnis unzulässig, weil Gesamtgläubiger nicht auf Leistung an alle gemeinschaftlich klagen und dadurch dem Schuldner die Wahl des Leistungsempfängers (§ 428 I Satz 1) abschneiden können.

b) Sachlegitimation

28 Stellt sich heraus, dass der streitige Anspruch keinem der Kläger zusteht, so wird die Klage mangels Sachlegitimation als unbegründet abgewiesen. Das Gleiche gilt, wenn sich ergibt, dass der streitige Anspruch nur einem der Kläger zusteht, also zu seinem Eigenvermögen gehört. Denn der nichtberechtigte Kläger hat dann überhaupt keinen Anspruch, der berechtigte kann grundsätzlich nicht die Leistung an alle gemeinschaftlich, sondern nur die Leistung an sich allein beanspruchen. Um einer Klageabweisung zu entgehen, muss der nichtberechtigte Kläger die Klage zurücknehmen (§ 269 ZPO), der berechtigte die Klage ändern und auf Leistung an sich allein klagen (§ 264 Nr. 2 ZPO)[1].

c) Streitgenossenschaft und Vertretung

29 Klagen Gesellschafter, die nur gemeinschaftlich prozessführungsbefugt sind (Rn. 26), gemeinsam, so sind sie materiellrechtlich **notwendige Streitgenossen** (§ 62 Fall 2 ZPO)[2]. Können sie sich über die weitere Prozessführung, z. B. eine Tatsachenbehauptung, nicht einigen, so ist die dafür vorgesehene prozessrechtliche Lösung, die ihren eigenen Gerechtigkeitsgehalt in sich trägt – hier die freie Beweiswürdigung durch das Gericht –, nicht von vornherein weniger angemessen als die gesellschaftsrechtliche Lösung, z. B. die Unwirksamkeit der strittigen Tatsachenbehauptung[3]. Dass einzelne Gesellschafter sich in die Geschäftsführung einmischen oder sich sonst nicht an den Gesellschaftsvertrag halten, ist auch außerhalb des Prozesses möglich und muss mit gesellschaftsrechtlichen Mitteln unterbunden werden.

---

1 MünchKommZPO/Lüke, § 264, Rn. 18.
2 BGH, WM 1963, 729; NJW 2000, 292 = MDR 2000, 47; MünchKommBGB/Ulmer, § 718, Rn. 45; Wieser, Arbeitsgerichtsverfahren, Rn. 312; Zöller/Vollkommer, § 62, Rn. 13.
3 Entgegen Wertenbruch, S. 319 ff.

Vertritt der Gesellschafter A den Gesellschafter B, so spielt er eine **Doppelrolle**: Er klagt im eigenen Namen und zugleich im Namen des B. Als Vertretener ist B gleichfalls Kläger. Es liegt auch hier eine materiellrechtlich notwendige Streitgenossenschaft vor. Das Besondere daran ist lediglich, dass nur ein einziger Streitgenosse den Prozess führt, so dass es nicht zu widersprüchlichen Prozesshandlungen der Streitgenossen kommen kann. Das gleiche Ergebnis wird erzielt, wenn die Gesellschafter gemeinsam einen Dritten zum Prozessbevollmächtigten bestellen. 30

Haben die vertretungsberechtigten Gesellschafter geklagt, so sind alle Gesellschafter als Parteien an das Urteil gebunden, selbst wenn die Vertreter aus gesellschaftswidrigen Gründen nachlässig prozediert haben sollten[1]. Die nachlässige Prozessführung eines Vertreters lässt die **Rechtskraftwirkung** gegen die vertretene Partei auch sonst nicht entfallen. 31

d) Gesellschafterwechsel

Überträgt ein Gesellschafter seinen Gesellschaftsanteil an einen Dritten, so geht die gesamte Rechtsstellung des alten Gesellschafters auf den neuen über. Der neue Gesellschafter übernimmt nicht nur die Rechte und Rechtsanteile des alten, sondern durch denselben Akt selbstverständlich auch die Pflichten, die Schulden allerdings nur mit einer auf das Gesellschaftsvermögen beschränkten Haftung, unbeschadet einer „Nachhaftung" des alten Gesellschafters. Aus diesem, allerdings umstrittenen[2], Verständnis der Übertragung eines Gesellschaftsanteils folgt: Überträgt ein Gesellschafter seinen Gesellschaftsanteil während des Prozesses auf einen Dritten, so verliert er die Sachlegitimation an den Dritten. Er bleibt aber prozessführungsbefugte Partei (analog § 265 ZPO) und notwendiger Streitgenosse[3]. Scheidet ein Gesellschafter aus der Gesellschaft aus (§ 738), so verliert er die Sachlegitimation an die übrigen Gesellschafter, bleibt aber – wie der Veräußerer eines Gesellschaftsanteils – prozessführungsbefugt und notwendiger Streitgenosse[4]. Tritt ein neuer Gesellschafter in die Gesellschaft ein, so wird er sachlegi- 32

---

[1] Berger, Rechtskraft, S. 283, will § 856 V ZPO analog anwenden, doch fehlt die „Ähnlichkeit des Falles".
[2] Vgl. nur Wertenbruch, S. 222 ff.
[3] BGH, NJW 2000, 292 = MDR 2000, 47. **A. A.** MünchKommBGB/Ulmer, § 718, Rn. 63.
[4] BGH, NJW 2000, 292 = MDR 2000, 47. **A. A.** MünchKommBGB/Ulmer, § 718, Rn. 60.

timiert, doch bleiben die alten Gesellschafter wie bei der Veräußerung eines Gesellschaftsanteils ohne den neuen prozessführungsbefugt und notwendige Streitgenossen[1]. Bei einer Feststellungsklage schadet der Verlust des rechtlichen Interesses so wenig wie der Verlust der Sachlegitimation[2].

e) Zwangsvollstreckung

33 Aus einem im Namen aller Gesellschafter erwirkten Titel können nur alle gemeinsam die Zwangsvollstreckung betreiben. Auch insoweit werden die nicht geschäftsführungsbefugten Gesellschafter von den Geschäftsführern vertreten (§ 714) und dadurch zu Parteien („Gläubigern") des Vollstreckungsverfahrens.

3. Klage eines Gläubigers

34 Macht ein einzelner Kläger geltend, dass er **Gesellschafter** sei und dass der streitige Anspruch zum Gesellschaftsvermögen gehöre, so ist die im eigenen Namen erhobene Klage grundsätzlich mangels Einzelprozessführungsbefugnis des Klägers unzulässig (Ausnahmen s. Rn. 6).

35 Macht ein einzelner Kläger geltend, **alleiniger Gläubiger** zu sein, so ist er prozessführungsbefugt. Stellt sich heraus, dass der streitige Anspruch zu einem Gesellschaftsvermögen gehört, so ist die Klage unbegründet, weil der Kläger dann nicht allein die Leistung beanspruchen kann.

4. Negative Feststellungsklage des Schuldners

36 Der angebliche Schuldner eines Gesellschafteranspruchs kann auf die Feststellung klagen, dass der Anspruch nicht bestehe, wenn er eine Klage der Gesellschafter zu befürchten hat (§ 256 I ZPO). Das trifft zu, wenn der Anspruch von Gesellschaftern geltend gemacht wird, die ihn einklagen können, also bei „Gesamtvertretung" von allen Gesellschaftern, bei Einzelvertretung von vertretungsberechtigten Gesellschaftern. Die negative Feststellungsklage ist dann gegen alle vertretungsberechtigten Gesellschafter zu richten, die sich des Anspruchs berühmen (§ 62 Fall 2 ZPO). Zwar würde ein negatives Feststellungsurteil gegenüber nur einem Gesellschafter durch seine materielle Rechtskraft auch alle anderen an einer posi-

---

1 A. A. MünchKommBGB/Ulmer, § 718, Rn. 61.
2 Nach BGH, NJW 2000, 293 besteht das Feststellungsinteresse fort.

Inhalt des Gesellschaftsvertrags § 705

tiven Klage hindern, wenn und weil sie für eine positive Klage die Mitwirkung des unterlegenen Gesellschafters benötigten. Gerade deswegen – also aus Gründen des rechtlichen Gehörs – sind alle vertretungsberechtigten Gesellschafter zu verklagen, die sich des Anspruchs berühmen. Die anderen Gesellschafter müssen es hinnehmen, dass ein negatives Feststellungsurteil durch seine materielle Rechtskraft gegen sie wirkt, da sie auch die rechtskräftige Abweisung einer Leistungsklage hinnehmen müssten.

III. Drittansprüche gegen Gesellschafter

Zu betrachten sind nur Ansprüche, die sich gegen alle Gesellschafter richten. 37

Bei Ansprüchen gegen alle Gesellschafter kommt es zunächst darauf an, wer die beanspruchte Leistung von Rechts wegen erbringen soll: alle Gesellschafter gemeinsam (dann liegt eine gemeinschaftliche Schuld vor) oder jeder Gesellschafter allein, sei es im Ganzen nur einmal (Gesamtschuld) oder mehrfach (mehrfache Einzelschuld). In der Regel ist eine **Gesamtschuld** gegeben. 38

Bei einer gemeinschaftlichen Schuld muss der Gläubiger grundsätzlich gegen alle Gesellschafter gemeinsam **Klage** erheben (→ *Mehrheit von Schuldnern* Rn. 4 ff.). Bei einer Gesamtschuld hat er mehrere Möglichkeiten (§ 421, Rn. 8 ff.). 39

Werden Gesellschafter **eingeschränkt** auf Leistung „aus dem Gesellschaftsvermögen" **verklagt**, so sind sie notwendige Streitgenossen nach § 62 Fall 2 ZPO, gleichgültig, ob sie materiellrechtlich gemeinschaftliche Schuldner sind[1] oder Gesamtschuldner[2]. Ein Gesellschafterwechsel während des Prozesses hat auf die Klage keinen Einfluss[3]. Ein Vollstreckungstitel ist analog § 727 ZPO gegen einen neu eingetretenen Gesellschafter umzuschreiben[4]. 40

---

1 → *Mehrheit von Schuldnern* Rn. 4 ff.
2 § 421, Rn. 10.
3 BGH, NJW 2000, 292 f.; näher oben Rn. 32.
4 BGH, NJW 2000, 293; MünchKommBGB/Ulmer, § 718, Rn. 64; MünchKommZPO/Heßler, § 736, Rn. 21; Zöller/Stöber, § 736, Rn. 5. **A. A.** Wertenbruch, S. 246 ff. Einer Vollstreckungsvereitelung durch ständige Aufnahme neuer Gesellschafter kann der Gläubiger mit der Auflösung der Gesellschaft begegnen (hier Rn. 19).

41 Werden Gesellschafter als Gesamtschuldner **uneingeschränkt** auf Leistung **verklagt**, so sind sie einfache Streitgenossen[1]. Ein Gesellschafterwechsel während des Prozesses hat auf die Klage keinen Einfluss[2].

42 Zur **Zwangsvollstreckung** s. Rn. 18, 19.

IV. Der Anspruch aus § 705

1. Die geschuldete Leistung

43 § 705 gibt gegen jeden einzelnen Gesellschafter einen Anspruch auf **Förderung des gemeinsamen Zweckes**, insbesondere auf Leistung der vereinbarten Beiträge, sei es durch → *Zahlung* von Geld, Übereignung und Übergabe anderer Sachen (→ *Übereignung* Rn. 2), bloße Übergabe zur Nutzung (→ *Besitzeinräumung*), Dienstleistung (§ 611, Rn. 1 ff.), Werkleistung (§ 631, Rn. 1 ff.), → *Auskunft* oder Unterlassung (wie § 12, Rn. 11 ff.)[3].

2. Klage aller übrigen Gesellschafter

44 Der Anspruch aus § 705 steht den Gesellschaftern als Gesamthand zu[4] und ist auf Leistung an alle gemeinschaftlich („in das Gesellschaftsvermögen") gerichtet[5]. Die Gesellschafter sind also **gemeinschaftliche Gläubiger** (→ *Mehrheit von Gläubigern* Rn. 2, 3). Da der Anspruch Teil des Gesellschaftsvermögens ist, das allen Gesellschaftern gehört, muss auch der verpflichtete Gesellschafter als Anspruchsinhaber angesehen werden, ist also Schuldner und Gläubiger zugleich[6].

45 Diese im materiellen Recht mögliche Verknüpfung von Berechtigung und Verpflichtung muss im Prozess aufgelöst werden. Wegen

---

1 § 421, Rn. 6. Nach MünchKommBGB/Ulmer, § 718, Rn. 49, sind sie zusätzlich notwendige Streitgenossen einer „Gesamthandsschuldklage".
2 Ebenso MünchKommBGB/Ulmer, § 718, Rn. 58, freilich nur für die „Gesamtschuldklage".
3 Zu Streitigkeiten über den Mitgliederbestand oder die Auslegung des Gesellschaftsvertrags oder eines Gesellschafterbeschlusses s. W. Lüke, ZGR 1994, 270 ff.
4 Vgl. W. Lüke, ZGR 1994, 275.
5 MünchKommBGB/Ulmer, Rn. 166; Staudinger/Keßler, 12. Aufl., Rn. 59.
6 Wie hier Wertenbruch, S. 282.

des **Verbots eines In-sich-Prozesses** kann der verpflichtete Gesellschafter nur Beklagter sein, nicht zugleich Kläger. Gegen ihn klagen also lediglich die übrigen Gesellschafter. Dabei können sich Probleme der **Prozessführungsbefugnis** und der **Vertretungsmacht** ergeben[1]. Beispiel: Gesellschafter sind A, B und C. A klagt gegen B auf Leistung aus § 705. Da er einen gemeinsamen Anspruch der Gesellschafter geltend macht, klagt er im eigenen Namen und im Namen des C; daher sind A und C Kläger (materiellrechtlich notwendige Streitgenossenschaft nach § 62 Fall 2 ZPO). Ist A nicht (allein) vertretungsberechtigt (§ 714), so ist die Klage des C mangels Vertretungsmacht des A unzulässig. Die Klage des A selbst ist dann mangels Einzelprozessführungsbefugnis gleichfalls unzulässig[2].

3. Klage eines Gesellschafters

In bestimmten Notfällen kann ein Gesellschafter allein auf Leistung in das Gesellschaftsvermögen klagen (**actio pro socio**); er ist hier selbständig prozessführungsbefugt[3]. Dann wirkt das Urteil, das von dem Notgeschäftsführer oder gegen ihn erstritten wird, **materielle Rechtskraft** auch für und gegen die anderen Gesellschafter[4]. Denn wenn der Notgeschäftsführer lediglich in Vertretung der anderen Gesellschafter klagen könnte, würde das Urteil gegenüber den anderen Gesellschaftern als Partei wirken. Erst recht muss das Urteil gegenüber den anderen Gesellschaftern wirken können, wenn der Notgeschäftsführer weitergehend zur Klage im eigenen Namen berechtigt ist. Das Urteil kann jedoch nur von dem Notgeschäftsführer **vollstreckt** werden[5].

46

---

1 Die Klage kann auch deshalb abzuweisen sein, weil der im Gesellschaftsvertrag vorgesehene Schlichtungsversuch noch nicht unternommen wurde (BGH, NJW 1977, 2263).
2 Wieser, Grundzüge, Rn. 118.
3 Erman/Westermann, § 705, Rn. 55 ff.; MünchKommBGB/Ulmer, Rn. 169 ff.; MünchKommZPO/Lindacher, vor § 50, Rn. 50; Zöller/Vollkommer, vor § 50, Rn. 23, 38.
4 Berger, Rechtskraft, S. 279 f.; Schütz, S. 41 ff. **A. A.** MünchKommBGB/Ulmer, Rn. 175; Stein/Jonas/Leipold, § 325, Rn. 59.
5 Vgl. Zöller/Stöber, § 724, Rn. 3.

4. Sachliche Zuständigkeit

47 Soweit die sachliche Zuständigkeit vom Streitwert abhängt, ist der auf den Schuldner entfallende Anteil von der gesamten Leistung nicht abzuziehen, außer im Anwendungsbereich des § 6 ZPO[1].

C. Zweifelsfälle

I. Klage der Gesellschaft

48 Es klagt „eine Gesellschaft des bürgerlichen Rechts, bestehend aus (den namentlich bezeichneten Gesellschaftern)". Das Gericht meint, dass die Klägerin keinen Anspruch aus ihrer Teilnahme am Rechtsverkehr einklage und deshalb nicht parteifähig sei. Hier kann die Klage der Gesellschaft in eine Klage aller Gesellschafter umgedeutet werden (analog § 140 BGB). Die unzulässige Klage der Gesellschaft entspricht den Erfordernissen einer Klage aller Gesellschafter. Denn die Gesellschafter werden alle namentlich bezeichnet. Es ist auch anzunehmen, dass die vertretungsberechtigten Gesellschafter im Namen aller Gesellschafter geklagt hätten, wenn ihnen bewusst gewesen wäre, dass die Gesellschaft selbst nicht parteifähig ist.

49 Klagt die Gesellschaft in dem vorgenannten Fall unter einem Gesamtnamen und hält das Gericht eine Klage aller Gesellschafter unter einem Gesamtnamen für unzulässig, so dass eine Umdeutung ausscheidet, so wird das Gericht einen gewillkürten Klägerwechsel anregen (§ 139 III ZPO). Dazu müssen die vertretungsberechtigten Gesellschafter erklären, dass sie jetzt nicht mehr namens der Gesellschaft, sondern in Vertretung der namentlich bezeichneten Gesellschafter klagen[2].

II. Klage gegen die Gesellschaft

50 Eine Gesellschaft wird unter einem Gesamtnamen verklagt. Das Gericht meint, dass die Gesellschaft nicht wegen einer Verbindlichkeit aus ihrer Teilnahme am Rechtsverkehr verklagt werde und deshalb nicht parteifähig sei. Wiederum hilft eine Umdeutung. Die unzulässige Klage gegen die Gesellschaft entspricht den Erfordernissen einer Klage gegen alle Gesellschafter. Denn die Gesellschafter können unter einem Gesamtnamen verklagt werden; die Namen

---

[1] Stein/Jonas/Roth, § 2, Rn. 17; § 6, Rn. 16.
[2] Vgl. Zöller/Greger, § 263, Rn. 29, 30.

der einzelnen Gesellschafter müssen nur im Urteilsrubrum nachgetragen werden (Rn. 23). Es ist auch anzunehmen, dass der Kläger gegen alle Gesellschafter geklagt hätte, wenn ihm bewusst gewesen wäre, dass die Gesellschaft selbst nicht parteifähig ist. Aus einem Leistungsurteil gegen alle Gesellschafter kann er ja gleichfalls in das Gesellschaftsvermögen vollstrecken (Rn. 17).

Erst recht ist im vorgenannten Fall eine Umdeutung möglich, wenn „eine Gesellschaft des bürgerlichen Rechts, bestehend aus (den namentlich bezeichneten Gesellschaftern)" verklagt wird. 51

III. Klage aller Gesellschafter

Alle Gesellschafter klagen. Das Gericht meint, dass ein Anspruch der Gesellschaft aus ihrer Teilnahme am Rechtsverkehr eingeklagt werde, so dass die Gesellschaft die richtige Partei sei. Gleichwohl ist die Klage zulässig, und zwar ohne Umdeutung. Denn nach den Regeln der gewillkürten Prozessstandschaft können die vertretungsberechtigten Gesellschafter statt im Namen der gesetzlich prozessführungsbefugten Gesellschaft auch im Namen aller Gesellschafter klagen, da diese als Mitglieder der Gesellschaft ein eigenes rechtliches Interesse an der Klage haben. 52

IV. Klage gegen alle Gesellschafter

Alle Gesellschafter werden verklagt. Das Gericht meint, dass eine Verbindlichkeit der Gesellschaft aus ihrer Teilnahme am Rechtsverkehr eingeklagt werde, so dass eine Klage gegen die Gesellschafter unzulässig, zumindest unbegründet sei. Da jedoch die Gesellschafter für eine Verbindlichkeit der Gesellschaft wie Gesamtschuldner einzustehen haben, ist die Klage so auszulegen, dass wegen einer Verbindlichkeit der Gesellschafter geklagt wird. 53

Kontrollrecht der Gesellschafter

716 (1) Ein Gesellschafter kann, auch wenn er von der Geschäftsführung ausgeschlossen ist, sich von den Angelegenheiten der Gesellschaft persönlich unterrichten, die Geschäftsbücher und die Papiere der Gesellschaft einsehen und sich aus ihnen eine Übersicht über den Stand des Gesellschaftsvermögens anfertigen.

§ 716
Kontrollrecht der Gesellschafter

(2) Eine dieses Recht ausschließende oder beschränkende Vereinbarung steht der Geltendmachung des Rechts nicht entgegen, wenn Grund zu der Annahme unredlicher Geschäftsführung besteht.

1 § 716 gibt jedem einzelnen Gesellschafter ein Recht zur persönlichen Unterrichtung (einschließlich Einsicht und Aktenauszug) und in diesem Rahmen einen **Anspruch** auf **Duldung**[1], d. h. Gewährung des Zugangs und Unterlassung von Widerstand (wie § 554, s. dort). Der Anspruch richtet sich gegen jeden Gesellschafter, der Zugang gewähren und Widerstand leisten kann, in der Regel also gegen die Geschäftsführer.

2 Nach anderer Ansicht richtet sich der Informationsanspruch gegen die Gesamthand, d. h. alle übrigen Gesellschafter, *oder* gegen die Geschäftsführer[2], nach wieder anderer Ansicht nur gegen die Gesamthand[3]. Denn es bestehe das Risiko, dass der beklagte Geschäftsführer ausscheide[4]. Das ist richtig, aber dafür besteht auch die Chance, dass der neue Geschäftsführer freiwillig leistet, so dass die Hauptsache sich erledigt. Probleme werden ferner bei der Zwangsvollstreckung nach § 890 ZPO gesehen[5]. Doch können Ordnungsgeld und -haft selbstverständlich auch gegen einen einzelnen Geschäftsführer verhängt werden. Welchen Sinn sollte es andererseits machen, einen Gesellschafter zu verklagen, der nicht Geschäftsführer und deshalb gar nicht in der Lage ist, den Informationsanspruch zu befriedigen? Bei Zahlungsklagen ist das anders, weil hier die geschuldete Leistung aus dem Gesellschaftsvermögen erbracht werden soll und die Zwangsvollstreckung deshalb einen Titel gegen alle voraussetzt (§ 736 ZPO).

3 Der Anspruch ist nicht übertragbar[6] und daher **nicht pfändbar** (§ 851 I ZPO).

---

[1] MünchKommBGB/Ulmer, Rn. 1. Ausnahmsweise kann auch ein Anspruch auf Auskunft (→ *Auskunft* Rn. 1) gegeben sein. Vgl. MünchKommBGB/Ulmer, Rn. 9.
[2] MünchKommBGB/Ulmer, Rn. 1.
[3] W. Lüke, ZGR 1994, 277; Schütz, S. 107 f.; Staudinger/Keßler, 12. Aufl., Rn. 1.
[4] Schütz, S. 107 f.
[5] W. Lüke, ZGR 1994, 277.
[6] MünchKommBGB/Ulmer, Rn. 10.

Gewinn- und Verlustverteilung

721 (1) **Ein Gesellschafter kann den Rechnungsabschluss und die Verteilung des Gewinns und Verlusts erst nach der Auflösung der Gesellschaft verlangen.**

(2) **Ist die Gesellschaft von längerer Dauer, so hat der Rechnungsabschluss und die Gewinnverteilung im Zweifel am Schlusse jedes Geschäftsjahrs zu erfolgen.**

I. Anspruch auf Rechnungsabschluss

§ 721 II gibt jedem einzelnen Gesellschafter einen Anspruch auf jährlichen Rechnungsabschluss, d. h. Rechenschaft[1] (s. bei § 259). Der Anspruch richtet sich gegen die Geschäftsführer[2]. 1

II. Anspruch auf Gewinnverteilung

§ 721 II gibt ferner jedem einzelnen Gesellschafter einen Anspruch auf jährliche Gewinnverteilung. 2

Der Anspruch geht erstens auf **Gewinnfeststellung**, d. h. auf Mitwirkung an der Bilanzfeststellung (wie § 1035, Rn. 1 ff.), und richtet sich insoweit gegen alle übrigen Gesellschafter als gemeinschaftliche Schuldner[3]. 3

Zweitens geht der Anspruch auf **Gewinnauszahlung** (→ *Zahlung* Rn. 1)[4]; insoweit richtet er sich gegen alle Gesellschafter als Gesamthand[5], d. h. als gemeinschaftliche Schuldner[6] (→ *Mehrheit von Schuldnern* Rn. 2 ff.). 4

---

1 Staudinger/Keßler, 12. Aufl., Rn. 1.
2 RGRK/von Gamm, Rn. 2; Staudinger/Keßler, 12. Aufl., Rn. 1: unter Umständen auch gegen andere Gesellschafter. **Abweichend** MünchKommBGB/Ulmer, Rn. 4: gegen die Gesamthand oder die Geschäftsführer; wieder anders Rn. 6, bei Fn. 12.
3 Ähnlich MünchKommBGB/Ulmer, Rn. 4, 7: gegen die Gesamthand oder die widersprechenden oder untätigen Gesellschafter. Nach BGH, WM 1983, 1279, 1280 kann aber die Mitwirkung an der Bilanz*aufstellung* von jedem Einzelnen verlangt werden.
4 MünchKommBGB/Ulmer, Rn. 4, rechnet diesen Anspruch nicht zur „Gewinnverteilung".
5 MünchKommBGB/Ulmer, Rn. 4; Schütz, S. 51 ; str.
6 Schütz, S. 47 f.

Auseinandersetzung; Geschäftsführung

730 (1) Nach der Auflösung der Gesellschaft findet in Ansehung des Gesellschaftsvermögens die Auseinandersetzung unter den Gesellschaftern statt, sofern nicht über das Vermögen der Gesellschaft das Insolvenzverfahren eröffnet ist.

(2) ¹Für die Beendigung der schwebenden Geschäfte, für die dazu erforderliche Eingehung neuer Geschäfte sowie für die Erhaltung und Verwaltung des Gesellschaftsvermögens gilt die Gesellschaft als fortbestehend, soweit der Zweck der Auseinandersetzung es erfordert. ²Die einem Gesellschafter nach dem Gesellschaftsvertrag zustehende Befugnis zur Geschäftsführung erlischt jedoch, wenn nicht aus dem Vertrag sich ein anderes ergibt, mit der Auflösung der Gesellschaft; die Geschäftsführung steht von der Auflösung an allen Gesellschaftern gemeinschaftlich zu.

I. Überblick

1   § 730 I gibt jedem einzelnen Gesellschafter einen **Anspruch** auf Auseinandersetzung. Wie die Auseinandersetzung erfolgt, sagt § 731. Danach kann sogleich eine **Leistung nach §§ 732 ff.** (s. dort), hilfsweise nach §§ 752 ff. (s. § 749, Rn. 2 ff.) verlangt werden[1]. Doch kann auch erst die **Zustimmung** zu einem Auseinandersetzungs-Plan verlangt werden, der sich nach den §§ 732 ff., 752 ff. richtet (Rn. 2 ff.). Ist die Zustimmung erklärt, also ein Auseinandersetzungs-Vertrag geschlossen, für den die gesetzlichen Regeln nicht zwingend sind[2], so kann die **Vertragserfüllung** verlangt werden (s. dazu die Kommentierung der einschlägigen Schuldverhältnisse).

II. Anspruch auf Zustimmung

2   Der Zustimmungsanspruch richtet sich gegen alle übrigen Gesellschafter als **gemeinschaftliche Schuldner** (→ *Mehrheit von Schuldnern* Rn. 2 ff.). Denn die Auseinandersetzung über das gemeinschaftliche Vermögen kann nur von allen gemeinsam durchgeführt werden.

3   Eine **Leistungsklage** müsste z.B. die Verurteilung der Beklagten beantragen, einem bestimmten Auseinandersetzungs-Plan zuzu-

---

1   MünchKommBGB/Ulmer, § 731, Rn. 1. Nachw. anderer Ansichten bei BGHZ 116, 228, 231.
2   MünchKommBGB/Ulmer, Rn. 3.

stimmen. Der Plan muss nur so genau bezeichnet werden, wie es für einen Auseinandersetzungs-Vertrag erforderlich ist (näher § 1471, Rn. 2).

Sachlich zuständig sind die Amtsgerichte oder die Landgerichte, je nach Streitwert (§§ 23 Nr. 1, 71 I GVG). Der Streitwert bemisst sich nicht nach dem Wert des gesamten Gesellschaftsvermögens, sondern nach dem Wert des klägerischen Anteils (§ 3 ZPO)[1]. 4

Die **Zwangsvollstreckung** wegen eines Zustimmungsanspruchs richtet sich nach § 894 I ZPO. Der Anspruch ist nicht übertragbar[2] und daher **nicht pfändbar** (§ 851 I ZPO). 5

Rückgabe von Gegenständen

732 [1]Gegenstände, die ein Gesellschafter der Gesellschaft zur Benutzung überlassen hat, sind ihm zurückzugeben. [2]Für einen durch Zufall in Abgang gekommenen oder verschlechterten Gegenstand kann er nicht Ersatz verlangen.

Satz 1 gibt einem Gesellschafter einen **Anspruch** auf **Rückgabe**, d. h. bei einer Sache: auf → *Besitzeinräumung* (Rn. 1), bei einem Recht: auf → *Rechtsverschaffung* (Rn. 1) oder → *Rechtsentäußerung* (Rn. 1)[3], soweit die Benutzungsbefugnis nicht ohnehin mit Auflösung der Gesellschaft erlischt[4]. Der Anspruch richtet sich gegen alle übrigen Gesellschafter als Gesamthand, d. h. als gemeinschaftliche Schuldner (→ *Mehrheit von Schuldnern* Rn. 2 ff.).

Verteilung des Überschusses

734 Verbleibt nach der Berichtigung der gemeinschaftlichen Schulden und der Rückerstattung der Einlagen ein Überschuss, so gebührt er den Gesellschaftern nach dem Verhältnis ihrer Anteile am Gewinne.

---

1 Vgl. Stein/Jonas/Roth, § 2, Rn. 17, bei Fn. 45; Schneider/Herget, Rn. 309.
2 Staudinger/Keßler, 12. Aufl., Rn. 6.
3 Vgl. Staudinger/Keßler, 12. Aufl., Rn. 13 zum Nießbrauch.
4 RGRK/von Gamm, Rn. 4, zu gewerblichen Schutzrechten und dem Urheberrecht.

§ 734 gibt jedem einzelnen Gesellschafter einen **Anspruch** auf einen Teil des Überschusses (**Gewinnanteil**), der nach § 731 Satz 2 i. V. m. §§ 752, 753 entweder durch Teilung in Natur (s. § 749, Rn. 3 ff., 11) oder durch Zahlung nach Pfandverkauf (→ *Zahlung* Rn. 1) zu entrichten ist[1]. Der Anspruch richtet sich gegen alle übrigen Gesellschafter als Gesamthand, d. h. als gemeinschaftliche Schuldner (→ *Mehrheit von Schuldnern* Rn. 2 ff.).

Nachschusspflicht bei Verlust

735 [1]Reicht das Gesellschaftsvermögen zur Berichtigung der gemeinschaftlichen Schulden und zur Rückerstattung der Einlagen nicht aus, so haben die Gesellschafter für den Fehlbetrag nach dem Verhältnis aufzukommen, nach welchem sie den Verlust zu tragen haben. [2]Kann von einem Gesellschafter der auf ihn entfallende Beitrag nicht erlangt werden, so haben die übrigen Gesellschafter den Ausfall nach dem gleichen Verhältnis zu tragen.

§ 735 gibt gegen jeden einzelnen Gesellschafter[2] einen **Anspruch auf Ausgleich eines Fehlbetrags**, d. h. einen Zahlungsanspruch (→ *Zahlung* Rn. 1). Der Anspruch steht grundsätzlich den Gesellschaftern als Gesamthand zu[3], d. h. als gemeinschaftlichen Gläubigern (→ *Mehrheit von Gläubigern* Rn. 2, 3) Ein Gläubiger der Gesamthand kann den Anspruch pfänden und sich überweisen lassen (§§ 736, 829, 835 ZPO)[4].

Auseinandersetzung beim Ausscheiden

738 (1) [1]Scheidet ein Gesellschafter aus der Gesellschaft aus, so wächst sein Anteil am Gesellschaftsvermögen den übrigen Gesellschaftern zu. [2]Diese sind verpflichtet, dem Ausscheidenden die Gegenstände, die er der Gesellschaft zur Benutzung überlassen hat, nach Maßgabe des § 732 zurückzugeben, ihn von den gemeinschaftlichen Schulden zu befreien und ihm dasjenige zu zahlen, was er bei der Auseinandersetzung erhalten würde, wenn die

---

1 MünchKommBGB/Ulmer, Rn. 5.
2 Keine Gesamtschuld! Missverständlich RGRK/von Gamm, Rn. 1.
3 MünchKommBGB/Ulmer, Rn. 5 f.
4 MünchKommBGB/Ulmer, Rn. 2.

Haftung für Fehlbetrag § 739

Gesellschaft zur Zeit seines Ausscheidens aufgelöst worden wäre. ³Sind gemeinschaftliche Schulden noch nicht fällig, so können die übrigen Gesellschafter dem Ausscheidenden, statt ihn zu befreien, Sicherheit leisten.

(2) Der Wert des Gesellschaftsvermögens ist, soweit erforderlich, im Wege der Schätzung zu ermitteln.

§ 738 I Satz 2 gibt dem ausscheidenden Gesellschafter **Ansprüche** auf **Rückgabe** (wie § 732), auf **Schuldbefreiung** (→ *Befreiung* Rn. 1) und auf → *Zahlung* (Rn. 1). Die Ansprüche richten sich gegen die übrigen Gesellschafter als Gesamthand[1], d. h. als gemeinschaftliche Schuldner (→ *Mehrheit von Schuldnern* Rn. 2 ff.), genauso wie die Ansprüche aus § 732 und § 734. 1

§ 738 I Satz 3 gibt den übrigen Gesellschaftern eine vorläufige **Ersetzungsbefugnis**[2] (§ 257, Rn. 2 ff.), nicht etwa verpflichtet er sie zur Sicherheitsleistung[3]. 2

Haftung für Fehlbetrag

739 Reicht der Wert des Gesellschaftsvermögens zur Deckung der gemeinschaftlichen Schulden und der Einlagen nicht aus, so hat der Ausscheidende den übrigen Gesellschaftern für den Fehlbetrag nach dem Verhältnisse seines Anteils am Verlust aufzukommen.

§ 739 gibt gegen den Ausscheidenden einen **Anspruch** auf **Ausgleich eines Fehlbetrags**, also einen Zahlungsanspruch[4] (→ *Zahlung* Rn. 1). Der Anspruch steht den Gesellschaftern als Gesamthand zu[5], d. h. als gemeinschaftlichen Gläubigern (→ *Mehrheit von Gläubigern* Rn. 2, 3).

---

1 MünchKommBGB/Ulmer, Rn. 11 f., 59; Schütz, S. 59 f. Für Gesamtschuld Staudinger/Keßler, 12. Aufl., Rn. 2, 4, 7.
2 Staudinger/Keßler, 12. Aufl., Rn. 5.
3 Unrichtig MünchKommBGB/Ulmer, Rn. 62.
4 Palandt/Sprau, Rn. 1.
5 Palandt/Sprau, Rn. 1.

§ 740 Beteiligung am Ergebnis schwebender Geschäfte

Beteiligung am Ergebnis schwebender Geschäfte

740 (1) ¹Der Ausgeschiedene nimmt an dem Gewinn und dem Verlust teil, welcher sich aus den zur Zeit seines Ausscheidens schwebenden Geschäften ergibt. ²Die übrigen Gesellschafter sind berechtigt, diese Geschäfte so zu beendigen, wie es ihnen am vorteilhaftesten erscheint.

(2) Der Ausgeschiedene kann am Schlusse jedes Geschäftsjahrs Rechenschaft über die inzwischen beendigten Geschäfte, Auszahlung des ihm gebührenden Betrags und Auskunft über den Stand der noch schwebenden Geschäfte verlangen.

Abs. 2 gibt dem Ausgeschiedenen **Ansprüche** auf **Rechenschaft** i. S. des § 259[1] (s. dort), auf **Auszahlung** (→ *Zahlung* Rn. 1) und auf → *Auskunft*[2] (Rn 1). Der Rechenschaftsanspruch und der Auskunftsanspruch richten sich gegen die Geschäftsführer[3], der Zahlungsanspruch besteht gegen die übrigen Gesellschafter als Gesamtschuldner[4]. Der Übergang von der Zahlungs- zur Rechenschaftsklage ist eine nach § 264 Nr. 2 ZPO zulässige Klageänderung[5].

Gemeinschaft nach Bruchteilen

741 Steht ein Recht mehreren gemeinschaftlich zu, so finden, sofern sich nicht aus dem Gesetz ein anderes ergibt, die Vorschriften der §§ 742 bis 758 Anwendung (Gemeinschaft nach Bruchteilen).

I. Allgemeines

1 Die Gemeinschaft nach Bruchteilen (Bruchteilsgemeinschaft) ist nicht rechtsfähig und daher auch nicht parteifähig (§ 50 I ZPO). Zulässigerweise klagen und verklagt werden können deshalb nur die parteifähigen Teilhaber. Sie werden, soweit sie nicht selbst

---

1 MünchKommBGB/Ulmer, Rn. 7; Staudinger/Keßler, 12. Aufl., Rn. 3.
2 Auch insoweit werden die §§ 259, 260 angewandt von BGH, NJW 1959, 1963 f.; MünchKommBGB/Ulmer, Rn. 7. **A. A.** Staudinger/Keßler, 12. Aufl., Rn. 4.
3 Wie im Falle des § 721 (s. dort).
4 Staudinger/Keßler, 12. Aufl., Rn. 5: „persönliche Haftung".
5 MünchKommZPO/Lüke, § 264, Rn. 18; Zöller/Greger, § 264, Rn. 3b.

handeln, von vertretungsberechtigten Teilhabern oder von Bevollmächtigten vertreten.

Zu **unterscheiden** sind
- Teilhaberansprüche gegen Dritte;
- Drittansprüche gegen Teilhaber;
- Teilhaberansprüche gegen Teilhaber.

II. Teilhaberansprüche gegen Dritte

Hier ist weiter zu unterscheiden zwischen Ansprüchen einzelner Teilhaber, z. B. aus einem im Namen des Einzelnen geschlossenen Mietvertrag, und Ansprüchen aller Teilhaber, z. B. aus einem im Namen aller geschlossenen Mietvertrag.

Die **Ansprüche aller** stehen den Teilhabern, sofern sie nicht *Gesamtgläubiger* nach § 428 sind[1], als *Mitgläubigern* i. S. des § 432 zu (s. dort). § 432 ist zumindest entsprechend anzuwenden[2]. Das bedeutet, dass ein Teilhaber grundsätzlich nur auf Leistung an alle gemeinschaftlich klagen kann. Doch soll ein Teilhaber auch zur Klage auf Leistung an sich allein berechtigt sein, wenn diese Klage zur Erhaltung der Forderung notwendig erscheint (§ 744 II)[3].

III. Drittansprüche gegen Teilhaber

Hier ist wieder zu unterscheiden zwischen Ansprüchen gegen einzelne Teilhaber, z. B. aus einem nur mit ihnen geschlossenen Werkvertrag, und **Ansprüchen gegen alle** Teilhaber, auf die im Folgenden einzugehen ist.

Zunächst kommt es darauf an, wer die beanspruchte Leistung von Rechts wegen erbringen soll: alle Teilhaber gemeinsam (dann liegt eine **gemeinschaftliche Schuld** vor, (→ *Mehrheit von Schuldnern* Rn. 2 ff.) oder jeder Teilhaber allein, sei es im Ganzen nur einmal (**Gesamtschuld**) oder mehrfach (**mehrfache Einzelschuld**). In der Regel ist eine Gesamtschuld gegeben[4] (s. bei § 421).

---

1 Vgl. Staudinger/Langhein, 13. Bearb., Rn. 82 ff.
2 BGHZ 94, 119 f.; Staudinger/Huber, 12. Aufl., Rn. 63; § 744, Rn. 42. Vgl. auch Heintzmann, Prozessführungsbefugnis, S. 21. Kritisch Staudinger/Langhein, 13. Bearb., Rn. 118. Zu Wohnungseigentümern s. BGHZ 121, 22.
3 BGHZ 94, 120 f.; Zöller/Vollkommer, vor § 50, Rn. 23.
4 Palandt/Sprau, Rn. 10.

IV. Teilhaberansprüche gegen Teilhaber

7 Die Ansprüche können **zustehen**:
   - allen übrigen Teilhabern als Mitgläubigern, wie der Anspruch aus § 748 auf Zahlung;
   - einzelnen Teilhabern, so alle sonstigen Ansprüche aus §§ 743–756.

8 Die Ansprüche können **gerichtet sein**:
   - gegen alle übrigen Teilhaber als gemeinschaftliche Schuldner, wie die Ansprüche aus § 745 auf Zahlung, aus §§ 743 und 749 auf Übereignung und Übergabe, Zahlung und Abtretung[1], aus §§ 755, 756 auf Herausgabe und Auszahlung;
   - gegen einzelne Teilhaber, wie die Ansprüche aus § 743 auf Teilung, Duldung des Mitgebrauchs und Einräumung des Mitbesitzes, aus § 744 auf Einwilligung, aus § 745 auf Zustimmung, aus § 748 auf Zahlung und Aufwendungsersatz, aus § 749 auf Duldung, Zustimmung und Mitwirkung, aus §§ 755, 756 auf Duldung und Mitwirkung.

9 S. dazu die Kommentierung der angegebenen Vorschriften.

Früchteanteil; Gebrauchsbefugnis

743 (1) **Jedem Teilhaber gebührt ein seinem Anteil entsprechender Bruchteil der Früchte.**

(2) **Jeder Teilhaber ist zum Gebrauch des gemeinschaftlichen Gegenstands insoweit befugt, als nicht der Mitgebrauch der übrigen Teilhaber beeinträchtigt wird.**

I. Anspruch auf Fruchtanteil

1 § 743 I gibt jedem einzelnen Teilhaber einen **Anspruch** auf einen **Bruchteil der Früchte** (§ 99)[2]. Die Teilung richtet sich nach den §§ 752 ff.[3], wobei die Früchte oder der Fruchtanspruch an die Stelle des „gemeinschaftlichen Gegenstandes" treten. Danach sind be-

---

1 A. A. MünchKommBGB/K. Schmidt, § 749, Rn. 17.
2 Zur Pfändung s. eingehend Staudinger/Langhein, 13. Bearb., Rn. 19 ff.
3 MünchKommBGB/K. Schmidt, Rn. 6; Staudinger/Langhein, 13. Bearb., Rn. 13.

wegliche Sachen real zu teilen oder zu verkaufen, Forderungen real zu teilen, einzuziehen oder zu verkaufen (§ 749, Rn. 11 ff.). Eine Forderung, „die sich auf die Gemeinschaft gründet", ist vorab zu befriedigen, gleichgültig, ob sie einem Dritten oder einem Teilhaber zusteht (§§ 755 f., s. dort).

Gehören die Früchte oder der Fruchtanspruch allen Teilhabern gemeinsam, wie in der Regel, so richtet sich der Teilungsanspruch aus § 743 I **gegen** dieselben Personen wie der Aufhebungsanspruch aus § 749 I (s. dort). Gehören die Früchte oder der Fruchtanspruch einem Teilhaber allein, wie der Mietzinsanspruch, wenn das gemeinschaftliche Grundstück allein im Namen dieses Teilhabers vermietet wurde, so richtet sich der Teilungsanspruch aus § 743 I nur gegen ihn[1]. 2

II. Ansprüche aus Gebrauchsbefugnis

§ 743 II gibt jedem einzelnen Teilhaber eine Gebrauchsbefugnis und in diesem Rahmen einen **Anspruch** auf **Duldung des Mitgebrauchs**[2], d. h. auf Gewährung des Zugangs und Unterlassen von Widerstand (wie § 554, s. dort). Der Anspruch richtet sich gegen alle übrigen Teilhaber als Einzelschuldner. 3

Ist einer der Teilhaber Alleinbesitzer, so geht der Anspruch aus § 743 II gegen ihn zunächst auf **Einräumung des Mitbesitzes**[3] (→ *Besitzeinräumung* Rn. 1). 4

Gemeinschaftliche Verwaltung

744 (1) Die Verwaltung des gemeinschaftlichen Gegenstands steht den Teilhabern gemeinschaftlich zu.

(2) Jeder Teilhaber ist berechtigt, die zur Erhaltung des Gegenstandes notwendigen Maßregeln ohne Zustimmung der anderen Teilhaber zu treffen; er kann verlangen, dass diese ihre Einwilligung zu einer solchen Maßregel im Voraus erteilen.

Abs. 2 Halbsatz 2 gibt jedem einzelnen Teilhaber einen **Anspruch** auf **Einwilligung** (wie § 745, s. dort). Der Anspruch richtet sich 1

---
1 RGRK/von Gamm, Rn. 2.
2 Vgl. MünchKommBGB/K. Schmidt, Rn. 1, 10.
3 Staudinger/Langhein, 13. Bearb., Rn. 33.

gegen jeden Einzelnen der übrigen Teilhaber, der noch nicht eingewilligt hat (§ 362 I).

2   Ein **Feststellungsurteil** des Inhalts, dass die Maßregel rechtmäßig sei, wirkt nur materielle Rechtskraft zwischen den Parteien. Dagegen kann jedem Dritten entgegengehalten werden, dass der Beklagte seine Einwilligung erklärt hat, sei es auch erzwungen nach § 894 I ZPO. Deshalb besteht kein Anlass, die Leistungsklage in eine Feststellungsklage umzudeuten[1].

Verwaltung und Benutzung durch Beschluss

745 (1) [1]Durch Stimmenmehrheit kann eine der Beschaffenheit des gemeinschaftlichen Gegenstands entsprechende ordnungsmäßige Verwaltung und Benutzung beschlossen werden. [2]Die Stimmenmehrheit ist nach der Größe der Anteile zu berechnen.

(2) Jeder Teilhaber kann, sofern nicht die Verwaltung und Benutzung durch Vereinbarung oder durch Mehrheitsbeschluss geregelt ist, eine dem Interesse aller Teilhaber nach billigem Ermessen entsprechende Verwaltung und Benutzung verlangen.

(3) [1]Eine wesentliche Veränderung des Gegenstands kann nicht beschlossen oder verlangt werden. [2]Das Recht des einzelnen Teilhabers auf einen seinem Anteil entsprechenden Bruchteil der Nutzungen kann nicht ohne seine Zustimmung beeinträchtigt werden.

1   § 745 II Satz 1 gibt jedem einzelnen Teilhaber einen **Anspruch** auf eine interessengemäße **Verwaltung und Benutzung**. Darunter sind verschiedenartige Maßnahmen zu verstehen[2]. Namentlich kann die Zustimmung zu einer interessengemäßen Verwaltungs- und Benutzungs-Regelung beansprucht werden. Dieser Anspruch richtet sich gegen jeden Einzelnen der übrigen Teilhaber, der noch nicht zugestimmt hat (§ 362 I).

2   Eine **Leistungsklage**[3] müsste z.B. die Verurteilung des Beklagten beantragen, einem bestimmten Regelungsvorschlag zuzustimmen[4] (§ 253 II Nr. 2 ZPO), etwa der Ernennung eines Verwalters.

---

1 Entgegen MünchKommBGB/K. Schmidt, Rn. 40.
2 Palandt/Sprau, Rn. 5.
3 MünchKommBGB/K. Schmidt, Rn. 32.
4 Vgl. RGRK/von Gamm, § 746, Rn. 12, auch zur Klage auf Feststellung der Unwirksamkeit eines Mehrheitsbeschlusses (§ 256 II ZPO).

§ 745 Verwaltung und Benutzung durch Beschluss

Der Klageantrag ist für das Gericht **bindend** (§ 308 I Satz 1 ZPO). Hält das Gericht die vom Kläger beanspruchte Regelung für unbillig, so darf es sie nicht durch eine eigene ersetzen, sondern muss die Klage als unbegründet abweisen. Der Kläger sollte daher gegebenenfalls gleich einen Hilfsantrag stellen (§ 260 ZPO). Er kann auch nachträglich die Klage ändern – nach § 264 Nr. 2 ZPO, soweit es um ein Mehr oder Weniger geht[1], sonst nach §§ 263, 267 ZPO. Ebenso steht es dem Beklagten frei, durch **Widerklage** (§ 33 ZPO) die Zustimmung des Klägers zu einer anderen Regelung zu beanspruchen und eine entsprechende Verurteilung zu beantragen[2]. 3

Bestehen Ansprüche gegen **mehrere Teilhaber**, so muss der Kläger wenigstens so viele verklagen, dass durch die freiwillige oder erzwungene Zustimmung ein Mehrheitsbeschluss erreicht wird (§ 62 Fall 2 ZPO)[3]; andernfalls fehlt das Rechtsschutzinteresse (Rechtsschutzgrund). 4

Sachlich zuständig sind die Amtsgerichte oder die Landgerichte, je nach Streitwert (§§ 23 Nr. 1, 71 I GVG). Der Streitwert bemisst sich nach dem Interesse des Klägers an der von ihm erstrebten Regelung (§ 3 ZPO). 5

Stimmt ein Beklagter während des Prozesses zu, so wird die Klage gegen ihn unbegründet (§ 362 I) und der Rechtsstreit ist insoweit in der **Hauptsache erledigt**. Dasselbe gilt, falls während des Prozesses eine Vereinbarung oder ein Mehrheitsbeschluss zustande kommt[4]. 6

Die **materielle Rechtskraft** eines Klage stattgebenden Urteils hindert nicht die Klage auf Zustimmung zu einer anderen Regelung, falls sich die Sachlage geändert hat[5]. 7

Die **Zwangsvollstreckung** wegen eines Zustimmungsanspruchs richtet sich nach § 894 I ZPO[6]. 8

---

1 Zu weitgehend MünchKommBGB/K. Schmidt, Rn. 32.
2 Vgl. zum Ganzen Palandt/Sprau, Rn. 5; Staudinger/Langhein, 13. Bearb., Rn. 57.
3 A. A. (§ 62 Fall 1 ZPO) Staudinger/Langhein, 13. Bearb., Rn. 57.
4 Staudinger/Langhein, 13. Bearb., Rn. 58.
5 Staudinger/Langhein, 13. Bearb., Rn. 58.
6 MünchKommBGB/K. Schmidt, Rn. 33.

§ 748

Lasten- und Kostentragung

748 Jeder Teilhaber ist den anderen Teilhabern gegenüber verpflichtet, die Lasten des gemeinschaftlichen Gegenstands sowie die Kosten der Erhaltung, der Verwaltung und einer gemeinschaftlichen Benutzung nach dem Verhältnis seines Anteils zu tragen.

1 § 748 verpflichtet jeden einzelnen Teilhaber zur anteilmäßigen Tragung von Lasten und Kosten.

2 Zunächst besteht unter Umständen ein **Anspruch** auf → *Zahlung eines Vorschusses*[1], der allen übrigen Teilhabern als Mitgläubigern zusteht (s. bei § 432).

3 Hat ein Teilhaber sich nach außen höher verpflichtet oder mehr geleistet, als seinem Anteil entspricht, so steht ihm gegen jeden Einzelnen der übrigen Teilhaber ein **Anspruch** auf anteiligen **Aufwendungsersatz** i. S. d. § 257 zu[2] (s. dort).

Aufhebungsanspruch

749 (1) Jeder Teilhaber kann jederzeit die Aufhebung der Gemeinschaft verlangen.

(2) ¹Wird das Recht, die Aufhebung zu verlangen, durch Vereinbarung für immer oder auf Zeit ausgeschlossen, so kann die Aufhebung gleichwohl verlangt werden, wenn ein wichtiger Grund vorliegt. ²Unter der gleichen Voraussetzung kann, wenn eine Kündigungsfrist bestimmt wird, die Aufhebung ohne Einhaltung der Frist verlangt werden.

(3) Eine Vereinbarung, durch welche das Recht, die Aufhebung zu verlangen, diesen Vorschriften zuwider ausgeschlossen oder beschränkt wird, ist nichtig.

---

1 Palandt/Sprau, Rn. 2.
2 Palandt/Sprau, Rn. 2.

Inhaltsübersicht

- A. Überblick 1
- B. Aufhebung nach §§ 752 ff. . 2
  - I. Gemeinschaftliches Eigentum 3
    - 1. Teilung in Natur 3
    - 2. Teilung des Verkaufserlöses 6
      - a) Ansprüche 6
      - b) Klagcanträge 10
  - II. Gemeinschaftliche Forderung 11
- C. Zustimmung 14
- D. Vollstreckung in den Anteil 18
  - I. Überblick 18
  - II. Beschlagnahme des Anteils . 19
    - 1. Miteigentumsanteil an beweglicher Sache 19
    - 2. Anteil an einer Forderung 20
    - 3. Miteigentumsanteil an einem Grundstück 21
  - III. Aufhebung der Gemeinschaft 23
- E. Vollstreckung in den gemeinschaftlichen Gegenstand ... 26

A. Überblick

§ 749 I gibt jedem einzelnen Teilhaber[1] einen schuldrechtlichen **Anspruch**[2] auf Aufhebung der Gemeinschaft. Wie die Aufhebung erfolgt, sagen die §§ 752 ff. Danach sind einstimmige Beschlüsse, dass und wie die Aufhebung erfolgen soll, entbehrlich und es kann sogleich **Aufhebung nach §§ 752 ff.** verlangt werden (Rn. 2 ff.).[3] Doch kann auch erst die **Zustimmung** zu einem Aufhebungs-Plan verlangt werden, der sich nach den §§ 752 ff. richtet[4] (Rn. 14 ff.). Ist die Zustimmung erklärt, also ein Aufhebungs-Vertrag geschlossen, für den die gesetzlichen Regeln nicht zwingend sind, so kann die **Vertragserfüllung** verlangt werden (s. dazu die Kommentierung der einschlägigen Schuldverhältnisse). 1

B. Aufhebung nach §§ 752 ff.

Nach den §§ 752 ff. kommt es darauf an, was für ein Recht gemeinschaftlich ist. 2

---

1 Näher MünchKommBGB/K. Schmidt, Rn. 16.
2 Gramentz, S. 55 ff.; MünchKommBGB/K. Schmidt, Rn. 18; str.
3 Erman/Aderhold, Rn. 2; Gramentz, S. 61 ff.; MünchKommBGB/K. Schmidt, Rn. 19, 38 f.; Staudinger/Langhein, 13. Bearb., Rn. 16 ff. A. A. RGRK/von Gamm, Rn. 4.
4 Staudinger/Langhein, 13. Bearb., Rn. 34 ff.

§ 749

I. Gemeinschaftliches Eigentum

1. Teilung in Natur

3   Ist Eigentum gemeinschaftlich, so erfolgt die Aufhebung primär durch Teilung der gemeinschaftlichen Sache(n) (§ 752), d. h. letztlich dadurch, dass jedem Teilhaber ein Teil der Sachen übereignet wird[1]. Folglich hat jeder Teilhaber einen **Anspruch auf Übereignung und Übergabe** eines Teils der Sachen (→ *Übereignung* Rn. 1). Dabei handelt es sich um eine Gattungsschuld[2] (s. bei § 243). Da zur Übereignung und Übergabe nur alle Teilhaber gemeinschaftlich imstande sind (§ 747 Satz 2), richtet sich der Anspruch gegen alle übrigen Teilhaber als gemeinschaftliche Schuldner (→ *Mehrheit von Schuldnern* Rn. 2 ff.).

4   Eine **Leistungsklage** müsste z.B. die Verurteilung der Beklagten beantragen, 500 Stück der gemeinschaftlichen Lufthansa-Aktien an den Kläger zu übereignen und zu übergeben.

5   Für die Klage auf Teilung eines Grundstücks ist **örtlich zuständig** ausschließlich das Gericht, in dessen Bezirk das Grundstück liegt (§§ 24 I, 40 II ZPO)[3].

2. Teilung des Verkaufserlöses

a) Ansprüche

6   Ist die Teilung in Natur ausgeschlossen, so erfolgt die Aufhebung durch Verkauf des gemeinschaftlichen Gegenstandes und Teilung des Erlöses (§ 753).

7   Den **Verkauf eines Grundstücks** durch Zwangsversteigerung kann jeder Teilhaber herbeiführen (§§ 180 ff. ZVG)[4]. Dazu genügt, dass er als Miteigentümer im Grundbuch eingetragen ist (§ 181 II Satz 1 ZVG). Einen Duldungstitel gegen die anderen Miteigentümer benötigt er nicht (§ 181 I ZVG). Die anderen Miteigentümer müssen die fehlende Berechtigung des Antragstellers durch Drittwiderspruchsklage nach § 771 ZPO geltend machen[5]. Doch kann auch der Mitei-

---

1   Zu anderen Teilungshandlungen vgl. Staudinger/Langhein, 13. Bearb., § 752, Rn. 28 f.
2   Vgl. MünchKommBGB/K. Schmidt, § 752, Rn. 32.
3   Näher Stein/Jonas/Schumann, § 24, Rn. 26; Zöller/Vollkommer, § 24, Rn. 16.
4   Das gilt auch bei der Erbengemeinschaft (§ 2042 II; BGH, MDR 1999, 376 f.). Bei der Gesellschaft (§ 731 S. 2) ist das strittig. Vgl. BGHZ 116, 227 ff.; Brehm, ZZP 105, 497.
5   Brehm, ZZP 105, 498; Steiner/Teufel, § 181, Rn. 9.

gentümer, der die Zwangsversteigerung betreiben will, Klage erheben. Sein **Anspruch** auf Aufhebung der Gemeinschaft ist hier gegen jeden einzelnen anderen Beteiligten auf **Duldung** der Zwangsversteigerung gerichtet[1]. Mit der Duldungsklage kann ein Streit um den Aufhebungsanspruch geklärt werden, doch darf bei fehlendem Streit nicht das Rechtsschutzinteresse verneint werden (arg. § 93 ZPO).

Bei beweglichen Sachen hat jeder Teilhaber gegen jeden einzelnen anderen einen **Anspruch** auf **Duldung** des Verkaufs[2] und gegen alle Übrigen gemeinsam (→ *Mehrheit von Schuldnern* Rn. 2 ff.) einen **Anspruch** auf **Herausgabe** des gemeinschaftlichen Gegenstandes an den Versteigerer[3].

8

Ferner hat jeder Teilhaber gegen jeden einzelnen anderen einen **Anspruch** auf **Zustimmung** zur Auszahlung seines Erlösanteils[4] oder gegen alle Übrigen gemeinsam (→ *Mehrheit von Schuldnern* Rn. 2 ff.) einen **Anspruch** auf **Auszahlung** seines Erlösanteils (→ *Zahlung* Rn. 1).

9

b) Klageanträge

Die Klageanträge können miteinander verbunden werden (§ 260 ZPO). Beispielsweise kann der Kläger die Verurteilung des Beklagten beantragen,

10

„– die Veräußerung der (näher bezeichneten) Sache nach den Vorschriften über den Pfandverkauf zu dulden;
– zu diesem Zweck die Sache an den zum Verkauf ermächtigten Gerichtsvollzieher herauszugeben;
– darin einzuwilligen, dass von dem nach Abzug der Veräußerungskosten erzielten Reinerlös ein Anteil von 1/2 an den Kläger ausbezahlt wird"[5].

II. Gemeinschaftliche Forderung

Ist eine Forderung gemeinschaftlich, so erfolgt die Aufhebung primär durch Teilung (§ 752), d. h. letztlich dadurch, dass jedem Teil-

11

---

1 Vgl. Erman/Aderhold, Rn. 2; Staudinger/Langhein, 13. Bearb., Rn. 14; auch BGHZ 116, 229.
2 Staudinger/Langhein, 13. Bearb., Rn. 13.
3 Staudinger/Langhein, 13. Bearb., Rn. 9.
4 BGHZ 90, 196.
5 Staudinger/Langhein, 13. Bearb., Rn. 13.

haber ein Teil der Forderung abgetreten wird[1]. Jeder Teilhaber hat folglich einen **Anspruch** auf **Abtretung** eines Teils der Forderung. Der Anspruch auf → *Rechtsverschaffung* richtet sich wegen § 747 Satz 2 gegen alle übrigen Teilhaber als gemeinschaftliche Schuldner (→ *Mehrheit von Schuldnern* Rn. 2 ff.).

12 Ist die Teilung der Forderung ausgeschlossen, so erfolgt die Aufhebung durch Einziehung der Forderung und Teilung der eingezogenen Leistung (§ 754). Zur Einziehung ist jeder Teilhaber allein berechtigt (§ 741, Rn. 4). Notfalls hat er nach § 754 Satz 2 gegen die übrigen Teilhaber einen **Anspruch** auf **Mitwirkung** (wie § 1078, Rn. 1 ff.). Für die Teilung geleisteter Sachen gelten Rn. 3 ff. entsprechend.

13 Kann die Forderung noch nicht eingezogen werden, so ist sie nach § 754 Satz 1 zu verkaufen und der Erlös zu verteilen (Rn. 6 ff.).

C. Zustimmung

14 Der Zustimmungsanspruch richtet sich gegen alle übrigen Teilhaber als **gemeinschaftliche Schuldner** (→ *Mehrheit von Schuldnern* Rn. 2 ff.). Denn die Aufhebung des gemeinschaftlichen Rechts kann nur von allen gemeinsam durchgeführt werden.

15 Eine **Leistungsklage** müsste z.B. die Verurteilung der Beklagten beantragen, einem bestimmten Aufhebungs-Plan zuzustimmen. Der Plan muss nur so genau bezeichnet werden, wie es für einen Aufhebungs-Vertrag erforderlich ist (näher § 1471, Rn. 2).

16 **Sachlich zuständig** sind die Amtsgerichte oder die Landgerichte, je nach Streitwert (§§ 23 Nr. 1, 71 I GVG). Der Streitwert bemisst sich nicht nach dem Wert des ganzen Rechts, sondern nach dem Wert des klägerischen Anteils (§ 3 ZPO)[2].

17 Die **Zwangsvollstreckung** wegen eines Zustimmungsanspruchs richtet sich nach § 894 I ZPO. Der Anspruch ist nicht übertragbar[3] und daher **nicht pfändbar** (§ 851 I ZPO).

---

1 Zu teilen ist auch eine gemeinschaftliche Grundschuld (BGH, NJW-RR 1986, 233, 234).
2 Vgl. Stein/Jonas/Roth, § 2, Rn. 17, bei Fn. 45; Schneider/Herget, Rn. 309.
3 Vgl. Staudinger/Keßler, 12. Aufl., § 730, Rn. 6.

D. Vollstreckung in den Anteil

I. Überblick

Anders als bei den Gesamthandsgemeinschaften (§§ 859, 860 ZPO) kann bei einer Bruchteilsgemeinschaft in den Anteil eines Teilhabers vollstreckt werden. Eine Veräußerung des beschlagnahmten Anteils ist in der Regel wirtschaftlich wenig sinnvoll und rechtlich kompliziert[1]. Der Gläubiger kann aber anstelle des Schuldners die Aufhebung der Gemeinschaft betreiben (Rn. 16 ff.) und sich aus dem, was dem Schuldner gebührt, befriedigen (Rn. 23 ff.). Leider ist auch dieser Weg manchmal steinig.

18

II. Beschlagnahme des Anteils

1. Miteigentumsanteil an beweglicher Sache

Der Miteigentumsanteil an einer beweglichen Sache wird gepfändet und dem Vollstreckungsgläubiger zur Einziehung überwiesen (§ 857 I ZPO)[2]; „Drittschuldner" sind hier die anderen Teilhaber[3]. Durch die Pfändung aufgrund eines nicht bloß vorläufig vollstreckbaren Titels erwirbt der Gläubiger das Recht, die Aufhebung der Gemeinschaft zu verlangen (§ 751 S. 2). Ob es sich dabei um einen eigenen Anspruch des Gläubigers handelt[4] oder nur um das Recht, den Anspruch des Schuldners einzuziehen[5], mag dahinstehen.

19

2. Anteil an einer Forderung

Für den Anteil an einer Forderung gilt vollstreckungsrechtlich dasselbe wie für den Miteigentumsanteil an einer beweglichen Sache (Rn. 19)[6]. „Drittschuldner" ist jedoch der Schuldner der gemeinschaftlichen Forderung. Die anderen Teilhaber sind hier keine Drittschuldner[7]. Sie müssen sich zwar mit dem Vollstreckungsgläu-

20

---

1 Gramentz, S. 1 ff.; Ausnahmen S. 111, 223.
2 Schuschke/Walker, § 857, Rn. 15; Staudinger/Langhein, 13. Bearb., § 747, Rn. 52; § 752, Rn. 33; Stein/Jonas/Brehm, § 857, Rn. 18; str.
3 Schuschke/Walker, § 857, Rn. 15; Staudinger/Langhein, 13. Bearb., § 747, Rn. 53. Kritisch Gramentz, S. 72 f.
4 So Gramentz, S. 68 ff., 263 ff.
5 So z.B. Staudinger/Langhein, 13. Bearb., § 751, Rn. 9.
6 Schuschke/Walker, § 857, Rn. 16.
7 Staudinger/Langhein, 13. Bearb., § 747, Rn. 55. **A. A.** Schuschke/Walker, § 857, Rn. 16.

biger auseinandersetzen, werden dadurch aber nicht stärker betroffen als der Alleininhaber einer gepfändeten Forderung, dem die Verfügungsbefugnis gänzlich entzogen wird (§ 829 I Satz 2 ZPO). Deshalb ist die Zustellung des Pfändungs- und Überweisungsbeschlusses an sie nur geboten, keine Wirksamkeitsvoraussetzung wie nach §§ 829 III, 835 III Satz 1 ZPO.

3. Miteigentumsanteil an einem Grundstück

21 Dagegen wird der Miteigentumsanteil an einem Grundstück nicht gepfändet und überwiesen, sondern unterliegt wie das Alleineigentum der Zwangsversteigerung, Zwangsverwaltung und Zwangshypothek (§§ 864 II, 866 ZPO)[1]. Jedoch kann der Gläubiger nach herrschender Meinung den **Aufhebungsanspruch** aus § 749 und den **Erlösanspruch** aus § 753 pfänden und sich zur Einziehung überweisen lassen (§ 857 III ZPO)[2] und alsdann die Aufhebung der Gemeinschaft verlangen, sofern der Schuldtitel nicht bloß vorläufig vollstreckbar ist (analog § 751 Satz 2)[3]. Dabei sei der Gläubiger mangels Beschlagnahme des Miteigentumsanteils an aufhebungsausschließende oder – beschränkende Vereinbarungen der Teilhaber gebunden[4].

22 Eine „Pfändung" des Miteigentumsanteils, wie sie § 751 Satz 2 voraussetzt, ist nicht möglich[5]. Stattdessen müsste die Eintragung einer **Zwangshypothek** ausreichen[6]. Zwar ist die Zwangshypothek

---

1 Staudinger/Langhein, 13. Bearb., § 747, Rn. 51; Stein/Jonas/Münzberg, § 864, Rn. 14.
2 BGHZ 90, 215; Gramentz, S. 129 f., 132, 134 (nur der Aufhebungsanspruch werde gepfändet und überwiesen, da er den Erlösanspruch einschließt); Schuschke/Walker, § 857, Rn. 14; Stein/Jonas/Münzberg, § 864, Rn. 14; Zöller/Stöber, § 857, Rn. 12a. A. A. MünchKommZPO/Eickmann, § 864, Rn. 28; Staudinger/Langhein, 13. Bearb., § 747, Rn. 59 f.
3 Vgl. Gramentz, S. 140 f., 303 f., der einen vorläufig vollstreckbaren Titel genügen lässt. Indes müssen die anderen Teilhaber auch bei einer Pfändung des Aufhebungsanspruchs vor einer voreiligen Aufhebung der Gemeinschaft im Vollstreckungswege geschützt werden. Dagegen spricht nicht, dass der Schuldner selbst sofort die Aufhebung verlangen könnte. Denn die Zwangsvollstreckung kann an die endgültige Vollstreckbarkeit des Titels gebunden sein, wie die §§ 704 II, 894 I Satz 1 ZPO beweisen.
4 Gramentz, S. 147 ff.; str.
5 Gramentz, S. 226 ff.; MünchKommZPO/Eickmann, § 864, Rn. 28; str.
6 Gramentz, S. 343, anders noch S. 211 ff.; MünchKommZPO/Eickmann, § 864, Rn. 28; Staudinger/Langhein, 13. Bearb., § 747, Rn. 58. **A. A.** Stein/Jonas/Münzberg, § 864, Rn. 33a. (Münzberg meint, der Gläubiger

eine Sicherungshypothek im Sinne des § 1184 BGB. Das schließt aber nicht aus, dass ihre Eintragung als Vollstreckungsakt die weiterreichende Wirkung einer Beschlagnahme hat. Beschlagnahmt wird eine „Wertparzelle" des Grundstücks. Diese Beschlagnahme steht einer Pfändung gleich. Sie muss daher für die analoge Anwendung des § 751 Satz 2 genügen. Eine zusätzliche analoge Anwendung des § 1258 II Satz 2 ist daneben nicht erforderlich[1]. Die Anordnung der **Zwangsversteigerung** führt zwar auch zu einer Beschlagnahme des Grundstücks, bezweckt jedoch nicht die Aufhebung der Gemeinschaft und rechtfertigt deshalb nicht die analoge Anwendung des § 751 Satz 2[2]. In jedem Fall sollte ein Gläubiger, der noch kein Grundpfandrecht an dem Miteigentumsanteil hat, die Eintragung einer Zwangshypothek beantragen, um sich gegen Verfügungen des Schuldners über den Miteigentumsanteil zu sichern[3].

III. Aufhebung der Gemeinschaft

Der Gläubiger setzt den Aufhebungsanspruch in der gleichen Weise durch wie der Schuldner (Rn. 2 ff.)[4]. Er erwirkt also die Teilung in Natur[5], die Einziehung einer Forderung[6] oder den Verkauf und die Teilung des Erlöses, z.B. durch Teilungsversteigerung eines Grundstücks (§§ 180 ff. ZVG)[7].   23

Die Aufhebung der Gemeinschaft führt zunächst zu einer Umwandlung des gemeinschaftlichen Gegenstandes. Beispielsweise tritt an die Stelle eines gemeinschaftlichen PkW, der verkauft wird, der Kaufpreisanspruch, nach Zahlung des Kaufpreises an den Versteigerer der Anspruch gegen den Versteigerer auf Auskehrung des Erlöses, nach Auskehrung der Erlös. Diese Surrogate sind vorerst ebenso gemeinschaftlich, wie der verkaufte PkW es war. Es besteht daher ein **Anteil** des Schuldners **an dem Surrogat**.   24

---

benötige wie bei einer Zwangsversteigerung einen Duldungstitel. Aber analog § 751 Satz 2 benötigt er ihn zur Aufhebung ebenso wenig wie bei einem Pfandrecht.) Widersprüchlich MünchKommBGB/K. Schmidt, § 749, Rn. 24; § 751, Rn. 3 a. E.
1 Gegen sie und weitere Lösungsvorschläge Gramentz, S. 216 ff.
2 Gramentz, S. 204 ff.
3 Vgl. MünchKommZPO/Eickmann, § 864, Rn. 28.
4 Zur Klage s. Gramentz, S. 320.
5 Gramentz, S. 159 ff.; Staudinger/Langhein, 13. Bearb., § 752, Rn. 33 ff.
6 Staudinger/Langhein, 13. Bearb., § 747, Rn. 64.
7 Staudinger/Langhein, 13. Bearb. § 753, Rn. 32 ff.

25 Fraglich ist, ob die **Verstrickung** des gepfändeten PkW-Anteils mit ihren Folgen (Verfügungsverbot, Pfändungspfandrecht) als Verstrickung des Surrogats-Anteils fortbesteht, ob also z.B. der Anteil des Schuldners an dem Verkaufserlös zugunsten des Gläubigers verstrickt ist. Diese Frage wird, wenn auch aus unterschiedlichen Gründen, überwiegend bejaht[1], im Ergebnis zu Recht. Bei der Verteilung des Erlöses tritt der Gläubiger daher, soweit es zu seiner Befriedigung erforderlich ist, an die Stelle des Schuldners[2].

E. Vollstreckung in den gemeinschaftlichen Gegenstand

26 Die Vollstreckung in den gemeinschaftlichen Gegenstand durch den Gläubiger eines Teilhabers scheitert bei einer beweglichen Sache regelmäßig am Mitgewahrsam der übrigen Teilhaber (§§ 808 I, 809 ZPO), bei einem Grundstück an ihrer buchmäßigen Mitberechtigung (§§ 17 I, 147 I ZVG), während die Pfändung von Forderungsanteilen, die nicht dem Schuldner zustehen, nichtig ist. Bei Übergriffen machen die anderen Teilhaber das Fehlen ihrer Haftung mit der Drittwiderspruchsklage (§ 771 ZPO) geltend, die Unzulässigkeit der Zwangsvollstreckung in die gemeinschaftliche Sache mit der Erinnerung oder Beschwerde (§ 766 I ZPO, § 95 ZVG, § 11 RPflG)[3].

Berichtigung einer Gesamtschuld

755 (1) Haften die Teilhaber als Gesamtschuldner für eine Verbindlichkeit, die sie in Gemäßheit des § 748 nach dem Verhältnis ihrer Anteile zu erfüllen haben oder die sie zum Zwecke der Erfüllung einer solchen Verbindlichkeit eingegangen sind, so kann jeder Teilhaber bei der Aufhebung der Gemeinschaft verlangen, dass die Schuld aus dem gemeinschaftlichen Gegenstand berichtigt wird.

(2) Der Anspruch kann auch gegen die Sondernachfolger geltend gemacht werden.

---

1 Gramentz, S. 271 ff., 323 ff., 349 ff.; Staudinger/Langhein, 13. Bearb., § 753, Rn. 32.
2 Staudinger/Langhein, 13. Bearb., § 753, Rn. 32 f.
3 MünchKommBGB/K. Schmidt, § 747, Rn. 33 f.; Staudinger/Langhein, 13. Bearb., § 747, Rn. 50; § 753, Rn. 35.

(3) Soweit zur Berichtigung der Schuld der Verkauf des gemeinschaftlichen Gegenstands erforderlich ist, hat der Verkauf nach § 753 zu erfolgen.

§ 755 gibt jedem Teilhaber einen **Anspruch** auf **Berichtigung** einer Gesamtschuld[1], die gemäß § 748 gegenüber einem Dritten besteht (vgl. § 756)[2]. Damit die Gesamtschuld „aus dem gemeinschaftlichen Gegenstande berichtigt wird", muss der gemeinschaftliche Gegenstand, soweit erforderlich verkauft (Abs. 3)[3], eine gemeinschaftliche Forderung möglichst eingezogen werden[4]. Der Berichtigungsanspruch geht daher primär auf Duldung des Verkaufs und Herausgabe des gemeinschaftlichen Gegenstandes an einen Versteigerer[5] (wie § 749, Rn. 8) oder auf Mitwirkung bei der Einziehung[6] (vgl. § 1078, Rn. 1 ff.), sekundär auf Zahlung an den Gläubiger (→ *Zahlung* Rn. 1). Der Anspruch auf Duldung und Mitwirkung richtet sich gegen jeden Einzelnen der übrigen Teilhaber, der Anspruch auf Herausgabe und Zahlung wegen § 747 S. 2 gegen alle übrigen Teilhaber als gemeinschaftliche Schuldner (→ *Mehrheit von Schuldnern* Rn. 2 ff.).

Berichtigung einer Teilhaberschuld

756 [1]**Hat ein Teilhaber gegen einen anderen Teilhaber eine Forderung, die sich auf die Gemeinschaft gründet, so kann er bei der Aufhebung der Gemeinschaft die Berichtigung seiner Forderung aus dem auf den Schuldner entfallenden Teil des gemeinschaftlichen Gegenstands verlangen.** [2]**Die Vorschriften des § 755 Abs. 2, 3 findet Anwendung.**

§ 756 gibt einem Teilhaber, der gegen einen anderen Teilhaber eine auf die Gemeinschaft gegründete Forderung hat, einen **Anspruch** auf **Berichtigung** seiner Forderung aus dem Anteil des Schuldners. 1

Bei Teilung in Natur ist der Anteil des Schuldners, soweit erforderlich, zu verkaufen und der Gläubiger aus dem Erlös zu befriedigen 2

---

1 Vgl. MünchKommBGB/K. Schmidt, Rn. 6.
2 MünchKommBGB/K. Schmidt, Rn. 12.
3 RGRK/von Gamm, Rn. 4.
4 Staudinger/Langhein, 13. Bearb., Rn. 15.
5 Staudinger/Langhein, 13. Bearb., Rn. 13.
6 Staudinger/Langhein, 13. Bearb., Rn. 16.

§ 759 Dauer und Betrag der Rente

(§ 756 Satz 2 i. V. m. § 755 III)[1]. Hier hat der Gläubiger die gleichen Ansprüche wie im Fall des § 755 (s. dort).

3 Wird der gemeinschaftliche Gegenstand ohnehin verkauft, so ist der Anteil des Gläubigers an dem Erlös auf Kosten des Schuldners zu erhöhen[2]. Entsprechend ändern sich die Auszahlungsansprüche der Beteiligten aus § 749.

Dauer und Betrag der Rente

759 (1) Wer zur Gewährung einer Leibrente verpflichtet ist, hat die Rente im Zweifel für die Lebensdauer des Gläubigers zu entrichten.

(2) Der für die Rente bestimmte Betrag ist im Zweifel der Jahresbetrag der Rente.

1 Nach Abs. 1 hat der Gläubiger gegen den Verpflichteten einen **Anspruch** auf Gewährung einer **Leibrente**, sei es auf Zahlung von Geld (§ 760 II, → *Zahlung* Rn. 1) oder auf Übereignung und Übergabe anderer vertretbarer Sachen[3] (→ *Übereignung* Rn. 1).

2 Zur **sachlichen Zuständigkeit** beachte § 23 Nr. 2g GVG.

3 Die Leibrente ist **pfändbar** nach §§ 829, 832 ZPO. § 850b ZPO ist in der Regel nicht anwendbar[4].

Spiel, Wette

762 (1) ¹Durch Spiel oder durch Wette wird eine Verbindlichkeit nicht begründet. ²Das auf Grund des Spieles oder der Wette Geleistete kann nicht deshalb zurückgefordert werden, weil eine Verbindlichkeit nicht bestanden hat.

(2) Diese Vorschriften gelten auch für eine Vereinbarung, durch die der verlierende Teil zum Zwecke der Erfüllung einer Spiel- oder

---

1 Vgl. RGRK/von Gamm, Rn. 2 f.
2 Staudinger/Langhein, 13. Bearb., Rn. 13.
3 RGRK/von Gamm, Rn. 2.
4 MünchKommBGB/Pecher, Rn. 34.

einer Wettschuld dem gewinnenden Teil gegenüber eine Verbindlichkeit eingeht, insbesondere für ein Schuldanerkenntnis.
§ 762 entspricht § 656 (s. dort).

Vertragstypische Pflichten bei der Bürgschaft

765 (1) Durch den Bürgschaftsvertrag verpflichtet sich der Bürge gegenüber dem Gläubiger eines Dritten, für die Erfüllung der Verbindlichkeit des Dritten einzustehen.
(2) Die Bürgschaft kann auch für eine künftige oder eine bedingte Verbindlichkeit übernommen werden.

Inhaltsübersicht

A. Bürgschaftsanspruch 1	2. Urteil zwischen Gläubiger und Bürgen 9
B. Bürgschaftsanspruch und Hauptanspruch 3	III. Streitverkündung 10
I. Allgemeines 3	1. Prozess zwischen Gläubiger und Hauptschuldner . 10
II. Materielle Rechtskraft 6	2. Prozess zwischen Gläubiger und Bürgen 13
1. Urteil zwischen Gläubiger und Hauptschuldner . 6	IV. Nebenintervention 14
a) Wirkung im Verhältnis des Gläubigers zum Bürgen 6	1. Beitritt des Bürgen 14
	2. Beitritt des Hauptschuldners 17
b) Wirkung im Verhältnis des Hauptschuldners zum Bürgen 8	V. Zwangsvollstreckung 18

A. Bürgschaftsanspruch

§ 765 I gibt dem Gläubiger gegen den Bürgen einen **Anspruch** auf → *Zahlung* (Rn. 1) *oder*, wie aus § 772 I folgt, auf eine **andere Leistung**[1] (s. dazu die einzelnen Anspruchsgrundlagen). 1

Für die Bürgschaftsklage ist die **Zuständigkeit** der ordentlichen Gerichte gegeben (§ 13 GVG), selbst wenn die Hauptschuld öffentlich-rechtlicher Art ist[2]. Die Gerichte für Arbeitssachen können nach 2

---
1 Staudinger/Horn, 13. Bearb., vor § 765, Rn. 13 f.
2 MünchKommBGB/Habersack, Rn. 80; Staudinger/Horn, 13. Bearb., vor § 765, Rn. 148.

§ 2 III oder § 3 ArbGG zuständig sein[1]. Bei den ordentlichen Gerichten wird der für die sachliche Zuständigkeit maßgebliche Streitwert durch den Betrag des gesicherten Hauptanspruchs bestimmt, es sei denn, dass der Nennwert des Bürgschaftsanspruchs geringer ist (§ 6 ZPO)[2].

B. Bürgschaftsanspruch und Hauptanspruch

I. Allgemeines

3 Obwohl Bürge und Hauptschuldner keine Gesamtschuldner sind, gelten für sie die Bemerkungen zur Gesamtschuld (bei § 421) entsprechend.

4 Auch Bürge und Hauptschuldner können also **Streitgenossen** sein (§ 59 Fall 1 ZPO)[3]. Bei Verurteilung beider muss in dem Urteil zum Ausdruck kommen, dass dem Gläubiger die Leistung nur einmal zusteht[4]. Der Bürge ist daher „als Bürge" zu verurteilen.

5 Besonderheiten gelten für materielle Rechtskraft, Streitverkündung, Nebenintervention und Zwangsvollstreckung.

II. Materielle Rechtskraft

1. Urteil zwischen Gläubiger und Hauptschuldner

a) Wirkung im Verhältnis des Gläubigers zum Bürgen

6 Die **Niederlage des Gläubigers** gegen den Hauptschuldner wirkt materielle Rechtskraft auch zugunsten des Bürgen[5]. Ist daher eine Leistungsklage oder positive Feststellungsklage des Gläubigers gegen den Hauptschuldner rechtskräftig als unbegründet abgewiesen

---

[1] Germelmann/Matthes/Prütting, § 2, Rn. 51, 120.
[2] Stein/Jonas/Roth, § 6, Rn. 21, 25 ff. Näher Staudinger/Horn, 13. Bearb., vor § 765, Rn. 154, besonders zur Einbeziehung der Zinsen; Rn. 149 ff. zu sonstigen Zuständigkeiten.
[3] BGH, NJW 1969, 1480, 1481; Schwab, FS Lent, S. 275; Staudinger/Horn, 13. Bearb., vor § 765, Rn. 156; Wieczorek/Schütze, § 59, Rn. 32; Zöller/Vollkommer, §§ 59, 60, Rn. 5; § 62, Rn. 6.
[4] Staudinger/Horn, 13. Bearb., vor § 765, Rn. 155.
[5] BGHZ 3, 390; BGH, NJW 1996, 396; Bettermann, Vollstreckung, S. 139; MünchKommZPO/Gottwald, § 325, Rn. 61; Staudinger/Horn, 13. Bearb., § 768, Rn. 25; Stein/Jonas/Leipold, § 325, Rn. 96; Zöller/Vollkommer, § 325, Rn. 5.

oder einer negativen Feststellungsklage des Hauptschuldners gegen den Gläubiger stattgegeben worden, so muss das Gericht im Prozess des Gläubigers gegen den Bürgen von Amts wegen davon ausgehen, dass die Hauptschuld nicht besteht und, da in diesem Fall auch die Bürgschaftsschuld nicht bestehen kann (§ 767 I Satz 1), die Klage gegen den Bürgen als unbegründet abweisen. Da die materielle Rechtskraft von Amts wegen berücksichtigt wird, gibt es keine Einrede der Rechtskraft im Sinne des bürgerlichen Rechts, so dass § 768 I Satz 1 nur analog zur Begründung der Rechtskrafterstreckung auf den Bürgen herangezogen werden kann.

Der **Sieg des Gläubigers** gegen den Hauptschuldner wirkt dagegen keine materielle Rechtskraft gegen den Bürgen[1]. Ernstlich zweifelhaft kann lediglich sein, ob der Sieg des Gläubigers wenigstens dann gegen den Bürgen wirkt, wenn die Bürgschaft für eine bereits rechtskräftig festgestellte Schuld übernommen wird[2]. Wird der Bürgschaftsvertrag in Kenntnis des rechtskräftigen Urteils geschlossen, so ist er im Zweifel dahin auszulegen, dass die Bürgschaft für die Hauptschuld, „so wie sie rechtskräftig festgestellt ist", übernommen wird[3]. Nach dem Grundsatz der Vertragsfreiheit können die Parteien aber auch vereinbaren, dass die Bürgschaft nur gelten soll, wenn und soweit die Hauptschuld wirklich besteht. Dies spricht gegen eine Rechtskrafterstreckung.

7

b) Wirkung im Verhältnis des Hauptschuldners zum Bürgen

Der Sieg oder die Niederlage des Hauptschuldners gegen den Gläubiger wirkt materielle Rechtskraft auch gegenüber dem Bürgen, insofern der Bürge als Rechtsnachfolger des Gläubigers auftritt (§ 774 BGB, § 325 I ZPO).

8

---

1 So der BGH in ständiger Rechtsprechung, vgl. z.B. NJW 1993, 1595; Rosenberg/Gottwald, § 156 II 4b; Stein/Jonas/Leipold, § 325, Rn. 96; Zeuner, Gehör, S. 52 ff.; Zöller/Vollkommer, § 325, Rn. 5. **A. A.** („Drittwirkung der Rechtskraft") Schwab, FS Walder, S. 261 ff.; gegen ihn mit Recht Rosenberg/Gottwald, § 156 III; Stein/Jonas/Leipold, § 325, Rn. 78 ff.; Windel, Interventionsgrund, S. 124 ff.
2 *Für* Rechtskrafterstreckung vor allem Bettermann, Vollstreckung, S. 139 f.; Huber, JuS 1972, 627; Zöller/Vollkommer, § 325, Rn. 34; *dagegen* MünchKommZPO/Gottwald, § 325, Rn. 63; Stein/Jonas/Leipold, § 325, Rn. 89 f. Vgl. auch OLG Koblenz, MDR 1998, 1022; Staudinger/Horn, 13. Bearb., § 768, Rn. 26 f.
3 Stein/Jonas/Leipold, § 325, Rn. 89 f.

2. Urteil zwischen Gläubiger und Bürgen

9 Ein Urteil zwischen Gläubiger und Bürgen wirkt materielle Rechtskraft weder im Verhältnis des Gläubigers zum Hauptschuldner[1] noch im Verhältnis des Bürgen zum Hauptschuldner; doch kann der Bürge dem Hauptschuldner den Streit verkünden (Rn. 13).

III. Streitverkündung

1. Prozess zwischen Gläubiger und Hauptschuldner

10 In einem Prozess zwischen Gläubiger und Hauptschuldner kann dem Bürgen nicht der Streit verkündet werden[2].

11 Der Gläubiger hat einen Anspruch gegen den Bürgen nicht nur für den Fall seiner Niederlage gegen den Hauptschuldner (§ 72 I ZPO), sondern unabhängig davon, wenn auch unter Umständen einredebehaftet (§ 771). Daher muss er nicht, wie es für die Streitverkündung erforderlich ist, eine doppelte Niederlage aus widersprüchlichen Gründen befürchten. Unterliegt er gegen den Hauptschuldner, so unterliegt er aus demselben Grund auch gegen den Bürgen (§ 767 I Satz 1).

12 Ebenso wenig hat der Hauptschuldner für den Fall seiner Niederlage gegen den Gläubiger einen Anspruch gegen den Bürgen.

2. Prozess zwischen Gläubiger und Bürgen

13 In einem Prozess zwischen Gläubiger und Bürgen kann zwar nicht der Gläubiger, wohl aber der Bürge dem Hauptschuldner den Streit verkünden, wenn und weil ihm für den Fall seiner Niederlage gegen den Gläubiger ein Rückgriffsanspruch gegen den Hauptschuldner zusteht (§ 72 I ZPO)[3].

IV. Nebenintervention

1. Beitritt des Bürgen

14 Der Bürge kann dem Hauptschuldner im Prozess gegen den Gläubiger beitreten. Er hat ein rechtliches Interesse am Sieg des Haupt-

---

[1] MünchKommZPO/Gottwald, § 325, Rn. 66.
[2] Im Fall BGH, NJW 1969, 1480 hatte der Gläubiger eines Befreiungsanspruchs im Prozess *mit seinem Gläubiger* dem Bürgen den Streit verkündet.
[3] Für eine „Beiladung" des Bürgen Schlosser, Gestaltungsklagen, S. 217 f.

Vertragstypische Pflichten bei der Bürgschaft § 765

schuldners (§ 66 I ZPO), weil der Sieg des Hauptschuldners zu seinen Gunsten materielle Rechtskraft wirkt (Rn. 6); das genügt[1].

Fraglich ist, ob der Bürge nach § 69 ZPO **streitgenössischer Nebenintervenient** des Hauptschuldners wird[2]. Dem § 69 ZPO liegt im Kern folgender Gedanke zugrunde: Der Nebenintervenient tritt der Hauptpartei zwar „zum Zwecke ihrer Unterstützung" bei (§ 66 I ZPO). Das schließt jedoch nicht aus, dass es zu Widersprüchen zwischen der Prozessführung des Nebenintervenienten und der Prozessführung der Hauptpartei kommt. Im Falle eines Widerspruchs geht die Handlung der Hauptpartei vor; die des Nebenintervenienten ist unwirksam (§ 67 ZPO). Anders liegt es nach § 69 bei einer streitgenössischen Nebenintervention. Hier kann die Handlung des Nebenintervenienten trotz des Widerspruchs zu einer Handlung der Hauptpartei wirksam sein[3]. Grund dieser stärkeren Stellung des streitgenössischen Nebenintervenienten ist, dass er von dem Urteil *in gleichem Maße betroffen* wird wie die Hauptpartei. § 69 ZPO erwähnt zwar nur die materielle Rechtskraft, die bei Erlass der ZPO noch den Vorschriften des bürgerlichen Rechts zugeordnet wurde. Doch hat sich längst die Ansicht durchgesetzt, dass Vollstreckbarkeit und Gestaltungswirkung ebenso erheblich sind[4]. § 69 ZPO setzt demnach voraus, dass die materielle Rechtskraft, Vollstreckbarkeit oder Gestaltungswirkung der in dem Hauptprozess erlassenen Entscheidung gegenüber dem Nebenintervenienten von Wirksamkeit ist. Dabei kommt es auf das Rechtsverhältnis zu dem Gegner an. Das bedeutet, dass der Nebenintervenient in seinem Verhältnis zu dem Gegner von der Entscheidung in gleichem Maße betroffen wird wie die Hauptpartei in ihrem Verhältnis zu dem Gegner. Die gleiche Betroffenheit rechtfertigt die gleiche Behandlung. 15

Offen geblieben war bisher die Frage, wie es sich verhält, wenn das Urteil nur zugunsten des Nebenintervenienten wirkt, nicht zu seinen Ungunsten, wie es bei dem Bürgen der Fall ist (Rn. 6, 7). Soll der Nebenintervenient auch hier der Hauptpartei gleichgestellt 16

---

1 Stein/Jonas/Bork, § 66, Rn. 15, 18. Zur Prozessbürgschaft s. aber Windel, Interventionsgrund, S. 119 f.
2 Verneinend Staudinger/Horn, 13. Bearb., vor § 765, Rn. 156.
3 Vgl. Schilken, Zivilprozessrecht, Rn. 711; Stein/Jonas/Bork, § 69, Rn. 9; Zöller/Vollkommer, § 69, Rn. 7.
4 Schilken, Zivilprozessrecht, Rn. 707; Stein/Jonas/Bork, § 69, Rn. 3; Zöller/Vollkommer, § 69, Rn. 1 ff.

werden[1]? Die Verurteilung des Hauptschuldners wirkt zwar Rechtskraft gegen diesen, aber nicht gegen den Bürgen. Beide werden also nicht in gleichem Maße von dem Urteil betroffen. Daher ist ihre Gleichstellung nicht gerechtfertigt. Der lediglich begünstigte Bürge verdient nur die Stellung eines einfachen Nebenintervenienten.

2. Beitritt des Hauptschuldners

17 Der Hauptschuldner kann dem Bürgen im Prozess gegen den Gläubiger ebenfalls beitreten. Er hat ein rechtliches Interesse am Sieg des Bürgen (§ 66 I ZPO), wenn und weil die Niederlage des Bürgen ihn der Gefahr eines Regressprozesses aussetzt. Dadurch wird der Hauptschuldner von dem Urteil aber nicht in gleichem Maße betroffen wie der Bürge (§ 69 ZPO, oben Rn. 15). Folglich wird auch er nur einfacher Nebenintervenient.

V. Zwangsvollstreckung

18 Die Pfändung des Hauptanspruchs erfasst auch den Bürgschaftsanspruch (analog § 401 I)[2]. Die Zustellung des Pfändungs- und Überweisungsbeschlusses an den Bürgen als Drittschuldner ist daher nicht erforderlich, aber empfehlenswert, damit der Bürge nicht mehr an seinen Gläubiger, sondern an den Vollstreckungsgläubiger leistet[3].

Einreden der Anfechtbarkeit und der Aufrechenbarkeit

770 (1) **Der Bürge kann die Befriedigung des Gläubigers verweigern, solange dem Hauptschuldner das Recht zusteht, das seiner Verbindlichkeit zugrunde liegende Rechtsgeschäft anzufechten.**

(2) **Die gleiche Befugnis hat der Bürge, solange sich der Gläubiger durch Aufrechnung gegen eine fällige Forderung des Hauptschuldners befriedigen kann.**

---

1 Dafür OLG Hamm, Schaden-Praxis 1993, 365; Musielak/Weth, § 69, Rn. 4; Stein/Jonas/Bork, § 69, Rn. 3; Wieczorek/Mansel, § 69, Rn. 23. **Dagegen** OLG Frankfurt, VersR 1996, 212 f.; Gottwald/Adolphsen, NZV 1995, 132.
2 Stein/Jonas/Brehm, § 829, Rn. 80; Zöller/Stöber, § 829, Rn. 20.
3 Vgl. Stein/Jonas/Brehm, § 829, Rn. 50.

§ 770 gibt dem Bürgen gegen den Anspruch des Gläubigers **Einreden**, deren Ausübung zur Folge hat, dass eine **Leistungsklage** des Gläubigers als zur Zeit unbegründet **abgewiesen** wird[1]. Im übrigen gilt dasselbe wie bei § 214 (s. dort).

Einrede der Vorausklage

771 [1]**Der Bürge kann die Befriedigung des Gläubigers verweigern, solange nicht der Gläubiger eine Zwangsvollstreckung gegen den Hauptschuldner ohne Erfolg versucht hat (Einrede der Vorausklage).** [2]**Erhebt der Bürge die Einrede der Vorausklage, ist die Verjährung des Anspruchs des Gläubigers gegen den Bürgen gehemmt, bis der Gläubiger eine Zwangsvollstreckung gegen den Hauptschuldner ohne Erfolg versucht hat.**

I. Einrede des Bürgen

§ 771 gibt dem Bürgen gegen den Anspruch des Gläubigers eine **Einrede**, deren Ausübung zur Folge hat, dass eine **Leistungsklage** des Gläubigers als zur Zeit unbegründet **abgewiesen** wird[2]. Im Übrigen gilt dasselbe wie bei § 214 (s. dort). 1

II. Klagen des Gläubigers

1. Klage auf künftige Leistung

Ist den Umständen nach die Besorgnis gerechtfertigt, dass der Bürge nach Wegfall der Einrede, also nach einem erfolglosen Vollstreckungsversuch des Gläubigers gegen den Hauptschuldner, sich der Leistung entziehen werde, so kann der Gläubiger gemäß § 259 ZPO gegen den Bürgen auf Leistung „nach einem erfolglosen Vollstreckungsversuch des Klägers gegen den (Hauptschuldner)" klagen[3]. Die Erfolglosigkeit eines Vollstreckungsversuchs nach § 772 muss der Gläubiger dem Klauselbeamten nachweisen (§ 726 I ZPO)[4], z. B. durch eine Fruchtlosigkeitsbescheinigung des Gerichtsvollziehers[5]. 2

---

1 MünchKommBGB/Habersack, Rn. 11; Roth, Einrede, S. 223 f.
2 Roth, Einrede, S. 222 f.; Staudinger/Horn, 13. Bearb., Rn. 10.
3 Vgl. Staudinger/Horn, 13. Bearb., Rn. 10.
4 Staudinger/Horn, 13. Bearb., Rn. 10.
5 Thomas/Putzo, § 807, Rn. 9.

2. Feststellungsklage

3 Eine Klage des Gläubigers gegen den Bürgen auf Feststellung des Bestehens der Bürgschaftsschuld ist unzulässig, wenn der Gläubiger nach § 259 ZPO auf Leistung klagen kann (§ 256 I ZPO). Andernfalls kann der Gläubiger bei Bestreiten des Bürgen die Feststellung beantragen, dass der Bürge nach einem vergeblichen Vollstreckungsversuch des Gläubigers gegen den Hauptschuldner uneingeschränkt zu der angegebenen Leistung verpflichtet sei[1].

Anspruch des Bürgen auf Befreiung

775 (1) Hat sich der Bürge im Auftrage des Hauptschuldners verbürgt oder stehen ihm nach den Vorschriften über die Geschäftsführung ohne Auftrag wegen der Übernahme der Bürgschaft die Rechte eines Beauftragten gegen den Hauptschuldner zu, so kann er von diesem Befreiung von der Bürgschaft verlangen:

1. wenn sich die Vermögensverhältnisse des Hauptschuldners wesentlich verschlechtert haben;

2. wenn die Rechtsverfolgung gegen den Hauptschuldner infolge einer nach der Übernahme der Bürgschaft eingetretenen Änderung des Wohnsitzes, der gewerblichen Niederlassung oder des Aufenthaltsorts des Hauptschuldners wesentlich erschwert ist;

3. wenn der Hauptschuldner mit der Erfüllung seiner Verbindlichkeit im Verzug ist;

4. wenn der Gläubiger gegen den Bürgen ein vollstreckbares Urteil auf Erfüllung erwirkt hat.

(2) Ist die Hauptverbindlichkeit noch nicht fällig, so kann der Hauptschuldner dem Bürgen, statt ihn zu befreien, Sicherheit leisten.

1 Abs. 1 gibt dem Bürgen gegen den Hauptschuldner einen **Anspruch auf Befreiung** von der Bürgschaft (→ *Befreiung* Rn. 1).

2 Abs. 2 gibt dem Hauptschuldner eine vorläufige **Ersetzungsbefugnis**[2] (§ 257, Rn. 2 ff.).

---

1 Vgl. Staudinger/Horn, 13. Bearb., Rn. 10; str.
2 Erman/Kuckuk, § 262, Rn. 2.

Annahme der Anweisung

784 (1) Nimmt der Angewiesene die Anweisung an, so ist er dem Anweisungsempfänger gegenüber zur Leistung verpflichtet; er kann ihm nur solche Einwendungen entgegensetzen, welche die Gültigkeit der Annahme betreffen oder sich aus dem Inhalt der Anweisung oder dem Inhalt der Annahme ergeben oder dem Angewiesenen unmittelbar gegen den Anweisungsempfänger zustehen.

(2) ¹Die Annahme erfolgt durch einen schriftlichen Vermerk auf der Anweisung. ²Ist der Vermerk auf die Anweisung vor der Aushändigung an den Anweisungsempfänger gesetzt worden, so wird die Annahme diesem gegenüber erst mit der Aushändigung wirksam.

Abs. 1 gibt dem Anweisungsempfänger gegen den Angewiesenen einen **Anspruch** auf die **angewiesene Leistung** (§ 783), sei es die Zahlung von Geld (→ *Zahlung* Rn. 1) oder die Übereignung und Übergabe anderer vertretbarer Sachen (→ *Übereignung* Rn. 1).

Aushändigung der Anweisung

785 Der Angewiesene ist nur gegen Aushändigung der Anweisung zur Leistung verpflichtet.

I. Einrede

Die Bedeutung des § 785 ist umstritten. 1

Nach der einen Ansicht gibt § 785 dem Angewiesenen gegen den 2
Anspruch des Anweisungsempfängers eine **Einrede**, deren Ausübung zur Verurteilung **Zug um Zug** führt (s. bei § 274)[1]. Dieser Ansicht ist grundsätzlich beizupflichten. Jedoch ist die Zug-um-Zug-Einschränkung nur für die freiwillige Leistung bedeutsam. Denn in der **Zwangsvollstreckung** sind die §§ 726 II, 756, 765 ZPO unanwendbar, da die Anweisung keine echte Gegenleistung darstellt[2]. Vielmehr hat das Vollstreckungsorgan dem Schuldner die Anweisung nach Empfang der Leistung auszuliefern[3].

---

1 So MünchKommBGB/Hüffer, Rn. 3; Roth, Einrede, S. 205; Staudinger/Marburger, 13. Bearb., Rn. 2.
2 OLG Frankfurt, DGVZ 1981, 84; Stein/Jonas/Münzberg, § 726, Rn. 18.
3 Stein/Jonas/Münzberg, § 726, Rn. 18

3   Nach anderer Ansicht wirkt sich § 785 überhaupt erst in der Zwangsvollstreckung aus, indem er den Gerichtsvollzieher zur Auslieferung der Anweisung verpflichtet (wie § 757 ZPO)[1]. Das Urteil ist aber nicht nur Vollstreckungstitel, sondern soll den Schuldner primär zu einer freiwilligen Leistung bewegen, die es daher so zu beschreiben hat, wie sie geschuldet wird[2].

II. Anspruch

4   Für den Fall, dass die Aushändigung der Anweisung unterblieben ist, gibt § 785 dem Angewiesenen gegen den Anweisungsempfänger einen Anspruch auf **Aushändigung der Anweisung**[3], d. h. auf → *Besitzeinräumung* (Rn. 1).

Rechte aus der Schuldverschreibung auf den Inhaber

793 (1) ¹Hat jemand eine Urkunde ausgestellt, in der er dem Inhaber der Urkunde eine Leistung verspricht (Schuldverschreibung auf den Inhaber), so kann der Inhaber von ihm die Leistung nach Maßgabe des Versprechens verlangen, es sei denn, dass er zur Verfügung über die Urkunde nicht berechtigt ist. ²Der Aussteller wird jedoch auch durch die Leistung an einen nicht zur Verfügung berechtigten Inhaber befreit.

(2) ¹Die Gültigkeit der Unterzeichnung kann durch eine in die Urkunde aufgenommene Bestimmung von der Beobachtung einer besonderen Form abhängig gemacht werden. ²Zur Unterzeichnung genügt eine im Wege der mechanischen Vervielfältigung hergestellte Namensunterschrift.

§ 793 I Satz 1 gibt dem Inhaber gegen den Aussteller einen **Anspruch** auf die versprochene **Leistung**, meist eine → *Zahlung*[4] (Rn. 1).

---

1 So Stein/Jonas/Münzberg, § 726, Rn. 18.
2 S. auch Roth, Einrede, S. 205.
3 MünchKommBGB/Hüffer, Rn. 3.
4 MünchKommBGB/Hüffer, Rn. 7, auch Rn. 25 zu einigen Verfahrensfragen.

Leistungspflicht nur gegen Aushändigung

797 ¹Der Aussteller ist nur gegen Aushändigung der Schuldverschreibung zur Leistung verpflichtet. ²Mit der Aushändigung erwirbt er das Eigentum an der Urkunde, auch wenn der Inhaber zur Verfügung über sie nicht berechtigt ist.

Satz 1 entspricht § 785 (s. dort).

Ersatzurkunde

798 ¹Ist eine Schuldverschreibung auf den Inhaber infolge einer Beschädigung oder einer Verunstaltung zum Umlauf nicht mehr geeignet, so kann der Inhaber, sofern ihr wesentlicher Inhalt und ihre Unterscheidungsmerkmale noch mit Sicherheit erkennbar sind, von dem Aussteller die Erteilung einer neuen Schuldverschreibung auf den Inhaber gegen Aushändigung der beschädigten oder verunstalteten verlangen. ²Die Kosten hat er zu tragen und vorzuschießen.

Satz 1 gibt dem Inhaber gegen den Aussteller einen **Anspruch** auf 1
Erteilung einer neuen Urkunde, d. h. auf → *Besitzeinräumung* (Rn. 1); das Eigentum erwirbt der Inhaber als wahrer Berechtigter mit der Besitzeinräumung ohne weiteres[1]. Ferner besagt Satz 1, dass der Aussteller nur „gegen Aushändigung" der alten Urkunde zur Erteilung einer neuen verpflichtet ist. Der Aussteller wird also zur Erteilung einer neuen Urkunde nur Zug um Zug gegen Aushändigung der alten verurteilt (s. bei § 274); das ist unstreitig.

Satz 2 entspricht § 403 S. 2 (s. dort). Es erfolgt also Verurteilung 2
„nach Zahlung", nicht bloß „Zug um Zug gegen Zahlung"[2] eines bestimmten Kostenvorschusses.

Kraftloserklärung

799 (1) ¹Eine abhanden gekommene oder vernichtete Schuldverschreibung auf den Inhaber kann, wenn nicht in der Urkunde das Gegenteil bestimmt ist, im Wege des Aufgebotsverfah-

---
1 Staudinger/Marburger, 13. Bearb., Rn. 4.
2 So aber RGRK/Steffen, Rn. 2; Staudinger/Marburger, 13. Bearb., Rn. 3.

§ 800 — Wirkung der Kraftloserklärung

rens für kraftlos erklärt werden. ²Ausgenommen sind Zins-, Renten- und Gewinnanteilscheine sowie die auf Sicht zahlbaren unverzinslichen Schuldverschreibungen.

(2) ¹Der Aussteller ist verpflichtet, dem bisherigen Inhaber auf Verlangen die zur Erwirkung des Aufgebots oder der Zahlungssperre erforderliche Auskunft zu erteilen und die erforderlichen Zeugnisse auszustellen. ²Die Kosten der Zeugnisse hat der bisherige Inhaber zu tragen und vorzuschießen.

1 § 799 II Satz 1 gibt dem bisherigen Inhaber gegen den Aussteller **Ansprüche** auf → *Auskunft* (Rn. 1) und auf Ausstellung der erforderlichen **Zeugnisse** (wie § 368, s. dort).

2 § 799 II Satz 2 entspricht § 403 Satz 2 (s. dort). Es erfolgt also Verurteilung „nach Zahlung", nicht bloß „Zug um Zug gegen Zahlung"¹ eines bestimmten Kostenvorschusses.

Wirkung der Kraftloserklärung

800 ¹Ist eine Schuldverschreibung auf den Inhaber für kraftlos erklärt, so kann derjenige, welcher das Ausschlussurteil erwirkt hat, von dem Aussteller, unbeschadet der Befugnis, den Anspruch aus der Urkunde geltend zu machen, die Erteilung einer neuen Schuldverschreibung auf den Inhaber anstelle der für kraftlos erklärten verlangen. ²Die Kosten hat er zu tragen und vorzuschießen.

§ 800 entspricht § 798 (s. dort).

Zinsscheine

803 (1) Werden für eine Schuldverschreibung auf den Inhaber Zinsscheine ausgegeben, so bleiben die Scheine, sofern sie nicht eine gegenteilige Bestimmung enthalten, in Kraft, auch wenn die Hauptforderung erlischt oder die Verpflichtung zur Verzinsung aufgehoben oder geändert wird.

(2) Werden solche Zinsscheine bei der Einlösung der Hauptschuldverschreibung nicht zurückgegeben, so ist der Aussteller berechtigt,

---

1 So aber RGRK/Steffen, Rn. 11; Staudinger/Marburger, 13. Bearb., Rn. 12.

den Betrag zurückzubehalten, den er nach Absatz 1 für die Scheine zu zahlen verpflichtet ist.

§ 803 Abs. 2 gibt dem Aussteller gegen den Anspruch des Inhabers eine **Einrede**, deren Ausübung zur **Verurteilung Zug um Zug** führt (s. bei § 274)[1].

Namenspapiere mit Inhaberklausel

808 (1) ¹Wird eine Urkunde, in welcher der Gläubiger benannt ist, mit der Bestimmung ausgegeben, dass die in der Urkunde versprochene Leistung an jeden Inhaber bewirkt werden kann, so wird der Schuldner durch die Leistung an den Inhaber der Urkunde befreit. ²Der Inhaber ist nicht berechtigt, die Leistung zu verlangen.

(2) ¹Der Schuldner ist nur gegen Aushändigung der Urkunde zur Leistung verpflichtet. Ist die Urkunde abhanden gekommen oder vernichtet, so kann sie, wenn nicht ein anderes bestimmt ist, im Wege des Aufgebotsverfahrens für kraftlos erklärt werden. ²Die im § 802 für die Verjährung gegebenen Vorschriften finden Anwendung.

§ 808 II Satz 1 entspricht § 785 (s. dort).

Besichtigung einer Sache

809 Wer gegen den Besitzer einer Sache einen Anspruch in Ansehung der Sache hat oder sich Gewissheit verschaffen will, ob ihm ein solcher Anspruch zusteht, kann, wenn die Besichtigung der Sache aus diesem Grunde für ihn von Interesse ist, verlangen, dass der Besitzer ihm die Sache zur Besichtigung vorlegt oder die Besichtigung gestattet.

§ 809 gibt dem Interessenten gegen den Besitzer einen **Anspruch** auf **Vorlegung** einer Sache zur Besichtigung oder auf **Gestattung** der Besichtigung. 1

---

1 Roth, Einrede, S. 209; str.

I. Vorlegungsanspruch

2 Eine **Leistungsklage** muss die Verurteilung des Beklagten beantragen, dem Kläger bestimmt bezeichnete bewegliche Sachen zur Besichtigung vorzulegen. Erzwungen wird zwar die Herausgabe an einen Gerichtsvollzieher zum Zwecke der Besichtigung durch den Kläger (Rn. 6). Da das Urteil aber in erster Linie eine freiwillige Leistung des Beklagten erreichen soll, hat es ihn zu der geschuldeten Vorlegung an den Kläger zu verurteilen.

3 **Sachlich zuständig** sind die Amtsgerichte oder die Landgerichte, je nach Streitwert (§§ 23 Nr. 1, 71 I GVG). Der Streitwert bemisst sich nach dem Interesse des Klägers an der Besichtigung (§ 3 ZPO)[1].

4 Wird die Klage gegen den Besitzer eines Grundstücks gerichtet, so ist **örtlich zuständig** auch das Gericht, in dessen Bezirk das Grundstück liegt (§§ 26, 35 ZPO).

5 Der Beklagte kann einem mittelbaren Besitzer den **Streit verkünden** (§ 76 ZPO)[2].

6 Die **Zwangsvollstreckung** richtet sich nach § 883 ZPO[3], mit der Maßgabe, dass der Gerichtsvollzieher die dem Schuldner weggenommenen Sachen dem Gläubiger nicht „übergibt", sondern nur „zur Besichtigung vorlegt", d. h. ihm die Besichtigung ermöglicht.

7 Die Vorlegung kann auch durch **einstweilige Verfügung** nach § 940 ZPO angeordnet werden[4]. Zwar wird dadurch der Vorlegungsanspruch des Gläubigers befriedigt, doch wird andererseits dem Schuldner der Besitz nur vorläufig entzogen, so dass die strengen Voraussetzungen einer Befriedigungsverfügung (→ *Zahlung* Rn. 40) regelmäßig gegeben sind. Anders entschied das Kammergericht aber

---

1 Stein/Jonas/Roth, § 3, Rn. 62, „Vorlage".
2 MünchKommBGB/Hüffer, Rn. 11; MünchKommZPO/Schilken, § 76, Rn. 2; Zöller/Vollkommer, § 76, Rn. 1.
3 OLG Bamberg, DGVZ 1972, 112; OLG Hamm, NJW 1974, 653; MünchKommZPO/Schilken, § 883, Rn. 7; RGRK/Steffen, vor § 809, Rn. 8; Staudinger/Marburger, 13. Bearb., vor § 809, Rn. 10; Stein/Jonas/Brehm, § 883, Rn. 12; Zöller/Stöber, § 883, Rn. 2. **A. A.** (§§ 887, 888 ZPO) MünchKommBGB/Hüffer, § 809, Rn. 12, weil § 809 keine Besitzentziehung rechtfertige. Aber die Vorlegung kann auch mit einem Besitzverlust des Schuldners verbunden sein, wenn sich die Besichtigung praktisch nicht anders verwirklichen lässt. Bei Unverhältnismäßigkeit einer Besitzentziehung besteht ohnehin nur ein Gestattungsanspruch.
4 Schilken, Jura 1988, 530.

in einem Fall, in dem geprüft werden sollte, ob sich auf Computern nicht lizenzierte Kopien eines urheberrechtlich geschützten Programmes befanden. Hier dürfe nur nach § 935 ZPO angeordnet werden, dass die Besichtigung „durch einen unabhängigen Sachverständigen durchzuführen (sei), der die Besichtigungsergebnisse zumindest nicht vor Abschluss des Verfügungsverfahrens an den Antragsteller herauszugeben hat"[1].

II. Gestattungsanspruch

1. Anspruch

Der Anspruch auf Gestattung der Besichtigung ist auf **Gewährung des Zugangs** und auf **Unterlassung von Widerstand** gegen die Besichtigungshandlungen gerichtet (wie § 258, Rn. 2–4). Für ihn gilt **verfahrensrechtlich** grundsätzlich dasselbe wie für den Vorlegungsanspruch (Rn. 2 ff.). 8

2. Zwangsvollstreckung

Die Zwangsvollstreckung richtet sich, soweit es um die Gewährung des Zugangs geht, nach § 888 ZPO, soweit es um die Unterlassung von Widerstand geht nach § 890 ZPO. Leistet der Schuldner Widerstand gegen die von ihm zu duldende Besichtigung, so kann der Gläubiger wahlweise auch nach § 892 ZPO vorgehen[2]. 9

Insgesamt folgt also die Zwangsvollstreckung wegen des Gestattungsanspruchs anderen Vorschriften als die Zwangsvollstreckung wegen des Vorlegungsanspruchs. Das wird von denen übersehen, die im Falle des § 809 nur eine einzige Vollstreckungsart kennen, sei es die Vollstreckung nach § 883 ZPO[3] oder die nach §§ 887, 888 ZPO[4], wobei § 887 ZPO ohnehin überhaupt nicht und § 888 nicht allein in Betracht kommt. 10

---

1 KG, NJW 2001, 233 (Leitsatz).
2 MünchKommZPO/Schilken, § 892, Rn. 2.
3 Palandt/Sprau, Rn. 13.
4 MünchKommBGB/Hüffer, Rn. 12.

Einsicht in Urkunden

810 Wer ein rechtliches Interesse daran hat, eine in fremdem Besitz befindliche Urkunde einzusehen, kann von dem Besitzer die Gestattung der Einsicht verlangen, wenn die Urkunde in seinem Interesse errichtet oder in der Urkunde ein zwischen ihm und einem anderen bestehendes Rechtsverhältnis beurkundet ist oder wenn die Urkunde Verhandlungen über ein Rechtsgeschäft enthält, die zwischen ihm und einem anderen oder zwischen einem von beiden und einem gemeinschaftlichen Vermittler gepflogen worden sind.

Wenn man, wie § 809, zwischen Vorlegung zur Besichtigung und Gestattung der Besichtigung unterscheidet, scheint § 810 dem Interessenten gegen den Besitzer einen **Anspruch** auf *Gestattung* der Einsicht zu gewähren. Jedoch muss die einzusehende Urkunde selbstverständlich vorgelegt werden. Daher ist der Anspruch aus § 810 auf **Vorlegung** zur Einsicht gerichtet[1] (wie § 809, Rn. 2 ff.).

Vorlegungsort, Gefahr und Kosten

811 (1) ¹Die Vorlegung hat in den Fällen der §§ 809, 810 an dem Orte zu erfolgen, an welchem sich die vorzulegende Sache befindet. ²Jeder Teil kann die Vorlegung an einem anderen Orte verlangen, wenn ein wichtiger Grund vorliegt.

(2) ¹Die Gefahr und die Kosten hat derjenige zu tragen, welcher die Vorlegung verlangt. ²Der Besitzer kann die Vorlegung verweigern, bis ihm der andere Teil die Kosten vorschießt und wegen der Gefahr Sicherheit leistet.

§ 811 II Satz 2 gibt dem Besitzer gegen den Vorlegungsanspruch aus § 809 oder § 810 eine **Einrede**. Strittig ist, ob die Ausübung der Einrede zur **Abweisung einer Leistungsklage** als derzeit unbegründet führt[2] (s. bei § 214) oder nur zur Verurteilung **Zug um Zug** (s. bei § 274).

---

1 RGRK/Steffen, vor § 809, Rn. 6; § 810, Rn. 1.
2 So mit Recht Roth, Einrede, S. 200 ff., m. w. N., im Anschluss an Oesterle.

Herausgabeanspruch

812 (1) ¹Wer durch die Leistung eines anderen oder in sonstiger Weise auf dessen Kosten etwas ohne rechtlichen Grund erlangt, ist ihm zur Herausgabe verpflichtet. ²Diese Verpflichtung besteht auch dann, wenn der rechtliche Grund später wegfällt oder der mit einer Leistung nach dem Inhalt des Rechtsgeschäfts bezweckte Erfolg nicht eintritt.

(2) Als Leistung gilt auch die durch Vertrag erfolgte Anerkennung des Bestehens oder des Nichtbestehens eines Schuldverhältnisses.

§ 812 I begründet **Ansprüche** auf **Herausgabe**. Im Einzelnen sind zu unterscheiden, je nachdem, welcher Gegenstand herauszugeben ist: 1
- Ansprüche auf Herausgabe einer **Sache**, bei denen weiter unterschieden werden muss, ob der Besitz eingeräumt werden soll (→ *Besitzeinräumung* Rn. 1) oder das Eigentum (→ *Übereignung* Rn. 1);
- Ansprüche auf Herausgabe eines **Rechts** (außer Besitz und Eigentum), sei es auf Neubegründung oder Übertragung, also auf → *Rechtsverschaffung* (Rn. 1) oder auf Aufgabe des Rechts, d. h. → *Rechtsentäußerung* (Rn. 1);
- Ansprüche auf Herausgabe eines in Geld zu bemessenden **Vermögensvorteils**, d. h. auf → *Zahlung* (Rn. 1).

Zu § 812 II s. bei § 821. 2

Einrede der Bereicherung

821 Wer ohne rechtlichen Grund eine Verbindlichkeit eingeht, kann die Erfüllung auch dann verweigern, wenn der Anspruch auf Befreiung von der Verbindlichkeit verjährt ist.

§ 821 regelt den Fall, dass jemand ohne rechtlichen Grund eine abstrakte Verbindlichkeit eingeht (z.B. B gegenüber A) und deshalb nach § 812 II Befreiung von der Verbindlichkeit verlangen kann¹. Diesen Anspruch auf → *Rechtsentäußerung* kann B auch noch als verjährten der abstrakten Forderung des A entgegenhalten. Ihm

---
1 RGRK/Heimann-Trosien, Rn. 1; Staudinger/Lorenz, 14. Bearb. 1999, Rn. 1 ff.

steht der Einwand unzulässiger Rechtsausübung zu[1], der vor der Verjährung von Amts wegen berücksichtigt wird[2], danach nur noch als **Einrede**[3], deren Ausübung zur **Abweisung der Leistungsklage** des A als unbegründet führt (s. bei § 214).

Schadensersatzpflicht

823 (1) Wer vorsätzlich oder fahrlässig das Leben, den Körper, die Gesundheit, die Freiheit, das Eigentum oder ein sonstiges Recht eines anderen widerrechtlich verletzt, ist dem anderen zum Ersatz des daraus entstehenden Schadens verpflichtet.

(2) ¹Die gleiche Verpflichtung trifft denjenigen, welcher gegen ein den Schutz eines anderen bezweckendes Gesetz verstößt. ²Ist nach dem Inhalt des Gesetzes ein Verstoß gegen dieses auch ohne Verschulden möglich, so tritt die Ersatzpflicht nur im Falle des Verschuldens ein.

§ 823 gewährt **Ansprüche** auf **Schadensersatz**, sei es auf Naturalrestitution (→ *Schadensersatz* Rn. 1) oder auf → *Zahlung* (Rn. 1).

Sittenwidrige vorsätzliche Schädigung

826 Wer in einer gegen die guten Sitten verstoßenden Weise einem anderen vorsätzlich Schaden zufügt, ist dem anderen zum Ersatz des Schadens verpflichtet.

I. Anspruch bei sittenwidriger Zwangsvollstreckung

1   Nach der Rechtsprechung kann die unterlegene Partei auf Grund des § 826 entweder **Unterlassung der Zwangsvollstreckung** und Herausgabe des Titels[4] oder **Geldentschädigung** verlangen, wenn folgende Voraussetzungen vorliegen[5]:

---

1 Gröschler, AcP 201, 71 f.; MünchKommBGB/Lieb, Rn. 3 f.; Staudinger/Lorenz, 14. Bearb. 1999, Rn. 3.
2 Gröschler, AcP 201, 71 f. A. A. MünchKommBGB/Lieb, Rn. 3 f.
3 A. A. der Sache nach Gröschler, AcP 201, 71 f.
4 BGHZ 26, 394.
5 BGHZ 101, 383 ff. Näher, teilweise kritisch, Walker, 50 Jahre BGH III, 381 ff.; Zöller/Vollkommer, vor § 322, Rn. 72 ff.; § 700, Rn. 15 ff.

Sittenwidrige vorsätzliche Schädigung § 826

Der Titel muss rechtskräftig, aber materiell unrichtig sein. 2

Wird wegen einer vergangenen Vollstreckung Schadensersatz in 3
Geld verlangt, so muss der Gläubiger die Unrichtigkeit des Titels
gekannt haben. Wird auf Unterlassung der Vollstreckung und Herausgabe des Titels geklagt, so genügt es, dass der Gläubiger in
diesem Prozess über die Unrichtigkeit des Titels belehrt wird.

Schließlich müssen zusätzliche besondere Umstände die Verwer- 4
tung des Titels als sittenwidrig erscheinen lassen. Die Verwertung
des Titels ist z. B. sittenwidrig, wenn der Gläubiger ein Versäumnisurteil durch die Zusicherung erreicht hat, davon keinen Gebrauch zu machen, oder wenn er den Schuldner dazu bestimmt hat,
keinen Rechtsbehelf gegen den Titel einzulegen. Die Verwertung
eines Vollstreckungsbescheids ist sittenwidrig, wenn der Gläubiger
„erkennen konnte", „dass bereits die gerichtliche Schlüssigkeitsprüfung zu einer Ablehnung seines Klagebegehrens führen müsste",
wofür die veröffentlichte höchstrichterliche Rechtsprechung bei
Beantragung des Vollstreckungsbescheids maßgeblich ist[1]; außerdem muss der Fall wie in der Fallgruppe der Ratenkreditverträge
„nach der Art der zugrunde liegenden Rechtsbeziehungen eine klar
umrissene sittenwidrige Typik aufweisen" und der Schuldner, z. B.
wegen seiner rechtlichen Unerfahrenheit, besonders schutzbedürftig sein[2].

II. Klage und weiteres Verfahren

Der Anspruch ist durch Leistungs- und Feststellungsklage durchzu- 5
setzen, nicht durch Abänderungsklage nach § 323 ZPO oder Vollstreckungsabwehrklage nach § 767 ZPO[3]. Zur Unterlassung s. bei
§ 1004, zur Herausgabe des Vollstreckungstitels → *Besitzeinräumung*, zur Geldentschädigung → *Zahlung*. Allerdings verbietet es
die materielle Rechtskraft, die Unrichtigkeit des Titels festzustellen. Über diese Bedenken setzt sich die Rechtsprechung jedoch
hinweg[4].

---

1 BGHZ 101, 387.
2 BGHZ 103, 50.
3 BGHZ 26, 394.
4 In der Literatur ist die Frage nach wie vor umstritten. Grds. wie die
 Rechtsprechung z. B. Walker, 50 Jahre BGH III, 395. A. A. z. B. Jauernig,
 Zivilprozessrecht, § 64 II.

Arglisteinrede

853 Erlangt jemand durch eine von ihm begangene unerlaubte Handlung eine Forderung gegen den Verletzten, so kann der Verletzte die Erfüllung auch dann verweigern, wenn der Anspruch auf Aufhebung der Forderung verjährt ist.

§ 853 regelt den Fall, dass jemand durch unerlaubte Handlung eine Forderung erlangt (beispielsweise A gegen B), so dass B nach §§ 823 ff. ein Anspruch auf Aufhebung der Forderung zusteht. Diesen Anspruch auf → *Rechtsentäußerung* kann B auch noch als verjährten der Forderung des A entgegenhalten. Ihm steht der Einwand unzulässiger Rechtsausübung zu[1], der vor der Verjährung von Amts wegen berücksichtigt wird[2], danach nur noch als **Einrede**[3], deren Ausübung zur **Abweisung der Leistungsklage** des A als unbegründet führt (s. bei § 214).

Anspruch wegen Besitzentziehung

861 (1) Wird der Besitz durch verbotene Eigenmacht dem Besitzer entzogen, so kann dieser die Wiedereinräumung des Besitzes von demjenigen verlangen, welcher ihm gegenüber fehlerhaft besitzt.

(2) Der Anspruch ist ausgeschlossen, wenn der entzogene Besitz dem gegenwärtigen Besitzer oder dessen Rechtsvorgänger gegenüber fehlerhaft war und in dem letzten Jahre vor der Entziehung erlangt worden ist.

1 § 861 gibt dem früheren Besitzer gegen den gegenwärtigen Besitzer einen **Anspruch** auf **Wiedereinräumung des Besitzes** (→ *Besitzeinräumung* Rn. 1).

2 Der Übergang von der Herausgabeklage zur Beseitigungsklage (§ 862), und umgekehrt, ist eine zulässige **Klageänderung** (§ 264 Nr. 2 ZPO), da sich Besitzentziehung und -störung nur quantitativ unterscheiden[4].

---

1 Gröschler, AcP 201, 71 f.; RGRK/Kreft, Rn. 1.
2 Gröschler, AcP 201, 71 f. **A. A.** Staudinger/Schäfer, 12. Aufl., Rn. 2.
3 A. A. der Sache nach Gröschler, AcP 201, 71 f.
4 Staudinger/Bund, 14. Bearb. 2000, Rn. 19.

Anspruch wegen Besitzstörung

862 (1) ¹Wird der Besitzer durch verbotene Eigenmacht im Besitz gestört, so kann er von dem Störer die Beseitigung der Störung verlangen. ²Sind weitere Störungen zu besorgen, so kann der Besitzer auf Unterlassung klagen.

(2) Der Anspruch ist ausgeschlossen, wenn der Besitzer dem Störer oder dessen Rechtsvorgänger gegenüber fehlerhaft besitzt und der Besitz in dem letzten Jahre vor der Störung erlangt worden ist.

I. Beseitigungsanspruch

§ 862 I Satz 1 gibt dem Besitzer[1] gegen den Störer einen **Anspruch auf Beseitigung einer gegenwärtigen Störung**.   1

Eine **Leistungsklage** muss nach § 253 II Nr. 2 ZPO die Verurteilung des Beklagten beantragen, die möglichst genau beschriebene Störung durch geeignete Maßnahmen zu beseitigen. Die Auswahl der geeigneten Maßnahmen bleibt Sache des Beklagten; darüber wird in Klage und Urteil grundsätzlich nichts gesagt[2].   2

Sachlich zuständig sind die Amtsgerichte oder die Landgerichte, je nach Streitwert (§§ 23 Nr. 1, 71 I GVG). Der Streitwert bemisst sich grundsätzlich nach dem Interesse des Klägers an der Beseitigung der Störung (§ 3 ZPO)[3]. Ist aber das Bestehen oder die Dauer eines Miet- oder Pachtverhältnisses streitig, so gilt § 8 ZPO[4]. Wendet sich die Klage gegen die Ausübung einer Grunddienstbarkeit i. w. S., so gilt § 7 ZPO[5].   3

Stützt sich die Klage auf Grundstücksbesitz, so ist **örtlich zuständig** ausschließlich das Gericht, in dessen Bezirk das gestörte Grundstück liegt (§§ 24 I, 40 II ZPO)[6].   4

Der Übergang von der Beseitigungsklage zur Herausgabeklage (§ 861), und umgekehrt, ist eine zulässige **Klageänderung** (§ 264   5

---

1 Zur Besitzbeendigung während des Prozesses s. Soergel/Mühl, Rn. 4.
2 MünchKommBGB/Medicus, § 1004, Rn. 86 f.; Staudinger/Gursky, 14. Bearb. 1999, § 1004, Rn. 227.
3 Stein/Jonas/Roth, § 3, Rn. 41, „Abwehrklage".
4 Stein/Jonas/Roth, § 8, Rn. 3.
5 Vgl. Stein/Jonas/Roth, § 7, Rn. 6; str.
6 Stein/Jonas/Schumann, § 24, Rn. 24; Zöller/Vollkommer, § 24, Rn. 17.

Nr. 2 ZPO), da sich Besitzentziehung und -störung nur quantitativ unterscheiden[1].

6 Die **Zwangsvollstreckung** richtet sich nach §§ 887, 892 ZPO oder nach § 888 I ZPO, je nachdem, ob dem Schuldner eine vertretbare oder eine unvertretbare Handlung aufgegeben wird. Die vorzunehmende Handlung muss in Antrag und Beschluss bestimmt bezeichnet werden[2]. Denn die Auswahl der geeigneten Maßnahmen, die an sich Sache des Schuldners ist (Rn. 2), kann bei Weigerung des Schuldners nicht völlig dem Belieben des Gläubigers überlassen werden, sondern bedarf der gerichtlichen Kontrolle unter dem Gesichtspunkt der Erforderlichkeit.

7 Die Beseitigung der Störung kann auch durch **einstweilige Verfügung** nach § 940 ZPO angeordnet werden, und zwar ohne weiteres[3]. Die Auswahl der geeigneten Maßnahme ist hier Sache des Gerichts[4].

II. Unterlassungsanspruch

8 § 862 I Satz 2 entspricht § 1004 I Satz 2 (s. dort).

Verfolgungsrecht des Besitzers

867 [1]Ist eine Sache aus der Gewalt des Besitzers auf ein im Besitz eines anderen befindliches Grundstück gelangt, so hat ihm der Besitzer des Grundstücks die Aufsuchung und die Wegschaffung zu gestatten, sofern nicht die Sache inzwischen in Besitz genommen worden ist. [2]Der Besitzer des Grundstücks kann Ersatz des durch die Aufsuchung und die Wegschaffung entstehenden Schadens verlangen. [3]Er kann, wenn die Entstehung eines Schadens zu besorgen ist, die Gestattung verweigern, bis ihm Sicherheit geleistet wird; die Verweigerung ist unzulässig, wenn mit dem Aufschub Gefahr verbunden ist.

---

1 Staudinger/Bund, 14. Bearb. 2000, § 861, Rn. 19.
2 MünchKommZPO/Schilken, § 887, Rn. 9, 11; Staudinger/Gursky, 14. Bearb. 1999, § 1004, Rn. 237; Zöller/Stöber, § 887, Rn. 4.
3 Ebmeier/Schöne, Rn. 607; Stein/Jonas/Grunsky, vor § 935, Rn. 44; Walker, Rechtsschutz, Rn. 252 ff.
4 Vgl. MünchKommBGB/Säcker, § 908, Rn. 8.

Beseitigungsanspruch § 886

I. Gestattungsanspruch

§ 867 Satz 1 gibt dem Besitzer einer beweglichen Sache gegen den Besitzer eines Grundstücks einen **Anspruch** auf Gestattung des Aufsuchens und Wegschaffens (wie § 258, Rn. 2 ff.). 1

Für die Klage ist auch das Gericht **örtlich zuständig**, in dessen Bezirk das Grundstück liegt (§§ 26, 35 ZPO)[1]. 2

II. Einrede

§ 867 Satz 3 gibt dem Grundstücksbesitzer gegen den Gestattungsanspruch aus Satz 1 eine Einrede. Strittig ist, ob die Ausübung der Einrede zur **Abweisung einer Leistungsklage** als derzeit unbegründet führt[2] (s. bei § 214) oder nur zur Verurteilung Zug um Zug (s. bei § 274). 3

Beseitigungsanspruch

886 Steht demjenigen, dessen Grundstück oder dessen Recht von der Vormerkung betroffen wird, eine Einrede zu, durch welche die Geltendmachung des durch die Vormerkung gesicherten Anspruchs dauernd ausgeschlossen wird, so kann er von dem Gläubiger die Beseitigung der Vormerkung verlangen.

§ 886 gibt dem Vormerkungs-Betroffenen gegen den Vormerkungs-Gläubiger[3] einen **Anspruch** auf **Beseitigung** der Vormerkung. Der Vormerkungs-Gläubiger ist analog § 875 I Satz 1 verpflichtet, die Aufgabe der Vormerkung zu erklären (§ 875 I Satz 2), den Löschungsantrag zu stellen (§ 13 I GBO), die Löschung zu bewilligen (§§ 19, 29 I Satz 1 GBO) sowie den vom Grundbuchamt geforderten Kostenvorschuss zu zahlen (§ 8 KostO)[4]. 1

Eine **Leistungsklage** müsste daher z. B. die Verurteilung des Beklagten beantragen, die beim Amtsgericht Gießen im Grundbuch von Schiffenberg, Band 4, Blatt 120, in der zweiten Abteilung unter der laufenden Nr. 1 eingetragene Auflassungsvormerkung zu beseitigen 2

---
1 Stein/Jonas/Schumann, § 26, Rn. 4; Zöller/Vollkommer, § 26, Rn. 2.
2 So mit Recht Roth, Einrede, S. 200 ff., m.w.N., im Anschluss an Oesterle.
3 Tritt der Gläubiger den gesicherten Anspruch ab, gilt § 265 ZPO (Staudinger/Gursky, 13. Bearb., Rn. 8).
4 Vgl. Staudinger/Gursky, 13. Bearb., Rn. 7.

§ 888   Anspruch des Vormerkungsberechtigten auf Zustimmung

und dazu die Aufgabe der Vormerkung zu erklären, den Löschungsantrag zu stellen, die Löschung zu bewilligen sowie den vom Grundbuchamt geforderten Kostenvorschuss zu zahlen.

3   **Sachlich zuständig** sind die Amtsgerichte oder die Landgerichte, je nach Streitwert (§§ 23 Nr. 1, 71 I GVG). Der Streitwert wird im Allgemeinen mit 25 % des Verkehrswerts des belasteten Grundstücks angesetzt (§ 3 ZPO)[1].

4   **Zwangsvollstreckung**: Aufgabeerklärung, Löschungsantrag und Löschungsbewilligung werden nach § 894 I ZPO erzwungen[2]; das Urteil mit Rechtskraftzeugnis (§ 706 ZPO) legt der Vormerkungs-Betroffene dem Grundbuchamt vor. Der Kostenvorschuss wird unmittelbar nach §§ 803 ff. ZPO beigetrieben. Den Löschungsantrag kann der Vormerkungs-Betroffene auch selbst stellen (§ 13 I Satz 2 GBO).

Anspruch des Vormerkungsberechtigten auf Zustimmung

888   (1) Soweit der Erwerb eines eingetragenen Rechts oder eines Rechts an einem solchen Recht gegenüber demjenigen, zu dessen Gunsten die Vormerkung besteht, unwirksam ist, kann dieser von dem Erwerber die Zustimmung zu der Eintragung oder der Löschung verlangen, die zur Verwirklichung des durch die Vormerkung gesicherten Anspruchs erforderlich ist.
(2) Das Gleiche gilt, wenn der Anspruch durch ein Veräußerungsverbot gesichert ist.

I. Anspruch gegen Erwerber

1   § 888 gibt dem Vormerkungs-Gläubiger gegen den Erwerber[3] einen Anspruch auf **Zustimmung**, d. h. Bewilligung nach § 19 GBO[4].

2   Eine **Leistungsklage** müsste z. B. die Verurteilung des Beklagten beantragen, die Eintragung des Klägers als neuer Eigentümer des beim Amtsgericht Gießen im Grundbuch von Schiffenberg, Band 4,

---

1   BGH, NJW 1973, 654 f.; Stein/Jonas/Roth, § 6, Rn. 23 a. E.
2   Staudinger/Gursky, 13. Bearb., Rn. 7.
3   Bei Weiterübertragung nach Rechtshängigkeit gelten §§ 265, 266 ZPO (Staudinger/Gursky, 13. Bearb., Rn. 14).
4   BGHZ 49, 266 f.; Staudinger/Gursky, 13. Bearb., Rn. 16 ff.; str.

Blatt 120, unter der laufenden Nr. 1 eingetragenen Grundstücks zu bewilligen.

Sachlich zuständig sind die Amtsgerichte oder die Landgerichte, je nach Streitwert (§§ 23 Nr. 1, 71 I GVG). Der Streitwert deckt sich mit dem Streitwert des gesicherten und nach § 888 zu verwirklichenden Anspruchs auf → *Rechtsverschaffung* oder → *Rechtsentäußerung* bemisst sich also im Beispielsfall nach dem Verkehrswert des Grundstücks (§ 6 Satz 1 ZPO)[1]. 3

Örtlich zuständig ist ausschließlich das Gericht, in dessen Bezirk das Grundstück liegt (§§ 24 I, 40 II ZPO)[2]. 4

Die **Zwangsvollstreckung** richtet sich nach § 894 I ZPO. Der Anspruch kann nicht selbständig gepfändet werden[3]. 5

II. Klage gegen Schuldner

Der Vormerkungs-Gläubiger *kann* gleichzeitig gegen seinen Schuldner **klagen**, im Beispielsfall auf Auflassung. Er *muss* den Schuldner aber nicht gleichzeitig verklagen[4], da er ihn in der Hoffnung auf freiwillige Erfüllung überhaupt nicht zu verklagen braucht. 6

Werden Erwerber und Schuldner gleichzeitig verklagt, so sind sie **Streitgenossen** nach § 60 ZPO[5]. Die Klageanträge werden wegen wirtschaftlicher Identität nicht nach § 5 ZPO zusammengerechnet[6]. 7

Das gegenüber dem Erwerber ergehende Urteil wirkt keine **materielle Rechtskraft** im Verhältnis zum Schuldner[7]. Das gegenüber dem Schuldner ergehende Urteil wirkt keine materielle Rechtskraft im Verhältnis zum Erwerber[8]. Die rechtskräftige Abweisung der 8

---

1 Stein/Jonas/Roth, § 3, Rn. 45, „Eintragungsbewilligung".
2 Staudinger/Gursky, 13. Bearb., Rn. 48; Stein/Jonas/Schumann, § 24, Rn. 16; Zöller/Vollkommer, § 24, Rn. 10.
3 Staudinger/Gursky, 13. Bearb., Rn. 10.
4 BGHZ 54, 62; Staudinger/Gursky, 13. Bearb., Rn. 35. **A. A.** MünchKommBGB/Wacke, Rn. 6, der auch übersieht, dass § 148 ZPO einen anderen „anhängigen" Rechtsstreit voraussetzt.
5 MünchKommBGB/Wacke, Rn. 7.
6 Stein/Jonas/Roth, § 5, Rn. 10.
7 Staudinger/Gursky, 13. Bearb., Rn. 51.
8 Staudinger/Gursky, 13. Bearb., Rn. 51.

Klage gegen den Schuldner nimmt der Klage gegen den Erwerber aber das Rechtsschutzinteresse[1] (Rechtsschutzgrund).

Berichtigung des Grundbuchs

894 Steht der Inhalt des Grundbuchs in Ansehung eines Rechts an dem Grundstück, eines Rechtes an einem solchen Recht oder einer Verfügungsbeschränkung der in § 892 Abs. 1 bezeichneten Art mit der wirklichen Rechtslage nicht im Einklang, so kann derjenige, dessen Recht nicht oder nicht richtig eingetragen oder durch die Eintragung einer nicht bestehenden Belastung oder Beschränkung beeinträchtigt ist, die Zustimmung zu der Berichtigung des Grundbuchs von demjenigen verlangen, dessen Recht durch die Berichtigung betroffen wird.

I. Anspruch

1 § 894 gibt dem von einer unrichtigen Grundbuch-Eintragung Beeinträchtigten gegen den durch eine Grundbuch-Berichtigung Betroffenen einen Anspruch auf **Zustimmung** zu der Grundbuchberichtigung, d. h. auf Bewilligung nach § 19 GBO[2].

Von beeinträchtigten **Miteigentümern** kann jeder den Anspruch geltend machen (§ 1011), oder es gilt das Recht der jeweiligen Gesamthandsgemeinschaft, z. B. § 2039. Betroffene Miteigentümer müssen in der Regel gemeinschaftlich verklagt werden (§ 62 Fall 2 ZPO)[3] (→ *Mehrheit von Schuldnern* Rn. 4 ff.). Denn Miteigentümer schulden die verfügungsähnliche Zustimmung gemeinschaftlich, weil sie über das betroffene Recht nur gemeinschaftlich verfügen

---

[1] Staudinger/Gursky, 13. Bearb., Rn. 42. **A. A.** MünchKommBGB/Wacke, Rn. 6: der Zustimmungsanspruch entfalle. Da jedoch das klageabweisende Urteil nur feststellend wirkt, nicht die materielle Rechtslage verändert (Rosenberg/Schwab/Gottwald, § 151 II), bleibt ein bestehender Anspruch gegen den Schuldner trotz der Klageabweisung bestehen, so dass auch der Zustimmungsanspruch fortbestehen kann.

[2] Staudinger/Gursky, 13. Bearb., Rn. 2. Veräußert der Kläger das beeinträchtigte, der Beklagte das betroffene Recht nach Rechtshängigkeit, so gelten die §§ 265, 266 ZPO (Staudinger/Gursky, 13. Bearb., Rn. 65, 87).

[3] Ebenso für Miterben OLG Naumburg, NJW-RR 1998, 308; MünchKommBGB/Dütz, § 2059, Rn. 21; Schwab, FS Lent, S. 286; Staudinger/Marotzke, § 2058, Rn. 31. **A. A.** Zöller/Vollkommer, § 62, Rn. 18.

können (§§ 719 I, 747 Satz 2, 2040 I). Bei der Gütergemeinschaft entscheidet das Verwaltungsrecht (§§ 1422 Satz 1, 1450 I Satz 1).

II. Leistungsklage

Eine Leistungsklage müsste z. B. die Verurteilung des Beklagten 2 beantragen, die Eintragung des Klägers als Eigentümer des ... Grundstücks (vgl. § 888, Rn. 2) zum Zwecke der Grundbuchberichtigung zu bewilligen[1]. Hat der Kläger die Kosten der Bewilligungserklärung (vgl. § 29 I Satz 1 GBO) wie in der Regel zu tragen (§ 897) und vorzuschießen[2], so beantragt er die Verurteilung des Beklagten zur Bewilligung mit dem Zusatz „nach Zahlung eines Kostenvorschusses i. H. v. ... Euro oder vertraglicher Übernahme der Notarkosten durch den Kläger" (vgl. § 403, Rn. 6 ff.).

III. Rechtsschutzinteresse

Nach der neueren Rechtsprechung fehlt für die Klage das Rechts- 3 schutzinteresse (Zweckmäßigkeit), wenn die Unrichtigkeit des Grundbuchs mit gleicher Sicherheit im Grundbuchverfahren nachgewiesen werden kann (§§ 22, 29 I Satz 2 GBO)[3].

Beispiel[4]: K klagt gegen B auf Bewilligung der Löschung eines Vor- 4 kaufsrechts. Die Zeit, für die das Vorkaufsrecht eingetragen wurde, ist abgelaufen. Das von B gegen die Klage eingewandte Zurückbehaltungsrecht spielt im Grundbuchverfahren keine Rolle[5].

Erstrebt der Kläger jedoch mit der Grundbuchberichtigungsklage 5 eine materiell-rechtskräftige Entscheidung über das einzutragende oder zu löschende Recht (Rn. 10, 11), so darf er nicht auf das Grundbuchverfahren verwiesen werden, weil er dort die erstrebte Entscheidung nicht erreichen kann[6].

---

1 Näher Staudinger/Gursky, 13. Bearb., Rn. 116.
2 Staudinger/Gursky, 13. Bearb., § 897, Rn. 4.
3 OLG Frankfurt, NJW 1969, 1906; OLG Zweibrücken, NJW 1967, 1809; zustimmend MünchKommBGB/Wacke, Rn. 3; Soergel/Stürner, Rn. 2; Staudinger/Gursky, 13. Bearb., Rn. 6.
4 OLG Frankfurt, NJW 1969, 1907.
5 OLG Frankfurt, NJW 1969, 1907.
6 So mit Recht R. Hoffmann, NJW 1970, 148 f.; **A. A.** Staudinger/Gursky, Rn. 6; zustimmend Erman/Hagen/Lorenz, Rn. 3. Dass die Alternative zur Klage gleich „brauchbar" sein muss, ist unstreitig (Wieser, Rechtsschutzinteresse, S. 17, 141). Dass der Gläubiger auch bei sofortiger Erfüllung des

IV. Zuständigkeit

6 Der Rechtsweg richtet sich nach den allgemeinen Regeln[1].

7 **Sachlich zuständig** sind die Amtsgerichte oder die Landgerichte, je nach Streitwert (§§ 23 Nr. 1, 71 I GVG). Der Streitwert bemisst sich nach dem Wert des Grundstücks, wenn zugleich eine Feststellung des streitigen Eigentums bezweckt wird (§ 6 Satz 1 ZPO)[2]; anderenfalls ist der Wert der Berichtigung für den Kläger maßgeblich (§ 3 ZPO).

8 **Örtlich zuständig** ist nach § 24 ZPO unter den dort genannten Voraussetzungen ausschließlich (§ 40 II ZPO) das Gericht, in dessen Bezirk das Grundstück liegt[3].

V. Klagenhäufung

9 Die Klage aus § 894 kann mit den Klagen aus § 895 und § 896 verbunden werden (§ 260 oder § 60 ZPO). Die Streitwerte werden nicht zusammengerechnet (§ 5 ZPO), da es um dasselbe Interesse geht[4].

VI. Materielle Rechtskraft

1. Eintragung

10 Wird auf Bewilligung der **Eintragung** eines Rechts geklagt und der Klage formell-rechtskräftig stattgegeben, so ist nicht nur das Bestehen des Bewilligungsanspruchs mit materieller Rechtskraft festgestellt, sondern auch das Bestehen des einzutragenden Rechts[5]. Denn da das Grundbuch mit der wirklichen Rechtslage übereinstimmen soll, besagt die Feststellung, dass der Beklagte zum Zwecke der

---

Berichtigungsanspruchs keine rechtskräftige Feststellung erhielte, ist entgegen Staudinger/Gursky, 13. Bearb., Rn. 6, unerheblich, weil bei fortdauerndem Streit über die Rechtslage das Feststellungsinteresse nicht entfällt.

1 Näher Staudinger/Gursky, 13. Bearb., Rn. 114.
2 Stein/Jonas/Roth, § 6, Rn. 10.
3 Eingehend Staudinger/Gursky, 13. Bearb., Rn. 115.
4 Stein/Jonas/Roth, § 5, Rn. 6.
5 Vgl. RG, JW 1936, 3047, Nr. 5; Henckel, Prozessrecht, S. 180; Rosenberg/Schwab/Gottwald, § 154 II 2; Staudinger/Gursky, 13. Bearb., Rn. 118; Stein/Jonas/Leipold, § 322, Rn. 220; Zeuner, Rechtskraft, S. 2, 133 ff., 139. **A. A.** Zöller/Vollkommer, vor § 322, Rn. 36.

Grundbuchberichtigung z. B. die Eintragung des Klägers als Eigentümer zu bewilligen habe, zwangsläufig, dass der Kläger Eigentümer ist[1].

Wird die Klage als unbegründet **abgewiesen**, so ist rechtskraftfähig festgestellt, dass der Kläger gegen den Beklagten keinen Bewilligungsanspruch hat. Die Gründe dafür können verschieden sein, sei es, dass das einzutragende Recht nicht besteht oder bereits eingetragen ist oder dass der Beklagte nicht passivlegitimiert ist. Die Feststellung eines solchen Entscheidungsgrundes erwächst nicht in materielle Rechtskraft (§§ 322 I, 256 II ZPO). Etwas anderes soll gelten, wenn die Klage wegen Nichtbestehens des einzutragenden Rechts abgewiesen wird. Dann soll auch das Nichtbestehen des einzutragenden Rechts rechtskraftfähig festgestellt sein[2]. Diese Ansicht wird damit begründet, dass bei einer abweichenden Feststellung der Bewilligungsanspruch entgegen dem rechtskräftigen Urteil doch bejaht werden müsste[3]. Indessen wäre ein Widerspruch nur zur Begründung des Urteils zu befürchten. Das Urteilsergebnis, dass kein Bewilligungsanspruch besteht, bliebe unangefochten, weil es sich auch anders begründen lässt, z. B. damit, dass dem Beklagten die Passivlegitimation fehlt. Da die materielle Rechtskraft nur das Urteilsergebnis konservieren soll, darf sie hier so wenig wie sonst auf bloße Entscheidungsgründe ausgedehnt werden.

2. Löschung

Wird auf Bewilligung der Löschung eines Rechts geklagt und der Klage **stattgegeben**, so ist auch das Nichtbestehen des zu löschenden Rechts rechtskraftfähig festgestellt[4]. Denn da das Grundbuch mit der wirklichen Rechtslage übereinstimmen soll, besagt die Feststellung, dass der Beklagte zum Zwecke der Grundbuchberichtigung z. B. die Löschung einer Grundschuld zu bewilligen habe, zwangsläufig, dass die Grundschuld nicht besteht.

11

Wird die Klage als unbegründet **abgewiesen**, so ist rechtskraftfähig festgestellt, dass der Kläger gegen den Beklagten keinen Bewilligungsanspruch hat. Die Gründe dafür können verschieden sein, sei es, dass das zu löschende Recht besteht oder bereits gelöscht ist oder dass der Beklagte nicht passivlegitimiert ist. Die Feststellung

---

1 Zeuner, Rechtskraft, S. 140.
2 RG, JW 1936, 3047, Nr. 5; Henckel, Prozessrecht, S. 180 (einschränkend); Staudinger/Gursky, Rn. 118; Zeuner, Rechtskraft, S. 2, 133 ff., 140; str.
3 Vgl. RG, JW 1931, 1805, 1806.
4 Zeuner, Rechtskraft, S. 140 f.

eines solchen Entscheidungsgrundes erwächst nicht in materielle Rechtskraft (§§ 322 I, 256 II ZPO). Etwas anderes soll gelten, wenn die Klage wegen Bestehens des zu löschenden Rechts abgewiesen wird. Dann soll auch das Bestehen des zu löschenden Rechts rechtskraftfähig festgestellt sein[1], weil bei einer abweichenden Feststellung der Bewilligungsanspruch entgegen dem rechtskräftigen Urteil doch bejaht werden müsste[2]. Indessen ist, wie dargelegt (Rn. 10), ein Widerspruch zu dem Urteilsergebnis nicht zu befürchten. Begehrt der Kläger also, dass die Löschung einer Auflassungsvormerkung bewilligt wird, so stellt das klageabweisende Sachurteil weder das Bestehen der Auflassungsvormerkung rechtskraftfähig fest[3], noch gar das Bestehen des Auflassungs-Anspruchs[4].

VII. Zwangsvollstreckung

12 Die Zwangsvollstreckung richtet sich nach § 894 I ZPO[5]; das Urteil mit Rechtskraftzeugnis (§ 706 ZPO) legt der Gläubiger dem Grundbuchamt vor. Hat der Gläubiger die Kosten der Bewilligungserklärung vorzuschießen (Rn. 2), so muss er den Kostenvorschuss beweisen, um eine vollstreckbare Ausfertigung des Urteils zu erhalten (§ 726 I ZPO). Da § 894 I Satz 2 ZPO eine vollstreckbare Ausfertigung voraussetzt, scheint die Fiktion der Bewilligungserklärung erst nach Zahlung des Kostenvorschusses eintreten zu können. Hier ist jedoch zu bedenken, dass die Fiktion einer Willenserklärung keine Beurkundungskosten verursacht; die Prozesskosten sind etwas anderes. Deshalb kann die Fiktion ohne Kostenvorschuss und vollstreckbare Ausfertigung eintreten. § 894 I Satz 2 ZPO ist kraft teleologischer Reduktion unanwendbar; es gilt § 894 I Satz 1 ZPO. Dass der Schuldner laut Urteil erst „nach Zahlung" zu leisten braucht, ist, soweit es um eine Willenserklärung geht, lediglich für die freiwillige Leistung bedeutsam.

13 Aufgrund vorläufig vollstreckbaren Grundbuchberichtigungsurteils gilt die Eintragung eines **Widerspruchs** als bewilligt (§ 895 ZPO)[6].

---

1 RG, JW 1931, 1805, 1806; BGH, LM ZPO § 322 Nr. 16 hinsichtlich Hypothek; Staudinger/Gursky, Rn. 118; Zeuner, Rechtskraft, S. 134 f., 141; str.
2 RG, JW 1931, 1805, 1806.
3 J. Blomeyer, NJW 1970, 181 f. A. A. OLG Düsseldorf, DNotZ 1971, 372.
4 J. Blomeyer, NJW 1970, 181 f.; Gerhardt, Fälle Nr. 4 II 2, S. 40 f. A. A. Grunsky, JZ 1969, 605.
5 Staudinger/Gursky, 13. Bearb., Rn. 119.
6 MünchKommZPO/Schilken, § 895, Rn. 5.

Der Anspruch auf Bewilligung einer Eintragung kann von einem 14
Gläubiger des Anspruchsinhabers zur Ausübung **gepfändet** und überwiesen werden[1]. Der Vollstreckungsgläubiger muss dann notfalls gegen den Buchberechtigten klagen. Vorsorglich kann er nach § 899 einen Widerspruch eintragen lassen[2]. Einfacher ist es für ihn, sogleich gegen den Buchberechtigten ein Feststellungsurteil über die Unrichtigkeit des Grundbuchs zu erwirken, mit dem er dem Grundbuchamt die Unrichtigkeit nachweisen kann (§§ 14, 22 GBO)[3].

VIII. Einstweiliger Rechtsschutz

Zur Sicherung des Berichtigungsanspruchs kann durch einstweilige 15
Verfügung nach § 935 ZPO die Eintragung eines Widerspruchs angeordnet werden (§ 899).

IX. Feststellungsklage

Die Klage auf Feststellung, dass das einzutragende Recht bestehe, 16
das zu löschende Recht nicht bestehe, könnte mangels rechtlichen Interesses (§ 256 I ZPO) unzulässig sein, weil die Leistungsklage aus § 894 erheblich zweckmäßiger erscheint. In der Tat wird mit der Leistungsklage gleichfalls die begehrte rechtskräftige Feststellung erreicht (Rn. 10, 11) und darüber hinaus die Grundbuchberichtigung. Aber die Grundbuchberichtigung lässt sich auch mit dem Feststellungsurteil erreichen (§ 22 I Satz 1 GBO)[4]. Deshalb ist die Leistungsklage nicht zweckmäßiger als die Feststellungsklage.

Voreintragung des Verpflichteten

895 Kann die Berichtigung des Grundbuchs erst erfolgen, nachdem das Recht des nach § 894 Verpflichteten eingetragen worden ist, so hat dieser auf Verlangen sein Recht eintragen zu lassen.

---

1 BGH, NJW 1996, 396 (auch zu § 325 ZPO); Gramentz, S. 115, 130; Staudinger/Gursky, 13. Bearb., Rn. 75.
2 MünchKommBGB/Wacke, Rn. 25.
3 Staudinger/Gursky, 13. Bearb., Rn. 78; str.
4 Staudinger/Gursky, 13. Bearb., Rn. 78.

§ 895 Voreintragung des Verpflichteten

I. Anspruch

1 § 895 ergänzt § 894[1]: Der Berechtigte kann von dem Verpflichteten verlangen, dass dieser sein **Recht eintragen** lässt. Dazu können verschiedene Maßnahmen erforderlich sein[2].

II. Leistungsklage

2 Eine Leistungsklage müsste z. B. die Verurteilung des Beklagten beantragen, dass dieser sich als Eigentümer des ... Grundstücks (vgl. § 888, Rn. 2) eintragen lässt und dazu den Eintragungsantrag stellt sowie die erforderlichen Eintragungsunterlagen vorlegt[3].

3 Hat der *Kläger* die **Kosten der Eintragung** wie in der Regel zu tragen (§ 897) und vorzuschießen[4], so beantragt er die Verurteilung des Beklagten mit dem Zusatz: „nach Zahlung eines Kostenvorschusses i. H. v. ... Euro oder vertraglicher Übernahme der Kosten durch den Kläger" (vgl. § 403, Rn. 6 ff.). Hat ausnahmsweise der *Beklagte* die Eintragungskosten zu tragen, so wird er auch dazu verurteilt, den geforderten Kostenvorschuss zu zahlen (vgl. § 8 KostO).

III. Rechtsschutzinteresse

4 Für die Klage fehlt das Rechtsschutzinteresse (Zweckmäßigkeit), wenn der Kläger mit gleicher Sicherheit nach §§ 14, 22 GBO aufgrund eines Titels aus § 894 die Eintragung des Beklagten erreichen kann[5].

IV. Zuständigkeit

5 Für die Zuständigkeit gilt dasselbe wie bei § 894[6] (s. dort, Rn. 6 ff.).

V. Zwangsvollstreckung

6 Die Zwangsvollstreckung richtet sich, soweit es um den **Eintragungsantrag** und andere Willenserklärungen geht, grundsätzlich

---

1 Palandt/Bassenge, Rn. 1.
2 Vgl. Staudinger/Gursky, 13. Bearb., Rn. 10.
3 Vgl. Staudinger/Gursky, 13. Bearb., Rn. 14.
4 Staudinger/Gursky, 13. Bearb., § 897, Rn. 4.
5 Staudinger/Gursky, 13. Bearb., Rn. 15. **A. A.** OLG Düsseldorf, JW 1933, 2779.
6 Staudinger/Gursky, 13. Bearb., Rn. 11.

nach § 894 I ZPO[1]; das Urteil mit Rechtskraftzeugnis (§ 706 ZPO) legt der Gläubiger dem Grundbuchamt vor. Die Beschaffung der **Eintragungsunterlagen** wird nach § 888 I ZPO erzwungen[2].

Hat der *Gläubiger* die **Eintragungskosten** vorzuschießen (Rn. 3), so muss er den Kostenvorschuss beweisen, um eine vollstreckbare Ausfertigung des Urteils zu erhalten (§ 726 I ZPO). Da § 894 I Satz 2 ZPO eine vollstreckbare Ausfertigung voraussetzt, scheint die Fiktion des Eintragungsantrags und anderer Willenserklärungen erst nach Zahlung des Kostenvorschusses eintreten zu können. Hier ist jedoch zu bedenken, dass die Fiktion einer Willenserklärung keine Beurkundungskosten verursacht; die Prozesskosten sind etwas anderes. Deshalb kann die Fiktion ohne Kostenvorschuss und vollstreckbare Ausfertigung eintreten. § 894 I Satz 2 ZPO ist kraft teleologischer Reduktion unanwendbar; es gilt § 894 I Satz 1 ZPO. Dass der Schuldner laut Urteil erst „nach Zahlung" zu leisten braucht, ist, soweit es um eine Willenserklärung geht, lediglich für die freiwillige Leistung bedeutsam. 7

Ist der *Beklagte* verurteilt, die Eintragungskosten zu tragen (Rn. 3), so wird der vom Grundbuchamt geforderte Kostenvorschuss (§ 8 KostO) nach §§ 803 ff. ZPO beigetrieben; die Zahlung erfolgt an das Gericht. § 887 ZPO ist nicht anwendbar[3]. Eine Ermächtigung nach § 887 I ZPO ist unnötig, wenn es zur Befriedigung des Gläubigers nicht mehrere Wege gibt, unter denen das Gericht eine Auswahl treffen muss, sondern nur einen Weg, die Zahlung des vom Grundbuchamt geforderten Kostenvorschusses. § 887 II ZPO ist nicht anwendbar, weil der Schuldner, wenn er die Eintragung auf seine Kosten zu besorgen hat, auch zur Zahlung des vom Grundbuchamt geforderten Kostenvorschusses verurteilt ist. 8

Vorlegung des Briefes

896 Ist zur Berichtigung des Grundbuchs die Vorlegung eines Hypotheken-, Grundschuld- oder Rentenschuldbriefs erforderlich, so kann derjenige, zu dessen Gunsten die Berichtigung erfolgen soll, von dem Besitzer des Briefes verlangen, dass der Brief dem Grundbuchamte vorgelegt wird.

---

1 MünchKommBGB/Wacke, Rn. 5; Palandt/Bassenge, Rn. 2; Staudinger/Gursky, 13. Bearb., Rn. 12 f. **A. A.** (generell § 888 ZPO); Soergel/Stürner, Rn. 2.
2 Palandt/Bassenge, Rn. 2.
3 Entgegen Palandt/Bassenge, Rn. 2.

1 § 896 ergänzt § 894[1]: Der Berechtigte hat gegen den Besitzer einen **Anspruch** auf **Vorlegung** des Briefes beim Grundbuchamt.

2 Eine **Leistungsklage** müsste z. B. die Verurteilung des Beklagten beantragen, den Brief über die beim Amtsgericht Gießen im Grundbuch von Schiffenberg, Band 4, Blatt 120, in der dritten Abteilung an zweiter Stelle eingetragene Grundschuld dem Grundbuchamt vorzulegen.

3 Für die **Zuständigkeit** gilt dasselbe wie bei § 894 (s. dort, Rn. 6 ff.), doch ist § 24 ZPO nicht anwendbar[2].

4 Die **Zwangsvollstreckung** richtet sich nach § 883 ZPO, mit der Maßgabe, dass der Gerichtsvollzieher den Brief nicht dem Gläubiger übergibt, sondern dem Grundbuchamt vorlegt[3].

5 Die Vorlage des Briefes kann auch durch **einstweilige Verfügung** nach § 940 ZPO angeordnet werden. Zwar wird dadurch der Vorlegungsanspruch des Gläubigers befriedigt, doch wird andererseits dem Schuldner der Besitz nur vorläufig entzogen, so dass die strengen Voraussetzungen einer Befriedigungsverfügung (→ *Zahlung* Rn. 40) regelmäßig gegeben sind.

Gefahr drohende Anlagen

907 (1) ¹Der Eigentümer eines Grundstücks kann verlangen, dass auf den Nachbargrundstücken nicht Anlagen hergestellt oder gehalten werden, von denen mit Sicherheit vorauszusehen ist, dass ihr Bestand oder ihre Benutzung eine unzulässige Einwirkung auf sein Grundstück zur Folge hat. ²Genügt eine Anlage den landesgesetzlichen Vorschriften, die einen bestimmten Abstand von der Grenze oder sonstige Schutzmaßregeln vorschreiben, so kann die Beseitigung der Anlage erst verlangt werden, wenn die unzulässige Einwirkung tatsächlich hervortritt.

(2) Bäume und Sträucher gehören nicht zu den Anlagen im Sinne dieser Vorschriften.

---

1 Staudinger/Gursky, 13. Bearb., Rn. 1.
2 Staudinger/Gursky, 13. Bearb., Rn. 12.
3 Staudinger/Gursky, 13. Bearb., Rn. 13.

Gefahr drohende Anlagen § 907

§ 907 gibt dem Eigentümer gegen den Störer[1] einen **Anspruch** darauf, dass bestimmte Anlagen **nicht gehalten**, also beseitigt, oder **nicht hergestellt** werden, dass also ihre Herstellung unterlassen wird. Dafür gelten die Bemerkungen zu § 1004 entsprechend, mit folgenden **Besonderheiten**:

I. Beseitigungsanspruch

Die **Gefahr einer Einwirkung** ist nach § 907 Voraussetzung des Beseitigungsanspruchs und damit Begründetheitsvoraussetzung der Klage, da erst durch sie die beanspruchte Beseitigung gerechtfertigt wird.

Eine **Verurteilung unter** dem **Vorbehalt**, dass die bestehende Anlage in bestimmter Hinsicht unzulässig bleibt, darf das Gericht nicht aussprechen[2]. Denn sonst könnte der Gläubiger erst vollstrecken, nachdem er im Klauselerteilungsverfahren nachgewiesen hat, dass die Anlage nach wie vor unzulässig ist (§§ 726 I, 731 ZPO). Da aber schon der Vollstreckungstitel die Unzulässigkeit der Anlage feststellt, ist der Wegfall der Unzulässigkeit eine Einwendung gegen den vollstreckbaren Anspruch, die durch Vollstreckungsabwehrklage nach § 767 ZPO geltend gemacht werden muss[3].

Durch **einstweilige Verfügung** nach § 940 ZPO (→ *Zahlung* Rn. 40) kann u. U. die Beseitigung der Anlage geboten werden, wenn ihr *Bestand* eine unzulässige Einwirkung zur Folge hat. Anderenfalls kommt nur ein Benutzungsverbot als milderes Mittel in Betracht[4].

II. Unterlassungsanspruch

Die Gefahr einer **Einwirkung** durch die zu errichtende Anlage ist nach § 907 Voraussetzung des Unterlassungs- wie des Beseitigungsanspruchs (Rn. 2). Dagegen ist die Gefahr einer **Errichtung** der Anlage Voraussetzung des Rechtsschutzinteresses (Rechtsschutzgrundes), wie sonst bei Unterlassungsklagen.

Eine **Verurteilung** für den Fall, dass die zu errichtende Anlage den im Urteil genannten Vorschriften nicht genügt, darf das Gericht

---

1 Palandt/Bassenge, Rn. 3.
2 MünchKommBGB/Säcker, Rn. 22 gegen Staudinger/Beutler, 12. Aufl., Rn. 25.
3 Ebenso im Ergebnis MünchKommBGB/Säcker, Rn. 22.
4 Ebenso grundsätzlich MünchKommBGB/Säcker, Rn. 23.

aussprechen[1], weil es dadurch nur das Unterlassungsgebot konkretisiert.

7 Durch **einstweilige Verfügung** nach § 940 ZPO (→ *Zahlung* Rn. 40) kann u. U. die Errichtung der Anlage verboten werden[2], wenn ihr Bestand eine unzulässige Einwirkung zur Folge hätte. Anderenfalls kommt nur ein Benutzungsverbot als milderes Mittel in Betracht. Zum Verfügungsantrag s. § 12, Rn. 37.

Drohender Gebäudeeinsturz

908 Droht einem Grundstücke die Gefahr, dass es durch den Einsturz eines Gebäudes oder eines anderen Werkes, das mit einem Nachbargrundstücke verbunden ist, oder durch die Ablösung von Teilen des Gebäudes oder des Werkes beschädigt wird, so kann der Eigentümer von demjenigen, welcher nach dem § 836 Abs. 1 oder den §§ 837, 838 für den eintretenden Schaden verantwortlich sein würde, verlangen, dass er die zur Abwendung der Gefahr erforderliche Vorkehrung trifft.

1 § 908 gibt dem Eigentümer gegen den Verantwortlichen einen **Anspruch** auf die zur Abwendung einer Gefahr erforderliche **Vorkehrung**.

2 Eine **Leistungsklage** muss die Verurteilung des Beklagten beantragen, die zur Abwendung der näher beschriebenen Gefahr erforderliche Vorkehrung zu treffen. Die Auswahl der geeigneten Maßnahme bleibt Sache des Beklagten[3]; darüber wird in Klage und Urteil nichts gesagt[4].

3 **Sachlich zuständig** sind die Amtsgerichte oder die Landgerichte, je nach Streitwert (§§ 23 Nr. 1, 71 I GVG). Der Streitwert bemisst sich nach dem Interesse des Klägers an der Gefahrenabwehr (§ 3 ZPO)[5].

4 **Örtlich zuständig** ist auch das Gericht, in dessen Bezirk das bedrohende Grundstück liegt (§§ 26, 35 ZPO)[6].

---

1 Insoweit ist Staudinger/Beutler, 12. Aufl., Rn. 25, Recht zu geben.
2 MünchKommBGB/Säcker, Rn. 23.
3 MünchKommBGB/Säcker, Rn. 5.
4 Palandt/Bassenge, Rn. 2.
5 Stein/Jonas/Roth, § 3, Rn. 41, „Abwehrklage".
6 Stein/Jonas/Schumann, § 26, Rn. 4; Zöller/Vollkommer, § 26, Rn. 2.

Notweg § 917

Die **Zwangsvollstreckung** richtet sich in der Regel nach §§ 887, 892   5
ZPO[1]. Die Vorkehrungshandlungen, zu denen der Gläubiger ermächtigt werden soll, müssen in Antrag und Beschluss bestimmt
bezeichnet werden[2].

Die erforderliche Vorkehrung kann dem Verantwortlichen auch   6
durch **einstweilige Verfügung** nach § 940 ZPO (→ *Zahlung* Rn.
40) aufgegeben werden, wenn sich die Gefahr der Beschädigung noch
vor Abschluss eines Klageverfahrens zu verwirklichen droht. Die
Auswahl der geeigneten Maßnahme ist hier Sache des Gerichts[3].

Überbau; Duldungspflicht

912 (1) Hat der Eigentümer eines Grundstücks bei der Errichtung eines Gebäudes über die Grenze gebaut, ohne dass
ihm Vorsatz oder grobe Fahrlässigkeit zur Last fällt, so hat der
Nachbar den Überbau zu dulden, es sei denn, dass er vor oder sofort
nach der Grenzüberschreitung Widerspruch erhoben hat.

(2) ¹Der Nachbar ist durch eine Geldrente zu entschädigen. ²Für die
Höhe der Rente ist die Zeit der Grenzüberschreitung maßgebend.

Die Duldungspflicht des Nachbarn nach Abs. 1 bedeutet bei einem
einheitlichen Gebäude, dass der Überbau dem überbauenden Grundstückseigentümer gehört[4]. Daher ergibt sich der Unterlassungsanspruch des Überbauenden gegen den Nachbarn aus § 1004 (s. dort).

Notweg

917 (1) ¹Fehlt einem Grundstücke die zur ordnungsmäßigen
Benutzung notwendige Verbindung mit einem öffentlichen Wege, so kann der Eigentümer von den Nachbarn verlangen,
dass sie bis zur Hebung des Mangels die Benutzung ihrer Grund-

---

1 MünchKommZPO/Schilken, § 887, Rn. 7.
2 MünchKommZPO/Schilken, § 887, Rn. 9, 11; Zöller/Stöber, § 887, Rn. 4.
3 MünchKommBGB/Säcker, Rn. 8.
4 BGHZ 110, 300 f.; Erman/Hagen/Lorenz, Rn. 9; Palandt/Bassenge, Rn. 12,
16; Soergel/Baur, Rn. 24; Staudinger/Roth, 13. Bearb., Rn. 42 ff., 71. Differenzierend MünchKommBGB/Säcker, Rn. 43 (für den Rechtsverkehr zu
unsicher).

stücke zur Herstellung der erforderlichen Verbindung dulden. ²Die Richtung des Notwegs und der Umfang des Benutzungsrechts werden erforderlichenfalls durch Urteil bestimmt.

(2) ¹Die Nachbarn, über deren Grundstücke der Notweg führt, sind durch eine Geldrente zu entschädigen. ²Die Vorschriften des § 912 Abs. 2 Satz 2 und der §§ 913, 914, 916 finden entsprechende Anwendung.

A. Duldungsanspruch

I. Anspruch

1. Anspruch auf Duldung

1   § 917 I Satz 1 gibt dem Eigentümer[1] gegen die Nachbarn einen Anspruch auf Duldung der Benutzung ihrer Grundstücke. „Duldung" bedeutet, dass die Nachbarn Widerstand gegen die Benutzung unterlassen und gegebenenfalls die Benutzung durch aktives Tun, z. B. die Aushändigung eines Schlüssels, ermöglichen müssen.

2. Erlaubnis der Nachbarn

2   Zweifelhaft ist, ob die Nachbarn die Benutzung *erlauben* müssen. Die Antwort scheint davon abzuhängen, ob eine Benutzung ohne Erlaubnis verbotene Eigenmacht wäre. Darüber herrscht Streit[2]. Man muss unterscheiden:

3   Kommt lediglich eine einzige Benutzungsmöglichkeit in Betracht, so ist die Erlaubnis entbehrlich. Sie wäre hier eine reine Formalie. Daher müssen die Nachbarn die Benutzung nicht eigens erlauben.

4   Sind dagegen mehrere gleichwertige Benutzungsmöglichkeiten gegeben, so hat der bedürftige Eigentümer nicht das Recht zur einseitigen Auswahl, sondern muss, falls er sich mit den Nachbarn nicht einigen kann, das Gericht anrufen (arg. § 917 I Satz 2). Daher wäre die Benutzung ohne Erlaubnis verbotene Eigenmacht. Doch besteht kein Anspruch auf die Erlaubnis, weil es ohnehin einer gerichtlichen Entscheidung bedarf.

---

1 Bei Veräußerung nach Rechtshängigkeit gilt § 265 ZPO (Palandt/Bassenge, Rn. 13).

2 Für verbotene Eigenmacht Erman/Hagen/Lorenz, Rn. 5; Palandt/Bassenge, Rn. 12; Soergel/Baur, Rn. 13; Staudinger/Roth, 13. Bearb., Rn. 2. **A. A.** MünchKommBGB/Säcker, Rn. 23; Staudinger/Beutler, 12. Aufl., Rn. 28.

II. Leistungsklage

Eine Leistungsklage müsste z. B. die Verurteilung des Beklagten beantragen, über seinen Privatweg in Friedelsruhe, Flur 3, Flurstück Nr. 163 dem Kläger von der Ortsstraße Zugang zu seinem Flurstück Nr. 161 zu gewähren[1]. 5

III. Zuständigkeit

Dient das Verbindungsgrundstück hoheitlichen Zwecken, so ist der Verwaltungsrechtsweg gegeben[2]. 6

In der ordentlichen Gerichtsbarkeit sind **sachlich zuständig** die Amtsgerichte oder die Landgerichte, je nach Streitwert (§§ 23 Nr. 1, 71 I GVG). Der Streitwert bemisst sich analog § 7 ZPO[3]. 7

Örtlich zuständig ist ausschließlich das Gericht, in dessen Bezirk das beeinträchtigte Grundstück liegt (§§ 24 I, 40 II ZPO)[4]. 8

IV. Zwangsvollstreckung

Die Zwangsvollstreckung richtet sich, soweit dem Schuldner eine Unterlassung aufgegeben wird, nach §§ 890, 892 ZPO, soweit er eine Handlung vorzunehmen hat, nach §§ 883 ff. ZPO. 9

B. Gerichtliche Konkretisierung

Ob das Urteil nach § 917 I Satz 2 ein Feststellungs- oder Gestaltungsurteil darstellt, ist umstritten[5]. Man muss auch hier unterscheiden[6]: 10

I. Feststellungsurteil

Kommt lediglich eine einzige Benutzungsmöglichkeit in Betracht, so ist ein Urteil, das dies ausspricht, ein Feststellungsurteil. Da das 11

---

1 Vgl. BGH, NJW 1984, 2210.
2 Palandt/Bassenge, Rn. 13.
3 Schneider/Herget, Rn. 3440.
4 Stein/Jonas/Schumann, § 24, Rn. 11.
5 Für Feststellungsurteil MünchKommBGB/Säcker, Rn. 20; Staudinger/Beutler, 12. Aufl., Rn. 31. Für Gestaltungsurteil Erman/Hagen/Lorenz, Rn. 5; Schlosser, Gestaltungsklagen, S. 72, 149.
6 Palandt/Bassenge, Rn. 10.

Gericht zur Feststellung einer bestehenden Rechtslage, abgesehen von § 256 ZPO, keiner besonderen Legitimation bedarf, kann man bezweifeln, ob hier überhaupt ein Fall des § 917 I Satz 2 vorliegt.

II. Gestaltungsurteil

12 Sind dagegen mehrere gleichwertige Benutzungsmöglichkeiten gegeben, so bestimmt nicht das Gesetz die maßgebliche – welche sollte das sein? –, sondern erst das Gericht. Hier ergeht daher ein Gestaltungsurteil (→ *Gestaltungsklagen* Rn. 1).

13 Den erforderlichen **Antrag** stellt in der Regel der Eigentümer, wenn er seinen Duldungsanspruch geltend macht, sei es durch Klage (Rn. 5) oder durch Einwendung gegen die Unterlassungsklage eines Nachbarn, z. B. nach § 1004 II. In beiden Fällen kann der Antrag formlos gestellt werden[1] und muss nicht bestimmt angeben, welchen Notweg der Eigentümer selbst wünscht[2].

14 Die **Gestaltungswirkung** tritt mit der formellen Rechtskraft des Urteils ein, und zwar ex nunc: in Zukunft hat der Eigentümer ein Notwegrecht in den gerichtlich bestimmten Grenzen[3].

C. Miteigentümer

15 Ob Miteigentümer gemeinsam auf Duldung eines Notwegs klagen oder verklagt werden müssen, ist strittig[4]. Die Frage lässt sich nicht einheitlich beantworten.

---

1 Ebenso zum Antrag durch Einwendung Schlosser, Gestaltungsklagen, S. 149.
2 MünchKommBGB/Säcker, Rn. 25.
3 Zur Änderung s. Schlosser, Gestaltungsklagen, S. 252; Soergel/Baur, Rn. 14.
4 Für eine Klage gegen alle verpflichteten Miteigentümer BGHZ 36, 187 f.; BGH, NJW 1984, 2210 = WM 1984, 1030; Gottwald, JA 1982, 69; MünchKommZPO/Schilken, § 62, Rn. 33; Musielak/Weth, § 62, Rn. 12; Soergel/Wolf, vor § 420, Rn. 13; Stein/Jonas/Bork, § 62, Rn. 20; Wieczorek/Schütze, § 62, Rn. 49; Windel, Interventionsgrund, S. 35 f. **A. A.** LG Nürnberg-Fürth, NJW 1980, 2477; Riering, S. 183 f.; Waldner, JR 1981, 186; Zöller/Vollkommer, § 62, Rn. 17.

I. Gestaltungsklage

Soweit die Richtung des Notwegs oder der Umfang des Benutzungsrechts durch Urteil bestimmt werden soll (§ 917 I Satz 2), weil nicht bloß eine einzige Benutzungsmöglichkeit in Betracht kommt, ist ein Gestaltungsurteil beantragt[1], das aus Gründen des rechtlichen Gehörs nur gegenüber allen betroffenen Miteigentümern gemeinschaftlich ergehen darf. Daher müssen alle Berechtigten klagen[2], alle Verpflichteten verklagt werden (§ 62 Fall 2 ZPO).

II. Unterlassungsklage

Soweit lediglich die „Duldung" des Notwegs begehrt wird (§ 917 I Satz 1), d. h. die Unterlassung von Widerstand, kann jeder berechtigte Miteigentümer als Mitgläubiger allein auf Duldung zugunsten aller klagen (§ 741, Rn. 4). Ob auch verpflichtete Miteigentümer allein verklagt werden können, ist zweifelhaft. Auszugehen ist davon, dass die Unterlassungsklage nur gegen solche Miteigentümer Erfolg haben kann, von deren Seite Widerstand droht[3]. Es handelt sich hier um die bei allen Unterlassungsklagen vorausgesetzte **„Wiederholungsgefahr"**, genauer Gefahr der erstmaligen oder wiederholten Zuwiderhandlung. Gegen einen Miteigentümer, von dem kein Widerstand gegen die Benutzung des gemeinschaftlichen Grundstücks droht, hätte eine Unterlassungsklage somit keinen Erfolg. Daher muss eine Unterlassungsklage nicht notwendig gegen alle Miteigentümer gemeinsam erhoben werden[4].

Fraglich ist, ob die Klage gegen diejenigen Miteigentümer, von denen Widerstand droht, gemeinsam erhoben werden muss[5]. Die gemeinschaftliche **Prozessführungsbefugnis** könnte aus der gemeinschaftlichen Sachlegitimation abzuleiten sein. Die bloße Unterlassung von Widerstand ist jedoch keine Gemeinschaftsleistung wie ein Streichquartett, sondern wird von jedem einzelnen Nachbarn für seine Person geschuldet[6]. Als Gemeinschaftsleistung müsste die

---

1 A. A. zu Unrecht LG Nürnberg-Fürth, NJW 1980, 2477.
2 Schlosser, Gestaltungsklagen, S. 321 f., 325, wo allerdings nicht beachtet wird, dass ein Mehrheitsbeschluss nach § 745 die Mehrheit nicht zu einer Klage ohne die Minderheit, sondern allenfalls zur Vertretung der Minderheit berechtigt.
3 LG Nürnberg-Fürth, NJW 1980, 2477; Waldner, JR 1981, 185.
4 Ebenso OLG Karlsruhe, NJW-RR 1986, 1342 zur Unterlassung des Gebrauchs einer Abwasserleitung durch einen Miteigentümer.
5 Verneinend LG Nürnberg-Fürth, NJW 1980, 2477.
6 Vgl. Riering, S. 23 ff.

rechtsbegründende Zustimmung zu dem Notweg angesehen werden, weil sie eine Verfügung über das belastete gemeinschaftliche Grundstück wäre (§ 747 Satz 2). Eine rechtsbegründende Zustimmung wird von den Nachbarn aber nicht geschuldet[1]. Besteht Streit über Richtung oder Umfang des Notwegs, so entscheidet das Gericht durch Gestaltungsurteil (§ 917 I Satz 2), nicht durch Leistungsurteil auf Grund einer Zustimmungsklage mit Vollstreckung nach § 894 ZPO. Streiten die Parteien lediglich darüber, ob überhaupt ein Notwegrecht besteht, so wird gleichfalls keine rechtsbegründende Zustimmung geschuldet, da das Notwegrecht, wenn überhaupt, kraft Gesetzes besteht.

19 Zu erwägen bleibt, ob einer Unterlassungsklage das **Rechtsschutzinteresse** abzusprechen ist, wenn sie nicht gegen alle Schuldner erhoben wird, von denen Zuwiderhandlung droht. Das Urteil scheint in diesem Fall rechtlich nutzlos zu sein, so dass der „Rechtsschutzgrund" fehlt[2]. Es ist jedoch nicht auszuschließen, dass das Urteil, wenn es die Beklagten zur Aufgabe des Widerstands bewegt, notfalls durch Vollstreckung nach § 890 ZPO, auch die nicht verklagten Schuldner zum Nachgeben veranlasst. So wie eine Teilklage zulässig ist, muss auch eine Unterlassungsklage gegen einen Teil der zuwiderhandelnden Schuldner zugelassen werden.

Grenzabmarkung

919 (1) Der Eigentümer eines Grundstücks kann von dem Eigentümer eines Nachbargrundstücks verlangen, dass dieser zur Errichtung fester Grenzzeichen und, wenn ein Grenzzeichen verrückt oder unkenntlich geworden ist, zur Wiederherstellung mitwirkt.

(2) Die Art der Abmarkung und das Verfahren bestimmen sich nach den Landesgesetzen; enthalten diese keine Vorschriften, so entscheidet die Ortsüblichkeit.

(3) Die Kosten der Abmarkung sind von den Beteiligten zu gleichen Teilen zu tragen, sofern nicht aus einem zwischen ihnen bestehenden Rechtsverhältnis sich ein anderes ergibt.

---

1 LG Nürnberg-Fürth, NJW 1980, 2477. Ebenso BGH, NJW 1984, 2210. **A. A.** wohl BGHZ 36, 189.
2 Vgl. Wieser, Grundzüge, Rn. 77.

Grenzverwirrung § 920

§ 919 I, II gibt dem Eigentümer gegen den Nachbarn einen **Anspruch auf Mitwirkung bei der Abmarkung**, dessen näherer Inhalt sich nach Landesrecht bestimmt[1].

Grenzverwirrung

920 (1) ¹Lässt sich im Falle einer Grenzverwirrung die richtige Grenze nicht ermitteln, so ist für die Abgrenzung der Besitzstand maßgebend. ²Kann der Besitzstand nicht festgestellt werden, so ist jedem der Grundstücke ein gleich großes Stück der streitigen Fläche zuzuteilen.

(2) Soweit eine diesen Vorschriften entsprechende Bestimmung der Grenze zu einem Ergebnis führt, das mit den ermittelten Umständen, insbesondere mit der feststehenden Größe der Grundstücke, nicht übereinstimmt, ist die Grenze so zu ziehen, wie es unter Berücksichtigung dieser Umstände der Billigkeit entspricht.

I. Grenzscheidungsklage

Nach § 920 ist im Falle einer Grenzverwirrung, wenn sich die richtige Grenze nicht ermitteln lässt, die Eigentumslage mit gerichtlicher Hilfe zu klären. Dies scheint durch Leistungsurteil zu geschehen, da § 924 einen „Anspruch aus § 920" erwähnt. Dieser **Anspruch** müsste darauf gerichtet sein, dass der Anspruchsgegner das Eigentum des Anspruchsinhabers *anerkennt*, wie es sich aus Besitzstand, gleicher Größe oder Billigkeit ergibt. Demgemäß würde er verurteilt werden und mit der Rechtskraft des Urteils gälte sein Anerkenntnis als abgegeben (§ 894 I ZPO). Aber damit hätte der Kläger das ihm bisher fehlende Eigentum noch nicht erworben; er müsste erst noch im Grundbuch eingetragen werden (§ 873 I). Bedenkt man jedoch, dass die Grenze durch Urteil gezogen wurde, so erscheint ein weiterer Hoheitsakt in Form der konstitutiven Grundbucheintragung entbehrlich. Es genügt, dass das Gericht dem Kläger ein mehr oder weniger großes Stück der streitigen Fläche zugeteilt hat. Ein solches Urteil ist ein **Gestaltungsurteil**[2] (→ *Ge-*

1

---

1 Palandt/Bassenge, Rn. 2.
2 Erman/Hagen/Lorenz, Rn. 4; MünchKommBGB/Säcker, Rn. 5; Palandt/Bassenge, Rn. 3; Soergel/Baur, Rn. 8; Staudinger/Roth, 13. Bearb., Rn. 17; str.

staltungsklagen Rn. 1). Dass ihm nach § 924 ein Anspruch und nicht ein Gestaltungsklagerecht zugrunde liegt, ist eine Besonderheit, die auch sonst begegnet (→ *Gestaltungsklagen* Rn. 12, 13).

2 Will der Kläger die Grenze nach Besitzstand gezogen haben (§ 920 I Satz 1), so muss er **beantragen**, ihm von der streitigen Fläche (Bezeichnung nach beigefügtem Lageplan) einen genau bezeichneten Teil zuzuteilen. Will der Kläger ein gleich großes Stück der streitigen Fläche haben (§ 920 I 2), so muss er dies beantragen. Soll nach Billigkeit entschieden werden (§ 920 II), so muss der Antrag dahin gehen, dass die streitige Fläche nach Billigkeit aufgeteilt werden soll. Dabei hat der Kläger die Größenordnung der von ihm beanspruchten Fläche anzugeben. Der zweite und der dritte Antrag können auch hilfsweise gestellt werden. Beantragt der Kläger eine bestimmte Grenzlinie, darf das Gericht zwar die Grenzlinie anders ziehen, aber dem Kläger kein größeres als das beantragte Stück zuteilen (§ 308 I Satz 1 ZPO)[1].

3 **Sachlich zuständig** sind die Amtsgerichte oder die Landgerichte, je nach Streitwert (§§ 23 Nr. 1, 71 I GVG). Der Streitwert bemisst sich nach dem Interesse des Klägers (§ 3 ZPO)[2].

4 **Örtlich zuständig** ist ausschließlich das Gericht, in dessen Bezirk das betroffene Grundstück liegt (§§ 24 I, 40 II ZPO)[3].

5 Ein **Versäumnisurteil** ist möglich[4].

6 Die **Gestaltungswirkung** tritt mit der formellen Rechtskraft des Urteils ein, und zwar ex nunc[5]: in Zukunft verläuft die Grenze so, wie vom Gericht bestimmt. Das Urteil wirkt für und gegen jedermann[6]. Fehlt einer Partei die Prozessführungsbefugnis, weil sie nicht Eigentümerin eines beteiligten Grundstücks ist, so ist die Klage abzuweisen. Wird ihr dennoch rechtsirrig stattgegeben, so ist das Urteil unverbindlich[7].

---

1 Staudinger/Beutler, 12. Aufl., Rn. 13.
2 Schneider/Herget, Rn. 2255; Staudinger/Roth, 13. Bearb., Rn. 9.
3 Stein/Jonas/Schumann, § 24, Rn. 25; Zöller/Vollkommer, § 24, Rn. 15.
4 Staudinger/Roth, 13. Bearb., Rn. 16; str.
5 Staudinger/Roth, 13. Bearb., Rn. 17; str.
6 Staudinger/Beutler, 12. Aufl., Rn. 18, mit einem theoretischen Ausnahmefall.
7 Staudinger/Roth, 13. Bearb., Rn. 19; str.

II. Andere Klagen

1. Neben der Grenzscheidungsklage

Mit der Grenzscheidungsklage können andere Klagen verbunden werden (§ 260 ZPO), z. B. die Klage auf Abmarkung (§ 919) und Herausgabe (§ 985)[1].

2. Statt der Grenzscheidungsklage

Im Falle einer Grenzverwirrung kann jeder der beteiligten Eigentümer auch auf Feststellung seines Eigentums an einer genau bezeichneten Fläche gegen den bestreitenden anderen Eigentümer klagen, mit der Begründung, dass sich die richtige Grenze ermitteln lasse[2]. Eine Klage aus § 985 oder § 1004 kommt gleichfalls in Betracht[3]. Die Grenzscheidungsklage kann dann von dem Kläger hilfsweise (§ 260 ZPO)[4] oder durch Klageänderung (§ 263 ZPO)[5], von dem Beklagten widerklagend (§ 33 ZPO) erhoben werden.

Art der Benutzung und Unterhaltung

922 [1]Sind die Nachbarn zur Benutzung einer der im § 921 bezeichneten Einrichtungen gemeinschaftlich berechtigt, so kann jeder sie zu dem Zwecke, der sich aus ihrer Beschaffenheit ergibt, insoweit benutzen, als nicht die Mitbenutzung des anderen beeinträchtigt wird. [2]Die Unterhaltungskosten sind von den Nachbarn zu gleichen Teilen zu tragen. [3]Solange einer der Nachbarn an dem Fortbestand der Einrichtung ein Interesse hat, darf sie nicht ohne seine Zustimmung beseitigt oder geändert werden. [4]Im Übrigen bestimmt sich das Rechtsverhältnis zwischen den Nachbarn nach den Vorschriften über die Gemeinschaft.

---

1 MünchKommBGB/Säcker, Rn. 3; Staudinger/Beutler, 12. Aufl., Rn. 5.
2 Palandt/Bassenge, Rn. 1; Soergel/Baur, Rn. 1, 5; Staudinger/Roth, 13. Bearb., Rn. 3.
3 Staudinger/Roth, 13. Bearb., Rn. 3.
4 BGH, NJW 1965, 37; Erman/Hagen/Lorenz, Rn. 1; Staudinger/Roth, 13. Bearb., Rn. 3.
5 Staudinger/Roth, 13. Bearb., Rn. 3.

§ 923   Grenzbaum

1 Satz 2 gibt unter Umständen einem Nachbarn gegen den anderen gleiche **Ansprüche** wie § 748[1] (s. dort).

2 **Örtlich zuständig** ist auch das Gericht des § 26 ZPO (§ 35 ZPO)[2].

Grenzbaum

923 (1) Steht auf der Grenze ein Baum, so gebühren die Früchte und, wenn der Baum gefällt wird, auch der Baum den Nachbarn zu gleichen Teilen.

(2) ¹Jeder der Nachbarn kann die Beseitigung des Baumes verlangen. ²Die Kosten der Beseitigung fallen den Nachbarn zu gleichen Teilen zur Last. ³Der Nachbar, der die Beseitigung verlangt, hat jedoch die Kosten allein zu tragen, wenn der andere auf sein Recht an dem Baume verzichtet; er erwirbt in diesem Falle mit der Trennung das Alleineigentum. ⁴Der Anspruch auf die Beseitigung ist ausgeschlossen, wenn der Baum als Grenzzeichen dient und den Umständen nach nicht durch ein anderes zweckmäßiges Grenzzeichen ersetzt werden kann.

(3) Diese Vorschriften gelten auch für einen auf der Grenze stehenden Strauch.

§ 923 II Satz 1 gibt jedem Nachbarn gegen den anderen einen **Anspruch** auf **Beseitigung** des Grenzbaums, d. h. auf Zustimmung zur Beseitigung[3] (wie § 745, s. dort).

Einigung bei nicht eingetragenem Seeschiff

929a (1) Zur Übertragung des Eigentums an einem Seeschiff, das nicht im Schiffsregister eingetragen ist, oder an einem Anteil an einem solchen Schiff ist die Übergabe nicht erforderlich, wenn der Eigentümer und der Erwerber darüber einig sind, dass das Eigentum sofort übergehen soll.

(2) Jeder Teil kann verlangen, dass ihm auf seine Kosten eine öffentlich beglaubigte Urkunde über die Veräußerung erteilt wird.

---

1 MünchKommBGB/Säcker, Rn. 5.
2 Stein/Jonas/Schumann, § 26, Rn. 4.
3 Palandt/Bassenge, Rn. 1.

Einwendungen des Besitzers § 986

Abs. 2 gibt dem bisherigen Eigentümer gegen den Erwerber, und umgekehrt, einen **Anspruch** auf **Erteilung einer** öffentlich beglaubigten **Urkunde** über die Veräußerung, d. h. über seine Einigungserklärung (wie § 1154, s. dort). Die Kosten hat der Gläubiger zu tragen und vorzuschießen (wie § 403, Rn. 6 ff.).

Ersatz von Aufwendungen [bei Fund]

970 Macht der Finder zum Zwecke der Verwahrung oder Erhaltung der Sache oder zum Zwecke der Ermittlung eines Empfangsberechtigten Aufwendungen, die er den Umständen nach für erforderlich halten darf, so kann er von dem Empfangsberechtigten Ersatz verlangen.

§ 970 gibt dem Finder gegen den Empfangsberechtigten einen **Anspruch** auf **Aufwendungsersatz** i. S. des § 257[1] (s. dort).

Herausgabeanspruch

985 Der Eigentümer kann von dem Besitzer die Herausgabe der Sache verlangen.

§ 985 gibt dem Eigentümer gegen den gegenwärtigen Besitzer einen **Anspruch** auf **Herausgabe**, d. h. → *Besitzeinräumung* (Rn. 1).

Einwendungen des Besitzers

986 (1) [1]Der Besitzer kann die Herausgabe der Sache verweigern, wenn er oder der mittelbare Besitzer, von dem er sein Recht zum Besitz ableitet, dem Eigentümer gegenüber zum Besitz berechtigt ist. [2]Ist der mittelbare Besitzer dem Eigentümer gegenüber zur Überlassung des Besitzes an den Besitzer nicht befugt, so kann der Eigentümer von dem Besitzer die Herausgabe der Sache an den mittelbaren Besitzer oder, wenn dieser den Besitz nicht wieder übernehmen kann oder will, an sich selbst verlangen.

---

1 MünchKommBGB/Krüger, 4. Aufl., § 256, Rn. 5.

(2) Der Besitzer einer Sache, die nach § 931 durch Abtretung des Anspruchs auf Herausgabe veräußert worden ist, kann dem neuen Eigentümer die Einwendungen entgegensetzen, welche ihm gegen den abgetretenen Anspruch zustehen.

§ 986 I Satz 1 scheint dem Besitzer gegen den Herausgabeanspruch des Eigentümers aus § 985 eine Einrede zu geben, die zur Abweisung einer Leistungsklage als unbegründet führt (wie § 214, s. dort)[1]. Die besseren Argumente sprechen jedoch für die Ansicht, dass das Recht zum Besitz eine – von Amts wegen zu berücksichtigende – **Einwendung** begründet[2], welche die Verjährung des Herausgabeanspruchs nach § 205 hemmt[3].

Nutzungen nach Rechtshängigkeit

987 (1) Der Besitzer hat dem Eigentümer die Nutzungen herauszugeben, die er nach dem Eintritt der Rechtshängigkeit zieht.

(2) Zieht der Besitzer nach dem Eintritt der Rechtshängigkeit Nutzungen nicht, die er nach den Regeln einer ordnungsmäßigen Wirtschaft ziehen könnte, so ist er dem Eigentümer zum Ersatz verpflichtet, soweit ihm ein Verschulden zur Last fällt.

Abs. 1 gibt dem Eigentümer gegen den Besitzer einen **Anspruch** auf **Herausgabe** von Nutzungen. Im Einzelnen sind zu unterscheiden, je nachdem, welcher Gegenstand herauszugeben ist: Ansprüche auf Herausgabe einer **Sache**, bei denen weiter unterschieden werden muss, ob der Besitz eingeräumt werden soll (→ *Besitzeinräumung* Rn. 1) oder das Eigentum (→ *Übereignung* Rn. 1); Ansprüche auf Herausgabe eines **Rechts** (außer Besitz und Eigentum), sei es auf Neubegründung oder Übertragung, also auf → *Rechtsverschaffung* (Rn. 1); Ansprüche auf Herausgabe eines in Geld zu bemessenden **Vermögensvorteils**, d. h. auf → *Zahlung* (Rn. 1).

---

[1] So RGRK/Pikart, Rn. 24.
[2] MünchKommBGB/Medicus, Rn. 24, 25; Roth, Einrede, § 32; Soergel/Mühl, Rn. 2; Staudinger/Gursky, 14. Bearb. 1999, Rn. 1.
[3] Gröschler, AcP 201, 54 ff.

Notwendige Verwendungen

994 (1) ¹Der Besitzer kann für die auf die Sache gemachten notwendigen Verwendungen von dem Eigentümer Ersatz verlangen. ²Die gewöhnlichen Erhaltungskosten sind ihm jedoch für die Zeit, für welche ihm die Nutzungen verbleiben, nicht zu ersetzen.

(2) Macht der Besitzer nach dem Eintritt der Rechtshängigkeit oder nach dem Beginn der im § 990 bestimmten Haftung notwendige Verwendungen, so bestimmt sich die Ersatzpflicht des Eigentümers nach den Vorschriften über die Geschäftsführung ohne Auftrag.

Abs. 1 gibt dem Besitzer gegen den Eigentümer einen **Anspruch** auf **Ersatz von Verwendungen**, d. h. einen Anspruch auf Aufwendungsersatz i. S. d. § 257¹ (s. dort). 1

Örtlich zuständig ist auch das Gericht des § 26 ZPO (§ 35 ZPO)². 2

Nützliche Verwendungen

996 Für andere als notwendige Verwendungen kann der Besitzer Ersatz nur insoweit verlangen, als sie vor dem Eintritt der Rechtshängigkeit und vor dem Beginne der im § 990 bestimmten Haftung gemacht werden und der Wert der Sache durch sie noch zu der Zeit erhöht ist, zu welcher der Eigentümer die Sache wiedererlangt.

§ 996 gibt dem Besitzer gegen den Eigentümer einen **Anspruch** auf **Ersatz von Verwendungen**, d. h. einen Anspruch auf Aufwendungsersatz i. S. d. § 257³ (s. dort). 1

Örtlich zuständig ist auch das Gericht des § 26 ZPO (§ 35 ZPO)⁴. 2

---

1 Staudinger/Gursky, 14. Bearb. 1999, vor § 994, Rn. 73.
2 Wieczorek/Hausmann, § 26, Rn. 5; Zöller/Vollkommer, § 26, Rn. 2. **A. A.** (§ 24 ZPO) irrig Staudinger/Gursky, 14. Bearb. 1999, vor § 994, Rn. 74.
3 Staudinger/Gursky, 14. Bearb. 1999, vor § 994, Rn. 73.
4 A. A. (§ 24 ZPO) irrig Staudinger/Gursky, 14. Bearb. 1999, vor § 994, Rn. 74.

Zurückbehaltungsrecht des Besitzers

1000 ¹Der Besitzer kann die Herausgabe der Sache verweigern, bis er wegen der ihm zu ersetzenden Verwendungen befriedigt wird. ²Das Zurückbehaltungsrecht steht ihm nicht zu, wenn er die Sache durch eine vorsätzlich begangene unerlaubte Handlung erlangt hat.

Satz 1 gibt dem Besitzer gegen den Herausgabeanspruch des Eigentümers aus § 985 eine **Einrede** im Sinne der §§ 273 f.[1] (s. dort).

Klage auf Verwendungsersatz

1001 ¹Der Besitzer kann den Anspruch auf den Ersatz der Verwendungen nur geltend machen, wenn der Eigentümer die Sache wiedererlangt oder die Verwendungen genehmigt. ²Bis zur Genehmigung der Verwendungen kann sich der Eigentümer von dem Anspruch dadurch befreien, dass er die wiedererlangte Sache zurückgibt. ³Die Genehmigung gilt als erteilt, wenn der Eigentümer die ihm von dem Besitzer unter Vorbehalt des Anspruchs angebotene Sache annimmt.

Strittig ist, ob von der Wiedererlangung der Sache oder der Genehmigung der Verwendungen durch den Eigentümer nach Satz 1 die **Entstehung** des Verwendungsersatzanspruchs abhängt (aufschiebende Bedingung)[2] oder seine **Fälligkeit**[3] oder seine **Klagbarkeit**[4]. Nach den beiden ersten Ansichten müsste eine vorher erhobene Leistungsklage, die allein auf einen Anspruch aus § 994 oder § 996 gestützt wird, als derzeit unbegründet abgewiesen werden, nach der dritten Ansicht als unzulässig. Konstruktiv vollkommen befriedigend ist keine der genannten Lösungen; die wenigsten Schwierigkeiten macht die Fälligkeitstheorie[5].

---

1 Staudinger/Gursky, 14. Bearb. 1999, Rn. 3.
2 So z. B. Palandt/Bassenge, Rn. 1; Staudinger/Gursky, 14. Bearb. 1999, vor § 994, Rn. 63.
3 So z. B. MünchKommBGB/Medicus, Rn. 17.
4 So z. B. Stech, ZZP 77, 206 f.
5 Vgl. MünchKommBGB/Medicus, Rn. 17.

Beseitigungs- und Unterlassungsanspruch

1004 (1) ¹Wird das Eigentum in anderer Weise als durch Entziehung oder Vorenthaltung des Besitzes beeinträchtigt, so kann der Eigentümer von dem Störer die Beseitigung der Beeinträchtigung verlangen. ²Sind weitere Beeinträchtigungen zu besorgen, so kann der Eigentümer auf Unterlassung klagen.
(2) Der Anspruch ist ausgeschlossen, wenn der Eigentümer zur Duldung verpflichtet ist.

Inhaltsübersicht

A. Beseitigungsanspruch 1
B. Unterlassungsanspruch ... 9
I. Unterlassungsklage und Unterlassungsanspruch ... 9
  1. Klage 9
  2. Anspruch 10
II. Leistungsklage 12
III. Beeinträchtigungsgefahr ... 16
  1. Erstmalige Beeinträchtigung 16
  2. Auswirkung auf Zulässigkeit oder Begründetheit? .. 17
  3. Wegfall der Beeinträchtigungsgefahr 18
IV. Zuständigkeit 21
V. Streitverkündung 22
VI. Materielle Rechtskraft ... 23
VII. Zwangsvollstreckung ... 25
  1. Verpflichtung zu Tun oder Unterlassen 25
  2. Vom Urteil umfasste Handlungen 27
VIII. Einstweiliger Rechtsschutz 28
  1. Verfügungsgrund 28
  2. Verfügungsantrag 30
  3. Verfügung 31
C. Eigentum 32
I. Feststellungsklage 32
II. Zuständigkeit 34

A. Beseitigungsanspruch

§ 1004 I Satz 1 gibt dem Eigentümer gegen den Störer einen **Anspruch** auf Beseitigung einer gegenwärtigen Beeinträchtigung[1]. Zu beseitigen ist eine fortwirkende Störungs-Quelle[2].   1

Eine **Leistungsklage** muss nach § 253 II Nr. 2 ZPO die Verurteilung des Beklagten beantragen, die möglichst genau beschriebene Beeinträchtigung durch geeignete Maßnahmen zu beseitigen. Die Aus-   2

---

[1] Bei Veräußerung nach Rechtshängigkeit gelten die §§ 265, 266 ZPO (BGHZ 18, 225 f.; MünchKommBGB/Medicus, Rn. 89 f.; Staudinger/Gursky, 14. Bearb. 1999, Rn. 91, 131).
[2] Erman/Hefermehl, Rn. 21.

wahl der geeigneten Maßnahmen bleibt Sache des Beklagten; darüber wird in Klage und Urteil grundsätzlich nichts gesagt[1].

3 Ist der Rechtsweg zu den ordentlichen Gerichten gegeben (§ 13 GVG[2]), so sind **sachlich zuständig** die Amtsgerichte oder die Landgerichte, je nach Streitwert (§§ 23 Nr. 1, 71 I GVG). Der Streitwert bemisst sich grundsätzlich nach dem Interesse des Klägers an der Beseitigung der Beeinträchtigung (§ 3 ZPO)[3]. Ist aber das Bestehen oder die Dauer eines Miet- oder Pachtverhältnisses streitig, so gilt § 8 ZPO[4]. Wendet sich die Klage gegen die Ausübung einer Grunddienstbarkeit i. w. S., so gilt § 7 ZPO[5].

4 Stützt sich die Klage auf Grundstückseigentum, so ist **örtlich zuständig** ausschließlich das Gericht, in dessen Bezirk das beeinträchtigte Grundstück liegt (§§ 24 I, 40 II ZPO)[6].

5 Der Übergang von der Beseitigungsklage zur Herausgabeklage (§ 985), und umgekehrt, ist eine zulässige **Klageänderung** (§ 264 Nr. 2 ZPO), da sich Besitzentziehung und -störung nur quantitativ unterscheiden[7].

6 Behauptet der Beklagte, die Eigentumsbeeinträchtigung in Ausübung des Rechtes eines Dritten, z. B. seines Verpächters, vorgenommen zu haben, so kann er dem Dritten den **Streit verkünden** (§ 77 ZPO).

7 Die **Zwangsvollstreckung** richtet sich nach §§ 887, 892 ZPO oder nach § 888 I ZPO, je nachdem, ob dem Schuldner eine vertretbare oder eine unvertretbare Handlung aufgegeben wird. Soll der Schuldner z. B. das Eindringen von Wasser verhindern, so ist ihm eine vertretbare Handlung aufgegeben[8], ebenso, wenn er Fahrzeuge von

---

1 OLG Bamberg, DGVZ 1999, 136; OLG Düsseldorf, MDR 1998, 734; OLG Hamm, JMBl. NRW 1957, 199; MünchKommBGB/Medicus, Rn. 86 f.; Staudinger/Gursky, 14. Bearb. 1999, Rn. 227; Zöller/Greger, § 253, Rn. 13c.
2 Dazu ausführlich Soergel/Mühl, Rn. 202 ff. Für eine Klage gegen die Deutsche Bahn AG auf Unterlassung von Erschütterungen und Lärm durch den Bahnbetrieb ist der ordentliche Rechtsweg gegeben (BGH, NJW 1997, 744).
3 Stein/Jonas/Roth, § 3, Rn. 41, „Abwehrklage".
4 Stein/Jonas/Roth, § 8, Rn. 3.
5 Stein/Jonas/Roth, § 7, Rn. 6; str.
6 Stein/Jonas/Schumann, § 24, Rn. 11; Zöller/Vollkommer, § 24, Rn. 8.
7 Staudinger/Bund, 14. Bearb. 2000, § 861, Rn. 19. Vgl. auch Soergel/Mühl, Rn. 214.
8 OLG Düsseldorf, MDR 1998, 734.

einem Parkplatz entfernen soll[1]. Die vorzunehmende Handlung muss in Antrag und Beschluss bestimmt bezeichnet werden[2]. Denn die Auswahl der geeigneten Maßnahme, die an sich Sache des Schuldners ist (Rn. 2), kann bei Weigerung des Schuldners nicht völlig dem Belieben des Gläubigers überlassen werden, sondern bedarf der gerichtlichen Kontrolle unter dem Gesichtspunkt der Erforderlichkeit.

Droht der zu beseitigende Zustand sich durch Handlungen des Schuldners zu verfestigen, so kann dem Schuldner diese *Verfestigung* durch **einstweilige Verfügung** nach § 935 ZPO verboten werden (§ 938 II ZPO). Eine einstweilige Verfügung, die dem Antragsgegner die *Beseitigung* einer Beeinträchtigung aufgibt, ist als eine über die bloße Anspruchssicherung hinausgehende Befriedigungsverfügung nur zulässig, wenn der Schaden, der dem Antragsteller ohne die Anordnung droht, nicht geringer ist als der Schaden, der dem Antragsgegner durch die Anordnung entsteht (§ 940 ZPO, → *Zahlung* Rn. 40). Die Auswahl der geeigneten Maßnahme ist hier Sache des Gerichts[3]. 8

B. Unterlassungsanspruch

I. Unterlassungsklage und Unterlassungsanspruch

1. Klage

§ 1004 I Satz 2 regelt lediglich die Klage auf Unterlassung, für deren Zulässigkeit die Besorgnis von Beeinträchtigungen vorausgesetzt wird (wie § 12, Rn. 11, 12). 9

2. Anspruch

Die Unterlassungsklage ist jedoch auch hier keine rein prozessrechtliche Einrichtung, sondern macht wie jede andere Leistungsklage einen Anspruch geltend (vgl. § 1004 II)[4]. Da der Unterlas- 10

---

1 AG Wuppertal, DGVZ 1998, 159.
2 OLG Bamberg, DGVZ 1999, 137; MünchKommZPO/Schilken, § 887, Rn. 9, 11; Staudinger/Gursky, 14. Bearb. 1999, Rn. 237; Zöller/Stöber, § 887, Rn. 4.
3 Vgl. MünchKommBGB/Säcker, § 908, Rn. 8.
4 Erman/Hefermehl, Rn. 27; Staudinger/Gursky, 14. Bearb. 1999, Rn. 205. Bei Veräußerung nach Rechtshängigkeit gelten die §§ 265, 266 ZPO (MünchKommBGB/Medicus, Rn. 89 f.; Staudinger/Gursky, 14. Bearb. 1999, Rn. 91, 131).

sungsanspruch dem Schutz des Eigentums, also eines absoluten Rechts, dient, ist er **gegen jedermann** gerichtet (vgl. § 12, Rn. 13). „Jedermann" ist hier jeder, der die Möglichkeit der Einwirkung auf die Sache hat (§ 903 Satz 1).

11 § 1004 I Satz 2 gibt folglich dem Eigentümer gegen den möglichen Störer einen **Anspruch** darauf, dass **künftige Beeinträchtigungen** des Eigentums **unterbleiben**. Der Anspruch kann dahin gehen, dass beeinträchtigende **Handlungen** unterbleiben, oder dahin, dass ein beeinträchtigender **Erfolg** unterbleibt. Im zweiten Fall hat der Anspruchsgegner durch geeignete Maßnahmen seiner Wahl (Tun oder Unterlassen) dafür zu sorgen, dass der Erfolg ausbleibt[1].

II. Leistungsklage

12 Eine wegen des Unterlassungsanspruchs erhobene Klage muss im Klageantrag **bestimmt angeben**, welche Beeinträchtigungen unterbleiben sollen (§ 253 II Nr. 2 ZPO). Die vom Kläger angegebenen **Beeinträchtigungen** müssen so bestimmt sein, dass der Beklagte und das Vollstreckungsorgan (§ 890 ZPO) dem Klage stattgebenden Urteil entnehmen können, ob eine konkrete Handlung verboten ist. Diese Frage muss sich also durch Auslegung des Urteils beantworten lassen, ohne dass eine erneute Entscheidung über den Umfang des Unterlassungsanspruchs erforderlich ist. Dabei ist zu berücksichtigen, „dass der Verletzer sich nicht durch jede Änderung der Verletzungsform dem Verbotsurteil entziehen kann, sondern dass solche Änderungen, die den Kern der Verletzungsform unberührt lassen, von der Rechtskraftwirkung mitumfasst werden können"[2]. Die Auswahl der geeigneten **Maßnahme** bleibt Sache des Beklagten; darüber wird in Klage und Urteil grundsätzlich nichts gesagt[3].

13 An **immissionsrechtliche Klagen** werden jedoch weniger strenge Maßstäbe angelegt[4]. Beantragt werden könnte zum **Beispiel** die Verurteilung des Beklagten, „durch geeignete Maßnahmen zu verhindern, dass von dem Betrieb des Jugendzeltplatzes (auf dem

---

1 Vgl. Staudinger/Gursky, 14. Bearb. 1999, § 1004, Rn. 204.
2 BGHZ 5, 193 f.; MünchKommZPO/Lüke, § 253, Rn. 133 ff.; Rüßmann, FS Lüke, S. 683 ff.; Stein/Jonas/Schumann, § 253, Rn. 59 f. Kritisch Schubert, ZZP 85, 29, 36, der lediglich Äquivalente oder Nachahmungen für mitverboten hält (S. 49 ff.). Vgl. auch Zöller/Greger, § 253, Rn. 13b.
3 Erman/Hefermehl, Rn. 29; MünchKommBGB/Medicus, Rn. 86 f.; Staudinger/Gursky, 14. Bearb. 1999, Rn. 227.
4 BGH, NJW 1999, 356 (Schweinemast).

Grundstück des Beklagten) Lärm und Gerüche auf das Grundstück der Klägerin dringen, die dessen Benutzung beeinträchtigen und ihre Gesundheit verletzen"[1].

Ist der Klageantrag *unbestimmt*, wird die Klage nach § 253 II Nr. 2 ZPO abgewiesen. Ist der Klageantrag *zu weit*, weil in so weitem Umfang keine Beeinträchtigungsgefahr oder kein Unterlassungsanspruch besteht, muss der Kläger mit einer vollständigen Abweisung rechnen. Daher sollte er das Verbot der konkreten Verletzungshandlung eigens beantragen, um wenigstens insoweit zu siegen. Ist der Klageantrag *zu eng*, kann das Urteil den Streit der Parteien nicht umfassend beilegen (§ 308 I Satz 1 ZPO). In allen diesen Fällen hat das Gericht auf einen **sachdienlichen Antrag** hinzuwirken (§ 139 I Satz 2 ZPO), der regelmäßig auch im Interesse des Beklagten liegt[2]. 14

Damit die in § 890 II ZPO für die Zwangsvollstreckung vorausgesetzte **Androhung von Ordnungsmitteln** schon in das Urteil aufgenommen wird, muss der Kläger der Unterlassungsklage den Antrag hinzufügen, das Gericht möge erkennen: „Dem Beklagten wird für jede Zuwiderhandlung ein Ordnungsgeld bis zu 250 000 Euro oder Ordnungshaft bis zu sechs Monaten angedroht"[3]. 15

III. Beeinträchtigungsgefahr

1. Erstmalige Beeinträchtigung

Wie beim Namensrecht (§ 12, Rn. 19) genügt die Gefahr einer erstmaligen Beeinträchtigung[4]. 16

2. Auswirkung auf Zulässigkeit oder Begründetheit?

Streitig ist jedoch, ob von der Beeinträchtigungsgefahr (Begehungsgefahr) die Zulässigkeit[5] oder die Begründetheit[6] der Klage abhängt. Wie beim Namensrecht (§ 12, Rn. 20 ff.) sprechen die besseren Gründe dafür, in der Beeinträchtigungsgefahr keine Begründetheitsvoraussetzung (= Voraussetzung des Unterlassungsanspruchs) zu se- 17

---

1 Vgl. BGHZ 121, 250 f.; Staudinger/Gursky, 14. Bearb. 1999, Rn. 228 ff.
2 Teplitzky, FS Oppenhoff, S. 488 f.
3 Ähnlich Schuschke, § 890, Rn. 16.
4 Erman/Hefermehl, Rn. 27; Münzberg, JZ 1967, 689; Staudinger/Gursky, 14. Bearb. 1999, Rn. 207.
5 Nachweise bei § 12, Rn. 20.
6 So Erman/Hefermehl, Rn. 28; MünchKommBGB/Medicus, Rn. 82; Staudinger/Gursky, 14. Bearb. 1999, Rn. 208.

hen, sondern eine Zulässigkeitsvoraussetzung, und zwar eine Erscheinungsform des **Rechtsschutzinteresses** (Rechtsschutzgrundes).

3. Wegfall der Beeinträchtigungsgefahr

18 Der Wegfall der Beeinträchtigungsgefahr während des Prozesses infolge redlicher Zusagen des Beklagten[1] macht die Klage grundsätzlich unzulässig, so dass der Rechtsstreit in der Hauptsache erledigt ist.

19 Steht jedoch bereits fest, dass der Kläger gegen den Beklagten keinen Unterlassungsanspruch hat, dass also die Klage unbegründet ist, so kommt es auf die Beeinträchtigungsgefahr als Voraussetzung des Rechtsschutzinteresses nicht mehr an. Denn bei feststehender **Unbegründetheit** der Klage kann das Rechtsschutzinteresse nicht mehr – seinem Zweck entsprechend – eine nutzlose, unzweckmäßige oder sonst ungerechtfertigte Prüfung der Klagebegründetheit verhindern. Es ist also funktionslos geworden und deshalb nicht mehr Zulässigkeitsvoraussetzung der Klage. Infolgedessen wird die Klage jetzt als unbegründet abgewiesen[2], wenn nicht die Hauptsache beiderseitig für erledigt erklärt wird (§ 91a ZPO).

20 Steht die **Begründetheit** der Klage bereits fest, so ist das Rechtsschutzinteresse gleichfalls funktionslos geworden und nicht mehr Zulässigkeitsvoraussetzung der Klage. Infolgedessen wird der Klage stattgegeben, falls sie im Übrigen zulässig ist[3]. Für die Rechtfertigung des Unterlassungsurteils genügt es, dass der Kläger gegen den Beklagten einen Anspruch auf Unterlassung hat. Der Wegfall der Beeinträchtigungsgefahr beseitigt richtiger Ansicht nach nicht den Anspruch, sondern nur das Rechtsschutzinteressse (Rechtsschutzgrund). Er berührt daher nicht die sachliche Berechtigung des Urteils, die mit dem Anspruch gegeben ist, sondern lässt das Urteil allenfalls als nutzlos erscheinen. Da jedoch ohnehin ein Urteil ergehen muss, ist es sinnvoller, der Klage stattzugeben, um einer künftigen Beeinträchtigungsgefahr vorzubeugen, statt die Klage mangels gegenwärtiger Beeinträchtigungsgefahr abzuweisen. Erst

---

1 Stein/Jonas/Schumann, vor § 253, Rn. 13.
2 Wieser, Rechtsschutzinteresse, S. 208 ff.; im Ergebnis ebenso die überwiegende Rechtsprechung und Lehre.
3 Wieser, Rechtsschutzinteresse, S. 211 f. gegen die überwiegende Rechtsprechung und Lehre. Wie hier im Falle eines Anerkenntnisses MünchKommZPO/Musielak, § 307, Rn. 22; Stein/Jonas/Leipold, § 307, Rn. 34.

recht unerheblich ist der Wegfall der Beeinträchtigungsgefahr nach Rechtskraft des Unterlassungsurteils[1].

IV. Zuständigkeit

Hierfür gelten Rn. 3, 4 entsprechend. Der Streitwert bemisst sich grundsätzlich nach dem Interesse des Klägers an der Unterlassung[2]. 21

V. Streitverkündung

Behauptet der Beklagte, die Eigentumsbeeinträchtigung in Ausübung des Rechts eines Dritten, z. B. seines Verpächters, vorgenommen zu haben, so kann er dem Dritten den Streit verkünden (§ 77 ZPO). 22

VI. Materielle Rechtskraft

Wird der Beklagte verurteilt, eine bestimmte Handlung zu unterlassen, so ist rechtskraftfähig festgestellt, dass eine derartige Handlung – soweit der Kern der Verletzungsform reicht (Rn. 12) – von Rechts wegen zu unterbleiben hat, also rechtswidrig oder widerrechtlich ist. Nimmt der Beklagte eine zu unterlassende Handlung nach der letzten mündlichen Verhandlung des Unterlassungsprozesses[3] gleichwohl vor und kommt es deswegen zu einem Schadensersatzprozess nach § 823 I, so ist die Feststellung der Widerrechtlichkeit grundsätzlich nicht bindend[4]. Denn für § 823 I genügt nicht eine Vertragsverletzung, also nicht jede Widerrechtlichkeit, sondern nur die Widerrechtlichkeit kraft eines absoluten Rechts 23

---

1 Ebenso im Ergebnis Rüßmann, FS Lüke, S. 690 ff.
2 Stein/Jonas/Roth, § 3, Rn. 61, „Unterlassungsanspruch".
3 Henckel, Prozessrecht, S. 191 f. Näher § 535, Rn. 14.
4 K. H. Schwab, FS Bötticher, S. 334. Das Reichsgericht hat eine Rechtskraftwirkung des Unterlassungsurteils meist nur in Fällen abgelehnt, in denen über Schädigungen aus der Zeit *vor* der letzten Tatsachenverhandlung des Unterlassungsprozesses zu entscheiden war. So RGZ 49, 33, wo am Ende ausdrücklich gesagt wird, dass dies nicht gelten solle für Zuwiderhandlungen gegen ein Verbotsurteil; RG, JW 1937, 1895, 1897; wohl auch RGZ 163, 163. In RGZ 121, 287 wurde die Rechtskraftwirkung aber auch für Schädigungen aus der Zeit *nach* der letzten Tatsachenverhandlung des Unterlassungsprozesses verneint (vgl. Zeuner, Rechtskraft, S. 23). A. A. Stein/Jonas/Leipold, § 322, Rn. 219; Zeuner, Rechtskraft, S. 59. Abweichend auch Henckel, Prozessrecht, S. 191: die Feststellung (hier) des Eigentums sei bindend. Vgl. ferner Soergel/Mühl, Rn. 216.

oder Rechtsguts, hier des Eigentums. Darüber ist aber im Tenor des Urteils nichts gesagt (Rn. 32), wenn keine Zwischenfeststellungsklage nach § 256 II ZPO erhoben wurde.

24 Wird eine Unterlassungsklage als unbegründet abgewiesen, so ist rechtskraftfähig festgestellt, dass der Kläger gegen den Beklagten keinen Anspruch auf die begehrte Unterlassung hat. Nicht aber ist über den Grund für das Nichtbestehen des Anspruchs rechtskraftfähig entschieden, z. B. darüber, dass der Kläger nicht Eigentümer ist oder dass der Beklagte nicht widerrechtlich handelt[1]. Eine rechtskraftfähige Entscheidung über solche Vorfragen muss eigens beantragt werden (§ 256 II ZPO).

VII. Zwangsvollstreckung

1. Verpflichtung zu Tun oder Unterlassen

25 Ein „Unterlassungsurteil" kann in Wahrheit auf ein **Tun** gerichtet sein und ist dann nach § 887 oder § 888 ZPO zu vollstrecken. Nur soweit das Urteil auf ein **Unterlassen** gerichtet ist, also die Verpflichtung ausspricht, „eine Handlung zu unterlassen oder die Vornahme einer Handlung zu dulden", wird es nach § 890 ZPO durchgesetzt[2]. Ob ein Tun oder ein Unterlassen geschuldet wird, ist durch Auslegung des Urteils zu ermitteln[3].

26 Das Urteil aus § 1004 I Satz 2 gibt dem Schuldner in der Regel auf, durch geeignete Maßnahmen dafür zu sorgen, dass bestimmte künftige Beeinträchtigungen unterbleiben. Als geeignete Maßnahme kann ein Tun, ein Unterlassen oder beides in Betracht kommen. Kann der Schuldner dem Urteil durch **Tun wie Unterlassen** nachkommen – z. B. eine beeinträchtigende Anlage abschirmen oder nicht mehr anschalten – so hat er die Wahl. Ein solches Urteil wird nach § 890 ZPO vollstreckt[4]. Eine Vollstreckung nach § 887 oder § 888 ZPO[5], z. B. durch zwangsweise Abschirmung der Anlage, würde dem Schuldner unnötig die Möglichkeit nehmen, das Urteil

---

1 A. A. zur Widerrechtlichkeit BGH, NJW 1965, 42; Stein/Jonas/Leipold, § 322, Rn. 219; Zeuner, Rechtskraft, S. 59; eingeschränkt auch Henckel, Prozessrecht, S. 192.
2 Staudinger/Gursky, 14. Bearb. 1999, Rn. 237.
3 OLG Saarbrücken, MDR 2000, 784; Dietrich, Individualvollstreckung, S. 142; MünchKommZPO/Schilken, § 890, Rn. 3; Musielak/Lackmann, § 890, Rn. 3; Stein/Jonas/Brehm, § 890, Rn. 5.
4 Bacher, S. 15 f.; Staudinger/Gursky, 14. Bearb. 1999, Rn. 237.
5 Dafür OLG Hamm, JMBl. NRW 1957, 198.

durch Unterlassen zu befolgen. Eine Vollstreckung nach § 890 ZPO greift dagegen nur ein, wenn der Schuldner überhaupt keine geeignete Maßnahme ergreift, die Anlage nicht abschirmt und gleichwohl anschaltet.

2. Vom Urteil umfasste Handlungen

Das in dem Titel enthaltene Unterlassungsgebot (Handlungsverbot), das bestimmt sein muss[1], erfasst nach der Rechtsprechung alle Handlungen, die gegen den **Kern des Verbots** verstoßen[2]. Zweifel kann sowohl der Gläubiger als auch der Schuldner durch Feststellungsurteil nach § 256 I ZPO klären lassen[3]. 27

VIII. Einstweiliger Rechtsschutz

1. Verfügungsgrund

Eine einstweilige Verfügung, die dem Antragsgegner aufgibt, eine bestimmte Beeinträchtigung vorerst zu unterlassen, führt in dem Zeitraum, für den sie gilt, zur Befriedigung des Unterlassungsanspruchs[4] und ist deshalb nach § 940 ZPO nur zulässig, wenn der Schaden, der dem Antragsteller ohne die Anordnung droht, nicht geringer ist als der Schaden, der dem Antragsgegner durch die Anordnung entsteht (→ *Zahlung* Rn. 40)[5]. 28

Zuweilen kommt aber auch eine Anordnung in Betracht, die nicht zur zeitweiligen Befriedigung des Unterlassungsanspruchs, sondern nur zu seiner Sicherung führt. So kann der Anspruch auf Unterlassung einer patentwidrigen Produktion durch das Gebot gesichert werden, für jedes Stück der Produktion eine Lizenzgebühr als Sicherheit zu hinterlegen[6]. Falls eine solche **Sicherungsverfügung** ge- 29

---

1 Schubert, ZZP 85, 29, Fn. 4, 16; Stein/Jonas/Brehm, § 890, Rn. 9 ff.
2 Vgl. MünchKommZPO/Schilken, § 890, Rn. 7; Zöller/Stöber, § 890, Rn. 3a. Siehe auch oben Rn. 12.
3 Rüßmann, FS Lüke, S. 687 ff.
4 Stein/Jonas/Grunsky, vor § 935, Rn. 46; einschränkend Zöller/Vollkommer, § 940, Rn. 1.
5 Vgl. Schilken, Befriedigungsverfügung, S. 154 f.; Stein/Jonas/Grunsky, vor § 935, Rn. 49a. Enger MünchKommZPO/Heinze, vor § 916, Rn. 79 ff. Die Rechtsprechung erlässt unbedenklich einstweilige Unterlassungs-Verfügungen zur „Sicherung" von Unterlassungsansprüchen. So z. B. OLG München, NJW 1971, 845 wegen einer Ehrverletzung. Weitere Rechtsprechungsnachw. bei Stein/Jonas/Grunsky, vor § 935, Rn. 48.
6 Jestaedt, GRUR 1985, 484.

troffen werden soll, richtet sich der Verfügungsgrund nach § 935 ZPO.

2. Verfügungsantrag

30 Der Verfügungsantrag wegen eines Unterlassungsanspruchs muss nach der herrschenden Meinung genauso bestimmt sein wie der Antrag einer Unterlassungsklage[1]. Soweit jedoch eine Sicherungsverfügung in Betracht kommt, sollte die Angabe des Verfügungsanspruchs und des Verfügungsgrundes genügen (§ 920 I i. V. m. § 936 ZPO)[2].

3. Verfügung

31 Das Gericht kann konkrete Maßnahmen anordnen, muss dabei aber dem Wahlrecht des Störers Rechnung tragen[3].

C. Eigentum

I. Feststellungsklage

32 Das Leistungsurteil trifft keine rechtskräftige Entscheidung über das Eigentum, das dem Beseitigungs- oder Unterlassungsanspruch zugrunde liegt (§ 322 I ZPO). Daher kann es sich empfehlen, die Leistungsklage mit einer **Zwischenfeststellungsklage** auf Feststellung des Eigentums zu verbinden (§§ 256 II, 506 ZPO); ein rechtliches Interesse ist dazu nicht erforderlich.

33 Zulässig ist ferner eine **selbständige Feststellungsklage** auf Feststellung des Eigentums. Hierfür ist ein rechtliches Interesse erforderlich (§ 256 I ZPO). Das Interesse ist beispielsweise gegeben an der Feststellung, dass das Eigentum an der bestimmten Sache dem Kläger zusteht, falls der Beklagte dies bestreitet.

II. Zuständigkeit

34 Der für die **sachliche Zuständigkeit** maßgebliche Streitwert bemisst sich nach dem Wert der Sache (§ 6 Satz 1 ZPO[4]).

---

1 Wieczorek/Thümmel, § 938, Rn. 4. Weitere Nachweise bei Jestaedt, GRUR 1985, 482. Vgl. auch Zöller/Vollkommer, § 938, Rn. 2.
2 So generell Jestaedt, GRUR 1985, 483 f.
3 OLG Köln, NJW 1953, 1592. Gleicher – nicht anderer – Ansicht Staudinger/Gursky, 14. Bearb. 1999, Rn. 239.
4 Stein/Jonas/Roth, § 6, Rn. 8.

Ansprüche aus dem Miteigentum § 1011

Soll Grundstückseigentum festgestellt werden, so ist **örtlich zuständig** ausschließlich das Gericht, in dessen Bezirk das Grundstück liegt (§§ 24 I, 40 II ZPO).

Ansprüche des früheren Besitzers, Ausschluss bei Kenntnis

1007 (1) Wer eine bewegliche Sache im Besitz gehabt hat, kann von dem Besitzer die Herausgabe der Sache verlangen, wenn dieser bei dem Erwerb des Besitzes nicht in gutem Glauben war.

(2) ¹Ist die Sache dem früheren Besitzer gestohlen worden, verloren gegangen oder sonst abhanden gekommen, so kann er die Herausgabe auch von einem gutgläubigen Besitzer verlangen, es sei denn, dass dieser Eigentümer der Sache ist oder die Sache ihm vor der Besitzzeit des früheren Besitzers abhanden gekommen war. ²Auf Geld und Inhaberpapiere findet diese Vorschrift keine Anwendung.

(3) ¹Der Anspruch ist ausgeschlossen, wenn der frühere Besitzer bei dem Erwerb des Besitzes nicht in gutem Glauben war oder wenn er den Besitz aufgegeben hat. ²Im Übrigen finden die Vorschriften der §§ 986 bis 1003 entsprechende Anwendung.

§ 1007 gibt dem früheren Besitzer gegen den gegenwärtigen Besitzer einen **Anspruch** auf **Herausgabe**, d. h. → *Besitzeinräumung* (Rn. 1).

Ansprüche aus dem Miteigentum

1011 Jeder Miteigentümer kann die Ansprüche aus dem Eigentum Dritten gegenüber in Ansehung der ganzen Sache geltend machen, den Anspruch auf Herausgabe jedoch nur in Gemäßheit des § 432.

Die Ansprüche aus §§ 894, 1004 und 1005[1] können schon ihrer Natur nach nur zugunsten aller Miteigentümer geltend gemacht werden[2]. Daher gilt auch für sie § 432.

---

1 Vgl. Staudinger/Gursky, 14. Bearb. 1999, Rn. 2.
2 Berger, Rechtskraft, S. 240.

Gesetzlicher Inhalt der Grunddienstbarkeit

1018 Ein Grundstück kann zugunsten des jeweiligen Eigentümers eines anderen Grundstücks in der Weise belastet werden, dass dieser das Grundstück in einzelnen Beziehungen benutzen darf oder dass auf dem Grundstücke gewisse Handlungen nicht vorgenommen werden dürfen oder dass die Ausübung eines Rechts ausgeschlossen ist, das sich aus dem Eigentum an dem belasteten Grundstück dem anderen Grundstück gegenüber ergibt (Grunddienstbarkeit).

1 § 1018 gibt dem jeweiligen Eigentümer des berechtigten Grundstücks gegen den Eigentümer des belasteten Grundstücks einen **Anspruch** auf **Duldung**, d. h. Gewährung des Zugangs und Unterlassung von Widerstand (wie § 917, Rn. 1 ff.) oder auf schlichte **Unterlassung**[1]. Mehrere Eigentümer des belasteten Grundstücks sind gemeinschaftliche Schuldner[2] (→ *Mehrheit von Schuldnern* Rn. 2 ff.).

2 **Sachlich zuständig** sind die Amtsgerichte oder die Landgerichte, je nach Streitwert (§§ 23 Nr. 1, 71 I GVG). Der Streitwert bemisst sich nach § 7 ZPO, falls Bestand oder Umfang der Grunddienstbarkeit streitig sind[3], sonst nach § 3 ZPO.

3 **Örtlich zuständig** ist ausschließlich das Gericht, in dessen Bezirk das belastete Grundstück liegt (§§ 24, 40 II ZPO).

Schonende Ausübung

1020 [1]Bei der Ausübung einer Grunddienstbarkeit hat der Berechtigte das Interesse des Eigentümers des belasteten Grundstücks tunlichst zu schonen. [2]Hält er zur Ausübung der Dienstbarkeit auf dem belasteten Grundstück eine Anlage, so hat er sie in ordnungsmäßigem Zustand zu erhalten, soweit das Interesse des Eigentümers es erfordert.

---

1 Palandt/Bassenge, Rn. 13, 19, 26. Zur Feststellungsklage s. MünchKommBGB/Falckenberg, Rn. 71, wo allerdings das Verhältnis zur Klage aus § 894 nicht richtig beurteilt wird (s. hier § 894, Rn. 16).
2 Vgl. BGH, NJW 1992, 1102.
3 Vgl. Stein/Jonas/Roth, § 7, Rn. 6.

Verlegung der Ausübung § 1023

Schont der Berechtigte das Interesse des Eigentümers entgegen Satz 1 nicht, so stehen dem Eigentümer die Ansprüche aus § 1004 zu[1] (s. dort). 1

Satz 2 gibt dem Eigentümer des belasteten Grundstücks gegen den Berechtigten einen **Anspruch** auf **Erhaltung der Anlage**[2] (wie § 535, Rn. 27 ff.). 2

Zur **Zuständigkeit** s. § 1018, Rn. 2, 3. 3

Verlegung der Ausübung

1023 (1) ¹Beschränkt sich die jeweilige Ausübung einer Grunddienstbarkeit auf einen Teil des belasteten Grundstücks, so kann der Eigentümer die Verlegung der Ausübung auf eine andere, für den Berechtigten ebenso geeignete Stelle verlangen, wenn die Ausübung an der bisherigen Stelle für ihn besonders beschwerlich ist; die Kosten der Verlegung hat er zu tragen und vorzuschießen. ²Dies gilt auch dann, wenn der Teil des Grundstücks, auf den sich die Ausübung beschränkt, durch Rechtsgeschäft bestimmt ist.

(2) Das Recht auf die Verlegung kann nicht durch Rechtsgeschäft ausgeschlossen oder beschränkt werden.

§ 1023 I gibt dem Eigentümer des belasteten Grundstücks gegen den Berechtigten einen **Anspruch** auf **Verlegung der Rechtsausübung**. Darunter sind verschiedenartige Maßnahmen zu verstehen. 1

I. Ausübungsstelle gehört nicht zum Rechtsinhalt

Gehört die Ausübungsstelle nicht zum Rechtsinhalt, so geht der Anspruch aus § 1023 auf **Unterlassung** der Rechtsausübung an einer anderen als der ebenso geeigneten Stelle[3]. 2

---

1 Palandt/Bassenge, Rn. 1; Soergel/Stürner, 13. Aufl., Rn. 3; Staudinger/Ring, 13. Bearb., Rn. 5.
2 In der Literatur wird auch insoweit § 1004 als Anspruchsgrundlage angesehen. Vgl. Palandt/Bassenge, Rn. 1; Soergel/Stürner, 13. Aufl., Rn. 7; Staudinger/Ring, 13. Bearb., Rn. 12.
3 Palandt/Bassenge, Rn. 3; Staudinger/Ring, 13. Bearb., Rn. 2. Beide stützen die Klage auf § 1004.

3 **Eine Leistungsklage** müsste die Verurteilung des Beklagten beantragen, sein näher bezeichnetes Recht nicht an einer anderen als der näher bezeichneten Stelle auszuüben, gegebenenfalls „nach Zahlung eines Vorschusses zur Deckung der Verlegungskosten in Höhe von . . . Euro oder vertraglicher Übernahme der Kosten durch den Kläger" (vgl. § 403, Rn. 6 ff.).

4 Zur **Zuständigkeit** s. § 1018, Rn. 2, 3.

5 Die **Zwangsvollstreckung** richtet sich nach § 890 ZPO.

II. Ausübungsstelle gehört zum Rechtsinhalt

6 Gehört die Ausübungsstelle zum Rechtsinhalt, so geht der Anspruch aus § 1023 auf **Änderung des Inhalts** der Grunddienstbarkeit[1] durch Einigung und Eintragung (§ 877).

7 Eine **Leistungsklage** müsste die Verurteilung des Beklagten beantragen, sich damit einverstanden zu erklären, dass die Ausübung seiner näher bezeichneten Grunddienstbarkeit an die näher bezeichnete Stelle verlegt wird, sowie die Eintragung dieser Rechtsänderung im Grundbuch zu bewilligen, „nach Zahlung eines Kostenvorschusses in Höhe von . . . Euro oder vertraglicher Übernahme der Kosten durch den Kläger" (vgl. § 403, Rn. 6 ff.).

8 Zur **Zuständigkeit** s. § 1018, Rn. 2, 3.

9 Die **Zwangsvollstreckung** richtet sich nach § 894 I ZPO.

Zusammentreffen mehrerer Nutzungsrechte

1024 Trifft eine Grunddienstbarkeit mit einer anderen Grunddienstbarkeit oder einem sonstigen Nutzungsrecht an dem Grundstück dergestalt zusammen, dass die Rechte nebeneinander nicht oder nicht vollständig ausgeübt werden können, und haben die Rechte gleichen Rang, so kann jeder Berechtigte eine den Interessen aller Berechtigten nach billigem Ermessen entsprechende Regelung der Ausübung verlangen.

1 § 1024 gibt jedem Berechtigten gegen jeden anderen Berechtigten einen **Anspruch** auf eine **interessengemäße Ausübungs-Regelung**. Darunter sind verschiedenartige Maßnahmen zu verstehen.

---

1 Palandt/Bassenge, Rn. 3; Soergel/Stürner, 13. Aufl., Rn. 8.

I. Anspruch auf Zustimmung

Der Anspruch aus § 1024 geht erstens auf Zustimmung zu einer interessengemäßen Ausübungs-Regelung[1]. 2

Eine **Leistungsklage** muss die Verurteilung des Beklagten beantragen, einem bestimmten Regelungs-Vorschlag (§ 253 II Nr. 2 ZPO) zuzustimmen. 3

Mehrere Verpflichtete, die ihre Zustimmung noch nicht erklärt haben, müssen gemeinsam verklagt werden (§ 62 Fall 2 ZPO, → *Mehrheit von Schuldnern* Rn. 4 ff.). 4

Zur **Zuständigkeit** s. § 1018, Rn. 2, 3. 5

Das Gericht darf in seinem **Urteil** eine unbillige Regelung nicht, wie nach § 315 III Satz 2, durch eine eigene ersetzen (§ 308 I Satz 1 ZPO), sondern muss die Klage als unbegründet abweisen, wenn sie nicht – notfalls nach einem Hinweis (§ 139 I ZPO) – geändert wird. 6

Die **Zwangsvollstreckung** richtet sich nach § 894 I ZPO. 7

II. Anspruch auf Unterlassung

Der Anspruch aus § 1024 geht ferner auf Unterlassung einer interessenwidrigen Ausübung[2]. Zur **Zuständigkeit** s. § 1018, Rn. 2, 3. 8

Beeinträchtigung der Grunddienstbarkeit

1027 Wird eine Grunddienstbarkeit beeinträchtigt, so stehen dem Berechtigten die im § 1004 bestimmten Rechte zu.

Zur **Zuständigkeit** s. § 1018, Rn. 2, 3.

---

1 Vgl. Palandt/Bassenge, Rn. 2; Soergel/Stürner, 13. Aufl., Rn. 2. **A. A.** Staudinger/Ring, 13. Bearb., Rn. 2.

2 Palandt/Bassenge, Rn. 2; Soergel/Stürner, 13. Aufl., Rn. 2; Staudinger/Ring, 13. Bearb., Rn. 2. Alle stützen die Klage auf § 1027 in Verbindung mit § 1004.

Nießbrauch an Inbegriff von Sachen; Verzeichnis

1035 ¹Bei dem Nießbrauch an einem Inbegriff von Sachen sind der Nießbraucher und der Eigentümer einander verpflichtet, zur Aufnahme eines Verzeichnisses der Sachen mitzuwirken. ²Das Verzeichnis ist mit der Angabe des Tages der Aufnahme zu versehen und von beiden Teilen zu unterzeichnen; jeder Teil kann verlangen, dass die Unterzeichnung öffentlich beglaubigt wird. ³Jeder Teil kann auch verlangen, dass das Verzeichnis durch die zuständige Behörde oder durch einen zuständigen Beamten oder Notar aufgenommen wird. ⁴Die Kosten hat derjenige zu tragen und vorzuschießen, welcher die Aufnahme oder die Beglaubigung verlangt.

I. Mitwirkung

1 § 1035 gibt dem Eigentümer gegen den Nießbraucher, und umgekehrt, einen **Anspruch** auf Mitwirkung zur Aufnahme eines Verzeichnisses[1].

2 Eine **Leistungsklage** müsste die Verurteilung des Beklagten beantragen, zur Aufnahme eines Verzeichnisses der Sachen mitzuwirken, an denen der Kläger dem Beklagten (oder umgekehrt) einen Nießbrauch bestellt hat, und das Verzeichnis zu unterschreiben.

3 **Sachlich zuständig** sind die Amtsgerichte oder die Landgerichte, je nach Streitwert (§§ 23 Nr. 1, 71 I GVG). Der Streitwert bemisst sich nach dem Wert der zu verzeichnenden Sachen (§ 6 Satz 1).

4 Die **Zwangsvollstreckung** richtet sich nach § 888 I ZPO[2].

II. Öffentliche Beglaubigung

5 § 1035 Satz 2 gibt jedem Teil gegen den anderen einen **Anspruch** auf öffentliche Beglaubigung der Unterschrift.

6 Der Anspruch wird von dem Kläger durch Erweiterung des Klageantrags (§ 260 oder § 264 Nr. 2 ZPO), von dem Beklagten durch Widerklage (§ 33 ZPO) geltend gemacht, mit dem **Antrag**, den Gegner zu verurteilen, seine Unterschrift unter das Verzeichnis öffentlich

---

[1] Näher MünchKommBGB/Petzoldt, Rn. 3.
[2] Soergel/Stürner, 13. Aufl., Rn. 2. Nach § 1377 II Satz 1 beschränkt sich die „Mitwirkung" auf die Abgabe einer Willenserklärung (s. dort, Rn. 2, 6).

beglaubigen zu lassen oder das Verzeichnis in öffentlich beglaubigter Form zu unterzeichnen.

Die **Zwangsvollstreckung** richtet sich nach § 894 I ZPO. Fingiert wird die Erklärung des Schuldners, dass er das Verzeichnis bestätige. Die fingierte Erklärung wahrt die Form der öffentlichen Beglaubigung[1]. Das fingierende Urteil mit Rechtskraftzeugnis wird dem Gläubiger von der Geschäftsstelle des Gerichts zugestellt (§§ 317, 706 ZPO). Damit ist die Titelschuld erfüllt. 7

III. Amtliche Aufnahme

§ 1035 Satz 3 gibt jedem Teil gegen den anderen einen **Anspruch** auf amtliche Aufnahme des Verzeichnisses. 8

Eine **Leistungsklage** müsste die Verurteilung des Beklagten beantragen, ein Verzeichnis der Sachen, an denen der Kläger dem Beklagten (oder umgekehrt) einen Nießbrauch bestellt hat, durch (Amtsperson) aufnehmen zu lassen. 9

Zur **Zuständigkeit** und **Zwangsvollstreckung** s. Rn. 3, 4. 10

IV. Kosten

§ 1035 Satz 4 begründet keinen Anspruch auf Zahlung eines Kostenvorschusses, sondern macht lediglich den Anspruch auf Aufnahme des Verzeichnisses oder auf Beglaubigung von der Zahlung eines Kostenvorschusses als **Anspruchsvoraussetzung** abhängig (s. § 403, Rn. 6 ff.). 11

Eine **Leistungsklage** muss daher die Verurteilung des Beklagten beantragen, „... nach Zahlung eines Kostenvorschusses in Höhe von ... Euro oder vertraglicher Übernahme der Kosten durch den Kläger" öffentlich beglaubigen oder amtlich aufnehmen zu lassen[2]. 12

Für die **Zwangsvollstreckung** muss der Gläubiger den Kostenvorschuss beweisen, um eine vollstreckbare Ausfertigung des Urteils zu erhalten (§ 726 I ZPO). Jedoch tritt die Fiktion der öffentlich beglaubigten unterschriftlichen Bestätigung auch ohne Zahlung eines Kostenvorschusses ein (§ 403, Rn. 9). 13

---

1 MünchKommZPO/Schilken, § 894, Rn. 13; Stein/Jonas/Brehm, § 894, Rn. 16; Zöller/Stöber, § 894, Rn. 5.
2 Vgl. Staudinger/J. Frank, 13. Bearb., Rn. 7.

§ 1038 Wirtschaftsplan für Wald und Bergwerk

1038 (1) ¹Ist ein Wald Gegenstand des Nießbrauchs, so kann sowohl der Eigentümer als der Nießbraucher verlangen, dass das Maß der Nutzung und die Art der wirtschaftlichen Behandlung durch einen Wirtschaftsplan festgestellt werden. ²Tritt eine erhebliche Änderung der Umstände ein, so kann jeder Teil eine entsprechende Änderung des Wirtschaftsplans verlangen. ³Die Kosten hat jeder Teil zur Hälfte zu tragen.

(2) Das Gleiche gilt, wenn ein Bergwerk oder eine andere auf Gewinnung von Bodenbestandteilen gerichtete Anlage Gegenstand des Nießbrauchs ist.

1 § 1038 gibt dem Eigentümer gegen den Nießbraucher, und umgekehrt, einen **Anspruch** auf Erstellung oder Änderung eines **Wirtschaftsplans**, d. h. auf Mitwirkung dazu.

2 Eine **Leistungsklage** müsste die Verurteilung des Beklagten beantragen, (zunächst) der Beiziehung eines vorgeschlagenen Sachverständigen oder einem vorgeschlagenen Plan zuzustimmen[1].

3 **Sachlich zuständig** sind die Amtsgerichte oder die Landgerichte, je nach Streitwert (§§ 23 Nr. 1, 71 I GVG). Der Streitwert bemisst sich nach dem Interesse des Klägers an dem Plan (§ 3 ZPO).

4 Die **Zwangsvollstreckung** richtet sich nach § 894 I ZPO.

Übermäßige Fruchtziehung

1039 (1) ¹Der Nießbraucher erwirbt das Eigentum auch an solchen Früchten, die er den Regeln einer ordnungsmäßigen Wirtschaft zuwider oder die er deshalb im Übermaße zieht, weil dies infolge eines besonderen Ereignisses notwendig geworden ist. ²Er ist jedoch, unbeschadet seiner Verantwortlichkeit für ein Verschulden, verpflichtet, den Wert der Früchte dem Eigentümer bei der Beendigung des Nießbrauchs zu ersetzen und für die Erfüllung dieser Verpflichtung Sicherheit zu leisten. ³Sowohl der Eigentümer als der Nießbraucher kann verlangen, dass der zu ersetzende Betrag zur Wiederherstellung der Sache insoweit verwendet wird, als es einer ordnungsmäßigen Wirtschaft entspricht.

---

1 Staudinger/J. Frank, 13. Bearb., Rn. 5.

Erhaltung der Sache § 1041

(2) Wird die Verwendung zur Wiederherstellung der Sache nicht verlangt, so fällt die Ersatzpflicht weg, soweit durch den ordnungswidrigen oder den übermäßigen Fruchtbezug die dem Nießbraucher gebührenden Nutzungen beeinträchtigt werden.

§ 1039 I Satz 2 gibt dem Eigentümer gegen den Nießbraucher **Ansprüche** auf **Wertersatz**, d. h. → *Zahlung*[1] (Rn. 1), und auf **Sicherheitsleistung** (§ 232, Rn. 2 ff.). 1

§ 1039 I Satz 3 gibt dem Eigentümer gegen den Nießbraucher einen **Anspruch** auf eine bestimmte **Verwendung** des zu ersetzenden Betrags schon vor der Beendigung des Nießbrauchs[2]. Der Eigentümer kann verlangen, dass der Nießbraucher sich um eine Wiederherstellung der Sache bemüht, die mit dem zu ersetzenden Betrag finanziert werden kann (wie § 611, Rn. 1 ff.). Der Anspruch tritt an die Stelle des Zahlungsanspruchs aus § 1039 I Satz 2, so dass dem Eigentümer eine **Ersetzungsbefugnis** zusteht (→ *Wahlmöglichkeiten* Rn. 6, 7). 2

Ebenso hat der Nießbraucher nach § 1039 I Satz 3 eine **Ersetzungsbefugnis** (→ *Wahlmöglichkeiten* Rn. 8 ff.), da er den zu ersetzenden Betrag, statt ihn nach der Beendigung des Nießbrauchs an den Eigentümer zu zahlen, schon vorher zur Wiederherstellung der Sache verwenden kann[3]. 3

Erhaltung der Sache

1041 [1]Der Nießbraucher hat für die Erhaltung der Sache in ihrem wirtschaftlichen Bestand zu sorgen. [2]Ausbesserungen und Erneuerungen liegen ihm nur insoweit ob, als sie zu der gewöhnlichen Unterhaltung der Sache gehören.

Satz 1 gibt dem Eigentümer gegen den Nießbraucher einen **Anspruch** auf **Erhaltung** der Sache, der in den folgenden Vorschriften konkretisiert wird. Zu dem **Anspruch** auf **Ausbesserung und Erneuerung** aus Satz 2 vgl. § 439, Rn. 19 ff.

---

1 MünchKommBGB/Petzoldt, Rn. 3.
2 MünchKommBGB/Petzoldt, Rn. 4.
3 MünchKommBGB/Petzoldt, Rn. 4.

Duldung von Ausbesserungen

1044 Nimmt der Nießbraucher eine erforderlich gewordene Ausbesserung oder Erneuerung der Sache nicht selbst vor, so hat er dem Eigentümer die Vornahme und, wenn ein Grundstück Gegenstand des Nießbrauchs ist, die Verwendung der im § 1043 bezeichneten Bestandteile des Grundstücks zu gestatten.

§ 1044 gibt dem Eigentümer gegen den Nießbraucher einen **Anspruch** auf **Gestattung** einer Ausbesserung, Erneuerung oder Verwendung von Bestandteilen (wie § 258, Rn. 2 ff.).

Versicherungspflicht des Nießbrauchers

1045 (1) ¹Der Nießbraucher hat die Sache für die Dauer des Nießbrauchs gegen Brandschaden und sonstige Unfälle auf seine Kosten unter Versicherung zu bringen, wenn die Versicherung einer ordnungsmäßigen Wirtschaft entspricht. ²Die Versicherung ist so zu nehmen, dass die Forderung gegen den Versicherer dem Eigentümer zusteht.

(2) Ist die Sache bereits versichert, so fallen die für die Versicherung zu leistenden Zahlungen dem Nießbraucher für die Dauer des Nießbrauchs zur Last, soweit er zur Versicherung verpflichtet sein würde.

I. Anspruch

1 § 1045 I gibt dem Eigentümer gegen den Nießbraucher einen Anspruch auf **Abschluss eines Versicherungsvertrags**[1].

II. Leistungsklage

2 Eine Leistungsklage müsste z. B. die Verurteilung des Beklagten beantragen, die von ihm für das Gebäude Petersweiher 92 in Gießen abgeschlossene Brandversicherung auf den Umbau des Jahres 1995 zu erstrecken.

---

1 Klagbar (Staudinger/J. Frank, 13. Bearb., Rn. 18).

III. Sachliche Zuständigkeit

Sachlich zuständig sind die Amtsgerichte oder die Landgerichte, je 3
nach Streitwert (§§ 23 Nr. 1, 71 I GVG). Der Streitwert bemisst sich
nach dem Interesse des Klägers an der Versicherung (§ 3 ZPO)[1].

IV. Zwangsvollstreckung

Die Zwangsvollstreckung richtet sich nicht nach § 894 I ZPO, da 4
der Schuldner nicht zu einer bestimmten Willenserklärung – dem
Vertragsschluss mit einem bestimmten Versicherer – verurteilt ist[2].
Maßgeblich ist vielmehr § 887 ZPO. Danach wird der Eigentümer
ermächtigt, im *eigenen* Namen auf Kosten des Nießbrauchers den
geschuldeten Versicherungsvertrag abzuschließen.

Zu einem Abschluss im Namen des Nießbrauchers kann der Eigen- 5
tümer dagegen nicht ermächtigt werden. Denn ein im Namen des
Schuldners getätigtes Rechtsgeschäft ist keine vertretbare Handlung, weil es nur von dem Schuldner selbst oder mit seiner Vollmacht vorgenommen werden kann. Das Prozessgericht ist nach
§ 887 ZPO nicht befugt, durch eine von ihm ausgesprochene Ermächtigung die Handlung des Schuldners vertretbar zu machen,
„weil die Vertretbarkeit der Handlung ... *Voraussetzung*, nicht
Wirkung der Ermächtigung sein muss"[3].

Nießbrauch an der Versicherungsforderung

1046 (1) **An der Forderung gegen den Versicherer steht dem Nießbraucher der Nießbrauch nach den Vorschriften zu, die für den Nießbrauch an einer auf Zinsen ausstehenden Forderung gelten.**

(2) ¹**Tritt ein unter die Versicherung fallender Schaden ein, so kann sowohl der Eigentümer als der Nießbraucher verlangen, dass die Versicherungssumme zur Wiederherstellung der Sache oder zur Be-**

---

1 Stein/Jonas/Roth, § 3, Rn. 62, „Versicherung".
2 OLG Bamberg, MDR 1983, 499 f.
3 Stein/Jonas/Brehm, § 887, Rn. 13. Ebenso OLG Bamberg, MDR 1983, 499;
   OLG Hamm, NJW 1956, 918; OLG Koblenz, DGVZ 1986, 138; Zöller/Stöber, § 887, Rn. 2. **A. A.** RGZ 55, 59 f.; OLG Stuttgart, Justiz 1970, 49;
   wohl auch OLG Köln, DB 1974, 2002 = BB 1975, 157 = MDR 1975, 586,
   Nr. 72.

schaffung eines Ersatzes insoweit verwendet wird, als es einer ordnungsmäßigen Wirtschaft entspricht. ²Der Eigentümer kann die Verwendung selbst besorgen oder dem Nießbraucher überlassen.

1 § 1046 II Satz 1 gibt dem Eigentümer gegen den Nießbraucher, und umgekehrt, einen **Anspruch** auf eine bestimmte **Verwendung** der „Versicherungssumme" (= Entschädigungssumme). Besorgt der Eigentümer selbst die Verwendung (§ 1046 II Satz 2), so kann er verlangen, dass der Nießbraucher gegenüber dem Versicherer einer Auszahlung der Entschädigungssumme an den Eigentümer zustimmt; überlässt der Eigentümer die Verwendung dem Nießbraucher, so kann der Nießbraucher verlangen, dass der Eigentümer gegenüber dem Versicherer einer Auszahlung der Entschädigungssumme an den Nießbraucher zustimmt[1]. Ist die Entschädigungssumme bereits an beide ausgezahlt worden (§§ 1046 I, 1076, 1077 I), so ist die Zustimmung gegenüber demjenigen Teil zu erklären, der die Verwendung besorgt.

2 **Sachlich zuständig** sind die Amtsgerichte oder die Landgerichte, je nach Streitwert (§§ 23 Nr. 1, 71 I GVG). Der Streitwert bemisst sich nach dem Interesse des Klägers an der Zustimmung (§ 3 ZPO).

3 Die **Zwangsvollstreckung** richtet sich nach § 894 I ZPO.

Lastentragung

1047 Der Nießbraucher ist dem Eigentümer gegenüber verpflichtet, für die Dauer des Nießbrauchs die auf der Sache ruhenden öffentlichen Lasten mit Ausschluss der außerordentlichen Lasten, die als auf den Stammwert der Sache gelegt anzusehen sind, sowie diejenigen privatrechtlichen Lasten zu tragen, welche schon zur Zeit der Bestellung des Nießbrauchs auf der Sache ruhten, insbesondere die Zinsen der Hypothekenforderungen und Grundschulden sowie die auf Grund einer Rentenschuld zu entrichtenden Leistungen.

§ 1047 gibt dem Eigentümer gegen den Nießbraucher einen **Anspruch** auf **Tragung von Lasten**, d. h. auf Befreiung von Lasten[2] (→ *Befreiung* Rn. 1).

---

[1] MünchKommBGB/Petzoldt, Rn. 4; Staudinger/J. Frank, 13. Bearb., Rn. 7.
[2] Palandt/Bassenge, Rn. 2.

Nießbrauch an Grundstück mit Inventar

1048 (1) ¹Ist ein Grundstück samt Inventar Gegenstand des Nießbrauchs, so kann der Nießbraucher über die einzelnen Stücke des Inventars innerhalb der Grenzen einer ordnungsmäßigen Wirtschaft verfügen. ²Er hat für den gewöhnlichen Abgang sowie für die nach den Regeln einer ordnungsmäßigen Wirtschaft ausscheidenden Stücke Ersatz zu beschaffen; die von ihm angeschafften Stücke werden mit der Einverleibung in das Inventar Eigentum desjenigen, welchem das Inventar gehört.

(2) Übernimmt der Nießbraucher das Inventar zum Schätzwert mit der Verpflichtung, es bei der Beendigung des Nießbrauchs zum Schätzwert zurückzugewähren, so findet die Vorschrift des § 582a entsprechende Anwendung.

§ 1048 I Satz 2 gibt dem Eigentümer gegen den Nießbraucher einen **Anspruch** auf **Ersatzbeschaffung** (wie § 582a, Rn. 2 ff.).

Sicherheitsleistung

1051 Wird durch das Verhalten des Nießbrauchers die Besorgnis einer erheblichen Verletzung der Rechte des Eigentümers begründet, so kann der Eigentümer Sicherheitsleistung verlangen.

§ 1051 gibt dem Eigentümer gegen den Nießbraucher einen **Anspruch** auf **Sicherheitsleistung** i. S. des § 232 (s. dort).

Gerichtliche Verwaltung mangels Sicherheitsleistung

1052 (1) ¹Ist der Nießbraucher zur Sicherheitsleistung rechtskräftig verurteilt, so kann der Eigentümer statt der Sicherheitsleistung verlangen, dass die Ausübung des Nießbrauchs für Rechnung des Nießbrauchers einem von dem Gericht zu bestellenden Verwalter übertragen wird. ²Die Anordnung der Verwaltung ist nur zulässig, wenn dem Nießbraucher auf Antrag des Eigentümers von dem Gericht eine Frist zur Sicherheitsleistung bestimmt worden und die Frist verstrichen ist; sie ist unzulässig, wenn die Sicherheit vor dem Ablauf der Frist geleistet wird.

§ 1053   Unterlassungsklage bei unbefugtem Gebrauch

(2) ¹Der Verwalter steht unter der Aufsicht des Gerichts wie ein für die Zwangsverwaltung eines Grundstücks bestellter Verwalter. ²Verwalter kann auch der Eigentümer sein.

(3) Die Verwaltung ist aufzuheben, wenn die Sicherheit nachträglich geleistet wird.

1   § 1052 I gibt dem Eigentümer keinen Anspruch, sondern ein **Antragsrecht** gegenüber dem Nießbraucher. Beantragt werden kann die Anordnung der Verwaltung des Nießbrauchs und die Bestellung eines Verwalters[1]. Diese Maßnahmen führen zwar nicht zur Befriedigung des titulierten Anspruchs auf Sicherheitsleistung, dienen aber einstweilen (§ 1052 III) dem gleichen Zweck. Sie können daher als vorläufige Vollstreckungsmaßnahmen charakterisiert werden. Zuständig für die Entscheidung über den Antrag ist deshalb das Vollstreckungsgericht (§ 764 ZPO)[2].

2   Die in § 1052 I Satz 2 genannte **Frist** wird von dem Prozessgericht in dem Urteil auf Sicherheitsleistung (§ 255 II ZPO), hilfsweise von dem Vollstreckungsgericht bestimmt[3].

3   Der **Anordnungsbeschluss** wird mit seinem Erlass wirksam.

4   Die Verwaltung kann als Sequestration[4] auch durch **einstweilige Verfügung** nach § 935 ZPO[5] i. V. m. § 938 II ZPO zur Sicherung des Eigentümeranspruchs auf Erhaltung und Rückgewähr der Nießbrauchssache angeordnet werden.

Unterlassungsklage bei unbefugtem Gebrauch

1053   Macht der Nießbraucher einen Gebrauch von der Sache, zu dem er nicht befugt ist, und setzt er den Gebrauch ungeachtet einer Abmahnung des Eigentümers fort, so kann der Eigentümer auf Unterlassung klagen.

§ 1053 gibt dem Eigentümer gegen den Nießbraucher einen **Anspruch** auf **Unterlassung** unbefugten Gebrauchs (wie § 1004, Rn. 9 ff.).

---

1 Staudinger/J. Frank, 13. Bearb., Rn. 4.
2 Staudinger/J. Frank, 13. Bearb., Rn. 4.
3 Staudinger/J. Frank, 13. Bearb., Rn. 3.
4 Vgl. Staudinger/J. Frank, 13. Bearb., Rn. 1.
5 Vgl. Staudinger/J. Frank, 13. Bearb., Rn. 4.

Rückgabepflicht des Nießbrauchers

1055 (1) Der Nießbraucher ist verpflichtet, die Sache nach der Beendigung des Nießbrauchs dem Eigentümer zurückzugeben.

(2) Bei dem Nießbrauch an einem landwirtschaftlichen Grundstück finden die Vorschriften des § 596 Abs. 1 und des § 596a, bei dem Nießbrauch an einem Landgut finden die Vorschriften des § 596 Abs. 1 und der §§ 596a, 596b entsprechende Anwendung.

Absatz 1 gibt dem Eigentümer gegen den Nießbraucher einen **Anspruch** auf **Rückgabe** der Nießbrauchsache, d. h. auf → *Besitzeinräumung* (Rn. 1).

Nießbrauch am Anteil eines Miteigentümers

1066 (1) Besteht ein Nießbrauch an dem Anteil eines Miteigentümers, so übt der Nießbraucher die Rechte aus, die sich aus der Gemeinschaft der Miteigentümer in Ansehung der Verwaltung der Sache und der Art ihrer Benutzung ergeben.

(2) Die Aufhebung der Gemeinschaft kann nur von dem Miteigentümer und dem Nießbraucher gemeinschaftlich verlangt werden.

(3) Wird die Gemeinschaft aufgehoben, so gebührt dem Nießbraucher der Nießbrauch an den Gegenständen, welche an die Stelle des Anteils treten.

Nach § 1066 II sind für eine auf Aufhebung der Miteigentumsgemeinschaft gerichtete Klage nur der Miteigentümer und der Nießbraucher gemeinschaftlich prozessführungsbefugt (§ 62 Fall 2 ZPO)[1].

Nießbrauch an verbrauchbaren Sachen

1067 (1) ¹Sind verbrauchbare Sachen Gegenstand des Nießbrauchs, so wird der Nießbraucher Eigentümer der Sachen; nach der Beendigung des Nießbrauchs hat er dem Besteller den Wert zu ersetzen, den die Sachen zur Zeit der Bestellung hat-

---
1 Henckel, Parteilehre, S. 50 f.; Staudinger/J. Frank, 13. Bearb., Rn. 8.

ten. ²Sowohl der Besteller als der Nießbraucher kann den Wert auf seine Kosten durch Sachverständige feststellen lassen.
(2) Der Besteller kann Sicherheitsleistung verlangen, wenn der Anspruch auf Ersatz des Wertes gefährdet ist.

1 § 1067 I Satz 1 Halbsatz 2 gibt dem Besteller gegen den Nießbraucher einen **Anspruch** auf **Wertersatz**, d. h. einen Zahlungsanspruch[1] (→ *Zahlung* Rn. 1).

2 § 1067 II gibt dem Besteller gegen den Nießbraucher einen **Anspruch** auf **Sicherheitsleistung** i. S. des § 232 (s. dort).

Nießbrauch an einer Forderung; Kündigung und Einziehung

1074 ¹Der Nießbraucher einer Forderung ist zur Einziehung der Forderung und, wenn die Fälligkeit von einer Kündigung des Gläubigers abhängt, zur Kündigung berechtigt. ²Er hat für die ordnungsmäßige Einziehung zu sorgen. ³Zu anderen Verfügungen über die Forderung ist er nicht berechtigt.

Inhaltsübersicht

A. Rechte des Nießbrauchers und des Gläubigers 1	1. Nießbrauch an rechtshängiger Forderung 6
B. Klage 2	2. Nießbrauch an noch nicht rechtshängiger Forderung . 7
C. Prozessführungsbefugnis . . 3	a) Leistung an den Gläubiger 8
D. Streitverkündung 4	b) Leistung an den Nießbraucher 9
E. Rechtskrafterstreckung . . . 5	
I. Klage des Nießbrauchers . . 5	F. Abwehr mehrfacher Klagen . 10
II. Klage des Gläubigers 6	G. Zwangsvollstreckung 12

A. Rechte des Nießbrauchers und des Gläubigers

1 § 1074 Satz 1 gibt dem *Nießbraucher* einer unverzinslichen Forderung (§ 1076) gegenüber dem Schuldner der Forderung (Drittschuldner) ein **Einziehungsrecht**[2]. Kraft des Einziehungsrechts kann der

---
1 Staudinger/J. Frank, 13. Bearb., Rn. 14.
2 Dazu Windel, Interventionsgrund, S. 77.

Nießbraucher verlangen, dass der Schuldner an ihn allein leistet. Daneben kann der *Gläubiger* die Leistung an den Nießbraucher verlangen[1].

B. Klage

Eine Klage erhebt der Nießbraucher wie der Gläubiger aus eigenem materiellem Recht[2] und im eigenen Namen. S. dazu die einzelnen Anspruchsgrundlagen.

2

C. Prozessführungsbefugnis

Für die Prozessführungsbefugnis genügt es, dass der Kläger *geltend macht*, Nießbraucher oder Gläubiger zu sein. Stellt sich heraus, dass er es nicht ist, wird die Klage als unbegründet abgewiesen[3].

3

D. Streitverkündung

Jeder Teil kann dem anderen den Streit verkünden, weil er für den Fall mangelhafter Prozessführung einen Schadensersatzanspruch des anderen besorgt (§ 72 I ZPO).

4

E. Rechtskrafterstreckung

I. Klage des Nießbrauchers

Klagt der Nießbraucher auf Leistung an sich und unterliegt er rechtskräftig, so wird dadurch der Gläubiger nicht an einer Wiederholung der Klage gehindert[4]. Denn der Gläubiger ist selbständig prozessführungsbefugt. Zwar kann er nur auf Leistung an den Nießbraucher klagen, hat aber an dieser Klage ein eigenes Interesse, da er

5

---

1 Staudinger/J. Frank, 13. Bearb., Rn. 3. Einschränkend Windel, Interventionsgrund, S. 155.
2 Heintzmann, Prozessführungsbefugnis, S. 16; Stein/Jonas/Bork, vor § 50, Rn. 36; Zöller/Vollkommer, vor § 50, Rn. 25; str.
3 Windel, Interventionsgrund, S. 102, hält nur die Klage des *wirklichen* Nießbrauchers für zulässig, weil nicht „jede unqualifizierte Behauptung eines Einziehungsrechtes" genügen könne. Aber beim Gläubiger genügt sie doch auch!
4 RGZ 83, 120; Erman/Michalski, Rn. 3; Stein/Jonas/Leipold, § 325, Rn. 60 (zu § 1282); A. A. Palandt/Bassenge, Rn. 3, der schon die Prozessführungsbefugnis des Gläubigers verneint; Soergel/Stürner, 13. Aufl., Rn. 2.

durch die Leistung an den Nießbraucher selbst Rechte erwirbt (§ 1075)[1]. Die selbständige Prozessführungsbefugnis darf ihm nicht durch eine Rechtskrafterstreckung beschnitten werden. Es liegt hier wie beim echten Vertrag zugunsten eines Dritten.

II. Klage des Gläubigers

1. Nießbrauch an rechtshängiger Forderung

6　Wird der Nießbrauch an einer rechtshängigen Forderung bestellt, so bleibt der Gläubiger nach § 265 ZPO weiter prozessführungsbefugt[2]. Das von ihm erstrittene Urteil wirkt nach § 325 ZPO für und gegen den Nießbraucher[3].

2. Nießbrauch an noch nicht rechtshängiger Forderung

7　Wird der Nießbrauch an einer noch nicht rechtshängigen Forderung bestellt, so ist weiter zu unterscheiden:

a) Leistung an den Gläubiger

8　Klagt der Gläubiger später trotz der Nießbrauchsbestellung auf Leistung an sich, so wirkt die Niederlage des Gläubigers nach § 1070[4] i. V. m. § 407 II gegen den Nießbraucher zugunsten des gutgläubigen Schuldners[5]. Dagegen wirkt der Sieg des Gläubigers nicht für den Nießbraucher[6].

b) Leistung an den Nießbraucher

9　Klagt der Gläubiger später auf Leistung an den Nießbraucher, so wirkt die Niederlage des Gläubigers nach § 1070 I[7] i. V. m. § 407 II nicht gegen den Nießbraucher, weil der Schuldner die Nießbrauchsbestellung bei dem Eintritt der Rechtshängigkeit gekannt hat. Da der Schuldner von Anfang an weiß, dass auch um das Recht des Nießbrauchers gestritten wird, wirkt der Sieg des Gläubigers für den Nießbraucher (wie § 328, Rn. 15).

1　Zu § 1282 s. §§ 1287, 1288.
2　Stein/Jonas/Schumann, § 265, Rn. 21; Zöller/Vollkommer, vor § 50, Rn. 22.
3　MünchKommZPO/Gottwald, § 325, Rn. 21; Staudinger/J. Frank, 13. Bearb., § 1070, Rn. 5; Zöller/Vollkommer, vor § 50, Rn. 22.
4　Zu § 1282 s. § 1275.
5　Staudinger/J. Frank, 13. Bearb., § 1070, Rn. 5
6　Staudinger/J. Frank, 13. Bearb., § 1070, Rn. 5
7　Zu § 1282 s. § 1275.

F. Abwehr mehrfacher Klagen

Um zu verhindern, dass er mehrfach verklagt wird, kann der Schuldner **nicht** nach § 72 I ZPO dem am Prozess unbeteiligten Gläubiger oder Nießbraucher den **Streit verkünden** (§ 72 I ZPO). Denn er besorgt den „Anspruch" des unbeteiligten Berechtigten nicht „für den Fall des (ihm) ungünstigen Ausganges des Rechtsstreits", da weder die Forderung noch der Nießbrauch nach materiellem Recht von der Prozessniederlage des Schuldners abhängt[1]. 10

Der Schuldner kann aber gegen den unbeteiligten Berechtigten „**Widerklage**" auf die Feststellung erheben, dass er nicht zu der beanspruchten Leistung verpflichtet sei (§ 256 I ZPO)[2]. Der unbeteiligte Berechtigte und der Kläger sind dann einfache Streitgenossen nach § 59 Fall 2 ZPO[3]. 11

G. Zwangsvollstreckung

Der Nießbraucher kann aus einem **Titel des Gläubigers** vollstrecken, nachdem der Titel gemäß § 727 ZPO auf ihn umgeschrieben worden ist, nicht vorher[4]. 12

Gepfändet werden kann das Einziehungsrecht zwar zusammen mit dem Nießbrauch[5], aber nicht selbständig. Ebenso wenig kann das Einziehungsrecht des Pfandgläubigers (§ 1282 I Sätze 1, 2) ohne das Pfandrecht gepfändet werden[6], da es ein Teil des Pfandrechts ist; das Pfandrecht wiederum kann nicht ohne die gesicherte Forderung gepfändet werden[7]. Auf das Pfändungspfandrecht ist hier nicht einzugehen[8]. 13

---

1 Anders verhält es sich nach § 75 ZPO, falls der Gläubiger den Nießbrauch bestreitet und auf Leistung an sich klagt.
2 Wieczorek/Hausmann, § 33, Rn. 45 ff.; Zöller/Vollkommer, § 33, Rn. 18 ff.
3 Wieczorek/Schütze, § 59, Rn. 35.
4 A. A. zu § 1282 MünchKommBGB/Damrau, Rn. 14. **Wie hier** Staudinger/Wiegand, 13. Bearb., § 1282, Rn. 6.
5 Vgl. Schuschke/Walker, § 857, Rn. 25; Zöller/Stöber, § 857, Rn. 12.
6 Soergel/Mühl, § 1282, Rn. 5. **A. A.** OLG Dresden, SA 59, Nr. 96, S. 170; RGRK/Kregel, § 1282, Rn. 2; Staudinger/Wiegand, 13. Bearb., § 1282, Rn. 2. Nicht einschlägig sind RG, LZ 1921, 380; OLG Karlsruhe, OLGZ 15, 394 (betr. Pfändungspfandrecht).
7 MünchKommZPO/Smid, § 857, Rn. 30; Stein/Jonas/Brehm, § 857, Rn. 4.
8 S. dazu MünchKommZPO/Smid, § 857, Rn. 30.

Kündigung und Zahlung

1077 (1) ¹Der Schuldner kann das Kapital nur an den Nießbraucher und den Gläubiger gemeinschaftlich zahlen. ²Jeder von beiden kann verlangen, dass an sie gemeinschaftlich gezahlt wird; jeder kann statt der Zahlung die Hinterlegung für beide fordern.

(2) ¹Der Nießbraucher und der Gläubiger können nur gemeinschaftlich kündigen. ²Die Kündigung des Schuldners ist nur wirksam, wenn sie dem Nießbraucher und dem Gläubiger erklärt wird.

Inhaltsübersicht

A. Rechte des Nießbrauchers und des Gläubigers 1	1. Nießbrauch an rechtshängiger Forderung 8
B. Klage 2	2. Nießbrauch an noch nicht rechtshängiger Forderung . 9
C. Prozessführungsbefugnis .. 3	a) Leistung an den Gläubiger 10
D. Rechtskrafterstreckung ... 7	b) Leistung an den Gläubiger und den Nießbraucher 11
I. Klage des Nießbrauchers .. 7	
II. Klage des Gläubigers 8	

A. Rechte des Nießbrauchers und des Gläubigers

1 § 1077 I ändert eine verzinsliche Forderung, die Gegenstand eines Nießbrauchs ist (§ 1076), dahingehend, dass der Schuldner das Kapital nicht mehr an den Gläubiger allein, sondern nur noch an den Gläubiger und den Nießbraucher gemeinschaftlich zu zahlen hat[1]; doch kann jeder von beiden allein die Zahlung an beide gemeinschaftlich verlangen.

B. Klage

2 Eine Klage erhebt der Nießbraucher wie der Gläubiger aus eigenem materiellem Recht[2] und im eigenen Namen. S. dazu die einzelnen Anspruchsgrundlagen. Klagen beide freiwillig gemeinsam, so

---

1 Vgl. MünchKommBGB/Damrau, § 1288, Rn. 2.
2 Heintzmann, Prozessführungsbefugnis, S. 16; Stein/Jonas/Bork, vor § 50, Rn. 36; Zöller/Vollkommer, vor § 50, Rn. 25; str.

sind sie einfache Streitgenossen nach § 59 Fall 1 ZPO[1] (§ 432, Rn. 20).

C. Prozessführungsbefugnis

– Macht der Kläger geltend, Nießbraucher oder Gläubiger einer nießbrauchsbelasteten verzinslichen Forderung zu sein, so ist er befugt, auf Leistung an beide gemeinschaftlich zu klagen. 3

Klagt er auf Leistung an beide gemeinschaftlich und stellt sich heraus, dass er keinen Nießbrauch oder keine Forderung hat, so ist die Klage unbegründet. 4

Klagt er auf Leistung an sich allein, so ist die Klage mangels Prozessführungsbefugnis unzulässig[2], wenn sie nicht auf Leistung an beide gemeinschaftlich umgestellt wird; das ist nach § 264 Nr. 2 ZPO ohne weiteres zulässig[3]. 5

– Macht der Kläger geltend, einfacher Gläubiger zu sein, so ist er befugt, auf Leistung an sich allein zu klagen. Klagt er auf Leistung an sich allein und stellt sich heraus, dass er nur einen Nießbrauch oder eine nießbrauchsbelastete verzinsliche Forderung hat, so ist die Klage unbegründet. 6

D. Rechtskrafterstreckung

I. Klage des Nießbrauchers

Klagt der Nießbraucher auf Leistung an beide gemeinschaftlich und unterliegt er rechtskräftig, so wird dadurch der Gläubiger nicht an einer Wiederholung der Klage gehindert[4]. Denn der Gläubiger ist selbständig prozessführungsbefugt. Zwar kann er nur auf Leistung an beide gemeinschaftlich klagen, hat aber an dieser Klage ein eigenes Interesse. Die selbständige Prozessführungsbefugnis darf ihm nicht durch eine Rechtskrafterstreckung beschnitten werden[5]. Es liegt hier wie bei Mit- 7

---

1 Erman/Michalski, Rn. 1. **A. A.** (§ 62 Fall 1 ZPO) Hassold, S. 111; Palandt/Bassenge, Rn. 3.
2 A. A. MünchKommBGB/Damrau, § 1281, Rn. 8.
3 MünchKommBGB/Damrau, § 1281, Rn. 8. Vgl. auch MünchKommZPO/ Lüke, § 264, Rn. 18.
4 Rosenberg/Schwab/Gottwald, § 46 V 3b; Stein/Jonas/Leipold, § 325, Rn. 60 (zu § 1281). **A. A.** Bettermann, Vollstreckung, S. 145 (zu § 1281).
5 Zum Prinzip Rosenberg/Schwab/Gottwald, § 46 V 2.

gläubigern. Der Schuldner mag einer zweiten Klage durch „Widerklage" in dem ersten Prozess vorbeugen (§ 1074, Rn. 11).

II. Klage des Gläubigers

1. Nießbrauch an rechtshängiger Forderung

8   Wird der Nießbrauch an einer rechtshängigen Forderung bestellt, so bleibt der Gläubiger nach § 265 ZPO weiter prozessführungsbefugt[1]. Das von ihm erstrittene Urteil wirkt nach § 325 ZPO für und gegen den Nießbraucher[2].

2. Nießbrauch an noch nicht rechtshängiger Forderung

9   Wird der Nießbrauch an einer noch nicht rechtshängigen Forderung bestellt, so ist weiter zu unterscheiden:

a) Leistung an den Gläubiger

10   Klagt der Gläubiger später trotz der Nießbrauchsbestellung auf Leistung an sich allein, so wirkt die Niederlage des Gläubigers nach § 1070 I[3] i. V. m. § 407 II gegen den Nießbraucher zugunsten des gutgläubigen Schuldners[4]. Dagegen wirkt der Sieg des Gläubigers nicht für den Nießbraucher[5].

b) Leistung an den Gläubiger und den Nießbraucher

11   Klagt der Gläubiger später auf Leistung an sich und den Nießbraucher gemeinschaftlich, so wirkt die Niederlage des Gläubigers nach § 1070 I[6] i. V. m. § 407 II nicht gegen den Nießbraucher, weil der Schuldner die Nießbrauchsbestellung bei dem Eintritt der Rechtshängigkeit gekannt hat. Da der Schuldner von Anfang an weiß, dass auch um das Recht des Nießbrauchers gestritten wird, wirkt der Sieg des Gläubigers für den Nießbraucher[7] (wie § 432, Rn. 13).

---

1 Stein/Jonas/Schumann, § 265, Rn. 21; Zöller/Vollkommer, vor § 50, Rn. 22.
2 Staudinger/J. Frank, 13. Bearb., § 1070, Rn. 5; Zöller/Vollkommer, vor § 50, Rn. 22.
3 Zu § 1281 s. § 1275.
4 Staudinger/J. Frank, 13. Bearb., § 1070, Rn. 5.
5 Staudinger/J. Frank, 13. Bearb., § 1070, Rn. 5.
6 Zu § 1281 s. § 1275.
7 A. A. Palandt/Bassenge, Rn. 3; Staudinger/J. Frank, 13. Bearb., Rn. 8.

Mitwirkung zur Einziehung

1078 ¹Ist die Forderung fällig, so sind der Nießbraucher und der Gläubiger einander verpflichtet, zur Einziehung mitzuwirken. ²Hängt die Fälligkeit von einer Kündigung ab, so kann jeder Teil die Mitwirkung des anderen zur Kündigung verlangen, wenn die Einziehung der Forderung wegen Gefährdung ihrer Sicherheit nach den Regeln einer ordnungsmäßigen Vermögensverwaltung geboten ist.

I. Mitwirkung zur Einziehung

Nach § 1078 Satz 1 hat der Gläubiger gegen den Nießbraucher, und umgekehrt, einen **Anspruch** auf Mitwirkung zur Einziehung der Forderung, da der Schuldner das Kapital nur an beide gemeinschaftlich zahlen kann (§ 1077 I Satz 1). 1

Eine **Leistungsklage** muss die beanspruchte Art der Mitwirkung bestimmt angeben[1] (§ 253 II Nr. 2 ZPO), z. B. die Verurteilung des Beklagten beantragen, der Errichtung eines Gemeinschaftskontos („Und"-Kontos) bei der Sparkasse Gießen zuzustimmen[2]. 2

Sachlich zuständig sind die Amtsgerichte oder die Landgerichte, je nach Streitwert (§§ 23 Nr. 1, 71 I GVG). Der Streitwert bemisst sich nach dem Interesse des Klägers an dem Kapital bzw. den Zinsen (§ 3 ZPO). 3

Die **Zwangsvollstreckung** richtet sich im Beispielsfall nach § 894 I ZPO[3], sonst nach § 888 I ZPO[4]. 4

II. Mitwirkung zur Kündigung

Nach § 1078 Satz 2 hat der Gläubiger gegen den Nießbraucher, und umgekehrt, einen **Anspruch** auf Mitwirkung zu einer Kündigung, da die Kündigung nur gemeinschaftlich möglich ist (§ 1077 II Satz 1). Der Anspruch ist auf **Zustimmung** zur Kündigung gerichtet. 5

---

1 MünchKommBGB/Petzoldt, Rn. 1.
2 Vgl. Kümpel, Rn. 3, 243; MünchKommBGB/Damrau, § 1285, Rn. 2, der auch eine Pflicht zur gemeinschaftlichen Klageerhebung annimmt, zu Unrecht, weil jeder allein klagen kann (§§ 1077 I Satz 2, 1281 I Satz 2).
3 Soergel/Stürner, 13. Aufl., Rn. 3.
4 Stein/Jonas/Brehm, § 888, Rn. 5.

§ 1079

6 Eine **Leistungsklage** müsste die Verurteilung des Beklagten beantragen, der vom Kläger erklärten Kündigung der bestimmt bezeichneten Forderung zuzustimmen.

7 Zur **Zuständigkeit** s. Rn. 3.

8 Die **Zwangsvollstreckung** richtet sich nach § 894 I ZPO.

Anlegung des Kapitals

1079 ¹Der Nießbraucher und der Gläubiger sind einander verpflichtet, dazu mitzuwirken, dass das eingezogene Kapital nach den für die Anlegung von Mündelgeld geltenden Vorschriften verzinslich angelegt und gleichzeitig dem Nießbraucher der Nießbrauch bestellt wird. ²Die Art der Anlegung bestimmt der Nießbraucher.

I. Mitwirkung zur Anlegung

1 § 1079 gibt dem Gläubiger gegen den Nießbraucher, und umgekehrt, einen **Anspruch** auf Mitwirkung zur mündelsicheren, verzinslichen Anlegung des eingezogenen Kapitals.

2 Eine **Leistungsklage** müsste die Verurteilung des Beklagten beantragen, in der vom Kläger (Nießbraucher) bestimmten, näher bezeichneten Art (§ 253 II Nr. 2 ZPO) oder in der vom Beklagten (Nießbraucher) zu bestimmenden Art an der Anlegung des näher bezeichneten Kapitals mitzuwirken.

3 **Sachlich zuständig** sind die Amtsgerichte oder die Landgerichte, je nach Streitwert (§§ 23 Nr. 1, 71 I GVG). Der Streitwert bemisst sich nach dem Interesse des Klägers an der Anlegung (§ 3 ZPO).

4 Die **Zwangsvollstreckung** richtet sich – entgegen einer verbreiteten Meinung[1] – nicht nach § 887 ZPO. Zwar kann ein Dritter anstelle des Nießbrauchers bestimmen, wie das Kapital anzulegen ist, er kann aber nicht über fremdes Kapital verfügen. Eine gerichtliche Ermächtigung nach § 887 I ZPO kann die fehlende Verfügungsbefugnis nicht ersetzen (§ 1045, Rn. 5). Die Zwangsvollstreckung

---

1 MünchKommBGB/Petzoldt, Rn. 1; Palandt/Bassenge, Rn. 1; Soergel/Stürner, 13. Aufl., Rn. 2; Staudinger/J. Frank, 13. Bearb., Rn. 1.

richtet sich daher grundsätzlich nach § 888 I ZPO[1]. Vollstreckt der Gläubiger, so bestimmt notfalls er die Art der Anlage (analog § 264 I, s. dort). Benötigt der Nießbraucher nur die Zustimmung des Gläubigers, so wird er ohnehin darauf klagen und nach § 894 I ZPO vollstrecken.

II. Bestellung des Nießbrauchs

§ 1079 Satz 1 gibt ferner dem Nießbraucher gegen den Gläubiger einen **Anspruch** auf Bestellung des Nießbrauchs an dem eingezogenen Kapital, also auf → *Rechtsverschaffung* (Rn. 1). 5

Hinterlegung

1082 [1]Das Papier ist nebst dem Erneuerungsschein auf Verlangen des Nießbrauchers oder des Eigentümers bei einer Hinterlegungsstelle mit der Bestimmung zu hinterlegen, dass die Herausgabe nur von dem Nießbraucher und dem Eigentümer gemeinschaftlich verlangt werden kann. [2]Der Nießbraucher kann auch Hinterlegung bei der *Reichsbank*, bei der *Deutschen Zentralgenossenschaftskasse* oder bei der Deutschen Girozentrale (Deutschen Kommunalbank) verlangen.

§ 1082 gibt dem Nießbraucher gegenüber dem Eigentümer, und umgekehrt, einen **Anspruch** auf eine bestimmte **Hinterlegung**, d. h. auf Übertragung des Mitbesitzes an die Hinterlegungsstelle (→ *Besitzeinräumung* Rn. 1) und auf Zustimmung zu der gesetzlich vorgesehenen Herausgaberegelung. 1

Der für die **sachliche Zuständigkeit** maßgebliche Streitwert bemisst sich nach dem Interesse des Klägers an der Hinterlegung (§ 3 ZPO)[2]. 2

Die **Zwangsvollstreckung** richtet sich, soweit es um die Zustimmung geht, nach § 894 I ZPO. 3

---

1 Stein/Jonas/Brehm, § 888, Rn. 5, nach Fn. 33.
2 Stein/Jonas/Roth, § 3, Rn. 48, „Hinterlegung".

Mitwirkung zur Einziehung

1083 (1) Der Nießbraucher und der Eigentümer des Papiers sind einander verpflichtet, zur Einziehung des fälligen Kapitals, zur Beschaffung neuer Zins-, Renten- oder Gewinnanteilscheine sowie zu sonstigen Maßnahmen mitzuwirken, die zur ordnungsmäßigen Vermögensverwaltung erforderlich sind.
(2) ¹Im Falle der Einlösung des Papiers findet die Vorschrift des § 1079 Anwendung. ²Eine bei der Einlösung gezahlte Prämie gilt als Teil des Kapitals.

Absatz 1 gibt dem Nießbraucher gegen den Eigentümer, und umgekehrt, einen **Anspruch** auf **Mitwirkung** zu Verwaltungsmaßnahmen (wie § 1078, s. dort).

Rechte der Gläubiger des Bestellers

1086 ¹Die Gläubiger des Bestellers können, soweit ihre Forderungen vor der Bestellung entstanden sind, ohne Rücksicht auf den Nießbrauch Befriedigung aus den dem Nießbrauch unterliegenden Gegenständen verlangen. ²Hat der Nießbraucher das Eigentum an verbrauchbaren Sachen erlangt, so tritt an die Stelle der Sachen der Anspruch des Bestellers auf Ersatz des Wertes; der Nießbraucher ist den Gläubigern gegenüber zum sofortigen Ersatz verpflichtet.

A. Altgläubiger

I. Grundsatz (§ 1086 Satz 1)

1. Ansprüche

1 Nach § 1086 Satz 1 haften die Nießbrauchsgegenstände den **Altgläubigern** des Bestellers, deren Forderungen vor der Bestellung des Nießbrauchs entstanden sind. Einen Anspruch im eigentlichen Sinn haben die Altgläubiger nur gegen den Besteller; gegen den Nießbraucher steht ihnen lediglich ein so genannter Anspruch auf Duldung der Zwangsvollstreckung zu[1] (→ *Haftung* Rn. 4).

---

1 MünchKommBGB/Petzoldt, Rn. 1.

2. Erkenntnisverfahren

Wird der Anspruch eines Altgläubigers in einem Prozess mit dem Besteller **rechtskräftig** verneint, so kann sich auch der Nießbraucher auf das Urteil berufen. Wird der Anspruch dagegen bejaht, so ist das Urteil analog § 1086 Satz 1 für den Nießbraucher nur bindend, wenn es vor der Bestellung des Nießbrauchs rechtskräftig geworden ist[1].

3. Zwangsvollstreckung

Zur Zwangsvollstreckung in einen Nießbrauchsgegenstand benötigen die Altgläubiger in der Regel neben einem Leistungstitel gegen den Besteller einen **Duldungstitel** gegen den Nießbraucher, der besagt, dass der Nießbraucher wegen der dem Besteller geschuldeten Leistung die Zwangsvollstreckung in die Nießbrauchsgegenstände zu dulden hat (§§ 737, 794 II, 795 ZPO).

Ist der Nießbrauch erst nach der rechtskräftigen Feststellung der Schuld des Bestellers begründet worden, so genügt gegenüber dem Nießbraucher eine gegen ihn erteilte **vollstreckbare Ausfertigung** des Leistungstitels gegen den Besteller (§ 738 i. V. m. § 727 und § 795 ZPO). Ist der Nießbrauch an einem streitbefangenen Gegenstand (§ 265 ZPO) nach Rechtshängigkeit oder Rechtskraft bestellt worden, so gilt § 727 ZPO unmittelbar[2].

Die **Zwangsversteigerung** und die **Zwangsverwaltung** eines nießbrauchbelasteten Grundstücks setzen weder einen Duldungstitel gegen den vorrangigen Nießbraucher noch eine gegen ihn erteilte vollstreckbare Ausfertigung des Leistungstitels gegen den Besteller voraus[3].

Ist der **Eigentümer** der Nießbrauchssache **nicht der Besteller**, so kann er nach § 771 ZPO vorgehen[4].

II. Nießbrauch an verbrauchbaren Sachen (§ 1086 Satz 2)

Nach § 1086 Satz 2 unterliegen verbrauchbare Sachen im Eigentum des Nießbrauchers nicht der Zwangsvollstreckung nach Satz 1. Dafür können die Altgläubiger des Bestellers den **Anspruch des Bestellers** gegen den Nießbraucher aus § 1067 I Satz 1 pfänden und sich

---

1 Bettermann, Vollstreckung, S. 201 f.
2 Stein/Jonas/Münzberg, § 738, Rn. 1; Zöller/Stöber, § 737, Rn. 3.
3 MünchKommZPO/Heßler, § 737, Rn. 14 f.; Zöller/Stöber, § 737, Rn. 2.
4 Palandt/Bassenge, Rn. 3.

§ 1087 Verhältnis zwischen Nießbraucher und Besteller

überweisen lassen (§§ 829, 835 ZPO), wozu sie nur einen Leistungstitel gegen den Besteller, nicht einen Duldungstitel gegen den Nießbraucher als Drittschuldner benötigen[1].

B. Neugläubiger

8 Neugläubigern des Bestellers, deren Forderungen erst nach der Bestellung des Nießbrauchs entstanden sind, haften die Nießbrauchsgegenstände nicht. Daher erhalten sie weder einen Duldungstitel gegen den Nießbraucher, noch wird von ihrem Leistungstitel gegen den Besteller eine vollstreckbare Ausfertigung gegen den Nießbraucher erteilt. Folglich kann sich der Nießbraucher gegen die Vollstreckung des Neugläubigers in einen beweglichen Gegenstand auf seinen Gewahrsam und auf den Nießbrauch berufen (§§ 766, 771 ZPO)[2].

Verhältnis zwischen Nießbraucher und Besteller

1087 (1) [1]Der Besteller kann, wenn eine vor der Bestellung entstandene Forderung fällig ist, von dem Nießbraucher Rückgabe der zur Befriedigung des Gläubigers erforderlichen Gegenstände verlangen. [2]Die Auswahl steht ihm zu; er kann jedoch nur die vorzugsweise geeigneten Gegenstände auswählen. [3]Soweit die zurückgegebenen Gegenstände ausreichen, ist der Besteller dem Nießbraucher gegenüber zur Befriedigung des Gläubigers verpflichtet.

(2) [1]Der Nießbraucher kann die Verbindlichkeit durch Leistung des geschuldeten Gegenstands erfüllen. [2]Gehört der geschuldete Gegenstand nicht zu dem Vermögen, das dem Nießbrauch unterliegt, so ist der Nießbraucher berechtigt, zum Zwecke der Befriedigung des Gläubigers einen zu dem Vermögen gehörenden Gegenstand zu veräußern, wenn die Befriedigung durch den Besteller nicht ohne Gefahr abgewartet werden kann. [3]Er hat einen vorzugsweise geeigneten Gegenstand auszuwählen. [4]Soweit er zum Ersatz des Wertes verbrauchbarer Sachen verpflichtet ist, darf er eine Veräußerung nicht vornehmen.

1 § 1087 I Satz 1 gibt dem Besteller gegen den Nießbraucher einen **Anspruch** auf **Rückgabe** von Nießbrauchsgegenständen, namentlich

---

1 Soergel/Stürner, 13. Aufl., Rn. 4; Stein/Jonas/Münzberg, § 737, Rn. 5.
2 Vgl. Stein/Jonas/Münzberg, § 737, Rn. 7.

Haftung des Nießbrauchers § 1088

auf → *Besitzeinräumung* (Rn. 1), verbunden mit der Aufhebung des Nießbrauchs nach §§ 875, 1064[1] (→ *Rechtsentäußerung* Rn. 1).

§ 1087 I Satz 3 gibt dem Nießbraucher gegen den Besteller einen **Anspruch** auf **Befriedigung** des Gläubigers, also auf Befreiung des Nießbrauchers von seiner Haftung aus § 1086 (→ *Befreiung* Rn. 1). 2

Haftung des Nießbrauchers

1088 (1) ¹Die Gläubiger des Bestellers, deren Forderungen schon zur Zeit der Bestellung verzinslich waren, können die Zinsen für die Dauer des Nießbrauchs auch von dem Nießbraucher verlangen. ²Das Gleiche gilt von anderen wiederkehrenden Leistungen, die bei ordnungsmäßiger Verwaltung aus den Einkünften des Vermögens bestritten werden, wenn die Forderung vor der Bestellung des Nießbrauchs entstanden ist.
(2) Die Haftung des Nießbrauchers kann nicht durch Vereinbarung zwischen ihm und dem Besteller ausgeschlossen oder beschränkt werden.
(3) ¹Der Nießbraucher ist dem Besteller gegenüber zur Befriedigung der Gläubiger wegen der im Absatz 1 bezeichneten Ansprüche verpflichtet. ²Die Rückgabe von Gegenständen zum Zwecke der Befriedigung kann der Besteller nur verlangen, wenn der Nießbraucher mit der Erfüllung dieser Verbindlichkeit in Verzug kommt.

§ 1088 I gibt den Altgläubigern des Bestellers gegen den Nießbraucher als Gesamtschuldner[2] (s. bei § 421) einen **Anspruch** auf die von dem Besteller geschuldeten Zinsen oder anderen **wiederkehrenden Leistungen**, also einen Zahlungsanspruch (→ *Zahlung* Rn. 1). 1

§ 1088 III Satz 1 gibt dem Besteller gegen den Nießbraucher einen **Anspruch** auf vollständige **Befriedigung** der Altgläubiger, also einen Befreiungsanspruch (→ *Befreiung* Rn. 1). 2

§ 1088 III Satz 2 schränkt lediglich den Anspruch des Bestellers aus § 1087 I ein. 3

---

1 Staudinger/J. Frank, 13. Bearb., Rn. 8.
2 Palandt/Bassenge, Rn. 1; Soergel/Stürner, 13. Aufl., Rn. 2; Staudinger/ J. Frank, 13. Bearb., Rn. 4. **A. A.** Bettermann, Vollstreckung, S. 202 ff.

Rechte des Käufers

1100 ¹Der neue Eigentümer kann, wenn er der Käufer oder ein Rechtsnachfolger des Käufers ist, die Zustimmung zur Eintragung des Berechtigten als Eigentümer und die Herausgabe des Grundstücks verweigern, bis ihm der zwischen dem Verpflichteten und dem Käufer vereinbarte Kaufpreis, soweit er berichtigt ist, erstattet wird. ²Erlangt der Berechtigte die Eintragung als Eigentümer, so kann der bisherige Eigentümer von ihm die Erstattung des berichtigten Kaufpreises gegen Herausgabe des Grundstücks fordern.

1 Bei der Anwendung des § 1100 ist zu unterscheiden zwischen dem vorkaufsverpflichteten **Verkäufer**, dem vorkaufsberechtigten **Zweitkäufer** und dem **Erstkäufer**. Der Erstkäufer hat bereits das Eigentum an dem Grundstück erlangt und den Kaufpreis an den Verkäufer gezahlt. Nach Ausübung des Vorkaufsrechts müsste der Verkäufer eigentlich den Kaufpreis an den Erstkäufer zurückzahlen und von dem Zweitkäufer einfordern. Um diesen Umweg zu ersparen, sieht das Gesetz vor, dass der Zweitkäufer direkt an den Erstkäufer zahlt und dafür gegenüber dem Verkäufer frei wird (§ 1101). Solange der Zweitkäufer noch kein Eigentum erlangt hat, kann der Erstkäufer die Kaufpreiserstattung erzwingen, indem er seine Zustimmung zur Eintragung des Zweitkäufers als Eigentümer (§ 1098 II i. V. m. § 888 I) und die Herausgabe des Grundstücks verweigert (§ 1100 Satz 1). Hat der Zweitkäufer bereits das Eigentum erlangt, so steht dem Erstkäufer ein Anspruch auf Erstattung des Kaufpreises gegen den Zweitkäufer zu (§ 1100 Satz 2).

2 Satz 1 gibt dem Erstkäufer als neuem Eigentümer gegen die Ansprüche des vorkaufsberechtigten Zweitkäufers auf Zustimmung zur Eintragung als Eigentümer[1] und auf Herausgabe eine **Einrede**, die zur Verurteilung **Zug um Zug** gegen Erstattung des von ihm oder seinem Rechtsvorgänger berichtigten Kaufpreises führt (wie §§ 273 f., s. dort)[2].

3 Satz 2 gibt dem Erstkäufer als bisherigem Eigentümer gegen den vorkaufsberechtigten Zweitkäufer als neuen Eigentümer einen **Anspruch** auf **Erstattung des berichtigten Kaufpreises**, also einen Zahlungsanspruch (→ *Zahlung* Rn. 1), Zug um Zug gegen Herausgabe des Grundstücks; diese Einschränkung wird ohne Einrede berücksichtigt.

---

1 Soergel/Stürner, 13. Aufl., Rn. 2.
2 Staudinger/Mayer-Maly/Mader, 13. Bearb., Rn. 5.

Gesetzlicher Inhalt der Reallast

1105 (1) Ein Grundstück kann in der Weise belastet werden, dass an denjenigen, zu dessen Gunsten die Belastung erfolgt, wiederkehrende Leistungen aus dem Grundstück zu entrichten sind (Reallast). Als Inhalt der Reallast kann auch vereinbart werden, dass die zu entrichtenden Leistungen sich ohne weiteres an veränderte Verhältnisse anpassen, wenn anhand der in der Vereinbarung festgelegten Voraussetzungen Art und Umfang der Belastung des Grundstücks bestimmt werden können.

(2) Die Reallast kann auch zugunsten des jeweiligen Eigentümers eines anderen Grundstücks bestellt werden.

I. Reallast und Einzelansprüche

- Als „**Reallast**" wird positiv ein bestimmtes *Recht* an einem Grundstück bezeichnet (z. B. in § 1111 II), das gepfändet werden kann (§ 857 VI ZPO), negativ die *Belastung* des Grundstücks mit dem Recht (z. B. in § 1105 I). 1

- Als **Recht** ist die Reallast Quelle oder Summe von **Einzelansprüchen**[1], die auf verschiedenartige Leistungen gerichtet sein können (Rn. 8). Die Ansprüche bestehen gegenüber dem Eigentümer des belasteten Grundstückes. Das *Grundstück* haftet für alle fälligen Leistungen (**Grundstückshaftung**). Das *gesamte Vermögen* des Grundstückseigentümers haftet höchstens für die während seines Eigentums fällig werdenden Leistungen (§ 1108 I, **persönliche Haftung**). Daher ist bei einem Eigentümerwechsel die Grundstückshaftung gegen den neuen Eigentümer geltend zu machen, die persönliche Haftung (mit dem gesamten Vermögen) wegen der Rückstände aus der Zeit vor dem Eigentümerwechsel gegen den alten Eigentümer, wegen der danach fällig werdenden Leistungen gegen den neuen. 2

Geht man davon aus, dass der Eigentümer nach § 1108 I nicht bloß persönlich haftet, sondern schuldet, so steht der persönlichen Haftung ein echter Anspruch („Leistungsanspruch") gegenüber, während der auf die Grundstückshaftung gerichtete Anspruch ein so genannter Duldungsanspruch ist[2] (→ *Haftung* Rn. 4). 3

---

1 Vgl. MünchKommBGB/Joost, § 1107, Rn. 3.
2 MünchKommBGB/Joost, Rn. 5; § 1108, Rn. 2; Soergel/Stürner, 13. Aufl., Rn. 1.

II. Grundstückshaftung

4 Die Grundstückshaftung wird durch eine **Duldungsklage** geltend gemacht[1]. Beantragt wird z. B. die Verurteilung des Beklagten, wegen der im Grundbuch (§ 886, Rn. 2) eingetragenen Reallast im Umfang von vierteljährlich 1000 Euro zugunsten des Klägers die Zwangsvollstreckung in das Grundstück zu dulden. Geklagt werden kann wegen der gesamten Leistungen, auch der künftigen (§ 258 ZPO).

5 **Sachlich zuständig** sind die Amtsgerichte oder die Landgerichte, je nach Streitwert (§§ 23 Nr. 1, 71 I GVG). Der Streitwert bemisst sich nach § 9 ZPO[2], es sei denn, dass nur einzelne, genau berechenbare Leistungen geltend gemacht werden[3].

6 **Örtlich zuständig** ist ausschließlich das Gericht, in dessen Bezirk das belastete Grundstück liegt (§§ 24, 40 II ZPO).

7 Die **Zwangsvollstreckung** wegen Geldleistungen richtet sich nach §§ 864 ff. ZPO. Ob Naturalleistungen aus dem Grundstück, z. B. Obst und Gemüse, aufgrund des Duldungstitels zwangsweise beigetrieben werden können (nach § 884 ZPO), ist strittig. Bei Naturalleistungen, die nicht aus dem Grundstück zu erbringen sind, ist jedenfalls nur eine Geldvollstreckung zulässig, die eine Umwandlung des Anspruchs in einen Geldanspruch voraussetzt. Wie diese Umwandlung erfolgt, ist wiederum strittig[4].

III. Persönliche Haftung

8 Die persönliche Haftung des Eigentümers nach § 1108 wird durch eine normale **Leistungsklage** geltend gemacht, die auf verschiedenartige Leistungen gerichtet sein kann: Zahlung von Geld (→ *Zahlung* Rn. 1), Übereignung und Übergabe beweglicher Sachen (→ *Übereignung* Rn. 1), Gebrauchsgewährung (wie § 535, Rn. 1), Dienstleistung (wie § 611, Rn. 1 ff.), Werkleistung (wie § 631, Rn. 1 ff.), Schuldbefreiung (→ *Befreiung* Rn. 1), → *Auskunft* (Rn. 1),

---

1 Vgl. MünchKommBGB/Joost, § 1107, Rn. 13, auch zur analogen Anwendung des § 800 ZPO.
2 Stein/Jonas/Roth, § 7, Rn. 10.
3 Stein/Jonas/Roth, § 9, Rn. 6.
4 Vgl. zum Ganzen MünchKommBGB/Joost, § 1107, Rn. 14, 15; Palandt/Bassenge, § 1107, Rn. 5.

aber nicht bloß Unterlassung[1]. Geklagt werden kann wegen der gesamten Leistungen, auch der künftigen (§ 258 ZPO).

Für die **sachliche Zuständigkeit** gilt Rn. 5 entsprechend. 9

Die **örtliche Zuständigkeit** richtet sich nicht nach § 24 ZPO[2], weil 10 durch die Klage aus § 1108 nicht eine dingliche Belastung des Grundstücks geltend gemacht wird, sondern eine Belastung des ganzen Vermögens. Die örtliche Zuständigkeit richtet sich auch nicht nach § 26 ZPO, weil die Klage aus § 1108 nicht gegen den Eigentümer als solchen, d. h. den Eigentümer bei Klageerhebung, gerichtet ist[3]. Nach § 25 ZPO kann die Klage auf rückständige Leistungen nur dann im dinglichen Gerichtsstand erhoben werden, wenn sie mit der Klage auf Anerkennung, d. h. Feststellung, der Reallast verbunden und gegen denselben Beklagten gerichtet ist.

Die **Zwangsvollstreckung** aus dem Leistungstitel ist in das gesamte 11 Vermögen des Schuldners zulässig, auch in das mit der Reallast belastete Grundstück. Soll jedoch der Rang der Reallast berücksichtigt werden, so ist ein Duldungstitel erforderlich, weil nur er den Rang nachweist[4].

IV. Gesicherte Forderung

Soweit die Reallast eine Forderung gegen den Grundstückseigentü- 12 mer oder einen Dritten sichert[5], kann diese Forderung durch eine normale Leistungsklage geltend gemacht werden.

V. Klagenhäufung

Die **Duldungsklage** wegen der Grundstückshaftung und die **Leis-** 13 **tungsklage** wegen der persönlichen Haftung können miteinander verbunden werden (§ 260 ZPO). In dem Leistungsprozess ist auch die gesicherte Forderung, falls sie sich gegen den Grundstückseigen-

---

1 Erman/Küchenhoff/Grziwotz, Rn. 6 ff.; Palandt/Bassenge, § 1105, Rn. 4.
2 Stein/Jonas/Schumann, § 24, Rn. 19; Wieczorek/Hausmann, § 24, Rn. 27; Zöller/Vollkommer, § 24, Rn. 10. **A. A.** Palandt/Bassenge, § 1108, Rn. 1.
3 Stein/Jonas/Schumann, § 26, Rn. 5; Wieczorek/Hausmann, § 26, Rn. 6; Zöller/Vollkommer, § 26, Rn. 2. **A. A.** MünchKommBGB/Joost, § 1108, Rn. 6; Palandt/Bassenge, § 1108, Rn. 1; Staudinger/Amann, 13. Bearb., § 1108, Rn. 4.
4 MünchKommBGB/Joost, § 1108, Rn. 6.
5 Staudinger/Amann, 13. Bearb., vor § 1105, Rn. 25 ff., 41.

tümer richtet, als zusätzliche Anspruchsgrundlage zu berücksichtigen. Soweit die beanspruchten Leistungen identisch sind, wird der Streitwert nur einmal berechnet[1].

14 Mit der Duldungs- und der Leistungsklage kann eine **Klage auf Feststellung** („Anerkennung") der Reallast nach § 256 ZPO verbunden werden, und zwar nach § 25 ZPO wahlweise (§ 35 ZPO) in dem dinglichen Gerichtsstand, d. h. bei dem Gericht, in dessen Bezirk das Grundstück liegt.

Persönliche Haftung des Eigentümers

1108 (1) Der Eigentümer haftet für die während der Dauer seines Eigentums fällig werdenden Leistungen auch persönlich, soweit nicht ein anderes bestimmt ist.

(2) Wird das Grundstück geteilt, so haften die Eigentümer der einzelnen Teile als Gesamtschuldner.

S. § 1105, Rn. 8 ff.

Gesetzlicher Inhalt der Hypothek

1113 (1) Ein Grundstück kann in der Weise belastet werden, dass an denjenigen, zu dessen Gunsten die Belastung erfolgt, eine bestimmte Geldsumme zur Befriedigung wegen einer ihm zustehenden Forderung aus dem Grundstücke zu zahlen ist (Hypothek).

(2) Die Hypothek kann auch für eine künftige oder eine bedingte Forderung bestellt werden.

Inhaltsübersicht

A. Begriff der Hypothek 1	II. Miteigentum am belasteten Grundstück 6
B. Geltendmachung der Hypothek 2	III. Veräußerung des streitbefangenen Grundstücks 8
I. Regelfall 2	

---

1 Stein/Jonas/Roth, § 5, Rn. 6.

Gesetzlicher Inhalt der Hypothek § 1113

C. Hypothek und gesicherte Geldforderung 11	III. Materielle Rechtskraft ... 16
I. Zahlungsschuld 11	1. Hypothekenklage 16
II. Klagenhäufung 12	2. Schuldklage 18
	IV. Zwangsvollstreckung 20

A. Begriff der Hypothek

Als „Hypothek" wird positiv ein bestimmtes **Recht** an einem 1
Grundstück bezeichnet (z. B. in § 1153), negativ die entsprechende
Belastung des Grundstücks (z. B. in § 1113 I).
Als Recht ist die Hypothek ein Verwertungsrecht (Rn. 3), ein Ausschnitt des Eigentums[1], als Belastung ist sie eine Einschränkung des Eigentums, die sich aus dem Verwertungsrecht des Gläubigers ergibt.

B. Geltendmachung der Hypothek

I. Regelfall

Die Hypothek ist ein **Verwertungsrecht** wie das Pfandrecht. Der 2
Inhaber der Hypothek ist berechtigt, das Grundstück zur Erlangung
einer bestimmten Geldsumme mit Vorrang zu verwerten. Verwertet wird nicht, wie regelmäßig beim Pfandrecht an beweglichen
Sachen (§ 1233), durch privatrechtlichen Verkauf, sondern im Wege
der Zwangsvollstreckung (§ 1147).

Die **Zwangsvollstreckung** erfolgt durch Zwangsversteigerung und 3
Zwangsverwaltung des Grundstücks (§ 866 I ZPO), einschließlich
der beweglichen Sachen und Rechte, auf die sich die Hypothek
erstreckt, sowie durch Pfändung und Verwertung dieser Gegenstände (§ 865 ZPO). Die Zwangsvollstreckung erfordert den Nachweis
der Hypothek in Form eines Vollstreckungstitels (§§ 704, 794 ZPO).
Der **Titel** lautet z.B. auf Verurteilung des Beklagten, wegen der im
Grundbuch des Amtsgerichts Gießen für Schiffenberg, Band 4, Blatt
120, in der dritten Abteilung an erster Stelle eingetragenen Hypothek über 50 000 Euro in Höhe von 40 000 Euro nebst 5 % Zinsen
hieraus seit dem 1. 2. 2002 die Zwangsvollstreckung in das Grundstück zu dulden[2]. Mit dieser Formulierung wird die materiellrechtliche Haftung (Vollstreckungsunterworfenheit) des Grundstücks

---
1 Vgl. Schapp, FG Söllner, S. 484 f.
2 Vgl. Anders/Gehle, S. 56; MünchKommBGB/Eickmann, § 1147, Rn. 22 f.

499

zum Ausdruck gebracht (→ *Haftung* Rn. 2, 3). Der Titel berechtigt ohne weiteres auch zur Vollstreckung in die beweglichen Sachen und Rechte, auf die sich die Hypothek erstreckt[1]. Wie der Titel lautet auch der Antrag einer **Leistungsklage**[2].

4 **Sachlich zuständig** sind die Amtsgerichte oder die Landgerichte, je nach Streitwert (§§ 23 Nr. 1, 71 I GVG). Der Streitwert bemisst sich nach dem Geldbetrag, dessentwegen die Zwangsvollstreckung geduldet werden soll, wenn nicht der Wert der Sicherheit geringer ist (§ 6 ZPO)[3].

5 **Örtlich zuständig** ist ausschließlich das Gericht, in dessen Bezirk das belastete Grundstück liegt (§§ 24 I, 40 II ZPO).

II. Miteigentum am belasteten Grundstück

6 Ein Grundpfandrecht begründet für den Eigentümer des belasteten Grundstücks keine Schuld, sondern eine reine Haftung: der Eigentümer ist der Zwangsvollstreckung in das Grundstück unterworfen (§§ 1147, 1192 I BGB). Miteigentümer nach Bruchteilen oder zur gesamten Hand sind der Zwangsvollstreckung in das Grundstück gemeinschaftlich unterworfen, da die Zwangsversteigerung und die Zwangsverwaltung das ganze Grundstück erfassen. Der gemeinschaftlichen Haftung entspricht die gemeinschaftliche Sachlegitimation, dieser entspricht die gemeinschaftliche Prozessführungsbefugnis (**§ 62 Fall 2 ZPO**)[4]. Bei der Gütergemeinschaft entscheidet das Verwaltungsrecht (§§ 1422 Satz 1, 1450 I Satz 1).

7 Gehört das belastete Grundstück Miteigentümern nach Bruchteilen, so besteht das Grundpfandrecht auch an den einzelnen Anteilen der Miteigentümer (analog §§ 1132, 1192 I BGB)[5]. Der Gläubiger hat die **Wahl**, ob er in das Grundstück vollstrecken will (dazu braucht er nach § 750 I Satz 1 ZPO einen Titel gegen alle Miteigen-

---

1 Staudinger/Wolfsteiner, 13. Bearb., § 1147, Rn. 23.
2 Zum Urkundenprozess vgl. Staudinger/Scherübl, 12. Aufl., § 1147, Rn. 29.
3 Stein/Jonas/Roth, § 6, Rn. 27.
4 BGH, NJW 1963, 1611 f. = JZ 1964, 722; Hassold, S. 41; Henckel, Parteilehre, S. 56 f.; MünchKommBGB/Dütz, § 2059, Rn. 21; Schwab, FS Lent, S. 286. **A. A.** Zöller/Vollkommer, § 62, Rn. 18. In der Vorauflage, Rn. 5, hatte ich noch auf das Rechtsschutzinteresse abgestellt, doch geht die aus der Sachlegitimation abgeleitete Prozessführungsbefugnis vor.
5 Staudinger/Wolfsteiner, § 1132, Rn. 17.

tümer) oder in einzelne Anteile (dazu genügt ein Titel gegen die Anteilsinhaber). Sind alle Miteigentümer zur Duldung der Zwangsvollstreckung in das Grundstück verurteilt, so kann auch in einzelne Anteile vollstreckt werden; sind alle zur Duldung der Zwangsvollstreckung in ihre Anteile verurteilt, so kann auch in das Grundstück vollstreckt werden.

III. Veräußerung des streitbefangenen Grundstücks

Bei Veräußerung des belasteten Grundstücks nach Rechtshängigkeit bleibt die **Hypothekenklage** gegen den bisherigen Beklagten zulässig (§ 265 I, II Satz 1 ZPO). Der Beklagte wird zur Duldung der Zwangsvollstreckung verurteilt, wenn die Klage gegen ihn bis zur Veräußerung des Grundstücks begründet war; andernfalls wird die Klage als unbegründet abgewiesen. 8

Das Urteil über die Hypothek wirkt **materielle Rechtskraft** auch für und gegen den Rechtsnachfolger des Beklagten im Verhältnis zu dem Kläger (§ 325 I, III ZPO). 9

Der siegreiche Kläger kann zum Zweck der **Zwangsvollstreckung** die Umschreibung des Titels auf den eingetragenen Rechtsnachfolger erwirken (§§ 727, 731 ZPO). Ist noch der beklagte Rechtsvorgänger eingetragen, so wird die Zwangsvollstreckung ohnehin gegen ihn betrieben (§§ 17 I, 147 I ZVG). 10

C. Hypothek und gesicherte Geldforderung

I. Zahlungsschuld

Die **Hypothek** sichert eine anderweitig begründete **Geldforderung**, also einen Zahlungsanspruch (→ *Zahlung* Rn. 1). Die Hypothek selbst begründet keine Zahlungsschuld[1]. Folglich kann der Grundstückseigentümer nur in seiner Eigenschaft als persönlicher Schuldner zur Zahlung verpflichtet sein, nicht, wenn sich die gesicherte Geldforderung gegen einen Dritten richtet. 11

---

1 Schapp, FG Söllner, S. 477 ff.; Staudinger/Scherübl, 12. Aufl., Einl. zu § 1113 ff., Rn. 24. **A. A.** MünchKommBGB/Eickmann, § 1147, Rn. 4 f.; Staudinger/Wolfsteiner, 13. Bearb., Einl. zu §§ 1113 ff., Rn. 27 ff., die sich auf den Wortlaut des § 1113 I berufen, dafür aber den Wortlaut des § 1204 I vernachlässigen.

II. Klagenhäufung

12 Der Inhaber der Hypothek, der zugleich Inhaber der Geldforderung sein muss, kann beide Rechte durch Klagenhäufung in einer Klage geltend machen (§ 260 ZPO), auch nachträglich (§ 264 Nr. 2 ZPO)[1] und auch gegen verschiedene Personen als Streitgenossen (§ 59 Fall 1 ZPO)[2].

13 Der **Klageantrag** lautet dann z. B.: „Der Beklagte zu 1 wird verurteilt, wegen der . . . Hypothek (Rn. 4) über 50 000 Euro die Zwangsvollstreckung in das Grundstück zu dulden. Der Beklagte zu 2 wird verurteilt, die Hypothekensumme an den Kläger zu zahlen"[3].

14 Der für die **sachliche Zuständigkeit** maßgebliche Streitwert wird nur einmal berechnet, da beide Klagen auf dieselbe Leistung gerichtet sind[4].

15 Das Gericht, in dessen Bezirk das belastete Grundstück liegt, ist nicht nur für die Hypothekenklage **örtlich zuständig** (§ 24 I ZPO), sondern auch für die Schuldklage (§ 25 ZPO), für diese jedoch nicht ausschließlich (§ 35 ZPO).

III. Materielle Rechtskraft

1. Hypothekenklage

16 Wird die Klage auf Duldung der Zwangsvollstreckung wegen einer bestimmten Hypothek als unbegründet abgewiesen, so ist rechtskraftfähig festgestellt, dass die Hypothek nicht besteht[5]. Über die gesicherte Forderung ist damit nichts gesagt[6]. Denn die Hypothek kann forderungsentkleidet sein, z. B. weil sie forderungslos gutgläubig erworben wurde (§ 1138)[7]. Diese Möglichkeit spricht gegen die Ansicht, dass Hypothek und gesicherte Forderung eine gemeinsame „Rechtsposition" haben[8]. Die rechtskräftige Feststellung, dass auch

---

1 Rimmelspacher, Anspruch, S. 364.
2 Wieczorek/Schütze, § 59, Rn. 32.
3 Vgl. Staudinger/Scherübl, 12. Aufl., § 1147, Rn. 24.
4 MünchKommBGB/Eickmann, § 1147, Rn. 20.
5 Ebenso Henckel, Prozessrecht, S. 185.
6 Zöller/Vollkommer, § 325, Rn. 5. **A. A.** Rimmelspacher, Anspruch, S. 277.
7 Staudinger/Wolfsteiner, § 1138, Rn. 5.
8 So Rimmelspacher, Anspruch, S. 275.

Gesetzlicher Inhalt der Hypothek § 1113

die gesicherte Forderung nicht besteht, erreicht der Beklagte durch Zwischenfeststellungsklage (§ 256 II ZPO).

Wird der Beklagte wegen einer bestimmten Hypothek zur Duldung der Zwangsvollstreckung verurteilt, so ist rechtskraftfähig festgestellt, dass er wegen der Hypothek die Zwangsvollstreckung zu dulden hat. Über die gesicherte Forderung ist damit wiederum nichts gesagt. 17

2. Schuldklage

Wird die Schuldklage als unbegründet abgewiesen, so ist an sich nur die gesicherte Forderung rechtskraftfähig verneint, nicht die Hypothek als ein von der gesicherten Forderung verschiedenes Recht, das Gegenstand einer eigenen Klage sein kann. Doch kann sich der Eigentümer des belasteten Grundstücks zur Verteidigung gegen die Hypothekenklage auf die Feststellung des Nichtbestehens der Forderung berufen (§ 1163 I). Dies gilt auch dann, wenn ein vom Schuldner verschiedener Dritter Eigentümer des belasteten Grundstücks ist[1]. 18

Wird der Schuldklage stattgegeben, so ist nur die gesicherte Forderung rechtskraftfähig festgestellt, doch kann sich der Gläubiger zur Begründung der Hypothekenklage auf die Feststellung der Forderung berufen (§ 1113 I), wenn der verurteilte Schuldner zugleich Eigentümer des belasteten Grundstücks ist (§ 325 I Fall 1 ZPO). 19

IV. Zwangsvollstreckung

Aus dem **Zahlungstitel** kann der Gläubiger in das gesamte Vermögen des persönlichen Schuldners die Zwangsvollstreckung betreiben, auch in das hypothekarisch belastete Grundstück, falls es nicht einem Dritten gehört. Soll jedoch der Rang der Hypothek in der Zwangsvollstreckung berücksichtigt werden, so ist ein **Duldungstitel** erforderlich[2], weil nur er den Rang nachweist. 20

Die hypothekarisch gesicherte Forderung ist **pfändbar** nach §§ 830, 837 III ZPO. 21

---

[1] BGHZ 3, 390. Ebenso bei der Sicherungsgrundschuld Huber, JuS 1972, 621.
[2] Palandt/Bassenge, § 1147, Rn. 2.

Unterlassungklage

1134 (1) Wirkt der Eigentümer oder ein Dritter auf das Grundstück in solcher Weise ein, dass eine die Sicherheit der Hypothek gefährdende Verschlechterung des Grundstücks zu besorgen ist, so kann der Gläubiger auf Unterlassung klagen.

(2) ¹Geht die Einwirkung von dem Eigentümer aus, so hat das Gericht auf Antrag des Gläubigers die zur Abwendung der Gefährdung erforderlichen Maßregeln anzuordnen. ²Das Gleiche gilt, wenn die Verschlechterung deshalb zu besorgen ist, weil der Eigentümer die erforderlichen Vorkehrungen gegen Einwirkungen Dritter oder gegen andere Beschädigungen unterlässt.

I. Unterlassungsklage

1 § 1134 I gibt dem Gläubiger gegen den Einwirkenden einen **Anspruch** auf Unterlassung (wie § 1004, Rn. 9 ff.).

II. Gestaltungsklage

2 Nach § 1134 II hat das Gericht auf Antrag des Gläubigers gegen den Eigentümer „die zur Abwendung der Gefährdung erforderlichen Maßregeln anzuordnen". Die Entscheidung ist ein **Gestaltungsurteil**[1] (→ *Gestaltungsklagen* Rn. 1). Ein Leistungsurteil würde voraussetzen, dass der Eigentümer zu der im Urteil angeordneten Maßregel verpflichtet ist. Manche Maßregeln kann er selbst aber gar nicht treffen, z. B. eine Sequestration. In anderen Fällen kommen mehrere Maßregeln in Betracht, aus denen erst das Gericht konstitutiv eine Auswahl trifft.

3 Die **Klage** muss nur die abzuwendende Gefährdung genau bezeichnen. Die Auswahl der erforderlichen Maßregel kann dem Gericht überlassen werden[2].

4 **Sachlich zuständig** sind die Amtsgerichte oder die Landgerichte, je nach Streitwert (§§ 23 Nr. 1, 71 I GVG). Der Streitwert bemisst

---

1 Rosenberg/Schwab/Gottwald, § 94 II 3. A. A. u. U. Schlosser, Gestaltungsklagen, S. 151. Erman/Wenzel, Rn. 7, spricht zwar von einem „Anspruch auf Duldung gerichtlicher Maßregeln", leugnet aber nicht den konstitutiven Charakter des Urteils.
2 Henckel, AcP 174, 108, Fn. 22; MünchKommBGB/Eickmann, Rn. 13.

sich nach dem Interesse des Klägers an der Gefahrenabwehr (§ 3 ZPO).

Örtlich zuständig ist ausschließlich das Gericht, in dessen Bezirk das beeinträchtigte Grundstück liegt (§§ 24 I, 40 II ZPO). 5

Die **Gestaltungswirkung** tritt nicht erst mit der formellen Rechtskraft des Urteils ein[1], sondern schon mit dem Erlass des Urteils, das im weiteren Sinn für vorläufig vollstreckbar erklärt wird. 6

Die nach § 1134 II zulässigen Maßregeln können auch durch **einstweilige Verfügung** angeordnet werden[2]. 7

III. Klagenhäufung

Die Unterlassungs- und die Gestaltungsklage gegen den Eigentümer können miteinander verbunden werden (§ 260 ZPO). Ebenso kann die Unterlassungsklage gegen einen Dritten mit der Gestaltungsklage gegen den Eigentümer als Streitgenossen erhoben werden (§ 59 Fall 2 ZPO). 8

Einreden des Eigentümers

1137 (1) ¹Der Eigentümer kann gegen die Hypothek die dem persönlichen Schuldner gegen die Forderung sowie die nach § 770 einem Bürgen zustehenden Einreden geltend machen. ²Stirbt der persönliche Schuldner, so kann sich der Eigentümer nicht darauf berufen, dass der Erbe für die Schuld nur beschränkt haftet.

(2) Ist der Eigentümer nicht der persönliche Schuldner, so verliert er eine Einrede nicht dadurch, dass dieser auf sie verzichtet.

Nach § 1137 I Satz 1 können die gegen die gesicherte **Forderung** bestehenden **Einreden** sowie die Einreden aus § 770 auch gegen die **Hypothek** geltend gemacht werden, mit der Folge, dass die Klage aus der Hypothek, je nach der Art der Einrede, entweder gänzlich als unbegründet abgewiesen wird oder nur Zug um Zug gegen eine Gegenleistung durchdringt. Doch kann die Verjährung der gesicher- 1

---

1 So aber Rosenberg/Schwab/Gottwald, § 94 II 3.
2 Staudinger/Wolfsteiner, 13. Bearb., Rn. 7 ff.; Stein/Jonas/Grunsky, § 935, Rn. 13.

ten Forderung grundsätzlich nicht gegen die Hypothek eingewandt werden (§ 216 I, III).

2 Auch hinsichtlich der **materiellen Rechtskraft** und der **Streitverkündung** steht der Eigentümer des hypothekarisch belasteten Grundstücks einem Bürgen gleich (§ 765, Rn. 6 ff.; an die Stelle des „Hauptschuldners" tritt der „persönliche Schuldner").

Aushändigung der Urkunden

1144 Der Eigentümer kann gegen Befriedigung des Gläubigers die Aushändigung des Hypothekenbriefs und der sonstigen Urkunden verlangen, die zur Berichtigung des Grundbuchs oder zur Löschung der Hypothek erforderlich sind.

1 § 1144 gibt dem Eigentümer und dem persönlichen Schuldner (§ 1167) gegen den Gläubiger einen **Anspruch** auf **Aushändigung** von Urkunden, d. h. auf → *Besitzeinräumung* (Rn. 1), gegebenenfalls auf → *Übereignung* (Rn. 1), oder, soweit die Urkunde noch nicht existiert, auf Erteilung, z. B. einer löschungsfähigen Quittung[1] (wie § 368, Rn. 1 ff.). **Örtlich zuständig** für eine Klage ist ausschließlich das Gericht des § 24 I ZPO[2].

2 Gegen den Anspruch des Gläubigers aus der Hypothek und gegen die gesicherte Forderung[3] hat der Eigentümer oder persönliche Schuldner aufgrund seines Anspruchs aus § 1144 eine **Einrede** i. S. d. **§§ 273 f.**[4] (s. dort). Er wird daher die Klage aus § 1144 in der Regel nur erheben, wenn er den Gläubiger ohne Urkundenaushändigung befriedigt hat.

---

[1] MünchKommBGB/Eickmann, Rn. 17 ff.
[2] BGHZ 54, 204; Zöller/Vollkommer, § 24, Rn. 13. **A. A.** Stein/Jonas/Schumann, § 24, Rn. 9.
[3] Westermann/Eickmann, § 105 III 4.
[4] MünchKommBGB/Eickmann, Rn. 29; Staudinger/Wolfsteiner, 13. Bearb., Rn. 18; zu § 368 str. (s. dort, Rn. 7 ff.).

Teilweise Befriedigung

1145 (1) ¹Befriedigt der Eigentümer den Gläubiger nur teilweise, so kann er die Aushändigung des Hypothekenbriefs nicht verlangen. ²Der Gläubiger ist verpflichtet, die teilweise Befriedigung auf dem Briefe zu vermerken und den Brief zum Zwecke der Berichtigung des Grundbuchs oder der Löschung dem Grundbuchamt oder zum Zwecke der Herstellung eines Teilhypothekenbriefs für den Eigentümer der zuständigen Behörde oder einem zuständigen Notar vorzulegen.

(2) ¹Die Vorschrift des Absatzes 1 Satz 2 gilt für Zinsen und andere Nebenleistungen nur, wenn sie später als in dem Kalendervierteljahr, in welchem der Gläubiger befriedigt wird, oder dem folgenden Vierteljahr fällig werden. ²Auf Kosten, für die das Grundstück nach § 1118 haftet, findet die Vorschrift keine Anwendung.

§ 1145 I Satz 2 gibt dem Eigentümer gegen den Gläubiger einen **Anspruch** darauf, dass die teilweise Befriedigung auf dem Brief *vermerkt* (wie § 368, Rn. 1 ff.) und der Brief der zuständigen Stelle *vorgelegt* wird (wie § 259, Rn. 8 ff.). **Örtlich zuständig** für eine Klage ist ausschließlich das Gericht des § 24 ZPO[1].

Eigentumsfiktion

1148 ¹Bei der Verfolgung des Rechts aus der Hypothek gilt zugunsten des Gläubigers derjenige, welcher im Grundbuch als Eigentümer eingetragen ist, als der Eigentümer. ²Das Recht des nicht eingetragenen Eigentümers, die ihm gegen die Hypothek zustehenden Einwendungen geltend zu machen, bleibt unberührt.

A. Streit zwischen Gläubiger und Bucheigentümer

Die Zwangsversteigerung und die Zwangsverwaltung dürfen grundsätzlich nur angeordnet werden, wenn der Titelschuldner als Eigentümer des Grundstücks eingetragen ist (§§ 17 I, 147 I ZVG). Deshalb benötigt der Gläubiger einen Titel gegen den Bucheigentümer. Könnte der Bucheigentümer gegen die Hypothekenklage einwenden, dass er nicht der wahre Eigentümer sei, so müsste der Gläubiger erst die Berichtigung des Grundbuchs durch Eintragung des

1

---

1 MünchKommBGB/Eickmann, Rn. 17 i. V. m. § 1144, Rn. 30.

wahren Eigentümers herbeiführen, bevor er mit Aussicht auf Erfolg die Hypothekenklage erheben kann. Diesen oft schwierigen Umweg[1] erspart die **unwiderlegliche Vermutung** des § 1148 Satz 1, die dem Bucheigentümer den Einwand abschneidet, er sei nicht der wahre Eigentümer[2]. Will der Bucheigentümer der Hypothekenklage und -vollstreckung entgehen, so muss er die Berichtigung des Grundbuchs herbeiführen[3].

2 In der Regel wird der Bucheigentümer freilich den Standpunkt einnehmen, dass er der wahre Eigentümer sei, und sich gegen die Hypothek mit **anderen Einwendungen** verteidigen. Dann spielt § 1148 Satz 1 keine Rolle.

B. Streit zwischen Gläubiger und nichteingetragenem Eigentümer

I. § 1148 Satz 1

3 Für das Verhältnis des Gläubigers (G) zu dem nichteingetragenen wahren Eigentümer (E) spielt § 1148 Satz 1 von vornherein keine Rolle[4]. Der Einwand des E, dass die Zwangsvollstreckung in das Grundstück unzulässig sei, weil ein Titel gegen ihn als den wahren Eigentümer fehle (§ 750 I Satz 1 ZPO), wird schon durch die §§ 17 I, 147 I ZVG abgeschnitten, die einen Titel gegen den Bucheigentümer verlangen. Der weitere Einwand des E, dass die Zwangsvollstreckung in das Grundstück jedenfalls für unzulässig erklärt werden müsse, weil das Grundstück ihm gehöre (§ 771 ZPO), trifft gleichfalls nicht zu. Denn das Eigentum des E ist dann kein veräußerungshinderndes Recht i. S. v. § 771 ZPO, wenn die Hypothek des G einredefrei besteht. Nur darüber, ob die Hypothek einredefrei besteht, kann zwischen E und G gestritten werden. Dieser Streit beurteilt sich aber nicht nach § 1148 Satz 1, sondern nach § 1148 Satz 2.

---

1 Wieser, Grundzüge, 1. Aufl., Rn. 236.
2 MünchKommBGB/Eickmann, Rn. 3; Staudinger/Wolfsteiner, 13. Bearb., Rn. 3.
3 Zur Berichtigung nach Rechtshängigkeit s. Staudinger/Wolfsteiner, 13. Bearb., Rn. 7.
4 Entgegen MünchKommBGB/Eickmann, Rn. 1, 6; Staudinger/Wolfsteiner, 13. Bearb., Rn. 4.

II. § 1148 Satz 2

Nach § 1148 Satz 2 kann E seine Einwendungen gegen die Hypothek einschließlich der Einreden[1] geltend machen. Dies geschieht in unterschiedlicher Weise, je nachdem, ob G bereits einen Titel über die Hypothek erlangt oder noch nicht erlangt hat.

1. Gläubiger besitzt Titel

Hat G bereits einen Titel über die Hypothek gegen den Bucheigentümer B erlangt, so muss E gegen G ein Urteil **beantragen**, das die Zwangsvollstreckung aus dem Titel für unzulässig oder nur Zug um Zug gegen eine bestimmte Gegenleistung für zulässig erklärt. Mit diesem Urteil kann E erreichen, dass die Zwangsvollstreckung unterbleibt (§ 775 Nr. 1 ZPO) oder nur Zug um Zug durchgeführt wird (analog § 765 ZPO).

Die Klage auf Unzulässigerklärung der Zwangsvollstreckung wird gewöhnlich als **Drittwiderspruchsklage** (§ 771 ZPO) angesehen[2]. Dafür spricht, dass E nicht Vollstreckungsschuldner, sondern „Dritter" ist. Soweit die Hypothek nicht oder nur einredebehaftet besteht, ist das Eigentum des E ein die Veräußerung hinderndes Recht, kraft dessen das Grundstück dem Beklagten G nicht haftet.

Da E in dem Prozess zwischen G und B nicht gehört worden war, ist er keinesfalls nach § 767 II ZPO präkludiert[3]. Jedoch wirkt die **materielle Rechtskraft** des Urteils zwischen G und B auch zwischen G und E, falls E Rechtsnachfolger des B nach Rechtshängigkeit ist (§ 325 I, III ZPO).

2. Gläubiger besitzt noch keinen Titel

Sowohl die Drittwiderspruchsklage als auch die Vollstreckungsabwehrklage setzt das Vorliegen eines Titels voraus. Vorher kann der Streit zwischen E und G über das Bestehen oder die Einredefreiheit der Hypothek aber durch Feststellungsurteil geklärt werden[4]. Unterliegt G gegen E, so hat er auch gegen B verspielt, weil er kein

---

1 MünchKommBGB/Eickmann, Rn. 8.
2 MünchKommBGB/Eickmann, Rn. 11; Staudinger/Wolfsteiner, 13. Bearb., Rn. 5.
3 MünchKommBGB/Eickmann, Rn. 11. **A. A.** Staudinger/Wolfsteiner, 13. Bearb., Rn. 5, der § 767 II ZPO mit § 325 I, III ZPO vermengt.
4 MünchKommBGB/Eickmann, Rn. 9. Entgegen MünchKommBGB/Eickmann, Rn. 10 ist § 64 ZPO unanwendbar, da E das zwischen G und B streitige Recht (Hypothek) nicht für sich in Anspruch nimmt.

berechtigtes Interesse an einer Wiederholung des Streits um die Hypothek in einem Prozess gegen B hat; die Feststellung, dass die Hypothek nicht bestehe oder einredebehaftet sei, wirkt also **materielle Rechtskraft** gegen G auch im Verhältnis zu B. Siegt G jedoch gegen E, so hat er noch nicht gegen B gewonnen. Gegen B kann die materielle Rechtskraft nicht erstreckt werden, weil er zu den Einwendungen gegen die Hypothek noch nicht gehört worden ist.

III. Klage des Gläubigers

9 Um einer Klage des E zuvorzukommen und sich gegen eine Berichtigung des Grundbuchs durch Eintragung des E zu sichern, kann G auch gegen E die Hypothekenklage erheben. B und E sind dann Streitgenossen nach § 60 ZPO.

C. Streit zwischen den Eigentumsprätendenten

10 Beanspruchen (prätendieren) verschiedene Personen das Eigentum an dem hypothekarisch belasteten Grundstück, so ist der Streit zwischen ihnen im **Feststellungsprozess** auszutragen. Der Bucheigentümer B klagt beispielsweise gegen den angeblichen wahren Eigentümer E auf die Feststellung, dass das Eigentum an dem näher bezeichneten Grundstück dem Kläger zustehe, oder es klagt umgekehrt E gegen B auf die Feststellung seines Eigentums.

11 Das Urteil wirkt **materielle Rechtskraft** nur zwischen B und E, nicht im Verhältnis zu dem Gläubiger G (§ 325 I ZPO). Ist daher zwischen B und E beispielsweise rechtskräftig entschieden, dass E der Eigentümer ist, so kann G die Hypothekenklage immer noch gegen B erheben, ja er muss es tun, solange das Grundbuch nicht durch Eintragung des siegreichen E berichtigt ist. Doch wird G die Hypothekenklage hier zweckmäßigerweise *auch* gegen E erheben (Rn. 9).

Abtretung der Forderung

1154 (1) ¹Zur Abtretung der Forderung ist Erteilung der Abtretungserklärung in schriftlicher Form und Übergabe des Hypothekenbriefs erforderlich; die Vorschrift des § 1117 findet Anwendung. ²Der bisherige Gläubiger hat auf Verlangen des neuen Gläubigers die Abtretungserklärung auf seine Kosten öffentlich beglaubigen zu lassen.

Abtretung der Forderung § 1154

(2) Die schriftliche Form der Abtretungserklärung kann dadurch ersetzt werden, dass die Abtretung in das Grundbuch eingetragen wird.
(3) Ist die Erteilung des Hypothekenbriefs ausgeschlossen, so finden auf die Abtretung der Forderung die Vorschriften der §§ 873, 878 entsprechende Anwendung.

§ 1154 I Satz 2 gibt dem neuen Gläubiger (Zessionar) gegen den bisherigen Gläubiger (Zedenten) einen **Anspruch** auf **öffentliche Beglaubigung** der schriftlichen Abtretungserklärung. 1

Eine **Leistungsklage** müsste die Verurteilung des Beklagten beantragen, seine Erklärung vom . . . über die Abtretung der im Grundbuch (§ 1113, Rn. 3) eingetragenen Hypothek über . . . Euro öffentlich beglaubigen zu lassen. Hat der Beklagte noch keine schriftliche Abtretungserklärung abgegeben, so wird er auf Verlangen des Klägers dazu verurteilt, die Abtretungserklärung in öffentlich beglaubigter Form abzugeben. Manche Richter verurteilen dazu, die gesicherte Forderung abzutreten und „dem Kläger nach Rechtskraft des vorliegenden Urteils eine öffentlich beglaubigte Abtretungserklärung zu erteilen". Das ist unrichtig, weil der Beklagte auf Verlangen des Klägers sofort eine öffentlich beglaubigte Abtretungserklärung schuldet, daher - auch in der Hoffnung auf eine freiwillige Erfüllung – entsprechend zu verurteilen ist; lediglich die *erzwungene* Abtretungserklärung setzt nach § 894 I ZPO die Rechtskraft des Urteils voraus. 2

Sachlich zuständig sind die Amtsgerichte oder die Landgerichte, je nach Streitwert (§§ 23 Nr. 1, 71 I GVG). Der Streitwert bemisst sich nach dem Interesse des Klägers an der öffentlichen Beglaubigung (§ 3 ZPO), das ist höchstens der Wert der abgetretenen Forderung[1]. 3

Ob sich die **Zwangsvollstreckung** nach § 888 oder § 894 ZPO richtet, ist strittig[2]. Der Schuldner ist verurteilt, seine schriftliche Abtretungserklärung öffentlich beglaubigen zu lassen, d. h. seine Unterschrift in Gegenwart eines Notars anzuerkennen und einen Vermerk des Notars über die Anerkennung zu erwirken (§ 40 BeurkG). Die Erwirkung des Vermerks ist eine unvertretbare Handlung i. S. d. § 888 ZPO. Andererseits wird die Form der öffentlichen Beglaubigung bei einer *abzugebenden* Erklärung durch § 894 ZPO 4

---
1 Stein/Jonas/Roth, § 6, Rn. 7cc.
2 Für § 888 ZPO BayObLG, JW 1934, 2247; BayObLG, E 1997, 92; Stein/Jonas/Brehm, § 894, Rn. 16. Für § 894 ZPO Kernert, JW 1934, 2247; RGRK/Mattern, Rn. 20.

fingiert[1]. Dann muss sie bei einer bereits *abgegebenen* Erklärung gleichfalls fingiert werden können. Es kann nicht sein, dass ein Gläubiger, der nur noch die Form benötigt, auf den dornigen Weg des § 888 ZPO verwiesen wird und damit schlechter gestellt wird als ein Gläubiger, der die Form zusammen mit der Erklärung nach § 894 ZPO durch einfache Fiktion erhält[2]. Daher gilt die Abtretungserklärung analog § 894 I ZPO mit der Rechtskraft des Urteils als öffentlich beglaubigt. Das fingierende Urteil mit Rechtskraftzeugnis wird dem Gläubiger (Zessionar) von der Geschäftsstelle des Gerichts ausgehändigt (§§ 317, 706 ZPO).

Geltendmachung der Briefhypothek

1160 (1) Der Geltendmachung der Hypothek kann, sofern nicht die Erteilung des Hypothekenbriefs ausgeschlossen ist, widersprochen werden, wenn der Gläubiger nicht den Brief vorlegt; ist der Gläubiger nicht im Grundbuch eingetragen, so sind auch die im § 1155 bezeichneten Urkunden vorzulegen.

(2) Eine dem Eigentümer gegenüber erfolgte Kündigung oder Mahnung ist unwirksam, wenn der Gläubiger die nach Absatz 1 erforderlichen Urkunden nicht vorlegt und der Eigentümer die Kündigung oder die Mahnung aus diesem Grunde unverzüglich zurückweist.

(3) Diese Vorschriften gelten nicht für die im § 1159 bezeichneten Ansprüche.

Nach § 1160 I kann der Eigentümer der Geltendmachung einer Briefhypothek widersprechen, wenn der Gläubiger nicht den Brief vorlegt. Die Bedeutung dieser Vorschrift ist umstritten[3]. Nach der in Rechtsprechung und Literatur überwiegenden Ansicht gibt § 1160 I dem Eigentümer gegen die Hypothek eine **Einrede**, deren Ausübung zur **Abweisung einer Leistungsklage** als derzeit unbegründet führt[4] (s. bei § 214).

---

1 MünchKommZPO/Schilken, § 894, Rn. 13; Stein/Jonas/Brehm, § 894, Rn. 16; Zöller/Stöber, § 894, Rn. 5.
2 So der Sache nach schon Kernert, JW 1934, 2247. BayObLGE 1997, 91 f. geht darauf nicht ein.
3 Vgl. Roth, Einrede, S. 208 f.
4 So RGZ 55, 228; RGRK/Mattern, Rn. 8; Roth, Einrede, S. 208 f.; Staudinger/Wolfsteiner, 13. Bearb., Rn. 2. **A. A.** MünchKommBGB/Eickmann, Rn. 5, weil der Eigentümer sich nicht gegen den Anspruch als solchen wende; aber das ist für eine Einrede auch nicht erforderlich.

Rechtszerstörende Einrede § 1169

Benachrichtigung des Schuldners

1166 ¹Ist der persönliche Schuldner berechtigt, von dem Eigentümer Ersatz zu verlangen, falls er den Gläubiger befriedigt, so kann er, wenn der Gläubiger die Zwangsversteigerung des Grundstücks betreibt, ohne ihn unverzüglich zu benachrichtigen, die Befriedigung des Gläubigers wegen eines Ausfalls bei der Zwangsversteigerung insoweit verweigern, als er infolge der Unterlassung der Benachrichtigung einen Schaden erleidet. ²Die Benachrichtigung darf unterbleiben, wenn sie untunlich ist.

§ 1166 gibt dem persönlichen Schuldner gegen die Forderung des Gläubigers eine **Einrede**[1], die zur **Abweisung der Leistungsklage** des Gläubigers als unbegründet führt (s. bei § 214).

Rechtszerstörende Einrede

1169 Steht dem Eigentümer eine Einrede zu, durch welche die Geltendmachung der Hypothek dauernd ausgeschlossen wird, so kann er verlangen, dass der Gläubiger auf die Hypothek verzichtet.

Nach § 1169 kann der Eigentümer von dem Gläubiger den Verzicht 1
auf die Hypothek verlangen. Der **Anspruch** ist auf Abgabe der **Verzichtserklärung** und Bewilligung der **Grundbucheintragung** des Verzichts (§ 1168 II Satz 1 BGB, § 19 GBO), gegebenenfalls auch auf **Herausgabe** des Hypothekenbriefs gerichtet[2].

Eine **Leistungsklage** muss demzufolge die Verurteilung des Beklag- 2
ten beantragen, auf die im Grundbuch (§ 1113, Rn. 3) eingetragene Hypothek über . . . Euro zu verzichten, die Grundbucheintragung des Verzichts zu bewilligen und den Hypothekenbrief an den Kläger herauszugeben.

Sachlich zuständig sind die Amtsgerichte oder die Landgerichte, je 3
nach Streitwert (§§ 23 Nr. 1, 71 I GVG). Der Streitwert bemisst sich nach dem Betrag der gesicherten Forderung oder nach dem geringeren Wert der Sicherheit (§ 6 ZPO)[3].

---

1 Palandt/Bassenge, Rn. 3.
2 Palandt/Bassenge, Rn. 2.
3 Stein/Jonas/Roth, § 6, Rn. 23.

§ 1172 Eigentümergesamthypothek

4   Wird der Verzichtsklage **stattgegeben**, so ist **rechtskraftfähig** festgestellt, dass der Kläger von dem Beklagten den Verzicht auf die Hypothek beanspruchen kann. Macht der Beklagte die Hypothek gleichwohl geltend, so ist seine Klage als unbegründet abzuweisen. Denn der Hypothek steht dann neben der – nicht rechtskräftig festgestellten – Einrede, die den Verzichtsanspruch begründet, der materiell-rechtskräftig festgestellte Verzichtsanspruch einredeweise entgegen[1]. Wird die Verzichtsklage als unbegründet *abgewiesen*, so ist rechtskraftfähig festgestellt, dass der Kläger von dem Beklagten nicht den Verzicht auf die Hypothek beanspruchen kann. Diese Feststellung sagt nichts darüber aus, ob die Hypothek einredefrei besteht oder nicht besteht[2]. Daher kann der im ersten Prozess unterlegene Kläger immer noch die den Verzichtsanspruch begründende Einrede ausüben.

5   Die **Zwangsvollstreckung** richtet sich, soweit es um die Verzichtserklärung und die Eintragungsbewilligung geht, nach § 894 I ZPO, soweit es um die Briefherausgabe geht nach § 883 ZPO.

Eigentümergesamthypothek

1172 (1) Eine Gesamthypothek steht in den Fällen des § 1163 den Eigentümern der belasteten Grundstücke gemeinschaftlich zu.

(2) ¹Jeder Eigentümer kann, sofern nicht ein anderes vereinbart ist, verlangen, dass die Hypothek an seinem Grundstück auf den Teilbetrag, der dem Verhältnis des Wertes seines Grundstücks zu dem Werte der sämtlichen Grundstücke entspricht, nach § 1132 Abs. 2 beschränkt und in dieser Beschränkung ihm zugeteilt wird. ²Der Wert wird unter Abzug der Belastungen berechnet, die der Gesamthypothek im Range vorgehen.

1   Abs. 2 gibt jedem Eigentümer einen **Anspruch** auf **Beschränkung der Hypothek** an seinem Grundstück (Eigentümergrundschuld) und auf **Zuteilung** des beschränkten Rechts an ihn allein – durch Zustim-

---

1 Vgl. Rimmelspacher, Anspruch, S. 296 f.
2 A. A. BGH, JZ 1964, 258: Werde der Anspruch auf Rückübertragung einer Grundschuld verneint, sei das Bestehen der Grundschuld als kontradiktorisches Gegenteil bejaht. Gegen diese Begründung zutreffend Rimmelspacher, Anspruch, S. 295 ff., der selbst der Einrede zu Unrecht eine mehr als bloß rechtshemmende Wirkung beilegt.

mung zu der Beschränkung und Zuteilung sowie durch Bewilligung der Eintragung in das Grundbuch (§ 1132 II Satz 1 i. V. m. § 875). Da die Eigentümer nur gemeinschaftlich über die ihnen nach Abs. 1 zustehende Gesamthypothek verfügen können (§ 747 Satz 2), richtet sich der Anspruch gegen alle übrigen Eigentümer als gemeinschaftliche Schuldner (→ *Mehrheit von Schuldnern* Rn. 2 ff.).

Eine **Leistungsklage** muss die Verurteilung der Beklagten beantragen, der Beschränkung der im Grundbuch (§ 1113, Rn. 3) eingetragenen Gesamthypothek auf einen Teilbetrag von . . . Euro und der Zuteilung des beschränkten Rechts an den Kläger allein zuzustimmen sowie die Eintragung der Beschränkung und der Zuteilung in das Grundbuch zu bewilligen. 2

Sachlich zuständig sind die Amtsgerichte oder die Landgerichte, je nach Streitwert (§§ 23 Nr. 1, 71 I GVG). Der Streitwert bemisst sich gem. § 6 ZPO grundsätzlich nach dem Wert des zuzuteilenden beschränkten Rechts. 3

Die **Zwangsvollstreckung** richtet sich nach § 894 I ZPO[1]. 4

Löschungsanspruch bei fremden Rechten

1179a (1) ¹Der Gläubiger einer Hypothek kann von dem Eigentümer verlangen, dass dieser eine vorrangige oder gleichrangige Hypothek löschen lässt, wenn sie im Zeitpunkt der Eintragung der Hypothek des Gläubigers mit dem Eigentum in einer Person vereinigt ist oder eine solche Vereinigung später eintritt. ²Ist das Eigentum nach der Eintragung der nach Satz 1 begünstigten Hypothek durch Sondernachfolge auf einen anderen übergegangen, so ist jeder Eigentümer wegen der zur Zeit seines Eigentums bestehenden Vereinigungen zur Löschung verpflichtet. ³Der Löschungsanspruch ist in gleicher Weise gesichert, als wenn zu seiner Sicherung gleichzeitig mit der begünstigten Hypothek eine Vormerkung in das Grundbuch eingetragen worden wäre.

(2) ¹Die Löschung einer Hypothek, die nach § 1163 Abs. 1 Satz 1 mit dem Eigentum in einer Person vereinigt ist, kann nach Absatz 1 erst verlangt werden, wenn sich ergibt, dass die zu sichernde Forderung nicht mehr entstehen wird; der Löschungsanspruch besteht von diesem Zeitpunkt ab jedoch auch wegen der vorher beste-

---

1 Zur Pfändung des Anteils s. MünchKommBGB/Eickmann, Rn. 20.

henden Vereinigungen. ²Durch die Vereinigung einer Hypothek mit dem Eigentum nach § 1163 Abs. 2 wird ein Anspruch nach Absatz 1 nicht begründet.

(3) Liegen bei der begünstigten Hypothek die Voraussetzungen des § 1163 vor, ohne dass das Recht für den Eigentümer oder seinen Rechtsnachfolger im Grundbuch eingetragen ist, so besteht der Löschungsanspruch für den eingetragenen Gläubiger oder seinen Rechtsnachfolger.

(4) Tritt eine Hypothek im Range zurück, so sind auf die Löschung der ihr infolge der Rangänderung vorgehenden oder gleichstehenden Hypothek die Absätze 1 bis 3 mit der Maßgabe entsprechend anzuwenden, dass an die Stelle des Zeitpunkts der Eintragung des zurückgetretenen Rechts der Zeitpunkt der Eintragung der Rangänderung tritt.

(5) ¹Als Inhalt einer Hypothek, deren Gläubiger nach den vorstehenden Vorschriften ein Anspruch auf Löschung zusteht, kann der Ausschluss dieses Anspruchs vereinbart werden; der Ausschluss kann auf einen bestimmten Fall der Vereinigung beschränkt werden. ²Der Ausschluss ist unter Bezeichnung der Hypotheken, die dem Löschungsanspruch ganz oder teilweise nicht unterliegen, im Grundbuch anzugeben; ist der Ausschluss nicht für alle Fälle der Vereinigung vereinbart, so kann zur näheren Bezeichnung der erfassten Fälle auf die Eintragungsbewilligung Bezug genommen werden. ³Wird der Ausschluss aufgehoben, so entstehen dadurch nicht Löschungsansprüche für Vereinigungen, die nur vor dieser Aufhebung bestanden haben.

I. Anspruch

1   § 1179a gibt dem Gläubiger einer Hypothek gegen den Eigentümer als Inhaber eines anderen Grundpfandrechts einen **Anspruch** auf **Löschung**, d. h. Aufhebung (§ 875)[1] des Grundpfandrechts. Der Eigentümer ist verpflichtet, die Aufgabe seines Grundpfandrechts zu erklären (§ 875 I Satz 2), den Löschungsantrag zu stellen (§ 13 I GBO), die Löschung zu bewilligen und ihr zuzustimmen (§§ 19, 27, 29 I Satz 1 GBO), einen Grundpfandbrief vorzulegen (§§ 41, 42 GBO) sowie den vom Grundbuchamt geforderten Kostenvorschuss zu zahlen (§ 8 KostO).

---

1 Palandt/Bassenge, Rn. 4, 8.

II. Leistungsklage

Eine Leistungsklage müsste daher z. B. die Verurteilung des Beklagten beantragen, die im Grundbuch (§ 1113, Rn. 3) eingetragene Hypothek über 50 000 Euro löschen zu lassen (aufzuheben) und dazu die Aufgabe des Rechts zu erklären, die Löschung zu bewilligen und ihr zuzustimmen, den Hypothekenbrief vorzulegen sowie den vom Grundbuchamt geforderten Kostenvorschuss zu zahlen. 2

III. Sachliche Zuständigkeit

Sachlich zuständig sind die Amtsgerichte oder die Landgerichte, je nach Streitwert (§§ 23 Nr. 1, 71 I GVG). Der Streitwert bemisst sich nach dem Betrag der gesicherten Forderung oder nach dem geringeren Wert der Sicherheit (§ 6 ZPO)[1]. 3

IV. Zwangsvollstreckung

1. Art und Weise

Für die Zwangsvollstreckung wegen des Löschungsanspruchs kommt es darauf an: 4

Ist das zu löschende Recht als **Recht des Eigentümers** eingetragen, so wird nach § 894 I ZPO erreicht, dass der Eigentümer die Aufgabe seines Grundpfandrechts erklärt, den Löschungsantrag stellt sowie die Löschung bewilligt und ihr zustimmt; das Urteil mit Rechtskraftzeugnis (§ 706 ZPO) legt der Gläubiger dem Grundbuchamt vor. Einen Grundpfandbrief nimmt nach § 883 ZPO der Gerichtsvollzieher dem Eigentümer weg und übergibt ihn dem Grundbuchamt[2]. Die Zahlung des Kostenvorschusses wird unmittelbar nach §§ 803 ff. ZPO erzwungen. 5

Ist das zu löschende Recht noch als **Recht eines Dritten** eingetragen, so gilt Rn. 5 entsprechend. Doch muss der Dritte die Löschung bewilligen und einen Grundpfandbrief dem Grundbuchamt vorlegen, wozu er dem Eigentümer gegenüber verpflichtet ist (§§ 894, 896). Der Gläubiger kann diese Ansprüche des Eigentümers notfalls pfänden und sich zur Einziehung überweisen lassen, um selbst den Dritten zu verklagen. 6

---

1 Stein/Jonas/Roth, § 6, Rn. 23.
2 Vgl. MünchKommZPO/Schilken, § 883, Rn. 6; Zöller/Stöber, § 883, Rn. 2.

§ 1179b   Löschungsanspruch bei eigenem Recht

2. Pfändung

7   Der Löschungsanspruch kann nicht isoliert gepfändet werden (§ 851 I ZPO)[1].

3. Zwangsversteigerung

8   Bei der Zwangsversteigerung des Grundstücks ist zu unterscheiden:

9   – Das betroffene Recht des Eigentümers und das begünstigte Recht des Gläubigers fallen beide in das geringste Gebot und bleiben bestehen (§§ 44 I, 52 I, 49 I, 10 I Nr. 4 ZVG). Dann bleibt auch der Löschungsanspruch bestehen[2].

10   – Das betroffene Recht bleibt bestehen, das begünstigte erlischt. Gleichwohl bleibt der Löschungsanspruch bestehen, bis der Gläubiger von dem *Ersteher* befriedigt wird (§ 91 IV Satz 1 ZVG i. V. m. § 50 II Satz 1 ZVG analog)[3].

11   – Das betroffene und das begünstigte Recht erlöschen. Gleichwohl bleibt der Löschungsanspruch bestehen, bis der Gläubiger von dem *Eigentümer* aus dessen Erlösanteil befriedigt wird (§ 91 IV ZVG)[4]. Erhält der Eigentümer nichts, erlischt der Löschungsanspruch ersatzlos[5].

Löschungsanspruch bei eigenem Recht

1179b   **(1) Wer als Gläubiger einer Hypothek im Grundbuch eingetragen oder nach Maßgabe des § 1155 als Gläubiger ausgewiesen ist, kann von dem Eigentümer die Löschung dieser Hypothek verlangen, wenn sie im Zeitpunkt ihrer Eintragung mit dem Eigentum in einer Person vereinigt ist oder eine solche Vereinigung später eintritt.**

(2) § 1179a Abs. 1 Satz 2, 3, Abs. 2, 5 ist entsprechend anzuwenden.

---

1 RGRK/Thumm, Rn. 3.
2 MünchKommBGB/Eickmann, Rn. 35 i. V. m. § 1179, Rn. 40.
3 Steiner-Eickmann, § 91, Rn. 24.
4 Steiner-Eickmann, § 91, Rn. 25. Näher MünchKommBGB/Eickmann, § 1179, Rn. 35 ff.
5 Steiner/Eickmann, § 91, Rn. 25.

§ 1179b gibt dem Buchgläubiger einer Hypothek gegen den Eigentümer als Inhaber dieser „Hypothek" einen **Anspruch** auf **Löschung**, d. h. Aufhebung (§ 875)[1]. Siehe dazu § 1179a, Rn. 1 ff.

Gesetzlicher Inhalt der Grundschuld

1191 (1) Ein Grundstück kann in der Weise belastet werden, dass an denjenigen, zu dessen Gunsten die Belastung erfolgt, eine bestimmte Geldsumme aus dem Grundstück zu zahlen ist (Grundschuld).

(2) Die Belastung kann auch in der Weise erfolgen, dass Zinsen von der Geldsumme sowie andere Nebenleistungen aus dem Grundstück zu entrichten sind.

Für die **Grundschuld** gelten die Bemerkungen zur Hypothek (bei § 1113) sinngemäß, auch Rn. 11 ff., falls die Grundschuld eine Geldforderung sichert, was – anders als bei der Hypothek – nicht notwendig ist. Die Grundschuld ist **pfändbar** nach § 857 VI ZPO; die gleichzeitige Pfändung der gesicherten Forderung nach § 829 ZPO ist zulässig und zweckmäßig[2].

Ablösungsrecht

1201 (1) Das Recht zur Ablösung steht dem Eigentümer zu.

(2) ¹Dem Gläubiger kann das Recht, die Ablösung zu verlangen, nicht eingeräumt werden. ²Im Falle des § 1133 Satz 2 ist der Gläubiger berechtigt, die Zahlung der Ablösungssumme aus dem Grundstück zu verlangen.

§ 1201 II Satz 2 gibt dem Gläubiger keinen Zahlungsanspruch, sondern regelt den Inhalt der Rentenschuld abweichend von § 1199 I.

---

1 RGRK/Thumm, Rn. 3. Zum Zweck der Vorschrift s. Staudinger/Scherübl, 12. Aufl., Rn. 3; Staudinger/Wolfsteiner, 13. Bearb., Rn. 1 ff., die § 1179b für nichtig halten.
2 MünchKommBGB/Eickmann, Rn. 111 ff.; Staudinger/Wolfsteiner, 13. Bearb., vor §§ 1191 ff., Rn. 170 ff.

§ 1202 Kündigung

Kündigung

1202 (1) ¹Der Eigentümer kann das Ablösungsrecht erst nach vorgängiger Kündigung ausüben. ²Die Kündigungsfrist beträgt sechs Monate, wenn nicht ein anderes bestimmt ist.

(2) Eine Beschränkung des Kündigungsrechts ist nur soweit zulässig, dass der Eigentümer nach 30 Jahren unter Einhaltung der sechsmonatigen Frist kündigen kann.

(3) Hat der Eigentümer gekündigt, so kann der Gläubiger nach dem Ablaufe der Kündigungsfrist die Zahlung der Ablösungssumme aus dem Grundstück verlangen.

Absatz 3 gibt dem Gläubiger keinen Zahlungsanspruch[1], sondern regelt den Inhalt der Rentenschuld abweichend von § 1199 I.

Einreden des Verpfänders

1211 (1) ¹Der Verpfänder kann dem Pfandgläubiger gegenüber die dem persönlichen Schuldner gegen die Forderung sowie die nach § 770 einem Bürgen zustehenden Einreden geltend machen. ²Stirbt der persönliche Schuldner, so kann sich der Verpfänder nicht darauf berufen, dass der Erbe für die Schuld nur beschränkt haftet.

(2) Ist der Verpfänder nicht der persönliche Schuldner, so verliert er eine Einrede nicht dadurch, dass dieser auf sie verzichtet.

1 Da das Pfandrecht ein Recht zur außergerichtlichen Verwertung ist (§§ 1228 I, 1233 I), können die dagegen erhobenen Einwendungen und Einreden nur dann zur Abweisung einer **Klage des Pfandgläubigers** führen, wenn der Pfandgläubiger auf Herausgabe des Pfandes zum Zwecke des Verkaufs (§ 1231)[2], auf Duldung der Pfandverwertung (§ 1233 II)[3] oder auf Feststellung des Pfandrechts Klage erhebt.

2 Im Übrigen können die Einwendungen und Einreden nur durch eine **Klage des Verpfänders oder des Eigentümers**[4] gegen den Pfandgläubiger geltend gemacht werden.

---

1 Ungenau Palandt/Bassenge, Rn. 1.
2 Staudinger/Wiegand, 13. Bearb., Rn. 19.
3 Palandt/Bassenge, § 1233, Rn. 2.
4 Staudinger/Wiegand, 13. Bearb., Rn. 7.

Verwahrungspflicht § 1215

Diese Klage kann gerichtet sein
- auf Rückgabe des Pfandes nach § 1254 (s. dort);
- auf Unterlassung des Pfandverkaufs[1] (wie § 1004, Rn. 9 ff.);
- auf Feststellung des Fehlens der Verwertungsbefugnis (§ 256 ZPO),
- daher nicht auf eine rechtsgestaltende Unzulässigerklärung der Verwertung analog § 767 ZPO[2].

Hinsichtlich der **materiellen Rechtskraft** und der **Streitverkündung** 3 steht der Verpfänder einem Bürgen gleich (§ 765, Rn. 6 ff.; an die Stelle des „Hauptschuldners" tritt der „persönliche Schuldner").

Pflichten des nutzungsberechtigten Pfandgläubigers

1214 (1) **Steht dem Pfandgläubiger das Recht zu, die Nutzungen zu ziehen, so ist er verpflichtet, für die Gewinnung der Nutzungen zu sorgen und Rechenschaft abzulegen.**

(2) **Der Reinertrag der Nutzungen wird auf die geschuldete Leistung und, wenn Kosten und Zinsen zu entrichten sind, zunächst auf diese angerechnet.**

(3) **Abweichende Bestimmungen sind zulässig.**

Absatz 1 gibt dem Verpfänder[3] gegen den Pfandgläubiger einen **Anspruch** auf **Sorge** für die Gewinnung der Nutzungen, dessen Verletzung zum Schadensersatz verpflichtet (Satz 1)[4], und einen **Anspruch** auf **Rechenschaft** i. S. des § 259 (s. dort).

Verwahrungspflicht

1215 Der Pfandgläubiger ist zur Verwahrung des Pfandes verpflichtet.

§ 1215 gibt dem Verpfänder[5] gegen den Pfandgläubiger einen **Anspruch** auf **Verwahrung** (wie § 688, s. dort).

---
1 Palandt/Bassenge, Rn. 1.
2 MünchKommBGB/Damrau, Rn. 8. A. A. Erman/Küchenhoff/Michalski, Rn. 11; RGRK/Kregel, Rn. 3.
3 Soergel/Habersack, 13. Aufl., Rn. 1.
4 Soergel/Habersack, 13. Aufl., Rn. 2.
5 Palandt/Bassenge, Rn. 1.

Rechtsverletzung durch den Pfandgläubiger

1217 (1) Verletzt der Pfandgläubiger die Rechte des Verpfänders in erheblichem Maße und setzt er das verletzende Verhalten ungeachtet einer Abmahnung des Verpfänders fort, so kann der Verpfänder verlangen, dass das Pfand auf Kosten des Pfandgläubigers hinterlegt oder, wenn es sich nicht zur Hinterlegung eignet, an einen gerichtlich zu bestellenden Verwahrer abgeliefert wird.

(2) ¹Statt der Hinterlegung oder der Ablieferung der Sache an einen Verwahrer kann der Verpfänder die Rückgabe des Pfandes gegen Befriedigung des Gläubigers verlangen. ²Ist die Forderung unverzinslich und noch nicht fällig, so gebührt dem Pfandgläubiger nur die Summe, welche mit Hinzurechnung der gesetzlichen Zinsen für die Zeit von der Zahlung bis zur Fälligkeit dem Betrag der Forderung gleichkommt.

I. Anspruch auf Hinterlegung oder Ablieferung

1 § 1217 I gibt dem Verpfänder gegen den Pfandgläubiger einen **Anspruch** auf Hinterlegung des Pfandes, hilfsweise auf Ablieferung an einen Verwahrer, der gem. § 165 FGG bestellt wird.

2 Eine **Leistungsklage** muss die Verurteilung des Beklagten beantragen, die genau bezeichnete Sache bei einer Hinterlegungsstelle zu hinterlegen (dem gerichtlich zu bestellenden Verwahrer abzuliefern).

3 **Sachlich zuständig** sind die Amtsgerichte oder die Landgerichte, je nach Streitwert (§§ 23 Nr. 1, 71 I GVG). Der Streitwert bemisst sich nach dem Betrag der gesicherten Forderung oder nach dem geringeren Wert des Pfandes (§ 6 ZPO)[1].

4 Die **Zwangsvollstreckung** richtet sich nach § 883 ZPO[2], mit der Maßgabe, dass der Gerichtsvollzieher das Pfand nicht dem Gläubiger (Verpfänder), sondern der Hinterlegungsstelle oder dem Verwahrer übergibt.

---

1 Vgl. Stein/Jonas/Roth, § 6, Rn. 23.
2 Staudinger/Wiegand, 13. Bearb., Rn. 5; Stein/Jonas/Brehm, § 883, Rn. 11; Zöller/Stöber, § 883, Rn. 2.

II. Anspruch auf Rückgabe

§ 1217 II Satz 1 gibt dem Verpfänder gegen den Pfandgläubiger in elektiver Konkurrenz[1] (→ *Wahlmöglichkeiten* Rn. 2 ff.) einen Anspruch auf Rückgabe des Pfandes, d. h. auf → *Besitzeinräumung* (Rn. 1), Zug um Zug gegen Befriedigung des Pfandgläubigers[2] (§ 1223, Rn. 2 ff.).

5

Rechte des Verpfänders bei drohendem Verderb

1218 (1) Ist der Verderb des Pfandes oder eine wesentliche Minderung des Wertes zu besorgen, so kann der Verpfänder die Rückgabe des Pfandes gegen anderweitige Sicherheitsleistung verlangen; die Sicherheitsleistung durch Bürgen ist ausgeschlossen.

(2) Der Pfandgläubiger hat dem Verpfänder von dem drohenden Verderb unverzüglich Anzeige zu machen, sofern nicht die Anzeige untunlich ist.

Absatz 1 gibt dem Verpfänder gegen den Pfandgläubiger einen **Anspruch** auf **Rückgabe** des Pfandes, d. h. → *Besitzeinräumung* (Rn. 1), Zug um Zug gegen anderweitige Sicherheitsleistung[3] (§ 1223, Rn. 2 ff.).

Rechte des Pfandgläubigers bei drohendem Verderb

1219 (1) Wird durch den drohenden Verderb des Pfandes oder durch eine zu besorgende wesentliche Minderung des Wertes die Sicherheit des Pfandgläubigers gefährdet, so kann dieser das Pfand öffentlich versteigern lassen.

(2) [1]Der Erlös tritt an die Stelle des Pfandes. [2]Auf Verlangen des Verpfänders ist der Erlös zu hinterlegen.

§ 1219 II Satz 2 gibt dem Verpfänder gegen den Pfandgläubiger einen **Anspruch** auf **Hinterlegung** des Erlöses (wie § 1217, Rn. 1 ff.).

---

1 Vgl. Soergel/Habersack, 13. Aufl., Rn. 4.
2 Vgl. Staudinger/Wiegand, 13. Bearb., Rn. 7.
3 Dazu Staudinger/Wiegand, 13. Bearb., Rn. 6.

§ 1223 Rückgabepflicht; Einlösungsrecht

1223 (1) Der Pfandgläubiger ist verpflichtet, das Pfand nach dem Erlöschen des Pfandrechts dem Verpfänder zurückzugeben.

(2) Der Verpfänder kann die Rückgabe des Pfandes gegen Befriedigung des Pfandgläubigers verlangen, sobald der Schuldner zur Leistung berechtigt ist.

I. Absatz 1

1 § 1223 I gibt dem Verpfänder gegen den Pfandgläubiger einen **Anspruch** auf **Rückgabe** des Pfandes, d. h. auf → *Besitzeinräumung* (Rn. 1).

II. Absatz 2

1. Anspruch auf Rückgabe Zug um Zug

2 § 1223 II gibt dem Verpfänder gegen den Pfandgläubiger einen **Anspruch** auf Rückgabe des Pfandes, d. h. auf → *Besitzeinräumung* (Rn. 1), Zug um Zug gegen Befriedigung des Pfandgläubigers[1].

3 Eine **Leistungsklage** muss demgemäß die Verurteilung des Beklagten beantragen, das bestimmt bezeichnete Pfand an den Kläger zurückzugeben, Zug um Zug gegen Zahlung des Betrages, der dem Beklagten als Pfandgläubiger gebührt. Die Höhe dieses Betrages hat der Beklagte darzulegen und im Streitfall darzutun[2]; sie ist in das Urteil aufzunehmen.

4 Das Gericht berücksichtigt die Zug-um-Zug-Einschränkung auch **ohne Leistungsverweigerung** des Beklagten[3]. Es gibt deshalb einer uneingeschränkten Klage von Amts wegen nur eingeschränkt statt und weist die Klage „im Übrigen" kostenpflichtig (§ 92 ZPO) als unbegründet ab.

5 **Sachlich zuständig** sind die Amtsgerichte oder die Landgerichte, je nach Streitwert (§§ 23 Nr. 1, 71 I GVG). Der Streitwert bemisst sich nach dem Wert des Rückgabeanspruchs, nicht nach dem Wert

---

1 Palandt/Bassenge, Rn. 1.
2 Staudinger/Wiegand, 13. Bearb., Rn. 10.
3 Staudinger/Wiegand, 13. Bearb., Rn. 10.

der Forderung des Pfandgläubigers, weil das Gericht darüber nicht rechtskräftig entscheidet.

Die **Zwangsvollstreckung** des Zug-um-Zug-Urteils richtet sich nach den §§ 726 II, 756 ZPO. 6

2. Einrede gegen Zahlungsanspruch

Gegen den Zahlungsanspruch des Pfandgläubigers hat der persönliche Schuldner als Verpfänder wegen seines Rückgabeanspruchs aus § 1223 II die Einrede des § 273 I[1] (s. dort). 7

Herausgabe des Pfandes zum Verkauf

1231 [1]Ist der Pfandgläubiger nicht im Alleinbesitz des Pfandes, so kann er nach dem Eintritt der Verkaufsberechtigung die Herausgabe des Pfandes zum Zwecke des Verkaufs fordern. [2]Auf Verlangen des Verpfänders hat anstelle der Herausgabe die Ablieferung an einen gemeinschaftlichen Verwahrer zu erfolgen; der Verwahrer hat sich bei der Ablieferung zu verpflichten, das Pfand zum Verkauf bereitzustellen.

I. Herausgabe des Pfandes

§ 1231 Satz 1 gibt dem Pfandgläubiger, der nur unmittelbarer oder mittelbarer Mitbesitzer des Pfandes ist, gegen den mitbesitzenden Verpfänder oder dessen Besitznachfolger[2] einen **Anspruch** auf **Herausgabe** des Pfandes, d. h. auf Einräumung des unmittelbaren oder mittelbaren Alleinbesitzes[3] (→ *Besitzeinräumung* Rn. 1). Bei mittelbarem Mitbesitz genügt auch eine Ermächtigung des unmittelbaren Besitzers zur Herausgabe an den Pfandgläubiger allein[4] (s. bei § 745). 1

Im Falle der vertraglichen oder gerichtlichen Bestellung eines gemeinschaftlichen Verwahrers (Rn. 3) ist der Herausgabeanspruch des Pfandgläubigers auf **Ablieferung** an den Verwahrer gerichtet. 2

---

1 BGH, NJW 1979, 1204; Staudinger/Wiegand, 13. Bearb., Rn. 10.
2 RGRK/Kregel, Rn. 1; Staudinger/Wiegand, 13. Bearb., Rn. 1. Zum Eigentümer s. MünchKommBGB/Damrau, Rn. 2.
3 Staudinger/Wiegand, 13. Bearb., Rn. 4, 7.
4 Staudinger/Wiegand, 13. Bearb., Rn. 7.

Der auf Herausgabe an sich selbst klagende Pfandgläubiger muss daher die Klage ändern (§ 264 Nr. 2 ZPO), wenn er eine Abweisung der Klage durch das an den Antrag gebundene Gericht (§ 308 I Satz 1 ZPO) vermeiden will[1].

II. Bestellung eines gemeinschaftlichen Verwahrers

3   § 1231 Satz 2 gibt dem mitbesitzenden Verpfänder gegen den Pfandgläubiger zunächst einen **Anspruch** auf **Bestellung** eines gemeinschaftlichen Verwahrers. Der Anspruch wird dadurch befriedigt, dass der Pfandgläubiger einem gemeinschaftlichen Verwahrungsvertrag zustimmt. In dem **Herausgabeprozess** des Pfandgläubigers (Rn. 1 ff.) bestimmt notfalls das erkennende Gericht auf Antrag des Verpfänders den Verwahrer und befriedigt so den Bestellungsanspruch des Verpfänders durch Gestaltungsurteil (→ *Gestaltungsklagen* Rn. 1). In der Herausgabevollstreckung nach Satz 1 kann die Bestellung eines gemeinschaftlichen Verwahrers nicht mehr verlangt werden[2].

Wirkung des Pfandrechtsübergangs

1251 (1) Der neue Pfandgläubiger kann von dem bisherigen Pfandgläubiger die Herausgabe des Pfandes verlangen.

(2) ¹Mit der Erlangung des Besitzes tritt der neue Pfandgläubiger anstelle des bisherigen Pfandgläubigers in die mit dem Pfandrechte verbundenen Verpflichtungen gegen den Verpfänder ein. ²Erfüllt er die Verpflichtungen nicht, so haftet für den von ihm zu ersetzenden Schaden der bisherige Pfandgläubiger wie ein Bürge, der auf die Einrede der Vorausklage verzichtet hat. ³Die Haftung des bisherigen Pfandgläubigers tritt nicht ein, wenn die Forderung kraft Gesetzes auf den neuen Pfandgläubiger übergeht oder ihm auf Grund einer gesetzlichen Verpflichtung abgetreten wird.

Abs. 1 gibt dem neuen Pfandgläubiger gegen den bisherigen Pfandgläubiger einen **Anspruch** auf **Herausgabe** des Pfandes, d. h. auf → *Besitzeinräumung* (Rn. 1).

---

1 RGRK/Kregel, Rn. 4.
2 Palandt/Bassenge, Rn. 2.

Pfandrecht am Anteil eines Miteigentümers § 1258

Anspruch auf Rückgabe

1254 ¹Steht dem Pfandrecht eine Einrede entgegen, durch welche die Geltendmachung des Pfandrechts dauernd ausgeschlossen wird, so kann der Verpfänder die Rückgabe des Pfandes verlangen. ²Das gleiche Recht hat der Eigentümer.

§ 1254 gibt dem Verpfänder und dem Eigentümer gegen den Pfandgläubiger **Ansprüche** auf **Rückgabe** des Pfandes, d. h. auf → *Besitzeinräumung* (Rn. 1). Verpfänder und Eigentümer sind Gesamtgläubiger (§ 428)¹.

Pfandrecht am Anteil eines Miteigentümers

1258 (1) Besteht ein Pfandrecht an dem Anteil eines Miteigentümers, so übt der Pfandgläubiger die Rechte aus, die sich aus der Gemeinschaft der Miteigentümer in Ansehung der Verwaltung der Sache und der Art ihrer Benutzung ergeben.

(2) ¹Die Aufhebung der Gemeinschaft kann vor dem Eintritt der Verkaufsberechtigung des Pfandgläubigers nur von dem Miteigentümer und dem Pfandgläubiger gemeinschaftlich verlangt werden. ²Nach dem Eintritt der Verkaufsberechtigung kann der Pfandgläubiger die Aufhebung der Gemeinschaft verlangen, ohne dass es der Zustimmung des Miteigentümers bedarf; er ist nicht an eine Vereinbarung gebunden, durch welche die Miteigentümer das Recht, die Aufhebung der Gemeinschaft zu verlangen, für immer oder auf Zeit ausgeschlossen oder eine Kündigungsfrist bestimmt haben.

(3) Wird die Gemeinschaft aufgehoben, so gebührt dem Pfandgläubiger das Pfandrecht an den Gegenständen, welche an die Stelle des Anteils treten.

(4) Das Recht des Pfandgläubigers zum Verkaufe des Anteils bleibt unberührt.

Nach § 1258 II Satz 1 sind für eine auf Aufhebung der Miteigentumsgemeinschaft gerichtete Klage nur der Miteigentümer und der Pfandgläubiger gemeinschaftlich prozessführungsbefugt (§ 62 Fall 2 ZPO)².

---

1 MünchKommBGB/Damrau, Rn. 3, 5.
2 Vgl. Henckel, Parteilehre, S. 50 f.; Staudinger/J. Frank, 13. Bearb., § 1066, Rn. 8.

Befriedigung durch Zwangsvollstreckung

1277 ¹Der Pfandgläubiger kann seine Befriedigung aus dem Recht nur auf Grund eines vollstreckbaren Titels nach den für die Zwangsvollstreckung geltenden Vorschriften suchen, sofern nicht ein anderes bestimmt ist. ²Die Vorschriften des § 1229 und des § 1245 Abs. 2 bleiben unberührt.

I. Pfandverwertung durch Zwangsvollstreckung

1 Ebenso wie ausnahmsweise das Pfandrecht an einer beweglichen Sache (§ 1233 II) und ausnahmslos das Grundpfandrecht (§§ 1147, 1192 I) wird das Pfandrecht an einem Recht nach der praktisch wenig bedeutsamen[1] Regel des § 1277 Satz 1 im Wege der Zwangsvollstreckung realisiert.

2 Die Zwangsvollstreckung erfordert den Nachweis des Pfandrechts in Form eines **Vollstreckungstitels** (§§ 704, 794 ZPO)[2]. Der Titel lautet auf Verurteilung des beklagten Rechtsinhabers, wegen des Pfandrechts des Klägers in dem angegebenen Umfang die Zwangsvollstreckung in das genau bezeichnete Recht zu dulden[3]. Dieser Duldungstitel bringt die materiellrechtliche Haftung (Vollstreckungsunterworfenheit) des verpfändeten Rechts zum Ausdruck (→ *Haftung* Rn. 3).

3 Wie der Titel lautet auch der Antrag einer **Leistungsklage**.

4 **Sachlich zuständig** sind die Amtsgerichte oder die Landgerichte, je nach Streitwert (§§ 23 Nr. 1, 71 I GVG). Der Streitwert bemisst sich nach dem Geldbetrag, dessentwegen die Zwangsvollstreckung geduldet werden soll, wenn nicht der Wert der Sicherheit geringer ist (§ 6 ZPO)[4].

5 Die **Zwangsvollstreckung** selbst erfolgt durch Pfändung[5] und Überweisung des verpfändeten Rechts (§§ 829 ff., 846 ff., 857 ZPO). Beispiel: G hat eine Geldforderung gegen S und ein von X bestelltes Pfandrecht an dem Lieferungsanspruch des X gegen Y[6]. G erwirkt

---

1 Soergel/Habersack, 13. Aufl., Rn. 1.
2 Staudinger/Wiegand, 13. Bearb., Rn. 2.
3 Vgl. MünchKommBGB/Damrau, Rn. 2.
4 Stein/Jonas/Roth, § 6, Rn. 27.
5 Soergel/Habersack, 13. Aufl., Rn. 3.
6 Auch in den Fällen des § 1279 kann nach § 1277 verwertet werden (MünchKommBGB/Damrau, § 1282, Rn. 1).

gegen X einen Duldungstitel und alsdann die Pfändung und Überweisung des Lieferungsanspruchs gegen Y (§ 846 ZPO). Leistet Y nicht freiwillig, so muss er, da gegen ihn noch kein Titel vorliegt, auf Lieferung verklagt werden. Erst aus dem Lieferungsurteil kann gegen Y vollstreckt werden.

II. Zwangsvollstreckung in gesamtes Vermögen

Aufgrund eines Zahlungstitels wegen der gesicherten Forderung kann der Gläubiger in das gesamte Vermögen des Schuldners vollstrecken, auch in das verpfändete Recht, falls es nicht, wie im eben genannten Beispiel, einem Dritten zusteht. Soll jedoch der Rang des Vertragspfandrechts in der Zwangsvollstreckung berücksichtigt werden, so ist ein Duldungstitel (Rn. 2) erforderlich, weil nur er den Rang nachweist.

6

Leistung vor Fälligkeit

1281 ¹**Der Schuldner kann nur an den Pfandgläubiger und den Gläubiger gemeinschaftlich leisten.** ²**Jeder von beiden kann verlangen, dass an sie gemeinschaftlich geleistet wird; jeder kann statt der Leistung verlangen, dass die geschuldete Sache für beide hinterlegt oder, wenn sie sich nicht zur Hinterlegung eignet, an einen gerichtlich zu bestellenden Verwahrer abgeliefert wird.**

§ 1281 ändert eine verpfändete Forderung (§ 1279) dahingehend, dass der Schuldner nicht mehr an den Gläubiger allein, sondern nur noch an den Gläubiger und den Pfandgläubiger gemeinschaftlich zu leisten hat; doch kann jeder von beiden allein die Leistung an beide gemeinschaftlich verlangen. Diese Vorschrift entspricht § 1077 I (s. dort, wobei statt „Nießbraucher" „Pfandgläubiger" zu lesen ist).

Leistung nach Fälligkeit

1282 **(1)** ¹**Sind die Voraussetzungen des § 1228 Abs. 2 eingetreten, so ist der Pfandgläubiger zur Einziehung der Forderung berechtigt und kann der Schuldner nur an ihn leisten.** ²**Die Einziehung einer Geldforderung steht dem Pfandgläubiger nur insoweit zu, als sie zu seiner Befriedigung erforderlich ist.** ³**Soweit er**

zur Einziehung berechtigt ist, kann er auch verlangen, dass ihm die Geldforderung an Zahlungs statt abgetreten wird.

(2) Zu anderen Verfügungen über die Forderung ist der Pfandgläubiger nicht berechtigt; das Recht, die Befriedigung aus der Forderung nach § 1277 zu suchen, bleibt unberührt.

1 § 1282 I Sätze 1, 2 gibt dem Pfandgläubiger einer Forderung (§ 1279) gegenüber dem Schuldner der Forderung (Drittschuldner) ein **Einziehungsrecht**. Kraft des Einziehungsrechts kann der Pfandgläubiger verlangen, dass der Drittschuldner an ihn allein leistet. Daneben kann der Gläubiger die Leistung an den Pfandgläubiger verlangen[1]. Die Vorschrift entspricht § 1074 (s. dort, wobei statt „Nießbraucher" „Pfandgläubiger" zu lesen ist).

2 § 1282 I Satz 3 gibt dem Pfandgläubiger einer Geldforderung gegen den Gläubiger einen **Anspruch** auf **Abtretung** der verpfändeten Forderung an Zahlungs statt (§ 364 I), also einen Anspruch auf → *Rechtsverschaffung* (Rn. 1). Das Recht, statt der Einziehung die Abtretung zu wählen, ist eine **Ersetzungsbefugnis** (→ *Wahlmöglichkeiten* Rn. 6, 7).

Mitwirkung zur Einziehung

1285 (1) Hat die Leistung an den Pfandgläubiger und den Gläubiger gemeinschaftlich zu erfolgen, so sind beide einander verpflichtet, zur Einziehung mitzuwirken, wenn die Forderung fällig ist.

(2) ¹Soweit der Pfandgläubiger berechtigt ist, die Forderung ohne Mitwirkung des Gläubigers einzuziehen, hat er für die ordnungsmäßige Einziehung zu sorgen. ²Von der Einziehung hat er den Gläubiger unverzüglich zu benachrichtigen, sofern nicht die Benachrichtigung untunlich ist.

§ 1285 I entspricht § 1078 Satz 1 (s. dort). Klagt der Pfandgläubiger, so bestimmt sich der **Zuständigkeitsstreitwert** nach dem Betrag der gesicherten oder der geringerwertigen verpfändeten Forderung (§ 6 ZPO). Klagt der Gläubiger, so bemisst sich der Zuständigkeitsstreitwert nach seinem Interesse an der Leistung des Schuldners (§ 3 ZPO).

---

1 MünchKommBGB/Damrau, Rn. 8; Staudinger/Wiegand, 13. Bearb., Rn. 15.

Kündigungspflicht bei Gefährdung

1286 ¹Hängt die Fälligkeit der verpfändeten Forderung von einer Kündigung ab, so kann der Pfandgläubiger, sofern nicht das Kündigungsrecht ihm zusteht, von dem Gläubiger die Kündigung verlangen, wenn die Einziehung der Forderung wegen Gefährdung ihrer Sicherheit nach den Regeln einer ordnungsmäßigen Vermögensverwaltung geboten ist. ²Unter der gleichen Voraussetzung kann der Gläubiger von dem Pfandgläubiger die Zustimmung zur Kündigung verlangen, sofern die Zustimmung erforderlich ist.

I. Anspruch auf Kündigung

§ 1286 Satz 1 gibt dem Pfandgläubiger gegen den Gläubiger einen **Anspruch** auf Kündigung der verpfändeten Forderung. 1

Eine **Leistungsklage** müsste die Verurteilung des Beklagten beantragen, die bestimmt bezeichnete Forderung zu kündigen. 2

Sachlich zuständig sind die Amtsgerichte oder die Landgerichte, je nach Streitwert (§§ 23 Nr. 1, 71 I GVG). Der Streitwert bemisst sich nach dem Interesse des Klägers an der Fälligkeit (§ 3 ZPO). Dabei ist von dem Wert der gesicherten Forderung oder dem geringeren Wert der verpfändeten Forderung auszugehen (§ 6 ZPO). 3

Die **Zwangsvollstreckung** richtet sich nach § 894 I ZPO¹. Danach gilt die Kündigungserklärung lediglich als abgegeben. Den Zugang an den Drittschuldner kann der Pfandgläubiger wie der Gläubiger besorgen². 4

II. Anspruch auf Zustimmung

§ 1286 Satz 2 gibt dem Gläubiger gegen den Pfandgläubiger einen **Anspruch** auf Zustimmung zur Kündigung der verpfändeten Forderung. 5

Eine **Leistungsklage** müsste die Verurteilung des Beklagten beantragen, einer Kündigung der bestimmt bezeichneten Forderung durch den Kläger zuzustimmen. 6

---

1 MünchKommBGB/Damrau, Rn. 4; str.
2 Stein/Jonas/Brehm, § 894, Rn. 23; Zöller/Stöber, § 894, Rn. 6.

§ 1288   Anlegung eingezogenen Geldes

7 **Sachlich zuständig** sind die Amtsgerichte oder die Landgerichte, je nach Streitwert (§§ 23 Nr. 1, 71 I GVG). Der Streitwert bemisst sich nach dem Interesse des Klägers an der Fälligkeit (§ 3 ZPO).

8 Die **Zwangsvollstreckung** richtet sich nach § 894 I ZPO[1].

Anlegung eingezogenen Geldes

1288 (1) ¹Wird eine Geldforderung in Gemäßheit des § 1281 eingezogen, so sind der Pfandgläubiger und der Gläubiger einander verpflichtet, dazu mitzuwirken, dass der eingezogene Betrag, soweit es ohne Beeinträchtigung des Interesses des Pfandgläubigers tunlich ist, nach den für die Anlegung von Mündelgeld geltenden Vorschriften verzinslich angelegt und gleichzeitig dem Pfandgläubiger das Pfandrecht bestellt wird. ²Die Art der Anlegung bestimmt der Gläubiger.

(2) Erfolgt die Einziehung in Gemäßheit des § 1282, so gilt die Forderung des Pfandgläubigers, soweit ihm der eingezogene Betrag zu seiner Befriedigung gebührt, als von dem Gläubiger berichtigt.

1 § 1288 I gibt dem Gläubiger gegen den Pfandgläubiger, und umgekehrt, einen **Anspruch** auf **Mitwirkung** zur mündelsicheren, verzinslichen Anlegung des eingezogenen Betrags (wie § 1079, s. dort).

2 § 1288 I 1 gibt ferner dem Pfandgläubiger gegen den Gläubiger einen **Anspruch** auf **Bestellung des Pfandrechts** an dem eingezogenen Betrag, also auf → *Rechtsverschaffung* (Rn. 1).

Einziehung und Kündigung

1294 Ist ein Wechsel, ein anderes Papier, das durch Indossament übertragen werden kann, oder ein Inhaberpapier Gegenstand des Pfandrechts, so ist, auch wenn die Voraussetzungen des § 1228 Abs. 2 noch nicht eingetreten sind, der Pfandgläubiger zur Einziehung und, falls Kündigung erforderlich ist, zur Kündigung berechtigt und kann der Schuldner nur an ihn leisten.

§ 1294 entspricht § 1282 I Satz 1 (s. dort).

---

1 MünchKommBGB/Damrau, Rn. 4.

Aufhebung durch Urteil § 1313

Erstreckung auf Zinsscheine

1296 ¹Das Pfandrecht an einem Wertpapier erstreckt sich auf die zu dem Papier gehörenden Zins-, Renten- oder Gewinnanteilscheine nur dann, wenn sie dem Pfandgläubiger übergeben sind. ²Der Verpfänder kann, sofern nicht ein anderes bestimmt ist, die Herausgabe der Scheine verlangen, soweit sie vor dem Eintritt der Voraussetzungen des § 1228 Abs. 2 fällig werden.

Satz 2 gibt dem Verpfänder gegen den Pfandgläubiger einen **Anspruch** auf **Herausgabe** der Scheine, d. h. auf → *Besitzeinräumung* (Rn. 1).

Unklagbarkeit, Nichtigkeit eines Strafversprechens

1297 (1) Aus einem Verlöbnis kann nicht auf Eingehung der Ehe geklagt werden.

(2) Das Versprechen einer Strafe für den Fall, dass die Eingehung der Ehe unterbleibt, ist nichtig.

Ob Absatz 1 schon einen **Anspruch** auf Eingehung einer Ehe oder nur dessen „Klagbarkeit" ausschließt, ist strittig[1]. Einigkeit besteht darüber, dass eine Klage auf Eheschließung abzuweisen und ein dennoch ergehendes Leistungsurteil nicht vollstreckbar wäre (§§ 888 III, 894 II ZPO). Zulässig ist aber die – im ordentlichen Zivilprozess zu erhebende – **Klage auf Feststellung** des Bestehens oder Nichtbestehens eines Verlöbnisses[2].

Aufhebung durch Urteil

1313 (1) Eine Ehe kann nur durch gerichtliches Urteil auf Antrag aufgehoben werden.

(2) Die Ehe ist mit der Rechtskraft des Urteils aufgelöst.

(3) Die Voraussetzungen, unter denen die Aufhebung begehrt werden kann, ergeben sich aus den folgenden Vorschriften.

---

1 Stech, ZZP 77, 178.
2 MünchKommZPO/Lüke, § 256, Rn. 13; Zöller/Greger, § 256, Rn. 4.

§ 1313 Aufhebung durch Urteil

I. Allgemeines

1 Nach § 1313 kann aus bestimmten Gründen die gerichtliche **Aufhebung** einer Ehe beantragt werden.

2 **Zuständig** ist ausschließlich das Familiengericht (§§ 606, 40 II ZPO) im **Eheprozess** (§§ 606 ff., 631 ZPO).

3 **Antragsberechtigt** kann einer der Ehegatten, eine Verwaltungsbehörde oder ein Dritter sein (§ 1316). Der Antrag eines Ehegatten ist **gegen** den anderen Gatten zu richten, der Antrag der Verwaltungsbehörde oder des Dritten gegen beide Gatten (§ 631 III ZPO) als notwendige Streitgenossen nach § 62 Fall 2 ZPO[1]. Von der Antragsberechtigung des Antragstellers und der richtigen Bestimmung des Antragsgegners hängt die Zulässigkeit des Antrags (Prozessführungsbefugnis) ab, nicht die Begründetheit (Sachlegitimation)[2]. Denn wenn z. B. der neue Liebhaber der Ehefrau die Aufhebung der Ehe beantragt, so ist der Antrag gewiss von vornherein als unzulässig abzuweisen.

4 Der **Antrag** geht dahin, die am ... vor dem Standesbeamten in ... geschlossene Ehe der Parteien – bei dem Antrag der Verwaltungsbehörde oder des Dritten: Ehe der Antragsgegner – aufzuheben. Im Übrigen ergibt sich der notwendige Inhalt der Antragsschrift aus § 253 ZPO (§ 631 II Satz 2 i. V. m. § 622 II Satz 2 ZPO)[3]. Die Antragsbegründung kann ohne weiteres geändert werden (§ 611 I ZPO). Zur Antragsrücknahme (§ 269 i. V. m. § 608 ZPO) vgl. § 1564, Rn. 4.

5 Das Aufhebungsurteil ist ein **Gestaltungsurteil**[4] (s. → *Gestaltungsklagen*). Die Gestaltungswirkung tritt mit der formellen Rechtskraft des Urteils ein, und zwar ex nunc: die Ehe ist für die Zukunft aufgelöst (§ 1313 Satz 2).

II. Streitgegenstand

6 Streitgegenstand ist der Antrag auf Aufhebung der Ehe aus allen vom Antragsteller geltend gemachten Gründen[5]. Denn einerseits muss es wegen der verschiedenen Bedeutung der Aufhebungsgründe

---

1 Thomas/Putzo, § 631, Rn. 9.
2 A. A. Zöller/Philippi, § 631, Rn. 10, 13.
3 Zöller/Philippi, § 631, Rn. 1.
4 RGRK/Lohmann, § 1313, Rn. 3; Zöller/Philippi, § 631, Rn. 17a.
5 Str., vgl. Stein/Jonas/Schlosser, § 611, Rn. 4; Wieczorek/Becker-Eberhard, § 610, Rn. 7.

dem Antragsteller überlassen bleiben, welche Gründe er geltend machen will. Andererseits ist es unnötig, bei mehreren mit einem Antrag geltend gemachten Aufhebungsgründen mehrere Streitgegenstände anzunehmen. So oder so kann der Antragsteller ein **Rangverhältnis** für die von ihm genannten Gründe angeben, mit der Folge, dass das Gericht nach Feststellung des Hauptgrundes über den Hilfsgrund nicht mehr zu entscheiden hat[1].

Gründe, für die der Antragsteller **kein Rangverhältnis** angibt, werden alle in dem Aufhebungsurteil genannt, soweit sie bereits feststehen. Soweit sie noch zweifelhaft sind, werden sie nicht mehr untersucht, nachdem *ein* Aufhebungsgrund feststeht[2]. Denn beantragt ist in der Regel lediglich die Aufhebung der Ehe. Ist dieser Rechtsstreit zur Endentscheidung reif, so hat das Endurteil zu ergehen (§ 300 I i. V. m. § 608 ZPO). Soweit Rechtsfolgen der Eheaufhebung von einem bestimmten Aufhebungsgrund abhängen, kann abgewartet werden, ob es darüber zu einem Prozess kommt. In diesem Prozess kann der Aufhebungsgrund dann immer noch festgestellt werden. § 1318 setzt nicht voraus, dass die dort genannten Verstöße in dem Aufhebungsurteil festgestellt sind. Hat eine Partei aber ein rechtliches Interesse an der alsbaldigen Feststellung eines Aufhebungsgrundes, so kann sie diese Entscheidung beantragen, sofern der Aufhebungsgrund den Charakter eines „Rechtsverhältnisses" hat (§ 256 I ZPO).   7

Macht der Antragsteller gleichzeitig **in getrennten Prozessen** verschiedene Aufhebungsgründe geltend, so sind die Prozesse zu verbinden (§ 147 ZPO). Wiederholt der Antragsteller einen rechtskräftig als unbegründet abgewiesenen Antrag und beruft er sich auf einen neuen Aufhebungsgrund, so steht die materielle Rechtskraft nicht entgegen (§ 322 I i. V. m. § 608 ZPO). Bei Irrtum, Täuschung und Drohung kann aber die Antragsfrist abgelaufen sein (§ 1317). Die anderen Aufhebungsgründe sind so gewichtig, dass das Gesetz keine Antragsfrist vorsieht; ihre Geltendmachung darf daher auch nicht durch die Abweisung eines anderweitig begründeten Antrags ausgeschlossen sein.   8

---

1 MünchKommBGB/Müller-Gindullis, 4. Aufl., Rn. 11; Wieczorek/Becker-Eberhard, § 610, Rn. 7.
2 A. A. MünchKommZPO/Bernreuther, § 610, Rn. 8; Stein/Jonas/Schlosser, § 610, Rn. 8; Wieczorek/Becker-Eberhard, § 610, Rn. 7; Zöller/Philippi, § 610, Rn. 16.

III. Mehrere Antragsteller

9 Werden mehrere Anträge auf Aufhebung derselben Ehe von den Antragstellern oder vom Gericht miteinander verbunden (§§ 59 f., 147 ZPO), so kommt es zu einer **notwendigen Streitgenossenschaft** nach § 62 Fall 1 ZPO, falls über die Begründetheit der Anträge nur einheitlich entschieden werden kann. Auch kann gegen den Aufhebungsantrag eines Ehegatten der andere Gatte einen **Widerantrag** auf Aufhebung stellen (§ 610 ZPO)[1].

10 Wird ein rechtskräftig als unbegründet abgewiesener **Aufhebungsantrag** von einem anderen Antragsberechtigten **wiederholt**, so ist zu unterscheiden[2]: Ist der Antrag eines Ehegatten abgewiesen worden, so kann er auch von dem anderen Gatten, der Partei des ersten Prozesses war, nicht mehr aus einem rechtskräftig verneinten Grund wiederholt werden (§§ 322 I, 325 I i. V. m. § 308 ZPO)[3]. Auf den dritten Ehegatten (§ 1306), der selbständig antragsberechtigt ist, erstreckt sich die Rechtskraft einer Sachabweisung nicht[4]. Dagegen ist die Verwaltungsbehörde an der Wiederholung eines abgewiesenen Antrags gehindert, wenn sie über den Antrag unterrichtet war, weil sie dann in ausreichendem Maß rechtliches Gehör erhalten hatte (§ 631 IV ZPO)[5].

IV. Aufhebungsantrag und Scheidungsantrag

11 Zulässig ist auch die Verbindung eines Aufhebungsantrags mit einem Scheidungsantrag (§ 610 ZPO). Das Gericht prüft zunächst nur den Aufhebungsantrag. Ist der Aufhebungsantrag zulässig und begründet, so wird ihm stattgegeben. Auf Scheidung kann dann nicht mehr erkannt werden (§ 631 II Satz 2 ZPO). Deshalb wird der Scheidungsantrag nicht mehr geprüft. Das bedeutet, dass der Scheidungsantrag als **Hilfsantrag** für den Fall eines Misserfolgs des Aufhebungsantrags auszulegen ist[6]. Es kann aber auch der Scheidungsantrag als Hauptantrag mit dem Aufhebungsantrag als Hilfsantrag verbunden werden[7]; dass „beide Anträge begründet" sind (§ 631 II

---

1 Stein/Jonas/Schlosser, § 610, Rn. 4; Wieczorek/Becker-Eberhard, § 610, Rn. 9.
2 Undifferenziert Musielak/Borth, § 631, Rn. 13.
3 Ebenso wohl Zöller/Philippi, § 631, Rn. 17a.
4 Zöller/Philippi, § 631, Rn. 17a.
5 A. A. wohl Zöller/Philippi, § 631, Rn. 17a.
6 Wieczorek/Becker-Eberhard, § 610, Rn. 6.
7 Wieczorek/Becker-Eberhard, § 610, Rn. 6; Zöller/Philippi, § 631, Rn. 17.

Satz 2 ZPO), kann das Gericht dann nicht feststellen, weil es bei Begründetheit des Hauptantrags auf den Hilfsantrag nicht mehr eingeht. Schließlich können Aufhebungs- und Scheidungsantrag in der Weise alternativ zur Entscheidung gestellt werden, dass das Gericht nach dem zuerst entscheidungsreifen Grund entscheidet[1]. Unzulässig ist lediglich der Antrag, die Ehe aufzuheben und zugleich zu scheiden. Das muss auch bei einem **Widerantrag** beachtet werden[2]. Beantragt z. B. der Mann die Aufhebung der Ehe, so kann die Frau einen Widerantrag auf Ehescheidung nur für den Fall eines Scheiterns des Aufhebungsantrags stellen.

V. Folgesachen?

Die Verbindung einer Aufhebungssache mit einer anderen Familiensache als Folgesache wie nach § 623 ZPO sieht § 631 ZPO nicht vor; sie ist daher unstatthaft (§ 610 II ZPO)[3].   12

Eheliche Lebensgemeinschaft

1353 (1) ¹Die Ehe wird auf Lebenszeit geschlossen. ²Die Ehegatten sind einander zur ehelichen Lebensgemeinschaft verpflichtet; sie tragen füreinander Verantwortung.

(2) Ein Ehegatte ist nicht verpflichtet, dem Verlangen des anderen Ehegatten nach Herstellung der Gemeinschaft Folge zu leisten, wenn sich das Verlangen als Missbrauch seines Rechts darstellt oder wenn die Ehe gescheitert ist.

I. Ehe

Auf Feststellung des Bestehens oder Nichtbestehens einer Ehe zwischen den Parteien kann im Eheprozess Klage erhoben werden (§§ 256, 606 ff., 632 ZPO). Im ordentlichen Zivilprozess kann die Frage auch zwischen Dritten inzident geklärt werden[4].   1

---

1 MünchKommBGB/Müller-Gindullis, § 29 EheG, Rn. 9.
2 Stein/Jonas/Schlosser, § 610, Rn. 7.
3 MünchKommBGB/Müller-Gindullis, 4. Aufl., Rn. 10; Zöller/Philippi, § 623, Rn. 4.
4 Palandt/Brudermüller, vor § 1353, Rn. 11.

II. Anspruch auf Herstellung der ehelichen Lebensgemeinschaft

2 § 1353 I Satz 2 gibt jedem Ehegatten gegen den anderen einen **Anspruch** auf Herstellung der ehelichen Lebensgemeinschaft. Darunter sind verschiedenartige Verhaltensweisen zu verstehen[1].

3 Eine **Leistungsklage** braucht nach § 253 II Nr. 2 i. V. m. § 608 ZPO nicht eine bestimmte Verhaltensweise zu bezeichnen, sondern kann allgemein die Verurteilung zur Herstellung der ehelichen Lebensgemeinschaft beantragen[2]. Ein solches Urteil spricht aus, dass der beklagte Gatte „gehalten ist, die eheliche Gemeinschaft in der Weise und in dem Grad zu verwirklichen, wie es unter den gegebenen Verhältnissen möglich ist, wozu zwar regelmäßig, aber nicht notwendig die häusliche Gemeinschaft gehört"[3]. Die Klage kann auch als **Widerklage** gegen einen Scheidungs- oder Aufhebungsantrag erhoben werden (§ 610 ZPO)[4].

4 Der Ausschluss der Zwangsvollstreckung (Rn. 9) beseitigt nicht das **Rechtsschutzinteresse**[5].

5 **Zuständig** ist ausschließlich das Familiengericht (§ 23 b GVG) im **Eheprozess** (§§ 606, 40 II ZPO). Bei **vermögensrechtlichen Streitigkeiten** ist dies allerdings zweifelhaft.

6 – Wird auf Unterrichtung über die Vermögensverhältnisse geklagt[6], so soll das Familiengericht im Eheprozess zuständig sein[7]. Bei vermögensrechtlichen Streitigkeiten ist das Familiengericht jedoch regelmäßig im ordentlichen Zivilprozess zuständig (§ 621 I Nr. 4, 5, 8 und 11 i. V. m. § 495 ZPO). Das sollte kraft Rechtsanalogie auch für die Unterrichtungsklage gelten[8].

---

1 Beispiele aus der Praxis bei Soergel/Lange, Rn. 33.
2 BGH, NJW 1957, 300; MünchKommBGB/Wacke, 4. Aufl., Rn. 47. A. A. Staudinger/Hübner, 12. Aufl., Rn. 137.
3 BGH, NJW 1957, 300.
4 Staudinger/Hübner, 12. Aufl., Rn. 134.
5 OLG Hamburg, FamRZ 1967, 102; OLG Köln, NJW 1966, 1864; MünchKommBGB/Wacke, Rn. 44; Soergel/Lange, Rn. 32. A. A. Stein/Jonas/Schlosser, vor § 606, Rn. 14a, 14d. Differenzierend Wieser, Rechtsschutzinteresse, S. 112.
6 In einer Unterhaltsstreitigkeit kann auch das Gericht von Amts wegen Auskunft verlangen (§ 643 ZPO).
7 BGH, FamRZ 1976, 516, 517 = FamRZ 1978, 677 (zweimal veröffentlicht!); OLG Hamburg, FamRZ 1967, 101; SchlHOLG, SchlHA 1974, 112.
8 Ebenso im Ergebnis Soergel/Lange, Rn. 33. Gegen einen Eheprozess auch Stein/Jonas/Schlosser, vor § 606, Rn. 14c. Wie die Rechtsprechung aber Zöller/Philippi, § 606, Rn. 6.

§ 1353

– Geht die Klage auf Mitwirkung oder Zustimmung zur gemeinsamen steuerlichen Veranlagung[1], auf Schadensersatz wegen unterlassener Zustimmung zur gemeinsamen steuerlichen Veranlagung[2], auf Herausgabe eines Steuerbescheids[3], auf Ausgleich einer Steuernachzahlung des Klägers oder einer Steuerrückerstattung an den Beklagten[4], auf Zustimmung zu einer Lohnsteuerermäßigung für den Kläger und Stellung eines eigenen derartigen Antrags[5] oder auf Schadensersatz wegen unterlassener Übertragung eines KfZ-Schadensfreiheitsrabatts[6], so soll das allgemeine Zivilgericht (im ordentlichen Zivilprozess) zuständig sein. Näher liegt auch hier die Rechtsanalogie zu § 621 I Nr. 4, 5, 8 und 11 i. V. m. § 495 ZPO, wenn die Klage auf § 1353 I Satz 2 gestützt wird. Zuständig ist also das Familiengericht im ordentlichen Zivilprozess[7].   7

Materiell-rechtskräftig festgestellt wird nur der Herstellungsanspruch[8].   8

---

1 OLG Düsseldorf, FamRZ 1984, 805; FamRZ 1985, 82; FamRZ 1990, 160; OLG Hamburg, FamRZ 1983, 938; OLG Karlsruhe, FamRZ 1979, 718; OLG Koblenz, FamRZ 1982, 942; OLG München, FamRZ 1983, 615; OLG Naumburg, FamRZ 2000, 165.
2 OLG Düsseldorf, FamRZ 1984, 805; OLG Hamm, FamRZ 1991, 1070; OLG Stuttgart, FamRZ 1992, 1447.
3 OLG Hamm, FamRZ 1991, 1070.
4 OLG Düsseldorf, FamRZ 1985, 82; OLG Hamburg, FamRZ 1982, 507; OLG Hamm, FamRZ 1979, 608; FamRZ 1988, 518; OLG München, FamRZ 1979, 722 (ohne Hinweis auf § 1353 I Satz 2); SchlHOLG, SchlHA 1980, 163.
5 BayObLG, FamRZ 1985, 948. Das Oberste Landesgericht verneint bereits einen *Anspruch* aus § 1353 I Satz 2 und erklärt, dies sei „einhellige Meinung". Die von ihm angeführten Entscheidungen ergeben aber das Gegenteil. So sagt z. B. OLG Hamm, FamRZ 1983, 938: „Ein derartiger Anspruch (scil. auf Zustimmung zur gemeinsamen Steuerveranlagung) wird seine Grundlage in § 1353 BGB finden können, der . . . auch die vermögensrechtlichen Verhältnisse umfasst. Damit ist jedoch nicht notwendig die Annahme eines Verfahrens . . . i. S. des § 606 I Satz 1 ZPO gerechtfertigt." Materiellrechtliche Anspruchsgrundlage und prozessuale Verfahrensart sind eben zweierlei.
6 OLG Stuttgart, FamRZ 1989, 763.
7 Ebenso im Ergebnis Soergel/Lange, Rn. 33. Gegen einen Eheprozess auch MünchKommZPO/Bernreuther, § 606, Rn. 8; Stein/Jonas/Schlosser, vor § 606, Rn. 14c; Zöller/Philippi, § 606, Rn. 5.
8 Soergel/Lange, Rn. 36; str.

9 **Zwangsvollstreckung** und **einstweiliger Rechtsschutz** richten sich nach der Art der geschuldeten Leistung. S. dazu die Vorbemerkungen unter einem passenden Stichwort, z. B. Beseitigung oder Unterlassung. Wegen einer unvertretbaren höchstpersönlichen Handlung ist die Zwangsvollstreckung ausgeschlossen, wenn der Titel „zur Herstellung des ehelichen Lebens" verurteilt (§ 888 III ZPO), also im Eheprozess erlassen wurde (§ 606 I Satz 1 ZPO). Entsprechendes gilt analog § 888 III ZPO für Unterlassungstitel[1]. Vermögensrechtliche Ansprüche sind in jedem Fall vollstreckbar[2].

III. Konkurrierende Ansprüche

10 Mit dem Anspruch aus § 1353 I Satz 2 können andere Ansprüche konkurrieren, die auf das gleiche Ziel gerichtet sind. Hier ist zu **unterscheiden:**

1. Vorrangige Ansprüche

11 Einer der Ansprüche geht vor. Dann wird nur dieser Anspruch vor dem dafür zuständigen Gericht in der dafür vorgesehenen Prozessart eingeklagt. Zum Beispiel verdrängt der Unterhaltsanspruch aus § 1360 oder § 1361 als lex specialis den Anspruch aus § 1353; er wird vor dem Familiengericht im ordentlichen Zivilprozess eingeklagt. Soweit es jedoch nicht um das „Ob", sondern das „Wie" der Unterhaltsleistung geht, greift § 1353 I Satz 2 ein. Danach kann der Berechtigte eine Art und Weise der Unterhaltsleistung verlangen, die der Pflicht zur ehelichen Lebensgemeinschaft entspricht, z. B. eine Auszahlung des Taschengeldes ohne genauen Nachweis des Verwendungszwecks[3]. Dieser Anspruch ist vor dem Familiengericht im Eheprozess einzuklagen; das Urteil ist nach § 888 III ZPO nicht vollstreckbar[4]. Daher wird der Gläubiger besser gleich auf Zahlung eines bestimmten Taschengeldes klagen und aus dem Urteil nach §§ 803 ff. ZPO vollstrecken; dass der Schuldner freiwillig, wenngleich „schikanös", zahlt, steht der Zahlungsklage nicht entgegen (§ 1601, Rn. 5).

---

1 MünchKommBGB/Wacke, 4. Aufl., Rn. 42; MünchKommZPO/Walter, § 606, Rn. 10; Staudinger/Hübner, 12. Aufl., Rn. 144.
2 MünchKommBGB/Wacke, 4. Aufl., Rn. 50; Soergel/Lange, Rn. 36.
3 RGZ 97, 289.
4 RGZ 97, 288 f.; Staudinger/Hübner, 12. Aufl., § 1360, Rn. 65.

2. Nebeneinander geltend zu machende Ansprüche

Die Ansprüche können nebeneinander geltend gemacht werden. Hier hat der Kläger die Wahl: Er kann den Anspruch aus § 1353 vor dem Familiengericht einklagen. Dann entscheidet das Familiengericht zugleich über den konkurrierenden Anspruch, z. B. einen Beseitigungs- oder Unterlassungsanspruch analog § 1004[1]. Der Kläger kann aber auch vor dem zuständigen allgemeinen Zivilgericht klagen. Dann entscheidet das allgemeine Zivilgericht zugleich über den Anspruch aus § 1353. Auf diese Weise ist gewährleistet, dass in der Streitsache nur ein einziger Prozess stattfindet, in dem aber gleichwohl alle Ansprüche geprüft werden können. 12

Zur Begründung sei auf § 17 II GVG verwiesen. Nach dieser Vorschrift kann ein Zivilgericht sogar über einen Anspruch entscheiden, für den an sich ein Gericht der Verwaltungsgerichtsbarkeit zuständig ist, und umgekehrt. Wenn das Gesetz aber schon um des Sachzusammenhangs willen weitgehende gerichtsverfassungsrechtliche Unterschiede vernachlässigt, dann muss es auch zulässig sein, dass ein Anspruch aus § 1353 vor dem allgemeinen Zivilgericht, ein anderer Anspruch vor dem Familiengericht eingeklagt wird. 13

§ 17 II GVG setzt allerdings einen einheitlichen Streitgegenstand voraus[2]. Er gestattet dem Gericht nicht, über die Klage gegen einen Streitgenossen mitzuentscheiden, für die es von Haus aus nicht zuständig ist[3]. Daher kann die Klage gegen den Ehepartner aus § 1353 vor dem Familiengericht nicht mit der Ehestörungsklage *gegen einen Dritten* verbunden werden[4]. Soll die Sache hier in einem Verfahren erledigt werden, muss der Kläger vor dem allgemeinen Zivilgericht klagen[5]. 14

IV. Recht zum Getrenntleben

§ 1353 II schließt den Anspruch auf Herstellung der ehelichen Lebensgemeinschaft aus. Eine **Klage auf Feststellung** des Rechts zum 15

---

1 MünchKommZPO/Bernreuther, § 606, Rn. 7.
2 Vollkommer, FS Deutsch, S. 399.
3 Ebenso im Fall einer objektiven Klagenhäufung BGH, NJW 1998, 826, 828.
4 A. A. Erman/Heckelmann, Rn. 22; MünchKommZPO/Bernreuther, § 606, Rn. 9.
5 So im Ergebnis auch die überwiegende Rechtsprechung; Nachw. bei MünchKommZPO/Bernreuther, § 606, Rn. 9. Zum einstweiligen Rechtsschutz s. Gießler, Rn. 955 ff.

§ 1360   Verpflichtung zum Familienunterhalt

Getrenntleben (§ 256 I ZPO) ist im Eheprozess zu erheben[1]. Zulässig ist auch eine einstweilige Anordnung nach § 620 Nr. 5 ZPO.

Verpflichtung zum Familienunterhalt

1360 [1]Die Ehegatten sind einander verpflichtet, durch ihre Arbeit und mit ihrem Vermögen die Familie angemessen zu unterhalten. [2]Ist einem Ehegatten die Haushaltsführung überlassen, so erfüllt er seine Verpflichtung, durch Arbeit zum Unterhalt der Familie beizutragen, in der Regel durch die Führung des Haushalts.

A. Familienunterhalt durch Arbeit

1   § 1360 gibt jedem Ehegatten gegen den anderen einen **Anspruch** auf Familienunterhalt durch Arbeit.

2   Eine **Leistungsklage** müsste die Verurteilung des Beklagten beantragen, eine bestimmte Arbeit aufzunehmen.

3   **Zuständig** ist ausschließlich das Familiengericht (§§ 621 I Nr. 5, II, 642 III ZPO) im ordentlichen Zivilprozess (§ 495 ZPO). Soweit es um die Haushaltsführung, die Kinderbetreuung und die Mitarbeit des haushaltsführenden Gatten im Familiennotstand geht, wird eine Ehesache nach § 606 ZPO („Herstellungsklage") angenommen[2].

4   Die **Zwangsvollstreckung** richtet sich bei einer vertretbaren Arbeit nach § 887 ZPO, bei einer unvertretbaren nach § 888 ZPO[3]. Die Vollstreckung nach § 887 ZPO läuft auf eine Geldvollstreckung hinaus, die bei einem arbeitspflichtigen und damit einkommenslosen[4] Ehegatten meist aussichtslos ist. Die Vollstreckung nach § 888 ZPO ist wie bei Diensten aus einem Dienstvertrag schon rechtlich ausgeschlossen, auch wenn das Urteil nicht auf „Herstellung des ehelichen Lebens" lautet, also im ordentlichen Zivilprozess ergangen ist.

---

1 Erman/Heckelmann, Rn. 20; MünchKommBGB/Wacke, 4. Aufl., Rn. 48; Soergel/Lange, Rn. 53
2 MünchKommBGB/Wacke, 4. Aufl., Rn. 30.
3 Wieser, Arbeitsgerichtsverfahren, Rn. 482.
4 Palandt/Brudermüller, Rn. 7.

B. Familienunterhalt mit Vermögen

I. Anspruch

§ 1360 Satz 1 gibt ferner jedem Ehegatten gegen den anderen einen Anspruch auf Familienunterhalt mit dem Vermögen, also in der Regel einen Zahlungsanspruch. Davon zu unterscheiden ist der Anspruch auf eine Art und Weise der Unterhaltsleistung, die der Pflicht zur ehelichen Lebensgemeinschaft entspricht; dieser Anspruch ergibt sich aus § 1353 I Satz 2 (s. dort, Rn. 11). Zum Unterhaltsanspruch bei Gütergemeinschaft s. § 1451, Rn. 4.

5

II. Klage

Der Zahlungsanspruch aus § 1360 Satz 1 ist durch Klage auf eine bestimmte Leistung geltend zu machen (§ 253 II Nr. 2 ZPO)[1], z. B. mit dem Antrag, den Beklagten zu verurteilen, ab Rechtshängigkeit monatlichen gesetzlichen Unterhalt in Höhe von 1000 Euro an die Klägerin zu zahlen. Dass auch künftige Leistungen eingeklagt werden können, folgt aus § 258 ZPO. Zur Feststellungsklage s. → *Zahlung* Rn. 3, zur Abänderungsklage § 323 ZPO.

6

III. Rechtsschutzinteresse

Das Rechtsschutzinteresse fehlt einer Unterhaltsklage nicht deshalb, weil der Beklagte freiwillig zahlt (§ 1601, Rn. 5), auch nicht, weil eine einstweilige Verfügung zulässig oder erlassen ist (§§ 926, 936 ZPO) oder weil eine einstweilige Anordnung zulässig oder erlassen ist[2].

7

IV. Zuständigkeit

Zuständig ist ausschließlich das Familiengericht (§§ 621 I Nr. 5, II, 642 III ZPO)[3] im ordentlichen Zivilprozess (§ 495 ZPO)[4].

8

V. Rechtskraft

Für die materielle Rechtskraft gilt nichts Besonderes[5].

9

---

1 MünchKommZPO/Lüke, § 253, Rn. 124; str.
2 Vgl. KG, FamRZ 1990, 183 f.; Bernreuther, FamRZ 1999, 69; Erman/Heckelmann, § 1360a, Rn. 33; Zöller/Philippi, § 620, Rn. 11, 13; str.
3 MünchKommBGB/Wacke, 4. Aufl., Rn. 30.
4 OLG München, NJW 1963, 49.
5 Vgl. MünchKommBGB/Wacke, 4. Aufl., § 1361, Rn. 48; Staudinger/Hübner, 12. Aufl., § 1361, Rn. 162 f.

VI. Zwangsvollstreckung

10 Die Zwangsvollstreckung wegen eines Zahlungsanspruchs richtet sich nach §§ 803 ff. ZPO (→ *Zahlung* Rn. 37). Sie ist privilegiert nach §§ 850d, 850f I ZPO. Der Anspruch ist grundsätzlich unpfändbar (§§ 850b I Nr. 2, II, 851 ZPO)[1].

VII. Einstweiliger Rechtsschutz

11 Für den einstweiligen Rechtsschutz bestehen – abgesehen vom Arrest (→ *Zahlung* Rn. 39) – mehrere Möglichkeiten:

12 1. **Befriedigungsverfügung nach § 940 ZPO**[2].

13 2. **Einstweilige Anordnung nach § 620 Nr. 6 ZPO** während eines anhängigen Eheprozesses (§ 620a II Satz 1 ZPO). Sie tritt an die Stelle einer Befriedigungsverfügung[3]. Die alleinige Anhängigkeit einer Folgesache (§§ 623 I Satz 1, 628 ZPO) genügt nicht[4]. Durch die einstweilige Anordnung kann Unterhalt ohne zeitliche Begrenzung und in vollem Umfang bewilligt werden[5]. Zuständig ist grundsätzlich das Gericht des Eheprozesses (§ 620a IV ZPO). Die Entscheidung ergeht auf Antrag (§ 620 ZPO). Sie setzt einen Anspruch voraus[6], der für die Zeit des Zusammenlebens aus § 1360, für die Zeit des Getrenntlebens aus § 1361 und für die Zeit nach der Ehescheidung aus §§ 1569 ff. folgt[7]. Außerdem ist ein Regelungsbedürfnis erforderlich[8]. Die entsprechenden Tatsachen soll der Antragsteller glaubhaft machen (§ 620a II Satz 3 ZPO). Die Anordnung ist **vollstreckbar** nach § 794 I Nr. 3a ZPO[9]. Sie ist unanfechtbar (§ 620c Satz 2 ZPO), kann aber von dem erkennenden Gericht, solange der Eheprozess

---

1 Erman/Heckelmann, § 1360a, Rn. 33; Stein/Jonas/Brehm, § 850b, Rn. 11 ff.; Zöller/Stöber, § 850b, Rn. 3 ff.
2 Dazu → *Zahlung* Rn. 40 ff.; MünchKommBGB/Richter, § 1569, Rn. 19; Soergel/Lange, § 1361, Rn. 40; Staudinger/Hübner, 12. Aufl., § 1361, Rn. 169.
3 Schlüter/Heckes, S. 202. Zur Konkurrenz näher MünchKommZPO/Finger, § 620, Rn. 57 ff.; Stein/Jonas/Schlosser, § 620a, Rn. 15.
4 Stein/Jonas/Schlosser, § 620a, Rn. 2.
5 Musielak/Borth, § 620, Rn. 68.
6 MünchKommZPO/Finger, § 620, Rn. 10; Stein/Jonas/Schlosser, § 620, Rn. 8; Zöller/Philippi, § 620, Rn. 59; str.
7 Zöller/Philippi, § 620, Rn. 59 ff.
8 MünchKommZPO/Finger, § 620, Rn. 8 f., 40, 47; Stein/Jonas/Schlosser, § 620, Rn. 14; Zöller/Philippi, § 620, Rn. 5, 56 ff.
9 Dazu MünchKommZPO/Finger, § 620, Rn. 44.

dauert[1], aufgehoben oder geändert werden (§§ 620b, 620d, 620e ZPO). Die Anordnung **wirkt** auch nach der Ehescheidung **fort**, bis zum Wirksamwerden einer anderweitigen Regelung (§ 620f ZPO). Die anderweitige Regelung kann durch Vertrag getroffen werden[2], aber auch durch rechtskräftiges Urteil, sei es aufgrund einer Leistungsklage des Gläubigers[3] oder aufgrund einer negativen Feststellungsklage oder Rückforderungsklage des Schuldners[4]. Mit der Klage darf nicht beantragt werden, dass die einstweilige Anordnung geändert werden soll[5]; die Anordnung tritt kraft Gesetzes außer Kraft (§ 620f I Satz 1 ZPO).

3. Einstweilige Anordnung nach § 644 ZPO während eines anhängigen Unterhaltsprozesses. Sie tritt gleichfalls an die Stelle einer Befriedigungsverfügung nach § 940 ZPO, und zwar auch dann, wenn die Unterhaltssache erst noch anhängig gemacht werden müsste[6]. Durch die einstweilige Anordnung kann Unterhalt ohne zeitliche Begrenzung bewilligt werden[7], nicht nur für regelmäßig sechs Monate wie nach § 940 ZPO (s. → *Zahlung* Rn. 41). In welchem Umfang Unterhalt bewilligt werden kann, ist noch nicht geklärt[8]. Zweifelhaft ist auch, ob die einstweilige Anordnung nach § 620 ZPO vorgeht[9]. Zuständig nach § 644 ZPO ist grundsätzlich das Gericht des Unterhaltsprozesses (§ 620a IV i. V. m. § 644 Satz 2 ZPO). Die Entscheidung ergeht auf Antrag (§ 644 Satz 1 ZPO). Auch

14

---

1 Stein/Jonas/Schlosser, § 620b, Rn. 2a a. E.; Zöller/Philippi, § 620b, Rn. 6.
2 MünchKommZPO/Finger, § 620f, Rn. 23 f.; Stein/Jonas/Schlosser, § 620f, Rn. 2c; Zöller/Philippi, § 620f, Rn. 11.
3 BGH, NJW 2000, 741 f. Nach **a. A.** genügt ein vorläufig vollstreckbares Leistungsurteil. So OLG Zweibrücken, FamRZ 2001, 359.
4 BGH, FamRZ 1991, 180, 182; OLG Düsseldorf, FamRZ 1992, 337; FamRZ 1993, 817; OLG Köln, FamRZ 1998, 1427 (alle zur negativen Feststellungsklage); MünchKommZPO/Finger, § 620f, Rn. 14 ff.; Stein/Jonas/Schlosser, § 620f, Rn. 8; Zöller/Philippi, § 620f, Rn. 13 f.
5 OLG Zweibrücken, FamRZ 2000, 1288.
6 OLG Düsseldorf, FamRZ 1999, 1216; OLG Hamm, FamRZ 2001, 358; OLG Koblenz, FamRZ 2000, 363; OLG Köln, FamRZ 1999, 661; OLG München, MDR 2000, 1325; OLG Nürnberg, MDR 1998, 1230 = NJW 1998, 3787; Bernreuther, FamRZ 1999, 72; Musielak/Borth, § 644, Rn. 5; Schlüter/Heckes, S. 202 ff.; Zöller/Philippi, § 644, Rn. 3. **A. A.** OLG Karlsruhe, FamRZ 2000, 106.
7 OLG Zweibrücken, MDR 1999, 486; Musielak/Borth, § 644, Rn. 2.
8 Für angemessenen Unterhalt OLG Zweibrücken, MDR 1999, 486; Musielak/Borth, § 644, Rn. 2. Für geringere Beträge AG Groß-Gerau, FamRZ 1999, 661; AG Marburg, FamRZ 1999, 660.
9 Dafür Bernreuther, FamRZ 1999, 71. **A. A.** Musielak/Borth, § 644, Rn. 6.

§ 1360a Umfang der Unterhaltspflicht

im Übrigen gilt gemäß § 644 Satz 2 ZPO dasselbe wie für die einstweilige Anordnung nach § 620 Nr. 6 ZPO. Die Entscheidung setzt also einen Anspruch voraus[1], der für die Zeit des Zusammenlebens aus § 1360, für die Zeit des Getrenntlebens aus § 1361 und für die Zeit nach der Ehescheidung aus §§ 1569 ff. folgt[2]. Außerdem ist ein Regelungsbedürfnis erforderlich[3]. Die entsprechenden Tatsachen soll der Antragsteller glaubhaft machen (§ 620a II Nr. 3 ZPO). Die Anordnung ist **vollstreckbar** nach § 794 I Nr. 3a ZPO[4]. Sie ist unanfechtbar (§ 620c Satz 2 ZPO), kann aber von dem erkennenden Gericht, solange der Unterhaltsprozess dauert[5], aufgehoben oder geändert werden (§§ 620b, 620d, 620e ZPO). Die Anordnung **wirkt fort** bis zum Wirksamwerden einer anderweitigen Regelung (§ 620f ZPO). Die anderweitige Regelung kann durch Vertrag getroffen werden[6], aber auch durch rechtskräftiges Urteil, sei es aufgrund einer Leistungsklage des Gläubigers[7] oder aufgrund einer negativen Feststellungsklage oder Rückforderungsklage des Schuldners[8] nach Beendigung des Unterhaltsprozesses[9].

Umfang der Unterhaltspflicht

1360a (1) **Der angemessene Unterhalt der Familie umfasst alles, was nach den Verhältnissen der Ehegatten erforderlich ist, um die Kosten des Haushalts zu bestreiten und die**

---

1 Vgl. MünchKommZPO/Finger, § 620, Rn. 10; Stein/Jonas/Schlosser, § 620, Rn. 8; Zöller/Philippi, § 620, Rn. 59; str.
2 Vgl. Zöller/Philippi, § 644, Rn. 9.
3 Vgl. MünchKommZPO/Finger, § 620, Rn. 8 f., 40, 47; Musielak/Borth, § 644, Rn. 2; Stein/Jonas/Schlosser, § 620, Rn. 14; Zöller/Philippi, § 620, Rn. 5, 56 ff.
4 Dazu MünchKommZPO/Finger, § 620, Rn. 44.
5 Vgl. Stein/Jonas/Schlosser, § 620b, Rn. 2a a. E.; Zöller/Philippi, § 620b, Rn. 6.
6 Vgl. MünchKommZPO/Finger, § 620f, Rn. 23 f.; Stein/Jonas/Schlosser, § 620f, Rn. 2c; Zöller/Philippi, § 620f, Rn. 11.
7 BGH, NJW 2000, 741 f. Nach **a. A.** genügt ein vorläufig vollstreckbares Leistungsurteil. So OLG Zweibrücken, FamRZ 2001, 359.
8 Vgl. BGH, FamRZ 1991, 180, 182; OLG Düsseldorf, FamRZ 1992, 337; FamRZ 1993, 817 (alle zur negativen Feststellungsklage); MünchKommZPO/Finger, § 620f, Rn. 14 ff.; Stein/Jonas/Schlosser, § 620f, Rn. 8; Zöller/Philippi, § 620f, Rn. 13 f.
9 OLG Köln, FamRZ 2001, 106; Musielak/Borth, § 644, Rn. 7.

persönlichen Bedürfnisse der Ehegatten und den Lebensbedarf der gemeinsamen unterhaltsberechtigten Kinder zu befriedigen.

(2) ¹Der Unterhalt ist in der Weise zu leisten, die durch die eheliche Lebensgemeinschaft geboten ist. ²**Die Ehegatten sind einander verpflichtet, die zum gemeinsamen Unterhalt der Familie erforderlichen Mittel für einen angemessenen Zeitraum im Voraus zur Verfügung zu stellen.**

(3) Die für die Unterhaltspflicht der Verwandten geltenden Vorschriften der §§ 1613 bis 1615 sind entsprechend anzuwenden.

(4) ¹Ist ein Ehegatte nicht in der Lage, die Kosten eines Rechtsstreits zu tragen, der eine persönliche Angelegenheit betrifft, so ist der andere Ehegatte verpflichtet, ihm diese Kosten vorzuschießen, soweit dies der Billigkeit entspricht. ²Das Gleiche gilt für die Kosten der Verteidigung in einem Strafverfahren, das gegen einen Ehegatten gerichtet ist.

Absatz 4 gibt einem Ehegatten gegen den anderen einen **Anspruch auf einen Kostenvorschuss.** 1

Zur **Klage** s. → *Zahlung* Rn. 2 ff. 2

Das **Rechtsschutzinteresse** fehlt einer Unterhaltsklage nicht deshalb, weil der Beklagte freiwillig zahlt (§ 1601, Rn. 5), auch nicht, weil eine einstweilige Verfügung zulässig oder erlassen ist (§§ 926, 936 ZPO) oder weil eine einstweilige Anordnung zulässig oder erlassen ist[1]. 3

Zuständig ist ausschließlich das Familiengericht (§§ 621 I Nr. 5, II, 642 III ZPO)[2] im ordentlichen Zivilprozess (§ 495 ZPO). 4

Die **Zwangsvollstreckung** richtet sich nach §§ 803 ff. ZPO (→ *Zahlung* Rn. 37). Die Anwendbarkeit des § 850d ZPO ist umstritten[3]. Der Anspruch auf den Kostenvorschuss kann nur von dem Kostengläubiger gepfändet werden[4]. 5

---

1 Vgl. KG, FamRZ 1990, 183 f.; Bernreuther, FamRZ 1999, 69; Erman/Heckelmann, Rn. 36; Zöller/Philippi, § 620, Rn. 11, 13; str.
2 Stein/Jonas/Schlosser, § 621, Rn. 22; Zöller/Philippi, § 621, Rn. 42.
3 Dafür MünchKommBGB/Wacke, 4. Aufl., Rn. 33; Schuschke/Walker, § 850d, Rn. 2; Stein/Jonas/Brehm, § 850d, Rn. 9; Zöller/Stöber, § 850d, Rn. 3. **A. A.** überzeugend LG Bremen, Rpfleger 1970, 214; LG Essen, MDR 1965, 662; Soergel/Lange, Rn. 31.
4 Soergel/Lange, Rn. 20; Stein/Jonas/Brehm, § 851, Rn. 23.

§ 1360a   Umfang der Unterhaltspflicht

6   Die Pflicht zur Leistung eines Kostenvorschusses für eine Unterhaltssache, Ehesache oder andere Familiensache kann durch **einstweilige Anordnung** geregelt werden (§§ 127a, 620 Nr. 9, 621f ZPO)[1], freilich nur während des Prozesses (§ 620a II Satz 1 ZPO – gilt nach §§ 127a II Satz 2, 621f II Satz 2 ZPO entsprechend). Zuständig ist grundsätzlich das Prozessgericht (§§ 127a I, 620a IV, 621f I ZPO). Die Entscheidung ergeht auf Antrag (§§ 127a I, 620 Satz 1, 621f I ZPO). Sie setzt einen Anspruch voraus, der hier aus § 1360a IV folgt[2]. Die entsprechenden Tatsachen soll der Antragsteller glaubhaft machen (§ 620a II Satz 3 ZPO – gilt nach §§ 127a II Satz 2, 621f II Satz 2 ZPO entsprechend). Ein Regelungsbedürfnis ist hier stets gegeben[3]. Die Anordnung ist **vollstreckbar** nach § 794 I Nr. 3a ZPO. Sie ist unanfechtbar (§§ 127a II Satz 1, 620c Satz 2, 621f II Satz 1 ZPO), kann aber von dem erkennenden Gericht, solange der Rechtsstreit dauert, aufgehoben oder geändert werden (§§ 620b, 620d, 620e ZPO – gelten nach §§ 127a II Satz 2, 621f II Satz 2 ZPO entsprechend). Die Geltungsdauer der Anordnung richtet sich nach § 620f i. V. m. §§ 127a II Satz 2, 621f II Satz 2 ZPO.

7   Im Anwendungsbereich dieser Vorschriften ist eine **einstweilige Verfügung** nach § 940 ZPO (→ *Zahlung* Rn. 40 ff.) unzulässig. Dies gilt auch dann, wenn der Antragsteller die Unterhalts-, Ehe- oder andere Familiensache erst noch anhängig machen müsste[4]. Für einen sonstigen Prozess kann ein Vorschuss im Verfahren der einstweiligen Verfügung begehrt werden; dann ist das nach § 621 I Nr. 5 ZPO zuständige Familiengericht das „Gericht der Hauptsache des ersten Rechtszuges" i. S. der §§ 937 I, 943 I ZPO[5].

---

1 Zu § 644 ZPO vgl. Schlüter/Heckel, S. 205 f.
2 Soergel/Lange, Rn. 28.
3 MünchKommZPO/Wax, § 127a, Rn. 17; MünchKommZPO/Finger, § 621f, Rn. 7. S. aber Zöller/Philippi, § 621f, Rn. 11.
4 OLG Hamm, NJW 1978, 2515; OLG Düsseldorf, 3. FamS., FamRZ 1980, 175; FamRZ 1999, 1215; OLG Oldenburg, FamRZ 1978, 526; Bernreuther, FamRZ 1999, 72; Gießler, Rn. 768; Stein/Jonas/Bork, § 127a, Rn. 1; Zöller/Philippi, § 620, Rn. 30. **A. A.** OLG Düsseldorf, 2. FamS., NJW 1978, 895; OLG Karlsruhe, FamRZ 1981, 983; FamRZ 2000, 106; Staudinger/Hübner, 12. Aufl., Rn. 99.
5 Vgl. OLG Celle, NJW 1963, 960; OLG Hamm, FamRZ 2001, 1230; Erman/Heckelmann, Rn. 36; Gießler, Rn. 764; Stein/Jonas/Grunsky, § 937, Rn. 3; Zöller/Vollkommer, § 937, Rn. 1. **A. A.** OLG Braunschweig, NJW 1959, 2310; OLG Düsseldorf, FamRZ 1968, 208; Soergel/Lange, Rn. 29.

Eigentumsvermutung § 1362

Unterhalt bei Getrenntleben

1361 (1) ¹Leben die Ehegatten getrennt, so kann ein Ehegatte von dem anderen den nach den Lebensverhältnissen und den Erwerbs- und Vermögensverhältnissen der Ehegatten angemessenen Unterhalt verlangen; für Aufwendungen infolge eines Körper- oder Gesundheitsschadens gilt § 1610a. ²Ist zwischen den getrennt lebenden Ehegatten ein Scheidungsverfahren rechtshängig, so gehören zum Unterhalt vom Eintritt der Rechtshängigkeit an auch die Kosten einer angemessenen Versicherung für den Fall des Alters sowie der verminderten Erwerbsfähigkeit.

(2) Der nicht erwerbstätige Ehegatte kann nur dann darauf verwiesen werden, seinen Unterhalt durch eine Erwerbstätigkeit selbst zu verdienen, wenn dies von ihm nach seinen persönlichen Verhältnissen, insbesondere wegen einer früheren Erwerbstätigkeit unter Berücksichtigung der Dauer der Ehe, und nach den wirtschaftlichen Verhältnissen beider Ehegatten erwartet werden kann.

(3) Die Vorschrift des § 1579 Nr. 2 bis 7 über die Herabsetzung des Unterhaltsanspruchs aus Billigkeitsgründen ist entsprechend anzuwenden.

(4) ¹Der laufende Unterhalt ist durch Zahlung einer Geldrente zu gewähren. ²Die Rente ist monatlich im Voraus zu zahlen. ³Der Verpflichtete schuldet den vollen Monatsbetrag auch dann, wenn der Berechtigte im Laufe des Monats stirbt. ⁴§ 1360a Abs. 3, 4 und die §§ 1360b, 1605 sind entsprechend anzuwenden.

§ 1361 gibt einem Ehegatten gegen den anderen einen **Anspruch** auf **Unterhalt** durch Zahlung einer Geldrente (wie § 1360, Rn. 5 ff.). Der Anspruch kann nicht durch Klage auf Abänderung eines Urteils aus § 1360 geltend gemacht werden (§ 323 ZPO), da es sich dabei um einen anderen Anspruch handelt[1].

Eigentumsvermutung

1362 (1) ¹Zugunsten der Gläubiger des Mannes und der Gläubiger der Frau wird vermutet, dass die im Besitz eines Ehegatten oder beider Ehegatten befindlichen beweglichen Sachen dem Schuldner gehören. ²Diese Vermutung gilt nicht, wenn die

---

1 MünchKommZPO/Gottwald, § 323, Rn. 28; Zöller/Vollkommer, § 323, Rn. 21.

Ehegatten getrennt leben und sich die Sachen im Besitz des Ehegatten befinden, der nicht Schuldner ist. ³Inhaberpapiere und Orderpapiere, die mit Blankoindossament versehen sind, stehen den beweglichen Sachen gleich.

(2) Für die ausschließlich zum persönlichen Gebrauch eines Ehegatten bestimmten Sachen wird im Verhältnis der Ehegatten zueinander und zu den Gläubigern vermutet, dass sie dem Ehegatten gehören, für dessen Gebrauch sie bestimmt sind.

I. Vermutungen

1 § 1362 stellt Vermutungen des Eigentums auf, die durch den Beweis des Gegenteils widerlegt werden können (analog § 292 ZPO)[1]. Zu unterscheiden sind:

2 – ausschließlich zum **persönlichen Gebrauch** eines Gatten bestimmte bewegliche Sachen, z. B. Schmuck der Frau[2]: von diesen Sachen wird im Verhältnis der Gatten zueinander und im Verhältnis der Gatten zu ihren Gläubigern vermutet, dass sie dem „gebrauchenden" Gatten gehören (Absatz 2);

3 – nicht ausschließlich zum persönlichen Gebrauch eines Gatten bestimmte bewegliche Sachen, z. B. ein Pkw[3]: von diesen Sachen wird zugunsten der Gläubiger eines Gatten vermutet, dass sie dem Schuldner gehören (Absatz 1).

4 Voraussetzung ist in beiden Fällen, dass sich die Sachen im alleinigen **Besitz** eines Gatten oder beider Gatten befinden, nicht im Alleinbesitz oder Mitbesitz eines Dritten[4].

5 Seiner Stellung im Gesetz nach gilt § 1362 für alle Güterstände, ist aber auf das **Gesamtgut** der Gütergemeinschaft **nicht** anwendbar (§ 1422, Rn. 18).

II. Erkenntnisverfahren

6 Im Erkenntnisverfahren wirkt sich § 1362 beispielsweise aus, wenn ein Gläubiger (G) des Mannes (M) einen Pkw im Alleingewahrsam des M pfänden lässt, von dem die Ehefrau des M (F) behauptet, er

---

1 Vgl. MünchKommZPO/Prütting, § 292, Rn. 11 f.
2 Ausnahmen bei MünchKommBGB/Wacke, 4. Aufl., Rn. 29; Staudinger/ Hübner, 12. Aufl., Rn. 53.
3 Stein/Jonas/Münzberg, § 739, Rn. 13.
4 Stein/Jonas/Münzberg, § 739, Rn. 15; Zöller/Stöber, § 739, Rn. 3.

Eigentumsvermutung § 1362

gehöre zur Hälfte ihr. Da nach Ansicht der F nur der Miteigentumsanteil des M hätte gepfändet werden dürfen (§ 857 I ZPO), wird sie bei Pfändung des Pkw Klage auf Unzulässigerklärung der Zwangsvollstreckung gegen G erheben (§ 771 ZPO). In diesem Erkenntnisverfahren wird nach § 1362 I zugunsten des G vermutet, dass der Pkw dem M allein gehört. Die Klage dringt deshalb nur durch, wenn F ihr Miteigentum beweist.

III. Zwangsvollstreckung

1. Geldvollstreckung

a) Alleingewahrsam des anderen Ehegatten und Mitgewahrsam beider Ehegatten

In der Regel würde die Zwangsvollstreckung wegen einer Geldforderung gegen einen Gatten durch Pfändung und Verwertung beweglicher Sachen daran scheitern, dass sich die zu pfändenden Sachen nicht, wie es § 808 I ZPO voraussetzt[1], im Alleingewahrsam des Titelschuldners, sondern im Mitgewahrsam beider Gatten oder im Alleingewahrsam des anderen Gatten befinden und der andere Gatte nicht zur Herausgabe bereit ist (§ 809 ZPO). Dieses Hindernis überwindet § 739 ZPO, der an die widerlegliche Vermutung des Eigentums des Schuldners nach § 1362 BGB die **unwiderlegliche Vermutung des Alleingewahrsams** knüpft[2]. Daher kann der Gerichtsvollzieher für den Gläubiger (G) des Mannes (M) einen Teppich in der Ehewohnung trotz des Mitgewahrsams und des Widerspruchs der Ehefrau des M (F) pfänden, weil nach § 1362 I von dem nicht ausschließlich zum persönlichen Gebrauch eines Gatten bestimmten Teppich im Mitbesitz beider Gatten zugunsten des G vermutet wird, dass er dem M gehört, so dass nach § 739 ZPO nur M als Gewahrsamsinhaber gilt. 7

F muss ihr Miteigentum oder Alleineigentum durch **Drittwiderspruchsklage** nach § 771 ZPO geltend machen[3] und beweisen (Rn. 6). Mit der **Vollstreckungserinnerung** nach § 766 I ZPO könnte F geltend machen, dass entgegen der Annahme des Gerichtsvollziehers das Eigentum des M nach § 1362 nicht vermutet werde, weil der Teppich entweder bei Getrenntleben sich in ihrem Alleinbesitz befinde (§ 1362 I Satz 2) oder ausschließlich zu ihrem persönlichen 8

---

1 MünchKommZPO/Schilken, § 808, Rn. 5; Zöller/Stöber, § 809, Rn. 4.
 A. A. aus beachtlichen Gründen Braun, AcP 196, 582, 584 ff.
2 Stein/Jonas/Münzberg, § 739, Rn. 10; Zöller/Stöber, § 739, Rn. 7.
3 MünchKommZPO/Heßler, § 739, Rn. 10; Zöller/Stöber, § 739, Rn. 10.

§ 1362   Eigentumsvermutung

Gebrauch bestimmt sei (§ 1362 II)[1]. Dagegen kann F die Erinnerung in keinem Fall damit begründen, dass in Wahrheit sie die Eigentümerin des Teppichs sei[2]. Denn die Erinnerung ist nur bei Unzulässigkeit der Zwangsvollstreckung begründet. Das Eigentum eines Dritten macht die Zwangsvollstreckung aber nicht unzulässig. Selbst wenn es offenkundig ist, muss der Gerichtsvollzieher doch auf ausdrückliches Verlangen des Gläubigers pfänden (§ 119 Nr. 2 GVGA), weil nicht er, sondern das Gericht der Drittwiderspruchsklage den Streit zwischen Gläubiger und Drittem entscheiden soll. Die Drittwiderspruchsklage kann ja auch deshalb unbegründet sein, weil der Dritteigentümer dem Gläubiger haftet[3].

b) Alleingewahrsam des Titelschuldners

9   Befindet sich die zu pfändende Sache im Alleingewahrsam des Titelschuldners, so ist die Pfändung nach § 808 I ZPO zulässig. Es bedarf daher nicht des § 739 ZPO zur Überwindung eines Vollstreckungshindernisses. Folglich ist § 739 ZPO schon seinem Zweck nach unanwendbar[4].

2. Herausgabevollstreckung

10   Die Zwangsvollstreckung wegen eines Herausgabeanspruchs gegen einen Gatten könnte daran scheitern, dass sich die herauszugebende bewegliche Sache nicht, wie es § 883 I ZPO voraussetzt[5], im Alleingewahrsam des Titelschuldners, sondern im Mitgewahrsam beider Gatten oder im Alleingewahrsam des anderen Gatten befindet und der andere Gatte nicht zur Herausgabe bereit ist (analog § 809 ZPO)[6]. Dieses Hindernis überwindet § 739 ZPO, der an die widerlegliche Vermutung des Eigentums nach § 1362 BGB die **unwiderlegliche Vermutung des Alleingewahrsams** knüpft[7]. Daher kann der Gerichtsvollzieher für den Gläubiger (G) des Mannes (M) einen Teppich in der Ehewohnung trotz des Mitgewahrsams und des Widerspruchs der Ehefrau des M (F) wegnehmen, weil nach § 1362 I von dem nicht ausschließlich zum persönlichen Gebrauch

---

1 Ebenso Palandt/Brudermüller, Rn. 10.
2 Stein/Jonas/Münzberg, § 739, Rn. 22; str.
3 Stein/Jonas/Münzberg, § 771, Rn. 50.
4 Stein/Jonas/Münzberg, § 739, Rn. 21a; str.
5 MünchKommZPO/Schilken, § 883, Rn. 18; Zöller/Stöber, § 883, Rn. 8. A. A. aus beachtlichen Gründen Braun, AcP 196, 584 ff.
6 MünchKommZPO/Schilken, § 883, Rn. 19; Zöller/Stöber, § 883, Rn. 8.
7 Stein/Jonas/Münzberg, § 739, Rn. 10; Zöller/Stöber, § 739, Rn. 7.

eines Gatten bestimmten Teppich im Mitbesitz beider Gatten vermutet wird, dass er dem M gehört, so dass nach § 739 ZPO nur M als Gewahrsamsinhaber gilt.

F muss ihr Miteigentum oder Alleineigentum durch **Drittwiderspruchsklage** nach § 771 ZPO geltend machen und beweisen (Rn. 6). Erfolg hat die Klage freilich nur, wenn das Eigentum der F den Herausgabeanspruch des G gegen M ausschließt. Zur **Vollstreckungserinnerung** s. Rn. 8. 11

Geltendmachung der Unwirksamkeit

1368 Verfügt ein Ehegatte ohne die erforderliche Zustimmung des anderen Ehegatten über sein Vermögen, so ist auch der andere Ehegatte berechtigt, die sich aus der Unwirksamkeit der Verfügung ergebenden Rechte gegen den Dritten gerichtlich geltend zu machen.

Inhaltsübersicht

A. Geltendmachung der Unwirksamkeit des Verfügungsgeschäfts 1	IV. Streitverkündung 6
I. Materielle Rechte und Prozessführungsbefugnisse ... 1	V. Materielle Rechtskraft und Vollstreckbarkeit 7
II. Klage beider Gatten 2	1. Rechtskraft 7
III. Zuständigkeit und Verfahrensart 4	2. Vollstreckbarkeit 9
1. Klage des übergangenen Gatten 4	B. Geltendmachung der Unwirksamkeit des Verpflichtungsgeschäfts 10
2. Klage des verfügenden Gatten 5	C. Klage des Gegners 14

A. Geltendmachung der Unwirksamkeit des Verfügungsgeschäfts

I. Materielle Rechte und Prozessführungsbefugnisse

§ 1368 regelt den Fall, dass eine Verfügung, die ein Gatte über sein Vermögen im Ganzen trifft, mangels Zustimmung des anderen Gatten unwirksam ist (§§ 1365 ff.). Daraus ergeben sich **Rechte** des verfügenden Gatten – besonders die Ansprüche auf Herausgabe aus 1

§§ 985 f. und auf Zustimmung zur Grundbuchberichtigung aus § 894 sowie das Recht zur Drittwiderspruchsklage nach § 771 ZPO[1] – die auch der übergangene Gatte im eigenen Namen gerichtlich geltend machen kann, und zwar im Erkenntnisverfahren wie im Verfahren des einstweiligen Rechtsschutzes[2]. Der verfügende Gatte ist Inhaber der genannten Rechte und hat als solcher nach der Regel eine selbständige **Prozessführungsbefugnis**[3]. Der übergangene Gatte hat nach § 1368 keine eigenen materiellen Rechte[4], sondern lediglich eine selbständige Prozessführungsbefugnis[5]; er handelt in gesetzlicher Prozessstandschaft. Da er klagen kann, kann er auch mahnen[6], analog § 1368. Eine Herausgabeklage muss er auf Herstellung des früheren Besitzstandes richten[7]. Er muss also meist auf Herausgabe an den verfügenden Gatten klagen, für den Fall jedoch, dass dieser die Sache nicht zurücknehmen kann oder will, auf Herausgabe an sich selbst[8].

II. Klage beider Gatten

2 Klagen beide Gatten **gemeinschaftlich**, so sind sie prozessrechtlich notwendige Streitgenossen (§ 62 Fall 1 ZPO), weil der prozessuale Sieg eines Gatten auch für den anderen materielle Rechtskraft wirkt (Rn. 8). Für eine prozessrechtlich notwendige Streitgenossenschaft genügt es, dass entweder bei Erfolg oder bei Misserfolg der Klage eine Rechtskrafterstreckung eintritt, wenn nur der Streitgegenstand beider Prozesse derselbe ist[9].

---

[1] OLG Hamburg, FamRZ 2000, 1290 (gegen den Antrag des anderen Gatten auf Teilungsversteigerung nach § 180 ZVG); Erman/Heckelmann, Rn. 17; Soergel/Lange, Rn. 10, 17; Staudinger/Thiele, 14. Bearb. 2000, Rn. 21.
[2] Erman/Heckelmann, Rn. 17; Gießler, Rn. 927 ff.
[3] MünchKommBGB/Koch, 4. Aufl., Rn. 4. **A. A.** Berger, Rechtskraft, S. 266 ff. Zum Klageantrag s. Erman/Heckelmann, Rn. 6 ff.
[4] OLG Köln, FamRZ 1959, 460; Berger, Rechtskraft, S. 259 f.; Erman/Heckelmann, Rn. 3; Soergel/Lange, Rn. 4, 9; Staudinger/Thiele, 14. Bearb. 2000, Rn. 18. **A. A.** Fenge, FS Wahl, S. 490; Rimmelspacher, Anspruch, S. 164.
[5] MünchKommBGB/Koch, 4. Aufl., Rn. 3; Rosenberg/Schwab/Gottwald, § 46 II 1d; Stein/Jonas/Bork, vor § 50, Rn. 51; Zöller/Vollkommer, vor § 50, Rn. 24.
[6] Rimmelspacher, Anspruch, S. 162; Staudinger/Thiele, 14. Bearb. 2000, § 1368, Rn. 24.
[7] OLG Köln, FamRZ 1959, 460. **A. A.** Erman/Heckelmann, Rn. 11.
[8] D. Schwab, Familienrecht, Rn. 239; Soergel/Lange, Rn. 11; Staudinger/Thiele, 14. Bearb. 2000, Rn. 30 ff.; str.
[9] Henckel, Parteilehre, S. 201; Stein/Jonas/Bork, § 62, Rn. 5; Zöller/Vollkommer, § 62, Rn. 3.

Geltendmachung der Unwirksamkeit § 1368

Klagen die Gatten **getrennt**, so ist die zweite Klage nicht wegen 3
Rechtshängigkeit unzulässig (§ 261 III Nr. 1 ZPO)[1]. Der Rechtshängigkeitseinwand setzt voraus, dass über die zweite Klage schon im ersten Prozess vollständig entschieden wird[2]. Über die Klage des zweiten Gatten wird aber im ersten Prozess dann nicht entschieden, wenn der erste Gatte unterliegt (Rn. 7). Da jedoch der Sieg des ersten Gatten für den zweiten materielle Rechtskraft wirkt (Rn. 8), sollte der zweite Prozess bis zur Erledigung des ersten ausgesetzt werden (§ 148 ZPO).

III. Zuständigkeit und Verfahrensart

1. Klage des übergangenen Gatten

Für die Klage des übergangenen Gatten ist ausschließlich das Familiengericht zuständig (§§ 621 I Nr. 8, II, 40 II ZPO)[3], und zwar im ordentlichen Zivilprozess (§ 621b ZPO). „Ansprüche" i. S. des § 621 I Nr. 8 ZPO sind nicht materiellrechtliche Ansprüche[4], sondern – wie gewöhnlich im Sprachgebrauch der ZPO – prozessuale Ansprüche, Streitgegenstände, die sich nach dem Klageantrag richten. Einen materiellrechtlichen Anspruch aus dem Güterrecht macht der übergangene Gatte nicht geltend[5], sondern beruft sich z. B. auf einen Anspruch aus § 985, für den ihm § 1368 lediglich die Prozessführungsbefugnis verleiht. Wohl aber begründet der übergangene Gatte seinen Klageantrag mit güterrechtlichen Vorschriften, den §§ 1365–1367.

2. Klage des verfügenden Gatten

Da auch der verfügende Gatte seinen Klageantrag mit den §§ 1365–1367 begründet, ist für seine Klage gleichfalls ausschließlich das 5

---

1 Ebenso Erman/Heckelmann, Rn. 16.
2 Stein/Jonas/Schumann, § 261, Rn. 59.
3 BGH, FamRZ 1981, 1046; OLG Hamburg, FamRZ 2000, 1290; OLG Hamm, FamRZ 1995, 1072 (beide zu § 771 ZPO). Zustimmend Bosch, Anm. zu BGH, FamRZ 1981, 1046 und die Kommentare, z. B. Zöller/Philippi, § 621, Rn. 3a. **A. A.** Spall, Anm. zu BGH, FamRZ 1981, 1046, weil er von einem materiellrechtlichen Anspruch ausgeht.
4 Entgegen Spall, FamRZ 1981, 1046.
5 Zutreffend Spall, FamRZ 1981, 1046. Ebenso MünchKommBGB/Koch, 4. Aufl., Rn. 21. Wird wie im Fall BGH, FamRZ 1981, 1046 auf Feststellung der Unwirksamkeit einer Auflassung geklagt, so wird materiellrechtlich überhaupt kein Anspruch geltend gemacht, da es einen materiell-rechtlichen Feststellungsanspruch nicht gibt.

Familiengericht zuständig¹. Würde sich die Zuständigkeit hier nach den allgemeinen Vorschriften richten, so wäre für die Klage des verfügenden Gatten unter Umständen ein Landgericht zuständig und die beiden Klagen könnten trotz ihres engen Zusammenhangs nicht miteinander verbunden werden – ein sicherlich unpraktisches Ergebnis.

IV. Streitverkündung

6 In einem Prozess mit dem übergangenen Gatten kann der Gegner dem verfügenden Gatten den Streit verkünden, weil er für den Fall seiner Niederlage einen Anspruch auf Schadloshaltung gegen den verfügenden Gatten haben kann (§ 72 I ZPO)². In einem Prozess mit dem verfügenden Gatten kann der Gegner dem übergangenen Gatten nicht den Streit verkünden³.

V. Materielle Rechtskraft und Vollstreckbarkeit

1. Rechtskraft

7 Da im Falle des § 1368 beide Gatten selbständig prozessführungsbefugt sind, wirkt die prozessuale **Niederlage** des einen Gatten keine materielle Rechtskraft gegen den anderen⁴.

8 Wohl aber wirkt der prozessuale **Sieg** des einen Gatten – des verfügenden wie des übergangenen – materielle Rechtskraft auch für den anderen Gatten⁵. Zwar ist ein Gatte im Falle des § 1368 kein „Rechtsnachfolger" des anderen, so dass § 325 ZPO ausscheidet.

---

1 MünchKommBGB/Koch, 4. Aufl., Rn. 21.
2 MünchKommBGB/Koch, 4. Aufl., § 1366, Rn. 40. Das übersieht Erman/Heckelmann, Rn. 15.
3 Soergel/Lange, Rn. 18.
4 Wie hier Erman/Heckelmann, Rn. 14; Rosenberg/Schwab/Gottwald, § 46 V 3b; Soergel/Lange, Rn. 16; Staudinger/Thiele, 14. Bearb. 2000, Rn. 37 f.; Stein/Jonas/Leipold, § 325, Rn. 57; Zöller/Vollkommer, vor § 50, Rn. 38. **A. A.** Berger, Rechtskraft, S. 265. Differenzierend Fenge, FS Wahl, S. 478 f., 491 ff., der die Möglichkeit einer mangelhaften Prozessführung des übergangenen Gatten zu wenig berücksichtigt.
5 Ebenso A. Blomeyer, Zivilprozessrecht, § 92 I 3 und Zöller/Vollkommer, vor § 50, Rn. 38, bei Zustimmung des anderen Gatten (gegen diese Einschränkung mit Recht Berger, Rechtskraft, S. 53 ff.); Fenge, FS Wahl, S. 480, 492 f.; Rosenberg/Schwab/Gottwald, § 46 V 3b. **A. A.** MünchKommBGB/Koch, 4. Aufl., Rn. 23; Soergel/Lange, Rn. 16; Stein/Jonas/Leipold, § 325, Rn. 57 u. a.

Wenn aber ein Gatte die materiellen Rechte aus der Unwirksamkeit einer Verfügung gerichtlich geltend machen kann, dann sollte er ein prozessuales Recht, das sich mittelbar aus der Unwirksamkeit der Verfügung ergibt, gleichfalls geltend machen und sich auf die rechtskräftige Feststellung der Unwirksamkeit berufen können[1]. Es besteht kein sachlicher Grund dafür, dem Gegner nach seiner Prozessniederlage gegen den einen Gatten eine Wiederholung des Prozesses gegen den anderen zu ermöglichen. Vielmehr kann von ihm erwartet werden, dass er die gegen beide Gatten gleichen Verteidigungsmittel schon in dem ersten Prozess vollständig vorbringt und nicht für einen zweiten Prozess aufspart. Da der Gegner gegen beide Gatten um die Wirksamkeit derselben Verfügung streitet, bedeutet die Rechtskrafterstreckung für ihn nicht, dass er in dem Prozess gegen den einen Gatten auf sein Verhältnis zu dem anderen zusätzlich Rücksicht nehmen müsste und einem schwerer kalkulierbaren Prozessrisiko ausgesetzt wäre[2].

2. Vollstreckbarkeit

Wenn aber ein Urteil im Falle des § 1368 materielle Rechtskraft für den untätigen Gatten wirkt, dann ist es auch für ihn vollstreckbar[3] (analog § 727 ZPO). Die hiergegen vorgebrachten Einwände[4] überzeugen nicht. Zwar trifft es zu, dass der untätige Gatte, wenn er nicht durch die materielle Rechtskraft daran gehindert wäre, selbst klagen könnte, doch macht es keinen Sinn, ihn zu einer die Rechtsgemeinschaft und andere Rechtsschutzsuchende belastenden Klage zu zwingen, statt ihm den einfacheren Weg der Titelumschreibung zu eröffnen. Dass es im Falle des § 1368 im Prozess beider Gatten um dieselbe Rechtsfolge geht, z. B. um die Räumung eines bestimmten Grundstücks, ist unbestreitbar, und dass für ein Rechtskraftverbot die Parteien des zweiten Prozesses mit denen des ersten identisch sein müssen, ist bei einer Rechtskrafterstreckung auf Dritte (hier den untätigen Gatten) gerade nicht erforderlich. Der Klauselbeamte braucht nur zu prüfen, ob das umzuschreibende Urteil auf den §§ 1365 ff. beruht. Die Gefahr einer doppelten Vollstreckung ist im Falle des § 1368 nicht gegeben.

---

1 Ähnlich Fenge, FS Wahl, S. 478.
2 Vgl. Wieser, Arbeitsgerichtsverfahren, Rn. 223.
3 Ebenso Fenge, FS Wahl, S. 480; Berger, Rechtskraft, S. 262 f.
4 Becker-Eberhard, ZZP 104, 444 ff.

B. Geltendmachung der Unwirksamkeit des Verpflichtungsgeschäfts

10 § 1368 gibt dem übergangenen Gatten nicht das Recht, die Unwirksamkeit des Verpflichtungsgeschäfts gerichtlich geltend zu machen[1].

11 Verkauft aber beispielsweise die Frau ein Grundstück ohne die erforderliche Zustimmung des Mannes, so kann der Mann gegen den Käufer vor Auflassung und Eintragung im ordentlichen Zivilprozess auf die **Feststellung** der Unwirksamkeit des Kaufvertrages – also des Nichtbestehens eines Kaufverhältnisses – zwischen der Frau und dem Beklagten klagen, wenn er ein *rechtliches Interesse* an der beantragten Feststellung hat (§ 256 I ZPO)[2]. Dieses rechtliche Interesse (einen Rechtsschutzgrund) sah der BGH darin, dass durch den ungünstigen Kaufvertrag der Zugewinnausgleichsanspruch des Mannes gefährdet war. Der BGH sagt allerdings nur sehr vage: „Damit hat der Kläger dargelegt, dass ihn jener Kaufvertrag, aus dem sich Auswirkungen für die Höhe (§ 1378 II BGB) und Durchsetzbarkeit seiner Ausgleichsforderung ergeben können, im Falle der Wirksamkeit ... mittelbar in seinem durch § 1365 I BGB geschützten Rechtsbereich beträfe." Genauer wäre zu fragen, ob ein Sieg des Mannes gegen den Käufer auch zugunsten der Frau materielle Rechtskraft wirkt, oder, da dies zu verneinen ist, ob wenigstens eine gewisse Wahrscheinlichkeit dafür besteht, dass das Urteil durch seine faktische Überzeugungskraft den Käufer an der gerichtlichen Durchsetzung seines Anspruchs gegen die Frau hindern wird[3].

12 Dass sich die Feststellungsklage auf ein Rechtsverhältnis der Frau und nicht des klagenden Mannes zu dem Beklagten (Drittrechtsverhältnis) bezog, hielt der BGH mit Recht für unschädlich. Diese Rechtsprechung übergeht nicht die **Prozessführungsbefugnis**[4]. Denn prozessführungsbefugt war der Kläger, wenn und weil er über die Rechte verfügen konnte, die durch das Feststellungsurteil geschützt werden sollten (seine Ansprüche auf Unterhalt und Zuge-

---

1 BGH, FamRZ 1990, 971.
2 BGH, FamRZ 1990, 971.
3 Wieser, Rechtsschutzinteresse, S. 95 ff. Nicht beachtet von Michaelis, FS Larenz, S. 459 f.; Lüke, FS Henckel, S. 572 f.
4 Entgegen MünchKommZPO/Lüke, § 256, Rn. 34.

winnausgleich); dass er über das streitige Rechtsverhältnis selbst nicht verfügungsbefugt war, ist unerheblich[1].

Wieweit im Beispielsfall der Mann von der Frau **Unterlassung** des Erfüllungsgeschäfts verlangen kann, ist umstritten[2]. 13

C. Klage des Gegners

Der Gegner kann seinen Vertragspartner auf **Erfüllung** des Verpflichtungsgeschäfts verklagen, nach Erfüllung auf die **Feststellung**, dass er nicht zur Rückgewähr des Empfangenen verpflichtet sei. Die gleiche Feststellungsklage kann er gegen den übergangenen Gatten erheben[3]. Ein Feststellungsinteresse (§ 256 I ZPO) hat er aber nur gegenüber einem Gatten, der die Rückgewährpflicht behauptet. 14

Der Gegner kann beide Gatten **gleichzeitig** verklagen, in getrennten Prozessen oder in einem Prozess. Im zweiten Fall sind die Gatten prozessrechtlich notwendige Streitgenossen (§ 62 Fall 1 ZPO), weil der prozessuale Sieg eines Gatten auch für den anderen materielle Rechtskraft wirkt (Rn. 8); das genügt bei der hier gegebenen Identität des Streitgegenstandes[4]. 15

Zugewinnausgleich im Todesfall

1371 (1) Wird der Güterstand durch den Tod eines Ehegatten beendet, so wird der Ausgleich des Zugewinns dadurch verwirklicht, dass sich der gesetzliche Erbteil des überlebenden Ehegatten um ein Viertel der Erbschaft erhöht; hierbei ist unerheblich, ob die Ehegatten im einzelnen Falle einen Zugewinn erzielt haben.

(2) Wird der überlebende Ehegatte nicht Erbe und steht ihm auch kein Vermächtnis zu, so kann er Ausgleich des Zugewinns nach den Vorschriften der §§ 1373 bis 1383, 1390 verlangen; der Pflicht-

---

1 Vgl. Henckel, Parteilehre, S. 89. **Anders**, aber unklar, wird die Prozessführungsbefugnis bestimmt von Windel, Interventionsgrund, S. 69.
2 Staudinger/Thiele, 14. Bearb. 2000, Rn. 7 f.
3 Staudinger/Thiele, 14. Bearb. 2000, Rn. 45.
4 Henckel, Parteilehre, S. 201; Stein/Jonas/Bork, § 62, Rn. 5; Zöller/Vollkommer, § 62, Rn. 3.

teil des überlebenden Ehegatten oder eines anderen Pflichtteilsberechtigten bestimmt sich in diesem Falle nach dem nicht erhöhten gesetzlichen Erbteil des Ehegatten.

(3) Schlägt der überlebende Ehegatte die Erbschaft aus, so kann er neben dem Ausgleich des Zugewinns den Pflichtteil auch dann verlangen, wenn dieser ihm nach den erbrechtlichen Bestimmungen nicht zustünde; dies gilt nicht, wenn er durch Vertrag mit seinem Ehegatten auf sein gesetzliches Erbrecht oder sein Pflichtteilsrecht verzichtet hat.

(4) Sind erbberechtigte Abkömmlinge des verstorbenen Ehegatten, welche nicht aus der durch den Tod dieses Ehegatten aufgelösten Ehe stammen, vorhanden, so ist der überlebende Ehegatte verpflichtet, diesen Abkömmlingen, wenn und soweit sie dessen bedürfen, die Mittel zu einer angemessenen Ausbildung aus dem nach Absatz 1 zusätzlich gewährten Viertel zu gewähren.

I. Absatz 3

1 Absatz 3 gibt dem überlebenden Ehegatten gegen den Erben einen **Anspruch** auf den **Pflichtteil** (§ 2303 I Satz 2), d. h. einen Zahlungsanspruch (→ *Zahlung* Rn. 1).

II. Absatz 4

2 Absatz 4 gibt Abkömmlingen gegen den überlebenden Ehegatten einen **Anspruch** auf die Mittel zu einer angemessenen **Ausbildung**, d. h. in der Regel einen Zahlungsanspruch[1] (→ *Zahlung* Rn. 1).

3 Die **sachliche Zuständigkeit** des Familiengerichts nach § 621 I Nr. 8 ZPO ist zu verneinen[2]. Der Anspruch aus § 1371 IV ergibt sich zwar aus dem ehelichen Güterrecht (§§ 1363 ff.). Er hat aber auch erbrechtlichen und unterhaltsrechtlichen Charakter, weil er dem Ausgleich einer erbrechtlichen Benachteiligung durch Leistung von Unterhalt dient. Da seine Voraussetzungen und Grenzen weniger vom Güterrecht als vom Erb- und Unterhaltsrecht bestimmt werden, ist die Zuständigkeit des Familiengerichts nach § 621 I Nr. 8 ZPO letztlich nicht gerechtfertigt.

---

1 Die Ausnahmen sind streitig. Vgl. MünchKommBGB/Koch, 4. Aufl., Rn. 75; Soergel/Lange, Rn. 51; Staudinger/Thiele, 14. Bearb. 2000, Rn. 110.
2 Ebenso Soergel/Lange, Rn. 59.

Örtlich zuständig ist auch das Gericht des § 28 ZPO i. V. m. §§ 27, 35 ZPO[1]. 4

Die **Zwangsvollstreckung** wegen des Anspruchs aus § 1371 IV ist 5 nicht nach § 850d ZPO privilegiert, weil der Anspruch nicht einem „Verwandten", sondern dem Stiefkind des Schuldners zusteht. Der Anspruch ist, da er dem speziellen Unterhaltszweck der „Ausbildung" dient (§ 1610 II), auf „ähnliche Bezüge" i. S. des § 850a Nr. 6 ZPO gerichtet und damit unpfändbar[2], nicht bloß bedingt pfändbar nach § 850b I Nr. 2, II ZPO[3].

Verzeichnis des Anfangsvermögens

1377 (1) Haben die Ehegatten den Bestand und den Wert des einem Ehegatten gehörenden Anfangsvermögens und der diesem Vermögen hinzuzurechnenden Gegenstände gemeinsam in einem Verzeichnis festgestellt, so wird im Verhältnis der Ehegatten zueinander vermutet, dass das Verzeichnis richtig ist.

(2) [1]Jeder Ehegatte kann verlangen, dass der andere Ehegatte bei der Aufnahme des Verzeichnisses mitwirkt. [2]Auf die Aufnahme des Verzeichnisses sind die für den Nießbrauch geltenden Vorschriften des § 1035 anzuwenden. [3]Jeder Ehegatte kann den Wert der Vermögensgegenstände und der Verbindlichkeiten auf seine Kosten durch Sachverständige feststellen lassen.

(3) Soweit kein Verzeichnis aufgenommen ist, wird vermutet, dass das Endvermögen eines Ehegatten seinen Zugewinn darstellt.

I. Mitwirkung

§ 1377 II Satz 1 gibt jedem Ehegatten gegen den anderen einen **An-** 1 **spruch** auf Mitwirkung bei der Aufnahme eines Verzeichnisses seines Anfangsvermögens. Was „Mitwirkung" hier in der Regel bedeutet, ist umstritten.

---

1 Soergel/Lange, Rn. 59.
2 MünchKommBGB/Koch, 4. Aufl., Rn. 84; Staudinger/Thiele, 14. Bearb. 2000, Rn. 124.
3 So aber Erman/Heckelmann, Rn. 23; Soergel/Lange, Rn. 58.

§ 1377 Verzeichnis des Anfangsvermögens

1. Stellungnahme

2   Nach der ersten Ansicht hat z. B. der Mann nur einen Anspruch darauf, dass die Frau zu einem von ihm vorgelegten Vermögensverzeichnis unterschriftlich Stellung nimmt, sei es zustimmend oder ablehnend[1].

3   Eine **Leistungsklage** müsste demzufolge die Verurteilung der Beklagten beantragen, zu dem vom Kläger vorgelegten Vermögensverzeichnis unterschriftlich Stellung zu nehmen.

4   Die **Zwangsvollstreckung** eines solchen Urteils richtet sich nach § 888 I ZPO[2].

5   Bestreitet die Frau, dass ein bestimmter Gegenstand zum Vermögen des Mannes gehört, so kann der Mann gegen sie lediglich im ordentlichen Zivilprozess auf die **Feststellung** klagen, dass das fragliche Recht ihm überhaupt zustehe. Dagegen können die Zugehörigkeit eines Gegenstandes zum Anfangsvermögen, also der Zeitpunkt des Erwerbs, und der Wert eines Gegenstandes nicht durch Feststellungsurteil geklärt werden, weil es sich dabei nicht um ein „Rechtsverhältnis" handelt (§ 256 I ZPO)[3].

2. Anerkenntnis

6   Nach der vorzugswürdigen zweiten Ansicht kann der Mann verlangen, dass die Frau das von ihm vorgelegte Vermögensverzeichnis, wenn es vollständig und richtig ist, unterschriftlich als vollständig und richtig anerkennt[4].

7   Eine **Leistungsklage** müsste danach die Verurteilung der Beklagten beantragen, das vom Kläger vorgelegte Vermögensverzeichnis unterschriftlich als vollständig und richtig anzuerkennen.

8   Die **Zwangsvollstreckung** eines solchen Urteils richtet sich nach § 894 I ZPO[5]. Fingiert wird das Anerkenntnis in der vorgeschriebenen Form[6].

---

1 Staudinger/Thiele, 14. Bearb. 2000, Rn. 6.
2 Staudinger/Thiele, 14. Bearb. 2000, Rn. 4.
3 Staudinger/Thiele, 14. Bearb. 2000, Rn. 7. Zu weit gehend daher Soergel/Lange, Rn. 13.
4 MünchKommBGB/Koch, 4. Aufl., Rn. 12; Soergel/Lange, Rn. 11.
5 MünchKommBGB/Koch, 4. Aufl., Rn. 17. Inkonsequent (§ 888 I ZPO) Soergel/Lange, Rn. 13.
6 MünchKommZPO/Schilken, § 894, Rn. 13; Stein/Jonas/Brehm, § 894, Rn. 16; Zöller/Stöber, § 894, Rn. 5.

3. Zuständigkeit

Nach beiden Ansichten ist für die Leistungsklage das Familiengericht ausschließlich zuständig (§§ 621 I Nr. 8, II, 40 II ZPO), und zwar im ordentlichen Zivilprozess (§ 621b ZPO). 9

II. Öffentliche Beglaubigung

1. Anspruch

Nach § 1377 II Satz 2 i. V. m. § 1035 Sätze 2, 4 hat im Beispielsfall der Mann gegen die Frau einen Anspruch darauf, dass die Frau ihre Unterschrift unter das Vermögensverzeichnis auf Kosten des Mannes öffentlich beglaubigen lässt. 10

2. Kostenvorschusslast

Die Kostenvorschusslast des Mannes berücksichtigt das Gericht von Amts wegen (§ 403, Rn. 6, 7). 11

3. Klageantrag und Zwangsvollstreckung

– Nach der **ersten Ansicht** (Rn. 2) müsste eine Leistungsklage die Verurteilung des Beklagten beantragen, „nach Zahlung eines Kostenvorschusses in Höhe von . . . Euro oder Übernahme der Notarkosten durch den Kläger mit öffentlich beglaubigter Unterschrift zu dem vom Kläger vorgelegten Vermögensverzeichnis Stellung zu nehmen." 12

Die Zwangsvollstreckung eines solchen Urteils richtet sich nach § 888 I ZPO[1]. Die Kostenzahlung oder –übernahme muss dem Klauselbeamten nachgewiesen werden (§ 726 I ZPO). 13

– Nach der hier vertretenen **zweiten Ansicht** (Rn. 6) müsste eine Leistungsklage die Verurteilung der Beklagten beantragen, „nach Zahlung eines Kostenvorschusses in Höhe von . . . Euro oder Übernahme der Notarkosten durch den Kläger mit öffentlich beglaubigter Unterschrift das vom Kläger vorgelegte Vermögensverzeichnis als vollständig und richtig anzuerkennen." 14

Die Zwangsvollstreckung eines solchen Urteils richtet sich nach § 894 I Satz 1 ZPO. Die Kostenzahlung oder –übernahme muss dem Klauselbeamten nicht nachgewiesen werden (§ 403, Rn. 9). 15

---

1 Staudinger/Thiele, 14. Bearb. 2000, Rn. 4; Stein/Jonas/Brehm, § 894, Rn. 16.

Ausgleichsforderung

1378 (1) Übersteigt der Zugewinn des einen Ehegatten den Zugewinn des anderen, so steht die Hälfte des Überschusses dem anderen Ehegatten als Ausgleichsforderung zu.

(2) Die Höhe der Ausgleichsforderung wird durch den Wert des Vermögens begrenzt, das nach Abzug der Verbindlichkeiten bei Beendigung des Güterstands vorhanden ist.

(3) ¹Die Ausgleichsforderung entsteht mit der Beendigung des Güterstands und ist von diesem Zeitpunkt an vererblich und übertragbar. ²Eine Vereinbarung, die die Ehegatten während eines Verfahrens, das auf die Auflösung der Ehe gerichtet ist, für den Fall der Auflösung der Ehe über den Ausgleich des Zugewinns treffen, bedarf der notariellen Beurkundung; § 127a findet auch auf eine Vereinbarung Anwendung, die in einem Verfahren in Ehesachen vor dem Prozessgericht protokolliert wird. ³Im Übrigen kann sich kein Ehegatte vor der Beendigung des Güterstands verpflichten, über die Ausgleichsforderung zu verfügen.

(4) ¹Die Ausgleichsforderung verjährt in drei Jahren; die Frist beginnt mit dem Zeitpunkt, in dem der Ehegatte erfährt, dass der Güterstand beendet ist. ²Die Forderung verjährt jedoch spätestens 30 Jahre nach der Beendigung des Güterstands. ³Endet der Güterstand durch den Tod eines Ehegatten, so sind im Übrigen die Vorschriften anzuwenden, die für die Verjährung eines Pflichtteilsanspruchs gelten.

1 Absatz 1 gibt einem Ehegatten gegen den anderen einen **Anspruch auf Ausgleich des Zugewinns**, also einen Zahlungsanspruch[1].

2 Zur **Klage** s. → *Zahlung* Rn. 2 ff.[2]

3 **Zuständig** ist ausschließlich das Familiengericht (§§ 621 I Nr. 8, II, 40 II ZPO)[3] im ordentlichen Zivilprozess (§ 621b ZPO). Die Sache kann **Folgesache** sein (§ 623 I Satz 1 ZPO[4], s. § 1564, Rn. 7 ff.).

4 Ein Urteil, das die Ausgleichsforderung eines Gatten bejaht, verneint zwangsläufig die Ausgleichsforderung des anderen Gatten.

---

1 Palandt/Brudermüller, Rn. 1.
2 Näher Rahm/Künkel/Stollenwerk, IV Rn. 394.1, 396 ff.
3 BGH, NJW 1979, 426, 427; Soergel/Lange, Rn. 19; Zöller/Philippi, § 621, Rn. 59.
4 MünchKommBGB/Koch, 4. Aufl., Rn. 33 (zu § 1378 II); Zöller/Philippi, § 623, Rn. 10.

Ausgleichsforderung § 1378

Daher steht einer Klage oder Aufrechnung, mit welcher der andere Gatte seine angebliche Ausgleichsforderung geltend macht, die **materielle Rechtskraft** des ersten Urteils entgegen[1]. Davon abgesehen hindert die materielle Rechtskraft eines klagestattgebenden oder klageabweisenden Urteils nicht die Klage wegen eines weiteren Teilbetrags[2], selbst wenn die erste Klage nicht als Teilklage erkennbar war[3]. Gleichwohl empfiehlt es sich, in der Klage Nachforderungen vorzubehalten[4].

Die **Zwangsvollstreckung** wegen des Zahlungsanspruchs richtet 5 sich nach §§ 803 ff. ZPO (→ *Zahlung* Rn. 37). Der Anspruch ist **pfändbar**, wenn er durch Vertrag anerkannt oder rechtshängig geworden ist (§ 852 II ZPO). Diese Vorschrift ist wie § 852 I ZPO einschränkend auszulegen[5] (§ 2303, Rn. 3).

Zum **einstweiligen Rechtsschutz** s. → *Zahlung* Rn. 39 ff. Vor Been- 6 digung des gesetzlichen Güterstandes sind die Rechte auf künftigen Ausgleich des Zugewinns durch einen **Anspruch auf Sicherheitsleistung** gesichert (§ 1389, s. dort). Ob daneben auch der **Arrest** zur Sicherung der künftigen Ausgleichsforderung zulässig ist, ist umstritten[6]. Durch einstweilige Verfügung gemäß § 935 ZPO kann die Ausgleichsforderung nicht gesichert werden, ebenso wenig durch einstweilige Anordnung nach § 620 ZPO[7].

---

1 OLG Düsseldorf, FamRZ 1998, 916.
2 BGH, FamRZ 1994, 1095 f.
3 OLG Düsseldorf, FamRZ 1984, 795; MünchKommZPO/Gottwald, § 322, Rn. 119 ff. S. auch → *Zahlung* Rn. 13.
4 MünchKommBGB/Koch, 4. Aufl., Rn. 35.
5 Stein/Jonas/Brehm, § 852, Rn. 6 a. E.
6 **Dafür** OLG Düsseldorf, FamRZ 1994, 114; OLG Hamm, FamRZ 1997, 181; OLG Karlsruhe, FamRZ 1995, 822; FamRZ 1997, 622 = NJW 1997, 1017; Ebmeier/Schöne, Rn. 523; Frey, S. 36 ff.; Gießler, Rn. 936; MünchKommBGB/Koch, 4. Aufl., § 1389, Rn. 4; Rahm/Künkel/Stollenwerk, IV Rn. 395; Stein/Jonas/Grunsky, § 916, Rn. 11a; Zöller/Vollkommer, § 916, Rn. 8. **Dagegen** z. B. BayObLG, NJW 1975, 835; OLG Düsseldorf, FamRZ 1991, 351, aufgegeben in FamRZ 1994, 115; OLG Hamburg, FamRZ 1988, 964; KG, FamRZ 1986, 1107; OLG Koblenz, FamRZ 1999, 97; OLG Stuttgart, FamRZ 1995, 1427.
7 Frey, S. 35; MünchKommBGB/Koch, 4. Aufl., § 1389, Rn. 4.

§ 1379 Auskunftspflicht

Auskunftspflicht

1379 (1) ¹Nach der Beendigung des Güterstands ist jeder Ehegatte verpflichtet, dem anderen Ehegatten über den Bestand seines Endvermögens Auskunft zu erteilen. ²Jeder Ehegatte kann verlangen, dass er bei der Aufnahme des ihm nach § 260 vorzulegenden Verzeichnisses zugezogen und dass der Wert der Vermögensgegenstände und der Verbindlichkeiten ermittelt wird. ³Er kann auch verlangen, dass das Verzeichnis auf seine Kosten durch die zuständige Behörde oder durch einen zuständigen Beamten oder Notar aufgenommen wird.

(2) Hat ein Ehegatte die Scheidung oder die Aufhebung der Ehe beantragt, gilt Absatz 1 entsprechend.

I. Allgemeines

1 § 1379 I gibt jedem Ehegatten gegen den anderen einen **Anspruch auf Auskunft** über den Bestand seines Endvermögens durch Vorlegung eines Verzeichnisses (II), sei es eines privaten Verzeichnisses mit oder ohne eidesstattliche Versicherung (IV) oder eines amtlichen Verzeichnisses (VII). Bei beiden Verzeichnissen kann die Vorlegung von Belegen (III), die Zuziehung des Gläubigers (V) und eine Wertermittlung (VI) verlangt werden.

2 **Zuständig** für eine Klage ist ausschließlich das Familiengericht (§§ 621 I Nr. 8, II, 40 II ZPO) im ordentlichen Zivilprozess (§ 621b ZPO)[1]. Die Sache kann **Folgesache** sein (Rn. 23).

II. Vorlegung eines Bestandsverzeichnisses

3 Nach § 1379 I Satz 1 i. V. m. § 260 I hat der Auskunftspflichtige dem Berechtigten ein Verzeichnis des Bestandes seines Endvermögens vorzulegen.

4 Eine **Leistungsklage** müsste z. B. die Verurteilung der Beklagten beantragen, ein Verzeichnis des Bestandes ihres Endvermögens am (Stichtag) dem Kläger vorzulegen[2].

5 Die **Zwangsvollstreckung** richtet sich grundsätzlich nach § 888 I ZPO. Doch gilt § 887 ZPO, wenn sich der Gläubiger damit begnügt,

---

1 Zöller/Philippi, § 621, Rn. 5, 59.
2 Trauzettel, S. 83 ff.

dass ein sachverständiger Dritter aufgrund schriftlicher Unterlagen das Verzeichnis erstellt[1].

III. Vorlegung von Belegen

Unter Umständen hat der Auskunftspflichtige dem Berechtigten Belege vorzulegen[2]. 6

Eine **Leistungsklage** müsste z. B. beantragen, die Beklagte „zur Vorlage der Bilanzen und Gewinn- und Verlustrechnungen für die Geschäftsjahre 1962/63 bis 1966/67 nebst den zugehörigen Geschäftsbüchern und Belegen zu verurteilen"[3]. 7

Die **Zwangsvollstreckung** richtet sich nach § 888 I ZPO, wenn die Vorlage von Belegen im Rahmen der Auskunft erzwungen werden soll, sonst nach § 883 ZPO[4]. 8

IV. Eidesstattliche Versicherung

Nach § 1379 I Satz 1 i. V. m. § 260 II, III hat der Auskunftspflichtige eine eidesstattliche Versicherung abzugeben. 9

Eine **Leistungsklage** müsste z. B. beantragen: „Die Beklagte wird verurteilt, zu Protokoll an Eides statt zu versichern, dass sie in ihrem dem Kläger vorgelegten Verzeichnis ihres Endvermögens nach bestem Wissen den Bestand so vollständig angegeben habe, als sie dazu imstande sei." 10

Die Versicherung wird von dem nicht verurteilten Schuldner nach § 261 BGB abgegeben, von dem verurteilten Schuldner nach § 889 ZPO vor dem **Vollstreckungsgericht**. 11

V. Zuziehung

§ 1379 I Satz 2 gibt jedem Ehegatten gegen den anderen einen **Anspruch** auf Zuziehung bei der Aufnahme des ihm vorzulegenden 12

---

1 Vgl. OLG Zweibrücken, DGVZ 1998, 10; Stein/Jonas/Brehm, § 887, Rn. 15.
2 BGHZ 84, 32; MünchKommBGB/Koch, 4. Aufl., Rn. 20.
3 BGH, NJW 1975, 1774, 1778 (zu § 2314); BGHZ 75, 198 (zu § 1379); Trauzettel, S. 117 ff.
4 Stein/Jonas/Brehm, § 883, Rn. 12; Trauzettel, S. 136 ff.; Zöller/Stöber, § 888, Rn. 3, „Belege".

Verzeichnisses[1]. Ist das Verzeichnis bereits ohne seine Zuziehung erstellt, so muss dem Berechtigten auch noch nachträglich die Kontrolle des Verzeichnisses ermöglicht werden[2].

13 Eine **Leistungsklage** müsste z. B. die Verurteilung der Beklagten beantragen, bei der Aufnahme des dem Kläger vorzulegenden Verzeichnisses ihres Endvermögens den Kläger zuzuziehen.

14 Die **Zwangsvollstreckung** richtet sich nach § 888 I ZPO.

VI. Wertermittlung

15 § 1379 I Satz 2 gibt jedem Ehegatten gegen den anderen einen **Anspruch** auf Ermittlung des Wertes der Gegenstände und Verbindlichkeiten des schuldnerischen Endvermögens, sei es durch den Schuldner selbst auf dessen Kosten[3] oder unter besonderen Umständen durch einen vom Gläubiger auf dessen Kosten beauftragten Sachverständigen[4].

16 Eine **Leistungsklage** müsste z. B. die Verurteilung der Beklagten beantragen, den Wert ihrer Apotheke durch einen vom Kläger beauftragten Sachverständigen ermitteln zu lassen. „Der Kläger (muss) die Gegenstände, deren Wert ermittelt werden soll, aufführen."[5].

17 Die **Zwangsvollstreckung** richtet sich grundsätzlich nach § 888 I ZPO[6]. Doch gilt § 887 ZPO, wenn der Wert ausnahmsweise ohne Mitwirkung des Schuldners ermittelt werden kann[7].

VII. Amtliche Aufnahme

18 § 1379 I Satz 3 gibt jedem Ehegatten gegen den anderen einen **Anspruch** darauf, dass der andere das Verzeichnis seines Endvermögens amtlich aufnehmen lässt[8].

---

1 Staudinger/Thiele, 14. Bearb. 2000, Rn. 23, 27.
2 KG, FamRZ 1998, 1514; Staudinger/Thiele, 14. Bearb. 2000, Rn. 23.
3 BGHZ 64, 65; MünchKommBGB/Koch, 4. Aufl., Rn. 25; str.
4 BGHZ 84, 33 ff.; MünchKommBGB/Koch, 4. Aufl., Rn. 24 f.; str.
5 OLG Karlsruhe, FamRZ 1980, 1119, 1121; Trauzettel, S. 90 f.
6 OLG Bamberg, FamRZ 1999, 312; OLG Frankfurt, OLGZ 1987, 480 zu § 2314; Trauzettel, S. 142 ff. A. A. (auch § 887 ZPO) Soergel/Dieckmann, § 2314, Rn. 40.
7 OLG Bamberg, FamRZ 1999, 312; OLG Frankfurt, OLGZ 1987, 482.
8 MünchKommBGB/Koch, 4. Aufl., Rn. 23. Zur Kostenerstattung s. § 403, Rn. 6 ff.

Auskunftspflicht § 1379

Eine **Leistungsklage** müsste z. B. die Verurteilung der Beklagten 19
beantragen, nach Zahlung eines Kostenvorschusses in Höhe von ...
Euro oder vertraglicher Übernahme der Kosten durch den Kläger ein
Verzeichnis ihres Endvermögens am (Stichtag) vom (Amtsträger)
aufnehmen zu lassen.

Die **Zwangsvollstreckung** richtet sich nach § 888 I ZPO. 20

VIII. Prozessverbindungen

Die verschiedenen **Auskunftsleistungen** können in einer Klage be- 21
ansprucht werden (§ 260 ZPO).

Nach herrschender Meinung können auch die Klagen auf **Vorlegung** 22
eines **Bestandsverzeichnisses** und auf **eidesstattliche Versicherung**
verbunden werden (analog § 254 ZPO)[1]. Doch wird zunächst nur über
die Vorlegung eines Bestandsverzeichnisses durch Teilurteil entschieden (§ 301 ZPO); die Entscheidung über die eidesstattliche Versicherung ist erst zulässig, nachdem das Bestandsverzeichnis vorgelegt ist[2], gegebenenfalls auch nachträglich kontrolliert ist (Rn. 12)[3].
Erübrigt sich die eidesstattliche Versicherung, so ist die Klage insoweit als unbegründet abzuweisen, wenn sie nicht zurückgenommen
wird[4].

Mit einer Klage auf **Auskunft** kann auch die Klage auf **Ausgleich** 23
des Zugewinns aus § 1378 verbunden werden (§ 254 ZPO)[5]. S. dazu
→ *Auskunft* Rn. 9 ff. In diesem Fall ist zugleich die Verbindung mit
einer **Scheidungssache** statthaft (§ 623 I Satz 1 ZPO[6]; s. § 1564,
Rn. 7 ff.). Doch wird über die Auskunftsklage schon vor der Scheidungssache entschieden[7]. Eine isolierte Auskunftsklage kann nicht
mit einer Scheidungssache verbunden werden[8].

---
1 Vgl. BGHZ 10, 386; KG, FamRZ 1997, 503; MünchKommZPO/Lüke,
§ 254, Rn. 7; Stein/Jonas/Schumann, § 254, Rn. 2 f.; Zöller/Greger, § 254,
Rn. 10. **Dagegen** mit beachtlichen Gründen Assmann, S. 55 ff. (von KG,
FamRZ 1997, 503 ignoriert).
2 BGHZ 10, 386.
3 KG, FamRZ 1998, 1514.
4 Soergel/Wolf, § 259, Rn. 52. Zu § 93 ZPO s. OLG München, MDR 1988,
782.
5 Zöller/Philippi, § 623, Rn. 21.
6 BGH, NJW 1997, 2177.
7 BGH, NJW 1997, 2177; MünchKommZPO/Finger, § 623, Rn. 24.
8 BGH, NJW 1997, 2177 = FamRZ 1997, 811; MünchKommZPO/Finger,
§ 623, Rn. 25. **A. A.** hinsichtlich einer Widerklage Rahm/Künkel/Stollen-
werk, IV Rn. 393.

§ 1381 Leistungsverweigerung wegen grober Unbilligkeit

Leistungsverweigerung wegen grober Unbilligkeit

1381 (1) Der Schuldner kann die Erfüllung der Ausgleichsforderung verweigern, soweit der Ausgleich des Zugewinns nach den Umständen des Falles grob unbillig wäre.

(2) Grobe Unbilligkeit kann insbesondere dann vorliegen, wenn der Ehegatte, der den geringeren Zugewinn erzielt hat, längere Zeit hindurch die wirtschaftlichen Verpflichtungen, die sich aus dem ehelichen Verhältnis ergeben, schuldhaft nicht erfüllt hat.

Absatz 1 gibt dem Schuldner einer Ausgleichsforderung aus § 1378 I eine **Einrede**, deren Ausübung zur Folge hat, dass eine **Leistungsklage** des Gläubigers vollständig oder teilweise als unbegründet **abgewiesen** wird (wie § 214, s. dort).

Vorzeitiger Zugewinnausgleich bei Getrenntleben

1385 Leben die Ehegatten seit mindestens drei Jahren getrennt, so kann jeder von ihnen auf vorzeitigen Ausgleich des Zugewinns klagen.

I. Klage auf vorzeitigen Zugewinnausgleich

1. Gestaltungsklage

1 Nach § 1385 kann jeder Ehegatte gegen den anderen „auf vorzeitigen Ausgleich des Zugewinns klagen". Ziel der Klage ist ein Urteil, das auf vorzeitigen Zugewinnausgleich erkennt und dadurch Gütertrennung herbeiführt (§ 1388). Dieses Urteil ist ein **Gestaltungsurteil**[1] (→ *Gestaltungsklagen* Rn. 1).

2 Der **Klageantrag** geht dahin, das Gericht möge auf vorzeitigen Ausgleich des Zugewinns erkennen, etwa mit dem Tenor: „Der Zugewinn der Parteien ist vorzeitig auszugleichen"[2].

3 Zulässig ist auch eine **Widerklage** aus § 1385 gegen eine Klage aus § 1386, und umgekehrt[3].

---

1 OLG Celle, FamRZ 1983, 172; Schlosser, Gestaltungsklagen, S. 52.
2 OLG Celle, FamRZ 1983, 172.
3 Vgl. Staudinger/Thiele, 14. Bearb. 2000, Rn. 19.

2. Zuständigkeit und Verfahrensart

Zuständig ist ausschließlich das Familiengericht (§§ 621 I Nr. 8, II, 40 II ZPO) im ordentlichen Zivilprozess (§ 621b ZPO). Die Sache kann **keine Folgesache** sein, da die Entscheidung nicht für den Fall der Scheidung zu treffen ist (§ 623 I Satz 1 ZPO)[1].

3. Angebot zu Ehevertrag und Anerkenntnis

– Das Angebot des Beklagten, die Zugewinngemeinschaft mit dem vom Kläger gewünschten Abrechnungszeitpunkt vertraglich aufzuheben (§§ 1408 I, 1414 Satz 1), beseitigt nicht die Voraussetzungen des Gestaltungsklagerechts, wohl aber – wegen des angebotenen zweckmäßigeren Weges – das Rechtsschutzinteresse[2]. Allerdings muss dazu das Angebot während des Prozesses aufrechterhalten werden. In diesem Fall kann es von dem Kläger in einem Prozessvergleich angenommen werden (§§ 1410, 127a)[3]; für die Prozesskosten gilt dann § 98 Satz 1 ZPO. Nimmt der Kläger das Angebot nicht an, so wird die Klage mangels Rechtsschutzinteresses abgewiesen und die Kosten fallen nach § 91 I Satz 1 ZPO dem Kläger zur Last.

– Erkennt der Beklagte die Klage als begründet an, so ergeht ein Anerkenntnisurteil (§§ 307, 93 ZPO)[4], nicht etwa entfällt das Rechtsschutzinteresse[5].

– Das Angebot des Beklagten, die Zugewinngemeinschaft vertraglich aufzuheben, kann auch um des lieben Friedens willen gemacht werden und braucht deshalb kein Anerkenntnis zu enthalten. Ist aber mit dem Angebot zum Abschluss eines Aufhebungsvertrags ein Anerkenntnis verbunden, so hat der Kläger die Wahl zwischen Prozessvergleich und Anerkenntnisurteil.

---

1 KG, FamRZ 2001, 166.
2 MünchKommBGB/Koch, 4. Aufl., Rn. 32; Rahm/Künkel/Stollenwerk, IV Rn. 394.
3 MünchKommBGB/Koch, 4. Aufl., Rn. 32.
4 A. A. MünchKommBGB/Koch, 4. Aufl., Rn. 32, weil dann der richterliche Gestaltungsakt fehle. Jedoch kann auch ein Anerkenntnisurteil rechtsgestaltend wirken (LG Aachen, NJW-RR 1988, 264; Stein/Jonas/Leipold, § 307, Rn. 1).
5 So aber Soergel/Lange, Rn. 8. **Dagegen** Wieser, Arbeitsgerichtsverfahren, Rn. 249.

4. Gestaltungswirkung

8 Die Gestaltungswirkung tritt mit der formellen Rechtskraft des Urteils ein, und zwar ex nunc: in Zukunft besteht zwischen den Gatten nicht mehr Zugewinngemeinschaft, sondern Gütertrennung (§ 1388).

5. Einstweiliger Rechtsschutz

9 Durch einstweilige Verfügung kann die Zugewinngemeinschaft nicht aufgehoben werden. „Zur Abwendung wesentlicher Nachteile" von dem Antragsteller (§ 940 ZPO) genügt es, dass dem Antragsgegner bestimmte Maßnahmen geboten oder verboten werden.

II. Prozessverbindungen

1. Verbindung mit Zahlungsklage

10 Mit der Gestaltungsklage aus § 1385 kann für den Fall des Sieges die Klage auf Zahlung des Zugewinnausgleichs (§§ 1372, 1378 I) verbunden werden (eventuelle Klagenhäufung nach § 260 ZPO)[1].

11 Die Zahlungsklage ist dann **keine Klage auf künftige Leistung** i. S. der §§ 257 ff. ZPO[2]. Denn „künftig" ist eine Leistung, die erst nach dem Urteil fällig wird[3]. Der Zugewinnausgleich wird jedoch schon mit dem Urteil, seiner formellen Rechtskraft, fällig (§§ 1378 III Satz 1, 271 I)[4].

12 Die Gestaltungs- und die Zahlungsklage bilden **keine Stufenklage** nach § 254 ZPO[5]. Denn der Erfolg der Gestaltungsklage – die Beendigung der Zugewinngemeinschaft – verschafft dem Kläger nicht – wie eine Auskunft – die Möglichkeit zur Bezifferung der Zahlungsklage[6].

---

1 Vgl. Rosenberg/Schwab/Gottwald, § 99 III 2.
2 Wie hier im Ergebnis Schlosser, Gestaltungsklagen, S. 240; Staudinger/Thiele, 14. Bearb. 2000, Rn. 18.
3 Vgl. Stein/Jonas/Schumann, § 257, Rn. 1.
4 Soergel/Lange, § 1382, Rn. 2.
5 Missverständlich MünchKommBGB/Koch, 4. Aufl., Rn. 34. Als „Stufenklage" wird gewöhnlich nur der Fall des § 254 ZPO bezeichnet. Vgl. Rosenberg/Schwab/Gottwald, Sachregister.
6 Vgl. Assmann, S. 44.

2. Verbindung mit Auskunfts- und Zahlungsklage

Mit der Gestaltungsklage aus § 1385 kann für den Fall des Sieges die Klage auf **Auskunft** über das Endvermögen (§ 1379) verbunden werden – eine eventuelle Klagenhäufung nach § 260 ZPO, aber keine Stufenklage nach § 254 ZPO[1] – und mit der Klage auf Auskunft über das Endvermögen (§ 1379) die Klage auf **Zahlung des Zugewinnausgleichs** (§§ 1372, 1378 I) – eine eventuelle Klagenhäufung nach § 260 ZPO und zugleich eine Stufenklage nach § 254 ZPO[2] (→ *Auskunft* Rn. 9 ff.). 13

Zuerst wird über die **Gestaltungsklage** entschieden. Wird sie als unzulässig oder unbegründet **abgewiesen**, so sind die Leistungsklagen gegenstandslos. Da sie nur hilfsweise, für den Fall eines Erfolgs der Gestaltungsklage, erhoben wurden, wird im Falle eines Misserfolgs über sie nicht mehr entschieden[3]. 14

Wird der **Gestaltungsklage stattgegeben**, am besten durch Teilurteil (§ 301 ZPO), so kann über die Auskunftsklage und nach erteilter Auskunft und Präzisierung des Klageantrags über die Zahlungsklage entschieden werden. Beiden Leistungsklagen darf schon vor der Rechtskraft des Gestaltungsurteils stattgegeben werden[4]. Jedoch ist im Tenor der Leistungsurteile auszusprechen, dass sie durch die Rechtskraft des Gestaltungsurteils bedingt und erst nach Eintritt der Bedingung vorläufig vollstreckbar sind (§§ 726 I, 706 ZPO)[5]. Wendet man dagegen § 1379 II analog an[6], so entsteht die Auskunftspflicht schon mit der Klage auf vorzeitigen Zugewinnausgleich. Daher darf der Auskunftsklage schon vor der Rechtskraft des Gestaltungsurteils stattgegeben werden[7], das Auskunftsurteil ist nicht durch die Rechtskraft des Gestaltungsurteils bedingt und sofort vorläufig vollstreckbar. Gegen diese Analogie spricht jedoch, dass im unmittelbaren Anwendungsbereich des § 1379 II (Schei- 15

---

1 OLG Nürnberg, FamRZ 1998, 685. Missverständlich Soergel/Lange, Rn. 9.
2 OLG Nürnberg, FamRZ 1998, 685.
3 Vgl. RGZ 144, 73; Rosenberg/Schwab/Gottwald, § 99 III 2; Stein/Jonas/Schumann, § 260, Rn. 24; Zöller/Greger, § 260, Rn. 4. A. A. MünchKommBGB/Koch, 4. Aufl., Rn. 35; MünchKommZPO/Lüke, § 260, Rn. 16; Staudinger/Thiele, 14. Bearb. 2000, Rn. 18.
4 A. A. OLG Celle, FamRZ 1983, 171 f.; OLG Nürnberg, FamRZ 1998, 685; Erman/Heckelmann, Rn. 3; Staudinger/Thiele, 14. Bearb. 2000, Rn. 18; Soergel/Lange, Rn. 9.
5 Vgl. Schlosser, Gestaltungsklagen, S. 242.
6 So OLG Celle, FamRZ 2000, 1370 (zu § 1386).
7 OLG Celle, FamRZ 2000, 1370.

dung und Eheaufhebung) die Auskunft wegen § 629d ZPO nicht vor der Rechtskraft des Gestaltungsurteils erzwungen werden kann, was auch bei der Klage auf vorzeitigen Zugewinnausgleich gelten müsste, dort aber wegen Unanwendbarkeit des § 629d ZPO nicht erreichbar wäre[1].

III. Scheidungsantrag

16   Ein vorher, gleichzeitig oder nachträglich gestellter Scheidungsantrag macht die Klage auf vorzeitigen Zugewinnausgleich nicht unzulässig, weil unsicher ist, ob der Scheidungsantrag durchdringen wird. Ergeht jedoch während des Prozesses um den vorzeitigen Zugewinnausgleich ein rechtskräftiges Scheidungsurteil, so wird die Klage auf vorzeitigen Zugewinnausgleich unbegründet und der Rechtsstreit ist in der Hauptsache erledigt[2].

Vorzeitiger Zugewinnausgleich in sonstigen Fällen

1386 **(1) Ein Ehegatte kann auf vorzeitigen Ausgleich des Zugewinns klagen, wenn der andere Ehegatte längere Zeit hindurch die wirtschaftlichen Verpflichtungen, die sich aus dem ehelichen Verhältnis ergeben, schuldhaft nicht erfüllt hat und anzunehmen ist, dass er sie auch in Zukunft nicht erfüllen wird.**

(2) Ein Ehegatte kann auf vorzeitigen Ausgleich des Zugewinns klagen, wenn der andere Ehegatte

1. ein Rechtsgeschäft der in § 1365 bezeichneten Art ohne die erforderliche Zustimmung vorgenommen hat oder

2. sein Vermögen durch eine der in § 1375 bezeichneten Handlungen vermindert hat

und eine erhebliche Gefährdung der künftigen Ausgleichsforderung zu besorgen ist.

(3) Ein Ehegatte kann auf vorzeitigen Ausgleich des Zugewinns klagen, wenn der andere Ehegatte sich ohne ausreichenden Grund beharrlich weigert, ihn über den Bestand seines Vermögens zu unterrichten.

§ 1386 entspricht § 1385 (s. dort).

---

1 Scherer, FamRZ 2001, 1112.
2 Ebenso im Ergebnis MünchKommBGB/Koch, 4. Aufl., Rn. 4; Staudinger/Thiele, 14. Bearb. 2000, Rn. 22.

Sicherheitsleistung

1389 Ist die Klage auf vorzeitigen Ausgleich des Zugewinns erhoben oder der Antrag auf Scheidung oder Aufhebung der Ehe gestellt, so kann ein Ehegatte Sicherheitsleistung verlangen, wenn wegen des Verhaltens des anderen Ehegatten zu besorgen ist, dass seine Rechte auf den künftigen Ausgleich des Zugewinns erheblich gefährdet werden.

§ 1389 gibt einem Ehegatten gegen den anderen einen **Anspruch** auf Sicherheitsleistung im Sinne des § 232[1]. Dafür gelten die Bemerkungen zu § 232 mit folgenden Abweichungen: 1

Zuständig für eine Klage ist ausschließlich das Familiengericht (§§ 621 I Nr. 8, II, 40 II ZPO)[2] im ordentlichen Zivilprozess (§ 621b ZPO). Die Sache kann **keine Folgesache** sein, da die Entscheidung nicht für den Fall der Scheidung zu treffen ist (§ 623 I Satz 1 ZPO)[3]. 2

Die Klage auf Sicherheitsleistung kann mit der Klage auf vorzeitigen Zugewinnausgleich **verbunden** werden (§ 260 ZPO), aber nicht mit dem Antrag auf Scheidung oder Aufhebung der Ehe (§ 610 II ZPO)[4]. 3

Ansprüche des Ausgleichsberechtigten gegen Dritte

1390 (1) ¹Soweit einem Ehegatten gemäß § 1378 Abs. 2 eine Ausgleichsforderung nicht zusteht, weil der andere Ehegatte in der Absicht, ihn zu benachteiligen, unentgeltliche Zuwendungen an einen Dritten gemacht hat, ist der Dritte verpflichtet, das Erlangte nach den Vorschriften über die Herausgabe einer ungerechtfertigten Bereicherung an den Ehegatten zum Zwecke der Befriedigung wegen der ausgefallenen Ausgleichsforderung herauszugeben. ²Der Dritte kann die Herausgabe durch Zahlung des fehlenden Betrags abwenden.

(2) Das Gleiche gilt für andere Rechtshandlungen, wenn die Absicht, den Ehegatten zu benachteiligen, dem Dritten bekannt war.

---

1 MünchKommBGB/Koch, 4. Aufl., Rn. 13; Soergel/Lange, Rn. 7.
2 MünchKommBGB/Koch, 4. Aufl., Rn. 16.
3 MünchKommBGB/Koch, 4. Aufl., Rn. 16.
4 MünchKommBGB/Koch, 4. Aufl., Rn. 16; Soergel/Lange, Rn. 5.

(3) ¹Der Anspruch verjährt in drei Jahren nach der Beendigung des Güterstands. ²Endet der Güterstand durch den Tod eines Ehegatten, so wird die Verjährung nicht dadurch gehemmt, dass der Anspruch erst geltend gemacht werden kann, wenn der Ehegatte die Erbschaft oder ein Vermächtnis ausgeschlagen hat.

(4) Ist die Klage auf vorzeitigen Ausgleich des Zugewinns erhoben oder der Antrag auf Scheidung oder Aufhebung der Ehe gestellt, so kann ein Ehegatte von dem Dritten Sicherheitsleistung wegen der ihm nach den Absätzen 1 und 2 zustehenden Ansprüche verlangen.

I. Anspruch auf Herausgabe

1 § 1390 I Satz 1 gibt einem Ehegatten gegen einen Dritten einen **Anspruch** auf **Herausgabe** eines Gegenstandes **zum Zwecke der Befriedigung** wegen einer ausgefallenen Ausgleichsforderung. Geld hat der Dritte in Höhe des Ausfallbetrages an den Ehegatten zu zahlen[1]; insoweit besteht also ein Zahlungsanspruch gegen ihn (→ *Zahlung* Rn. 1). Schuldet der Dritte die Herausgabe eines anderen Gegenstandes, der noch unterscheidbar in seinem Vermögen vorhanden ist, so hat er die Zwangsvollstreckung in den Gegenstand zu dulden[2].

2 Eine **Leistungsklage** müsste z. B. die Verurteilung des Beklagten beantragen, in Höhe von . . . Euro (Ausfallbetrag) die Zwangsvollstreckung in den (genau bezeichneten) Gegenstand zu dulden.

3 **Zuständig** ist ausschließlich das Familiengericht (§§ 621 I Nr. 8, II, 40 II ZPO)[3] im ordentlichen Zivilprozess (§ 621b ZPO). Die Sache kann **keine Folgesache** sein (§ 623 I Satz 2 ZPO).

4 Die **Zwangsvollstreckung** wegen eines Zahlungs- oder Duldungsanspruchs richtet sich nach §§ 803 ff. ZPO (→ *Zahlung* Rn. 37). Der Anspruch ist **pfändbar**, wenn er durch Vertrag anerkannt oder rechtshängig geworden ist (analog § 852 II ZPO)[4]. Diese Vorschrift ist wie § 852 I ZPO einschränkend auszulegen (§ 2303, Rn. 3).

---

1 Staudinger/Thiele, 14. Bearb. 2000, Rn. 17.
2 Soergel/Lange, Rn. 12.
3 MünchKommZPO/Bernreuther, § 621, Rn. 96; Zöller/Philippi, § 621, Rn. 61.
4 Soergel/Lange, Rn. 13.

Gesamtgut § 1416

II. Abwendungsbefugnis

§ 1390 I Satz 2 gibt dem Dritten eine **Ersetzungsbefugnis**[1] (→ *Wahl-* 5
möglichkeiten Rn. 8 ff.).

III. Anspruch auf Sicherheitsleistung

§ 1390 IV gibt dem Ehegatten gegen den Dritten einen Anspruch 6
auf Sicherheitsleistung (wie § 1389, s. dort).

Gesamtgut

1416 (1) ¹Das Vermögen des Mannes und das Vermögen der Frau werden durch die Gütergemeinschaft gemeinschaftliches Vermögen beider Ehegatten (Gesamtgut). ²Zu dem Gesamtgut gehört auch das Vermögen, das der Mann oder die Frau während der Gütergemeinschaft erwirbt.

(2) Die einzelnen Gegenstände werden gemeinschaftlich; sie brauchen nicht durch Rechtsgeschäft übertragen zu werden.

(3) ¹Wird ein Recht gemeinschaftlich, das im Grundbuch eingetragen ist oder in das Grundbuch eingetragen werden kann, so kann jeder Ehegatte von dem anderen verlangen, dass er zur Berichtigung des Grundbuchs mitwirke. ²Entsprechendes gilt, wenn ein Recht gemeinschaftlich wird, das im Schiffsregister oder im Schiffsbauregister eingetragen ist.

I. Unrichtigkeit des Grundbuchs

§ 1416 III Satz 1 regelt den Fall, dass ein Grundstücksrecht kraft 1
Gesetzes gemeinschaftlich wird, im Grundbuch aber als Recht eines einzelnen Gatten oder überhaupt nicht eingetragen ist, so dass das Grundbuch unrichtig ist. Beispiel: Der Mann kauft im eigenen Namen ein Grundstück. Das Grundstück wird an ihn allein aufgelassen. Er wird als Alleineigentümer in das Grundbuch eingetragen, weil das Grundbuchamt von der Gütergemeinschaft nichts weiß[2]. Da das Grundstück kraft Gesetzes gemeinschaftliches Vermögen beider Gatten wird (§ 1416 I, II), ist das Grundbuch unrichtig.

---

[1] Soergel/Lange, Rn. 15.
[2] Sonst müsste es den Antrag auf Alleineintragung des Mannes ablehnen (MünchKommBGB/Kanzleiter, 4. Aufl., Rn. 26).

II. Berichtigung des Grundbuchs

2 Jeder Ehegatte kann die Berichtigung des Grundbuchs durch die Eintragung beider Gatten in Gütergemeinschaft (§ 47 GBO) beantragen (§ 13 I Satz 2 GBO). Er muss dazu die **Unrichtigkeit** des Grundbuchs **nachweisen** (§ 29 I Satz 2 GBO), sei es durch Ehevertragsabschrift oder Güterrechtsregistereintragung (§§ 33 f. GBO)[1]. Der Mitwirkung des anderen Gatten bedarf er nicht (§ 22 I Satz 1, II GBO).

3 Daher ist es nur von geringer praktischer Bedeutung, dass § 1416 III Satz 1 jedem Ehegatten gegen den anderen einen **Anspruch** auf **Mitwirkung** zur Berichtigung des Grundbuchs einräumt. Im Beispielsfall wäre der Anspruch der Frau auf Bewilligung der Grundbuchberichtigung (§ 19 GBO) gerichtet[2], der Anspruch des Mannes auf Zustimmung der Frau zu ihrer Eintragung als Miteigentümerin (§ 22 II GBO). Für beide Ansprüche gilt § 894, Rn. 1 ff., entsprechend, auch hinsichtlich des Widerspruchs nach § 899[3].

4 **Zuständig** für eine Klage ist ausschließlich das Familiengericht (§§ 621 I Nr. 8, II, 40 II ZPO)[4] im ordentlichen Zivilprozess (§ 621b ZPO).

Inhalt des Verwaltungsrechts

1422 [1]Der Ehegatte, der das Gesamtgut verwaltet, ist insbesondere berechtigt, die zum Gesamtgut gehörenden Sachen in Besitz zu nehmen und über das Gesamtgut zu verfügen; er führt Rechtsstreitigkeiten, die sich auf das Gesamtgut beziehen, im eigenen Namen. [2]Der andere Ehegatte wird durch die Verwaltungshandlungen nicht persönlich verpflichtet.

---

1 MünchKommBGB/Kanzleiter, 4. Aufl., Rn. 25; Staudinger/Thiele, 14. Bearb. 2000, Rn. 38.
2 Der Anspruch ergibt sich schon aus § 894, doch ist § 1416 III auch wegen der Zuständigkeit des Familiengerichts als lex specialis anzusehen.
3 MünchKommBGB/Kanzleiter, 4. Aufl., Rn. 25.
4 MünchKommZPO/Bernreuther, § 621, Rn. 98.

Inhaltsübersicht

A. Ansprüche des Gesamtguts . 2
  I. Rechtsstreit des verwaltenden Gatten 2
   1. Umfang der Prozessführungsbefugnis 2
   2. Prozessführungsbefugnis und Sachlegitimation . . . 4
   3. Stellung des nicht verwaltenden Gatten im Rechtsstreit des Verwalters 5
  II. Rechtsstreit des nicht verwaltenden Gatten 6
  III. Negative Feststellungsklage des Schuldners 8
  B. Ansprüche gegen das Gesamtgut 9
   I. Klage 9
   II. Vollstreckung 10
    1. Titel 10
     a) Gesetzlicher Güterstand 10
     b) Gemeinschaftliche Verwaltung 11
     c) Alleinverwaltung . . . 14
    2. Gewahrsam 17

Nach Satz 1 Halbsatz 2 führt der verwaltende Gatte „Rechtsstreitigkeiten, die sich auf das Gesamtgut beziehen", im eigenen Namen. 1

A. Ansprüche des Gesamtguts

I. Rechtsstreit des verwaltenden Gatten

1. Umfang der Prozessführungsbefugnis

Der Verwalter kann wegen eines Anspruchs, der zum Gesamtgut 2 gehört, im eigenen Namen klagen oder einen Mahnbescheid beantragen, die Zwangsvollstreckung betreiben und einstweiligen Rechtsschutz begehren. Dabei verlangt er Leistung an sich[1].

Der Verwalter ist grundsätzlich allein aktiv prozessführungsbefugt[2]. Ausnahmen ergeben sich aus den §§ 1428, 1429 Satz 2, 1431 und 1433. 3

2. Prozessführungsbefugnis und Sachlegitimation

Macht bei einer Gütergemeinschaft mit Einzelverwaltung der Verwalter einen Anspruch als zum Gesamtgut gehörig geltend, so ist zu unterscheiden: Ergibt die gerichtliche Prüfung, dass der streitige 4

---

1 Staudinger/Thiele, 14. Bearb. 2000, Rn. 29; Zöller/Vollkommer, vor § 50, Rn. 63; im Einzelnen str.
2 Rosenberg/Schwab/Gottwald, § 46 II 2a; Stein/Jonas/Bork, vor § 50, Rn. 54; Zöller/Vollkommer, vor § 50, Rn. 23.

Anspruch – falls er überhaupt besteht und nicht einem Dritten zusteht – zu dem Vorbehalts- oder Sondergut des nichtverwaltenden Gatten gehört, so ist die Klage des Verwalters mangels Prozessführungsbefugnis **unzulässig**. Ergibt sich, dass der streitige Anspruch zu dem Vorbehalts- oder Sondergut des Verwalters gehört, so ist dessen Klage **zulässig und begründet**. Stellt sich heraus, dass der streitige Anspruch nicht besteht oder einem Dritten zusteht, so ist die Klage des Verwalters mangels Sachlegitimation **unbegründet**.

3. Stellung des nicht verwaltenden Gatten im Rechtsstreit des Verwalters

5 Der andere Gatte wird nicht Partei in dem Prozess des Verwalters und kann deshalb dort als Zeuge vernommen werden[1]. Zu einem Klageverzicht (§ 306 ZPO) ist seine Zustimmung nicht erforderlich[2], wohl aber zu einem Prozessvergleich, der eine zustimmungsbedürftige Verfügung enthält[3]. Das Urteil wirkt materielle Rechtskraft auch gegenüber ihm, selbst wenn eine Verfügung über den Urteilsgegenstand seiner Zustimmung bedurft hätte[4].

II. Rechtsstreit des nicht verwaltenden Gatten

6 Soweit der nicht verwaltende Gatte eine **Klage** mit einem zum Gesamtgut gehörenden Anspruch begründet, fehlt ihm die aktive Prozessführungsbefugnis[5], so dass die Klage unzulässig ist, es sei denn, dass der Verwalter ihr zustimmt[6] oder ein gesetzlicher Ausnahmefall (Rn. 3) vorliegt. § 432 oder § 2039 findet keine Anwendung[7].

7 Zur **Zwangsvollstreckung** aus dem vom Verwalter erstrittenen Titel ist der andere Gatte nicht befugt; eine gewillkürte Vollstreckungsstandschaft lehnt der BGH ab[8].

---

1 Soergel/Gaul, Rn. 10.
2 Vgl. BGH, LM ZPO § 306 Nr. 1; Soergel/Gaul, Rn. 10; str.
3 KG, KGJ 40, S. 161 f.; Soergel/Gaul, Rn. 10.
4 Vgl. KG, KGJ 40, S. 160, betr. § 894 ZPO; Henckel, Parteilehre, S. 47 f.; Soergel/Gaul, Rn. 10; Staudinger/Thiele, 14. Bearb. 2000, Rn. 31. **A. A.** Riering, S. 125 f. Für eine Beiladung des anderen Gatten, dessen Zustimmung erforderlich gewesen wäre, Schlosser, Gestaltungsklagen, S. 218.
5 Henckel, Parteilehre, S. 38.
6 Staudinger/Thiele, 14. Bearb. 2000, Rn. 44 ff.; Stein/Jonas/Bork, vor § 50, Rn. 54; Zöller/Vollkommer, vor § 50, Rn. 63.
7 Staudinger/Thiele, 14. Bearb. 2000, § 1450, Rn. 29 f. **A. A.** RGZ 158, 42 zum alten Güterrecht; Soergel/Wolf, § 2039, Rn. 2.
8 BGHZ 92, 349. Kritisch I. Scherer, Rpfleger 1995, 89.

III. Negative Feststellungsklage des Schuldners

Eine negative Feststellungsklage des angeblichen Schuldners ist gegen den Verwalter zu richten[1]. Das nach § 256 I ZPO erforderliche Feststellungsinteresse (Rechtsschutzgrund) setzt aber voraus, dass der Verwalter den Gesamtgutsanspruch geltend macht. Die Rechtsberühmung des nicht verwaltenden Gatten genügt nicht[2], weil von diesem Gatten mangels Prozessführungsbefugnis keine Klage zu befürchten ist. Deshalb fehlt für eine negative Feststellungsklage gegen den nicht verwaltenden Gatten in jedem Fall das Feststellungsinteresse (Rechtsschutzgrund).

8

B. Ansprüche gegen das Gesamtgut

I. Klage

Ansprüche, für die das Gesamtgut haftet, können teils nur gegen den Verwalter, teils gegen beide Gatten eingeklagt werden (s. bei § 1437).

9

II. Vollstreckung

1. Titel

a) Gesetzlicher Güterstand

Bei der Zwangsvollstreckung gegen einen Ehegatten geht das Vollstreckungsorgan zunächst davon aus, dass der Gatte im gesetzlichen Güterstand lebt[3], und begnügt sich mit einem Titel gegen ihn.

10

b) Gemeinschaftliche Verwaltung

Wird durch Vorlage des Ehevertrages oder eines Güterrechtsregisterauszugs eine Gütergemeinschaft nachgewiesen, so geht das Vollstreckungsorgan von einer gemeinschaftlichen Verwaltung beider Gatten aus[4] und verlangt zur Zwangsvollstreckung in das Gesamtgut grundsätzlich einen Titel gegen beide Gatten (§§ 740 II, 795 Satz 1 ZPO). Nach § 740 II ZPO müssen beide Gatten zur Leistung verurteilt sein. Dabei genügt die Verurteilung zur Leistung „aus

11

---

1 Stein/Jonas/Bork, vor § 50, Rn. 66.
2 Entgegen Stein/Jonas/Bork, vor § 50, Rn. 66.
3 MünchKommZPO/Heßler, § 740, Rn. 1; Zöller/Stöber, § 740, Rn. 5.
4 BayObLG, FamRZ 1996, 113; Stein/Jonas/Münzberg, § 740, Rn. 14.

§ 1422　　　　　　　　　　　　　　　Inhalt des Verwaltungsrechts

dem Gesamtgut". Ebenso genügen gesamtschuldnerische Titel aus getrennten Prozessen[1].

12　Wird aus einem Titel, der gegen einen Gatten allein erlassen wurde, tatsächlich nicht in das Vorbehalts- oder Sondergut dieses Gatten, sondern in das Gesamtgut vollstreckt, so steht jedem der beiden Gatten die Erinnerung oder Beschwerde zu (§§ 766 I, 793 ZPO, § 11 RPflG i. V. m. § 1455 Nr. 9 BGB)[2]. Mit diesem Rechtsbehelf wird der Mangel eines Titels gegen beide Gatten (§ 740 II ZPO) gerügt. Der Einwand, dass das Gesamtgut nach materiellem Recht nicht hafte (§ 1459 I), ist durch Drittwiderspruchsklage (§ 771 ZPO) geltend zu machen. Zu dieser Klage ist gleichfalls jeder Gatte selbständig befugt (§ 1455 Nr. 9), auch der Titelschuldner[3], dem allerdings unter Umständen die materiell-rechtskräftige Feststellung einer Haftung des Gesamtguts (§ 256 II ZPO) entgegengehalten werden kann.

13　Ein Titel gegen einen Gatten allein ist aber zur Zwangsvollstreckung in das Gesamtgut ausnahmsweise genügend, wenn dieser Gatte selbständig ein Erwerbsgeschäft betreibt (§ 741 ZPO, s. § 1456, Rn. 7 ff.).

c) **Alleinverwaltung**

14　Wird dem Vollstreckungsorgan die Alleinverwaltung eines Gatten nachgewiesen, so verlangt es zur Zwangsvollstreckung in das Gesamtgut grundsätzlich einen Titel gegen den Verwalter (§§ 740 I, 795 Satz 1 ZPO).

15　Wird aus einem Titel gegen den nicht verwaltenden Gatten in das Gesamtgut vollstreckt, so steht nur dem Verwalter (§ 1422 Satz 1 Halbsatz 2) die Erinnerung oder Beschwerde zu[4] und, falls das Gesamtgut nicht haftet (§ 1437), die Drittwiderspruchsklage (wie Rn. 12)[5].

1　Staudinger/Thiele, 14. Bearb. 2000, vor § 1459, Rn. 5.
2　Ebenso zu § 766 ZPO MünchKommZPO/Heßler, § 740, Rn. 42; Stein/Jonas/Münzberg, § 740, Rn. 7.
3　Soergel/Gaul, § 1455, Rn. 9; Staudinger/Thiele, 14. Bearb. 2000, § 1455, Rn. 38. Ungenau Stein/Jonas/Münzberg, § 740, Rn. 7.
4　A. A. MünchKommZPO/Heßler, § 740, Rn. 42; Stein/Jonas/Münzberg, § 740, Rn. 7. OLG Hamburg, OLGRspr. 9, 115 sagt nur, dass der Verwalter nach § 766 ZPO vorgehen kann.
5　Ebenso im Ergebnis MünchKommZPO/Heßler, § 740, Rn. 43; Stein/Jonas/Münzberg, § 740, Rn. 7.

Notverwaltungsrecht   § 1429

Ein Titel gegen den nicht verwaltenden Gatten ist aber zur Zwangs- 16
vollstreckung in das Gesamtgut ausnahmsweise genügend, wenn
dieser Gatte selbständig ein Erwerbsgeschäft betreibt (§ 741 ZPO,
s. § 1431, Rn. 6 ff.).

2. Gewahrsam

Leben die Gatten im gesetzlichen Güterstand, so gilt § 739 ZPO 17
(s. § 1362, Rn. 7 ff.).

Leben die Gatten in Gütergemeinschaft, so genügt bei einem Titel 18
gegen beide Gatten nicht nur der Mitgewahrsam beider, sondern auch
der Alleingewahrsam des verwaltenden oder des nicht verwaltenden
Gatten[1]. Bei einem Titel gegen den allein verwaltenden Gatten genügt nicht nur dessen Alleingewahrsam, sondern auch der Alleingewahrsam des nicht verwaltenden Gatten oder der Mitgewahrsam
beider Gatten[2]. Ein Übergriff in nicht haftendes Vermögen muss mit
der Drittwiderspruchsklage (§ 771 ZPO) abgewehrt werden.

Verfügungen ohne Zustimmung

1428 Verfügt der Ehegatte, der das Gesamtgut verwaltet, ohne die erforderliche Zustimmung des anderen Ehegatten über ein zum Gesamtgut gehörendes Recht, so kann dieser das Recht gegen Dritte gerichtlich geltend machen; der Ehegatte, der das Gesamtgut verwaltet, braucht hierzu nicht mitzuwirken.

§ 1428 entspricht § 1368 (s. dort). Auch der verwaltende Gatte kann
das Recht geltend machen[3].

Notverwaltungsrecht

1429 [1]Ist der Ehegatte, der das Gesamtgut verwaltet, durch Krankheit oder durch Abwesenheit verhindert, ein Rechtsgeschäft vorzunehmen, das sich auf das Gesamtgut bezieht, so kann der andere Ehegatte das Rechtsgeschäft vornehmen, wenn mit dem Aufschub Gefahr verbunden ist; er kann hierbei im eige-

---

1 MünchKommZPO/Heßler, § 740, Rn. 38; Stein/Jonas/Münzberg, § 740, Rn. 15.
2 Stein/Jonas/Münzberg, § 740, Rn. 16; Zöller/Stöber, § 740, Rn. 7.
3 Soergel/Gaul, Rn. 3.

nen Namen oder im Namen des verwaltenden Ehegatten handeln. ²Das Gleiche gilt für die Führung eines Rechtsstreits, der sich auf das Gesamtgut bezieht.

1 Satz 2 gibt dem anderen Ehegatten neben dem nach § 1422 Satz 1 prozessführungsbefugten Verwalter eine zusätzliche **Prozessführungsbefugnis**[1] und wahlweise **Vertretungsmacht** zur Vertretung des Verwalters (wie § 1454).

I. Prozessführung im eigenen Namen

2 Der nicht verwaltende Gatte kann kraft seiner **Prozessführungsbefugnis** zulässigerweise anstelle des Verwalters im eigenen Namen klagen oder einen Mahnbescheid beantragen, die Zwangsvollstreckung betreiben, die Umschreibung eines von dem Verwalter erwirkten Titels auf sich herbeiführen (erforderlich nach § 750 I Satz 1 ZPO) und einstweiligen Rechtsschutz begehren. Er kann sich auf ein Verfahren einlassen, das gegen ihn angestrengt wurde[2], wobei aber ein Titel gegen ihn nicht in das Gesamtgut vollstreckt werden kann (§ 740 I ZPO)[3]. Schließlich kann er ein Verfahren, das von dem Verwalter oder gegen den Verwalter begonnen wurde, im Wege des Parteiwechsels fortführen[4]; dazu ist allerdings die Zustimmung des Gegners erforderlich[5].

3 Das **Urteil wirkt** für und gegen den nicht verwaltenden Gatten als Partei. Es wirkt materielle Rechtskraft auch für und gegen den verhinderten Verwalter[6]. Denn der Verwalter ist tatsächlich verhindert, seine Prozessführungsbefugnis auszuüben, und steht daher einem Rechtsträger gleich, dem die Prozessführungsbefugnis fehlt[7]. Bei einer Vertretung durch den nicht verwaltenden Gatten wirkt das Urteil zweifelsfrei materielle Rechtskraft gegenüber dem Verwalter als Partei, und der zufällige Umstand, dass sich der nicht

---

1 Rosenberg/Schwab/Gottwald, § 46 II 2 b; Zöller/Vollkommer, vor § 50, Rn. 63.
2 Staudinger/Thiele, 14. Bearb. 2000, Rn. 9.
3 MünchKommBGB/Kanzleiter, 4. Aufl., Rn. 7.
4 MünchKommBGB/Kanzleiter, 4. Aufl., Rn. 7b; a. A. Staudinger/Thiele, 14. Bearb. 2000, Rn. 9 mangels Sachdienlichkeit, auf die es aber jedenfalls nach § 1429 Satz 2 nicht ankommt.
5 Wieser, Arbeitsgerichtsverfahren, Rn. 318.
6 MünchKommBGB/Kanzleiter, 4. Aufl., Rn. 7b; Stein/Jonas/Leipold, § 325, Rn. 56; Zöller/Vollkommer, vor § 50, Rn. 36. A. A. Soergel/Gaul, Rn. 8. Differenzierend Rosenberg/Schwab/Gottwald, § 46 V 3b.
7 Vgl. Rosenberg/Schwab/Gottwald, § 46 V 2.

verwaltende Gatte für eine Prozessführung im eigenen Namen entscheidet, rechtfertigt keine abweichende Beurteilung.

Endet die Verhinderung des Verwalters noch während des Prozesses, so bleibt der andere Gatte prozessführungsbefugt, analog § 1433[1] (s. dort). 4

II. Prozessführung im Namen des Verwalters

Der nicht verwaltende Gatte kann auch kraft seiner **Vertretungsmacht** die erforderlichen Verfahrenshandlungen im Namen des prozessführungsbefugten Verwalters mit Wirkung für und gegen diesen vornehmen und entgegennehmen, ohne dazu genötigt zu sein[2]. 5

Führt der nicht verwaltende Gatte einen Rechtsstreit im Namen des Verwalters, so **wirkt** das **Urteil** für und gegen den Verwalter als Partei. 6

Endet die Verhinderung des Verwalters, so endet auch die gesetzliche Vertretungsmacht des nichtverwaltenden Gatten. Der Verwalter kann den in seinem Namen geführten Prozess selbst fortführen[3] oder den anderen Gatten zur Fortführung bevollmächtigen. 7

Selbständiges Erwerbsgeschäft

1431 (1) [1]Hat der Ehegatte, der das Gesamtgut verwaltet, darin eingewilligt, dass der andere Ehegatte selbständig ein Erwerbsgeschäft betreibt, so ist seine Zustimmung zu solchen Rechtsgeschäften und Rechtsstreitigkeiten nicht erforderlich, die der Geschäftsbetrieb mit sich bringt. [2]Einseitige Rechtsgeschäfte, die sich auf das Erwerbsgeschäft beziehen, sind dem Ehegatten gegenüber vorzunehmen, der das Erwerbsgeschäft betreibt.

(2) Weiß der Ehegatte, der das Gesamtgut verwaltet, dass der andere Ehegatte ein Erwerbsgeschäft betreibt, und hat er hiergegen keinen Einspruch eingelegt, so steht dies einer Einwilligung gleich.

(3) Dritten gegenüber ist ein Einspruch und der Widerruf der Einwilligung nur nach Maßgabe des § 1412 wirksam.

---

1 Soergel/Gaul, § 1433, Rn. 6; Staudinger/Thiele, 14. Bearb. 2000, Rn. 11. Einschränkend MünchKommBGB/Kanzleiter, 4. Aufl., Rn. 7b.
2 Staudinger/Thiele, 14. Bearb. 2000, Rn. 9.
3 MünchKommBGB/Kanzleiter, 4. Aufl., Rn. 7.

A. Erkenntnisverfahren

I. Prozessführungsbefugnis

1 Nach § 1431 I Satz 1 kann der nicht verwaltende Gatte, der mit Einwilligung des Verwalters selbständig ein Erwerbsgeschäft betreibt, solche Rechtsstreitigkeiten, die der Geschäftsbetrieb mit sich bringt, ohne Zustimmung des Verwalters führen. Das ist keine Besonderheit, falls der Geschäftsbetrieb zum Vorbehaltsgut des nicht verwaltenden Gatten gehört. Gehört er aber zum Gesamtgut, so liegt in der selbständigen aktiven und passiven Prozessführungsbefugnis des Geschäftsinhabers nach § 1431 I Satz 1 eine Abweichung von § 1422 Satz 1.

2 Widerruft der Verwalter seine Einwilligung, so kann der Geschäftsinhaber einen anhängigen Rechtsstreit fortsetzen, analog § 1433 (s. dort)[1].

3 Gehört der Geschäftsbetrieb zum Gesamtgut, so ist neben dem Geschäftsinhaber der Verwalter nach § 1422 Satz 1 prozessführungsbefugt[2].

II. Rechtskrafterstreckung

4 Falls der Geschäftsbetrieb zum Gesamtgut gehört, wirkt das von dem Verwalter erstrittene Urteil materielle Rechtskraft auch *für* den Geschäftsinhaber, aber nicht *gegen* ihn[3]. Das von dem Geschäftsinhaber erstrittene Urteil wirkt materielle Rechtskraft zugleich für und gegen den Verwalter in Ansehung des Gesamtguts, weil der Verwalter in den selbständigen Betrieb eines Erwerbsgeschäfts eingewilligt hat[4].

---

1 MünchKommBGB/Kanzleiter, 4. Aufl., Rn. 12; Soergel/Gaul, § 1433, Rn. 6.
2 Vgl. Staudinger/Thiele, 14. Bearb. 2000, Rn. 30.
3 Zur Begründung s. § 432, Rn. 10 ff.
4 Soergel/Gaul, Rn. 6; Stein/Jonas/Leipold, § 325, Rn. 56; Zöller/Vollkommer, vor § 50, Rn. 36. Weiter gehend MünchKommBGB/Kanzleiter, 4. Aufl., Rn. 11; aber für sein Vorbehaltsgut hat der Verwalter nicht eingewilligt.

B. Zwangsvollstreckung

I. Titel

1. Gegen Verwalter

Ein Gläubiger des Geschäftsinhabers kann wegen einer Forderung aus dem Erwerbsgeschäft mit einem Titel gegen den Verwalter (§§ 1437, 1438 I Fall 3, 1431 I Satz 1) ohne weiteres in das Gesamtgut vollstrecken (§ 740 I ZPO).

5

2. Gegen Geschäftsinhaber

Ein Titel gegen den Geschäftsinhaber ist aber nach § 741 ZPO „genügend", wenn folgende Voraussetzungen vorliegen: selbständiges Erwerbsgeschäft[1] und bei Rechtshängigkeit des Titelverfahrens (§ 261 I ZPO) keine Eintragung eines Einspruchs oder Widerrufs des Verwalters[2]. Wird ohne eine dieser Voraussetzungen vollstreckt, so ist die Erinnerung oder Beschwerde gegeben (§§ 766 I, 793 ZPO, § 11 RPflG). Sie steht nur dem Verwalter zu, nicht dem Geschäftsinhaber. Denn die Führung von Rechtsstreitigkeiten, die sich auf das Gesamtgut beziehen, ist grundsätzlich nur Sache des Verwalters (§ 1422 Satz 1). Das gilt auch dann, wenn eingewandt wird, dass es an einem selbständigen Erwerbsgeschäft fehle[3]. Nach § 741 ZPO ist die Selbständigkeit des Erwerbsgeschäfts, abgesehen von der Beweislast, in gleicher Weise Zulässigkeitsvoraussetzung der Zwangsvollstreckung wie das Fehlen eines Einspruchs oder Widerrufs. Kann die zweite Voraussetzung allein von dem Verwalter bestritten werden[4], dann auch die erste.

6

Dagegen hängt die Zulässigkeit der Zwangsvollstreckung nach § 741 ZPO nicht davon ab, dass es sich um eine Geschäftsschuld handelt[5] oder dass das Gesamtgut für den titulierten Anspruch haftet. Das Fehlen der Haftung muss vielmehr von dem Verwalter durch Drittwiderspruchsklage nach § 774 ZPO geltend gemacht

7

---

1 Das kann auch ein landwirtschaftlicher Betrieb sein, den der eine Ehegatte zusammen mit dem anderen führt und der sich in Liquidation befindet (BayObLG, FamRZ 1996, 113 f.).
2 Zöller/Stöber, § 741, Rn. 7.
3 A. A. MünchKommZPO/Heßler, § 741, Rn. 17; Stein/Jonas/Münzberg, § 741, Rn. 6; Zöller/Stöber, § 741, Rn. 8.
4 So auch MünchKommZPO/Heßler, § 741, Rn. 18; Stein/Jonas/Münzberg, § 741, Rn. 7. A. A. Zöller/Stöber, § 741, Rn. 8.
5 BayObLG, FamRZ 1996, 114; Zöller/Stöber, § 741, Rn. 7.

werden[1]. Der Verwalter muss dazu darlegen, dass das anspruchsbegründende Rechtsgeschäft ohne seine Zustimmung vorgenommen wurde, dass die Zustimmung aber erforderlich war (§ 1438 I Fall 3), weil eine Voraussetzung des § 1431 fehlte: selbständiges Erwerbsgeschäft, titulierter Anspruch aus dem Geschäftsbetrieb, Einwilligung oder kein Einspruch des Verwalters, kein Widerruf der Einwilligung. Die Drittwiderspruchsklage kann also teilweise mit denselben Mängeln begründet werden wie die Erinnerung oder Beschwerde, die dennoch gleichzeitig zulässig bleibt[2].

II. Gewahrsam

8 Der Gerichtsvollzieher darf nach § 741 ZPO ausnahmslos in alle Sachen vollstrecken, die sich im Mitgewahrsam beider Gatten oder im Alleingewahrsam eines Gatten befinden, auch wenn er nicht der Titelschuldner ist. Das allein entspricht dem Zweck des § 741 ZPO[3].

Fortsetzung eines Rechtsstreits

1433 Der Ehegatte, der das Gesamtgut nicht verwaltet, kann ohne Zustimmung des anderen Ehegatten einen Rechtsstreit fortsetzen, der beim Eintritt der Gütergemeinschaft anhängig war.

I. Prozessführung des nicht verwaltenden Gatten

1. Prozessführungsbefugnis

1 § 1433 regelt den Fall, dass ein Rechtsstreit, der sich auf das Gesamtgut bezieht[4], vor Eintritt der Gütergemeinschaft mit dem nicht verwaltenden Gatten begonnen worden war. Nach Eintritt der Gütergemeinschaft würde dieser Gatte gem. § 1422 Satz 1 die Prozessführungsbefugnis an den Verwalter verlieren, so dass die von ihm oder gegen ihn erhobene Klage oder ein sonstiger Antrag als unzulässig abgewiesen werden müsste. Dann aber wäre der Prozess mit ihm vergeblich gewesen, zum Schaden des Prozessgegners wie der Allgemeinheit. Um dies zu verhindern, belässt § 1433

---

1 Stein/Jonas/Münzberg, § 774, Rn. 1; Zöller/Stöber, § 741, Rn. 8.
2 Stein/Jonas/Münzberg, § 771, Rn. 69.
3 Stein/Jonas/Münzberg, § 741 Rn. 10; Zöller/Stöber, § 741, Rn. 7.
4 MünchKommBGB/Kanzleiter, 4. Aufl., Rn. 1.

dem nicht verwaltenden Gatten die Prozessführungsbefugnis. Die Vorschrift verfolgt somit denselben Zweck wie § 265 ZPO, der nach einer Veräußerung des streitbefangenen Gegenstandes dem bisherigen Rechtsinhaber die Prozessführungsbefugnis belässt.

2. Klageantrag und andere Dispositionsakte

Der **nicht verwaltende Gatte** wird *als Beklagter* uneingeschränkt verurteilt. Als *Kläger* muss er auf Leistung an beide Gatten gemeinschaftlich klagen, was er notfalls ohne weiteres durch eine Klageänderung erreichen kann (§ 264 Nr. 2 ZPO).

Zu einem **Klageverzicht oder Anerkenntnis** des nicht verwaltenden Gatten (§§ 306, 307 ZPO) ist die Zustimmung des Verwalters nicht erforderlich, weil sie reine Prozesshandlungen sind. Wohl aber muss der Verwalter einem **Prozessvergleich** zustimmen, der eine zustimmungsbedürftige Verfügung enthält[1].

3. Rechtskrafterstreckung

Das Urteil, das für oder gegen den nicht verwaltenden Gatten ergeht, wirkt materielle Rechtskraft auch gegenüber dem Verwalter[2], weil dieser nach dem Eintritt der Rechtshängigkeit aufgrund der Gütergemeinschaft Rechtsnachfolger des nicht verwaltenden Gatten geworden ist (§ 325 I ZPO)[3].

4. Zwangsvollstreckung

Von einem **Titel gegen** den nicht verwaltenden Gatten kann eine vollstreckbare Ausfertigung gegen den Verwalter erteilt werden (§§ 742, 795 Satz 1 ZPO), damit in das Gesamtgut vollstreckt werden kann (§ 740 I ZPO).

Von einem **Titel zugunsten** des nicht verwaltenden Gatten kann nach § 742 ZPO gleichfalls eine vollstreckbare Ausfertigung für den Verwalter erteilt werden. Dies ist aber nicht erforderlich, weil der nichtverwaltende Gatte als Titelgläubiger selbst vollstrecken kann – je nach dem Inhalt des Titels auf Leistung an sich oder an den Verwalter – und nach dem Prinzip des § 1433 auch dazu berechtigt ist.

---

1 MünchKommBGB/Kanzleiter, 4. Aufl., Rn. 4.
2 Soergel/Gaul, Rn. 5.
3 Heintzmann, Prozessführungsbefugnis, S. 90. A. A. zu Unrecht MünchKommBGB/Kanzleiter, 4. Aufl., Fn. 2.

II. Prozessführung des Verwalters

7 Der Verwalter kann durch gewillkürten **Parteiwechsel** den Prozess anstelle des nicht verwaltenden Gatten übernehmen, wozu in jedem Fall die Zustimmung des Prozessgegners erforderlich ist, wie nach § 265 II Satz 2 ZPO[1].

8 Tritt der Verwalter als **Nebenintervenient** dem nicht verwaltenden Gatten bei, so ist streitig, ob analog § 265 II Satz 3 ZPO der § 69 ZPO keine Anwendung findet, so dass der Verwalter trotz Rechtskrafterstreckung kein streitgenössischer Nebenintervenient wird[2]. § 265 II Satz 3 ZPO soll den Prozessgegner des Veräußerers davor schützen, dass ihm infolge der Veräußerung während des Prozesses ein neuer Kontrahent aufgenötigt wird, sei es auch nur als streitgenössischer Nebenintervenient der Gegenseite[3]. Dieser Schutzzweck trifft auch zu, wenn es während des Prozesses statt zu einer Veräußerung zur Vereinbarung einer Gütergemeinschaft kommt.

Pflichten des Verwalters

1435 ¹Der Ehegatte hat das Gesamtgut ordnungsmäßig zu verwalten. ²Er hat den anderen Ehegatten über die Verwaltung zu unterrichten und ihm auf Verlangen über den Stand der Verwaltung Auskunft zu erteilen. ³Mindert sich das Gesamtgut, so muss er zu dem Gesamtgut Ersatz leisten, wenn er den Verlust verschuldet oder durch ein Rechtsgeschäft herbeigeführt hat, das er ohne die erforderliche Zustimmung des anderen Ehegatten vorgenommen hat.

1 § 1435 gibt dem nicht verwaltenden Ehegatten gegen den Verwalter **Ansprüche** auf **ordnungsgemäße Verwaltung**[4], auf **Unterrichtung** über die laufende Verwaltung[5], auf **Auskunft** über den Stand der Verwaltung[6] sowie auf → *Schadensersatz* (Rn. 1).

---
1 MünchKommBGB/Kanzleiter, 4. Aufl., Rn. 3.
2 **Für** streitgenössische Nebenintervention MünchKommBGB/Kanzleiter, 4. Aufl., Rn. 3; Soergel/Gaul, Rn. 3; Stein/Jonas/Münzberg, § 742, Rn. 1; **dagegen** mit Recht Palandt/Brudermüller, Rn. 1.
3 Vgl. MünchKommZPO/Lüke, § 265, Rn. 102; Zöller/Greger, § 265, Rn. 1.
4 Näher Staudinger/Thiele, 14. Bearb. 2000, Rn. 3.
5 Näher Soergel/Gaul, Rn. 5 ff.
6 Näher OLG Stuttgart, FamRZ 1979, 810; Soergel/Gaul, Rn. 7 f. Abweichend MünchKommBGB/Kanzleiter, 4. Aufl., Rn. 7 ff.; Staudinger/Thiele, 14. Bearb. 2000, Rn. 5 f.

Eine **Leistungsklage** müsste z. B. die Verurteilung des Beklagten beantragen, die Klägerin über die laufende Verwaltung des Gesamtguts der Parteien zu unterrichten. 2

Zuständig ist ausschließlich das Familiengericht (§§ 621 I Nr. 8, II, 40 II ZPO) im ordentlichen Zivilprozess (§ 621b ZPO). Das ist für die Klagen auf ordnungsgemäße Verwaltung und auf Schadensersatz wohl unstreitig, ebenso für die Klage auf Auskunft über den Stand der Verwaltung[1]. Dagegen wird die Klage auf Unterrichtung über die laufende Verwaltung überwiegend als „Herstellungsklage" angesehen, die in den **Eheprozess** gehört (§ 606 I Satz 1 ZPO)[2]. Dies wird damit rechtfertig, dass der Anspruch auf Unterrichtung über die laufende Verwaltung seine eigentliche Grundlage in § 1353 I Satz 2 hat, während § 1435 insoweit nur klarstellende Funktion zukommt[3]. Da es sich aber um einen vermögensrechtlichen Anspruch handelt, ist der Eheprozess – wie sonst – nicht die zulässige Verfahrensart (§ 1353, Rn. 6). 3

Die **Zwangsvollstreckung** wegen des Unterrichtungs- und des Auskunftsanspruchs richtet sich nach § 888 ZPO, soweit nur der Verwalter die geschuldete Leistung erbringen kann, sonst nach § 887 ZPO[4]. Wegen seines vermögensrechtlichen Charakters ist auch der Unterrichtungsanspruch vollstreckbar[5] (vgl. § 1353, Rn. 9). 4

Zum **einstweiligen Rechtsschutz** s. → *Auskunft* Rn. 6 ff. 5

---

1 OLG Stuttgart, FamRZ 1979, 809; MünchKommZPO/Bernreuther, § 621, Rn. 98; Staudinger/Thiele, 14. Bearb. 2000, Rn. 7 verweist aber auf § 606 ZPO.
2 OLG Stuttgart, FamRZ 1979, 810; Soergel/Gaul, Rn. 5. **A. A.** MünchKommBGB/Kanzleiter, 4. Aufl., Rn. 6. Die verbreitete Unterscheidung von „Herstellungsklage" und „Leistungsklage" ist verfehlt, erstens, weil die Herstellungsklage gleichfalls eine Leistungsklage ist, zweitens weil es nicht um die richtige Klageart (Klageantrag), sondern um die zulässige Verfahrensart geht.
3 Soergel/Gaul, Rn. 5.
4 Stein/Jonas/Brehm, § 888, Rn. 5.
5 MünchKommBGB/Kanzleiter, 4. Aufl., Rn. 6. **A. A.** (§ 888 III ZPO) OLG Stuttgart, FamRZ 1979, 810; Soergel/Gaul, Rn. 5.

Gesamtgutsverbindlichkeiten; persönliche Haftung

1437 (1) Aus dem Gesamtgut können die Gläubiger des Ehegatten, der das Gesamtgut verwaltet, und, soweit sich aus den §§ 1438 bis 1440 nichts anderes ergibt, auch die Gläubiger des anderen Ehegatten Befriedigung verlangen (Gesamtgutsverbindlichkeiten).

(2) ¹Der Ehegatte, der das Gesamtgut verwaltet, haftet für die Verbindlichkeiten des anderen Ehegatten, die Gesamtgutsverbindlichkeiten sind, auch persönlich als Gesamtschuldner. ²Die Haftung erlischt mit der Beendigung der Gütergemeinschaft, wenn die Verbindlichkeiten im Verhältnis der Ehegatten zueinander dem anderen Ehegatten zur Last fallen.

I. Schuld und Haftung

1 Bei der Anwendung des § 1437 sind zu unterscheiden:

2 – **gemeinschaftliche Schulden** beider Gatten, z. B. aus dem Verkauf eines Grundstücks (→ *Mehrheit von Schuldnern* Rn. 2); für sie haftet das Gesamtgut (§ 1437 I) und das Eigenvermögen (Vorbehalts- und Sondergut) jedes Gatten;

3 – Schulden, die primär und nicht erst nach § 1437 II Satz 1, **Gesamtschulden** beider Gatten sind; für sie haftet das Gesamtgut (§ 1437 I) und das Eigenvermögen jedes Gatten;

4 – primäre **Einzelschulden** des nicht verwaltenden Gatten, z. B. aus § 823[1], die nach § 1437 I „Gesamtgutsverbindlichkeiten" sind; sie werden nach § 1437 II Satz 1 auf den Verwalter erstreckt, so dass **Gesamtschulden** entstehen; für sie haftet das Gesamtgut (§ 1437 I) und das Eigenvermögen jedes Gatten, auch des Verwalters (§ 1437 II Satz 1);

5 – primäre **Einzelschulden** des nicht verwaltenden Gatten, die keine „Gesamtgutsverbindlichkeiten" sind; für sie haftet nur das Eigenvermögen des nicht verwaltenden Gatten;

6 – primäre **Einzelschulden** des Verwalters; für sie haftet das Gesamtgut (§ 1437 I) und das Eigenvermögen des Verwalters, nicht das Eigenvermögen des anderen Gatten[2].

---

1 BGHZ 76, 308.
2 Soergel/Gaul, Rn. 6; Staudinger/Thiele, 14. Bearb. 2000, Rn. 3, 15.

In § 1437 II Satz 1 unterscheidet das BGB nicht zwischen Schuld und → *Haftung* (Rn. 1). Dass der Verwalter persönlich als Gesamtschuldner haftet, soll heißen, dass er als Gesamtschuldner *schuldet* und persönlich (mit seinem Eigenvermögen) *haftet*.

II. Klage

1. Einzelschuld

Bei einer Einzelschuld wird nur der Schuldner verklagt. S. dazu die einzelnen Anspruchsgrundlagen.

Ist der **Verwalter Einzelschuldner**, so kann der Gläubiger nicht eingeschränkt auf Leistung „aus dem Gesamtgut" klagen. Denn eine eingeschränkte Klage wäre erheblich weniger zweckmäßig als eine uneingeschränkte und deshalb mangels Rechtsschutzinteresses unzulässig[1]. Für eine Klage gegen den nicht verwaltenden Gatten auf Duldung der Zwangsvollstreckung fehlt gleichfalls das Rechtsschutzinteresse (Rechtsschutzgrund)[2].

2. Gesamtschuld

Bei einer Gesamtschuld hat der Gläubiger mehrere **Möglichkeiten**:

– Er kann uneingeschränkt auf Leistung klagen, sei es gegen beide Gatten oder nur gegen einen (s. bei § 421).

– Er kann eingeschränkt auf Leistung „aus dem Gesamtgut" klagen, um persönlichen Einwendungen auszuweichen. Diese Klage kann er grundsätzlich nur gegen den Verwalter erheben (§ 1422 Satz 1). Nach §§ 1429, 1431 und 1433 kann aber der andere Gatte verklagt werden.

– Neben einer uneingeschränkten Klage, die gegen beide Gatten in getrennten Prozessen oder in einem Prozess erhoben wird, ist eine weitere Klage auf Leistung aus dem Gesamtgut unzulässig (§ 261 III Nr. 1 ZPO). Der Übergang von einer uneingeschränkten Klage gegen beide Gatten gemeinsam zu einer eingeschränkten Klage gegen den Verwalter, und umgekehrt, ist nur als Parteiänderung zulässig[3].

---

1 Ebenso im Ergebnis Henckel, Parteilehre, S. 66 f.
2 Stein/Jonas/Bork, vor § 50, Rn. 64. **A. A.** RGZ 89, 363; Soergel/Gaul, § 1422, Rn. 11; Staudinger/Thiele, 14. Bearb. 2000, § 1422, Rn. 32, 52. RGZ 105, 19 betraf einen Herausgabeanspruch gegen beide Gatten.
3 Wieser, Arbeitsgerichtsverfahren, Rn. 317, 318.

3. Gemeinschaftliche Schuld

14 Bei einer gemeinschaftlichen Schuld muss der Gläubiger gegen beide Gatten gemeinsam klagen (→ *Mehrheit von Schuldnern* Rn. 4 ff.). Beansprucht er jedoch Befriedigung aus dem Gesamtgut, so kann er grundsätzlich nur gegen den Verwalter klagen (§ 1422 Satz 1). Nach § 1429 tritt aber der andere Gatte an die Stelle des Verwalters.

III. Zuständigkeit

15 Nach der Rechtsprechung des BGH[1] ist für die güterrechtliche Klage gegen den Verwalter aus § 1437 II Satz 1 das Familiengericht ausschließlich zuständig (§§ 621 I Nr. 8, II, 40 II ZPO), während es für die Klage gegen den anderen Gatten bei der streitwertabhängigen Zuständigkeit des Amtsgerichts oder Landgerichts verbleibt. Daher ist eine Verbindung beider Prozesse durch den Kläger (§ 59 ZPO) oder das Gericht (§ 147 ZPO) unzulässig[2]. In Betracht käme ohnehin nur die Verbindung einer familiengerichtlichen mit einer streitwertabhängigen amtsgerichtlichen Klage. Dem steht jedoch schon die Verschiedenartigkeit der Rechtsmittelzüge entgegen (§ 72 GVG), die auch eine Heilung nach §§ 38, 39 ZPO ausschließt.

IV. Prozess des Verwalters

16 Der andere Gatte wird nicht Partei in dem Prozess des Verwalters und kann deshalb dort als Zeuge vernommen werden[3]. Zu einem Anerkenntnis (§ 307 ZPO) ist seine Zustimmung nicht erforderlich[4], wohl aber zu einem Prozessvergleich, der eine zustimmungsbedürftige Verfügung enthält[5]. Das für oder gegen den Verwalter ergehende Urteil wirkt, soweit es das Gesamtgut betrifft, materielle Rechtskraft auch für und gegen den nicht verwaltenden Gatten, selbst wenn eine Verfügung über den Urteilsgegenstand seiner Zustimmung bedurft hätte[6].

---

1 BGHZ 76, 308 = FamRZ 1980, 551.
2 BGH, NJW 1979, 426 a. E.
3 Soergel/Gaul, § 1422, Rn. 10.
4 Vgl. BGH, LM ZPO § 306 Nr. 1; Soergel/Gaul, § 1422, Rn. 10; str.
5 Soergel/Gaul, § 1422, Rn. 10.
6 So die Rechtsprechung, Nachw. bei Riering, S. 125; Soergel/Gaul, § 1422, Rn. 10; Staudinger/Thiele, 14. Bearb. 2000, § 1422, Rn. 31. **A. A.** Riering, S. 125 f. Für eine Beiladung des anderen Gatten, dessen Zustimmung erforderlich gewesen wäre, Schlosser, Gestaltungsklagen, S. 218.

V. Zwangsvollstreckung

§ 1437 regelt nur materiellrechtliche Fragen. Die Zulässigkeit der Zwangsvollstreckung ergibt sich aus der ZPO. Nach §§ 750 I Satz 1, 795 Satz 1 ZPO ist zur Zwangsvollstreckung in das Vermögen einer Person grundsätzlich ein Titel gegen diese Person erforderlich. Daraus folgt, dass die Zwangsvollstreckung in das **Vorbehalts- oder Sondergut** eines Gatten einen Titel gegen diesen Gatten voraussetzt; ein Titel gegen den Verwalter darf allerdings nicht eingeschränkt auf Leistung „aus dem Gesamtgut" lauten. Die Zwangsvollstreckung in das **Gesamtgut** setzt grundsätzlich einen Titel gegen den Verwalter voraus (§§ 740 I, 795 Satz 1 ZPO; näher § 1422, Rn. 14 ff.).

17

Ausgleichung zwischen Vorbehalts-, Sonder- und Gesamtgut

1445 (1) Verwendet der Ehegatte, der das Gesamtgut verwaltet, Gesamtgut in sein Vorbehaltsgut oder in sein Sondergut, so hat er den Wert des Verwendeten zum Gesamtgut zu ersetzen.

(2) Verwendet er Vorbehaltsgut oder Sondergut in das Gesamtgut, so kann er Ersatz aus dem Gesamtgut verlangen.

I. Ansprüche gegen den Verwalter (Absatz 1)

Nach § 1445 I besteht gegen den Verwalter, der Gesamtgut in sein Vorbehalts- oder Sondergut verwendet, ein **Anspruch** auf **Wertersatz** zum Gesamtgut, d. h. auf → *Zahlung* (Rn. 1). Der Anspruch wird erst nach der Beendigung der Gütergemeinschaft fällig (§ 1446 I Halbsatz 1). Er kann daher vorher nur durch **Klage** auf künftige Leistung (§ 259 ZPO) oder auf Feststellung (§ 256 I ZPO) gerichtlich geltend gemacht werden[1]. Befugt zu dieser Klage kann nach der Natur der Sache nur der nicht verwaltende Gatte sein, wie im Falle gemeinschaftlicher Verwaltung (§ 1455 Nr. 6).

1

Zuständig ist ausschließlich das Familiengericht (§§ 621 I Nr. 8, II, 40 II ZPO[2]) im ordentlichen Zivilprozess (§ 621b ZPO).

2

---

1 Nach der Rechtsprechung, z. B. BGH, NJW 1986, 2507, wird die Feststellungsklage durch eine Klage auf künftige Leistung nicht verdrängt. Zustimmend Zöller/Greger, § 256, Rn. 8. **Dagegen** MünchKommZPO/Lüke, § 256, Rn. 52; Wieser, Rechtsschutzinteresse, S. 152 f.
2 MünchKommZPO/Bernreuther, § 621, Rn. 98.

II. Ansprüche des Verwalters (Absatz 2)

3   § 1445 II gibt dem Verwalter, der sein Vorbehalts- oder Sondergut in das Gesamtgut verwendet, einen **Anspruch auf Wertersatz** aus dem Gesamtgut, d. h. auf → *Zahlung* (Rn. 1). Auch dieser Anspruch wird erst nach der Beendigung der Gütergemeinschaft fällig (§ 1446 I Halbsatz 2), also zu einem Zeitpunkt, in dem die Gatten gemeinschaftlich über das Gesamtgut verfügen (§ 1472 I). Bestreitet der andere Gatte den Anspruch, so kann der Verwalter gegen ihn auf Feststellung **klagen** (§ 256 I ZPO). Nach Fälligkeit kann der Verwalter gegen den anderen Gatten auf Leistung aus dem Gesamtgut klagen.

4   Zuständig für eine Klage ist ausschließlich das Familiengericht (§§ 621 I Nr. 8, II, 40 II ZPO[1]) im ordentlichen Zivilprozess (§ 621b ZPO).

5   Für die **Vollstreckung** gilt § 743 ZPO mit der Maßgabe, dass der Vollstreckungsantrag des Gläubigers den Duldungstitel gegen ihn ersetzt.

Aufhebungsklage des nicht verwaltenden Ehegatten

1447 Der Ehegatte, der das Gesamtgut nicht verwaltet, kann auf Aufhebung der Gütergemeinschaft klagen,

1. wenn seine Rechte für die Zukunft dadurch erheblich gefährdet werden können, dass der andere Ehegatte zur Verwaltung des Gesamtguts unfähig ist oder sein Recht, das Gesamtgut zu verwalten, missbraucht;

2. wenn der andere Ehegatte seine Verpflichtung, zum Familienunterhalt beizutragen, verletzt hat und für die Zukunft eine erhebliche Gefährdung des Unterhalts zu besorgen ist;

3. wenn das Gesamtgut durch Verbindlichkeiten, die in der Person des anderen Ehegatten entstanden sind, in solchem Maße überschuldet ist, dass ein späterer Erwerb des Ehegatten, der das Gesamtgut nicht verwaltet, erheblich gefährdet wird;

4. wenn die Verwaltung des Gesamtguts in den Aufgabenkreis des Betreuers des anderen Ehegatten fällt.

---

1 MünchKommZPO/Bernreuther, § 621, Rn. 98.

I. Klage auf Aufhebung der Gütergemeinschaft

1. Gestaltungsklage

Nach § 1447 kann der nicht verwaltende Ehegatte gegen den verwaltenden Gatten „auf Aufhebung der Gütergemeinschaft klagen". Ziel der Klage ist ein Urteil, das die Gütergemeinschaft beendet und Gütertrennung herbeiführt (§ 1449). Dieses Urteil ist ein Gestaltungsurteil[1] (→ *Gestaltungsklagen* Rn. 1). 1

Der **Klageantrag** geht dahin, die zwischen den Parteien bestehende Gütergemeinschaft aufzuheben. 2

Zulässig ist auch eine **Widerklage** aus § 1447 gegen eine Klage aus § 1448[2]. 3

2. Zuständigkeit und Verfahrensart

Zuständig ist ausschließlich das Familiengericht (§§ 621 I Nr. 8, II, 40 II ZPO)[3] im ordentlichen Zivilprozess (§ 621b ZPO). Die Sache kann **keine Folgesache** sein, da die Entscheidung nicht für den Fall der Scheidung zu treffen ist (§ 623 I Satz 1 ZPO); denn mit der Scheidung endet die Gütergemeinschaft ohnehin[4]. 4

3. Angebot zu Ehevertrag und Anerkenntnis

– Das Angebot des Beklagten, die Gütergemeinschaft vertraglich aufzuheben (§ 1408 I), beseitigt nicht die Voraussetzungen des Gestaltungsklagerechts, wohl aber – wegen des angebotenen zweckmäßigeren Weges – das Rechtsschutzinteresse[5]. Allerdings muss dazu das Angebot während des Prozesses aufrechterhalten werden. In diesem Fall kann es von dem Kläger in einem Prozessvergleich angenommen werden (§§ 1410, 127a)[6]; für die Prozesskosten gilt dann § 98 Satz 1 ZPO. Nimmt der Kläger das Angebot nicht an, so wird die Klage mangels Rechtsschutzinteresses abgewiesen und die Kosten fallen nach § 91 I Satz 1 ZPO dem Kläger zur Last. 5

---

1 Rosenberg/Schwab/Gottwald, § 94 II 1; Soergel/Gaul, § 1449, Rn. 3.
2 Vgl. BGHZ 29, 136.
3 BGH, FamRZ 1979, 426 a. E.
4 Soergel/Gaul, Rn. 16.
5 Die Frage ist strittig. Vgl. Soergel/Gaul, Rn. 16. RG, Gruchot 53, 697, 699 sagt nichts zum Rechtsschutzinteresse.
6 Staudinger/Thiele, 14. Bearb. 2000, Rn. 8.

6 – Erkennt der Beklagte die Klage als begründet an, so ergeht ein Anerkenntnisurteil (§§ 307, 93 ZPO), nicht etwa entfällt das Rechtsschutzinteresse[1].

7 – Das Angebot des Beklagten, die Gütergemeinschaft vertraglich aufzuheben, kann auch um des lieben Friedens willen gemacht werden und braucht deshalb kein Anerkenntnis zu enthalten. Ist aber mit dem Angebot zum Abschluss eines Aufhebungsvertrags ein Anerkenntnis verbunden, so hat der Kläger die Wahl zwischen Prozessvergleich und Anerkenntnisurteil.

4. Gestaltungswirkung

8 Die Gestaltungswirkung tritt mit der formellen Rechtskraft des Urteils ein, und zwar ex nunc: in Zukunft besteht zwischen den Gatten nicht mehr Gütergemeinschaft, sondern Gütertrennung (§ 1449).

5. Einstweiliger Rechtsschutz

9 Durch einstweilige Verfügung kann die Gütergemeinschaft nicht aufgehoben werden[2]. „Zur Abwendung wesentlicher Nachteile" von dem Antragsteller (§ 940 ZPO) genügt es, dass dem Antragsgegner bestimmte Maßnahmen geboten oder verboten werden oder dass die Verwaltung in größerem oder geringerem Umfang von der Zustimmung des Antragstellers abhängig gemacht wird[3]. Notfalls kann dem Antragsgegner die Verwaltung einstweilen auch ganz entzogen werden[4], da es nach § 938 I ZPO nicht darauf ankommt, ob eine solche Regelung durch Urteil möglich wäre.

II. Prozessverbindungen

10 Mit der **Aufhebungsklage** kann für den Fall des Sieges eine **Auseinandersetzungsklage** (§ 1471 I) verbunden werden[5] – eine eventuelle Klagenhäufung nach § 260 ZPO, aber keine Stufenklage nach § 254 ZPO (§ 1385, Rn. 12). Die Auseinandersetzungsklage ist keine Klage auf künftige Leistung i. S. der §§ 257 ff. ZPO (§ 1385, Rn. 11).

---

1 Wieser, Arbeitsgerichtsverfahren, Rn. 249.
2 Soergel/Gaul, Rn. 18.
3 MünchKommBGB/Kanzleiter, 4. Aufl., Rn. 19.
4 Ebenso Palandt/Brudermüller, Rn. 2. A. A. Staudinger/Thiele, 14. Bearb. 2000, Rn. 9.
5 Soergel/Gaul, Rn. 16; Staudinger/Thiele, 14. Bearb. 2000, Rn. 3.

Aufhebungsklage des Verwalters   § 1448

Der Auseinandersetzungsklage kann nach § 254 ZPO die **Auskunftsklage** aus § 1435 Satz 2 vorgeschaltet werden[1].

Zuerst wird über die **Aufhebungsklage** entschieden. Wird sie als 11
unzulässig oder unbegründet **abgewiesen**, so sind die Klagen auf
Auskunft und Auseinandersetzung gegenstandslos. Da sie nur hilfsweise, für den Fall eines Erfolgs der Aufhebungsklage, erhoben wurden, wird im Falle eines Misserfolgs über sie nicht mehr entschieden[2].

Wird der **Aufhebungsklage stattgegeben**, am besten durch Teilurteil 12
(§ 301 ZPO), so kann über die Auskunftsklage und nach erteilter Auskunft und Präzisierung des Klageantrags über die Auseinandersetzungsklage entschieden werden. Beiden Leistungsklagen darf schon vor der Rechtskraft des Aufhebungsurteils stattgegeben werden. Jedoch ist im Tenor der Leistungsurteile auszusprechen, dass sie durch die Rechtskraft des Aufhebungsurteils bedingt und erst nach Eintritt der Bedingung vorläufig vollstreckbar sind (§§ 726 I, 706 ZPO)[3].

III. Scheidungsantrag

Ein vorher, gleichzeitig oder nachträglich gestellter Scheidungs-Antrag macht die Aufhebungsklage nicht unzulässig, weil unsicher ist, 13
ob der Scheidungsantrag durchdringen wird. Ergeht jedoch während des Aufhebungsprozesses ein rechtskräftiges Scheidungs-Urteil, so wird die Aufhebungsklage unbegründet und der Rechtsstreit ist in der Hauptsache erledigt[4].

Aufhebungsklage des Verwalters

1448 Der Ehegatte, der das Gesamtgut verwaltet, kann auf Aufhebung der Gütergemeinschaft klagen, wenn das Gesamtgut infolge von Verbindlichkeiten des anderen Ehegatten, die diesem im Verhältnis der Ehegatten zueinander zur Last fallen, in

---

1 Staudinger/Thiele, 14. Bearb. 2000, Rn. 3.
2 Vgl. Rosenberg/Schwab/Gottwald, § 99 III 2; Stein/Jonas/Schumann, § 260, Rn. 24; Zöller/Greger, § 260, Rn. 4.
3 Vgl. Schlosser, Gestaltungsklagen, S. 242.
4 Ebenso im Ergebnis Staudinger/Thiele, 14. Bearb. 2000, Rn. 10.

§ 1450 Gemeinschaftliche Verwaltung durch die Ehegatten

solchem Maße überschuldet ist, dass ein späterer Erwerb erheblich gefährdet wird.

§ 1448 entspricht § 1447 (s. dort).

Gemeinschaftliche Verwaltung durch die Ehegatten

1450 (1) ¹Wird das Gesamtgut von den Ehegatten gemeinschaftlich verwaltet, so sind die Ehegatten insbesondere nur gemeinschaftlich berechtigt, über das Gesamtgut zu verfügen und Rechtsstreitigkeiten zu führen, die sich auf das Gesamtgut beziehen. ²Der Besitz an den zum Gesamtgut gehörenden Sachen gebührt den Ehegatten gemeinschaftlich.

(2) Ist eine Willenserklärung den Ehegatten gegenüber abzugeben, so genügt die Abgabe gegenüber einem Ehegatten.

A. Allgemeines

1 Nach § 1450 I Satz 1 sind die Ehegatten zur Führung von Rechtsstreitigkeiten, die sich auf das Gesamtgut beziehen, nur gemeinschaftlich berechtigt. Das bedeutet, dass sie nur gemeinschaftlich **prozessführungsbefugt** sind. Denn es muss bereits im Vorfeld der Zulässigkeit geklärt werden, ob der Prozess nur von beiden Gatten gemeinsam geführt werden kann. Eine Einzelprozessführungsbefugnis gewähren aber die §§ 1454 Satz 2, 1455 Nrn. 6–10 und § 1456; s. ferner § 1452 I.

B. Ansprüche des Gesamtguts gegen Dritte

I. Klage beider Gatten

1. Prozessführungsbefugnis und Sachlegitimation

2 – Machen die in Gütergemeinschaft mit gemeinschaftlicher Verwaltung lebenden Gatten einen Anspruch gegen einen Dritten[1] als zum Gesamtgut gehörig geltend, so können sie grundsätzlich nur **gemeinsam und auf Leistung an beide gemeinschaftlich** („in das Gesamtgut") klagen[2]. Sie haben mit andern Worten die **Pro-**

---
1 Zu Gesamtgutsansprüchen gegen einen Gatten s. § 1455 Nr. 6.
2 Staudinger/Thiele, 14. Bearb. 2000, Rn. 28.

zessführungsbefugnis gemeinschaftlicher Gläubiger (→ *Mehrheit von Gläubigern* Rn. 2, 3). Voraussetzung ist aber, dass der streitige Anspruch wirklich zu ihrem Gesamtgut gehört, wenn man unterstellt, dass er den Klägern überhaupt zusteht (davon hängt die Begründetheit der Klage ab).

Zu dem Fall, dass die Kläger höchstens Mitgläubiger oder Gesamtgläubiger sein können, s. § 705, Rn. 27. 3

– Stellt sich heraus, dass der streitige Anspruch keinem der Kläger 4
zusteht, so wird die Klage mangels **Sachlegitimation** als unbegründet abgewiesen. Das Gleiche gilt, wenn sich ergibt, dass der streitige Anspruch nur einem der Kläger zusteht, also zu seinem Vorbehalts- oder Sondergut gehört. Denn der nichtberechtigte Kläger hat dann überhaupt keinen Anspruch, der berechtigte kann grundsätzlich nicht die Leistung an beide gemeinschaftlich, sondern nur die Leistung an sich allein beanspruchen. Um einer Klageabweisung zu entgehen, muss der nichtberechtigte Kläger die Klage zurücknehmen (§ 269 ZPO), der berechtigte die Klage ändern und auf Leistung an sich allein klagen (§ 264 Nr. 2 ZPO)[1].

2. Streitgenossenschaft und Vertretung

Klagen Gatten, die nur gemeinschaftlich prozessführungsbefugt 5
sind (Rn. 2), gemeinsam, so sind sie materiellrechtlich notwendige Streitgenossen (§ 62 Fall 2 ZPO)[2]. Doch kann ein Gatte den anderen bevollmächtigen, den Prozess zugleich im Namen des Vollmachtgebers zu führen.

Vertritt der Gatte A den Gatten B, so spielt er eine Doppelrolle: Er 6
klagt im eigenen Namen und zugleich im Namen des B. Als Vertretener ist B gleichfalls Kläger. Es liegt auch hier eine materiellrechtlich notwendige Streitgenossenschaft vor. Das Besondere daran ist lediglich, dass nur ein einziger Streitgenosse den Prozess führt, so dass es nicht zu widersprüchlichen Prozesshandlungen der Streitgenossen kommen kann. Das gleiche Ergebnis wird erzielt, wenn die Ehegatten gemeinsam einen Dritten zum Prozessbevollmächtigten bestellen.

---

1 MünchKommZPO/Lüke, § 264, Rn. 18; Zöller/Greger, § 264, Rn. 3b.
2 Soergel/Gaul, Rn. 15; Zöller/Vollkommer, § 62, Rn. 13.

3. Vollstreckung

7 Aus einem im Namen beider Gatten erwirkten Titel können nur beide gemeinsam die Zwangsvollstreckung betreiben.

II. Klage eines Gatten

8 Macht ein allein klagender Gatte geltend, dass der streitige **Anspruch zum Gesamtgut** gehört, so ist die Klage grundsätzlich mangels Einzelprozessführungsbefugnis des Klägers unzulässig[1]. § 432 oder § 2039 findet keine Anwendung[2]. Der Kläger kann aber ausnahmsweise aufgrund Gesetzes Einzelprozessführungsbefugnis haben (Rn. 1). Außerdem kann er bei rechtlichem Interesse mit Zustimmung des anderen Gatten allein klagen[3], und zwar je nach dem Inhalt der Zustimmung auf Leistung an beide gemeinschaftlich oder an einen allein[4].

9 Macht ein allein klagender Gatte geltend, **alleiniger Gläubiger** zu sein, so ist er prozessführungsbefugt. Stellt sich heraus, dass der streitige Anspruch zu dem Gesamtgut gehört, so ist die Klage unbegründet[5], weil der Kläger dann nicht allein die Leistung beanspruchen kann. Denn wenn A einen Anspruch des B als eigenen einklagt, ist die Klage unbegründet. Dasselbe muss gelten, wenn A einen Anspruch, der ihm gemeinsam mit B zusteht, als eigenen einklagt.

III. Negative Feststellungsklage des Schuldners

10 Der angebliche Schuldner eines Gesamtgutsanspruchs hat eine Klage der Ehegatten nur zu befürchten, wenn beide sich des Anspruchs berühmen, da nur beide gemeinschaftlich prozessführungsbefugt sind. Nur wenn beide Gatten den Anspruch geltend machen, ist daher das nach § 256 I ZPO erforderliche Feststellungsinteresse

---

1 Stein/Jonas/Bork, vor § 50, Rn. 55; Zöller/Vollkommer, vor § 50, Rn. 64. A. A. (mangels Sachlegitimation unbegründet) Staudinger/Thiele, 14. Bearb. 2000, Rn. 29.
2 Hadding, FS Wolf, S. 116; Staudinger/Thiele, 14. Bearb. 2000, Rn. 29 f. A. A. RGZ 158, 42 zum alten Güterrecht; Soergel/Wolf, § 2039, Rn. 2.
3 BGH, NJW 1979, 653; FamRZ 1994, 296.
4 Staudinger/Thiele, 14. Bearb. 2000, Rn. 31, 33.
5 Ebenso Stein/Jonas/Bork, vor § 50, Rn. 55. A. A. BGH, FamRZ 1994, 296 (mangels Prozessführungsbefugnis unzulässig).

(Rechtsschutzgrund) gegeben[1]. Liegt es vor, so muss die Klage nach § 1450 I Satz 1 gegen beide Gatten gerichtet werden[2].

C. Drittansprüche gegen das Gesamtgut

Ansprüche Dritter, für die das Gesamtgut haftet, können gegen die Gatten als gemeinschaftliche Schuldner oder als Gesamtschuldner gerichtet sein. S. dazu bei § 1459. 11

Mitwirkungspflicht beider Ehegatten

1451 Jeder Ehegatte ist dem anderen gegenüber verpflichtet, zu Maßregeln mitzuwirken, die zur ordnungsmäßigen Verwaltung des Gesamtguts erforderlich sind.

§ 1451 gibt jedem Ehegatten gegen den anderen einen **Anspruch** auf **Mitwirkung** zur Verwaltung des Gesamtguts. Darunter sind verschiedenartige Leistungen zu verstehen: 1

I. Zustimmung zu einem Rechtsgeschäft oder Rechtsstreit

Insoweit sieht das Gesetz für den Streitfall ein vormundschaftsgerichtliches Verfahren vor (§ 1452), so dass ein Zivilprozess unzulässig ist[3]. 2

II. Mitwirkung zu tatsächlichen Verwaltungsmaßregeln

Insoweit ist eine Klage zulässig. Klageantrag und Vollstreckungsart hängen von der Art der geschuldeten Mitwirkung ab. Zuständig ist ausschließlich das Familiengericht (§§ 621 I Nr. 8, II, 40 II ZPO) im ordentlichen Zivilprozess (§ 621b ZPO)[4]. 3

---

[1] Entgegen Stein/Jonas/Bork, vor § 50, Rn. 66.
[2] Stein/Jonas/Bork, vor § 50, Rn. 66.
[3] Staudinger/Thiele, 14. Bearb. 2000, Rn. 13 hält eine Klage für unbegründet, obwohl noch ein Anspruch auf Mitwirkung besteht.
[4] BGH, NJW 1990, 2254. A. A. (§§ 606 I Satz 1, 888 III ZPO) Soergel/Gaul, Rn. 5. Differenzierend MünchKommBGB/Kanzleiter, 4. Aufl., Rn. 9.

III. Unterhaltszahlung

4 Nach Ansicht des BGH[1] wird bei Gütergemeinschaft mit gemeinschaftlicher Verwaltung der Unterhaltsanspruch z. B. der Frau gegen den Mann durch die §§ 1420, 1451 abgeändert. Die Frau könne nur verlangen, dass der Mann den geschuldeten Betrag „zur Verfügung stellt"; diese unvertretbare Handlung sei nach § 888 I ZPO zu erzwingen! Nimmt man dagegen einen Zahlungsanspruch an, so richtet sich die **Zwangsvollstreckung** nach §§ 803 ff. ZPO. Allerdings verlangt § 740 II ZPO zur Zwangsvollstreckung in das Gesamtgut einen Titel gegen beide Gatten. Wenn jedoch die Frau die Zwangsvollstreckung in das Gesamtgut beantragt und dadurch ihr Einverständnis mit dieser Zwangsvollstreckung zweifelsfrei zum Ausdruck bringt, muss ein Titel gegen den Mann genügen. Oder soll die Frau erst noch zum Notar gehen und sich wegen ihres eigenen Unterhaltsanspruchs der Zwangsvollstreckung in das Gesamtgut unterwerfen (§ 794 I Nr. 5 ZPO)? Der BGH sieht ein Hindernis freilich auch in § 1468. Er meint, anders als eine Mitwirkung zum Unterhalt (§ 888 I ZPO) würde der Mann eine Zahlung des Unterhalts (§§ 803 ff. ZPO) grundsätzlich zum Sondergut der Frau schulden, so dass er erst nach der Beendigung des Güterstandes zu leisten bräuchte. Indessen ist § 1468 auf Ansprüche gegen das Gesamtgut überhaupt nicht anwendbar[2]. Und wenn er anwendbar wäre, könnte er nicht einerseits einen Anspruch auf Mitwirkung zum Unterhalt unberührt lassen, andererseits einen Anspruch auf Zahlung des sofortigen Unterhalts ausschließen, obwohl beide Ansprüche auf Unterhalt gerichtet sind.

Notverwaltungsrecht

1454 [1]Ist ein Ehegatte durch Krankheit oder Abwesenheit verhindert, bei einem Rechtsgeschäft mitzuwirken, das sich auf das Gesamtgut bezieht, so kann der andere Ehegatte das Rechtsgeschäft vornehmen, wenn mit dem Aufschub Gefahr verbunden ist; er kann hierbei im eigenen Namen oder im Namen beider Ehegatten handeln. [2]Das Gleiche gilt für die Führung eines Rechtsstreits, der sich auf das Gesamtgut bezieht.

---

1 BGH, NJW 1990, 2254. A. A. OLG Düsseldorf, FamRZ 1999, 1348 f.
2 Soergel/Gaul, § 1468, Rn. 2; Staudinger/Thiele, 14. Bearb. 2000, § 1468, Rn. 7.

Notverwaltungsrecht § 1454

Satz 2 gibt dem anderen Ehegatten neben der gemeinschaftlichen 1
Prozessführungsbefugnis nach § 1450 I Satz 1 eine zusätzliche **Einzelprozessführungsbefugnis**[1] und wahlweise **Vertretungsmacht** zur Vertretung des verhinderten Gatten (wie § 1429).

I. Prozessführung nur im eigenen Namen

Der nicht verhinderte Gatte kann kraft seiner **Prozessführungsbefugnis** 2
zulässigerweise allein im eigenen Namen klagen oder einen Mahnbescheid beantragen, wenn auch nur auf Leistung an beide gemeinschaftlich[2], die Zwangsvollstreckung betreiben, auch die Umschreibung eines von beiden erwirkten Titels auf sich allein herbeiführen (erforderlich nach § 750 I Satz 1 ZPO) und einstweiligen Rechtsschutz beantragen. Er kann sich auf ein Verfahren einlassen, das gegen ihn allein angestrengt wurde, wobei aber ein Titel gegen ihn allein nicht in das Gesamtgut vollstreckt werden kann (§ 740 II ZPO)[3]. Schließlich kann er ein Verfahren, das von beiden Gatten oder gegen beide begonnen wurde, im Wege des Parteiwechsels allein fortführen; dazu ist allerdings die Zustimmung des Gegners erforderlich[4].

Das **Urteil wirkt** für und gegen den nicht verhinderten Gatten als 3
Partei. Es wirkt materielle Rechtskraft auch für und gegen den verhinderten Gatten, wie im Falle des § 1429 (s. dort Rn. 3).

Endet die Verhinderung noch während des Prozesses, so bleibt 4
der andere Gatte prozessführungsbefugt, analog § 1455 Nr. 7[5] (s. dort).

II. Prozessführung auch im Namen des Verhinderten

Der nicht verhinderte Gatte kann auch kraft seiner Vertretungs- 5
macht die erforderlichen Verfahrenshandlungen **als Vertreter** des verhinderten Gatten mit Wirkung für und gegen diesen **und zugleich im eigenen Namen** mit Wirkung für und gegen sich selbst vornehmen und entgegennehmen.

---

1 Rosenberg/Schwab/Gottwald, § 46 II 2b.
2 Stein/Jonas/Bork, vor § 50, Rn. 55.
3 Soergel/Gaul, Rn. 4.
4 Staudinger/Thiele, 14. Bearb. 2000, Rn. 12.
5 Staudinger/Thiele, 14. Bearb. 2000, Rn. 13. Einschränkend MünchKommBGB/Kanzleiter, 4. Aufl., Rn. 6.

§ 1455 Verwaltungshandlungen ohne Mitwirkung des anderen Ehegatten

6 Führt der nicht verhinderte Gatte einen Rechtsstreit auch im Namen des anderen, so wirkt das Urteil für und gegen beide Gatten als Parteien.

7 **Endet die Verhinderung**, so endet auch die gesetzliche Vertretungsmacht des anderen Gatten[1]. Der bisher Verhinderte kann den Prozess, soweit er in seinem Namen geführt wird, selbst fortführen oder den anderen Gatten zur Fortführung bevollmächtigen.

Verwaltungshandlungen ohne Mitwirkung des anderen Ehegatten

1455 **Jeder Ehegatte kann ohne Mitwirkung des anderen Ehegatten**

1. eine ihm angefallene Erbschaft oder ein ihm angefallenes Vermächtnis annehmen oder ausschlagen;

2. auf seinen Pflichtteil oder auf den Ausgleich eines Zugewinns verzichten;

3. ein Inventar über eine ihm oder dem anderen Ehegatten angefallene Erbschaft errichten, es sei denn, dass die dem anderen Ehegatten angefallene Erbschaft zu dessen Vorbehaltsgut oder Sondergut gehört;

4. einen ihm gemachten Vertragsantrag oder eine ihm gemachte Schenkung ablehnen;

5. ein sich auf das Gesamtgut beziehendes Rechtsgeschäft gegenüber dem anderen Ehegatten vornehmen;

6. ein zum Gesamtgut gehörendes Recht gegen den anderen Ehegatten gerichtlich geltend machen;

7. einen Rechtsstreit fortsetzen, der beim Eintritt der Gütergemeinschaft anhängig war;

8. ein zum Gesamtgut gehörendes Recht gegen einen Dritten gerichtlich geltend machen, wenn der andere Ehegatte ohne die erforderliche Zustimmung über das Recht verfügt hat;

9. ein Widerspruchsrecht gegenüber einer Zwangsvollstreckung in das Gesamtgut gerichtlich geltend machen;

10. die zur Erhaltung des Gesamtgutes notwendigen Maßnahmen treffen, wenn mit dem Aufschub Gefahr verbunden ist.

---

1 Vgl. Staudinger/Thiele, 14. Bearb. 2000, Rn. 13.

Verwaltungshandlungen ohne Mitwirkung des anderen Ehegatten § 1455

A. Nr. 6

Nach § 1455 Nr. 6 kann jeder Ehegatte ein zum Gesamtgut gehörendes Recht gegen den anderen ohne dessen Mitwirkung gerichtlich geltend machen. Das bedeutet, dass er – abweichend von § 1450 I Satz 1 – allein aktiv **prozessführungsbefugt** ist. 1

Der Antrag einer **Leistungsklage** ist auf Leistung in das Gesamtgut zu richten[1]. Falls der Anspruch erst nach Beendigung der Gütergemeinschaft fällig wird (§ 1468), kann vorher unter den Voraussetzungen der §§ 257 ff. ZPO auf künftige Leistung geklagt werden. 2

Bei Unzulässigkeit einer Leistungsklage ist eine **Feststellungsklage** zulässig[2]. 3

B. Nr. 7

§ 1455 Nr. 7 entspricht § 1433[3]. Demgemäß gilt: 4

I. Prozessführung des bisher prozessführenden Gatten

1. Prozessführungsbefugnis

§ 1455 Nr. 7 regelt den Fall, dass ein Rechtsstreit, der sich auf das Gesamtgut bezieht, vor Eintritt der Gütergemeinschaft mit einem der Gatten begonnen worden war. Nach Eintritt der Gütergemeinschaft würde dieser Gatte gem. § 1450 I Satz 1 die Einzelprozessführungsbefugnis verlieren, so dass die von ihm oder gegen ihn erhobene Klage oder ein sonstiger Antrag als unzulässig abgewiesen werden müsste. Dann aber wäre der Prozess mit ihm vergeblich gewesen, zum Schaden des Prozessgegners wie der Allgemeinheit. Um dies zu verhindern, belässt § 1455 Nr. 7 dem bisher prozessführenden Gatten die Einzelprozessführungsbefugnis. Die Vorschrift verfolgt somit denselben Zweck wie § 265 ZPO, der nach einer 5

---

1 Vgl. Soergel/Gaul, Rn. 6. A. A. MünchKommBGB/Kanzleiter, 4. Aufl., Rn. 5. Nach Staudinger/Thiele, 14. Bearb. 2000, Rn. 26, muss auf Abschluss eines Ehevertrags geklagt werden, durch den der Leistungsgegenstand (welcher?) aus dem Vorbehaltsgut herausgenommen wird.
2 Nach der Rechtsprechung, z. B. BGH, NJW 1986, 2507, wird die Feststellungsklage durch eine Klage auf künftige Leistung nicht verdrängt. Zustimmend Zöller/Greger, § 256, Rn. 8. **Dagegen** MünchKommZPO/Lüke, § 256, Rn. 52; Wieser, Rechtsschutzinteresse, S. 152 f.
3 Nachweise s. dort.

§ 1455 Verwaltungshandlungen ohne Mitwirkung des anderen Ehegatten

Veräußerung des streitbefangenen Gegenstandes dem bisherigen Rechtsinhaber die Prozessführungsbefugnis belässt.

2. Klageantrag und andere Dispositionsakte

6 Der **prozessführende Gatte** wird **als Beklagter** grundsätzlich uneingeschränkt verurteilt. **Als Kläger** muss er auf Leistung an beide Gatten gemeinschaftlich klagen, was er notfalls ohne weiteres durch eine Klageänderung erreichen kann (§ 264 Nr. 2 ZPO).

7 Zu einem **Klageverzicht oder Anerkenntnis** des prozessführenden Gatten (§§ 306, 307 ZPO) ist die Zustimmung des anderen Gatten nicht erforderlich, weil sie reine Prozesshandlungen sind. Wohl aber muss der andere Gatte einem **Prozessvergleich** zustimmen, der eine zustimmungsbedürftige Verfügung enthält.

3. Rechtskrafterstreckung

8 Ein Urteil, das für oder gegen den prozessführenden Gatten ergeht, wirkt materielle Rechtskraft auch gegenüber dem anderen Gatten, weil dieser nach dem Eintritt der Rechtshängigkeit aufgrund der Gütergemeinschaft Rechtsnachfolger des prozessführenden Gatten geworden ist (§ 325 I ZPO).

4. Zwangsvollstreckung

9 Von einem **Titel gegen** den prozessführenden Gatten kann eine vollstreckbare Ausfertigung auch gegen den anderen Gatten erteilt werden (§§ 742, 795 Satz 1 ZPO), damit in das Gesamtgut vollstreckt werden kann (§ 740 II ZPO).

10 Von einem **Titel zugunsten** des prozessführenden Gatten kann nach § 742 ZPO gleichfalls eine vollstreckbare Ausfertigung für den anderen Gatten erteilt werden. Doch ist dies nicht erforderlich, weil der prozessführende Gatte als Titelgläubiger selbst vollstrecken kann – je nach dem Inhalt des Titels auf Leistung an sich oder an beide – und nach dem Prinzip des § 1455 Nr. 7 auch dazu berechtigt ist.

II. Prozessführung des anderen Gatten

11 Der andere Gatte kann durch gewillkürte **Parteierweiterung** an die Seite des prozessführenden Gatten treten, wozu grundsätzlich die Zustimmung des Prozessgegners erforderlich ist, wie nach § 265 II Satz 2 ZPO. Tritt der andere Gatte als **Nebenintervenient** dem

Verwaltungshandlungen ohne Mitwirkung des anderen Ehegatten § 1455

prozessführenden Gatten bei, so ist streitig, ob analog § 265 II Satz 3 ZPO der § 69 ZPO keine Anwendung findet, so dass der andere Gatte trotz Rechtskrafterstreckung kein streitgenössischer Nebenintervenient wird (s. § 1433, Rn. 8).

C. Nr. 8

§ 1455 Nr. 8 regelt den Fall, dass ein Ehegatte ohne die erforderli- 12
che Zustimmung des anderen über ein zum Gesamtgut gehörendes Recht gegen einen Dritten unwirksam verfügt hat (§ 1453 I). Hier kann der **übergangene Gatte** ohne Mitwirkung des verfügenden Gatten das Recht gerichtlich geltend machen, ist also insoweit selbständig **prozessführungsbefugt**. Daneben bleibt der **verfügende Gatte** prozessführungsbefugt, allerdings nach der Regel des § 1450 I Satz 1 nur gemeinschaftlich mit dem übergangenen Gatten[1].

Da dem verfügenden Gatten keine selbständige Prozessführungsbe- 13
fugnis beschnitten werden kann, wirkt die **materielle Rechtskraft** eines von dem übergangenen Gatten allein erstrittenen Urteils auch für und gegen den verfügenden Gatten[2].

Der Antrag einer **Leistungsklage** ist auf Leistung in das Gesamtgut 14
zu richten[3]. Für den Fall, dass der verfügende Gatte die Leistung nicht annehmen kann oder will, kann der übergangene Gatte auf Leistung an sich allein klagen[4].

Im Übrigen entspricht § 1455 Nr. 8 dem § 1428 und damit dem 15
§ 1368 (s. dort).

D. Nr. 9

Nach § 1455 Nr. 9 ist für alle Rechtsbehelfe gegen eine Zwangsvoll- 16
streckung in das Gesamtgut abweichend von § 1450 I Satz 1 jeder Gatte selbständig **prozessführungsbefugt**. Das gilt namentlich, wenn eine Klausel für eine Vollstreckung in das Gesamtgut erteilt

---

1 Heintzmann, Prozessführungsbefugnis, S. 25 f.; Staudinger/Thiele, 14. Bearb. 2000, Rn. 31.
2 Soergel/Gaul, Rn. 8; Staudinger/Thiele, 14. Bearb. 2000, Rn. 33. A. A. MünchKommZPO/Gottwald, § 325, Rn. 39; Zöller/Vollkommer, vor § 50, Rn. 36.
3 Staudinger/Thiele, 14. Bearb. 2000, Rn. 31.
4 Vgl. Staudinger/Thiele, 14. Bearb. 2000, Rn. 31.

§ 1456 Selbständiges Erwerbsgeschäft

wird (§§ 732, 768 ZPO), wenn unzulässigerweise in Gesamtgut vollstreckt wird (§§ 766, 793 ZPO, § 11 RPflG), wenn nach § 765a ZPO Vollstreckungsschutz für Gesamtgut beantragt werden soll, wenn eine Vollstreckung in Gesamtgut durch Vollstreckungsabwehrklage (§§ 767, 785 f. ZPO) oder Drittwiderspruchsklage (§§ 771 ff. ZPO) verhindert oder zugunsten des Gesamtguts auf vorzugsweise Befriedigung geklagt werden soll (§ 805 ZPO) oder wenn anstelle einer Drittwiderspruchsklage eine Bereicherungsklage erhoben wird[1].

17 Da jeder Gatte selbständig prozessführungsbefugt ist, wirkt ein von einem Gatten erstrittenes Urteil keine **materielle Rechtskraft** gegenüber dem anderen[2].

E. Nr. 10

18 § 1455 Nr. 10 gibt jedem Ehegatten neben der gemeinschaftlichen Prozessführungsbefugnis nach § 1450 I Satz 1 eine zusätzliche selbständige Prozessführungsbefugnis[3] (wie § 1454, s. dort).

Selbständiges Erwerbsgeschäft

1456 (1) [1]Hat ein Ehegatte darin eingewilligt, dass der andere Ehegatte selbständig ein Erwerbsgeschäft betreibt, so ist seine Zustimmung zu solchen Rechtsgeschäften und Rechtsstreitigkeiten nicht erforderlich, die der Geschäftsbetrieb mit sich bringt. [2]Einseitige Rechtsgeschäfte, die sich auf das Erwerbsgeschäft beziehen, sind dem Ehegatten gegenüber vorzunehmen, der das Erwerbsgeschäft betreibt.

(2) Weiß ein Ehegatte, dass der andere ein Erwerbsgeschäft betreibt, und hat er hiergegen keinen Einspruch eingelegt, so steht dies einer Einwilligung gleich.

(3) Dritten gegenüber ist ein Einspruch und der Widerruf der Einwilligung nur nach Maßgabe des § 1412 wirksam.

1 § 1456 entspricht § 1431. Demgemäß gilt:

---

1 BGHZ 83, 78.
2 MünchKommZPO/Gottwald, § 325, Rn. 39. A. A. Staudinger/Thiele, 14. Bearb. 2000, Rn. 40.
3 Vgl. Soergel/Gaul, Rn. 10.

A. Erkenntnisverfahren

I. Prozessführungsbefugnis

Nach § 1456 I Satz 1 kann ein Ehegatte, der mit Einwilligung des anderen selbständig ein Erwerbsgeschäft betreibt, solche Rechtsstreitigkeiten, die der Geschäftsbetrieb mit sich bringt, ohne Zustimmung des anderen führen. Das ist keine Besonderheit, falls der Geschäftsbetrieb zum Vorbehaltsgut des Geschäftsinhabers gehört. Gehört er aber zum Gesamtgut, so liegt in der selbständigen aktiven und passiven Prozessführungsbefugnis des **Geschäftsinhabers** nach § 1456 I Satz 1 eine Abweichung von § 1450 I Satz 1.

2

Widerruft der andere Gatte seine Einwilligung, so kann der Geschäftsinhaber einen anhängigen Rechtsstreit fortsetzen, analog § 1455 Nr. 7 (s. dort)[1].

3

Gehört der Geschäftsbetrieb zum Gesamtgut, so ist neben dem Geschäftsinhaber der **andere Gatte** prozessführungsbefugt, allerdings nach der Regel des § 1450 I Satz 1 nur gemeinschaftlich mit dem Geschäftsinhaber[2].

4

II. Rechtskrafterstreckung

Das von dem Geschäftsinhaber erstrittene Urteil wirkt materielle Rechtskraft auch für und gegen den anderen Gatten in Ansehung des Gesamtguts, weil er in den selbständigen Betrieb eines Erwerbsgeschäfts eingewilligt hat[3] und weil ihm keine selbständige Prozessführungsbefugnis beschnitten werden kann.

5

B. Zwangsvollstreckung

I. Titel

1. Gegen beide Gatten

Ein Gläubiger des Geschäftsinhabers kann wegen einer Forderung aus dem Erwerbsgeschäft mit einem Titel gegen beide Gatten (§§ 1459, 1460 Fall 2, 1456 I Satz 1) ohne weiteres in das Gesamtgut vollstrecken (§ 740 II ZPO).

6

---

1 Vgl. Staudinger/Thiele, 14. Bearb. 2000, § 1455, Rn. 28.
2 Stein/Jonas/Münzberg, § 741, Rn. 3.
3 Soergel/Gaul, § 1431, Rn. 6.

2. Gegen Geschäftsinhaber

7 Ein Titel gegen den Geschäftsinhaber allein ist aber nach § 741 ZPO „genügend", wenn folgende Voraussetzungen vorliegen: selbständiges Erwerbsgeschäft und bei Rechtshängigkeit des Titelverfahrens (§ 261 I ZPO) keine Eintragung eines Einspruchs oder Widerrufs des anderen Gatten. Wird ohne eine dieser Voraussetzungen vollstreckt, so ist die Erinnerung oder Beschwerde gegeben (§§ 766 I, 793 ZPO, § 11 RPflG), die jeder Gatte einlegen kann (§ 1455 Nr. 9).

8 Dagegen hängt die Zulässigkeit der Zwangsvollstreckung nach § 741 ZPO nicht davon ab, dass das Gesamtgut für den titulierten Anspruch haftet. Das Fehlen der Haftung muss vielmehr von einem Gatten (§ 1455 Nr. 9) durch Drittwiderspruchsklage nach § 774 ZPO geltend gemacht werden[1]. Der Kläger muss dazu darlegen, dass das anspruchsbegründende Rechtsgeschäft ohne seine Zustimmung vorgenommen wurde, obwohl die Zustimmung erforderlich war (§ 1460 I Fall 2), weil eine Voraussetzung des § 1456 fehlte: selbständiges Erwerbsgeschäft, titulierter Anspruch aus dem Geschäftsbetrieb, Einwilligung oder kein Einspruch des anderen Gatten, kein Widerruf der Einwilligung. Die Drittwiderspruchsklage kann also teilweise mit denselben Mängeln begründet werden wie die Erinnerung oder Beschwerde, die dennoch gleichzeitig zulässig bleibt[2].

II. Gewahrsam

9 Der Gerichtsvollzieher darf nach § 741 ZPO ausnahmslos in alle Sachen vollstrecken, die sich im Mitgewahrsam beider Gatten oder im Alleingewahrsam eines Gatten befinden, auch wenn er nicht der Titelschuldner ist. Das allein entspricht dem Zweck des § 741 ZPO[3].

Gesamtgutsverbindlichkeiten; persönliche Haftung

1459 (1) Die Gläubiger des Mannes und die Gläubiger der Frau können, soweit sich aus den §§ 1460 bis 1462 nichts anderes ergibt, aus dem Gesamtgut Befriedigung verlangen (Gesamtgutsverbindlichkeiten).

---

1 Stein/Jonas/Münzberg, § 774, Rn. 1; Zöller/Stöber, § 741, Rn. 8.
2 Stein/Jonas/Münzberg, § 771, Rn. 69.
3 Stein/Jonas/Münzberg, § 741, Rn. 10; Zöller/Stöber, § 741, Rn. 7.

(2) ¹Für die Gesamtgutsverbindlichkeiten haften die Ehegatten auch persönlich als Gesamtschuldner. ²Fallen die Verbindlichkeiten im Verhältnis der Ehegatten zueinander einem der Ehegatten zur Last, so erlischt die Verbindlichkeit des anderen Ehegatten mit der Beendigung der Gütergemeinschaft.

I. Schuld und Haftung

Bei der Anwendung des § 1459 sind zu **unterscheiden**: 1

– **gemeinschaftliche Schulden** beider Gatten, z. B. aus dem Verkauf eines Grundstücks (→ *Mehrheit von Schuldnern* Rn. 2 ff.); für sie haftet das Gesamtgut (§ 1459 I) und das Eigenvermögen (Vorbehalts- und Sondergut) jedes Gatten; 2

– Schulden, die primär und nicht erst nach § 1459 II Satz 1 **Gesamtschulden** beider Gatten sind; für sie haftet das Gesamtgut (§ 1459 I) und das Eigenvermögen jedes Gatten; 3

– primäre Einzelschulden eines Gatten, z. B. aus § 823¹, die nach § 1459 I „Gesamtgutsverbindlichkeiten" sind: sie werden nach § 1459 II Satz 1 auf den anderen Gatten erstreckt, so dass **Gesamtschulden** entstehen; für sie haftet das Gesamtgut (§ 1459 I) und das Eigenvermögen jedes Gatten, auch des anderen (§ 1459 II Satz 1); 4

– primäre **Einzelschulden** eines Gatten, die keine „Gesamtgutsverbindlichkeiten" sind; für sie haftet nur das Eigenvermögen des Schuldners. 5

In § 1459 II Satz 1 unterscheidet das BGB nicht zwischen Schuld und → *Haftung* (Rn. 1). Dass die Ehegatten auch persönlich als Gesamtschuldner haften, soll heißen, dass sie als Gesamtschuldner *schulden* und persönlich (mit ihrem Eigenvermögen) *haften*. 6

II. Klage

1. Einzelschuld

Bei einer Einzelschuld wird nur der Schuldner verklagt. S. dazu die einzelnen Anspruchsgrundlagen. 7

---

1 BGHZ 76, 308 = FamRZ 1980, 551.

2. Gesamtschuld

8   Bei einer Gesamtschuld hat der Gläubiger mehrere **Möglichkeiten**:

9   – Er kann uneingeschränkt auf Leistung klagen, sei es gegen beide Gatten oder nur gegen einen (s. § 421, Rn. 5–7).

10 – Er kann eingeschränkt auf Leistung „aus dem Gesamtgut" klagen, um persönlichen Einwendungen auszuweichen[1]. Diese Klage kann er grundsätzlich nur gegen beide Gatten erheben (§ 1450 I Satz 1)[2]. Nach §§ 1454 Satz 2, 1455 Nrn. 6–10 und 1456 kann aber ein Gatte allein verklagt werden.

11 – Neben einer uneingeschränkten Klage, die gegen beide Gatten in getrennten Prozessen oder in einem Prozess erhoben wird, ist eine weitere Klage auf Leistung aus dem Gesamtgut unzulässig (§ 261 III Satz 1 ZPO). Dagegen kann der Kläger von einer uneingeschränkten Klage gegen beide Gatten zu einer eingeschränkten Klage übergehen, und umgekehrt (§ 264 Nr. 2 ZPO). Der Übergang von einer Klage gegen beide Gatten zu einer Klage gegen einen, und umgekehrt, ist nur als Parteiänderung zulässig[3].

3. Gemeinschaftliche Schuld

12 Bei einer gemeinschaftlichen Schuld muss der Gläubiger grundsätzlich gegen beide Gatten gemeinsam klagen (→ *Mehrheit von Schuldnern* Rn. 4 ff.).

III. Zuständigkeit

13 Nach der Rechtsprechung des BGH[4] ist für die güterrechtliche Klage gegen einen Gatten aus § 1459 II Satz 1 das Familiengericht ausschließlich zuständig (§§ 621 I Nr. 8, II, 40 II ZPO), während es für die Klage gegen den anderen Gatten bei der streitwertabhängigen Zuständigkeit des Amtsgerichts oder Landgerichts verbleibt. Daher ist eine Verbindung beider Prozesse durch den Kläger (§ 59 ZPO) oder das Gericht (§ 147 ZPO) unzulässig[5]. In Betracht käme

---

1 Tiedtke, FamRZ 1975, 539.
2 Soergel/Gaul, § 1450, Rn. 16; Stein/Jonas/Bork, § 62, Rn. 20; Tiedtke, FamRZ 1975, 540. A. A. Zöller/Vollkommer, § 62, Rn. 17. Unklar BGH, FamRZ 1975, 405, 406.
3 Wieser, Arbeitsgerichtsverfahren, Rn. 317, 318.
4 BGHZ 76, 308.
5 BGH, NJW 1979, 426 a. E.

Ausgleichung zwischen Vorbehalts-, Sonder- und Gesamtgut § 1467

ohnehin nur die Verbindung einer familiengerichtlichen mit einer streitwertabhängigen amtsgerichtlichen Klage. Dem steht jedoch schon die Verschiedenartigkeit der Rechtsmittelzüge entgegen (§ 72 GVG), die auch eine Heilung nach §§ 38, 39 ZPO ausschließt.

IV. Zwangsvollstreckung

§ 1459 regelt nur materiellrechtliche Fragen. Die Zulässigkeit der Zwangsvollstreckung ergibt sich aus der ZPO. Nach §§ 750 I Satz 1, 795 Satz 1 ZPO ist zur Zwangsvollstreckung in das Vermögen einer Person ein Titel gegen diese Person erforderlich. Daraus folgt, dass die Zwangsvollstreckung in das **Vorbehalts- oder Sondergut** eines Gatten einen Titel gegen diesen Gatten voraussetzt; der Titel darf allerdings nicht eingeschränkt auf Leistung „aus dem Gesamtgut" lauten. Die Zwangsvollstreckung in das **Gesamtgut** selbst setzt grundsätzlich einen Titel gegen beide Gatten voraus (§§ 740 II, 795 Satz 1 ZPO, näher § 1422, Rn. 11 ff.). 14

Ausgleichung zwischen Vorbehalts-, Sonder- und Gesamtgut

1467 (1) **Verwendet ein Ehegatte Gesamtgut in sein Vorbehaltsgut oder in sein Sondergut, so hat er den Wert des Verwendeten zum Gesamtgut zu ersetzen.**

(2) Verwendet ein Ehegatte Vorbehaltsgut oder Sondergut in das Gesamtgut, so kann er Ersatz aus dem Gesamtgut verlangen.

I. Absatz 1

§ 1467 I verpflichtet einen Ehegatten, der Gesamtgut in sein Vorbehalts- oder Sondergut verwendet, zum **Wertersatz**, d. h. zur → *Zahlung* (Rn. 1). Der entsprechende **Anspruch** gehört zum Gesamtgut und wird von dem anderen Gatten allein **eingeklagt** (§ 1455 Nr. 6, s. dort). 1

Zuständig ist ausschließlich das Familiengericht (§§ 621 I Nr. 8, II, 40 II ZPO)[1] im ordentlichen Zivilprozess (§ 621b ZPO). 2

---

1 MünchKommZPO/Bernreuther, § 621, Rn. 98.

II. Absatz 2

3 § 1467 II gibt einem Ehegatten, der sein Vorbehalts- oder Sondergut in das Gesamtgut verwendet, einen **Anspruch** auf **Wertersatz** aus dem Gesamtgut, d. h. auf → *Zahlung* (Rn. 1). Der Anspruch wird nach § 271 I sofort fällig[1].

4 Die **Klage** ist gegen den anderen Gatten zu richten und geht auf Leistung aus dem Gesamtgut.

5 **Zuständig** für eine Klage ist ausschließlich das Familiengericht (§§ 621 I Nr. 8, II, 40 II ZPO)[2] im ordentlichen Zivilprozess (§ 621b ZPO).

6 Für die **Zwangsvollstreckung** gilt § 740 II ZPO mit der Maßgabe, dass der Vollstreckungsantrag des Gläubigers den Titel gegen ihn ersetzt.

Aufhebungsklage

1469 Jeder Ehegatte kann auf Aufhebung der Gütergemeinschaft klagen,

1. wenn seine Rechte für die Zukunft dadurch erheblich gefährdet werden können, dass der andere Ehegatte ohne seine Mitwirkung Verwaltungshandlungen vornimmt, die nur gemeinschaftlich vorgenommen werden dürfen;

2. wenn der andere Ehegatte sich ohne ausreichenden Grund beharrlich weigert, zur ordnungsmäßigen Verwaltung des Gesamtguts mitzuwirken;

3. wenn der andere Ehegatte seine Verpflichtung, zum Familienunterhalt beizutragen, verletzt hat und für die Zukunft eine erhebliche Gefährdung des Unterhalts zu besorgen ist;

4. wenn das Gesamtgut durch Verbindlichkeiten, die in der Person des anderen Ehegatten entstanden sind und diesem im Verhältnis der Ehegatten zueinander zur Last fallen, in solchem Maße überschuldet ist, dass sein späterer Erwerb erheblich gefährdet wird;

---

1 Staudinger/Thiele, 14. Bearb. 2000, Rn. 5. Widersprüchlich Soergel/Gaul, Rn. 3 einerseits, § 1468, Rn. 2 andererseits.
2 MünchKommZPO/Bernreuther, § 621, Rn. 98.

5. **wenn die Wahrnehmung eines Rechts des anderen Ehegatten, das sich aus der Gütergemeinschaft ergibt, vom Aufgabenkreis eines Betreuers erfasst wird.**

§ 1469 entspricht § 1447 (s. dort).

Beginn der Auseinandersetzung

1471 (1) Nach der Beendigung der Gütergemeinschaft setzen sich die Ehegatten über das Gesamtgut auseinander.
(2) Bis zur Auseinandersetzung gilt für das Gesamtgut die Vorschrift des § 1419.

§ 1471 I gibt jedem Ehegatten gegen den anderen einen **Anspruch** 1
auf **Auseinandersetzung**[1]. Wie die Auseinandersetzung erfolgt, sagt § 1474. Danach kann sogleich eine **Leistung nach §§ 1475–1481** verlangt werden (s. dort). Doch kann auch erst die **Zustimmung** zu einem Auseinandersetzungs-Plan verlangt werden (Rn. 2 ff.). Ist die Zustimmung erklärt, also ein Auseinandersetzungs-Vertrag geschlossen, so kann die **Vertragserfüllung** verlangt werden (s. dazu die Kommentierung der einschlägigen Schuldverhältnisse und Rn. 3).

Eine **Leistungsklage** müsste z. B. die Verurteilung des Beklagten 2
beantragen, einem bestimmten **Auseinandersetzungsplan** zuzustimmen. Der Plan muss nur so genau bezeichnet werden, wie es nach den Regeln des Schuldrechts für einen Auseinandersetzungsvertrag erforderlich ist[2]. Mit der Zustimmung kommt ein entsprechender Vertrag zustande[3]. „Die Klage auf Zustimmung zu einem Auseinandersetzungsplan ist nur begründet, wenn dieser Plan den gesetzlichen Teilungsregeln der §§ 1475 ff. entspricht, gegebenenfalls i. V. m. bereits getroffenen Parteivereinbarungen über Einzelpunkte (§ 1474). Der Richter hat keine Gestaltungsfreiheit nach Zweckmäßigkeitsgesichtspunkten; er ist darauf beschränkt, dem Klageantrag stattzugeben oder die Klage abzuweisen"[4]. Allenfalls kann er dem Kläger weniger als beansprucht zuerkennen, also

---

1 Staudinger/Thiele, 14. Bearb. 2000, Rn. 2.
2 BGH, FamRZ 1988, 815.
3 BGH, FamRZ 1988, 814.
4 BGH, FamRZ 1988, 814.

§ 1472 Gemeinschaftliche Verwaltung des Gesamtguts

ein Minus, aber nicht ein Aliud, weshalb sich Hilfsanträge empfehlen[1].

3 **Zuständig** für eine Klage auf Befriedigung eines bestimmten Anspruchs aus den §§ 1475–1481, auf Zustimmung zu einem Auseinandersetzungsplan oder auf Erfüllung eines Auseinandersetzungsvertrags ist ausschließlich das Familiengericht (§§ 621 I Nr. 8, II, 40 II ZPO)[2] im ordentlichen Zivilprozess (§ 621b ZPO). Die Sache kann **Folgesache** sein (§ 623 I Satz 1 ZPO[3], s. § 1564, Rn. 7 ff.).

4 Die **Zwangsvollstreckung** wegen eines Zustimmungsanspruchs richtet sich nach § 894 I ZPO.

Gemeinschaftliche Verwaltung des Gesamtguts

1472 (1) Bis zur Auseinandersetzung verwalten die Ehegatten das Gesamtgut gemeinschaftlich.

(2) ¹Jeder Ehegatte darf das Gesamtgut in derselben Weise wie vor der Beendigung der Gütergemeinschaft verwalten, bis er von der Beendigung Kenntnis erlangt oder sie kennen muss. ²Ein Dritter kann sich hierauf nicht berufen, wenn er bei der Vornahme eines Rechtsgeschäfts weiß oder wissen muss, dass die Gütergemeinschaft beendet ist.

(3) Jeder Ehegatte ist dem anderen gegenüber verpflichtet, zu Maßregeln mitzuwirken, die zur ordnungsmäßigen Verwaltung des Gesamtguts erforderlich sind; die zur Erhaltung notwendigen Maßregeln kann jeder Ehegatte allein treffen.

(4) ¹Endet die Gütergemeinschaft durch den Tod eines Ehegatten, so hat der überlebende Ehegatte die Geschäfte, die zur ordnungsmäßigen Verwaltung erforderlich sind und nicht ohne Gefahr aufgeschoben werden können, so lange zu führen, bis der Erbe anderweit Fürsorge treffen kann. ²Diese Verpflichtung besteht nicht, wenn der verstorbene Ehegatte das Gesamtgut allein verwaltet hat.

---

1 BGH, FamRZ 1988, 814.
2 Soergel/Gaul, § 1474, Rn. 2, 5.
3 BGHZ 84, 337; Soergel/Gaul, Rn. 3.

§ 1472

Inhaltsübersicht

A. Gemeinschaftliche Verwaltung (Absatz 1) 1
I. Ansprüche des Gesamtgutes . 2
II. Ansprüche gegen das Gesamtgut 5
   1. Ansprüche gegen das Gesamtgut und einen Gatten persönlich 5
      a) Allgemeines 5
      b) Fallgruppen 7
   2. Ansprüche gegen das Gesamtgut und beide Gatten persönlich 10
   3. Ansprüche gegen nur einen Gatten persönlich . 12
B. Mitwirkung (Absatz 3) ... 14

A. Gemeinschaftliche Verwaltung (Absatz 1)

Nach § 1472 I verwalten die Ehegatten das Gesamtgut bis zur Auseinandersetzung gemeinschaftlich. Für Klage und Vollstreckung gelten unterschiedliche Regeln, je nachdem, ob Ansprüche des Gesamtguts oder Ansprüche gegen das Gesamtgut geltend gemacht werden.   1

I. Ansprüche des Gesamtgutes

Einen Anspruch, der zum Gesamtgut gehört, kann jeder Gatte allein einklagen. Er kann allerdings nur Leistung an beide Gatten oder, was gleichviel bedeutet, in das Gesamtgut verlangen. Es gilt also die **Regel des § 432**[1] (s. dort). Der gemeinschaftlichen Verwaltung scheint es zwar eher zu entsprechen, dass beide Gatten nur gemeinschaftlich aktiv prozessführungsbefugt sind, wie nach § 1450 I Satz 1. Doch wird mit Recht berücksichtigt, dass die für eine gemeinschaftliche Klage erforderliche Harmonie nach dem Ende der Gütergemeinschaft zwischen den Gatten oft nicht mehr besteht und dass jetzt auch die Möglichkeit ausscheidet, eine fehlende Zustimmung wie nach § 1452 durch das Vormundschaftsgericht ersetzen zu lassen[2]. Die Auseinandersetzungsgemeinschaft entspricht eher der Erbengemeinschaft[3], für die nach § 2039 die Regel des § 432 gilt.   2

Ein **vor dem Ende** der Gütergemeinschaft **begonnener Prozess** kann von dem bisherigen Alleinverwalter oder von den bisher gemein-   3

---

1 Vgl. MünchKommBGB/Kanzleiter, 4. Aufl., Rn. 9; Soergel/Gaul, Rn. 7; Staudinger/Thiele, 14. Bearb. 2000, Rn. 7.
2 Staudinger/Thiele, 14. Bearb. 2000, Rn. 7.
3 MünchKommBGB/Kanzleiter, 4. Aufl., Rn. 9.

schaftlich verwaltenden Gatten fortgesetzt werden, doch kann im zweiten Fall auch einer der beiden Kläger durch Klagerücknahme (§ 269 ZPO) aus dem Prozess ausscheiden, ohne dass die Klage des anderen unzulässig wird. In jedem Fall muss aber auf Leistung an beide Gatten geklagt werden, was notfalls ohne weiteres durch eine Klageänderung erreicht werden kann (§ 264 Nr. 2 ZPO).

4 Ein von dem bisherigen Alleinverwalter erwirkter **Titel** kann von ihm allein **vollstreckt** werden[1]; die Leistung fällt kraft Gesetzes in das Gesamtgut (§ 1473 I).

II. Ansprüche gegen das Gesamtgut

1. Ansprüche gegen das Gesamtgut und einen Gatten persönlich

a) Allgemeines

5 Hierher gehören

- die **Ansprüche**, die gegen den bisherigen Alleinverwalter entstanden sind (§ 1437 I);
- die Ansprüche, die gegen den bisher nicht verwaltenden Gatten entstanden sind, falls für sie das Gesamtgut haftet (§ 1437 I) und sie im Innenverhältnis der Gatten dem Primärschuldner allein zur Last fallen (§ 1437 II);
- die Ansprüche, die gegen einen der bisher gemeinschaftlich verwaltenden Gatten entstanden sind, falls für sie das Gesamtgut haftet (§ 1459 I) und sie im Innenverhältnis der Gatten dem Primärschuldner allein zur Last fallen (§ 1459 II).

6 Wegen dieser Ansprüche ist die **Zwangsvollstreckung** in das Gesamtgut nach dem Ende der Gütergemeinschaft nur dann zulässig, wenn gegen beide Gatten ein Titel vorliegt (§§ 743, 795 Satz 1 ZPO). Dies ist in der Regel ein (uneingeschränkter) Leistungstitel gegen den Schuldner und ein Duldungstitel gegen den anderen Gatten[2]. Es genügt auch die Bewilligung der sofortigen Zwangsvollstreckung in einer vollstreckbaren Urkunde (§ 794 II ZPO). Ist lediglich ein uneingeschränkter Leistungstitel gegen den Schuldner vorhanden, so kann nur in seinen Anteil am Gesamtgut

---

1 Vgl. MünchKommZPO/Heßler, § 744, Rn. 12. **A. A.** (unpraktisch) Stein/Jonas/Münzberg, § 744, Rn. 6; Zöller/Stöber, § 744, Rn. 9, die beide irreführend von „Gesamtgläubigern" sprechen (vgl. dagegen § 428 BGB).
2 Staudinger/Thiele, 14. Bearb. 2000, Rn. 23.

(§ 860 II ZPO) und in sein Vorbehalts- und Sondergut vollstreckt werden.

b) Fallgruppen

– Liegt bei Ende der Gütergemeinschaft bereits ein **endgültiger**[1] 7
Titel gegen den bisherigen Alleinverwalter vor, so muss der andere Gatte nicht mehr verklagt werden. Vielmehr kann zur Zwangsvollstreckung in das Gesamtgut einfach eine vollstreckbare Ausfertigung des vorliegenden Titels gegen den anderen Gatten erteilt werden (§§ 744, 795 Satz 1 ZPO).

– Liegt noch **kein Titel** vor, hat der **Prozess** gegen einen der Gatten 8
aber schon **begonnen**, so kann die gegen ihn erhobene Klage erweitert und zusätzlich gegen den anderen Gatten gerichtet werden[2]. Entfällt mit dem Ende der Gütergemeinschaft die persönliche Haftung des Erstbeklagten (§§ 1437 II Satz 2, 1459 II Satz 2), so muss die Klage gegen ihn auf Duldung der Zwangsvollstreckung in das Gesamtgut beschränkt werden (§ 264 Nr. 2 ZPO)[3] oder auf Leistung aus dem Gesamtgut, falls der andere Gatte nicht mitverklagt wird. Ist ein Gesamtgutsgegenstand streitbefangen, so kann der Prozess gegen den bisherigen Alleinverwalter fortgeführt und eine vollstreckbare Ausfertigung analog § 727 ZPO gegen den anderen Gatten erteilt werden[4].

– Hat bei Ende der Gütergemeinschaft noch **kein Prozess** gegen die 9
Gatten **begonnen**, so muss der Gläubiger von vornherein beide verklagen, um einen zur Zwangsvollstreckung in das Gesamtgut geeigneten Titel zu erhalten. Da ein Leistungsurteil auch allein brauchbar ist (z. B. zur Zwangsvollstreckung in das Vorbehaltsgut), muss eine Leistungsklage gegen den Schuldner nicht mit einer Klage gegen den anderen Gatten verbunden werden. Ein Duldungstitel dagegen ist allein unbrauchbar, so dass eine Duldungsklage mit einer Klage gegen den anderen Gatten verbunden werden muss (§ 62 Fall 2 ZPO), es sei denn, dass gegen diesen bereits ein Titel vorliegt. Zur Zuständigkeit s. § 1459, Rn. 13.

---

1 MünchKommZPO/Heßler, § 744, Rn. 3 f.
2 Staudinger/Thiele, 14. Bearb. 2000, Rn. 23; Wieser, Arbeitsgerichtsverfahren, Rn. 318.
3 MünchKommBGB/Kanzleiter, 4. Aufl., Rn. 18; Stein/Jonas/Münzberg, § 744, Rn. 4.
4 MünchKommZPO/Heßler, § 744, Rn. 4 a. E.; Zöller/Stöber, § 744, Rn. 8.

2. Ansprüche gegen das Gesamtgut und beide Gatten persönlich

10 Hierher gehören
- die **Ansprüche**, die gegen den bisher nicht verwaltenden Gatten entstanden sind, falls für sie das Gesamtgut haftet (§ 1437 I) und sie nicht im Innenverhältnis der Gatten dem Primärschuldner allein zur Last fallen (§ 1437 II);
- die Ansprüche, die gegen einen der bisher gemeinschaftlich verwaltenden Gatten entstanden sind, falls für sie das Gesamtgut haftet (§ 1459 I) und sie nicht im Innenverhältnis der Gatten dem Primärschuldner allein zur Last fallen (§ 1459 II).

11 Wegen dieser Ansprüche kann nach dem Ende der Gütergemeinschaft nur dann in das Gesamtgut **vollstreckt** werden, wenn gegen beide Gatten ein Titel vorliegt (§§ 743, 795 Satz 1 ZPO). Auch im Übrigen gilt Rn. 6 entsprechend.

3. Ansprüche nur gegen einen Gatten persönlich

12 Hierher gehören
- die **Ansprüche**, die gegen den bisher nicht verwaltenden Gatten entstanden sind und für die das Gesamtgut nicht haftet (§ 1437 I);
- die Ansprüche, die gegen einen der bisher gemeinschaftlich verwaltenden Gatten entstanden sind und für die das Gesamtgut nicht haftet (§ 1459 I).

13 Diese Ansprüche richten sich nur gegen den Primärschuldner. Nur er kann auf Leistung **verklagt** werden. Für Zuständigkeit und Verfahrensart gelten die allgemeinen Vorschriften. Ein Titel gegen den Primärschuldner kann nur in dessen Vorbehalts- und Sondergut **vollstreckt** werden, außerdem in den Anteil an dem Gesamtgut (§ 860 II ZPO).

B. Mitwirkung (Absatz 3)

14 § 1472 III gibt jedem Ehegatten gegen den anderen einen **Anspruch** auf Mitwirkung zur Verwaltung des Gesamtguts.

15 **Klageantrag** und **Vollstreckungsart** hängen von der Art der geschuldeten Mitwirkung ab. Wird z. B. eine Zustimmung geschuldet, so richtet sich die Zwangsvollstreckung nach § 894 I ZPO. Zur Unterhaltszahlung s. § 1451, Rn. 4.

Zuständig für eine Klage ist ausschließlich das Familiengericht 16
(§§ 621 I Nr. 8, II, 40 II ZPO) im ordentlichen Zivilprozess (§ 621b
ZPO)[1].

Berichtigung der Gesamtgutsverbindlichkeiten

1475 (1) ¹Die Ehegatten haben zunächst die Gesamtgutsverbindlichkeiten zu berichtigen. ²Ist eine Verbindlichkeit noch nicht fällig oder ist sie streitig, so müssen die Ehegatten zurückbehalten, was zur Berichtigung dieser Verbindlichkeit erforderlich ist.

(2) Fällt eine Gesamtgutsverbindlichkeit im Verhältnis der Ehegatten zueinander einem der Ehegatten allein zur Last, so kann dieser nicht verlangen, dass die Verbindlichkeit aus dem Gesamtgut berichtigt wird.

(3) Das Gesamtgut ist in Geld umzusetzen, soweit dies erforderlich ist, um die Gesamtgutsverbindlichkeiten zu berichtigen.

§ 1475 I Satz 1 gibt jedem Ehegatten gegen den anderen einen **An-** 1
spruch auf **Berichtigung** der Gesamtgutsverbindlichkeiten (§§ 1437
I, 1459 I) aus dem Gesamtgut[2]. Besteht die Verbindlichkeit gegenüber einem Dritten, so geht der Berichtigungsanspruch auf Befreiung durch Leistung aus dem Gesamtgut (→ *Befreiung* Rn. 1). Besteht die Verbindlichkeit gegenüber einem der Ehegatten, so kann dieser ohnehin von dem anderen Leistung aus dem Gesamtgut verlangen.

Zuständig ist ausschließlich das Familiengericht (§§ 621 I Nr. 8, II, 2
40 II ZPO)[3] im ordentlichen Zivilprozess (§ 621b ZPO). Die Sache
kann **Folgesache** sein (§ 623 I Satz 1 ZPO[4], s. § 1564, Rn. 7 ff.).

Der Ehegatte, der den Befreiungs- oder Leistungstitel erwirkt hat, 3
betreibt die **Zwangsvollstreckung** in das Gesamtgut gegen den anderen Gatten. Der nach § 743 ZPO erforderliche Titel gegen den vollstreckenden Gatten wird durch sein Einverständnis ersetzt.

---

1 Vgl. BGH, NJW 1990, 2254. Differenzierend MünchKommBGB/Kanzleiter, 4. Aufl., Rn. 10.
2 Soergel/Gaul, Rn. 3.
3 Soergel/Gaul, § 1474, Rn. 2, 5.
4 BGHZ 84, 337; Soergel/Gaul, § 1471, Rn. 3.

Durchführung der Teilung

1477 (1) Der Überschuss wird nach den Vorschriften über die Gemeinschaft geteilt.

(2) ¹Jeder Ehegatte kann gegen Ersatz des Wertes die Sachen übernehmen, die ausschließlich zu seinem persönlichen Gebrauch bestimmt sind, insbesondere Kleider, Schmucksachen und Arbeitsgeräte. ²Das Gleiche gilt für die Gegenstände, die ein Ehegatte in die Gütergemeinschaft eingebracht oder während der Gütergemeinschaft durch Erbfolge, durch Vermächtnis oder mit Rücksicht auf ein künftiges Erbrecht, durch Schenkung oder als Ausstattung erworben hat.

1 § 1477 II gibt jedem Ehegatten gegenüber dem anderen das Recht zur Übernahme bestimmter Gegenstände gegen Wertersatz. Dabei handelt es sich um ein **Gestaltungsrecht**[1]. Die Erklärung des Berechtigten, dass er bestimmte Gegenstände gegen Wertersatz übernehme, lässt für beide Gatten Ansprüche entstehen:

2 Erstens entsteht ein **Anspruch** des Übernehmers auf **Verschaffung** des übernommenen Gegenstandes, z. B. auf Übereignung und Übergabe einer Sache[2] (→ *Übereignung* Rn. 1). Dass der andere Gatte allein den zum Gesamtgut gehörenden Gegenstand nicht verschaffen kann (§ 1472 I), ist unschädlich, da der Übernehmer spätestens durch seine Klage die erforderliche Zustimmung erklärt. Betreibt der andere Gatte die Teilungsversteigerung (§ 180 ZVG), so kann der Übernehmer **Drittwiderspruchsklage** erheben (§ 771 ZPO)[3].

3 Zweitens entsteht ein **Anspruch** gegen den Übernehmer auf **Wertersatz**, d. h. auf Verrechnung[4] oder → *Zahlung* (Rn. 1). Die Zahlung ist in das Gesamtgut zu leisten[5]. Der Anspruch gehört zum Gesamtgut und kann nach der Natur der Sache nur von dem anderen Gatten allein **eingeklagt** werden (vgl. § 1455 Nr. 6).

4 **Zuständig** ist ausschließlich das Familiengericht (§§ 621 I Nr. 8, II, 40 II ZPO)[6] im ordentlichen Zivilprozess (§ 621b ZPO). Die Sache

---

1 BGH, FamRZ 1987, 44; Staudinger/Thiele, 14. Bearb. 2000, Rn. 15.
2 Staudinger/Thiele, 14. Bearb. 2000, Rn. 16.
3 BGH, FamRZ 1985, 903 f.; Soergel/Gaul, Rn. 7.
4 Palandt/Brudermüller, Rn. 5.
5 BGH, FamRZ 1987, 45.
6 Soergel/Gaul, § 1474, Rn. 2, 5.

Auseinandersetzung nach Scheidung § 1478

kann **Folgesache** sein (§ 623 I Satz 1 ZPO[1], s. § 1564, Rn. 7 ff.). Das Familiengericht ist auch für die Drittwiderspruchsklage zuständig[2].

Auseinandersetzung nach Scheidung

1478 (1) Ist die Ehe geschieden, bevor die Auseinandersetzung beendet ist, so ist auf Verlangen eines Ehegatten jedem von ihnen der Wert dessen zurückzuerstatten, was er in die Gütergemeinschaft eingebracht hat; reicht hierzu der Wert des Gesamtguts nicht aus, so ist der Fehlbetrag von den Ehegatten nach dem Verhältnis des Wertes des von ihnen Eingebrachten zu tragen.
(2) Als eingebracht sind anzusehen
1. die Gegenstände, die einem Ehegatten beim Eintritt der Gütergemeinschaft gehört haben;
2. die Gegenstände, die ein Ehegatte von Todes wegen oder mit Rücksicht auf ein künftiges Erbrecht, durch Schenkung oder als Ausstattung erworben hat, es sei denn, dass der Erwerb den Umständen nach zu den Einkünften zu rechnen war;
3. die Rechte, die mit dem Tode eines Ehegatten erlöschen oder deren Erwerb durch den Tod eines Ehegatten bedingt ist.
(3) Der Wert des Eingebrachten bestimmt sich nach der Zeit der Einbringung.

§ 1478 gibt jedem Ehegatten gegenüber dem anderen das Recht, die Rückerstattung des Wertes eingebrachter Gegenstände zu verlangen. Dabei handelt es sich um ein **Gestaltungsrecht**[3].   1

Das Verlangen des Berechtigten verschafft jedem Gatten, der etwas in die Gütergemeinschaft eingebracht hat, einen **Anspruch** auf Rückerstattung des Wertes der von ihm eingebrachten Gegenstände, d. h. auf Zahlung (→ *Zahlung* Rn. 1). Der Anspruch ist aus dem Gesamtgut zu befriedigen.   2

Zuständig ist ausschließlich das Familiengericht (§§ 621 I Nr. 8, II, 40 II ZPO)[4] im ordentlichen Zivilprozess (§ 621b ZPO). Die Sache kann **Folgesache** sein (§ 623 I Satz 1 ZPO[5], s. § 1564, Rn. 7 ff.).   3

---
1 BGHZ 84, 337; Soergel/Gaul, § 1471, Rn. 3.
2 BGH, FamRZ 1985, 904.
3 MünchKommBGB/Kanzleiter, 4. Aufl., Rn. 11.
4 Soergel/Gaul, § 1474, Rn. 2, 5.
5 BGHZ 84, 337; Soergel/Gaul, § 1471, Rn. 3.

§ 1480 Haftung nach der Teilung gegenüber Dritten

4 Der Ehegatte, der den Zahlungstitel erwirkt hat, betreibt die **Zwangsvollstreckung** in das Gesamtgut gegen den anderen Gatten. Der nach § 743 ZPO erforderliche Titel gegen den vollstreckenden Gatten wird durch sein Einverständnis ersetzt.

Haftung nach der Teilung gegenüber Dritten

1480 [1]**Wird das Gesamtgut geteilt, bevor eine Gesamtgutsverbindlichkeit berichtigt ist, so haftet dem Gläubiger auch der Ehegatte persönlich als Gesamtschuldner, für den zur Zeit der Teilung eine solche Haftung nicht besteht.**[2]**Seine Haftung beschränkt sich auf die ihm zugeteilten Gegenstände; die für die Haftung des Erben geltenden Vorschriften der §§ 1990, 1991 sind entsprechend anzuwenden.**

I. Schuld und Haftung

1 § 1480 bezieht sich auf Gesamtgutsverbindlichkeiten, für die an sich nur einer der Gatten, z. B. der Mann, persönlich haftet (s. § 1472, Rn. 5)[1]. § 1480 Satz 1 bestimmt, dass auch der andere Gatte, z. B. die Frau, „persönlich als Gesamtschuldner haften" soll. Damit ist gemeint, dass die Frau wie der Mann *schuldet* und persönlich - d. h. nach Satz 2: mit den ihr zugeteilten Gegenständen - *haftet*. Zum Unterschied von Schuld und Haftung s. → *Haftung* Rn. 1. Es bestehen also gleichartige Ansprüche gegen beide Gatten (s. bei § 421)[2]; der Primärschuldner, hier der Mann, haftet unbeschränkt, der Sekundärschuldner beschränkt.

II. Zuständigkeit

2 § 1480 Satz 1 erstreckt die Schuld des einen Gatten auf den anderen, wie § 1459 II Satz 1. Daher gilt hinsichtlich der Zuständigkeit das Gleiche (§ 1459, Rn. 13)[3].

---

1 Staudinger/Thiele, 14. Bearb. 2000, Rn. 12.
2 Staudinger/Thiele, 14. Bearb. 2000, Rn. 13.
3 Soergel/Gaul, Rn. 6.

III. Zwangsvollstreckung

1. Gegen den Primärschuldner

Die Zwangsvollstreckung gegen den Primärschuldner setzt einen 3
Titel gegen den Primärschuldner voraus (§§ 750 I Satz 1, 795 Satz 1
ZPO) und erfolgt in dessen ganzes Vermögen.

2. Gegen den Sekundärschuldner

Die Zwangsvollstreckung gegen den Sekundärschuldner setzt in 4
der Regel einen (uneingeschränkten) Leistungstitel gegen den Sekundärschuldner voraus. Die aufgrund der Leistungsverweigerung nach § 1480 Satz 2 i. V. m. § 1990 I Satz 1 eingetretene **Haftungsbeschränkung** wird wie beim Erben nur unter einer doppelten Voraussetzung berücksichtigt (§ 786 ZPO): Der Schuldner muss sich die Haftungsbeschränkung in dem Titel vorbehalten lassen (§§ 780, 795 Satz 1 ZPO)[1] und, falls gleichwohl in andere als die ihm zugeteilten Gegenstände vollstreckt wird, mit der Vollstreckungsabwehrklage beantragen, dass die Zwangsvollstreckung in diese anderen Gegenstände für unzulässig erklärt wird (§§ 781, 785 ZPO). Alsdann wird die Zwangsvollstreckung auf die zugeteilten Gegenstände beschränkt und die bereits getroffenen Vollstreckungsmaßregeln werden aufgehoben (§§ 775 Nr. 1, 776 Satz 1 ZPO).

Ein Titel, der lediglich zur Zwangsvollstreckung in das nicht mehr 5
existierende Gesamtgut berechtigt, genügt nicht. Wird aus einem solchen Titel gegen den Sekundärschuldner vollstreckt, steht ihm die Erinnerung oder Beschwerde zu (§§ 766 I, 793 ZPO, § 11 RPflG).

Haftung der Ehegatten untereinander

1481 (1) Wird das Gesamtgut geteilt, bevor eine Gesamtgutsverbindlichkeit berichtigt ist, die im Verhältnis der Ehegatten zueinander dem Gesamtgut zur Last fällt, so hat der Ehegatte, der das Gesamtgut während der Gütergemeinschaft allein verwaltet hat, dem anderen Ehegatten dafür einzustehen, dass dieser weder über die Hälfte der Verbindlichkeit noch über das aus dem Gesamtgut Erlangte hinaus in Anspruch genommen wird.

---

1 Näher § 1967, Rn. 9 ff.

§ 1487

(2) Haben die Ehegatten das Gesamtgut während der Gütergemeinschaft gemeinschaftlich verwaltet, so hat jeder Ehegatte dem anderen dafür einzustehen, dass dieser von dem Gläubiger nicht über die Hälfte der Verbindlichkeit hinaus in Anspruch genommen wird.

(3) Fällt die Verbindlichkeit im Verhältnis der Ehegatten zueinander einem der Ehegatten zur Last, so hat dieser dem anderen dafür einzustehen, dass der andere Ehegatte von dem Gläubiger nicht in Anspruch genommen wird.

1 § 1481 gibt einem Ehegatten gegen den anderen wie § 426, den er ersetzt[1], zunächst einen **Anspruch** auf **Befreiung**[2] von einer Gesamtgutsverbindlichkeit gegenüber einem Dritten in dem Umfang, dass er selbst von dem Gläubiger entweder überhaupt nicht in Anspruch genommen wird (Absatz 3) oder nicht über die Hälfte der Verbindlichkeit hinaus (Absatz 2) oder weder über die Hälfte der Verbindlichkeit noch über das aus dem Gesamtgut Erlangte hinaus (Absatz 1). S. zu diesem Befreiungsanspruch → *Befreiung* Rn. 1.

2 Soweit der berechtigte Ehegatte über seinen Anteil hinaus den Gläubiger befriedigt, verwandelt sich sein Befreiungsanspruch in einen Anspruch auf eine an ihn zu erbringende **Ausgleichszahlung** (→ *Zahlung* Rn. 1)[3].

3 **Zuständig** für eine Klage ist ausschließlich das Familiengericht (§§ 621 I Nr. 8, II, 40 II ZPO) im ordentlichen Zivilprozess (§ 621b ZPO). Die Sache kann **Folgesache** sein (§ 623 I Satz 1 ZPO[4], s. § 1564, Rn. 7 ff.).

Rechtsstellung des Ehegatten und der Abkömmlinge

1487 (1) Die Rechte und Verbindlichkeiten des überlebenden Ehegatten sowie der anteilsberechtigten Abkömmlinge in Ansehung des Gesamtguts der fortgesetzten Gütergemeinschaft bestimmen sich nach den für die eheliche Gütergemeinschaft geltenden Vorschriften der §§ 1419, 1422 bis 1428, 1434, des § 1435 Satz 1, 3 und der §§ 1436, 1445; der überlebende Ehegatte hat die rechtliche Stellung des Ehegatten, der das Gesamtgut allein verwal-

---

1 Soergel/Gaul, Rn. 2.
2 Soergel/Gaul, Rn. 3.
3 MünchKommBGB/Kanzleiter, 4. Aufl., Rn. 2.
4 MünchKommZPO/Finger, § 623, Rn. 21.

tet, die anteilsberechtigten Abkömmlinge haben die rechtliche Stellung des anderen Ehegatten.

(2) Was der überlebende Ehegatte zu dem Gesamtgut schuldet oder aus dem Gesamtgut zu fordern hat, ist erst nach der Beendigung der fortgesetzten Gütergemeinschaft zu leisten.

In der fortgesetzten Gütergemeinschaft nimmt der überlebende Gatte die Stellung des allein verwaltenden Gatten ein (§ 1487 I). 1

Daher **haftet** der überlebende Gatte für die Gesamtgutsverbindlichkeiten (§ 1488) auch persönlich (§ 1489 I), wie bei Alleinverwaltung (§ 1437 II Satz 1), freilich nur als Einzelschuldner (§ 1489 III). 2

Einen **Prozess**, der das Gesamtgut betrifft, führt der überlebende Gatte allein fort (§ 1487 I i. V. m. § 1422 Satz 1). Hatte der verstorbene Gatte den Prozess allein geführt, so kommt es zu einem Parteiwechsel analog § 239 ZPO[1]. 3

Zur **Zwangsvollstreckung** in das Gesamtgut ist der Titel gegen den überlebenden Gatten erforderlich und genügend (§ 745 I ZPO) – wie bei Alleinverwaltung nach § 740 I ZPO. Zu § 1489 II beachte § 786 ZPO. Auch nach dem Ende der fortgesetzten Gütergemeinschaft gilt dasselbe wie bei Alleinverwaltung (§ 745 II ZPO). 4

Aufhebungsklage eines Abkömmlings

1495 Ein anteilsberechtigter Abkömmling kann gegen den überlebenden Ehegatten auf Aufhebung der fortgesetzten Gütergemeinschaft klagen,

1. wenn seine Rechte für die Zukunft dadurch erheblich gefährdet werden können, dass der überlebende Ehegatte zur Verwaltung des Gesamtguts unfähig ist oder sein Recht, das Gesamtgut zu verwalten, missbraucht;
2. wenn der überlebende Ehegatte seine Verpflichtung, dem Abkömmling Unterhalt zu gewähren, verletzt hat und für die Zukunft eine erhebliche Gefährdung des Unterhalts zu besorgen ist;
3. wenn die Verwaltung des Gesamtguts in den Aufgabenkreis des Betreuers des überlebenden Ehegatten fällt;

---

[1] Vgl. Soergel/Gaul, Rn. 4.

§ 1497 Rechtsverhältnis bis zur Auseinandersetzung

4. wenn der überlebende Ehegatte die elterliche Sorge für den Abkömmling verwirkt hat oder, falls sie ihm zugestanden hätte, verwirkt haben würde.

1 § 1495 gibt einem anteilsberechtigten Abkömmling das Recht, gegen den überlebenden Ehegatten auf **Aufhebung der fortgesetzten Gütergemeinschaft zu klagen** (wie § 1447, s. dort). Von dem überlebenden Gatten kann die Klage nicht erhoben werden, gegen die anderen Abkömmlinge kann sie nicht gerichtet werden[1]; insoweit fehlt die Prozessführungsbefugnis[2].

2 Klagen mehrere Abkömmlinge gemeinschaftlich, so sind sie nur einfache **Streitgenossen** nach § 60 ZPO, nicht notwendige Streitgenossen nach § 62 Fall 1 ZPO[3], weil ihre Klagegründe verschieden sein können, anders als bei der Erbunwürdigkeitsklage nach § 2339.

3 Ein Abkömmling, der selbst nicht klagt, kann aber dem Kläger oder dem Beklagten als **streitgenössischer Nebenintervenient** beitreten (§§ 66, 69 ZPO)[4], weil er von der Gestaltungswirkung des Aufhebungsurteils in gleichem Maße betroffen wird wie seine Hauptpartei (§ 1496 Satz 2).

Rechtsverhältnis bis zur Auseinandersetzung

1497 (1) Nach der Beendigung der fortgesetzten Gütergemeinschaft setzen sich der überlebende Ehegatte und die Abkömmlinge über das Gesamtgut auseinander.

(2) Bis zur Auseinandersetzung bestimmt sich ihr Rechtsverhältnis am Gesamtgut nach den §§ 1419, 1472, 1473.

Absatz 1 entspricht § 1471 I (s. dort).

---

1 Soergel/Gaul, Rn. 2.
2 Vgl. Henckel, Parteilehre, S. 104 f.
3 Vgl. Henckel, Parteilehre, S. 209 f. A. A. MünchKommZPO/Schilken, § 62, Rn. 9; Schwab, FS Lent, S. 277 ff.; Stein/Jonas/Bork, § 62, Rn. 7; Zöller/Vollkommer, § 62, Rn. 4.
4 Vgl. MünchKommBGB/Kanzleiter, 4. Aufl., Rn. 3; Staudinger/Thiele, 14. Bearb. 2000, Rn. 11; Wieczorek/Gansel, § 69, Rn. 28.

Übernahmerecht des überlebenden Ehegatten

1502 (1) ¹Der überlebende Ehegatte ist berechtigt, das Gesamtgut oder einzelne dazu gehörende Gegenstände gegen Ersatz des Wertes zu übernehmen. ²Das Recht geht nicht auf den Erben über.

(2) ¹Wird die fortgesetzte Gütergemeinschaft auf Grund des § 1495 durch Urteil aufgehoben, so steht dem überlebenden Ehegatten das im Absatz 1 bestimmte Recht nicht zu. ²Die anteilsberechtigten Abkömmlinge können in diesem Falle diejenigen Gegenstände gegen Ersatz des Wertes übernehmen, welche der verstorbene Ehegatte nach § 1477 Abs. 2 zu übernehmen berechtigt sein würde. ³Das Recht kann von ihnen nur gemeinschaftlich ausgeübt werden.

Die in § 1502 gewährten Übernahmerechte entsprechen dem Übernahmerecht aus § 1477 II (s. dort).

Haftungsausgleich unter Abkömmlingen

1504 ¹Soweit die anteilsberechtigten Abkömmlinge nach § 1480 den Gesamtgutsgläubigern haften, sind sie im Verhältnis zueinander nach der Größe ihres Anteils an dem Gesamtgut verpflichtet. ²Die Verpflichtung beschränkt sich auf die ihnen zugeteilten Gegenstände; die für die Haftung des Erben geltenden Vorschriften der §§ 1990, 1991 finden entsprechende Anwendung.

Zu Satz 2 beachte § 786 ZPO.

Übernahmerecht eines Abkömmlings und des Ehegatten

1515 (1) Jeder Ehegatte kann für den Fall, dass mit seinem Tode die fortgesetzte Gütergemeinschaft eintritt, durch letztwillige Verfügung anordnen, dass ein anteilsberechtigter Abkömmling das Recht haben soll, bei der Teilung das Gesamtgut oder einzelne dazu gehörende Gegenstände gegen Ersatz des Wertes zu übernehmen.

(2) ¹Gehört zu dem Gesamtgut ein Landgut, so kann angeordnet werden, dass das Landgut mit dem Ertragswert oder mit einem Preis, der den Ertragswert mindestens erreicht, angesetzt werden

§ 1561 Antragserfordernisse

soll. ²Die für die Erbfolge geltende Vorschrift des § 2049 findet Anwendung.

(3) Das Recht, das Landgut zu dem in Absatz 2 bezeichneten Werte oder Preis zu übernehmen, kann auch dem überlebenden Ehegatten eingeräumt werden.

Das durch letztwillige Verfügung eingeräumte Übernahmerecht entspricht dem Übernahmerecht aus § 1477 II (s. dort).

Antragserfordernisse

1561 (1) Zur Eintragung ist der Antrag beider Ehegatten erforderlich; jeder Ehegatte ist dem anderen gegenüber zur Mitwirkung verpflichtet.
(2) Der Antrag eines Ehegatten genügt
1. zur Eintragung eines Ehevertrags oder einer auf gerichtlicher Entscheidung beruhenden Änderung der güterrechtlichen Verhältnisse der Ehegatten, wenn mit dem Antrag der Ehevertrag oder die mit dem Zeugnis der Rechtskraft versehene Entscheidung vorgelegt wird;
2. zur Wiederholung einer Eintragung in das Register eines anderen Bezirks, wenn mit dem Antrag eine nach der Aufhebung des bisherigen Wohnsitzes erteilte, öffentlich beglaubigte Abschrift der früheren Eintragung vorgelegt wird;
3. zur Eintragung des Einspruchs gegen den selbständigen Betrieb eines Erwerbsgeschäfts durch den anderen Ehegatten und zur Eintragung des Widerrufs der Einwilligung, wenn die Ehegatten in Gütergemeinschaft leben und der Ehegatte, der den Antrag stellt, das Gesamtgut allein oder mit dem anderen Ehegatten gemeinschaftlich verwaltet;
4. zur Eintragung der Beschränkung oder Ausschließung der Berechtigung des anderen Ehegatten, Geschäfte mit Wirkung für den Antragsteller zu besorgen (§ 1357 Abs. 2).

1 Absatz 1 Halbsatz 2 gibt jedem Ehegatten gegen den anderen einen **Anspruch** auf **Mitwirkung** an einem zur Eintragung in das Güterrechtsregister erforderlichen gemeinsamen Antrag.

2 Eine **Leistungsklage** muss die Verurteilung des Beklagten begehren, die (genau bezeichnete) Eintragung in das Güterrechtsregister mitzubeantragen.

Scheidung durch Urteil § 1564

Zuständig ist ausschließlich das Familiengericht (§§ 621 I Nr. 8, II, 40 II ZPO)[1] im ordentlichen Zivilprozess (§ 621b ZPO). 3

Die **Zwangsvollstreckung** richtet sich nach § 894 I ZPO[2]. 4

Scheidung durch Urteil

1564 [1]Eine Ehe kann nur durch gerichtliches Urteil auf Antrag eines oder beider Ehegatten geschieden werden. [2]Die Ehe ist mit der Rechtskraft des Urteils aufgelöst. [3]Die Voraussetzungen, unter denen die Scheidung begehrt werden kann, ergeben sich aus den folgenden Vorschriften.

I. Ehescheidung

Nach § 1564 Satz 1 kann jeder Ehegatte gegen den anderen die Scheidung der Ehe beantragen. Es können auch beide Gatten gleichzeitig Scheidungsanträge stellen[3]. Das Scheidungsurteil ist ein **Gestaltungsurteil** (→ *Gestaltungsklagen* Rn. 1). 1

Zuständig ist ausschließlich das Familiengericht im **Eheprozess** (§§ 606, 40 II ZPO). 2

Der **Antrag** geht dahin, die am ... vor dem Standesbeamten in ... geschlossene Ehe der Parteien zu scheiden. Im Übrigen ergibt sich der notwendige Inhalt der Antragsschrift aus § 622 ZPO und für den Fall des § 1566 I aus § 630 ZPO. Die Antragsbegründung kann ohne weiteres geändert werden (§ 611 I ZPO)[4]. 3

Zur **Antragsrücknahme** (§ 626 ZPO) ist die Einwilligung des Antragsgegners erforderlich, wenn dieser durch seinen Anwalt mit der mündlichen Verhandlung zur Hauptsache (= Begründetheit des Scheidungsantrags) begonnen hat (§ 269 I ZPO)[5]. Dagegen wird eingewandt, dass die Rücknahme eines Scheidungsantrags als „eheerhaltende Tatsache" auch ohne Einwilligung des Gegners zulässig 4

---

1 Soergel/Gaul, Rn. 2.
2 Soergel/Gaul, Rn. 2.
3 Näher Erman/Dieckmann, Rn. 3; Soergel/Heintzmann, Rn. 13, 37.
4 Rosenberg/Schwab/Gottwald, § 165 V 4.
5 OLG Zweibrücken, FamRZ 1997, 1226; MünchKommZPO/Finger, § 626, Rn. 3; Zöller/Philippi, § 626, Rn. 1.

sein müsse[1]. Doch kann ein zurückgenommener Antrag jederzeit wiederholt werden, anders als ein rechtskräftig abgewiesener Antrag (Rn. 6). Daher dient es mehr der Eheerhaltung, wenn der Antragsgegner seine Einwilligung in eine Antragsrücknahme verweigert und auf einer Abweisung des Scheidungsantrags besteht. Hat der Antragsgegner allerdings selbst einen Scheidungsantrag gestellt, so ist seine Einwilligung zur Zurücknahme des anderen Scheidungsantrags nicht erforderlich, weil er die von ihm gewünschte Scheidung mit dem eigenen Antrag erreichen kann[2].

5 Die **Gestaltungswirkung** tritt mit der formellen Rechtskraft des Urteils ein[3], und zwar ex nunc: die Ehe ist für die Zukunft aufgelöst (§ 1564 Satz 2).

6 Wird ein Scheidungsantrag rechtskräftig als unbegründet abgewiesen, so steht mit **materieller Rechtskraft** fest, dass die Ehe zur Zeit der letzten Tatsachenverhandlung des ersten Prozesses nicht gescheitert war[4]. Daher kann ein neuer Scheidungsantrag nicht auf einen Scheidungstatbestand gestützt werden, der im ersten Prozess schon abgeschlossen vorlag, aber damals nicht geltend gemacht wurde. War z. B. das auf § 1565 I gestützte Begehren als unbegründet abgewiesen worden, so kann ein neuer Antrag nicht auf § 1566 I gestützt werden, wenn dessen Voraussetzungen schon zur Zeit des ersten Prozesses vollständig vorlagen[5]. Ebensowenig wie es einem Gläubiger mit vier Ansprüchen auf Ersatz desselben Schadens gestattet ist, über jede der vier Anspruchsgrundlagen einen eigenen Prozess zu führen, kann einem Scheidungswilligen für jeden der vier Scheidungstatbestände von vornherein ein eigener Prozess zugebilligt werden. Das verbietet schon der Schutz des Antragsgegners und das Interesse dritter Rechtsschutzsuchender, die nach langem Warten vor den Toren der Justiz auch einmal gehört werden wollen. Ganz anders liegen die Fälle, in denen sich ein Scheidungstatbestand erst nach Abschluss des ersten Prozesses vollendet, weil z. B. die erforderliche Trennungszeit erst jetzt abläuft. Hier kann der Scheidungsantrag mit der Begründung wiederholt werden, dass

---

1 Soergel/Heintzmann, Rn. 14a.
2 Vgl. MünchKommZPO/Finger, § 626, Rn. 3.
3 Zum genauen Zeitpunkt s. Erman/Dieckmann, Rn. 7.
4 Staudinger/Rauscher, 13. Bearb., Rn. 67, 69. A. A. MünchKommBGB/ A. Wolf, 4. Aufl., Rn. 104; Soergel/Heintzmann, Rn. 38.
5 A. A. Soergel/Heintzmann, Rn. 38. Die unbewiesene Behauptung, dass solche Fälle – obwohl von einem Praktiker in die Diskussion eingeführt – in der Praxis nicht vorkämen, ist kein Argument gegen die Lösung.

die Ehe inzwischen, d. h. nach der letzten Tatsachenverhandlung des ersten Prozesses, gescheitert sei. Dabei können Tatsachen aus der Zeit des ersten Prozesses unterstützend in das zweite Verfahren mit einbezogen werden[1].

II. Folgesachen

Mit der Scheidungssache können andere Familiensachen als „Folgesachen" zur gleichzeitigen Verhandlung und Entscheidung verbunden werden (§ 623 ZPO). 7

Ein **Antrag** ist nur erforderlich, damit die andere Familiensache überhaupt anhängig wird (außer nach § 623 I Satz 3, III Satz 1 ZPO). Es genügt also beispielsweise, dass während des Scheidungsprozesses erster Instanz (§ 623 IV Satz 1 ZPO) vom Antragsteller oder Antragsgegner eine Klage auf nachehelichen Unterhalt erhoben wird[2]. Die Verbindung der Scheidungs- und der anderen Familiensache muss nicht beantragt werden[3], ebenso wenig wie nach § 147 ZPO. 8

Die anderen Familiensachen sind teils in einem modifizierten **Verfahren** der freiwilligen Gerichtsbarkeit zu erledigen (§ 621a I ZPO), teils im ordentlichen Zivilprozess (§ 624 III ZPO)[4], die Scheidungssache im Eheprozess als einem außerordentlichen Zivilprozess (§§ 606 ff., 622 ff. ZPO). Dass dieses Nebeneinander verschiedener Verfahrensordnungen in der Praxis zu keinen wesentlichen Schwierigkeiten führt[5], mag man bezweifeln. 9

Abschließende Regelung

1569 Kann ein Ehegatte nach der Scheidung nicht selbst für seinen Unterhalt sorgen, so hat er gegen den anderen Ehegatten einen Anspruch auf Unterhalt nach den folgenden Vorschriften.

---
1 Soergel/Heintzmann, Rn. 38; Staudinger/Rauscher, 13. Bearb., Rn. 69.
2 MünchKommZPO/Finger, § 623, Rn. 34.
3 MünchKommZPO/Finger, § 623, Rn. 37; Stein/Jonas/Schlosser, § 623, Rn. 13. **A. A.** Zöller/Philippi, § 623, Rn. 23c.
4 MünchKommZPO/Finger, § 624, Rn. 14; Stein/Jonas/Schlosser, § 624, Rn. 1; Zöller/Philippi, § 624, Rn. 8.
5 MünchKommZPO/Klauser, 1. Aufl., § 623, Rn. 2.

§ 1569 Abschließende Regelung

1 Laut § 1569 hat ein Ehegatte gegen den anderen „nach den folgenden Vorschriften" einen **Anspruch** auf **Unterhalt**, d. h. nach § 1585 einen Zahlungsanspruch.

2 Die **Klage** ist auf eine bestimmte Leistung zu richten (§ 253 II Nr. 2 ZPO)[1]. Sie könnte z. B. die Verurteilung des Beklagten beantragen, ab Rechtshängigkeit monatlichen gesetzlichen Unterhalt in Höhe von 330 Euro an die Klägerin zu zahlen. Dass auch künftige Leistungen eingeklagt werden können, folgt aus § 258 ZPO. Zur Feststellungsklage s. → *Zahlung* Rn. 3. Der Anspruch aus § 1569 kann nicht durch Klage auf Abänderung eines Urteils über einen Anspruch aus § 1360 oder § 1361 geltend gemacht werden (§ 323 ZPO), weil es sich dabei um andere Ansprüche handelt[2].

3 Das **Rechtsschutzinteresse** fehlt einer Unterhaltsklage nicht deshalb, weil der Beklagte freiwillig zahlt (§ 1601, Rn. 5), auch nicht, weil eine einstweilige Verfügung zulässig oder erlassen ist (§§ 926, 936 ZPO) oder weil eine einstweilige Anordnung zulässig oder erlassen ist[3].

4 **Zuständig** ist ausschließlich das Familiengericht (§§ 621 I Nr. 5, II, 642 III ZPO)[4] im ordentlichen Zivilprozess (§ 495 ZPO). Die Klage wegen des nachehelichen Unterhalts kann **Folgesache** sein (§ 623 I Satz 1 ZPO, s. § 1564, Rn. 7 ff.). Dies gilt auch für eine negative Feststellungsklage[5]. Wird während eines Scheidungsprozesses erster Instanz gleichzeitig auf ehelichen und nachehelichen Unterhalt geklagt, so ist der Prozess zu trennen und über den ehelichen Unterhalt im selbständigen Prozess, über den nachehelichen Unterhalt im Verbund mit der Scheidungssache zu verhandeln und zu entscheiden[6].

Streitgegenstand ist das Unterhaltsbegehren aus allen in Betracht kommenden Unterhaltstatbeständen[7]. Für rein vertragliche

---

1 MünchKommZPO/Lüke, § 253, Rn. 124; str.
2 Vgl. BGHZ 78, 130; MünchKommZPO/Gottwald, § 323, Rn. 28; Staudinger/Verschraegen, 12. Aufl., vor § 1569, Rn. 36 ff.; Zöller/Vollkommer, § 323, Rn. 21. A. A. zu § 1361 MünchKommBGB/Wacke, 4. Aufl., § 1361, Rn. 49.
3 Vgl. KG, FamRZ 1990, 183 f.; Bernreuther, FamRZ 1999, 69; Zöller/Philippi, § 620, Rn. 11, 13; str.
4 MünchKommZPO/Bernreuther, § 621, Rn. 47 ff.; Zöller/Philippi, § 621, Rn. 39 ff.
5 MünchKommZPO/Finger, § 623, Rn. 14; Zöller/Philippi, § 623, Rn. 9.
6 MünchKommZPO/Finger, § 623, Rn. 13.
7 Vgl. Staudinger/Verschraegen, 12. Aufl., vor § 1569, Rn. 73 ff.

Auskunftspflicht § 1580

Unterhaltsansprüche ist aber das allgemeine Zivilgericht zuständig[1].

Die **Zwangsvollstreckung** richtet sich nach § 803 ff. ZPO (→ *Zahlung* Rn. 37). Sie ist privilegiert nach §§ 850d, 850f I ZPO. Der Anspruch ist grundsätzlich unpfändbar (§§ 850b I Nr. 2, II, 851 ZPO)[2]. 5

Zum einstweiligen **Rechtsschutz** s. → *Zahlung* 39 ff. An die Stelle einer Befriedigungsverfügung nach § 940 ZPO tritt während eines anhängigen **Eheprozesses** (§ 620a II Satz 1 ZPO) die einstweilige Anordnung nach §§ 620 Nrn. 6, 9, 794 I Nr. 3a ZPO (näher § 1360, Rn. 13). Entsprechendes gilt während eines anhängigen **Unterhaltsprozesses** nach § 644 ZPO (s. § 1360, Rn. 14). 6

Auskunftspflicht

1580 [1]Die geschiedenen Ehegatten sind einander verpflichtet, auf Verlangen über ihre Einkünfte und ihr Vermögen Auskunft zu erteilen. [2]§ 1605 ist entsprechend anzuwenden.

§ 1580 gibt jedem Ehegatten gegen den anderen einen **Anspruch** auf **Auskunft** über sein Einkommen und Vermögen. Dafür gelten die Bemerkungen zu § 1605 entsprechend, mit folgenden Abweichungen: 1

Zuständig für eine Klage ist ausschließlich das Familiengericht (§§ 621 I Nr. 5, II, 642 III ZPO)[3] im ordentlichen Zivilprozess (§ 495 ZPO). 2

Zulässig ist die **Verbindung** einer Klage auf Auskunft mit einer Klage auf **nachehelichen Unterhalt** aus § 1569 (§ 254 ZPO). S. dazu näher → *Auskunft* Rn. 9 ff. In diesem Fall ist zugleich die Verbindung mit einer **Scheidungssache** statthaft (§ 623 I Satz 1 ZPO[4]; s. dazu § 1564, Rn. 7 ff.). Doch wird über die Auskunftsklage schon vor der Scheidungssache entschieden[5]. Eine isolierte Aus- 3

---

1 Vgl. MünchKommZPO/Bernreuther, § 621, Rn. 61; Staudinger/Verschraegen, 12. Aufl., vor § 1569, Rn. 30.
2 Schuschke, § 850b, Rn. 10; Zöller/Stöber, § 850b, Rn. 3 ff.
3 Stein/Jonas/Schlosser, § 621, Rn. 38; Zöller/Philippi, § 621, Rn. 5.
4 BGH, NJW 1997, 2177.
5 BGH, NJW 1997, 2177; MünchKommZPO/Finger, § 623, Rn. 24.

§ 1585a Sicherheitsleistung

kunftsklage kann nicht mit einer Scheidungssache verbunden werden[1].

Sicherheitsleistung

1585a (1) ¹Der Verpflichtete hat auf Verlangen Sicherheit zu leisten. ²Die Verpflichtung, Sicherheit zu leisten, entfällt, wenn kein Grund zu der Annahme besteht, dass die Unterhaltsleistung gefährdet ist oder wenn der Verpflichtete durch die Sicherheitsleistung unbillig belastet würde. ³Der Betrag, für den Sicherheit zu leisten ist, soll den einfachen Jahresbetrag der Unterhaltsrente nicht übersteigen, sofern nicht nach den besonderen Umständen des Falles eine höhere Sicherheitsleistung angemessen erscheint.

(2) Die Art der Sicherheitsleistung bestimmt sich nach den Umständen; die Beschränkung des § 232 gilt nicht.

I. Anspruch auf Sicherheitsleistung

1 § 1585a gibt dem Unterhalts-Berechtigten gegen den Verpflichteten einen **Anspruch** auf Sicherheitsleistung. Daneben besteht die Möglichkeit der Vorratspfändung nach § 850d III ZPO.

2 Eine **Leistungsklage** muss die Verurteilung des Beklagten beantragen, für die von ihm zu zahlende Unterhaltsrente in Höhe von . . . Euro dem Kläger Sicherheit zu leisten. Die Art der Sicherheitsleistung muss in dem Klageantrag nicht angegeben werden, da sie sich „nach den Umständen" bestimmt (§ 1585a II), also im Streitfall von Gericht bestimmt wird.

3 Das Gericht kann den Verpflichteten zu einer bestimmten Art der Sicherheitsleistung **verurteilen** oder ihm die Wahl zwischen bestimmten Arten der Sicherheitsleistung lassen, ihn etwa verurteilen, „nach seiner Wahl in einer durch § 232 BGB bestimmten Weise" Sicherheit zu leisten. Im letztgenannten Sinn ist auch ein Urteil auszulegen, das zur Sicherheitsleistung schlechthin verurteilt[2].

---

1 BGH, NJW 1997, 2177; MünchKommZPO/Finger, § 623, Rn. 25.
2 MünchKommBGB/Richter, 3. Aufl., Rn. 6.

Unwirksamkeit von Anerkennung, Zustimmung und Widerruf § 1598

Zuständig ist ausschließlich das Familiengericht (§§ 621 I Nr. 5, II, 642 III ZPO)[1] im ordentlichen Zivilprozess (§ 495 ZPO). Die Sache kann **Folgesache** sein (§ 623 I Satz 1 ZPO, s. § 1564, Rn. 7 ff.). 4

Die Klage auf Sicherheitsleistung kann mit der **Unterhaltsklage** verbunden werden (§ 260 ZPO). Nachträglich kann der Anspruch auf Sicherheitsleistung nur unter erschwerten Voraussetzungen geltend gemacht werden (§ 324 ZPO). 5

Zur **Zwangsvollstreckung** und zum **einstweiligen Rechtsschutz** s. § 232, Rn. 7 ff. 6

II. Wegfall einer Voraussetzung der Sicherheitsleistung

Der Anspruch auf Sicherheitsleistung hat, wenn man von der Beweislastverteilung absieht, nach § 1585a I Satz 2 zwei Voraussetzungen: 7

– Gefährdung der Unterhaltsleistung,
– keine unbillige Belastung des Verpflichteten.

Fällt eine dieser Voraussetzungen weg, ist also die Unterhaltsleistung nicht mehr gefährdet oder wird der Verpflichtete durch die Sicherheitsleistung jetzt unbillig belastet, so ist die **Vollstreckungsabwehrklage** (§ 767 ZPO) gegeben.

Haben sich die Vermögensverhältnisse des Verpflichteten erheblich *verbessert*, so dass die Unterhaltsleistung nicht mehr gefährdet ist, so kann **Klage analog § 324 ZPO** auf Herabsetzung, Aufhebung oder Rückgewähr der Sicherheitsleistung erhoben werden[2]. Soweit diese Klage reicht, ist die Vollstreckungsabwehrklage, die nur zur Unzulässigerklärung der Zwangsvollstreckung führt, erheblich weniger zweckmäßig und deshalb mangels Rechtsschutzinteresses unzulässig. 8

Unwirksamkeit von Anerkennung, Zustimmung und Widerruf

1598 (1) **Anerkennung, Zustimmung und Widerruf sind nur unwirksam, wenn sie den Erfordernissen der vorstehenden Vorschriften nicht genügen.**

---

1 MünchKommBGB/Maurer, 4. Aufl., Rn. 5.
2 MünchKommZPO/Gottwald, § 324, Rn. 8.

(2) Sind seit der Eintragung in ein deutsches Personenstandsbuch fünf Jahre verstrichen, so ist die Anerkennung wirksam, auch wenn sie den Erfordernissen der vorstehenden Vorschriften nicht genügt.

Inhaltsübersicht

A. Formell mangelhafte Anerkennung 1	3. Potentieller Erzeuger ... 10
I. Feststellungsklage 1	V. Tod einer Partei 12
II. Minderjähriges Kind 3	VI. Urteil 15
III. Zuständigkeit und Verfahrensart 4	B. Inhaltlich unrichtige Anerkennung 16
IV. Beteiligung Dritter 5	I. Klage und Urteil 16
1. Mutter 5	II. Minderjähriges Kind 23
2. Kind 7	III. Weitere Fragen 24
a) Volljähriges Kind 7	C. Prozessverbindung 25
b) Minderjähriges Kind .. 8	

A. Formell mangelhafte Anerkennung

I. Feststellungsklage

1   Die Anerkennung der Vaterschaft ist formell mangelhaft, wenn sie den Erfordernissen der §§ 1594–1597 nicht genügt. In diesem Fall ist sie zunächst kraft Gesetzes unwirksam (§ 1598). Die Unwirksamkeit kann in jedem Prozess, in dem es auf sie ankommt, inzident festgestellt werden[1]. Auch kann eigens Klage erhoben werden auf die **Feststellung**, dass die am ... in ... vom Beklagten erklärte Anerkennung der Vaterschaft (Geburtenbuch Nr...) wirksam oder unwirksam sei[2].

2   Das Gesetz erwähnt die Klage auf „Feststellung der Wirksamkeit oder Unwirksamkeit einer Anerkennung der Vaterschaft" in § 640 II Nr. 1 ZPO. Es subsumiert sie dort unter die Klage auf „Feststellung des Bestehens oder Nichtbestehens eines Eltern-Kind-Verhältnisses", unter die auch die Klage auf Feststellung des Bestehens der nichtehelichen Vaterschaft nach § 1600d fällt. Diese Gleichbehandlung rechtfertigt es, die Feststellungsklage wegen der Vaterschaftsanerkennung nur unter denselben **Parteien** zuzulassen

---

1   MünchKommZPO/Coester-Waltjen, § 640, Rn. 35; Zöller/Philippi, § 640, Rn. 19.
2   Antrag nach Anders/Gehle, S. 90.

wie die Feststellungsklage wegen der Vaterschaft (§ 1600e I). Klagen kann also nur der Mann gegen das Kind und die Mutter oder das Kind gegen den Mann[1]. Das nach § 256 I ZPO erforderliche Feststellungsinteresse setzt voraus, dass der Beklagte die Wirksamkeit der Vaterschaftsanerkennung erklärtermaßen anders beurteilt als der Kläger.

II. Minderjähriges Kind

Das minderjährige Kind, das prozessunfähig ist (§ 52 I ZPO), wird in der Regel von der Mutter gesetzlich vertreten (§ 1626a II). Ist die Mutter nicht personensorgeberechtigt, so erhält das Kind einen Ergänzungspfleger (§ 1909 I Satz 1), notfalls vorerst einen Prozesspfleger (§ 57 I ZPO).   3

III. Zuständigkeit und Verfahrensart

Zuständig ist ausschließlich das Familiengericht im Kindschaftsprozess (§§ 621 I Nr. 10, 640 II Nr. 1, 640a, 40 II ZPO).   4

IV. Beteiligung Dritter

1. Mutter

Die an dem Rechtsstreit nicht als Partei und auch nicht als gesetzliche Vertreterin des Kindes beteiligte Mutter ist zum Verhandlungstermin zu laden (§ 640e I Satz 1 ZPO). Sie kann untätig bleiben oder, unabhängig von der Ladung, dem Kläger oder dem Beklagten als Nebenintervenientin beitreten (§§ 640e I Satz 2, 66 ff. ZPO), je nachdem, wessen Standpunkt sie teilt.   5

Streitgenössische Nebenintervenientin (§ 69 ZPO) wird die Mutter, wenn sie von dem Urteil in gleichem Maß betroffen wird wie ihre Hauptpartei (vgl. § 765, Rn. 15). Die Feststellung, dass die Vaterschaftsanerkennung wirksam oder unwirksam ist, betrifft den Status der Mutter genauso wie den des Mannes und den des Kindes und wirkt ihr gegenüber regelmäßig in stärkerem Maß als gegenüber einem beliebigen Dritten. Daher wird die Mutter streitgenössische Nebenintervenientin.   6

---

1 Ebenso im Ergebnis Zöller/Philippi, § 640, Rn. 3.

§ 1598   Unwirksamkeit von Anerkennung, Zustimmung und Widerruf

2. Kind

a) Volljähriges Kind

7   Das an dem Rechtsstreit nicht als Partei beteiligte volljährige Kind ist gleichfalls zum Verhandlungstermin zu laden (§ 640e I Satz 1 ZPO). Es kann untätig bleiben oder, unabhängig von der Ladung, dem Kläger oder dem Beklagten als Nebenintervenient beitreten (§§ 640e I Satz 2, 66 ff. ZPO), je nachdem, wessen Standpunkt es teilt. Durch den Beitritt wird das Kind streitgenössischer Nebenintervenient (§ 69 ZPO), aus denselben Gründen wie die Mutter (Rn. 6).

b) Minderjähriges Kind

8   Für das minderjährige Kind, das prozessunfähig ist (§ 52 I ZPO), wird sein gesetzlicher Vertreter (Rn. 3) geladen. Dieser hat zu entscheiden, ob er im Namen des Kindes einer Partei als streitgenössischer Nebenintervenient beitritt.

9   Ist die Mutter selbst Partei, so wird sie nicht nochmals als gesetzliche Vertreterin des Kindes geladen. Sie kann dann auch nicht im Namen des Kindes beitreten. Denn da sie schon als Partei den Prozess so führen kann, wie sie ihn als gesetzliche Vertreterin des intervenierenden Kindes führen könnte, wäre ihr Beitritt im Namen des Kindes nutzlos.

3. Potentieller Erzeuger

10   Verficht das Kind als Partei die Wirksamkeit der Vaterschaftsanerkennung, so kann es für den Fall des Unterliegens einem Dritten, den es hilfsweise als Erzeuger ansieht, den Streit verkünden (analog § 640e II Satz 1 ZPO). Entsprechendes gilt für die Mutter (§ 640e II Satz 2 ZPO). Denn es besteht die – eine Streitverkündung rechtfertigende – Gefahr, dass die biologische Vaterschaft des Anerkennenden jeweils zum Nachteil des Kindes oder der Mutter gegenüber dem Anerkennenden verneint, gegenüber dem Dritten aber bejaht wird.

11   Das Beitrittsrecht eines potentiellen Erzeugers beurteilt sich bei der Klage auf Feststellung der Wirksamkeit einer Vaterschaftsanerkennung wie bei der positiven Vaterschafts„feststellungs"klage (§ 1600d, Rn. 16 ff.), bei der Klage auf Feststellung der Unwirksamkeit einer Vaterschaftsanerkennung wie bei der negativen Vaterschaftsfeststellungsklage (§ 1600d, Rn. 45 ff.).

V. Tod einer Partei

Stirbt eine Partei während des Prozesses, so ist zu unterscheiden: 12

Stirbt der klagende oder beklagte Mann oder das beklagte Kind 13
während des Prozesses, so ist der Kindschaftsprozess in der Hauptsache als erledigt anzusehen (§§ 640 I, 619 ZPO).

Beim Tod des klagenden Kindes oder der Mutter wird der Kind- 14
schaftsprozess unterbrochen, bis er von dem überlebenden Teil aufgenommen wird; geschieht dies nicht binnen eines Jahres, so ist der Kindschaftsprozess in der Hauptsache als erledigt anzusehen. Dies folgt aus der analogen Anwendung des § 640g ZPO, für die spricht, dass der überlebende Teil neu klagen könnte und es zweckmäßiger ist, ihm die Fortführung des bisherigen Prozesses mit den bereits gewonnenen Ergebnissen zu gestatten.

VI. Urteil

Die nicht bloß inzident getroffene Feststellung, dass die Vater- 15
schaftsanerkennung wirksam oder unwirksam ist, erwächst in materielle Rechtskraft für und gegen alle (§ 640h Satz 1 ZPO).

B. Inhaltlich unrichtige Anerkennung

I. Klage und Urteil

– Ist der Mann, der die Vaterschaft anerkannt hat, in Wahrheit 16
nicht der Erzeuger, so ist die Anerkennung deswegen nicht unwirksam. Sie kann aber auf Anfechtungsklage vom Gericht „unwirksam gemacht" werden. Mit der Anfechtungsklage wird die **Feststellung** beantragt, dass der Mann nicht der Vater des Kindes ist (§ 1599 I, i. V. m. § 1592 Nr. 2).

– **Berechtigt** zu der Anfechtungsklage sind nach § 1600 i. V. m. 17
§ 1592 Nr. 2 der Mann, der die Vaterschaft anerkannt hat, die Mutter und das Kind. Die Klage des Mannes ist gegen das Kind zu richten, die Klage des Kindes oder seiner Mutter gegen den Mann (§ 1600e I).

– Das klagestattgebende Urteil stellt fest, dass der Mann im 18
Rechtssinn nicht der *Vater* des Kindes ist (Entscheidung der Hauptsache), weil er nicht der *Erzeuger* des Kindes ist (Entscheidungsgründe). Es gilt insoweit dasselbe wie bei der Anfechtung

§ 1598 Unwirksamkeit von Anerkennung, Zustimmung und Widerruf

der ehelichen Vaterschaft (§ 1599, Rn. 3). Das Urteil ist auch hier ein **Gestaltungsurteil**[1] (→ *Gestaltungsklagen* Rn. 1). Deshalb empfiehlt es sich, wie folgt zu tenorieren: „Es wird festgestellt, dass (z. B.) der Kläger nicht der Vater des Beklagten ist. Die Vaterschaftsanerkennung des Klägers wird für unwirksam erklärt"[2].

19 – Da das Urteil zwei Aussprüche enthält, sollte auch die Klage **zwei Anträge** enthalten: erstens festzustellen, dass der Mann nicht der Vater des Kindes ist; zweitens die Vaterschaftsanerkennung des Mannes für unwirksam zu erklären.

20 Beantragt der Kläger nur die Feststellung, dass der Mann nicht der Vater ist, so kann das Gericht gleichwohl die Anerkennung für unwirksam erklären, da es damit lediglich die gesetzliche Folge seiner Feststellung ausspricht.

21 Beantragt der Kläger ausdrücklich nur die Unwirksamkeitserklärung der Anerkennung, so ist im Zweifel anzunehmen, dass er auch eine negative Feststellung über die Vaterschaft haben will.

22 Eine „isolierte Anfechtungsklage" mit dem Antrag, die Anerkennung für unwirksam zu erklären, *ohne* die Vaterschaft zu verneinen, lässt § 1599 I nicht zu. Eine isolierte Anfechtungsklage wäre also schon nach dem Gesetz unzulässig, nicht erst mangels „Rechtsschutzbedürfnisses"[3].

II. Minderjähriges Kind

23 Das minderjährige Kind, das prozessunfähig ist (§ 640b ZPO), wird in der Regel von der Mutter gesetzlich vertreten (§ 1626a II). Ist die Mutter nicht personensorgeberechtigt, so erhält das Kind einen Ergänzungspfleger (§ 1909 I Satz 1), notfalls vorerst einen Prozesspfleger (§ 57 I ZPO). Dasselbe gilt, wenn die elterliche Sorge den Eltern gemeinsam zusteht (§ 1626a I). Denn der Vater, der schon als Partei beteiligt ist, kann nicht auch noch das Kind gesetzlich vertreten[4]. Und die Mutter kann das Kind bei gemeinschaftlicher elterli-

---

1 Ebenso Rosenberg/Schwab/Gottwald, § 94 II 2; Soergel/Gaul, § 1600l, Rn. 1.
2 Ebenso Künkel in Rahm/Künkel, III C Rn. 95. Ähnlich Münch-KommBGB/Mutschler, § 1600l, Rn. 16; Soergel/Gaul, § 1600l, Rn. 1.
3 A. A. Stein/Jonas/Schlosser, § 640, Rn. 29.
4 Vgl. BGH, NJW 1972, 1708.

Nichtbestehen der Vaterschaft § 1599

cher Sorge gleichfalls nicht vertreten (§ 1629 II i.V.m. § 1795 I Nr. 3)[1].

III. Weitere Fragen

Hinsichtlich aller weiteren Fragen – Zuständigkeit und Verfahrensart, Widerklage, Beteiligung Dritter, Tod einer Partei, Urteilswirkungen – gilt für die Anfechtung der **anerkannten Vaterschaft** dasselbe wie für die Anfechtung der **ehelichen** Vaterschaft (s. bei § 1599; statt „Ehemann" ist zu lesen „der Mann, der die Vaterschaft anerkannt hat"). 24

C. Prozessverbindung

Die Anfechtungsklage kann hilfsweise mit der Klage auf Feststellung der Unwirksamkeit der Vaterschaftsanerkennung verbunden werden (§§ 260, 640c I Satz 1 ZPO)[2]. 25

Nichtbestehen der Vaterschaft

1599 (1) § 1592 Nr. 1 und 2 und § 1593 gelten nicht, wenn auf Grund einer Anfechtung rechtskräftig festgestellt ist, dass der Mann nicht der Vater des Kindes ist.
(2) ¹§ 1592 Nr. 1 und § 1593 gelten auch nicht, wenn das Kind nach Anhängigkeit eines Scheidungsantrags geboren wird und ein Dritter spätestens bis zum Ablauf eines Jahres nach Rechtskraft des dem Scheidungsantrag stattgebenden Urteils die Vaterschaft anerkennt; § 1594 Abs. 2 ist nicht anzuwenden. ²Neben den nach den §§ 1595, 1596 notwendigen Erklärungen bedarf die Anerkennung der Zustimmung des Mannes, der im Zeitpunkt der Geburt mit der Mutter des Kindes verheiratet ist; für diese Zustimmung gelten § 1594 Abs. 3 und 4, § 1596 Abs. 1 Satz 1 bis 3, Abs. 3 und 4, § 1597 Abs. 1 und 2 und § 1598 Abs. 1 entsprechend. ³Die Anerkennung wird frühestens mit Rechtskraft des dem Scheidungsantrag stattgebenden Urteils wirksam.

---

1 Vgl. BGH, NJW 1972, 1708.
2 Staudinger/Rauscher, 14. Bearb. 2000, § 1600e, Rn. 73.

Inhaltsübersicht

- A. Anfechtungsklage 1
- I. Klage und Urteil 1
- II. Minderjähriges Kind 4
- III. Zuständigkeit und Verfahrensart 5
- IV. Widerklage 6
- V. Beteiligung Dritter 7
  - 1. Mutter 7
    - a) Keine Beteiligung als gesetzliche Vertreterin . 7
    - b) Beteiligung als gesetzliche Vertreterin 10
  - 2. Kind 11
    - a) Volljähriges Kind ... 11
    - b) Minderjähriges Kind . 13
  - 3. Potentieller Erzeuger .. 15
    - a) Nebenintervention .. 15
    - b) Streitverkündung ... 18
- VI. Tod einer Partei 19
- VII. Urteilswirkungen 23
  - 1. Klagestattgebendes Urteil 23
    - a) Gestaltungswirkung . 23
    - b) Rechtskraftwirkung . 24
  - 2. Klageabweisendes Urteil 26
- B. Feststellungsklagen 27

A. Anfechtungsklage

I. Klage und Urteil

1 Nach § 1599 I i. V. m. §§ 1592 Nr. 1, 1593 ist der Ehemann der Mutter nicht der Vater des Kindes, wenn auf Grund einer Anfechtung rechtskräftig festgestellt ist, dass er nicht der Vater ist[1]. Die Anfechtung erfolgt durch Klage. **Klageberechtigt** sind der Ehemann, die Mutter und das Kind (§ 1600). Klageberechtigt ist grundsätzlich auch ein Ehemann, der mit der heterologen Insemination seiner Frau einverstanden war[2]. Der Ehemann klagt gegen das Kind, die Mutter und das Kind klagen gegen den Ehemann (§ 1600e I).

2 Der **Klageantrag** geht dahin, festzustellen, dass der Ehemann (Kläger oder Beklagter) nicht der Vater des Kindes ist.

3 Das klagestattgebende Urteil stellt fest, dass der Ehemann im Rechtssinn nicht der *Vater* des Kindes ist (Entscheidung der Hauptsache), weil er nicht der *Erzeuger* des Kindes ist (Entscheidungsgründe). Die Feststellung, dass der Ehemann nicht der Vater ist, bezieht sich auf die Zukunft: der Ehemann soll künftig nicht mehr als Vater angesehen werden, rückwirkend den „Status des Vaters" verlieren. Da das Urteil die Rechtslage gezielt verändert, ist es ein

---

1 Zur Anfechtung im Falle des § 1592 Nr. 2 s. § 1598.
2 BGHZ 129, 301; BGH, NJW 1995, 2921; Gaul, FamRZ 1997, 1465; Künkel in Rahm/Künkel, III C Rn. 129; Soergel/Gaul, § 1591, Rn. 32 ff. **A. A.** D. Schwab, Familienrecht, Rn. 490.

Nichtbestehen der Vaterschaft   § 1599

Gestaltungsurteil[1] (→ *Gestaltungsklagen* Rn. 1). Das Urteil deswegen für ein Feststellungsurteil zu halten, weil es eine Feststellung trifft, wäre oberflächlich. Denn ein Feststellungsurteil bezieht sich auf die gegenwärtige Rechtslage. Ein Feststellungsurteil wäre das Anfechtungsurteil daher dann, wenn der Ehemann schon zur Zeit der letzten mündlichen Verhandlung nicht als Vater des Kindes gegolten hätte. So ist es aber nicht.

II. Minderjähriges Kind

Das minderjährige Kind ist nicht prozessfähig (§ 640b ZPO). Von 4 dem Ehemann kann es nicht vertreten werden, weil dieser schon als Partei beteiligt ist[2]. Von der Mutter kann das Kind bei bestehender Ehe gleichfalls nicht vertreten werden (§ 1629 II Satz 1 i. V. m. § 1795 I Nr. 3)[3]. Nach Auflösung der Ehe kann das Kind von der allein personensorgeberechtigten Mutter vertreten werden, es sei denn, dass ihr die Vertretung wegen eines erheblichen Interessengegensatzes entzogen worden ist (§ 1629 II Satz 3)[4]. Kann das Kind von der Mutter nicht vertreten werden, so erhält es einen Ergänzungspfleger (§§ 1693, 1909 I Satz 1)[5]. Vorläufig kann ihm auch ein Prozesspfleger bestellt werden (§ 57 I ZPO).

III. Zuständigkeit und Verfahrensart

Zuständig ist ausschließlich das Familiengericht im Kindschafts- 5 prozess (§§ 621 I Nr. 10, 640 II Nr. 2, 640a, 40 II ZPO).

IV. Widerklage[6]

Die Anfechtungsklage des Mannes kann auch als Widerklage gegen 6 die Anfechtungsklage des Kindes erhoben werden, und umgekehrt (vgl. § 640c I Satz 2 ZPO)[7]. Klagt die Mutter gegen den Mann, so kann dieser seine gegen das Kind zu richtende Anfechtungsklage

---

1 Rosenberg/Schwab/Gottwald, § 94 II 2; Soergel/Gaul, § 1593, Rn. 4 f.; Stein/Jonas/Schlosser, § 640, Rn. 19; str.
2 BGH, NJW 1972, 1708.
3 BGH, NJW 1972, 1708.
4 Dazu OLG Stuttgart, FamRZ 1983, 831; MünchKommBGB/Hinz, § 1629, Rn. 31.
5 Näher Künkel in Rahm/Künkel, III C Rn. 101.
6 Eingehend Staudinger/Rauscher, 14. Bearb. 2000, § 1600e, Rn. 56 ff.
7 MünchKommZPO/Coester-Waltjen, § 640c, Rn. 6; Soergel/Gaul, § 1599, Rn. 11; Staudinger/Rauscher, 14. Bearb. 2000, § 1600e, Rn. 58.

nicht als Widerklage gegen die Mutter erheben, sondern allenfalls als „Widerklage" gegen das Kind[1].

V. Beteiligung Dritter

1. Mutter

a) Keine Beteiligung als gesetzliche Vertreterin

7 Die an dem Rechtsstreit nicht als Partei und auch nicht als gesetzliche Vertreterin des Kindes beteiligte Mutter ist zum Verhandlungstermin zu laden (§ 640e I Satz 1 ZPO). Sie kann untätig bleiben oder, unabhängig von der Ladung, dem Mann oder dem Kind als Nebenintervenientin beitreten (§§ 640e I Satz 2, 66 ff. ZPO), je nachdem, wessen Standpunkt sie teilt.

8 Durch den Beitritt wird die Mutter streitgenössische Nebenintervenientin (§ 69 ZPO)[2], weil sie von dem Urteil in gleichem Maß betroffen wird wie ihre Hauptpartei (vgl. § 765, Rn. 15). Denn so wie das klagestattgebende Urteil den Status der Hauptpartei verändert, indem es dem Mann das Kind oder dem Kind den Vater nimmt, verändert es den Status der Mutter, die jetzt keinen Vater für ihr Kind mehr hat.

9 Da die Mutter ein eigenes Anfechtungsrecht hat, kann sie auch gegen den Widerspruch der anfechtenden Hauptpartei anfechtungsfreundliche Tatsachen einführen (§ 640d ZPO) und Berufung gegen ein klageabweisendes Urteil einlegen[3].

b) Beteiligung als gesetzliche Vertreterin

10 Die als gesetzliche Vertreterin des Kindes beteiligte Mutter kann auf keiner Seite beitreten[4]. Denn als Nebenintervenientin auf der Seite des Kindes könnte die Mutter nicht mehr erreichen, als sie in gesetzlicher Vertretung des Kindes erreichen kann. Und als Nebenintervenientin auf der Seite des Mannes geriete die Mutter mit ihrer

---

1 Vgl. Staudinger/Rauscher, 14. Bearb. 2000, § 1600e, Rn. 61; Wieczorek/Hausmann, § 33, Rn. 45 ff.; Zöller/Vollkommer, § 33, Rn. 18 ff.
2 BGHZ 89, 123; MünchKommZPO/Coester-Waltjen, § 640e, Rn. 11; Soergel/Gaul, § 1599, Rn. 12; Wieczorek/Mansel, § 69, Rn. 24.
3 Ebenso Künkel in Rahm/Künkel, III C Rn. 100.
4 OLG Hamm, FamRZ 1994, 386; MünchKommZPO/Schilken, § 66, Rn. 4. **A. A.** OLG Düsseldorf, FamRZ 1980, 1147; OLG Karlsruhe, FamRZ 1998, 485; Stein/Jonas/Bork, § 66, Rn. 8.

Stellung als gesetzliche Vertreterin des Kindes in einen Interessenkonflikt, der dem eines verbotenen In-sich-Prozesses nahe kommt.

2. Kind

a) Volljähriges Kind

Klagt die Mutter gegen den Mann, so ist das volljährige Kind zum Verhandlungstermin zu laden (§ 640e I Satz 1 ZPO). Es kann untätig bleiben oder, unabhängig von der Ladung, der Mutter oder dem Mann als Nebenintervenient beitreten (§§ 640e I Satz 2, 66 ff. ZPO), je nachdem, wessen Standpunkt es teilt. 11

Durch den Beitritt wird das Kind streitgenössischer Nebenintervenient (§ 69 ZPO), weil es von dem Urteil zumindest in gleichem Maße betroffen wird wie seine Hauptpartei (vgl. § 765, Rn. 15). Denn so wie das klagestattgebende Urteil den Status der Hauptpartei verändert, indem es der Mutter den Kindesvater und dem Mann das Kind nimmt, verändert es den Status des Kindes, das seinen Vater verliert. 12

b) Minderjähriges Kind

Das minderjährige Kind, das prozessunfähig ist (§ 640b ZPO), erhält einen Ergänzungspfleger (§§ 1693, 1909 I Satz 1)[1], der zum Verhandlungstermin geladen wird und entscheiden muss, ob er im Namen des Kindes einem Elternteil als Nebenintervenient beitritt[2]. Der Vater und die Mutter können das Kind nach § 1629 II Satz 1 nicht vertreten[3]. Denn durch seinen Beitritt auf der Seite eines Elternteils gerät das Kind in einen Rechtsstreit mit dem anderen Elternteil (§ 1795 I Nr. 3). Zwar wird es nicht Partei dieses Rechtsstreits, hat aber als streitgenössischer Nebenintervenient eine ähnlich starke Rechtsstellung (§ 69 ZPO). 13

Frei. 14

---

1 Näher Künkel in Rahm/Künkel, III C Rn. 101.
2 Künkel in Rahm/Künkel, III C Rn. 102; Staudinger/Rauscher, 14. Bearb. 2000, § 1600e, Rn. 81. Meine grundsätzlich abweichende Ansicht (1. Aufl., § 1599, Rn. 13, 14) gebe ich auf.
3 Künkel in Rahm/Künkel, III C Rn. 102.

3. Potentieller Erzeuger
a) Nebenintervention

15 Ein Dritter, der als Erzeuger in Betracht kommt, muss grundsätzlich nicht beigeladen werden[1]. Er hat aber ein rechtliches Interesse am Sieg des Klägers, wenn er als Vater des Kindes anerkannt werden will, und kann deshalb dem Kläger als Nebenintervenient beitreten (§ 66 I ZPO)[2]. Ist ihm an der Vaterschaft nicht gelegen, kann er dem Beklagten als Nebenintervenient beitreten[3].

16 Streitgenössischer Nebenintervenient (§ 69 ZPO) wird der potentielle Erzeuger allerdings nicht[4], weil das Urteil ihm gegenüber nicht im gleichen Maße wirkt wie gegenüber seiner Hauptpartei. Denn während das klagestattgebende Urteil den Status der Hauptpartei verändert (Rn. 12), lässt es den Status des Dritten unverändert und eröffnet lediglich die Möglichkeit, dass seine Vaterschaft festgestellt wird. Eine solche weniger gewichtige Urteilswirkung

---

1 BGHZ 83, 393; Deneke, ZZP 99, 107; Staudinger/Rauscher, 14. Bearb. 2000, § 1600e, Rn. 82; Wieczorek/Schlüter, § 640e, Rn. 5. A. A. Stein/Jonas/Schlosser, § 640e, Rn. 7; Zöller/Philippi, § 640e, Rn. 2. Beizuladen ist aber der frühere Ehemann im Falle des § 1593 I Satz 4 (vgl. Wieczorek/Schlüter, § 640e, Rn. 5).
2 OLG Oldenburg, NJW 1975, 883; Soergel/Gaul, § 1599, Rn. 12; Staudinger/Rauscher, 14. Bearb. 2000, § 1599, Rn. 59; § 1600e, Rn. 84; Stein/Jonas/Bork, § 66, Rn. 19; Zöller/Vollkommer, § 66, Rn. 13b. A. A. Staudinger/Göppinger, 12. Aufl., § 1593, Rn. 16 f. Aber § 1593 a.F. schließt die Unterstützung einer Anfechtungsklage sowenig aus wie die Anfechtungsklage selbst, und gegen den Willen des Klägers kann der Dritte nicht prozessieren (Rn. 16). Ebenso wenig überzeugen die Einwände Göppingers gegen eine Nebenintervention im Verfahren zur Anfechtung der nichtehelichen Vaterschaft (Staudinger/Göppinger, 12. Aufl., § 1600l, Rn. 32 f.). Denn das Beitrittsrecht des Dritten hängt nicht von seinem Anspruch auf rechtliches Gehör, sondern von seinem rechtlichen Interesse ab (§ 66 I ZPO), und die Verbindlichkeit der Vaterschaftsanerkennung soll im Anfechtungsprozess gerade überprüft werden, kann also der Nebenintervention so wenig entgegengehalten werden wie der Klage.
3 BGHZ 76, 302. Staudinger/Rauscher, 14. Bearb. 2000, Rn. 58; § 1600e, Rn. 83; Stein/Jonas/Bork, § 66, Rn. 19; Zöller/Vollkommer, § 66, Rn. 13b. A. A. Staudinger/Göppinger, 12. Aufl., § 1593, Rn. 16; gegen ihn MünchKommBGB/Mutschler, § 1599 Rn. 16.
4 BGHZ 92, 276; Braun, JZ 1985, 339 ff.; Deneke, ZZP 99, 101; Soergel/Gaul, § 1599, Rn. 12; Staudinger/Rauscher, 14. Bearb. 2000, Rn. 58; Vollkommer, 50 Jahre BGH, III, 137; Wieczorek/Mansel, § 69, Rn. 17; Zöller/Philippi, § 640e, Rn. 9. A. A. Stein/Jonas/Schlosser, § 640e, Rn. 7.

rechtfertigt nicht die „Gleichstellung" des Nebenintervenienten mit seiner Hauptpartei.

Als einfacher Nebenintervenient kann der Dritte gegen das Urteil kein Rechtsmittel einlegen, falls die Hauptpartei widerspricht (§§ 66 II, 67 ZPO). Andernfalls bestehen gegen sein Rechtsmittel keine Bedenken[1]: Ist der Anfechtungsklage stattgegeben worden, so verteidigt der Dritte als Nebenintervenient des Beklagten mit seinem Rechtsmittel in rechtlich erwünschter Weise den Status quo[2]. Ist die Anfechtungsklage abgewiesen worden, so ist der vom Gesetz geforderte Anfechtungswille des Klägers als fortdauernd anzunehmen, solange der Kläger weder die Klage zurücknimmt noch einem Rechtsmittel des potentiellen Erzeugers als seines Nebenintervenienten widerspricht. 17

b) Streitverkündung

Das beklagte Kind kann analog § 640e II Satz 1 ZPO für den Fall seines Unterliegens einem potentiellen Erzeuger den Streit verkünden[3], weil es sonst der Gefahr einer doppelten Niederlage aus widersprüchlichen Gründen ausgesetzt wäre: Wird die Vaterschaft des Klägers verneint, so ist ein auf Feststellung der Vaterschaft verklagter Dritter durch die *materielle Rechtskraft* des Urteils nicht an dem Einwand gehindert, der Ehemann sei doch der Erzeuger (Rn. 25). 18

VI. Tod einer Partei

– Stirbt eine Partei während des Prozesses, so ist zu **unterscheiden**: 19

Stirbt der klagende oder beklagte Mann oder das beklagte Kind während des Prozesses, so ist der Kindschaftsprozess in der Hauptsache als erledigt anzusehen (§§ 640 I, 619 ZPO). 20

Beim Tod des klagenden Kindes oder der Mutter wird der Kindschaftsprozess unterbrochen[4], bis er von dem überlebenden Teil 21

---

1 Entgegen MünchKommZPO/Coester-Waltjen, § 640e, Rn. 4.
2 BGHZ 76, 304.
3 Soergel/Gaul, § 1600l, Rn. 4; Staudinger/Rauscher, 14. Bearb. 2000, § 1600e, Rn. 83. A. A. für die Anfechtung der nichtehelichen Vaterschaft Staudinger/Göppinger, 12. Aufl., § 1600l, Rn. 32, wegen der Verbindlichkeit der Vaterschaftsanerkennung; aber die Streitverkündung erfolgt gerade für den Fall der Unverbindlichkeit.
4 Stein/Jonas/Schlosser, § 640g, Rn. 6; Zöller/Philippi, § 640g, Rn. 1.

aufgenommen wird; geschieht dies nicht binnen eines Jahres, so ist der Kindschaftsprozess in der Hauptsache als erledigt anzusehen (§ 640g ZPO).

22 – Beim Tod des Kindes kann der Mann die Vaterschaft nur noch im Verfahren der freiwilligen Gerichtsbarkeit anfechten (§ 1600e II BGB, § 621a I ZPO), desgleichen beim Tod des Mannes das Kind oder die Mutter. Beim Tod der Mutter bleibt allein der Kindschaftsprozess zwischen Mann und Kind zulässig.

VII. Urteilswirkungen

1. Klagestattgebendes Urteil

a) Gestaltungswirkung

23 Das Urteil, das der Anfechtungsklage formell-rechtskräftig stattgibt, bewirkt zunächst, dass das Kind seinen Vater verliert, und zwar rückwirkend, vom Zeitpunkt der Geburt an[1]. Diese Wirkung tritt für und gegen alle ein (§ 640h Satz 1 ZPO): Jeder kann sich auf die Vaterlosigkeit des Kindes berufen und jeder muss sie anerkennen. Dies ist keine von der Vaterlosigkeit verschiedene Urteilswirkung, wie manche meinen[2], sondern nur eine Seite der Vaterlosigkeit, ihre absolute Geltung. Praktisch bedeutsam ist die Vaterlosigkeit freilich nur für bestimmte Personen, namentlich für den Ehemann, der jetzt gegenüber einem Unterhaltstitel des Kindes einwenden kann, dass er nicht als Vater unterhaltspflichtig sei (§§ 767, 795 Satz 1 ZPO)[3], und für einen Dritten, der jetzt auf Feststellung der Vaterschaft klagen oder verklagt werden kann (§ 1600d)[4].

b) Rechtskraftwirkung

24 Das der Anfechtungsklage stattgebende Urteil besagt, dass der Ehemann **nicht der Vater** des Kindes ist. Dadurch wird zugleich konkludent das Anfechtungsrecht des Klägers materiell-rechtskräftig

---

1 OLG Celle, FamRZ 1993, 437; MünchKommBGB/Mutschler, § 1593, Rn. 26; Soergel/Gaul, § 1593, Rn. 34.
2 Calavros, S. 120 f. Vgl. auch Häsemeyer, ZZP 101, 398 f.
3 OLG Celle, FamRZ 1993, 437; Soergel/Gaul, § 1593, Rn. 35. Zu weiteren Rechten des Ehemannes vgl. D. Schwab, Familienrecht, Rn. 478 f.
4 MünchKommZPO/Coester-Waltjen, § 640, Rn. 59.

festgestellt (→ *Gestaltungsklagen* Rn. 9 ff.)¹, und zwar für und gegen alle (§ 640h Satz 1 ZPO).

Eine rechtskräftige Feststellung des Inhalts, dass der Ehemann **nicht der Erzeuger** des Kindes ist, trifft das Urteil dagegen nicht². Daher kann nach wie vor geltend gemacht werden, dass der Ehemann der Erzeuger des Kindes sei, namentlich in einem Prozess auf Feststellung der Vaterschaft eines Dritten³.

25

2. Klageabweisendes Urteil

Wird die Anfechtungsklage rechtskräftig als unbegründet abgewiesen, weil die Abstammung des Kindes von dem Ehemann bewiesen ist oder zweifelhaft bleibt, so steht die **Vaterschaft des Ehemannes** gegenüber allen Anfechtungsberechtigten mit materieller Rechtskraft fest (§ 640h Satz 1 ZPO)⁴, ebenso gegenüber einem Dritten, der die Vaterschaft für sich in Anspruch nimmt⁵.

26

B. Feststellungsklagen

Zwei Fälle sind zu unterscheiden:

27

Erster Fall: Es wird **nicht bestritten**, dass das Kind von der als seine Mutter angesehenen Frau geboren wurde, und zwar während der Ehe oder innerhalb von 300 Tagen nach Auflösung der Ehe, so dass

28

---

1 Vgl. Rosenberg/Schwab/Gottwald, § 94 III 2; Soergel/Gaul, § 1593, Rn. 33.
2 BGHZ 83, 394 f.; Künkel in Rahm/Künkel, III C Rn. 189; MünchKomm-ZPO/Coester-Waltjen, § 640h, Rn. 4, 10; Soergel/Gaul, § 1593, Rn. 36; § 1600l, Rn. 8; Wieczorek/Schlüter, § 640h, Rn. 6. A. A. Deneke, ZZP 99, 103; MünchKommBGB/Mutschler, § 1600l, Rn. 17; Musielak/Borth, § 640h, Rn. 2; Staudinger/Rauscher, 14. Bearb. 2000, § 1599, Rn. 23; Stein/Jonas/Schlosser, § 640h, Rn. 7; Vollkommer, 50 Jahre BGH, III, 131; Zöller/Philippi, § 640h, Rn. 3.
3 BGHZ 83, 391.
4 MünchKommBGB/Mutschler, § 1599, Rn. 17; § 1600l, Rn. 13 f.; MünchKommZPO/Coester-Waltjen, § 640h, Rn. 9; Schlosser, Gestaltungsklagen, S. 397; Soergel/Gaul, § 1593, Rn. 38; § 1600l, Rn. 9, 11; Staudinger/Rauscher, 14. Bearb. 2000, § 1599, Rn. 28; Stein/Jonas/Schlosser, § 640h, Rn. 6. A. A. OLG Düsseldorf, NJW 1980, 2760 zur Anfechtung einer nichtehelichen Vaterschaft (dagegen Soergel/Gaul, § 1600l, Rn. 9).
5 BGHZ 23, 7; MünchKommBGB/Mutschler, § 1593, Rn. 27.

der Ehemann der Mutter der **Vater** im Rechtssinn ist (§§ 1592 Nr. 1, 1593).

29 – Die Klage auf Feststellung, dass der Ehemann der Mutter **nicht der Erzeuger** des Kindes sei, ist mit dem Gesetz unvereinbar und deshalb unzulässig[1], wenn sie nicht als Anfechtungsklage eines Berechtigten auszulegen ist.

30 – Die Klage auf Feststellung, dass der Ehemann der Mutter **der Erzeuger** des Kindes sei, ist gleichfalls unzulässig[2]. Ihr steht schon entgegen, dass die Zeugung eine Tatsache ist, während nach § 256 ZPO grundsätzlich nur ein Rechtsverhältnis zum Gegenstand einer Feststellungsklage gemacht werden kann. Außerdem könnte über die Zeugung wie über die Vaterschaft nicht im ordentlichen Zivilprozess rechtskräftig entschieden werden, sondern höchstens in dem für derartige Fragen speziell eingerichteten Kindschaftsprozess. Im Kindschaftsprozess kann aber nur auf die Feststellung geklagt werden, dass der Ehemann der Mutter der „Vater" des Kindes sei (§ 640 II Nr. 1 ZPO), worüber, wie gesagt, kein Streit herrscht. So bleibt dem Ehemann gegen das ehrenrührige Bestreiten seiner Erzeugerschaft nur die Unterlassungsklage, die allerdings einen anfechtungsberechtigten Beklagten oder Dritten nicht an der Anfechtungsklage hindert.

31 **Zweiter Fall:** Es wird **bestritten**, dass der Ehemann der Mutter der **Vater** des Kindes ist, indem behauptet wird, das Kind sei nicht von der als seine Mutter angesehenen Frau geboren oder nicht während der mütterlichen Ehe oder innerhalb von 300 Tagen nach Auflösung der Ehe zur Welt gekommen. Hier ist die Klage auf Feststellung des Bestehens oder Nichtbestehens eines Eltern-Kind-Verhältnisses zwischen den Parteien (§ 640 II Nr. 1 ZPO) unstreitig zulässig[3].

---

1 BGHZ 80, 219.
2 Soergel/Gaul, § 1593, Rn. 19. Ebenso zur Klage auf Feststellung „der Unanfechtbarkeit der Vaterschaft" MünchKommZPO/Coester-Waltjen, § 640, Rn. 58. A. A. Stein/Jonas/Schlosser, § 640, Rn. 27. Vgl. auch Künkel in Rahm/Künkel, III C Rn. 96.
3 Künkel in Rahm/Künkel, III C Rn. 33; MünchKommZPO/Coester-Waltjen, § 640, Rn. 6 f.; Zöller/Philippi, § 640, Rn. 7.

Gerichtliche Feststellung der Vaterschaft

1600d (1) Besteht keine Vaterschaft nach § 1592 Nr. 1 und 2, § 1593, so ist die Vaterschaft gerichtlich festzustellen.

(2) ¹Im Verfahren auf gerichtliche Feststellung der Vaterschaft wird als Vater vermutet, wer der Mutter während der Empfängniszeit beigewohnt hat. ²Die Vermutung gilt nicht, wenn schwerwiegende Zweifel an der Vaterschaft bestehen.

(3) ¹Als Empfängniszeit gilt die Zeit von dem 300. bis zu dem 181. Tage vor der Geburt des Kindes, mit Einschluss sowohl des 300. als auch des 181. Tages. ²Steht fest, dass das Kind außerhalb des Zeitraums des Satzes 1 empfangen worden ist, so gilt dieser abweichende Zeitraum als Empfängniszeit.

(4) Die Rechtswirkungen der Vaterschaft können, soweit sich nicht aus dem Gesetz ein anderes ergibt, erst vom Zeitpunkt ihrer Feststellung an geltend gemacht werden.

Inhaltsübersicht

A. Positive Klage 1
  I. Klage und Urteil. Zum Begriff der Vaterschaft . . . 1
  II. Minderjähriges Kind 4
  III. Zuständigkeit und Verfahrensart 5
  IV. Widerklage 6
  V. Mehrere positive Klagen . . 7
  VI. Beteiligung Dritter 10
    1. Mutter 10
    2. Kind 12
      a) Volljähriges Kind . . . 12
      b) Minderjähriges Kind . 14
    3. Potentieller Erzeuger . . 15
      a) Streitverkündung . . . 15
      b) Nebenintervention . . 16
  VII. Anerkenntnis 22
  VIII. Tod einer Partei 24
  IX. Urteilswirkungen 28
    1. Klagestattgebendes Urteil 28
    2. Klageabweisendes Urteil . 31
B. Negative Klage 33
  I. Klage 33
  II. Minderjähriges Kind 36
  III. Zuständigkeit und Verfahrensart 37
  IV. Beteiligung Dritter 38
    1. Mutter 38
    2. Kind 40
      a) Volljähriges Kind . . . 40
      b) Minderjähriges Kind . . 42
    3. Potentieller Erzeuger . . . 43
      a) Streitverkündung . . . 43
      b) Nebenintervention . . . 45
  V. Tod einer Partei 48
  VI. Urteilswirkungen 51
    1. Klageabweisendes Urteil . 51
    2. Klagestattgebendes Urteil 54
C. Verhältnis der Klagen 56

A. Positive Klage

I. Klage und Urteil. Zum Begriff der Vaterschaft

1 Ist bei einem nichtehelichen Kind die Vaterschaft nicht anerkannt (§ 1592 Nr. 2), so wird sie auf Klage gerichtlich festgestellt (§ 1600d I). **Klageberechtigt** sind der angebliche Erzeuger („Mann"), die Mutter und das Kind; der Mann klagt gegen das Kind, die Mutter und das Kind klagen gegen den Mann (§ 1600e I). Der **Klageantrag** geht dahin, festzustellen, dass der Mann (Kläger oder Beklagte) der Vater des Kindes ist.

Ob die Klage schon **vor der Geburt** des Kindes zulässig ist, obwohl das Urteil erst nach der Geburt ergeht[1], muss bezweifelt werden. Denn mag auch die Gefahr einer Fehl- oder Totgeburt gering sein, so ist sie doch nicht auszuschließen. Denkbar ist ferner, dass die werdende Mutter noch vor der Geburt heiratet, womit sich die Feststellung der nichtehelichen Vaterschaft gleichfalls erledigt (§§ 1592 Nr. 1, 1600d I). Gegen eine vorgeburtliche Klage spricht schließlich der Umkehrschluss aus § 1594 IV.

2 Das BGB versteht unter „**Vater**" sowohl den Vater im natürlichen Sinn (biologischen oder genetischen Vater, Erzeuger) als auch den Vater im Rechtssinn (juristischen oder gesetzlichen Vater). Den juristischen Vater meint z. B. § 1592 Nr. 1, wonach Vater eines Kindes der Ehemann der Mutter ist. Soweit dagegen die nichteheliche Vaterschaft gerichtlich festgestellt werden soll, ist die biologische Vaterschaft gemeint[2]. Das folgt einmal daraus, dass die gerichtliche **Feststellung** der nichtehelichen Vaterschaft eine *Anerkennung* der Vaterschaft ersetzt. Anerkannt wird aber die biologische Vaterschaft, nicht die juristische, die zur Zeit der Anerkennung noch nicht besteht. Ebenso wird dann die biologische Vaterschaft gerichtlich festgestellt. Das ergibt sich noch aus einem zweiten Grund. Nach § 1600d II Satz 1 wird im Verfahren auf gerichtliche Feststellung „als Vater vermutet, wer der Mutter während der Empfängniszeit beigewohnt hat." Vermutet werden kann aber genau genommen nur die Tatsache der biologischen Vaterschaft,

---

1 SchlHOLG, MDR 2000, 397 = NJW 2000, 1271. A. A. Erman/Holzhauer, § 1600e, Rn. 4.
2 Palandt/Diederichsen, § 1600d, Rn. 1; D. Schwab, Familienrecht, Rn. 482, 491; Staudinger/Rauscher, 14. Bearb. 2000, Rn. 3. A. A. Gaul, FamRZ 2000, S. 1470, Fn. 115, unter Hinweis auf §§ 640 II Nr. 1, 640h Sätze 2, 3 ZPO, die aber nicht ausschließen, dass nach § 1600d die biologische Vaterschaft festgestellt wird.

nicht der Status der juristischen Vaterschaft, der zur Zeit der Vermutung noch nicht besteht.

Das **Urteil**, das die biologische Vaterschaft feststellt, scheint auf den ersten Blick ein *Feststellungsurteil* zu sein[1], obwohl es entgegen § 256 ZPO kein „Rechtsverhältnis" zum Gegenstand hat. Das Urteil bewirkt jedoch nicht nur – durch seine materielle Rechtskraft – dass die biologische Vaterschaft des Mannes vor Gericht unbestreitbar wird. Das Urteil hat vielmehr auch eine materiellrechtliche Wirkung, indem es einen Mann, der bisher grundsätzlich nicht als Vater im Rechtssinn angesehen wurde, zum Vater im Rechtssinn macht. Diese materiellrechtliche Wirkung kann keine Folge der – rein prozessualen – materiellen Rechtskraft sein. Die von dem Urteil bewirkte Rechtsänderung ist auch nicht bloß eine „Nebenwirkung", sondern die Hauptwirkung, auf die das Urteil abzielt, mithin eine Gestaltungswirkung. Folglich ist das Urteil ein **Gestaltungsurteil**[2] (→ *Gestaltungsklagen* Rn. 1). Es begründet zwar nicht die Vaterschaft, ermöglicht aber – von Ausnahmen abgesehen – ihre Geltendmachung und gestaltet insofern die Rechtslage. Praktisch bedeutsam ist der Meinungsstreit nicht.

II. Minderjähriges Kind

Das minderjährige Kind, das prozessunfähig ist (§ 52 I ZPO), wird von der Mutter gesetzlich vertreten (§ 1626a II). Der Mutter kann die Vertretung nicht wegen eines erheblichen Interessengegensatzes entzogen werden (§ 1629 II Satz 3).

III. Zuständigkeit und Verfahrensart

Zuständig ist ausschließlich das Familiengericht im Kindschaftsprozess (§§ 621 I Nr. 10, 640 II Nr. 1, 640a, 40 II ZPO).

IV. Widerklage

Die Klage auf Feststellung der nichtehelichen Vaterschaft kann auch als Widerklage gegen die Klage auf Feststellung der Unwirksamkeit einer Vaterschaftsanerkennung (§ 1598, Rn. 1 ff.) erhoben

---

1 So MünchKommBGB/Mutschler, § 1600n, Rn.1; Soergel/Gaul, § 1600n, Rn. 4.
2 So MünchKommZPO/Coester-Waltjen, § 640, Rn. 19; D. Schwab, Familienrecht, Rn. 482; Stein/Jonas/Schlosser, § 640, Rn. 9; Staudinger/Rauscher, 14. Bearb. 2000, § 1600e, Rn. 30.

§ 1600d   Gerichtliche Feststellung der Vaterschaft

werden[1]. Unzulässig ist eine solche Widerklage aber gegen die Klage auf Anfechtung der Vaterschaftsanerkennung, genauer auf Anfechtung der Vaterschaft (§ 1598, Rn. 16 ff.)[2]. Denn solange die Anerkennung der Vaterschaft noch nicht durch Urteil beseitigt ist, ist eine Feststellung der Vaterschaft ausgeschlossen (§ 1600d I); es fehlt regelmäßig das Rechtsschutzinteresse[3] (Rechtsschutzgrund).

V. Mehrere positive Klagen

7   Klagen mehrere Männer gleichzeitig gegen das Kind, so sind die späteren Klagen unzulässig. Ihnen steht der Einwand der **Rechtshängigkeit** entgegen (§§ 261 III Nr. 1, 640c II ZPO). In allen Prozessen geht es um dieselbe Streitsache, nämlich die Frage, wer der Vater des Kindes ist; es handelt sich um „entsprechende Klagen". Dass die klagenden Parteien verschieden sind, ist wegen der allseitigen Wirksamkeit des Urteils (Rn. 29, 30) unerheblich, wie in anderen Fällen der Rechtskrafterstreckung[4]. Zwar könnte man auch an eine **Aussetzung** des zweiten Prozesses bis zur Entscheidung des ersten denken[5]. Diese Lösung müsste dann aber aus Gründen der Gleichbehandlung in allen Fällen gelten, in denen die spätere Klage durch eine negative Vaterschaftsfeststellung des ersten Prozesses nicht erledigt wird, also auch bei einer Klage der Mutter oder des Kindes. Damit wäre § 640c II ZPO indessen weitgehend obsolet. Eine spätere Klage muss daher als unzulässig abgewiesen werden; der Kläger mag im ersten Prozess als Streitgehilfe beitreten (Rn. 10 ff.).

8   Wegen Rechtshängigkeit kann auch die Mutter oder das Kind nicht gleichzeitig gegen mehrere Männer klagen[6]. Eine bedingte Klage gegen B für den Fall der Niederlage gegen A wäre außerdem wegen Unstatthaftigkeit einer solchen Bedingung unzulässig. In Betracht

---

1   OLG München, DAVorm 1989, 633.
2   OLG Düsseldorf, NJW 1973, 1332; OLG München, DAVorm 1989, 632.
3   OLG Düsseldorf, NJW 1973, 1322; OLG München, DAVorm 1989, 632.
4   Stein/Jonas/Schumann, § 261, Rn. 55; Zöller/Greger, § 261, Rn. 8a.
5   Dafür Staudinger/Rauscher, 14. Bearb. 2000, § 1600e, Rn. 52.
6   MünchKommZPO/Lüke, § 261, Rn. 52. Im Ergebnis ebenso Soergel/Gaul, § 1600n, Rn. 9; Staudinger/Rauscher, 14. Bearb. 2000, § 1600e, Rn. 49. A. A. zu Unrecht OLG Hamm, FamRZ 1985, 305 f., abgelehnt auch von Stein/Jonas/Schumann, § 261, Fn. 93, jetzt jedenfalls durch § 640c II ZPO überholt. Wie OLG Hamm aber Künkel in Rahm/Künkel, III C Rn. 135.

kommen aber ein gewillkürter Beklagtenwechsel[1] und die Streitverkündung (Rn. 15).

An der Rechtshängigkeit scheitert schließlich nach der Klage der Mutter oder des Kindes gegen A eine Klage des B gegen das Kind und nach der Klage des A gegen das Kind eine Klage der Mutter oder des Kindes gegen B.

9

VI. Beteiligung Dritter

1. Mutter

Die an dem Rechtsstreit nicht als Partei und auch nicht als gesetzliche Vertreterin des Kindes beteiligte Mutter ist nach § 640e I Satz 1 ZPO zum Verhandlungstermin zu laden. Sie kann untätig bleiben oder, unabhängig von der Ladung, dem Kläger oder dem Beklagten als Nebenintervenientin beitreten (§§ 640e I Satz 2, 66 ff. ZPO), je nachdem, ob sie die Vaterschaft des Mannes wie der Kläger bejaht oder wie der Beklagte verneint.

10

Durch den Beitritt wird die Mutter streitgenössische Nebenintervenientin (§ 69 ZPO)[2], weil sie von dem Urteil in gleichem Maß betroffen wird wie ihre Hauptpartei (vgl. § 765, Rn. 15). Denn so wie das klagestattgebende Urteil den Mann zum Vater macht und dem Kind einen Vater gibt, gibt es der Mutter für ihr Kind einen Vater.

11

2. Kind

a) Volljähriges Kind

Klagt die Mutter gegen den Mann, so ist das volljährige Kind zum Verhandlungstermin zu laden (§ 640e I Satz 1 ZPO). Es kann untätig bleiben oder, unabhängig von der Ladung, der Mutter oder dem Mann als Nebenintervenient beitreten (§§ 640e I Satz 2, 66 ff. ZPO), je nachdem, wessen Standpunkt es teilt.

12

Durch den Beitritt wird das Kind streitgenössischer Nebenintervenient (§ 69 ZPO), weil es von dem Urteil zumindest in gleichem Maß betroffen wird wie seine Hauptpartei (vgl. § 765, Rn. 15). Denn so wie das klagestattgebende Urteil den Status der Hauptpartei

13

---

1 Soergel/Gaul, § 1600n, Rn. 9.
2 OLG Hamm, FamRZ 1978, 205; Soergel/Gaul, § 1600n, Rn. 3.

verändert, indem es der Mutter einen Kindesvater und dem Mann ein Kind gibt, verändert es den Status des Kindes, das einen Vater erhält.

b) Minderjähriges Kind

14 Das minderjährige Kind, das prozessunfähig ist (§ 52 I ZPO), wird nicht geladen[1]. Zu laden wäre allenfalls die Mutter als gesetzliche Vertreterin des Kindes (§ 1626a II). Die Mutter kann aber schon als Partei den Prozess so führen, wie sie ihn als gesetzliche Vertreterin des intervenierenden Kindes führen könnte. Dass sie zusätzlich für das Kind interveniert, ist daher überflüssig. Dass ihr die Vertretung wegen eines erheblichen Interessengegensatzes entzogen wird, lässt das Gesetz nicht zu (§ 1629 II Satz 3)[2].

3. Potentieller Erzeuger

a) Streitverkündung

15 Das klagende **Kind** kann für den Fall des Unterliegens einem Dritten, den es hilfsweise als seinen Vater ansieht, den Streit verkünden (§ 640e II Satz 1 ZPO). Es kann auch mehreren Männern den Streit verkünden[3]. Entsprechendes gilt für die **Mutter** (§ 640e II Satz 2 ZPO). Für den Fall des Sieges kann der Streit nicht verkündet werden[4], weil die Streitverkündung wie nach § 72 ZPO lediglich eine doppelte Niederlage des Streitverkünders (aus widersprüchlichen Gründen) verhüten soll[5].

b) Nebenintervention

16 – Ob der Streitverkündungsempfänger oder ein sonstiger potentieller Erzeuger dem Kläger oder dem Beklagten als Nebenintervenient beitreten kann, hängt von seinem **rechtlichen Interesse** ab (§ 66 I ZPO).

---

1 A. A. Zöller/Philippi, § 640e, Rn. 2.
2 A. A. Staudinger/Rauscher, 14. Bearb. 2000, § 1600e, Rn. 81 unter Hinweis auf § 50 II 1 FGG. Doch ist das grundsätzliche Verbot des § 1629 II 3 BGB, die Vertretungsmacht „für die Feststellung der Vaterschaft" zu entziehen, auch im Rahmen des § 50 FGG zu beachten.
3 Im Falle des OLG Koblenz, DAVorm 1977, 646, wurde fünf Männern der Streit verkündet.
4 A. A. Stein/Jonas/Schlosser, § 641b, Rn. 2; Wieczorek/Schlüter, § 641b, Rn. 3.
5 Vgl. Stein/Jonas/Bork, § 72, Rn. 1; Wieser, Grundzüge, Rn. 129.

Gerichtliche Feststellung der Vaterschaft §1600d

Bestreitet der Dritte seine Vaterschaft und muss er bei einer 17
Niederlage des Klägers (negativen Feststellung) befürchten, selbst
als Vater in Anspruch genommen zu werden, wie im Falle der
Streitverkündung oder einer formlosen Drohung, so hat er ein
rechtliches Interesse am Sieg des Klägers.

Beansprucht der Dritte selbst die Vaterschaft, so droht ihm Nach- 18
teil von der Niederlage des Beklagten: Ist die Vaterschaft des
anderen Mannes festgestellt, so kann die Vaterschaft des Dritten
nicht mehr anerkannt oder gerichtlich festgestellt werden
(§ 1594 II i. V. m. § 1592 Nr. 3 BGB, § 640h ZPO); daher hat er
ein rechtliches Interesse am Sieg des Beklagten[1], mag ihm auch
der Kläger den Streit verkündet haben.

– Die Frage, ob der Dritte **streitgenössischer Nebenintervenient** 19
(§ 69 ZPO) wird, lässt sich nicht einheitlich beantworten[2].

Bestreitet der Dritte seine Vaterschaft, so befreit ihn das positive 20
Urteil von einer Gefahr: der Feststellung seiner eigenen Vaterschaft. Diese Urteilswirkung hat nicht das gleiche Gewicht
(§ 765, Rn. 15) wie die Wirkung des Urteils gegenüber der Hauptpartei, die zum Vater wird oder einen Vater erhält. Daher ist der
Dritte hier nur einfacher Nebenintervenient[3].

Beansprucht der Dritte dagegen selbst die Vaterschaft, so nimmt 21
ihm das positive Urteil ein Recht – das Recht, auf Feststellung
seiner Vaterschaft zu klagen. Diese Urteilswirkung hat kein geringeres Gewicht als die Wirkung des Urteils gegenüber der
Hauptpartei. Daher wird der Dritte hier streitgenössischer Nebenintervenient[4].

VII. Anerkenntnis

Ein Anerkenntnis des Beklagten, dass er der Vater des Kindes sei, 22
führt nicht zu einem Anerkenntnisurteil; § 307 I ZPO ist im Kind-

---

1 A. A. Windel, Interventionsgrund, S. 153.
2 Bejahend Stein/Jonas/Schlosser, § 641b, Rn. 6. **Verneinend** Soergel/Gaul,
§ 1600n, Rn. 9; grundsätzlich auch Wieczorek/Schlüter, § 641b, Rn. 8.
Unentschieden OLG Koblenz, DAVorm 1977, 650. Nicht einschlägig
BGHZ 92, 275; OLG Celle, FamRZ 1976, 158.
3 Ebenso Staudinger/Rauscher, 14. Bearb. 2000, § 1600e, Rn. 87. Differenzierend Wieczorek/Mansel, § 69, Rn. 25.
4 Ebenso Staudinger/Rauscher, 14. Bearb. 2000, § 1600e, Rn. 87; Wieczorek/Mansel, § 69, Rn. 25.

schaftsprozess nicht anzuwenden (§§ 640 I, 617 ZPO)[1]. Vielmehr kommt es mit **Zustimmung** der Mutter[2] zu einer Anerkennung der Vaterschaft im Sinne der §§ 1592 Nr. 2, 1595 (§ 641c ZPO). In diesem Fall ist das Klageziel, dass der Beklagte durch Urteil zum juristischen Vater „gemacht" werden soll, nicht mehr erreichbar, der Klage fehlt regelmäßig das Rechtsschutzinteresse (Rechtsschutzgrund)[3], der Kindschaftsprozess ist in der Hauptsache erledigt[4]. Dasselbe gilt, falls ein Dritter während des Prozesses die Vaterschaft wirksam anerkennt.

23 **Verweigert** die Mutter jedoch die **Zustimmung**, so entfällt für eine Klage nicht das Rechtsschutzinteresse (Zweckmäßigkeit)[5]. Das gilt entgegen der herrschenden Meinung selbst dann, wenn an der Vaterschaft des Anerkennenden keine Zweifel bestehen[6]. Denn auch in diesem Fall ist die gerichtliche Entscheidung durch größere Richtigkeitsgewähr und stärkeren Bestandsschutz der Anerkennung überlegen[7]. Das Rechtsschutzinteresse für eine Klage darf aber nicht verneint werden, wenn sie in einer Hinsicht zweckmäßiger ist als ein anderer Weg, ohne dass dessen besondere Vorzüge (hier Billigkeit, Zeitersparnis, geringere Belastung des Beklagten) *erheblich* überwiegen[8].

---

1 KG, FamRZ 1994, 911; Staudinger/Rauscher, 14. Bearb. 2000, § 1592, Rn. 45.
2 U. U. auch des Kindes.
3 MünchKommZPO/Coester-Waltjen, § 640, Rn. 28, 31.
4 Ebenso im Ergebnis MünchKommBGB/Mutschler, § 1600n, Rn. 4; Soergel/Gaul, § 1600n, Rn. 7; Staudinger/Rauscher, 14. Bearb. 2000, § 1592, Rn. 45.
5 KG, DAVorm 1991, 865; DAVorm 1991, 946; FamRZ 1994, 910; OLG München, FamRZ 1985, 530; OLG Nürnberg, FamRZ 1995, 620; OLG Stuttgart, DAVorm 1985, 1040; MünchKommBGB/Mutschler, § 1600n, Rn. 4; MünchKommZPO/Coester-Waltjen, § 640, Rn. 29; Soergel/Gaul, § 1600n, Rn. 6; Staudinger/Rauscher, 14. Bearb. 2000, § 1592, Rn. 45; Zöller/Philippi, § 640, Rn. 12. **A. A.** Gerhardt, ZZP 108, 558.
6 MünchKommBGB/Mutschler, § 1600n, Rn. 4; Palandt/Diederichsen, Rn. 5. **A. A.** OLG Düsseldorf, FamRZ 1991, 1084 f.; OLG München, DAVorm 1977, 511; Gerhardt, ZZP 108, 558; MünchKommZPO/Coester-Waltjen, § 640, Rn. 29; Wieczorek/Schlüter, § 640, Rn. 23; Zöller/Philippi, § 640, Rn. 12. Differenzierend Staudinger/Rauscher, 14. Bearb. 2000, § 1592, Rn. 42, 44.
7 MünchKommBGB/Mutschler, § 1600n, Rn. 4.
8 Wieser, Rechtsschutzinteresse, S. 144 ff.

VIII. Tod einer Partei

Stirbt eine Partei während des Prozesses, so ist zu unterscheiden: 24

– Stirbt der klagende oder beklagte Mann oder das beklagte Kind während des Prozesses, so ist der Kindschaftsprozess in der Hauptsache als erledigt anzusehen (§§ 640 I, 619 ZPO). 25

– Beim Tod des klagenden Kindes oder der Mutter wird der Kindschaftsprozess unterbrochen, bis er von dem überlebenden Teil aufgenommen wird; geschieht dies nicht binnen eines Jahres, so ist der Kindschaftsprozess in der Hauptsache als erledigt anzusehen (§ 640g ZPO). 26

Beim Tod des Kindes kann der Mann die Feststellung der Vaterschaft nur noch im Verfahren der freiwilligen Gerichtsbarkeit betreiben (§ 1600e II BGB, § 621a I ZPO), desgleichen beim Tod des Mannes das Kind oder die Mutter. Beim Tod der Mutter bleibt allein der Kindschaftsprozess zwischen Mann und Kind zulässig. 27

IX. Urteilswirkungen

1. Klagestattgebendes Urteil

Wird der Klage auf Feststellung der Vaterschaft des X rechtskräftig stattgegeben, so kann jeder gegenüber jedem geltend machen, dass X der Vater des Kindes ist (§ 1592 Nr. 3 BGB, § 640h ZPO), und zwar rückwirkend ab Geburt[1]. Da dies vor dem Urteil grundsätzlich nicht geltend gemacht werden konnte, ist die Urteilswirkung, dass die Vaterschaft des X jetzt geltend gemacht werden kann, eine **Gestaltungswirkung** (Rn. 3). 28

Außerdem kann die Vaterschaft des X vor Gericht von niemand mehr – mit dem Ziel einer abweichenden Entscheidung – in Zweifel gezogen werden (§ 640h ZPO): **Rechtskraftwirkung**. 29

Beide Wirkungen treten auch gegen einen Dritten ein, der die Vaterschaft für sich in Anspruch nimmt (§ 640h Satz 3 ZPO). 30

2. Klageabweisendes Urteil

Wird die Klage auf Feststellung der Vaterschaft des X rechtskräftig als unbegründet abgewiesen, so kann nach wie vor jeder gegenüber 31

---

1 Soergel/Gaul, § 1600n, Rn. 4; Schwab, Familienrecht, Rn. 485.

jedem geltend machen, dass X nicht der Vater ist. Dies ist aber **keine Urteilswirkung**, da auch ohne Urteil jeder geltend machen kann, dass X nicht der Vater ist (§ 1600d IV).

32 Die Wirkung des klageabweisenden Urteils liegt darin, dass vor Gericht niemand mehr – mit dem Ziel einer abweichenden Entscheidung – in Zweifel ziehen kann, dass X nicht der Vater ist (§ 640h Satz 1 ZPO): **Rechtskraftwirkung**[1].

B. Negative Klage

I. Klage

33 Das **Kind** kann **gegen einen Mann**, der behauptet, sein Vater zu sein, auf die Feststellung klagen, dass der Beklagte nicht der Vater des Klägers sei (analog § 256 I ZPO)[2].

34 Ebenso kann die **Mutter gegen einen Mann**, der behauptet, der Vater des Kindes zu sein, auf die Feststellung klagen, dass der Beklagte nicht der Vater des Kindes sei (analog § 256 I ZPO). Da die Mutter ein eigenes Recht zu der positiven „Feststellungsklage" hat (§ 1600e I), muss auch ihr rechtliches Interesse an einer negativen Feststellung anerkannt werden. So wie die Mutter auf die positive „Feststellung" der Vaterschaft des X klagen kann, kann sie also auch auf die negative Feststellung klagen, dass Y nicht der Vater sei.

35 Schließlich kann ein **Mann**, von dem das Kind oder dessen gesetzlicher Vertreter behauptet, dass er der Vater sei, **gegen das Kind** auf die Feststellung klagen, dass der Kläger nicht der Vater des Beklagten sei (analog § 256 I ZPO)[3]. Es genügt auch, dass von dritter Seite Rechte gegen den Mann als Vater geltend gemacht werden[4], weil

---

[1] Soergel/Gaul, § 1600n, Rn. 19; weiter gehend Erman/Holzhauer, Rn. 30. **A. A. Braun**, JZ 1985, 341.

[2] Erman/Holzhauer, Rn. 4; Soergel/Gaul, § 1600n, Rn. 15.

[3] OLG Hamburg, DAVorm 1971, 141; Büdenbender, ZZP 110, 50; MünchKommBGB/Mutschler, § 1600n, Rn. 9; Soergel/Gaul, § 1600n, Rn. 11 ff.; Staudinger/Rauscher, 14. Bearb. 2000, § 1600e, Rn. 37; Stein/Jonas/Schlosser, § 640, Rn. 10; Zöller/Philippi, § 640, Rn. 13; str. BGH, FamRZ 1973, 26 = NJW 1973, 51 und BGH, NJW 1986, 2193 betreffen andere Fälle.

[4] Staudinger/Rauscher, 14. Bearb. 2000, § 1600e, Rn. 38; Stein/Jonas/Schlosser, § 640, Rn. 10.

Gerichtliche Feststellung der Vaterschaft § 1600d

die Vaterschaft im Kindschaftsprozess nur durch eine Klage gegen das Kind geklärt werden kann (§ 1600e I BGB, § 640 II Nr. 1 ZPO). Dagegen genügt es nicht allein, dass der Mann Beweisschwierigkeiten befürchtet oder auswandern will[1].

II. Minderjähriges Kind

Das minderjährige Kind, das prozessunfähig ist (§ 52 I ZPO), wird von der Mutter gesetzlich vertreten (§ 1626a II). Der Mutter kann die Vertretung nicht wegen eines erheblichen Interessengegensatzes entzogen werden (§ 1629 II Satz 3). 36

III. Zuständigkeit und Verfahrensart

Zuständig ist ausschließlich das Familiengericht im Kindschaftsprozess (§§ 621 I Nr. 10, 640 II Nr. 1, 640a, 40 II ZPO). 37

IV. Beteiligung Dritter

1. Mutter

Die an dem Rechtsstreit nicht als Partei und auch nicht als gesetzliche Vertreterin des Kindes beteiligte Mutter ist zum Verhandlungstermin zu laden (§ 640e I Satz 1 ZPO). Sie kann untätig bleiben oder, unabhängig von der Ladung, dem Kläger oder dem Beklagten als Nebenintervenientin beitreten (§§ 640e I Satz 2, 66 ff. ZPO), je nachdem, ob sie die Vaterschaft des Mannes wie der Kläger verneint oder wie der Beklagte bejaht. 38

Durch den Beitritt wird die Mutter streitgenössische Nebenintervenientin (§ 69 ZPO), weil sie von dem Urteil in gleichem Maße betroffen wird wie ihre Hauptpartei (vgl. § 765, Rn. 15): denn so, wie das klageabweisende Urteil, das die Vaterschaft feststellt (Rn. 51), den Mann zum Vater macht und dem Kind einen Vater gibt, gibt es der Mutter für ihr Kind einen Vater. 39

2. Kind

a) Volljähriges Kind

Klagt die Mutter gegen den Mann, so ist das volljährige Kind zum Verhandlungstermin zu laden (§ 640e I Satz 1 ZPO). Es kann untätig bleiben oder, unabhängig von der Ladung, der Mutter oder dem 40

---
[1] So aber Staudinger/Göppinger, 12. Aufl., § 1600n, Rn. 18.

Mann als Nebenintervenient beitreten (§§ 640e I Satz 2, 66 ff. ZPO), je nachdem, wessen Standpunkt es teilt.

41 Durch den Beitritt wird das Kind streitgenössischer Nebenintervenient (§ 69 ZPO), weil es von dem Urteil zumindest in gleichem Maße betroffen wird wie seine Hauptpartei (vgl. § 765, Rn. 15). Denn so wie das klageabweisende Urteil den Status der Hauptpartei verändert, indem es der Mutter einen Kindesvater und dem Mann ein Kind gibt, verändert es den Status des Kindes, das einen Vater erhält.

b) Minderjähriges Kind

42 Das minderjährige Kind, das prozessunfähig ist (§ 52 I ZPO), wird nicht geladen. Zu laden wäre allenfalls die Mutter als gesetzliche Vertreterin des Kindes (§ 1626a II). Die Mutter kann aber schon als Partei den Prozess so führen, wie sie ihn als gesetzliche Vertreterin des intervenierenden Kindes führen könnte. Dass sie zusätzlich für das Kind interveniert, ist daher überflüssig. Dass ihr die Vertretung wegen eines erheblichen Interessengegensatzes entzogen wird, lässt das Gesetz nicht zu (Rn. 14).

3. Potentieller Erzeuger

a) Streitverkündung

43 Das **beklagte Kind** kann für den Fall des Unterliegens (Rn. 15) einem Dritten, den es hilfsweise als seinen Vater ansieht, den Streit verkünden (§ 640e II Satz 1 ZPO)[1].

44 Wendet man diese Vorschrift gemäß § 640e II Satz 2 ZPO entsprechend auf die negative Feststellungsklage der **Mutter** an, so ergibt sich, dass die Mutter im Falle des Unterliegens – also der Feststellung, dass der Beklagte der Vater des Kindes *ist* – keinen Dritten mehr als Vater in Anspruch nehmen kann (§ 640h Satz 1 ZPO), wie es § 640e II Satz 1 ZPO voraussetzt. Folglich hat die Mutter kein Recht zur Streitverkündung.

b) Nebenintervention

45 Ob der Streitverkündungsempfänger oder ein sonstiger potentieller Erzeuger dem Kläger oder dem Beklagten als Nebenintervenient beitreten kann, hängt von seinem rechtlichen Interesse ab (§ 66 I ZPO).

---

[1] Staudinger/Rauscher, 14. Bearb. 2000, § 1600e, Rn. 86.

Gerichtliche Feststellung der Vaterschaft § 1600d

Bestreitet der Dritte seine Vaterschaft und muss er bei einer Niederlage des Beklagten (negativen Feststellung) befürchten, selbst als Vater in Anspruch genommen zu werden, wie im Falle der Streitverkündung oder einer formlosen Drohung, so hat er ein rechtliches Interesse am Sieg des Beklagten und wird durch den Beitritt einfacher Nebenintervenient (Rn. 20). 46

Beansprucht der Dritte selbst die **Vaterschaft**, so droht ihm Nachteil von der Niederlage des Klägers (positiven Feststellung): Ist die Vaterschaft des anderen Mannes festgestellt, so kann die Vaterschaft des Dritten nicht mehr anerkannt oder gerichtlich festgestellt werden (§ 1594 II i. V. m. § 1592 Nr. 3 BGB, § 640h ZPO); daher hat er ein rechtliches Interesse am Sieg des Klägers, mag ihm auch der Beklagte den Streit verkündet haben. Hier wird er durch den Beitritt streitgenössischer Nebenintervenient (Rn. 21). 47

V. Tod einer Partei

Stirbt eine Partei während des Prozesses, so ist zu unterscheiden: 48

Stirbt der klagende oder beklagte Mann oder das beklagte Kind während des Prozesses, so ist der Kindschaftsprozess in der Hauptsache als erledigt anzusehen (§§ 640 I, 619 ZPO). 49

Beim Tod des klagenden Kindes oder der Mutter wird der Kindschaftsprozess unterbrochen, bis er von dem überlebenden Teil aufgenommen wird; geschieht dies nicht binnen eines Jahres, so ist der Kindschaftsprozess in der Hauptsache als erledigt anzusehen (§ 640g ZPO). Zwar spricht § 640g ZPO nur von einer Klage „auf Feststellung der Vaterschaft". Doch ist die Vorschrift auf die negative Feststellungsklage zumindest analog anzuwenden. Denn da der überlebende Teil neu klagen könnte, ist es zweckmäßiger, ihm die Fortführung des bisherigen Prozesses zu gestatten und so dessen Ergebnisse zu erhalten. 50

VI. Urteilswirkungen

1. Klageabweisendes Urteil

Wird die Klage auf Feststellung, dass X nicht der Vater sei, rechtskräftig als unbegründet abgewiesen und festgestellt, dass X der Vater ist (§ 641h ZPO), so kann jeder gegenüber jedem geltend machen, dass X der Vater ist (§ 1592 Nr. 3 BGB, § 640h ZPO), und zwar rückwirkend ab Geburt. Da dies vor dem Urteil grundsätzlich 51 nicht geltend gemacht werden konnte, ist die Urteilswirkung, dass die Vaterschaft des X jetzt geltend gemacht werden kann, eine **Gestaltungswirkung** des klageabweisenden Urteils![1].

52 Außerdem kann die Vaterschaft des X vor Gericht von niemand mehr – mit dem Ziel einer abweichenden Entscheidung – in Zweifel gezogen werden (§ 640h ZPO): **Rechtskraftwirkung.**

53 Beide Wirkungen treten auch gegen einen Dritten ein, der die Vaterschaft für sich in Anspruch nimmt (§ 640h Satz 3 ZPO).

2. Klagestattgebendes Urteil

54 Wird der Klage auf Feststellung, dass X nicht der Vater sei, rechtskräftig stattgegeben, so kann nach wie vor jeder gegenüber jedem geltend machen, dass X nicht der Vater ist. Dies ist aber **keine Urteilswirkung,** da auch ohne Urteil jeder geltend machen kann, dass X nicht der Vater ist (§ 1600d IV).

55 Die Wirkung des klagestattgebenden Urteils liegt darin, dass vor Gericht niemand mehr – mit dem Ziel einer abweichenden Entscheidung – in Zweifel ziehen kann, dass X nicht der Vater ist (§ 640h Satz 1 ZPO): **Rechtskraftwirkung**[2].

C. Verhältnis der Klagen

56 Mit der negativen Feststellungsklage kommt der Kläger einer positiven Klage zuvor. Eine nachträgliche positive Klage ist wegen Rechtshängigkeit unzulässig (§§ 261 III Nr. 1, 640c II ZPO)[3]. In allen Prozessen geht es um dieselbe Streitsache, nämlich die Frage, wer der Vater des Kindes ist; es handelt sich um „entsprechende Klagen". Dass die klagenden Parteien verschieden sind, ist wegen der allseitigen Wirksamkeit des Urteils (Rn. 52, 55) unerheblich, wie in anderen Fällen der Rechtskrafterstreckung[4]. Die erstrebte positive Feststellung der Vaterschaft wird auch bei einer Abweisung der negativen Feststellungsklage erreicht (Rn. 51). Dies gilt wegen der allseitigen Wirksamkeit des Urteils auch insoweit, als nicht der Beklagte, sondern ein Dritter die positive Klage erhebt. Zulässig ist aber eine Widerklage auf positive Feststellung (§ 33

---

1 MünchKommZPO/Coester-Waltjen, § 640, Rn. 19.
2 Soergel/Gaul, § 1600n, Rn. 20. **A. A.** Braun, JZ 1985, 341.
3 OLG Hamburg, DAVorm 1971, 141. **A. A.** Soergel/Gaul, § 1600n, Rn. 14.
4 Stein/Jonas/Schumann, § 261, Rn. 55; Zöller/Greger, § 261, Rn. 8a.

ZPO)[1]. Durch die Widerklage entfällt nicht das Rechtsschutzinteresse für die negative Feststellungsklage[2].

Wird zuerst die positive Klage erhoben, so ist eine nachträgliche negative Feststellungsklage als selbständige Klage unzulässig (§§ 261 III Nr. 1, 640c II ZPO)[3], als Widerklage aber zulässig (§ 33 ZPO)[4]. 57

Unterhaltsverpflichtete

1601 Verwandte in gerader Linie sind verpflichtet, einander Unterhalt zu gewähren.

Inhaltsübersicht

I. Anspruch 1	X. Vereinfachtes Verfahren . . . 12
II. Klage 2	1. Voraussetzungen 12
III. Prozessführungsbefugnis und Vertretungsmacht . . . 4	2. Antrag 13
	3. Zuständigkeit 14
IV. Rechtsschutzinteresse . . . 5	4. Festsetzungsbeschluss und Zwangsvollstreckung 15
V. Zuständigkeit und Verfahrensart 7	5. Verhältnis zum streitigen Verfahren 16
VI. Erledigung der Hauptsache 8	a) Klage vor Festsetzungsantrag 17
VII. Materielle Rechtskraft . . . 9	b) Klage nach Festsetzungsantrag 18
VIII. Zwangsvollstreckung . . . 10	
IX. Einstweiliger Rechtsschutz 11	XI. Statusprozess 23

---

[1] OLG Hamburg, DAVorm 1975, 229, 231; Staudinger/Rauscher, 14. Bearb. 2000, § 1600e, Rn. 53.
[2] Vgl. OLG Hamburg, DAVorm 1975, 229, 231; Wieser, Rechtsschutzinteresse, S. 182 f. **A. A.** Soergel/Gaul, § 1600n, Rn. 14, wegen eines angeblichen „institutionellen Vorrangs" der positiven Feststellungsklage; Staudinger/Rauscher, 14. Bearb. 2000, § 1600e, Rn. 53.
[3] Soergel/Gaul, § 1600n, Rn. 14; Staudinger/Rauscher, 14. Bearb. 2000, § 1600e, Rn. 53.
[4] Wieser, Arbeitsgerichtsverfahren, Rn. 307. **A. A.** MünchKommBGB/Mutschler, § 1600n, Rn. 10; Soergel/Gaul, § 1600n, Rn. 14.

I. Anspruch

1 § 1601 gibt einer Person gegen einen Verwandten in gerader Linie (§ 1589 Satz 1), z. B. einem Sohn gegen seinen Vater, oder umgekehrt, einen **Anspruch** auf **Unterhalt**, d. h. in der Regel einen Zahlungsanspruch (§§ 1606 III Satz 2, 1612).

II. Klage

2 Die Klage ist auf eine bestimmte Leistung zu richten (§ 253 II Nr. 2 ZPO)[1], z. B. mit dem **Antrag**, den Beklagten zu verurteilen, ab Rechtshängigkeit monatlichen gesetzlichen Unterhalt in Höhe von 1000 Euro an den Kläger zu zahlen. Dass auch künftige Leistungen eingeklagt werden können, folgt aus § 258 ZPO. Zur Feststellungsklage s. → *Zahlung* Rn. 3, zur Abänderungsklage § 323 ZPO.

3 Klagen **mehrere Berechtigte** (§§ 59 f. ZPO), so müssen sie ihre Ansprüche aufteilen[2]. Doch können zusammenlebende Familienangehörige in einem Hilfsantrag dem Gericht die Aufteilung überlassen. Die Zulässigkeit eines solchen Hilfsantrags wird auch befürwortet, falls **mehrere Verpflichtete**, die nicht Gesamtschuldner sind, auf einen Gesamtbetrag in Anspruch genommen werden[3].

III. Prozessführungsbefugnis und Vertretungsmacht

4 Den Unterhaltsanspruch eines minderjährigen Kindes gegen einen Elternteil macht der **andere Elternteil** geltend. Berechtigt zur Geltendmachung des Unterhaltsanspruchs ist der allein personensorgeberechtigte Elternteil, bei gemeinsamer Personensorge der Elternteil, in dessen Obhut sich das Kind befindet (§ 1629 II Satz 2). Die Frage, ob der berechtigte Elternteil im Namen des Kindes, also in gesetzlicher Vertretung, oder im eigenen Namen, also in gesetzlicher Prozessstandschaft, klagt, ist in § 1629 III Satz 1 geregelt. Danach kann bei verheirateten Eltern, die getrennt leben oder zwischen denen eine Ehesache anhängig ist, der berechtigte Elternteil „nur" im eigenen Namen klagen. § 1629 III Satz 1 will es dem Kind ersparen, bei einem besonders gespannten Verhältnis zwischen den Eltern durch eine eigene, wenn auch in Vertretung erhobene Klage gegen den beklagten Elternteil Partei zu ergreifen. Da aber im Falle eines Unterhaltsprozesses immer ein gespanntes Verhältnis zwi-

---

1 MünchKommZPO/Lüke, § 253, Rn. 124; str.
2 MünchKommZPO/Lüke, § 253, Rn. 114; Zöller/Greger, § 253, Rn. 13a.
3 MünchKommZPO/Lüke, § 253, Rn. 115.

schen den Eltern besteht, sollte der zur Geltendmachung des Unterhaltsanspruchs berechtigte Elternteil außerhalb des § 1629 III Satz 1 wenigstens „auch" im eigenen Namen klagen können, also die Wahl zwischen Prozessstandschaft und Vertretung haben.

IV. Rechtsschutzinteresse

Das Rechtsschutzinteresse für eine Leistungsklage hängt zwar bei einer Klage auf künftige Leistung nach § 259 ZPO von der „Besorgnis" ab, „dass der Schuldner sich der rechtzeitigen Leistung entziehen werde". Bei einer Unterhaltsklage nach § 258 ZPO ist eine solche Besorgnis aber nicht erforderlich[1]. Deshalb darf hier das Rechtsschutzinteresse nicht mit der Begründung verneint werden, dass der Beklagte seiner Unterhaltspflicht auch ohne Titel nachkomme[2]. Die abweichende Ansicht Bittmanns[3] beruht auf einem Zirkelschluss. Bittmann geht davon aus, dass der Gläubiger nach der ZPO gegen den Willen des Schuldners nur dann einen Titel bekommt, wenn er ihn zur Verwirklichung seines Anspruchs braucht[4]; das setzt aber voraus, dass § 258 ZPO im Sinne Bittmanns auszulegen ist. Bittmanns Unterscheidung zwischen der Besorgnis des § 259 ZPO und den angeblich von § 258 ZPO geforderten „weniger gravierenden Gründen"[5] ist überdies für eine prozessrechtliche Regel viel zu unscharf und lässt eine klare Abgrenzung nicht zu, wie Bittmanns eigene Beispiele belegen[6].

Was soll aber gelten, wenn der Schuldner den Unterhalt nicht nur gewissenhaft zahlt, sondern sich sogar dazu bereiterklärt, an der Errichtung einer vollstreckbaren Urkunde mitzuwirken? Das Kammergericht verneinte in einem solchen Fall das Rechtsschutzinteresse für eine Klage, weil sich der Kläger „billiger und schneller" eine vollstreckbare Urkunde über den unstreitigen Anspruch ver-

---

1 MünchKommZPO/Lüke, § 258, Rn. 15; Stein/Jonas/Schumann, § 258, Rn. 10a; Zöller/Greger, § 258, Rn. 1.
2 Das ist heute einhellige Rechtsprechung. Vgl. nur BGH, NJW 1998, 3116 = MDR 1998, 1167; OLG Düsseldorf, FamRZ 1991, 1207; FamRZ 1994, 1484; OLG Hamm, FamRZ 1992, 832; KG, FamRZ 1979, 171; OLG Karlsruhe, FamRZ 1979, 630; Staudinger/Engler, 14. Bearb. 2000, vor § 1601, Rn. 217. **A. A.** Bittmann, FamRZ 1986, 420; MünchKommBGB/ W. Köhler, § 1615 f., Rn. 11 mit falschen Rechtsprechungsangaben in Fn. 19.
3 FamRZ 1986, 420.
4 FamRZ 1986, 421.
5 Bittmann, FamRZ 1986, 423.
6 Gegen Bittmann auch Göppinger/Wax/van Els, Rn. 2024.

schaffen könne[1]. Wenn § 258 ZPO jedoch auf das Rechtsschutzinteresse verzichtet, soweit es um den Anlass zu einer Klage („Rechtsschutzgrund") geht, dann will es nicht einleuchten, dass das Rechtsschutzinteresse erforderlich sein soll, soweit die „Zweckmäßigkeit" der Klage in Frage steht. Im Übrigen wird der Beklagte, der mit einer vollstreckbaren Urkunde einverstanden ist, den Klageanspruch sofort anerkennen, so dass ein Anerkenntnisurteil ergehen kann (§ 307 ZPO). In dieser Lage kommt es aber auf den Mangel des Rechtsschutzinteresses überhaupt nicht mehr an. Das bestätigt § 93 ZPO, der im Falle eines sofortigen Anerkenntnisses nicht etwa die Klageabweisung mangels Rechtsschutzinteresses vorsieht, sondern die Verurteilung des Beklagten, und lediglich die Kostenentscheidung davon abhängig macht, ob der sofort anerkennende Beklagte zur Erhebung der Klage Veranlassung gegeben hat[2].

6 Das Rechtsschutzinteresse fehlt einer Unterhaltsklage auch nicht deshalb, weil eine einstweilige Verfügung zulässig oder erlassen ist (§§ 926, 936 ZPO) oder weil eine einstweilige Anordnung zulässig oder erlassen ist[3].

V. Zuständigkeit und Verfahrensart

7 Zuständig ist ausschließlich das Familiengericht (§§ 621 I Nr. 4, II[4], 642 I, II, 40 II ZPO) im ordentlichen Zivilprozess (§ 495 ZPO). Soweit es um den nachehelichen Unterhalt eines gemeinschaftlichen Kindes geht, kann die Sache Folgesache sein (§ 623 I Satz 1 i. V. m. § 621 II Satz 1 Nr. 4 ZPO; s. § 1564, Rn. 7 ff.).

VI. Erledigung der Hauptsache

8 Erweist sich die Unterhaltsklage eines Kindes gegen seinen Vater wegen der rückwirkenden **Vaterschaftsanfechtung** als von Anfang an unbegründet, so tritt keine Erledigung der Hauptsache ein; die Klage ist vielmehr als unbegründet abzuweisen[5]. Dagegen spricht

---

1 KG, FamRZ 1979, 171 f. **A. A.** Göppinger/Wax/van Els, Rn. 2026: das bloße Anerbieten genüge nicht.
2 S. zu dieser kostenrechtlichen Frage Stein/Jonas/Bork, § 93, Fn. 60; Zöller/Herget, § 93, Rn. 6, „Unterhaltssachen".
3 Vgl. KG, FamRZ 1990, 183 f.; Bernreuther, FamRZ 1999, 69; Zöller/Philippi, § 620, Rn. 11, 13; str.
4 Nach § 621 II ZPO gelten auch – nicht ausschließlich – die §§ 23a, 35a ZPO.
5 OLG Celle, FamRZ 1993, 437. **A. A.** OLG Frankfurt, FamRZ 1991, 1457.

nicht, dass in einer **Aufrechnung** während des Prozesses ein erledigendes Ereignis liegen kann[1]. Denn die Aufrechnung enthält einen rechtsgestaltenden Willen, der erst nachträglich das Erlöschen der aufgerechneten Forderungen rechtfertigt. Ein Urteil, das die Vaterschaft des Unterhaltsschuldners verneint, stellt dagegen fest, dass die Unterhaltsschuld von Anfang an nicht gerechtfertigt war.

VII. Materielle Rechtskraft

„Ein Urteil, das eine Unterhaltsrente über einen freiwillig bezahlten Betrag hinaus zuspricht, entscheidet über eine Teilklage und stellt nicht rechtskräftig fest, dass der zugrunde liegende Unterhaltsanspruch im Umfang der freiwilligen Zahlung besteht"[2]. 9

VIII. Zwangsvollstreckung

Die Zwangsvollstreckung wegen eines Zahlungsanspruchs richtet sich nach §§ 803 ff. ZPO (→ *Zahlung* Rn. 37). Sie ist privilegiert nach §§ 850d, 850f I ZPO. Der Anspruch ist grundsätzlich unpfändbar (§§ 850b I Nr. 2, II, 851 ZPO)[3]. 10

IX. Einstweiliger Rechtsschutz

Zu Unterhaltsansprüchen eines nichtehelichen Kindes gegen seinen Vater s. bei § 1615o. Im Übrigen gilt: 11

Klagt der Berechtigte bereits auf Unterhalt oder begehrt er Prozesskostenhilfe für eine **Unterhaltsklage**, so kann er eine einstweilige Anordnung nach § 644 ZPO beantragen (näher § 1360, Rn. 14). Eine Befriedigungsverfügung nach § 940 ZPO ist ausgeschlossen, und zwar auch dann, wenn die Unterhaltssache erst noch anhängig gemacht werden müsste.

Während eines **vereinfachten Verfahrens** nach § 645 ZPO kann eine einstweilige Anordnung nach § 644 ZPO nicht ergehen[4], wohl aber eine einstweilige Anordnung nach § 620 Nr. 4 ZPO[5]. Eine Befriedi-

---

1 Vgl. BGH, NJW 1986, 588, 589; OLG Düsseldorf, MDR 2000, 540. Differenzierend Zöller/Vollkommer, § 91a, Rn. 58, „Aufrechnung".
2 BGHZ 93, 330, Leitsatz. Näher → *Zahlung* Rn. 34.
3 Soergel/Gaul, vor § 1601, Rn. 4; Stein/Jonas/Brehm, § 850b, Rn. 11 ff.; Zöller/Stöber, § 850b, Rn. 3 ff.
4 OLG München, MDR 2000, 1325; Schlüter/Heckes, S. 207; Zöller/Philippi, § 644, Rn. 4, 5.
5 Gießler, FamRZ 2001, 1271.

gungsverfügung nach § 940 ZPO wegen des Regelbetrags kann nur ausnahmsweise beantragt werden, vor allem, wenn das vereinfachte Verfahren länger als drei Monate dauert[1].

Ist eine **Ehesache** anhängig oder ein Antrag auf Bewilligung der Prozesskostenhilfe eingereicht, so kann eine einstweilige Anordnung nach §§ 620 Nr. 4, 620a II Satz 1 ZPO beantragt werden, soweit es um die Unterhaltspflicht gegenüber einem gemeinsamen[2] minderjährigen Kind geht (näher § 1360, Rn. 13). Eine Befriedigungsverfügung nach § 940 ZPO ist ausgeschlossen.

X. Vereinfachtes Verfahren

1. Voraussetzungen

12 Der Unterhaltsanspruch eines minderjährigen Kindes gegen einen Elternteil, mit dem es nicht in einem Haushalt lebt, kann nach § 645 ZPO in einem vereinfachten Verfahren geltend gemacht werden, auch wenn der Anspruch in Prozessstandschaft oder von einem Rechtsnachfolger geltend gemacht wird[3]. Doch darf der nach §§ 1601 ff. zu berechnende Unterhalt vor Anrechnung der nach §§ 1612b, 1612c zu berücksichtigenden Leistungen das Eineinhalbfache des Regelbetrages nicht übersteigen. Beispiel: Unterhalt 500 Euro, Regelbetrag in der ersten Altersstufe (alte Bundesländer) 188 Euro, das Eineinhalbfache 282 Euro: das vereinfachte Verfahren ist statthaft. In aller Regel ist aber der **einstweilige Rechtsschutz** zweckmäßiger[4].

2. Antrag

13 Das vereinfachte Verfahren beginnt mit einem Festsetzungsantrag (§ 646 ZPO), der u.a. die Höhe des verlangten Unterhalts angeben muss (§ 646 I Nr. 6 ZPO). Der Unterhalt wird nach den §§ 1601 ff. berechnet, wobei jetzt die nach §§ 1612b, 1612c zu berücksichtigenden Leistungen angerechnet werden. Beantragt werden kann der Unterhaltsbetrag in Euro, z. B. 420 Euro. Der Antrag kann aber auch den nach § 1612a „dynamisierten" Unterhalt begehren[5] (vgl. § 647

---

1 OLG München, MDR 2000, 1325. Weiter gehend Gießler, FamRZ 2001, 1272 f., dort auch zur Überleitung eines Verfügungsverfahrens in ein Anordnungsverfahren.
2 MünchKommZPO/Finger, § 620, Rn. 62; Zöller/Philippi, § 620, Rn. 51.
3 MünchKommZPO/Coester-Waltjen, § 645, Rn. 9.
4 Rahm/Künkel/Stollenwerk, IV, Rn. 799.2.
5 Schumacher/Grün, FamRZ 1998, 779.

Abs. 1 Satz 2 Nr. 1b ZPO). Hierzu wird z. B. ausgerechnet, wie viel Prozent des Regelbetrags von 188 Euro die geschuldeten 420 Euro sind. 42 000 geteilt durch 188 ergibt 223,4% (§ 1612a II 1). Beantragt wird daher die Zahlung von Unterhalt in Höhe von 223,4% des Regelbetrages der ersten Altersstufe oder – besser – des jeweiligen Regelbetrages der jeweiligen Altersstufe[1].

3. Zuständigkeit

Zuständig ist ausschließlich das Familiengericht (§§ 621 I Nr. 4, 642 I, II, 40 II ZPO), und zwar der Rechtspfleger (§ 20 Nr. 10a RPflG). 14

4. Festsetzungsbeschluss und Zwangsvollstreckung

Aus dem **Festsetzungsbeschluss** (§ 649 ZPO) findet die Zwangsvollstreckung statt (§ 794 I Nr. 2a ZPO). Ist der Antragsgegner zur Unterhaltszahlung in Prozentsätzen des jeweiligen Regelbetrags verurteilt, so muss das Vollstreckungsorgan zur genauen Berechnung des geschuldeten Betrags das Geburtsdatum des Kindes kennen. Das Datum ist daher in den Festsetzungsbeschluss aufzunehmen. Der Beschluss kann nach §§ 654 ff. ZPO geändert werden. Zur **Zwangsvollstreckung** s. Rn.10. 15

5. Verhältnis zum streitigen Verfahren

Der Unterhaltsanspruch kann auch im ordentlichen Erkenntnisverfahren („streitigen Verfahren") durch Klage geltend gemacht werden (Rn. 2 ff.). 16

a) Klage vor Festsetzungsantrag

Wird die Klage vor dem Festsetzungsantrag bei Gericht eingereicht, so ist ein gerichtliches Verfahren anhängig und das vereinfachte Verfahren ist unstatthaft (§ 645 II ZPO). 17

b) Klage nach Festsetzungsantrag

Wird die Klage nach dem Festsetzungsantrag bei Gericht eingereicht, so ist zu unterscheiden: 18

– Innerhalb von sechs Monaten wird der Antrag auf Durchführung des streitigen Verfahrens nach § 651 I ZPO gestellt. Dann tritt 19

---

[1] MünchKommZPO/Coester-Waltjen, § 645, Rn. 6, 7.

rückwirkend im Zeitpunkt der Zustellung des Festsetzungsantrags die Rechtshängigkeit ein (§ 651 III ZPO).

20 Ist die Klage nach der Zustellung des Festsetzungsantrags eingereicht worden, so steht ihr die Rechtshängigkeit entgegen (§ 261 III Satz 1 ZPO).

21 Ist die Klage noch vor der Zustellung des Festsetzungsantrags eingereicht worden, so steht ihr die Rechtshängigkeit nicht entgegen. Die bloße Anhängigkeit der Streitsache macht eine spätere Klage nicht unzulässig (§ 261 III Satz 1 ZPO). Daher bleibt es bei dem Grundsatz des § 645 II ZPO: das vereinfachte Verfahren wird durch die Einreichung der Klage unstatthaft.

22 – Der Antrag auf Durchführung des streitigen Verfahrens (§ 651 I ZPO) wird nicht innerhalb von sechs Monaten gestellt. Daher macht die Zustellung des Festsetzungsantrags den Rechtsstreit nicht rechtshängig (§ 651 III ZPO). Folglich bleibt es auch hier bei dem Grundsatz des § 645 II ZPO (Rn. 21).

XI. Statusprozess

23 Der Unterhaltsanspruch eines nichtehelichen Kindes gegen seinen Vater kann auch schon im Verfahren auf Feststellung der nichtehelichen Vaterschaft (§ 1600d, Rn. 1 ff.) durch zusätzlichen Antrag geltend gemacht werden (§ 653 ZPO). Die Entscheidung kann nach §§ 654 ff. ZPO geändert werden.

Auskunftspflicht

1605 (1) [1]Verwandte in gerader Linie sind einander verpflichtet, auf Verlangen über ihre Einkünfte und ihr Vermögen Auskunft zu erteilen, soweit dies zur Feststellung eines Unterhaltsanspruchs oder einer Unterhaltsverpflichtung erforderlich ist. [2]Über die Höhe der Einkünfte sind auf Verlangen Belege, insbesondere Bescheinigungen des Arbeitgebers, vorzulegen. [3]Die §§ 260, 261 sind entsprechend anzuwenden.

(2) Vor Ablauf von zwei Jahren kann Auskunft erneut nur verlangt werden, wenn glaubhaft gemacht wird, dass der zur Auskunft Verpflichtete später wesentlich höhere Einkünfte oder weiteres Vermögen erworben hat.

Auskunftspflicht § 1605

I. Allgemeines
1. Ansprüche

§ 1605 I gibt einer Person gegen einen Verwandten in gerader Linie (§ 1589 Satz 1) **Ansprüche** auf **Auskunft** über Einkommen und Vermögen (II), Vorlegung von **Belegen** (III) und **eidesstattliche Versicherung** (IV). In einer Unterhaltsstreitigkeit kann auch das Gericht von Amts wegen Auskunft verlangen (§ 643 ZPO).

2. Prozessführungsbefugnis und Vertretungsmacht

Für einen Anspruch aus § 1605 I gilt dasselbe wie für einen Unterhaltsanspruch aus § 1601[1]. Den Anspruch eines minderjährigen Kindes gegen einen Elternteil macht demnach der andere Elternteil geltend. Berechtigt zur Geltendmachung des Anspruchs ist der allein personensorgeberechtigte Elternteil, bei gemeinsamer Personensorge der Elternteil, in dessen Obhut sich das Kind befindet (§ 1629 II Satz 2). Die Frage, ob der berechtigte Elternteil im Namen des Kindes, also in gesetzlicher Vertretung, oder im eigenen Namen, also in gesetzlicher Prozessstandschaft, klagt, ist in § 1629 III Satz 1 geregelt. Danach kann bei verheirateten Eltern, die getrennt leben oder zwischen denen eine Ehesache anhängig ist, der berechtigte Elternteil „nur" im eigenen Namen klagen. § 1629 III Satz 1 will es dem Kind ersparen, bei einem besonders gespannten Verhältnis zwischen den Eltern durch eine eigene, wenn auch in Vertretung erhobene Klage gegen den beklagten Elternteil Partei zu ergreifen. Da aber im Falle eines Prozesses immer ein gespanntes Verhältnis zwischen den Eltern besteht, sollte der zur Geltendmachung des Anspruchs berechtigte Elternteil außerhalb des § 1629 III Satz 1 wenigstens „auch" im eigenen Namen klagen können, also die Wahl zwischen Prozessstandschaft und Vertretung haben.

3. Zuständigkeit und Verfahrensart

Zuständig ist ausschließlich das Familiengericht (§§ 621 I Nr. 4, II, 642 I, II, 40 II ZPO)[2] im ordentlichen Zivilprozess (§ 495 ZPO). Die Sache kann Folgesache sein (Rn. 16).

---

1 Staudinger/Engler, 14. Bearb. 2000, Rn. 63.
2 Vgl. Stein/Jonas/Schlosser, § 621, Rn. 38; Zöller/Philippi, § 621, Rn. 5. Nach § 621 II Satz 2 ZPO gelten auch – nicht ausschließlich – die §§ 23a, 35a ZPO.

4. Einstweiliger Rechtsschutz

4 Zur **einstweiligen Verfügung** s. → *Auskunft* Rn. 6 ff. Eine **einstweilige Anordnung** nach § 620 Nrn. 4 und 6 ZPO hat die Rechtsprechung bisher abgelehnt[1]. Dafür bestehe kein Bedürfnis, da der Antragsteller aufgrund Verwandtschaft oder Ehe die wirtschaftlichen Verhältnisse des Antragsgegners gut genug kenne, um sein Unterhaltsbegehren beziffern zu können. Unter diesen Umständen könne eine einstweilige Anordnung, die zur Befriedigung des Auskunftsanspruchs führe, nicht zugelassen werden. Dem ist zuzustimmen. Wenn aber ausnahmsweise ein Bedürfnis für eine Auskunfts-Anordnung besteht, muss sie zugelassen werden[2]. Denn sonst müsste, da ein Verfügungsgrund vorliegt, eine einstweilige Verfügung ergehen. Es wäre aber nicht sinnvoll, die im Anordnungsverfahren benötigte Auskunft im Verfügungsverfahren anzuordnen.

II. Auskunft

5 § 1605 I Satz 1 gewährt einen **Anspruch** auf Auskunft über Einkommen und Vermögen. Die Auskunft kann durch Vorlegung eines Bestandsverzeichnisses zu erteilen sein (§ 1605 I Satz 3 i. V. m. § 260 I).

6 Eine **Leistungsklage** müsste z. B. die Verurteilung des Beklagten beantragen, der Klägerin über sein Arbeitseinkommen in den letzten zwölf Monaten vor Zustellung der Klageschrift[3] Auskunft zu erteilen.

7 Die **Zwangsvollstreckung** richtet sich grundsätzlich nach § 888 I ZPO[4]. Doch gilt § 887 ZPO, wenn sich der Gläubiger damit begnügt, dass ein sachverständiger Dritter aufgrund schriftlicher Unterlagen ein Verzeichnis erstellt[5].

---

1 OLG Düsseldorf, FamRZ 1983, 514; OLG Stuttgart, FamRZ 1980, 1138.
2 Ebenso MünchKommZPO/Finger, § 620, Rn. 39; Staudinger/Engler, 14. Bearb. 2000, Rn. 68; Trauzettel, S. 186 f.; Zöller/Philippi, § 620, Rn. 63; hinsichtlich einer summarischen Auskunft auch Erman/Holzhauer, Rn. 17.
3 Vgl. Soergel/Häberle, Rn. 4. **A. A.** („zurückgerechnet vom Schluss der mündlichen Verhandlung an") Rahm/Künkel/Stollenwerk, IV, Rn. 686. Vgl. ferner Trauzettel, S. 67 ff. mit Antragsmustern auf S. 77 ff.
4 Stein/Jonas/Brehm, § 887, Rn. 14.
5 Stein/Jonas/Brehm, § 887, Rn. 15.

III. Vorlegung von Belegen

§ 1605 I Sätze 2, 3 erweitert den Auskunftsanspruch um einen **Anspruch** auf Vorlegung von Belegen. 8

Eine **Leistungsklage** müsste z. B. beantragen: „Der Beklagte wird 9
verurteilt, der Klägerin eine Gehaltsbescheinigung der Fa. N.N. und eine beglaubigte Ablichtung seines Einkommensteuerbescheids für das Jahr . . . vorzulegen"[1]. Oder: „Die Beklagte wird verurteilt, dem Kläger alle Belege über die Höhe ihrer Einkünfte aus ihrer Boutique im Jahre 1994 vorzulegen." Ein solcher Antrag ist jedoch nur dann genügend bestimmt (§ 253 II Nr. 2 ZPO), wenn die Belege in einer einzigen Art, z. B. als Rechnungen, erteilt zu werden pflegen, nicht, wenn mehrere Arten von Belegen in Betracht kommen[2].

Die **Zwangsvollstreckung** richtet sich nach § 888 I ZPO, wenn die 10
Vorlegung von Belegen im Rahmen der Auskunft erzwungen werden soll, sonst nach § 883 ZPO[3].

IV. Eidesstattliche Versicherung

Nach § 1605 I Satz 3 i. V. m. § 260 II, III kann der Gläubiger unter 11
Umständen eine eidesstattliche Versicherung verlangen.

Eine **Leistungsklage** müsste z. B. beantragen: „Die Beklagte wird 12
verurteilt, zu Protokoll an Eides statt zu versichern, dass sie in ihrem dem Kläger vorgelegten Verzeichnis die Einkünfte so vollständig angegeben habe, als sie dazu imstande sei."

Die Versicherung wird von dem nicht verurteilten Schuldner nach 13
§ 1605 I Satz 3 i. V. m. § 261 BGB abgegeben, von dem verurteilten Schuldner nach § 889 ZPO vor dem **Vollstreckungsgericht**.

V. Prozessverbindungen

1. Verschiedene Auskunftsleistungen und eidesstattliche Versicherung

Die verschiedenen Auskunftsleistungen können in einer Klage be- 14
ansprucht werden (§ 260 ZPO).

---

1 Anders/Gehle, S. 41.
2 BGH, NJW 1983, 1056. Antragsmuster bei Rahm/Künkel/Stollenwerk, IV, Rn. 686.
3 Stein/Jonas/Brehm, § 883, Rn. 12; Trauzettel, S. 136 ff.; Zöller/Stöber, § 888, Rn. 3, „Belege".

15 Nach herrschender Meinung können auch die Klagen auf Auskunft über Einkünfte und auf eidesstattliche Versicherung verbunden werden (analog § 254 ZPO)[1]. Doch wird zunächst nur über die Auskunftsklage durch Teilurteil entschieden (§ 301 ZPO); die Entscheidung über die eidesstattliche Versicherung ist erst zulässig, nachdem die Auskunft erteilt ist[2]. Erübrigt sich die eidesstattliche Versicherung, so ist die Klage insoweit als unbegründet abzuweisen, wenn sie nicht zurückgenommen wird[3].

2. Auskunft und Unterhalt

16 Mit einer Klage auf Auskunft kann auch die Klage auf Unterhalt aus § 1601 verbunden werden (§ 254 ZPO). S. dazu näher → *Auskunft* Rn. 9 ff. In diesem Fall ist zugleich die Verbindung mit einer **Scheidungssache** statthaft (§ 623 I Satz 1 ZPO; s. dazu § 1564, Rn. 7 ff.), soweit es um den nachehelichen Ehegattenunterhalt (vgl. § 1580 Satz 2) oder den nachehelichen Unterhalt eines minderjährigen ehelichen Kindes geht[4]. Doch wird über die Auskunftsklage schon vor der Scheidungssache entschieden[5]. Eine isolierte Auskunftsklage kann nicht mit einer Scheidungssache verbunden werden[6].

Art der Unterhaltsgewährung

1612 (1) ¹Der Unterhalt ist durch Entrichtung einer Geldrente zu gewähren. ²Der Verpflichtete kann verlangen, dass ihm die Gewährung des Unterhalts in anderer Art gestattet wird, wenn besondere Gründe es rechtfertigen.

(2) ¹Haben Eltern einem unverheirateten Kinde Unterhalt zu gewähren, so können sie bestimmen, in welcher Art und für welche Zeit im Voraus der Unterhalt gewährt werden soll, wobei auf die Belange des Kindes die gebotene Rücksicht zu nehmen ist. ²Aus

---

1 BGHZ 10, 386; MünchKommZPO/Lüke, § 254, Rn. 7; Stein/Jonas/Schumann, § 254, Rn. 2 f.; Zöller/Greger, § 254, Rn. 10. **Dagegen** mit beachtlichen Gründen Assmann, S. 55 ff.
2 BGHZ 10, 386.
3 Soergel/Wolf, § 259, Rn. 52. Zu § 93 ZPO s. OLG München, MDR 1988, 782.
4 MünchKommZPO/Finger, § 623, Rn. 13, 17.
5 BGH, NJW 1997, 2177; MünchKommZPO/Finger, § 623, Rn. 24.
6 BGH, NJW 1997, 2177; MünchKommZPO/Finger, § 623, Rn. 25.

besonderen Gründen kann das Familiengericht auf Antrag des Kindes die Bestimmung der Eltern ändern. ³Ist das Kind minderjährig, so kann ein Elternteil, dem die Sorge für die Person des Kindes nicht zusteht, eine Bestimmung nur für die Zeit treffen, in der das Kind in seinen Haushalt aufgenommen ist.

(3) ¹Eine Geldrente ist monatlich im Voraus zu zahlen. ²Der Verpflichtete schuldet den vollen Monatsbetrag auch dann, wenn der Berechtigte im Laufe des Monats stirbt.

I. Überblick

Nach § 1612 I Satz 1 ist der Unterhalt grundsätzlich durch Entrichtung einer **Geldrente** zu gewähren[1]. **Ausnahmen** gelten: zwischen Mutter oder Vater und minderjährigem unverheiratetem Kind (§ 1606 III Satz 2); zwischen Mutter oder Vater und unverheiratetem Kind (§ 1612 II); zwischen sonstigen Verwandten (§ 1612 I Satz 2); für die Vergangenheit (§ 1613 II). 1

II. Sonstige Verwandte (§ 1612 I Satz 2)

Nach § 1612 I Satz 2 hat der zum Unterhalt Verpflichtete gegen den Unterhaltsberechtigten – außer im Verhältnis zwischen Eltern und unverheiratetem Kind (§ 1612 II) – einen **Anspruch** auf **Gestattung** der Unterhaltsgewährung in anderer Art als durch Entrichtung einer Geldrente[2]. 2

Gestattet der Unterhaltsberechtigte die andere Unterhaltsart, so kommt ein entsprechender Vertrag zustande, kraft dessen jetzt die andere Unterhaltsart geschuldet wird. 3

Gestattet der Unterhaltsberechtigte die andere Unterhaltsart nicht, so behält er seinen Anspruch auf Geldunterhalt, dem jedoch der Gestattungsanspruch einredeweise entgegengesetzt werden kann. Klagt der Unterhaltsberechtigte auf Geldunterhalt, so führt die **Einrede** des Gestattungsanspruchs zur Abweisung der Klage als unbegründet[3] (s. bei § 214). Für eine Gestattungs-**Klage** fehlt das praktische Bedürfnis[4]. 4

---

1 Zu § 1612a s. § 1601, Rn. 13.
2 Staudinger/Engler, 14. Bearb. 2000, Rn. 13 ff.; str.
3 Vgl. Staudinger/Engler, 14. Bearb. 2000, Rn. 14, 16.
4 Weiter gehend Staudinger/Engler, 14. Bearb. 2000, Rn. 16 (kein Rechtsschutzbedürfnis).

III. Eltern und unverheiratetes Kind (§ 1612 II)

5 Nach § 1612 II Satz 1 können Eltern gegenüber einem unverheirateten Kind, das volljährig sein kann[1], einseitig bestimmen, ob sie Unterhalt in anderer Art als durch Entrichtung einer Geldrente gewähren. Die Bestimmung erfolgt durch ausdrückliche oder stillschweigende Erklärung gegenüber dem Kind[2]. Infolge der Erklärung wird nicht mehr die gesetzliche Geldrente, sondern die von den Eltern bestimmte Unterhaltsart geschuldet. Das Bestimmungsrecht der Eltern ist daher ein **Gestaltungsrecht**[3].

Erlöschen des Unterhaltsanspruchs

1615 (1) Der Unterhaltsanspruch erlischt mit dem Tode des Berechtigten oder des Verpflichteten, soweit er nicht auf Erfüllung oder Schadensersatz wegen Nichterfüllung für die Vergangenheit oder auf solche im Voraus zu bewirkende Leistungen gerichtet ist, die zur Zeit des Todes des Berechtigten oder des Verpflichteten fällig sind.

(2) Im Falle des Todes des Berechtigten hat der Verpflichtete die Kosten der Beerdigung zu tragen, soweit ihre Bezahlung nicht von dem Erben zu erlangen ist.

1 Absatz 2 gibt demjenigen, der die Beerdigung veranlasst hat[4], gegen den Unterhaltspflichtigen einen subsidiären **Anspruch** auf **Tragung der Beerdigungskosten**, d. h. einen Befreiungsanspruch (→ *Befreiung* Rn. 1), nach Zahlung einen Anspruch darauf, dass die Kosten ihm erstattet werden, also einen Zahlungsanspruch (→ *Zahlung* Rn. 1)[5].

2 **Zuständig** für eine Klage ist ausschließlich das Familiengericht (§§ 621 I Nr. 4, II[6], 40 II ZPO) im ordentlichen Zivilprozess (§ 495 ZPO).

---

1 Soergel/Häberle, Rn. 4; str.
2 MünchKommBGB/W.Köhler, Rn. 16.
3 Staudinger/Engler, 14. Bearb. 2000, Rn. 62, 69.
4 Vgl. § 1968, Rn. 1.
5 Vgl. Soergel/Stein, § 1968, Rn. 3.
6 Nach § 621 II Satz 2 ZPO gilt auch – nicht ausschließlich – § 23a ZPO. So Stein/Jonas/Schumann, § 23a, Rn. 6 zur nichtehelichen Mutter.

Unterhaltsanspruch aus Anlass der Geburt § 1615l

Unterhaltsanspruch von Mutter und Vater aus Anlass der Geburt

1615l (1) ¹Der Vater hat der Mutter für die Dauer von sechs Wochen vor und acht Wochen nach der Geburt des Kindes Unterhalt zu gewähren. ²Dies gilt auch hinsichtlich der Kosten, die infolge der Schwangerschaft oder der Entbindung außerhalb dieses Zeitraums entstehen.

(2) ¹Soweit die Mutter einer Erwerbstätigkeit nicht nachgeht, weil sie infolge der Schwangerschaft oder einer durch die Schwangerschaft oder die Entbindung verursachten Krankheit dazu außerstande ist, ist der Vater verpflichtet, ihr über die in Absatz 1 Satz 1 bezeichnete Zeit hinaus Unterhalt zu gewähren. ²Das Gleiche gilt, soweit von der Mutter wegen der Pflege oder Erziehung des Kindes eine Erwerbstätigkeit nicht erwartet werden kann. ³Die Unterhaltspflicht beginnt frühestens vier Monate vor der Geburt; sie endet drei Jahre nach der Geburt, sofern es nicht insbesondere unter Berücksichtigung der Belange des Kindes grob unbillig wäre, einen Unterhaltsanspruch nach Ablauf dieser Frist zu versagen.

(3) ¹Die Vorschriften über die Unterhaltspflicht zwischen Verwandten sind entsprechend anzuwenden. ²Die Verpflichtung des Vaters geht der Verpflichtung der Verwandten der Mutter vor. ³Die Ehefrau und minderjährige unverheiratete Kinder des Vaters gehen bei Anwendung des § 1609 der Mutter vor; die Mutter geht den übrigen Verwandten des Vaters vor. ⁴§ 1613 Abs. 2 gilt entsprechend. ⁵Der Anspruch erlischt nicht mit dem Tode des Vaters.

(4) ¹Wenn der Vater das Kind betreut, steht ihm der Anspruch nach Absatz 2 Satz 2 gegen die Mutter zu. ²In diesem Fall gilt Absatz 3 entsprechend.

§ 1615l gibt der nichtehelichen Mutter gegen den nichtehelichen Vater (§ 1615a i. V. m. § 1592 Nr. 2, 3), und umgekehrt (Abs. IV), einen **Anspruch** auf **Unterhalt**, d. h. einen Zahlungsanspruch (§ 1615l III Satz 1 i. V. m. § 1612). 1

Die **Klage** ist auf eine bestimmte Leistung zu richten (§ 253 II Nr. 2 ZPO)[1], z. B. mit dem Antrag, den Beklagten zu verurteilen, ab Rechtshängigkeit monatlichen gesetzlichen Unterhalt in Höhe von 1000 Euro an die Klägerin zu zahlen. Dass auch künftige Leistungen eingeklagt werden können, folgt aus § 258 ZPO. Zur Feststellungsklage s. → *Zahlung* Rn. 3, zur Abänderungsklage § 323 ZPO. 2

---

1 MünchKommZPO/Lüke, § 253, Rn. 124; str.

§ 1615m

3 Das **Rechtsschutzinteresse** fehlt einer Unterhaltsklage nicht deshalb, weil der Beklagte freiwillig zahlt (§ 1601, Rn. 5), auch nicht, weil eine einstweilige Verfügung zulässig oder erlassen ist (§§ 926, 936 ZPO) oder weil eine einstweilige Anordnung zulässig oder erlassen ist[1].

4 **Zuständig** ist ausschließlich das Familiengericht (§§ 621 I Nr. 11, 40 II, 12 ff., 23a[2], 642 III ZPO) im ordentlichen Zivilprozess (§ 495 ZPO).

5 Die **Zwangsvollstreckung** richtet sich nach §§ 803 ff. ZPO (→ *Zahlung* Rn. 37). Sie ist privilegiert nach §§ 850d, 850f. I ZPO. Der Anspruch ist bedingt pfändbar (§ 850b I Nr. 2, II ZPO)[3].

6 Zum **einstweiligen Rechtsschutz** s. bei § 1615o.

Beerdigungskosten für die Mutter

1615m Stirbt die Mutter infolge der Schwangerschaft oder der Entbindung, so hat der Vater die Kosten der Beerdigung zu tragen, soweit ihre Bezahlung nicht von dem Erben der Mutter zu erlangen ist.

1 § 1615m gibt demjenigen, der die Beerdigung veranlasst hat[4], gegen den nichtehelichen Vater (§ 1615a i. V. m. § 1592 Nr. 2, 3) einen subsidiären **Anspruch** auf **Tragung der Beerdigungskosten**, d. h. einen Befreiungsanspruch (→ *Befreiung* Rn. 1), nach Zahlung einen Anspruch darauf, dass die Kosten ihm erstattet werden, also einen Zahlungsanspruch (→ *Zahlung* Rn. 1)[5].

2 **Zuständig** ist ausschließlich das Familiengericht (§§ 621 I Nr. 11, 40 II, 12 ff., 23a[6] ZPO) im ordentlichen Zivilprozess (§ 495 ZPO).

---

1 Zöller/Philippi, § 620, Rn. 11, 13; str.
2 Stein/Jonas/Schumann, § 23a, Rn. 6.
3 Stein/Jonas/Brehm, § 850b, Fn. 21; Zöller/Stöber, § 850b, Rn. 3.
4 Vgl. § 1968, Rn. 1.
5 Vgl. Soergel/Stein, § 1968, Rn. 3.
6 Stein/Jonas/Schumann, § 23a, Rn. 6.

Einstweilige Verfügung

1615o (1) ¹Auf Antrag des Kindes kann durch einstweilige Verfügung angeordnet werden, dass der Mann, der die Vaterschaft anerkannt hat oder der nach § 1600d Abs. 2 als Vater vermutet wird, den für die ersten drei Monate dem Kind zu gewährenden Unterhalt zu zahlen hat. ²Der Antrag kann bereits vor der Geburt des Kindes durch die Mutter oder einen für die Leibesfrucht bestellten Pfleger gestellt werden; in diesem Falle kann angeordnet werden, dass der erforderliche Betrag angemessene Zeit vor der Geburt zu hinterlegen ist.

(2) Auf Antrag der Mutter kann durch einstweilige Verfügung angeordnet werden, dass der Mann, der die Vaterschaft anerkannt hat oder der nach § 1600d Abs. 2 als Vater vermutet wird, die nach § 1615l Abs. 1 voraussichtlich zu leistenden Beiträge an die Mutter zu zahlen hat; auch kann die Hinterlegung eines angemessenen Betrags angeordnet werden.

(3) Eine Gefährdung des Anspruchs braucht nicht glaubhaft gemacht zu werden.

I. Einstweilige Verfügung nach § 1615o

§ 1615o gestattet einstweilige Verfügungen i. S. des § 940 ZPO[1] gegen einen nichtehelichen Vater (§ 1615a) wegen zeitlich begrenzter Unterhaltsansprüche des Kindes und der Mutter[2]. Diese einstweiligen Verfügungen weisen folgende **Besonderheiten** auf: 1

– Abweichend von § 1600d IV genügt es, dass die Vaterschaft vermutet wird; dies ist glaubhaft zu machen (§ 936 i. V. m. § 920 II ZPO). 2

– Abweichend von § 936 i. V. m. § 920 II ZPO muss ein Verfügungsgrund nicht glaubhaft gemacht werden (§ 1615o III), kann aber widerlegt werden, z. B. durch den Nachweis freiwilliger Zahlung[3]. 3

---

1 S. dazu → *Zahlung* Rn. 40. Anwendbar ist auch § 926 i. V. m. § 936 ZPO. Vgl. Erman/Holzhauer, Rn. 8; Soergel/Häberle, Rn. 9; Stein/Jonas/Grunsky, § 936, Rn. 5. **A. A.** Staudinger/Engler, 14. Bearb. 2000, Rn. 17, der allerdings mit Recht bemerkt, dass die Vaterschaft (anerkannt oder) festgestellt sein muss.
2 Berechtigte Kritik bei Büdenbender, ZZP 110, 40 ff.
3 Soergel/Häberle, Rn. 4; Stein/Jonas/Grunsky, vor § 935, Rn. 3. Ob § 1615o III auch für rückständigen Unterhalt gilt, ist strittig. Vgl. MünchKommBGB/W. Köhler, Rn. 14; Soergel/Häberle, Rn. 5.

§ 1615o — Einstweilige Verfügung

4 – Abweichend von der theoretischen Regel des einstweiligen Rechtsschutzes kann die Befriedigung des Anspruchs angeordnet werden (Befriedigungsverfügung).

5 **Zuständig** ist das Gericht der Hauptsache (§§ 937 I, 943 I ZPO). „Hauptsache" ist der reguläre Streit um den Verfügungsanspruch. Zuständig ist daher ausschließlich das Familiengericht (§§ 621 I Nr. 4, 11, 640a I Satz 5, 40 II ZPO)[1]. Die frühere Kontroverse darüber, ob für einstweilige Verfügungen über den Regelunterhalt wahlweise oder gar allein das Gericht des § 643 ZPO zuständig ist, hat sich durch die Kindschaftsrechtsreform erledigt[2].

II. Einstweilige Anordnung nach § 641d ZPO

6 Nach § 641d ZPO kann in einem Rechtsstreit auf Feststellung des Bestehens der nichtehelichen Vaterschaft[3] (§ 1600d, Rn. 1 ff.) wegen der Unterhaltsansprüche des Kindes (§ 1601) und der Mutter (§ 1615 l) eine einstweilige Anordnung ergehen, und zwar ohne die zeitliche Begrenzung des § 1615o. Für diese einstweilige Anordnung gilt:

7 – Abweichend von § 1600d IV genügt es, dass die Vaterschaft glaubhaft gemacht wird (§ 641d II Satz 3 ZPO).

8 – In Übereinstimmung mit § 936 i. V. m. § 920 II ZPO muss die Notwendigkeit einer einstweiligen Anordnung glaubhaft gemacht werden (§ 641d II Satz 3 ZPO).

9 – Abweichend von der theoretischen Regel des einstweiligen Rechtsschutzes kann die Befriedigung des Anspruchs angeordnet werden (§ 641d I Satz 2 ZPO).

III. Einstweilige Anordnung nach § 644 ZPO

10 Nach § 644 ZPO kann das Gericht in einem Unterhaltsprozess – nicht in einem vereinfachten Verfahren (§ 1601, Rn. 11) – den Unterhalt durch einstweilige Anordnung regeln (näher § 1360, Rn. 14). Darunter fallen auch Unterhaltsklagen eines nichtehelichen Kindes (§ 621 I Nr. 4 ZPO i. V. m. § 1601 BGB) und seiner Mutter (§ 621 I

---

1 Zöller/Philippi, § 641d, Rn. 2. § 640a I Satz 5 ZPO regelt nur die örtliche Zuständigkeit („das Gericht"). A. A. Büdenbender, ZZP 110, 38.
2 Büdenbender, ZZP 110, 37.
3 Büdenbender, ZZP 110, 50 f.

Nr. 11 ZPO i. V. m. § 1600l BGB) gegen den nichtehelichen Vater. Für diese einstweilige Anordnung gilt:

– Die Vaterschaft des Mannes muss anerkannt oder gerichtlich festgestellt sein (§ 1600d IV); dies ist glaubhaft zu machen (§ 644 Satz 2 i. V. m. § 620a II Satz 3 ZPO). 11

– Ein Regelungsbedürfnis, also die Notwendigkeit einer einstweiligen Anordnung, ist glaubhaft zu machen (§ 644 Satz 2 i. V. m. § 620a II Satz 3 ZPO). 12

– Abweichend von der theoretischen Regel des einstweiligen Rechtsschutzes kann die Befriedigung des Anspruchs angeordnet werden (§ 644 Satz 1 ZPO). 13

IV. Verhältnis der Entscheidungen

1. § 1615o BGB und § 641d ZPO

Zwischen beiden Rechtsbehelfen kann gewählt werden, falls die Vaterschaft noch nicht anerkannt ist[1]. Denn eine einstweilige Anordnung ergeht nur, wenn ihre Notwendigkeit glaubhaft gemacht wird (§ 641d II Satz 3 ZPO). Für eine einstweilige Verfügung braucht dagegen eine Gefährdung des Anspruchs nicht glaubhaft gemacht zu werden (§ 1615o III). 14

2. § 1615o BGB und § 644 ZPO

Zwischen beiden Rechtsbehelfen kann gewählt werden, falls die Vaterschaft anerkannt ist[2]. Denn eine einstweilige Anordnung ergeht nur, wenn ihre Notwendigkeit glaubhaft gemacht wird (§ 644 Satz 2 i. V. m. § 620a II Satz 3 ZPO). Für eine einstweilige Verfügung braucht dagegen eine Gefährdung des Anspruchs nicht glaubhaft gemacht zu werden (§ 1615o III). 15

---

1 Baumbach/Lauterbach/Albers, § 641d, Rn. 1; Büdenbender, ZZP 110, 54; Musielak/Borth, § 641d, Rn. 2; Thomas/Putzo/Hüßtege, § 641d, Rn. 3. **A. A.** MünchKommZPO/Coester-Waltjen, § 641d, Rn. 6; Palandt/Diederichsen, Rn. 1; Stein/Jonas/Schlosser, § 641d, Rn. 5; Wieczorek/Schlüter, § 641d, Rn. 2; Zöller/Philippi, § 641d, Rn. 3.
2 A. A. Bernreuther, FamRZ 1999, 73, entgegen dem von ihm selbst (S. 69) anerkannten Grundsatz der Wahlmöglichkeit. A. A. auch Musielak/Borth, § 644, Rn. 5.

3. § 641d ZPO und § 644 ZPO

16 Es besteht keine Wahlmöglichkeit. Denn § 641d ZPO setzt einen Rechtsstreit auf Feststellung des Bestehens der Vaterschaft voraus, § 644 ZPO einen Unterhaltsprozess, der erst nach Feststellung oder Anerkennung der Vaterschaft mit Aussicht auf Erfolg angestrengt werden kann.

Dienstleistungen in Haus und Geschäft

1619 Das Kind ist, solange es dem elterlichen Hausstand angehört und von den Eltern erzogen oder unterhalten wird, verpflichtet, in einer seinen Kräften und seiner Lebensstellung entsprechenden Weise den Eltern in ihrem Hauswesen und Geschäft Dienste zu leisten.

1 § 1619 gibt den Eltern gegen das Kind einen **Anspruch** auf **Dienstleistung**, der gegenüber einem minderjährigen Kind nach § 1631 durchgesetzt wird[1], gegenüber einem volljährigen Kind durch Klage und Vollstreckung (s. bei § 611)[2].

2 Das Kind hat für die Dienste, die es allein aufgrund des § 1619 erbringt, **keinen Anspruch** auf **Entgelt**[3]. Ob ein Gläubiger des Kindes nach § 850h II ZPO einen fiktiven Entgeltanspruch des Kindes gegen seine Eltern pfänden und sich überweisen lassen kann, ist strittig[4].

Ersatz von Aufwendungen

1648 Machen die Eltern bei der Ausübung der Personensorge oder der Vermögenssorge Aufwendungen, die sie den Umständen nach für erforderlich halten dürfen, so können sie von dem Kind Ersatz verlangen, sofern nicht die Aufwendungen ihnen selbst zur Last fallen.

---

1 MünchKommBGB/Hinz, Rn. 12; Staudinger/Coester, Rn. 41 f.
2 MünchKommBGB/Hinz, Rn. 12; Soergel/Strätz, Rn. 5; Staudinger/Coester, Rn. 42, die alle eine Zwangsvollstreckung analog § 888 III ZPO schlechthin für unzulässig halten (s. dagegen § 611, Rn. 6).
3 MünchKommBGB/Hinz, Rn. 25; Staudinger/Coester, Rn. 48.
4 Dafür die Rechtsprechung; MünchKommBGB/Hinz, Rn. 32; Stein/Jonas/Brehm, § 850h, Rn. 18, 27; Zöller/Stöber, § 850h, Rn. 7. **Dagegen** aus guten Gründen Staudinger/Coester, Rn. 60.

§ 1648 gibt den Eltern gegen das Kind einen **Anspruch** auf **Ersatz von Aufwendungen** i. S. des § 257[1], den sie während der Minderjährigkeit des Kindes kraft ihres Rechts zur Vermögenssorge (§ 1626 I) selbst erfüllen können[2], gegen das volljährige Kind notfalls durch Klage und Vollstreckung durchsetzen müssen (s. bei § 257).

Herausgabe des Kindesvermögens; Rechnungslegung

1698 (1) Endet oder ruht die elterliche Sorge der Eltern oder hört aus einem anderen Grunde ihre Vermögenssorge auf, so haben sie dem Kind das Vermögen herauszugeben und auf Verlangen über die Verwaltung Rechenschaft abzulegen.

(2) Über die Nutzungen des Kindesvermögens brauchen die Eltern nur insoweit Rechenschaft abzulegen, als Grund zu der Annahme besteht, dass sie die Nutzungen entgegen der Vorschrift des § 1649 verwendet haben.

§ 1698 gibt dem Kind gegen seine Eltern **Ansprüche** auf **Herausgabe des Vermögens** i. S. des § 260 und auf **Rechenschaft** i. S. des § 259[3]. Die Ansprüche sind im Zivilprozess geltend zu machen[4]. S. dazu die Kommentierung der angegebenen Vorschriften.

Verzinsungspflicht

1834 Verwendet der Vormund Geld des Mündels für sich, so hat er es von der Zeit der Verwendung an zu verzinsen.

§ 1834 gibt dem Mündel gegen den Vormund einen **Anspruch** auf **Zinsen**, d. h. einen Zahlungsanspruch (→ *Zahlung* Rn. 1), der schon vor der Beendigung des Vormundschaftsverhältnisses eingeklagt werden kann (§ 1843 II, s. dort)[5].

---

1 MünchKommBGB/Krüger, 4. Aufl., § 256, Rn. 5.
2 Staudinger/Engler, Rn. 15.
3 Staudinger/Coester, Rn. 1.
4 Staudinger/Coester, Rn. 12. Zum Klageantrag s. Trauzettel, S. 91 ff.
5 Staudinger/Engler, Rn. 9.

§ 1843 Prüfung durch das Vormundschaftsgericht

Prüfung durch das Vormundschaftsgericht

1843 (1) Das Vormundschaftsgericht hat die Rechnung rechnungsmäßig und sachlich zu prüfen und, soweit erforderlich, ihre Berichtigung und Ergänzung herbeizuführen.

(2) Ansprüche, die zwischen dem Vormund und dem Mündel streitig bleiben, können schon vor der Beendigung des Vormundschaftsverhältnisses im Rechtsweg geltend gemacht werden.

1   Nach § 1843 II können Ansprüche zwischen Vormund und Mündel schon vor der Beendigung des Vormundschaftsverhältnisses im Rechtswege, d. h. im Zivilprozess[1], geltend gemacht werden. Dazu muss das Vormundschaftsgericht dem Mündel einen **Pfleger** bestellen (§§ 1909 I Satz 1, 1915 I), da der Vormund in einem Prozess, in dem er selbst Partei ist, den Mündel nicht vertreten kann (Verbot des Insichprozesses)[2].

2   Praktisch bedeutsam ist die Vorschrift eher für **Ansprüche des Mündels** gegen den Vormund, z. B. auf Schadensersatz aus § 1833. Denn soweit der Vormund selbst einen Anspruch **gegen den Mündel** hat, z. B. auf Aufwendungsersatz aus § 1835, kann er ihn kraft seines Rechts zur Verwaltung des Mündelvermögens (§ 1793) selbst erfüllen[3]. Doch kann auch hier der Vormund gegen den Mündel auf Leistung oder Feststellung des Geschuldeten oder der Mündel gegen den Vormund auf Rückgewähr eines angeblich zu Unrecht aus seinem Vermögen entnommenen Betrages klagen[4].

3   An **Feststellungen des Vormundschaftsgerichts** über die Ordnungsmäßigkeit einer Rechnung des Vormunds (§ 1843 I) ist das Prozessgericht nicht gebunden[5].

Vermögensherausgabe und Rechnungslegung

1890   [1]Der Vormund hat nach der Beendigung seines Amts dem Mündel das verwaltete Vermögen herauszugeben und über die Verwaltung Rechenschaft abzulegen. [2]Soweit er dem

---
1   Staudinger/Engler, Rn. 8.
2   Rosenberg/Schwab/Gottwald, § 40 III 1. Ebenso im Ergebnis Staudinger/Engler, Rn. 10.
3   Staudinger/Engler, § 1835, Rn. 39.
4   Staudinger/Engler, § 1835, Rn. 43.
5   Staudinger/Engler, Rn. 8.

Vormundschaftsgericht Rechnung gelegt hat, genügt die Bezugnahme auf diese Rechnung.

§ 1890 gibt dem Mündel gegen den Vormund **Ansprüche** auf **Herausgabe** des verwalteten Vermögens i. S. des § 260 und auf **Rechenschaft** i. S. des § 259[1]. Die Ansprüche sind im Zivilprozess geltend zu machen[2]. S. dazu die Kommentierung der angegebenen Vorschriften.

Mitwirkung des Gegenvormunds

1891 (1) [1]Ist ein Gegenvormund vorhanden, so hat ihm der Vormund die Rechnung vorzulegen. [2]Der Gegenvormund hat die Rechnung mit den Bemerkungen zu versehen, zu denen die Prüfung ihm Anlass gibt.

(2) Der Gegenvormund hat über die Führung der Gegenvormundschaft und, soweit er dazu imstande ist, über das von dem Vormund verwaltete Vermögen auf Verlangen Auskunft zu erteilen.

§ 1891 II gibt dem Mündel[3] gegen den Gegenvormund einen **Anspruch** auf **Auskunft** (→ *Auskunft* Rn. 1), der im Zivilprozess geltend zu machen ist[4].

Voraus des Ehegatten

1932 (1) [1]Ist der überlebende Ehegatte neben Verwandten der zweiten Ordnung oder neben Großeltern gesetzlicher Erbe, so gebühren ihm außer dem Erbteil die zum ehelichen Haushalt gehörenden Gegenstände, soweit sie nicht Zubehör eines Grundstücks sind, und die Hochzeitsgeschenke als Voraus. [2]Ist der überlebende Ehegatte neben Verwandten der ersten Ordnung gesetzlicher Erbe, so gebühren ihm diese Gegenstände, soweit er sie zur Führung eines angemessenen Haushalts benötigt.

(2) Auf den Voraus sind die für Vermächtnisse geltenden Vorschriften anzuwenden.

---

1 Staudinger/Engler, Rn. 12, 24.
2 Staudinger/Engler, Rn. 15, 33. Zum Klageantrag s. Trauzettel, S. 91 ff.
3 Vgl. Staudinger/Engler, Rn. 7, 11.
4 Soergel/Zimmermann, 13. Aufl., Rn. 2.

§ 1958 Gerichtliche Geltendmachung von Ansprüchen gegen den Erben

1 § 1932 i. V. m. § 2174 gibt dem überlebenden Ehegatten einen **Anspruch** auf die zum ehelichen Haushalt gehörenden Gegenstände und die Hochzeitsgeschenke als **Voraus**. Der Anspruch geht auf Übereignung und Übergabe beweglicher Sachen (→ *Übereignung* Rn. 1) und auf Verschaffung von Rechten (→ *Rechtsverschaffung* Rn. 1). Er richtet sich gegen die Erbengemeinschaft[1] (s. bei § 2058).

2 Geltend zu machen ist der Anspruch im Zivilprozess[2]. **Örtlich zuständig** ist auch das Gericht des § 27 ZPO (§ 35 ZPO)[3].

Gerichtliche Geltendmachung von Ansprüchen gegen den Erben

1958 Vor der Annahme der Erbschaft kann ein Anspruch, der sich gegen den Nachlass richtet, nicht gegen den Erben gerichtlich geltend gemacht werden.

I. Allgemeines

1 § 1958 regelt die Rechtslage „**vor der Annahme der Erbschaft**", d. h. in dem Zeitraum, in dem die Erbschaft zwar an den vorläufigen Erben angefallen ist (§§ 1922 I, 1942 I), aber von ihm weder angenommen noch ausgeschlagen wurde[4]; dabei kann die Annahme ausdrücklich, konkludent[5] oder durch Verstreichenlassen der Ausschlagungsfrist (§ 1943) erfolgen. In diesem Zeitraum von mindestens sechs Wochen (§ 1944) kann ein Anspruch oder ein sonstiges Recht[6], das sich nur gegen den Nachlass richtet[7] (**reine Nachlassverbindlichkeit**, § 1967 II), nicht gegen den vorläufigen Erben gerichtlich geltend gemacht werden[8]. Zulässig ist aber die Geltendmachung gegen einen Testamentsvollstrecker (§ 2213 II) und einen

---

1 MünchKommBGB/Leipold, Rn. 15 f.: Nachlassverbindlichkeit.
2 Soergel/Stein, Rn. 12.
3 Stein/Jonas/Schumann, § 27, Rn. 9; Zöller/Vollkommer, § 27, Rn. 6.
4 Zur Annahme oder Ausschlagung während eines Prozesses s. MünchKommBGB/Leipold, Rn. 8 f.
5 Palandt/Edenhofer, § 1943, Rn. 2.
6 MünchKommBGB/Leipold, Rn. 3.
7 Für Rechte *des* Nachlasses gilt § 1958 nicht (MünchKommBGB/Leipold, Rn. 4).
8 Dass der Erbe vor der Annahme nicht „haftet" (so Lange/Kuchinke, § 48 II 1), kann man nicht sagen, da der vorläufige Erbe schuldet und der Zwangsvollstreckung in den Nachlass unterworfen ist (§§ 778 I, 779 I ZPO).

Nachlasspfleger (§§ 1961, 1960 III), auch einen Nachlassverwalter (vgl. § 1975)[1]. Zu reinen Eigenverbindlichkeiten des Erben und Nachlasserbenschulden s. § 1967, Rn. 23, 24.

II. Erkenntnisverfahren

Ein von dem **Erblasser** oder gegen ihn begonnenes Erkenntnisverfahren wird infolge des Todes des Erblassers unterbrochen oder auf Antrag ausgesetzt (§§ 239 I, 246 I ZPO)[2]. Der vorläufige Erbe ist zur **Fortsetzung** des Rechtsstreits **nicht verpflichtet** (§§ 239 V, 246 II ZPO): Er wird nicht auf Antrag des Gegners zur Aufnahme und zur Verhandlung der Hauptsache geladen (§§ 239 II, 246 II ZPO). Wohl aber ist der Erbe zur Fortsetzung des Rechtsstreits, d. h. zu dessen Aufnahme, **berechtigt**, wenn er die Erbschaft annimmt, wie es durch die Aufnahme in der Regel geschieht.

2

Eine gegen den vorläufigen **Erben** wegen einer reinen Nachlassverbindlichkeit erhobene Klage, auch Widerklage, ist unzulässig (§ 1958). Dem vorläufigen Erben fehlt die passive Prozessführungsbefugnis[3]. Der Mangel wird von Amts wegen berücksichtigt (§ 139 III ZPO)[4]. Da die Klage aber durch die Annahme der Erbschaft zulässig wird[5], sollte das Gericht sie nicht abweisen, sondern die Verhandlung bis zum Ablauf der kurzen Ausschlagungsfrist aussetzen (analog §§ 148 ff. ZPO).

3

III. Zwangsvollstreckung

1. Fälle

– Hatte die **Vollstreckung** wegen einer reinen Nachlassverbindlichkeit beim Tod des Erblassers gegen ihn **bereits begonnen**, so wird sie in den Nachlass fortgesetzt (§ 779 I ZPO). Die Fortsetzung ist schon vor Annahme der Erbschaft zulässig. Titel und Klausel gegen den Erblasser genügen; die Klausel muss also nicht gegen den Erben erteilt werden[6].

4

---

1 Erman/Schlüter, Rn. 10; Staudinger/Marotzke, 14. Bearb. 2000, Rn. 5.
2 MünchKommBGB/Leipold, Rn. 15.
3 MünchKommBGB/Leipold, Rn. 10; Zöller/Vollkommer, § 305, Rn. 1; str.
4 MünchKommBGB/Leipold, Rn. 1, 11; Staudinger/Marotzke, 13. Bearb., Rn. 2 f.; str.
5 MünchKommBGB/Leipold, Rn. 8.
6 Stein/Jonas/Münzberg, § 779, Rn. 2; Zöller/Stöber, § 779, Rn. 5.

5   Nach Annahme der Erbschaft kann die Zwangsvollstreckung auch in das Eigenvermögen des Erben betrieben werden (§ 778 I ZPO). Dazu muss allerdings auf den Titel gegen den Erblasser die Klausel gegen den Erben erteilt werden (§§ 727, 795 Satz 1 ZPO)[1].

6   – Hatte die **Vollstreckung** wegen einer reinen Nachlassverbindlichkeit beim Tod des Erblassers gegen ihn **noch nicht begonnen**, so kann sie gegen den Erben betrieben werden. Vor Annahme der Erbschaft ist die Zwangsvollstreckung nur in den Nachlass zulässig, danach auch in das Eigenvermögen (§ 778 I ZPO). Dazu genügt ein gegen den Erblasser ergangener Titel, wenn die Klausel gegen den Erben erteilt ist (§§ 750 I Satz 1, 727, 795 Satz 1 ZPO). Ob allerdings die Klausel schon vor Annahme der Erbschaft erteilt werden kann, ist strittig[2].

2. Haftungsbeschränkung

7   Vor und nach Annahme der Erbschaft kann der Erbe im Falle des § 779 wie in dem des § 778 ZPO für gewisse Zeit erreichen, dass die Zwangsvollstreckung in Nachlass und Eigenvermögen auf **Arrestmaßregeln** beschränkt wird (§§ 2014, 2015, s. dort). Zur Haftungsbeschränkung auf den **Nachlass** s. § 1967, Rn. 7 ff.

IV. Einstweiliger Rechtsschutz

8   Für das Verfahren des einstweiligen Rechtsschutzes gelten dieselben Regeln wie für das Erkenntnisverfahren[3] und die Zwangsvollstreckung (§§ 928, 936 ZPO).

Unterhalt der werdenden Mutter eines Erben

1963 [1]Ist zur Zeit des Erbfalls die Geburt eines Erben zu erwarten, so kann die Mutter, falls sie außerstande ist, sich selbst zu unterhalten, bis zur Entbindung angemessenen Unterhalt aus dem Nachlass oder, wenn noch andere Personen als Erben berufen sind, aus dem Erbteil des Kindes verlangen. [2]Bei der Bemessung des Erbteils ist anzunehmen, dass nur ein Kind geboren wird.

---

1 Stein/Jonas/Münzberg, § 779, Rn. 4; Zöller/Stöber, § 778, Rn. 7.
2 Dafür MünchKommZPO/Wolfsteiner, § 727, Rn. 25. **A. A.** Erman/Schlüter, Rn. 5; Soergel/Stein, Rn. 6; Stein/Jonas/Münzberg, § 778, Rn. 6.
3 Erman/Schlüter, Rn. 2; MünchKommBGB/Leipold, Rn. 5.

Erbenhaftung, Nachlassverbindlichkeiten § 1967

§ 1963 gibt der werdenden Mutter einen **Anspruch** auf **Unterhalt**, d.h. einen Zahlungsanspruch[1]. Der Anspruch richtet sich gegen den oder die Erben[2] (s. bei § 1967 oder § 2058). Für die Leibesfrucht muss mangels eines Testamentsvollstreckers ein Pfleger bestellt werden (§§ 1960, 1961)[3]. 1

Die **Klage** ist auf eine bestimmte Leistung zu richten (§ 253 II Nr. 2 ZPO)[4], z. B. mit dem Antrag, den Beklagten zu verurteilen, ab Rechtshängigkeit bis zur Entbindung monatlichen gesetzlichen Unterhalt von 1000 Euro an die Klägerin zu zahlen. Dass auch künftige Leistungen eingeklagt werden können, folgt aus § 258 ZPO. Zur Feststellungsklage s. → *Zahlung* Rn. 3, zur Abänderungsklage § 323 ZPO. 2

Das **Rechtsschutzinteresse** fehlt einer Unterhaltsklage nicht deshalb, weil der Beklagte freiwillig zahlt (§ 1601, Rn. 5), auch nicht, weil eine einstweilige Verfügung zulässig oder erlassen ist (§§ 926, 936 ZPO). 3

Zuständig ist das Amtsgericht (§ 23a Nr. 2 GVG, §§ 12 ff., 23a[5], 28[6], 35 ZPO) im ordentlichen Zivilprozess. 4

Die **Zwangsvollstreckung** richtet sich nach §§ 803 ff. ZPO (→ *Zahlung* Rn. 37). Der Anspruch ist grundsätzlich unpfändbar (§§ 850b I 2, II, 851 ZPO)[7]. 5

Zum **einstweiligen Rechtsschutz** s. → *Zahlung* Rn. 40 ff.[8]. 6

Erbenhaftung, Nachlassverbindlichkeiten

1967 (1) Der Erbe haftet für die Nachlassverbindlichkeiten.
(2) Zu den Nachlassverbindlichkeiten gehören außer den vom Erblasser herrührenden Schulden die den Erben als solchen treffenden

---

1 MünchKommBGB/Leipold, Rn. 5.
2 Soergel/Stein, Rn. 5: Nachlassverbindlichkeit.
3 Soergel/Stein, Rn. 5.
4 MünchKommZPO/Lüke, § 253, Rn. 124; str.
5 Stein/Jonas/Schumann, § 23a, Rn. 6.
6 Stein/Jonas/Schumann, § 28, Rn. 2; Zöller/Vollkommer, § 28, Rn. 2.
7 Stein/Jonas/Brehm, § 850b, Rn. 11 ff.
8 Soergel/Stein, Rn. 5.

Verbindlichkeiten, insbesondere die Verbindlichkeiten aus Pflichtteilsrechten, Vermächtnissen und Auflagen.

Inhaltsübersicht

A. Schuld und Haftung 1
B. Klage 2
C. Vollstreckung 5
  I. Reine Nachlassverbindlichkeiten 5
    1. Allgemeines 5
      a) Beschränkung der Zwangsvollstreckung auf Arrestmaßregeln .. 6
      b) Beschränkung der Haftung auf den Nachlass . 7
    2. Vorbehalt der Haftungsbeschränkung 9
      a) Inhalt und Bedeutung des Vorbehalts 9
      b) Entscheidung ohne Vorbehalt 10
      c) Begehren des Vorbehalts 11
      d) Aufnahme des Vorbehalts 12
      e) Ablehnung des Vorbehalts 14
      f) Eingeschränkte Verurteilung 15
      g) Abweisung der Leistungsklage 17
    3. Vollstreckungsabwehrklage 18
    4. Eingeschränkte Leistungsklage 21
  II. Reine Eigenverbindlichkeiten 23
  III. Nachlasserbenschulden ... 24

A. Schuld und Haftung

1 Nach § 1967 I „haftet" der Erbe für die Nachlassverbindlichkeiten (§ 1967 II). Das heißt nicht nur, dass der Erbe der Zwangsvollstreckung unterworfen ist (→ *Haftung* Rn. 2), sondern auch und zuerst, dass er Schuldner der Nachlassverbindlichkeiten ist. Der einer Nachlassverbindlichkeit entsprechende **Anspruch** richtet sich also gegen den Erben (Alleinerben) als Alleinschuldner. Miterben sind nach § 2058 grundsätzlich Gesamtschuldner (s. dort, Rn. 2).

B. Klage

2 Wird wegen einer Nachlassverbindlichkeit gegen den Erben geklagt, so richtet sich die **prozessuale Behandlung** wie üblich nach der beanspruchten Leistung[1]. Für eine Zahlungsverbindlichkeit gilt beispielsweise → *Zahlung*.

---

1 Siehe dazu Lange/Kuchinke, § 47 I 1. Zu § 93 ZPO vgl. Soergel/Stein, § 1990, Rn. 10; Staudinger/Marotzke, 13. Bearb., § 1990, Rn. 21.

Örtlich zuständig ist auch das Gericht der §§ 27, 28 ZPO (§ 35 ZPO). 3

Zur Rechtslage vor Annahme der Erbschaft s. § 1958, Rn. 3. 4

C. Vollstreckung
I. Reine Nachlassverbindlichkeiten
1. Allgemeines

Nach § 778 I ZPO ist die Zwangsvollstreckung wegen einer reinen 5 Nachlassverbindlichkeit – anders als bei einer Nachlasserbenschuld (Rn. 24) – vor der Annahme der Erbschaft nur in den Nachlass zulässig, danach auch in das Eigenvermögen des Erben (näher § 1958, Rn. 4 ff.).

a) Beschränkung der Zwangsvollstreckung auf Arrestmaßregeln

Vor und nach Annahme der Erbschaft kann der Erbe für gewisse 6 Zeit erreichen, dass die Zwangsvollstreckung in Nachlass und Eigenvermögen auf Arrestmaßregeln beschränkt wird (§§ 2014, 2015, s. dort).

b) Beschränkung der Haftung auf den Nachlass

– Will der Erbe die nach Annahme der Erbschaft zulässige Zwangs- 7
  vollstreckung in das Eigenvermögen ausschließen, so muss er
  dafür sorgen, dass seine Haftung auf den Nachlass beschränkt
  wird. Die **Gründe** für diese Haftungsbeschränkung sind:
– Nachlassinsolvenzverfahren, und zwar dessen Eröffnung
  (§ 1975), Durchführung (§ 1989) und Unterbleiben mangels
  Masse (§§ 1990 f.);
– Nachlassverwaltung, und zwar deren Anordnung (§ 1975),
  Durchführung (§§ 1990 f. analog)[1] und Unterbleiben mangels
  Masse (§§ 1990 f.);
– Überschuldung, aber nur gegenüber Vermächtnissen und Auflagen (§ 1992);
– Ausschlussurteil (§ 1973);
– Verschweigung (§ 1974);
– bei Miterben ungeteilter Nachlass (§ 2059 I Satz 1).

---
1 BGH, NJW 1954, 635, 636.

Eine Haftungsbeschränkung ist allerdings nicht mehr möglich, wenn der Erbe wegen einer Inventarverfehlung bereits endgültig unbeschränkt haftet (§§ 1994 I Satz 2, 2005 I, 2006 III, 2013); dies gilt auch für Miterben (§§ 2059 I Satz 2, 2063 II).

8 – In der Zwangsvollstreckung wird die Haftungsbeschränkung grundsätzlich nur unter einer doppelten Voraussetzung berücksichtigt:
– In dem Titel muss die Haftungsbeschränkung vorbehalten worden sein (Rn. 9 ff.).
– Bei einem Übergriff in das Eigenvermögen muss der Erbe Vollstreckungsabwehrklage erheben (Rn. 18 ff.); eine Erinnerung oder Beschwerde wäre unbegründet[1]. Wird aus einem gegen den Erblasser erwirkten Titel vollstreckt, so bedarf es zwar der Abwehrklage, aber nicht des Vorbehalts[2]. Dasselbe gilt, wenn der Erbe zur Leistung „aus dem Nachlass" verurteilt ist (Rn. 21, 22).

2. Vorbehalt der Haftungsbeschränkung

a) Inhalt und Bedeutung des Vorbehalts

9 Der Erbe wird z. B. verurteilt, an den Kläger 1000 Euro zu zahlen, mit dem **Zusatz**: „Dem Beklagten wird die Beschränkung der Haftung auf den Nachlass des ... (Name, Todesdatum, Sterbeort, letzter Wohnsitz) vorbehalten"[3]. Das bedeutet: Dem Beklagten wird das Recht vorbehalten, den Zugriff auf das Eigenvermögen durch Vollstreckungsabwehrklage abzuwehren. Ohne diesen Vorbehalt wäre die Abwehrklage unzulässig (§§ 780, 795 Satz 1 ZPO). „Als Erbe verurteilt" i. S. des § 780 ZPO heißt: wegen einer reinen Nachlassverbindlichkeit verurteilt[4]. Die Vorschrift gilt für jede Haftungsbeschränkung im engeren Sinn (§§ 1973 f., 1975, 1989, 1990, 1992[5], auch für § 2059 I[6]).

---

1 Vgl. den von Stein, ZEV 1998, 178, besprochenen Fall.
2 MünchKommZPO/K. Schmidt, § 780, Rn. 4; Zöller/Stöber, § 780, Rn. 9.
3 MünchKommZPO/K. Schmidt, § 780, Rn. 17; Zöller/Stöber, § 780, Rn. 12.
4 MünchKommZPO/K. Schmidt, § 780, Rn. 5.
5 Stein/Jonas/Münzberg, § 780, Rn. 2, 3.
6 MünchKommBGB/Dütz, § 2059, Rn. 14.

b) Entscheidung ohne Vorbehalt

Wird vor dem Prozess oder während des Prozesses das **Nachlassinsolvenzverfahren** eröffnet oder die **Nachlassverwaltung** angeordnet, so verliert der Erbe die Befugnis, den Nachlass zu verwalten und über ihn zu verfügen (§ 80 I InsO, § 1984 I Satz 1 BGB) und damit auch die Befugnis zur Führung eines nachlassbezogenen Prozesses (§ 1984 I Satz 3)[1]. Daher ist die Klage gegen den Erben, soweit sie Leistung aus dem Nachlass begehrt, in jedem Fall unzulässig. Soweit die Klage Leistung aus dem Eigenvermögen begehrt, ist sie unbegründet, falls der Erbe wegen des Nachlassinsolvenzverfahrens oder der Nachlassverwaltung nur noch beschränkt (mit dem Nachlass) haftet. Haftet er wegen einer Inventarverfehlung unbeschränkt, so kann er doch nur zur Leistung aus dem Eigenvermögen verurteilt werden. In allen diesen Fällen ergeht das Urteil ohne einen Vorbehalt der beschränkten Haftung.

10

c) Begehren des Vorbehalts

Nach überwiegender Ansicht muss der Erbe den erforderlichen Vorbehalt begehren[2]. Dem ist zu widersprechen. Aus § 780 I ZPO folgt nur, dass der Erbe den Vorbehalt benötigt, nicht, dass er ihn begehren muss. **Erforderlich ist der Vorbehalt**, weil eine vorbehaltlose Verurteilung besagen würde, dass der Erbe unbeschränkt haftet und deshalb uneingeschränkt – zur Leistung aus Nachlass und Eigenvermögen – verurteilt wird. Eine unbeschränkte Haftung und uneingeschränkte Verurteilung darf das Gericht aber nicht aussprechen, wenn es die Haftungsbeschränkung selbst nicht prüft. Hier muss es deshalb die Prüfung der Haftungsbeschränkung dem Prozess der Abwehrklage vorbehalten. Dafür vorauszusetzen, dass der Erbe den Vorbehalt begehrt, ergibt keinen Sinn. Denn ein Erbe, der sich verklagen lässt, wird mit einer uneingeschränkten Verurteilung ohnehin nicht einverstanden sein. Dass er oder sein Prozessgegner die **Tatsachen** für eine Haftungsbeschränkung dem Gericht **vorträgt**, ist ein Gebot des Verhandlungsgrundsatzes und hat mit dem angeblichen Begehren des Vorbehalts nichts zu tun. Ebenso muss eine vom materiellen Recht geforderte **Einrede der beschränkten Haftung** (Leistungsverweigerung), wie nach § 1990, von dem Begehren des Vorbehalts unterschieden werden. Denn ein Begehren des Vorbe-

11

---

1 Darauf weist Siegmann (MünchKommBGB, Rn. 52, 54) mit Recht hin.
2 BGH, NJW 1983, 2379; MünchKommZPO/K. Schmidt, § 780, Rn. 15; Stein/Jonas/Münzberg, § 780, Rn. 5; Zöller/Stöber, § 780, Rn. 10. **A. A.**, freilich nur de lege ferenda, Heinrich Siber bei Roth, Einrede, S. 75 f.

halts wird ja auch dort vorausgesetzt, wo die Haftungsbeschränkung ohne Einrede, kraft Gesetzes, eintritt, wie nach § 1975. Richtig ist nur, dass die nach materiellem Recht erforderliche Einrede der beschränkten Haftung durch das Begehren des Vorbehalts erhoben werden kann. Die Einrede kann aber auch außergerichtlich erhoben und von dem Prozessgegner dem Gericht mitgeteilt werden. Auch dann muss das Gericht von Amts wegen den Vorbehalt in das Urteil aufnehmen, was bei Säumnis des Beklagten praktisch bedeutsam wird.

d) Aufnahme des Vorbehalts

12 Das Gericht der Leistungsklage kann den Vorbehalt **ohne Prüfung** der Haftungsbeschränkung in das Urteil aufnehmen und diese Prüfung dem Gericht der Abwehrklage überlassen[1].

13 Das Gericht der Leistungsklage kann die Haftungsbeschränkung aber auch **selbst prüfen**[2]. Kommt es dabei zu dem Ergebnis, dass noch **kein Haftungsbeschränkungsgrund** vorliegt, so nimmt es den Vorbehalt auf, weil der Grund ja immer noch eintreten kann.

e) Ablehnung des Vorbehalts

14 Kommt das Gericht der Leistungsklage bei seiner eigenen Prüfung der Haftungsbeschränkung zu dem Ergebnis, dass der **Erbe** bereits **endgültig unbeschränkt haftet**, so lehnt es den Vorbehalt ab (in den Entscheidungsgründen)[3].

f) Eingeschränkte Verurteilung

15 Kommt das Gericht der Leistungsklage bei seiner eigenen Prüfung der Haftungsbeschränkung zu dem Ergebnis, dass bereits ein **Haftungsbeschränkungsgrund vorliegt**, so begnügt es sich nicht mit dem Vorbehalt, sondern verurteilt von vornherein nur zur Leistung „aus dem Nachlass"[4] oder aus einem bestimmten Nachlassrest[5]. Mit dieser Einschränkung ist das erste Ziel der Abwehrklage, „die Vollstreckbarkeit

---

1 Zöller/Stöber, § 780, Rn. 11.
2 BGH, NJW 1954, 635; Stein/Jonas/Münzberg, § 780, Rn. 6; Zöller/Stöber, § 780, Rn. 15.
3 MünchKommZPO/K. Schmidt, § 780, Rn. 11. Vgl. auch Staudinger/Marotzke, 13. Bearb., § 1990, Rn. 12; Zöller/Stöber, § 780, Rn. 15.
4 MünchKommZPO/K. Schmidt, § 780, Rn. 13; Zöller/Stöber, § 780, Rn. 15. Vgl. auch Staudinger/Marotzke, 13. Bearb., § 1990, Rn. 13.
5 Staudinger/Marotzke, 13. Bearb., § 1973, Rn. 29.

des Titels allgemein einzuschränken"[1], bereits erreicht. Im Prozess der Abwehrklage muss nur noch geklärt werden, ob ein konkretes Vollstreckungsobjekt zum Nachlass gehört[2]. Zur Zwangsvollstreckung aus einem allgemein eingeschränkten Leistungsurteil s. Rn. 22.

Nach der herrschenden Meinung kann aber auch schon das Gericht der Leistungsklage prüfen, **ob noch Nachlassgegenstände vorhanden sind**, die dem Gläubiger haften. Treffe dies zu, so solle das Gericht aussprechen, dass die Vollstreckung nur in diese Gegenstände zugelassen wird[3]. Das ist bedenklich, weil ein solches Urteil nicht den Zugriff auf neu auftauchende oder anfechtbar weggegebene Gegenstände ermöglicht[4].

g) Abweisung der Leistungsklage

Kommt das Gericht der Leistungsklage bei seiner eigenen Prüfung der Haftungsbeschränkung zu dem Ergebnis, dass **keine** haftenden **Nachlassgegenstände** mehr **vorhanden** sind, so soll es nach der herrschenden Meinung die Klage abweisen[5]. Der Klage fehlt jedoch nicht das Rechtsschutzinteresse[6] (Rechtsschutzgrund), weil nicht ausgeschlossen werden kann, dass Nachlassgegenstände neu auftauchen oder anfechtbar weggegeben wurden (Rn. 16). Die Klage ist auch nicht unbegründet, weil die Schuld des Erben ohne Haftung fortbesteht[7].

3. Vollstreckungsabwehrklage

Ist dem Erben die Beschränkung seiner Haftung vorbehalten, so **klagt** er **darauf**, dass die **Zwangsvollstreckung** aus dem näher bezeichneten Titel in sein nicht zum Nachlass gehörendes Vermögen, insbesondere in den bereits gepfändeten, näher bezeichneten Gegenstand, **für unzulässig erklärt** wird[8]. Aufgrund eines solchen Ur-

---

1 Stein/Jonas/Münzberg, § 785, Rn. 2.
2 Stein/Jonas/Münzberg, § 785, Rn. 2a; Zöller/Stöber, § 785, Rn. 2.
3 Vgl. Henckel, Parteilehre, S. 64; MünchKommZPO/K. Schmidt, § 780, Rn. 14 und zu § 766 ZPO § 781, Rn. 6; Zöller/Stöber, § 780, Rn. 15.
4 Kritisch auch MünchKommBGB/Siegmann, § 1990, Rn. 16; Staudinger/Marotzke, 13. Bearb., § 1990, Rn. 14.
5 BGH, NJW 1954, 635, 636 a. E.; Henckel, Parteilehre, S. 64; MünchKommZPO/K. Schmidt, § 780, Rn. 12; Zöller/Stöber, § 780, Rn. 15; einschränkend Staudinger/Marotzke, 13. Bearb., § 1990, Rn. 22.
6 Entgegen Roth, Einrede, S. 68.
7 Roth, Einrede, S. 66 f.; str.
8 MünchKommZPO/K. Schmidt, § 785, Rn. 7; Stein/Jonas/Münzberg, § 785, Rn. 3; Zöller/Stöber, § 785, Rn. 2.

teils ist die Zwangsvollstreckung auf andere Gegenstände zu beschränken (§ 775 Nr. 1 ZPO) und die bereits getroffene Vollstreckungsmaßregel aufzuheben (§ 776 Satz 1 ZPO).

19 **Rechtsgrundlage** der Abwehrklage sind:
- wenn die Haftungsbeschränkung *vor* der Zwangsvollstreckung eintritt, die §§ 781, 785, 767 ZPO, wobei § 781 für jede Nachlassverbindlichkeit und jede Haftungsbeschränkung im engeren Sinn gilt (§§ 1973 f., 1975, 1989, 1990, 1992, 2059 I)[1];
- wenn die Haftungsbeschränkung *nach* der Zwangsvollstreckung eintritt, die §§ 784, 785, 767 ZPO[2]. § 784 ZPO gilt entsprechend auch bei den nicht genannten Haftungsbeschränkungen der §§ 1973 f., 1989, 1990 und 1992[3]. Geklagt wird wie sonst auf Unzulässigerklärung der Zwangsvollstreckung[4]. „Aufgehoben" wird die Vollstreckungsmaßregel wie sonst nach § 776 Satz 1 ZPO.

20 Das **Gericht prüft** erstens, ob der Erbe noch nicht endgültig unbeschränkt haftet, zweitens ob ein Haftungsbeschränkungsgrund vorliegt und drittens ob der gepfändete Gegenstand nicht zum Nachlass gehört. Haftet der Erbe unbeschränkt, sei es wegen einer Inventarverfehlung endgültig, sei es mangels eines Grundes vorläufig, so wird die Klage als unbegründet abgewiesen. Haftet der Erbe beschränkt, so wird jedenfalls die Zwangsvollstreckung in das nicht zum Nachlass gehörende Vermögen für unzulässig erklärt. Gehört der gepfändete Gegenstand nicht zum Nachlass, so wird auch die Zwangsvollstreckung in diesen Gegenstand für unzulässig erklärt; gehört er zum Nachlass, wird die Klage, soweit sie diesen Gegenstand betrifft („im Übrigen") als unbegründet abgewiesen.

4. Eingeschränkte Leistungsklage

21 Die Kosten des Vorbehalts auf Verlangen des Erben trägt der Gläubiger (§ 92 ZPO)[5], desgleichen die Kosten einer erfolgreichen Abwehrklage (§ 91 ZPO). Um dem zu entgehen, kann der Gläubiger von sich aus die Leistungsklage einschränken und lediglich beantragen, dass der Beklagte zur **Leistung „aus dem Nachlass"** verurteilt wird[6].

---

1 MünchKommZPO/K. Schmidt, § 781, Rn. 2.
2 Stein/Jonas/Münzberg, § 784, Rn. 1, 2; Zöller/Stöber, § 784, Rn. 1.
3 MünchKommZPO/K. Schmidt, § 784, Rn. 2.
4 Stein/Jonas/Münzberg, § 784, Rn. 3; Zöller/Stöber, § 784, Rn. 3. **A. A.** MünchKommZPO/K. Schmidt, § 784, Rn. 4.
5 Näher Soergel/Stein, § 1990, Rn. 10.
6 Erman/Schlüter, § 1990, Rn. 7.

Die Zwangsvollstreckung eines Urteils auf Leistung „aus dem 22
Nachlass" bereitet dann Schwierigkeiten, wenn sich nicht zweifelsfrei feststellen lässt, ob ein bestimmter Gegenstand zum Nachlass oder zum Eigenvermögen des Erben gehört. Sind ausreichende andere Gegenstände da, so wird das Vollstreckungsorgan darauf zugreifen. Kann der Gläubiger aber nur aus einem Gegenstand voll befriedigt werden, dessen Zugehörigkeit zum Nachlass zweifelhaft ist, so muss auf Verlangen des Gläubigers in diesen Gegenstand vollstreckt werden (§ 781 ZPO)[1]. Dem Erben bleibt es überlassen, eine gerichtliche Klärung durch Vollstreckungsabwehrklage nach § 785 ZPO herbeizuführen[2].

II. Reine Eigenverbindlichkeiten

Für reine Eigenverbindlichkeiten des Erben haftet zunächst sowohl das Eigenvermögen wie der Nachlass. In das Eigenvermögen ist die Zwangsvollstreckung schon vor Annahme der Erbschaft zulässig, in den Nachlass erst nach Annahme der Erbschaft (§ 778 II ZPO). Doch haftet der Nachlass dem Eigengläubiger nicht mehr: bei Nachlassinsolvenz (§ 325 InsO) und bei Nachlassverwaltung (§ 1984, Rn. 21 ff.); ob auch in den Fällen der §§ 1990, 1992, ist strittig[3]. 23

III. Nachlasserbenschulden

Für Verbindlichkeiten des Erben aus der Abwicklung des Nachlasses haften mangels abweichender Vereinbarung Nachlass und Eigenvermögen des Erben[4]. Die Haftung kann hier nicht nach § 1973 ff. auf den Nachlass beschränkt werden[5]. Die Zwangsvollstreckung wegen einer Nachlasserbenschuld ist daher von vornherein sowohl in den Nachlass wie in das Eigenvermögen des Erben zulässig; § 778 ZPO gilt hier nicht[6]. Auch § 1958 ist unanwendbar[7]. 24

---

1 Vgl. Staudinger/Marotzke, 13. Bearb., § 1990, Rn. 11.
2 MünchKommZPO/K. Schmidt, § 781, Rn. 6; Staudinger/Marotzke, 13. Bearb., § 1990, Rn. 11.
3 Dafür Erman/Schlüter, § 1990, Rn. 9; Soergel/Stein, § 1990, Rn. 9; Stein/Jonas/Münzberg, § 784, Rn. 5. **A. A.** MünchKommBGB/Siegmann, § 1990, Rn. 7; Staudinger/Marotzke, 13. Bearb., § 1990, Rn. 28.
4 Palandt/Edenhofer, Rn. 8, 10; Soergel/Stein, Rn. 8 ff.
5 Soergel/Stein, vor § 1967, Rn. 3.
6 Stein/Jonas/Münzberg, § 778, Rn. 3, 8.
7 MünchKommBGB/Leipold, § 1958, Rn. 2.

Beerdigungskosten

1968 Der Erbe trägt die Kosten der Beerdigung des Erblassers.

1 § 1968 gibt demjenigen, der die Beerdigung veranlasst hat[1], einen **Anspruch** auf **Tragung der Beerdigungskosten**, d. h. einen Befreiungsanspruch (→ *Befreiung* Rn. 1), nach Zahlung einen Anspruch darauf, dass die Kosten ihm erstattet werden, also einen Zahlungsanspruch (→ *Zahlung* Rn. 1)[2]. Der Anspruch richtet sich gegen den oder die Erben[3] (s. bei § 1967 oder § 2058).

2 **Örtlich zuständig** ist auch das Gericht des § 28 ZPO (§ 35 ZPO)[4].

Dreißigster

1969 (1) ¹Der Erbe ist verpflichtet, Familienangehörigen des Erblassers, die zur Zeit des Todes des Erblassers zu dessen Hausstand gehört und von ihm Unterhalt bezogen haben, in den ersten 30 Tagen nach dem Eintritt des Erbfalls in demselben Umfang, wie der Erblasser es getan hat, Unterhalt zu gewähren und die Benutzung der Wohnung und der Haushaltsgegenstände zu gestatten. ²Der Erblasser kann durch letztwillige Verfügung eine abweichende Anordnung treffen.

(2) Die Vorschriften über Vermächtnisse finden entsprechende Anwendung.

1 § 1969 gibt Familienangehörigen des Erblassers **Ansprüche** auf gesetzlichen **Unterhalt** und auf **Gestattung** der Benutzung von Wohnung und Haushaltsgegenständen. Der Unterhalt ist grundsätzlich in Natur zu gewähren[5]. Die Ansprüche richten sich gegen den oder die Erben[6] (s. bei § 1967 oder § 2058).

---

1 Strittig, ob nur dem Bestattungsberechtigten (so Soergel/Stein, Rn. 3; Palandt/Edenhofer, Rn. 2) oder auch anderen Personen (so MünchKommBGB/Siegmann, Rn. 3; Staudinger/Marotzke, 13. Bearb., Rn. 13).
2 Soergel/Stein, Rn. 3.
3 Erman/Schlüter, Rn. 3: reine Nachlassverbindlichkeit oder Nachlasserbenschuld. Soergel/Stein, Rn. 2: reine Nachlassverbindlichkeit oder Nachlasserbenschuld.
4 Stein/Jonas/Schumann, § 28, Rn. 2; Zöller/Vollkommer, § 28, Rn. 2.
5 MünchKommBGB/Siegmann, Rn. 3.
6 MünchKommBGB/Siegmann, Rn. 4; Staudinger/Marotzke, 13. Bearb., Rn. 11 f.: Nachlassverbindlichkeiten.

Die Ansprüche können durch **Klage oder** Gesuch um **einstweilige** 2
Verfügung nach § 940 ZPO¹ geltend gemacht werden. § 621 I Nr. 4
ZPO ist nicht anwendbar.

Sachlich zuständig sind in der Regel die Amtsgerichte (§§ 23 Nr. 1, 3
23a Nr. 2 GVG, §§ 937 I, 942, 943 I ZPO).

Örtlich zuständig sind auch die Gerichte der §§ 23a, 27 ZPO (§ 35 4
ZPO)².

Die **Zwangsvollstreckung** oder Vollziehung (§§ 928, 936 ZPO) we- 5
gen Naturalunterhalts richtet sich nach § 887 ZPO, wegen Geld
nach §§ 803 ff. ZPO (→ *Zahlung* Rn. 37), wegen einer Besitzeinräumung nach §§ 883 ff. ZPO und wegen einer Unterlassung nach
§ 890 ZPO. Die Geldvollstreckung ist privilegiert nach §§ 850d,
850f I ZPO³. Die Ansprüche sind grundsätzlich **unpfändbar**
(§§ 850b I Nr. 2, II, 851 ZPO)⁴.

Ausschluss von Nachlassgläubigern

1973 (1) ¹Der Erbe kann die Befriedigung eines im Aufgebotsverfahren ausgeschlossenen Nachlassgläubigers insoweit verweigern, als der Nachlass durch die Befriedigung der nicht
ausgeschlossenen Gläubiger erschöpft wird. ²Der Erbe hat jedoch
den ausgeschlossenen Gläubiger vor den Verbindlichkeiten aus
Pflichtteilsrechten, Vermächtnissen und Auflagen zu befriedigen,
es sei denn, dass der Gläubiger seine Forderung erst nach der Berichtigung dieser Verbindlichkeiten geltend macht.

(2) ¹Einen Überschuss hat der Erbe zum Zwecke der Befriedigung
des Gläubigers im Wege der Zwangsvollstreckung nach den Vorschriften über die Herausgabe einer ungerechtfertigten Bereiche-

---

1 Zum Unterhalt s. → *Zahlung* Rn. 40, zur → *Besitzeinräumung* Rn. 22,
 23, zur Unterlassung § 535, Rn. 17. Da der Erbe nur in den Besitz des
 Erblassers einrückt (§ 857), kann auch er verbotene Eigenmacht gegen
 einen Familienangehörigen verüben. Staudinger/Marotzke, 13. Bearb.,
 Rn. 11. A. A. zu Unrecht MünchKommBGB/Siegmann, Fn. 6.
2 Stein/Jonas/Schumann, § 27, Rn. 9. A. A. (§ 28 ZPO) Zöller/Vollkommer,
 § 28, Rn. 2.
3 Stein/Jonas/Brehm, § 850c, Fn. 26.
4 Staudinger/Marotzke, 13. Bearb., Rn. 13; Stein/Jonas/Brehm, § 850b,
 Rn. 11.

rung herauszugeben. ²Er kann die Herausgabe der noch vorhandenen Nachlassgegenstände durch Zahlung des Wertes abwenden. ³Die rechtskräftige Verurteilung des Erben zur Befriedigung eines ausgeschlossenen Gläubigers wirkt einem anderen Gläubiger gegenüber wie die Befriedigung.

I. Einrede

1 Nach § 1973 I Satz 1 kann der Erbe die Befriedigung eines ausgeschlossenen Nachlassgläubigers verweigern. Ihm steht also gegen den Anspruch des Gläubigers eine Einrede zu. Die Ausübung der Einrede (Leistungsverweigerung) hat jedoch nicht zur Folge, dass die Klage als unbegründet abgewiesen wird. Die **Bedeutung der Einrede** ergibt sich vielmehr aus § 1973 II Satz 1.

2 Nach § 1973 II Satz 1 hat der Erbe einen „Überschuss", d. h. einen Nachlassrest[1], „zum Zwecke der Befriedigung des Gläubigers im Wege der Zwangsvollstreckung . . . herauszugeben". Diese **Herausgabepflicht** ist in § 260 näher geregelt[2] (s. dort). Im Übrigen darf sie nicht wörtlich genommen werden[3]. Sie bedeutet, dass der Erbe die Zwangsvollstreckung in den Nachlassrest zu dulden hat[4], mit anderen Worten: dass er nur noch mit dem Nachlassrest haftet[5].

3 So verstanden ordnet § 1973 eine Beschränkung der materiellrechtlichen Haftung an[6] (s. dazu § 1967, Rn. 7 ff.). Die Schuld besteht unverändert fort[7]. Zweifelhaft ist, ob erstens die **Haftungsbeschränkung** schon infolge des Ausschlussurteils eintritt, im Prozess aber nur aufgrund einer Leistungsverweigerung des Erben berücksichtigt

---

1 Näher MünchKommBGB/Siegmann, Rn. 5.
2 Staudinger/Marotzke, 13. Bearb., Rn. 25.
3 Missverständlich Soergel/Stein, Rn. 1: der Rest sei „auszuhändigen"; anders, wenngleich unpräzise, Rn. 8.
4 Erman/Schlüter, Rn. 4; MünchKommBGB/Siegmann, Rn. 6.
5 Staudinger/Marotzke, 13. Bearb., Rn. 27.
6 Staudinger/Marotzke, 13. Bearb., Rn. 5.
7 MünchKommBGB/Siegmann, Rn. 2; Soergel/Stein, Rn. 2. **A. A.** Staudinger/Marotzke, 13. Bearb., vor § 1967, Rn. 8: Die Haftungsbeschränkung führe zu einer Verengung der Schuld. Jedoch ist es für die Schuld des Erben unerheblich, ob sie mit Mitteln des Nachlasses oder des Eigenvermögens getilgt wird; der Erbe schuldet z. B. 1000 Euro, gleichgültig, woher er sie rechtmäßig nimmt.

wird[1], oder ob zweitens es erst infolge der Leistungsverweigerung zu der Haftungsbeschränkung kommt[2] oder ob drittens gar erst das Urteil, das infolge der Leistungsverweigerung ergeht, rechtsgestaltend die Haftungsbeschränkung herbeiführt[3]. Wie bei § 1990 (dort wegen § 1991) verdient die zweite Ansicht den Vorzug. Nahezu unbestritten ist, dass die **Leistungsverweigerung** auch außergerichtlich erklärt werden kann[4] (wie § 214, Rn. 5).

II. Ersetzungsbefugnis

§ 1973 II Satz 2 gibt dem Erben eine Ersetzungsbefugnis[5] (→ *Wahlmöglichkeiten* Rn. 8 ff.), die, wenn sie in der Zwangsvollstreckung berücksichtigt werden soll, im Urteil vorbehalten werden muss, sei es aufgrund einer Einschränkung der Leistungsklage oder aufgrund einer Widerklage des Beklagten (§ 33 ZPO); eine Vollstreckungsabwehrklage käme nach der Rechtsprechung zu spät (§ 767 II ZPO)[6].   4

Wirkung der Anordnung

1984 (1) ¹Mit der Anordnung der Nachlassverwaltung verliert der Erbe die Befugnis, den Nachlass zu verwalten und über ihn zu verfügen. ²Die Vorschriften der §§ 81 und 82 der Insolvenzordnung finden entsprechende Anwendung. ³Ein Anspruch, der sich gegen den Nachlass richtet, kann nur gegen den Nachlassverwalter geltend gemacht werden.

(2) Zwangsvollstreckungen und Arreste in den Nachlass zugunsten eines Gläubigers, der nicht Nachlassgläubiger ist, sind ausgeschlossen.

---

1 So der Sache nach MünchKommBGB/Siegmann, Rn. 1; Soergel/Stein, Rn. 2; Staudinger/Marotzke, 13. Bearb., Rn. 3.
2 So Soergel/Stein, Rn. 1: Einrede als „Mittel der Haftungsbeschränkung".
3 So Roth, Einrede, S. 71 ff.
4 MünchKommBGB/Siegmann, Rn. 7; Staudinger/Marotzke, 13. Bearb., Rn. 27.
5 Gernhuber, Schuldverhältnis, § 29 I 2.
6 Vgl. Stein/Jonas/Münzberg, § 767, Rn. 37.

Inhaltsübersicht

A. Erkenntnisverfahren 1
  I. Prozessführungsbefugnis und Sachlegitimation 1
  II. Prozess des Nachlassverwalters 6
  III. Prozess des Erben 9
  IV. Prozess des Erblassers 12
B. Vollstreckungsverfahren ... 13
  I. Ansprüche des Nachlasses . 13
  II. Reine Nachlassverbindlichkeiten 14
    1. Zwangsvollstreckung in den Nachlass 14
    2. Zwangsvollstreckung in das Eigenvermögen 18
  III. Reine Eigenverbindlichkeiten 21
    1. Keine Zwangsvollstreckung in den Nachlass .. 21
    2. Pfändung des künftigen Anspruchs 25
  IV. Nachlasserbenschulden ... 26

A. Erkenntnisverfahren

I. Prozessführungsbefugnis und Sachlegitimation

1 – Mit der Anordnung der Nachlassverwaltung (§§ 1975, 1981) verliert der Erbe die Befugnis, den Nachlass zu verwalten und über ihn zu verfügen (§ 1984 I Satz 1). Die Verwaltungs- und Verfügungsbefugnis geht auf den Nachlassverwalter über. Dementsprechend verliert der Erbe auch die Befugnis zur Führung eines nachlassbezogenen Prozesses an den Verwalter[1].

2 – Für eine **Leistungsklage** ist der Nachlassverwalter *aktiv prozessführungsbefugt*, wenn der von ihm geltend gemachte Anspruch – falls er dem Erben zusteht – zum Nachlass gehört[2]. *Passiv prozessführungsbefugt* ist der Nachlassverwalter, soweit der gegen ihn geltend gemachte Anspruch – falls er gegenüber dem Erben besteht – sich gegen den Nachlass richtet (§ 1984 I Satz 3), d. h., soweit der Nachlass für den Anspruch haftet; der Erbe kann also nach wie vor auf Leistung aus dem Eigenvermögen verklagt werden, vorbehaltlich der beschränkten Haftung[3]. Dass der geltend gemachte Anspruch dem Erben zusteht oder gegenüber dem Erben

---

1 BGHZ 38, 282; MünchKommBGB/Siegmann, Rn. 5, 7.
2 Heintzmann, Prozessführungsbefugnis, S. 49 f.
3 Vgl. Erman/Schlüter, Rn. 4; MünchKommBGB/Siegmann, Rn. 5 a. E.; Soergel/Stein, Rn. 7. **A. A.** Dauner-Lieb, FS Gaul, S. 99; Staudinger/Marotzke, 13. Bearb., Rn. 24, wegen § 1984 I Satz 3; aber der Anspruch auf Leistung aus dem Eigenvermögen richtet sich nicht gegen den Nachlass.

besteht, ist bei der Prüfung der Prozessführungsbefugnis zu unterstellen, weil davon die Begründetheit der Klage (*Sachlegitimation*) abhängt.

— Für eine **Feststellungsklage** ist der Nachlassverwalter in der Regel aktiv und passiv *prozessführungsbefugt*, wenn das Rechtsverhältnis, dessen Bestehen oder Nichtbestehen festgestellt werden soll, zum Nachlass gehört oder sich gegen den Nachlass richtet. Ist das streitige Rechtsverhältnis ausnahmsweise nachlassfremd, so ist der Nachlassverwalter prozessführungsbefugt, wenn er durch Klage oder Klageabwehr den Nachlass verteidigt[1]. 3

Ob bei einer Feststellungsklage gegen den Nachlassverwalter das *Feststellungsinteresse* gerade ihm gegenüber besteht, ist eine von der Prozessführungsbefugnis zu trennende Frage[2]. Denn ob der Nachlassverwalter die festzustellende Rechtslage bestreitet, ist ein typisches Problem des Feststellungsinteresses, das als eigenständige Prozessvoraussetzung von der Prozessführungsbefugnis unterschieden werden muss[3]. 4

— Für eine **Gestaltungsklage** ist der Nachlassverwalter nach denselben Regeln aktiv prozessführungsbefugt wie für eine Leistungsklage (Rn. 2); an die Stelle des Anspruchs tritt dabei das Gestaltungsklagerecht. 5

II. Prozess des Nachlassverwalters

Als Prozessführungsbefugter ist der Nachlassverwalter selbst Partei („**Partei kraft Amtes**"), wie der Testamentsvollstrecker, der Zwangsverwalter und der Insolvenzverwalter, jedenfalls nach der herrschenden Amtstheorie[4]. Daher kann der Erbe in einem Prozess des Nachlassverwalters Zeuge sein. 6

Der Nachlassverwalter **klagt** auf Leistung an sich als Verwalter des Nachlasses (des mit Namen und Todesdatum, Sterbeort und letztem Wohnsitz bezeichneten Erblassers). Er selbst **wird** als Verwalter des Nachlasses **verklagt**. 7

---

1 Vgl. Henckel, Parteilehre, S. 89.
2 Differenzierend Henckel, Parteilehre, S. 89 f.
3 Wieser, Rechtsschutzinteresse, S. 198 ff.
4 Rosenberg/Schwab/Gottwald, § 40 II; Stein/Jonas/Bork, vor § 50, Rn. 25 ff.; Zöller/Vollkommer, vor § 50, Rn. 21.

8 Ein Urteil gegenüber dem Nachlassverwalter wirkt **materielle Rechtskraft** auch für und gegen den Erben als Inhaber des Nachlasses, weil der Erbe selbst nicht prozessführungsbefugt ist[1].

III. Prozess des Erben

9 – Soweit der Nachlassverwalter aktiv prozessführungsbefugt ist (Rn. 2 ff.), ist eine **Klage des Erben** unzulässig. Zulässig ist die Klage des Erben aber, wenn der Nachlassverwalter ihr zustimmt und der Erbe ein eigenes rechtliches Interesse hat, wie bei einer gewillkürten Prozessstandschaft[2]. Das eigene Interesse des Erben ergibt sich in der Regel schon daraus, dass er Inhaber des geltend gemachten Anspruchs ist[3]. Unwirksam wäre die Zustimmung des Nachlassverwalters aber, wenn sie „zu dem Zweck erteilt worden wäre, das Kostenrisiko zu Lasten des Prozessgegners zu vermindern oder auszuschließen"[4].

10 – Soweit der Nachlassverwalter passiv prozessführungsbefugt ist (Rn. 2 ff.), ist eine **Klage gegen den Erben** unzulässig.

11 – Ein von dem Erben oder gegen ihn vor Anordnung der Nachlassverwaltung begonnener nachlassbezogener Prozess wird bei Anordnung der Nachlassverwaltung **unterbrochen oder ausgesetzt** – bis zur Aufnahme durch den Nachlassverwalter (§§ 241 III, 246 ZPO)[5].

IV. Prozess des Erblassers

12 Ein von dem Erblasser oder gegen ihn begonnener nachlassbezogener Prozess wird beim Tod des Erblassers unterbrochen oder ausgesetzt (§§ 239, 246 ZPO). Er kann **vor Anordnung** der Nachlassverwaltung von dem Erben oder gegen ihn aufgenommen werden, wird dann aber bei Anordnung der Nachlassverwaltung erneut unterbrochen oder ausgesetzt (§ 241 III, 246). **Nach Anordnung** der Nach-

---

1 Rosenberg/Schwab/Gottwald, § 46 V 3a; Stein/Jonas/Leipold, § 325 Rn. 55; Zöller/Vollkommer, vor § 50, Rn. 34.
2 BGHZ 38, 241; Soergel/Stein, Rn. 7; Staudinger/Marotzke, 13. Bearb., Rn. 22. **A. A.** Windel, Interventionsgrund, S. 82, weil § 1984 wie § 6 KO (jetzt § 80 InsO) zwingend sei.
3 BGHZ 38, 288.
4 BGHZ 38, 287.
5 Zu dem Fall, dass sich der Prozess sowohl auf den Nachlass als auch auf das Eigenvermögen des Erben bezieht, s. Stein/Jonas/Roth, § 241, Rn. 12; Zöller/Greger, § 241, Rn. 7.

lassverwaltung kann der Prozess nur noch von dem Nachlassverwalter oder gegen ihn aufgenommen werden[1].

B. Vollstreckungsverfahren

I. Ansprüche des Nachlasses

Einen Anspruch, der zum Nachlass gehört, kann während der Nachlassverwaltung **nur der Nachlassverwalter** zwangsweise durchsetzen. Nur er ist zur Vollstreckung eines Titels befugt, der über einen Nachlassanspruch erwirkt wurde, sei es von dem Erblasser, von dem Erben oder von dem Nachlassverwalter selbst. Auf einem vom Erblasser oder vom Erben erwirkten Titel wird dem Nachlassverwalter analog §§ 749 Satz 1, 727, 795 Satz 1 ZPO die Klausel erteilt. Erst nach dem Ende der Nachlassverwaltung ist der Erbe vollstreckungsbefugt.

13

II. Reine Nachlassverbindlichkeiten

1. Zwangsvollstreckung in den Nachlass

– Hatte die **Vollstreckung** wegen einer reinen Nachlassverbindlichkeit beim Tod des Erblassers gegen ihn **bereits begonnen**, so wird sie in den Nachlass fortgesetzt (§ 779 I ZPO). Vollstreckungsschuldner ist vor Anordnung der Nachlassverwaltung der Erbe, danach der Nachlassverwalter als Partei kraft Amtes. Titel und Klausel gegen den Erblasser genügen; die Klausel muss also nicht gegen den Erben oder den Nachlassverwalter erteilt werden[2].

14

– Hatte die **Vollstreckung** wegen einer reinen Nachlassverbindlichkeit beim Tod des Erblassers gegen ihn **noch nicht begonnen**, so ist zu unterscheiden:

15

Eine vor Anordnung der Nachlassverwaltung gegen den Erben begonnene Zwangsvollstreckung in den Nachlass wird nach Anordnung der Nachlassverwaltung gegen den Nachlassverwalter fortgesetzt, ohne dass die gegen den Erben erteilte Klausel auf den Nachlassverwalter umgeschrieben werden müsste[3].

16

---

1 Zu dem Fall, dass sich der Prozess sowohl auf den Nachlass als auch auf das Eigenvermögen des Erben bezieht, s. Stein/Jonas/Roth, § 241, Rn. 12; Zöller/Greger,§ 241, Rn. 7.
2 Vgl. Staudinger/Marotzke, 13. Bearb., Rn. 26.
3 Staudinger/Marotzke, 13. Bearb., Rn. 26.

17 Soll die Zwangsvollstreckung in den Nachlass dagegen erst nach Anordnung der Nachlassverwaltung beginnen, so bedarf es einer Klausel gegen den Verwalter[1], die auch auf einen gegen den Erblasser oder den Erben erwirkten Titel analog §§ 749, 727, 795 Satz 1 ZPO erteilt wird[2].

2. Zwangsvollstreckung in das Eigenvermögen

18 – In das Eigenvermögen des Erben kann nur aufgrund eines **Titels gegen den Erblasser** (§ 727 I ZPO) **oder den Erben** selbst vollstreckt werden, soweit nicht die beschränkte Haftung des Erben entgegensteht (§ 1967, Rn. 7 ff.).

19 – Ein **Titel gegen den Nachlassverwalter** lässt die Zwangsvollstreckung nur in den Nachlass zu, nicht in das Eigenvermögen des Erben[3]. Denn da die Befugnisse des Nachlassverwalters auf den Nachlass beschränkt sind, ist auch seine Verurteilung kraft Gesetzes auf den Nachlass beschränkt[4], und nur aus diesem Grund ist der Vorbehalt der beschränkten Haftung bei ihm entbehrlich (§ 780 II ZPO)[5].

20 Ein Titel gegen den Nachlassverwalter lässt die Zwangsvollstreckung in das Eigenvermögen auch dann nicht zu, wenn analog § 728 II ZPO eine vollstreckbare Ausfertigung gegen den Erben erteilt ist. Denn Zweck dieser Titelumschreibung ist es lediglich, die Zwangsvollstreckung in den Nachlass nach Beendigung der Nachlassverwaltung zu ermöglichen[6].

III. Reine Eigenverbindlichkeiten
1. Keine Zwangsvollstreckung in den Nachlass

21 Wegen einer reinen Eigenverbindlichkeit des Erben ist die Zwangsvollstreckung in den Nachlass nach Anordnung der Nachlassverwaltung „ausgeschlossen" (§ 1984 II).

---

1 Stein/Jonas/Münzberg, § 747, Rn. 3.
2 Jaspersen, Rpfleger 1995, 244 f. (ausführlich); MünchKommZPO/Heßler, § 749, Rn. 7; Staudinger/Marotzke, 13. Bearb., Rn. 27; str.
3 Jaspersen, Rpfleger 1995, 245. **A. A.** zu Unrecht Staudinger/Marotzke, 13. Bearb., Rn. 24.
4 Stein/Jonas/Münzberg, § 780, Rn. 13.
5 Zöller/Stöber, § 780, Rn. 8.
6 Vgl. auch Dauner-Lieb, FS Gaul, S. 102.

Wirkung der Anordnung § 1984

– Das bedeutet jedenfalls, dass der **Nachlass** jetzt **nicht mehr** für 22
reine Eigenverbindlichkeiten **haftet**, sondern für Nachlassverbindlichkeiten reserviert ist. Gegen eine bereits begonnene Zwangsvollstreckung hat der Nachlassverwalter die Vollstreckungsabwehrklage (§§ 784 II, 795 Satz 1 ZPO).

– Nach Anordnung der Nachlassverwaltung kann ein Eigengläubi- 23
ger die Zwangsvollstreckung in den Nachlass regelmäßig nicht mehr beginnen. Denn § 1984 II beschränkt nicht nur die materiellrechtliche Haftung, sondern erklärt die **Zwangsvollstreckung** eines Eigengläubigers in den Nachlass für **unzulässig**. Anders als die Haftungsbeschränkung des Erben für Nachlassverbindlichkeiten ist die Anordnung der Nachlassverwaltung eine leicht feststellbare Tatsache. Deshalb kann sie in der Zwangsvollstreckung ohne weiteres berücksichtigt werden[1]. Das Vollstreckungsorgan fordert daher für die Zwangsvollstreckung in den Nachlass eine Klausel gegen den Verwalter. Dem Eigengläubiger wird diese Klausel aber versagt[2].

Hinsichtlich der **Rechtsbehelfe** ist zu unterscheiden: Gehört das 24
Vollstreckungsobjekt nach Ansicht des Gläubigers zum Eigenvermögen des Erben, nach Ansicht des Verwalters zum Nachlass, so ist die Vollstreckungsabwehrklage analog §§ 784 II, 795 Satz 1 ZPO gegeben[3]. Wird ohne Klausel gegen den Verwalter unstreitig in den Nachlass vollstreckt, so ist gegen diesen Verfahrensfehler die Erinnerung oder Beschwerde gegeben (§§ 766, 793 ZPO, § 11 RPflG)[4]. Geht der Streit darum, ob der Gläubiger Nachlass- oder Eigengläubiger ist und wird eine Klausel gegen den Verwalter erteilt, so stehen dem Verwalter die Rechtsbehelfe der §§ 732, 768 ZPO zu[5].

2. Pfändung des künftigen Anspruchs

Der Gläubiger kann jedoch den künftigen Anspruch des Erben ge- 25
gen den Nachlassverwalter auf Herausgabe des **Nachlassrestes**
(§ 1986, Rn. 1) pfänden lassen (§§ 829, 844 ZPO)[6].

---

1 Die Pfändung beweglicher Sachen setzt allerdings auch den Gewahrsam des Verwalters voraus. So mit Recht Dauner-Lieb, FS Gaul, S. 103.
2 Eingehend Dauner-Lieb, FS Gaul, S. 104 ff.; Jaspersen, Rpfleger 1995, 245 f.; Staudinger/Marotzke, 13. Bearb., Rn. 28.
3 Jaspersen, Rpfleger 1995, 246 übersieht diesen Fall.
4 Jaspersen, Rpfleger 1995, 246; Staudinger/Marotzke, 13. Bearb., Rn. 28 f.
5 Jaspersen, Rpfleger 1995, 246; Staudinger/Marotzke, 13. Bearb., Rn. 28.
6 MünchKommBGB/Siegmann, Rn. 10.

IV. Nachlasserbenschulden

26 Für Verbindlichkeiten des Erben aus der Abwicklung des Nachlasses haftet mangels abweichender Vereinbarung der Nachlass wie das Eigenvermögen des Erben[1]. Durch die Anordnung der Nachlassverwaltung wird die Haftung nicht auf den Nachlass beschränkt[2]. Die **Zwangsvollstreckung** wegen einer Nachlasserbenschuld ist daher von vornherein sowohl in den Nachlass (gegen den Nachlassverwalter als Vollstreckungsschuldner) wie auch in das Eigenvermögen des Erben (gegen den Erben als Vollstreckungsschuldner) zulässig; § 778 ZPO gilt hier nicht[3]. Auch § 1958 ist unanwendbar[4].

Herausgabe des Nachlasses

1986 (1) **Der Nachlassverwalter darf den Nachlass dem Erben erst ausantworten, wenn die bekannten Nachlassverbindlichkeiten berichtigt sind.**

(2) **¹Ist die Berichtigung einer Verbindlichkeit zur Zeit nicht ausführbar oder ist eine Verbindlichkeit streitig, so darf die Ausantwortung des Nachlasses nur erfolgen, wenn dem Gläubiger Sicherheit geleistet wird. ²Für eine bedingte Forderung ist Sicherheitsleistung nicht erforderlich, wenn die Möglichkeit des Eintritts der Bedingung eine so entfernte ist, dass die Forderung einen gegenwärtigen Vermögenswert nicht hat.**

1 Der Erbe hat gegen den Nachlassverwalter einen **Anspruch** auf **Herausgabe** des restlichen Nachlasses. Im Einzelnen sind zu unterscheiden, je nachdem, welcher Gegenstand herauszugeben ist: Ansprüche auf Herausgabe einer **Sache**, bei denen weiter unterschieden werden muss, ob der Besitz eingeräumt werden soll (→ *Besitzeinräumung* Rn. 1) oder das Eigentum (→ *Übereignung* Rn. 1); Ansprüche auf Herausgabe eines **Rechts** (außer Besitz und Eigentum), sei es auf Neubegründung oder Übertragung, also auf → *Rechtsverschaffung* (Rn. 1) oder auf Aufgabe des Rechts, d. h. → *Rechtsentäußerung* (Rn. 1); Ansprüche auf Herausgabe eines in Geld zu bemessenden **Vermögensvorteils**, d. h. auf Zahlung (→ *Zahlung* Rn. 1).

---

1 Palandt/Edenhofer, § 1967, Rn. 8, 10; Soergel/Stein, § 1967, Rn. 8 ff.
2 Soergel/Stein, vor § 1967, Rn. 3.
3 Stein/Jonas/Münzberg, § 778, Rn. 3, 8.
4 MünchKommBGB/Leipold, § 1958, Rn. 2.

Vergütung des Nachlassverwalters § 1987

Die Anspruchsgrundlage ist nicht § 1986, sondern § 1890 Satz 1 2
i. V. m. § 1915 I[1], da der Nachlassverwalter ein „Pfleger" ist
(§ 1975) und auf die Pflegschaft die Vorschriften über die Vormundschaft anzuwenden sind (§ 1915 I).

Örtlich zuständig ist auch das Gericht des Ortes, wo die Verwal- 3
tung geführt wird (§§ 31, 35 ZPO)[2].

Vergütung des Nachlassverwalters

1987 Der Nachlassverwalter kann für die Führung seines Amts eine angemessene Vergütung verlangen.

I. Anspruch

§ 1987 gibt dem Nachlassverwalter einen Anspruch auf eine **Vergü-** 1
tung, deren Betrag vom Nachlassgericht durch rechtsgestaltenden
Beschluss festgesetzt wird[3]. Der Anspruch richtet sich gegen den
oder die Erben[4] (s. bei § 1967 oder § 2058).

II. Während der Nachlassverwaltung

Während bestehender Nachlassverwaltung kann der Verwalter den 2
Vergütungsanspruch kraft seines Rechts zur Berichtigung der Nachlassverbindlichkeiten (§ 1985 I) selbst erfüllen[5].

III. Nach Ende der Nachlassverwaltung

Nach dem Ende der Nachlassverwaltung muss der ehemalige Ver- 3
walter, falls der Erbe nicht freiwillig leistet, im Zivilprozess auf
Erfüllung seines Zahlungsanspruchs **klagen** (→ *Zahlung*), sofern
nicht ausnahmsweise der Vergütungsbeschluss des Nachlassgerichts (Rn. 1) einen Vollstreckungstitel bildet[6].

---

1 Staudinger/Marotzke, 13. Bearb., Rn. 3.
2 Stein/Jonas/Schumann, § 31, Rn. 5; Zöller/Vollkommer, § 31, Rn. 1.
3 MünchKommBGB/Siegmann, Rn. 2.
4 Soergel/Stein, Rn. 1: Nachlassverbindlichkeit.
5 Vgl. auch § 1843, Rn. 2.
6 Vgl. Soergel/Stein, Rn. 1.

4 **Örtlich zuständig** ist auch das Gericht des Ortes, wo die Verwaltung geführt wird (§§ 31, 35 ZPO)[1].

5 Das Prozessgericht **entscheidet** frei über Einwendungen und Einreden gegen den Vergütungsanspruch; nur in der Frage, wie hoch eine „angemessene" Vergütung sei, ist es an den Beschluss des Nachlassgerichts gebunden[2].

Dürftigkeitseinrede des Erben

1990 (1) ¹Ist die Anordnung der Nachlassverwaltung oder die Eröffnung des Nachlassinsolvenzverfahrens wegen Mangels einer den Kosten entsprechenden Masse nicht tunlich oder wird aus diesem Grunde die Nachlassverwaltung aufgehoben oder das Insolvenzverfahren eingestellt, so kann der Erbe die Befriedigung eines Nachlassgläubigers insoweit verweigern, als der Nachlass nicht ausreicht. ²Der Erbe ist in diesem Falle verpflichtet, den Nachlass zum Zwecke der Befriedigung des Gläubigers im Wege der Zwangsvollstreckung herauszugeben.

(2) Das Recht des Erben wird nicht dadurch ausgeschlossen, dass der Gläubiger nach dem Eintritt des Erbfalls im Wege der Zwangsvollstreckung oder der Arrestvollziehung ein Pfandrecht oder eine Hypothek oder im Wege der einstweiligen Verfügung eine Vormerkung erlangt hat.

1 Nach § 1990 I Satz 1 kann der Erbe die Befriedigung eines Nachlassgläubigers verweigern. Ihm steht also gegen den Anspruch des Gläubigers eine **Einrede** zu. Die Ausübung der Einrede (Leistungsverweigerung) hat jedoch nicht zur Folge, dass die Klage als unbegründet abgewiesen wird. Die Bedeutung der Einrede ergibt sich vielmehr aus § 1990 I Satz 2.

2 Nach § 1990 I Satz 2 hat der Erbe den Nachlass „zum Zwecke der Befriedigung des Gläubigers im Wege der Zwangsvollstreckung herauszugeben". Diese **Herausgabepflicht** ist in § 260 näher geregelt[3] (s. dort). Im Übrigen darf sie nicht wörtlich genommen werden[4]. Sie bedeutet, dass der Erbe die Zwangsvollstreckung in den Nachlass

---

1 Stein/Jonas/Schumann, § 31, Rn. 5; Zöller/Vollkommer, § 31, Rn. 1.
2 MünchKommBGB/Siegmann, Rn. 4.
3 Soergel/Stein, Rn. 11; Staudinger/Marotzke, 13. Bearb., Rn. 33.
4 A. A. Soergel/Stein, Rn. 11: Widerklage auf „Herausgabe".

zu dulden hat[1], mit anderen Worten: dass er nur noch mit dem Nachlass haftet[2].

So verstanden ordnet § 1990 eine Beschränkung der materiellrechtlichen Haftung an (s. dazu § 1967, Rn. 7 ff.). Die Schuld besteht unverändert fort[3]. Zweifelhaft ist, ob die **Haftungsbeschränkung** schon aufgrund der Dürftigkeit des Nachlasses eintritt, im Prozess aber nur aufgrund einer Leistungsverweigerung des Erben berücksichtigt wird[4], oder ob es erst infolge der Leistungsverweigerung zu der Haftungsbeschränkung kommt[5] oder ob gar erst das Urteil, das infolge der Leistungsverweigerung ergeht, rechtsgestaltend die Haftungsbeschränkung herbeiführt[6]. Im Hinblick auf § 1991 verdient die zweite Ansicht den Vorzug. Nahezu unbestritten ist, dass die **Leistungsverweigerung** auch außergerichtlich erklärt werden kann[7] (wie § 214, Rn. 5).

3

Überschuldung durch Vermächtnisse und Auflagen

1992 [1]Beruht die Überschuldung des Nachlasses auf Vermächtnissen und Auflagen, so ist der Erbe, auch wenn die Voraussetzungen des § 1990 nicht vorliegen, berechtigt, die Berichtigung dieser Verbindlichkeiten nach den Vorschriften der §§ 1990, 1991 zu bewirken. [2]Er kann die Herausgabe der noch vorhandenen Nachlassgegenstände durch Zahlung des Wertes abwenden.

§ 1992 Satz 1 i. V. m. § 1990 I gibt dem Erben gegen den Anspruch eines Vermächtnisnehmers oder Auflageberechtigten (§ 2194) eine **Einrede** (wie § 1990, s. dort).

1

§ 1992 Satz 2 gibt dem Erben eine **Ersetzungsbefugnis**[8] (→ *Wahlmöglichkeiten* Rn. 8 ff.), die, wenn sie in der Zwangsvollstreckung

2

---

1 MünchKommBGB/Siegmann, Rn. 14; Staudinger/Marotzke, 13. Bearb., Rn. 29.
2 Staudinger/Marotzke, 13. Bearb., Rn. 36.
3 A. A. Staudinger/Marotzke, 13. Bearb., vor § 1967, Rn. 8 (s. dazu oben § 1973, Rn. 3).
4 So die herrschende Meinung zu § 1973, s. dort Rn. 3.
5 MünchKommBGB/Siegmann, Rn. 1, 16; Soergel/Stein, Rn. 1.
6 Roth, Einrede, S. 71 ff.
7 MünchKommBGB/Siegmann, Rn. 16; Staudinger/Marotzke, 13. Bearb., Rn. 33.
8 Gernhuber, Schuldverhältnis, § 29 I 2.

berücksichtigt werden soll, im Urteil vorbehalten werden muss, sei es aufgrund einer Einschränkung der Leistungsklage oder aufgrund einer Widerklage des Beklagten (§ 33 ZPO); eine Vollstreckungsabwehrklage käme nach der Rechtsprechung zu spät (§ 767 II ZPO)[1].

Keine Inventarfrist für den Fiskus als Erben

2011 [1]Dem Fiskus als gesetzlichem Erben kann eine Inventarfrist nicht bestimmt werden. [2]Der Fiskus ist den Nachlassgläubigern gegenüber verpflichtet, über den Bestand des Nachlasses Auskunft zu erteilen.

Satz 2 gibt einem Nachlassgläubiger gegen den Fiskus einen **Anspruch** auf **Auskunft** i. S. des § 260[2] (s. dort).

Keine Inventarfrist für den Nachlasspfleger und Nachlassverwalter

2012 (1) [1]Einem nach den §§ 1960, 1961 bestellten Nachlasspfleger kann eine Inventarfrist nicht bestimmt werden. [2]Der Nachlasspfleger ist den Nachlassgläubigern gegenüber verpflichtet, über den Bestand des Nachlasses Auskunft zu erteilen. [3]Der Nachlasspfleger kann nicht auf die Beschränkung der Haftung des Erben verzichten.

(2) Diese Vorschriften gelten auch für den Nachlassverwalter.

§ 2012 gibt einem Nachlassgläubiger gegen einen Nachlasspfleger einen **Anspruch** auf **Auskunft** i. S. des § 260[3] (s. dort).

Dreimonatseinrede

2014 Der Erbe ist berechtigt, die Berichtigung einer Nachlassverbindlichkeit bis zum Ablauf der ersten drei Monate nach der Annahme der Erbschaft, jedoch nicht über die Errichtung des Inventars hinaus, zu verweigern.

---

1 Vgl. Stein/Jonas/Münzberg, § 767, Rn. 37.
2 MünchKommBGB/Siegmann, Rn. 3.
3 MünchKommBGB/Siegmann, Rn. 2.

I. Nachlassgläubiger

§ 2014 gibt dem Erben, der noch nicht endgültig unbeschränkt haftet (§ 2016 I i. V. m. §§ 1994 I Satz 2, 2005 I, 2006 III) gegen den Anspruch eines Nachlassgläubigers (aber § 2016 II) eine **Einrede**, deren Ausübung zu einer eigenartigen **Haftungsbeschränkung** führt: der Nachlass und das Eigenvermögen des Erben[1] sind zeitweilig nur Arrestmaßregeln (Pfändung und Sicherungshypothek, §§ 930 ff. ZPO) unterworfen (§ 782 ZPO).   1

Die Einrede kann **außergerichtlich oder gerichtlich** ausgeübt werden (wie § 214, Rn. 5). Die Leistungsverweigerung ist spätestens in dem gerichtlichen Verlangen zu sehen, dass die Haftungsbeschränkung in dem Titel vorbehalten werden möge (§ 305 I ZPO)[2]. In der Zwangsvollstreckung wird die Haftungsbeschränkung nach § 785 ZPO berücksichtigt[3].   2

Das Einrederecht besteht schon **vor Annahme der Erbschaft**[4], da schon in diesem Zeitraum die Zwangsvollstreckung in den Nachlass zulässig ist (§ 778 I ZPO, s. § 1958, Rn. 4 ff.), so dass der Erbe das Recht haben muss, sie auf Arrestmaßregeln zu beschränken. Das gilt auch im Falle des § 779 I ZPO[5].   3

II. Eigengläubiger

Nach § 783 i. V. m. § 785 ZPO kann der Erbe, der noch nicht endgültig unbeschränkt haftet, auch gegenüber dem Anspruch eines Eigengläubigers verlangen, dass die Zwangsvollstreckung in den Nachlass zeitweilig auf Arrestmaßregeln beschränkt wird. Ein Vorbehalt im Urteil ist dazu nicht erforderlich[6].   4

---

1 Stein/Jonas/Münzberg, § 782, Rn. 2a, 3.
2 Zu § 93 ZPO s. Staudinger/Marotzke, 13. Bearb., Rn. 14.
3 MünchKommZPO/Musielak, § 305, Rn. 3 ff.; Zöller/Stöber, § 782, Rn. 1.
4 Ebenso Staudinger/Marotzke, 13. Bearb., Rn. 2. **A. A.** Erman/Schlüter, vor § 2014, Rn. 2; Palandt/Edenhofer, Rn. 1; Soergel/Stein, Rn. 1.
5 Stein/Jonas/Münzberg, § 782, Rn. 2.
6 Stein/Jonas/Münzberg, § 783, Rn. 1; Zöller/Stöber, § 783, Rn. 1.

Einrede des Aufgebotsverfahrens

2015 (1) Hat der Erbe den Antrag auf Erlassung des Aufgebots der Nachlassgläubiger innerhalb eines Jahres nach der Annahme der Erbschaft gestellt und ist der Antrag zugelassen, so ist der Erbe berechtigt, die Berichtigung einer Nachlassverbindlichkeit bis zur Beendigung des Aufgebotsverfahrens zu verweigern.

(2) Der Beendigung des Aufgebotsverfahrens steht es gleich, wenn der Erbe in dem Aufgebotstermine nicht erschienen ist und nicht binnen zwei Wochen die Bestimmung eines neuen Termins beantragt oder wenn er auch in dem neuen Termin nicht erscheint.

(3) Wird das Ausschlussurteil erlassen oder der Antrag auf Erlassung des Urteils zurückgewiesen, so ist das Verfahren nicht vor dem Ablauf einer mit der Verkündung der Entscheidung beginnenden Frist von zwei Wochen und nicht vor der Erledigung einer rechtzeitig eingelegten Beschwerde als beendigt anzusehen.

§ 2015 entspricht § 2014 (s. dort).

Herausgabepflicht des Erbschaftsbesitzers

2018 Der Erbe kann von jedem, der auf Grund eines ihm in Wirklichkeit nicht zustehenden Erbrechts etwas aus der Erbschaft erlangt hat (Erbschaftsbesitzer), die Herausgabe des Erlangten verlangen.

I. Herausgabeanspruch

1 § 2018 gibt dem Erben gegen einen Erbschaftsbesitzer einen **Anspruch** auf Herausgabe. Im Einzelnen sind zu unterscheiden, je nachdem, welcher Gegenstand herauszugeben ist: Ansprüche auf Herausgabe einer **Sache**, bei denen weiter unterschieden werden muss, ob der Besitz eingeräumt werden soll (→ *Besitzeinräumung* Rn. 1) oder das Eigentum (→ *Übereignung* Rn. 1); Ansprüche auf Herausgabe eines **Rechts** (außer Besitz und Eigentum), sei es auf → *Rechtsverschaffung* (Rn. 1) oder auf Aufgabe des Rechts, d. h. → *Rechtsentäußerung* (Rn. 1); Ansprüche auf Herausgabe eines in Geld zu bemessenden **Vermögensvorteils**, d. h. auf → *Zahlung* (Rn. 1).

Eine **Leistungsklage** muss auch hier die herauszugebenden Gegen- 2
stände genau (einzeln) bezeichnen (§ 253 II Nr. 2 ZPO)[1]. Diese Angaben können während des Prozesses ohne weiteres geändert werden (§ 264 Nr. 2 ZPO).

Solange der Kläger nicht alle herauszugebenden Gegenstände ein- 3
zeln zu bezeichnen vermag, kann er im Streitfall eine **isolierte Feststellungsklage** erheben, dahingehend, dass der Beklagte alle aus der Erbschaft des N.N. (Name, Todesdatum, Sterbeort, letzter Wohnsitz) erlangten Gegenstände an den Kläger herauszugeben habe (§ 256 I ZPO). Die Zulässigkeit einer **Stufenklage** (§ 254 ZPO i. V. m. § 2027) beseitigt nicht das Feststellungsinteresse, entgegen der Rechtsprechung[2]. Denn ob der Kläger auf diesem Weg die erstrebte rechtskräftige Feststellung seines Anspruchs auf Herausgabe aller Erbschaftsgegenstände erreicht, hängt von der Auskunft des Beklagten, unter Umständen vom Erfolg einer Zwangsvollstreckung ab, ist also weniger sicher, als wenn der Feststellungsklage stattgegeben wird. Nur wenn aber die Stufenklage insgesamt erheblich zweckmäßiger wäre als die Feststellungsklage, könnte das Feststellungsinteresse verneint werden[3]. Unproblematisch ist dagegen eine mit der Leistungsklage **verbundene Feststellungsklage** hinsichtlich aller weiteren Erbschaftsgegenstände, die der Kläger derzeit noch nicht genau bezeichnen kann (§§ 256 I, 260 ZPO).

Für eine Klage aus § 2018 ist auch das Gericht des § 27 ZPO (§ 35 4
ZPO) **örtlich zuständig**. Soweit die Klage nicht auf § 2018, sondern z. B. auf § 985 oder § 894 gestützt wird, gelten andere Zuständigkeitsregeln, z. B. § 24 ZPO[4].

II. Erbrecht

Mit der Klage auf Herausgabe einzelner Nachlassgegenstände kann 5
die Klage auf **Feststellung des Erbrechts** verbunden werden, sei es nach §§ 256 I, 260 ZPO oder, falls aufgrund des § 2018 ohnehin über das Erbrecht entschieden werden muss, nach § 256 II ZPO[5].

---

1 MünchKommBGB/Frank, Rn. 30.
2 BGH, MDR 2002, 107. Wie die Rechtsprechung MünchKommBGB/Frank, Rn. 31.
3 Wieser, Rechtsschutzinteresse, S. 147.
4 Näher Soergel/Dieckmann, vor § 2018, Rn. 6; Zöller/Vollkommer, § 27, Rn. 5.
5 MünchKommBGB/Frank, Rn. 33.

§ 256 II ZPO setzt entgegen seinem Wortlaut nicht voraus, dass das Erbrecht zwischen den Parteien streitig geworden ist[1].

6   Auch für diese Feststellungsklage ist das Gericht des § 27 ZPO (§ 35 ZPO) **örtlich zuständig.**

Nutzungen und Früchte

2020 **Der Erbschaftsbesitzer hat dem Erben die gezogenen Nutzungen herauszugeben; die Verpflichtung zur Herausgabe erstreckt sich auch auf Früchte, an denen er das Eigentum erworben hat.**

§ 2020 gibt dem Erben gegen einen Erbschaftsbesitzer einen **Anspruch** auf **Herausgabe**, wie § 2018 (s. dort).

Auskunftspflicht des Erbschaftsbesitzers

2027 **(1) Der Erbschaftsbesitzer ist verpflichtet, dem Erben über den Bestand der Erbschaft und über den Verbleib der Erbschaftsgegenstände Auskunft zu erteilen.**

(2) Die gleiche Verpflichtung hat, wer, ohne Erbschaftsbesitzer zu sein, eine Sache aus dem Nachlass in Besitz nimmt, bevor der Erbe den Besitz tatsächlich ergriffen hat.

1   § 2027 gibt dem Erben gegen einen Erbschaftsbesitzer und gegen einen sonstigen Besitzer einen **Anspruch** auf **Auskunft** i. S. des § 260[2] (s. dort).

2   **Örtlich zuständig** für die Klage gegen einen Erbschaftsbesitzer ist auch das Gericht des § 27 ZPO (§ 35 ZPO). Für die Klage gegen einen sonstigen Besitzer gilt dies nicht[3].

---

1   BGHZ 69, 41 ff.; Wieser, Rechtsschutzinteresse, S. 213 ff.
2   MünchKommBGB/Frank, Rn. 6, 7, 9, 12.
3   Stein/Jonas/Schumann, § 27, Rn. 8; Staudinger/Gursky, Rn. 4. **A. A.** OLG Nürnberg, OLGZ 1981, 116 f.; Wieczorek/Hausmann, § 27, Rn. 10. OLG Kiel, OLGRspr. 13, 77 ist hier nicht einschlägig.

Auskunftspflicht des Hausgenossen

2028 (1) Wer sich zur Zeit des Erbfalls mit dem Erblasser in häuslicher Gemeinschaft befunden hat, ist verpflichtet, dem Erben auf Verlangen Auskunft darüber zu erteilen, welche erbschaftliche Geschäfte er geführt hat und was ihm über den Verbleib der Erbschaftsgegenstände bekannt ist.

(2) Besteht Grund zu der Annahme, dass die Auskunft nicht mit der erforderlichen Sorgfalt erteilt worden ist, so hat der Verpflichtete auf Verlangen des Erben zu Protokoll an Eides statt zu versichern, dass er seine Angaben nach bestem Wissen so vollständig gemacht habe, als er dazu imstande sei.

(3) Die Vorschriften des § 259 Abs. 3 und des § 261 finden Anwendung.

§ 2028 I gibt dem Erben gegen einen Hausgenossen des Erblassers einen **Anspruch** auf → *Auskunft* (Rn. 1). 1

§ 2028 II gibt dem Erben gegen den nach Absatz 1 Verpflichteten einen **Anspruch** auf eine **eidesstattliche Versicherung** (wie § 259, Rn. 12 ff.). 2

Die **örtliche Zuständigkeit** für eine Klage gegen einen Hausgenossen, der nicht Erbschaftsbesitzer ist, richtet sich nicht nach § 27 ZPO[1]. 3

Gemeinschaftliche Verwaltung des Nachlasses

2038 (1) [1]Die Verwaltung des Nachlasses steht den Erben gemeinschaftlich zu. [2]Jeder Miterbe ist den anderen gegenüber verpflichtet, zu Maßregeln mitzuwirken, die zur ordnungsmäßigen Verwaltung erforderlich sind; die zur Erhaltung notwendigen Maßregeln kann jeder Miterbe ohne Mitwirkung der anderen treffen.

(2) [1]Die Vorschriften der §§ 743, 745, 746, 748 finden Anwendung. [2]Die Teilung der Früchte erfolgt erst bei der Auseinandersetzung. [3]Ist die Auseinandersetzung auf längere Zeit als ein Jahr ausge-

---

[1] Stein/Jonas/Schumann, § 27, Rn. 8. A. A. Wieczorek/Hausmann, § 27, Rn. 10.

schlossen, so kann jeder Miterbe am Schlusse jedes Jahres die Teilung des Reinertrags verlangen.

1 § 2038 I Satz 2 gibt jedem einzelnen Miterben[1] einen **Anspruch** auf **Mitwirkung** zur ordnungsgemäßen Verwaltung des Nachlasses. Darunter sind verschiedenartige Maßnahmen zu verstehen[2]. Der Anspruch richtet sich gegen jeden einzelnen der übrigen Miterben.

2 Der **Klageantrag** ist auf eine bestimmte Maßnahme zu richten (§ 253 II Nr. 2 ZPO), z. B. auf die Zustimmung zu einem bestimmten Plan[3].

3 Gegenüber einem mitwirkungsbereiten Miterben fehlt das **Rechtsschutzinteresse** (Rechtsschutzgrund), wenn nicht die Klage unbegründet ist, weil der Miterbe die geschuldete Mitwirkung bereits geleistet, z. B. seine Zustimmung schon erklärt hat (§ 362 I). Von den nicht zur Mitwirkung bereiten Miterben müssen wenigstens so viele verklagt werden, dass durch die freiwillige oder erzwungene Zustimmung ein Mehrheitsbeschluss erreicht wird (§ 62 Fall 2 ZPO); andernfalls fehlt das Rechtsschutzinteresse (Rechtsschutzgrund).

4 **Sachlich zuständig** sind die Amtsgerichte oder die Landgerichte, je nach Streitwert (§§ 23 Nr. 1, 71 I GVG). Der Streitwert bemisst sich im Beispielsfall nach dem Interesse des Klägers an dem Plan (§ 3 ZPO)[4].

5 Auch die **Zwangsvollstreckung** hängt von der Art der geschuldeten Mitwirkung ab. Sie richtet sich z. B. nach § 894 I ZPO, falls eine Zustimmung geschuldet wird.

---

1 Soergel/Wolf, Rn. 21.
2 Vgl. Soergel/Wolf, Rn. 23.
3 MünchKommBGB/Dütz, Rn. 42 f. **A. A.** Staudinger/Werner, 13. Bearb., Rn. 12, der den Willen der Mehrheit mit „ordnungsmäßiger Verwaltung" gleichsetzt; doch ist nicht alles, was die Mehrheit beschließt, ordnungsgemäße Verwaltung, wie aus § 745 I folgt, der nach § 2038 II Satz 1 auch für die Erbengemeinschaft gilt.
4 Vgl. Stein/Jonas/Roth, § 2, Rn. 17, bei Fn. 45.

Nachlassforderungen

2039 ¹Gehört ein Anspruch zum Nachlasse, so kann der Verpflichtete nur an alle Erben gemeinschaftlich leisten und jeder Miterbe nur die Leistung an alle Erben fordern. ²Jeder Miterbe kann verlangen, dass der Verpflichtete die zu leistende Sache für alle Erben hinterlegt oder, wenn sie sich nicht zur Hinterlegung eignet, an einen gerichtlich zu bestellenden Verwahrer abliefert.

§ 2039 entspricht § 432 (s. dort). 1

Auf **Gestaltungsklagen** ist § 2039 grundsätzlich nicht anwendbar. 2
Denn eine Gestaltungsklage ähnelt einer materiellrechtlichen Gestaltungserklärung, die als „Verfügung" nur allen Erben gemeinschaftlich zusteht (§ 2040 I)[1]. Macht eine Gestaltungsklage aber ausnahmsweise einen Anspruch geltend, so fällt sie unter § 2039[2], es sei denn, dass die begehrte Rechtsgestaltung die Erbengemeinschaft rechtlich benachteiligt[3]. Die Mietfortsetzungsklage aus § 574 kann danach nur von allen Erben gemeinschaftlich erhoben werden, weil die Mietfortsetzung schon wegen der Mietzinspflicht die Erbengemeinschaft rechtlich benachteiligt[4].

Auseinandersetzung

2042 (1) Jeder Miterbe kann jederzeit die Auseinandersetzung verlangen, soweit sich nicht aus den §§ 2043 bis 2045 ein anderes ergibt.

(2) Die Vorschriften des § 749 Abs. 2, 3 und der §§ 750 bis 758 finden Anwendung.

§ 2042 gibt jedem einzelnen Miterben einen **Anspruch** auf **Auseinandersetzung**. Darunter sind verschiedenartige Maßnahmen zu verstehen, namentlich Verwertung von Nachlassgegenständen, Befriedigung von Nachlassgläubigern, Verteilung des Restes[5]. Der An- 1

---

1 Soergel/Wolf, Rn. 6.
2 Soergel/Wolf, Rn. 8.
3 Habermeier, ZZP 105, 205.
4 Habermeier, ZZP 105, 209.
5 MünchKommBGB/Dütz, Rn. 4.

spruch richtet sich gegen alle übrigen Miterben als gemeinschaftliche Schuldner (→ *Mehrheit von Schuldnern* Rn. 2 ff.).

2 Der **Klageantrag** ist auf eine bestimmte Maßnahme zu richten (§ 253 II Nr. 2 ZPO), z. B. auf die Zustimmung zu einem bestimmten Plan[1] oder auf einzelne Feststellungen[2] oder Leistungen[3] (s. dazu die Kommentierung der einschlägigen Schuldverhältnisse).

3 **Sachlich zuständig** sind die Amtsgerichte oder die Landgerichte, je nach Streitwert (§§ 23 Nr. 1, 71 I GVG). Der Streitwert bemisst sich nicht nach dem Wert des Gesamtnachlasses, sondern nach dem Wert des klägerischen Erbteils (§ 3 ZPO)[4].

4 **Örtlich zuständig** ist auch das Gericht des § 27 ZPO (§ 35 ZPO)[5].

5 Die **Zwangsvollstreckung** hängt von der Art der geschuldeten Maßnahme ab. Sie richtet sich z. B. nach § 894 I ZPO, falls eine Zustimmung geschuldet wird.

Aufschub der Auseinandersetzung

2045 [1]Jeder Miterbe kann verlangen, dass die Auseinandersetzung bis zur Beendigung des nach § 1970 zulässigen Aufgebotsverfahrens oder bis zum Ablaufe der im § 2061 bestimmten Anmeldungsfrist aufgeschoben wird. [2]Ist das Aufgebot noch nicht beantragt oder die öffentliche Aufforderung nach § 2061 noch nicht erlassen, so kann der Aufschub nur verlangt werden, wenn unverzüglich der Antrag gestellt oder die Aufforderung erlassen wird.

1 Nach Satz 1 hat jeder Miterbe gegen jeden anderen einen **Anspruch auf Aufschub der Auseinandersetzung**. Dieser Anspruch wird nicht durch Klage, sondern durch **Einwendung** gegen die Auseinandersetzungsklage geltend gemacht. Die Einwendung führt zur *Aussetzung* des Auseinandersetzungsprozesses bis zur Beendigung des Aufge-

---

1 MünchKommBGB/Dütz, Rn. 57, 63.
2 MünchKommBGB/Dütz, Rn. 64.
3 MünchKommBGB/Dütz, Rn. 66, 68.
4 BGH, NJW 1975, 1415, 1416; Soergel/Wolf, Rn. 24; Stein/Jonas/Roth, § 2, Rn. 17; str.
5 Stein/Jonas/Schumann, § 27, Rn. 11.

botsverfahrens (analog § 148 ZPO) oder bis zum Ablauf der Anmeldungsfrist des § 2061.

Im Falle des Satzes 2 sollte das Gericht eine angemessene **Frist** für den Aufgebotsantrag oder die öffentliche Aufforderung bestimmen, nach deren Ablauf es über den Aufschubeinwand entscheidet[1]. 2

Teilungsanordnungen des Erblassers

2048 [1]Der Erblasser kann durch letztwillige Verfügung Anordnungen für die Auseinandersetzung treffen. [2]Er kann insbesondere anordnen, dass die Auseinandersetzung nach dem billigen Ermessen eines Dritten erfolgen soll. [3]Die von dem Dritten auf Grund der Anordnung getroffene Bestimmung ist für die Erben nicht verbindlich, wenn sie offenbar unbillig ist; die Bestimmung erfolgt in diesem Falle durch Urteil.

Der Anspruch jedes Miterben auf „Auseinandersetzung" aus § 2042 kann nach § 2048 durch die Bestimmung eines Dritten konkretisiert werden. Die Bestimmung erfolgt jedoch durch Urteil, falls der Dritte eine offenbar unbillige Bestimmung trifft (§ 2048 Satz 3) oder die Bestimmung nicht treffen kann oder will oder verzögert (analog § 319 I Satz 2)[2]. Das Urteil ist ein **Gestaltungsurteil**[3] (→ *Gestaltungsklagen* Rn. 1). 1

Klageberechtigt ist jeder einzelne Miterbe. Die Klage ist **gegen** diejenigen Miterben zu richten, die ihr nicht beitreten oder zustimmen[4], da alle einen Anspruch auf rechtliches Gehör haben (Art. 103 I GG), ähnlich wie die Gesellschafter einer OHG bei der Auflösungsklage[5]. Mehrere Miterben müssen deshalb gemeinsam verklagt werden (§ 62 Fall 2 ZPO)[6]. Dass anstelle der anderen Miterben der nach § 2048 bestimmungsberechtigte und nach § 2204 vollzugs- 2

---

1 RGRK/Kregel, Rn. 3.
2 Staudinger/Werner, Rn. 16; str.
3 MünchKommBGB/Dütz, Rn. 19; Zöller/Greger, vor § 253, Rn. 8.
4 Ähnlich MünchKommBGB/Dütz, Rn. 19. Bei Einigkeit aller Miterben fehlt für die Klage das Rechtsschutzinteresse (Zweckmäßigkeit) (MünchKommBGB/Dütz, Rn. 19).
5 BGH, NJW 1958, 418 f.
6 A. A. MünchKommBGB/Dütz, Rn. 19, unter Hinweis auf die Entscheidung RG, Warn. 1919, Nr. 42, die sich aber nur auf § 2048 allgemein, nicht speziell auf Satz 3 bezieht.

§ 2057

berechtigte Testamentsvollstrecker zu verklagen ist[1], trifft auf die Gestaltungsklage nicht zu.

3 Der **Klageantrag** geht dahin, das Gericht möge nach billigem Ermessen bestimmen, wie die von dem Erblasser N.N. angeordnete Auseinandersetzung . . . erfolgen soll[2]. Dabei muss der Kläger dem Gericht jedenfalls die tatsächlichen Grundlagen für die Bestimmung angeben.

4 **Zuständig** für die Gestaltungsklage ist dasselbe Gericht, das für die Klage auf die gerichtlich zu bestimmende Auseinandersetzung zuständig wäre (§ 2042, Rn. 3, 4).

5 Soll die Gestaltungswirkung schon mit dem Erlass des Urteils eintreten, muss das Urteil im weiteren Sinn für **vorläufig vollstreckbar** erklärt werden.

6 Mit der Gestaltungsklage kann die **Klage auf** die gerichtlich zu bestimmende **Auseinandersetzung** verbunden werden (§ 260 ZPO).

Auskunftspflicht

2057 [1]Jeder Miterbe ist verpflichtet, den übrigen Erben auf Verlangen Auskunft über die Zuwendungen zu erteilen, die er nach den §§ 2050 bis 2053 zur Ausgleichung zu bringen hat. [2]Die Vorschriften der §§ 260, 261 über die Verpflichtung zur Abgabe der eidesstattlichen Versicherung finden entsprechende Anwendung.

1 Satz 1 gibt jedem ausgleichungsberechtigten Miterben[3] gegen jeden anderen Miterben einen **Anspruch** auf → *Auskunft* (Rn. 1).

2 Für den **Klageantrag** kann es genügen, dass Auskunft „über die auszugleichenden Zuwendungen" begehrt wird[4].

3 **Örtlich zuständig** ist auch das Gericht des § 27 ZPO (§ 35 ZPO)[5].

---

1 RGRK/Kregel, Rn. 8 u. a.
2 Vgl. MünchKommBGB/Dütz, Rn. 19; Schumann, FS Larenz, S. 580 f.
3 Soergel/Wolf, Rn. 3.
4 Soergel/Wolf, Rn. 7.
5 Stein/Jonas/Schumann, § 27, Rn. 11.

Gesamtschuldnerische Haftung

2058 Die Erben haften für die gemeinschaftlichen Nachlassverbindlichkeiten als Gesamtschuldner.

A. Schuld und Haftung

In den §§ 2058 ff. unterscheidet das BGB nicht genügend zwischen Schuld und Haftung (→ *Haftung* Rn. 1). Um „Schuld" geht es in den §§ 2058, 2060, 2061, um „Haftung" in § 2059.[1]   1

I. Dritter als Gläubiger

1. Schuld

Nach § 2058 sind die Miterben bei gemeinschaftlichen Nachlassverbindlichkeiten (§ 1967 II) grundsätzlich **Gesamtschuldner** (s. bei § 421). **Teilschuldner** (s. bei § 420) sind sie nach den §§ 2060, 2061 I Satz 2. **Gemeinschaftliche Schuldner** (→ *Mehrheit von Schuldnern* Rn. 2 ff.) sind sie bei Leistungen, die nur von allen gemeinsam erbracht werden können.   2

Nach herrschender Meinung kann der Gläubiger eines **Auflassungsanspruchs** nicht nur den Vollzug der Auflassung von allen Miterben (§ 2040 I), sondern auch von einzelnen Miterben die Abgabe der Auflassungserklärung oder die Herbeiführung der Auflassung verlangen[2]. Für eine Klage gegen einzelne Miterben fehlt jedoch regelmäßig das Rechtsschutzinteresse[3], weil es erheblich zweckmäßiger ist, alle Miterben in einem einzigen Prozess auf Auflassung zu verklagen als in getrennten Prozessen gegen sie vorzugehen oder es gar einem verurteilten Miterben zu überlassen, die Auflassung, gegebenenfalls durch weitere Prozesse gegen die anderen Miterben[4], herbeizuführen.   3

---

1 MünchKommBGB/Dütz, § 2058, Rn. 3.
2 BGH, NJW 1963, 1611 f. = JZ 1964, 722; Bötticher, JZ 1964, 724; MünchKommBGB/Dütz, § 2058, Rn. 22; § 2059, Rn. 21; Soergel/Wolf, Rn. 11. A. A. (reine Gesamtschuld) Riering, S. 197; Staudinger/Marotzke, Rn. 29.
3 So auch Henckel, Parteilehre, S. 57.
4 Vgl. MünchKommBGB/Dütz, Rn. 22.

2. Haftung

4 Die Haftung der Miterben richtet sich nach den allgemeinen Regeln (§ 1967, Rn. 7 ff.), die für die Zeit bis zur Teilung des Nachlasses durch § 2059 ergänzt werden (s. dort).

II. Miterbe als Gläubiger

1. Schuld

5 Gegenüber einem Gläubiger, der selbst Miterbe ist, schulden die anderen Miterben wie gegenüber einem Dritten. Der Gläubiger kann also die geschuldete Leistung entweder von jedem Einzelnen der anderen Miterben als **Gesamtschuldner** (§ 2058)[1] oder als **Teilschuldner** (§§ 2060, 2061 I Satz 2) oder von allen anderen Miterben als **gemeinschaftlichen Schuldnern** (→ *Mehrheit von Schuldnern* Rn. 2 ff.) verlangen.

2. Haftung

6 Die Haftung der anderen Miterben richtet sich grundsätzlich nach den allgemeinen Regeln (§ 1967, Rn. 7 ff.), die für die Zeit bis zur Teilung des Nachlasses durch § 2059 ergänzt werden (s. dort). Doch sind Inventarverfehlungen unter Miterben unschädlich (§ 2063 II). Daher ist § 2059 I Satz 2 unanwendbar[2].

B. Klage

7 Wird wegen einer Nachlassverbindlichkeit gegen die Erben geklagt, so richtet sich die **prozessuale Behandlung** wie üblich nach der beanspruchten Leistung. Für eine Zahlungsverbindlichkeit gilt beispielsweise Vorb. → *Zahlung*.

8 Zur **Prozessführungsbefugnis**: Bei einer **gemeinschaftlichen Schuld** muss der Gläubiger grundsätzlich gegen alle Miterben gemeinsam klagen (→ *Mehrheit von Schuldnern* Rn. 4 ff.), als Miterben-Gläubiger gegen alle übrigen Miterben[3]. Bei einer **Gesamtschuld** hat der Gläubiger mehrere Möglichkeiten (§ 421, Rn. 8 ff.). Zur Teilschuld s. § 420, Rn. 5 ff.

---

1 Vgl. MünchKommBGB/Dütz, Rn. 27 ff.
2 Staudinger/Marotzke, 13. Bearb., § 2059, Rn. 7.
3 Soergel/Wolf, § 2059, Rn. 11.

Örtlich zuständig ist auch das Gericht der §§ 27, 28 ZPO (§ 35 9
ZPO).

Zur Rechtslage vor Annahme der Erbschaft s. § 1958, Rn. 2, 3[1]. 10

C. Vollstreckung

S. dazu bei § 2059. 11

Haftung bis zur Teilung

2059 (1) ¹Bis zur Teilung des Nachlasses kann jeder Miterbe die Berichtigung der Nachlassverbindlichkeiten aus dem Vermögen, das er außer seinem Anteil an dem Nachlass hat, verweigern. ²Haftet er für eine Nachlassverbindlichkeit unbeschränkt, so steht ihm dieses Recht in Ansehung des seinem Erbteil entsprechenden Teils der Verbindlichkeit nicht zu.

(2) Das Recht der Nachlassgläubiger, die Befriedigung aus dem ungeteilten Nachlass von sämtlichen Miterben zu verlangen, bleibt unberührt.

I. Überblick

§ 2059 regelt die **Haftung** der Miterben für die Nachlassverbindlich- 1
keiten bis zur Teilung des Nachlasses in Ergänzung der allgemeinen
Regeln[2] (§ 1967, Rn. 7). Der Gläubiger einer Nachlassverbindlichkeit (Nachlassgläubiger) hat die **Wahl**, ob er vollstrecken will: in
den ungeteilten Nachlass (§ 2059 II), in den Anteil eines Miterben
an dem Nachlass oder in das sonstige Eigenvermögen des Miterben.

II. Vollstreckung in den Nachlass

1. Titel

Zur Zwangsvollstreckung in den ungeteilten Nachlass benötigt ein 2
Gläubiger mangels eines Titels gegen den Erblasser einen **Titel gegen alle Miterben** (§§ 747, 795 Satz 1 ZPO), als Miterben-Gläubiger einen Titel gegen alle übrigen Miterben[3]. Der Titel kann in

---
1 MünchKommBGB/Dütz, Rn. 25.
2 MünchKommBGB/Dütz, § 2058, Rn. 25.
3 MünchKommBGB/Dütz, Rn. 25; Zöller/Stöber, § 747, Rn. 6.

einem einzigen Verfahren oder in getrennten Prozessen gegen die Miterben erwirkt worden sein[1].

3 Doch genügt auch ein **Titel gegen den Erblasser.** Hatte die Vollstreckung wegen einer Nachlassverbindlichkeit beim Tod des Erblassers gegen ihn bereits begonnen, so wird sie in den Nachlass fortgesetzt, ohne dass die Klausel gegen die Miterben erteilt werden müsste (§ 779 I ZPO)[2]. Hatte die Vollstreckung beim Tod des Erblassers gegen ihn noch nicht begonnen, so muss die Klausel gegen die Miterben erteilt sein (§ 750 I Satz 1 ZPO); die Klauselerteilung ist nach §§ 727, 795 Satz 1 ZPO zulässig.

2. Rechtsbehelf

4 Wird ohne den erforderlichen Titel oder die erforderliche Klausel in den Nachlass vollstreckt, so steht jedem Miterben als Rechtsbehelf die Erinnerung oder Beschwerde zu (§§ 766 I, 793 ZPO, § 11 RpflG), dem nicht verurteilten Miterben nach seiner Wahl auch die Drittwiderspruchsklage (§ 771 ZPO)[3].

III. Vollstreckung in einen Nachlassanteil

5 Zur Vollstreckung in den Anteil eines Miterben an dem Nachlass (§ 859 II ZPO) genügt ein Titel gegen diesen Miterben. Die Vollstreckung erfolgt durch Pfändung und Überweisung des Anteils (§ 857 ZPO). Nach der Überweisung kann der Gläubiger die Auseinandersetzung verlangen[4]. Ansprüche auf einen Gewinnanteil oder auf ein Auseinandersetzungsguthaben sind – anders als bei der Gesellschaft (§ 717 Satz 2) – bei der Erbengemeinschaft nicht pfändbar[5].

IV. Vollstreckung in das sonstige Eigenvermögen

6 Zur Zwangsvollstreckung in das Vermögen, das ein Miterbe außer seinem Anteil an dem Nachlass hat, genügt gleichfalls ein Titel gegen diesen Miterben. Der Miterbe kann aber die **Berichtigung der Nachlassverbindlichkeit verweigern,** und zwar grundsätzlich in vol-

---

1 BGHZ 53, 113; MünchKommBGB/Dütz, Rn. 19; Zöller/Stöber, § 747, Rn. 5.
2 Stein/Jonas/Münzberg, § 779, Rn. 2; Zöller/Stöber, § 779, Rn. 5.
3 Stein/Jonas/Münzberg, § 747, Rn. 5; Zöller/Stöber, § 747, Rn. 8.
4 Stein/Jonas/Brehm, § 859, Rn. 31; Zöller/Stöber, § 859, Rn. 17.
5 Stein/Jonas/Brehm, § 859, Rn. 27; Zöller/Stöber, § 859, Rn. 15.

Haftung nach der Teilung § 2060

lem Umfang (§ 2059 I Satz 1)[1]. Falls der Miterbe jedoch wegen einer
Inventarverfehlung endgültig unbeschränkt haftet (§ 1967, Rn.
7), hat er ein Verweigerungsrecht nur in Ansehung des seinem Erbteil
nicht entsprechenden Teils der Verbindlichkeit (§ 2059 I Satz 2).
Beispiel: A, B und C sind Miterben zu je 1/3 und schulden 900 Euro
als Gesamtschuldner. Der endgültig unbeschränkt haftende B kann
die Berichtigung der Nachlassverbindlichkeit aus seinem sonstigen
Eigenvermögen in Höhe von 600 Euro verweigern, da seinem Erbteil
von einem Drittel nur ein Drittel der Verbindlichkeit entspricht[2].

Das Recht, die Berichtigung der Nachlassverbindlichkeit zu verweigern, ist eine **Einrede**[3], deren Ausübung zu der geschilderten **Haftungsbeschränkung** führt (s. dazu § 1967, Rn. 7 ff.)[4]. Die Ausübung ist gerichtlich und außergerichtlich möglich (wie § 214, Rn. 5) und spätestens in dem gerichtlichen Verlangen zu sehen, dass die Haftungsbeschränkung in dem Titel vorbehalten werden möge. 7

Haftung nach der Teilung

2060 Nach der Teilung des Nachlasses haftet jeder Miterbe nur für den seinem Erbteil entsprechenden Teil einer Nachlassverbindlichkeit:

1. wenn der Gläubiger im Aufgebotsverfahren ausgeschlossen ist; das Aufgebot erstreckt sich insoweit auch auf die im § 1972 bezeichneten Gläubiger sowie auf die Gläubiger, denen der Miterbe unbeschränkt haftet;
2. wenn der Gläubiger seine Forderung später als fünf Jahre nach dem im § 1974 Abs. 1 bestimmten Zeitpunkt geltend macht, es sei denn, dass die Forderung vor dem Ablauf der fünf Jahre dem Miterben bekannt geworden oder im Aufgebotsverfahren angemeldet worden ist; die Vorschrift findet keine Anwendung, soweit der Gläubiger nach § 1971 von dem Aufgebot nicht betroffen wird;
3. wenn das Nachlassinsolvenzverfahren eröffnet und durch Verteilung der Masse oder durch einen Insolvenzplan beendigt worden ist.

---
1 Rechtfertigung bei MünchKommBGB/Dütz, Rn. 2.
2 Vgl. MünchKommBGB/Dütz, Rn. 16.
3 Soergel/Wolf, Rn. 5. Weitere Nachw. zu der Streitfrage bei Roth, Einrede, S. 199.
4 Zum Vorbehalt s. MünchKommBGB/Dütz, Rn. 16.

A. Fälle des § 2060
I. Nach Teilung und „Haftungsbeschränkung"
1. Schuld

1 Nach § 2060 führen die dort genannten Gründe, die sonst *nur* die Haftung beschränken, sowohl zu einer Beschränkung der Haftung als auch zu einer **Beschränkung der Schuld**: nach der Teilung des Nachlasses schuldet jeder Miterbe nur noch den seinem Erbteil entsprechenden Teil einer Nachlassverbindlichkeit. Die nach § 2058 entstandene Gesamtschuld verwandelt sich also in eine Teilschuld[1]. Ob die Miterben wegen einer Inventarverfehlung endgültig unbeschränkt haften (§ 1967, Rn. 7), spielt für die Umwandlung in Teilschulden keine Rolle[2]; § 2060 wird in § 2013 nicht genannt, vgl. im Übrigen § 2060 Nr. 1. Grund der Umwandlung in Teilschulden ist, dass die Miterben in den genannten Fällen – anders als in den sonstigen Fällen beschränkter Haftung – sich nicht vorwerfen lassen müssen, sie hätten den Nachlass zu früh geteilt.

2 Aufgrund seiner Teilschuld kann jeder Miterbe nur zu dem von ihm geschuldeten Teil der Leistung **verurteilt** werden. Tritt die Umwandlung der Gesamtschuld in Teilschulden erst nach Erlass des Urteils ein, so steht dem als Gesamtschuldner verurteilten Miterben die Vollstreckungsabwehrklage zu (§ 767 ZPO[3]).

2. Haftung

3 Die in § 2060 genannten Gründe führen nicht nur zu einer Beschränkung der Schuld, sondern auch zu einer **Beschränkung** der Haftung (§ 1967, Rn. 7 ff.). Sie verlieren also durch ihre Verwendung als Gründe der Schuldbeschränkung nicht ihre Eigenschaft als Gründe der Haftungsbeschränkung. Zu einer Haftungsbeschränkung führen sie allerdings nicht bei solchen Miterben, die wegen einer Inventarverfehlung endgültig unbeschränkt haften (§ 1967, Rn. 7)[4]. **Inventarverfehlungen** bleiben demnach, soweit es um die Beschränkung der Haftung geht, erheblich; lediglich für die Beschränkung der Schuld spielen sie keine Rolle.

---

1 MünchKommBGB/Dütz, Rn. 3.
2 MünchKommBGB/Dütz, Rn. 3.
3 MünchKommBGB/Dütz, Rn. 3.
4 Staudinger/Marotzke, 13. Bearb., Rn. 22.

Haftung nach der Teilung § 2060

Nach der Teilung des Nachlasses bedeutet „beschränkte Haftung", 4
dass der Miterbe (wegen seiner Teilschuld) nur noch mit den ihm
zugeteilten Nachlassgegenständen haftet.

II. Nach Teilung, vor „Haftungsbeschränkung"

In der Zeit nach der Teilung des Nachlasses und vor dem Eintritt 5
eines Haftungsbeschränkungs-Grundes sind die Miterben nach
§ 2058 Gesamtschuldner und haften unbeschränkt, d.h. mit den
zugeteilten Nachlassgegenständen und dem sonstigen Vermögen.

B. Sonstige Fälle beschränkter Haftung

§ 2060 erfasst lediglich die Gründe einer Haftungsbeschränkung 6
nach §§ 1973, 1974 und 1989 sowie analog die Durchführung einer
Nachlassverwaltung. Die anderen Gründe der §§ 1975, 1990 f. und
1992 ändern nichts daran, dass die Miterben Gesamtschuldner einer
noch bestehenden gemeinschaftlichen Nachlassverbindlichkeit
bleiben (§ 2058), sondern führen lediglich wie sonst zu einer **Beschränkung** der Haftung (§ 1967, Rn. 7 ff.), und zwar auf die zugeteilten Nachlassgegenstände[1]. *Unbeschränkt*, d.h. auch mit seinem
übrigen Vermögen, haftet ein Miterbe wie sonst, also vor Eintritt
der Haftungsbeschränkung, sowie bei endgültig unbeschränkter
Haftung wegen einer Inventarverfehlung.

C. Ungeteilte Nachlassgegenstände

Mit den – trotz „Teilung des Nachlasses" – ungeteilt gebliebenen 7
einzelnen Nachlassgegenständen haften die Miterben in jedem Fall,
als Gesamtschuldner wie als Teilschuldner, bei beschränkter wie
bei unbeschränkter Haftung. Die **Zwangsvollstreckung** in die ungeteilt gebliebenen Nachlassgegenstände setzt jedoch einen Titel gegen alle Miterben voraus (§ 747 ZPO).

---

[1] Soergel/Wolf, Rn. 2.

Aufgebot der Nachlassgläubiger

2061 (1) ¹Jeder Miterbe kann die Nachlassgläubiger öffentlich auffordern, ihre Forderungen binnen sechs Monaten bei ihm oder bei dem Nachlassgericht anzumelden. ²Ist die Aufforderung erfolgt, so haftet nach der Teilung jeder Miterbe nur für den seinem Erbteil entsprechenden Teil einer Forderung, soweit nicht vor dem Ablauf der Frist die Anmeldung erfolgt oder die Forderung ihm zur Zeit der Teilung bekannt ist.

(2) ¹Die Aufforderung ist durch den Bundesanzeiger und durch das für die Bekanntmachungen des Nachlassgerichts bestimmte Blatt zu veröffentlichen. ²Die Frist beginnt mit der letzten Einrückung. ³Die Kosten fallen dem Erben zur Last, der die Aufforderung erlässt.

Nach § 2061 I Satz 2 führt die öffentliche Aufforderung eines Miterben zu einer **Beschränkung der Schuld** aller Miterben, also zu einer Umwandlung der Gesamtschuld (§ 2058) in Teilschulden. Dagegen führt die Vorschrift **nicht** zu einer **Beschränkung der Haftung**[1]. Ob die Miterben beschränkt, d. h. mit den ihnen zugeteilten und den noch ungeteilten Nachlassgegenständen (§ 2060, Rn. 7) haften oder unbeschränkt, d. h. auch mit ihrem sonstigen Vermögen, richtet sich nach den allgemeinen Regeln (§ 1967, Rn. 7 ff.).

Anfechtbarkeitseinrede

2083 Ist eine letztwillige Verfügung, durch die eine Verpflichtung zu einer Leistung begründet wird, anfechtbar, so kann der Beschwerte die Leistung verweigern, auch wenn die Anfechtung nach § 2082 ausgeschlossen ist.

§ 2083 gibt dem Beschwerten gegen den Anspruch des Berechtigten eine **Einrede**, die zur **Abweisung einer Leistungsklage** als unbegründet führt (s. bei § 214).

---

1 MünchKommBGB/Dütz, Rn. 6.

Sperrvermerk im Schuldbuch § 2118

Hinterlegung von Wertpapieren

2116 (1) ¹Der Vorerbe hat auf Verlangen des Nacherben die zur Erbschaft gehörenden Inhaberpapiere nebst den Erneuerungsscheinen bei einer Hinterlegungsstelle oder bei der *Reichsbank*, bei der *Deutschen Zentralgenossenschaftskasse* oder bei der Deutschen Girozentrale (Deutschen Kommunalbank) mit der Bestimmung zu hinterlegen, dass die Herausgabe nur mit Zustimmung des Nacherben verlangt werden kann. ²Die Hinterlegung von Inhaberpapieren, die nach § 92 zu den verbrauchbaren Sachen gehören, sowie von Zins-, Renten- oder Gewinnanteilscheinen kann nicht verlangt werden. ³Den Inhaberpapieren stehen Orderpapiere gleich, die mit Blankoindossament versehen sind.

(2) Über die hinterlegten Papiere kann der Vorerbe nur mit Zustimmung des Nacherben verfügen.

§ 2116 gibt dem Nacherben gegen den Vorerben einen **Anspruch** auf **Hinterlegung** bestimmter Papiere (wie § 1217, Rn. 1 ff.).

Umschreibung; Umwandlung

2117 ¹Der Vorerbe kann die Inhaberpapiere, statt sie nach § 2116 zu hinterlegen, auf seinen Namen mit der Bestimmung umschreiben lassen, dass er über sie nur mit Zustimmung des Nacherben verfügen kann. ²Sind die Papiere vom Bund oder von einem Land ausgestellt, so kann er sie mit der gleichen Bestimmung in Buchforderungen gegen den Bund oder das Land umwandeln lassen.

§ 2117 gibt dem Vorerben gegenüber dem Anspruch des Nacherben aus § 2116 eine **Ersetzungsbefugnis** (→ *Wahlmöglichkeiten* Rn. 8 ff.).

Sperrvermerk im Schuldbuch

2118 Gehören zur Erbschaft Buchforderungen gegen den Bund oder ein Land, so ist der Vorerbe auf Verlangen des Nacherben verpflichtet, in das Schuldbuch den Vermerk eintragen zu lassen, dass er über die Forderungen nur mit Zustimmung des Nacherben verfügen kann.

§ 2119 Anlegung von Geld

1 § 2118 gibt dem Nacherben gegen den Vorerben einen **Anspruch** auf **Eintragung eines Vermerks**.

2 Eine **Leistungsklage** muss die Verurteilung des Beklagten begehren, bei der zuständigen Stelle einen bestimmten Vermerk zu beantragen[1].

3 **Sachlich zuständig** sind die Amtsgerichte oder die Landgerichte, je nach Streitwert (§§ 23 Nr. 1, 71 I GVG). Der Streitwert bemisst sich nach dem Interesse des Klägers an der Eintragung (§ 3 ZPO), nicht nach § 6 ZPO, weil der Nacherbe gegenwärtig noch keine sicherungsfähige „Forderung" auf die Buchforderungen, sondern nur eine Aussicht darauf hat.

4 **Zwangsvollstreckung**: Der Antrag, zu dem der Schuldner verurteilt wurde, wird nach § 894 I ZPO fingiert und kann von dem Gläubiger durch Vorlage des Urteils mit Rechtskraftzeugnis nachgewiesen werden (§ 706 ZPO).

Anlegung von Geld

2119 Geld, das nach den Regeln einer ordnungsmäßigen Wirtschaft dauernd anzulegen ist, darf der Vorerbe nur nach den für die Anlegung von Mündelgeld geltenden Vorschriften anlegen.

§ 2119 gibt dem Nacherben gegen den Vorerben einen **Anspruch**[2] auf eine bestimmte **Anlage von Geld** (wie § 551, s. dort).

Einwilligungspflicht des Nacherben

2120 ¹Ist zur ordnungsmäßigen Verwaltung, insbesondere zur Berichtigung von Nachlassverbindlichkeiten, eine Verfügung erforderlich, die der Vorerbe nicht mit Wirkung gegen den Nacherben vornehmen kann, so ist der Nacherbe dem Vorerben gegenüber verpflichtet, seine Einwilligung zu der Verfügung zu erteilen. ²Die Einwilligung ist auf Verlangen in öffentlich beglau-

---

1 Staudinger/Behrends/Avenarius, 13. Bearb., Rn. 1.
2 Soergel/Harder, Rn. 1.

bigter Form zu erklären. ³Die Kosten der Beglaubigung fallen dem Vorerben zur Last.

§ 2120 gibt dem Vorerben gegen den Nacherben einen **Anspruch** auf **Einwilligung** zu einer bestimmten Verfügung, wobei die Einwilligung auf Verlangen gegen Ersatz der Kosten in öffentlich beglaubigter Form zu erklären ist.

1

Eine **Leistungsklage** müsste z. B. die Verurteilung des Beklagten beantragen, „nach Zahlung eines Kostenvorschusses in Höhe von ... Euro oder vertraglicher Übernahme der Notarkosten durch den Kläger in öffentlich beglaubigter Form in die Veräußerung des Grundstücks ... einzuwilligen"[1].

2

Sachlich zuständig sind die Amtsgerichte oder die Landgerichte, je nach Streitwert (§§ 23 Nr. 1, 71 I GVG). Der Streitwert bemisst sich nach dem Interesse des Klägers an der Verfügung, zu der eingewilligt werden soll (§ 3 ZPO)[2].

3

Die **Zwangsvollstreckung** richtet sich nach § 894 I ZPO. Die fingierte Einwilligung wahrt die Form der öffentlichen Beglaubigung. Anders als bei der freiwilligen Einwilligung entstehen keine Beglaubigungskosten. Daher braucht der Vorerbe, der die Zwangsvollstreckung (Urteilsrechtskraft) abwartet, keine Beglaubigungskosten zu ersetzen (§ 403, Rn. 9).

4

Verzeichnis der Erbschaftsgegenstände

2121 (1) ¹Der Vorerbe hat dem Nacherben auf Verlangen ein Verzeichnis der zur Erbschaft gehörenden Gegenstände mitzuteilen. ²Das Verzeichnis ist mit der Angabe des Tages der Aufnahme zu versehen und von dem Vorerben zu unterzeichnen; der Vorerbe hat auf Verlangen die Unterzeichnung öffentlich beglaubigen zu lassen.

(2) Der Nacherbe kann verlangen, dass er bei der Aufnahme des Verzeichnisses zugezogen wird.

(3) Der Vorerbe ist berechtigt und auf Verlangen des Nacherben verpflichtet, das Verzeichnis durch die zuständige Behörde oder durch einen zuständigen Beamten oder Notar aufnehmen zu lassen.

---

1 Zur Grundstücksveräußerung vgl. Soergel/Harder, Rn. 5; Staudinger/Behrends/Avenarius, 13. Bearb., Rn. 5; zur Kostenfrage § 403, Rn. 6 ff.
2 Vgl. Stein/Jonas/Roth, § 3, Rn. 62, „Vorerbe".

§ 2121   Verzeichnis der Erbschaftsgegenstände

(4) **Die Kosten der Aufnahme und der Beglaubigung fallen der Erbschaft zur Last.**

I. Mitteilung eines Erbschaftsverzeichnisses

1 § 2121 I Satz 1 gibt dem Nacherben gegen den Vorerben einen **Anspruch** auf Mitteilung eines Erbschaftsverzeichnisses, nicht auf Vorlage eines Bestandsverzeichnisses i. S. des § 260[1].

2 Der Anspruch ist im **Zivilprozess** und nicht im Verfahren der freiwilligen Gerichtsbarkeit zu verfolgen[2].

3 Eine **Leistungsklage** müsste z. B. die Verurteilung des Beklagten beantragen, dem Kläger ein Verzeichnis der zur Erbschaft des N.N. (Name, Todesdatum, Sterbeort, letzter Wohnsitz) gehörenden Gegenstände mitzuteilen, das mit der Angabe des Tages der Aufnahme versehen und von dem Beklagten (öffentlich beglaubigt) unterzeichnet ist.

4 **Sachlich zuständig** sind die Amtsgerichte oder die Landgerichte, je nach Streitwert (§§ 23 Nr. 1, 71 I GVG). Der Streitwert bemisst sich nach dem Interesse des Klägers an dem Verzeichnis (§ 3 ZPO), d. h. nach den Schwierigkeiten bei der Ermittlung der Nachlassgegenstände[3].

5 Die **Zwangsvollstreckung** richtet sich nach § 888 I ZPO[4].

II. Zuziehung

6 § 2121 II gibt dem Nacherben gegen den Vorerben einen **Anspruch** auf Zuziehung bei der Aufnahme des Verzeichnisses.

7 Eine **Leistungsklage** müsste z. B. die Verurteilung der Beklagten beantragen, bei der Aufnahme des dem Kläger mitzuteilenden Verzeichnisses der Erbschaftsgegenstände den Kläger zuzuziehen. Die Klage kann mit der Klage auf Mitteilung (Rn. 3) verbunden werden (§ 260 ZPO).

8 Zur **sachlichen Zuständigkeit** s. Rn. 4.

9 Die **Zwangsvollstreckung** richtet sich nach § 888 I ZPO.

---

1 MünchKommBGB/Grunsky, Rn. 7.
2 Staudinger/Behrends/Avenarius, 13. Bearb., Rn. 3.
3 Stein/Jonas/Roth, § 3, Rn. 54, „Nachlassverzeichnis".
4 Stein/Jonas/Brehm, § 888, Rn. 5; Zöller/Stöber, § 888, Rn. 3.

Erhaltungskosten § 2124

III. Amtliche Aufnahme

§ 2121 III gibt dem Nacherben gegen den Vorerben einen **Anspruch** 10
auf amtliche Aufnahme des Verzeichnisses.

Eine **Leistungsklage** müsste z. B. die Verurteilung der Beklagten 11
beantragen, ein Verzeichnis der zur Erbschaft des N.N. (Rn. 3) gehörenden Gegenstände vom (Amtsträger) aufnehmen zu lassen.

Zur **sachlichen Zuständigkeit** s. Rn. 4. 12

Die **Zwangsvollstreckung** richtet sich nach § 888 I ZPO. 13

Wirtschaftsplan

2123 (1) ¹Gehört ein Wald zur Erbschaft, so kann sowohl der Vorerbe als der Nacherbe verlangen, dass das Maß der Nutzung und die Art der wirtschaftlichen Behandlung durch einen Wirtschaftsplan festgestellt werden. ²Tritt eine erhebliche Änderung der Umstände ein, so kann jeder Teil eine entsprechende Änderung des Wirtschaftsplans verlangen. ³Die Kosten fallen der Erbschaft zur Last.

(2) Das Gleiche gilt, wenn ein Bergwerk oder eine andere auf Gewinnung von Bodenbestandteilen gerichtete Anlage zur Erbschaft gehört.

§ 2123 entspricht § 1038 (s. dort).

Erhaltungskosten

2124 (1) Der Vorerbe trägt dem Nacherben gegenüber die gewöhnlichen Erhaltungskosten.

(2) ¹Andere Aufwendungen, die der Vorerbe zum Zwecke der Erhaltung von Erbschaftsgegenständen den Umständen nach für erforderlich halten darf, kann er aus der Erbschaft bestreiten. ²Bestreitet er sie aus seinem Vermögen, so ist der Nacherbe im Falle des Eintritts der Nacherbfolge zum Ersatz verpflichtet.

§ 2124 II Satz 2 gibt dem Vorerben gegen den Nacherben einen **Anspruch** auf **Aufwendungsersatz** i. S. des § 257¹ (s. dort).

---

1 MünchKommBGB/Krüger, 4. Aufl., § 256, Rn. 5; Staudinger/Behrends/Avenarius, 13. Bearb., Rn. 19.

Auskunftsrecht des Nacherben

2127 Der Nacherbe ist berechtigt, von dem Vorerben Auskunft über den Bestand der Erbschaft zu verlangen, wenn Grund zu der Annahme besteht, dass der Vorerbe durch seine Verwaltung die Rechte des Nacherben erheblich verletzt.

§ 2127 gibt dem Nacherben gegen den Vorerben einen **Anspruch** auf **Auskunft** über den Bestand der Erbschaft i. S. des § 260[1] (s. dort).

Sicherheitsleistung

2128 (1) Wird durch das Verhalten des Vorerben oder durch seine ungünstige Vermögenslage die Besorgnis einer erheblichen Verletzung der Rechte des Nacherben begründet, so kann der Nacherbe Sicherheitsleistung verlangen.

(2) Die für die Verpflichtung des Nießbrauchers zur Sicherungsleistung geltende Vorschrift des § 1052 finden entsprechende Anwendung.

Absatz 1 gibt dem Nacherben gegen den Vorerben einen **Anspruch** auf **Sicherheitsleistung** i. S. des § 232[2] (s. dort).

Herausgabepflicht nach dem Eintritt der Nacherbfolge, Rechenschaftspflicht

2130 (1) ¹Der Vorerbe ist nach dem Eintritt der Nacherbfolge verpflichtet, dem Nacherben die Erbschaft in dem Zustand herauszugeben, der sich bei einer bis zur Herausgabe fortgesetzten ordnungsmäßigen Verwaltung ergibt. ²Auf die Herausgabe eines landwirtschaftlichen Grundstücks findet die Vorschrift des § 596a, auf die Herausgabe eines Landguts finden die Vorschriften der §§ 596a, 596b entsprechende Anwendung.

(2) Der Vorerbe hat auf Verlangen Rechenschaft abzulegen.

1 § 2130 I Satz 1 gibt dem Nacherben gegen den Vorerben einen **Anspruch** auf **Herausgabe**. Im Einzelnen sind zu unterscheiden, je

---

1 Soergel/Harder, Rn. 4.
2 Soergel/Harder, Rn. 4.

nachdem, welcher Gegenstand herauszugeben ist: Ansprüche auf Herausgabe einer **Sache**, bei denen weiter unterschieden werden muss, ob der Besitz eingeräumt werden soll (→ *Besitzeinräumung* Rn. 1) oder das Eigentum (→ *Übereignung* Rn. 1); Ansprüche auf Herausgabe eines **Rechts** (außer Besitz und Eigentum), sei es auf Übertragung, also auf → *Rechtsverschaffung* (Rn. 1) oder auf Aufgabe des Rechts, d. h. → *Rechtsentäußerung* (Rn. 1); Ansprüche auf Herausgabe eines in Geld zu bemessenden **Vermögensvorteils**, d. h. auf → *Zahlung* (Rn. 1).

§ 2130 II gibt dem Nacherben gegen den Vorerben einen **Anspruch** auf **Rechenschaft** i. S. des § 259¹ (s. dort). 2

Eigennützige Verwendung

2134 ¹Hat der Vorerbe einen Erbschaftsgegenstand für sich verwendet, so ist er nach dem Eintritt der Nacherbfolge dem Nacherben gegenüber zum Ersatz des Wertes verpflichtet. ²Eine weitergehende Haftung wegen Verschuldens bleibt unberührt.

Satz 1 gibt dem Nacherben gegen den Vorerben einen **Anspruch** auf **Wertersatz**, d. h. einen Zahlungsanspruch (→ *Zahlung* Rn. 1).

Wirkung des Eintritts der Nacherbfolge

2139 Mit dem Eintritt des Falles der Nacherbfolge hört der Vorerbe auf, Erbe zu sein, und fällt die Erbschaft dem Nacherben an.

I. Ansprüche des Nachlasses

Die zum Nachlass gehörenden Ansprüche stehen bis zum Eintritt 1 der Nacherbfolge dem Vorerben, danach dem Nacherben zu. Mit dem Eintritt der Nacherbfolge verliert der Vorerbe also die **Sachlegitimation** an den Nacherben.

Tritt die **Nacherbfolge während eines Prozesses** des Vorerben ein, so 2 wird der Prozess unterbrochen oder ausgesetzt, bis er von dem

---

1 Soergel/Harder, Rn. 7. Zum Klageantrag s. Trauzettel, S. 93.

§ 2139   Wirkung des Eintritts der Nacherbfolge

Nacherben aufgenommen wird (§§ 242, 246, 86 ZPO). Der Nachlassanspruch ist i. S. des § 242 ZPO wie des § 326 ZPO ein der Nacherbfolge unterliegender Gegenstand, über den der Vorerbe ohne Zustimmung des Nacherben verfügen kann.

3   Tritt die **Nacherbfolge nach einem Prozess** des Vorerben ein, so ist zu unterscheiden:

4   – Siegt der Vorerbe vor dem Eintritt der Nacherbfolge, so wirkt das **Urteil in der Hauptsache** materielle Rechtskraft und Vollstreckbarkeit auch für den Nacherben (§§ 326 I, 728 I ZPO)[1]. Unterliegt der Vorerbe vor dem Eintritt der Nacherbfolge, so wirkt das Urteil in der Hauptsache materielle Rechtskraft auch gegen den Nacherben (§ 326 II ZPO).

5   – Die **Kostenentscheidung** wirkt weder für noch gegen den Nacherben[2].

II. Ansprüche gegen den Nachlass

6   Ansprüche, für die der Nachlass haftet, richten sich vor dem Eintritt der Nacherbfolge nur gegen den Vorerben (beachte § 773 ZPO); danach können sie nur gegen den Vorerben, nur gegen den Nacherben oder gegen beide bestehen[3].

7   Tritt die **Nacherbfolge während eines Prozesses** des Vorerben ein, so wird der Prozess gegen den Vorerben oder dessen Erben (§§ 239, 246 ZPO) fortgesetzt, um zu klären, ob der Anspruch gegen sie fortbesteht[4]. Gegen den Nacherben muss neu geklagt werden, was durch gewillkürte Parteierweiterung im gleichen Prozess geschehen kann[5].

8   Tritt die **Nacherbfolge nach einem Prozess** des Vorerben ein, so ist zu unterscheiden:

9   – Siegt der Vorerbe vor dem Eintritt der Nacherbfolge, so wirkt das anspruchsverneinende **Urteil in der Hauptsache** materielle Rechtskraft auch für den Nacherben (§ 326 I ZPO). Unterliegt der Vorerbe vor dem Eintritt der Nacherbfolge, so wirkt das an-

---

1 Näher Stucken, S. 19 ff.
2 Stein/Jonas/Leipold, § 326, Rn. 8.
3 Palandt/Edenhofer, § 2145, Rn. 1.
4 Stein/Jonas/Roth, § 242, Rn. 5, 6.
5 Wieser, Arbeitsgerichtsverfahren, Rn. 318.

spruchsbejahende Urteil in der Hauptsache unter Umständen materielle Rechtskraft und Vollstreckbarkeit auch gegen den Nacherben[1]. Vorausgesetzt wird, dass das Urteil über einen Nachlassgegenstand ergeht, über den der Vorerbe ohne Zustimmung des Nacherben verfügen konnte (§§ 326 II, 728 I ZPO)[2], wie bei der Verurteilung zur Leistung eines solchen Gegenstandes[3]. Der Nacherbe muss hier die Verurteilung genauso wie eine freiwillige Leistung des Vorerben gegen sich gelten lassen. Zwar unterscheidet § 326 ZPO in Absatz 1 zwischen dem Anspruch gegen den Vorerben und dem der Nacherbfolge unterliegenden Gegenstand und erwähnt in Absatz 2 nur noch besagten Gegenstand. Das schließt jedoch nicht aus, dass auch ein Anspruch gegen den Vorerben von Absatz 2 erfasst wird, wenn er zugleich auf einen der Nacherbfolge unterliegenden Gegenstand gerichtet ist.

– Die **Kostenentscheidung** wirkt weder für noch gegen den Nacherben[4]. 10

Belastung mit einer Hypothek

2166 (1) ¹**Ist ein vermachtes Grundstück, das zur Erbschaft gehört, mit einer Hypothek für eine Schuld des Erblassers oder für eine Schuld belastet, zu deren Berichtigung der Erblasser dem Schuldner gegenüber verpflichtet ist, so ist der Vermächtnisnehmer im Zweifel dem Erben gegenüber zur rechtzeitigen Befriedigung des Gläubigers insoweit verpflichtet, als die Schuld durch den Wert des Grundstücks gedeckt wird.** ²**Der Wert bestimmt sich nach der Zeit, zu welcher das Eigentum auf den Vermächtnisnehmer übergeht; er wird unter Abzug der Belastungen berechnet, die der Hypothek im Range vorgehen.**

(2) Ist dem Erblasser gegenüber ein Dritter zur Berichtigung der Schuld verpflichtet, so besteht die Verpflichtung des Vermächtnisnehmers im Zweifel nur insoweit, als der Erbe die Berichtigung nicht von dem Dritten erlangen kann.

---

1 A. A. MünchKommZPO/Gottwald, § 326, Rn. 5; Stein/Jonas/Leipold, § 326, Rn. 3; Zöller/Vollkommer, § 326, Rn. 2.
2 Weiter gehend Staudinger/Behrends/Avenarius, 13. Bearb., Rn. 12; Stucken, Rechtskraftwirkung, S. 132 ff.
3 Bettermann, Vollstreckung, S. 213 f.
4 Stein/Jonas/Leipold, § 326, Rn. 6, 8.

§ 2168 Belastung mit einer Gesamtgrundschuld

(3) Auf eine Hypothek der in § 1190 bezeichneten Art finden diese Vorschriften keine Anwendung.

§ 2166 I Satz 1 gibt dem Erben gegen den Vermächtnisnehmer einen **Anspruch** auf **Befriedigung** des Hypothekengläubigers, d. h. einen Anspruch auf Zahlung an einen Dritten[1] (→ *Zahlung* Rn. 1).

Belastung mit einer Gesamtgrundschuld

2168 (1) ¹Besteht an mehreren zur Erbschaft gehörenden Grundstücken eine Gesamtgrundschuld oder eine Gesamtrentenschuld und ist eines dieser Grundstücke vermacht, so ist der Vermächtnisnehmer im Zweifel dem Erben gegenüber zur Befriedigung des Gläubigers in Höhe des Teils der Grundschuld oder der Rentenschuld verpflichtet, der dem Verhältnis des Wertes des vermachten Grundstücks zu dem Werte der sämtlichen Grundstücke entspricht. ²Der Wert wird nach § 2166 Abs. 1 Satz 2 berechnet.

(2) Ist neben dem vermachten Grundstück ein nicht zur Erbschaft gehörendes Grundstück mit einer Gesamtgrundschuld oder einer Gesamtrentenschuld belastet, so finden, wenn der Erblasser zur Zeit des Erbfalls gegenüber dem Eigentümer des anderen Grundstücks oder einem Rechtsvorgänger des Eigentümers zur Befriedigung des Gläubigers verpflichtet ist, die Vorschriften des § 2166 Abs. 1 und des § 2167 entsprechende Anwendung.

§ 2168 I Satz 1 gibt dem Erben gegen den Vermächtnisnehmer einen **Anspruch** auf **Befriedigung** des Grundschuldgläubigers, d. h. einen Anspruch auf Zahlung an einen Dritten (→ *Zahlung* Rn. 1).

Verschaffungsvermächtnis

2170 (1) Ist das Vermächtnis eines Gegenstands, der zur Zeit des Erbfalls nicht zur Erbschaft gehört, nach § 2169 Abs. 1 wirksam, so hat der Beschwerte den Gegenstand dem Bedachten zu verschaffen.

(2)¹Ist der Beschwerte zur Verschaffung außerstande, so hat er den Wert zu entrichten. ²Ist die Verschaffung nur mit unverhältnis-

---
1 Vgl. Staudinger/Otte, 13. Bearb., Rn. 3.

mäßigen Aufwendungen möglich, so kann sich der Beschwerte durch Entrichtung des Wertes befreien.

I. Anspruch auf Verschaffung

1. Allgemeines

§ 2170 I gibt dem Bedachten (Vermächtnisnehmer) einen **Anspruch** 1
auf Verschaffung des vermachten Gegenstandes. Der Anspruch richtet sich gegen den Beschwerten (§ 2147), d. h. gegen den oder die Erben (s. bei § 1967 oder § 2058) oder gegen einen anderen Vermächtnisnehmer (s. bei § 2187).

Örtlich zuständig ist auch das Gericht des § 27 ZPO (§ 35 ZPO). 2

Der Anspruch aus § 2170 kann **gepfändet** werden. 3

2. Verschaffung aus Vermögen des Beschwerten

Kann der Beschwerte den Gegenstand aus seinem eigenen Vermö- 4
gen verschaffen, so ist er bei einer Sache zur Übereignung und Übergabe (→ *Übereignung* Rn. 1), bei einem Recht zur Übertragung oder Neubegründung verpflichtet (→ *Rechtsverschaffung* Rn. 1).

3. Verschaffung aus Vermögen eines Dritten

Gehört der Gegenstand einem Dritten, so hat der Beschwerte die 5
Wahl: Er kann entweder den Gegenstand von dem Dritten erwerben und danach auf den Bedachten übertragen oder den Dritten veranlassen, den Gegenstand direkt dem Bedachten zu übertragen. „Der Bedachte kann dem Beschwerten die Wahl zwischen diesen beiden Wegen nicht vorschreiben"[1].

Eine **Leistungsklage** müsste daher z. B. die Verurteilung des Beklag- 6
ten beantragen, eine bestimmte Sache von N.N. zu erwerben und dem Kläger zu übereignen und zu übergeben[2] oder nach seiner Wahl N.N. zu veranlassen, die Sache direkt dem Kläger zu übereignen und zu übergeben.

Sachlich zuständig sind die Amtsgerichte oder die Landgerichte, je 7
nach Streitwert (§§ 23 Nr. 1, 71 I GVG). Der Streitwert bemisst sich

---

[1] Staudinger/Otte, 13. Bearb., Rn. 3.
[2] Die Veräußerung an den Beschwerten genügt nicht; das übersieht MünchKommBGB/Schlichting, Rn. 7.

§ 2174 Vermächtnisanspruch

nach den gleichen Regeln wie bei Ansprüchen auf Übereignung und Rechtsübertragung (→ *Übereignung* Rn. 3, → *Rechtsverschaffung* Rn. 3).

8 Die **Zwangsvollstreckung** richtet sich in der Regel nach § 887 ZPO[1].

II. Anspruch auf Wertersatz

9 § 2170 II Satz 1 gibt dem Bedachten gegen den Beschwerten einen **Anspruch** auf Wertentrichtung, d. h. einen Zahlungsanspruch (→ *Zahlung* Rn. 1).

10 **Örtlich zuständig** ist auch das Gericht des § 27 ZPO (§ 35 ZPO).

III. Ersetzungsbefugnis

11 § 2170 II Satz 2 gibt dem Beschwerten gegenüber dem Verschaffungsanspruch des Bedachten eine Ersetzungsbefugnis[2] (→ *Wahlmöglichkeiten* Rn. 8 ff.).

Vermächtnisanspruch

2174 Durch das Vermächtnis wird für den Bedachten das Recht begründet, von dem Beschwerten die Leistung des vermachten Gegenstands zu fordern.

1 § 2174 gibt dem Bedachten (Vermächtnisnehmer), soweit nicht spezielle Vorschriften wie § 2170 eingreifen, einen **Anspruch** auf **Leistung** des vermachten Gegenstandes, d. h. vor allem auf Übereignung und Übergabe einer Sache (→ *Übereignung* Rn. 1), auf Übertragung oder Neubegründung eines Rechts (→ *Rechtsverschaffung* Rn. 1) oder auf Zahlung (→ *Zahlung* Rn. 1). Der Anspruch richtet sich gegen den Beschwerten (§ 2147), d. h. gegen den oder die Erben (s. bei § 1967 oder § 2058) oder gegen einen anderen Vermächtnisnehmer (s. bei § 2187).

---

1 Staudinger/Otte, 13. Bearb., Rn. 12 ff.
2 Erman/Kuckuk, § 262, Rn. 2; Staudinger/Otte, 13. Bearb., Rn. 10. A. A. Gernhuber, Schuldverhältnis, § 29 I 2.

Örtlich zuständig ist auch das Gericht des § 27 ZPO (§ 35 ZPO), nicht des § 29 ZPO¹.

Der Anspruch aus § 2174 kann in der Regel **gepfändet** werden².

Haftung des Hauptvermächtnisnehmers

2187 (1) Ein Vermächtnisnehmer, der mit einem Vermächtnis oder einer Auflage beschwert ist, kann die Erfüllung auch nach der Annahme des ihm zugewendeten Vermächtnisses insoweit verweigern, als dasjenige, was er aus dem Vermächtnis erhält, zur Erfüllung nicht ausreicht.

(2) Tritt nach § 2161 ein anderer an die Stelle des beschwerten Vermächtnisnehmers, so haftet er nicht weiter, als der Vermächtnisnehmer haften würde.

(3) Die für die Haftung des Erben geltende Vorschrift des § 1992 findet entsprechende Anwendung.

Nach § 2187 I kann ein beschwerter Vermächtnisnehmer die Erfüllung eines Vermächtnisses oder einer Auflage verweigern. Ihm steht also gegen den Anspruch des Berechtigten (§§ 2174, 2194) eine **Einrede** zu. Die Ausübung der Einrede (Leistungsverweigerung) hat jedoch nicht zur Folge, dass die Klage als unbegründet abgewiesen wird. Die Bedeutung der Einrede ergibt sich vielmehr aus § 2187 III i. V. m. § 1992 Satz 1 und § 1990 I Satz 2³.

Nach diesen Vorschriften hat der beschwerte Vermächtnisnehmer das Erhaltene „zum Zwecke der Befriedigung des Gläubigers im Wege der Zwangsvollstreckung herauszugeben". Die **Herausgabepflicht** ist bei einem Inbegriff von Vermögensgegenständen in § 260 näher geregelt (s. dort). Im Übrigen darf sie nicht wörtlich genommen werden. Sie bedeutet, dass der beschwerte Vermächtnisnehmer die Zwangsvollstreckung in das Erhaltene zu dulden hat, mit anderen Worten: dass er nur mit dem Erhaltenen haftet⁴. Der beschwerte Vermächtnisnehmer schuldet aber nicht die Herausgabe. Auf einem anderen Blatt steht, dass er berechtigt ist, durch freiwil-

---

1 MünchKommBGB/Schlichting, Rn. 22.
2 Staudinger/Otte, 13. Bearb., Rn. 19.
3 Staudinger/Otte, 13. Bearb., Rn. 6.
4 Staudinger/Otte, 13. Bearb., Rn. 2, 3.

lige Herausgabe des Erhaltenen, z. B. Abtretung seines Vermächtnisanspruchs, die Haftung mit dem Erhaltenen zu beenden[1].

3 So verstanden ordnet § 2187 eine Beschränkung der materiellrechtlichen Haftung für Verbindlichkeiten des beschwerten Vermächtnisnehmers an (→ *Haftung* Rn. 1), während diese Verbindlichkeiten selbst unverändert fortbestehen. Die **Haftungsbeschränkung** tritt nicht schon aufgrund der Dürftigkeit des Erhaltenen ein, sondern erst aufgrund einer Leistungsverweigerung des beschwerten Vermächtnisnehmers. Die **Leistungsverweigerung** kann auch außergerichtlich erklärt werden (wie § 214, Rn. 5).

4 In der **Zwangsvollstreckung** wird die aufgrund der Leistungsverweigerung eingetretene Haftungsbeschränkung wie beim Erben nur unter einer doppelten Voraussetzung berücksichtigt (§ 786 ZPO): Der Schuldner muss sich die Haftungsbeschränkung in dem **Titel vorbehalten** lassen (§§ 780 I, 795 Satz 1 ZPO)[2]. Wird gleichwohl in andere als die aus dem Vermächtnis erhaltenen Gegenstände vollstreckt, muss der Schuldner mit der **Vollstreckungsabwehrklage** beantragen, dass die Vollstreckung in diese anderen Gegenstände für unzulässig erklärt wird (§§ 781, 785 ZPO). Alsdann wird die Zwangsvollstreckung auf die aus dem Vermächtnis erhaltenen Gegenstände beschränkt und die bereits getroffenen Vollstreckungsmaßregeln werden aufgehoben (§§ 775 Nr. 1, 776 Satz 1 ZPO).

Kürzung der Beschwerungen

2188 Wird die einem Vermächtnisnehmer gebührende Leistung auf Grund der Beschränkung der Haftung des Erben, wegen eines Pflichtteilsanspruchs oder in Gemäßheit des § 2187 gekürzt, so kann der Vermächtnisnehmer, sofern nicht ein anderer Wille des Erblassers anzunehmen ist, die ihm auferlegten Beschwerungen verhältnismäßig kürzen.

§ 2188 gibt einem Vermächtnisnehmer, der mit einem Vermächtnis oder einer Auflage beschwert ist[3], gegen den Anspruch des Berechtigten (§§ 2174, 2194) eine **Einrede**, deren Ausübung zur Folge hat,

---

1 Soergel/Wolf, Rn. 2.
2 Näher § 1967, Rn. 9 ff.
3 Staudinger/Otte, 13. Bearb., Rn. 3.

Anspruch auf Vollziehung § 2194

dass eine **Leistungsklage** des Berechtigten ganz oder teilweise als **unbegründet** abgewiesen wird (s. bei § 214)[1].

Anspruch auf Vollziehung

2194 [1]Die Vollziehung einer Auflage können der Erbe, der Miterbe und derjenige verlangen, welchem der Wegfall des mit der Auflage zunächst Beschwerten unmittelbar zustatten kommen würde. [2]Liegt die Vollziehung im öffentlichen Interesse, so kann auch die zuständige Behörde die Vollziehung verlangen.

I. Auflage und Anspruch

Eine erbrechtliche „**Auflage**" ist die Bestimmung eines Testaments oder Erbvertrags, die einen Erben oder Vermächtnisnehmer zu einer Leistung verpflichtet, „ohne einem anderen ein Recht auf die Leistung zuzuwenden" (§§ 1940, 2278 II). Mit dem „Recht auf die Leistung" ist wie in § 335 der vollständige Anspruch gemeint, der sich aus Anrecht und Zwangszuständigkeit zusammensetzt (§ 194, Rn. 9, 10). Bei der Auflage existiert also **kein vollständiger Anspruch**. Falls Anrecht und Zwangszuständigkeit bestehen, liegen sie in verschiedenen Händen, wie beim „unechten" Vertrag zugunsten eines Dritten[2]. Soll die pflichtgemäße Leistung einem bestimmten Rechtssubjekt zugute kommen, so hat das begünstigte Rechtssubjekt ein **Anrecht**, aber keine Zwangszuständigkeit. Eine **Zwangszuständigkeit** – also das Recht, von dem beschwerten Erben oder Vermächtnisnehmer die Vollziehung der Auflage zu verlangen – kann nach § 2194 nur einem anderen als dem Begünstigten zustehen[3]. 1

II. Klage und Vollstreckung

Als Inhaber der Zwangszuständigkeit und damit der Sachlegitimation kann der Vollziehungsberechtigte begründeterweise gegen den Beschwerten **klagen**, allerdings nur auf die pflichtgemäße Leistung, 2

---

1 Staudinger/Otte, 13. Bearb., Rn. 4. Roth, Einrede, S. 119, nimmt ein Gestaltungsrecht an.
2 Rimmelspacher, Anspruch, S. 144. Vgl. hier § 328, Rn. 4.
3 RGRK/Johannsen, Rn. 4. **A. A.** Erman/M. Schmidt, Rn. 1; Staudinger/Otte, 13. Bearb., Rn. 9. Ihre Ansicht ist abzulehnen. Denn bei der Auflage ist es der Wille des Erblassers, dass der Begünstigte nicht vollziehungsberechtigt sein soll.

die einem anderen oder der Allgemeinheit zugute kommt. S. dazu vergleichend die zu einer solchen Leistung verpflichtenden Schuldverhältnisse, z. B. bei einer Dienstleistung § 611. Zur **beschränkten Haftung** eines Erben oder Miterben s. § 1967, Rn. 7 ff., zur beschränkten Haftung eines Vermächtnisnehmers s. bei § 2187. Da der Begünstigte ein eigenes rechtliches Interesse an der Verurteilung des Beschwerten hat, kann er mit Zustimmung des Vollziehungsberechtigten in **gewillkürter Prozessstandschaft** klagen[1].

3 **Örtlich zuständig** ist auch das Gericht des § 27 ZPO (§ 35 ZPO).

4 Die **Zwangsvollstreckung** betreibt der Vollziehungsberechtigte als Titelgläubiger. Pfändbar ist die Vollziehungsberechtigung nicht[2].

III. Mehrere Vollziehungsberechtigte

5 Mehrere Vollziehungsberechtigte haben jeweils eine eigene Zwangszuständigkeit und sind deshalb selbständig prozessführungsbefugt. Klagen sie freiwillig gemeinsam, so sind sie einfache Streitgenossen nach § 59 Fall 2 ZPO. Notwendige Streitgenossen nach § 62 Fall 1 ZPO sind sie deshalb nicht, weil ihre Zwangszuständigkeit unterschiedlich beurteilt werden kann.

6 Die Niederlage eines Vollziehungsberechtigten gegen den Beschwerten wirkt grundsätzlich keine **materielle Rechtskraft** gegen die anderen Berechtigten[3], wohl aber wirkt der Sieg des einen für die anderen. Es liegt hier wie im Fall des § 328 (s. dort, Rn. 13 ff.).

Eingehung von Verbindlichkeiten

2206 (1) ¹Der Testamentsvollstrecker ist berechtigt, Verbindlichkeiten für den Nachlass einzugehen, soweit die Eingehung zur ordnungsmäßigen Verwaltung erforderlich ist. ²Die Verbindlichkeit zu einer Verfügung über einen Nachlassgegenstand kann der Testamentsvollstrecker für den Nachlass auch dann eingehen, wenn er zu der Verfügung berechtigt ist.

(2) Der Erbe ist verpflichtet, zur Eingehung solcher Verbindlichkeiten seine Einwilligung zu erteilen, unbeschadet des Rechts, die

---
1 MünchKommBGB/Schlichting, Rn. 10.
2 Rimmelspacher, Anspruch, S. 146; Staudinger/Otte, 13. Bearb., Rn. 12.
3 Soergel/Dieckmann, Rn. 8.

Beschränkung der Rechte des Testamentsvollstreckers § 2208

Beschränkung seiner Haftung für die Nachlassverbindlichkeiten geltend zu machen.

Absatz 2 gibt dem Testamentsvollstrecker gegen den Erben einen klagbaren **Anspruch** auf **Einwilligung** zur Eingehung von Verbindlichkeiten i. S. des Absatzes 1[1]. 1

Eine **Leistungsklage** müsste z. B. die Verurteilung des Beklagten beantragen, in den Verkauf eines bestimmten Grundstücks einzuwilligen. 2

Sachlich zuständig sind die Amtsgerichte oder die Landgerichte, je nach Streitwert (§§ 23 Nr. 1, 71 I GVG). Der Streitwert bemisst sich nach dem Interesse des Klägers, einem Schadensersatzanspruch des Beklagten aus § 2219 vorzubeugen (§ 3 ZPO)[2]. 3

Örtlich zuständig ist auch das Gericht des § 28 ZPO (§ 35 ZPO)[3]. 4

Die **Zwangsvollstreckung** richtet sich nach § 894 I ZPO. 5

Beschränkung der Rechte des Testamentsvollstreckers, Ausführung durch den Erben

2208 (1) ¹Der Testamentsvollstrecker hat die in den §§ 2203 bis 2206 bestimmten Rechte nicht, soweit anzunehmen ist, dass sie ihm nach dem Willen des Erblassers nicht zustehen sollen. ²Unterliegen der Verwaltung des Testamentsvollstreckers nur einzelne Nachlassgegenstände, so stehen ihm die im § 2205 Satz 2 bestimmten Befugnisse nur in Ansehung dieser Gegenstände zu.

(2) Hat der Testamentsvollstrecker Verfügungen des Erblassers nicht selbst zur Ausführung zu bringen, so kann er die Ausführung von dem Erben verlangen, sofern nicht ein anderer Wille des Erblassers anzunehmen ist.

Absatz 2 gibt dem Testamentsvollstrecker gegen den Erben einen **Anspruch** auf **Ausführung letztwilliger Verfügungen.** Konstruktiv 1

1 MünchKommBGB/Brandner, Rn. 11; Staudinger/Reimann, 13. Bearb., Rn. 13, jeweils auch zu Klagen des Erben.
2 Vgl. MünchKommBGB/Brandner, Rn. 12; Staudinger/Reimann, 13. Bearb., Rn. 14.
3 Stein/Jonas/Schumann, § 28, Rn. 2; Zöller/Vollkommer, § 28, Rn. 2.

handelt es sich wie nach § 2194 um einen unvollständigen Anspruch[1]: Der Testamentsvollstrecker hat kein Anrecht auf den Vorteil, der sich aus der Ausführung einer letztwilligen Verfügung ergibt, sondern nur eine Zwangszuständigkeit (§ 194, Rn. 9 ff.).

2 Als Inhaber der Zwangszuständigkeit und damit der Sachlegitimation kann der Testamentsvollstrecker begründeterweise gegen den Erben **klagen**, allerdings nur auf die pflichtgemäße Leistung, die einem anderen zugute kommt[2]. S. dazu vergleichend die zu einer solchen Leistung verpflichtenden Schuldverhältnisse, z. B. bei einer Dienstleistung § 611.

3 **Örtlich zuständig** ist auch das Gericht des § 27 ZPO (§ 35 ZPO)[3].

4 Die **Zwangsvollstreckung** betreibt der Testamentsvollstrecker als Titelgläubiger.

Gerichtliche Geltendmachung von der Testamentsvollstreckung unterliegenden Rechten

2212 Ein der Verwaltung des Testamentsvollstreckers unterliegendes Recht kann nur von dem Testamentsvollstrecker gerichtlich geltend gemacht werden.

I. Allgemeines

1 Im Falle einer Testamentsvollstreckung steht die Befugnis, den Nachlass zu verwalten und über ihn zu verfügen, in der Regel dem Testamentsvollstrecker zu (§§ 2205, 2208 I, 2209), nicht dem Erben (§ 2211). Dementsprechend steht auch die Befugnis, ein zum Nachlass gehörendes, der Verwaltung des Testamentsvollstreckers unterliegendes Recht gerichtlich geltend zu machen (**Prozessführungsbefugnis**), grundsätzlich dem Testamentsvollstrecker und nicht dem Erben zu (§ 2212)[4]. Daher kann der Testamentsvollstrecker wegen eines Anspruchs, der zu dem von ihm verwalteten Nachlass gehört, im eigenen Namen klagen oder einen Mahnbescheid beantragen, die

---

1 Staudinger/Reimann, 13. Bearb., Rn. 19.
2 Vgl. Staudinger/Reimann, 13. Bearb., Rn. 19.
3 Stein/Jonas/Schumann, § 27, Rn. 9.
4 Näher Staudinger/Reimann, 13. Bearb., Rn. 5 ff.

Zwangsvollstreckung betreiben und einstweiligen Rechtsschutz begehren[1]. Dabei verlangt er Leistung an sich als Testamentsvollstrecker[2].

II. Erkenntnisverfahren

1. Prozessführungsbefugnis und Sachlegitimation

Für eine **Leistungsklage** ist der Testamentsvollstrecker aktiv prozessführungsbefugt, wenn der von ihm geltend gemachte Anspruch – falls er dem Erben zusteht – zum Nachlass gehört und der Verwaltung des Testamentsvollstreckers unterliegt[3]. Dass der geltend gemachte Anspruch dem Erben zusteht (Sachlegitimation), ist bei der Prüfung der Prozessführungsbefugnis zu unterstellen, weil davon die Begründetheit der Klage abhängt.

Für eine **Gestaltungsklage** ist der Testamentsvollstrecker nach denselben Regeln aktiv prozessführungsbefugt wie für eine Leistungsklage (Rn. 2); an die Stelle des Anspruchs tritt dabei das Gestaltungsklagerecht.

Bei **Feststellungsklagen** ist zu unterscheiden: Auf die Feststellung der Person des **Erblassers** oder der Gültigkeit eines **Testaments** oder Erbvertrags kann der Testamentsvollstrecker klagen, wenn er ein eigenes rechtliches Interesse an dieser Feststellung hat (§ 256 I ZPO)[4]; seine Prozessführungsbefugnis ist dann ohne weiteres gegeben. Soll festgestellt werden, dass ein bestimmter **Gegenstand** zu dem vom Testamentsvollstrecker verwalteten **Nachlass** gehört oder nicht gehört, so ist der Testamentsvollstrecker allein aktiv und passiv prozessführungsbefugt[5]. Dies gilt auch, wenn festgestellt werden soll, dass ein **Anspruch des Nachlasses** besteht oder nicht besteht[6]. Soll festgestellt werden, dass ein **Anspruch gegen den Nachlass** nicht besteht oder besteht, so ist der Testamentsvollstrecker neben dem Erben aktiv und passiv prozessführungsbefugt (§ 2213 I Satz 1)[7].

---

1 Staudinger/Reimann, 13. Bearb., Rn. 13.
2 MünchKommBGB/Brandner, Rn. 12; Staudinger/Reimann, 13. Bearb., Rn. 12.
3 Heintzmann, Prozessführungsbefugnis, S. 49 f.
4 MünchKommBGB/Brandner, Rn. 10.
5 Staudinger/Reimann, 13. Bearb., Rn. 14 f.
6 MünchKommBGB/Brandner, Rn. 6. Zur negativen Feststellungsklage des Schuldners vgl. § 1422, Rn. 8.
7 Vgl. Staudinger/Reimann, 13. Bearb., Rn. 14.

2. Prozess des Testamentsvollstreckers

5 Als Prozessführungsbefugter ist der Testamentsvollstrecker selbst Partei („**Partei kraft Amtes**"), wie der Nachlassverwalter, der Zwangsverwalter und der Insolvenzverwalter, jedenfalls nach der herrschenden Amtstheorie[1]. Er klagt auf Leistung an sich als Testamentsvollstrecker des mit Namen und Todesdatum, Sterbeort und letztem Wohnsitz bezeichneten Erblassers. Er selbst wird als Testamentsvollstrecker des Erblassers verklagt.

6 Ein Urteil gegenüber dem Testamentsvollstrecker wirkt **materielle Rechtskraft** auch für und gegen den Erben (§ 327 I ZPO)[2].

3. Prozess des Erben

7 Soweit der Testamentsvollstrecker allein prozessführungsbefugt ist (Rn. 2 ff.), ist eine **Klage des Erben** unzulässig[3]. Zulässig ist die Klage des Erben aber, wenn der Testamentsvollstrecker ihr zustimmt[4] und der Erbe ein eigenes rechtliches Interesse hat, wie bei einer gewillkürten Prozessstandschaft[5]. Das eigene Interesse des Erben ergibt sich in der Regel schon daraus, dass er Inhaber des geltend gemachten Anspruchs ist[6]. Unwirksam wäre die Zustimmung des Testamentsvollstreckers aber, wenn sie „zu dem Zweck erteilt worden wäre, das Kostenrisiko zu Lasten des Prozessgegners zu vermindern oder auszuschließen"[7].

4. Prozess des Erblassers

8 Ein von dem Erblasser begonnener und wegen seines Todes unterbrochener oder ausgesetzter Prozess (§§ 239, 246 ZPO) über ein der Verwaltung des Testamentsvollstreckers unterliegendes Recht

---

1 MünchKommBGB/Brandner, Rn. 12 ff.; Rosenberg/Schwab/Gottwald, § 40 II; Staudinger/Reimann, 13. Bearb., Rn. 2 ff.; Stein/Jonas/Bork, vor § 50, Rn. 25 ff., 32b; Zöller/Vollkommer, vor § 50, Rn. 21.
2 Zur Vollstreckbarkeit s. Rn. 9. Zur Stellung des Erben im Prozess des Testamentsvollstreckers s. MünchKommBGB/Brandner, Rn. 12, sowie hier § 1422, Rn. 5.
3 MünchKommBGB/Brandner, Rn. 3; Musielak, § 327, Rn. 3; Staudinger/Reimann, 13. Bearb., Rn. 5.
4 Windel, Interventionsgrund, S. 81 f.
5 MünchKommBGB/Brandner, Rn. 18; Staudinger/Reimann, 13. Bearb., Rn. 8; Stein/Jonas/Leipold, § 327, Rn. 6; Zöller/Vollkommer, § 327, Rn. 3.
6 Vgl. BGHZ 38, 288.
7 Vgl. BGHZ 38, 287.

kann nur von dem Testamentsvollstrecker aufgenommen werden (§§ 243, 246 ZPO)[1].

III. Vollstreckungsverfahren

Einen Anspruch, welcher der Verwaltung des Testamentsvollstreckers unterliegt, kann **nur der Testamentsvollstrecker** zwangsweise durchsetzen. Eine gewillkürte Vollstreckungsstandschaft lehnt der BGH ab[2]. Nur der Testamentsvollstrecker ist zur Vollstreckung eines Titels befugt, der über einen seiner Verwaltung unterliegenden Nachlassanspruch erwirkt wurde, sei es von ihm selbst oder noch von dem Erblasser. Zwar sagt § 728 II Satz 1 ZPO, dass von einem Urteil gegenüber dem Testamentsvollstrecker eine vollstreckbare **Ausfertigung auch für den Erben** erteilt werden kann, doch gilt dies nur, wenn die Verwaltung des Testamentsvollstreckers nicht mehr besteht[3] (arg. § 728 II Satz 2 ZPO e contrario). Solange die Verwaltung des Testamentsvollstreckers noch besteht, wird auch von einem für den Erblasser ergangenen Urteil oder anderen Titel über einen der Verwaltung des Testamentsvollstreckers unterliegenden Anspruch eine vollstreckbare **Ausfertigung nur für den Testamentsvollstrecker** erteilt (§§ 749 Satz 1, 795 Satz 1). Diese Ausfertigung ist zur Legitimation des Testamentsvollstreckers auch dann erforderlich, wenn die Zwangsvollstreckung beim Tod des Gläubigers bereits begonnen hatte[4].

9

Gerichtliche Geltendmachung von Ansprüchen gegen den Nachlass

2213 (1) ¹Ein Anspruch, der sich gegen den Nachlass richtet, kann sowohl gegen den Erben als gegen den Testamentsvollstrecker gerichtlich geltend gemacht werden. ²Steht dem Testamentsvollstrecker nicht die Verwaltung des Nachlasses zu, so ist die Geltendmachung nur gegen den Erben zulässig. ³Ein Pflichtteilsanspruch kann, auch wenn dem Testamentsvollstrecker die Verwaltung des Nachlasses zusteht, nur gegen den Erben geltend gemacht werden.

(2) Die Vorschrift des § 1958 findet auf den Testamentsvollstrecker keine Anwendung.

---

1 BGHZ 104, 3; Staudinger/Reimann, 13. Bearb., Rn. 18.
2 BGHZ 92, 349. Kritisch I. Scherer, Rpfleger 1995, 89.
3 Stein/Jonas/Münzberg, § 728, Rn. 6; Zöller/Stöber, § 728, Rn. 3.
4 Staudinger/Reimann, 13. Bearb., Rn. 23 a. E.; str.

§ 2213 Gerichtliche Geltendmachung von Ansprüchen gegen den Nachlass

(3) Ein Nachlassgläubiger, der seinen Anspruch gegen den Erben geltend macht, kann den Anspruch auch gegen den Testamentsvollstrecker dahin geltend machen, dass dieser die Zwangsvollstreckung in die seiner Verwaltung unterliegenden Nachlassgegenstände dulde.

Inhaltsübersicht

A. Erkenntnisverfahren 1
  I. Allgemeines 1
    1. Klage gegen den Erben . . 3
    2. Klage gegen den Testamentsvollstrecker 4
      a) Zeitpunkt der Klage . . 4
      b) Verurteilung zur Leistung oder Duldung der Zwangsvollstreckung . . 5
      c) Prozessführungsbefugnis und Sachlegitimation 6
      d) Parteistatus 8
      e) Materielle Rechtskraft . 9
    3. Streitverkündung und Nebenintervention 10
  II. Fälle 13

    1. Leistungsklage gegen den Erben allein 13
    2. Leistungsklage gegen den Testamentsvollstrecker allein 14
    3. Leistungsklage gegen Erben und Testamentsvollstrecker 15
    4. Duldungsklage gegen den Testamentsvollstrecker . . 16
    5. Prozess des Erblassers . . 17
B. Vollstreckungsverfahren . . 18
  I. Zwangsvollstreckung in den Nachlass 18
  II. Zwangsvollstreckung in das Eigenvermögen des Erben . . 22

A. Erkenntnisverfahren

I. Allgemeines

1 Ein Anspruch, der sich (nach der Behauptung des Klägers) gegen den Nachlass richtet, d. h. für den der Nachlass haftet, „kann sowohl gegen den Erben als gegen den Testamentsvollstrecker gerichtlich geltend gemacht werden" (§ 2213 I Satz 1).

2 § 2213 I Satz 1 setzt selbstverständlich voraus, dass der Anspruch sowohl von dem Erben als auch von dem Testamentsvollstrecker erfüllt werden kann. Das ist namentlich bei einem Zahlungsanspruch der Fall. Ein Anspruch auf Übereignung und Übergabe eines Grundstücks, das der Verwaltung des Testamentsvollstreckers unterliegt, kann dagegen nur von dem Testamtensvollstrecker erfüllt werden. Folglich kann der Anspruch nur gegen den Testamentsvollstrecker gerichtlich geltend gemacht werden. § 748 II ZPO ist hier nicht anwendbar[1].

---

1 Andere Lösungen bei Garlichs/Mankel, MDR 1998, 511.

Gerichtliche Geltendmachung von Ansprüchen gegen den Nachlass § 2213

1. Klage gegen den Erben

Die Klage gegen den Erben folgt denselben Regeln wie in den Fällen ohne Testamentsvollstreckung (s. bei § 1967 oder § 2058). Unterliegt der Erbe, so ist damit noch nicht gegen den Testamentsvollstrecker als Verteidiger des Nachlasses **materiell-rechtskräftig** entschieden[1]. Siegt der Erbe jedoch, so kann sich der Testamentsvollstrecker auf das klageabweisende Urteil berufen[2], weil der Gläubiger kein berechtigtes Interesse daran hat, den zweiten Prozess gegen den Testamentsvollstrecker anders zu führen als den ersten Prozess gegen den Erben.

3

2. Klage gegen den Testamentsvollstrecker

a) Zeitpunkt der Klage

Die Klage gegen den Testamentsvollstrecker ist schon vor Annahme der Erbschaft, aber erst nach Annahme des Testamentsvollstrecker-Amtes zulässig (§§ 2213 II, 2202)[3].

4

b) Verurteilung zur Leistung oder Duldung der Zwangsvollstreckung

Der Testamentsvollstrecker kann zur Leistung oder zur Duldung der Zwangsvollstreckung in den von ihm verwalteten Nachlass verurteilt werden (§ 748 ZPO). Auch das Leistungsurteil ist eingeschränkt: Der Testamentsvollstrecker wird „als Testamentsvollstrecker" des mit Name und Todesdatum, Sterbeort und letztem Wohnsitz bezeichneten Erblassers nur zur Leistung „aus dem Nachlass" verurteilt, nicht zur Leistung aus seinem Eigenvermögen oder dem Eigenvermögen des Erben. Beide Urteile ermöglichen also lediglich eine Zwangsvollstreckung in den Nachlass, doch genügt das Leistungsurteil allein als Vollstreckungstitel, während das Duldungsurteil nur zusammen mit einem Titel gegen den Erben zur Zwangsvollstreckung berechtigt (Rn. 20).

5

---

1 Treffend Stein/Jonas/Leipold, § 327, Rn. 7.
2 Bettermann, Vollstreckung, S. 173 f.; MünchKommBGB/Brandner, Rn. 7; MünchKommZPO/Gottwald, § 327, Rn. 11; Musielak, § 327, Rn. 3; Rosenberg/Gaul, § 16 V 2c aa; Staudinger/Reimann, 13. Bearb., Rn. 6; Stein/Jonas/Leipold, § 327, Rn. 8; Zöller/Vollkommer, § 327, Rn. 4. A. A. Heintzmann, Prozessführungsbefugnis, S. 88.
3 Staudinger/Reimann, 13. Bearb., Rn. 2.

§ 2213 Gerichtliche Geltendmachung von Ansprüchen gegen den Nachlass

c) Prozessführungsbefugnis und Sachlegitimation

6   Die passive Prozessführungsbefugnis des Testamentsvollstreckers für eine **Leistungs- oder Duldungsklage** wird dadurch beeinflusst, dass die Klage die Befriedigung aus dem Nachlass erstrebt, soweit er der Verwaltung des Testamentsvollstreckers unterliegt. Da der Testamentsvollstrecker befugt ist, den Nachlass zu verwalten und über ihn zu verfügen (§§ 2205, 2208 I, 2209), ist er auch zur Führung eines nachlassbezogenen Prozesses befugt. Es genügt, dass der geltend gemachte Anspruch – falls er gegenüber dem Erben besteht –, sich gegen den vom Testamentsvollstrecker verwalteten Nachlass richtet. Dass der geltend gemachte Anspruch gegenüber dem Erben besteht, ist bei der Prüfung der Prozessführungsbefugnis zu unterstellen, weil davon die Begründetheit der Klage (Sachlegitimation) abhängt.

7   Für eine *Feststellungsklage* dahingehend, dass ein Anspruch gegen den Nachlass besteht oder nicht besteht, ist der Testamentsvollstrecker neben dem Erben passiv und aktiv prozessführungsbefugt (§ 2213 I Satz 1)[1], und zwar ohne weiteres (wie § 1984, Rn. 3, 4).

d) Parteistatus

8   Als Prozessführungsbefugter ist der Testamentsvollstrecker selbst Partei (**"Partei kraft Amtes"**), wie der Nachlassverwalter, der Zwangsverwalter und der Insolvenzverwalter, jedenfalls nach der herrschenden Amtstheorie[2].

e) Materielle Rechtskraft

9   Das Urteil wirkt nach § 327 II materielle Rechtskraft auch für und gegen den Erben. Das bedeutet: Wird die Leistungs- oder Duldungsklage gegen den Testamentsvollstrecker mit der Begründung abgewiesen, dass ein Anspruch gegen den Nachlass nicht bestehe, so verneint das **klageabweisende Urteil** den Anspruch auch im Verhältnis des Gläubigers zu dem Erben. Ein **Leistungsurteil** gegen den Testamentsvollstrecker stellt den Anspruch gegen den Nachlass auch im Verhältnis des Gläubigers zu dem Erben fest, aber nicht mit Wirkung gegen das Eigenvermögen[3], weil der Testamentsvoll-

---

1 Vgl. Staudinger/Reimann, § 2212, Rn. 14.
2 MünchKommBGB/Brandner, Rn. 12 ff.; Rosenberg/Schwab/Gottwald, § 40 II; Staudinger/Reimann, 13. Bearb., § 2212, Rn. 2 ff.; Stein/Jonas/Bork, vor § 50, Rn. 25 ff., 32b; Zöller/Vollkommer, vor § 50, Rn. 21.
3 A. Blomeyer, Zivilprozessrecht, § 92 I 1; **a. A.** MünchKommBGB/Brandner, Rn. 9.

strecker insoweit nicht prozessführungsbefugt ist (§ 327 II ZPO). Ein **Duldungsurteil** gegen den Testamentsvollstrecker wirkt überhaupt keine materielle Rechtskraft gegen den Erben[1]. Denn der Testamentsvollstrecker ist in den Fällen eines Duldungsurteils hinsichtlich einer Leistungsklage nicht „zur Führung eines Rechtsstreits berechtigt" (§ 327 II ZPO)[2]. Das Duldungsurteil soll nicht die Leistungsklage gegen den Erben entbehrlich machen.

3. Streitverkündung und Nebenintervention

- Der Erbe kann dem Testamentsvollstrecker in der Regel nicht den **Streit verkünden**[3] (§ 72 I ZPO), wohl aber der Testamentsvollstrecker dem Erben[4], wenn er für den Fall seiner Niederlage einen Anspruch des Erben wegen mangelhafter Prozessführung (§ 2219) besorgt. 10

- Der Testamentsvollstrecker kann dem Erben als **Nebenintervenient** beitreten. Zwar wirkt nicht die Niederlage des Erben materielle Rechtskraft gegen den Testamentsvollstrecker, wohl aber der Sieg für ihn (Rn. 3). Das genügt für das rechtliche Interesse (§ 66 I ZPO). Der Testamentsvollstrecker wird nicht streitgenössischer Nebenintervenient (§ 69 ZPO)[5], weil dafür eine einseitige Rechtskrafterstreckung nicht ausreicht[6]. 11

Desgleichen kann der Erbe dem Testamentsvollstrecker als Nebenintervenient beitreten (§ 66 I ZPO) und wird streitgenössischer Nebenintervenient (§ 69 ZPO)[7]. 12

II. Fälle

1. Leistungsklage gegen den Erben allein

Zulässig ist eine Leistungsklage gegen den Erben allein (§ 2213 I Satz 1). Doch kann aus dem Urteil nicht in den Nachlass voll- 13

---

[1] MünchKommBGB/Brandner, Rn. 11, 14; Staudinger/Reimann, 13. Bearb., Rn. 13.
[2] Vgl. MünchKommBGB/Brandner, Rn. 15.
[3] A. A. MünchKommBGB/Brandner, Rn. 16.
[4] MünchKommBGB/Brandner, Rn. 16.
[5] MünchKommBGB/Brandner, Rn. 16; Staudinger/Reimann, 13. Bearb., Rn. 23. **A. A.** W. Lüke, Beteiligung, S. 218.
[6] Vgl. § 765, Rn. 16.
[7] W. Lüke, Beteiligung, S. 218; MünchKommBGB/Brandner, Rn. 16; Staudinger/Reimann, 13. Bearb., Rn. 24; Windel, Interventionsgrund, S. 158.

streckt werden (§ 748 ZPO). Daher ist eine Leistungsklage gegen den Erben allein nur **sinnvoll**, wenn in Nachlassgegenstände, die nicht (mehr) der Verwaltung des Testamentsvollstreckers unterliegen, oder in das Eigenvermögen des Erben vollstreckt werden soll.

2. Leistungsklage gegen den Testamentsvollstrecker allein

14 Zulässig ist grundsätzlich auch eine Leistungsklage gegen den Testamentsvollstrecker allein (§ 2213 I Satz 1). Sie ist jedoch **unzulässig**, wenn dem Testamentsvollstrecker nicht die Verwaltung des gesamten Nachlasses zusteht (§ 2213 I Satz 2) oder wenn ein Pflichtteilsanspruch geltend gemacht wird (§ 2213 I Satz 3). Aus dem zulässigen Urteil kann in den Nachlass vollstreckt werden (§ 748 ZPO).

3. Leistungsklage gegen Erben und Testamentsvollstrecker

15 Soweit eine Leistungsklage gegen den Erben oder den Testamentsvollstrecker allein zulässig ist, ist sie auch gegen beide gemeinschaftlich zulässig (§ 59 Fall 2 ZPO)[1]. Da über die Begründetheit der Klage gegen den Erben und den Testamentsvollstrecker nur einheitlich entschieden werden kann (§ 327 II ZPO), sind beide **notwendige Streitgenossen** nach § 62 Fall 1 ZPO[2]. Das **zuständige Gericht** wird notfalls nach § 36 Nr. 3 ZPO bestimmt, wenn für den Rechtsstreit ein gemeinschaftlicher besonderer Gerichtsstand nach §§ 27, 28 ZPO nicht begründet ist.

4. Duldungsklage gegen den Testamentsvollstrecker

16 Steht dem Testamentsvollstrecker nur die Verwaltung einzelner Nachlassgegenstände zu oder wird ein Pflichtteilsanspruch geltend gemacht, so kann der Testamentsvollstrecker nicht auf Leistung verklagt werden (§ 2213 I Sätze 2, 3), sondern nur auf Duldung der Zwangsvollstreckung „in die seiner Verwaltung unterliegenden Nachlassgegenstände" (§ 2213 III). Die Duldungsklage kann isoliert oder i. V. m. einer Leistungsklage gegen den Erben erhoben werden[3]. Zwar ist zur Zwangsvollstreckung in den Nachlass neben

---

1 Wieczorek/Schütze, § 59, Rn. 36.
2 W. Lüke, Beteiligung, S. 21; Musielak/Weth, § 62, Rn. 4; Schwab, FS Lent, S. 292; Zöller/Vollkommer, § 62, Rn. 3.
3 RGZ 109, 166; Rosenberg/Schwab/Gottwald, § 92 I a. E.; Staudinger/Reimann, 13. Bearb., Rn. 11, 13; Stein/Jonas/Münzberg, § 748, Rn. 6; Zöller/Stöber, § 748, Rn. 6.

Gerichtliche Geltendmachung von Ansprüchen gegen den Nachlass § 2213

dem Duldungsurteil gegen den Testamentsvollstrecker ein Leistungsurteil gegen den Erben erforderlich (§ 748 II, III ZPO). Doch kann aufgrund des Duldungsurteils mit einer freiwilligen Leistung des Testamentsvollstreckers gerechnet werden, sodass für die isolierte Duldungsklage nicht das Rechtsschutzinteresse (Rechtsschutzgrund) fehlt.

5. Prozess des Erblassers

Ein gegen den Erblasser begonnener und wegen seines Todes unterbrochener oder ausgesetzter Prozess (§§ 239, 246 ZPO) kann sowohl gegen den Erben als gegen den Testamentsvollstrecker mit dem Ziel einer zulässigen Leistungs- oder Duldungsklage aufgenommen werden (§ 243 ZPO)[1].   17

B. Vollstreckungsverfahren

I. Zwangsvollstreckung in den Nachlass

– Hatte die **Vollstreckung** wegen einer reinen Nachlassverbindlichkeit beim Tod des Erblassers gegen ihn **bereits begonnen**, so wird sie in den Nachlass fortgesetzt (§ 779 I ZPO). Vollstreckungsschuldner ist der Testamentsvollstrecker als Partei kraft Amtes, soweit in Nachlassgegenstände, die seiner Verwaltung unterliegen, vollstreckt werden soll, sonst der Erbe. Titel und Klausel gegen den Erblasser genügen; die Klausel muss also nicht gegen den Testamentsvollstrecker oder den Erben erteilt werden[2].   18

– Hatte die **Vollstreckung** wegen einer reinen Nachlassverbindlichkeit beim Tod des Erblassers gegen ihn **noch nicht begonnen**, so ist zu unterscheiden: 19

Soll in Nachlassgegenstände vollstreckt werden, die **der Verwaltung** des Testamentsvollstreckers **unterliegen**, so ist vom Erbfall an[3] entweder ein Leistungstitel gegen den Testamentsvollstrecker oder ein Leistungstitel gegen den Erben zusammen mit einem Duldungstitel gegen den Testamentsvollstrecker erforderlich (§§ 748, 795 Satz 1 ZPO). Auch ein Titel gegen den Erblasser genügt; er wird im Falle des § 748 I ZPO lediglich gegen den Testamentsvollstre-   20

---
1 BGHZ 104, 4; Stein/Jonas/Roth, § 243, Rn. 3.
2 Vgl. MünchKommBGB/Brandner, Rn. 18.
3 Stein/Jonas/Münzberg, § 748, Rn. 2; Zöller/Stöber, § 748, Rn. 2.

§ 2214

cker umgeschrieben (§§ 749, 795 Satz 1 ZPO), in den Fällen des § 748 II, III ZPO auch gegen den Erben (§§ 727, 795 Satz 1 ZPO)[1].

21 Soll in Nachlassgegenstände vollstreckt werden, die **nicht der Verwaltung** des Testamentsvollstreckers **unterliegen**, so ist ein Titel gegen den Erben erforderlich, doch genügt auch hier ein Titel gegen den Erblasser (§§ 727, 795 Satz 1 ZPO).

II. Zwangsvollstreckung in das Eigenvermögen des Erben

22 – In das Eigenvermögen des Erben kann nur aufgrund eines **Titels gegen den Erblasser** (§ 727 ZPO) **oder** gegen den **Erben** selbst vollstreckt werden, soweit nicht die beschränkte Haftung des Erben entgegensteht (§ 1967, Rn. 7 ff.).

23 – Ein **Titel gegen** den **Testamentsvollstrecker** lässt die Zwangsvollstreckung nur in den Nachlass zu, nicht in das Eigenvermögen des Erben. Denn da die Befugnisse des Testamentsvollstreckers auf den Nachlass beschränkt sind, ist auch seine Verurteilung kraft Gesetzes auf den Nachlass beschränkt, und nur aus diesem Grund ist der Vorbehalt der beschränkten Haftung bei ihm entbehrlich (§ 780 II ZPO).

24 Ein Titel gegen den Testamentsvollstrecker lässt die Zwangsvollstreckung in das Eigenvermögen auch dann nicht zu, wenn nach § 728 II ZPO eine vollstreckbare Ausfertigung gegen den Erben erteilt ist[2]. Denn Zweck dieser Titelumschreibung ist es lediglich, die Zwangsvollstreckung in den *Nachlass* nach Beendigung der Testamentsvollstreckung zu ermöglichen.

Gläubiger des Erben

2214 Gläubiger des Erben, die nicht zu den Nachlassgläubigern gehören, können sich nicht an die der Verwaltung des Testamentsvollstreckers unterliegenden Nachlassgegenstände halten.

1 § 2214 besagt, dass die der Verwaltung des Testamentsvollstreckers unterliegenden Nachlassgegenstände (§§ 2205, 2208 I, 2209) den Ei-

---

1 MünchKommBGB/Brandner, Rn. 19.
2 A. A. Erman/M. Schmidt, Rn. 10; MünchKommBGB/Brandner, Rn. 9; Schuschke, § 728, Rn. 7; Staudinger/Reimann, 13. Bearb., Rn. 9.

gengläubigern des Erben nicht haften (→ *Haftung* Rn. 1). Folglich ist die **Klage** eines Eigengläubigers gegen den Testamentsvollstrecker auf Leistung aus dem Nachlass oder auf Duldung der Zwangsvollstreckung in den Nachlass **unbegründet**[1].

Da ein Eigengläubiger keinen Titel gegen den Testamentsvollstrecker erlangt, ist ihm die **Zwangsvollstreckung** in die der Verwaltung des Testamentsvollstreckers unterliegenden Nachlassgegenstände an sich verwehrt, und zwar vom Erbfall an (§ 748 ZPO)[2]. Gelingt ihm diese Vollstreckung mit einem Titel gegen den Erben, so hat der Testamentsvollstrecker die Wahl zwischen Erinnerung bzw. Beschwerde (§§ 766 I, 793 ZPO, § 11 RpflG) und Drittwiderspruchsklage (§ 771 ZPO)[3]. Der Eigengläubiger kann aber Ansprüche des Erben gegen den Testamentsvollstrecker[4] sowie den Anteil eines Miterben an dem Nachlass (§ 859 II ZPO) pfänden lassen[5]. 2

Nachlassverzeichnis

2215 (1) **Der Testamentsvollstrecker hat dem Erben unverzüglich nach der Annahme des Amts ein Verzeichnis der seiner Verwaltung unterliegenden Nachlassgegenstände und der bekannten Nachlassverbindlichkeiten mitzuteilen und ihm die zur Aufnahme des Inventars sonst erforderliche Beihilfe zu leisten.**

(2) Das Verzeichnis ist mit der Angabe des Tages der Aufnahme zu versehen und von dem Testamentsvollstrecker zu unterzeichnen; der Testamentsvollstrecker hat auf Verlangen die Unterzeichnung öffentlich beglaubigen zu lassen.

(3) Der Erbe kann verlangen, dass er bei der Aufnahme des Verzeichnisses zugezogen wird.

(4) Der Testamentsvollstrecker ist berechtigt und auf Verlangen des Erben verpflichtet, das Verzeichnis durch die zuständige Behörde oder durch einen zuständigen Beamten oder Notar aufnehmen zu lassen.

(5) Die Kosten der Aufnahme und der Beglaubigung fallen dem Nachlass zur Last.

---

1 Vgl. Staudinger/Reimann, 13. Bearb., Rn. 4.
2 Stein/Jonas/Münzberg, § 748, Rn. 2; Zöller/Stöber, § 748, Rn. 2.
3 Stein/Jonas/Münzberg, § 748, Rn. 7; Zöller/Stöber, § 748, Rn. 10.
4 Beachte auch § 863 I Satz 2, II ZPO.
5 MünchKommBGB/Brandner, Rn. 4.

§ 2216

1 § 2215 I, II gibt dem Erben gegen den Testamentsvollstrecker einen **Anspruch** auf Mitteilung eines **Nachlassverzeichnisses** (wie § 2121, Rn. 1 ff.).

2 § 2215 I gibt dem Erben gegen den Testamentsvollstrecker ferner einen **Anspruch** auf sonstige **Beihilfe** zur Aufnahme eines Inventars, d. h. insbesondere einen Anspruch auf → *Auskunft* (Rn. 1) und Einblick in den Nachlass[1] (wie § 809, Rn. 2 ff.).

3 § 2215 III gibt dem Erben gegen den Testamentsvollstrecker einen **Anspruch** auf **Zuziehung** bei der Aufnahme des Verzeichnisses (wie § 2121, Rn. 6 ff.).

4 § 2215 IV gibt dem Erben gegen den Testamentsvollstrecker einen **Anspruch** auf **amtliche Aufnahme** des Verzeichnisses (wie § 2121, Rn. 10 ff., abgesehen von den „Kosten der Aufnahme", die der Testamentsvollstrecker aus dem Nachlass entnimmt, § 2215 V).

Ordnungsmäßige Verwaltung des Nachlasses, Befolgung von Anordnungen

2216 (1) **Der Testamentsvollstrecker ist zur ordnungsmäßigen Verwaltung des Nachlasses verpflichtet.**

(2) [1]**Anordnungen, die der Erblasser für die Verwaltung durch letztwillige Verfügung getroffen hat, sind von dem Testamentsvollstrecker zu befolgen.** [2]**Sie können jedoch auf Antrag des Testamentsvollstreckers oder eines anderen Beteiligten von dem Nachlassgericht außer Kraft gesetzt werden, wenn ihre Befolgung den Nachlass erheblich gefährden würde.** [3]**Das Gericht soll vor der Entscheidung, soweit tunlich, die Beteiligten hören.**

1 Absatz 1 gibt dem Erben gegen den Testamentsvollstrecker einen **Anspruch** auf ordnungsgemäße **Verwaltung** des Nachlasses. Auch dieser Anspruch ist klagbar[2].

2 Eine **Leistungsklage** müsste die Verurteilung des Beklagten beantragen, eine bestimmte Verwaltungshandlung vorzunehmen oder zu unterlassen[3].

---

1 Staudinger/Reimann, 13. Bearb., Rn. 3.
2 BGHZ 25, 283.
3 Staudinger/Reimann, 13. Bearb., Rn. 8.

Überlassung von Nachlassgegenständen § 2217

Sachlich zuständig sind die Amtsgerichte oder die Landgerichte, je 3
nach Streitwert (§§ 23 Nr. 1, 71 I GVG). Der Streitwert bemisst sich
nach dem Interesse des Klägers an dem Gebot oder Verbot (§ 3 ZPO)[1].

Örtlich zuständig ist auch das Gericht des Ortes, wo die Verwal- 4
tung geführt wird (§§ 31, 35 ZPO)[2].

Die Zwangsvollstreckung richtet sich nach § 888 oder § 890 ZPO. 5

Überlassung von Nachlassgegenständen

2217 (1) [1]Der Testamentsvollstrecker hat Nachlassgegenstände, deren er zur Erfüllung seiner Obliegenheiten offenbar nicht bedarf, dem Erben auf Verlangen zur freien Verfügung zu überlassen. [2]Mit der Überlassung erlischt sein Recht zur Verwaltung der Gegenstände.

(2) Wegen Nachlassverbindlichkeiten, die nicht auf einem Vermächtnis oder einer Auflage beruhen, sowie wegen bedingter und betagter Vermächtnisse oder Auflagen kann der Testamentsvollstrecker die Überlassung der Gegenstände nicht verweigern, wenn der Erbe für die Berichtigung der Verbindlichkeiten oder für die Vollziehung der Vermächtnisse oder Auflagen Sicherheit leistet.

I. Anspruch

§ 2217 I Satz 1 gibt dem Erben einen Anspruch auf Überlassung von 1
Nachlassgegenständen zur freien Verfügung („Freigabe"). Der Anspruch richtet sich gegen den Testamentsvollstrecker persönlich[3].
Der Testamentsvollstrecker muss

– ausdrücklich oder sinngemäß erklären, dass er die Nachlassgegenstände dem Erben zur freien Verfügung überlasse[4],
– bei Grundstücksrechten zusätzlich die Löschung des Testamentsvollstrecker-Vermerks (§ 52 ZPO) beantragen, nicht bloß bewilligen[5];

---

1 Stein/Jonas/Roth, § 3, Rn. 61, „Unterlassungsanspruch".
2 Stein/Jonas/Schumann, § 31, Rn. 5; Zöller/Vollkommer, § 31, Rn. 1.
3 OGH 2, 48.
4 MünchKommBGB/Brandner, Rn. 7.
5 Vgl. RGRK/Kregel, Rn. 3. Der Testamentsvollstrecker beantragt die Löschung schriftlich (§ 13 GBO). Dabei legt er entweder a) seine notarielle

– freigegebene Sachen, die er im Besitz hat, dem Erben übergeben[1].

Für den Übergang des Verwaltungs- und Verfügungsrechts vom Testamentsvollstrecker auf den Erben (§ 2217 I Satz 2) genügt die erstgenannte Freigabeerklärung[2].

II. Leistungsklage

2 Eine Leistungsklage müsste z. B. beantragen: „Der Beklagte wird verurteilt, zu erklären, dass er (bestimmt bezeichnete Gegenstände) dem Kläger zur freien Verfügung überlasse. Er wird ferner verurteilt, diese Gegenstände dem Kläger zu übergeben."

III. Prozessführungsbefugnis

3 Das in § 2217 I Satz 1 vorausgesetzte „Verlangen" nach Freigabe können bei einer **Erbengemeinschaft** nur alle Miterben gemeinsam stellen (analog § 2040 I), so dass auch nur alle gemeinsam klagen können (§ 62 Fall 2 ZPO)[3].

IV. Zuständigkeit

4 **Sachlich zuständig** sind die Amtsgerichte oder die Landgerichte, je nach Streitwert (§§ 23 Nr. 1, 71 I GVG). Der Streitwert bemisst sich nach dem Interesse des Klägers an der freien Verfügung (§ 3 ZPO)[4].

5 **Örtlich zuständig** ist auch das Gericht des Ortes, wo die Verwaltung geführt ist (§§ 31, 35 ZPO)[5].

V. Zwangsvollstreckung

6 Die **Freigabeerklärung** wird nach § 894 I ZPO erzwungen.

Löschungsbewilligung vor (§ 19, 29 I Satz 1 GBO) oder b) seine notarielle *Freigabeerklärung* (§ 29 I Satz 1 GBO) zum Nachweis der Unrichtigkeit des Grundbuchs (§ 22 I Satz 1 GBO). Mit den gleichen Unterlagen kann auch der Erbe die Löschung beantragen. MünchKommBGB/Brandner, Rn. 7, erwähnt nur die Möglichkeit b).
1 RGRK/Kregel, Rn. 3.
2 OLG Hamm, OLGZ 1973, 260; MünchKommBGB/Brandner, Rn. 7.
3 MünchKommBGB/Brandner, Rn. 5.
4 Vgl. Stein/Jonas/Roth, § 3, Rn. 60, „Testamentsvollstreckung"; § 5, Rn. 6.
5 Stein/Jonas/Schumann, § 31, Rn. 5; Zöller/Vollkommer, § 31, Rn. 1.

Mehrere Testamentsvollstrecker § 2224

Der **Löschungsantrag** wird gleichfalls nach § 894 I ZPO fingiert. 7
Der Erbe führt die Löschung herbei, indem er dem Grundbuchamt
das den Löschungsantrag des Testamentsvollstreckers fingierende
Urteil mit Rechtskraftzeugnis (§ 706 ZPO) vorlegt.

Die **Herausgabe** von Sachen wird nach § 883 ff. ZPO erzwungen. 8

Der Freigabeanspruch ist **pfändbar** (§§ 857, 846 ZPO)[1]. 9

Vergütung des Testamentsvollstreckers

2221 Der Testamentsvollstrecker kann für die Führung seines Amts eine angemessene Vergütung verlangen, sofern nicht der Erblasser ein anderes bestimmt hat.

§ 2221 gibt dem Testamentsvollstrecker einen **Anspruch** auf eine 1
angemessene Vergütung. Der Anspruch richtet sich gegen den oder
die Erben[2] (s. bei § 1967 oder § 2058). Der Testamentsvollstrecker
kann ihn aus dem von ihm verwalteten Nachlass selbst erfüllen[3].

Bei Streit über die Angemessenheit der Vergütung kann der Testa- 2
mentsvollstrecker auf Zahlung **klagen** (→ *Zahlung*). Dazu ist ein
bezifferter Antrag erforderlich (§ 253 II Nr. 2 ZPO)[4]. Über die Angemessenheit der Vergütung entscheidet das Prozessgericht[5].

Örtlich zuständig ist auch das Gericht des Ortes, wo die Verwal- 3
tung geführt wird (§§ 31, 35 ZPO)[6].

Mehrere Testamentsvollstrecker

2224 (1) ¹**Mehrere Testamentsvollstrecker führen das Amt gemeinschaftlich; bei einer Meinungsverschiedenheit entscheidet das Nachlassgericht.** ²Fällt einer von ihnen weg, so

---

1 MünchKommBGB/Brandner, Rn. 6.
2 Staudinger/Reimann, 13. Bearb., Rn. 13.
3 Staudinger/Reimann, 13. Bearb., Rn. 18.
4 RG, JW 1937, 3184; MünchKommZPO/Lüke, § 253, Rn. 123, 125 ff.; Zöller/Greger, § 253, Rn. 14a. A. A. MünchKommBGB/Brandner, Rn. 7.
5 MünchKommBGB/Brandner, Rn. 7.
6 Stein/Jonas/Schumann, § 31, Rn. 5; Zöller/Vollkommer, § 31, Rn. 1.

führen die Übrigen das Amt allein. ³Der Erblasser kann abweichende Anordnungen treffen.

(2) Jeder Testamentsvollstrecker ist berechtigt, ohne Zustimmung der anderen Testamentsvollstrecker diejenigen Maßregeln zu treffen, welche zur Erhaltung eines der gemeinschaftlichen Verwaltung unterliegenden Nachlassgegenstands notwendig sind.

1   Nach § 2224 I Satz 1 führen mehrere Testamentsvollstrecker das Amt gemeinschaftlich.

2   Das bedeutet an sich, dass sie ein zum Nachlass gehörendes, ihrer Verwaltung unterliegendes Recht nur **gemeinschaftlich einklagen** können (§ 62 Fall 2 ZPO)[1], sei es auch in der Weise, dass einer mit Vollmacht des anderen im Namen aller klagt. Jedoch kann die gerichtliche Geltendmachung zur Erhaltung des Rechts notwendig sein[2], so dass nach § 2224 II **jeder** Testamentsvollstrecker ohne Zustimmung der anderen **klagen** kann, wenn auch nur auf Leistung an alle, wie nach § 432 (s. dort).

3   Da mehrere Testamentsvollstrecker nur gemeinschaftlich über den Nachlass verfügen können (§ 2224 I), müssen grundsätzlich alle **gemeinschaftlich** auf Leistung oder Duldung der Zwangsvollstreckung **verklagt werden** (§ 62 Fall 2 ZPO)[3]. Die Ausnahmen sind wie bei einer gemeinschaftlichen Schuld zu beurteilen (→ *Mehrheit von Schuldnern* Rn. 5 ff.). Kann einer allein die beanspruchte Handlung vornehmen, z. B. eine Auskunft erteilen, so braucht natürlich nur er verklagt zu werden[4].

Beeinträchtigung des Vermächtnisnehmers

2288 (1) Hat der Erblasser den Gegenstand eines vertragsmäßig angeordneten Vermächtnisses in der Absicht, den Bedachten zu beeinträchtigen, zerstört, beiseite geschafft oder beschädigt, so tritt, soweit der Erbe dadurch außerstande gesetzt ist, die Leistung zu bewirken, an die Stelle des Gegenstands der Wert.

(2) ¹Hat der Erblasser den Gegenstand in der Absicht, den Bedachten zu beeinträchtigen, veräußert oder belastet, so ist der Erbe

---

1 Henckel, Parteilehre, S. 51; MünchKommBGB/Brandner, § 2212, Rn. 3.
2 MünchKommBGB/Brandner, Rn. 16.
3 A. A. Stein/Jonas/Münzberg, § 748, Rn. 2; Zöller/Stöber, § 748, Rn. 7.
4 Staudinger/Reimann, 13. Bearb., Rn. 19.

verpflichtet, dem Bedachten den Gegenstand zu verschaffen oder die Belastung zu beseitigen; auf diese Verpflichtung finden die Vorschriften des § 2170 Abs. 2 entsprechende Anwendung. ²Ist die Veräußerung oder die Belastung schenkweise erfolgt, so steht dem Bedachten, soweit er Ersatz nicht von dem Erben erlangen kann, der im § 2287 bestimmte Anspruch gegen den Beschenkten zu.

§ 2288 II Satz 1 gibt dem bedachten Vermächtnisnehmer einen **Anspruch** auf **Verschaffung** des vermachten Gegenstandes (wie § 2170, Rn. 1 ff.)¹ oder auf **Beseitigung** einer Belastung (wie § 439, s. dort). Der Anspruch richtet sich gegen den oder die Erben (s. bei § 1967 oder § 2058)².

Pflichtteilsberechtigte; Höhe des Pflichtteils

2303 (1) ¹Ist ein Abkömmling des Erblassers durch Verfügung von Todes wegen von der Erbfolge ausgeschlossen, so kann er von dem Erben den Pflichtteil verlangen. ²Der Pflichtteil besteht in der Hälfte des Wertes des gesetzlichen Erbteils.

(2) ¹Das gleiche Recht steht den Eltern und dem Ehegatten des Erblassers zu, wenn sie durch Verfügung von Todes wegen von der Erbfolge ausgeschlossen sind. ²Die Vorschrift des § 1371 bleibt unberührt.

I. Pflichtteilsanspruch

§ 2303 gibt einem Abkömmling, den Eltern und dem Ehegatten des Erblassers einen **Anspruch** auf den Pflichtteil, d. h. einen Zahlungsanspruch³ (→ Zahlung Rn. 1). Der Anspruch richtet sich gegen den oder die Erben⁴ (s. bei § 1967 oder § 2058). 1

Örtlich zuständig ist auch das Gericht des § 27 ZPO (§ 35 ZPO). 2

Der Pflichtteilsanspruch „ist der **Pfändung** nur unterworfen, wenn er durch Vertrag anerkannt oder rechtshängig geworden ist" (§ 852 I ZPO). Denn der Pflichtteilsanspruch soll von einem Gläubiger des Pflichtteilsberechtigten nur geltend gemacht werden können, wenn 3

---

1 Staudinger/Kanzleiter, Rn. 11.
2 Soergel/Wolf, Rn. 6.
3 MünchKommBGB/Frank, Rn. 2.
4 Soergel/Dieckmann, Rn. 48.

§ 2305 Zusatzpflichtteil

er von dem Pflichtteilsberechtigten selbst geltend gemacht wird. Diesem Zweck entsprechend ist § 852 I ZPO einschränkend auszulegen[1]: Der Pflichtteilsanspruch kann zwar sogleich gepfändet werden. Seine Einziehung ist jedoch erst nach dem vertraglichen Anerkenntnis oder der Rechtshängigkeit zulässig[2]. Der Rang des Pfändungspfandrechts richtet sich nach dem Zeitpunkt der Pfändung[3]. Die Pfändung ist unbedingt, nur der gepfändete Pflichtteilsanspruch ist „in seiner Verwertbarkeit aufschiebend bedingt"[4].

II. Pflichtteilsrecht

4 Das Pflichtteilsrecht, das dem Pflichtteilsanspruch zugrunde liegt, kann Gegenstand einer **Feststellungsklage** sein (§ 256 I ZPO)[5].

5 **Örtlich zuständig** ist auch das Gericht des § 27 ZPO (§ 35 ZPO).

Zusatzpflichtteil

2305 Ist einem Pflichtteilsberechtigten ein Erbteil hinterlassen, der geringer ist als die Hälfte des gesetzlichen Erbteils, so kann der Pflichtteilsberechtigte von den Miterben als Pflichtteil den Wert des an der Hälfte fehlenden Teils verlangen.

§ 2305 gibt einem pflichtteilsberechtigten Erben einen **Anspruch** auf einen **Pflichtteilsrest** (s. bei § 2303). Der Anspruch richtet sich gegen den oder die Miterben (s. bei § 1967 oder § 2058).

---

1 BGHZ 123, 186 = FamRZ 1993, 1307. Zu den Konsequenzen s. Kuchinke, NJW 1994, 1770 ff.
2 Kuchinke, NJW 1994, 1770 will die Überweisung zur Einziehung (§ 835 ZPO) erst nach Bedingungseintritt zulassen. Dann müsste das Vollstreckungsgericht einen zweiten Beschluss erlassen. Einfacher ist es, wenn ein einziger Beschluss den aufschiebend bedingt durchsetzbaren Pflichtteilsanspruch pfändet und überweist und der Bedingungseintritt, falls er umstritten ist, erst im Prozess zwischen Pfändungsgläubiger und Erben geklärt wird.
3 BGHZ 123, 190.
4 BGHZ 123, 187.
5 MünchKommBGB/Frank, Rn. 5. Zur Klage gegen mehrere Miterben s. Schwab, FS Lent, S. 287 ff.

Beschränkungen und Beschwerungen

2306 (1) ¹Ist ein als Erbe berufener Pflichtteilsberechtigter durch die Einsetzung eines Nacherben, die Ernennung eines Testamentsvollstreckers oder eine Teilungsanordnung beschränkt oder ist er mit einem Vermächtnis oder einer Auflage beschwert, so gilt die Beschränkung oder die Beschwerung als nicht angeordnet, wenn der ihm hinterlassene Erbteil die Hälfte des gesetzlichen Erbteils nicht übersteigt. ²Ist der hinterlassene Erbteil größer, so kann der Pflichtteilsberechtigte den Pflichtteil verlangen, wenn er den Erbteil ausschlägt; die Ausschlagungsfrist beginnt erst, wenn der Pflichtteilsberechtigte von der Beschränkung oder der Beschwerung Kenntnis erlangt.

(2) Einer Beschränkung der Erbeinsetzung steht es gleich, wenn der Pflichtteilsberechtigte als Nacherbe eingesetzt ist.

§ 2306 I Satz 2 gibt einem pflichtteilsberechtigten Erben nach der Ausschlagung einen **Anspruch** auf den **Pflichtteil** (s. bei § 2303).

Ansatz bedingter, ungewisser oder unsicherer Rechte; Feststellungspflicht des Erben

2313 (1) ¹Bei der Feststellung des Wertes des Nachlasses bleiben Rechte und Verbindlichkeiten, die von einer aufschiebenden Bedingung abhängig sind, außer Ansatz. ²Rechte und Verbindlichkeiten, die von einer auflösenden Bedingung abhängig sind, kommen als unbedingte in Ansatz. ³Tritt die Bedingung ein, so hat die der veränderten Rechtslage entsprechende Ausgleichung zu erfolgen.

(2) ¹Für ungewisse oder unsichere Rechte sowie für zweifelhafte Verbindlichkeiten gilt das Gleiche wie für Rechte und Verbindlichkeiten, die von einer aufschiebenden Bedingung abhängig sind. ²Der Erbe ist dem Pflichtteilsberechtigten gegenüber verpflichtet, für die Feststellung eines ungewissen und für die Verfolgung eines unsicheren Rechts zu sorgen, soweit es einer ordnungsmäßigen Verwaltung entspricht.

I. Anspruch auf Ausgleichung

§ 2313 I Satz 3, II Satz 1 gibt dem Pflichtteilsberechtigten einen 1
Anspruch auf Ausgleichung zu wenig bezahlten Pflichtteils (wie

§ 2313 Ansatz bedingter, ungewisser oder unsicherer Rechte

§ 2303, Rn. 1 ff.). Der Anspruch des Erben gegen den Pflichtteilsberechtigten auf Ausgleichung zu viel bezahlten Pflichtteils ist ein gewöhnlicher Zahlungsanspruch (→ *Zahlung* Rn. 1).

II. Anspruch auf Rechtsfeststellung oder -verfolgung

2 § 2313 II Satz 2 gibt dem Pflichtteilsberechtigten gegen den Erben einen **Anspruch** auf Feststellung oder Verfolgung eines Rechts gegen einen Dritten.

3 Eine **Leistungsklage** müsste z. B. die Verurteilung des Beklagten beantragen, seinen Anspruch gegen N.N. auf Ersatz des gesamten Schadens aus dem Unfall vom . . . gerichtlich feststellen zu lassen.

4 **Sachlich zuständig** sind die Amtsgerichte oder die Landgerichte, je nach Streitwert (§§ 23 Nr. 1, 71 I GVG). Der Streitwert bemisst sich nach dem Interesse des Klägers an der Feststellung oder Verfolgung des Rechts gegen den Dritten, d. h. nach der zu erwartenden Erhöhung seines Pflichtteils (§ 3 ZPO).

5 **Örtlich zuständig** ist auch das Gericht des § 27 ZPO (§ 35 ZPO).

6 Die **Zwangsvollstreckung** richtet sich nach § 887 ZPO. Der Pflichtteilsberechtigte kann sich also aufgrund eines vorläufig vollstreckbaren Urteils gegen den Erben zu einer im Namen und auf Kosten des Erben zu erhebenden Klage gegen den Dritten ermächtigen lassen und so das Ergebnis herbeiführen, von dem die Erhöhung seines Pflichtteils abhängt. § 2313 II Satz 2 selbst gibt dem Pflichtteilsberechtigten nicht das Recht zu einer Klage gegen den Dritten[1] und noch nicht einmal einen Anspruch gegen den Erben auf Erteilung einer Vollmacht, der eingeklagt und nach § 894 ZPO durchgesetzt werden könnte. Denn es soll zunächst dem Erben überlassen bleiben, wie er gegen den Dritten vorgeht. Erst wenn der Erbe zur Prozessführung gegen den Dritten verurteilt ist und diese Handlung nicht freiwillig vornimmt – also in der Phase der Zwangsvollstreckung – kann eine Vollmacht von ihm erzwungen werden. Das lässt sich aber nur auf dem Weg des § 887 ZPO erreichen. Die Prozessführung ist eine vertretbare Handlung, weil es in der Zwangsvollstreckung nicht entscheidend darauf ankommt, dass der Prozess gegen den Dritten gerade von dem Erben geführt wird, sondern dass er überhaupt geführt wird.

---

1 Staudinger/Ferid/Cieslar, 12. Aufl., Rn. 29.

Auskunftspflicht des Erben

2314 (1) ¹Ist der Pflichtteilsberechtigte nicht Erbe, so hat ihm der Erbe auf Verlangen über den Bestand des Nachlasses Auskunft zu erteilen. ²Der Pflichtteilsberechtigte kann verlangen, dass er bei der Aufnahme des ihm nach § 260 vorzulegenden Verzeichnisses der Nachlassgegenstände zugezogen und dass der Wert der Nachlassgegenstände ermittelt wird. ³Er kann auch verlangen, dass das Verzeichnis durch die zuständige Behörde oder durch einen zuständigen Beamten oder Notar aufgenommen wird.
(2) Die Kosten fallen dem Nachlasse zur Last.

§ 2314 gibt einem Pflichtteilsberechtigten gegen den Erben die gleichen Ansprüche wie § 1379 (s. dort). Die Kosten fallen dem Nachlass zur Last (§ 2314 II).   1

Zur sachlichen Zuständigkeit s. → *Auskunft* Rn. 3.   2

Örtlich zuständig ist auch das Gericht des § 27 ZPO (§ 35 ZPO)[1].   3

Pflichtteilslast bei Vermächtnissen und Auflagen

2318 (1) ¹Der Erbe kann die Erfüllung eines ihm auferlegten Vermächtnisses soweit verweigern, dass die Pflichtteilslast von ihm und dem Vermächtnisnehmer verhältnismäßig getragen wird. ²Das Gleiche gilt von einer Auflage.
(2) Einem pflichtteilsberechtigten Vermächtnisnehmer gegenüber ist die Kürzung nur soweit zulässig, dass ihm der Pflichtteil verbleibt.
(3) Ist der Erbe selbst pflichtteilsberechtigt, so kann er wegen der Pflichtteilslast das Vermächtnis und die Auflage soweit kürzen, dass ihm sein eigener Pflichtteil verbleibt.

§ 2318 gibt dem mit einem Pflichtteil belasteten Erben gegen den   1
Anspruch eines Vermächtnisnehmers oder Auflageberechtigten eine **Einrede**[2], die zur **Abweisung einer** weiter gehenden **Leistungsklage** als unbegründet führt (s. bei § 214).

---

1 Wieczorek/Hausmann, § 27, Rn. 14.
2 Vgl. Roth, Einrede, S. 116 ff., der selbst ein Gestaltungsrecht annimmt.

2 In einem Prozess mit dem Pflichtteilsberechtigten kann der Erbe einem von der Einrede betroffenen Vermächtnisnehmer oder Auflageberechtigten den **Streit verkünden** (analog § 72 I ZPO), um zu verhindern, dass der in dem anhängigen Prozess in bestimmter Höhe festgestellte Pflichtteilsanspruch in dem Folgeprozess gegen den Vermächtnisnehmer oder Auflageberechtigten ganz oder teilweise verneint wird (§ 74 III ZPO).

Pflichtteilsberechtigter Miterbe

2319 ¹Ist einer von mehreren Erben selbst pflichtteilsberechtigt, so kann er nach der Teilung die Befriedigung eines anderen Pflichtteilsberechtigten soweit verweigern, dass ihm sein eigener Pflichtteil verbleibt. ²Für den Ausfall haften die übrigen Erben.

1 Satz 1 gibt einem selbst pflichtteilsberechtigten Erben gegen den Anspruch eines anderen Pflichtteilsberechtigten eine **Einrede**[1], die zur **Abweisung einer** weiter gehenden **Leistungsklage** als unbegründet führt (s. bei § 214).

2 Satz 2 gibt dem von der Einrede betroffenen Pflichtteilsberechtigten einen **Anspruch** auf **Zahlung** eines Ausfallbetrags (wie § 2303, Rn. 1 ff.), der sich gegen den oder die übrigen Erben richtet (s. bei § 1967 oder § 2058).

Pflichtteilslast des an die Stelle des Pflichtteilsberechtigten getretenen Erben

2320 (1) Wer anstelle des Pflichtteilsberechtigten gesetzlicher Erbe wird, hat im Verhältnis zu Miterben die Pflichtteilslast und, wenn der Pflichtteilsberechtigte ein ihm zugewendetes Vermächtnis annimmt, das Vermächtnis in Höhe des erlangten Vorteils zu tragen.

(2) Das Gleiche gilt im Zweifel von demjenigen, welchem der Erblasser den Erbteil des Pflichtteilsberechtigten durch Verfügung von Todes wegen zugewendet hat.

---

1 Vgl. Roth, Einrede, S. 116 ff., der selbst ein Gestaltungsrecht annimmt.

§ 2320 gibt einem Miterben gegen denjenigen, der an Stelle eines Pflichtteilsberechtigten gesetzlicher oder gewillkürter Erbe wird, einen **Anspruch** auf **Tragung der Pflichtteilslast** und eines von dem Pflichtteilsberechtigten angenommenen **Vermächtnisses** (wie § 426, s. dort).

Pflichtteilslast bei Vermächtnisausschlagung

2321 Schlägt der Pflichtteilsberechtigte ein ihm zugewendetes Vermächtnis aus, so hat im Verhältnisse der Erben und der Vermächtnisnehmer zueinander derjenige, welchem die Ausschlagung zustatten kommt, die Pflichtteilslast in Höhe des erlangten Vorteils zu tragen.

§ 2321 begründet im Verhältnis der Erben und der Vermächtnisnehmer u. U. einen **Anspruch** auf **Tragung der Pflichtteilslast** (wie § 426, s. dort).

Kürzung von Vermächtnissen und Auflagen

2322 Ist eine von dem Pflichtteilsberechtigten ausgeschlagene Erbschaft oder ein von ihm ausgeschlagenes Vermächtnis mit einem Vermächtnis oder einer Auflage beschwert, so kann derjenige, welchem die Ausschlagung zustatten kommt, das Vermächtnis oder die Auflage soweit kürzen, dass ihm der zur Deckung der Pflichtteilslast erforderliche Betrag verbleibt.

§ 2322 gibt einem Erben oder Vermächtnisnehmer gegen den Anspruch eines Vermächtnisnehmers oder Auflageberechtigten eine **Einrede**[1], die zur Abweisung einer weiter gehenden Leistungsklage als unbegründet führt (s. bei § 214). Zur **Streitverkündung** s. § 2318, Rn. 2.

---

1 Vgl. Roth, Einrede, S. 116 ff., der selbst ein Gestaltungsrecht annimmt.

Pflichtteilsergänzungsanspruch bei Schenkungen

2325 (1) Hat der Erblasser einem Dritten eine Schenkung gemacht, so kann der Pflichtteilsberechtigte als Ergänzung des Pflichtteils den Betrag verlangen, um den sich der Pflichtteil erhöht, wenn der verschenkte Gegenstand dem Nachlass hinzugerechnet wird.

(2) ¹Eine verbrauchbare Sache kommt mit dem Werte in Ansatz, den sie zur Zeit der Schenkung hatte. ²Ein anderer Gegenstand kommt mit dem Werte in Ansatz, den er zur Zeit des Erbfalls hat; hatte er zur Zeit der Schenkung einen geringeren Wert, so wird nur dieser in Ansatz gebracht.

(3) Die Schenkung bleibt unberücksichtigt, wenn zur Zeit des Erbfalls zehn Jahre seit der Leistung des verschenkten Gegenstands verstrichen sind; ist die Schenkung an den Ehegatten des Erblassers erfolgt, so beginnt die Frist nicht vor der Auflösung der Ehe.

§ 2325 gibt dem Pflichtteilsberechtigten einen **Anspruch** auf Ergänzung des Pflichtteils (wie § 2303, s. dort).

Selbst pflichtteilsberechtigter Erbe

2328 Ist der Erbe selbst pflichtteilsberechtigt, so kann er die Ergänzung des Pflichtteils soweit verweigern, dass ihm sein eigener Pflichtteil mit Einschluss dessen verbleibt, was ihm zur Ergänzung des Pflichtteils gebühren würde.

§ 2328 gibt dem Erben gegen den Pflichtteilsergänzungsanspruch aus § 2325 eine **Einrede**[1], die zur Abweisung einer weiter gehenden Leistungsklage als unbegründet führt (s. bei § 214).

Anspruch gegen den Beschenkten

2329 (1) ¹Soweit der Erbe zur Ergänzung des Pflichtteils nicht verpflichtet ist, kann der Pflichtteilsberechtigte von dem Beschenkten die Herausgabe des Geschenks zum Zwecke der Befriedigung wegen des fehlenden Betrags nach den Vorschriften über die Herausgabe einer ungerechtfertigten Bereicherung fordern.

---

1 Vgl. Roth, Einrede, S. 116 ff., der selbst ein Gestaltungsrecht annimmt.

Anspruch gegen den Beschenkten § 2329

²Ist der Pflichtteilsberechtigte der alleinige Erbe, so steht ihm das gleiche Recht zu.

(2) Der Beschenkte kann die Herausgabe durch Zahlung des fehlenden Betrags abwenden.

(3) Unter mehreren Beschenkten haftet der früher Beschenkte nur insoweit, als der später Beschenkte nicht verpflichtet ist.

I. Anspruch auf Herausgabe

§ 2329 I gibt dem Pflichtteilsberechtigten gegen den Beschenkten einen **Anspruch** auf Herausgabe des Geschenks **zum Zwecke der Befriedigung** wegen des fehlenden Betrags. Geld hat der Beschenkte in Höhe des fehlenden Betrags an den Pflichtteilsberechtigten zu zahlen; insoweit besteht also ein Zahlungsanspruch gegen ihn[1] (→ *Zahlung* Rn. 1). Schuldet der Beschenkte die Herausgabe eines anderen Gegenstandes, der noch unterscheidbar in seinem Vermögen vorhanden ist, so hat er die Zwangsvollstreckung in den Gegenstand zu dulden[2]. 1

Eine **Leistungsklage** müsste z. B. die Verurteilung des Beklagten beantragen, in Höhe von . . . Euro (fehlender Betrag) die Zwangsvollstreckung in den (genau bezeichneten) Gegenstand zu dulden. 2

Sachlich zuständig sind die Amtsgerichte oder die Landgerichte, je nach Streitwert (§§ 23 Nr. 1, 71 I GVG). Der Streitwert bemisst sich bei der Zahlungsklage nach dem zu zahlenden Geldbetrag, bei der Duldungsklage nach dem Wert der beizutreibenden Forderung oder dem geringeren Wert des herauszugebenden Gegenstandes (§ 6 ZPO)[3]. 3

Örtlich zuständig ist auch das Gericht des § 27 ZPO (§ 35 ZPO)[4]. 4

Die **Zwangsvollstreckung** wegen eines Zahlungs- oder Duldungsanspruchs richtet sich nach §§ 803 ff. ZPO. Der Anspruch selbst ist nur bedingt pfändbar (§ 852 I ZPO[5]; näher § 2303, Rn. 3). 5

---

1 MünchKommBGB/Frank, Rn. 9; Palandt/Edenhofer, Rn. 6.
2 BGHZ 17, 339; MünchKommBGB/Frank, Rn. 9.
3 Schneider/Herget, Rn. 1007 f.
4 Stein/Jonas/Schumann, § 27, Rn. 10; Zöller/Vollkommer, § 27, Rn. 8.
5 Stein/Jonas/Brehm, § 852, Rn. 1; Zöller/Stöber, § 852, Rn. 2.

II. Abwendungsbefugnis

6 § 2329 II gibt dem Beschenkten eine Ersetzungsbefugnis[1] (→ *Wahlmöglichkeiten* Rn. 8 ff.).

III. Mehrere Beschenkte

7 Sind mehrere Personen beschenkt worden, so kann der Pflichtteilsberechtigte gegen den nur subsidiär haftenden früher Beschenkten (§ 2329 III) auf Feststellung seines Anspruchs klagen (§ 256 I ZPO), falls der später Beschenkte den gegen ihn gerichteten Anspruch ganz oder teilweise bestreitet[2].

Stundung

2331a (1) ¹Ist der Erbe selbst pflichtteilsberechtigt, so kann er Stundung des Pflichtteilsanspruchs verlangen, wenn die sofortige Erfüllung des gesamten Anspruchs den Erben wegen der Art der Nachlassgegenstände ungewöhnlich hart treffen, insbesondere wenn sie ihn zur Aufgabe seiner Familienwohnung oder zur Veräußerung eines Wirtschaftsguts zwingen würde, das für den Erben und seine Familie die wirtschaftliche Lebensgrundlage bildet. ²Stundung kann nur verlangt werden, soweit sie dem Pflichtteilsberechtigten bei Abwägung der Interessen beider Teile zugemutet werden kann.

(2) ¹Für die Entscheidung über eine Stundung ist, wenn der Anspruch nicht bestritten wird, das Nachlassgericht zuständig. ²§ 1382 Abs. 2 bis 6 gilt entsprechend; an die Stelle des Familiengerichts tritt das Nachlassgericht.

1 § 2331a gibt dem Erben gegenüber einem Pflichtteilsberechtigten das Recht, die gerichtliche Stundung des Pflichtteilsanspruchs zu beantragen (§ 2331a II Satz 2 i. V. m. § 1382 V), also ein **Gestaltungsklagerecht** (→ *Gestaltungsklagen* Rn. 1).

2 **Zuständig** für die Entscheidung über den Antrag ist das Nachlassgericht im Verfahren der freiwilligen Gerichtsbarkeit, bei Anhängigkeit eines Rechtsstreits über den Pflichtteilsanspruch das Prozessgericht im Zivilprozess (§ 2331a II i. V. m. § 1382 V). Ein bloß au-

---

1 Gernhuber, Schuldverhältnis, § 29 I 2.
2 BGHZ 17, 338 f.

ßergerichtlicher Streit über Grund oder Betrag des Pflichtteilsanspruchs genügt nicht für die Zuständigkeit des Prozessgerichts und muss deshalb, wenn keine Rechtsschutzlücke entstehen soll, die Zuständigkeit des Nachlassgerichts unberührt lassen[1]. „Bestritten" i. S. des § 2331a II Satz 1 wird der Anspruch folglich erst durch die Anhängigkeit eines Rechtsstreites.

Die **Entscheidung** des Nachlassgerichts über die Stundung wird erst mit der formellen Rechtskraft **wirksam** (§ 83a i. V. m. § 53a II Satz 1 FGG). Die Stundungsentscheidung des Prozessgerichts wird dagegen schon mit ihrem Erlass wirksam, weil sonst der Erbe vorläufig vollstreckbar zur Zahlung des Pflichtteils verurteilt werden müsste und den Stundungseinwand erst ab der formellen Rechtskraft des Urteils erheben könnte, vor dem Ende der Vollstreckung durch Vollstreckungsabwehrklage (§ 767 ZPO)[2], nach freiwilliger oder erzwungener Zahlung des Pflichtteils überhaupt nicht mehr (§ 813 II). 3

Pflichtteilsbeschränkung

2338 (1) [1]Hat sich ein Abkömmling in solchem Maße der Verschwendung ergeben oder ist er in solchem Maße überschuldet, dass sein späterer Erwerb erheblich gefährdet wird, so kann der Erblasser das Pflichtteilsrecht des Abkömmlings durch die Anordnung beschränken, dass nach dem Tode des Abkömmlings dessen gesetzliche Erben das ihm Hinterlassene oder den ihm gebührenden Pflichtteil als Nacherben oder als Nachvermächtnisnehmer nach dem Verhältnis ihrer gesetzlichen Erbteile erhalten sollen. [2]Der Erblasser kann auch für die Lebenszeit des Abkömmlings die Verwaltung einem Testamentsvollstrecker übertragen; der Abkömmling hat in einem solchen Falle Anspruch auf den jährlichen Reinertrag.

(2) [1]Auf Anordnungen dieser Art findet die Vorschrift des § 2336 Abs. 1 bis 3 entsprechende Anwendung. [2]Die Anordnungen sind unwirksam, wenn zur Zeit des Erbfalls der Abkömmling sich dauernd von dem verschwenderischen Leben abgewendet hat oder die den Grund der Anordnung bildende Überschuldung nicht mehr besteht.

---

1 Ebenso Staudinger/Ferid/Cieslar, 12. Aufl., Rn. 25. **A. A.** anscheinend Palandt/Edenhofer, Rn. 6.
2 MünchKommZPO/K. Schmidt, § 767, Rn. 68; Zöller/Herget, § 767, Rn. 8.

1 § 2338 I Satz 2 gibt dem Abkömmling gegen den Testamentsvollstrecker einen **Anspruch** auf den **jährlichen Reinertrag**, d. h. einen Zahlungsanspruch (→ *Zahlung* Rn. 1).

2 **Örtlich zuständig** ist auch das Gericht des § 27 ZPO (§ 35 ZPO).

3 Der Anspruch ist grundsätzlich nur beschränkt **pfändbar** (§ 863 I Satz 2, II ZPO).

Anfechtungsberechtigte

2341 Anfechtungsberechtigt ist jeder, dem der Wegfall des Erbunwürdigen, sei es auch nur bei dem Wegfall eines anderen, zustatten kommt.

A. Anfechtungsklage

I. Gestaltungsklage

1 Nach § 2341 i. V. m. § 2340 hat jeder, dem der Wegfall eines erbunwürdigen Erben zustatten kommt, das Recht, den Erbschaftserwerb des Erbunwürdigen anzufechten. Dazu muss er gegen den Erbunwürdigen oder dessen Erben[1] klagen. Eine Widerklage (§ 33 I ZPO) genügt[2]. Der **Klageantrag** hat in der Regel dahin zu gehen, dass der Beklagte als Erbe des mit Namen und Todesdatum, Sterbeort und letztem Wohnsitz bezeichneten Erblassers für erbunwürdig erklärt wird (§ 2342 I).

2 Das klagestattgebende Urteil bewirkt, dass der Anfall der Erbschaft an den Erben als nicht erfolgt gilt (§ 2344). Das Urteil ist daher ein **Gestaltungsurteil**[3] (→ *Gestaltungsklagen* Rn. 1). Das Anfechtungsrecht (Gestaltungsklagerecht) ist nicht pfändbar[4].

3 Im Prozess gilt wie sonst der **Verhandlungsgrundsatz**. Die Geltung des Untersuchungsgrundsatzes[5] scheitert schon am Fehlen einer

---

[1] Soergel/Damrau, Rn. 2.
[2] MünchKommBGB/Frank, § 2342, Rn. 1.
[3] Ebenso KG, FamRZ 1989, 675; Erman/Schlüter, § 2342, Rn. 1; MünchKommBGB/Frank, § 2342, Rn. 7; Rosenberg/Schwab/Gottwald, § 94 II 2; Schlosser, Gestaltungsklagen, S. 59 ff., 121; Staudinger/Olshausen, 13. Bearb., § 2342, Rn. 7. **A. A.** RGRK/Kregel, § 2342, Rn. 2.
[4] MünchKommBGB/Frank, Rn. 3.
[5] Dafür MünchKommBGB/Frank, § 2342, Rn. 8; Schlosser, Gestaltungsklagen, S. 231. Differenzierend KG, FamRZ 1989, 675 f.

gesetzlichen Regelung, auf die aus Gründen der Rechtssicherheit nicht verzichtet werden kann.

II. Prozessführungsbefugnis und Sachlegitimation

1. Grundfall

Da die Begründetheit der Klage von der Erbunwürdigkeit des Erben 4
abhängt, muss es für die Zulässigkeit der Klage (**passive Prozessführungsbefugnis**) genügen, dass die Erbunwürdigkeit des beklagten Erben von dem Kläger geltend gemacht wird. Dagegen kann das Anfechtungsrecht des Klägers (§ 2341) im Rahmen der Zulässigkeit (**aktiven Prozessführungsbefugnis**) voll geprüft werden, weil von ihm nicht die Begründetheit der Klage abhängt.

2. Mehrere Berechtigte

Von mehreren Anfechtungsberechtigten kann jeder allein klagen. 5
Sein Sieg wirkt für die anderen (Gestaltungswirkung), aber seine Niederlage nicht gegen die anderen, da die materielle Rechtskraft sich nicht auf sie erstreckt[1]. Klagen mehrere freiwillig gemeinsam, so sind sie notwendige Streitgenossen nach § 62 Fall 1 ZPO[2].

Gegen mehrere nacheinander Erbberechtigte kann nicht gleichzei- 6
tig geklagt werden[3]. Dem später Berufenen fehlt die passive Prozessführungsbefugnis, da er noch nicht Erbe ist und es als zweifelhaft angesehen werden muss, ob er Erbe wird.

III. Zuständigkeit

Sachlich zuständig sind die Amtsgerichte oder die Landgerichte, je 7
nach Streitwert (§§ 23 Nr. 1, 71 I GVG). Der Streitwert ist zu schätzen (§ 3 ZPO). Er bemisst sich, wenn man der neueren Rechtsprechung folgt, nach dem Wert der Beteiligung des Beklagten am Nachlass[4].

Örtlich zuständig ist auch das Gericht des § 27 ZPO (§ 35 ZPO)[5]. 8

---

1 Henckel, Parteilehre, S. 99 f.; Schlosser, Gestaltungsklagen, S. 323.
2 Henckel, Parteilehre, S. 211 f.; MünchKommBGB/Frank, § 2342, Rn. 1; Schwab, FS Lent, S. 277 ff.; Zöller/Vollkommer, § 62, Rn. 4.
3 Soergel/Damrau, § 2340, Rn. 1; Staudinger/Olshausen, § 2340, Rn. 8. A. A. MünchKommBGB/Frank, § 2340, Rn. 2.
4 BGH, NJW 1970, 197; Rosenberg/Schwab/Gottwald, § 32 IV 5. Kritisch MünchKommBGB/Frank, § 2342, Rn. 6; Stein/Jonas/Roth, § 3, Rn. 45, „Erbunwürdigkeitsklage".
5 Stein/Jonas/Schumann, § 27, Rn. 7; Zöller/Vollkommer, § 27, Rn. 4.

IV. Beteiligung Dritter

9 Das Erbunwürdigkeitsurteil führt gegenüber Nachlassgläubigern dazu, dass sie an Stelle des Beklagten den neuen Erben zum Schuldner erhalten. Dies ist für sie rechtlich nachteilig, falls der Beklagte ihnen gegenüber bereits endgültig unbeschränkt haftet, während die Haftung des neuen Erben noch beschränkt werden kann. In diesem Fall haben die Nachlassgläubiger ein **rechtliches Interesse** am Sieg des Beklagten und können ihm deshalb als Nebenintervenienten beitreten (§ 66 I ZPO). Nicht genügend wäre ein rein wirtschaftliches Interesse, etwa deshalb, weil der Beklagte vermögender ist als der neue Erbe. Bei einer größeren Zahl von Nachlassgläubigern werden sich mehrere in der Regel durch einen Bevollmächtigten vertreten lassen, so dass eine Störung des Prozesses nicht zu befürchten ist[1].

10 Die Nachlassgläubiger werden durch den Beitritt **streitgenössische Nebenintervenienten**[2], weil das Erbunwürdigkeitsurteil ihnen gegenüber in gleichem Maße wirkt wie gegenüber ihrer Hauptpartei, dem Beklagten (§ 69 ZPO; s. § 765, Rn. 15): dieser verliert seine Erbenstellung, die Nachlassgläubiger verlieren ihren alten Schuldner.

11 Eine **Beiladung** der Nachlassgläubiger und sonstiger rechtlich Interessierter, wie sie verschiedentlich vorgeschlagen wird[3], bedürfte trotz Art.103 I GG aus übergeordneten Gründen der Rechtssicherheit einer gesetzlichen Regelung, auf die umso weniger verzichtet werden kann, als der Gesetzgeber sie in anderen Fällen getroffen hat (§§ 640e, 856 III ZPO).

V. Urteil

12 Das Urteil kann auf **Anerkenntnis** ergehen (§ 307 ZPO)[4]. Zwar ist ein Anerkenntnis unwirksam, wenn der Beklagte über das streitige

---

1 A. A. Calavros, S. 143 ff., der deshalb de lege ferenda nur „Repräsentanten" zulassen will.
2 W. Lüke, Beteiligung, S. 218; Schlosser, Gestaltungsklagen, S. 207.
3 Calavros, S. 147 ff.; W. Lüke, Beteiligung, S. 230; Schlosser, Gestaltungsklagen, S. 214 f.
4 LG Köln, NJW 1977, 1783; Erman/Schlüter, § 2342, Rn. 1; Soergel/Damrau, § 2342, Rn. 1; Staudinger/Olshausen, 13. Bearb., § 2342, Rn. 6; Stein/Jonas/Leipold, § 307, Rn. 24. **A. A.** LG Aachen, NJW-RR 1988, 263; MünchKommBGB/Frank, § 2342, Rn. 8; MünchKommZPO/Musielak, § 307, Rn. 16; Zöller/Vollkommer, vor § 306, Rn. 11. Differenzierend KG, FamRZ 1989, 675 f.

Rechtsverhältnis materiellrechtlich nicht verfügen kann[1]. Dies trifft im Falle der Erbunwürdigkeitsklage an sich zu. Denn der Erbe kann seine Erbenstellung nach Annahme der Erbschaft (§ 1943) nicht mehr beseitigen. Er kann aber ein wirtschaftlich ähnliches Ergebnis dadurch erzielen, dass er „die Erbschaft" auf diejenigen überträgt, denen sie bei seinem Wegfall anfallen würde[2]. Das muss zur Rechtfertigung eines prozessualen Anerkenntnisses genügen.

Die **Gestaltungswirkung** des Urteils tritt mit der formellen Rechtskraft ein, und zwar ex tunc: der Anfall an den Erben gilt von Anfang an als nicht erfolgt (§ 2342 II, 2344). Darauf kann sich jeder berufen und das muss jeder hinnehmen, auch wenn er durch den Wegfall des Erbunwürdigen benachteiligt wird[3]. 13

B. Klage gegen Erbschaftsbesitzer

Die Anfechtungsklage kann mit der Herausgabeklage aus § 2018 verbunden werden (§ 260 ZPO). Dem steht nicht entgegen, dass der Beklagte erst durch das rückwirkende Gestaltungsurteil vom Erben zum Erbschaftsbesitzer wird[4]. Doch ist der Beklagte deswegen nur zu verurteilen, das Erlangte „nach Rechtskraft des Erbunwürdigkeitsurteils" herauszugeben[5]. 14

Herausgabe- und Auskunftsanspruch des wirklichen Erben

2362 (1) Der wirkliche Erbe kann von dem Besitzer eines unrichtigen Erbscheins die Herausgabe an das Nachlassgericht verlangen.

(2) Derjenige, welchem ein unrichtiger Erbschein erteilt worden ist, hat dem wirklichen Erben über den Bestand der Erbschaft und über den Verbleib der Erbschaftsgegenstände Auskunft zu erteilen.

---

1 Vgl. Stein/Jonas/Leipold, § 307, Rn. 24.
2 Vgl. Palandt/Edenhofer, § 2371, Rn. 1.
3 Calavros, S. 154 ff.; Schlosser, Gestaltungsklagen, S. 163, 228 f.; str.
4 MünchKommBGB/Frank, § 2342, Rn. 3; Schlosser, Gestaltungsklagen, S. 240; Soergel/Damrau, § 2342, Rn. 2; str.
5 Vgl. MünchKommBGB/Frank, § 2342, Rn. 3; Soergel/Damrau, § 2342, Rn. 2.

I. Anspruch auf Herausgabe

1 § 2362 I gibt dem wirklichen Erben gegen den Besitzer eines unrichtigen Erbscheins einen **Anspruch** auf Herausgabe des Erbscheins an das Nachlassgericht, d. h. auf → *Besitzeinräumung* (Rn. 1).

2 Der für die **sachliche Zuständigkeit** maßgebliche Streitwert (§§ 23 Nr. 1, 71 I GVG) bemisst sich gem. § 3 ZPO nach dem Interesse des Klägers an der Abwehr der Gefahren, die von dem unrichtigen Erbschein drohen[1].

3 Die **örtliche Zuständigkeit** nach § 27 ZPO ist für die Herausgabeklage nicht gegeben, da sie sich nicht gegen einen „Erbschaftsbesitzer" (§ 2018) richtet[2]. Daran ändert auch die Verbindung (§ 260 ZPO) mit einer Erbschaftsklage nichts[3], weil diese einen anderen Streitgegenstand hat und ein „Gerichtsstand des Sachzusammenhangs" nur im Rahmen desselben Streitgegenstandes gegeben sein kann (vgl. § 17 II GVG)[4]. Der Beklagte hat ein Recht darauf, grundsätzlich nur in seinem allgemeinen Gerichtsstand verklagt zu werden (§ 12 ZPO).

II. Anspruch auf Auskunft

4 § 2362 II gibt dem wirklichen Erben gegen denjenigen, welchem ein unrichtiger Erbschein erteilt worden ist, einen **Anspruch** auf Auskunft über den Bestand der Erbschaft (s. bei § 260)[5] und über den Verbleib der Erbschaftsgegenstände (→ *Auskunft* Rn. 1).

5 Die **örtliche Zuständigkeit** nach § 27 ZPO ist für die Auskunftsklage nicht gegeben, da sie sich nicht gegen einen „Erbschaftsbesitzer" (§ 2018) richtet[6]. Daran ändert auch die Verbindung (§ 260) mit einer Erbschaftsklage nichts[7], weil diese einen anderen Streitgegenstand hat (Rn. 3). Anders liegt es nur, wenn die Erbschaftsklage nach § 2027 gleichfalls auf Auskunft über den Bestand der Erbschaft oder über den Verbleib der Erbschaftsgegenstände gerichtet ist; dann ist kraft Sachzusammenhangs auch für die Klage aus § 2362 II der Gerichtsstand des § 27 ZPO gegeben[8].

---

1 Stein/Jonas/Roth, § 3, Rn. 45, „Erbschein".
2 Stein/Jonas/Schumann, § 27, Rn. 8; Zöller/Vollkommer, § 27, Rn. 5.
3 A. A. Erman/Schlüter, Rn. 3; MünchKommBGB/Promberger, Rn. 2.
4 Dazu Kissel, § 17, Rn. 49; Zöller/Gummer, § 17 GVG, Rn. 6.
5 MünchKommBGB/Promberger, Rn. 10.
6 Stein/Jonas/Schumann, § 27, Rn. 8.
7 A. A. MünchKommBGB/Promberger, Rn. 7.
8 So zutreffend MünchKommBGB/Promberger, Rn. 7.

Herausgabepflicht

2374 Der Verkäufer ist verpflichtet, dem Käufer die zur Zeit des Verkaufs vorhandenen Erbschaftsgegenstände mit Einschluss dessen herauszugeben, was er vor dem Verkauf auf Grund eines zur Erbschaft gehörenden Rechts oder als Ersatz für die Zerstörung, Beschädigung oder Entziehung eines Erbschaftsgegenstands oder durch ein Rechtsgeschäft erlangt hat, das sich auf die Erbschaft bezog.

§ 2374 gibt dem Käufer gegen den Verkäufer einen **Anspruch** auf „Herausgabe" i. S. des § 433 I[1] (s. dort).

Ersatzpflicht

2375 (1) ¹Hat der Verkäufer vor dem Verkauf einen Erbschaftsgegenstand verbraucht, unentgeltlich veräußert oder unentgeltlich belastet, so ist er verpflichtet, dem Käufer den Wert des verbrauchten oder veräußerten Gegenstands, im Falle der Belastung die Wertminderung zu ersetzen. ²Die Ersatzpflicht tritt nicht ein, wenn der Käufer den Verbrauch oder die unentgeltliche Verfügung bei dem Abschluss des Kaufs kennt.

(2) Im Übrigen kann der Käufer wegen Verschlechterung, Untergangs oder einer aus einem anderen Grunde eingetretenen Unmöglichkeit der Herausgabe eines Erbschaftsgegenstandes nicht Ersatz verlangen.

§ 2375 gibt dem Käufer gegen den Verkäufer einen **Anspruch** auf **Wertersatz**, d. h. einen Zahlungsanspruch (→ *Zahlung* Rn. 1).

Nachlassverbindlichkeiten

2378 (1) Der Käufer ist dem Verkäufer gegenüber verpflichtet, die Nachlassverbindlichkeiten zu erfüllen, soweit nicht der Verkäufer nach § 2376 dafür haftet, dass sie nicht bestehen.

(2) Hat der Verkäufer vor dem Verkauf eine Nachlassverbindlichkeit erfüllt, so kann er von dem Käufer Ersatz verlangen.

---

1 Staudinger/Olshausen, 13. Bearb., Rn. 5.

§ 2381 Ersatz von Verwendungen und Aufwendungen

1 § 2378 I gibt dem Verkäufer gegen den Käufer einen **Anspruch** auf **Erfüllung der Nachlassverbindlichkeiten** (§ 1967), d. h. einen Befreiungsanspruch[1] (→ *Befreiung* Rn. 1).

2 § 2378 II gibt dem Verkäufer gegen den Käufer einen **Anspruch** auf **Ersatz** für die Erfüllung einer Nachlassverbindlichkeit, d. h. einen Zahlungsanspruch (→ *Zahlung* Rn. 1).

Ersatz von Verwendungen und Aufwendungen

2381 (1) Der Käufer hat dem Verkäufer die notwendigen Verwendungen zu ersetzen, die der Verkäufer vor dem Verkauf auf die Erbschaft gemacht hat.

(2) Für andere vor dem Verkauf gemachte Aufwendungen hat der Käufer insoweit Ersatz zu leisten, als durch sie der Wert der Erbschaft zur Zeit des Verkaufs erhöht ist.

§ 2381 gibt dem Verkäufer gegen den Käufer einen **Anspruch** auf Ersatz von Verwendungen und anderen **Aufwendungen** i. S. des § 257[2] (s. dort).

Haftung des Käufers gegenüber Nachlassgläubigern

2382 (1) ¹Der Käufer haftet von dem Abschluss des Kaufs an den Nachlassgläubigern, unbeschadet der Fortdauer der Haftung des Verkäufers. ²Dies gilt auch von den Verbindlichkeiten, zu deren Erfüllung der Käufer dem Verkäufer gegenüber nach den §§ 2378, 2379 nicht verpflichtet ist.

(2) Die Haftung des Käufers den Gläubigern gegenüber kann nicht durch Vereinbarung zwischen dem Käufer und dem Verkäufer ausgeschlossen oder beschränkt werden.

§ 2382 I gibt den Nachlassgläubigern neben ihrem fortbestehenden Anspruch gegen den oder die Erben (Verkäufer) aus §§ 1967, 2058 einen zusätzlichen gleichartigen **Anspruch gegen den Käufer**, und zwar als Gesamtschuldner[3] (s. bei § 421). Von einem **Titel gegen**

---

1 Unklar Staudinger/Ferid/Cieslar, 12. Aufl., Rn. 6.
2 MünchKommBGB/Krüger, 4. Aufl., § 256, Rn. 4; Staudinger/Olshausen, 13. Bearb., Rn. 4.
3 MünchKommBGB/Musielak, Rn. 3.

den **Verkäufer** kann eine vollstreckbare Ausfertigung gegen den Käufer erteilt werden (analog § 729 I ZPO)[1].

Umfang der Haftung des Käufers

2383 (1) ¹Für die Haftung des Käufers gelten die Vorschriften über die Beschränkung der Haftung des Erben. ²Er haftet unbeschränkt, soweit der Verkäufer zur Zeit des Verkaufs unbeschränkt haftet. ³Beschränkt sich die Haftung des Käufers auf die Erbschaft, so gelten seine Ansprüche aus dem Kaufe als zur Erbschaft gehörend.

(2) Die Errichtung des Inventars durch den Verkäufer oder den Käufer kommt auch dem anderen Teil zustatten, es sei denn, dass dieser unbeschränkt haftet.

Nach § 2383 I Satz 1 gelten für die **Haftung des Käufers** die Vorschriften über die Beschränkung der Erbenhaftung entsprechend. Das bedeutet, dass der Käufer wie der Erbe seine Haftung auf den Nachlass beschränken kann (s. § 1967, Rn. 7 ff.). 1

Eine **Inventarverfehlung** des Erben (Verkäufers) schadet dem Käufer, führt also auch bei ihm zur endgültig unbeschränkten Haftung, wenn sie schon zur Zeit des Verkaufs vorlag (§ 2383 I Satz 2), sonst nicht[2]. Eine Inventarverfehlung des Käufers schadet dem Verkäufer niemals[3]. 2

Die **Inventarerrichtung** durch den Verkäufer kommt auch dem Käufer zustatten, und umgekehrt, wahrt also die Chance der Haftungsbeschränkung (§ 2383 II). 3

Wieweit eine von dem Verkäufer oder dem Käufer herbeigeführte **Beschränkung der Schuld oder der Haftung** – z. B. im Falle einer Leistungsverweigerung – dem anderen Teil zustatten kommt, ist noch nicht vollständig geklärt[4]. 4

---

1 Soergel/Damrau, Rn. 3; Stein/Jonas/Münzberg, § 729, Rn. 5; Zöller/Stöber, § 729, Rn. 13.
2 Staudinger/Olshausen, 13. Bearb., Rn. 13.
3 Vgl. Staudinger/Olshausen, 13. Bearb., Rn. 14.
4 Vgl. Lange/Kuchinke, § 51 III; MünchKommBGB/Musielak, Rn. 3 ff.; Staudinger/Olshausen, 13. Bearb., Rn. 18 ff.

Zöller
Zivilprozessordnung

Begründet von Dr. *Richard Zöller*. Bearbeitet von Notar Prof. Dr. *Reinhold Geimer*, Prof. Dr. *Reinhard Greger*, Präsident des BayObLG *Peter Gummer*, Richter am AG *Kurt Herget*, Richter am OLG a.D. Dr. *Peter Philippi*, Reg.Dir. a.D. *Kurt Stöber*, Prof. Dr. *Max Vollkommer*. 23. neu bearbeitete Auflage 2002, 2.852 S., gbd. 149,50 €. ISBN 3-504-47012-7

Die praxisnahe, wissenschaftlich vertiefte Erläuterung ist seit jeher das Konzept des Zöller, auf dem sein enormer Erfolg beruht. Die 23. Auflage berücksichtigt vollständig die einschneidenden Reformen, die seit Erscheinen der Vorauflage das Prozessrecht maßgeblich geändert haben:

• ZPO-Reformgesetz • Zustellungsreformgesetz • EG-Zustellungsdurchführungsgesetz • 7. Gesetz zur Änderung der Pfändungsfreigrenzen • Euro-Änderungsgesetze • Anpassung der MahnvordruckVO • Vereinfachtes Unterhaltsverfahren • Mietrechtsreformgesetz • Schuldrechtsmodernisierungsgesetz • Unterlassungsklagengesetz • Lebenspartnerschaftsgesetz • Gewaltschutzgesetz • Formanpassungsgesetz • Elektronischer Geschäftsverkehr-Gesetz • Neues Anerkennungs- und Vollstreckungsausführungsgesetz. Berücksichtigt sind darüber hinaus die Neuerungen im europäischen Zivilprozessrecht.

Wie bei jeder Neuauflage des Zöller üblich, sind auch die gesamte aktuelle Rechtsprechung und Literatur ausgewertet und fundiert eingearbeitet.

Verlag Dr. Otto Schmidt · Köln

Vorwerk (Hrsg.)

Das Prozessformularbuch

Herausgegeben von RA beim BGH Dr. *Volkert Vorwerk.* Bearbeitet von 36 erfahrenen Praktikern. 7., neu bearbeitete Auflage 2002, rd. 2.300 Seiten Lexikonformat, gbd., inkl. CD mit allen Mustern 99,– €. ISBN 3-504-07015-3

Die Neuauflage des begehrten Handbuchs, das den Anwalt sicher durch den Dschungel des Zivilprozessrechts führt: Alle aktuellen Reformen, insbesondere ZPO-Reform und Schuldrechtsmodernisierungsgesetz, sind berücksichtigt.

Der Inhalt:

– Muster für Schriftsätze und Anträge samt kosten- und gebührenrechtlichen Anmerkungen.

– Ausführliche Erläuterungen, eine Fülle von Hinweisen und Tipps zu Strategie und Taktik.

– Checklisten für den reibungslosen Ablauf des Mandats. Vom ersten Mandantengespräch über die Prozessführung bis zur Zwangsvollstreckung.

Alle Muster stehen auf CD auch für die individuelle Weiterverarbeitung am PC zur Verfügung.

Verlag Dr. Otto Schmidt · Köln

Groll (Hrsg.)
Praxis-Handbuch Erbrechtsberatung

Herausgegeben von RA Prof. Dr. *Klaus Michael Groll*, bearbeitet von Prof. Dr. *Herbert Beil*, Priv.-Doz. Dr. *Stefan Edenfeld*, RA Dr. *Thomas Endemann*, RA *Wolfgang Esser*, Wiss. Ass. RAin Dr. *Susanne Fegeler*, RA Prof. Dr. *Klaus Michael Groll*, RA Prof. Dr. *Manfred Hieke*, Richterin am BayObLG a.D. Dr. *Irmgard Kahl*, Prof. Dr. *Peter Kindler*, RAin und Notarin Dr. *Ingeborg Koutses*, RA Dr. Dr. *Robert D. von Morgen*, Prof. Dr. *Karlheinz Muscheler*, RA *Matthias Rösler*, RA *Gerhard Ruby*, RA und StB Prof. Dr. *Malte Schindhelm*, Prof. Dr. *Andreas Spickhoff*, RA u. StB Dr. *Klaus Stein*, RA Dr. *Anton Steiner*, RAin Dr. *Constanze Trilsch-Eckardt*, RA Prof. Dr. *Norbert Trotz*, Vizepräsident des LG Prof. Dr. *Walter Zimmermann*. 2.095 S., 2001, gbd. 139,– €. ISBN 3-504-18026-9

Wer im Erbrecht berät, bewegt sich auf einem komplexen und vielschichtigen Gebiet. Ausgehend von der konkreten Beratungssituation werden in diesem neuen Handbuch alle in der Beratungspraxis relevanten Aspekte erörtert. Behandelt werden sowohl das Mandat vor als auch das Mandat nach dem Erbfall. Dem Schenkung- und Erbschaftsteuerrecht, den neuen Bundesländern und dem Erbfall mit Auslandsberührung sind eigene Kapitel gewidmet. Durch Formulierungsvorschläge, Checklisten und besondere Beratungshinweise wird der praktische Nutzen noch wesentlich erhöht.

Verlag Dr. Otto Schmidt · Köln

Wir würden uns freuen, wenn Sie dieses Buch durch Vorschläge und Hinweise, aber auch durch kritische Äußerungen begleiteten.
Die vorbereitete Antwortkarte soll die Kontaktaufnahme erleichtern.

Wieser, Prozessrechts-Kommentar zum BGB, 2. Auflage

- Hinweise und Anregungen: _____
  _____
  _____
  _____

- Auf Seite _____ § _____ Rn. _____ Zeile _____ von oben/unten
  muss es statt _____
  richtig heißen: _____

Absender:

So können Sie uns auch erreichen:
lektorat@otto-schmidt.de

Wichtig: Bitte immer den Titel des Werks angeben!

Antwortkarte

Verlag Dr. Otto Schmidt KG
– Lektorat –
Unter den Ulmen 96-98
50968 Köln